D1720201

Klaus Philippi

8. Königlich Bayerisches Infanterie-Regiment Großherzog Friedrich II. von Baden und
2. Bayerisches Ersatz-Regiment

Klaus Philippi

8. Königlich Bayerisches Infanterie-Regiment Großherzog Friedrich II. von Baden
und
2. Bayerisches Ersatz-Regiment

Der Pfälzer Landsturmmann Karl Didion im 1. Weltkrieg an der Front im Westen

Band I

Quelle des Bildes auf der Vorderseite:
URL: http://www.deutsche-kriegsgeschichte.de/hbsverd.html: 16.05.2017, Chapitre-Wald

Verlag:
Neopubli GmbH
Köpenickerstr. 154a
10997 Berlin
www.epubli.de

Druck: epubli – ein Service der neopubli GmbH, Berlin

Dank

Die vorliegende Dokumentation über die beiden Regimenter, in denen mein Großvater Landsturmmann Karl Didion im Ersten Weltkrieg von 1915-1918 kämpfte, entstand aus Interesse, um zu erfahren, was meinem Großvater während dieser Zeit an Schwerem geschah. Darüber sprach er mit mir, wenn auch nur in verkürzter Form, als ich mich 1962 als Reserveoffiziersanwärter für 2 Jahre in der Bundeswehr verpflichtete.

Zunächst war nur ein kleiner Abriss seiner Erlebnisse geplant. Je mehr ich jedoch im Kriegsarchiv in München und im Hauptstaatsarchiv Stuttgart forschte, umso mehr stellte sich eine überaus mannigfaltige und präzise Quellenlage heraus, die mich zu einer breiten Dokumentation in zwei Bänden geradezu herausforderte.

Deshalb gebührt mein Dank zunächst der Archivdirektorin Dr. Haggenmüller vom Kriegsarchiv in München und Frau Bianka Deckert vom HSTA Stuttgart für ihre Bereitschaft, auch schwierigen Archivanfragen zu entsprechen.

Mein Dank gilt auch der Gesellschaft für Artilleriekunde Idar-Oberstein mit dem Ansprechpartner Herrn Jürgen Müller, der zu vielen allgemein militärischen und artilleristischen Fragen profund Stellung bezog. Zum Dank verpflichtet bin ich auch René Reuter, einem ausgezeichneten Kenner des Terrains vor Verdun, der bei manch schwierigen geografischen Fragen Auskunft geben konnte.

In vielen familiären Details konnten mich meine Schwester Barbara Philippi und mein Cousin Karl-Josef Wolf dankenswerterweise unterstützen. Dank gebührt auch meinem ehemaligen Offizierskameraden, Oberstleutnant a. D. Walter Schaffer, der das Skriptums auf taktische Richtigkeit überprüfte.

Mein besonderer Dank gilt jedoch den Sütterlin-Experten Ilona Kunze-Concewitz, Dr. Ingrid Kunze und nicht zuletzt Dr. Alexandra Risse, die mich bei der Transkription der oft kaum lesbaren und vergilbten Dokumente in schnell hingeworfener Sütterlin-Schrift unterstützten.

Generalmajor a. D. Christian E. O. Millotat, einem Experten und Autor der Schlacht bei Verdun, bin ich für seinen Rat und das Vorwort zu dieser Dokumentation zu besonderem Dank verpflichtet.

Klaus Philippi

Heimsheim, im Juni 2018

Vorwort

Das Ziel der vorliegenden Arbeit, die Kriegszeit des Landsturmmannes Karl Didion in einen größeren Zusammenhang mit dem Geschehen auf den Kriegsschauplätzen, auf denen er eingesetzt war, zu stellen, ist deshalb originell, weil er keine Führungs- und Entscheidungsfunktion innehatte, aber als Soldat treu, tapfer und klaglos diente, als sei dies selbstverständlich gewesen. Er war nicht Entscheidender, sondern Gehorchender, und konnte seine Laufbahn nicht aktiv beeinflussen.

Seit einigen Jahren gibt es einen Trend in der historischen Wissenschaft, Kriege „von unten nach oben" aus der Sicht der „einfachen Soldaten" zu zeigen. Das hat die bisherigen Arbeiten, Kriege vor allem aus der Sicht der politisch-strategischen, militärstrategischen, operativen und taktischen Ebene durch die dort Handelnden darzustellen, sicher bereichert. Auch diese Arbeit geht diesen Weg. Sie konnte jedoch das Wesen des Landsturmmannes Karl Didion, seine Motive und sein „soldatisches Durchhalten" im Krieg in verschiedenen Truppenteilen nur anhand weniger von ihm erhaltener schriftlicher Zeugnisse schildern. Es liegen halt bedauerlicherweise nur wenige schriftliche Äußerungen von ihm aus dem Ersten Weltkrieg vor. Das große taktische, operative und strategische Umfeld seines Soldatseins im Ersten Weltkrieg wurde, sicher auch im Bewusstsein dieses Mankos, schlüssig, nachdenkenswert und sehr facettenreich herausgearbeitet. Das verlagerte naturgemäß die Proportionen dieser Arbeit vom Protagonisten weg auf die höheren Ebenen. Das ist eine Einschränkung des Buches, die aber nicht ausgeglichen werden konnte.

Dazu hat sich der Verfasser einer gigantischen Arbeit unterzogen, die richtigen Quellen, z. B. das Reichsarchiv „Der große Weltkrieg 1914-1918", herangezogen, in Archiven geforscht und die Ergebnisse seiner Recherchen schlüssig in das große Bild des Ersten Weltkrieges und der Kriegsschauplätze, auf denen der Protagonist eingesetzt war, eingearbeitet. Dabei ließ er das Bild des Deutschen Reichsheeres, das nach 1870 entstand, das bereits im Frieden – bis auf die Bayerische Armee – dem Kaiser als oberstem Kriegsherrn, also Oberbefehlshaber, unterstand, für den Leser entstehen. Über die Bayerische Armee hatte der Kaiser im Frieden nur das Inspektionsrecht, im Krieg auch die volle Kommandogewalt.

Es wird in dieser Arbeit deutlich, dass trotz ständig fortschreitender Vereinheitlichungsentwicklungen und Ausrichtung auf die Preußische Armee, der Kernarmee des Reichsheeres nach 1871, dieses nie zu einem totalen Einheitsheer wurde wie dann später, nach dem Ersten Weltkrieg, erstmals im Deutschen Reich das 100.000-Mann-Heer der Reichswehr.

Es sei wiederholt: Indirekt erschließt sich dem Leser dieser Arbeit das Phänomen einer zunehmenden Vereinheitlichung des Reichsheeres bis zum Ausbruch des Ersten Weltkriegs. So waren z. B. die letzten deutschen Stürmer in der Schlacht um Verdun 1916 gemischte bayerische und thüringische Truppenteile, ohne dass Unterschiede in der Mentalität noch eine Rolle spielten. Und insgesamt wird in der Arbeit deutlich: Die allgemeine Wehrpflicht wurde in Deutschland erst nach dem Sieg über Frankreich von 1870/71 in der Bevölkerung populär. In den Armeen des Krieges von 1870/71 hatten nur wenige die allgemeine Wehrpflicht, sondern es gab viele andere Wehrformen.

Das Leben des Landsturmmannes Karl Didion zeigt: Das Institut der allgemeinen Wehrpflicht hatte bis zum Ersten Weltkrieg zwei parallele Stränge in der deutschen Gesellschaft geschaffen: einen zivilen Strang, in dem sich das bürgerliche Leben vollzog, und einen militärischen Strang, parallel zu dem zivilen, in dem die im Frieden gedienten und soldatisch ausgebildeten Männer eine Parallelgesellschaft bildeten. Neben einer zunehmenden Militärbegeisterung im Deutschen Reich bewirkten Übungen und eine konsequente Wehrüberwachung, dass sie ständig zwischen beiden Strängen changierten, ihrer unterschiedlichen Lebensführung, ihrem unterschiedlichen Verhaltenskodex und der auch vom Reservesoldaten geforderten Disziplin. Dieses Nebeneinander ist der Bundeswehr nie gelungen, weil man nach dem Zweiten Weltkrieg allem Soldatischen unter dem Schatten von Stalingrad und der Verbrechen der Nationalsozialisten zu kritisch gegenüberstand.

Für den gedienten Protagonisten war es ohne Brüche möglich, die zivile mit der militärischen Welt zu vertauschen, sich im Krieg offenbar problemlos zurechtzufinden und in seiner Welt quasi selbstverständlich zu leben und zu kämpfen. Ob die deutschen Politiker, die bei uns die allgemeine Wehrpflicht ausgesetzt haben, diesen Aspekt bedacht und durchdrungen haben, bezweifele ich.

Christian Millotat, Generalmajor

Inhaltsverzeichnis

Abkürzungsverzeichnis

14. b. Inf.-Div., 14. b. I. D.	14. Bayerische Infanterie Division
8. Inf.-Brig.	8. Infanterie-Brigade
8. Inf.-Rgt., 8. I.R.	8. Infanterie-Regiment
A. G. O.	Angriffsgruppe Ost
A. K.	Armee-Korps
A.-G., A. G.	Artillerie-Geschosse
A., Abds.	Abends
AA-A, B, C	Armee-Abteilung A, B, C
am 11. ds.	am 11. des Monats
A. O. K.	Armee-Oberkommando
Art., Artl.	Artillerie
Artl. Beob.	Artilleriebeobachter
b. d. Truppe	bei der Truppe
BArch	Bundesarchiv
BA-MA Freiburg	Bundesarchiv-Militärarchiv Freiburg i. Br.
BayHStA/Abt. IV	Bayerisches Hauptstaatsarchiv: Kriegsarchiv
Br.	Brücke
Brig., B.	Brigade
Btl., Batl.	Bataillon
Ch. R.	Chevaulegers-Regiment
D. B.	Divisionsbefehl
D. Fspr. Zug	doppelter Fernsprechzug
d. Res., d. R.	der Reserve, z. B. Lt. d. Res.
D. St. Qu.	Divisions-Stabs-Quartier
D., Div.	Division
Div. Stb.	Divisions-Stab
EK	Eisernes Kreuz
Ers.	Ersatz
Esk.	Eskadron
F. A. R	Feld-Artillerie-Regiment
F. G. Battr.	Feld-Gas-Batterie
F. H.	Feldhaubitze
F. L.	Feldlazarett
F. MG A. 13	Festungs-Maschinengewehr-Abteilung 13
F. P. K.	Feld-Pionier-Kompanie
Fhjk.	Fahnenjunker
Fli.-Abt.	Fliegerabteilung
G. G.	Gewehr Granate
G. I. R.	Garde-Infanterie-Regiment
g. v.	gefechtsverwendungsfähig
G.-Ers.-Div., G. E. D.	Garde-Ersatz-Division
Gef.	Gefecht
Gef.-Stärke	Gefechtsstärke
gem.	gemischt
Gen. Kdo. XVIII. R. K.	Generalkommando XVIII. Reserve-Korps
Gew.	Gewehr
GFM	Generalfeldmarschall
Gr. BAG., gr. Bag.	Große Bagage

Gr. H. Qu.	Großes Haupt-Quartier
Gr. H. Qu.	Großes Hauptquartier
H. V. Pl.	Hauptverbandsplatz
Hdgr., Hadgr., H. G.	Handgranate
HGR, H.-Gr.	Heeresgruppe
I-Werk, I. W.	Infanteriewerk
I. K. L.	Erste Kampflinie
I., Inf., Inftr.	Infanterie
K. M.	Kriegsministerium
K., Kgl.	Königlich
KA	Kriegsarchiv München als Teil des Bayer. Hauptstaatsarchivs
Kdr.	Kommandeur
K. L.	Kampflinie
Komp., Kp., K.	Kompanie
Kompen.	Kompanien
KTB	Kriegstagebuch
K. V. V.	Korps-Verpflegung-Verordnung
L. F. H.	leichte Feldhaubitze
L. U. A.	linker Unterabschnitt
Ldstm.	Landsturmmann
Lt.	Leutnant
M. G. K.	Maschinen-Gewehr-Kompanie
M. St.	Minierstollen
M. W.	Minenwerfer
M. Wfrkp.	mittlere Werfer Kompanie
MG Ss.	Maschinen-Gewehr-Scharfschützen
Mil. Eis. Dir.	Militärische Eisenbahn-Direktion
mil. Kas. Vorst.	Militärischer Kasernenvorstand
Mj.	Major
Mrs.	Mörser
N.	nachmittags
N. O., Nr. Offz.	Nachrichtenoffizier
N. R. St. 6	Nachrichtenstelle der 6. Div.
O. U.	Orts-Unterkunft
Offz., Offiz	Offizier
O. H. L.	Oberste Heeresleitung
Olt., Oblt.	Oberleutnant
Otl., Obtlt.	Oberstleutnant
Patr.	Patrone
Patr.	Patrouille
Pi.-Offz.	Pionier Offizier
R. D.	Reserve-Division
R. K.	Reserve-Korps
Pi. R.	Pionier Regiment
R., Rgt	Regiment
RA	Reichsarchiv
Res.	Reserve
S. Exz.	Seine Exzellenz
s. F. H.	schwere Feldhaubitze
Sgt.	Sergeant

SKH	Seine Königliche Hoheit
SM	Seine Majestät
sp. Reiter	spanische Reiter
SSO	Südsüdost
Stbr.	Steinbruch
Sw.	Scheinwerfer
Tr.-Abt.	Train-Abteilung
U. A.	Unterabschnitt oder Unterarzt
V.	vormittags
V.-B.-Granaten	Vivien-Bessières-Granaten
Verf., Vfg.	Verfügung
Vzf., Vzfw.	Vizefeldwebel
WK	Weltkrieg
z. b. V.	zur besonderen Verwendung
z. D.	zur Disposition
Z. W.	Zwischenwerk

Abbildungsverzeichnis

1 Einleitung

1.1 Motivation der Arbeit, Aufbau, Auswahl

Mein Großvater mütterlicherseits, Karl Didion, wurde am 15.07.1878 als Sohn des Hüttenarbeiters Christian Didion und seiner Frau Katharina, geb. Sonntag, in Kirrberg/Pfalz geboren. Er war der Zweitälteste von sieben Kindern und erlernte den Malerberuf. Ebenso wie sein älterer und sein jüngerer Bruder, Josef und August, nahm er am Ersten Weltkrieg teil, nachdem er vorher in einer bayerischen Landwehr-Einheit wehrerfasst wurde.

Da er bei Ausbruch des Ersten Weltkrieges mit fast 37 Jahren schon im fortgeschrittenen Wehralter war, wurde er erst im Sommer 1915 (14.06.) zum Militär eingezogen, und zwar zunächst in ein Rekrutendepot in Metz.

Seine älterer Bruder Josef (geb. 12.02.1876), Bergman von Beruf, wurde am 07.11.1915 (Ersatz-Bataillon 2. Bayerisches Fuß-Artillerie-Regiment) und sein jüngerer Bruder August (geb. 07.07.1891) am 17.12.1914 (Ersatz-Bataillon/18. Infanterie-Regiment) zum Militär eingezogen. Unteroffizier Josef Didion fiel am 01.07.1917 (Verbandsplatz Drillancourt).[1] Mein Großvater Karl und sein Bruder August überlebten den Ersten Weltkrieg, den sie beide bis zum Ende mitmachten.

Als ich 1962 in die Bundeswehr eintrat, berichtete mir mein Großvater mehrfach von seinen Kriegserlebnissen, und zwar nicht allgemein von 1915 bis 1918, sondern speziell immer vom „Douaumont". Seine Erlebnisse dort müssen zu den grausamsten seiner ganzen Dienstzeit gezählt haben; wahrscheinlich zielte er auf die Schlacht am 15./16. Dezember 1916 vor Verdun ab. Zu dem Zeitpunkt wurden die Deutschen von den Franzosen wieder von Verdun zurückgeschlagen. Diese letzte Schlacht, die die Deutschen wieder fast zu ihrer Ausgangsstellung vom Februar 1916 zurückwarf, wurde durch die „Nivelle'sche Feuerwalze", die über die deutschen Einheiten hinwegging und schreckliche Verluste verursachte, eingeleitet.

An diese oralen Bekenntnisse meines Großvaters erinnerte ich mich, als 2013 von einem Memorial-Portal im Internet aufgerufen wurde, zum Gedenken der Wiederkehr des Ausbruchs des Ersten Weltkrieges 2014 die Kriegserlebnisse naher Verwandter, die am Ersten Weltkrieg teilgenommen hatten, niederzuschreiben. Ich wollte mich diesem Aufruf stellen.

Um die Militärzeit meines Großvaters zu fassen, kann kaum auf persönliche Quellen zurückgegriffen werden, sodass sich ein Erlebnisbericht ausschloss. Es konnte nur versucht werden, die

---

[1] Standesamt Homburg, Sterbeeintrag 23 vom 18.07.1917. Tod wurde mitgeteilt durch Kommandantur des bayerischen Fuß-Artillerie-Bataillons Nr. 24.

Militärzeit durch Filterung einer breiten Materiallage, die sich unter anderem aus den Archivalien des Bayerischen Hauptstaatsarchivs und des Landesarchivs Baden-Württemberg, Hauptstaatsarchiv Stuttgart, ergab, zu rekonstruieren. Die Frage, wie Karl Didion die Kriegstage persönlich erlebte, was er in Stellung, in Bereitschaft oder in Ruhe dachte und fühlte, kann nur imaginiert werden. Solche Imaginationspunkte können sein: Einziehung in das Rekruten-Depot in Metz, seine Geburtstage und die seiner Frau, die Weihnachtstage, kritische Kampfsituationen oder der Briefwechsel mit seiner Frau.

Die Quellenlage in den Archiven, dem Kriegsarchiv im Bayerischen Hauptstaatsarchiv, das die Militärzeit vom Landsturmmann Karl Didion im 8. Königlich Bayerischen Infanterie-Regiment abdeckte, und dem Landesarchiv Baden-Württemberg, Hauptstaatsarchiv Stuttgart, für die Zeit im Bayerischen Ersatz-Regiment 2 war so profund, dass die Arbeit in zwei Bände konzipiert wurde: die Zeit vom Eintritt ins Rekrutendepot in Metz im Juni 1915 bis zu den Kämpfen um den Souville-Sack vor Verdun im September 1916 (Band I) und die Zeit von den Rückzugskämpfen von Verdun im Dezember 1916 bis zur Gefangennahme im Spätherbst 1918 in den Vogesen (Band II).

1.2 Quellen

Neben mündlichen Erzählungen können als persönliche Quellen für den Einsatz des Ldstm. Karl Didion im Ersten Weltkrieg verschiedene Fotos, seine Militärstammrolle, diverse Personalakte über seinen Militärdienst, hinterlegt im Portal Ancestry, Soldbücher und Briefe von seinem Bruder August sowie ein Brief meines Großvaters an seinen älteren Bruder Josef mit einem Postkartenbild seiner Kompanie im Felde (Abbildung 84) herangezogen werden.

Dies ist nicht viel an Ego-Dokumenten und doch sind damit entscheidende Eckpunkte gesetzt, um seine Erlebnisse in der schweren Zeit des Ersten Weltkrieg wieder aufleben zu lassen. Mit seiner Militärstammrolle stehen die Einheiten, in denen er diente, und die Gefechte, an denen er beteiligt war, fest. Somit ergeben sich die hauptsächlichen Quellen für dieses Vorhaben. Für das 8. Königlich Bayerische Infanterie-Regiment (8. b. Inf.-Rgt.), in dem er von Herbst 1915 bis 1916 diente, gibt es eine Regimentsgeschichte und sehr detaillierte Kriegstagebücher[2] im Bayerischen Kriegsarchiv München. Das Bayerische Ersatz-Regiment 2 (Ers.-Rgt. 2), zu dem er dann Ende 1916 versetzt wurde, war zeitweise eine Einheit der 30. b. R. D. und der 39. b. R. D. bzw. der Landwehr-Brigade 61 innerhalb der Heeresgruppe Herzog Albrecht von Württemberg, deren

---

[2] Kriegstagebücher, die von allen mobilen Truppenteilen zu führen waren, hatten folgende Zwecke: „Schaffung einer Grundlage für die Geschichtsschreibung sowie für die Würdigung des Verhaltens und der Leistungen der Führer und Truppenteile. Sammlung der Kriegserfahrungen zum Zwecke späterer Nutzbarmachung für das Heer"; HStAS M 410 Bd. 1. Kriegstagebuch.

Kriegstagebücher minutiös im Hauptstaatsarchiv in Stuttgart (HStAS) niedergelegt sind. Im Kriegsarchiv München sind neben den Kriegstagebüchern des 8. b. Inf.-Rgt. auch die des Bayer. Ers.-Rgt. 2 archiviert.

Diese Quellen geben natürlich nicht unmittelbar Auskunft über Aktivitäten des Zuges oder der Kompanie, in denen Karl Didion kämpfte. Sie lassen jedoch zu, die Situation, in der sich Karl Didion befand, hinlänglich zu beschreiben.

Da die Quellen über die bayerischen Truppen im 1. Weltkrieg im Gegensatz zu den preußischen unversehrt den 2. Weltkrieg überstanden, ergibt sich also ein ausgiebiges und anschauliches Quellenmaterial aus dem Kriegsarchiv in München, das auch noch durch württembergische Quellen aus dem HStA Stuttgart[3] ergänzt werden konnte. Die Würdigung dieser exzellenten Quellenlage legte es nahe, in möglichst großem Umfang die gehobenen Quellen, z. T. in Sütterlin-Schrift, der beiden angesprochenen Regimenter für andere Forschungsvorhaben in diese Arbeit im Anhang aufzunehmen.

Die Arbeit versucht, das Kampfgeschehen eines Regiments eingebettet in seine übergeordneten Einheiten Brigade, Division, Armeekommando, unter Heranziehung der einzelnen Befehle, Anordnungen, Merkblätter und taktischen Anweisungen darzustellen. Diese wurden in einen möglichst getreuen, ablauforientierten taktischen Zusammenhang gebracht. Dabei ergaben sich verschiedene Schwierigkeiten. Zum einen mussten viele handschriftliche Quellen in Sütterlin-Schrift z. T. mühsam transkribiert werden. Eine weitere Schwierigkeit bei der chronologischen Dokumentation des Geschehens ergab sich dadurch, dass die entsprechenden Quellen in ganz verschiedenen Konvoluten des KA abgelegt waren. Die Quellendokumente waren zum großen Teil so vorzufinden, wie sie zu dem Zeitpunkt des Entstehens im Konvolut notdürftig zusammengeschnürt worden waren, teilweise noch mit der Erde der Gräben vor Verdun behaftet. Nur ein akribisches Studium der Quellen erlaubte die Rekonstruktion des taktischen Ablaufs in seinem tatsächlichen Geschehen.

Die Quellen können grundsätzlich in zwei Formen wiedergegeben werden: einmal chronologisch und einmal generisch, sachstandbezogen. In dieser Dokumentation werden beide Formen verwendet. Im Grundsatz dient die Chronologie als Richtschnur, um allerdings zu viele Tatbestände nicht mehrfach zu wiederholen und diese auch zusammenhängend darstellen zu können, werden verschiedene Sachstände wie Kampfverfahren, Stellungsbau, Meldeverfahren, Artillerieeinsätze, Erkundungen oder Unterkunftsangelegenheiten gebündelt behandelt. Trotz Bündelung der Betrachtung solcher generischen Aspekte müssen diese aber im Laufe der Schilderung des Gesche-

---

[3] Das Bayerische Ersatz-Regiment 2 war 1917/18 der Heeresgruppe Herzog Albrecht von Württemberg zugeordnet.

hens immer wieder aufgenommen werden.

Bei der Filterung der Quellen wurde darauf geachtet, dass dies nicht zu eng geschah. Die Kriegstagebücher und die Einsatzbefehle wurden möglichst in ihrer Gänze dargestellt, um den Kriegsalltag wirklichkeitsgetreu zu dokumentieren.

2 Landsturmmann Karl Didion im Felde

2.1 Heeresgliederung der bayerischen Armee im Frieden und im Felde

2.1.1 Im Frieden

Karl Didion wurde laut seinem „Landsturm Ersatz-Paß der Ersatzreservisten"[4] der Jahresklasse[5] 1898 im Juni 1900 „mit Zuweisung zur Ersatzreserve zum Beurlaubtenstand und in die Kontrolle des Hauptmeldeamtes Ludwigshafen a. Rh." versetzt. Nach Aushändigung des Passes war er verpflichtet, „sich innerhalb 8 Tagen [...] bei der genannten Kontrollstelle anzumelden". Dem kam er am 09.06.1900 nach.

Veränderungen des Wohnsitzes waren stets zu melden. Das galt auch für Handwerks-Wanderschaften. Dazu hieß es: „Mannschaften, welche auf Wanderschaft gehen wollen, haben sich bei der Kontrollstelle abzumelden und dabei anzugeben, durch welche dritte Person ihnen Befehle jederzeit zugestellt werden können. Während der Wanderschaft sind dieselben von weiteren Meldungen entbunden."[6] Für Karl Didion liegen folgende Meldungen über Ortswechsel vor: Am 05.09.1900 nach Trier, am 24.09.1900 nach St. Johann, am 06.05.1901 nach Neustadt a. d. W., am 20.01.1901 nach Karlsruhe und am 27.07.1901 nach Zweibrücken, wo er sich am 10.08.1901 für den Wohnort Kirrberg anmeldete. Dort heiratete er in erster Ehe am 27.05.1902 Elisabeth Erkel, die bereits am 20.12.1904 nach der Geburt des zweiten Kindes verstarb.[7]

Am 01.04.1911 trat er automatisch zum Landsturm 1. Aufgebot über.[8] Karl Didion war also zunächst der Ersatzreserve und dann dem Landsturm zugeordnet.[9] „Im Rahmen der Heeresreform von 1868 in Bayern wurde der Name Landwehr für ältere Jahrgänge der Reserve, für die ältesten wehrpflichtigen Jahrgänge der Begriff Landsturm verwendet."[10] Aus den Unterlagen geht nicht hervor, ob Karl Didion während seiner Wehrüberwachungs-Zeit jemals eine militärische Ausbildung erhielt, da als Grund der Überweisung zur Ersatzreserve „zeitig untgl."[11] angegeben war. Bei der Wehrpflicht gab es vier Stufen:

---

[4] Landsturm-Militärpass und Ersatzreservepass in Privatbesitz des Verfassers.
[5] Jahresklasse umfasst alle wehrfähigen Männer im 20. Lebensjahr. Ldstm. Karl Didion war 1878 geboren und gehörte deshalb der Jahresklasse 1898 an.
[6] Nr. 9 des Landsturm-Militärpasses.
[7] Als Witwer heiratete Karl Didion bald darauf Philippine Maurer, die ihm vier Kinder gebar.
[8] Ersatzreservepass S. 3.
[9] Wehrpflichtige konnten gleich ohne aktiven Dienst der Ersatzreserve zugeordnet werden. Im Mobilmachungsfalle wurden sie bei den Ersatztruppenteilen eingestellt, ausgebildet und nach Bedarf der Armee nachgesandt. Zum Landsturm zählten alle Personen, „welche nicht aktiv dienen und nicht der Reserve [...], Landwehr [...] Ersatzreserve [...] angehören"; Hein, Deutsches Heer 1901, S. 69 f.
[10] URL: https://de.wikipedia.org/wiki/Landwehr_(Militär)#Bayern; 24.09.2015.
[11] Punkt 5 der Nationale des Buch-Inhabers des Ersatzreservepasses: „zeitig untauglich".

Jeder Deutsche ist, sofern er körperlich und geistig tauglich und moralisch nicht unwürdig ist, vom vollendeten 17. bis zum vollendeten 45. Lebensjahre wehrpflichtig. [...] Dieser Verpflichtung zum Dienst in der Armee oder Marine zerfällt: 1. in die aktive Dienstpflicht, 2. in die Reservepflicht, 3. in die Landwehrpflicht, oder 4. in die Ersatzreservepflicht. Diejenigen Wehrpflichtigen, welche von der vorstehend unter 1-4 angegebenen Verpflichtungen nicht betroffen werden, gehören dem Landsturm an.[12]

Dazu gehörte offensichtlich Karl Didion.

Die Landwehr-Infanterie setzte sich ausschließlich aus Mannschaften des Landwehr-Aufgebots I. und II. zusammen, also gedienten Wehrpflichtigen im Alter von 27 bis 39 Jahren. Bei Beginn des Krieges bestanden die mobilen Landwehr-Regimenter bis zu 62 % aus Mannschaften des Landwehr-Aufgebots I. (bis 31 Jahre), die immobilen Regimenter dagegen zu 78-100 % aus Soldaten des Landwehr-Aufgebots II. (32-39 Jahre.) In der Regel waren die Mannschaften über 30 Jahre alt und ihre militärische Ausbildung lag bereits viele Jahre zurück, sodass die Landwehrleute den harten Kriegsbedingungen anfangs kaum gewachsen waren. Das Rahmenpersonal bildeten überwiegend Offiziere und Unteroffiziere der Reserve und Landwehr; viele Offiziere entstammten lokalen Landwehr-Bezirken. Aktive Offiziere waren dagegen fast alle Regiments-Kommandeure und etwa die Hälfte der Bataillons-Kommandeure.[13]

Am 14.06.1915 rückte Karl Didion jedoch nicht in ein Landwehr-Regiment, sondern als Pfälzer in das Rekrutendepot des 8. b. Inf.-Ers.-Rgt. in Metz ein und am 12.08.1915 wurde er in das bayerische Rekrutendepot der 33. (preußischen) Reserve-Division, dem das 8. b. Inf.-Rgt. zu der Zeit unterstand, versetzt.

Die Bayerische Armee spielte vor dem 1. Weltkrieg eine Sonderrolle. Sie hatte bei Ausbruch des Krieges folgende Gestalt:

Nach außen hin erscheint sie als unabtrennbares und gleichheitliches Glied des Deutschen Heeres, entsprechend dem Bündnisvertrag, den Preußen und Bayern am 23. November 1870 zu Versailles geschlossen hatten. In sich selbst aber war sie ein abgeschlossenes, abgerundetes, zu selbständigem Leben befähigtes Gebilde voll Eigenart – ein Spiegelbild bayerischen Wesens.[14]

Da Karl Didion als Pfälzer zu Bayern gehörte, wurde er somit auch von der Bayerischen Armee eingezogen. An Truppen umfasste die Bayerische Armee vor dem Ausbruch des Großen Krieges 3 Armeekorps[15] zu je 2 Divisionen, u. a. 24 Infanterie-Regimenter mit 72 Bataillonen.[16] Das Er-

---

[12] Hein, Deutsches Heer 1901, S. 66 f.
[13] Kraus, Landwehr 2012, 1914-18, S. 269.
[14] Bayerisches Kriegsarchiv: Lothringen, Bd. I 1929, S. 1.
[15] 1914-1918 waren französische und deutsche Infanterieeinheiten in der Regel wie folgt organisiert: Vier Kompanien bildeten ein Bataillon, drei Bataillone ein Regiment, zwei Regimenter eine Brigade, zwei Brigaden eine Division und zwei Divisionen ein Korps. Eine aktive Division, einschließlich anderer Dienste wie Artillerie oder Pioniere, zählte in der französischen Armee 17.286 und in der deutschen 16.650 Mann (auf dem Papier). Zu Beginn der Offensive bestand die 5. deutsche Armee – die bei Verdun stationiert war – aus sechs Korps mit jeweils zwei Divisionen, weitere neun Regimenter hatte sie noch in Reserve. Anfang März verfügte die verstärkte französische 2. Armee über 18,5 Divisionen, organisiert in fünf Korps; (Jankowski, Verdun 2015. S. 23).
[16] Jedes Regiment hatte zu Kriegsbeginn 3 Bataillone (zu je 4 Kompanien) und 1 Maschinengewehrkompanie;

satzgeschäft besorgten 3 Landwehr-Inspektionen und 34 Bezirkskommandos.[17] Beim Ausbruch des Krieges – mit Beginn der Mobilmachung – „trat vertragsgemäß die Bayerische Armee unter den Oberbefehl des Deutschen Kaisers, des Obersten Bundesfeldherrn"[18], blieb aber auch dann noch zunächst ein in sich geschlossener Bestandteil des deutschen Heeres mit selbstständiger Verwaltung und der Militärhoheit des Königs von Bayern untertan. Vor Kriegsausbruch versah Generaloberst der Infanterie Kronprinz Rupprecht von Bayern das Amt des Generalinspekteurs.[19] Die Eigenständigkeit der Bayerischen Armee wurde auch dadurch deutlich, dass „die durch das ganze Deutsche Heer laufende Bezifferung der Truppenteile […] an den weiß-blauen Grenzpfählen Halt [machte]"[20].

Im Frieden war die Königlich Bayerische Armee, wie bereits gesagt, in drei Armeekorps (Abbildung 1) eingeteilt. Jedes Armeekorps verfügte über zwei Infanterie-Divisionen mit je zwei Infanterie-Brigaden, zwei Kavallerie-Brigaden und zwei Feld-Artillerie-Brigaden. Die Brigaden hatten im Schnitt zwei Infanterie-Regimenter und vereinzelt noch zusätzlich ein Jäger-Bataillon. Die Regimenter wiederum hatten in der Regel zwei bis drei Bataillone. Die Armeekorps verfügten außerdem unterschiedlich noch über weitere Unterstützungstruppen wie Fuß-Artillerie-Regimenter[21], Pionier-Bataillone, Eisenbahn-Bataillone, Flieger-Bataillone sowie Telegrafen-Bataillone.

Das II. Armeekorps hatte nach dem Stand 1914 folgende Landwehrbezirke: Landau, Kaiserslautern, Ludwigshafen, Zweibrücken, Neustadt und außerhalb der Pfalz u. a. Kissingen.[22] Der Bezirk Zweibrücken, in der Nähe des Geburtsortes Kirrberg von Karl Didion, war der 5. Inf.-Brig.[23] mit Sitz in Zweibrücken unterstellt und hatte als Aushebungsbezirke Homburg, Pirmasens, St. Ingbert und Zweibrücken.

Bayerisches Kriegsarchiv, Lothringen Bd. I 1929, S. 1.
[17] Bayerisches Kriegsarchiv, Lothringen Bd. I 1929, S. 3.
[18] Bayerisches Kriegsarchiv, Lothringen Bd. I 1929, S. 4.
[19] Bayerisches Kriegsarchiv, Lothringen Bd. I 1929, S. 4.
[20] Bayerisches Kriegsarchiv, Lothringen Bd. I 1929, S. 4.
[21] Charakteristisch und namensgebend war, dass die Bedienungsmannschaften der Fußartillerie im Unterschied zur fahrenden bzw. reitenden Feldartillerie nicht beritten waren, sondern marschierten. Nur das Geschütz sowie die Wagen für Munition und Material waren bespannt. Lediglich für schnelle Bewegungen auf dem Schlachtfeld saß die Mannschaft auf Protze und Geschütz (früher auch auf den Handpferden der Bespannung) auf. Später wurden Protzen und Geschütze so konstruiert, dass die Kanoniere stets aufsitzen konnten und die Bezeichnung Fußartillerie fortan mehr aus Gründen der historischen Überlieferung beibehalten wurde;
URL: https://de.wikipedia.org/wiki/Fußartillerie; 13.11.2015.
[22] Bayerisches Kriegsarchiv, Lothringen Bd. II 1929, S. 863.
[23] Zur 5. Infanteriebrigade gehörte das 22. Infanterie-Regiment Fürst Wilhelm von Hohenzollern, das mit I. und II. Btl. in Zweibrücken lag, das III. Btl. war in Saargemünd stationiert; Bayerisches Kriegsarchiv, Lothringen Bd. II 1929, S. 857.

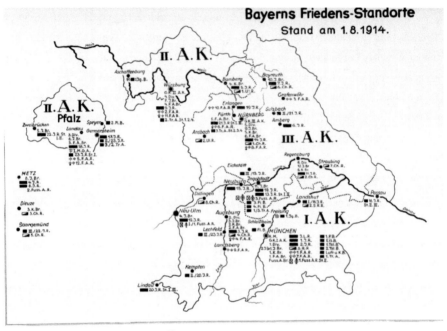

Abbildung 1: Bayerns Friedens-Standorte[24]

Metz.

8. Infanterie-Brigade.[2])

Kommandeur: Generalmajor Riedl.
Adjutant: Hauptmann Hagen.

8. Infanterie-Regiment.
Oberst Hannappel.
I. Major Eduard Rüber.
II. Major Afchauer.
III. Major Oskar v. Wenz zu
Niederlahnstein.
M.G.K.

4. Infanterie-Regiment.
Oberst Kleinhenz.
I. Major Friedrich Küster.
II. Major Anton Staubwasser.
III. Major Paulus.
M.G.K.

2. Fußartillerie-Regiment[3]): Major Kemmer.
I. Batl. Major Bruhn (1., 2., 3., 4. Batt., Parktomp.).
II. Batl. Major Ernst Zimmermann (5., 6., 7., 8. Batt., Parktomp.).

Referve-Fußartillerie-Regiment 2[4]): Major Fehl.
I. Batl. Hauptmann Wilhelm v. Berchem (1., 2., 3., 4. Batt. f. F.-H. 02,
l. M.-K., Parktomp.).
II. Batl. Hauptmann Blümlein (5., 6., 7., 8. Batt. f. F.-H. 02, l. M.-K.,
Parktomp.).

Referve-Fußartillerie-Regiment 3: Oberftleutnant Rofenberger.
I. Batl.[5]) Major Weippert (1., 2., 3., 4. Batt. f. F.-H. 02, Parktomp.).
II. Batl.[6]) Hauptmann Salb (5., 6., 7., 8. Batt. Mrs., Parktomp.).

Landwehr-Fußartilleriebataillon 2: Major Huber.
(1., 2., 3., 4. Batt. f. F.-H. unbespannt, Parktomp.).

Außerdem lagen in Metz die **Erfaßbataillone** folgender Truppenteile: 4. und 8. Infanterie-Regiments, Referve-Infanterie-Regiments 5,
Landwehr-Infanterie-Regiments 5, 2. Fußartillerie-Regiments.

Abbildung 2: Kriegsbesatzung der Festung Metz[25]

Obwohl in Zweibrücken die 5. Inf.-Brig. lag, wurde Karl Didion 1915 in die Festung Metz zum 8. b. Inf.-Rgt. eingezogen, wobei Metz, Dieuze und Saargemünd ebenfalls dem II. Armee-Kommando Pfalz unterstanden. Das 8. Infanterie-Regiment Großherzog Friedrich II. von Baden, wie das 8. b. Inf.-Rgt. mit vollem Namen hieß, gehörte zur 8. Infanterie-Brigade mit Standort Metz (Abbildung 2), diese wiederum war der 4. Division mit Hauptquartier in Würzburg unterstellt.

In Metz lag auch das Ersatz-Bataillon des 8. I.R.

2.1.2 Im Felde

Im Kriege bildeten die bayerischen Truppen die 6. und 7. Armee mit ihren Oberbefehlshabern Generaloberst der Infanterie Kronprinz Rupprecht von Bayern und Generaloberst der Infanterie von Heeringen. Die 6. Armee bestand aus den bayerischen Armeekorps I, II, III und XXI sowie dem I. bayerischen Reservekorps, das neben zwei Reserve-Divisionen die bayerischen Landwehr-Divisionen und die Ersatz-Divisionen 4, 8 und 10 umfasste. Die 7. Armee bestand aus dem XIV. und XV. Armeekorps sowie dem XIV. Reservekorps mit den Reserve-Divisionen 26, 28 und 30 (Letztere war ursprünglich als Hauptreserve der Festung Straßburg in Aussicht genommen), den Landwehr-Brigaden 1, 2, 60 und 55. Später wurde der 7. Armee noch die Bayerische Ersatz-Division, die Garde-Ersatzdivision, die 19. Ersatz-Division und die 55. gemischte Ersatz-Brigade unterstellt. Außerdem stand der 7. Armee als Hauptreserve der Festung Metz die preußische 33. Reserve-Division zur Verfügung. Die 33. Reserve-Division unter Generalmajor Bausch bestand aus der 66. Res.-Inf.-Brig. und der 8. b. Inf.-Brig. unter dem Befehl von Generalmajor Riedl. Diese Brigade umfasste das 4. b. I.R. und das 8. b. I.R. unter Oberst Hannapel[26], die Einheit, in der Karl Didion vom 07.10.19.15 bis zum 30.09.1916[27] in verschiedenen Kompanien diente.

Neben der bayerischen 30. und preußischen 33. Reserve-Division wird in dieser Arbeit auch von der 39. Reserve-Division die Rede sein. Die 39. Königlich Bayerische Reserve-Division[28], wie die 39. Reserve-Division mit vollem Namen hieß, war ein Verband der Bayerischen Armee; zu

---

[25] Dellmensingen, Bayernbuch 1930, S. 174.
[26] Bayerisches Kriegsarchiv, Lothringen Bd. II 1929, S. 863 (beachte unterschiedliche Schreibweise von Hannapel).
[27] Landwehrpass in Privatbesitz des Verfassers.
[28] Im August 1914 wurde die 39. R. D. ursprünglich als provisorische Brigade von Rekowski aufgestellt. Die Einheit wurde am 02.10.1914 zur Division von Rekowski erweitert und ab 08.12.1914 als 39. Reserve-Division geführt. Da die Division zum größten Teil aus bayerischen Verbänden bestand, wurde sie am 26.12.1914 in 39. Königlich Bayerische Reserve-Division umbenannt und dem neu entstandenen XV. Kgl. Bay. Reserve-Korps unterstellt. Der Verband wurde in Elsaß-Lothringen und vor Verdun eingesetzt und im Rahmen der Demobilisierung nach dem Waffenstillstand von Compiègne in die Heimat zurückverlegt und dort aufgelöst; Cron, Geschichte des Deutschen Heeres 1937, S. 103.

ihr gehörte das Ersatz-Regiment 2.[29]

2.2 Rekrutenausbildung in Metz

Die Unmöglichkeit, die Infanterie-Ersatzmannschaften in der Heimat genügend auszubilden, hatte schon seit November 1914 zu einer Aufstellung von Feldrekrutendepots hinter der Front zunächst der aktiven, bald auch der Reservekorps, Anlass gegeben. „Diese Maßnahme zeitigte so gute Erfolge, dass sie immer mehr Nachahmung fand und bald dahin führte, jede Division mit einem besonderen Rekrutendepot zu versehen. Diese Depots gingen schließlich in die Kriegsgliederung der Divisionen über."[30]

Im Band II soll näher auf die Ausbildungsroutine der Rekrutendepots eingegangen werden.

2.3 Einheiten, in denen Karl Didion diente

Ldstm. Karl Didion wurde, wie bereits gesagt, am 14.06.1915 in das Rekrutendepot des 8. b. I.R. in Metz eingezogen, kämpfte mit dem 8. b. I.R. und wurde am 03.10.1916 in das Ers.-Rgt. 2 versetzt, in dem er bis zu seiner Gefangenschaft verblieb. Karl Didion gehörte nur diesen beiden Regimentern an.

Diese Regimenter waren während des Krieges in verschiedenen übergeordneten Einheiten eingebunden. Zunächst sollen diese generisch definiert werden.

Deutschland war in 21 **Korpsbezirke** mit jeweils kommandierenden Generalen eingeteilt. Drei Korpsbezirke mit eigener Zählung I-III lagen in Bayern. Jedem Generalkommando[31] unterstanden 2 Divisionen und im Allgemeinen 1 Fuß-Artillerie-Regiment, 1 bis 2 Pionier-Bataillone, 1 Train-Abteilung 1 Jäger-Bataillon und 1 MG-Abteilung.

Die **Divisionen** setzten sich im Frieden aus „2 Inf.-, 1 Kav.- und 1 Felda.-Brig. mit jeweils 2 Regimentern zusammen. Das Inf.-Rgt. teilte man in 3 Btl. und 1 MG.-Komp. ein, das Kav.-Rgt. in 5 Esk., das Art.-Rgt. in 2 Abt. Außer diesen Truppen gab es noch Sonderformationen."[32]

Bis zum Frühjahr 1915 waren ursprünglich sämtliche Divisionen wie im Frieden mit zwei Infanterie-Brigaden zu je 2 Regimenter ausgerüstet. „Infolge der notwendigen Aufstellung neuer Ver-

---

[29] S. dazu Kapitel 2.3.2.
[30] Cron, Organisation des Deutsches Heeres 1923, S. 45.
[31] Das Generalkommando war die Kommando- und die Verwaltungsbehörde eines Armeekommandos. Der Kommandant war ein General, deshalb die Bezeichnung Generalkommando. Im Kriegsfall marschierte das Generalkommando mit seinen unterstellten Truppen, dem Armeekorps, an die Front. Im Verlauf des Ersten Weltkrieges wurden geplante und situationsbedingte korpsunabhängige Generalkommandos gebildet. Das stellvertretende Generalkommando wurde im Kriegsfall gebildet. Es nahm im heimatlichen Korpsbezirk die Aufgabe des Generalkommandos war; URL: http://wikide.genealogy.net/Militär/Formationsgeschichte/ Deutschland/Erster_Weltkrieg/Korps_und_Gouvernements; 19.11.2015.
[32] Cron, Organisation des Deutsches Heeres 1923, S. 1.

bände einerseits und der ungenügenden Ersatzlage andererseits" wurde der Etat einer Division auf drei Infanterie-Regimenter reduziert. „Die Division verfügte in ihrer neuen Gestalt also nur noch über eine Infanterie-Brigade; diese aber zählte nunmehr drei Regimenter."[33]

Die **Infanterie-Regimenter** waren mit 3 Bataillonen[34] und zumeist 1 MG-Kompanie in den Krieg gezogen. Die Bataillone zählten 4 Kompanien zu je 260 Mann, die MG-Komp. rund 90 Mann und 6 Maschinen-Gewehre.[35]

Es verbleibt noch, generisch die Großverbände, die im Laufe der Arbeit genannt werden, zu definieren: Reserve-Division, Ersatz-Division, Reservekorps, Armee, Armee-Abteilung, Heeresgruppe, Oberste Heeresleitung.

Reservedivision: Sie „stand in Bezug auf die Feldartillerie der Inf.-Div. nach. Sie verfügte nur über 1 Regiment dieser Waffengattung."[36]

Ersatz-Division: Sie „zählte drei gemischte Ers.-Brigaden[37], die zusammen den ungefähren Bestand einer Inf.-Div., jedoch ohne Sanitäts-Komp.[38] und Brückentrain, ausmachten."[39]

Armeekorps: Ein Korps war ein militärischer Großverband des Heeres aus mehreren Divisionen beziehungsweise Brigaden und zusätzlichen Korpstruppen. Es bestand aus mehreren Waffengattungen und umfasste „1557 Offiziere, 44061 Unteroffiziere u. Mannschaften, 16839 Pferde, 2880 Fahrzeuge."[40]

Reservekorps: Es „war schwächer ausgestattet als das aktive. Jenem fehlten gegen dieses die schwere Artillerie (Fuß.-Batl.), Korps-Br.-Train, Sw.-Zug und Fli.-Abt., die weniger zahlreichen Munitionskolonnen und Trains unterstanden einem gemeinsamen Kommandeur. [...] Der Unterschied zwischen den aktiven und den Reservekorps findet den deutlichsten Ausdruck in ihren Etatstärken. [...] Diese waren folgendermaßen festgesetzt: 1224 Offiziere, 35766 Unteroffiziere u. Mannschaften, 10166 Pferde, 1925 Fahrzeuge."[41]

Armee: Die Armee ist der übergeordnete Großverband eines Korps. Die Armeen bzw. Armeeoberkommandos des deutschen Heeres waren Kommandobehörden, die während des Ersten

---

[33] Cron, Organisation des Deutsches Heeres 1923, S. 43 f.
[34] Zeitweise beim Stellungskrieg ergänzt durch ein 4. Feld-Infanterie-Bataillon; Cron, Organisation des Deutsches Heeres 1923, S. 44.
[35] Cron, Organisation des Deutsches Heeres 1923, S. 43 f.
[36] Cron, Organisation des Deutsches Heeres 1923, S. 5.
[37] „Die gemischten Ersatz-Brigaden waren aus mobilen Ersatzformationen zusammengesetzt. Im allgemeinen gehörten zu einer solchen Brigade: 4 bis 6 Brig.-Ers.-Btl., 2 Ers.-M.-G.-Züge, 1 Kav.-Ers.-Abt., 2 Feld-Ers.-Abt. zu 2 Battr., 1 Pi.-Ers.-Komp. und 1 Train-Ers.-Abt."; Cron, Organisation des Deutsches Heeres 1923, S. 5.
[38] Schreibweise Kompanie normal, Kompagnie bei Zitaten aus der Zeit des Ersten Weltkrieges.
[39] Cron, Organisation des Deutsches Heeres 1923, S. 5.
[40] Cron, Organisation des Deutsches Heeres 1923, S. 5.
[41] Cron, Organisation des Deutsches Heeres 1923, S. 5.

Weltkriegs eingerichtet wurden. Sie bildeten mit den ihnen unterstellten Armee- oder Reserve-korps sowie zahlreichen Spezialtruppen militärische Großverbände. Insgesamt wurden 20 ver-schiedene Armeeoberkommandos eingerichtet. Hinzu kamen zehn weitere Armeegruppen und -abteilungen, die schwächer ausgestattet waren und meist für spezielle Aufgaben zusammenge-stellt wurden.[42]

Armee-Abteilung: In Kriegszeiten war es in bestimmten Lagen erforderlich, mehrere Armee-korps oder auch Reste von Truppenteilen zusammenzufassen, ohne dass ein Armeeoberkom-mando mit zugehörigen Armeetruppen und Führungsmitteln verfügbar war. Das heißt, neben den „vollwertigen" Armeen wurden „Armeeabteilungen" als improvisierte selbstständige Großver-bände aus Abgaben anderer Verbände zusammengestellt. Die so gebildeten Armeeabteilungen erhielten dann den Namen des Befehlshabers, des Einsatzortes oder auch nur einen Buchstaben. Im Gegensatz zu einer Korpsgruppe, welche im Allgemeinen einer Armee unterstand, wurden die Armeeabteilungen direkt von einer Heeresgruppe geführt. Aufgrund der improvisierten Nachschub- und Nachrichtenmittel waren die Armeeabteilungen meist kleiner als die typischen Armeen. Es handelte sich dabei oft um Landwehr-Truppen. Ihre Kampfkraft war eher gering, da sie normalerweise über wenig schwere Artillerie verfügten. Sie wurden teilweise zu vollwertigen Armeen aufgerüstet.[43]

Beispiele an der Westfront zwischen Verdun und Schweizer Grenze:

Armeeabteilung A (zuvor „Armeeabteilung Falkenhausen"[44])

Armeeabteilung B (zuvor „Armeeabteilung Gaede"[45])

Armeeabteilung C (zuvor „Armeeabteilung Strantz"[46]; Abbildung 3 und Abbildung 4)

---

[42] URL: https://de.wikipedia.org/wiki/Armee; 20.11.2015.
[43] URL: https://de.wikipedia.org/wiki/Armeeabteilung;19.11.2015.
[44] Im August 1914 wurde Ludwig von Falkenhausen im Zuge der Mobilmachung als kommandierender General des Ersatzkorps der 6. Armee mit insgesamt drei Ersatz-Divisionen ernannt. Das Kommando des Ersatzkorps wurde am 17.09.1914 in die Armeeabteilung Falkenhausen überführt, die später als *Armeeabteilung A* in der Heeresgruppe Herzog Albrecht bezeichnet wurde und ab Kriegsmitte im Südabschnitt der Westfront zwischen Verdun und der schweizerischen Grenze eingesetzt war; URL: https://de.wikipedia.org/wiki/Ersatzkorps; 19.11.2015.
[45] Bei der Mobilmachung 1914 wurde auch das stellvertretende Generalkommando XIV mobilgemacht und am 19. September 1914 in Armeegruppe „Gaede" umbenannt. Zwei Monate später, ab dem 25. November, wurde sie erneut umbenannt in Armeeabteilung „Gaede". Am 6. September 1916 erhielt sie ihren endgültigen Namen Armeeabteilung „B". Sie wurde nach Ende des Krieges am 23. Dezember 1918 aufgelöst. Die Armeegruppe/Armeeabteilung war nur an der Westfront von den südlichen Vogesen bis zum Sundgau bei der Heeresgruppe Deutscher Kronprinz, ab 25. Februar 1917 Heeresgruppe Herzog Albrecht von Württemberg, eingesetzt. Vom 2. August bis 19. September 1914 stand sie als Deckungstruppen hinter der 7. Armee am Oberrhein. Nach Verlegung der 7. Armee nach Norden übernahm sie deren Frontabschnitt. Oberbefehlshaber seit 13.08.1914 General der Infanterie Gaede, seit 03.09.1916 General der Infanterie v. Gündel; URL: https://de.wikipedia.org/wiki/XIV._Armee-Korps_(Deutsches_Kaiserreich)#Armeeabteilung_B; 19.11.2015.
[46] Am 11. September 1914 wurde General Strantz neben seiner Stellung als kommandierender General des V. Korps gleichzeitig Oberbefehlshaber der Armeeabteilung „Strantz", die den linken Flügel der 5. Armee deckte. Zwischen

Auf der Karte in Abbildung 3 sind die genannten Armee-Abteilungen und außerdem die Abteilung Ferling und das Korps Eberhardt mit Stand 10.10.1914 zu sehen.

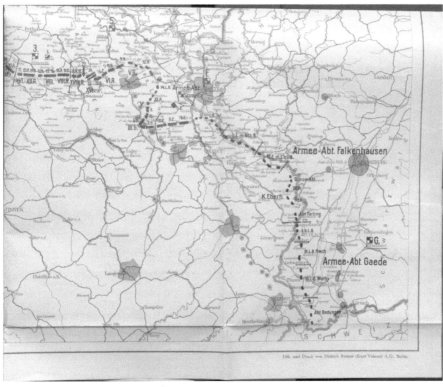

Abbildung 3: 10.10.1914, Karte Westen[47]

Heeresgruppe: Eine Heeresgruppe ist die Zusammenfassung mehrerer militärischer Großverbände (Armee, Armeegruppe) unter einem einheitlichen Oberkommando. Sie bildete eine typische Einrichtung des deutschen Heeres.[48]

---

12. und 13. September erfolgte der Rückzug der 5. Armee aus den südlichen Argonnen. Das Hauptquartier befand sich im Château de Moncel bei Jarny im Département Meurthe-et-Moselle. Das Korps führte die folgenden Jahren Stellungskämpfe zwischen Maas und Mosel.
Während der Schlacht um Verdun im Frühjahr 1916 deckte das Korps die Angriffe der 5. Armee am linken Flügel in der Woëvre-Ebene. Am 2. Februar 1917 wurde General Eduard von Below zum neuen Kommandierenden General ernannt. Im Juni 1917 war das Korps Teil der Armee-Abteilung C, unterstellt waren die 8. Landwehr-Division sowie die 44. und 45. Reserve-Division. Das V. Korps wurde zwischen 14. März und 11. November 1918 als „Gruppe Combres" bezeichnet. Während der Schlacht von St. Mihiel waren dem Korps die 13. Landwehr-Division, die k. u. k. 35. Infanterietruppen-Division und als Reserve die 88. Division unterstellt. Zusammen mit der „Gruppe Mihiel" (Generalkommando XII. R. K.) und der „Gruppe Gorze" (Generalkommando 57) musste im September 1918 der St.-Mihiel-Bogen vor den französisch-amerikanischen Angriffen aufgegeben werden;
URL: https://de.wikipedia.org/wiki/V._Armee-Korps_(Deutsches_Kaiserreich); 19.11.2015.
[47] RA Bd. 5 1929, Karte 8 (und 4).
[48] Cron, Geschichte des Deutschen Heeres 1973, S. 61 f.; s. Definition OHL.

Oberste Heeresleitung (OHL): Die Oberste Heeresleitung (OHL) war die strategisch-operative Leitung bzw. der Oberbefehl über die aktiven Truppenteile des deutschen Heeres während des Ersten Weltkrieges. Diese wurde faktisch vom Chef des Generalstabes des Feldheeres ausgeübt. Die Oberste Heeresleitung oblag de jure dem deutschen Kaiser. Allerdings verzichtete Wilhelm II. mit Beginn des Ersten Weltkrieges praktisch auf diese Befugnis, indem er den Chef des Generalstabes des Feldheeres bevollmächtigte, in seinem Namen eigenmächtig Befehle zu erteilen. „Eine nahezu restlose Gleichsetzung des Begriffs ‚Oberste Heeresleitung' mit dem Generalstabschef trat nach der Berufung des Generalfeldmarschalls Hindenburg und des Generals Ludendorff in das Große Hauptquartier ein – 29. August 1916."[49]

Die Oberste Heeresleitung (OHL) führte das Heer zu Beginn des Ersten Weltkrieges mittels direkter Anweisungen an die einzelnen Armeeoberkommandos. Doch bald erwies es sich als unmöglich, mit den damaligen nachrichtentechnischen Mitteln eine Massenarmee von mehr als 3,9 Millionen Menschen (nach der Mobilmachung) aus einer einzigen Zentralinstanz heraus zu befehligen. Im Verlauf des Krieges gelang es zwar, den Nachrichtendienst mittels Fernsprechern und Telegrafie, der anfangs nur bis zur Korpsebene ging, bis zu den Divisionsstäben auszubauen, jedoch wurden diese dadurch auch in die Lage versetzt, wesentlich selbstständiger zu operieren. Im Verlauf des Ersten Weltkrieges vervielfachte sich die Zahl der Armeen und es war nicht selten, dass mehrere Armeen an einem Kriegsschauplatz zusammen den Kampf zu führen hatten. Das machte ihre Zusammenfassung in Heeresgruppen mit jeweils eigener Führung notwendig. Aus diesem Grund ging man ab 1916 zunehmend dazu über, Armeen unter einem Heeresgruppenkommando zusammenzufassen. „Diese fungierten dann als entlastende Zwischeninstanzen. Die Heeresgruppen unterstanden der OHL unmittelbar."[50]

Cron führt dazu aus: „Am Anfang des Krieges führte die OHL die große Offensive der 7 Armeen im Westen durch unmittelbare Weisungen an sämtliche Oberkommandos."[51]

Solche Massen konnten aber nicht von einer Stelle aus mit knappen Befehlen bewegt werden, was auch zum Misserfolg bei der Umsetzung des Schlieffenplanes beitrug.

> Das Behelfsmittel der zeitweiligen Unterstellung einer Armee unter den Führer der Nachbararmee erwies sich bald als verfehlt, da neue Reibungen entstanden und die Einheitlichkeit der Handlung doch nicht voll erreicht wurde. Daher drängte sich die Notwendigkeit eines selbständigen Verbindungsgliedes zwischen der obersten Führung und den Armeen schon frühzeitig auf.[52]

In der im Osten erprobten Heeresgruppe wurde das Verbindungsglied gefunden, das dann auch

---

[49] Cron, Organisation des Deutsches Heeres 1923, S. 9.
[50] URL: https://de.wikipedia.org/wiki/Heeresgruppe, 19.11.2015.
[51] Cron, Organisation des Deutsches Heeres 1923, S. 25.
[52] Cron, Organisation des Deutsches Heeres 1923, S. 25.

an der Westfront nach Anfangsschwierigkeiten ab 01.12.1916 geschaffen wurde.[53]

2.3.1 Königlich Bayerisches Infanterie-Regiment 8

Das 8. Infanterie-Regiment „Großherzog Friedrich II. von Baden" gehörte, wie bereits angemerkt, im Frieden neben dem 4. Infanterie-Regiment „König Wilhelm von Württemberg" in Metz der 8. Infanterie-Brigade innerhalb der 4. Division dem II. Armeekorps an.[54]

Bei der Mobilisierung[56] war das 8. I.R. unter dem Befehl von Oberst Hannapel[57] mit seinen drei Bataillonen der 8. b. Inf.-Brig.[58] und diese vom 13.08.1914 bis 12.06.1916 der preußischen 33. Res.-Div. (Generalmajor Bausch), der Hauptreserve der Festung Metz, die zum XIV. Reservekorps gehörte, unterstellt. Das XIV. Reservekorps gehörte zur Armee-Abteilung Strantz[59] (Abbildung 4). Kommandeur des 8. I.R. war vom 10.10.1914 bis 22.04.1917 Oberst von Rücker.

Am 14.08.1916 trat das Regiment in den Verband der 14. b. Inf.-Div. ein. Diese Division war vor Verdun der 33. Div, die dem Alpenkorps unterstellt war, zur linken Hand benachbart (Abbildung 5) und unterstand dem XVIII. Reserve-Armeekorps.

Abbildung 4: General Hermann von Strantz[55]

Es ergeben sich zusammenfassend folgende Unterstellungsverhältnisse für das 8. I.R.:

31.07.1914 bis 12.08.1914	Gouv. Metz (Grenzsicherung).
13.08.1914 bis 12.06.1916	8. b. Inf.-Brig. (33. Res.-Div.).
14.06.1916 bis 19.07.1916	8. b. Inf.-Brig. (6. bayer. Inf.-Div.).
13.08.1916 bis 18.09.1918	8. b. Inf.-Brig. (14. bayer. Inf.-Div.).

---

[53] Cron, Organisation des Deutsches Heeres 1923, S. 27.
[54] Bayerisches Kriegsarchiv, Lothringen Bd. II 1929, S. 857.
[55] URL: http://prussianmachine.com/aok/strantz.htm; 20.09.2017.
[56] Bayerisches Kriegsarchiv, Lothringen Bd. II 1929, S. 891.
[57] Gefallen am 27.09.1914 bei Ville en Woëvre; Bayerisches Kriegsarchiv, Erinnerungsblätter 1926, S. 16.
[58] Unter dem Befehl von Generalmajor Karl von Riedl vom 27.03.1913 bis 01.08.1916 und Generalmajor Karl von Reck 01.081916 bis 30.09.1917; Bayerisches Kriegsarchiv, Lothringen Bd. II 1929, S. 891.
[59] Bayerisches Kriegsarchiv, Lothringen Bd. II 1929, S. 880.

Abbildung 5: Stellungskarte vor Verdun Mitte 1916[60]

2.3.1.1   Ursprung und Tradition

Das Königlich Bayerische Infanterie-Regiment 8 „Großherzog Friedrich von Baden"[61] wurde am 01.10.1753 laut Dekret des Kurfürsten Maximilian III. Joseph errichtet. Die Regimentsgeschichte ist im Bayerischen Kriegsarchiv von der Musterung am 25.05.1759 in Erlangen bis zum 1. Weltkrieg fast vollständig niedergelegt. Für die Zeit des Ersten Weltkriegs ist u. a. Folgendes aufgezeichnet:

1914	Ersatz-Btl. errichtet.
16.10.1914	Reserve-Festungs-MG Abt. 7 zugeteilt.
07.07.1915	Besuch des Großherzogs v. Baden in Billy sous les Côtes.
1916	2. u. 3. MG Kp. errichtet.
Juni 1917	Besuch des GFM [Generalfeldmarschall] Prinz Leopold.

---

[60] RA Bd. 10 1936, Karte 3.
[61] Bayerisches Kriegsarchiv, Erinnerungsblätter 1926, S. 8 f.

24.12.1917   Besuch des Großherzogs v. Baden.

1918   1 Minenwerfer-Komp. errichtet, Rgts.- u. Btl-Nachrichtenzüge aufgestellt.

18.09.1918   Reste dem k. b. Res IR 21 einverleibt [...]

Präsentiermarsch: Bayer. Präsentiermarsch, Fahnenmarsch von 1822/23

Parademarsch: Marsch des I.R. Großherzog Friedrich von Baden (Carl Häfele)[62]

2.3.1.2   Gefechte 1915/16

Mit Kriegsbeginn[63] trat das Regiment in den Verband der preußischen 33. Res.-Div. (Abbildung 6), der Hauptreserve der Festung Metz, ein. Das Bewegungs- und Kampfgebiet lag zunächst in der Woëvre-Ebene. Von Sept. 1914 bis 24.03.1915[64] folgte ein Stellungskrieg um die Combres-Höhe. Dann war ab 30.03.1915 zunächst ruhiger Stellungskrieg im Bois des Chevaliers (Ritterwald bei Lamorville). Von dort wurde das Regiment bei Lamorville und westlich von Les Éparges (NW von Combres) zweimal zum Kampf herausgezogen.

Im August 1916 trat das Regiment in den Verband der 14. b. Inf.-Div., Kommandeur Generalleutnant Ritter von Rauchenberger, ein und kämpft vor Verdun bis Ende September 1916.

Abbildung 6: Sigel des 8. I.R.[65]

2.3.2   Bayerisches Ersatz-Regiment 2

Die Ersatz-Regimenter entstanden im Laufe des Krieges unter Beachtung der Entwicklung der Brigade-Ersatz-Bataillone, Reserve-Brigade-Ersatz-Bataillone, Reserve-Ersatz-Infanterie-Regimenter und Ersatz-Infanterie-Regimenter.

Die Brigade-Ersatz-Bataillone erschienen im Jahre 1911 zum ersten Mal im Mobilmachungsplan. Sie waren mobile Formationen, die mit einem Reserve-Infanterie-Bataillon zu vergleichen waren. Sie wurden zwischen dem 10. und 15. Mobilmachungstag mobil. Je zwei Kompanien der Ersatz-Bataillone der zu einer Brigade gehörenden Regimenter wurden zu einem Brigade-Ersatz-Bataillon zusammengestellt, das die Nummer der Brigade trug, zu der die Regimenter gehörten.

Die Reserve-Brigade-Ersatz-Bataillone (wie auch die Landwehr-Brigade-Ersatz-Bataillone) trugen die Nummern der Brigade-Bezirke (Bezirke der stellvertretenden Brigadekommandos), in

---

[62] Voigt, Deutschlands Heere 1984, S. 263.
[63] Bayerisches Kriegsarchiv, Erinnerungsblätter 1926, S. 13.
[64] Bayerisches Kriegsarchiv, Erinnerungsblätter 1926, S. 16.
[65] KA: 8. I.R._(WK)_6_136 (1554).

denen sie aufgestellt wurden. Ursprünglich waren sie nur als Besatzungstruppen vorgesehen, wurden jedoch unter dem Druck der Verhältnisse sehr bald an der Front eingesetzt. Bei der Aufstellung im Frühherbst 1914 nahm man die Ersatz-Bataillone in Anspruch, die bis dahin wenig Ersatz stellen mussten. Zum Beispiel waren das IX. Reservekorps und die Landwehr des IX. Armeekorps im August 1914 größtenteils zum Küstenschutz in Schleswig-Holstein eingesetzt. Die Reserve-Brigade-Ersatz-Bataillone erhielten wie auch die Landwehr-Brigade-Ersatz-Bataillone kein aktives Personal zugewiesen. Die Kommandeure kamen meistens aus dem inaktiven Dienststand und aus dem Beurlaubtenstand. Die Mannschaften kamen meist aus dem Landwehr-Aufgebot II. (bei den Landwehr-Brigade-Ersatz-Bataillonen auch aus dem Landsturm).

Mitte und Ende September des Jahres 1914 wurden die zwölf Reserve-Brigade-Ersatz-Bataillone zu Reserve-Ersatz-Infanterie-Regimentern zusammengestellt.

Die verbleibenden 70 Brigade-Ersatz-Bataillone wurden im Sommer 1915 zu nummerierten Regimentern zusammengestellt (die 6 Garde-Brigade-Ersatz-Bataillone waren im 1. und 2. Garde-Ersatz-Regiment aufgegangen, die 10 Brigade-Ersatz-Bataillone Nr. 17-24, 77 und 78 waren bereits 1914 aufgelöst worden). Badener, Bayern, Sachsen und Württemberger wählten den Namen Ersatz-Infanterie-Regiment, Preußen jedoch die Bezeichnung Infanterie-Regiment. Die Regimentsnummern der bayerischen Ersatz-Infanterie-Regimenter Nr. 1-5 waren – wie bei allen mobilen bayerischen Ersatzformationen – auf den Achselklappen in Grün gehalten, auf den Helmüberzügen war ein „E" und darunter die Regimentsnummer in Grün angebracht (Verfügung des bayerischen Kriegsministeriums vom 19.10.1915).[66]

Das Bayerische Ersatz-Regiment 2 (Ers.-Reg. 2) wurde am 11.11.1914 gemäß Erlass des bayerischen Kriegsministeriums vom 03.11.1914 durch das stellv. Gen.-Kdo. bayer. A. K. durch Umbezeichnung des Ers.-Inf.-Rgt. Ertl (I) mit 2 Bataillonen aufgestellt und sogleich mobilisiert. Im August und September 1915 wurden 3 MG-Züge zugeteilt, die sich im März 1916 zu 2 MG-Kompanien formierten. Mitte Oktober 1917 wurde dem Ersatz-Regiment 2 ein 3. Bataillon zugefügt und eine 3. MG-Kompanie aus München überwiesen. Der erste Kommandeur war Generalmajor z. D. Weißmüller.[67]

Dieses Regiment war vom 11.11.1914 bis 03.11.1916 der 5. Bayerischen Ersatz-Brigade (30. Reserve-Division) und vom 06.11. bis Dezember 1918 der 1. Bayerischen Ersatz-Brigade (39. Reserve-Division) unterstellt. Das Regiment blieb kriegsgliederungsmäßig bei der 39. Reserve-

---

[66] Busche, Formationsgeschichte 1998, S. 74 ff., S. 167 u. 173.
[67] Busche, Formationsgeschichte 1998, S. 173.

Division, war aber seit 30.12.1916 ständig abkommandiert.

Laut Kraus ist die Zuteilung vom 30.12.1916 bis 27.04.1917 unklar. Vom 28.04.1917 bis 18.03.1918 war es dem Divisions-Kommando z. b. V. 301, vom 19.03.1918 bis 30.07.1918 der 55. Landwehr-Brigade (Div.-Kdo. z. b. V. 301), vom 20.08. bis 20.12.1918 der 61. Landwehr-Brigade (XV. Reservekorps) und das II. Bataillon bereits vom 16.06. bis 19.08.1918 der 61. Landwehr-Brigade (XV. Reservekorps) zugeteilt.[68]

Den Kriegsverlauf, den Ldstm. Karl Didion ab Ende September 1916 bis zum Waffenstillstand mit dem Ers.-Rgt. 2 erlebte, ist Gegenstand des II. Bandes.

---

[68] Kraus, Ersatztruppen 2013, S. 17.

3 Gefechte auf den Maashöhen mit dem 8. Bayerischen Infanterie-Regiment

Nach der Ableistung der Rekrutenzeit im Rekrutendepot Metz im Sommer 1915 wurde Ldstm. Karl Didion laut seinem Soldbuch am 12.08.1915 zur 33. Res.-Div. und am 07.10.1915 zum 8. I.R. 2. Kp. im Felde versetzt. Dabei ist die Verwendung vom 12.08. bis 07.10. nicht klar, wahrscheinlich handelte es sich um eine Zuweisung zu einer Ersatz- oder Reserveeinheit in diesen 2 Monaten.

3.1 Situation in den Kriegsjahren 1915/16

Das erste Kriegsjahr brachte nicht die erwartete schnelle Entscheidung. Der Schlieffen-Plan misslang, der Bewegungskrieg erstarrte zu einem Stellungskrieg im Westen. Leonhard beschrieb in seinem viel beachteten Werk „Die Büchse der Pandora" die Situation im Jahre 1915 treffend:

> Das zweite Kriegsjahr relativierte die meisten vor 1914 entwickelten militärischen Prognosen und strategischen Erwartungen. Aus der Dynamik ganz neuer Erfahrungen wurde ein Krieg erkennbar, der sich mit tradierten Konzepten immer weniger erfassen ließ. Dennoch hielten praktisch alle Kommandeure an den grundlegenden Prämissen der konventionellen Angriffstaktiken fest, ohne damit eine Antwort auf die Asymmetrie des Schlachtfeldes zu finden: das Unverständnis zwischen Distanz- und Verteidigungswaffen, der schweren Artillerie und dem Maschinengewehr, sowie immer komplexeren Stellungssystemen und den Problemen infanteristischer Massenangriffe mit dem Ziel, die gegnerische Front zu durchbrechen. Hatten die ersten Monate des Krieges 1914 bereits die Vorstellung eines kurzen Krieges und schneller Entscheidungen widerlegt, so schlugen auch 1915 alle Versuche – durch neue Offensiven, durch neue Technologien, durch den Eintritt neuer Kriegsakteure – fehl, eine kriegerische Wende zu erzwingen. 1915 oszillierte der Krieg zwischen weitgehender Stagnation im Westen und möglicher Bewegung im Osten Europas.[69]

Am Ende des zweiten Kriegsjahres mussten die Oberbefehlshaber aller Krieg führenden Mächte eine nüchterne Bilanz ziehen. 1915 hatte eine Vielzahl von Offensiven an der Westfront und für die Mittelmächte Erfolge im Osten gegen Russland gebracht, aber an keiner Front war es zu einem entscheidenden Durchbruch gekommen. Auch die anhaltend hohen Verluste bei minimalem Geländegewinn im Westen führten nicht dazu, die strategischen und taktischen Annahmen grundsätzlich zu revidieren. Auf der interalliierten Konferenz von Chantilly bekannte man sich vielmehr zu weiteren Offensiven mit dem Ziel, die von deutschen und österreichisch-ungarischen Truppen besetzten Gebiete im Westen und Osten sowie Triest zu befreien. In der Erwartung, dass das deutsche Militär die Entscheidung im Osten suchen werde, sprach man sich für einen Abnutzungskrieg aus, den Deutschland langfristig nicht gewinnen könne.[70]

Auf deutscher Seite dachte auch Falkenhayn weiterhin in der Logik möglicher Siege. Doch auch die Angst vor der Erschöpfung war das ganze Jahr 1915 über erkennbar. So begannen die kom-

---

[69] Leonhard, Pandora 2014, S. 424.
[70] Leonhard, Pandora 2014, S. 427 f.

plexen Berechnungen, wann Ressourcen und „Menschenmaterial" der Mittelmächte nicht mehr ausreichen würden, den Krieg fortzusetzen.[71] Vom Konzept einer umfassenden Durchbruchs-schlacht rückte Falkenhayn langsam ab.

In seiner sogenannten Weihnachtsdenkschrift, die wohl eine nachträgliche, aus der Sicht von 1920 formulierte Entscheidungsanalyse für die Schlacht von Verdun 1916 lieferte, zog Falken-hayn eine Bilanz des Jahres 1915 und leitete daraus die Notwendigkeit für eine neue große deut-sche Offensive im Westen ab. Frankreich sei militärisch und wirtschaftlich durch den Krieg im eigenen Lande geschwächt, die russische Offensivkraft nach den deutschen Erfolgen vom Som-mer 1915 entscheidend eingeschränkt, Serbiens Armee gelte als geschlagen und Italien als we-sentlicher Faktor der Alliierten ausgeschaltet. Den Grund dafür, dass sich diese Erfolge für die Mittelmächte noch immer nicht auszahlten, erblickte Falkenhayn allein in Großbritannien. Es sei der „ungeheuerliche Druck, den England noch immer auf seine Verbündeten" ausübe, der den Krieg bestimme und Deutschland zwinge, in ihnen den Hauptfeind zu erkennen. Daraus ergaben sich nach seiner Ansicht auch der intensivierte U-Boot-Krieg und die Notwendigkeit, die militä-rische Entscheidung im Westen, und hier gegen Frankreich, zu suchen. Neue Offensiven im Os-ten wie im Sommer 1915 dagegen lehnte Falkenhayn ab. Als Ergebnis konkretisierte Falkenhayn seine Überlegungen: Es gehe nicht mehr um ein Durchbrechen der gegnerischen Front um jeden Preis, sondern das Ziel sei, das französische Militär langfristig maximal zu schwächen.[72]

Die Krise des Sommers 1916 – geprägt vom Zusammentreffen der Verdun- und Somme-Schlacht im Westen, den gescheiterten Offensiven Österreich-Ungarns im Alpenkrieg gegen Italien und der Brussilow-Offensive – wurde durch den rumänischen Kriegseintritt noch weiter verschärft. Als Chef der Deutschen OHL hatte Falkenhayn einen solchen Schritt nicht zu diesem Zeitpunkt erwartet, was dann zum Anlass für seine Ablösung wurde.[73]

3.2   Überblick über das 8. Infanterie-Regiment

Das 8. Inf.-Rgt. war seit 1914 in Lothringen im Kampfgebiet zwischen Maas und Mosel (Abbildung 7) eingesetzt. Der Gefechtskalender gibt darüber Auskunft.

---

[71] Leonhard, Pandora 2014, S. 428; Afflerbach, Falkenhayn 1994. S. 351-352.
[72] Falkenhayn, Oberste Heeresleitung 1920. S. 176-177 und 181-184.
[73] Afflerbach, Falkenhayn 1994. S. 437-450.

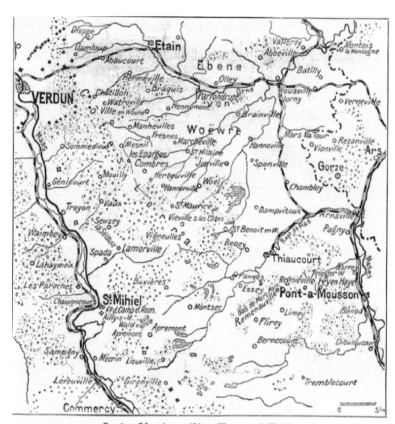

Zu den Kämpfen zwischen Maas und Mosel.

Abbildung 7: Übersicht über das Kampfgebiet zwischen Maas und Mosel[74]

Für die einzelnen Jahre werden Gefechte an folgenden Orten und Gegenden genannt:[75]

1914:   Lothringen, Nomeney, Longwy, Etain, südl. Metz, Côte Lorraine

1915:   Maashöhen,   29.09.14–16.02.15

             Combres-Höhe,   17.02.15–28.03.15

             Bois des Chevaliers[76], Wald von Lamorville   30.03.15 –21.04.15

---

[74]URL: https://www.google.de/search?hl=de&tbm=isch&source=hp&biw=1280&bih=762&ei=
ATPKWqi2MuLR6ASwtJawBw&q=Zu+den+Kämpfen+zwischen+Maas+und+Mosel; 25.06.2016.
[75] Voigt, Deutschlands Heere 1984. S. 280 f.
[76] Walter Flex kämpfte auch im Ritterwald und beschreibt auf den ersten Seiten seines Buches „Der Wanderer zwischen beiden Welten" die Entstehungsgeschichte des Gedichts und Liedes „Wildgänse rauschen durch die Nacht": „Ich lag als Kriegsfreiwilliger wie hundert Nächte zuvor auf der granatenzerpflügten Waldblöße als Horchposten und sah mit windheißen Augen in das flackernde Helldunkel der Sturmnacht, durch die ruhelose Scheinwerfer über deutsche und französische Schützengräben wanderten. Der Braus des Nachtsturms schwoll anbrandend über mich hin. Fremde Stimmen füllten die zuckende Luft. Über Helmspitze und Gewehrlauf hin sang

	Les Éparges	22.04.15–07.05.15
1915/16	Ritterwald[77]	08.05.15–10.08.16
	Verdun	20.08.16–20.09.16
	Grande Tranchée	01.10.16–01.11.16 (nur II/8)[78]

Wie bereits mehrfach erwähnt, kämpfte Ldstm. Karl Didion nach der Ausbildung im Rekruten-depot in Metz vom 07.10.1915 bis 30.09.1916 bei dem 8. Inf.-Rgt.[79] Er machte somit die Gefechte im Ritterwald und die Verdun-Kämpfe, bei denen das 8. Inf.-Rgt. beteiligt war, mit, bis er Ende September 1916 zum Bayer. Ers.-Rgt. 2[80] versetzt wurde, das auch an den Rückzugskämpfen in Verdun Ende 1916 beteiligt war.

Es soll in diesem Kapitel zunächst auf die Kämpfe im Ritterwald 1915/16 eingegangen werden. Das 8. Inf.-Rgt. kämpfte 1914 nordöstlich von Verdun an überaus wichtiger und kritischer Stelle und stand an dem Drehpunkt der durch Belgien vorwärtsschreitenden Heeresbewegung.[81] Ende September 1914 lag das Regiment bei Rouvres – Etain – Boinville. Dort erreichte es die Nachricht von der Einnahme von St. Mihiel. Ende September wurde das Regiment auf die Combres-Höhe verlegt.[82]

> Die Combreshöhe am Osthang der Côte Lorraine, am Nordteil der nach St. Mihiel vorgetriebenen Stellung gelegen, bildete wie Aillywald und Priesterwald einen Schlüsselpunkt für die Behauptung des St. Mihielbogens, hier wie dort setzte Joffre, der französische Führer, vergebens die Zange an, in 4 Jahren gelang es nicht, die Höhe zu nehmen trotz blutigster Anstrengungen.[83]

Die Höhe war mit der Zeit zu einer kleinen Festung geworden, „mit einem 1 km langen Tunnel mit Förderband und Wasserleitung, unterirdischen Räumen"[84]. Sie hielt allen Mitteln des Angriffs wie großen Trichtersprengungen und schwersten Kalibern stand. Die Höhe ging erst am 12.09.1918 verloren. Das Regiment hatte bis Ende März 1915 schwerste und verlustreiche

---

und pfiff es schneidend, schrill und klagend, und hoch über den feindlichen Heerhaufen, die sich lauernd im Dunkel gegenüberlagen, zogen mit messerscharfem Schrei wandernde Graugänse nach Norden [...] Die Postenkette unseres schlesischen Regiments zog sich vom Bois des Chevaliers hinüber zum Bois de Vérines, und das wandernde Heer der wilden Gänse strich gespensterhaft über uns alle dahin. Ohne im Dunkel die ineinanderlaufenden Zeilen zu sehen, schrieb ich auf einen Fetzen Papier ein paar Verse [...]"
URL: https://de.wikipedia.org/wiki/Wildgänse_rauschen_durch_die_Nacht; 04.12.2015.

[77] Ritterwald ist mit Bois des Chevaliers gleichzusetzen, es ist unklar, warum Voigt einmal den französischen und einmal den deutschen Namen benutzt.

[78] II/8 bedeutet 2. Batl. des 8. Inf.-Rgts., 2./8 bedeutet 2. Kompanie des 8. Inf.-Rgts.; da jedes Btl. 4 Kompanien hat und die Kompanien im Regiment durchgezählt werden, ist damit auch das 1. Btl. des Regiments gemeint.

[79] Für das königl. bayer. 8. Infanterie-Regiment werden gleichbedeutend die Abkürzungen 8. Inf.-Rgt. oder 8. I.R. benutzt.

[80] Für das bayer. Ersatz-Regiment 2 werden gleichbedeutend die Abkürzungen Ers.-Rgt. 2 oder E. R. 2 benutzt.

[81] Bayerisches Kriegsarchiv, Erinnerungsblätter 1926, S. 15.

[82] Bayerisches Kriegsarchiv, Erinnerungsblätter 1926, S. 16. Am 19.11.1914 traf der neue Regimentskommandeur Oberstleutnant von Rücker ein, um den Ende September gefallenen Regimentskommandeur Oberst Hannappel zu ersetzen; Bayerisches Kriegsarchiv, Erinnerungsblätter 1926, S. 16 und 17.

[83] Bayerisches Kriegsarchiv, Erinnerungsblätter 1926, S. 16.

[84] Bayerisches Kriegsarchiv, Erinnerungsblätter 1926, S. 16.

Kämpfe auf der Combres-Höhe zu bestehen. Der erste Regimentskommandeur, der diese Funktion schon in Friedenszeiten hatte, war Oberst Hannappel (Abbildung 8). Er fiel bereits am 28.09.1914 im Nachtgefecht bei Aulnois (Woëvre).

Oberst Ferdinand Hannappel

Abbildung 8: Regimentskommandeur
Oberst F. Hannappel[85]

Anfang April 1915 wurde das Regiment dann in die Ritterwaldstellung beiderseits der Tranchée des Hautes Ornières[86] (Abbildung 9) verlegt. Die Stellung war zunächst ruhig, dies änderte sich im Juni. „Verstärktes Artillerie- und Minenfeuer, Handgranatenkämpfe, größere Sprengungen [...] hatten den schönen Wald gelichtet und zerstört, der Lage entsprechend blieb uns auch manch bitterer Verlust nicht erspart"[87], heißt es in der Regimentsgeschichte.

Abbildung 9: Bois des Chevaliers oder Ritterwaldstellung[88] (rote Linie – Tranchée des Hautes Ornières)

---

[85] Dellmensingen, Bayernbuch 1930, S. 185: Hannappel, Ferdinand, Oberst, Kommandeur des 8. Inf.-Regts. Großherzog Friedrich II. von Baden, gefallen am 28. September 1914 im Nachtgefecht bei Aulnois (Woëvre).
[86] La tranchée des Hautes Ornières est, à l'instar de la tranchée de Calonne, un chemin tracé en ligne droite dans une forêt.
[87] Bayerisches Kriegsarchiv, Erinnerungsblätter 1926, S. 19.
[88] Dort kämpfte im Oktober 1914 das frz. 259. Régiment d'Infanterie.
Dans la nuit du 8 au 9 octobre, attaque de nuit vers minuit. Toute une ligne de tirailleurs allemands est repoussée au bout de vingt minutes de feu, sans perte pour le régiment. Pendant cette période le 259°, qui opère dans des bois extrêmement touffus, a ses tranchées à une distance moyenne de 250 mètres des tranchées allemandes. Les patrouilles échangent de continuels coup de feu sans qu'une ligne puisse prétendre forcer l'autre. En novembre et décembre le régiment continue d'occuper le Bois de Chevaliers. Construction de tranchées et d'abris, au rythme de cinq jours de présence sur la position, suivis de deux jours de repos à Ambly sur Meuse. A partir du 14 décembre les Cie de 1er ligne sont relevées tous les quatre jours. Construction de boyaux, pose de réseaux de barbelés en avant du front. Pendant toute cette période il n'y a eu que des échanges de fusillades entre sentinelles, et une lutte d'artillerie journalière. Les positions de la de 1ere et 2eme ligne subissent des bombardements très fréquents d'intensité variable provenant des directions Sud-est: Deuxnouds-aux-bois, Lamorville, Bois de Lamorville; direction Est : Dompierre aux bois, Verines; direction Nord-est: Dommarchin-la-Montagne. Les calibres des obus varient: 77, 88, 150 et 210. Pendant la nuit du 5 au 6 février, une patrouille, envoyée sur la Papeterie du Groseillier sur le ruisseau des Ormes, se

Unmittelbar südlich des Ritterwaldes wagten die Franzosen aus dem Selousenwald heraus Anfang April gegen den Abschnitt Lamorville starke Angriffe, die vom 8. Inf.-Rgt. gemeinsam mit dem preußischen Inf.-Rgt. 67 abgewehrt werden konnten. Dabei fielen 800 Franzosen und über 100 Gefangene konnten gemacht werden.[89]

Ein weiteres größeres Gefecht des 8. Inf.-Rgt. fand am 05.05. westlich von Les Éparges im Bois Haut statt. Das 8. Inf.-Rgt. behauptete sich trotz großer Verluste. Am 08.05. wurde das Regiment wieder in die ruhigere Ritterwaldstellung verlegt.

Im Laufe des Sommers wurde das Regiment erneut des Öfteren aus dem Ritterwald zur Unterstützung benachbarter Einheiten herausgezogen. Die einzelnen Gefechte auf den Maashöhen sind Gegenstand des Kapitels 3.

Am 07.07.1915 wurde die Einheit von ihrem „fürstlichen Regimentsinhaber, S. K. Hoheit dem Großherzog Friedrich II. von Baden, im Regimentsstabsquartier Billy sous les Côtes"[91] begrüßt.

Ab diesem Zeitpunkt blieb das Regiment bis zum Juni 1916 ununterbrochen im Ritterwald. Am 07.10.1915 trat Ldstm. Karl Didion in diese Einheit ein und erlebte den „Wechsel zwischen Stellung und Ruhe: 6 Kompagnien[92] Stellung, 4 Kompagnien Bereitschaft, 2 Kompagnien Ruhe"[93]. Die Stellung im Ritterwald wurde intensiv ausgebaut: Stollenbau, Minensprengungen, Erkundungen und der ausgesprochene Grabenkrieg nahmen das Regiment in Anspruch.[94] Aber in der Regimentsgeschichte wurde von der Sehnsucht gesprochen, „endlich einmal nach einem anderen Kriegsschauplatz zu kommen"[95]. Das Regiment hatte nicht nur die Stellungen vorne im Auge, sondern auch die Ruhequartiere

S. K. H. Großherzog Friedrich II. von Baden, Inhaber des K. B. 8. Infanterie-Regiments

Abbildung 10: S. K. H. Großherzog Friedrich II. von Baden[90]

und Bereitschaften wurden „nach Möglichkeit zur Erhaltung der Stimmung und Gefechtskraft

---

heurte à une reconnaissance beaucoup plus forte et est obligée de se retirer. Le caporal Comagnan trouve une morte glorieuse. Pendant cette période le régiment a eu treize tués et quarante blessés (tous hommes de troupe). URL: http://robert.faure.pagesperso-orange.fr/Cazal/259RI.htm, 21.02.2016.

[89] Bayerisches Kriegsarchiv, Erinnerungsblätter 1926, S. 19.
[90] Bayerisches Kriegsarchiv, Erinnerungsblätter 1926, S. 4.
[91] Bayerisches Kriegsarchiv, Erinnerungsblätter 1926, S. 21.
[92] Die Schreibweise von Kompanie wird bei Zitierungen aus dem Kriegstagebuch in Kompagnie geändert.
[93] Bayerisches Kriegsarchiv, Erinnerungsblätter 1926, S. 21.
[94] Über diese Zeit wird später anhand des Kriegstagebuchs des Regiments tageweise berichtet.
[95] Bayerisches Kriegsarchiv, Erinnerungsblätter 1926, S. 21.

ausgebaut und eingerichtet"[96]. Es wurde sogar in dem kleinen Dorf Billy-sous-les-Côtes[97] ein Kino gebaut, außerdem die Wirtshäuser „Der Krug zum grünen Kranz"[98] oder der „Bayerische Hiasl"[99] eingerichtet, wo „Preußen und Bayern, wie in unsrem Metz, in schönstem Einvernehmen sich erholten"[100]. Es wird auch die Regimentsmusik gerühmt, die zerrüttete Nerven wieder ins Geleise brachte.[101] Karl Didion muss sich nach Absolvieren der bestimmt fordernden Rekrutenausbildung gedacht haben, der Krieg sei ja gar nicht so schlimm. In den Erinnerungsblättern heißt es weiter:

> Wir „Hunnen und Barbaren" wuchsen uns immer mehr zu einer herrlichen Kampfgemeinschaft zusammen, der es an nichts fehlte; wir hatten unseren Komponisten (Combresmarsch), Dichter, unsere Sänger, Photographen und Maler, die wie überall auch in „dunkelster" Gegend wie Chapitrewald, Kasemattenschlucht [beides sich auf die Gefechte im August/September vor Verdun beziehend; Anm. d. Verf.] usw. 100 m vom Feind reichlich Licht, Motive und den Mut zur Arbeit fanden, wo fast ausschließlich mit anderen Werkzeugen gearbeitet wurde.[102]

Der Ldstm. Karl Didion, der bis jetzt noch keinen ernsthaften Kampf miterlebt hatte, wird sich von seinen Kameraden den Hergang der schweren Kämpfe vor einem Jahr berichten lassen haben.

Doch im Februar 1916 wurde der Angriff auf Verdun, der sich bald zu einer Zermürbungsschlacht entwickelte, auch für Regimenter im Ritterwald durch den Tag und Nacht zu hörenden Kanonendonner bemerkbar.

> Wir hören Tag und Nacht in nicht allzugroßer Entfernung den Kanonendonner, können vom Rande der Côte Lorraine das Einschlagen der schweren Kaliber bei Fort Vaux, Haudaumont usw. beobachten, im Juni wird das Regiment im Abschnitt nördl. St. Mihiel eingesetzt. Einige schöne Wochen in der herrlichen Gegend und in der dortigen ruhigen Stellung stärken die Truppen für die kommende Zeit.[103]

Karl Didion schien Glück zu haben, bis jetzt war er noch keinem größeren Gefecht ausgesetzt.

Über das weitere Geschick des Regiments im Sommer 1916 berichtet die Regimentsgeschichte:

> Mit dem Abmarsch nach St. Mihiel scheidet das Regiment aus dem Verband der 33. Reserve Division, nimmt Abschied von seinem preußischen Kameraden, mit denen es seit Kriegsbeginn in treuester Kameradschaft Freud und Leid geteilt hat.[104]

Am 03.07. erfolgte der „Besuch S. M. unseres Königs in St. Benoit, wozu Abordnungen gestellt werden, da die übrigen in Stellung sind"[105]. Ob dabei Karl Didion den bayerischen König sah, ist

---

[96] Bayerisches Kriegsarchiv, Erinnerungsblätter 1926, S. 21.
[97] Abbildung 1, Anhang 2.
[98] Abbildung 3, Anhang 7.
[99] Abbildung 2, Anhang 7.
[100] Bayerisches Kriegsarchiv, Erinnerungsblätter 1926, S. 21.
[101] Bayerisches Kriegsarchiv, Erinnerungsblätter 1926, S. 21.
[102] Bayerisches Kriegsarchiv, Erinnerungsblätter 1926, S. 22.
[103] Bayerisches Kriegsarchiv, Erinnerungsblätter 1926, S. 22.
[104] Bayerisches Kriegsarchiv, Erinnerungsblätter 1926, S. 22.
[105] Bayerisches Kriegsarchiv, Erinnerungsblätter 1926, S. 22 u. KA: 8. I.R._(WK)_Bd. 8_10-15 (1530) S. dazu ausführlicher in Kapitel 3.5; Abbildung 6, Anhang 4.

nicht festzustellen. Der 01.08. brachte den Abtransport nach Verdun über Rombach, Stahlheim (3 km westlich Rombach) nördlich Metz. Am 04.08. traf das Regiment in Landres, nordöstlich von Verdun, ein, dann Marsch in die Quartiere St. Supplet, Mercy le Bas. „Dort beginnen die Vorbereitungen für den Einsatz bei Verdun Nord, vor allem Sturmübungen, wie sie dort der Kampf erfordert."[106]

Der Abtransport des Regiments nach Metz am 01.08. brachte Karl Didion gleichzeitig wegen wunder Füße ins dortige Festungs-Lazarett, wo er vom 03. bis zum 20.08. behandelt wurde.[108] Von dort wurde er dann zur 5. Ersatz-Kompanie des Regiments versetzt. Die wunden Füße hatte er sich wohl bei dem allerdings nicht sehr fordernden vierstündigen 20-km-Marsch vom Ritterwald in die St.-Mihiel-Stellung zugezogen. Die Sturmübungen zur Vorbereitung für den Kampf bei Verdun machte er deshalb nicht mit. Das zeigt auch die Versetzung aus dem Lazarett zu einer Ersatz- und nicht zu einer Kampfkompanie.

Mitte August (14.08.1916) trat das 8. Inf.-Rgt. in den Verband der 14. b. Inf.-Div. unter dem Kommando von Generalleutnant Ritter von Rauchenberger (Abbildung 11) ein.[109] Am 20.08. wurden die ersten Teile des Regiments dann an die Verdun-Front im Chapitre-Wald verlegt.[110]

Abbildung 11: Generalleutnant von Rauchenberger[107]

Als Karl Didion am 07.10.1915 vom Rekrutendepot in Metz ins Feld versetzt wurde, lag das 8. Inf.-Rgt., wie schon dargelegt, als Teil der preußischen 33. Res.-Div. im Bois des Chevaliers auf der Côte Lorraine (Abbildung 12). Am 30.03.1915 hatte das 8. I.R. die 6. preußischen Grenadiere und das Inf.-Rgt. 47 in der Ritterwaldstellung abgelöst. Diese liegt beiderseits der Tranchées des Hautes Ornières und war anfangs recht ruhig.[111]

---

[106] Bayerisches Kriegsarchiv, Erinnerungsblätter 1926, S. 22.
[107] Dellmensingen, Bayernbuch 1930. S. 83.
[108] S. Eintrag in der Kriegsstammrolle.
[109] Die Division wurde am 14.08.1916 zusammengestellt und in der Folgezeit zunächst an der Westfront eingesetzt, Kommandeur Generalleutnant von Rauchenberger. Kriegsgliederung vom 11.09.1916:
8. Infanterie-Brigade (4. Infanterie-Regiment „König Wilhelm von Württemberg", 8. Infanterie-Regiment „Großherzog Friedrich II. von Baden", 29. Infanterie-Regiment, III. Bataillon/Reserve-Infanterie-Regiment Nr. 79, 4. Eskadron/8. Chevaulegers-Regiment), 23. Feldartillerie-Regiment, Reserve-Pionier-Kompanie 1, Scheinwerferzug 101, Minenwerfer-Kompanie 14, Divisions-Brückenbau 5, Fernsprech-Doppelzug 14, Feldsignal-Trupps 40 und 41.
[110] Bayerisches Kriegsarchiv, Erinnerungsblätter 1926, S. 23.
[111] Bayerisches Kriegsarchiv, Erinnerungsblätter 1926, S. 116.

Abbildung 12: Stellung im Ritterwald[112]

Die Kriegstagebücher des Regiments geben für die betrachtete Zeit vom 08.10.1915, als Ldstm. Karl Didion zum Regiment trat, bis zum 01.08.1916, als das Regiment für den Kampf in Verdun abtransportiert wurde, über das Geschehen in der Stellung präzise Auskunft.

Da sich der Ldstm. Karl Didion in der 2./8 befand, also im I/8, soll hauptsächlich das Geschehen in diesem Bataillon betrachtet werden, ergänzend werden jedoch auch die Kriegstagebücher des II/8, in dem er später dienen wird, herangezogen, soweit sie regimentsübergreifende Informationen bieten.

Die Stellung im Ritterwald, nordöstlich von St. Mihiel, lässt sich anhand der Abbildung 12, Abbildung 13 undAbbildung 21 leicht verorten. Auf der französischen Seite lag dem 8. I.R. zeitweise auch das Territorialregiment 120[113] gegenüber.

Die folgende Abbildung 13 zeigt die Gegenüberstellung der gegnerischen Stellungen, die an manchen Stellen nur 40 m auseinander lagen.

---

[112] KA: 8. I.R._(WK)_6_5 (414) Skizze; s. auch Abbildung 2, Anhang 2.
[113] URL: http://gallica.bnf.fr/ark:/12148/bpt6k62257822; 25.06.2016.

Abbildung 13: Verortung der Stellung der 8. I.R. im Bois des Chevaliers entlang der blauen Linie im Planquadrat 29; am unteren Rand links der Ort Troyon und rechts Seuzey[114]

Die Abbildung 14 zeigt schematisch die Stellung, in der das 8. I.R. über ein Jahr lag. Man kann deutlich die sechs Stellungsabschnitte von Ia bis IV sowie die Bezeichnung der nördlichen (4. b. I.R.) und südlichen (R. I.R. 130) Nachbareinheit erkennen. In den einzelnen Abschnitten sind die dem vordersten Stellungsgraben vorgelagerten Sappen eingezeichnet. Diese schematische Darstellung gibt auch Auskunft über die Lage der Gefechtsstände der Kompanieführer, der MG-Kompanie, des Bataillons, des Regiments, des Pionier-Depots und des Munitions-Depots. Weiterhin ist typischerweise der Ort einer Quelle angegeben; auf die Trinkwasserversorgung wurde militärisch großer Wert gelegt.

Die in Abbildung 15 wiedergegebene Skizze zeigt die Ritterwaldstellung in einem größeren räumlichen Rahmen, begrenzt im Norden durch die Blöße bei Vaux-les-Palameix und im Süden durch die von Südwest nach Nordost verlaufende Straße Haute Ornières. Außerdem erkennt man eine nach hinten gehende Kabelanlage im Bau.

---

[114] KA: 8. I.R._(WK)_ 6_1 (1554 1. Teil).

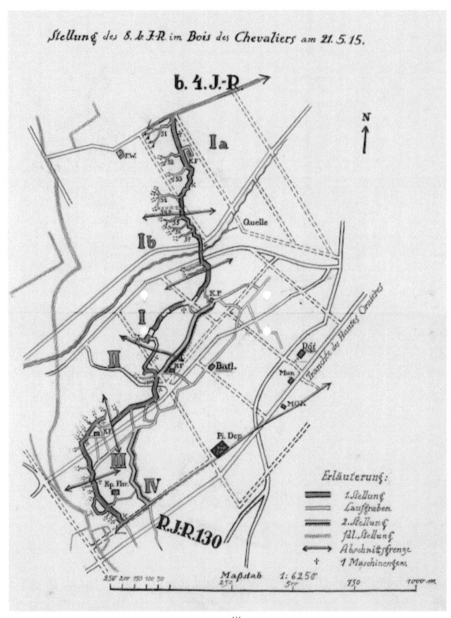

Abbildung 14: Mai 1915, Stellung im Bois des Chevaliers[115]

---

[115] KA: 8. I.R._(WK)_7_5 (414).

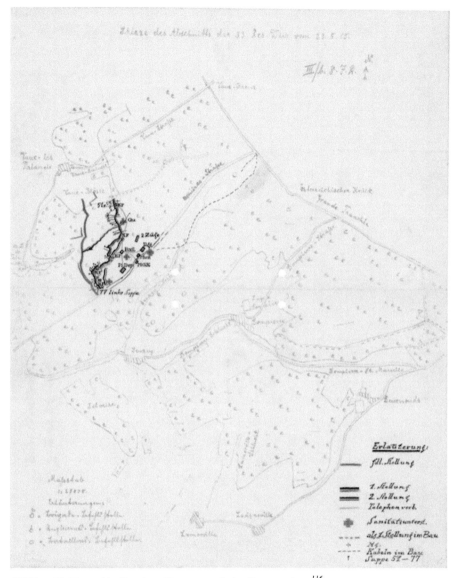

Abbildung 15: Ritterwaldstellung im größeren geografischen Zusammenhang[116]

---

[116] KA: 8. I.R._(WK)_7_6 (414).

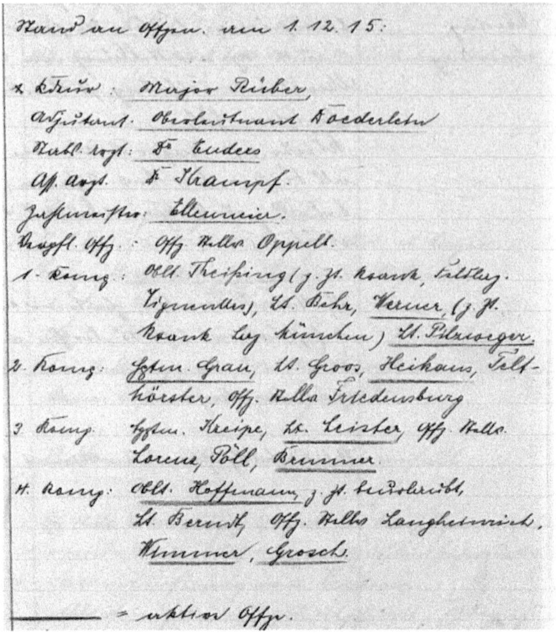
Stand an Offzn. am 1.12.15:

x Kdeur: Major Rüber,
Adjutant: Oberleutnant Döderlein
Batl. Arzt: Dr Enders
Ass. Arzt: Dr Krampf
Zahlmeister: Ellenmeier.
Verpfl. Offz.: Offz. Stellv. Oppelt.
1. Komp.: Oblt. Theising (z. Zt. krank, Feldlaz. Zigeunerberg), Lt. Bahr, Werner (z. Zt. krank beg. München) Lt. Pilsweger.
2. Komp.: Hptm. Rau, Lt. Groos, Heikaus, Feldhörster, Offz. Stellv. Friedensburg
3. Komp.: Hptm. Kreipe, Lt. Leister, Offz. Stellv. Lorenz, Poll, Brunner.
4. Komp.: Oblt. Hoffmann z. Zt. beurlaubt, Lt. Berndt, Offz. Stellv. Langheinrich, Wimmer, Grosch.

——— = aktive Offz.

Abbildung 16: 01.12.1915, Stand an Offizieren im I/8[117]

Zu Beginn eines jeden Monats wird im Kriegstagebuch der Stand der Offiziere angegeben (Abbildung 16 und Abbildung 17). Sowohl am 01.12.1915 als auch am 01.06.1916 war Major Rüber der Bataillons-Kommandeur von Ldstm. Karl Didion und Hauptmann Rau sein Kompanieführer. Regimentskommandeur war während der betrachteten Zeit Oberst von Rücker, Kommandeur der 8. Inf.-Brig. war Oberst von Riedl (bis 01.08.1916, dann Generalmajor von Reck) und Generalleutnant Bausch war Kommandeur der preußischen 33. Res.-Inf.-Div.[118], der übergeordneten Großeinheit, zu der das 8. I.R. in der zunächst betrachteten Zeit gehörte.

Der abgebildete Stand der Offiziere konnte sich natürlich von Monat zu Monat infolge des Kriegsgeschehens verändern, so waren gegenüber der Stellenbesetzung nach Abschluss der Mobilmachung[119] nur noch Major Rüber und der Adjutant Oberleutnant Döderlein mit der jetzigen Stellenbesetzung identisch, am 01.06.1916. erschien schon Oberleutnant Mayer als Adjutant. Interessant bei der Abbildung 17 ist, dass nur noch weniger als die Hälfte der Offiziere aus dem aktiven Stand kam, die meisten waren Reserveoffiziere.

[117] KA: 8. I.R._(WK)_6_136 (1554).
[118] Die Division wurde zu Beginn des Ersten Weltkriegs aus der Hauptreserve der Festung Metz gebildet und setzte sich zunächst aus bayerischen (8. Infanterie-Brigade) und preußischen Truppenverbänden zusammen. Gefechtskalender: 1915: 01.01. bis 31.12. – Kämpfe zwischen Maas und Mosel; 1916 bis 11.08. – Kämpfe zwischen Maas und Mosel; 11.08. bis 09.09. – Schlacht um Verdun (28 bis 29.08. – Kämpfe im Bergwald, 03.09. – Erstürmung der französischen Stellungen beiderseits der Souville-Schlucht, 04. bis 09.09. – Kämpfe um die Souville-Schlucht, 09.09. bis 06.11. – Stellungskämpfe um Verdun, 24.10- – Kämpfe am Douaumont und bei Fort Vaux), ab 07.11. – Stellungskämpfe in Lothringen; URL: https://de.wikipedia.org/wiki/33._Reserve-Division_(Deutsches_Kaiserreich); 18.11.2016.
[119] Bayerisches Kriegsarchiv, Erinnerungsblätter 1926, S. 116.

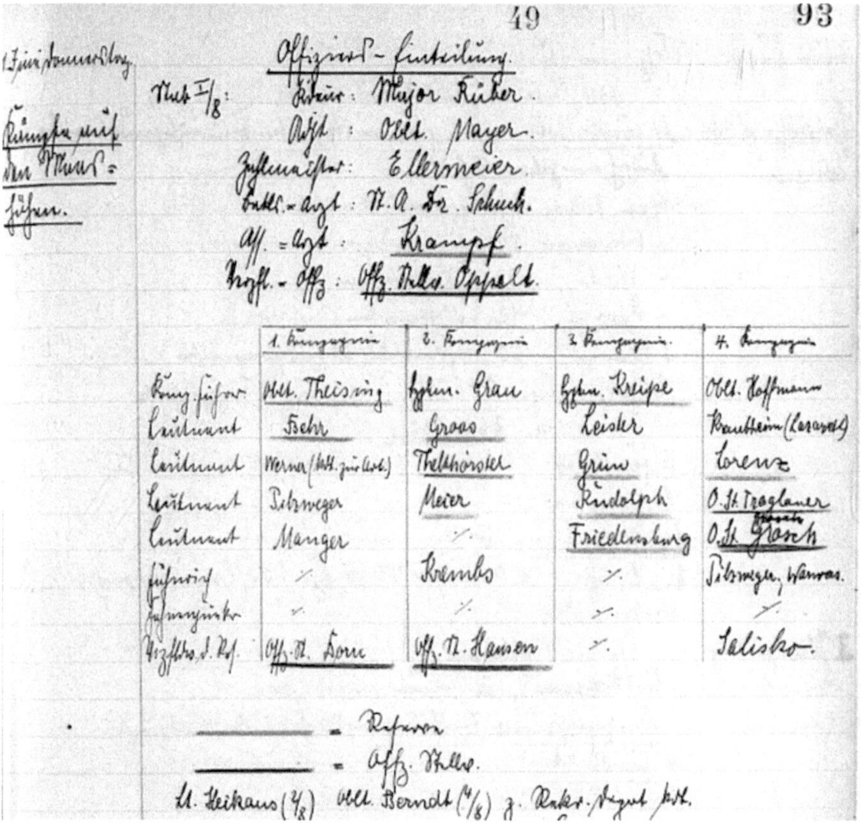

49 93

Kämpfe auf den Maas-höhen.

Offiziers-Einteilung.

Batl. I/8: Kdeur: Major Rüber.
Adjt: Oblt. Mayer.
Zahlmeister: Ellermeier.
Batls.-Arzt: St.A. Dr. Schuck.
Ass.-Arzt: Krampf.
Verpfl.-Offz: Offz. Stellv. Oppelt.

	1. Kompagnie	2. Kompagnie	3. Kompagnie	4. Kompagnie
Komp.führer	Oblt. Theising	Hptm. Grau	Hptm. Kreipe	Oblt. Hoffmann
Leutnant	Behr	Groos	Leisler	Rautheim (Lazarett)
Leutnant	Werner (Ltd. zur Ausb.)	Thelkhörster	Grün	Lorenz
Leutnant	Schweiger	Meier	Rudolph	O.St. Traglauer
Leutnant	Manger	./.	Friedensburg	O.St. Glasch
Fähnrich	./.	Krembs	./.	Schweiger, Wawras
Fahnenjunker	./.	./.	./.	./.
Verpfl.Offz.d.Res.	Offz.St. Dorn	Offz.St. Hansen	./.	Salisko

________ = Reserve
________ = Offz. Stellv.

Lt. Heikaus (4/8) Oblt. Berndt (4/8) z. Rekr.-Depot kdt.

Abbildung 17: 01.06.1916, Stand an Offizieren im I/8[120]

Jeden Monat wurde auch die Verpflegungs- und Gefechts-Stärke des Regiments angegeben. So heißt es für I./8 am 11.01.1916[121]:

Verpfl. Stärke am 11.1.16: 26 Offze., 1134 Mann

Gefechts. “ 11.1.16: 20 “ ., 1035 “

am 21.01.1916[122]:

Verpfl. Stärke am 21.1.16: 26 Offze., 1130 Mann

Gefechts. “ 21. 1.16: . 925 Mann

[120] KA: 8. I.R._(WK)_6_63 (1554).
[121] KA: 8. I.R._(WK)_6_170 (1554).
[122] KA: 8. I.R._(WK)_6_174 (1554).

am 11.02.1916 als Meldung des II/8[123]:

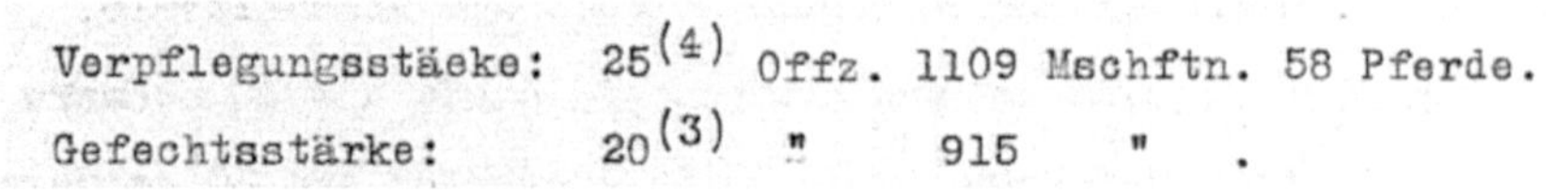

Verpflegungsstäeke: 25(4) Offz. 1109 Mschftn. 58 Pferde.
Gefechtsstärke: 20(3) " 915 " .

Abbildung 18: Stärkemeldung des II/8[124]

Bemerkenswert bei der letzten Stärkemeldung (Abbildung 18) ist die Angabe von 58 Pferden im Regiment. Bei den Stärkemeldungen sind auch immer die Zu- und Abgänge vermerkt. Diese müssen natürlich mit den Abkommandierungen, Versetzungen und Verlusten korrelieren. Das 8. I.R. hatte in der Zeit vom 08.05.1915 bis 10.08.1916 insgesamt 121 Gefallene[125] zu beklagen, die zu ersetzenden Verluste wegen Verwundung oder Gefangennahme waren quellenmäßig nicht greifbar. Die Zugänge (Abbildung 19) speisten sich aus den Rekrutendepots, Rückkehrern aus dem Lazarett, aus anderen Einheiten und den beiden Ersatzbataillonen in Metz und in Zweibrücken.

21. März. Dienstag. Verpflegs-Stärke: 25 Offiz., 1090 Mann
Gefechts-Stärke: 885 Mann
Zugang: 1 Mann aus Lazarett
Abgang: 1 Mann tot
1 " verwundet
13 " krank ins Lazarett
2 " vom Revier ins Lazarett
1 " versetzt zum II. Ers. Batl.

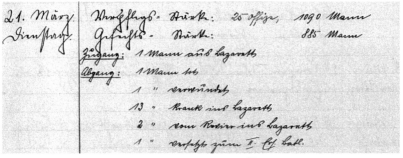

Abbildung 19: 21.03.1916, Stärkemeldung mit Zu- und Abgang[126]

Auf Verluste, „Zu- und Abgänge", wird noch eingegangen.

Nach dieser Übersicht sollen die einzelnen Gefechte und die Kampftätigkeit des 8. I.R. näher beleuchtet werden.

[123] KA: 8. I.R._(WK)_7_15 (1554).
[124] KA: 8. I.R._(WK)_7_15 (1554); die hochgestellte Klammer bezeichnet die Offiziersstellvertreter.
[125] Bayerisches Kriegsarchiv, Erinnerungsblätter 1926, S. 98.
[126] KA: 8. I.R._(WK)_6_35 (1554).

3.3   Gefechte vor Oktober 1915

Zu den Kämpfen zwischen Maas und Mosel: Reliefkarte des Gebiets zwischen Verdun und Metz. Nach einer Zeichnung für die „Illustrirte Zeitung"
von Professor M. Zeno Diemer.

Abbildung 20: Geländekarte zwischen Mosel und Maas[127]

Abbildung 21: Ausschnitt der Geländekarte, von St. Mihiel bis Gremilly vor Verdun[128]

---

[127] URL: https://www.ebay.de/itm/1915-Reliefkarte-zu-den-Kaempfen-zwischen-Maas-und-Mosel-Verdun-und-Metz-WW-1-/151554547550, 24.5.2016.

Vor Beginn des Kampfes von Verdun wurde die Kriegsberichterstattung der einzelnen Tage überschrieben mit dem Titel „Einschließung von Verdun"[129], um dann ab 22.01.1916, als klar wurde, dass dieses Gefechtsziel nicht schnell erreicht werden konnte, umbenannt zu werden in „Kämpfe auf den Maashöhen". Dies deutet auf die veränderte strategische Situation hin. Während man 1914/15 noch glaubte, Verdun im Rahmen des Vormarsches schnell einschließen zu können, wurde Ende 1915 stattdessen vom Generalstab die Schlacht von Verdun geplant, die dann am 22.02.1916 begann. Die Geländekarte in Abbildung 20 trägt dem ursprünglichen, nicht realisierten Gefechtsziel „Einschließung von Verdun" Rechnung, indem sie den Kriegsschauplatz von St. Mihiel bis nördlich Verdun abbildet.

In der betrachteten Zeit vom Oktober 1915 bis Ende Juli 1916, als das Regiment nach Verdun verlegt wurde, befand sich das 8. I.R., wie mehrfach schon dargelegt, hauptsächlich im Ritterwald (östl. des in Abbildung 21 vermerkten Waldes La Selouse gelegen), wo es bereits seit 30.03.1915 in Stellung lag. Aus dieser Ritterwald-Stellung wurde es bekannterweise zweimal kurzfristig zur Unterstützung anderer Einheiten herausgerissen: vor Lamorville am 08./09.04.1915 und bei Les Éparges am 05.05.1915. Vor der Verlegung in den Ritterwald hatte das Regiment, wie schon angemerkt, bereits verlustreiche Gefechte auf den Combres-Höhen vom 17. bis 21.02. (Abbildung 12[130]) und vom 19. bis 24.03.1915[131] zu bestehen. In der Zeit von Mitte Juni bis Ende Juli 1916 war das Regiment dann in eine ruhige Stellung nördlich St. Mihiel verlegt worden.

Um jedoch die Situation, in der sich das Regiment in der betrachteten Zeit hinsichtlich seiner Gefechtserfahrungen, Stärke und durchgemachten Härten befand, zu erfassen, sollen auch die bereits zitierten Kämpfe auf den Combres-Höhen, vor Lamorville am 08./09.04.1915 sowie der Kampf bei Les Éparges vor Eintritt des Ldstm. Karl Didion ins 8. I.R. eingehender betrachtet werden. Dies auch deshalb, da im Weiteren immer wieder in Befehlen auf diese Gefechte Bezug genommen wird. Der Stellungskrieg im Juni/Juli nördlich von St. Mihiel schließt sich der Betrachtung des Stellungskrieges im Ritterwald an.

3.3.1   Combres-Höhen 1915

Auf die strategische Bedeutung der Combres-Stellung wurde bereits hingewiesen. Seit Herbst 1914 versuchten französische Kräfte immer wieder, diese Stellung, die ein weites Schussfeld in

---

[128] URL: https://www.ebay.de/itm/1915-Reliefkarte-zu-den-Kaempfen-zwischen-Maas-und-Mosel-Verdun-und-Metz-WW-1-/151554547550, 24.5.2016.
[129] KA: 8. I.R._(WK)_6_166 (1554).
[130] KA: 8. I.R._(WK)_6_5 (414).
[131] Bayerisches Kriegsarchiv, Erinnerungsblätter 1926, S. 18.

die Woëvre-Ebene gestattete, wieder einzunehmen.[132] In der Regimentsgeschichte ist dazu zu lesen:

> 17.2.1915, am Aschermittwoch nachmittags um 3:00 Uhr – Ablösung war für den Abend befohlen – Sprengung in der Fingerstellung, schlagartiger Beginn eines feindlichen konzentrischen, bisher noch nicht bekannten Trommelfeuers, der Anfang erbitterter Kämpfe um den Besitz der Höhe.
>
> Der größte Teil des in den Finger vorgeschobenen Zuges (6./8) wird verschüttet, die anderen beiden Zügen der Kompanie stürzten nach vorwärts zu Hilfe, das feindliche Artilleriefeuer ist aber zu gewaltig, die Verluste zu groß – es geht nicht nach Wunsch vorwärts, als auch die anderen Kompanien des Bataillons auf engem Raum zusammengedrängt den Versuch hierzu machen; die Franzosen sind im Finger eingedrungen und am gleichen Tage, auch in der folgenden Nacht nicht mehr herauszubringen. Der rechte und linke Flügel des Regiments kann die dort erfolgenden Angriffe abwehren.
>
> Nach einer qualvollen Nacht ohne Rast und Ruhe – endlich morgens die heißersehnte Artillerie Unterstützung, wenn auch nur für kurze Dauer – binnen weniger Minuten ist der Sturm beendet, die gesamte Fingerstellung in erbittertem Nahkampf zurückgeholt (5./8 und Teile der 6./8, an 80 Gefangene).
>
> I und II/8, am 17. hart mitgenommen, werden am 18. nachts abgelöst. Bataillon Felser, III/8, im Verein mit Res. Inf. Rgt. 130 kämpft am 19. und 20. weiter, wirft die Franzosen, die den Sattel und die Höhe selbst überschreiten wollen, glänzend zurück und macht hierbei 40 Franzosen zu Gefangenen.
>
> Wenige Zeilen können nur wenig berichten von dem imposanten französischen Artilleriefeuer, der Wucht des Angriffs bei eigenem Artilleriemunitionsmangel, von der Körper- und Nervenanspannung in mangelhaften und zerschossenen Deckungen, auch nicht von dem braven „Draufgehen" unserer Leute, die als Oberbayern den Franzosen im Nahkampf stets überlegen bleiben. Wenn die weithin erkennbare Höhe in den folgenden Tagen und Wochen plötzlich in eine Wolke von Staub, Rauch und Schmutz gehüllt einem Vulkane glich und weiterhin einen grausigen Eindruck erweckte – wir wussten Bescheid.
>
> Unter den zahlreichen Ruhmestagen der Frontkämpfer unseres Regiments dürfen die Tage der Combres Höhe nicht fehlen, sie haben uns gelehrt, was kämpfen heißt und haben uns Leichtes und Schweres, das uns noch beschieden war, ertragen helfen.[133]

Die Verluste auf den Combres-Höhen waren die größten eines Einzelgefechtes des Regiments. Es waren vom 17. bis 20.02.1915 340 Gefallene zu beklagen. Diese Verluste überstiegen sogar die bei der Schlacht des 8. I.R. bei Verdun vom 28.08. bis 29.09.1916 mit 324 Gefallenen.[134]

Am Jahrestag des Gefechtes auf den Combres-Höhen wurde der schweren Kämpfe gedacht. So war am 18.02.1916 im Kriegstagebuch des 8. Inf.-Rgts. vermerkt: „Im Kasino von Billy sang am Abend der Kammersänger Schubert vom 1. Ers. Batl. die Hillenhinrichs[135] Combres Lieder zur Erinnerung an den Jahrestag der schweren Kämpfe auf der Combres Höhe."[136]

Zur Jahresfeier wurde für das II. Bataillon am 18.02.1916 für 9:00 Uhr vormittags ein katholischer Gottesdienst in Billy angesetzt. Weiter heißt es: „Für die 5. und 8. Kompanie fand um 9:30 Vorm. auf dem freien Platz unterhalb des Lagers Billy, aus Anlass zur Jahresfeier, Regimentsappell statt."[137] Dazu wurde auch ein Brigadetagesbefehl herausgegeben:

---

[132] Abbildung 20 und 21.
[133] Bayerisches Kriegsarchiv, Erinnerungsblätter 1926, S. 17 f.
[134] Bayerisches Kriegsarchiv, Erinnerungsblätter 1926, S. 98.
[135] Bayerisches Kriegsarchiv, Erinnerungsblätter 1926, S. 143.
[136] KA: 8. I.R._(WK)_6_4 (1554).
[137] KA: 8. I.R._(WK)_7_20 (1554).

Zum Jahrestag der am 17.2.1915 beginnenden Kämpfe auf den Höhen von Combres. Heute vor einem Jahr begannen die ersten Kämpfe auf den Höhen von Combres, deren heldenmütige Verteidigung ein stolzes Ruhmesblatt in der Geschichte des 8. bayer. Inf. Rgts. bildet. Mit unerschütterlichen Nerven, stärkster und zähester Ausdauer hat das Rgt. das bis damals noch unbekannte Trommelfeuer in seiner deckenden Schutzes entbehrenden Stellung über sich ergehen lassen; es gab kein Zurück; und als der Feind nach zweistündigem Eisenhagel die nach seiner Ansicht zermürbte Stellung angriff, biß er auf Granit. Das 8. I.R. hielt seine Stellung mit todesmutiger Tapferkeit, und da wo es dem Feind einzudringen gelang, wurde er durch kraftvollen Gegenstoß wieder hinausgeworfen. Die Stellung wurde restlos behauptet. Ein dreifach Hurra dem tapferen Regiment und ein denkbar treues Gedenken seinen Gefallenen, die ihren Heldenmut mit dem Tod bezahlten. gez. von Riedl.[138]

Die Lage der Combres-Höhe östlich von Les Éparges und südlich von Trésauvaux bei dem Ort Combres-sous-les-Côtes ist in Abbildung 3 des Anhangs 2 dargestellt.

Die folgende Stellungsskizze (Abbildung 22) der Combres-Höhe zeigt die schwierige Geländesituation, die das 8. I.R. zu meistern hatte.

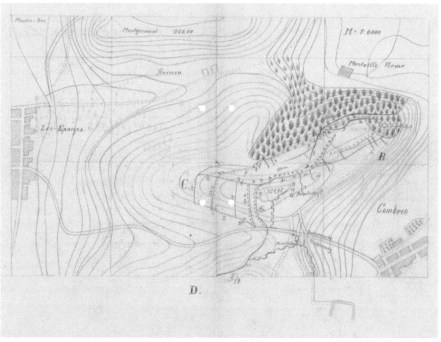

Abbildung 22: 17.-20.02.1915, Gefechtsstellung der Combres-Höhe[139]

Weitere Gefechtsskizzen sind in Anhang 2 Abbildung 7 und 8 wiedergegeben. Eine illustrative Ansichtsskizze von den Combres-Höhen zeigt die Sicht vom westlich von Combres-sous-les-Côtes gelegenen St. Remy[140] aus in Abbildung 23.

---

[138] KA: 8. I.R._(WK)_6_04-05 (1554); ident. (WK)_7_21 (1554); Abbildung 7, Anhang 6.
[139] KA: 8. I.R._(WK)_7_ 11 (414); KA: 8. I.R._(WK)_7_233 (1554).
[140] S. auch Abbildung 13, Anhang 2.

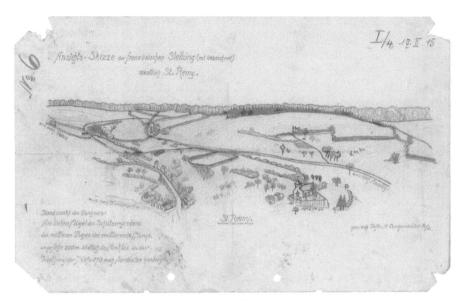

Abbildung 23: St. Remy, südwestlich der Combres-Höhen[141]

Zu diesem aufreibenden Gefecht liegen mehrere Berichte im KA vor. Der Erfahrungsbericht[142] von Major Aschauer, Kommandeur II/8, stellte abschließend fest: „Allgemeiner Eindruck bei Führern und Leuten. Die Kämpfe stellen viel höhere Anforderungen an die Truppe als die Feldschlacht [gemeint war Étain; Anm. d. Verf.]. Die Kämpfe bei Étain am 24., 25. August 1914 seien leichte dagegen gewesen."[143] Weitere Berichte gibt es von der 9./8, 10./8, 11./8, 12./8 und der MG-Kompanie.

Im März musste das II/8 aus der Ritterwaldstellung für 3 Tage wieder auf die Combres-Höhe. Dazu gibt es einen Gefechtsbericht[144], wieder von Major Aschauer, der diese 3 Tage detailliert beschreibt.

Darin heißt es zunächst, dass am 20.03.1915 das II/8 das I b. 4. I.R. (I. Bataillon des bayerischen 4. Inf.-Rgt.; Anm. d. Verf.) bei heftigem feindlichem Artilleriefeuer ablöste. „21. März: Nachtsüber Infanterie Kampf in Stellung B, in Stellung C gewöhnliche Schützengrabentätigkeit."[145] Den ganzen Tag über herrschte ein Artillerieduell. „Feindliche Artillerie beantwortete das Feuer mit Beschießen der Stellung B und C des rechten Sattels sowie mit Sperrfeuer zwischen

---

[141] KA: 8. I.R._(WK)_ 7_9 (414(1554).
[142] KA: 8. I.R._(WK)_7_227-229 (1554); Abbildung 1, Anhang 3.
[143] KA: 8. I.R._(WK)_7_226 (1554).
[144] KA: 8. I.R._(WK)_7_221-222 (1554); Abbildung 2, Anhang 3.
[145] KA: 8. I.R._(WK)_7_221 (1554).

Combres Nord und Stellung B."[146] Nachts fanden Schanzarbeiten in Stellung B statt.

22. März: „12:00 Uhr Nachts wird feindliche Infanteriepatrouille, die zwischen Stellung C und D vorgehen wollte, durch Infanterie- und MG-Feuer verscheucht."[147] Schanzarbeiten in Fingerstellung wurden vormittags durch Infanterie- und Artilleriefeuer verhindert. 1:00 Uhr nachmittags Feuerüberfall durch Artillerie auf die französische Stellung. „Fdl. Antwort wie gestern dauert bis 1:50 Uhr nachmittags an. 4:25 Nachm. wird Bewegung einzelner Franzosen (ohne Gepäck) zwischen Wald östlich Les Éparges und Les Éparges gemeldet. In Stellung C außer der gewöhnlichen Schanzentätigkeit Vortreiben von zwei Horchsappen gegen den Finger vor Stellung C."[148] Gegen Abend waren 6 feindliche Flieger über und in der Nähe der Combres-Stellung.

> 23. März: Vorm. fdl. Inf. Feuer auf Stellung C [...], den ganzen Vormittag leichtes Art.-Feuer auf Stellung C. 10:30 Vorm. ganz schweres fdl. Art.-Feuer auf Stellung B, C und Sattel nur kurze Zeit. 12:00 Uhr Mittgs kurzer Feuerüberfall durch unsere Art. 1:00 Uhr Mittgs bis 1:50 Nachm. wiederum Feuerüberfall unserer Artillerie auf die frz. Stellungen nördlich B und C, daraufhin schweres fdl. Artilleriefeuer auf die Stellungen B, C und Sattel. Sperrfeuer Combres Nord, Stellung B. 2:50 Nachm. frz. Schrappnell [sic!]-Feuerüberfall auf Combres. Fdl. Flieger über der Stellung bis ca. 3:30 Nachm. 3:45 Nachm. wiederum großer Feuerüberfall durch unsere Art., schweres französisches Artilleriefeuer daraufhin kurze Zeit auf die Stellung. 6:00 Uhr Abends nochmals ein Feuerüberfall durch unsere Artillerie, Feind erwidert ihn nicht mehr. Weiter Vorantreiben der gestern begonnenen Horchsappen vor Stellung C gegen den „Finger" hin. [...] Tagsüber vereinzelt Artilleriefeuer auf die Stellung C, heftiges Infanterie Feuer auf die französische Stellung nördlich B und C 32 vormittags.[149]

Am 24. März erfolgte Ablösung durch III. Res. I.R. 67.[150]

In diesem Gefecht waren 2 Gefallene und 7 Verwundete durch Artillerie-Granaten zu beklagen.

3.3.2   Kämpfe bei Lamorville April 1915

Ein weiteres schweres Gefecht ereignete sich im April 1915 bei Lamorville (Abbildung 7, Abbildung 21 und Abbildung 32; Abbildung 2, Anhang 2), bei dem das 8. I.R. aus dem Ritterwald zur Abwehr antrat. Dazu schreibt die Regimentsgeschichte:

> Am 6., 8. und 9. April wagten die Franzosen aus dem Selousewald [Abbildung 24] heraus gegen den Abschnitt Lamorville starke Angriffe, die mit großer Kraft durchgeführt, ihnen Erfolg zu bringen schienen; einmal am 6.4. war es ihnen gelungen in die deutschen Gräben einzubrechen, sie waren wieder hinausgeworfen, als unser III/8 später 1/2 I/8 zur Verstärkung bzw. Ablösung des hart mitgenommenen Res. Inf. Rgts. 67 erschien; dauernd und zähe suchte der Franzose, sein Kampfziel zu erreichen. Am 9. April nachmittags nach schärfster Artillerievorbereitung begann ein imposanter Angriff eines französischen Infanterieregiments, der am schneidigsten an diesen drei schweren Kampftagen durchgeführt wurde, er zerschellte erst an unserem Draht V, wo der französische Regimentskommandeur und seine Bataillonsführer mit gezückten Degen zusammenbrachen inmitten der Stürmenden. Unser Gegenstoß setzte vollkommen zeitgerecht ein; kein Exerzierplatzmanöver hätte besser verlaufen können, auf Befehl blies der Tambourmajor sein „Marsch vorwärts" in den Kampflärm hinein, beim zweiten Ansetzen wird ihm zwar Horn und Hand zertrümmert, das von nur zwei noch vorhandenen Hornisten aufgenommene Signal reißt die rückwärtigen Teile nach vorwärts, binnen ganz erstaunlich kurzer Zeit war der Kampf entschieden. Es war für uns ein glänzender Sieg im

---

[146] KA: 8. I.R._(WK)_7_222 (1554).
[147] KA: 8. I.R._(WK)_7_222 (1554).
[148] KA: 8. I.R._(WK)_7_222 (1554).
[149] KA: 8. I.R._(WK)_7_221-223 (1554).
[150] KA: 8. I.R._(WK)_7_223 (1554).

deutschen Infanterieverteidigungskampf; im vollsten Sinne des Wortes war unser Gegenstoß selten schön, programmmäßig und vorschriftsmäßig verlaufen. Die Mitwirkung unserer Artillerie, auch die der bayerischen Nachbardivision (6. b. Inf. Div.) weiter südlich war mustergültig. Für treue kameradschaftliche Zusammenwirkung mit dem preuß. Res. Inf. Rgt. 67 wurde uns die besondere Anerkennung des Kommandierenden Generals ausgesprochen. An 800 gefallene Franzosen, über 100 Gefangene wurden gezählt. Der tapfere französische Regimentskommandeur wurde mit militärischen Ehren begraben. Ein weiterer ernstlicher Angriff wurde in der gesamten Folgezeit aus dem Selousewald heraus an dieser Stelle nicht mehr gewagt.[151]

Abbildung 24: Bois de Selouse (südwestlich von Seuzey)[152]

Dazu gibt es einen 13-seitigen Gefechtsbericht[153], der in allen Einzelheiten die Heranführung von Teilen des 8. I.R., die Logistik, das Gefecht, die Artillerieunterstützung und die Zurückverlegung in den Ritterwald beschreibt. Die Skizzen Abbildung 9[154] und Abbildung 10[155] in Anhang 2 zeigen die Gefechtsstellungen.

---

[151] Bayerisches Kriegsarchiv, Erinnerungsblätter 1926, S. 19.
[152] KA: 8. I.R._(WK)_9_01 (414) Karten.
[153] KA: 8. I.R._(WK)_11_91-104 (1554).
[154] KA: 8. I.R._(WK)_11_99 (1554).
[155] KA: 8. I.R._(WK)_7_217 (1554).

3.3.3 Kämpfe im Bois Haut am 05.05.1915

Anfang Mai wurde das 8. I.R. das zweite Mal aus der ruhigeren Ritterwaldstellung herausgerissen, um im Gefecht im Bois Haut, westlich Combres (Abbildung 25), einzugreifen, eine Anhöhe, die die ausgedehnte Woëvre-Ebene beherrscht.

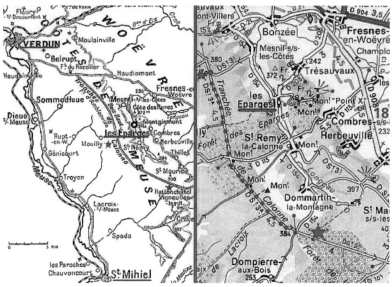

Abbildung 25: Les Éparges an der Tranchée de Calonne[156]

Die Regimentsgeschichte schreibt hierzu:

> Rechts unserer Ritterwaldstellung, an der Grande Tranchée de Calonne [Abbildung 25], hatten im April deutscherseits sehr erfolgreiche Kämpfe stattgefunden. Am 5.5. wurden die Regimenter der 8. b. Inf. Brig. links davon einer preußischen zu erneutem, größerem Angriff eingesetzt.
>
> Das Angriffsgelände war in seiner gesamten Ausdehnung Wald, meist dichtes unwegsames Unterholz. Schon die Angriffsvorbereitungen, die Erkundungen bei Dunkelheit, Regen und den schlüpfrigen Waldwegen stellten große Anforderungen und forderten Verluste, wie auch der Anmarsch zur Sturmausgangsstellung. Die infanteristischen Vorbereitungen waren soweit als möglich getroffen, die Infanterie-Kompagnien hatten damals die stolze Stärke von 300 Mann. 4. Mai III/8 in Stellung. 5. Mai II/8 in zweiter Linie, I/8 in dritter Linie. 11:00 Vorm. Antreten zum Sturm.
>
> Der Feind war auf nahe und nächste Entfernung. Unsere Artillerie hatte in dem dichten Wald so viel wie gar keine Beobachtung, die denkbar ungünstigsten Verhältnisse, um mit der Infanterie in Verbindung zu bleiben, dementsprechend war auch ihre Wirkung, es fehlte uns Infanteristen das, was wir zum Angriff so notwendig brauchen. Zu alledem kam, dass auch der Franzose fast gleichzeitig zu einem Angriff ansetzte, zwei beabsichtigte Angriffe platzten aufeinander. Die ersten Wellen von III/8 gelangten wohl in die vordersten französischen Gräben, hielten sich dort, aber es ging unendlich schwer und nicht vorwärts, II und I/8 schoben ein, schwere bittere Verluste traten im Kampf auf nächste Entfernung ein, als vollends die eigene Artillerie verstummte, wurde die Fortsetzung des Angriffs befehlsmäßig unterbunden, wir mussten uns mit dem wenigen Erreichten begnügen. Die vor-

---

[156] URL: http://pierreswesternfront.punt.nl/_files/2008-03-21/calonne-image002.jpg, 23.5.2015, Höhenweg der Côtes Lorraine; 23.06.2016.

dersten Linien waren Mann an Mann dicht gedrängt in notdürftigen Gräben, Angehörige dreier Regimenter waren ineinander eingeschoben.

Der Gegner bestand aus afrikanischen Vertretern [sic!] der Kultur, aus marokkanischen Franzosen, sie fielen uns besonders auf durch ihr fast ununterbrochenes, nervöses Infanterieschießen in den folgenden Nächten.

Unser Erfolg, wie derjenige der rechts und links von uns kämpfenden Truppenteile war nicht entscheidend, auch dort musste man sich bei aller Tapferkeit mit dem Erreichten begnügen. Die Verluste waren allenthalben recht beträchtlich, das Regiment verlor beinahe ein Drittel seines Bestandes. Angreifen ist nicht allzu schwer, besonders bei genügender Artillerievorbereitung, aber nach einem Angriff, der nicht voll gelingt, das wenige Gewonnene bei gleichzeitigem Gegenangriff zäh zu halten, ist unendlich schwer. Unser Regiment hat auch an diesem wenig glücklichen Kampf- und Angrifftage diese harte Prüfung bestanden und getreulich seine Pflicht erfüllt.

8.5. wird das Regiment in vorderster Linie abgelöst für rückwärtige Bereitschaft, am 14. Mai gings zurück in die wohl verdiente Ruhe und in unsere Ritterwaldstellung.[157]

Auch dazu gibt es einen Befehl zum Gefecht[158] und Gefechtsberichte[159] mit Skizzen.[160]

Am 15.05. wurde das Regiment wieder in die Ritterwaldstellung verlegt. Insgesamt fielen bei diesem Gefecht 244 Soldaten, dies war der drittgrößte Verlust nach Combres und Verdun, den das Regiment in einem Gefecht zu erleiden hatte.[161] Seine Leistungen wurden mit einem Korpstagesbefehl[162] vom Kommandierenden General von Oven[163] gewürdigt.

V. Armeekorps Generalkommando K. H. Qu. Xonville, den 9. Mai 1915

Korpstagesbefehl

Die Truppen der 9., 111., 113. Inf. Div. und der 33. Res. Div. haben im Laufe der letzten 14 Tage Schulter an Schulter schwere und verlustreiche Kämpfe auf der Côtes durchgekämpft.

Wenn auch das gesteckte Ziel nicht ganz erreicht worden ist, so sind doch große und schöne Erfolge errungen worden. Ein großer Teil der feindl. Stellung ist von uns genommen, fünf Geschütze und eine große Zahl von Maschinengewehren in unsere Hand gefallen.

Im Abschluss dieser Kämpfe ist es mir ein dringendes Bedürfnis, allen beteiligten Truppen meine vollste Anerkennung für ihre heldenmütige Tapferkeit, für ihr zähes Ausharren und ihre vorbildliche Haltung auch bei schweren Verlusten auszusprechen. Ich bin überzeugt, dass Gruppen, die von einem derartigen Geist beseelt sind, auch in Zukunft jeder Lage gewachsen sein werden.

Der Kommandierende General, gez. von Oven.[164]

---

[157] Bayerisches Kriegsarchiv, Erinnerungsblätter 1926, S. 20.
[158] KA: 8. I.R._(WK)_11_125-127 (1554); Abbildung 3, Anhang 3.
[159] KA: 8. I.R._(WK)_6_16-22 (414); KA: 8. I.R._(WK)_7_7 (414); KA: 8. I.R._(WK)_11_128-133 (414); Abbildung 4, 5 und 6, Anhang 3.
[160] KA: 8. I.R._(WK)_7_8 (414), KA: 8. I.R._(WK)_11_110 (1554) u. KA: 8. I.R._(WK)_7_10 (414); Abbildung 11 und 12, Anhang 2.
[161] Bayerisches Kriegsarchiv, Erinnerungsblätter 1926, S. 98.
[162] KA: 8. I.R._(WK)_11_137 (1554).
[163] KA: 8. I.R._(WK)_11_136. General der Infanterie Karl Adolf von Oven (* 30. Mai 1855 in Nikolskowo; † 6. Februar 1937 in Berlin-Wilmersdorf). Zu Beginn des Ersten Weltkriegs wurde Oven gemäß seiner Mobilmachungsbestimmung reaktiviert und übernahm wieder den Posten des Gouverneur von Metz. Als solcher beteiligte er sich von dort aus an den Grenzschlachten sowie vom 20. bis 21. August 1914 an der Schlacht in Lothringen auf dem rechten Flügel der 6. Armee. In der anschließenden Schlacht bei Longwy kommandierte er das nach ihm benannte Korps, das aus der Hauptreserve der Festung Metz sowie der 5. Landwehr-Division bestand und auf dem linken Flügel der 5. Armee in die Kämpfe eingriff. Aufgrund seiner guten Führung wurde Oven daraufhin zusätzlich als Vertreter des kommandierenden Generals Hermann von Strantz mit der Führung des V. Armee-Korps beauftragt. Mit dem Korps kam er zwischen Maas und Mosel zum Einsatz, kämpfte bei Combres und Les Éparges und rückte dann weiter auf Verdun vor. Aufgrund von Meinungsverschiedenheiten mit seinem vorgesetzten General wurde Oven am 12. Mai 1915 von seinem Posten entbunden, behielt aber seine Stellung als Gouverneur von Metz. URL: https://de.wikipedia.org/wiki/Adolf_von_Oven; 08.03.2016.
[164] KA: 8. I.R._(WK)_11_136 (1554).

Der Verteiler des Korpstagesbefehls (Abbildung 26) gibt Aufschluss über die Zusammensetzung des Korps.

Abbildung 26: 09.05.1915, Verteiler des Korpstagesbefehls[165]

3.4 Stellungskrieg im Ritterwald

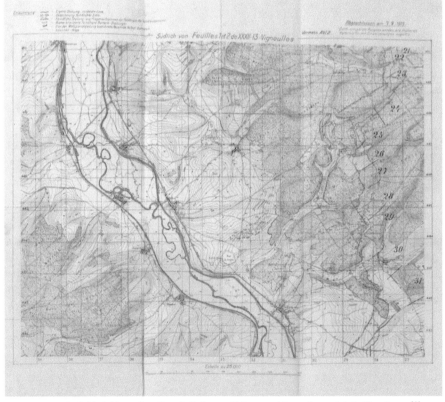

Abbildung 27: 07.09.1915, Vigneulles (Vaux de Palameix, Villers-sur-Meuse, Troyon) Artl.-Plan, Seuzey[166]

---

[165] KA: 8. I.R._(WK)_11_136 (1554).
[166] KA: 8. I.R._(WK)_6_03 (1554) Skizzen.

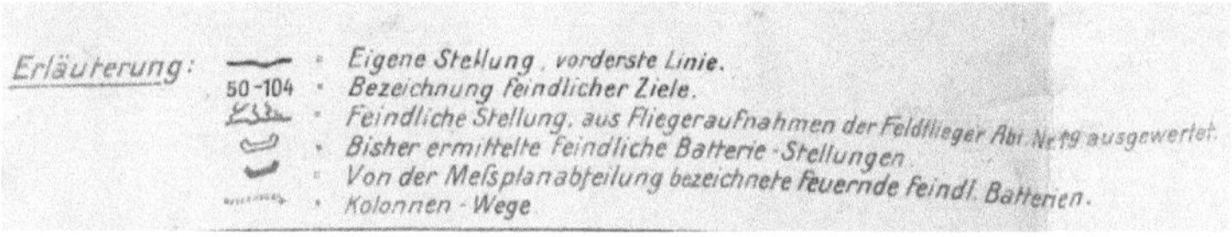

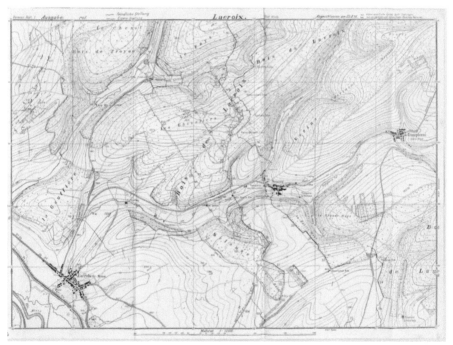

Abbildung 28: 07.09.1915, Zeichenerklärung der Karte „Seuzey"

Die Ritterwald-Stellung, die das 8. I.R. vom 30.03.1915 bis zur Verlegung in die Stellung nörd-lich von St. Mihiel am 12.06.1916 verteidigte, war während dieser Zeit starr und wurde erst 1918 mit der feindlichen Einnahme des St.-Mihiel-Bogens aufgegeben. Die Beharrung der Ritterwald-Stellung wird auch durch den Vergleich der Kartenaufnahmen vom 07.09.1915 (Abbildung 27), 25.08.1915 (Abbildung 29) und 26.02.1916 (Abbildung 30) deutlich. Die Front bewegte sich nicht.

Abbildung 29: 25.08.1915, Karte „Lacroix"[167]

---

[167] KA: 8. I.R._(WK)_7_01 (1554) Karten.

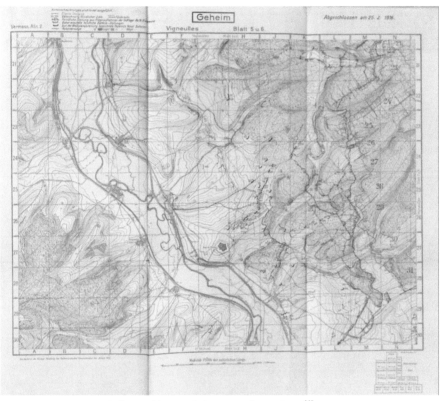

Abbildung 30: 25.02.1916, Stellung auf den Maashöhen, Vigneulles mit Seuze [168]

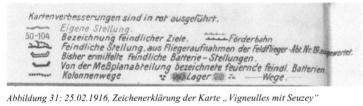

Abbildung 31: 25.02.1916, Zeichenerklärung der Karte „Vigneulles mit Seuzey"

---

[168] KA: 8. I.R._(WK)_6_01 (1554) Karten.

Die weitere geografische Lage ergibt sich aus der Karte in Abbildung 32.

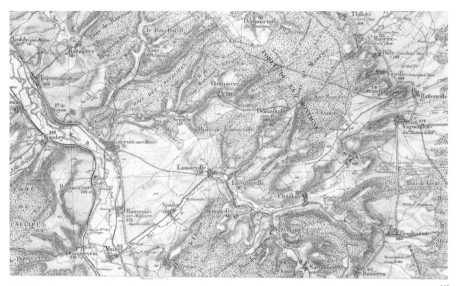

Abbildung 32: Bois des Chevaliers mit Varvinay (östl. Senonville), Ruhelager bei der Stellung nördl. St. Mihiel[169]

Die Ritterwald-Stellung (Abbildung 33 und Abbildung 2, Anhang 2) war in verschiedene Abschnitte unterteilt. Die Abschnitte 7-12 des 8. I.R. werden in der Abbildung 34 und der besonders gefährdete Abschnitt 12 in Abbildung 35 dargestellt.

Da sich für das 8. I.R. keine größeren Gefechte entwickelten, soll die in Rede stehende Zeit, in der Ldstm. Karl Didion an diesem Stellungskrieg beteiligt war (07.10.1915 bis 13.06.1916) nach verschiedenen Aspekten wie Stellungswechsel, Stellungsbau, Beobachtungen, Artillerieduelle, Verluste, Zu- und Abgänge, Patrouillen, Gefangene/Überläufer, Gaskrieg sowie Tagesbefehle bei besonderen Anlässen und Auszeichnungen betrachtet werden.

---

[169] KA: 8. I.R._(WK)_6_5 (414) Karten.

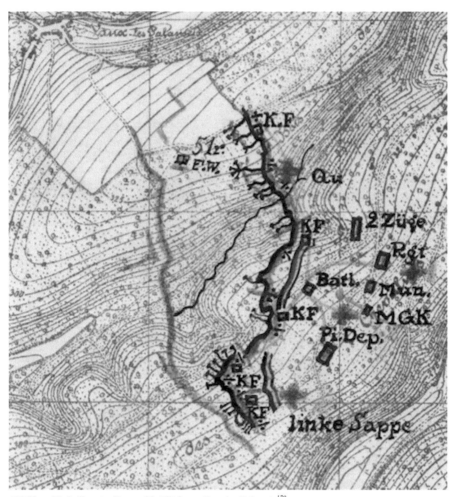

Abbildung 33: Stellung im Ritterwald südlich von Vaux-les-Palameix[170]

3.4.1 Wechsel in der Stellung

3.4.1.1 Ablöseroutine

Der dem Regiment zugewiesene Abschnitt wurde nicht bataillonsweise besetzt, sondern, wie bereits erwähnt, in 12 Unterabschnitte (Abbildung 34) unterteilt und unter abwechselnder Führung der drei Bataillonskommandeure durch die einzelnen Kompanien des Regiments verteidigt.

---

[170] KA: 8. I.R._(WK)_7_4 (414).

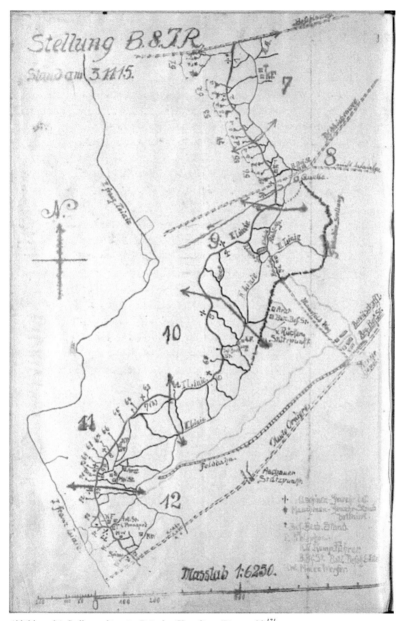

Abbildung 34: Stellungsskizze im Bois des Chevaliers (Ritterwald)[171]

Zeichenerklärung:

I. = MG-Stand; KF = Kompanieführer; MW = Minenwerfer; T = Telefon; B. Bf. St. = Bataillons-Befehls-Stelle

---

[171] KA: 8. I.R._(WK)_6_150 (1554).

Östlich vom Abschnitt 10 liegt die Regiments-Befehls-Stelle. Das Grabensystem ist in I., II. und III. Linie gegliedert. Es gibt ein bezeichnetes Wegenetz und eine Feldbahn (Abbildung 14, Anhang 2). Die feindliche Linie ist zwischen 300 m im Abschnitt 8 und nur 40 m in Abschnitt 12 entfernt. Die wie Wurmfortsätze aussehenden Gebilde senkrecht zur I. Linie sind sog. Sappen.

Der Abschnitt 12, in dem die meisten Sprengungen waren und wo sich die feindlichen Linien am nächsten befanden, wird in Abbildung 35 in Vergrößerung gezeigt.

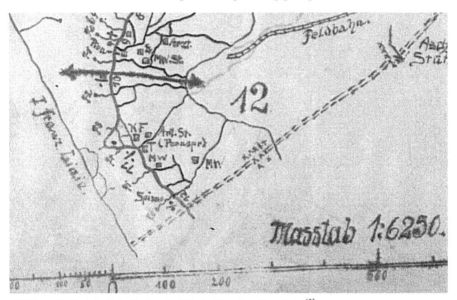

Abbildung 35: Abschnitt 12 der Stellung im Bois des Chevaliers (Ausschnitt)[172]

In dieser Teilskizze für Abschnitt 12 ist vor der Kompanie-Führerstelle die nach Westen ausbuchtende Stelle mit einem großen Trichter bei Graben 74 gut zu erkennen. Im Abschnitt 12 befinden sich 3 MG-Stellungen, 2 Minenwerfer, 1 Art.-Beobachtungs- und eine Telefon-Stelle.

Die Abschnitte 7-12 sind Brigade-Bezeichnungen. Das Regiment teilte seinen Bereich nochmals in 10 Unterbereiche auf.

Die Kompanien, die nicht in Stellung waren, befanden sich in der Brigade-Reserve in Bereitschaft oder in Ruhe in den Lagern Billy-Ort, Billy-Lager (Abbildung 36) oder Dompierre-aux-Bois (Abbildung 88).

---

[172] KA: 8. I.R._(WK)_6_150 (1554).

Abbildung 36: 2016, Gegend bei Billy-Lager

Die Kompanien wurden nach der Ablösung häufig noch für den Stellungsbau eingesetzt. So heißt es im Ablöseplan vom 16.11.1915: „Nach vollzogener Ablösung arbeiten alle Kompagnien noch 2 Stunden an dem großen Verbindungsgraben, der von der Unterkunft nach Abschnitt 11 und 12 führt." Oder: „Nach allgemeiner Ablösung arbeitet ein Teil der Kompagnien noch 3 Stunden an dem Verbindungsgraben, der von der Abschnitts-Befehlsstelle nach Abschnitt 12 führt."[173]

3.4.1.2   Tätigkeiten in Bereitschaft und in Ruhe

Um das Geschehen hinter der Front plastisch zu schildern, sollen Meldungen von Anfang Januar 1916, als das I/8 bzw. II/8 in Bereitschaft und in Ruhe lag, betrachtet werden:

Truppen in Bereitschaft wurden meist im Stellungsbau eingesetzt. Ein Beispiel der Arbeitslast des Stellungsbaus während der Bereitschaft sei für den 07.05.1916 angefügt.

Das I/8 wurde routinemäßig aus der vordersten Stellung herausgezogen und in Bereitschaft versetzt. In den hinteren Linien waren umfangreiche Arbeiten auszuführen: „Täglich 6 Stunden wurde an Annäherungsgräben oder im Stollenbau gearbeitet, außerdem wurden 2 Kochkessel

---

[173] KA: 8. I.R._(WK)_6_120 (1554).

eingebaut, 2 Latrinen und 2 Müllgruben angelegt, die Btl.-Befehls-Stände weitergebaut und 26 Schilder in Btls.-Farbe für die Stollenbezeichnung gefertigt."[174]

Auch wenn eine Kompanie „in Ruhe" in einem Lager lag, gab es verschiedene soldatische Beschäftigungen. Diese waren bei dem II/8 am 10. und 11. Januar: Verpassen von Gasschutzmasken, Gesundheitsbesichtigungen oder Bekleidungsappelle.[175] Andere immer wiederkehrende Tätigkeiten waren: Gewehrappelle, Waffenrevision, Gasvorträge, Exerzieren, Herrichten der Ausrüstung, Bekleidung und Baden.

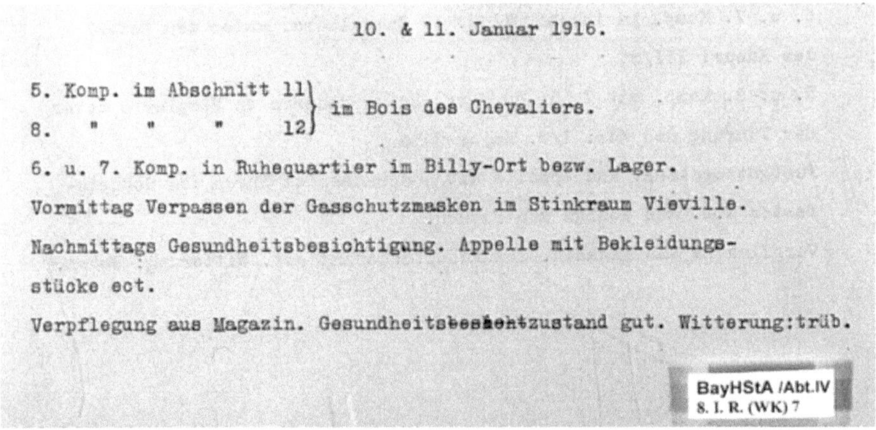

```
                    10. & 11. Januar 1916.

5. Komp. im Abschnitt 11⎫
                        ⎬ im Bois des Chevaliers.
8.   "    "    "    12⎭

6. u. 7. Komp. in Ruhequartier im Billy-Ort bezw. Lager.

Vormittag Verpassen der Gasschutzmasken im Stinkraum Vieville.

Nachmittags Gesundheitsbesichtigung. Appelle mit Bekleidungs-

stücke ect.

Verpflegung aus Magazin. Gesundheitszustand gut. Witterung:trüb.

                                        BayHStA /Abt.IV
                                        8. I. R. (WK) 7
```

Abbildung 37: 10./11.01.1916 in Billy-Lager: Verpassen von Gasschutzmasken, Gesundheitsbesichtigungen, Bekleidungsappelle des II/8[176]

Am 28. Januar, Freitag, fand bei der 2./8 und 3./8 Waffenrevision statt.[177]

Ab und an fanden auch Gottesdienste statt, so z. B. am Sonntag, den 30.01.1916: „10:00 Vormittags katholischer Gottesdienst für 2. und 3./8." Vorher gab es jedoch um 8:30 Uhr einen Gasvortrag durch Leutnant Gallet in der Kirche von Billy[178]. „Dem Vortrag wohnten der Stab sowie die Offiziere, Unteroffiziere und eine Anzahl Mannschaften der 2. und 3. Kompanie bei."[179] Bei diesem Vortrag war höchstwahrscheinlich auch Ldstm. Karl Didion zugegen.

---

[174] KA: 8. I.R._(WK)_6_47 (1554).
[175] KA: 8. I.R._(WK)_7_01 (1554).
[176] KA: 8. I.R._(WK)_7_01 (1554).
[177] KA: 8. I.R._(WK)_6_177 (1554).
[178] Abbildung 4, Anhang 7.
[179] KA: 8. I.R._(WK)_6_177 (1554).

Was wird er sich bei der Abfolge an die-sem Sonntag gedacht haben – zuerst ein Vortrag über die Bedrohung durch Gas und dann in derselben Kirche die Hl. Messe. Seine Gedanken mögen zum Gotteshaus in seinem Heimatort Kirrberg (Abbildung 38) geschweift sein, die Kirche, die er vor Jah-ren für eine Postkarte gezeichnet hatte.

Vom 13. bis 16.03. fanden für Kompanien des II/8 Bekleidungs- und Gewehr-Appelle mit Reinigungsdienst und Gesundheitsbe-sichtigung statt. Ähnliches wird auch für das I/8 gegolten haben.

Abbildung 38: Kirche in Kirrberg, gezeichnet von Karl Didion[180]

13. 14. 15. und 16. März 1916

5. Komp. Lt. Wied	Abschn. 11	Abschnitts-Kdr. Oberstlt. von Rücker
8. Komp. Lt. Nellen	Abschn. 12	„ „
6. Komp. Hptm. Hauser		Billy-Ort
7. Komp. Lt. Vockensperger		Billy-Lager
Stab II/8.		Billy-Lager

Die in Ruhe befindlichen Kompn. hatten Appell mit Bekleidungsstücken, Gewehr-Appell und Reini-gungsdienst.
Baden.

Am 14. bzw. 15. März Nachmittags 3:00 im Bayerischen Hiasl [Abbildung 2, Anhang 7] Gesund-heitsbesichtigung der 6. und 7. Kompagnie.
Verpflegung aus Magazin. Gesundheitszustand gut. Witterung: sehr schön.[181]

Ldstm. Karl Didion in der 2. Kompanie besuchte im Billy-Lager nicht nur das Kino „Flimmer Stollen"[182] oder das Wirtshaus „Bayerischer Hiasl", sondern genoss dort auch weitere soldati-sche Ausbildung.

Im Billy-Lager hielten die Komp. I/8 am 10.05. „Exerzieren, Schießen, Verpassen der Gasmas-ken, Appelle" ab. „Baden und Gesundheitsbesichtigung" waren für den 11.05. vermerkt.[183]

Am 21.05.1916 war für das II/8 Ruhetag in Billy-Lager angesagt mit: „Herrichten der Ausrüs-tung und Bekleidung. Baden, Gesundheitsbesichtigung."[184] Zur Gesundheitsbesichtigung gehör-ten auch die Impfnachschau und die Typhus-Schutzimpfung.[185] Ldstm. Karl Didion erhielt

---

[180] Postkarte in Privatbesitz.
[181] KA: 8. I.R._(WK)_7_41 (1554).
[182] Abbildung 3, Anhang 7.
[183] KA: 8. I.R._(WK)_6_48 (1554).
[184] KA: 8. I.R._(WK)_7_91 (1554).
[185] KA: 8. I.R._(WK)_7_109 (1554).

Typhus-Schutzimpfungen am 10. und 19.01. sowie am 12.06. und 15.08.1916 eine „Typhus-Wieder-Impfung" und eine Cholera-Impfung am 28.09.1916.[186]

Am 12.05. bekam das Batl. 19 Ergänzungs-Mannschaften vom Rekrutendepot.[187] Am 13.05. war vormittags um 8:00 wieder katholischer Gottesdienst in Billy. Außerdem wurde für den gleichen Tag vermerkt, dass Leutnant Maier aus der 2./8 in „14-tägigen Urlaub nach Königsburg u. Rastenburg in Ostpreußen" geschickt wurde. Bemerkenswert ist, dass ein Ostpreuße in einer bayerischen Einheit Dienst tat und dass der Urlauber von 14 Tagen bestimmt 6 Tage auf der Bahn zubrachte.

Weiterhin meldete das Kriegstagebuch für den 13.05., dass 1 Pferd in Billy-Ort durch „Inf. Geschoß l.[eicht] verw[undet] wurde (Fliegerbeschießung)". Außerdem heißt es: „... die heute Abend zu Ausgabe kommenden Fische trafen nicht ein. Es wurde die als Abendkost bestimmte Fettportion sowie ersparte Wurstkonserven ausgegeben."[188] Am 14.05. kam das I/8 nach 13 Tagen wieder in Stellung.

Auch im nachfolgenden Befehl vom 26.04.1916 für die Brigade-Reserve, die aus Kompanien der beiden Infanterie-Regimenter 4 und 8 gebildet wurde, scheinen die typischen Aktivitäten des Lagerlebens auf: Geregelt wurden die Aufgaben des Lagerkommandanten, die Aufstellung eines Brenn- und eines Arbeitskommandos sowie der Schutz vor Fliegerbeobachtung. Auch der Bataillons-Tambour wurde zur Arbeit herangezogen.

Befehl für die Brig. Res.   26. April 1916

1. Lagerkommandant Lt. Schüßler

Er hat die Aufsicht über das Lager, leidet [sic!] die Stollenarbeiten im Lager, verwaltet das Depot im Lager, beaufsichtigt das Abblenden der Baracken bei Nacht, das Sammeln von Blechhülsen, Lumpen, Papiere, Überreste usw. Er ist sonst dienstfrei. Es steht ihm der Batls. Tambour des Lagers zur Verfügung.

2. Lagerwache stellt von heute auf morgen 7./8 (1 Spielmann, 3 Mann).

3. Bei Erscheinen von Fliegern nimmt alles Fliegerdeckung (Pfeifensignale). Auffallende Gegenstände wie weiße Decken dürfen außerhalb gedeckter Räume nicht ausgebreitet werden.

4. Jede Komp. bestimmt ein Brennkommando. Das Holz ist aus verlassenen Unterständen östlich und südlich des Lagers zu holen. Im Lager selbst darf kein Holz geschlagen werden. Brennholz auch für Ablösung bereitlegen.

5. Jede Kompanie teilt einen älteren Unteroffizier 30 Mann Stollenbau-Kommando [sic!] ein. Meldung 7:00 Vorm. Pion. Depot im Lager. Anweisung durch Lt. Schüßler.

6. 5. Komp. arbeitet an den 11 im Ornières Stützpunkt begonnenen Stollen sowie an den drei Wohnstollen im Stützpunkt I weiter.

7. Arbeitsprogramm: 5./8 Laufgraben von der Rgts. Befehlsstelle nach rückwärts. 7./8 rechts und links der Ornières, 6./8 zunächst des Brig. Tals. Die Arbeitsstellen sind durch je einen Offizier im Laufe des

---

[186] Soldbuch S. 1. u. 8; in Privatbesitz.
[187] KA: 8. I.R._(WK)_6_48 (1554).
[188] KA: 8. I.R._(WK)_6_48 (1554).

morgigen Tages zu erkunden (Anweisung durch den Batls. Adjdt.) Arbeitsbeginn 3:30 Vorm. Arbeits-
zeit 6 Stunden. 1. Arbeitstag 27./28. Vorher Deckung gegen Fliegersicht; dann Mitarbeit.

Schanzzeugverteilung: 5./8 Schanzzeug vom Lager, 6./8 Schanzzeugwagen II/8, 7./8 Schanzzeugwagen I/8. Das Schanzzeug ist jedes mal wieder einzuliefern. Ausrückstärke für jede Komp. 120 Mann.
Sturmanzug.

Zusatz: Waschen und Baden in der Seuzey-Quelle wird untersagt.[189]

Ein Wasch- und Bade-Verbot in der Quelle von Seuzey wurde deswegen befohlen, da Quellen
strikt für die Trinkwasserversorgung vorgesehen waren.

3.4.2   Stellungsbau, Mineure, Sprengungen

Eine der Haupttätigkeiten im Stellungskrieg war natürlich der Stellungsbau. Dieser richtete sich
nach dem eigenen Kampfauftrag und dem erwarteten gegnerischen Verhalten.

In den vom XV. Bayerischen Reserve-Korps herausgegebenen Gesichtspunkten über Besetzung,
Sicherung und Gefecht in Infanterie-Stellungen sind die verschiedenen Vorposten-Kampflinien
(1. und 2.) sowie die Reservebildung auf Zug- und Kompanieebene beschrieben (s. Band II).

3.4.2.1   Stellungsbau

Die Arbeiten an den Stellungslinien[190] bei den Kämpfen auf den Maashöhen sind aus der Abbildung 39 erkennbar.

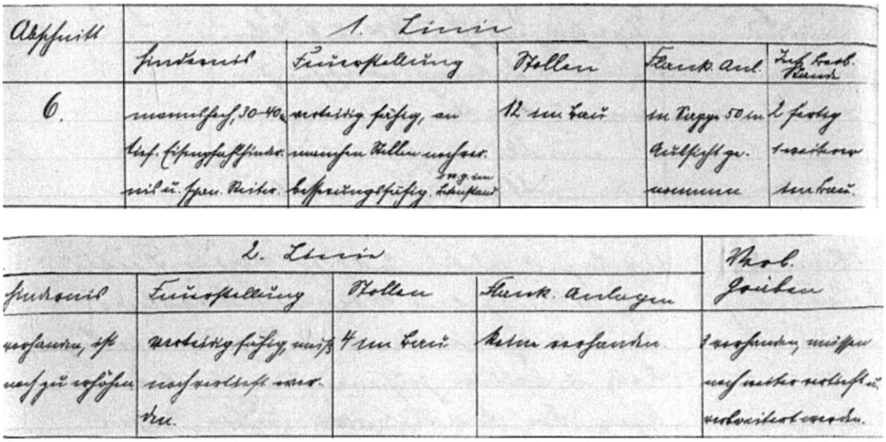

Abbildung 39: 29.10.1915, Übersicht der Arbeiten in der 1. u. 2. Linie[191]

Für den 29.10.1915 ist im Kriegstagebuch für alle Abschnitte der 1. u. 2. Linie eine Übersicht
der Arbeiten im Bereich des bayerischen 8. Infanterie-Regiments verzeichnet, für einen Ab-

---

[189] KA: 8. I.R._(WK)_7_74-75 (1554).
[190] KA: 8. I.R._(WK)_6_150 (1554).
[191] KA: 8. I.R._(WK)_6_111 u. 112 (1554); Abbildung 19, Anhang 5 für alle Abschnitte.

schnitt soll dies exemplarisch wiedergegeben werden:

Es heißt dort:

> Im Abschnitt 6:
>
> 1. Linie:
>
> Hindernis: mannstief, 30-40 m tief, Eisenstahlhindernis und spanische Reiter.
> Feuerstellung: verteidigungsfähig, an manchen Stellen noch verbesserungsbedürftig, 1 MG im Betonstand.
> Stollen: 12 im Bau.
> Flanken Anl.: in Sappen, 50 in Aussicht genommen.
> Infant. Beobachtungsstand: 2 fertig, weiterer im Bau.
>
> 2. Linie:
>
> Hindernis: vorhanden, ist noch zu erhöhen.
> Feuerstellung: verteidigungsfähig, muß noch vertieft werden.
> Stollen: 4 im Bau.
> Flanken Anl: keine vorhanden.
> Verb. Gräben: 3 vorhanden, müssen noch weiter vertieft und verbreitert werden.[192]

Darunter ist vermerkt: „Anmerkung: in allen ersten Feuerstellungen wird durchgehend über Bank[193] gefeuert."

Nach Ablösung der Kompanien werden diese immer wieder zu Stellungsarbeiten herangezogen. Als hauptsächliche Arbeit (Abbildung 40) in der Stellung wurde der Bau von schusssicheren betonierten Infanterie-Beobachtungs- und Maschinengewehrständen, von Wohnstollen in der 1. Linie, von Stollen zum Untertreten bei feindlichem Feuer in der 2. Linie und Anlage eines Tarnungshindernisses von der Quelle nach der Hautes Ornières sowie die Ausbesserung der Hautes-Ornières-Straße befohlen.[194]

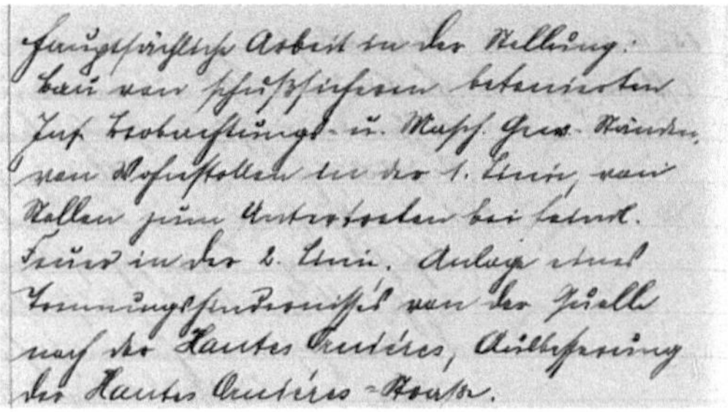
Hauptsächliche Arbeit in der Stellung:
Bau von schußsicheren betonierten
Inf. Beobachtungs- u. Masch. Gew. Ständen,
von Wohnstollen in der 1. Linie, von
Stollen zum Untertreten bei feindl.
Feuer in der 2. Linie. Anlage eines
Tarnungshindernisses von der Quelle
nach der Hautes Ornières, Ausbesserung
der Hautes Ornières-Straße.

Abbildung 40: 16.11.1915, Stellungsarbeiten des I/8 bei der Hautes-Ornières-Straße[195]

Am 18.01.1916 gab es bereits einen Befehl der 33. Reserve-Division[196], der für den Stellungsabschnitt des 8. I.R. anwies, eine 3. Linie auszubauen. Innerhalb dieser Linie sei an der Hautes Ornières ein Stützpunkt mit Stollen für etwa 1 Zug auszubauen und eine bombensichere betonierte Beobachtungsstelle einzurichten. Dieser Befehl für den betonierten Ausbau der Stellung weist auf den andauernden Stellungskrieg hin, man rechnete also nicht mit einem unmittelbaren Angriff und Vormarsch des Gegners.

---

[192] KA: 8. I.R._(WK)_6_111 u. 112 (1554).
[193] Über die Bank feuern, d. h. direkt über die Wallkrone, ohne aus Scharten zu schießen.
[194] KA: 8. I.R._(WK)_6_121 (1554).
[195] KA: 8. I.R._(WK)_6_121 (1554).
[196] KA: 8. I.R._(WK)_2_01 (414). Dieser Befehl verweist auf einen früheren Befehl vom 01.12.1915.

Bemerkenswert bei diesem Befehl ist auch die Striktheit der befohlenen Ausbauanstrengungen:

> Zum weiteren Ausbau der 2. Stellung im Chevaliers-Abschnitt haben in der Zeit vom 21.1. bis zum 31.1. einschl. von der 8. bayer. Brigade an 6 Tagen, von der 66. Res. Brig. an 7 Tagen je 4 Kompanien zu arbeiten. Jede Kompagnie ist möglichst nur 1 Tag zur Arbeit heranzuziehen. Mindestarbeitsstärke 160 Mann. Arbeitszeit 6 Stunden, nicht gerechnet der Hin- und Rückmarsch und die Pausen. Beginn der Arbeit 9:00 Vormittags. Die in Aussicht genommenen Arbeitstage sind von den Brigaden der Division und dem Kommandeur der Pioniere mitzuteilen. [197]

Am 23.02.1916 wurden die Bataillonskommandeure und Kompanieführer durch einen Regimentsbefehl[198] zur Erhöhung der Verteidigungsfähigkeit der Stellungen aufgefordert. Hierbei wurde besonders auf eine gute Feuerlinie durch gut zugängliche Schützenauftritte, ständige Ausbesserung der eingeschossenen Stellen und instandgehaltene Verbindungsgräben abgehoben. Die Stollen sollten stets zwei Ausgänge haben und benachbarte Stollen unterirdisch verbunden werden. Jede Kompanie müsse nach der Tiefe gegliedert sein, damit der Kompanieführer im Falle feindlichen Angriffs genügend Kräfte unmittelbar zur Hand habe, um bedrohte Punkte zu unterstützen oder den Feind, wo er eingedrungen sein sollte, wieder hinauszuwerfen. Deshalb habe jeder Kompanieabschnitt mindesten ein Drittel der Abschnittsbesatzung in der zweiten Linie verfügbar zu halten. Weitere Hinweise bezogen sich auf Gasschutzmittel, Alarmmittel und die Verfügbarkeit der Kampfmittel wie Taschen- und Stollenmunition sowie stets aufzufrischende Munitionsreserven. Schanzzeug, „Drahtscheeren", Leuchtmittel und Handgranaten seien stets auf Brauchbarkeit zu prüfen.

Am 28.02.1916 sind die Arbeiten des II/8 am Stellungsbau der letzten 6 Tage aufgelistet:[199]

> Die hauptsächlichsten Arbeiten, die in den letzten sechs Tagen in der Stellung vorgenommen worden waren:
>
> 1. Stollen- und Minierarbeiten
>
> 2. Ausbessern der vorderen Linie, hauptsächlich in den Abschnitten 10, 11, 12, sowie der Verbindungsgräben dorthin.
>
> 3. Ausbessern des linken Laufgrabens zu Abschnitt 12, der durch Explosion von behelfsmäßigen Minen am 23.2.16 teilweise zerstört war.
>
> 4. Ausheben der durch die franz. Sprengung verschütteten Stellung im alten frz. Graben.
>
> 5. Anfertigung von Kugelhindernissen, eisernen spanischen Reitern für Abschnitt 12.
>
> 6. Ergänzung an Minen-Munition
>
> 7. Bau eines neuen Minen-Werferstandes im Aschauer-Stützpunkt.
>
> 8. Fertiglegen des Artl.-Kabels.[200]

Bei den Arbeiten am Stellungsbau gab es auch immer wieder eigene Verluste. Am 15.11. wurde ein Kamerad von Karl Didion durch „Verschütten" in der Kiesgrube leicht „gequetscht"[201]. Am

---

[197] KA: 8. I.R._(WK)_2_01 (414).
[198] Abbildung 13, Anhang 5.
[199] KA: 8. I.R._(WK)_7_35 (1554).
[200] KA: 8. I.R._(WK)_7_35 (1554).
[201] KA: 8. I.R._(WK)_6_120 (1554).

07.02.1916 zog sich ein Mann der 8./8 vormittags einen Oberschenkelbruch in Dompierre zu (Einsturz einer Mauer).[202] Unglücke ereigneten sich auch häufig im Zusammenhang mit Sprengungen, so am 21.04.1916:

> Nach der Sprengung ging Pionier Gärtner – entgegen der Instruktion –, in den Stollen 73[bc], um festzustellen, ob diese gelitten hätten. Infolge der eingedrungenen Gase wurde er bewußtlos. Es versuchten nacheinander die Inf. 8. Inf.-Rgts. 6. Komp. Berger, Walter Bruno, Müller, Popp ferner Thomassini u. Lt. Gistl., Gärtner zu bergen. Den Letzteren beiden gelang es, Gärtner und einen bewußtlos gewordenen Infanteristen lebend zu bergen.[203]

Weiter heißt es: „Im Übereifer und in anerkennenswerter Neugier, ob die eigenen Stollen noch vorhanden, sind trotz vorheriger eingehender Belehrung unmittelbar nach der Sprengung Sprenggasverluste entstanden (ein Pionier u. 5 Mann 6./8)."[204]

Ein wichtiger Bestandteil im Stellungskrieg sind die Herstellung und der Einsatz von Hindernissen. Im Sprengbefehl vom Pionier-Offizier Lemm ist deshalb als Aktivität nach der Sprengung zur Sicherung die Herstellung von Hindernissen vorgesehen:

> Erforderlich ist:
>
> die Herstellung von 50 Stck spanische Reiter.
> Herstellung von 200 Stck Kugelhindernissen.
> 24 Mannschaften 7:00 Vorm. Eingang Trichterstellung werden erbeten.
> gez. Lemm.
>
> Gefechtsstelle 8. I.R. erh. 3.12.15 zur Brig. Gefechtsstelle befürwortet.
> gez. Götz.[205]

Der Stellungsbau stand auch immer wieder im Blickpunkt der übergeordneten Einheiten. Am 28.05.1916 erließ die Brigade an die unterstellten Einheiten einen Befehl[206] zum Ausbau der Stellung als Ergebnis der Begehung der Stellung des Regiments durch einen Offizier der 33. Reserve-Division. Die daraufhin angeforderten Stellungsarbeiten bezogen sich auf:

- Erweiterungen der Umgänge um die Schulterwehren
- Instandsetzung stark zerschossener Hindernisse
- Ausbesserung von Brustwehren, diese dürfen sich nicht zu sehr abheben und müssen verdeckt sein
- Wiederherstellung von Schützenauftritten und Bermen[207]
- Installieren von Entwässerungsanlagen in den Gräben mithilfe der Pioniere
- Schonende Verlegung von Kabeln; Vermeidung, dass Kabel ungeschützt auf den Grabensohlen und im Wasser liegt
- Sturmleitern sind überall in genügender Zahl bereitzustellen

---

[202] KA: 8. I.R._(WK)_6_184 (1554).
[203] KA: 8. I.R._(WK)_7_66 (1554).
[204] KA: 8. I.R._(WK)_7_66-67 (1554).
[205] KA: 8. I.R._(WK)_6_139 (1554).
[206] KA: 8. I.R._(WK)_2_22 (414).
[207] Querweg oder Absatz zwischen Wall und Graben.

Der Brigade-Kommandeur Rücker verfügte, dass die Arbeiten zwischen dem Führer der Brigade-Reserve und dem jeweiligen Führer des Regiments-Abschnittes selbstständig zu regeln seien.

Die genaue und zeitgerechte Durchführung der Arbeiten an den Stellungen war dem Kommandeur so wichtig, dass er am 28.05.1916 bis ins Einzelne die Aufbringung der Arbeitsmannschaften regelte.

> Die vom Regiment befohlenen Abstellungen der Brigade-Reserve betragen: 4 Offiziere, 1 Vzefldw., 20 Uoffz., 160 Mannschaften; sie sind von einer geschlossenen Kompanie der Brigade-Reserve zu stellen und ausschließlich in der vorstehend befohlenen Weise zu verwenden.
>
> Außer dieser Kompagnie steht dem Führer im Regiments-Abschnitt am 27. mit 31.5. eine weitere Kompagnie der Brigade-Reserve mit 150 Mann und den zugehörigen Dienstgraden zur Verfügung. Diese Kompagnie ist zum Ausbau der Hindernisse vor der 2. und 3. Linie zu verwenden; sie ist sorgfältig einzuteilen und mit bestimmten kontrollierbaren Arbeiten zu beauftragen.
>
> Der Führer des Regiments-Abschnitts meldet bis auf weiteres zum letzten Stellungs-Tage Abends 6:00 Uhr an das Regiment schriftlich über den Fortgang der Arbeiten an den einzelnen, in der Verfügung bezeichneten Stellen. Das Regiment wird dann, wenn nötig, Antrag auf weitere Abstellung der Brigade-Reserve stellen.
>
> Durch diese Einstellung wird es in kurzer Zeit möglich sein, die der Stellung noch anhaftenden Mängel zu beseitigen, während der Stollenbau im Lager Brigade-Tal und der Ausbau des neuen Verbindungsgrabens natürlich nur mit geringen Kräften gefördert werden kann. Für diese letzteren Arbeiten bleibt der Führer der Brigade-Reserve verantwortlich; sie sind nach Maßgabe der verfügbaren Kräfte ohne übertriebene Schonung der Mannschaft zu fördern, da sonst zweifellos bald vor der Division verfügt werden würde, dass sie die Divisions-Reserve aus Billy zur Arbeit herangezogen werden wird. gez. von Rücker.[208]

Bemerkenswert ist, dass der Regimentskommandeur vor „übertriebener Schonung der Mannschaften" warnt, als wäre die Arbeitslast der in diesem Abschnitt eingesetzten schon älteren Soldaten zu vernachlässigen.

Am 09.06.1916, also kurz vor Verlassen dieser Stellung auf den Maashöhen, erging von Oberst von Rücker nochmals ein 5-seitiger Befehl des Regiments[209] an das 8. I.R. zum Stellungsbau.

In diesem Befehl beurteilte der Brigadekommandeur Abschnitt für Abschnitt der einzelnen Kompanien: Schützenauftritte seien zu schmal oder an vielen Stellen abgebröckelt, sie seien auch oft zu hoch und nur selten mit Aufstiegen versehen; gefüllte Sandsäcke, Hindernisse, Baustoffe jeder Art lägen in den Gräben, die vor Besetzung der Feuerlinie erst wegzuräumen seien; Rückwände der Gräben seien noch zu hoch aufgeschüttet und fingen viele Geschosse auf, die sonst über die Gräben weggingen, Schussfeld sei an vielen Stellen dadurch schlecht geworden, dass nach zeitweisen Zerstörungen durch Beschießung Erde ohne genügende Verteilung auf die Brustwehr geschüttet wurde; auch die 2. Linie müsse einwandfrei hergerichtet werden; Ausbesserungsmaterial müsse stets bereitgestellt sein, um bei Zerstörungen Lücken wieder rasch schließen zu können; Verbindungsschützengräben, Stützpunkte und Laufgräben vom Lager zur 2.

KA: 8. I.R._(WK)_2_24 (414).
[209] KA: 8. I.R._(WK)_18_01-05 (511); Abbildung 15, Anhang 5.

Linie der Stellung seien herzurichten.

Mahnend wies der Brigade-Kommandeur darauf hin, er habe den Eindruck, „dass von den verschiedenen Kompagnien in den einzelnen Abschnitten nicht immer in gleichem Sinne gearbeitet wird und dass deshalb manche Arbeit umsonst geleistet wird". Weiter heißt es, dass die Instandhaltung der Stellungen in der 1. und 2. Linie und zwischen beiden Linien sowie die Reinlichkeit in der Stellung Sache der Kompanie sei. Wo in Einzelfällen eigene Kräfte nicht ausreichen, seien Anträge auf Aushilfe über das Regiment zu stellen, schwierige Arbeiten können von Pionieren geleistet werden. Abschließend wies der Brigadekommandeur noch auf Grundsätze des Stollenbaus hin:

1. Sofortiges tiefes Hinunter gehen von der Grabensohle aus.
2. Eingänge nicht feindwärts zeigend.
3. Eingänge rechtwinklig geknickt und mit Bohlen-Blenden versehen.
4. Mindestens zwei Ausgänge für jeden Stollen. Am besten zusammenhängende Stollen (Stollenkasernen).
5. Bei Besetzung der Stollen wegen Beschießung muss die Mannschaft die sicheren Plätze im Stollen aufsuchen; sie darf nicht auf der Treppe stehen.[210]

Dieser sehr detaillierte, auf jeden Abschnitt der einzelnen Kompanien eingehende Befehl, der mahnend, lobend und aufbauend auf den Stellungsbau im Ritterwald einging, zeigt die Verinnerlichung des Stellungskrieges, der nur bestanden werden konnte, wenn alle Grundsätze des Stellungsbaus und seiner steten und nachhaltigen Unterhaltung eingehalten wurden. Der Regiments-Kommandeur war in dieser Lage nicht auf dem Gebiet der Angriffs- und Gefechtstaktik gefordert, sondern auf dem eher trockenen Gebiet des Stellungskrieges.

3.4.2.2 Minenkampf

Ein spezielles Kapitel im Stellungskampf war der sogenannte Minenkrieg.

Mit Beginn des Stellungskriegs begann im Herbst/Winter 1914 auch bald der unterirdische Minenkrieg. Minen wurden in eigens hierfür gegrabenen Stollen unter den gegnerischen Stellungen zur Explosion gebracht. Dabei spielte die Beschaffenheit des Bodens eine wichtige Rolle. Der trockene Boden an der Somme eignete sich besonders hierfür, jedoch wurden mithilfe von Pumpen auch Stollen in den feuchten Boden Flanderns gegraben. Spezielle Tunneleinheiten, oftmals bestehend aus ehemaligen Minenarbeitern, gruben die Tunnel bis unter die gegnerischen Gräben und Festungen. Beim Minenkrieg gab es unterschiedliche Erscheinungsformen, die oftmals an ein und demselben Ort abwechselten.

---

[210] KA: 8. I.R._(WK)_18_05 (511).

Der Minenangriff kannte hauptsächlich zwei Formen. Der unterirdische Angriff sollte einem oberirdischen Angriff vorausgehen. Zunächst wurde dann ein Stollen von Pionieren oder Mineuren (Abbildung 41) unter die gegnerische Stellung vorgetrieben. Anschließend legte man eine Sprengkammer an, füllte diese mit Sprengmitteln und verdämmte sie. Unmittelbar nach der Sprengung sollte die Infanterie die zerstörte feindliche Stellung stürmen und besetzen.

Bei der zweiten Form des Minenangriffs war es das Ziel, wichtige Elemente der gegnerischen Stellung wie Stützpunkte, Flankierungsanlagen, Eingänge zu Minenstollen etc. durch eine Sprengung zu zerstören.

Abbildung 41: Mineure [211]

Aber auch Bodenwellen, die die eigene Beobachtung minderten, wurden durch Minensprengungen beseitigt. Nach den Sprengungen wurde der Gegner meist sofort mit Minen- und Artilleriefeuer belegt, um ihn ungeschützt zu treffen und ihn am sofortigen Ausbessern der Schäden zu hindern. Dieses Minen- und Artilleriefeuer provozierte das Gleiche beim Gegner, sodass sich daraus im Stellungskrieg meist ein Artillerieduell entwickelte.

Auf den Maashöhen traf wohl der zweite Fall zu. Die Stellungen lagen sich in Sichtweite gegenüber und bei dem Unterabschnitt 12 nur ca. 40-50 m voneinander entfernt. Über ein Jahr entspann sich hier ein Minenkrieg. Da er außerordentlich gut dokumentiert ist, soll er hier nachgezeichnet werden. Weil die einzelnen Unterabschnitte von wechselnden Kompanien besetzt waren, kann nur schwerlich festgestellt werden, zu welchem Zeitpunkt Ldstm. Karl Didion mit der 2./8 beim UA 12 in Stellung war.

Schon am 29.07.1915 erfolgte ein Brigadebefehl: „... um den vor dem linken Flügel des 8. I.R. festgestellten französischen Minenstollen zu zerstören, soll am 30. ds. [des Monats] 3:50 Vorm. eine Sprengung stattfinden.“[212]

Am 30.07.1915 berichtete der zuständige Pionier-Offizier dann von einer erfolgreichen Sprengung mit 1.200 kg Sprengstoff, die einen länglichen Trichter entstehen ließ (Abbildung 42), da auch gleichzeitig eine von den Franzosen gelegte Ladung detonierte.[213]

---

[211] URL: https://www.verdun14-18.de/?page_id=1207; 21.03.2016.
[212] KA: 8. I.R._(WK)_11_141 (1554); Abbildung 9, Anhang 5.
[213] KA: 8. I.R._(WK)_11_142 (1554).

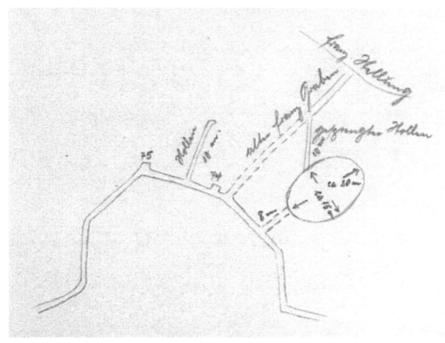

Abbildung 42: 30.07.1915, Sprengung im Unterabschnitt 12[214]

Das Kriegstagebuch des I/8 berichtet für den 16.11.1915: „Den frz. unterirdischen Annäherungsarbeiten gegenüber Abschn. 12 wird unsererseits durch Minen entgegengearbeitet, die Entfernung von unserem Minenkopf bis zur franz. Sappe wird, nach den Miniergeräuschen zu schließen, auf 10-12 m geschätzt.“[215] In einer Meldung vom 17.11.1915 wurde dann der Antrag[216] gestellt, die französischen Miniertätigkeiten zu stören; diese und die deutschen hatten inzwischen in den letzten 4 Monaten eine Trichterlandschaft entstehen lassen.

Auf der Skizze in Abbildung 43 ist zu erkennen, dass sich die feindliche Stellung nur 42 m entfernt von der deutschen befand. Vor diesem Hintergrund sind die feindlichen Miniergeräusche zu beurteilen, d. h., man musste damit rechnen, dass der Feind die eigene Stellung unterminiert und evtl. in die Luft sprengt; deshalb auch der Antrag für eine weitere Sprengung. Die feindlichen Minierarbeiten vor Abschnitt 12 sollten deshalb am 21.11.1915 durch eine Sprengung der deutschen Seite zum Stillstand gebracht werden.[217]

---

[214] KA: 8. I.R._(WK)_11_142 (1554).
[215] KA: 8. I.R._(WK)_6_121 (1554).
[216] KA: 8. I.R._(WK)_6_124 (1554).
[217] KA: 8. I.R._(WK)_6_127 (1554).

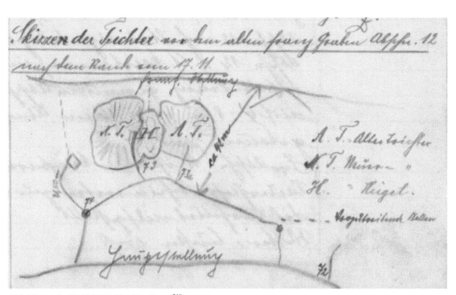

Abbildung 43: 17.11.1915, Trichter-Stand[218]

Die Skizze in Abbildung 44 gibt Auskunft über die Lage der eigenen Minenstollen im UA 12. Die mit x bezeichneten Stellen geben die Lage der mutmaßlichen französischen Minen an. Man sieht also, dass der Feind mit seinen Minenstollen schon bedenklich nahe an die eigene Stellungslinie herangerückt war.

Im Einzelnen werden die Zustände in den verschiedenen Stollen[219] beschrieben: Zunächst die Länge der Stollen; diese beliefen sich zwischen 5,5 und 27 m, dabei betrug die Dicke der Schicht gewachsener Erde über den Stollen zwischen 0,8 und 9,8 m. Entscheidend bei gegnerischen Minierstollen war dabei die Höhensituation. Die feindlichen Minen x1 und x2 lagen etwa in gleicher Höhe wie die deutschen, die Minen x3 und x4 jedoch etwa 1 m tiefer. Der Vortrieb bei den Stollen 73, 73a und 73b schien am dringlichsten gewesen zu sein, er sollte bei 24 h Arbeitsleistung täglich um 1,5 m vergrößert werden.

Folgender Arbeitsfortschritt wurde gemeldet:

Für jeden der Stollen von 73b bis 77 wird sowohl die Länge als auch die Dicke der Schicht gewachsener Erde über den Stollen angegeben. Die Länge reichte von 5,5 m (73b) bis 27 m (74) und die Erdschicht von 0,8 m (73b) bis 9,8 m (75). Ferner werden die Höhen der französischen Gegenstollen (mit x1 bis x4 bezeichnet) angegeben: „1 und 2 in gleicher Höhe wie Laderaum[220]

---

[218] KA: 8. I.R._(WK)_6_124 (1554).
[219] KA: 8. I.R._(WK)_6_129 (1554).
[220] Damit ist die Sprengkammer gemeint.

73a; 3 und 4 etwa 1 m tiefer als derzeit. Stollenende 73a." Die Arbeitseinteilung für die Mineure spiegelt die Dringlichkeit dieses Vorhabens wider: „Stollen 75 u. 77 täglich 8 Std. (7-11; 1-5 Uhr); Stollen 74 Horchposten während uns[erer] Minierpause; Stollen 73, 73a, 73b 24 Stunden."[221]

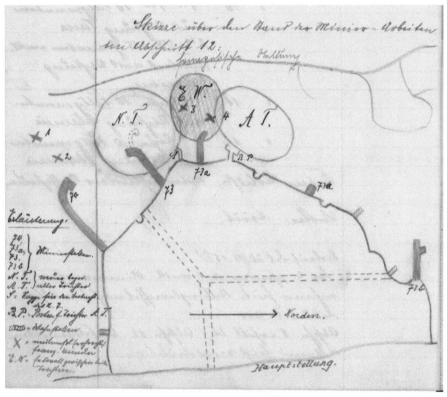

Abbildung 44: 21.11.1915, Lage der eigenen Minenstollen im UA 12[222]

Am 21.11.1915 erging dann der Abschnittsbefehl für die Sprengung vor Abschnitt 73a:

Abschnitts Befehl, Abschnittsbefehlsstelle 8. I.R., Grenadiergraben, 21. November 15.

Heute Mittag 1:00 Uhr findet durch Pionier Offz. Olt. Lemm eine Sprengung im Stollen 73a des alten frz. Grabens Abschn. 12 statt. Nach vollzogener Sprengung schießt ein mittl. Minenwerfer 10 Schuss auf den durch die Sprengung entstandenen Trichter und Gelände zwischen Trichter und der frz. Stellg. Artillerie verschleiert[223] die Abschüsse des Minenwerfers und gibt erst dann stärkeres Feuer ab, wenn die Franzosen mit starkem Feuer auf unsere Sprengung antworten.[224]

---

[221] KA: 8. I.R._(WK)_6_129 (1554).
[222] KA: 8. I.R._(WK)_6_127 (1554); ident. KA: 8. I.R._(WK)_6_3 (414).
[223] Der Minenwerfer war eine sehr wichtige Waffe im Ersten Weltkrieg, weil nur er in der Lage war, die vor feindlichen Stellungen errichteten Stacheldrahthindernisse zu „entfernen"; nur diese Steilfeuerwaffe war aufgrund der geringeren Streuungswerte fähig, knapp vor der eigenen Stellung zu feuern sowie aufgrund eben dieser steilen Flugbahn auch in Gräben zu fallen. Daraus ergibt sich der Grund des Verschleierns: Wenn der Feind erkennt, dass die eigenen Truppen an dieser Stelle der Front Minenwerfer in Stellung bringen, wird er sofort reagieren und könnte

Am Nachmittag um 1:00 Uhr erfolgte dann die Sprengung des der Sappe 73a gegenüberliegenden französischen Minier-Stollens; es entstand ein länglicher Trichter von ungefähr 40 m Durchmesser.

Darüber wird Folgendes berichtet:

> Der Trichter liegt zwischen den beiden durch frühere Sprengungen entstandenen Trichtern und hat den französischen Minier-Stollen in sich eingeschlossen. Gleich nach erfolgter Sprengung setzt der mittlere Minenwerfer mit ½ h Wirkungsfeuer auf den neu entstandenen Trichter und den Raum zwischen dieser und den französischen Stellungen ein. Leichte und schwere Feldhaubitzen verschleiern durch langsames Feuer die Abschüsse des Minenwerfers.[225]

Nachdem der Franzose zunächst untätig blieb, antwortete er am Nachmittag mit dreimaligem Trommelfeuer von fast je einer Stunde auf alle Abschnitte des 8. I.R. Daraus entwickelte sich dann ein Artillerieduell.

Nach diesem Feuerüberfall sah die Situation wie auf der Skizze in Abbildung 45 aus:

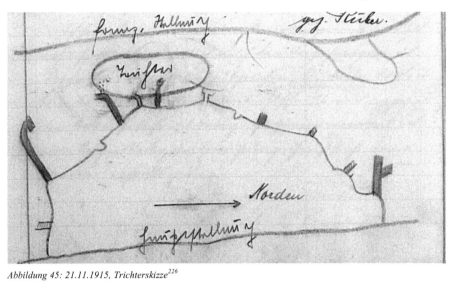

Abbildung 45: 21.11.1915, Trichterskizze[226]

Mittlerweile hatte der Feind seine Miniertätigkeit vor UA 12 weitergeführt, sodass im Abschnittsbefehl vom 04.12.1915 für den 05.12. eine weitere Sprengung mit 3.600 kg geplant wur-

---

sich eine andere Stelle für seinen Angriff aussuchen. Oder der Feind erkennt umgekehrt die Angriffsvorbereitungen der eigenen Truppen und wird seine Truppen an dieser Stelle verstärken. Auf jeden Fall wird der Feind durch verstärktes Artilleriefeuer versuchen, die eigenen Minenwerfer auszuschalten.
Auch in dem obigen Fall, in dem es weder um einen eigenen noch um einen feindlichen Angriff geht, wird das Ergebnis das Gleiche sein: Die Franzosen werden mit massivem Artilleriefeuer die Minenwerfer auszuschalten versuchen, weil sie eben eine große Gefahr darstellen: Auskunft von Herrn Juergen Müller, Artillerie-Archiv an der Artillerieschule der Bundeswehr.
[224] KA: 8. I.R._(WK)_6_129 (1554).
[225] KA: 8. I.R._(WK)_6_130 (1554).
[226] KA: 8. I.R._(WK)_6_131 (1554).

de.[227]

Der Antrag des Pionier-Offiziers vom 03.12.1915 lautet:

An Abschnittskommandeur, Betreff: Trichterstellung. Der Feind hat sich seitlich und vorwärts unseres Stollens 74 auf nahe Entfernungen herangearbeitet. Die Vornahme der Sprengung des Stollens 74 wird vorgeschlagen. Dessen Sprengkammer befindet sich 21,5 m vor unserer Stellung. Diese Entfernung ermöglicht die Anbringung einer starken Ladung in der Höhe von 3600 kg, damit dem Feind erheblicher Schaden zugeführt wird. Die Ladung ist vorbereitet. Diese kann bis zum 4.12.1915 2:30 Nachm. einschließlich der Verdämmung zündfertig sein.[228]

Diesem Antrag wurde stattgegeben und ein Befehl für die Sprengung herausgegeben, der beispielhaft in voller Länge wiedergegeben werden soll:

8 I.R. Brig. Gef. Stelle   4.12.1915

Brigade Befehl

Geheim!

1. Beim 8. I.R. wird zur Zerstörung feindlicher Minierarbeiten eine Sprengung vorgenommen. Zeitpunkt 5.12. 8:00 Vorm.

In den Komp. Abschnitten 10 (linker Flügel) 11, 12, 13, 14 müssen von 7:50 Vorm. ab alle Mannschaften außer Posten in Deckung sein.

Die Umgegend der Sprengstelle ist zu räumen.

2. Der Unter-Abschnitt 8. I.R. hält seine Reserve bei der Regts. Befehlsstelle gefechtsbereit.

3. Die Artillerie wird unmittelbar nach der Sprengung die gegenüberliegende feindliche Infanteriestellung und ihre Annäherungs-Gräben bzw. Wege mit kurzem Feuer belegen. Sie ist bereit, bei starkem feindlichen Feuer nach der getroffenen Feuerverteilung nachhaltig zu antworten.

4. Der Verkehr hinter der Front ist mit Rücksicht auf das zu erwartende feindliche Feuer möglichst zu beschränken.

5. Nach der Sprengung sind von 8. I.R. die Hindernisse mit allen Mitteln wieder Instand zu setzen. gez. von Riedl[229]

Daraufhin erging der entsprechende Regimentsbefehl:

Abschnitts Befehl 8. I.R.

1. Morgen 5.12. Vorm. 8:00 wird in Abschn. 12 zur Zerstörung feindl. Minierarbeiten eine Sprengung vorgenommen.

2. Abschn. 12 meldet 7:45 Vorm., daß der alte französische Graben geräumt ist, alle Mannschaften außer den nötigen Posten sich in den Stollen befinden. Die Meldung ist von allen Abschnitten mit dem Stichwort „Abschnitts-Befehl vollzogen" zu erstatten.

4. Die 2 Res-Züge[230] der 2. Komp. sind um 7:45 Vorm. ab gefechtsbereit in ihren Unterständen [hierzu gehörte wohl Ldstm. Karl Didion; Anm. d. Verf.].

5. Die Artillerie wird unmittelbar nach der Sprengung die gegenüberliegende feindl. Inf.-Stellung und deren Annäherungs-Wege mit kurzem Feuer belegen; sie ist bereit, bei starkem feindlichem Feuer nach der getroffenen Feuerverteilung nachhaltig zu antworten.

6. Jeder Verkehr hinter der Front ist mit Rücksicht auf das zu erwartende feindliche Feuer zu verbieten. Der Zeitpunkt, wann der Verkehr wieder aufgenommen werden darf und die Stollen verlassen werden dürfen, bestimme ich.

---

[227] KA: 8. I.R._(WK)_6_139 (1554).
[228] KA: 8. I.R._(WK)_6_139 (1554).
[229] KA: 8. I.R._(WK)_6_141 (1554).
[230] Die Bedeutung der Reserve-Züge einer Gefechtskompanie kann hier nicht gedeutet werden.

Bei Erkennen eines feindlichen Angriffs ist dieser Befehl selbstverständlich hinfällig.

7. Jeder Gebrauch des Fernsprechers in Bezug auf die Sprengung ist mit Ausnahmen der unter Ziffer 2 und 3 erwähnten Vollzugsmeldung streng verboten.

8. Alle für morgen befohlenen Arbeiten fallen aus.[231]

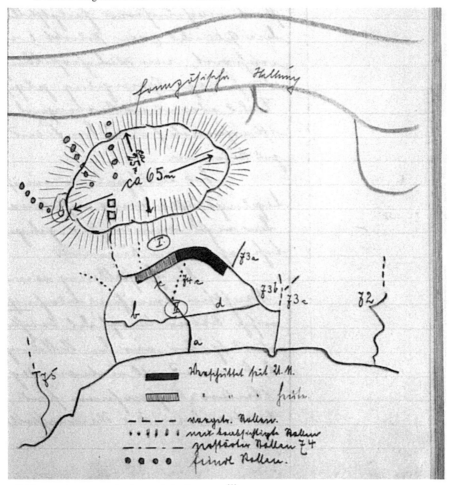

Abbildung 46: 05.12.1915, Trichter nach der Sprengung[232]

Am 05.12. berichtete Oberleutnant Lemm[233]: Die Sprengung sei erfolgreich gewesen, die Skizze (Abbildung 46) zeige, dass die feindlichen Stollen beseitigt und die feindliche Stellung auf eine größere Strecke eingedrückt wurden. Es sei ein Trichter von ca. 65 m Länge und 25 m Breite entstanden.

---

[231] KA: 8. I.R._(WK)_6_141-142 (1554).
[232] KA: 8. I.R._(WK)_6_143 (1554).
[233] KA: 8. I.R._(WK)_6_143 (1554).

Der Pionier-Offizier Oberleutnant Lemm berichtete weiter:

> Die von mir gemachte Beobachtung, dass der Feind von 8^{45} V. bis 11^{00} V. im Graben mit Schanzzeug arbeitete – im Gegensatz zu seinem Verhalten nach der Sprengung vom 21. November, nach der er vier Tage sich nicht bemerkbar machte, lässt vermuten, dass der Feind verschüttete Mannschaften ausgraben wollte.
>
> Der Rand des Trichters ist teilweise stark aufgeschüttet, besonders dem neu verschütteten Teil des Grabens gegenüber. Die stärksten Aufschüttungen werden durch Reihenladungen morgen früh beseitigt werden.
>
> Die Übersicht war infolge des stark nach unserer Hinterhangstellung fallenden Geländes (von Punkt I nach II ca. 4 m) erschwert, eine Wiederherstellung des durch die heutige Sprengung zugeschütteten Teiles oder eines Vortragens derselben ist erforderlich, um den Feind beobachten zu können.
>
> Der Laufgraben c müßte verteidigungsfähig eingerichtet werden, um den rechts vom Trichter gelegenen Teil beherrschen zu können.
>
> Die Herstellung von energischen Drahthindernissen durch eiserne spanische Reiter links des Trichterrandes und später vor den Stellungsgräben c, d, b, wird als notwendig bezeichnet.
>
> Weitere Maßnahmen sind: Vortreiben der Minenstollen 73a, 73b, 73c.
>
> Vortreiben von neuen Minenstollen 74a, 74b, 74c.
>
> Hierzu sind außer den 30 vom Regiment gestellten Mannschaften, 35 Bergleute erforderlich. gez. Lemm.[234]

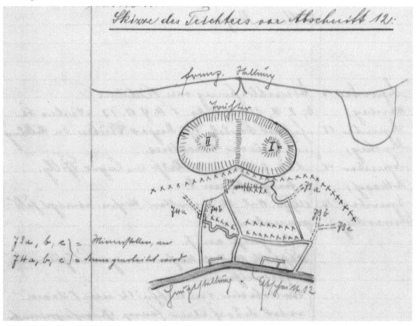

Abbildung 47: 09.12.1915, Trichter nach der Sprengung[235]

Auch nach dieser Sprengung (Abbildung 47) folgten wieder schwere Artillerieduelle, die teilweise doch größere Schäden verursachten. In der Nacht vom 05. auf den 06.12.15 wurde ange-

---

[234] KA: 8. I.R._(WK)_6_143-145 (1554).
[235] KA: 8. I.R._(WK)_6_148 (1554).

strengt an der Wiederherstellung der zusammengeschossenen Gräben und Hindernisse gearbeitet.[236]

Am 08.12.1915 heißt es im Kriegstagebuch des I/8:

An Wiederherstellung der Gräben und des Hindernisses in Abschnitt 12 wird durch besondere Arbeitstrupps aller Kpien. Tag und Nacht gearbeitet; infolge des anhaltenden Regens und der durch die Nähe des Feindes vorsichtigen Arbeit, schreiten die Wiederherstellungsarbeiten nur langsam vorwärts.[237]

Am 30.01., 02.02. und 03.02.1916 wurden bei den Franzosen nachts vor UA 12 mehrere, am 02.02. sogar 6 kleinere Sprengungen gehört. Am 03.02. setzte nach der Sprengung französisches Artillerie- und Minenfeuer auf die UA 11, 12 und rückwärtiges Gelände ein.

Über die Sprengung wurde am 03.02.1916 im Kriegstagebuch des I/8 folgender Bericht verfasst:

Um 4:55 Uhr nachmittags wurde der Feldküchen-Platz lebhaft beschossen. Gleichzeitig waren französische Flieger über und vor Abschn. 12. Um 5:00 N.[achmittags] erfolgte die Sprengung vor dem franz. Graben. Sie kam umso überraschender als noch um 4:00 Nachts kleinere Sprengungen, wie in den letzten Tagen, gehört wurden. Nach der Sprengung machten die Flieger kehrt, und das französische Artillerie- und Minenfeuer setzte auf 11, 12 und rückwärtiges Gelände ein. Dauer des Trommelfeuers 5:05 bis 5:15 N. Sperrfeuer sofort angefordert und kam 5 Minuten nach Anforderung. Von 5:20 bis 5:25 N. zweiter franz. Feuerüberfall auf 10, 11, 12 und rückwärtiges Gelände. Dann stark unterhaltenes franz. Feuer auf 11, 12 (vordere und hintere Linie) Aschauer Stützpunkt, Feldküchenplatz und Hautes-Ornières.

Fernsprechverbindungen zwischen 11 u. 12, sowie Artillerie-Kabel waren bereits um 5:10 außer Betrieb. Verbindung wurde durch Adolf [sic!] und Abschn. 10 aufgenommen. In letzterem Abschnitt auf Befehl des Abschn. Kdeurs durch Relais und Patrouillen zum Komp.-Führer 11.

Wirkung: [...] Zwischen kleinen alten und neueren großen Trichtern ist vorwärts des Grabens ein neuer Trichter entstanden. Die frühere hohe Wand zwischen beiden Trichtern hat sich nach links verschoben (ist niedriger geworden). Eigene Gräben blieben verteidigungsfähig u. passierbar. Grabenstollen mit großen Stein- und Erdmassen bedeckt, an einzelnen Stellen starke Verschüttungen. Mehr Schaden scheint die Sprengung an der franz. Stellung angerichtet zu haben. Bei uns wurde außerdem rechte Trichtersappe eingeebnet und Stollen 74c gequetscht (5 Rahmen). Hindernisse wurden zerstört, in der Nacht wieder frisch gesetzt.

Wirkung der schweren feindlichen Minen war unangenehmer als die Artillerie. Es fanden sich hinter der 2. Linie einzelne Trichter von 2 m Tiefe und 4-5 m Durchmesser, die jedoch nur von Artl. herrühren können.[238]

Die Kraterlandschaft hatte sich nun, wie in Abbildung 48 gezeigt, verändert.

Der Minenkrieg setzte sich fort. Am 27.02.1916, Sonntag, heißt es im Kriegstagebuch des I/8 lapidar: „Verteilung der Komp.en etc. wie am 22. ds. [Monats]. Die Franzosen sprengten im Abschnitt 12. 1 Mann der 2./8 [in dieser Kompanie war Karl Didion; Anm. d. Verf.] im Abschnitt l. verw. (Schrapnell). Wetter schön, kalt."[239]

---

[236] KA: 8. I.R._(WK)_6_147 (1554).
[237] KA: 8. I.R._(WK)_6_148 (1554).
[238] KA: 8. I.R._(WK)_6_180 (1554).
[239] KA: 8. I.R._(WK)_6_15 (1554).

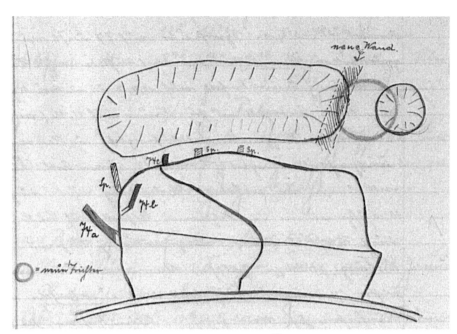

Abbildung 48: 04.02.1916, Trichterlandschaft nach der Sprengung [240]

Das II/8 berichtete:

> 6:00 Abends sprengten die Franzosen gegenüber Minenstollen 73. Gleichzeitig war ein franz. Feuer-
> überfall durch Artl.; der sich auch später immer kurz wiederholte. Die 8. Komp. war sofort alarmbe-
> reit. Die Sprengung erwies sich, wie Major Weber, Oblt. Lemmon und Feldw. Lt.[241] Bornemann
> vorausgesagt hatten, als bedeutungslos. Etwa 20 m des alten franz. Grabens wurde verschüttet. Stollen
> 73 ist noch nicht frei gelegt. Bei Stollen 73a kann Eingang leicht hergerichtet werden. Verluste bei der
> Sprengung: 1 Toter (verschüttet), 1 schwer und 3 leicht verwundet durch Steinschlag.[242]

Die Trichterlandschaft hatte sich durch die Sprengung wieder verändert, wie eine Gefechtsskizze

(Abbildung 49) des II/8 zeigt.

Die Lage am 28.02. mittags[243] wurde wie folgt eingeschätzt: Die Sprengung des Franzosen sei

nicht erfolgreich gewesen, es wurde festgestellt, dass das Artillerie-Feuer aufgrund von größe-

rem nächtlichen Munitionstransport stärker war, dass auch eigener Munitionsersatz dringlich sei,

dass der Gegner äußerst aufmerksam und aufgeregt sei. Dann heißt es: „Sobald nicht mehr klar

erkannt werden kann, ob gegnerische Inf. in gleicher Stärke vor dem Abschnitt, halte ich einen

demonstrativen Feuerüberfall durch Infanterie, MG und Minenwerfer vielleicht auch Artl. für

---

[240] KA: 8. I.R._(WK)_6_182 (1554).
[241] Feldwebelleutnant, ein 1877 geschaffener Dienstgrad im Beurlaubtenstand zur Besetzung der Leutnantsstellen
bei den Ersatztruppen, den Landwehr-Fußartillerie-Bataillonen, dem Seebataillon, den Depot-Eskadronen und
Landsturmformationen; besonders wurden diensterfahrene inaktive Unteroffiziere dazu befördert.
[242] KA: 8. I.R._(WK)_7_31 (1554).
[243] KA: 8. I.R._(WK)_7_32-33 (1554).

geboten."[244]

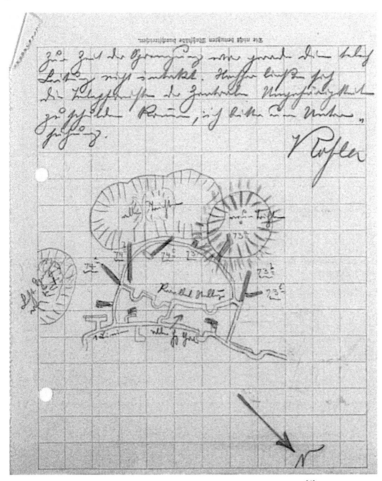

Abbildung 49: 27.02.1916, Trichterlandschaft nach französischer Sprengung[245]

Am 29.02.1916 berichtete das II/8 über den UA 12[246], dass zwischen 12:05 und 5:20 mit einem großen Minenwerfer, „mit 40 kurzen schweren Minen", eine französische Sandsackmauer hinter dem neuen Trichter vollständig zerstört wurde. Um 3:00 mittags hätten 8 Franzosen, die reichlich mit Handgranaten ausgerüstet waren, versucht, den Trichter zu besetzen, wären aber durch Handgranaten und Infanterie-Feuer abgewiesen und in ihre Gräben zurückgeworfen worden, zwei Franzosen wären nicht mehr zurückgekommen. Daran hätte sich ein Artillerieduell ange-

---

[244] KA: 8. I.R._(WK)_7_33 (1554).
[245] KA: 8. I.R._(WK)_7_29 (1554).
[246] KA: 8. I.R._(WK)_7_34 (1554).

schlossen.

Bemerkenswert ist, dass dieser UA 12 so umstritten war, dass man sich, neben Artillerie- u Minenbeschuss, sogar gegenseitig mit Handgranaten bekämpfte. Das bedeutet, man muss sich bis auf 15 m nahegekommen sein.

Die französischen Feuerüberfälle verursachten natürlich auch auf deutscher Seite Schäden, die behoben werden mussten. Dazu gehörten: Ausbessern der vorderen Linie, hauptsächlich in den Abschnitten 10, 11, 12 sowie der Verbindungsgräben dorthin; Ausbessern des linken Laufgrabens zu Abschnitt 12; Ausheben der durch die französische Sprengung verschütteten Stellung im alten französischen Graben. Außerdem wurden Vorsorgemaßnahmen getroffen, wie Anfertigen von Kugelhindernissen und eisernen spanischen Reitern für Abschnitt 12, Bau eines neuen Minenwerferstandes und Fertiglegen des Artilleriekabels.[247]

Das I/8 bestätigte am 02.03. die Ereignisse der französischen Sprengung vom 27.02. und mutmaßte, dass die von den Franzosen in der Nacht vom 28. auf den 29.02. auf ihrem Trichterrande errichteten Sandsackaufbauten, die dann durch deutsche Minenwerfer wieder zerstört und in der folgenden Nacht von den Franzosen weiter hinten wiederaufgebaut wurden, die Beherrschung des Trichters ermöglichen sollten. Von dort hätten sie auch mit Handgranaten geworfen.[248]

Am 02.03. verzeichnet das Kriegstagebuch des I/8 unter „Ereignisse in der Stellung, Lage im Abschnitt 12":

> Durch die letzte franz. Sprengung am 27.2. wurde vom alten franz. Graben ein Stück von ca. 12 m Länge abgerissen; rechts u. links davon ca. 6-8 m aufgeschüttet u. in einen hohen Erdwall verwandelt. Weiter wurden links 3 und rechts 10 m des Grabens bis zur halben Grabentiefe, also ca. 1,20 m aufgeschüttet. (s. Skizze). Zur Verbindung wird ein neues nach rückwärts gebogenes Grabenstück zurzeit angelegt, das eine Sappe für Beobachtung und Beherrschung des Richters erhält.
>
> Die Franzosen errichteten in der Nacht vom 28. auf 29.2. auf ihrem Rande Sandsackbauten. Diese wurden am 29. durch den schweren Minenwerfer zerstört; dann in der Nacht vom 29. Februar auf 1. März wieder neu errichtet; doch 4 m weiter rückwärts. Am 1. März erneutes Feuer unserer Minenwerfer dorthin. Schäden wurden in der Nacht von den Franzosen wieder ausgebessert. Die Sandsackbauten sollen offenbar den Franzosen die Beherrschung des Trichters ermöglichen; auch werfen sie von dort Handgranaten. MG 9 ist darauf eingerichtet und schießt auch in der Nacht.
>
> Schäden an unseren Minenstollen:
> M. St.   73   flog in die Luft (ist nicht mehr vorhanden).
>   73a   25 Rahmen eingedrückt, wird aber gearbeitet.
>   74c   am Kopf ca. 5 Rahmen vollkommen eingedrückt und verschüttet.
>
> Miniergeräusche: Es ist zu vermuten, dass die Franzosen in der Nähe von 74a an zwei Stollen arbeiten; mit rechtem auf linkes Eck [?] vom alten frz. Graben; mit linkem halbrechts vom 74a. Entfernung: rechts ca. 15-18 m; links 20-22 m.
>
> Wir minieren an: 73a; 74a; 75 rechts; 75 links; 76; 74c.[249]

Die Trichterlandschaft veränderte sich weiter (Abbildung 50):

---

[247] KA: 8. I.R._(WK)_7_35 (1554).
[248] KA: 8. I.R._(WK)_6_20 (1554).
[249] KA: 8. I.R._(WK)_6_19-20 (1554).

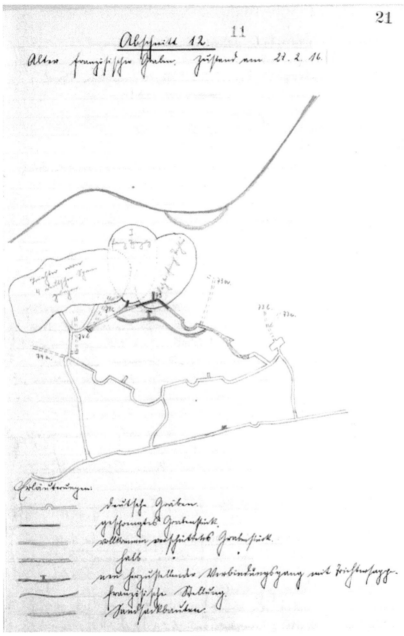

Abbildung 50: 02.03.1916, Lage im Abschnitt 12[250]

---

[250] KA: 8. I.R._(WK)_6_21 (1554).

Das Minieren setzte sich fort, am 02.03. nachts wurden 5 Sprengschüsse von 74a gehört.[251]

Am 03.03.1916 heißt es: „Miniergeräusche wurden 8:00–11:00 V.[ormittags] u. 6:00 Abds. rechts von 74a gehört; dortselbst 2:00 Vorm. [d. h. 2:00 nachts] ein Sprengschuß. Entfernung 30.“[252] Man hatte sich unterirdisch also schon bis auf 30 m an die deutsche Front herangearbeitet.

Auch am 04.03. wurden Miniergeräusche geortet: „5:45 V. von 74a 5 Sprengschüsse vernehmbar.“[253]

05.03.: „Miniergeräusche: Gegner arbeitete rechts von 74a, 12:00-3:00; 5:30-7:00; 10:00-11:00 Vorm. Entfernung 25-30 m.“[254]

Am 06.03.: „Miniergeräusche: 6:45 Nachm. wurden zwischen 74a u. b 5 Sprengschüsse gehört.“[255]

Das II/8 gibt einen Bericht des Pionier-Oberleutnants Lemm vom 17.03. wieder:[256]

An 8. Bayr. Rgts. Befehlsstelle.

Feindl. Mineur, der sich in Abschn. 12 halb rechts an den Minenstollen 74[a] herangearbeitet, hat seit einigen Tagen eine Schwenkung gemacht, ist längs des Trichterrandes gegangen, so daß er sich jetzt 10 m links vom Minenstollen 74[b] befindet. Es wird daher vorgeschlagen, den Minenstollen 74[b] ladungsfähig zu machen und zu sprengen, um die feindl. Mineurarbeiten rechts von 74[a] und links von 74[b] zu zerstören. Unser Minenstollen 74[a] bleibt bei dieser Maßnahme erhalten, so daß an diesem unsere Angriffsarbeiten fortgesetzt werden.

Es ist damit zu rechnen, dass unser vorderer Graben zwischen Stollen 74[b] und 74[c] eingedrückt wird. Da dieser aber seit langem nur Laufgraben ist, der das Stellen der geringen Posten erleichtert, und die letzten in dem Verteidigungsgraben tatsächlich bessere Übersicht haben, da sie jetzt von großen Hügeln beobachten, kann ein teilweiser Fortfall dieses Grabens nicht als ungünstig bezeichnet werden. Der Feind kann mittels Fesselballons den Graben beobachten, darum müsste Laden und Verdämmen während der Nacht geschehen.

An Mannschaften erforderlich: 2 Gruppen für Munitionsbeschaffung. 5 Gruppen zum Füllen von Sandsäcken mit Spaten. Um Bereitstellung 7:00 Vorm. am Feldküchenplatz wird gebeten. Die Ladung würde am 18. März 7:00 Vorm. sein. Es wird empfohlen die Zündung nach Fertigstellung vornehmen zu lassen.
gez. Lemm.[257]

Darauf erging am gleichen Tag (17.03.1916) nachfolgender Regimentsbefehl[258], der eine Sprengung (Abbildung 51) am 18.3. morgens um 5:00 ankündigte und an alle Abschnitte, die Artillerie und die Minenwerfer weitergegeben wurde:

[251] KA: 8. I.R._(WK)_6_22 (1554).
[252] KA: 8. I.R._(WK)_6_24 (1554).
[253] KA: 8. I.R._(WK)_6_25 (1554).
[254] KA: 8. I.R._(WK)_6_27 (1554).
[255] KA: 8. I.R._(WK)_6_29 (1554).
[256] KA: 8. I.R._(WK)_7_43 (1554).
[257] KA: 8. I.R._(WK)_7_43 (1554).
[258] KA: 8. I.R._(WK)_7_44 (1554).

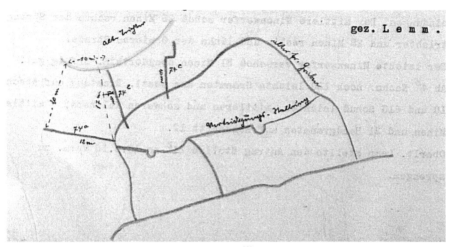

Abbildung 51: 17.03.1916, Sprengvorhaben bei Abschnitt 12[259]

An Abschnitt 12.

1. Sprengung 74[b], 18.3.16. 5:00 Vorm.
2. Linke Hälfte des frz. Grabens, vielleicht gefährdete Teile des linken Flügels zum genannten Zeitpunkt geräumt.
3. Komp. alarmbereit in den Stollen.
4. Bei beabsichtigten fdl. Angriff Artillerie anfordern.
5. Minenwerfer sind unterrichtet; desgl. MG.
6. Hindernisse werden vorgebracht 2. Linie mittlerer Laufgraben.
7. Res. Inf. Regt. 130 und Abschnitt 11 sind verständigt.

Bemerkung: Ich habe Arbeitskräfte für morgen beantragt.

An Abschnitt 11 zugleich Artl. Beobachter.

1. Sprengung vor linken Flügel 12 am 18.3.16. 5:00 Vorm.
2. Komp. alarmbereit in den Stollen.
3. Anforderung an Artl. Feuer durch Beobachter oder Bef. Stelle.
Wenn nicht nötig, unterbleibt Artl. Feuer.

An die Abschnitte 7, 8, 9, und 10.

Sprengung vor linken Flügel 12 am 18.3.16. 5:00 Vorm. Alarmbereit in den Stollen.
gez. Goetz[260]

Am 18.03. meldete das II/8 das Ergebnis, dass die feindlichen Stollen gegenüber 74[a] und 74[b] mit einer Sprengung von 3.000 kg Sprengmunition gänzlich zerstört seien und dem Feinde erhebliche Verluste zugefügt wurden, da der Stollen vor der Sprengung noch besetzt war.

Die feindlichen Stollen gegenüber 74[a] u. 74[b] wurden gänzlich zerstört. Ein feindl. Stollen war kurz vor der Sprengung noch besetzt, ebenso war kräftiges Arbeiten in den Gräben deutlich vernehmbar. Dem Feinde sind somit erhebliche Verluste zugefügt worden. Ein Teil unseres Grabens ist eingerissen, jedoch ist die Übersicht durch Fortschaffung der Hügel vor den bisherigen vorderen Laufgraben eine ausgezeichnete. Durch Sappe (S), die einen Einschnitt in den Trichterrand bildet, beherrschen wir den Trichter völlig, die taktische Lage hat sich somit ganz erheblich gebessert. Weitere vorzutragende Minenstollen 74[a] 73[a], 73 unter dem Hügel (H.). gez. Lemm[261]

---

[259] KA: 8. I.R._(WK)_7_43 (1554).
[260] KA: 8. I.R._(WK)_7_44 (1554).
[261] KA: 8. I.R._(WK)_7_45-48 (1554).

Die Trichterlandschaft hatte sich weiter verändert:

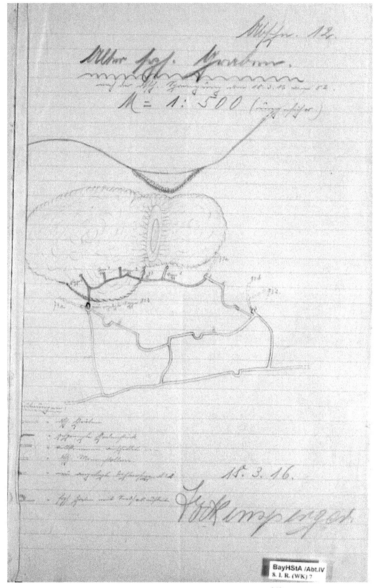

Abbildung 52: 18.03.1916, Skizze des Trichters nach der Sprengung[262]

---

[262] KA: 8. I.R._(WK)_7_46 (1554).

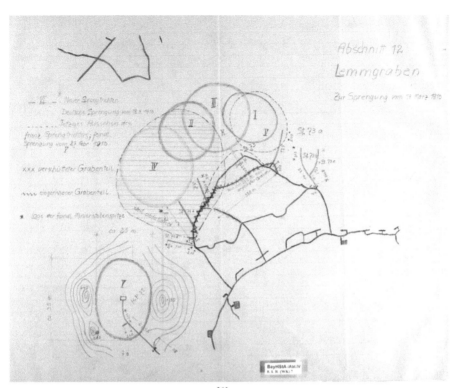

Abbildung 53: 18.03.1916, Detailskizze des Trichters[263]

Am 18.03. war Ldstm. Karl Didion mit dem I/8 in Ruhe, war mit Appellen und Exerzieren beschäftigt und so nicht Zeuge dieser Sprengung.[264]

Am gleichen Tage wurden im Kriegstagebuch des II/8 die eigenen Schäden benannt: Der Stollen 74 sei nicht mehr brauchbar und werde nicht mehr ausgegraben. Sogleich wurde wieder ein detaillierter Arbeitsplan aufgestellt, um das eigene Graben- und Stollensystem weiter auszubauen.

Die Abbildung 52 und Abbildung 53 zeigen minutiös die Lage am Trichter, der nun eine Tiefe von 13 m und einen Durchmesser von 45-50 m aufwies. Durch die Sappen am Trichterrand beherrsche man nun die taktische Lage dort[265], hieß es weiter am 18.03.1916.

Der Brigadebefehl vom 18.03.1916 gab für den weiteren Ausbau der Stellung im Abschnitt 12 den Grundsatz aus: „Unsere ‚Verteidigungs-‘ nicht ‚Posten‘-Stellung muß derart liegen, dass von ihr aus dem Feind jeder Versuch, unter Ausnutzung der Trichter Gelände zu gewinnen, verwehrt

---

[263] KA: 8. I.R._(WK)_7_47 (1554).
[264] KA: 8. I.R._(WK)_6_34 (1554).
[265] KA: 8. I.R._(WK)_7_48 (1554).

97

werden kann."[266] Die schnelle und ausgiebige Anlage von Hindernissen in der ganzen Ausdehnung der der eigenen Front zugewendeten Trichterränder wurde befohlen, auch solle die eigene Miniertätigkeit ungestört weitergehen, auch unter den Trichtern, die immerhin eine Tiefe von 13 m hatten, hindurch seien Stollen vorzutreiben.

Am 19.03.1916 sendete das 8. Infanterie-Regiment[267] an die 8. Infanterie-Brigade eine genaue Skizze (Abbildung 54) der Trichterlandschaft mit allen Maßen und forderte gleichzeitig schwere Minenwerfer für die weitere Zerstörung der frz. Sandsackbauten an.

8. Inf.-Regt. Befehlsstelle   19.3.16

An die 8. Inf. Brig.

Beiliegende Skizze gibt die Entfernung der Trichterwände von der Verteidigungsstellung an. Auf Skizze sind Sandsackaufbauten der Franzosen an jenseitigen Trichterrande eingetragen. Der linke Aufbau ist heute Nachm. entstanden. (1 Stand für 1 Posten).

Er liegt der Sappe 74ª gegenüber. Bisherige Bekämpfung mit K. Munition und Priesterminen. Zur weiteren Bekämpfung bezw. Zerstörung wird für morgen beantragt, daß die Minenwerfer dem 8. I.R. zur Verfügung gestellt werden. (Die Minenwerfer stehen ab 18.3.16 dem Res. I.R. 130 zur Verfügung).
gez. Goetz.[269]

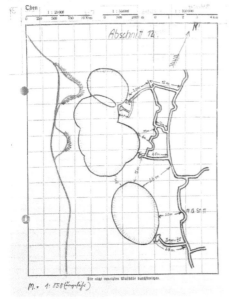

Am 19.03. meldete das II/8, die Stellung 12 sei wieder verteidigungsfähig, und berichtete über den weiteren Arbeitsfortschritt, besonders darüber, dass als Hindernis am Trichterrand eine Reihe spanische Reiter bzw. Dreifüße aufgestellt wurden.[270]

Am 21.03 meldete das I/8, das wohl die Stellung von dem II/8 übernommen und zwischen 9:00 und 11:45 abends wieder starke Miniergeräusche bei den franz. Sandsackbauten jenseits des Trichters gehört hatte, die Vermutung, dass die Franzosen einen neuen Minenstollen beginnen.[271] Der gegenseitige Minierkampf ging also weiter.

Abbildung 54: 19.03.1916, Maß-Skizze der Trichter[268]

[266] KA: 8. I.R._(WK)_7_49 (1554).
[267] KA: 8. I.R._(WK)_7_50 (1554).
[268] KA: 8. I.R._(WK)_7_51 (1554).
[269] KA: 8. I.R._(WK)_7_50 (1554).
[270] KA: 8. I.R._(WK)_7_52 (1554).
[271] KA: 8. I.R._(WK)_6_36 (1554).

Dies bestätigte das I/8 am 22.03.: „Miniergeräusche bis 7:00 Vorm. wie gestern hörbar."[272]

Auch am 22.03.[273] wurde starkes Artilleriefeuer, das sich zu Trommelfeuer steigerte, vermerkt. Auf alle Abschnitte des Regiments fielen 1.435 Schuss. Erstaunlicherweise wurden nur „geringe Schäden", die leicht auszubessern waren, angezeigt. Die eigene Artillerie antwortete gezielt. „Auch heute sind wieder Miniergeräusche zu hören." Bei den Verlusten wird hervorgehoben, dass der Verlust eines Mannes des „erst gestern eingetroffenen Ersatzes" zu beklagen war. Außerdem wurde hervorgehoben, dass 2 am 20.03. verschüttete Kameraden der 7./8 „nach 34 Stunden angestrengten Arbeitens als Leichen geborgen werden"[274].

Am gleichen Tage wurde die Lage im Abschnitt 12 vom I/8 geschildert:

> Der linke Flügel ist stark zusammengeschossen. Der Artl. Beob. Stand „Spinne" und der betonierte. MG Stand 11 sind zertrümmert. Zustand am alten französischen Graben siehe Skizze. Es ist beabsichtigt zunächst eine Trichterbeherrschung durch Ausbau der Sappen 1, 2 u. 3 zu erreichen. Verteidigungsstellung ist die alte Parallel-Stellung. Sappe 3 ist fertiggestellt. 1 u. 2 in Angriff genommen.[275]

Dann zeigt eine Skizze (Abbildung 55) den Gefechtskreis der einzelnen Sappenköpfe und dokumentiert, dass von den Sappenköpfen aus der ganze Trichter beherrscht werden konnte.

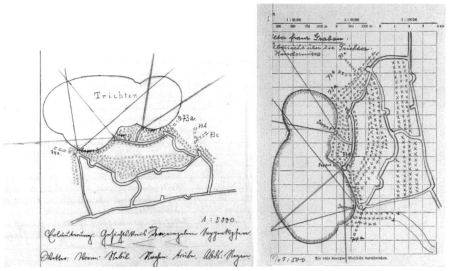

Abbildung 55: Gefechtskreis der einzelnen Sappenköpfe[276] und Lage der Hindernisse[277]

Am 27.03.1916 wurde gemeldet, dass nach starkem französischem Artilleriebeschuss, der sich

---

[272] KA: 8. I.R._(WK)_6_38 (1554).
[273] KA: 8. I.R._(WK)_6_38 (1554).
[274] KA: 8. I.R._(WK)_6_38 (1554).
[275] KA: 8. I.R._(WK)_6_39 (1554).
[276] KA: 8. I.R._(WK)_6_39 (1554).
[277] KA: 8. I.R._(WK)_7_53 (1554).

um 6:00 nachm. zum Trommelfeuer steigerte, um 6:20 eine franz. Sprengung zwischen den eigenen Minenstollen 73 und 73[a] erfolgte. „Unsere Artillerie und die Werfer [...] gaben sofort Sperrfeuer auf 78 und auf den neuen Trichter ab. Res. Komp und 1 Zug des Abschnitts 9 machten sich gefechtsbereit." Man erwartete offensichtlich nach der Sprengung sofort einen französischen Angriff. „Die frz. Infanterie machte keinen Versuch den Trichter zu besetzen."[278]

Eine Skizze (Abbildung 56) beschreibt die Lage:

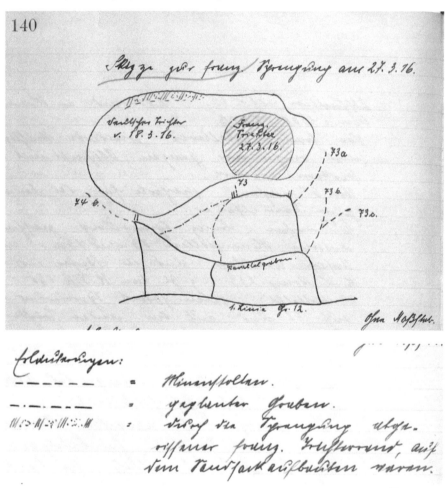

Abbildung 56: 27.03.1916, Skizze mit dazugehöriger Erläuterungen nach französischer Sprengung[279]

---

[278] KA: 8. I.R._(WK)_9_03-04 (414).
[279] KA: 8. I.R._(WK)_9_06 (414).

In der Meldung vom 27.03. wurden auch die Nachteile, die die französische Sprengung für die eigene Stellung verursachte, aufgelistet:

> Die frz. Sprengung brachte uns folgende Vorteile:
>
> Die spanischen Reiter auf den Trichterrand und vor dem // Graben sind zum großen Teil fortgeschleudert und zerstört. Auf dem Trichterrand wurde nachts ein Hindernis gebracht; vor dem // Graben wurde damit begonnen. Die begonnene Trichtersappe 73 wurde völlig verschüttet.
>
> Der Graben von 73a–73 wurde auf 5 m verschüttet. Das von Trichtersappe 73 nach dem linken Flügel des // Grabens im Bau begriffene Grabenstück wurde gleichfalls mit Steinblöcken und Trümmern von spanischen Reitern zugedeckt. In den übrigen Gräben des alten franz. Grabens und den anschließenden Gräben der Hauptstellung flogen Stein und Erdbrocken, diese Gräben werden sofort aufgeräumt. Die Gestalt des neuen Trichters zeigt die Skizze (s. Abbildung 57). Unsere Stellung ist in ihrem Umriss völlig erhalten geblieben. Alle Minenstollen sind unversehrt. Der feindwärts gelegene Trichterrand hat ein schmales Stück verloren.[280]

In der folgenden Skizze (Abbildung 57) ist die Veränderung der Trichterlandschaft vom 18.03. bis 21.04.16 4:30 vormittags wiedergegeben.

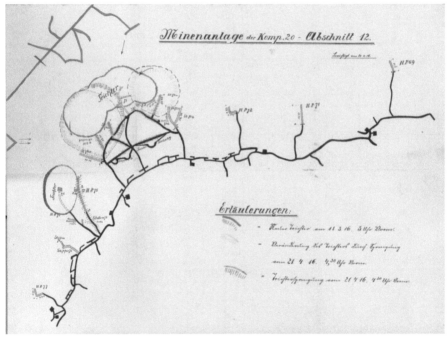

Abbildung 57: 18.03.-21.04.1916, Minenanlage vor Abschnitt 12[281]

---

[280] KA: 8. I.R._(WK)_9_05-06 (414).
[281] KA 8. I.R._(WK)_6_1 (414); ident. KA 8. I.R. (WK)_6_2 (1554) Karten.

Am 31.05.1916 berichtete das II/8 über den Abschnitt 12: „Von den jenseitigen Trichterrändern wurden heute Nacht kleine sp. Reiter und Drahtigel herausgeworfen. Die fr. Sandsackbauten wurden notdürftig ausgebessert."[282]

Der Abschnitt 12 beruhigte sich bis zum Abrücken des 8. I.R. Mitte Juni nördlich St. Mihiel nicht.

Die Trichterstory ist schier endlos, sie zog sich über fast ein Jahr hin. Sie wurde hier so extensiv beschrieben, weil dieser Minierkampf den Stellungsalltag neben dem auch endlosen Stellungsbau ausmachte, nur unterbrochen von Artillerie-Duellen und Patrouillentätigkeit.

Die Stellung der 8. I.R. wurde vom Verfasser im Oktober 2016, also exakt 100 Jahre später, mithilfe des örtlichen Bürgermeisters von Seuzey, Michel Decheppe, aufgesucht. Auch nach so langer Zeit ist die mächtige Trichterlandschaft (Abbildung 58), allerdings nun bewachsen, zu erkennen.

---

[282] KA: 8. I.R._(WK)_7_102 (1554).

Abbildung 58: Minenanlage im Abschnitt 12 auf den Maashöhen nördlich Seuzey im Oktober 2016

3.4.3 Beobachtungen

Im Stellungskrieg konnte die notwendige Aufklärung des Gegners entweder durch Flieger/Fesselballone, Patrouillen oder durch Beobachtungen von der eigenen Stellung aus gewonnen werden. In den Kriegstagebüchern des I/8 befinden sich drei ausführliche Baumbeobachtungen, die zur besseren Einschätzung des Gegners hier wiedergegeben werden sollen. Baumbeobachtungen erfolgten dadurch, dass ein Beobachter, meist ein Unteroffizier oder Leutnant, vor Morgengrauen einen Baum mit Sicht auf die feindliche Stellung bestieg und seine Beobachtungen machte, über die er dann ausführlich berichtete. Diese Baumbeobachtungen zeichnen ein wirklichkeitsgetreues Bild der feindlichen Stellungen.

Zunächst wird auf die Beobachtungen des Sergeanten Scharf 1./8 von einem Baum vor Sappe 65 am 16.05.1916 vormittags eingegangen.

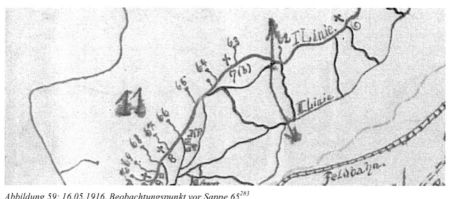

Abbildung 59: 16.05.1916, Beobachtungspunkt vor Sappe 65[283]

Von dem Baumposten aus konnte man die gegenüberliegenden Gräben des Feindes gut einsehen. Nach links zu den Trichtern und nach rechts zu dem Zickzack-Graben hatte man keine Aussicht. Das Unterholz war zwischen den beiden Stellungen sehr dicht.

1. Standort der feindlichen Stellungen, siehe Skizze [Abbildung 59].

2. Hindernis besteht vor den Sappen aus hölzernen spanischen Reitern, im übrigen aus gezogenem Drahtverhau. Es scheint nicht besonders gut zu sein.

3. Beschaffenheit der Stellung: die Gräben sind im allgemeinen mannstief. Die durch die Gräben hindurchgehenden Franzosen waren nur bis zur Schulter sichtbar. Die Sappenköpfe sind eingedeckt, die Eindeckung liegt aber nicht auf dem Boden auf, sondern auf einer hohen Sandsackmauer.

In den Gräben beider Linien sind ebenfalls noch Sandsäcke verbaut. Teilweise sind sie zu einem Aufbau aufeinandergeschichtet, wohl Postenstände. Untergebracht sind die Leute noch in Unterständen. Man konnte deutlich 4 Unterstände unterscheiden, der eine an dem Laufgraben war mit Wellblech eingedeckt. In der 2. Linie habe ich keine Unterstände gesehen.

---

[283] KA: 8. I.R._(WK)_6_150 (1554).

4. Besatzung: Was in den Sappenköpfen war, konnte ich wegen der Eindeckung nicht sehen. Da ich ganz deutlich aus den rein westlich gelegenen Sappen sprechen hörte, vermute ich, dass in jedem Sappenkopf ein Doppelposten steht. In den Gräben stehen anscheinend keine Posten. Aber alle 15 Minuten etwa geht ein Mann als Patrouille durch den vordersten Graben und durch die Sappenköpfe. Einmal kam auch ein Vorgesetzter, anscheinend Offizier, durch. Er trug kein Gewehr, sah sehr sauber aus und wohin er kam, verstummten die Gespräche.

Sämtliche Leute trugen den Helm, ich meine aber mit einem feldgrauen Überzug; den gewöhnlichen grauen Mantel, eine schwärzliche Dose, wohl Gasmaske, an einem Band über die Schulter. Ferner trugen sie einen Trageriemen, der vor der Brust in zwei Teilen auf dem Rücken in einem Teil verläuft und den Leibgurt trägt, ähnlich wie er bei der Kavallerie in Gebrauch ist. Die Leute scheinen alle älteren Jahrgangs zu sein. Jüngere Mannschaften habe ich keine gesehen.

5. Arbeit: Ein Mann stand an dem Unterstand im Verbindungsgraben und hackte Holz. Überhaupt dampften alle Unterstände stark. Ferner habe ich zwei Sprengungen in der Nähe gehört. Beide rührten aller Wahrscheinlichkeit nach von Stollenbauten in der 1. Linie her. Weitere Arbeiten habe ich nicht gesehen.[284]

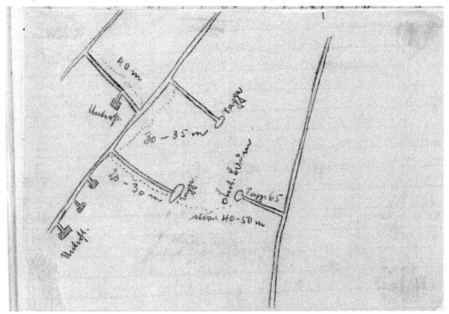

Abbildung 60: 16.05.1916, Grabenskizze der frz. Stellung[285]

Eine zweite Baumbeobachtung ist am 17.05.1916 verzeichnet:

Beobachtungen des Lt. Fröhlich vom Baumposten vor Sappe 65 Absch. 11 (Artl. Beob.).

Am 17.5. 5:00 morgens bestieg ich einen vor Sappe 65 Abschn. 11 stehenden Baum, der vom feindl. Graben (Ludwig 25, Karl X.[286]) nur 35 m entfernt ist. Aus etwa 12 m Höhe konnte ich 78 ganz, von 76 den Abschnitt Ludwig 25 Karl IX und Ludwig 26 Isidor 1 sehen. Bis 5:15 wurde in 77 lebhaft gearbeitet. Etwa 60 Mann trugen in Eimern Geröll aus stollenartigen Öffnungen an der hintern Grabenwand, etwa 20 m hinter der 1. Linie, wo parallel zu derselben schon große fortlaufende Geröllmassen aufgeschüttet das Aussehen einer 2. Linie vortäuschen konnten.

[284] KA: 8. I.R._(WK)_6_51-52 (1554).
[285] KA: 8. I.R._(WK)_6_52 (1554).
[286] Deutscher Name des französischen Stellungsabschnittes.

Um 5^{15} fuhr ein Zweigespann hinter dieser Geröllmasse und auf den Ruf à la soupe liefen etwa 30 Mann in Ludwig 25 Karl IX zusammen, empfingen dort Essen und zerstreuten sich unter lautem Lachen und Schwatzen in Eile wieder. Ich konnte die Stimmen einiger Leute dort in der Nähe der Trichter verfolgen. Die Leute aßen in Gruppen im Graben stehend, arbeiteten bis 5^{45} und entschwanden dann in stollenartigen Löchern. In dem Augenblick, in dem die Grabenpatrouille zum Essen rief, wurden auch die Grabenposten eingezogen.

Ein Masch. Gew., (das über Bank auf einem dazu planierten, etwa 1 qm großen Flecken der Grabenböschung offen stand) wurde dabei eingezogen und in einem Stollen untergebracht. Von 5^{45} ab wurden außer den Posten, die sehr spärlich aufgestellt waren, einer Grabenpatrouille von 2 Mann u. einem Offz. im Graben niemand gesehen.

Zustand des Grabens. Der Hauptgraben macht keinen festen Eindruck. Nur bis auf Schulterhöhe ausgehoben war das ganze ausgehobene Material zurückgeschafft. Betonbauten, Beobachtungsstand, Masch. Gew. Stände, eingebaute Minenwerfer waren nicht festzustellen. Dagegen waren in der dem Feind zugewandten neueren Grabenwand schmale Unterstände mit dünner Balkenlage und Erdschicht eingebaut. In der rückwärtigen Wand schienen Stolle[n] gebaut zu werden, da die Franzosen aus dortigen Öffnungen in Eimern Geröll u Steine hinaustrugen.

Auch wurde dort um 6^{30} gesprengt. Sprenggase wurden jedoch nicht gesehen. Eine Sappe war aus 77 vorgetrieben. Die Sappe war nicht eingedeckt, hatte aber einen Stollen, denn auch dort wurde in Eimern Geröll herausgeschafft [Abbildung 61].

Abbildung 61: 17.05.1916, Grabenskizze 1[287]

Zulaufsgräben, schmal und eng, waren zugleich vorhanden, wurden aber nicht benutzt. Denn die Leute stiegen aus den Graben und benutzten Waldwege. Die Drahtverhaue waren äußerst primitiv, jedoch mit Laubwerk verbunden. Ich sah, wie der Offz. die Glocken probierte. Von der 2. Linie u. einem Drahtverhau war nichts zu sehen.

Besatzung: Die Besatzung bestand aus Infanterie älteren Jahrganges (30-40jährigen). Nur einzelne ganz junge Leute wurden gesehen. Sie trugen den neuen hochgerafften blaugrauen Mantel und Stahlhelm mit grauem Tuchüberzug. Die Gasmaske wurde ohne Tasche zum Teil unter dem Arm getragen. Die Leute sahen sauber aus u. waren lebhaft in fast übermütiger Stimmung. Der Mundart zufolge waren es Leute aus dem Osten Frankreichs. Die Posten trugen Gewehr, Seitengewehr u. Maske. Patronentaschen wurden nicht bei jedem Posten gesehen. Sie schossen aufs Geratewohl in die Gegend. Außer diesen wurde nach 6-7^{00} niemand mehr gesehen.[288]

Laut Tagebucheintrag setzte der Artillerie-Beobachter Leutnant Fröhlich dem schriftlichen Bericht mündlich noch hinzu:

Es war noch ein zweiter M. G. Stand [Abbildung 62] ausgehoben, von dem ich aber nicht sah, daß er besetzt war. Links der Einmündung der Sappe ist ein kleiner mit Hürden umflochtener Raum, in dem sich ein Ferkel herumtrieb. Das M. G. hat sich auf einer Art Schlitten, nicht auf einem Dreifuß, befunden. An der rückwärtigen Grabenwand habe ich genau Telefondrähte gesehen.[289]

---

[287] KA: 8. I.R._(WK)_6_55 (1554).
[288] KA: 8. I.R._(WK)_6_54-55 (1554).
[289] KA: 8. I.R._(WK)_6_55 f. (1554).

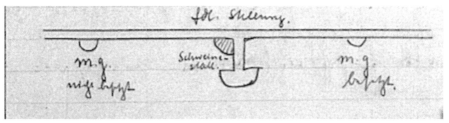

Abbildung 62: 17.05.1916, Grabenskizze 2[290]

Die nächste Baumbeobachtung ist für den 05.06. durch Leutnant Pilzmeyer (Abbildung 63) wiedergegeben.[291] Der Beobachtungspunkt war wieder in der Nähe der Sappe 65 und die Zeit der Beobachtung war von 4:30 bis 6:30 vormittags.

Beobachtungen vom Baumposten, Abschnitt 11, Beobachter Lt. Pilzmeyer, 1./8.

Beobachtungspunkt: 1 Baum halb links vor Sappe 65, Zeit der Beobachtung 4:30 Uhr bis 6:30 Uhr vormittags.

Beobachtung: Die Beobachtung erstreckt sich auf bereits in der Meldung vom 19. Mai erwähnten, beiliegend eingezeichneten französischen Gräben. Veränderungen gegenüber meiner letzten Beobachtung fielen mir sogleich [auf]. An dem mit P bezeichnen Punkt ist deutlich ein starker Infanterie Beobachtungs-Stand zu erkennen, der mit einer halbkreisförmigen eisernen Kuppe eingedeckt ist. Vorne u. an der rechten Seite Gucklöcher sichtbar. An dem bezeichnenden Punkt war wohl auch bei der früheren Beobachtung ein eingebauter Stand zu sehen.

Die Verstärkung desselben mit der Eisendecke ist neu. In den Graben rechts des Beobachtungsstandes bei P2 6 Posten gezählt, die anscheinend im Graben saßen, denn beim Erscheinen des Grabendienstes schnellen sie plötzlich auf und sind bis an die Beine sichtbar. 5:30 Uhr kommt 1 Posten, die 6 Mann verschwinden. Der eine Posten steht erst neben dem Infanteriebeobachtungsstand und geht dann im Graben auf und ab. Als später an unserem linken Flügel ein Schuss fiel, rennt der Posten sehr rasch in den Beobachtungsstand und verweilt längere Zeit dort. Er gibt während dieser Zeit einen Schuss ab gegen unsere Sappe 66. Die abgelösten Posten verschwinden alle in einen mit U bezeichneten Unterstand, der anscheinend sehr geräumig ist und eine Türe nach unserer Seite zu hat. Eindeckung gegenüber früherer Beobachtung mit Sandsäcken bedeutend verstärkt.

Größte Veränderungen weist das mit XY bezeichnete Grabenstück auf. Hoher Aufwurf sichtbar aus weißen großen Steinen. Im Graben selber keine Bewegung, dagegen Graben XM bis 5:30 Uhr mit 4 von da ab mit 1 Posten. Ungefähr um 5:30 Uhr tauchen bei Punkt M 2 Franzosen auf, gehen den Laufgraben entlang nach Graben XY und sind plötzlich bei Punkt N unsichtbar, bis einige Augenblicke später hier neuerdings 2 Leute auftauchen und den Laufgraben nach M rückwärts gehen.

Lange Beobachtung ins Grabenstück XY ergibt: bei Punkt N ein Blockhaus. Leben nicht erkennbar, der Stand ist ringsum mit brauner Erde gut verkleidet. Eine vierfache Reihe von Sandsäcken, die wieder mit 50 cm hohem Steingeröll überschüttet, stellt die Eindeckung dar, somit eine solche über dem Boden zu sehen ist, die Steinschicht flacht sich nach allen Seiten unauffällig ab. Breite des Sandsackbaus ungefähr 5 m, etwa 20 cm über dem Erdboden eine 50 cm breite, 20 cm hohe Schießscharte, die davor aufgestellten Reisigruten markieren.

Mehrere, links vorwärts der Schießscharte stehende Sträucher sind in einer Höhe von $1^{1/2}$ m frisch abgeschossen. Im Gegensatz zu den anderen Grabenteilen und zu meiner letzten Beobachtung ist ein nicht unbedeutendes mit viel Holzpflöcken gebautes Hindernis festzustellen. Wenig Veränderungen weisen die rückwärts gelegenen Gräben auf. Früher beobachtete größere Sandsackbauten scheinen mir teilweise eingerissen zu sein.

Keine Bewegung in diesen hinteren Gräben. Lautes Schanzen rechts Punkt 2, etwa 12 Mann sehe ich um 6:00 in dieser Richtung verschwinden. Alle trugen Schaufeln, keine Gewehre. Uniform und Stahl-

---

[290] KA: 8. I.R._(WK)_6_55 (1554).
[291] KA: 8. I.R._(WK)_6_67-69 (1554).

helm der in den Gräben gesehenen Leute etwas heller als die früher beobachteten Mannschaften. Während der Dämmerung an vielen Stellen Rauch bemerkbar, bei eintretendem Tageslicht verschwindet jegliches Rauchen in der Stellung. Nur in einer Entfernung von etwa 500 m steigen aus einem in rein westlicher Richtung liegenden bewaldeten Abhang weiße Rauchwolken auf, vermutlich Lager bei Pkt 79.

gez. Pilzmeyer.[292]

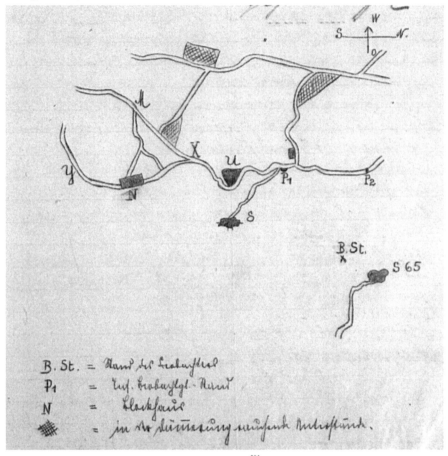

Abbildung 63: 05.06.1916, Baumbeobachtung vor Abschnitt 11[293]

Am 07.06.1916 erstellte das 8. I.R. eine „Zusammenfassung von Erkundungs- und Beobachtungsergebnissen über die erste französische Linie", die mit Bestimmtheit sich auch aus diesen Baumbeobachtungen speiste.[294] Mit diesen detaillierten Erkundungs- und Beobachtungsergebnissen wird der Tatsache Rechnung getragen, dass ein Stellungskrieg nur dann bestanden werden kann, wenn man genauestens über den Zustand der gegnerischen Stellung Bescheid weiß.

---

[292] KA: 8. I.R._(WK)_6_67-69 (1554).
[293] KA: 8. I.R._(WK)_6_69 (1554).
[294] KA: 8. I.R._(WK)_18_07-10 (511).

Dieser Bericht behandelt die Stellungs-Abschnitte 9, 10, 11 und 12 jeweils nach dem gleichen Muster: Zustand des Grabens, Hindernisse, Flankierungsanlagen, Besatzung, MG, Minenwerfer, sonstige Beobachtungen. Die Beschreibung der französischen Stellung scheint gleichzeitig eine Ermahnung an die eigene Truppe zu beinhalten. Wo etwas schlecht beurteilt wird, könnte man ergänzen, mach es besser, und wo etwas als gut beurteilt wird, kann man ergänzen, mache es genauso gut.

Der Zustand der französischen Gräben wird teilweise als vernachlässigt oder zu wenig tief beurteilt. Eine Ausnahme bildet der Abschnitt 11. Da heißt es: „Gräben durchweg sehr tief. Nur von sehr erhöhten Punkten (Baumposten) sieht man die Helme. Erdaushub wird geschickt weggebracht und täuscht eine 2. Linie vor. Brustwehr besteht durchweg aus Sandsäcken, die teilweise durch Draht verflochten sind."[295] Die Hindernisse hingegen werden teilweise als sehr schlecht (Abschnitt 9) bezeichnet, in Abschnitt 10 wurden 10-20 m tiefe Pfahlhindernisse beobachtet, jedoch nicht über 1 m hoch; früher aufgestellte hölzerne Drahtwalzen und spanische Reiter seien zusammengefallen. Besonders beschrieben wurden die Flankierungsanlagen: „Die gegen unsere Abschnitte 7 und 8 vorgetriebene Sappen scheinen zur Flankierung eingerichtet zu sein"[296]; oder: „Auf Flankierung ist fast alles angelegt. Auch die Posten in den Sappenköpfen beobachten fast nur nach der Seite. Wenn in 77 gegenüber Abschnitt 11 ein Schuss fällt, ist der fast stets auf Abschnitt 12 oder 10 rechter Flügel gerichtet. Dagegen erhält Abschnitt 11 Feuer von 76 oder 78" (Abbildung 64).[297]

Zur französischen Besatzung wird ausgesagt: „Bei Tage erscheinen nur Posten, nachts stärker besetzt"[298]; oder: „In den vorderen Gräben bei 76 und 70 wurde bei Tage noch kein Franzose gesehen. Bei Nacht kam von dort her schon Infanterie-Feuer."[299]

Zu den Maschinengewehren wurde beobachtet, dass diese bei Tage teilweise nicht aufgestellt, aber bei Nacht sicher vorhanden seien. Bei Abschnitt 10 heißt es dazu: „Zwischen 76 und 70 sind in der vorderen Linie durch das Laub hindurch zwei auffallende Sandsackbauten zu sehen. Aus dem rechten Bau schoss vor mehreren Monaten ein MG. Der linke scheint als Posten- oder Beobachtungsstand zu dienen."[300] Wenn als Zeitangabe „vor mehreren Monaten" benutzt wird, zeigt dies deutlich, dass es sich hier um einen schon lang andauernden Stellungskrieg handelt.

Neben den MG-Stellungen wurden auch die Stellungen der Minenwerfer erkundet.

---

[295] KA: 8. I.R._(WK)_18_09 (511).
[296] KA: 8. I.R._(WK)_18_07 (511).
[297] KA: 8. I.R._(WK)_18_10 (511).
[298] KA: 8. I.R._(WK)_18_07 (511).
[299] KA: 8. I.R._(WK)_18_08 (511).
[300] KA: 8. I.R._(WK)_18_09 (511).

Als „Sonstige Beobachtungen" wurde festgestellt, dass bei Abschnitt 9 die Franzosen sich kürzlich auf ihre 1. Linie beiderseits des Baches eingeschossen hätten und anzunehmen sei, dass die Franzosen auf die 1. Linie hier keinen Wert legten.

Zu Abschnitt 12 wurde allgemein gesagt: „Hier können seit langer Zeit keine Änderungen festgestellt werden. In der 1. Linie, die nur aus Erdhaufen besteht, befinden sich höchstens einzelne Posten, auch bei Nacht."[301]

Diese zusammenfassenden Erkundungs- und Beobachtungsergebnisse über die erste französische Linie geben zugleich eine authentische Beschreibung des Stellungsalltages wieder.

I. Abschnitt 9:

A. Zustand des Grabens. Zick-Zack bis gegen Hochwald (67/66) machen einen sehr vernachlässigten Eindruck. Nach dem geringen Fortschritt der Ausbesserungsarbeiten zu urteilen, scheinen die Franzosen nur das nötigste zu tun. Ebenso wenig werden zerschossene Unterstände ausgebessert. Der schlechte, sandige Boden, unmittelbar nördlich des Baches (70) hat die Franzosen zu großen Sandsackbauten gezwungen.

B. Hindernisse. Nach Patrouillenmeldungen teilweise sehr schlecht; an den besten Stellen 10 m breit und gut.

C. Flankierungsanlagen. Die von 67 und 66 gegen unsere Abschnitte 7 und 8 vorgetriebenen Sappen scheinen zur Flankierung eingerichtet zu sein. Patrouillen erhielten daraus Flankenfeuer.

D. Besatzung: Bei Tage anscheinend nur Posten; nachts stärker besetzt.

E. MG.: scheinen beide Tage in 67 nicht zustehen; bei Nacht sicher vorhanden.

F. Minenwerfer standen früher bei 66; haben seit langer Zeit nicht mehr geschossen.

G. Sonstige Beobachtungen: Nach Beobachtungen des Leutnants d. R. Lorenz haben sich kürzlich die Franzosen auf ihre erste Linie beiderseits des Baches eingeschossen. Anzunehmen ist, dass Franzosen auf 1. Linie hier keinen Wert legen.

II. Abschnitt 10:

A. Zustand des Grabens. Gräben vorderster Linie sind südlich der Notre-Dame Schlucht und bei 76 anscheinend gut; doch haben sie offenbar geringe Tiefe, da überall als Brustwehr Sandsackbauten von wechselnder Höhe angebracht sind.

B. Hindernisse sind 10-20 m tiefe Pfahlhindernisse, jedoch nicht über 1 m hoch. In der Schlucht liegen mehrere Hindernisse hintereinander. Im übrigen bildet auch der überall dichte Wald ein Annäherungshindernis. Schneisen sind durch Astverhaue gesperrt.

C. Flankierungsanlagen sind nicht erkennbar; jedoch scheinen die aus Karte und Fliegerfotografie erkennbaren Verbindungsgräben nördlich und südlich der Schlucht (70) zur Flankierung eingerichtet zu sein.

D. Besatzung: In den vorderen Gräben bei 76 und 70 wurde bei Tage noch kein Franzose gesehen; bei Nacht kam von dort her schon Inf. Feuer.

E. MG.- u. Beobachtungsstände: Zwischen 76 und 70 sind in der vorderen Linie durch das Laub hindurch zwei auffallende Sandsackbauten zu sehen. Aus dem rechten (nördlichen) Bau schoss vor mehreren Monaten ein MG. Der linke scheint als Posten- oder Beobachtungsstand zu dienen.

F. Minenwerfer stand früher in einem Sandsackbau bei 76. Jetzt Minenwerferabschuss halb rechts dahinter erkennbar. Feindlicher Werfer feuerte zuletzt am 6. ds. Er wurde von der Artillerie beschossen und stellte Feuer daraufhin ein.

---

[301] KA: 8. I.R._(WK)_18_10 (511).

III. Abschnitt 11:

A. Zustand des Grabens. Gräben durchweg recht tief. Nur von sehr erhöhten Punkten (Baumposten) sieht man die Helme. Erdaushub wird geschickt weggebracht und täuscht eine 2. Linie vor (vergl. frühere Baumposten Meldung). Brustwehr besteht durchweg aus Sandsäcken die teilweise durch Draht verflochten sind. Gearbeitet wird augenblicklich an den Gräben, die äußerlich einen etwas verfallenen Eindruck machen, wenig.

B. Hindernisse sind schlecht. Früher aufgestellte hölzerne Drahtwalzen und spanische Reiter sind zusammengefallen. In letzter Zeit Anwendung von eisernen spanischen Reitern, besonders bei 78 und um die Trichter herum. Gezogenes Drahthindernis anscheinend nur an besonderen Stellen.

C. Flankierungsanlagen: Auf Flankierung ist fast alles angelegt. Auch die Posten in den Sappenköpfen beobachten fast nur nach der Seite. Wenn in 77 gegenüber Abschnitt 11 ein Schuss fällt, ist er fast stets auf Abschnitt 12 oder 10 rechter Flügel gerichtet. Dagegen erhält Abschnitt 11 Feuer von 76 oder 78 her.

Besonders flankierend schießen die Minenwerfer:

M. W. bei 78 schießen meist nach Abschnitt 11.

M. W. bei 76 schießen meist nach Abschnitt 12.

M. W. bei 77 schießen meist nach Abschnitt 10 (linker Flügel).

Dies konnte wiederholt beobachtet werden.

D. Besatzung: Ausführliches darüber in den Baumpostenmeldungen. Tagesbesatzung ist sehr gering, nur in den Sappen und in besonderen Stellen. Diese beobachten nur durch Schlitze oder Scharten. Beobachter über Bank u. mit Grabenspiegel wurden nicht festgestellt. Posten sind gut eingedeckt. (2 dicke Reihen Baumstämme in den Sappenköpfen). Hauptteil der Bereitschaften am Tage in nahen Bereitschaften (79 und Schlucht westl. 76), wo Rauch und Geräusch festgestellt werden konnte. In der Nacht ist Stellung stark besetzt. Den Gesteinsmassen nach scheinen Stollen vorhanden zu sein, doch wohnt der Hauptteil der Besatzung noch in Unterständen.

E. MG.: vor Abschnitt 11 Mitte steht bei Nacht ein MG zum Feuern über Bank. Bei Tage ist es in einem Stollen untergebracht.

IV. Abschnitt 12:

Hier können es seit längerer Zeit keine Änderungen festgestellt werden. In der 1. Linie, die nur aus Erdhaufen besteht, befinden sich höchstens einzelne Posten, auch bei Nacht.[302]

Diese über eine längere Zeit gewonnenen Beobachtungsergebnisse waren eine Voraussetzung, dass der Stellungskrieg ohne größere Gegenangriffe bestanden werden konnte. Dies galt bestimmt auch für den Gegner, sodass sich eine Art Gleichgewicht zwischen beiden Parteien einstellte.

3.4.4 Patrouillen

Patrouillen[303] waren das Hauptwerkzeug der Aufklärung. Wir haben bereits Aufklärung mittels Beobachtungsständen (hier insbes. die Baumbeobachtungen) betrachtet, auch wird ab und an von der Aufklärung durch Flieger oder Fesselballone berichtet, besonders wichtig waren aber die Patrouillen.

---

[302] KA: 8. I.R._(WK)_18_7-10 (511).
[303] Eine Patrouille ist eine Form des Gefechtsdienstes. Zu unterscheiden ist sie vom Spähtrupp. Die Stärke beträgt zwischen einem Trupp bis zu einem verstärkten Zug. Aufträge können sein, eine festgelegte Wegstrecke zurückzulegen, ein Objekt zu erreichen, eine Position zu besetzen oder einen Erkundungsauftrag durchzuführen. Die Dauer kann je nach Art des Einsatzes von wenigen Stunden bis zu Tagen betragen.

So heißt es am 12.02.1916:

> Vorm. 8:00 begann Wirkungsschießen unserer Artillerie, das jedoch bald, vermutlich wegen des ungünstigen Wetters auf Befehl des AOK eingestellt wurde. Während des Vorm. lebhafte Minenkämpfe auf beiden Seiten, sonst ziemlich Ruhe. [...] Nachts gingen Patrouillen. Zweck: Zerstörung der feindlichen Drahthindernisse und Beunruhigung des Gegners durch Werfen von Handgranaten. Gegner verhält sich ziemlich ruhig. Handgranaten des Abschnitts 7 weisen viele Blindgänger auf. Wetter: fast den ganzen Tag Nebel, feuchte Luft, Mittags: Regen.[304]

Der Bericht zeigt, dass man sich im Stellungskrieg gegenseitig vergewissern wollte: zunächst gegenseitiges Minenfeuer, dann Ruhe und nachts Patrouillen zur Beunruhigung des Gegners. Dies alles bei denkbar schlechtem Wetter.

Dann heißt es in diesem Bericht weiter:

> 14. Februar: Patrouillen der Abschnitte 8 und 9 durchschnitten heute Nacht das feindliche Drahthindernis in den Gräben unterhalb des Zick-Zack, ohne vom Gegner daran gehindert zu werden. Auch nachdem Handgranaten in die Gräben geworfen waren, rührte sich der Gegner nicht, sodass die Vermutung naheliegt, dass die Gräben unterhalb des Zick-Zack nicht besetzt sind.[305]

Weiter am 15.02.:

> Patr. des Abschn. 8 stieß heute Nacht 100 m vor unserem Drahthindernis mit einer feindlichen Patrouille zusammen und konnte nicht vordringen. Lt. d. Res. Grün 3./8 [3. Kompanie des Regiments 8; Anm. d. Verf.] fand vom Abschn. 7 aus am Befehlsweg einen franz. besetzten Sappenposten. Patrouille stellte Verhältnisse im Hochwald [...] insbesondere Wirkung unsere Artillerie fest. Posten wurde durch Handgranaten ausgehoben.[306]

Am 25.02.1916 erging nachfolgender Divisionsbefehl mit der Aufforderung „scharf zu beobachten":

> Div. Befehl: Gegner vor der Front ist scharf zu beobachten. Alle Veränderungen bei ihm sind sofort zu melden. Rege Patrouillentätigkeit ist notwendig.
>
> Abschnitts-Befehl: Von jedem Abschnitt 1 Patrouille. Meldung hierüber bis Morgenmeldung; posetiv [sic!] oder negativ.[307]

Im Kriegstagebuch des I/8 ist Anfang Juni vermerkt:

> 4. Juni, Sonntag. Situation wie Tags davor; zusätzlich eine Patrouillenmeldung der 4./8 vom Abschnitt Nellen gegen Zick-Zack: An denen parallel zum rechten Teil des Abschnitts 9 laufenden Zick-Zack befindet sich kein Hindernis, nur ein aus dem Zick-Zack vorwärtslaufender Graben, der anscheinend zur Flankierung dient, ist mit einer Art Schnell-Hindernis versehen; französischer Graben ist in ganz schlechtem Zustand, besser ist die Stellung (Sandsackbauten) im Tale. Von einem Baum aus konnten deutlich zusammengeschossene Unterstände beobachtet werden.[308]

Am 06.06. heißt es: „Fdl. Art.: 270 Schuß, sonst wieder wie gestern; Patrouille vor 9 bestätigte die gestern gemeldeten Erkundungen. Tagesbesatzung der Gräben im Grunde unterhalb der Zickzack (67 und 70) [Abbildung 64] anscheinend sehr schwach."[309]

---

[304] KA: 8. I.R._(WK)_6_01 (1554).
[305] KA: 8. I.R._(WK)_6_01 (1554).
[306] KA: 8. I.R._(WK)_6_02 (1554).
[307] KA: 8. I.R._(WK)_7_26 (1554).
[308] KA: 8. I.R._(WK)_6_65 (1554).
[309] KA: 8. I.R._(WK)_6_66 (1554).

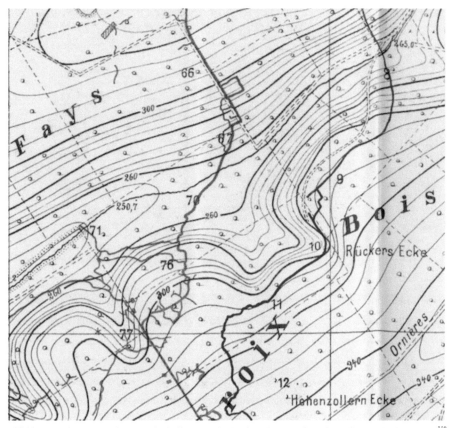

Abbildung 64: 25.08.1916, französische Stellung mit den Punkten 67 u. 70, deutsche Stellungs-Abschnitte 8-12[310]

Wie dargestellt werden konnte, fanden während der ganzen Stellungszeit häufige gegenseitige Patrouillen statt, um den jeweiligen Gegner abzutasten oder ihn zu beunruhigen.

3.4.5 Gaskrieg

Beim Gaskrieg während des Ersten Weltkrieges wurden rund 120.000 Tonnen Kampfstoffe von 38 verschiedenen Typen eingesetzt, wobei ca. 100.000 Soldaten starben (Abbildung 65) und 1,2 Millionen Soldaten verwundet wurden. Als Beginn des Gaskrieges während des Ersten Weltkrieges und damit des systematischen Einsatzes von Giftgasen als chemische Waffen gilt der Einsatz von Chlorgas durch deutsche Truppen am 22.04.1915.

---

[310] KA: 8. I.R._(WK)_7_01 (1554) Karte.

Abbildung 65: Verheerende Wirkung eines Gasangriffes[311]

Die Franzosen setzten auf eine Mischung verschiedener Gasgeschosse, um eine möglichst hohe Effektivität zu erzielen. Versuche, Granaten mit Blausäure (gemischt mit Arsentrichlorid, Zinntetrachlorid, Chloroform) und Granaten mit dem hochtoxischen Chlorcyan einzusetzen, scheiterten an zu schneller Verflüchtigung und der Nichterreichung der erforderlichen Gefechtsmengen. Es wurden auch Phosgen und Diphosgen neben Chlor in verschiedenen Mischungsverhältnissen eingesetzt. Weit verbreitet war es darüber hinaus, schwache Konzentrationen zu erzeugen, bei denen fast keine akuten Beschwerden eintraten und Soldaten deshalb keinen Grund sahen, Schutzmaßnahmen zu ergreifen.[312]

Am 04.07.1916 gab die Heeresgruppe Kronprinz, zu der das 8. I.R. gehörte, einen als geheim eingestuften Befehl[313] über den Gaskrieg heraus. Eingangs wird darin festgestellt:

> Während die gemachten Erfahrungen gezeigt haben, dass die Franzosen bisher ihre Gasgranaten in häufigen, kurzen und überraschenden Überfällen verschießen, legt die Erscheinung, dass der Gegner in den letzten acht Tagen auffallend wenig mit Gasgranaten geschossen hat, die Vermutung nahe, dass der Feind seine Gasgranaten aufspeichert, um sie gesammelt in Massen zu verwenden.

Weiter wird verfügt: „Alle Truppen im feindlichen Feuerbereich müssen sich grundsätzlich im Zustande der erhöhten Gasbereitschaft befinden. Jedermann muss seine Gasschutzmaske ständig, auch beim Essen und beim Schlafen in der Bereitschaftsbüchse bei sich tragen."[314] Des Weiteren wird dann auf die Gasalarmverfahren eingegangen und auch auf das am gleichen Tag vom AOK

---

[311] URL: https://de.wikipedia.org/wiki/Gaskrieg_während_des_Ersten_Weltkrieges, 05.10.2016.
[312] URL: https://de.wikipedia.org/wiki/Gaskrieg_während_des_Ersten_Weltkrieges, 05.10.2016.
[313] KA: 8. I.R._(WK)_10_170 (414).
[314] KA: 8. I.R._(WK)_10_170 (414).

5 herausgegebene Merkblatt für Gasangriffe[315] verwiesen. Darin wird darauf hingewiesen, dass jeder Soldat, auch in Abwesenheit des Vorgesetzten, den Zeitpunkt des Absetzens der Maske selbst zu bestimmen habe. Dazu wird eine Dreierprobe empfohlen. In einer Sichtprobe sei festzustellen, ob noch ein Rest einer Gaswolke sichtbar sei, dann erfolgt eine Geruchsprobe und schließlich die Absetzprobe.[316]

> Merkblatt für Gasangriffe 4.7.1916
>
> Wann kann die Gasmaske abgesetzt werden?
>
> Auch in Abwesenheit eines Vorgesetzten muss jedermann den Zeitpunkt zum Absetzen der Maske nach einem Gasangriff bestimmen und dazu die folgenden drei Proben nacheinander anstellen können:
>
> Sichtprobe: Die Maske ist aufzubehalten, solange noch der letzte Rest einer Nebelwolke sichtbar ist. Nachts kurze Beleuchtung mit Taschenlampe.
>
> Geruchsprobe: Man schiebt einen Finger zwischen Maskenrand und Wange ein und riecht vorsichtig, schnüffelnd.
>
> Absetzprobe: Wenn man so nichts mehr riecht, setzt man die Maske versuchsweise ab, stellt sich dann noch eine Belästigung ein, so ist die Maske wieder aufzusetzen und das Absetzen von Viertelstunde zu Viertelstunde neu zu versuchen.
> A. O. K. 5.[317]

Während des Ersten Weltkriegs war auf deutscher Seite Willstätter für die Entwicklung des Gasschutzes, insbesondere von Gasmasken, zuständig. Die Ausrüstung der deutschen Einheiten mit der ersten Generation der Gasmaske konnte im Herbst 1915 beginnen. Es handelte sich um ein gesichtsbedeckendes Modell aus gummiertem Stoff, bei dem die ein- und ausgeatmete Luft noch durch einen auswechselbaren Filter ging. Um die Filter zu entlasten, wurde bei späteren Modellen die Luft nur beim Einatmen gefiltert, während die ausgeatmete Luft über ein Ventil die Maske verließ.

Zunächst hatte die Gasmaske einen Einschichtenfilter zum Schutz gegen Chlor, bestehend aus einer Kieselgurschicht (Diatomit), welche mit 40 % Pottaschelösung getränkt und mit Aktivkohle überpudert wurde. Dieser Filter wurde schon Anfang 1916 durch einen Dreischichteneinsatz ersetzt, bei dem das Diatomit zusätzlich mit Piperazin und Urotropin getränkt war. Dieser Filter schützte vor Phosgen und dem beim Phosgenabbau entstehenden giftigen Formaldehyd. Ebenso war dieser Filter wirksam gegen andere Kampfstoffe wie Chlorpikrin. Später wurde dieses Modell mit einer zusätzlich verstärkten Aktivkohleschicht ausgeliefert.[318] Die Ausrüstung mit Gasmasken war auch noch 1916 nicht ausreichend, die vorhandenen Gasmasken und Selbstretter wurden nach Prioritäten vergeben.

So heißt es in einem Befehl vom 28.10.1915: „Der Abschnitt des 8. I.R. wurde mit 112 Gas-

---

[315] KA: 8. I.R._(WK)_10_10 (838).
[316] KA: 8. I.R._(WK)_10_10 (838).
[317] KA: 8. I.R._(WK)_10_10 (838).
[318] URL: https://de.wikipedia.org/wiki/Gaskrieg_während_des_Ersten_Weltkrieges, 05.10.2016.

schutzmasken und 9 Selbstrettern ausgestattet, die in erster Linie an die Infanterie- und Artillerie Beobachter und die MG Schützen ausgegeben wurden."[319]

Am 16.11.1915 ist im Kriegstagebuch des I/8[320] verzeichnet, wem Gasschutzmittel zugewiesen wurden: Jede Kompanie erhielt einige Masken zu Unterrichtszwecken, dann die Grabenbesatzungen, die Infanteriebeobachter und die MG-Bedienungen. Dies bedeutete, dass nicht jeder Angehörige des Regiments eine Gasmaske besaß. Die Verteilung der Gasschutzmasken erfolgte nach dem Gesichtspunkt, dass diejenigen Kompanien, bei denen mit größerer Wahrscheinlichkeit ein Gasangriff zu erwarten war, Gasschutzmittel erhielten.

Die Kompanien im Ruhequartier hatten regelmäßig Übungen mit Gasschutzmasken, wobei in einem „Stinkraum"[321] die Dichtigkeit geprüft wurde.

10. & 11. Januar 1916

5. Komp. im Abschnitt 11 und 8. Komp. im Abschnitt 12, im Bois des Chevaliers, 6. u. 7. Komp. im Billy-Ort bzw. Lager.

Vormittag Verpassen der Gasschutzmasken im Stinkraum Vieville[s]. Nachmittags Gesundheitsbesichtigung. Appelle mit Bekleidungsstücken etc.

Verpflegung aus Magazin. Gesundheitszustand gut. Witterung: trüb.[322]

Dompierre

Abbildung 66: 2016, Kirche von Dompierre

Weitere Beispiele für diese Gasschutzübungen, die oft in einer seltsamen Kombination mit Gottesdiensten stattfanden, wohl deswegen, weil die geschlossenen Räume der Sakristeien geeignete „Stinkräume" abgaben:

Für den 08.02.1916 heißt es im Kriegstagebuch des I/8: „Den in Dompierre anwesenden Kompanien wurde von ihren Kompanieführern Vortrag über die allgemeine Lage gehalten. Nachmittags Appelle mit Bekleidung und Ausrüstungsstücken. Im fertiggestellten Stinkraum (Sakristei Dompierre;

[319] KA: 8. I.R._(WK)_6_109.
[320] KA: 8. I.R._(WK)_6_121 (1554).
[321] Stinkraum ist der Prüfraum, in dem die Dichtigkeit der Gasmaske geprüft wird. „Als Kampfmittel hatte immer mehr das giftige Gas an Bedeutung gewonnen und mit der Entwicklung dieses verderbenbringenden Kampfmittels mussten auch den Abwehrmaßnahmen erhöhte Aufmerksamkeit geschenkt werden. Die Gasmasken waren erheblich verbessert worden, sie erhielten einen Einsatz, der abschraubbar war, damit er ersetzt werden konnte. Die Masken wurden erneut und sorgfältig unter Aufsicht der Gasschutz-Offiziere, die in besonderen Kursen ausgebildet waren, verpasst und im Stinkraum auf ihre absolute Dichtigkeit geprüft"; Paland, Ein deutsches Schicksal 2015, S. 17.
[322] KA: 8. I.R._(WK)_7_01 (1554).

Abbildung 66) wurden Gasmasken verpasst."[323] Laut Soldbuch[324] war der Ldstm. Karl Didion am 05.01.1916 im Stinkraum, wo seine Gasmaske Größe Nr. H3 getestet wurde.

19.03.1916, I/8: „Am Sonntag, den 19: März war im Lager Billy sowohl evangelischer als auch katholischer Gottesdienst. Nachmittags haben die 2. und 3. Komp. [und somit auch Karl Didion; Anm. d. Verf.] ihre Gasschutzmasken im benachbarten Viévilles-sous-les-Côtes überprüft."[325] Man verband eben am Sonntag das Transzendente mit dem Notwendigen.

Für Montag, den 20.03., ist im Kriegstagebuch des I/8 festgehalten: „Kompanien hielten Appelle und Exerzieren ab. 2. und 3. Komp. hatten Waffenuntersuchung 11[30] vorm. hielt der Lt. d. Res. Groos für die in Billy anwesenden Offze. u. San.-Offze einen Vortrag über sein Kommando zum Gaskurs ab."[326]

Am 08.06.1916 hatte das II/8 wieder eine Routine-Gasschutzübung:[327]

Baden.
Verpassen der Gehaltsschutzmasken im Stinkraum Billy-Ort.
Typhusschutzimpfung.
Herrichten der Bekleidungs- und Ausrüstungsstücke.
Witterung: zeitweise Regen, Gesundheitszustand gut. Verpflegung aus Magazin.[328]

Am 09.05.1916 wurden laut Kriegstagebuch des I/8 Warnungsmaßregeln bei einem französischen Gasangriff beantragt:

Nachtrag zur Abendmeldung:

An K. 8. Inf. Brigade   9.5.16

Antrag:

In der Nacht vom 8./9. 5. wurde von den Franzosen das Gelände zwischen Or[n]ieres u. Quelle in ausgiebiger Weise mit Gasgranaten belegt, so dass eine förmliche Wand entstand.

Da bei Nacht, bei starkem Verkehr, Ablösung, Heranschaffen von Material zu leicht Gaserkrankungen ohne weiteres entstehen müssen, halte ich besondere Vorsicht und Warnungsmaßregeln für unbedingt geboten.

Ich beantrage: Von der Befehlsstelle 8. I.R. wird, sobald Gasgranaten erkannt sind, die Brig. Res. benachrichtigt. Die Brig. Res. stellt Patr. u. Posten auf, die für letzte Gasbereitschaft sorgen im Seuzey-Tal und an der Ornières-Straße.[329]

Ende Mai 1916 wurde ein französischer Angriff nach heftigem Artilleriefeuer erwartet und über Nacht wurde für die Brigadereserve Marschbereitschaft befohlen. Der Angriff, der uns noch im Kapitel 3.4.7.2 beschäftigen wird, fand nicht statt und am 23.05. morgens wurde die Gefechtsbe-

---

[323] KA: 8. I.R._(WK)_6_185 (1554).
[324] Soldbuch des Ldstm. Karl Didion; in Privatbesitz.
[325] KA: 8. I.R._(WK)_6_34 (1554).
[326] KA: 8. I.R._(WK)_6_35 (1554).
[327] KA: 8. I.R._(WK)_7_107 (1554).
[328] KA: 8. I.R._(WK)_7_107 (1554).
[329] KA: 8. I.R._(WK)_7_81 (1554).

reitschaft aufgehoben.[330]

Jedoch am gleichen Tag entwickelte sich ein französischer Gasangriff:

> 9[00] Abends wurden die Ornières und die Batterien an der Straße mit Gasgranaten beschossen und zwar an drei Stellen. Die Gasschicht, die sich am Riedlkreuz bildete, wurde um 9:30 in der Talsohle des Brigadetales dadurch bemerkt, daß Leute, die sich dort befanden, tränende Augen bekamen, ferner lagen noch zwei Gasschichten in etwa 100 m Breite am Pionierkegel an der Ornières und 100 m nördlich der Trasse die vom Bereitschaftslager nach der Ornières führt. Diese beiden Schichten verflüchtigten sich schon auf der Straße. Zur Warnung wurden 2 Posten auf die Ornières gestellt. Der Brigade wurde sofort Meldung gemacht. Die folgende Nacht war ruhig. Wetter: schön.[331]

3.4.6   Taktische Anweisungen

Ein Stellungskrieg hat zwar starre Züge und zeichnet sich nicht durch Geländegewinne aus, aber ohne ausgeklügelte Taktik in der Verteidigung und bei beschränkten Angriffen ist eine Stellung nicht zu halten. Immer wieder sind Belehrungen und Anweisungen in der Taktik durch höhere militärische Führer festzustellen.

Der Chef des Generalstabes des Feldheeres, General von Falkenhayn, übersandte den Einheiten des Westheeres einen als geheim eingestuften ergänzenden „Erfahrungsbericht aus den letzten Kämpfen"[332], datiert vom 03.11.1915. Darin ging er auf den Stellungsbau, den Einsatz der Infanterie, der Artillerie und der Minenwerfer ein. Dieser Erfahrungsbericht wurde über das Oberkommando der AA-Strantz, der 33. Reserve-Division, der 8. Infanterie-Brigade und auch den Bataillonen des 8. I.R. zugestellt. Da dieser Erfahrungsbericht nicht spezifisch auf den hier im Blick stehenden Stellungskrieg auf den Maashöhen eingeht, soll er allgemein im Band II behandelt werden.

Ein Beispiel für taktische Anweisungen ist im Befehl zur „Aufstellung der Maschinen-Gewehre innerhalb der Stellung"[333] zu sehen, den die 33. Reserve-Division am 10.03.1916 erließ. Darin wurde auf die hohe Verteidigungswirkung dieser Waffe hingewiesen: „Von den Maschinen-Gewehren muss verlangt werden, dass sie im Falle eines feindlichen Angriffs rechtzeitig feuerbereit sind, das wird meist von entscheidender Bedeutung sein. Wo dies nicht erreicht wird, fällt das Maschinengewehr, die wichtigste Waffe zur Abwehr eines Nahangriffes, für den Kampf aus"[334]. Dann wird auf die beste Aufstellungs-Alternative, die Einsatzgrundsätze und die Meldenotwendigkeiten eingegangen.

Taktische Anweisungen wurden auch in Kombination mit Lagebeurteilungen gegeben. Die 33. Reserve-Division brachte eine solche Lagebeurteilung mit taktischen Anweisungen am

---

[330] KA: 8. I.R._(WK)_6_61 (1554).
[331] KA: 8. I.R._(WK)_6_61-62 (1554).
[332] KA: 8. I.R._(WK)_12_51-53 (511); Abbildung 26, Anhang 3.
[333] KA: 8. I.R._(WK)_12_46-48 (511); Abbildung 1, Anhang 5.
[334] KA: 8. I.R._(WK)_12_46 (511).

18.06.1916 heraus.[335] Darin wies der Divisions-Kommandeur darauf hin, die Gefechtstätigkeit der Franzosen im Abschnitt Chevaliers beiderseits der Ornières habe in letzter Zeit zugenommen und er vermute, dass kleinere örtliche Angriffe geplant seien. Deshalb sei die Verteidigungsfähigkeit der Stellung zu erhöhen. Er befahl, die stark zerschossenen Gräben der 1. und 2. Linie sowie die dahin führenden Verbindungswege in einen verteidigungsfähigen Zustand zu versetzen. Besonderer Wert sei auf die Instandhaltung und Verstärkung der Hindernisse zu legen, Sperrfeuer-Übungen seien durchzuführen, der Artillerie-Verbindungsoffizier sei einzusetzen und ein Fernsprechdoppelzug habe die Verbindung zur Artillerie sicherzustellen.

33. Reserve-Division   Div. St[abs]. Qu[artier]. 18.5.1916

Die Gefechtstätigkeit der Franzosen im Abschnitt Chevalier beiderseits der Ornière[s] hat in letzter Zeit zugenommen. Es ist nicht unwahrscheinlich, dass die Franzosen auch im Chevalier eine kleine örtliche Unternehmung planen. Größte Aufmerksamkeit sämtlicher im Chevalier tätigen Truppen ist daher besonders erforderlich. Mit allen Mitteln muss angestrebt werden, dass die stark zerschossenen Gräben der 1. und 2. Linie und die dahin führenden Verbindungswege dauernd wieder in verteidigungsfähigen Zustand versetzt werden. Falls die im Abschnitt eingesetzten Kompanien das nicht allein leisten können, sind Verstärkungen an Arbeitskräften aus weniger gefährdeten Abschnitten oder aus Reserven zuzuteilen.

Besonderer Wert ist auf die dauernde Instandhaltung und Verstärkung der Hindernisse vor der 1. bis 3. Linie der 1. Stellung zu legen.

Die Artillerie hat häufig Sperrfeuer Übungen auf Stichwort „Chevalier" abzuhalten. Ein Teil der Geschütze muss dauernd auf die betreffenden Sperrfeuer-Abschnitte des Chevalier eingerichtet sein. Ein Artillerie-Verbindungs-Offizier ist zur Verbindung der Infanterie mit der Artillerie und zur Beaufsichtigung der dort eingesetzten Artillerie-Beobachter im Chevalierabschnitt unterzubringen. Bis zur Fertigstellung der Beobachtungsstelle „Willi" wird dieser Artillerieoffizier dem Regimentsabschnittskommandeur des 8. bayr. Inf.-Regts. zugeteilt. Ebenso ist bereits vor Fertigstellung der Beobachtungsstelle „Willi" an geeigneter Stelle ein Leuchtsignal-Beobachtungsposten der Artillerie einzurichten, damit unter allen Umständen die aus vorderster Linie etwa abgeschossenen Signale zum Anfordern von Sperrfeuer sofort weitergegeben werden.

Über Beobachtungssammelstelle, Leuchtsignalposten und Artillerie-Verbindungs-Offizier folgt noch besonderer Befehl.

Die Station „Archimedes" ist durch den Fernsprechdoppelzug 33 sofort mit der Befehlsstelle der 8. bayr. Inf.-Brig. und mit dem Artillerie-Verbindungs-Offizier unmittelbar zu verbinden. Die Station „Archimedes" hat der Brigadebefehlsstelle oder dem Artillerie-Verbindungs-Offizier sofort Meldung zu machen, falls durch sie festgestellt wird, dass Anforderung von Artillerie-Feuer oder besonders wichtige Meldungen aus der vordersten Linie wegen Versagens der Fernsprechverbindungen mitgehört werden.
gez. Bausch.[336]

Am 20.05.1916 verwies der Regimentskommandeur des 8. I.R., von Rücker, auf die Verfügung der 33. Reserve-Division vom 05.05.1916 und auf seinen am 27.04.1916 ergangenen Befehl an die Kommandeure über die Ausbildung der Offiziere und fügte einige zusätzliche Punkte hinzu[337], die ein weiteres Beispiel für taktische Anweisungen abgeben:

Sorgfältige Einteilung und Einübung der Grabenbesatzung, scharfe Beobachtung, dauernde Bereitschaft und sicher wirkende Alarmierungsvorkehrungen sind die Vorbedingung für die Abweisung

---

[335] KA: 8. I.R._(WK)_12-30-31 (511).
[336] KA: 8. I.R._(WK)_12_30-31 (511).
[337] KA: 8. I.R._(WK)_12_28-29 (511).

überraschender Vorstöße des Gegners. Jeder einzelne Mann muss ohne Besinnen genau wissen, was er zu tun hat, sobald alarmiert wird.

Erneute Aufmerksamkeit ist nicht nur dem Vorhandensein, sondern auch der Lagerung der Munition und sämtlicher Nahkampfmittel zuzuwenden. Unablässig müssen hierfür nicht nur die Laufgraben-Offiziere, sondern alle Zug- u. Kompanieführer bemüht sein.

Wo die Munition, Zug- und Kompaniereserven lagern, muss jedermann des betreffenden Abschnittes bekannt sein. Dringt der Feind an irgendeiner Stelle im Abschnitt des Regiments ein, so gehen sofort die in Unterständen und Stollen seitwärts und rückwärts befindlichen Gruppen und Züge zum Gegenangriff vor. (Verbindung aufnehmen mit den Nebenabschnitten. Hinter Abschnitt 13 eine Kompagnie des 4. I.R. als Regimentsreserve). Rollangriff von der Flanke wird fast immer von Erfolg sein.[338]

Sodann werden Signalmittel behandelt und es wird darauf hingewiesen, dass eingeschossene Gräben und Hindernisse unverzüglich wiederhergestellt werden müssen.

Ein weiteres Beispiel für taktische Anweisungen ist in dem Brigadebefehl Nummer 1538 über Gefechtstätigkeit vom 09.06.1916 an die beiden Infanterieregimenter 4 und 8 zu sehen, der bis zu den Kompanien verteilt werden sollte. Die taktischen Anweisungen sind in Form einer Belobigung für das gewonnene Gefecht am 22.05., das im Kapitel 3.4.7 „Artillerieduelle und Angriffe" noch behandelt werden wird, gehalten.

> Aus den mir vorgelegten Gefechtsberichten über das Gefecht am 22.5.1916 im Bois Chevaliers möchte ich folgende Erfahrungen zur Kenntnis der Truppe bringen:
>
> 1. Das Zusammenwirken von Inftr. und Artl. war sehr gut. Die Inftr. erhielt rechtzeitige kräftige und erfolgreiche Unterstützung durch unser Artl.-Feuer. Die eingeführten Lichtsignale wurden rückwärts schnell aufgenommen, so dass das Versagen von Fernsprechverbindungen ohne Nachteil blieb. Sehr wesentlich wurde das Zusammenwirken beider Waffen durch die Beobachtungen und Meldungen der Inftr. aus nicht angegriffenen Nebenabschnitten und durch die Tätigkeit seitlicher Artl.-Beobachter unterstützt.
>
> 2. An den Ausbau der Stollen müssen die strengsten Anforderungen gestellt werden (s. Div.-Bef. v. 26.5. Nr. 4921). Verbesserungen sind ständig vorzunehmen. Vor jedem Stolleneingang muss der Graben entsprechend erweitert werden, um die Verschüttungsgefahr zu verringern und das Herauskommen der Mannschaften zu erleichtern.
>
> 3. Die Abwehr des feindl. Inftr.-Angriffes wird umso weniger Verluste kosten, je rascher die Besatzung dem Feind im Handgemenge entgegentritt. Außer den Beobachtungsposten in den vorhandenen Beobachtungs- usw. Ständen müssen an jedem Stolleneingang Posten darauf lauern, ob Feind in die Stellung eindringt.
>
> 4. Meldedienst und Befehlsübermittlung durch einzelne schneidige Leute wird immer notwendig werden. Zwischen Vorderteillinie und Abschnitts-Befehlsstelle müssen Zwischenposten eingerichtet und den Leuten bekannt sein.
>
> Den am Kampfe beteiligten Offizieren und Mannschaften der Brigade spreche ich meine volle Anerkennung aus. Der Verlauf des 22. Mai hat auch bei uns den Beweis erbracht, dass französische Angriffskraft an deutschem Widerstand zerschellt. gez. v. Riedl.[339]

Diese taktischen Befehle drücken mitunter Selbstverständlichkeiten aus, und es ist verwunderlich, dass solche Hinweise noch nach einem Jahr in der gleichen Stellung ergehen müssen. Aber dieser „Stellungskrieg" immer an der gleichen Stelle, mit zu- und abnehmenden Artillerie-Angriffen, barg natürlich die Gefahr, in nachlässige Routine zu verfallen. Außerdem stießen immer wieder neu ausgebildete Soldaten zur Fronttruppe.

---

[338] KA: 8. I.R._(WK)_12_28-29 (511).
[339] KA: 8. I.R._(WK)_18_06 (511).

3.4.7 Artillerie-Einsatz und Angriffe

3.4.7.1 Artillerie-Einsatz im Stellungskrieg auf den Maashöhen

Auch im Stellungskrieg war die Artillerie eine wichtige Waffe. Normalerweise wird die Artillerie zur Angriffsvorbereitung, Angriffsbegleitung oder Abwehr eines gegnerischen Angriffs verwandt. Im Stellungskrieg wird die Artillerie eingesetzt, um gegnerische Stellungsbauten zu zerstören, den Gegner zu beunruhigen oder durch zeitweisen Einsatz zu dokumentieren, dass die Stellung noch besetzt ist.

Die Artillerie, die Ldstm. Karl Didion erlebte, soll unter verschiedenen Aspekten betrachtet werden: Feuerüberfälle, Wirkungsschießen, Artillerieduelle, Artillerie-Einsatz zur Verlangsamung und zur Zerstörung von Stellungsbauten, zur Begleitung von Sprengungen, als Zeichen der Stellungspräsenz, Verschleierungsschießen. Es soll dabei auch der angerichtete Schaden bei Feind- und eigenen Stellungen durch Artillerie-Einsatz betrachtet werden.

Vor Verdun wurde die Artillerie sehr schnell zur beherrschenden Waffe. Sie ermöglichte oder blockierte die infanteristischen Unternehmungen auf beiden Fronten. Die Zahl der eingesetzten Geschütze[340], ihre Schussweiten, ihre Kaliber und die Dichte des Feuers bestimmten alle Phasen eines Angriffs.

Während des Stellungskrieges reagierte man auf die Steigerung der Artilleriewirkung mit noch tiefer ausgebauten Unterständen und Schützengräben. Deren wirksamere Bekämpfung führte wiederum zu einer Verbesserung der Geschütze und zur Einführung eines neuen Schießverfahrens: der Feuerwalze, der Ldstm. Karl Didion in Form der desaströsen Nivelle'schen Feuerwalze „barrage roulant" am 15./16.12.1916 vor Verdun begegnete.

Die Soldaten waren ständig vom Artilleriefeuer bedroht. Jederzeit bestand die Gefahr, ob in Erdlöchern oder Gräben, Bereitschafts- oder Ruhequartieren, von Granaten oder Schrapnells verstümmelt oder zerrissen zu werden. Auf deutscher und französischer Seite wurden im Durchschnitt 70 % der oft grausamen Verstümmelungen durch Artilleriegeschosse hervorgerufen!

---

[340] Zu den verschiedenen Artillerie-Waffen: Eine Feldkanone ist eine Kanonenart der Artillerie. Die Feldkanone feuert im Gegensatz zum Mörser oder zur Haubitze nur in der unteren Winkelgruppe und ist daher ein sogenanntes Flachbahngeschütz. Der Begriff Mörser bezeichnet ein Steilfeuergeschütz mit kurzem Rohr. Anders als bei Haubitzen ist ihr Einsatz im Flachfeuer in der Regel nicht vorgesehen. Mörser gehören häufig zur organischen Ausrüstung von Verbänden der Kampftruppen, werden zum Teil aber auch bei Artillerie und Marine eingesetzt. Im deutschen Sprachraum sind für die zur unmittelbaren Kampfunterstützung dienenden Waffen auch die Bezeichnungen Granatwerfer und Minenwerfer üblich. Als Haubitzen werden seit dem 19. Jahrhundert Mehrzweckgeschütze der Artillerie bezeichnet, die sowohl in der oberen als auch in der unteren Winkelgruppe schießen können und sich dadurch von den Feldkanonen und Mörsern klar abgrenzen. Es ist ihnen daher möglich, sowohl sichtbare Ziele im direkten Richten mit Flachfeuer als auch Ziele hinter Deckungen mit indirektem Steilfeuer zu bekämpfen – was allerdings auf größere Entfernungen auch mit Feldkanonen möglich ist.

Aus den Quellen ist nicht eindeutig ersichtlich, welche Artilleriewaffen auf beiden Seiten einge-setzt wurden, nur das Kaliber der abgeschossenen feindlichen Artilleriegeschosse und Minen wird in den einzelnen Meldungen genannt. Auf deutscher Seite wird die etatmäßige Waffenaus-rüstung der genannten Artillerie-Einheiten angenommen werden können. Für die deutsche Seite werden 7,7-cm- (Abbildung 67), 10,5-cm-, 15-cm-Granaten, für die französische Seite am häu-figsten die Kaliber 7,5 cm, 9 cm, 10 cm, 15 cm und 22 cm genannt.

Eine wegen des hohen zahlenmäßigen Einsatzes herausragende Rolle spielten die französiche Feldkanone 7,5 cm, genannt die „glorieuse", und die deutsche 7,7-cm-Feldkanone „Sieben-Sieben", die hier kurz gegenübergestellt werden. Dabei wird einer unveröffentlichten Darstel-lung des Deutschen Artillerie-Archivs gefolgt.[341]

Beide Waffen ungefähr gleichen Kalibers spielten in ihren Armeen jeweils eine große Rolle. In einem Bewegungskrieg war die deutsche Feldkanone gegenüber der französischen im Vorteil. Solange man sich im Vormarsch befand, war die deutsche Feldkanone aufgrund ihres mit nur 914-1.020 kg geringeren Gewichts und der daraus resultierenden besseren Beweglichkeit der 1.140 kg Gefechtsgewicht schweren französischen Canon de 75 grundsätzlich überlegen. Die schwerer zu bewegende französische Feldkanone verzögerte die Beweglichkeit und Reaktionsfä-higkeit des Feldheeres und hatte somit einen bedeutenden Anteil daran, dass die Franzosen dort, wo sie zu Beginn des Krieges angriffen, kaum Erfolge hatten.

Im Stellungskrieg war die Lage anders. Die größere Schussweite der französischen Feldkanone wurde in dieser Form des Krieges zum größten Vorteil, weil man den Gegner unter Artilleriefeu-er nehmen konnte, ohne sein Gegenfeuer befürchten zu müssen, und nur schwer durch Augenbe-obachtung aufzuklären war.

Das französische 7,5-cm-Geschütz feuerte nämlich 6.800 m weit, später 9.100 m, die deutsche Feldkanone 96 n. A. zunächst nur 5.500 m, später 7.800 m weit. Für den im Bewegungskrieg üblichen direkten Feuerkampf auf Ziele in Sichtweite reichten diese 5.500 m zunächst aus, weil eben auch die Zielaufklärung durch Augenbeobachtung aufgrund der Leistungsgrenzen des menschlichen Auges auf ca. 5.000 m begrenzt ist. Die Canon de 75 hatte eine größere Schuss-weite, weil diese Waffe nicht nur für den direkten Feuerkampf konzipiert war, sondern auch für einen Feuerkampf im indirekten Richten dienen sollte. In dieser Form des Feuerkampfes war die französische Feld-Artillerie der deutschen Feld-Artillerie technisch und taktisch voraus, d. h. im Ergebnis überlegen.

Festzustellen bleibt auch, dass die deutsche Feldkanone unter der strategischen Fehleinschätzung

---

[341] Müller, Artillerievergleich 2017.

eines Nur-Bewegungskrieges und der technischen Fehleinschätzung der Ablehnung der Rohr-rücklaufbremse litt, die auch die beste Waffe nicht ausgleichen kann. Ironischerweise war der lange Rohrrücklauf in Deutschland erfunden, hier aber ignoriert worden, und somit ein mögli-cher historischer Vorteil leichtfertig vertan worden.

Mit der Einführung der deutschen Feldkanone 16 n. A. konnten die Deutschen mit der Canon de 75 hinsichtlich der Leistungsparameter gleichziehen.

Aber aus diesem Vergleich zweier Artilleriewaffen kann nicht auf die Artillerie der beiden Heere als ganze Einheit geschlossen werden. Hier spielt der Mix aller Artilleriewaffen mit ihren unter-schiedlichen Kalibern, Feuerkraft und Schussweite eine wesentliche Rolle.

Abbildung 67: Feldkanone 7.7 cm 16 n. A.[342]

3.4.7.1.1   Artillerie-Feuerüberfälle

Zunächst sollen Artillerie-Feuerüberfälle in den Blick genommen werden, da sie bereits einige der zu betrachtenden Aspekte abdecken.

Nach dem Kriegstagebuch des II/8 setzte am 21.11.1915[343] ein mittlerer Minenwerfer um 1:00 nachmittags nach erfolgter Sprengung des der Sappe 73a gegenüberliegenden französischen Mi-nier-Stollens durch das 8. I.R. mit halbstündigem Wirkungsfeuer auf den neu entstandenen

---

[342] Bundesarchiv Bild 102-1194.
[343] KA: 8. I.R._(WK)_6_130 (1554).

Trichter und den Raum zwischen diesem und den französischen Stellungen ein (Abbildung 44).

Leichte und schwere Feldhaubitzen verschleierten durch langsames Feuer die Abschüsse des Minenwerfers. Um 1:30 Uhr Beendigung des Minen- und Artilleriefeuers. Munitionsverbrauch: 10 mittlere Minen, leichte Feldgranaten 40, schwere Feldgranaten 10 Schuss, die Franzosen verhielten sich vorerst ganz untätig.[344]

Dann reagierte der Franzose:

1:44 Uhr bis 2:35 Nachm. französisches Trommelfeuer (Artillerie und Minen auf allen Abschnitten, am stärksten auf 11 und 12) Batterie Knauer erwidert mit Feuer 2:05.

3:15 bis 4:00 Nachm. 2. Trommelfeuer

3:35 Feuerüberfall unsere Artillerie mit Mörsern, schwere und leichte F.[eld] H.[aubitze] auf 76, 78, 81 und 83.

5:00 Uhr bis 5:30 Nachm. 3. französisches Trommelfeuer – schwere Feldhaubitzen erwidern das Feuer.[345]

Im Folgenden werden dann der ungefähre französische Munitionsaufwand und der verursachte Schaden aufgeführt:

Abschn. 7: 70 Feldgranaten, hauptsächlich zwischen 1. und 2. Linie, kein Schaden, keine Verluste

Abschn. 8: 20 Feldgranaten hinter die 2. Linie, kein Schaden, keine Verluste

Abschn. 9: 20 Feldschrapnell[346]-Aufschlag, keine besonderen Schäden, keine Verluste

Abschn. 10: 300 Feldgranaten, 50 Minen von Punkt 67, geringe Beschädigungen, keine Verluste

Abschn. 11: 1000 Feldgranaten und Minen, Unterschied nicht möglich. Vord. Linie, mittl. u. links

Laufgraben an mehreren Stellen zugeschüttet, ein im Bau befindl. Inf. Beton Unterstand zertrümmert, betonierter MG Stand unversehrt. Verluste: 1 Mann tot, 1 Vzfw. leicht verwundet.

Abschn. 12: 1000 Feldgranaten und Minen; Unterschied nicht möglich. Alter franz. Graben zwischen Sappe 73 und 73c verschüttet. Hauptverteidigungs-Linie an vielen Stellen durch Erdrutsch, herabgefallene Faschinen usw. ungangbar gemacht, Verbindungs-Gräben zur 2. Linie bleiben gangbar. Verluste: 2 Mann tot, 2 Mann schwer, 4 Mann leicht verwundet.[347]

Dieser Artillerie-Vorfall kann wie folgt analysiert werden: Sprengungen wurden häufig durch Artillerie begleitet. Damit sollte der Wiederaufbau der beschädigten Stellungen durch den Feind hinausgezögert werden. Dabei wurden die gefährlichen Minenangriffe durch die Artillerie „verschleiert". Nach solch einer durch Artillerie begleiteten Sprengung erfolgte meist nach einer Weile eine Reaktion durch feindliche Minenangriffe und Artillerie-Einsatz. Dies zog wiederum Stellungsschäden in den eigenen Linien und Verluste bei den eigenen Soldaten nach sich. Darauf reagierte wieder die eigene Artillerie, bis nach einiger Zeit das Duell abflaute.

Ein weiteres Beispiel für einen feindlichen Artillerie-Feuerüberfall: Am 24.02.1916, als die 2./8, mit Ldstm. Karl Didion, Kompanie-Führer Hauptmann Grau im Abschnitt 8 in Stellung war,

---

[344] KA: 8. I.R._(WK)_ 6_130 (1554).
[345] KA: 8. I.R._(WK)_ 6_131 (1554).
[346] Ein Schrapnell, auch Granatkartätsche genannt, ist eine Artilleriegranate, die mit Metallkugeln gefüllt ist. Diese werden kurz vor dem Ziel durch eine Treibladung nach vorn ausgestoßen und dem Ziel entgegengeschleudert; URL: https://de.wikipedia.org/wiki/Schrapnell, 17.02.2016.
[347] KA: 8. I.R._(WK)_ 6_131 (1554).

wurden mehrere französische Feuerüberfälle gemeldet.[348] Diese Meldung macht deutlich, wie stark der Stellungskrieg durch das feindliche Artillerie-Feuer geprägt war. Der Artillerie-Beschuss belegte in zermürbender Weise nicht nur die vorderste Linie, sondern das ganze Stellungsfeld, und reichte oft bis zu den Ruhequartieren, die 8-10 km hinter der Front angelegt waren.

Im Laufe des Vormittags mehrere schwere Minen auf linkem Flügel und Mitte des Abschnitts 11. 2 Minen Volltreffer zerstörten am linken Beobachtungsvorstand im Abschnitt 11 die Rückenwehr. 11:30 Vorm. und 2:15 Nachm. je 8 Schuss aus Richtung Troyon (15 cm)[349] auf den linken Flügel der 2. Linie im Abschnitt 12. Eine Mine traf den Betonunterstand des MG 12 ohne irgendeinen Schaden anzurichten.

3:45 Nachm. erneuter Feuerüberfall in gleicher Stärke auf Abschnitt 12. Ab 3:45 Nachm. etwa alle 5 min 1 Schuss aus Richtung Troyon (15 cm) vor den Aschauer-Stützpunkt, angefangen gegen den Feldküchenplatz. Etwa 20 15 cm Granaten auf den Rücker-Stützpunkt.

5-5:10 Nachm. 11 mittlere Granaten aus Richtung Vaux auf den rechten Teil im Abschnitt 7, ebenso 11:40 bis 11:45 Abds.

4:40 Abds. 20 Feldgranaten aus westl. Richtung auf 2. Linie im Abschn. 9. Im Laufe des Nachmittags 2 15 cm Granaten auf Abschn. 10. 4:10 Abds. etwa 20 Feldgranaten, 5:10 Abds. 10 leichte Schrappnells aus nordwestl. Richtung. Vereinzeltes Klopfen vor Stollen 73 in etwa 25 m Entfernung.

Witterung: sehr schön, kalt. Verpflegung aus Magazin. Gesundheitszustand gut.

Verluste: 1 Mann 5./8 durch Unvorsichtigkeit eines Anderen (Pistolenschuss).[350]

Ldstm. Karl Didion im Abschnitt 8 hatte bei diesem Feuerüberfall Glück, es wurden die Nachbarabschnitte 7 und 9 getroffen. Ein anderes Beispiel der vielen französischen Feuerüberfälle wird vom I/8 am 01.03.1916 geschildert:

Ereignisse in der Stellung

Tätigkeit der feindlichen Artillerie:

Abschnitt 7:	06:00-8:00 V.	18 Granaten 9 cm aus Höhe westl. Vaux
	11:00-11:15 V.	21 ,,
	am Abend u. in der Nacht 135	,,
Abschnitt 9	4:00-5:00 V.	40 Granaten mittl. Kal. aus S. W. Graben an zwei
	Stellen eingeschossen	
Abschnitt 10:	Tags über im ganzen ca. 25 leichte und mittl. Granaten aus Richtung N. W. u. W. 3:00-5:00 Nachm. 8 Überfälle auf mittl. Kal. aus S. W. 5:00-6:30 Nachm. 6 Überfälle Feldgranaten aus W. im ganzen ca. 200 Schuss.	
Abschnitt 12:	Tags über: 37 leichte und mittl. Granaten aus W. 17 leichte Minen – 53 Handgranaten (frz. Graben). Nachts: 17 fällt Granaten aus W., 11 leichte Minen auf 1. und 2. Linie. 9 Handgranaten. [...]	

Eigene Minenwerfer haben von 4:00 bis 6:30 N. 49 mittlere und 40 kurze schwere Minen auf Trichter und Umgebung geworfen. In der Befehlsstelle wird an einem letzte Woche begonnenen Stollen im Tag- u. Nachtschicht weitergearbeitet.

Verluste: 1 Mann der 6/8 leicht verw., Artl. beim Essen holen am Küchenplatz.[351]

---

[348] KA: 8. I.R._(WK)_7_25 (1554).
[349] Touzin/Vauvillier, L'artillerie de campagne. S. 19.
[350] KA: 8. I.R._(WK)_7_25 (1554).
[351] KA: 8. I.R._(WK)_6_17-18 (1554).

Die feindlichen Artillerie-Einsätze werden akribisch aufgezeichnet, um die feindlichen Artillerie-Stellungen auszumachen, diese dann bekämpfen und aus der Art des Artillerie-Einsatzes Feindabsichten erkennen zu können. Die festgestellten feindlichen Artilleriestandorte können in Abbildung 71 erkannt werden. In der Abendmeldung[352] vom 30.03.1916 wurden so die feindlichen Artillerie-Aktivitäten für die einzelnen Kompanie-Abschnitte aufgelistet. Zwischen 6:00 und 15:00 gab es für die Abschnitte 7-12 jeweils mehrere Feuerüberfälle mit 50-70 Schuss des Kalibers 7,5 und 9,0 cm sowie kleine Minen sowohl auf die 1. als auch auf die 2. und 3. Linie. Den heftigsten Beschuss hatte der von der französischen Linie in nur 40-50 m Entfernung befindliche Abschnitt 12 zu erleiden.

6.30-8.00 Vorm.	40 Granaten 7,5 auf 2. Linie aus Palameix, 6 Gewehrgranaten
10.30	4 kleine Minen
3.00-4.00 Nachm.	250 Schuss 7,5 [cm][353] 2. und 1. Linie
seit 3.50	Fernsprecher unterbrochen
1 Mann verwundet durch Splitter.[354]	

250 Schuss in einer Stunde bedeutet eine Kadenz von 4 Schuss pro Minute, das ist fast ein Trommelfeuer. Staunenswert ist, dass es gerade in diesem am heftigsten betroffenen Abschnitt nur einen Verwundeten gab. Im Abschnitt 7 gab es einen Schwerverwundeten und im Abschnitt 11 einen Leichtverwundeten, die Abschnitte 8, 9 und 10 erlitten gar keine Verluste. Diese relativ kleine Verlustzahl spricht für einen guten Stellungsbau.

In der Morgenmeldung des nächsten Tages[355] wird von einem ähnlichen Artillerie-Beschuss auf diese Abschnitte mit nur einem Leichtverwundeten berichtet, allerdings mit der Hinzufügung, dass der Schwerverwundete seinen Verletzungen erlegen sei. Dieses Mal waren die 3. Linie und das Lager das Hauptziel des feindlichen Beschusses: Zwischen 6.00 und 7.30 fielen 930 Schuss, darunter 150 Granaten des Kalibers 15,5 cm. Das bedeutet, dass während dieser Zeit pro Minute mehr als 10 Schüsse fielen. Man hatte offensichtlich die Position des Lagers ausgemacht und wollte es durch das Artillerie-Feuer zerstören. Über Verluste im Lager wird nichts berichtet.

Ein besonders starker feindlicher Feuerüberfall wurde im Kriegstagebuch des I/8 festgehalten. Um Mitternacht des 03.03.1916, so heißt es, schlugen 25 9-cm-Granaten[356] aus Richtung Vaux, gegen 2:30 morgens 18 Granaten, gegen 4:30 11 und gegen 6:00 45 Granaten in dem Abschnitt 7 ein, gegen 9:00 weitere 15. Am Nachmittag um 2:05 waren es 18 und um 2:50 15 Granaten. Dann wurde diese Stellung aus Richtung Notre Dame mit 9- und 7,5-cm-Granaten eingedeckt, zwischen 4:00 und 6:00 30, und kurz vor 10:00 Uhr gingen schließlich wieder 30 Granaten auf

---

[352] KA: 8. I.R._(WK)_2_11 (414); Abbildung 7, Anhang 3.
[353] Eine frz. 7,5-cm-Kanone ist abgebildet in Touzin/Vauvillier, L'artillerie de campagne. S. 47.
[354] KA: 8. I.R._(WK)_2_11 (414).
[355] KA: 8. I.R._(WK)_2_12 (414).
[356] Touzin/Vauvillier, L'artillerie de campagne. S. 26.

den Abschnitt 7 des Regiments nieder. Dies war wohl im März täglich so, das Wetter wurde als schön bezeichnet, was wohl diese Artillerie-Tätigkeit begünstigte. Die zeitliche Verteilung der Artillerie-Tätigkeit weist wohl darauf hin, dass man den Gegner nicht zur Ruhe kommen lassen wollte. Dieser dauernde Granat-Beschuss forderte natürlich auch immer wieder Opfer, obwohl auf den Bau schützender Stellungen großer Wert gelegt wurde. Als Verluste wurden am 04.03. gemeldet: „1 Mann der 7. Komp. leicht, 1 Mann der 4. Komp. schwer verwundet beim Gang zur Feldküche."

3. März 1916, Freitag

Ereignisse in der Stellung.

A. Tätigkeit der fdl. Artl. etc.

Abschn. 7:	12:00-12:30	Nachts	25 Granaten 9 cm aus Richtung		Vaux
	1:15		2	,,	Notre Dame
	2:50-2:55		18	,,	Vaux
	4:00- 5:30	Vorm.	11	,,	,,
	5:45- 6:00		45	,,	,,
	7:45		15	,,	,,
	2:05	Nachm.	18	,,	,,
	2:50		15	,,	,,
	3:20- 3:35		30	9 u. 7,5	Notre Dame
	u. Vaux				
	4:00- 6:00		30	,,	,,
	9:55- 10:00		30	,,	,,

Abschn. 8:	Vorm.	8 Feldgranaten aus SW.		
Abschn. 9:	8:00 V[orm]. u. 3:00 N[achm] je	10	,,	(Bausch Gr.)
	5:00	8	,,	(2. Linie)

Abschn. 10:	12:30 u. 1:00 Nachts	je	4 Feldgranaten aus NW.
	12:15 u. 3:00 N.	je	15 Feldgranaten u. mittlere Gran[aten] aus NW
	u. W.		
	4:00, 4:40, 4:50, 5:20 N.		16 ,,
	10:00- 10:15		10-15 ,,
	10:15- 10:35		alle 2 Min[uten] 1''
	10:20		16 Feldgranaten aus W

Abschn. 11:	während des Nachm.	50 Feldgranaten aus NW.
Abschn. 12:	während des Nachm.	22 Feldgranaten aus W
	während der Nacht	150 leichte u. mittlere Gran. W
	,,	11 Handgranaten
Rücker-Stützpkt:	während des Tages	40 Feldgranaten aus W.
	während der Nacht	60 Feldgranaten aus W.
Stichgraben:	während des Tages	30 Feldgranaten aus W.
	während der Nacht	20 Feldgranaten aus W.
Aschauer-Stpkt:	während des Tages	30 Feldgranaten aus W.
	während der Nacht	60 Feldgranaten aus W.
Lager u. Umgbg:	während des Tages	10 Gran. 10 cm. aus W.
	während der Nacht	10 Gran. 10 cm. aus W.

Hautes Ornières wurde 7:00 Nachm. aus WNW beschossen. Auf den Rgts.-Abschnitt fielen heute 855 Granaten.[357]

---

[357] KA: 8. I.R._(WK)_6_23-24 (1554).

Das bedeutete, dass öfter als alle 2 Minuten eine Granate der Kaliber 7,5 cm, 9 cm (Abbildung 68) oder eine Feldgranate einschlug.

Abbildung 68: Französisches 9-cm- und 7,5-cm-Artilleriegeschütz[358]

Ein weiterer feindlicher Artillerie-Feuerüberfall fand am 03.03.1916 nachmittags statt.[359] Das Kriegstagebuch des I/8 hält fest, dass bei Abschnitt 7 um Mitternacht des 03.03. 25 9-cm-Granaten aus Richtung Vaux, gegen 2:50 morgens 18 Granaten, gegen 4:00-5:30 11 und gegen 5:45-6:00 45 Granaten in dem Abschnitt 7 einschlugen, um 7:45 weitere 15. Am Nachmittag um 2:05 waren es 18 und um 2:50 15 Granaten. Dann wurde diese Stellung aus Richtung Notre Dame mit 9- und 7,5-cm-Granaten eingedeckt, zwischen 4:00 und 6:00 fielen 30 und kurz vor 10:00 schließlich wieder 30 Granaten auf diesen Abschnitt des Regiments. Auf Abschnitt 8, in dem Ldstm. Karl Didion lag, gingen am Vormittag 8 Feldgranaten aus SW-Richtung nieder. Die feindliche Artillerie belegte außerdem die Abschnitte 10, 11, 12, den Rücker-Stützpunkt, den Stichgraben, den Aschauer-Stützpunkt, das Lager und die Umgebung am 03.03. mit insgesamt 855 Granaten. Erstaunlicherweise wurden auch nach diesem schweren Artillerie-Beschuss keine Verluste verzeichnet.

Der feindliche Artillerie-Beschuss auf die Abschnitte 7-12 hielt am 04.03. an. Es gingen wieder 521 Geschosse verschiedener Kaliber auf das II/8 nieder, davon alleine 110 mittlere Granaten auf den Abschnitt 12. Auf das ganze 8. I.R. fielen am 04.03. wieder 831 Granaten. Es wurde noch bemerkt, dass die eigene Artillerie in letzter Zeit auch auf Anforderung äußerst zurückhaltend agiere. Ob dies auf Munitionsmangel zurückzuführen sei, wurde nicht vermerkt.[360]

Am 05.03.[361] war ein äußerst heftiger Artillerie-Beschuss, über 1.000 Granaten gingen auf den Regiments-Abschnitt nieder. Aus der Verlustanzeige des Tages kann geschlossen werden, dass die 2./8 des Ldstm. Karl Didion wieder im Abschnitt 8 kämpfte. Auf diesen Abschnitt gingen

---

[358] Touzin/Vauvillier, L'artillerie de campagne. S. 46.
[359] KA: 8. I.R._(WK)_6_23. (1554).
[360] KA: 8. I.R._(WK)_6_25-26 (1554).
[361] KA: 8. I.R._(WK)_6_26-27 (1554).

zwischen 6:00 und 7:00 abends 32 9-cm-Granaten aus NW auf den rechten Flügel und den Bach nieder.

Der Verbindungsgraben zwischen Abschnitt 9 und 10 wurde verschüttet, bei Abschnitt 11 fiel alle Minute 1 Schuss auf den linken Laufgraben. Besonders stark lag das Feuer wieder auf Abschnitt 12: vormittags 67 leichte und mittlere Granaten aus Westen, 10:15 10 Feldgranaten aus NW, 12:10 15 Feldgranaten und 3:00 nachmittags 8 Feldgranaten aus NW. 3:45 bis 6:00 8 Überfälle mit 170 Granaten; [Kaliber] 7,5 aus Nordwesten, [Kaliber] 10,5 aus Westen. 6:20 25 Feldgranaten aus NW. Am Nachmittag 20 Gewehrgranaten, 3 Minen, 7 Handgranaten.

Es wurden im Abschnitt 12 wieder in der Entfernung von 25-30 m Minier-Geräusche gehört. Die eigenen mittleren Minenwerfer schossen 25 Minen auf die 2. Linie der französischen Gräben zwischen Trichter und Hautes Ornière, die eigene Artillerie habe nur etwas mitgewirkt.

Als Verluste wurden vermerkt, dass durch Volltreffer in Sappe 55a ein Kompaniekamerad des Ldstm. Karl Didion (2./8) durch Artillerie tödlich getroffen wurde. Aus dieser Verlustanzeige mit der Stellungsangabe Sappe 55 kann geschlossen werden, dass die 2./8 wieder im Abschnitt 8 eingesetzt war.

Auch am 06.03.1916 war im Kriegstagebuch des I/8 ein weiterer französischer Feuerüberfall verzeichnet:

Tätigkeit der feindl. Artillerie etc.

Abschnitt 7:	4:35 V.	25 Granaten 9 cm aus Palameix auf Mitte u. r. Flügel.		
	12:00-1:00 N.	7	„	
	1:00-1:30 N.	14	„	
	2:10-2:15 N.	7	„	
	6:00-7:00 N.	17	„	
Abschnitt 8:	2:40-2:35 N.	35 Granaten mittl. Kal.	„	
	7:00 Abds.	9 Granaten mittl. Kal.	aus W. N. W. 1. u. 2. Linie	
Abschnitt 10:	12:00-2:30 N.	50 Feldgranaten aus Palameix auf 1. u. 2. Linie		
Abschnitt 11:	2:50 V.	4	„	
Abschnitt 12:	1:20 V.	25	„	zwischen „
	2:00 V.	10	„	zwischen „
	4:30 V.	25	„	zwischen „
	1:10 N.	6	„	N. W.
		Vorm. ca 33 Gewehrgranaten		
		Nachm. ca 15 Gewehrgranaten		
Rücker-Stützpunkt:		5 Feldgranaten aus W.		
Aschauer-Stützpunkt:		10 „		
Lager etc.		Nachm. 60 Granaten 10 cm aus W.		
		Nachts 20 „		

Lebhafte Beschießung der Ornières zu verschiedenen Zeiten.   [...]

Verluste: 3 Mann (2 12./8, 1 8./8) im Abschn. 12 beim Minenstollen 73 l. verw. (Gewehrgranaten), 1 Mann 11./8 verw. Inf. Querschläger Fuß, 1 Mann 8./8 verw. Inf. Querschläger Durchschuß der beiden Hände.
Wetter: Vorm. Nebel, Nachm. Schnee.[362]

Für den Abschnitt 8 ist vermerkt: „2:40 bis 3:25 nachmittags 35 Granaten mittleren Kalibers aus Palameix auf Mitte und rechten Flügel, 7:00 abends 9 Granaten mittleren Kalibers aus West-nordwest 1., 2. Linie." [363] Neben den Abschnitten 10 und 11 wurde wieder besonders der Abschnitt 12 mit feindlichem Feuer belegt. Das ganze Regiment verzeichnete insgesamt 329 feindliche Granaten.

Bei diesem feindlichen artilleristischen Angriff ist bemerkenswert, dass viele Einschläge sich nachts ereigneten. Zu diesem Zeitpunkt war noch schlechtes Wetter mit Schnee angesagt und man kann sich nur schwer vorstellen, welchen Unbilden die Soldaten im Graben und in den Stollen ausgesetzt waren.

3.4.7.1.2   Wirkungsschießen der eigenen Artillerie

Ein weiterer Einsatz der Artillerie betraf das Wirkungsschießen und das Trommelfeuer: Am 28.05.1916 ist nachfolgende Meldung im Kriegstagebuch des II/8 verzeichnet:

Sondermeldung:
Wirkungsschießen unserer Minen von 2 bis 4:00 Nachm.

2 mittlere Minenwerfer	je 50 Schuss auf	78 [Abbildung 64]
2 leichte	je 30	78
dieselben	je 30	76

Beobachtung gut. Sandsackbauten von den Trichtern nach links teilweise beschädigt. Die beiden mittleren Minenwerfer wirkten ununterbrochen auf die Sandsackbauten, die beiden leichten zuerst ebendorthin, dann auf einen franz. Minenwerfer in 76 [westl. Rücker-Ecke; Abbildung 64], der unser Minenfeuer erwiderte.

Es wurden ein Luftkrepierer über der franz. Stellung und zwei Blindgänger beobachtet.[364]
gez. Goetz.[365]

Das „ununterbrochene" Wirken auf die Sandsackbauten kann man wohl als Trommelfeuer bezeichnen.

Am 29.05.1916 war wieder die Verteidigung der bekannten Trichterstellung vor Graben 12 im Blickfeld. Der Kommandeur II/8 Hauptmann Goetz[366] beantragte für 29.05.1916 2:00 nachmittags „Schießen aller Minenwerfer auf die noch übrig gebliebenen Sandsackbauten an den Trichtern bei 78, Artl. Begleitung auf 76, 77, 78 u. dahinter" (Abbildung 64).[367]

---

[362] KA: 8. I.R._(WK)_6_28 (1554).
[363] KA: 8. I.R._(WK)_6_28 (1554).
[364] KA: 8. I.R._(WK)_7_97 (1554).
[365] KA: 8. I.R._(WK)_7_97 (1554).
[366] KA: 8. I.R._(WK)_7_99 (1554).
[367] KA: 8. I.R._(WK)_7_99 (1554).

3.4.7.1.3 Artillerie-Duelle

Die folgende Meldung des II/8 vom 30.05.1916 gibt die gegenseitige Artillerie-Bekämpfung wieder:[368]

30. Mai 1916

Morgenmeldung:

Abschn. 9	9:15 Abds. 5 Feldgranaten N. W., 11:20-2.15 Nachts 11 Feldgranaten auf 1. u. 2. Linie
Abschn. 10	3:00-6:00 Nachm. 57 Feldgranaten auf 1. u. 2. Linie. 1 Mann 7./8 beim Sprengen im Stollen leicht verletzt
Abschn. 11	Unsere Artillerie- u. Minenwirkung auf die feindl. Gräben war gut. Sandsackaufbauten und Graben vielfach zerstört. Der runde eiserne Beobachtungsturm vor dem linken Flügel von 11 wurde zertrümmert.
	Ab 2:15 Nachm. 200 Feldgranaten aus N. W. u. 50 mittlere Minen.
Abschn. 12	Franz. Sandsackaufbauten am rechten Trichter etwa 10 m zerstört.
	2:30 bis 4:00 Nachm. 5 mittlere Minen.
	8:30 bis 9:45 Abds. 15 15 cm Granaten.
2. Linie	am linken Flügel auf 8 m zerstört
3. Linie:	3:40 bis 3:45 Nachm. 6 mittl. Granaten aus Richtung Troyon auf Rückerstützpunkt.
	3:20 bis 3:50 Nachm. 70 mittl. Granaten auf Aschauer-Stützpunkt.
	7:10 Abds. 24 Feldgr. auf Aschauer-Stützpunkt aus Richtung Palameix.
	8:00 Abds. 20 Feldgr. aus Richtung Palameix auf Aschauer-Stützpunkt u. 12 schwere Minen.
Lager:	8:00 Abds. bis 3:30 Vorm. 13 mittl. Granaten aus westl. Richtung.

Beobachtungen: Ab 2:00 Nachm. wirkten unsere Feldkanonen mit Gr. Bz. Artl. Beob. auf 76, 77, die leichten Feldhaubitzen wurden erneut auf 78 eingeschossen. Sandsackpackungen zum größten Teil in 78 und 77 weggeschossen. 78 ist an 2 Stellen 10 m breit eingeebnet.

Fr. Panzerturm in 78 durch Mine restlos weggeschossen.

Schwere Haubitzen auf 78 (2. Linie) dort ein Brand von 20 Min. Dauer.
gez. Goetz[369]

Alle Abschnitte des Regiments von 1. bis 3. Linie einschließlich Lager lagen vom 29. abends bis zum Nachmittag des Folgetages unter heftigem französischen Artillerie-Feuer aus Palameix und Troyon. Von deutscher Seite wurde das Feuer erwidert.

Neben gegenseitigen Stoßtruppunternehmen gab es auch immer wieder Artillerie-Duelle, so auch am 17.03.1916 nachmittags. Die Angabe der Schusszahl ist dabei ein Indiz für die Schwere des Artillerie-Beschusses, dazu Belege des II/8 für den 17.03. und den 13.05.

---

[368] KA: 8. I.R._(WK)_7_100 (1554).
[369] KA: 8. I.R._(WK)_7_100 (1554).

Am 17.03. heißt es in dem Kriegstagebuch des II/8:

Zwischen 8:00 und 9:00 Vorm. 10 9 cm Granaten aus südwestl. Richtung auf Abschnitt 9, 9:15 bis 9:30 Vorm. 55 mittlere Granaten auf und hinter Abschnitt 7, dorthin auch um 2:00 Nachm. mittlere Granaten aus Richtung Vaux.

Von 12:00 bis 3:00 Uhr Nachm. 70 Feldgranaten, 3:15, 3:25, 3:30, 3:40 Nachm. je 40-50 Feldgranaten aus westlicher Richtung auf Abschnitt 10.

Ab 12:00 Mitt[ags]. kleinere Feuerüberfälle etwa 120 Feldgranaten auf Abschnitt II.

Ab 12:00 Mitt. 390 Schuss mittleren und leichteren Kalibers auf Abschnitt 12. 47 mittlere und schwere Minen. [...]

Unsere Artillerie schoss mit allen Kalibern ab 3:00 Nachm. im ganzen 1800 Schuss auf Feind zu beiden Seiten der Ornières sowie auf die hinteren Verbindungen. Der mittlere Minenwerfer schoss 25 Minen rechts der Sprengtrichter und 25 Minen rechts und links der Ornières-Straße.

Der leichte Minenwerfer verschoss 51 Minen ebendorthin. Erfolg gut.

Ab 4:00 Nachm. noch 120 leichte Granaten aus westlicher Richtung auf Abschnitt 10 und 613 Schuss leichten, mittleren und schweren Kalibers, 7 mittlere Minen und 21 Handgranaten auf Abschnitt 12.

Oberlt. Lemm stellte den Antrag Stollen 74[b] am 18.3.16 Vorm. zu sprengen.[370]

Am 13.05.1916 wurde folgendes Artillerie-Duell in der Abendmeldung angegeben:

Abschn. 9.	09:45-10:00 Vorm. 10 Feldgranaten N. W. 10:15-11:45 Vorm. 80 Feld- u. 9 cm Granaten aus N. W.
Abschn. 10.	08:00 Vorm.-03:00 Nachm. 100 Feldgranaten N. W.
Abschn. 11.	30 Feldgranaten N. W., 50 leichte und mittl. Minen. Im Laufe des Tages von 3:00 Vorm. ab
Abschn. 12.	Von 08:00 Vorm.-12:30 Nachm. 515 Feldgranaten, 120 schwere Minen, 40 Wurfminen.
Aschauer-Stützpunkt:	Von 08:00 Vorm.-12:05 Mitt. 268 Feldgr. N. W.
Stichgraben:	10:30-12:05 Mitt. 60 Feldgranaten N. W.
Rücker-Stützpunkt:	11:30-12:00 Mitt. 50 Feldgranaten N. W.

Keine neuen Beobachtungen.

Lager-Ornières – Küchenplatz: 200 Feldgranaten N. W.

Unsere Artl. schoß von 07:30 Vorm.-01:00 Mitt. 60 2 cm Granaten, 125 15 cm Granaten, 200 10,5 cm u. 7,8 cm Granaten auf 76, 77, 78 u. 81. Feuer durchweg gut. In 78 wurde ein Unterstand durch 1 21 cm Gr. vernichtet.

Mehrere Mörservolltreffer in 76 und 77.

Miniertätigkeit: Gegenüber 73. 2:00-3:30 Uhr Nachm. und 6:00-8:30 Vorm. ununterbrochenes Klopfen. Ebenso gegenüber 73[bc.] Jetzt Ruhe. Keine neuen Beobachtungen. Keine Verluste.

55 mittlere Minen wurden verschossen auf die Ziele 76-78, Sandsackpackungen hinter den Sprengtrichtern, Werferstand in 77. 124 leichte Minen auf die Ziele 76-78, Sprengtrichter 1. Linie und Laufgräben.

Die Schüsse lagen, hauptsächlich die auf die Sandsackpackungen sehr gut.
gez. Goetz[371]

Artillerie-Duelle wurden auch sorgfältig geplant. In einem Befehl der 33. Reserve-Division vom 10.02.1916[372] wird die Planung eines solchen in den Blick genommen, das dem starken Wir-

---

[370] KA: 8. I.R._(WK)_7_42 (1554).
[371] KA: 8. I.R._(WK)_7_86-87 (1554).
[372] KA: 8. I.R._(WK)_2_06 (414).

kungsschießen der benachbarten 6. Bayerischen Infanterie-Division, das zum Schutz der Erstellung von Scheinstellungen und zur Zerstörung feindlicher Hindernisse durch Patrouillen vor den deutschen Stellungen bei Moulin de Retaincourt und Spada [auf der Straße Lamorville nach Maizey; Anm. d. Verf.] am 06.02. 8:00 vormittags eröffnet wurde, wohl folgen würde. Das Wirkungsschießen sollte die feindlichen Stellungen östlich Maizey [südwestlich von Lamorville in Richtung Maas; Anm. d. Verf.; Abbildung 32] belegen. „Gleichzeitig wird auch der Selouse-Wald [Abbildung 24 und Abbildung 32] mit Mörser-Feuer belegt."[373] Die Operationen sollten vom 12. bis 13.02.1916 dauern, wobei der Einsatz der eigenen Artillerie minutiös geplant wurde. Für den 12. und 13.02. war pro Tag eine ungefähre Schusszahl vorgegeben: „100 Mrs., 400 s. F. H., 700 l. F. H., 400 10 cm Kan., 400 9 cm Kan., 3000 Feldgranaten."[374]

Im Einzelnen heißt es:

> Am 12.2. – 8:00 vormittags – beginnt ein starkes Wirkungsschiessen auf die Abschnitte [...]. Das Schiessen ist auch am 13.2. fortzusetzen. Gleichzeitig ist der Selouser-Wald stark mit Feldartilleriefeuer zu belegen und vor die übrigen Abschnitte der Division auf besonders wichtige Punkte (Strassengabeln, Befehlsstellen, Lager, Schluchten, Beobachtungsstellen, Batterien, Annäherungswege usw.) durch 10 cm, 9 cm und Feldkanonen zu streuen. Das Artilleriefeuer muss an beiden Tagen dauernd unterhalten werden.[375]

Dieser Divisionsbefehl ist auch insoweit interessant, als er uns weitere orientierende Ortsangaben gibt. Er hatte für das 8. I.R. nur informatorischen Charakter, da es nicht direkt betroffen war. Was der eigentliche taktische Zweck dieser Maßnahme war, geht aus dem Kriegstagebuch nicht hervor. Der Selouse-Wald liegt, wie schon gezeigt, in nächster Nähe südlich der Ritterwald-Stellung. Hier hatte das 8. I.R. bereits Anfang 1915 aushilfsweise gekämpft (s. Kapitel 3.3.2).

3.4.7.1.4 Vorsorglicher Artillerie-Einsatz.

Ein Artillerie-Einsatz konnte auch vorsorglich vorgenommen werden. Die 33. Reserve-Division erließ am 25.01.1916 [376] einen sogenannten vorsorglichen Artillerie-Befehl, „falls am 27.1. seitens der Franzosen eine lebhafte Artillerie- und Minentätigkeit entwickelt wird". Dieser Befehl bezieht sich auf den Tag (bis 6:00 Uhr nachm.) und auf die Nacht (nach 6:00 Uhr nachm.) sowie auf verschiedene Ziele: Vaux-Abschnitt, Selouse bzw. auf die ganze Front. Der Munitionsverbrauch war dabei in das Ermessen des Kommandeurs der Artillerie gestellt, aber es war eine Obergrenze angegeben, was schon auf notwendige Munitionseinschränkungen hinweisen könnte. Ein taktischer Zusammenhang mit den geplanten Operationen der südlich benachbarten 6. Infanterie-Division ab 06.02.1916 kann aus den Quellen nicht erschlossen werden.

---

[373] KA: 8. I.R._(WK)_2_06 (414).
[374] KA: 8. I.R._(WK)_2_06 (414).
[375] KA: 8. I.R._(WK)_2_06 (414).
[376] KA: 8. I.R._(WK)_2_04 (414).

33. Reserve-Division   Div. St[abs]. Qu[artier]. 25.I.1916

Ia Nr. 234 geheim.

<u>Division Befehl</u>

Falls am 27. Januar seitens der Franzosen eine lebhafte Artillerie und Minentätigkeit entwickelt wird, findet eine entsprechende Erwiderung statt und zwar

<u>A. Bei Tage (bis 6:00 Uhr Nachm.)</u>

1. Auf Stichwort „Hurra" in der für den 19. I. (Ia 234 geh. v. 18.I.16) angeordneten Weise; Änderung in den festgesetzten Zeiten (d. h. den Beginn) werden wie durch den Befehl vom 19. 1. (Ia Nr. 234 geheim.) bekannt gegeben. Ausschließlich Vaux-Abschnitt.

2. Auf Stichwort „Wilhelm" dasselbe Schießen wie am 11.1.2016 (ausschließlich Nachbardivisionen). Hauptsächlich Vaux u. Selouse aber auch Bois des Chevaliers.

3. Auf Stichwort „König" wie auf Stichwort „Division" bei Sperrfeuer (ohne Nachbardivisionen); Feld Artillerie in unregelmäßigen Feuerwellen, Fußartillerie als ruhiges Wirkungsschiessen. Ganze Front

<u>B. Bei Nacht (von 6:00 Uhr Nachm.)</u>

1. Auf Stichwort „König" wie auf „Division" bei Sperrfeuer (ohne Nachbardivisionen). Ganze Front.

2. Auf Stichwort „Franzmann" Schießen auf Bereitschaften und Ortschaften – ausschließlich für den Fall, dass unsere Ortschaften beschossen werden –. Ausschließlich hintere Front

<u>C.</u>

Munitionsverbrauch nach Ermessen des Kommandeurs der Artillerie, jedoch nicht über

150	Mrs.
500	s. F. H.
1000	l F H
100	10 cm Kan.
1000	Feldkanonen

<u>D.</u>

Die Minenwerfer haben sich an dem Schießen zu A. 1., 2. u. 3. nach Anordnung der Abschnitts-Kommandeure in angemessener Weise zu beteiligen.

gez. Bausch

Verteiler:

Div.	5
2 Brig.	2
4 Rgtr.	4
Kdr. d. Art.	3
Kdr. d. Pi. 1[377]	

3.4.7.1.5 Verlangsamung

Die Verlangsamung des Stellungsbaus und Zerstörung von Stellungsbauten war ein weiteres Einsatzziel der Artillerie im Stellungskrieg. So wurde am 17.11.1915 von dem I/8 folgender Antrag gestellt, um die weiteren Arbeiten des Gegners zu stören:

Zur Verlangsamung der Arbeiten vorwärts Abschnitt 12 täglich zu ungleichmäßigen Zeiten Minen- und Artilleriefeuer (bis zu 8 schweren und 16 mittleren Minen). Bei Erkennen größerer Wiederherstellungsarbeiten in den französischen Gräben größerer und gleichzeitiger Einsatz von Artillerie und Minenfeuer.[378]

---

[377] KA: 8. I.R._(WK)_2_04 (414).
[378] KA: 8. I.R._(WK)_6_124 (1554); Abbildung 10, Anhang 5.

3.4.7.1.6 Beunruhigungsfeuer

Die Artillerie wurde auch für sog. Beunruhigungsfeuer eingesetzt. Während am 03.03.1916 am Tage 855 Granaten auf den Regimentsabschnitt niedergingen, waren es am 02.06. (Abbildung 69) nur 268 Schuss (davon 54 Granaten auf Küchenplatz

Abbildung 69: 02.06.1916, Artillerie-Beschuss [379]

u. Lager), am 03.06. 299 (92 Granaten auf Küchenplatz u. Lager), am 04.06. 284 (55 Granaten auf Küchenplatz u. Lager), am 05.06. 270 Schuss, dann stieg der feindliche Beschuss am 06.06. weit über 300 Granaten, um in der Folgezeit bis zum Abmarsch am 15.06.1916 ganz abzuflachen. Die feindliche Artillerie beabsichtigte mit ihrem langsamen, aber stetigen Einsatz eine „Beunruhigung" der Truppe. Auch die deutsche Seite bediente sich dieses Mittels. Bei dem Gefecht vom 22.05. auf den Maashöhen, so wird im Kriegstagebuch des III/8 berichtet, gab die eigene Artillerie nach dem abgeschlagenen feindlichen Angriff ruhiges langsames Einzelfeuer auf die feindlichen Punkte 66, 67, 70, 76 und 78 (Abbildung 29[380] und Abbildung 64) ab.[381]

Es gab aber auch Tage ohne jegliche Artillerie-Tätigkeit; so war z. B. nach dem schweren Trommelfeuer der Franzosen nach der deutschen Sprengung am 21.11. vom 22.11. bis 04.12.1915 im Kriegstagebuch des I/8 keinerlei Artillerie-Beschuss verzeichnet.[382] Am 15.01.1916 hieß es: „Kein Artilleriefeuer, keine Verluste"[383]; erst am 16.01.1916 wurde wieder vermerkt:

„Ereignisse in der Stellung am 16.[01.16] Einige Feldgranaten auf Abschn. 12; kein Sachschaden, 2 Mann des 7. Kp. durch Gew.[ehr] Schuss leicht verwundet. Regenwetter."[384]

Am 15.02.1916 hieß es sogar: „Laut Regimentsbefehl gestattet die taktische Lage z. Zt. eine Erleichterung in der Besetzung des Regts. Abschn."[385]

---

[379] KA: 8. I.R._(WK)_6_64 (1554).
[380] KA: 8. I.R._(WK)_7_01 (1554) Karten.
[381] KA: 8. I.R._(WK)_2_15-20 (414); Abbildung 9, Anhang 3.
[382] KA: 8. I.R._(WK)_6_134-140 (1554).
[383] KA: 8. I.R._(WK)_6_171 (1554).
[384] KA: 8. I.R._(WK)_6_171 (1554).
[385] KA: 8. I.R._(WK)_6_02 (1554).

3.4.7.1.7 Zerstörung

Auch Zerstörungsaufträge durch die Artillerie wurden befohlen: Am 25.02. wird der Divisions-Befehl vom 24.02.1916 im Kriegstagebuch des I/8 aufgeführt. Darin heißt es: „Die gesamten Minenwerfer der M. W.[386] Komp. 233 stehen dem Abschn. d. 8. b. Inf. Brig. für die nächste Zeit zur Verfügung. Aufgaben: Niederkämpfung der feindlichen Minenwerfer im Vaux Abschnitt und im Abschnitt Chevaliers und Zerstörung der dortigen MG- und Beobachtungsstände."[387]

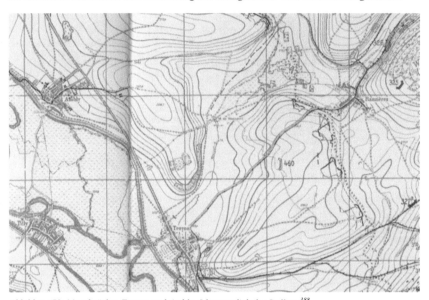

Abbildung 70: Maasbrücken Troyon und Ambly, 5 km westlich der Stellung[388]

Am 26.02. ist der Divisionsbefehl vom 25.02.1916 im Kriegstagebuch des I/8 verzeichnet, in dem die 33. Reserve-Division anordnet: „Der Kommandeur der Artillerie hat aufgrund mündlicher Weisung mit 2 10 cm Kanonen[389] die Maasbrücken bei Troyon [Abbildung 70 und s. auch Karte Abbildung 32] und Ambly dauernd unter Feuer zu halten. Die Beschießung der übrigen Brücken ist den Nachbartruppen aufgetragen. Schußzahl für 24 Stunden etwa 200 Schuß. gez. Bausch."[390]

---

[386] Minenwerfer im Ersten Weltkrieg: Die im Ersten Weltkrieg eingesetzten Minenwerfer erreichten eine Schussweite von 420 m, wobei die Streuweite lediglich 3 m betrug. Damit war die Waffe ideal, um auf relativ kurze Entfernung treffgenau Geschosse hinter Deckungen zu bringen. Dazu war eine Sprengladung von 50 kg nötig; die Munition bestand aus dünnwandigen Wurfminen. Die deutsche Armee setzte Minenwerfer zum ersten Mal am 13.08.1914 bei Lüttich ein.
[387] KA: 8. I.R._(WK)_6_07 (1554).
[388] KA: 8. I.R._(WK)_6_01 (1554) Karten.
[389] Die 10-cm-Kanone 14 war eine schwere Feldkanone, die von der Artillerie des deutschen Heeres im Ersten Weltkrieg verwendet wurde. Sie hatte eine Reichweite von 16.500 m.
[390] KA: 8. I.R._(WK)_6_08 (1554).

3.4.7.1.8 Sperrfeuer

Von außerordentlich hohem Wert war das Sperrfeuer, das bei einem gegnerischen Angriff oft das entscheidende Abwehrmittel darstellte, da es den Gegner daran hinderte, weiter vorzurücken.

So hieß es in der Morgenmeldung des 4. I.R. vom 23.05.1916:[391]

> Ab 10:00 Nachm. weniger starkes Feuer der feindl. Artl. gegen die 2. Linie der Abschnitte. Während dieses Feuers ging feindl. Infanterie in 2 Sturmwellen in einer Ausdehnung von ungefähr 2 Komp. Abschnitten gegen die Kaiser-Wilhelm-Ecke vor, Stärke der einzelnen Wellen ungefähr 120-130 Mann. Der Angriff gelang im allgemeinen nur bis vor unser Drahthindernis, wo er mit Handgranaten, Inf.- und MG-Feuer und durch das vortreffliche Sperrfeuer unserer Artillerie abgewiesen wurde. Am linken Flügel von Abschnitt 14 und am rechten Flügel von Abschnitt 15, wo unser Drahthindernis durch das feindliche Feuer sehr stark beschädigt worden ist, gelangte der Gegner mit ungefähr 10-12 Mann in unsere vordere Linie, wo sie aber in unserem Handgranatenfeuer ohne Ausnahme umkamen.

> Das feindl. Art.-Feuer war inzwischen verstummt, unsere Artillerie legte bis 11:30 Nachm. Sperrfeuer vor den Abschnitt, von diesem Zeitpunkt ab nur noch Einzelfeuer gegen die feindl. Gräben.[392]

Nach dieser Morgenmeldung wurden im deutschen Graben ungefähr 11 Tote vom französischen I.R. 166 festgestellt. Vor den Gräben sollten jedoch sehr viele Franzosen liegen, heißt es weiter, „sodass fast mit Sicherheit angenommen werden kann, dass infolge unseres Infanterie- und MG-Feuers besonders aber infolge unseres äußerst wirksamen Artilleriefeuers von den beiden Sturmwellen fast niemand zurückgekommen ist"[393].

3.4.7.1.9 Schäden

Der Artillerie-Beschuss war die hauptsächliche Ursache für die Schäden an Mensch und Material. Ein Beispiel liefert der Jahreswechsel 1915/16. Nachdem die Silvesternacht ohne Artillerie-Feuer verlaufen war[394], erfolgten am Neujahrstag 1916 von 3:30 morgens bis 4:30 nachmittags schwere Feuerüberfälle der Franzosen auf die deutsche Stellung. Das Kriegstagebuch des I/8 vermerkt:

> Unsere Artillerie erwiderte das Feuer 2:30, 3:00 und 3:15 Nachm. auf den franz. Graben und dahinter festgestellte franz. Lager.

> Gesamtzahl der franz. Granaten wird mit 2-3000 geschätzt, Gesamtzahl der schweren Minen etwa 150.

> Verursachter Schaden:

> Abschn. 10 gering, die Schüsse lagen meist zwischen 1. und 2. Linie.
> Abschn. 11 linker Teil der 1. Linie durch 5 Volltreffer stark beschädigt.
> Abschn. 12 1. Linie Laufgräben, 2. Linie an vielen Stellen stark zusammengeschossen. Die schweren Beschädigungen sind vor allem dem franz. Minenfeuer zuzuschreiben.
> Keine Verluste (zu verdanken den für die ganze Besatzung Raum bietenden Stollen).
> Wetter trüb, zeitweise Regen.[395]

---

[391] KA: 8. I.R._(WK)_2_14 (414).
[392] KA: 8. I.R._(WK)_2_14 (414).
[393] KA: 8. I.R._(WK)_2_14 (414).
[394] KA: 8. I.R._(WK)_6_160 (1554).
[395] KA: 8. I.R._(WK)_6_164 (1554).

Nach den französischen. Feuerüberfällen am 17.03.1916[396] entstanden folgende Schäden für das II/8:

> Der Abschn. 12 wurde durch das Feuer stark beschädigt. 4 Mann wurden im Stollen verschüttet, konnten aber nach 4 stündiger Arbeit gerettet werden; alle leicht verwundet, bei der Truppe.[397] Beton MG Stand 11 wurde zertrümmert, ebenso Artl. Beobachtungsstand am linken Flügel von Abschn. 12. (Eisen).[398]

Hier sind wieder die eigenen Schäden angegeben, die verursachten Schäden in der französischen Stellung werden nicht näher präzisiert, es heißt lediglich: Der Minenbeschuss hatte guten Erfolg.

Am 25.02.1916 verzeichnet das Kriegstagebuch des II/8 jedoch die verursachten Schäden auf französischer Seite:

> Unser mittlerer und großer Minenwerfer, sowie alle behälfmäßigen [sic!] Minenwerfer schossen ab 1:00 Uhr Mittag auf die franz. Gräben gegenüber Lemmgraben (gegenüber alten franz. Graben). Dauer bis 5:30 Abends.
>
> Munitionsverbrauch:
>
> | Große Minen | 24 halblang |
> |---|---|
> | Mittl. Minen | 52 |
> | Magener | 108 |
> | Ladungswerfer | 30 |
> | Mauser | 66 |
>
> Wirkung der Minen ausgezeichnet. Der feindl. Graben wurde auf einer Strecke von 80 mtr. zerstört.[399]

Am 29.02.1916 meldete das II/8: „Die durch unseren Minenwerfer zerschossenen Sandsackaufbauten wurden im Laufe der Nacht von den Franzosen teilweise wieder hergerichtet."[400] Am 28.05.1916 meldete das II/8 für den Abschnitt 11: „Ab 4:05 Nachm. 50 Feldgranaten aus N. W. 30 Minen. 10:00 Abds. einige frz. Handgranaten gegen Sappe 68. Durch das gestrige Schießen wurden die Sandsackbauten auf dem neuen Richteramt zerstört, ebenso etwa 50 m franz. Graben gegen Abschnitt elf herunter."[401]

Die Meldung des II/8 am 29.05.1916 lautete:[402]

> Minenschießen:
>
> Gestern 3:00 Nachm. bis 5:00 Abds. Schießen der 2 mittleren Minenwerfer auf die Sandsackbauten am fr. Trichter, die zum Teil zerstört wurden. Schießen der leichten Minenwerfer auf 76 u. 78 und dahinter.
>
> Unsere Feldkanonen, leichte Feldhaubitzen und schwere Haubitzen beschossen von 3:00 bis 5:00 Nachm. 77, 78 und 80. Die Sandsackpackungen wurden größtenteils zerstört. Nach der feindl. Antwort zu schließen, sind die meisten Geschütze, die kürzlich von den Franzosen für den Abschnitt verwendet wurden, weggezogen. Auch der ganz schwere franz. Minenwerfer hat nicht geschossen. gez. Goetz.[403]

---

[396] KA: 8. I.R._(WK)_7_42 (1554).
[397] D. h. keine Verlegung ins Lazarett.
[398] KA: 8. I.R._(WK)_7_42 (1554).
[399] KA: 8. I.R._(WK)_7_26 (1554).
[400] KA: 8. I.R._(WK)_7_34 (1554).
[401] KA: 8. I.R._(WK)_7_95(1554).
[402] KA: 8. I.R._(WK)_7_98 (1554).
[403] KA: 8. I.R._(WK)_7_98 (1554).

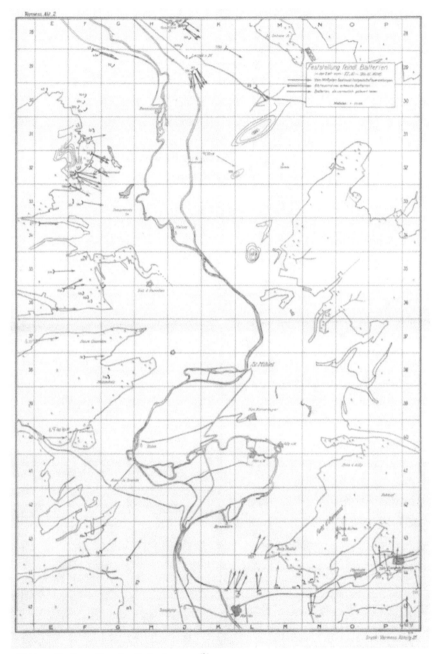

Abbildung 71: Feststellung feindlicher Batterien[404]

---

[404] KA: 8. I.R._(WK)_8_01 (1530).

Alle diese Meldungen zeigen, wie man gegenseitig versuchte, die gegnerische Stellung zu beschädigen, dabei wurden auch schwere Verwundungen und Verluste in Kauf genommen.

Der feindliche Artillerie-Beschuss wurde genau registriert, und zwar was die Schusszahl, das Kaliber und die Abschussstelle betraf. Von deutscher Seite wurden folgende feindliche Batteriestellungen ausgemacht: Vaux-lès-Palameix, Rancières[405], Batterie westlich Bois des Troyons[406], Batterie nördlich La Croix[407], aus Richtung Selouse[408], Dompcevrin, Les Paroches[409], Gouttiere, Mouilly[410] (Abbildung 71 und Abbildung 96[411]).

3.4.7.2 Angriffe während des Stellungskrieges auf den Maashöhen

Nach Betrachtung des Artillerie-Einsatzes werden nun Angriffe in den Blick genommen. Dazu soll zunächst ein Befehl zur Herstellung der Gefechtsbereitschaft dargelegt werden. Am 26.02.1916 erging solch ein Divisionsbefehl.[412] Wie das Gefecht ablief oder ob überhaupt eines stattfand, kann anhand der Quellen nicht geklärt werden. Gleichwohl ist dieser Divisionsbefehl aufschlussreich. Zunächst bestätigt er, dass die 33. Reserve-Division aus der 8. Bayerischen Infanterie-Brigade und der 66. Reserve-Infantrie-Brigade[413] bestand. Weiterhin wird deutlich, wie viel Wert auf eine Divisions-Reserve gelegt wurde. Sie bestand aus 2 bayerischen Rekrutenkompanien, der 17. Kompanie des Reserve-Infanterie-Regiments 130 (zur 66. Reserve-Infanterie-Brigade gehörig) und 6 Kompanien und Maschinen-Gewehr-Formationen der 8. Infanterie-Brigade. Diesen Reserven wurde präzise befohlen, welche Stellungen sie bei „Gefechtsbereitschaft" zu beziehen hatten. Interessant ist auch, dass 2 bayerische Rekrutenkompanien sich bei der 8. Infanterie-Brigade befanden und nicht im Rekrutendepot bei Metz. Weiterhin wurden die Aktivitäten zur Herstellung der Gefechtsbereitschaft für die Artillerie, die Kavallerie und die Pioniere festgelegt. Angesprochen wurden auch der Fernsprech-Doppelzug, die Festungs-Sanitätskompanien, die Train-Abteilungen und die Divisions-Kraftwagenkolonne. Letztere sollten unter erhöhter Marschbereitschaft zunächst in ihren Unterkunftsorten verbleiben. Das galt auch für das Feldlazarett, das Etappen-Pferdedepot 4 und die Divisions-Schlächterei.[414]

Mit diesem Divisionsbefehl zur Herstellung der Gefechtsbereitschaft wird auch die breite Struktur einer Reserve-Division im Ersten Weltkrieg deutlich.

[405] KA: 8. I.R._(WK)_6_126 (1554).
[406] KA: 8. I.R._(WK)_6_130 (1554).
[407] KA: 8. I.R._(WK)_6_130 (1554).
[408] KA: 8. I.R._(WK)_7_16 (1554).
[409] KA: 8. I.R._(WK)_7_13 (1554).
[410] KA: 8. I.R._(WK)_7_32 (1554).
[411] KA: 8. I.R._(WK)_12_3 (511) Skizze.
[412] KA: 8. I.R._(WK)_12_44-45 (511).
[413] Bayerisches Kriegsarchiv, Erinnerungsblätter 1926, S. 141.
[414] KA: 8. I.R._(WK)_12_45 (511).

33. Reserve-Division   Div. St[abs]. Qu[artier]. 26.II.1916

Divisions-Befehl.

Auf das Stichwort „Division Gefechts bereit" haben sich sämtliche Truppen sofort gefechtsbereit zu machen und folgende Anordnungen zu treffen.

1. Infanterie: In Stellung befindliche Truppen erhöhte Gefechtsbereitschaft.

a) Brigadereserven: 8. bayr. Inf.-Brigade: die 2 im Vaux-Abschnitt befindlichen Kompagnien verbleiben dort. Die 4 Kompagnien aus Lager Dompierre rücken in den Abschnitt d. 2. Stellung von der Fontaine de Baugny bis zum Stützpunkt I einschließlich 66. Res. Inf.-Brigade: Die 3 in Ruhe befindlichen Kompagnien Res. Inf. Regt. 67[415] aus c rücken in die Stützpunkte V und VI.

b) Division Reserve: die zwei bayerischen Rekruten-Kompagnien und die 17. Kompagnie Res. Inf. Regt 130 halten sich in ihren Lagern gefechtsbereit. Benachrichtigung durch die Regimenter.

Die in Ruhe befindlichen 6 Kompagnien und Masch. Gew.-Formationen der 8. Bayr. Inf.-Brig. marschieren ab und besetzen die Abschnitte der 2. Stellung vom Stützpunkt I ausschließlich bis zum Dorf Dompierre einschließlich. Unterkunft im Stützpunkt II und Lager Dompierre.

Die Division Reserve der 66. Res. Inf.-Brig. (2 Bataillone Res. Inf.-Regt. 130) rücken mit 1 Bataillon und den in Reserve befindlichen Mannschaften und Gewehren der Masch.-Gew. Kompagnie in die 2. Stellung von Dompierre ausschließlich bis zum Stützpunkt IV einschließlich, mit dem anderen Bataillon nach Deuxnods.

2. Artillerie: Batterien erhöhte Gefechtsbereitschaft, Bespannungen und Kolonnen machen sich marschbereit.

3. Kavallerie: 1./Res. Hus. Regt. 2 stellt sich in Billy zur Verfügung der Division bereit.

4. Pioniere: Die in dem Abschnitt eingesetzten Pioniere und Minenwerfer-Mannschaften verbleiben in ihren Abschnitten und stehen zur Verfügung der betreffenden Unterabschnitts-Kommandeure. Die in Deuxnods in Ruhe befindlichen Züge machen sich gefechtsbereit und stehen dort unter dem Kdr. der Pioniere zur Verfügung der Division.

5. Der Fernsprech-Doppelzug hat die Stationsbesatzungen zu verstärken und die Divisions-Befehlsstelle mit einem Kommando zu besetzen.

6. Die Fest[ungs]. Sanitärskompanien, die Trainabteilung und die Divisions-Kraftwagenkolonne verbleiben unter erhöhter Marschbereitschaft zunächst in ihren Unterkunftsarten, soweit sie nicht anderweitig bereits eingesetzt sind.

7. Das Pferdelazarett, das Etappen-Pferdedepot 4 und die Divisions-Schlächterei verbleiben in ihren Unterkunftsorten.

8. Alle nach Divisions-Befehl IIb 1564 vom 19.2.16 als vorübergehend Abkommandierten haben sich sofort bei ihrem Truppenteil einzufinden. Alle unter „dauernd abkommandiert" aufgeführten Mannschaften, die nicht dringend bei ihren Kommandostellen oder zur Bewachung und Erhaltung wichtiger Betriebe, wie z. B. Förderbahn, Sägewerk usw. erforderlich sind, sind ebenfalls sofort zu ihrem Truppenteil zu senden.

9. Die Ortskommandanten verbleiben mit verkleinerter Ortswache in ihren Ortschaften zurück.

10. Die kriegsgefangenen Russen sind in ihrem Lager zu versammeln und stehen unter Befehl des Ortskommandanten von Viéville.

11. Der Divisions-Stab verbleibt zunächst in Billy.
gez. Bausch.

---

[415] Reserve-Infanterie-Regiment Nr. 67. Unterstellt: XVI. Armee-Korps, 33. Reserve-Division, 66. Reserve-Infanterie-Brigade. Gefechtskalender: 1915: Stellungskämpfe auf den Maashöhen, Priesterwald (Vilcey sur Trey), Kämpfe bei Combres, Kämpfe bei Les Éparges; 1916: Stellungskämpfe auf den Maashöhen, Côtes Lorraines und Combres (südöstl. Verdun), Schlacht bei Verdun (Berg-, Fumin-Wald, Souville-Nase und Schlucht); Cron: Geschichte des Deutschen Heeres 1937. S. 357.

<u>Zusatz zu obigem Befehl:</u> Falls die Brigaden über ihre Reserven verfügen, hat die Rekruten-Kompagnie 4. bayr. Inf.-Regts. den Ornières-Stützpunkt, die Rekruten-Kompagnie 8. bayr. Inf.-Regts. den Stützpunkt I und die 17. Kompagnie Res. Inf. Regts. 130 den Stützpunkt III zu besetzen.[416]

Dieser Divisionsbefehl richtete sich an die Brigade- sowie Divisions-Reserve und weiter an die unterstellte Artillerie, Kavallerie, die unterstellten Pioniere, Fernsprechzüge, Festungs-Sanitätskompanien, die Train-Abteilung, die Kraftfahrkolonne und zu guter Letzt auch an das Pferdelazarett und das Etappen-Pferdedepot. Es wurde weiter befohlen, dass die kriegsgefangenen Russen[417] in ihrem Lager unter dem Befehl des Ortskommandanten von Viéville [sous les côtes] verbleiben. Der Divisions-Stab habe zunächst in Billy zu verharren, die Rekruten-Kompanien der beiden Brigaden 4 und 8 sowie das I.R. 130 haben die Stützpunkte Ornières und I und III zu besetzen.

Die 33. Reserve-Division, die südlich von Verdun im St.-Mihiel-Bogen operierte, sollte wohl für alle Fälle einen möglichen Angriff, zu dem es aber bis 1918 in größerem Ausmaß nie kam, abwehren.[418]

Diesem Divisionsbefehl folgten ein Brigadebefehl der 8. Bayerischen Infanterie-Brigade[419] und der entsprechende Regimentsbefehl[420] für das 8. b. I.R.

> 8. Inf. Brig.   26.2.1916
>
> <u>Brigade-Befehl.</u>
>
> Beim Stichwort „Division gefechtsbereit" sind die <u>Brigadebereitschaftskompen</u> an ihren Lagerplätzen zu sammeln, wenn nicht Teile in vorderer Linie in das Gefecht verwickelt werden sollten.
>
> Ihren Einsatz befiehlt der Führer im Brigade-Abschnitt; im Notfalle der Führer im Unterabschnitt 4. I.R. Befehlsübermittlung erfolgt durch die Bef. Stelle 4. I.R.
>
> Von der rechten Bereitschaftsstellung ist ein U. P. (1 Untffz. 12 Mann) an die Befestigung am Friedhof beim Vaux-Weg zu stellen.
>
> Die <u>Brigadereserve</u> stellt sich bereit:
>
> - mit 1 Komp. im Friedenstal u. am Below-Weg für die 2. Stellung von der Baugny-Quelle bis zum Ornières-Stützpunkt ausschließl. (Lager im Friedenstal mit ausnutzen.)
>
> - mit 2 Kompen. am Nordhang des Seuzey-Tales in der Nähe des Lagers der Komp. Weigel für die 2. Stellung vom Ornières-Stützpunkt einschl. bis zum Seuzey-Tal ausschließl.
>
> - u. mit 1 Komp. in der 2. Stellung vom Seuzey-Tal einschließl. bis zum Stützpkt. I einschl.
>
> Der <u>Führer</u> begibt sich zur Komp. Weigel u. meldet von dort aus durch Fernsprecher u. schriftlich die Aufstellung dem Brigadeführer.
>
> Im <u>Falle überraschenden feindl. Durchbruchs</u> ist die zweite Stellung im Abschn. Baugny-Quelle bis Stützpunkt I einschl. zu halten.

---

[416] KA: 8. I.R._(WK)_12_44-45 (511); KA: 8. I.R._(WK)_6_09-11 (1554).
[417] Möglicherweise wurden hier Kriegsgefangene entgegen der Haager Landkriegsordnung im Gefechtsgebiet zu Arbeiten herangezogen; s. Kapitel 3.4.9.
[418] KA: 8. I.R._(WK)_6_09-11 (1554).
[419] KA: 8. I.R._(WK)_6_11-12 (1554).
[420] KA: 8. I.R._(WK)_6_12-15 (1554).

Unterkunft: Die Kompen. haben hinter ihren Stellungen zu biwakieren; soweit sie nicht die in ihrem Abschn. befindlichen Stollen und Hütten ausnützen können. Auf die Stollen im Stützpunkt I ist noch die Komp. Hoffmann angewiesen.
gez. Riedl.[421]

Der ausführende Regimentsbefehl lautete:

8. bayer. Inf. Regt.   26.2.1916

Regimentsbefehl

Auf das Stichwort „Division Gefechtsbereitschaft" machen sich sämtliche Truppen der Division gefechtsbereit. Für das Regiment [...] ist in diesem Falle maßgebend:

1. die Besatzung des Regimentsabschnitts erhöht ihre Gefechtsbereitschaft.

2. Jeder Arbeitsdienst, der nicht unaufschiebbar ist, wie z. B. die Ausbesserung von Beschießungsflächen, das Vorbringen von Munition, Verpflegung und so weiter, hört auf. [...].

4. Die 4 Komp. der Brigade Res. im Lager Dompierre rücken in den Abschn. der 2. Stellung vor der Fontaine de Baugny bis zum Stützpunkt I einschließlich.

5. Die Rekrutenkompanie hält sich in ihrem Lager gefechtsbereit.

6. Die in Ruhe befindlichen Inf. Kp.en und MG Formationen marschieren ab und rücken in den Abschn. der 2. Stellung vom Stützpunkt ausschließl. bis zum Dorf Dompierre einschließlich. Unterkunft im Stützpunkt II und im Lager Dompierre. [...]

7. Die Regiments Musik rückt abteilungsweise zu den Kompagnien, auf die ihre Angehörigen für den Gefechtsfall eingeteilt sind. Die Musikinstrumente bleiben in Billy Lager. Hier bleibt der Obermusikmeister Vizef[eldwebel]. Bierwirth und Gefr. Rühe. [...]

8. [...]. Im Lager Billy bleiben außer den Angehörigen und Zugeteilten der großen Bagage u. den vorher genannten Angehörigen der Regimentsmusik zurück: 3 Mann Geschäftszimmerdienst und Bef. Empfänger des Regimentsstabes. Vzf. Rössner und 1 Kasino Ordonnanz sowie 1 Kantinen Ordonnanz nach Bestimmung des Lt. Gaus. In Billy-Ort der Kantinenbuchführer u. 1 Kantinenordonnanz.

9. Die Fernsprechtrupps sind mit den Fernsprechtornistern, Werkzeug und so weiter versehen,

a) die in Stellung befindlichen Trupps bleiben an ihren Verwendungsorten eingesetzt,

b) die Trupps der Komp.en der Div. Res. empfangen ihre Apparate und Batterien im Billy Lager bei der Regimentsvermittlungsstelle,

c) die Trupps der Kompanien der Brig. Res. im Lager Dompierre empfangen ihre Apparate ebenfalls im Billy-Lager.

d) in Billy Lager bleibt nur die Verm. St., in Billy-Ort nur die Gesch. Stube I./8. mit Fernspr. versehen.

10. [...]

11. Die große Bagage des Reg. Stabes, der Batle. usw. muß auf Befehl in kurzer Zeit fahrbereit sein können.
gez. von Rücker.[422]

Dieser Divisionsbefehl zu Herstellung der Gefechtsbereitschaft mit seinen detaillierten Folgebefehlen auf der Brigade- und Regimentsebene gibt einen eingehenden Einblick in die für eine Division in diesem Fall einzuleitenden Aktivitäten. Diese Aktivitäten reichten von der Erhöhung der Gefechtsbereitschaft, der Regelung des Arbeitsdienstes, der Dislozierung der Reserven und der Rekrutenkompanie sogar über die Regimentsmusik, die im Lager verbleibenden Mannschaften bis hin zum wichtigen Fernsprechtrupp und zum Verbleib der großen Bagage.

---

[421] KA: 8. I.R._(WK)_6_11-12 (1554).
[422] KA: 8. I.R._(WK)_6_12-15 (1554).

Dieses Beispiel zeigt, wie umsichtig und professionell bei der Herstellung der Gefechtsbereitschaft vorgegangen wurde.

Ein tatsächliches Gefecht ergab sich auf den Maashöhen Mitte Mai. Das II/8 wurde am 14.05.1916 abgelöst und als Brigade-Reserve ins Brigadetal verlegt. Am 15.05. war tagsüber lebhaftes Feuer in Nordwest hörbar, gegen Abend besonders stark, hörte sich aber im Brigadetal nicht wie Trommelfeuer an. Abends um 18:30 Uhr erreichte das II. Bataillon der Befehl der 8. Infanterie-Brigade: „Feindliche Inf. Aktion auf Vaux-Ecke [Abbildung 33]. Brig. Res. gefechtsbereit. Weiteren Befehl abwarten."[423]

> Das Batl. machte sich gefechtsbereit. Meldekarte zur Brig. Be. Stelle wurde hergestellt.
>
> 6:45 Abds. Brig. Befehl:
>
> Ornières-Stützpunkt mit einem Zug besetzen; anschließenden Graben nach rechts bis Befehlsweg–Küchenweg mit einem Zug besetzen.
> gez. von Kleinhenz.[424]

Im Kriegstagebuch des I/8 war am 15.05. vermerkt: „Sehr heftiges Feuer (Trommelfeuer) in Richtung Lonclont wahrnehmbar. Franz. Inf. machte einen Angriff gegen die ‚Kleinhenz-Ecke'. Über die Brigade wurde die Bef. St. von der Gefechtshandlung unterrichtet. Bis 8:20 Abds. war die Stellung, in welcher die Franzosen teilweise eingedrungen waren, wieder fest in unserer Hand und das Feuer verstummt."[425]

Nach Abwehr des Angriffs wurde die Gefechtsbereitschaft laut Kriegstagebuch des II/8 jedoch abends um 20:45 wieder aufgehoben.

> 8. Inf. Brig. Bef. Stelle von Kleinhenz   15.5.16 8:45 Abds
>
> An Brig. Reserve 8. I.R. im Brigadetal
>
> 1. Nach Mitteilung der 9. Inf. Div. Gegner überall aus den Gräben hinausgeworfen.
>
> 2. Im Brig. Abschnitt Ruhe.
>
> 3. Erhöhte Bereitschaft aufgehoben.
>
> 4. Besatzung der 3. Linie während der Nacht vom Stern bis einschließlich Ornières-Stützpunkt 1 Zug, davon 1 Gruppe im Ornières-Stützpunkt.
>
> 5. Meldekette rückt wieder ein.
> gez. von Kleinhenz
>
> 10:00 Abds. traf der Brigadebefehl ein: die Brigade-Reserve tritt zum status quo über. Alle Verstärkungen der Sicherungen werden eingezogen.
> gez. von Kleinhenz[426]

Dieser Angriff und die folgenden standen wohl im Zusammenhang mit dem deutschen Angriff vom 21.02. auf Verdun. Der Feind versuchte möglicherweise, die Einbuchtung von St. Mihiel und den Maashöhen zu bereinigen.

---

[423] KA: 8. I.R._(WK)_7_88 (1554).
[424] KA: 8. I.R._(WK)_7_88 (1554).
[425] KA: 8. I.R._(WK)_6_49 (1554).
[426] KA: 8. I.R._(WK)_7_89 (1554).

Das galt wohl auch für die Angriffe am 22. und 23.05.

Im Bois des Chevaliers kam es am 22.05.1916 zu einem Gefecht mit der 5./8.[427] Am 22.05.1916 erreichte das II/8, das am 20.05. aus der Stellung in die Divisions-Reserve in Billy-Lager und Billy-Ort abgelöst geworden war, 21:00 folgender Divisionsbefehl[428] durch Fernsprecher:

> 22. Mai 1916
>
> Vormittag Übung der Kompagnien gem. Div. Verf. vom 5.5.16 Nr. 4029.
>
> Gegen 9:00 Abds. folgender Div. Bef. durch Fernsprecher. „Division Gefecht bereit!"
>
> II/8 und MG Kp. gefechtsbereit, zunächst marschbereit im Lager bzw. Ort Billy. III/4 hat die 2. Stellung besetzt. Angriff auf Vaux-Ecke [Abbildung 33] abgeschlagen. Auf dem Abschnitt schweres Feuer.
>
> Mündlich an Komp. Führer, stellv. Verpfl. Offizier u. Lagerkommandant: „Die Kompagnien Sturm-Anzug. Die Patronenwagen werden entleert, jedermann erhält im Ganzen 300 Patronen. Patronenwagen sofort wieder füllen. Das Schanzzeug aus dem Schanzzeugwagen wird gleichmäßig auf die Kompagnien verteilt."
>
> Sämtliche nicht „dauernd" Kommandierte des II/8 treten zu ihren Kompagnien, die des I und III/8 schließen sich der 8./8 an. Meldung, wenn die Kompagnien marschbereit sind. MG Kp. macht sich marschbereit. Die Regimentsmusik macht sich marschbereit. Der Fernsprechtrupp empfängt seine Apparate und macht sich marschbereit. Die Feldküchen werden gefüllt und bleiben vorläufig an ihren Plätzen.
>
> [...] Witterung: schön. Gesundheitszustand gut. Verpflegung aus Magazin.[429]

Dieser Befehl ist insoweit interessant, als er wieder die einzelnen Aktivitäten zur Herstellung der Gefechtsbereitschaft aufzählt.

Nachdem der Angriff abgeschlagen war, wurde die Gefechtsbereitschaft am nächsten Tag aufgehoben.

Für dieses Gefecht vom 22.05.1916 liegt ein ausführlicher Gefechtsbericht[430] von Major Felser, dem Kommandeur des II/8. I.R, vor. Am 14.05. war das II/8 abgelöst und in Brigade-Reserve geschickt und am 26.05. wieder in Stellung kommandiert und so zum Gefecht aktiviert worden. Während des Gefechtes war I/8 entweder in Stellung oder Bereitschaft. Ldstm. Karl Didions Bataillon war in jedem Fall am Gefecht beteiligt.

Das Gefecht[431] vom 22.05. auf den Maashöhen soll im Einzelnen nach dem Gefechtsbericht von Major Felser wiedergegeben werden, da es eine der größeren Kampfhandlungen war, an der Karl Didion möglicherweise beteiligt war.

Das Gefecht[432] entwickelte sich aus der Sicht des II/8 wie folgt:

---

[427] KA: 8. I.R._(WK)_7_92 (1554).
[428] KA: 8. I.R._(WK)_7_92 (1554).
[429] KA: 8. I.R._(WK)_7_92 (1554).
[430] KA: 8. I.R._(WK)_2_15-20 (414); Abbildung 9, Anhang 3.
[431] KA: 8. I.R._(WK)_6_58-62 (1554), der Gefechtsbericht vom 22.05.1916 im KTB I/8, Abbildung 8 Anhang 3.
[432] KA: 8. I.R._(WK)_2_15-20 (414).

Um 7:30 N[achmittags]. legte die französische Artillerie starkes Wirkungsfeuer auf die Abschnitte 4, 5 und 6 [Abbildung 72, westl. von Vaux-les-Palameix], das sich 8:30 N. zum Trommelfeuer steigerte. Im Abschnitt des 8. I.R [Abschnitte 7-12; Anm. d. Verf.] herrschte bis 8:30 N. vollkommene Ruhe. Das starke feindl. Art.-Feuer beim Grenadier-Rgt 7 ließ auf einen franz. Angriff schließen. Für die Abschnitte des 8. I.R. wurde deshalb erhöhte Gefechtsbereitschaft befohlen. Graben 9 erhielt Befehl, sofort die 2. Linie mit einem Zug zu besetzen, ständig mit dem Graben 8 Verbindung zu halten und auf den Schutz der rechten Flanke bedacht zu sein. Im Lager bei der Rgts. Bef. Stelle befanden sich bereits seit 21.5.16 2:45 N. 2 Züge der 3./8 als Reserve.

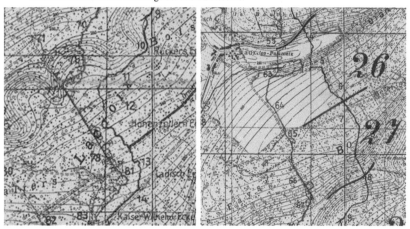

Abbildung 72: Gegnerische Stellungen 66 u. 67, 76 u. 78 sowie Abschnitte 4, 5, 6 und 11, 12 auf deutscher Seite, Kartenausschnitt[433]

8:55 N. verstummte der Gefechtslärm beim Grenadier Rgt 7. 9:00 N. verlegte die franz. Art. ihr Feuer auf die Gräben 11 & 12 vordere Linie, Gräben 13, 14 & 15. Gleichzeitig erhielten die Gräben 10, 11 & 12 schweres Minenfeuer. Graben 9 MG-Feuer aus den Zick-Zack, Graben 12 starkes Inf.- und MG-Feuer. Ein franz. Angriff auf die Gräben beiderseits der Ornières war zu erwarten. Langsames Artilleriefeuer auf Graben 76 und 78 wurde angefordert und erfolgte sofort.

9:00 Uhr Nachm. Abschnittsbefehl:

3./8 besetzt mit einem Zug die 2. Linie von 12 beiderseits des mittleren Laufgrabens. Auftrag: Feind, dessen Angriff auf 12 vermutet wird, am Vordringen dieses Abschnittes über die 1. Linie hinaus verhindern und ihn, falls ihm der Einbruch in die 1. Linie gelungen sei, durch Rollangriff hinauswerfen. Beim Eindringen des Gegners in 13 und 14 [südl. des Rgts.-Abschn. des 8. I.R.; Anm. d. Verf.] flankierende Unterstützung der Grabenbesatzung von 13 und 14. Ein Zug der 3./8 verstärkt die Besetzung des Rücker-Stützpunktes, Aschauer-Stützpunktes und Stichgrabens.

9:20 Nachm. war der Befehl ausgeführt. Zug Friedensburg in 2. Linie von 12, Zug Grün in 3. Linie. Komp. Führer im Stichgraben, später in Aschauer-Stützpunkt nahm Verbindung mit Graben 13 auf.

9:20 N. wurde telefonisch und durch Meldegänger eine Komp. der Brig.-Reserve als Unterstützung zur Rgts. Bef. Stelle erbeten. Das Lager der Rgts. Reserve sowie die Ornières erhielten noch kein Feuer, während der lange Laufgraben und die 3. Linie von der franz. Art. unter starkes Feuer genommen wurden. Unter wachsendem Art.- und Minenfeuer auf Graben 12 erfolgte 9:25 N. eine französische Sprengung zwischen den Minierstollen 73 und 73b [Abbildung 35]. 9:30 N. setzte das telefonisch und durch Leuchtkugeln angeforderte Sperrfeuer auf die franz. Gräben gegenüber Abschnitt 11 & 12 ein. Sämtliche Minenwerfer im Abschnitt verstärkten ihr Feuer. Die Posten in den Trichtersappen blieben unversehrt. Handgranatentrupps der 9./8. besetzten sofort den alten französischen Graben, die Brustwehr des rechten Flügelzuges und verstärkten die Sappenposten. Ein mittlerer Minenwerfer feuerte dauernd im und in die Nähe des neuen Trichters.

---

[433] KA: 8. I.R._(WK)_6_3 (1554); der rechte Kartenausschnitt liegt über dem linken.

MG Nr. 5 /: vordere Linie von 11 :/ eröffnete unmittelbar nach der Sprengung das Feuer auf die Trichterränder. Feuerdauer 11 Min.

10/8.: Graben 11: besetzte sofort nach der Sprengung die Brustwehr des Grabens mit 2 Zügen und verstärkte die Sappenposten. Die Franzosen, die durch ihre Sprengung uns weder Verluste beifügten noch unsere Anlagen erheblich beschädigten, machten keinen Versuch, den Trichter zu besetzen.

9:45 N. wurde ein Halbzug der 12./8 aus Graben 9 als Rgts. Res. nach dem Lager der Res. Komp. gezogen.

9:50 N. telefonische Meldung von Olt. Marshäuser: Rauchwolke vor Graben 12 hat sich verzogen; feindl. Art. Feuer wird schwächer und verteilt sich gleichmäßig auf den ganzen Abschnitt.

10:00 N. trat vollkommene Ruhe ein, nachdem unsere Art. und Minenwerfer bereits seit 9:55 Uhr das Feuer langsam einschlafen ließen.

10:15 N. Mitteilung des Art. Kommandeurs: franz. Angriff bei Vaux-les-Palameix abgeschlagen.

Zu der Zeit von 10:00 bis 10:30 gab unsere Art. ruhiges langsames Einzelfeuer auf 66, 67, 70,76 und 78 [Abbildung 29[434] und Abbildung 72] ab.

Gegen 10:15 Uhr A. eröffneten die Franzosen abermals starkes Art.- und Minenfeuer auf Graben 11 und 12, gleichzeitig setzte lebhaftes MG- und Infanteriefeuer ein. Feindlicher Handgranatentrupps mit Drahtscheren ausgerüstet gingen gegen die Linie rechter Flügel 12 und versuchten das Drahthindernis vor der vorderen Linie zu zerschneiden. Der schwache feindliche Angriff wurde durch Inf.-Feuer und Handgranaten von Abschnitt 12 und 11 aus glatt abgeschlagen. Das Sperrfeuer unserer Art. lag so gut, dass das Vorgehen größerer feindlicher Abteilungen unmöglich war.

Auf der Stellung des 4. I.R. lag zur selben Zeit starkes Art. Feuer; MG- und Inf.-Feuer war deutlich hörbar.

Während des kurzen Kampfes vor Graben 11 u. 12 ließ der Führer von Graben 10 den südlichsten Verbindungsgraben durch eine Gruppe, Front gegen Abschnitt 11 u. 12, besetzen, um einen etwa in 11 eingedrungenen Gegner flankierend unter Feuer zu nehmen. 2 Gruppen wurden am Sachsengange als Komp. Reserve bereitgestellt.

10:50 N. ließ die beiderseitige Artillerietätigkeit nach.

11:15 N. trat vollkommene Ruhe im Abschnitt [des 8. I.R.; Anm. d. Verf.] ein. Die von der Brig. Res. erbetene Komp 4/8. traf 11:20 N. ohne Verluste im Lager der Regts. Res. ein.

Der ½ Zug 12/8. wurde gleichzeitig dem Graben 9 wieder zur Verfügung gestellt. Während der Nacht Einzelfeuer unserer Artillerie.

4./8 arbeitete am Ausbau der 2. Linie von 12, Minentransport, Transport von spanischen Reitern.

4:30 V. rückte 4./8 nach Brig.-Tal ab.

Die beiden Züge 3./8 wurden 4:30 V. ins Lager der Rgts. Reserve zurückgezogen.

gez. Felser, gelesen 1.6.16 O. v. Rücker[435]

Das Gefecht schien hauptsächlich von dem II/8 bestritten worden zu sein. Vom I/8 sind nur die Kompanien 3 und 4 als herangezogene Reserve genannt. Es ist nicht auszuschließen, dass die 1. und 2. Kompanie, in der Karl Didion diente, nur gefechtsbereit in Reserve lag, ohne selbst am Gefecht beteiligt gewesen zu sein.

Trotz gegnerischen Trommelfeuers der Artillerie und der Minenwerfer sowie des Angriffes auf Graben 11 und 12 waren die Verluste des 8. I.R. gering: „1 Mann tot, 2 Mann schwer verwundet,

---

[434] KA: 8. I.R._(WK)_7_01 (1554) Karten.
[435] KA: 8. I.R._(WK)_2_15-20 (414).

1 Mann leicht verwundet."[436] Anders sah es beim angreifenden Gegner aus: Im Gefechtsbericht hieß es: „Die Verluste des Feindes konnten nicht festgestellt werden. Offenbar hat der Gegner seine Toten und Verwundeten unter dem Schutze der Nacht eingebracht. Nach Meldung der Posten hörte man nachts deutlich Jammern von Verwundeten."[437] Im Anhang des Gefechtsberichts[438] wurde noch der eigene Patronenverbrauch angegeben: MG 750 Schuss, Infanterie 2.500 Schuss, 250 Handgranaten, weiterhin der Verbrauch von 50 mittleren, 100 leichten und 32 Wagener-Minen. Auch der feindliche Artillerie-Beschuss wurde genauestens vermerkt, wobei auffällt, dass der Schwerpunkt wieder bei dem seit Beginn hart umkämpften Abschnitt 12 lag, der auch mit einem Abstand von ca. 45 m am nächsten zur gegnerischen Linien gelegen war. Weiterhin ist auffallend, dass der Beschuss der 3. Linie sogar noch etwas höher als der der 1. Linie war. Damit sollte vom Feind wohl die Heranführung der Reserven unterbunden werden.

Als Erfahrung dieses Gefechtes wurde von Major Felser, Kommandeur des II/8, herausgestellt: „Zusammenwirken zwischen Inf. u. Artillerie war sehr gut. Sperrfeuer kam immer rechtzeitig u. schnell."[439] Darin dürften auch die vergleichsweise geringen Verluste des Verteidigers begründet sein. Weiterhin wurde vermerkt, dass ausgefallene Telefonleitungen bei Abschnitt 11 und 12 schnell durch Lichtsignale kompensiert wurden, ansonsten seien die Telefonverbindungen intakt geblieben.

Die in den Morgenstunden des 23.05.1916 vorgenommene Erkundung[440] des neuen französischen Trichters ergab, dass sich die Stellungssituation durch die französische Sprengung nicht wesentlich verändert hatte.

Die an anderer Stelle (Kap. 3.4.2.2. Minenkampf) bereits beschriebene Trichterstellung vor Abschnitt 12 wird auch in diesem Gefechtsbericht als Skizze (Abbildung 73) wiedergegeben.

Am 23.05.1916 vermerkt dann das Kriegstagebuch des II/8: „Lage: feindliche Angriffe auf Vaux-Ecke abgeschlagen. Gefechtsbereitschaft wird 10:00 Vorm. aufgehoben. Verpflegung aus Magazin. Gesundheitszustand gut. Witterung schön."[441]

Darüber gab es einen auf verschiedenen Gefechtsberichten basierenden Erfahrungsbericht[442] des Brigade-Kommandeurs von Riedl. Darin wurde die gute und unterstützende Zusammenarbeit der Infanterie mit der Artillerie gelobt; diese sei bewirkt worden durch gute Kommunikation auf-

---

[436] KA: 8. I.R._(WK)_2_18 (414).
[437] KA: 8. I.R._(WK)_2_18 (414).
[438] KA: 8. I.R._(WK)_2_19 (414).
[439] KA: 8. I.R._(WK)_2_19 (414).
[440] KA: 8. I.R._(WK)_2_20 (414).
[441] KA: 8. I.R._(WK)_7_92 (1554); KA: 8. I.R._(WK)_6_58-62 (1554) im KTB I/8.
[442] KA: 8. I.R._(WK)_18_06 (511).

grund neu eingeführter Lichtsignale und eine wirkungsvolle Artilleriebeobachtung. Die Wichtigkeit des Ausbaus der Stollen wurde hervorgehoben, „vor jedem Stollen Eingang muss der Graben entsprechend erweitert werden, um die Verschüttungsgefahr zu verringern und das Herauskommen der Mannschaften zu erleichtern"[443].

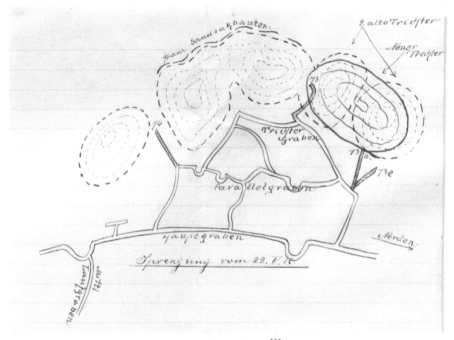

Abbildung 73: 22.05.1916, Trichter vor Abschnitt 12 nach Gefecht[444]

Weiterhin wurde vom Brigadekommandeur betont, „dass die Abwehr des feindlichen Infanterieangriffes umso weniger Verluste kosten wird, je rascher die Besatzung dem Feind im Handgemenge entgegentritt". Auch der Meldedienst und die Befehlsübermittlung durch einzelne schnelle Läufer wurden als notwendig erachtet, besonders zwischen vorderer Linie und den Abschnitts-Befehlsstellen. Abschließend spricht der Kommandeur seine volle Anerkennung aus und schließt mit dem damals wohl üblichen martialischen Duktus: „Der Verlauf des 22. Mai hat auch bei uns den Beweis erbracht, dass französische Angriffskraft an deutschem Widerstand zerschellt."[445]

Der gleiche wie im vorhergehenden Gefechtsbericht geschilderte Angriff französischer Kräfte fand am 23.05.1916 auch südlich der Stellung des 8. I.R. in den Abschnitten 13-16 (Abbildung

---

[443] KA: 8. I.R._(WK)_18_06 (511).
[444] KA: 8. I.R._(WK)_2_21 (414).
[445] KA: 8. I.R._(WK)_18_06 (511).

74), die im Bereich des 4. I.R. lagen, nach einem starken Trommelfeuer statt.

Abbildung 74: Kartenausschnitt, Abschnitte 13-16 des 4. I.R. nördlich von Seuzey[446]

In der Morgenmeldung des 4. I.R. hieß es:

> Ab 10:00 Nachm. weniger starkes Feuer der feindl. Artl. gegen die 2. Linie der Abschnitte. Während dieses Feuers ging feindl. Infanterie in 2 Sturmwellen in einer Ausdehnung von ungefähr 2 Komp. Abschnitten gegen die Kaiser-Wilhelm-Ecke vor, Stärke der einzelnen Wellen ungefähr 120-130 Mann. Der Angriff gelangte im allgemeinen nur bis vor unser Drahthindernis, wo er mit Handgranaten, Inf.- und MG-Feuer und durch das vortreffliche Sperrfeuer unserer Artillerie abgewiesen wurde. Am linken Flügel von Abschnitt 14 und am rechten Flügel von Abschnitt 15, wo unser Drahthindernis durch das feindliche Feuer sehr stark beschädigt worden ist, gelangte der Gegner mit ungefähr 10-12 Mann in unsere vordere Linie, wo sie aber in unserem Handgranatenfeuer ohne Ausnahme umkamen.
>
> Das feindl. Art.-Feuer war inzwischen verstummt, unsere Artillerie legte bis 11:30 Nachm. Sperrfeuer vor den Abschnitt, von diesem Zeitpunkt ab nur noch Einzelfeuer gegen die feindl. Gräben.[447]

Der Feind setzte bei diesem Angriff auch Gas ein[448], dies wurde jedoch sofort erkannt

---

[446] KA: 8. I.R._(WK)_9_1 (414).
[447] KA: 8. I.R._(WK)_2_14 (414).

(Abbildung 75) und mit Gasmaske weiter verteidigt.

```
                  gegen die feindl. Graben .
10.30 - 10.45 Uhr Nachm.belegte die feindl.Artl. das Seuzey=Tal von der Seuzey
                  Quelle bis zum Verbindungsgraben Abschnitt 16 - 17 mit
                  einigen Bisanzgranaten und einer grossen Menge von Gas=
                  granaten.Erkrankungen kamen nicht vor,daß das Gas so=
                  fort erkannt und die Gasmaske aufgesetzt wurde.
                  Feindl. Inf;=u.Masch.Gew.Feuer während der ganzen Nacht
                  sehr lebhaft.
```

Abbildung 75: 23.05.1916, Auszug aus der Morgenmeldung der Abschnitts-Befehlstelle des 4. I.R.[449]

Bemerkenswert sind wieder die geringen Verluste der verteidigenden Deutschen: 5 Mann durch Handgranaten und A.-G. leicht verwundet, 8 weitere Mann und 1 Unteroffizier leicht, 2 Mann schwer und 1 Mann tot.

Weitaus größer waren die Ausfälle beim Angreifer: Nach der Morgenmeldung vom 23.05.1916 wurden im deutschen Graben ungefähr 11 Tote vom französischen I.R. 166 festgestellt. Vor den Gräben sollen jedoch sehr viele Franzosen liegen, heißt es weiter, „sodass fast mit Sicherheit angenommen werden kann, dass infolge unseres Infanterie- und MG-Feuers besonders aber in-folge unseres äußerst wirksamen Artilleriefeuers von den beiden Sturmwellen fast niemand zu-rückgekommen ist. Die in unseren Graben eingedrungenen Franzosen waren alle mit großem Schanzzeug, Drahtscheren, Handgranatenrevolvern ausgerüstet."[450]

Hier zeigt sich die allgemeine Situation des Stellungskrieges, die bei dem Angreifer gut ausge-bauter mit MGs bestückter Stellungen stets hohe Verlustraten verursachte.

Nach den oben beschriebenen Gefechten am 22. und 23.05.1916 erreichte die einzelnen Batail-lone des Regiments am Ende des Monats ein vom Chef des Generalstabes des Feldheeres aus dem Gr. H. Qu. als geheim eingestufter Erfahrungsbericht[451] über die Kämpfe im Maasgebiet aus den Monaten Februar und März 1916, datiert vom 15.05.1916:

> Unser Angriffsverfahren, in breiter, lichter Front und in Wellen rücksichtslos vorwärtszustossen, hat sich (Artillerie- u. Minenwerfer-Vorbereitung vorausgesetzt) bewährt. Wo feindliche Stellung noch nicht sturmreif, wurden Stosstrupps eingesetzt. Hiezu die beherztesten Leute nehmen – 1-3 Gruppen Infanterie und 1 Gruppe Pioniere (Handgranaten).[452]

Wenn man den Gefechtsbericht vom 22.05.1916 liest, scheint diese von Falkenhayn vorgetrage-ne Erfahrung bereits beherzigt worden zu sein.

---

[448] KA: 8. I.R._(WK)_2_14 (414).
[449] KA: 8. I.R._(WK)_2_14 (414).
[450] KA: 8. I.R._(WK)_2_14 (414).
[451] KA: 8. I.R._(WK)_12_24-27 (511); Abbildung 28, Anhang 3.
[452] KA: 8. I.R._(WK)_12_24 (511).

3.4.8 Verluste, „Zu- und Abgänge", Kommandierungen

Die Gründe für die Verluste waren ganz unterschiedlich: Sprengung, Arbeitseinsatz, Artillerie-Beschuss, Infanterie-Beschuss. Dazu einige Beispiele für Verlustmeldungen:

16.12.1915: „Ein Mann tot, einer verwundet, zwei krank im Lazarett."[453]

11.01.1916: „10 Mann krank ins Lazarett, 2 Mann zum Ers. Btl. versetzt, 5 Mann krank ins Revier."[454]

16.01.1916: „Einige Feld-Granaten auf Abschnitt 12; kein Sachschaden, zwei Mann der 7./8 durch Gewehrschuss leicht verwundet."[455]

04.02.1916: „Abschnitt 9 beim Arbeitsdienst heute Abend 1 Mann der 12./8 gefallen (Infanterie Herzschuss); Nachm. wurde ein Mann auf Posten leicht, Abds. ein Unteroffizier beim Arbeitsdienst schwer verwundet (Leute der 8./8) Infanteriegeschosse."[456]

25.02.1916: „Ein Pionier-Unteroffizier wurde durch eine feindliche Minenschleuder getötet."[457]

27.02.1916: „Verluste bei der Sprengung: 1 Toter (verschüttet), 1 schwer und 3 leicht verwundet durch Steinschlag. Außerdem wurde im Lager des Regiments 1 Mann 2./8 durch Artilleriegeschoss leicht verwundet."[458]

Weiter heißt es für den gleichen Tag: „Gegen Abend 30 leichte bezw. mittlere Granaten aus westlicher bezw. südwestlicher Richtung auf Abschnitt 9. 8:15 Abds. 2 Sprengschüsse rechts des Stollens 72. [...] Verluste: 1 Toter 7./8, 1 leicht Verwundeter 7./8 beide durch Inf.-Gesch."[459]

Am 20.03.1916 verzeichnet das Kriegstagebuch des II/8 folgende Verluste nach einem gegnerischen Artillerie-Beschuss:[460]

Ab 2:00 Nachm. 15 Feldgranaten auf Abschnitt 8.

1:30 Nachm. Feuerüberfall mit 100 Granaten (Steilfeuer) auf beabsichtigtes Lager Seuzey-Talhang.

Ab 4:00 Nachm. 80 Feldgranaten auf Abschnitt 9 aus Westen, 150 Feldgranaten auf Abschn. 10, 20 schwere Minen auf Abschn. 11, 140 Schuss mittl. und leichten Kalibers auf Abschn. 12, dorthin 90 Schuss schwere[n] Kalibers, 24 leichte und schwere Minen.[461]

Dieser Artillerie-Feuerüberfall hatte auf deutscher Seite folgende Verluste: „2 Tote 7./8 A. G., 1 Verwundeter F[estung]. MG A[bteilung] A. G., 4 Verwundete 7./8 A. G., 1 Mann Minenwerfer

[453] KA: 8. I.R._(WK)_6_151 (1554).
[454] KA: 8. I.R._(WK)_6_170 (1554).
[455] KA: 8. I.R._(WK)_7_4 (1554).
[456] KA: 8. I.R._(WK)_6_182 (1554).
[457] KA: 8. I.R._(WK)_7_26 (1554).
[458] KA: 8. I.R._(WK)_7_32 (1554).
[459] KA: 8. I.R._(WK)_7_33 (1554).
[460] KA: 8. I.R._(WK)_7_56 (1554).
[461] KA: 8. I.R._(WK)_7_56 (1554).

Komp. 233 verwundet A. G."[462]

Am 22.04.1916 wird gemeldet:

Abschn. 11:	Ab 4:00 Nachm. schwere Feuerüberfälle mit 9 u. 15 cm Granaten. Im Ganzen 200 Granaten.
Abschn. 12:	Starkes Feuer auf den Abschnitt mit Artl. und Minen. In einem eingeschütteten Stollen (2. Linie) wurden 5 Mann tot aufgefunden.[463]

Dies ist eine Reihe von Beispielen (s. auch Abbildung 76) der durch Gewehr-, Minen- oder Artilleriefeuer entstandenen Verluste. Besonders beklagenswert sind die Verluste durch eingeschüttete Stollen, die gerade Sicherheit bieten sollten. Diese Verluste mussten ersetzt werden. Bei den monatlichen Stärkemeldungen der Bataillone wurden immer auch die Zu- und Abgänge verzeichnet.

Wie mit den gefallenen Soldaten umgegangen wurde, ist meist nicht verzeichnet. Am 10.06.1916 meldet jedoch das KTB des II/8: „Feierliche Beerdigung von Dr. Kaufmann [Batl.-Arzt; Anm. d. Verf.] um 5:00 Nachm im neuen Friedhof Billy vorgesehen. Teilnahme des ganzen Bataillons. Beerdigung fällt wegen Beschießung von Billy aus."[464] Die Beerdigung wurde dann am 11.06.1916 um 8:00 vormittags nachgeholt, mit ihm wurden Unteroffizier Heinze und 1 Mann des III/8 beerdigt; an der Beerdigung sollte von jeder Kompanie 1 Gruppe teilnehmen.[465]

Trotz dieser bedauernswerten Verluste durch Tod oder Verwundung waren diese doch verglichen mit den bereits geschilderten schweren Gefechten recht niedrig. Es ist sogar erstaunlich, wie relativ verlustarm selbst starkes feindliches Trommelfeuer überstanden werden konnte. Das ist zumeist auf einen sorgfältigen Stellungsbau mit gut gesicherten Stollen zurückzuführen. Mit diesem Argument wurde auch von den Vorgesetzten immer wieder zum Arbeitseinsatz im Stellungsbau motiviert.

Die Zugänge an neuen Soldaten korrelieren natürlich mit den Verlusten. Als Ressourcen für den notwendigen Ersatz kamen neben Versetzungen aus anderen Einheiten hauptsächlich die Rekrutendepots und die Ersatz-Bataillone des Regiments in Metz und Zweibrücken infrage. Am 12.05. bekam das I/8 so 19 Ergänzungs-Mannschaften vom Rekrutendepot.[466]

Im Divisionsbefehl vom 22.01.1916[467] handelt es sich um das „Vorziehen des Rekruten-Depots an die Front", um die Ausbildung im Lagerbau und Stellungsausbau fortzusetzen. Von den 3

---

[462] KA: 8. I.R._(WK)_7_56 (1554).
[463] KA: 8. I.R._(WK)_7_69 (1554).
[464] KA: 8. I.R._(WK)_7_107 (1554).
[465] KA: 8. I.R._(WK)_7_109 (1554).
[466] KA: 8. I.R._(WK)_6_48 (1554). Die folgenden Beispiele beziehen sich sowohl auf das I/8, in dem Karl Didion diente, als auch auf das II/8. Aber die Ereignisse dürften sich in allen Bataillonen des Regiments geähnelt haben, da sie sich in den Stellungen abwechselten.
[467] KA: 8. I.R._(WK)_2_02 (414).

Rekruten-Kompanien, die als solche erhalten blieben, wird eine der 8. Infanterie-Brigade zugewiesen. Sie waren auszurüsten mit je einer Feldküche, großem Schanzzeug, je 1 zweispännigen Wagen sowie mit Munition und eiserner Ration. Der Transport erfolgte von Metz nach Viéville mit der Bahn und von dort zu Fuß in die Unterkünfte. Als Arbeiten wurde für jede Kompanie definiert: Bau eines Lagers in der 2. Stellung, schusssichere Unterkunftsmöglichkeiten zur Unterbringung der Kompanien durch Anlegen von Stollen. Als Arbeitsort wurde der Rekruten-Kompanie der 8. Bayerischen Infanterie-Brigade der Abschnitt von der Fontaine de Baugny bis zum Seuzey-Tal zugewiesen. Neben dem Arbeitseinsatz wurde aber auch an die taktische Verwendung der Rekruten-Kompanien gedacht: „Die Kompagnien stehen betreffs taktischer Verwendung zur Verfügung der Division. Im Falle eines Angriffs halten Sie sich innerhalb ihrer Lager alarmbereit."[468]

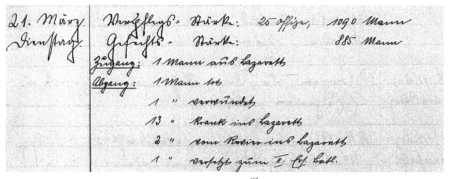

Abbildung 76: 21.03.16, Stärkemeldung mit Zu- und Abgängen[469]

Unter „Abgänge" wurde am 21.04. auch ein Pferd gemeldet, das verendet war.

Neben den Rekruten-Kompanien kamen für die notwendigen Zugänge, wie bereits erwähnt, auch die Ersatz-Bataillone in Betracht.

Am 14.11.1915 meldete das I/8 unter Zugänge: „4 Mann vom II/ Ers. Btl. Inf. Leib. Regiment" und „141 Mann vom II. Ers. Batl. 8. I.R. Zweibrücken anher", nachdem es als Abgang gemeldet hatte: „5 Mann krank ins Lazarett, 1 Mann zum Scheinwerfertrupp, 3 Mann zum Stollenbau-Kdo Dompierre."[470]

Am 08.02.1916 hieß es: „Vom II. Ers. Batl. Zweibrücken trafen ein und wurden zugeteilt: Uffz. Karl Maas u. August Kammerer der 3. Komp."[471]

---

[468] KA: 8. I.R._(WK)_2_02 (414).
[469] KA: 8. I.R._(WK)_6_35 (1554).
[470] KA: 8. I.R._(WK)_6_119 (1554).
[471] KA: 8. I.R._(WK)_6_184 (1554).

Bemerkenswert ist, dass unter Abgängen auch ältere Soldaten (Abbildung 77) waren, die wegen ihres Alters zurück ins Ersatz-Bataillon versetzt wurden:[472]

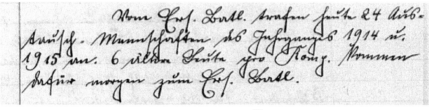

Abbildung 77: Ausschnitt aus dem Kriegstagebuch des II./ 8. I.R.[473]

Das Kriegstagebuch des II/8 verzeichnet am 11.06.1916 6 Abgänge laut Verlustliste, 5 Verlegungen ins Lazarett und als Zugänge „8 Mann vom Feldr.[ekruten] Depot 32 Mann vom Ers. Batl." als Ersatz für Ernteurlauber.[474] Also auch im 3. Kriegsjahr wurde Ernteurlaub gewährt. Unser Protagonist Ldstm. Karl Didion bekam noch 1918 vom 03.05.-25.05. Urlaub für Feldarbeiten.[475]

Bei der Stärkemeldung des II/8 Anfang Juni wird der Unterschied zwischen Verpflegungs- und Gefechtsstärke mit Zu- und Abgängen nachgewiesen. Auch hier werden Zugänge vom Rekruten-Depot als Ersatz für Ernteurlauber, Rückkehr vom Lazarett und von Kommandierungen genannt.

1. Juli 1916

Verpflegungsstärke:	28[(5)] Offz.	1041 Mannsch.	57 Pferde
Gefechtsstärke:	24[(4)]	971	

Nachweisung des Unterschiedes:

Abgänge:

32	Mann	Ersatz für E-Urlauber waren bisher in der Iststärke enthalten
8		krank ins Lazarett
1		Verlust lt. Verlustliste
1		zum Batls.-Stab II/8 versetzt
1		zum I. Ers. Batl. versetzt.

Zugänge:

20 Mann	vom Feldrekruten Depot anher
1	vom Sanitätskurs zurück
1	vom Feldlazarett anher
1	zum Batls. Schreiber ernannt[476]

---

[472] KA: 8. I.R._(WK)_6_37 (1554).
[473] KA: 8. I.R._(WK)_6_37 (1554).
[474] KA: 8. I.R._(WK)_7_108 (1554).
[475] Soldbuch; in Privatbesitz.
[476] KA: 8. I.R._(WK)_7_131 (1554). Die hochgestellte Zahl bezeichnet die Anzahl der Offiziersstellvertreter.

3.4.9   Gefangene, Überläufer, Spionage

Im Stellungskrieg, so auch auf den Maashöhen, wurden eher wenige Kriegsgefangene[477] gemacht. Dies geschah bei Patrouillen oder kleineren Angriffen auf die feindliche Stellung. Im Stellungskrieg nördlich St. Mihiel bekam eine Patrouille am 12.07.1916 direkt den Auftrag, durch Gefangennahme feindlicher Soldaten, tot oder lebendig, herauszufinden, ob eine vermutete Ablösung der Franzosen stattgefunden hatte.

Kommandeur U. A. 8. I.R.   12.07.1916

An die 4 Vorposten Kompagnien.

Gen. Kdo., Div. u. Brig. legen besonderen Wert auf die Feststellung, ob sich die bei den Franzosen vermuteten Ablösungen bestätigen. Die einzige Möglichkeit Klarheit zu schaffen bieten eingebrachte Gefangene, eventuell auch Tote. Zu diesem Zweck sollen zahlreiche starke Patrouillen entsandt werden.

Solche Gefangene können eingebracht werden entweder durch Anwendung von Gewalt, indem das franz. Hindernis durchschnitten wird – viele Drahtscheren mitgeben – und Gefangene, zum Beispiel Sappenposten lebend oder tot herübergebracht werden – oder, indem sich die Patrouille nahe dem franz. Hindernis niedergelegt und etwaige franz. Patrouillen, die gegen unsere Stellung vorgehen, verfolgt und sie lebend oder tot einbringt. Letzteres Verfahren bietet die geringere Wahrscheinlichkeit, dass eigene Leute in Feindes Hand fallen, aber auch weniger Wahrscheinlichkeit des Erfolges; wo ersteres Verfahren angewendet wird, sind die Leute besonders auf Verschwiegenheit hinzuweisen für den Fall einer das Unglück hätte, in franz. Gefangenschaft zu fallen.

Welches Verfahren angewandt wird, hängt wohl zum großen Teil von den Eigenschaften des Patr. Führers und seiner Leute ab. In Ausführung der Befehle des Brig. Kommandeurs wird angeordnet:

Jeder Kompanieabschnitt entsendet in den folgenden Nächten je eine starke Patrouille mit Drahtscheren und Handgranaten mit dem bestimmten Auftrag, wenn irgend möglich, Gefangene einzubringen; reichlich Drahtscheren und Handgranaten sind mitzugeben.

Die Meldungen über das Ergebnis der Patrouille haben zu enthalten:

1. Namen des Führers, Stärke der Patrouille

2. Auftrag der Patrouille.

3. Ob sie durch das franz. Hindernis hindurch kam, oder nur an dessen äußeren Rand, oder wie weit sie abbleiben musste und warum.

4. Wenn sie Feuer erhielt: ob Inf.- oder MG-Feuer, ob aus der vorderen oder auch von rückwärtigen Linien.

5. Zustand des franz. Hindernisses: Schanzarbeiten, Bewegung, evtl. Stimmung bei den Franzosen, lautes Sprechen, Lachen und dergl.

Dieser Befehl behält bis auf weiteres Gültigkeit. Er ist bei Ablösung dem Nachfolger zu übergeben.[478]

In dem bereits behandelten Befehl der 33. R. D. vom 26.02.1916 zur Herstellung der Gefechtsbereitschaft wurde angeordnet, dass die kriegsgefangenen Russen in ihrem Lager unter dem Befehl des Ortskommandanten von Viéville verbleiben. Russische Gefangene wurden offensichtlich zu Arbeiten im Frontbereich herangezogen.

Die Haager Landkriegsordnung gibt Auskunft, wie Kriegsgefangene zur Arbeit eingesetzt wer-

---

[477] Ein Kriegsgefangener ist ein Kombattant (im Allgemeinen ein Soldat) oder ein bestimmter Nichtkombattant, der von einer gegnerischen Streitmacht während eines bewaffneten Konflikts gefangen genommen wird; Fleck, Humanitäres Völkerrecht, 1994, S. 69 ff.
[478] KA: 8. I.R._(WK)_13_07 (511).

den dürfen.[479] Mannschaftsdienstgrade kann der Gewahrsamsstaat zu nichtmilitärischen Arbeiten heranziehen. Offiziere dürfen nicht zu Arbeiten verwendet, sondern müssen bevorzugt behandelt werden. Dabei unterscheidet das Abkommen selbst nur Mannschaften und Offiziere; Unteroffiziere unter einem gewissen Rang (Fähnrich, entsprechend den deutschen Rängen Feldwebel und Bootsmann) gelten als Mannschaften. Gesundheitsschädliche oder besonders gefährliche Arbeiten dürfen nur an Freiwillige vergeben werden.

Wohl um dieser Vorschrift der Haager Landkriegsordnung nachzukommen, legte das Armee–Oberkommando 5 am 15.11.1916 in einem Merkblatt dar, zu welchen Arbeiten Kriegsgefangene und zu welchen Arbeiten Zivilarbeiter eingesetzt werden durften. Während Kriegsgefangene nach Deutschland verbracht wurden, damit die Heimat über die nötigen Arbeitskräfte verfügte, konnten Arbeiten im Operationsgebiet nur durch Zivilarbeiter erfolgen. Diese durften nur außerhalb des feindlichen Feuerbereichs beschäftigt werden und konnten zu verschiedenen Arbeiten wie in Land- und Forstwirtschaft, im Straßenbau, Magazindienst, in Depots und zu Aufräumungs- und Reinigungsarbeiten jeder Art eingesetzt werden. „Sie dürfen nicht verwendet werden zu Arbeiten, die irgendwelchen Gefechtszwecken dienen: Ausbau von Stellungen, Herstellung von Munition usw."[480] Der Bedarf an Zivilarbeitern war zu melden.

Im Stellungskrieg musste auch mit feindlicher Propaganda gerechnet werden, zumal man sich oft nur 50-100 m gegenüberlag. So wurden am 07.02.1916 deutsche Soldaten durch Flugblätter aufgefordert, überzulaufen: Das KTB des I/8 vermerkt am 08.02.1916 dazu: „Ein gestern Vorm. über den Abschn. des Rgts. in Dompierre gekommener französischer Flieger warf Flugblätter ab, die zum Überlaufen aufforderten."[481]

Ein weiterer wichtiger Punkt in diesem Zusammenhang war die Spionage.

Im Februar 1916 verbreitete das Oberkommando der AA-Strantz, zu der zu diesem Zeitpunkt die 33. Reserve-Division gehörte, eine Übersetzung eines erbeuteten Front-Erfahrungsberichts des Kommandierenden Generals Nivelle, Kommandeurs des frz. III. A. K., vom 14.02.1916, die Ende Februar auch das 8. I.R. erreichte, mit der Auflage: „Das Oberkommando befiehlt die Verbreitung dieses sehr [‚sehr' später durchgestrichen; Anm. d. Verf.] beachtenswerten Befehles bis einschließlich Bataillone, Abteilungen usw."[482] Allerdings ist nicht klar, ob es sich dabei um ein bei einem französischen gefangenen Offizier erbeutetes oder um ein durch Spionage erlangtes

---

[479] Fleck, Humanitäres Völkerrecht, 1994, S. 69 ff.
[480] Infanterie-Divisionen-(WK)_11360_01 (1413).
[481] KA: 8. I.R._(WK)_6_184 (1554).
[482] KA: 8. I.R._(WK)_12_49-50 (511).

Schriftstück handelt. Nivelle[483] (Abbildung 78) war der Namensgeber der berüchtigten Feuerwalze, die Mitte Dezember 1916 auch über den Ldstm. Karl Didion hinweggehen sollte.

Dieses erbeutete Schriftstück war bestimmt für die deutsche Seite von höchstem Wert. Der Bericht hatte folgenden Inhalt: Man solle nicht bombensichere Unterstände bei Artillerie-Beschuss nicht aufsuchen, um die durch den Einsturz solcher Unterstände hervorgerufenen größeren Verluste zu vermeiden; er bemängelt, dass Posten nicht wissen, was bei Alarm zu tun sei, und dass die Mehrzahl der Posten ihre Gasmaske nicht ständig bei sich habe. Er tadelte auch Offiziere, die sich einbilden, lediglich durch Befehlserteilung und nicht durch vorausschauende

Abbildung 78: General Robert Nivelle[484]

Maßnahmen ihre Pflicht getan zu haben; sie seien unwürdig, Befehle zu geben. Nivelle fand ferner, „dass nicht überall zusammenhängende Maßnahmen zum Schutz durch Anzünden von Feuern getroffen waren. Er hat die Neigung festgestellt, dass man sich mit einem ‚ungefähr' zufrieden gäbe." Er fährt fort:

> Vergessen wir doch nicht, dass der Feind weniger als 200 m uns gegenüberliegt, dass die maßgebende Entscheidung in einigen Minuten eintreten kann, und dass man sich daher mit „ungefähren" Maßnahmen hinsichtlich des gesamten Sicherheitsdienstes, von dem viele den Begriff verloren zu haben scheinen, nicht zufrieden geben darf. Die größte Genauigkeit muss in allen Einzelheiten des Sicherheitsdienstes verlangt werden, in den an alle Stellen gegebenen Anweisungen und in deren Ausführung. Der kommandierende General wird in Zukunft die Unzulänglichkeit der verantwortlichen Kommandeure in diesem Punkt nicht mehr dulden. Die Sicherheit unserer Front ist dabei aufs Spiel gesetzt.[485]

Sodann kritisiert er nachlässige Behandlung von Waffen, besonders Teleskopgewehre, und deren Instandhaltung. Gewehrbesichtigungen sollen Abhilfe schaffen „und jeder Vorgesetzte, der einen ihm unterstellten Mann mit einem vernachlässigten Gewehr antrifft, ohne Abhilfe zu schaffen

---

[483] Robert Nivelle, als Sohn eines protestantischen französischen Vaters und einer englischen Mutter in Südfrankreich geboren, war Absolvent der École polytechnique, an der er 1878 seinen Abschluss erlangte. Im selben Jahr begann er seine Armeelaufbahn als Unterleutnant. Er diente in Indochina, Algerien und während des Boxeraufstands in China als Artillerieoffizier. Im Dezember 1913 wurde er Regimentschef und Oberst. Diesen Rang behielt er bis zum Ausbruch des Ersten Weltkrieges im August 1914.
Seine Erfolge unter anderem in der Schlacht an der Marne brachten ihm im Oktober 1914 die Beförderung zum Général de brigade ein. Anfang des folgenden Jahres zum Général de Division und Kommandeur der 61. Infanteriedivision befördert, führte er ab Dezember 1915 das III. Armeekorps bei Verdun.
Anfang Mai 1916 löste er Philippe Pétain als Oberbefehlshaber der bei Verdun eingesetzten 2. Armee ab, nachdem dieser den Befehl über die übergeordnete Groupe d'Armées du Centre erhalten hatte. Seine Leistungen bei der Verteidigung Verduns während der Schlacht um Verdun und seine erfolgreiche Gegenoffensive ab Oktober 1916 brachten ihm am 12. Dezember 1916 die Ernennung zum Oberbefehlshaber des französischen Heeres als Nachfolger von General Joseph Joffre ein. Aufgrund seiner Herkunft und seiner englischen Sprachkenntnisse war Nivelle einer der wenigen französischen Generäle, die von der britischen Führung akzeptiert wurden.
Nivelle war Anhänger einer aggressiven, auf massivem Material- und Soldateneinsatz basierenden Taktik. Einem mehrstündigen Trommelfeuer der Artillerie auf die feindlichen Gräben sollte das Vorrücken der Infanterie im Schutze dieses Artilleriebombardements (*Feuerglocke*) folgen. Der Gegner sollte dadurch ausgelaugt und abgenutzt werden. Viele französische Offiziere glaubten damals an die Offensive à outrance (Angriff bis zum Äußersten).
URL: https://de.wikipedia.org/wiki/Robert_Nivelle, 07.03.2018.
[484] URL: https://commons.wikimedia.org/wiki/Category:Robert_Georges_Nivelle?uselang=de, 07.03.2018.
[485] KA: 8. I.R._(WK)_12_49 (511).

und ohne streng vorzugehen, ist strafbar." Dann heißt es weiter:

> Überall in den Ruhequartieren, im Biwak und in den Unterständen müssen die Waffen in Behelf-Gewehrständen aufbewahrt sein und zwar immer am gleichen Platz, damit im Fall eines Nacht-Alarmes keine Verwirrung eintreten kann. Hier, wie überall, muss so verfahren werden, dass selbst ein Nachtalarm in weniger als 1 Minute ausgeführt werden kann.

> Übrigens ist der Zustand der Verteidigungswerke, die dort herrschende Ordnung und Hygiene, der Massstab für die allgemeine Disziplin der Truppe. In allem muss eine bestimmte Form vorherrschen, die jeder Mann beachtet.[486]

Nivelle verlangte, dass Respekt und Haltung überall wieder aufgefrischt werden müssen. Die Verteidigung der Laufgräben, die Aufsicht bei den Arbeiten beurteilte er teilweise als planlos. Zu den übrigen Verteidigungsanlagen sagte er: „Überall ungenügend! Es muss jede Nacht auf der ganzen Linie gearbeitet werden, um unsere Drahthindernisse zu verstärken, der kommandierende General ersucht unterstellte Kommandostellen dringend, ihren ganzen Eifer und ihre ganze Energie dabei einzusetzen."

Der Bericht schließt mit der Feststellung: „Die Lage unserer Front muss jedoch unverzüglich eine Besserung erfahren, sowohl was die Arbeitseinteilung angehende Maßnahmen betrifft, als auch die Verteidigungsmaßnahmen; sie hat es dringend nötig."[487]

Wie dieser mahnende Appell des französischen Generals auf deutscher Seite aufgenommen wurde, ist in den Quellen nicht festzustellen. In vielen Teilen mag dieser Bericht auch für die deutsche Seite zutreffend gewesen sein, wie verschiedene deutsche Inspektionsberichte zeigen.

3.4.10 Turnus von Stellung über Bereitschaft zu Ruhe und wieder Stellung

Nachdem wichtige Aspekte des Stellungskrieges im Einzelnen betrachtet wurden, soll nun ein ganzer Stellungs-Zyklus in den Blick genommen werden, den der Ldstm. Karl Didion als Angehöriger der 2./8 im Stellungskrieg im Ritterwald immer wieder durchlaufen musste: in Stellung, in Bereitschaft, in Ruhe, wieder in Stellung. Mit dieser Betrachtung ergibt sich ein interessanter zeitlicher Querschnitt im Stellungsleben. Hierbei kann sich natürlich auch teilweise eine Überschneidung mit den vorherigen Kapiteln, die sich auch auf die gleichen Quellen des betrachteten Zeitraumes beziehen, ergeben.

Als Zeitabschnitte werden die Spannen vom 16.11.-04.12.1915 und 05.02.-11.03.1916 gewählt. Letztere ist insofern interessant, weil in diesem Zeitraum wohl ein gegnerischer Angriff erwartet und die Marschbereitschaft der ganzen Division hergestellt wurde. Das Kriegstagebuch des I/8 verzeichnet für diese Zeitrahmen alle Wechselarten in der Stellung.

---

[486] KA: 8. I.R._(WK)_12_50 (511).
[487] KA: 8. I.R._(WK)_12_50 (511).

Die Aufteilung der Kompanien auf die Unterabschnitte, die Ablöseprozeduren und der Wechsel von Stellung, Bereitschaft, Reserve und Ruhe werden beginnend mit dem folgenden Ablöseplan vom 16.11.1915 deutlich. Sechs Kompanien der drei Bataillone gingen in Stellung und wurden dabei den Abschnitten 7-12 zugeordnet. Die abgelösten Kompanien rückten in die verschiedenen Lager, die 2. Kompanie mit dem Protagonisten Karl Didion in die Unterkunft in Billy-Ort und die 3. Kompanie nach Billy-Lager.

Abbildung 79: MG-Trupp mit Ldstm. Karl Didion (kniend rechts), Alois Sutter (kniend links), Jakob Mick (liegend rechts)[488]

16. November [19]15, Dienstag: Einschließung von Verdun. Heute Vorm. zwischen 5:30 und 6:30 Ablösung im Regimentsabschnitt.

Es kommen in Stellung Abschn.	7	4. Kp.
„	8	1. „
„	9	10. „
„	10	9. „
„	11	6. „
„	12	7. „

Außerdem die MG Kp.[489] [Abbildung 79] 8. I.R.

---

[488] Das Aufnahmedatum und der Aufnahmeort sind unbekannt, womöglich bei der Ausbildung, da ohne Stahlhelm; MG 80/15 mit Dreifuß; Bild in Privatbesitz.

[489] Die hohe Bedeutung der Maschinengewehrtruppen im modernen Feuerkampf hatte die deutsche Heeresleitung bereits im Frieden erkannt. Daher trat diese Truppe nicht nur mit einem sehr leistungsfähigen Gewehr, sondern auch mit verhältnismäßig zahlreichen Einheiten in den Feldzug ein; Cron, Organisation des Deutsches Heeres 1923, S. 48.
Zunächst sollte das MG nur als Hilfswaffe der Infanterie fallweise an entscheidenden Stellen eingesetzt werden. Durch ihre Feuerkraft zogen die MG aber bald den Feuerkampf an sich und wurden zum Rückgrat der Infanterie, vor allem im Abwehrkampf. Eine Vermehrung dieser Waffen wurde damit zum dringenden Bedürfnis; Kraus, Verbände MG, 2014, S. 1 f.
Das deutsche Maschinengewehr besaß eine vorzügliche Wirkung, hatte dafür aber den Nachteil eines

Nach vollzogener Ablösung arbeiten alle Kpien noch 2 Stunden an dem großen Verb. Graben, der von der Unterkunft der Res. Kp. nach Abschn. 11 u 12 führt. Es rücken nach dieser Arbeit 2 Kp. nach Billy-Lager in Unterkunft.[490]

Für den 18.-20.11.1915 galt der Ablöseplan unverändert, die 2./8 war noch in Billy-Lager.

18. November 15, 19. November 15, 20. November 15, Donnerstag, Freitag, Samstag. Einschließung von Verdun.
4., 1., 10., 9., 6., 7. Komp. u. MG Kp. 8. I.R. in Stellung im Bois des Chevaliers. 2. Komp. in Billy-Lager, 3. Komp. in Billy-Ort in Ruhe.
Major u. Btls. Kdr. Rüber kommt am 17. aus 14täg. Urlaub zurück u. übernimmt am 18. Vorm. 10:00 Uhr den Befehl im Abschnitt.[491]

Für den 21.11.1915 galt:

4., 1., 10., 9., 6., 7. Komp. u. MG Kp. 8. I.R. in Stellung im Bois des Chevaliers unter Befehl des Kdeurs I/8 Major Rüber. 2. Komp. in Billy-Lager, 3. Komp. in Billy-Ort in Ruhe.[492]

Am 22.11. erfolgte eine Ablösung, bei der die 2./8 in Stellung ging.

Heute Ablösung im Rgts-Abschnitt. Es werden zwischen 5:30 und 6:30 V. die 4., 1., 10., 9., 6., 7. Komp. u. MG Kp. 8. I.R. durch 3., 2., 12., 11., 5., 8. Komp. u. F[estung]. MG A[bteilung] 13 abgelöst. Nach allgemeiner Ablösung verbleibt ein Teil der Kpen. noch 3 Stunden an dem Verbind. Graben, der von der Abschn. Bef. Stelle nach Abschn. 12 führt.
Es sollten dann in Unterkunft 1. Komp. nach Billy-Ort, 4 Komp. nach Billy-Lager. Major Rüber wird Führer der Div. Res. bestehend aus 1., 4., 9., 10. Kp. 8. I.R. u. 2 in Hattonchâtel untergebrachten Kpien. des 4. I.R.
Wetter: schön, kalt, Frost.[493]

Vom 23. bis 25.11. lag die 2./8 weiterhin in Stellung unter Führung des Kommandeurs des II/8, Major Aschauer.

2. u. 3. Kp. in Stellung im Bois des Chevaliers in St[ellung] unter Befehl des Kdeurs. II/8 Major Aschauer.
Kdeur. I/8, 1., 4., 9., 10. Komp. Ort und Lager Billy (Unterkunft) Div. Res. Führung Major Rüber.
Keine besonderen Ereignisse.[494]

Am 29. und 30.11.1915 bildeten die 2./8 und die 3./8 die Brigade-Reserve unter Führung von Major Aschauer.

2. u. 3. Komp. Brig. Reserve im Lager Dompierre, Führer Major Aschauer. 1. u. 4. Komp. in Stellung im Bois des Chevaliers. Führung stellv. Kdeur III/8 Hauptm. Götz. Kdeur Major Rüber in Billy-Lager als Führer der Div. Res. (11. u. 12 Kp. 8. I.R. u. 4 Kpien. des 4. I.R. in Hattonchâtel).[495]

Am 04.12. löste die 2./8 die 1./8 wieder in der Stellung ab.

Ablösung Regts Abschnitt. Es werden abgelöst:

4. Komp. im Komp. Abschn. 7		6:00 Vorm.	durch	3./8
1. "		6:30 "		2./8
10. "	9	6:00 "		12./8

---

verhältnismäßig schweren Gewichtes. Daher machte sich in vielen Fällen das Bedürfnis nach einem leichteren Modell geltend, wie es vor allem die Engländer bereits besaßen; Cron, Organisation des Deutsches Heeres 1923, S. 49 ff.

[490] KA: 8. I.R._(WK)_6_120 (1554).
[491] KA: 8. I.R._(WK)_6_125 (1554).
[492] KA: 8. I.R._(WK)_6_127 (1554).
[493] KA: 8. I.R._(WK)_6_132 (1554).
[494] KA: 8. I.R._(WK)_6_132 (1554).
[495] KA: 8. I.R._(WK)_6_135 (1554).

9. "	10	5:30	11./8
6. "	11	6:30	5./8
7. "	12	5:30	8./8

MG Kp. 8. I.R. in den Abschn. 7-12 8:30 Vorm. durch F. MG A. 13.

Es rücken 1. u. 4. Kp. nach Billy-Lager. Kdeur I/8 Major Rüber übernimmt 9:00 V. den Befehl im Regts. Abschnitt.[496]

Die Rotation der 2./8 zeigt, dass diese Kompanie zunächst 6 Tage in Ruhe in Billy-Lager, dann 6 Tage in Stellung, darauf 6 Tage in Brigade-Reserve im Lager Dompierre und schließlich wieder in Stellung war. Der Ablöseplan[497] des II/8 vom 24.02.1916 gibt Auskunft, dass der Kompanie-Führer der 2. Kompanie mit Karl Didion Hauptmann Grau war.

Stand im ersten Betrachtungszeitraum der Ablöseplan im Vordergrund, so soll nun in einer zweiten Betrachtungsperiode der Fokus auf die täglichen Kriegstagebuch-Einträge gerichtet werden. Auch sie zeigen den steten Wechsel der Phasen in Stellung, in Bereitschaft, in Ruhe und wieder in Stellung.

Am 31.01.1916 bezog bei der Ablösung die 2./8 den Abschnitt 8 und die Regiments-Reserve und blieb dort bis zum 06.02.1916.

05.02.1916, Samstag, Kämpfe auf den Maashöhen

Verteilung der Kompanien wie am 31. Januar

Ereignisse in der Stellung:

Abschnitt 7:	10:40 bis 10:45 Vorm. drei 10 cm Granaten (Palameix)
Abschnitt 11:	02:45 Nachm. 5 Feldgranaten hinter 2. Linie
Abschnitt 12:	08:10 Vorm. 2:20 und 3:00 Nachm. Sprengungen der Franzosen dicht unterhalb Sappe 75

Wetter: schön am Vormittag. Nachmittag trüb, Abds. Regen.[498]

06.02., Sonntag

Im Abschnitt findet Ablösung statt, es beziehen:

4. Komp.	Abschn. 7
1. Komp.	Abschn. 8 u Regts. Res
10. Komp.	Abschn. 9
9. Komp.	Abschn. 10
6. Komp.	Abschn. 11
7. Komp.	Abschn. 12

MG K. 8. I.R. in Stellung

Befehl im Regimentsabschnitt übernimmt 8:30 Uhr vormittags Obstl. von Rücker.
2. [mit Ldstm. Karl. Didion], 3., 5., 8. Komp sind Brigade Reserve in Dompierre, Führer Major Rüber.
11. u. 12 Komp. sind in Billy. Führer der Div. Res. ist Major Felser.[499]

Bei dieser Ablösung wurde die 2./8, in der Ldstm. Karl Didion kämpfte, in Bereitschaft ins Lager Dompierre verlegt.

---

[496] KA: 8. I.R._(WK)_6_138-139 (1554).
[497] KA: 8. I.R._(WK)_7_24 (1554).
[498] KA: 8. I.R._(WK)_6_183 (1554).
[499] KA: 8. I.R._(WK)_6_183 (1554).

07.02., Montag

Verteilung der Kpnien siehe 6. Februar.
Von der Brigade Reserve arbeiten:
2. Komp. [mit Ldstm. Karl. Didion] im Abschnitt 8. I.R.
3. Komp. mit 100 Mann in Abschn. 4 I. R. und mit 60 Mann in 8. I.R.
1 Mann der 8./8 zog sich vormittags einen Oberschenkelbruch in Dompierre zu (Einsturz einer Mauer).
5. und 8. Komp. hatten laut Brigade Befehl heute Ruhetag. Grund: letzte anstrengende Periode in Dompierre und aufregende Stellungstage. Je 60 Mann dieser beiden Kompanien standen für 2 Stunden dem Lagerkommandanten zum Arbeitsdienst zur Verfügung.
Wetter: schön, abends Regen.[500]

„In Bereitschaft" hieß also auch Arbeitsdienst in den Stellungen. Bereitschaft war nicht mit „Ruhe" gleichzusetzen.

08.02., Dienstag

7:30 Vorm. fand an der Befehlsstelle des Abschnitts Besprechung und Vortrag über die Lage und die beabsichtigten nächsten Handlungen statt. Erschienen waren die Bataillonskommandeure und die in Stellung befindlichen Kompanieführer. Besprochen wurden auch die zunächst im Abschnitt notwendigen Arbeiten und die Aufgabe des Regiments.
Ein gestern Vormittag über dem Abschnitt des Regiments und Dompierre gekommener französischer Flieger warf Flugblätter ab, die zum Überlaufen aufforderten.
Vom II. Ers. Btl. Zweibrücken trafen ein und wurden zugeteilt: Unteroffizier Karl Maas und August Kammerer der 3. Kompanie.
Von den Kompanien arbeiteten ab Vorm. 7:00 2 Kompn. beim 8. I.R., 1 Komp. beim 4. I.R., ab Nachm. 2:00 1 Komp. beim 4. I.R. je 6 Stunden.
Wetter: Vorm. Nebel, Nachm. schön, Abends Schnee.
Den in Dompierre anwesenden Kompanien wurde von ihren Komp. Führern Vortrag über die allgemeine Lage gehalten.
Nachm. Appelle mit Bekleidung und Ausrüstungsstücken. Im fertiggestellten Stinkraum (Sakristei Dompierre) wurden Gasmasken verpaßt.[501]

Die Kompanien wurden an diesem Tag über die allgemeine Lage aufgeklärt, es fanden Ausrüstungsappelle und im „Stinkraum", sinnigerweise in der Kirchensakristei, Anpassungen der Gasmasken statt. Dem Eintrag kann auch wieder entnommen werden, dass dem Regiment 2 Ersatz-Bataillone zugeordnet waren, das hier zitierte II. Ersatz-Bataillon lag in Zweibrücken, der Kreisstadt, zu dem Kirrberg, das Heimatdorf von Ldstm. Karl Didion, gehörte.

09.02., Mittwoch

Arbeitseinteilung der Kompanien s. 6. ds. [des Monats]
Wetter: Schnee, nasskalt.[502]

10.02., Donnerstag

Es arbeiten 2. Komp. [mit Ldstm. Karl. Didion] beim 8. I.R. ab 6:00 V[ormittags], 1 Komp. beim 4. I.R. ab 4:15 V., 1 ab 6:30 V. je 4 Stunden.
Inf. Karl Hasenstab 2./8 zur Mil. Eis[enbahn]. Dir. 3 Charleroi kdrt. [kommandiert] und in Marsch gesetzt. Lt. Werner in der Stellung gestürzt und an der linken Seite verletzt, kommt ins Revier nach Billy.
Wetter: kalt
In der Stellung wurde Minenstollen 75 [Abbildung 35] Nachm. 3:00 Uhr von uns gesprengt.

---

[500] KA: 8. I.R._(WK)_6_184 (1554).
[501] KA: 8. I.R._(WK)_6_184-185 (1554).
[502] KA: 8. I.R._(WK)_6_185 (1554).

Artl. und Minenwerfer wirkten durch Feuer auf die Gräben vor Abschn. 12 mit.[503]

Auch der vierte Tag in Bereitschaft war durch Arbeitseinsatz im Stellungsbau geprägt.

11.02., Freitag

Verpfl.[egungs] Stärke: 25 Offze, 1127 Mann
Gef.[echts] Stärke: 914 Mann
Im Abschnitt findet Ablösung statt. Es sind in Stellung:
3., 2. [mit Ldstm. Karl. Didion], 12., 11., 5., 8. Komp.
MG K 8. I.R.: Gew.[ehr]: 1-6 und Reservezug.
F.[estungs] MG A.[bteilung] 13: Gew.: 7-12.
Abschnitts Kdr. Obstl. von Rücker, (R.[egiments] B.[efehls], St.[elle]) 2 Btl. Gef. Stellen.
rechter Abschn.: (7, 8, 9) Major Rüber an der Quelle,
linker Abschn.: Hptm. Götz im Riedl-Stützpunkt
9. Komp. ist Bereitschafts-Komp. im Friedenstal, 10. Komp. im Bef. Weg.
1. 4. 6. 7. Komp. in Billy.
Ab heute sind die Unterabschnitte ihren Btln. unterstellt.
Kdr. I/8 sind Abschn. 7 (3./8) Abschn. 8 (1/3 2./8) [mit Ldstm. Karl. Didion; Anm. d. Verf.], Abschn. 9 (12./8) unterstellt.
In der Nacht rege Patrouillengänge.
Wetter: Schnee, naßkalt. Abds. Regen.[504]

Abbildung 80: Abschnitt 8 der Ritterwaldstellung[505]

Es scheint nun eine feste Zuordnung der einzelnen Abschnitte zu den Bataillonen zu geben; vorher waren die Kompanien in den einzelnen Zeitabschnitten den Gefechtsabschnitten variabel zugeordnet. Ein Drittel der 2./8, in der Karl Didion diente, lag im Abschnitt 8 (Abbildung 80); wo die restlichen zwei Drittel der Kompanie lagen, ist nicht klar.

12.02., Samstag

Verteilung der Kompien: wie gestern.
Vorm. 8:00 begann Wirkungsschießen unserer Artillerie, das jedoch bald, vermutlich wegen des ungünstigen Wetters auf Befehl des AOK, eingestellt wurde. Während des Vormittags lebhafte Minenkämpfe auf beiden Seiten, sonst ziemlich Ruhe.
Artl.-Feuer hatten: Abschn. 7 (hinter rechtem Flügel), 30 Granaten (10 cm) aus Palameix. 12:00-12:40 Mittags; 3:00-3:15 Nachm.
Nachts gingen Patrouillen. Zweck: Zerstörung der feindlichen Drahthindernisse und Beunruhigung des Gegners durch Werfen von Handgranaten. Gegner verhält sich ziemlich ruhig. Handgranaten des Abschn. 7 weisen viele Blindgänger auf.

[503] KA: 8. I.R._(WK)_6_185 (1554).
[504] KA: 8. I.R._(WK)_6_186 (1554).
[505] KA: 8. I.R._(WK)_6_150 (1554).

Wetter: fast den ganzen Tag Nebel, feuchte Luft, Mittags Regen.[506]

13.02., Sonntag

Lt. Leister meldet sich vom Urlaub zurück. Nacht und Vorm. ruhig. – Regen. Patrouillentätigkeit in der Nacht, wie gestern.[507]

14.02., Montag

Patrouillen der Abschnitte 8 und 9 durchschnitten heute Nacht das feindliche Drahthindernis in den Gräben unterhalb des Zick-Zack, ohne vom Gegner daran gehindert zu werden. Auch nachdem Handgranaten in die Gräben geworfen waren, rührte sich der Gegner nicht, sodass die Vermutung naheliegt, dass die Gräben unterhalb des Zick-Zack nicht besetzt sind. Wetter: fast den ganzen Tag Regen.
Seit 1.2. vom Btl. in Stellung verschossen: 710 Patronen.[508]

15.02., Dienstag

Verteilung der Kompen. wie am 11. ds.
Patr. des Abschn. 8 stieß heute Nacht 100 m vor unserem Drahthindernis mit einer feindlichen Patrouille zusammen und konnte nicht vordringen. Lt. d. Res. Grün 3./8 [3. Kompanie des 1. Bataillons des Regiments 8; Anm. d. Verf.] fand vom Abschn. 7 aus am Befehlsweg einen französisch besetzten Sappenposten. Patrouille stellte Verhältnisse im Hochwald (Punkt 65), insbesondere Wirkung unsere Artillerie fest. Posten wurde durch Handgranaten ausgehoben.
Lt. Rgts.-Befehl gestattet die taktische Lage z. Zt. eine Erleichterung in der Besetzung des Regts.-Abschn.
Die MG K. 8. I.R. ging heute Vormittag nach Billy in Ruhe. Ihre Gewehre besetzte die F. MG A. 13. Den Befehl im Rgts.-Abschn. übernahm 7:30 V[ormittags] Major Rüber.[509]

Dann folgt die Aufzählung des Artillerie-Beschusses auf die einzelnen Abschnitte.

Abschn. 9: 4:00 u. 4:30 N. aus Westen je 5 Feldgranaten
Abschn. 10: 6:00 u. 8:00 N. aus Westen je 12 Feldgranaten
Abschn. 12: 6:00 u. 11:00 4 Feuerüberfälle mit im ganzen 61 Feldgranaten (aus westl. Richtung) Zwischen den Horchstollen 73,73[a,b,c] wurden in einer Entfernung von ca. 30 m <u>Miniergeräusche</u> gehört.
<u>Patrouillenergebnisse:</u> Patr. der Abschnitte 7. 9. 10 konnten fol. Drahthindernis z. T. durchschneiden, wurden aber heute Nacht lebhaft beschossen.
Unsere Artl. machte in der Nacht einen Feuerüberfall auf die Hautes Ornières (lebhafter Wagenverkehr) und vor Abschn. 11 (Schanzarbeiten). In der Regts. Bef. Stelle brannte heute zum ersten Mal das elektrische Licht. Wetter Regen.[510]

Bei der Patrouille vor Abschn. 8 könnte Ldstm. Karl Didion dabei gewesen sein.

16.02., Mittwoch

Lt. Werner wieder genesen, meldet sich aus Revier.
Im Abschnitt findet Ablösung statt. Es sind in Stellung von rechts nach links. 4. 1. 9. 6. 7. Komp., MG Kp. 8, 9 r[echts]. 2. 3. 11. 12. Komp. sind Brigade Reserve in Domp[ierre]. 5. u. 8. Komp. in Billy. Fhjk. Warwas 4./8 zwecks Teilnahme am Ausbildungskurs Grafenwöhr zum 1. Ers. Btl. in Marsch gesetzt.
Den ganzen Tag über war es infolge der Ungunst der Witterung im Abschnitt sehr ruhig. Minier- und Sprenggeräusche vor Abschnitt. 12 wie gestern hörbar. In der Nacht wurden 6 Handgranaten nach 12 geworfen. Unsere Artl. machte einen Überfall auf Gräben vor 12.
Wetter: Sturm und Regen.[511]

---

[506] KA: 8. I.R._(WK)_6_01 (1554).
[507] KA: 8. I.R._(WK)_6_01 (1554).
[508] KA: 8. I.R._(WK)_6_01 (1554).
[509] KA: 8. I.R._(WK)_6_02 (1554).
[510] KA: 8. I.R._(WK)_6_02 (1554).
[511] KA: 8. I.R._(WK)_6_03 (1554).

Ldstm. Karl Didion kam nach 5 Tagen in Stellung mit seiner Kompanie in die Brigade-Reserve nach Dompierre.

Am 16.02. war der Geburtstag seiner Frau „Bienche" und er könnte folgenden Brief an sie aufgesetzt haben:

Abbildung 81: 16.02.1916, von Karl Didion gemaltes Geburtstagsbild für seine Frau[512]

Liebes Bienche,

hier sitze ich, weit weg von Dir, auf den Maashöhen in Frankreich, und kann Dir nicht persönlich zu Deinem Geburtstag gratulieren. Vielleicht hast Du wenigstens meine Geburtstagskarte erhalten. Ich habe sie selbst gemalt: Einen Blumenstrauß auf der Geburtstags-Kaffeetafel und der Kuchen durfte auch nicht fehlen. Ich kann mir vorstellen, dass Du alle Zutaten auch in unseren Kriegszeiten organisiert hast. Vielleicht hast Du auch Deinen berühmten Frankfurter Kranz gebacken. Da werden sich auch unsere fünf Kinder freuen.

Es ist Dein dreißigster Geburtstag und am 2. Juni werden wir auch schon zehn Jahre verheiratet sein. Lena wird Dir mit ihren zwölf Jahren gut zur Hand gehen. Sie hat viele gute Eigenschaften von ihrer Mutter geerbt, die ja bei der Geburt des zweiten Kindes verstorben ist. Karl und Adolf mit ihren acht und sieben Jahren können schon kleinere Arbeiten übernehmen. Ottil wird mit ihren sechs Jahren auf ihr jüngstes Schwesterchen Anna, von zwei Jahren, aufpassen.

Du selbst hast täglich viele Arbeiten zu verrichten, denn auch die Ziegen müssen betreut werden. Hab herzlichen Dank für das schöne Bild [Abbildung 87], das Dich mit den Kindern zeigt. Ich trage es immer bei mir. Wie hast Du das denn wieder fertiggebracht? Das war es doch für Dich ein ganz großer Kraftakt bis Du unseren Kindern alle ihre Sonntagskleidung angezogen hattest und mit ihnen dann noch fünf Kilometer in die Stadt Homburg zum Fotografen laufen musstest. Ich weiß dieses kostbare Geschenk zu schätzen. Du bist ein richtiges „Donnerweib", und ich bin mir sicher, dass Du in dieser schwierigen Zeit Deinen „Mann stehst". Für dieses Bild habe ich mir auch noch aus Tannenholz einen Rahmen gebastelt.

Wenn in der Stellung abgelöst und dann hinten „in Ruhe" bin, male ich mit Bleistift auf jedes Stückchen Papier, das ich finden kann, Blumen oder Tiere. Das lenkt mich von dem ganzen Kriegsgeschehen ab. Dabei denke ich an Euch und mein Kirrberg. Ich wäre froh, wenn ich einmal Heimaturlaub bekäme, und ich Euch alle miteinander wiedersehen könnte. Ich möchte meine Eltern und Geschwister besuchen und bei Dir in der Küche sitzen und etwas Gutes essen, was Du für mich kochen würdest. Ich würde auch viel lieber meiner Arbeit auf der Anstalt nachgehen und am Feierabend meine Ölbilder malen. Der Krieg hat alles auf den Kopf gestellt, und ich bete jeden Abend, dass er schnell vorübergehen möge.

Danke, meine liebe Frau, dass ich mich auf Dich verlassen kann, dass bei Dir zu Hause alles seinen gewohnten Gang geht.

Ich denke stets an Dich und grüße Euch alle herzlich

Dein Karl

Maashöhen, 16. Februar 1916[513]

---

[512] In Privatbesitz.
[513] Imaginierter Geburtstagsgruß von Karl Didion an seine Frau.

17.02., Donnerstag

Verteilung der Kompen: wie gestern.
Im Abschnitt herrschte am Vorm. Ruhe.
Nachts schießen unsere Minenwerfer von 13 aus.[514]

Dann folgt die Aufzählung der „fdl. Artl. Tätigkeit" auf die einzelnen Abschnitte.

Miniertätigkeit: Der Feind minierte wie am 15. Wir arbeiten an Minierstellen: 73a, 74a, 74c, 75 und 76 [Abbildung 34].
Patrouillen-Tätigkeit: Abschn. 7 konnte einige spanische Reiter wegschieben. Am Pfahl-Hindernis waren Alarmglocken angebracht. Gegner arbeitet scheinbar in Stollen. Patr. wurde lebhaft beschossen.
Abschn. 9: am Hindernis unterhalb des Zick-Zack arbeitender Gegner wurde durch Feuer der Patrouille gestört. Wetter: trüb, am Nachm. Regen.[515]

18.02., Freitag

8:00 Uhr Vorm. übernahm Major Felser den Befehl über den Rgts.-Abschn.
Im Kasino Billy sang am Abend der Kammersänger Schubert vom 1. Ers. Btl. die Hillenhinrichs[516] Combres Lieder zur Erinnerung an den Jahrestag der schweren Kämpfe auf der Combres Höhe.[517]

19.02., Samstag

wie gestern.[518]

20.02., Sonntag

Bei schönem Wetter lebhafter Flugbetrieb.[519]

21.02., Montag

Verpfl.[egungs] Stärke: 25 Offze, 1121 Mann
Gef.[echts] Stärke: 909 Mann
Abgang: 4 Mann ins Lazarett, 1 Mann von der Truppe entfernt, 1 Mann versetzt zum I. Ers.-Btl.
Rgts-Arzt Dr. Enders meldet sich krank (Darm- und Magenkatarrh); kommt nach Metz in das Festungslazarett Vereinshaus. Seine Vertretung als Rgts-Arzt übernimmt Stabsarzt Dr. Gottschalk.
Verteilung der Kompanien wie am 17. Februar.[520]

Dann wird im Kriegstagebuch der bereits bekannte, von General Bausch unterzeichnete Divisions-Befehl[521] vom 12.02.1916 angeführt, der anordnet, dass die benachbarte 6. Bayerische Infanterie-Division am 12.02. vor ihren Stellungen bei Moulin de Retaincourt und Spada Scheinstellungen ausheben und mit Patrouillen die gegenüberliegenden Hindernisse stellenweise zu zerstören suchen soll. Dieser Befehl wurde bereits im Kapitel 3.4.7.1.3. „Artillerie-Duelle" behandelt.

22.02., Dienstag

Im Abschnitt findet Ablösung statt.
Es sind in Stellung:

---

[514] KA: 8. I.R._(WK)_6_03 (1554).
[515] KA: 8. I.R._(WK)_6_03 (1554).
[516] Bayerisches Kriegsarchiv, Erinnerungsblätter 1926, S. 143.
[517] KA: 8. I.R._(WK)_6_04 (1554).
[518] KA: 8. I.R._(WK)_6_05 (1554).
[519] KA: 8. I.R._(WK)_6_05 (1554).
[520] KA: 8. I.R._(WK)_6_05 (1554).
[521] KA: 8. I.R._(WK)_6_05 f. (1554).

3. 2. 12. 11. 5. 8. Komp., F. MG A. 13.
1. und 4. Komp. in Bereitschaft hinter 4. I.R.; 6. 7. 10. Komp. in Billy-Lager. 9. Komp. in Billy-Ort.
Tagsüber lebhafte Artl.- und Fliegertätigkeiten. Erfolge im Norden von Verdun werden bekannt.[522]

Am 22.02. zog Ldstm. Karl Didion aus 6-tägiger Bereitschaft mit seiner 2./8 wieder in Stellung.

Interessant ist, dass die am 21.02. begonnene Schlacht um Verdun bekannt wurde. Die vage

Wortwahl des Kriegstagebuchs „im Norden von Verdun" lässt allerdings darauf schließen, dass

der eigentliche Plan für die Schlacht in Verdun noch nicht bekannt war.

Die Ablösung am 22.02. wurde durch einen Regimentsbefehl[523] vom 21.02.1916 ausgelöst. Inte-

ressant ist noch, dass in ihm vermerkt ist: „Die Rgts-Musik steht 11:00 Vorm. auf Strasse

St. Maurice – Deuxnouds bei der Einmündung des Hähnchenweges und begleitet die 9. und 7.

Komp. nach Billy." Diese Geste für die abgelösten Soldaten kann als Aufmunterung für den ca.

13 km langen Marsch ins Ruhe-Quartier nach den erlittenen Strapazen in der Stellung gesehen

und als Standard betrachtet werden.

Außerdem weist der Ablösungsbefehl der Division vom 20.02.1916 auf Folgendes hin: „An rich-

tige und sorgfältige Übergabe des Stellungsbedarfes jeder Art wird erinnert, ebenso an die Ablö-

sung des Minierkommandos um 7:00 Vorm."[524]

23./24.02., Mittwoch/Donnerstag

24. Februar
Hptm. Goetz übernimmt den Befehl im Abschnitt.

Abschnitt 7	3. Komp. Hptm. Kreipe.
Abschnitt 8	2. Komp. Hptm. Grau.
Abschnitt 9	12. Komp. Hptm. Walter.
Abschnitt 10	11. Komp. Hptm. Weber.
Abschnitt 11	5. Komp. Lt. Wied.
Abschnitt 12	8. Komp. Hptm. Kofler.

F. MG. A. 13 Hptm. Renschhausen.[525]

Ldstm. Karl Didion war mit der 2./8, Kompanie-Führer Hauptmann Grau, wieder im Abschnitt 8

in Stellung.

25.02., Freitag

An diesem Tag wird der bereits im Abschnitt 3.4.7.1.7 zitierte Divisions-Befehl vom 24.02.1916

im Kriegstagebuch aufgeführt. Darin heißt es, dass zur Niederkämpfung der feindlichen Minen-

werfer im Vaux-Abschnitt und im Abschnitt Chevaliers und zur Zerstörung der dortigen MG und

Beobachtungsstände die gesamten Minenwerfer der MW-Kompanie 233 dem Abschnitt der 8.

Bayerischen. Infanterie-Brigade zur Verfügung ständen. Weiter heißt es:

---

[522] KA: 8. I.R._(WK)_6_07 (1554).
[523] KA: 8. I.R._(WK)_2_07 (414).
[524] KA: 8. I.R._(WK)_2_07 (414).
[525] KA: 8. I.R._(WK)_7_24 (1554).

Der Kdeur der Pioniere hat zu veranlassen, dass baldigst im Abschn. Vaux [-les-Palameix] und in Chevaliers soviel M. W. Stände ausgebaut werden, dass sämtliche M. W. in den gesamten Abschnitten gleichzeitig eingesetzt werden können.[526]

26.02., Samstag

Im Kriegstagebuch ist an diesem Tag der Divisions-Befehl vom 25.02.1916 verzeichnet, in dem die 33. Reserve-Division meldet, dass die 5. Division[527] auf der Côtes im Rahmen der Verdun-Schlacht gute Fortschritte mache und die Linie Champneuville – Bezonvaux – Warcq erreicht sei. Zur Unterstützung ordnete die Division, wie im Kapitel 3.4.7.1.7 „Zerstörung" schon zitiert, an, dass die Maasbrücken bei Troyon und Ambly (Abbildung 70) dauernd unter Feuer zu halten seien.

Weiter berichtet das Kriegstagebuch: „Von der zwischen Billy und St. Maurice gelegenen Bergnase konnte man am Nachmittag bei klarem Wetter deutlich die Wirkung der Artillerie besonders auf die Dörfer in der Woëvre [Ebene] und die Abhänge der Côtes beobachten."[528]

27.02., Sonntag

An diesem Tag heißt es lapidar: „Verteilung der Komp.en etc. wie am 22. ds [Monats]. Die Franzosen sprengten im Abschnitt 12. 1 Mann der 2./8 [in der der Ldstm. Karl Didion diente; Anm. d. Verf.] l.[eicht] verw. (Schrapnell). Wetter: schön, kalt."[529]

28.02., Montag:

„Im Abschnitt fand heute Ablösung statt. Ablösung wurde nicht gestört."[530]

Offensichtlich erfolgte kein Angriff der Franzosen, auf den man sich vorbereitet hatte.

Es sind in Stellung:
4. 1. 10. 9. 6. 7. Komp.
Brigadereserven unter Führung des Major Felser:
5. 8. 11. 12. Komp. in Dompierre
2. Komp. Billy-Ort
3. Komp. Billy-Lager.
Die Tätigkeit der Artl. in der Ebene läßt sich wieder gut beobachten.
Wetter: schön, kalt.[531]

Ldstm. Karl Didion ist nach sechs Tagen in Stellung wieder in Bereitschaft.

---

[526] KA: 8. I.R._(WK)_6_07 (1554).
[527] Während der am 21. Februar 1916 beginnenden Schlacht um Verdun stürmte die preußische 5. Division unter der Führung von Generalleutnant Georg Wichura innerhalb weniger Tage Bois de Ville, den Walvrille-Wald, die Louvremont-Stellung sowie den Pfefferrücken und kämpfte schließlich um das stark befestigte Dorf Douaumont, das am 2. März kurzfristig eingenommen werden konnte. Daran schlossen sich erbitterte Kämpfe im Caillette-Wald und um das Dorf und Fort Vaux an. Nach schweren Verlusten wurde die Division zur Erholung und Auffrischung aus der Front gezogen. URL: https://de.wikipedia.org/wiki/5._Division_(Deutsches_Kaiserreich); 07.04.2016.
[528] KA: 8. I.R._(WK)_6_09 (1554).
[529] KA: 8. I.R._(WK)_6_15 (1554).
[530] KA: 8. I.R._(WK)_6_15 (1554).
[531] KA: 8. I.R._(WK)_6_15 (1554).

29.02., Dienstag

> Verteilung der Kompen. etc. wie gestern.
> Infolge Allerhöchster Verfügung vom 21. ds. wurde zum Leutnant ohne Patent befördert: der Fähnrich Manger des 8. I.R. (2./8). Mit allerhöchster Entschließung vom 14. ds. wurde verliehen: der Militär Verdienst-Orden 4. Kl. m. Schwertern dem Lt. d. Res. Julius Behr.
> Mun.-Verbrauch des Btls seit 14.2. 625 S Patronen.
> Wetter: kalt, klar. gez. Rüber[532]

Fähnrich Manger war in der Kompanie des Protagonisten; welche Funktion er dort hatte, ist nicht bekannt. Vielleicht war er der Zugführer des Ldstm. Karl Didion.

01.03., Mittwoch

Am Beginn des Monats wurden immer die Verpflegungs- bzw. Gefechtsstärken verzeichnet.

> Verpfl.-Stärken   25 Offiziere,   1113 Mann
> Gef. Stärken   920 Mann
> Zugang: 2 Mann vom I. Ers. Btl. anher.
>   2 Mann aus Lazarett.
> Abgang: 3 Mann verwundet.
>   5 krank ins Lazarett.
>   2 vom Revier ins Lazarett.
>   1 zum MG Scharfschützentrupp.
>   1 durch Beförderung.
>
> Verteilung der Kompanie wie am 28. Februar. Von den heute vom Offiziers Asp.[iranten] Kurs Grafenwöhr eingetroffenen Vizefeldwebeln werden laut Regimentsbefehl zugewiesen:
> Vizefeldw. Troglauer der 4. Komp.
> Vizefeldw. Holzinger der 2. Komp. Den Befehl im Regimentsabschnitt übernahm 8:00 Vorm. Major Rüber.[533]

Sodann wird unter „Ereignisse des Tages" der Beschuss auf die dem Bataillon zugewiesenen Abschnitte 7-12 durch Artillerie, Minenwerfer und Handgranaten aufgelistet. Die Handgranaten-Attacke fand am Abschnitt 12 statt, dem, wie schon angemerkt, die französische Linie nur 30-40 m gegenüberlag. Tagsüber zählte man aus dem französischen Graben 53 und nachts 9 Handgranaten.

Weiter heißt es:

> Patrouillen Ergebnisse:
> Abschn. 7: Franzosen haben Hindernis am Waldrande der Vaux-Blöße (Punkt 65) [Abbildung 72] durch Äste verstärkt.
> Abschn. 8: Patrouille fand ca. 25 m vor Zickzack Graben viele Inschriften an Brücken (alte und frische) mit der Bezeichnung 120e Ter[r]itorial.
> Miniergeräusche wurden halbrechts von Sappe 74a [Abbildung 34] gehört und zwar 3:00 bis 4:00 Vorm. Um 10:30 Vorm. drei Sprengungen, um 12:30 Uhr ein Sprengschuß dortselbst.
> Eigene Minenwerfer haben von 4:00 bis 6:30 Nachm. 49 mittlere und 40 kurze schwere Minen auf Trichter und Umgebung geworfen. In der Befehlsstelle wird an einem in der letzten Woche begonnenen Stollen in Tag- und Nachtschicht weitergearbeitet.
> Verluste: 1 Mann der 6./8 leicht verw. Artillerie beim Essen holen am Küchenplatz.
> Wetter: Vorm. dunstig, Nachm. schön.[534]

Bemerkenswert ist, dass sich die Verletzung durch Artillerie-Beschuss nicht in der vordersten

---

[532] KA: 8. I.R._(WK)_6_16 (1554).
[533] KA: 8. I.R._(WK)_6_17 f. (1554).
[534] KA: 8. I.R._(WK)_6_17 f. (1554).

Linie, sondern weit hinter der 3. Linie am Küchenplatz ereignete.

Exkurs: Am 01.03. stellte eine Patrouille fest, dass den eigenen Truppen das 120. Territorial Infanterie-Regiment, einem deutschen Landsturm-Regiment vergleichbar, gegenüberlag. Auf dieses soll anhand dessen Regimentsgeschichte kurz eingegangen werden.

Dieses Regiment[535] wurde zu Beginn des Krieges in Pont-Saint-Esprit mobilisiert, zunächst an die italienische Grenze verlegt, dann an verschiedenen Orten im Hinterland der Front zu Arbeitseinsätzen herangezogen, um am 06.05.1915 in die Gegend von Verdun disloziert zu werden. Das Regiment war dann an Kämpfen in der Woëvre-Ebene beteiligt (Braquis, 6 km nördlich von Fresnes-en-Woëvre). Nach einem kurzen Kasernen-Aufenthalt in Verdun wurde dieses Regiment dann in den Ritterwald verlegt, wo es bis Ende 1916 verblieb. Dieses französische Regiment konnte nicht als Kampfeinheit bezeichnet werden, das zeigen auch die eher geringen Verlustzahlen in diesem festgefahrenen Stellungskrieg, der charakteristisch in den Baumbeobachtungen beschrieben wurde.

02.03., Donnerstag

Am Anfang des Monats wurde auch immer die Offiziers-Stellenbesetzung im Kriegstagebuch wiedergegeben.

Kommandeur:	Major Rüber
Adjutant:	Oblt. Mayer
Zahlmeister:	Ellermeier
Btls.-Arzt:	Dr. Krampf
1. Kompagnie:	Oblt. d. Res. Theising, Lt. d. Res. Behr. Lt. Werner, Lt. Pilzweger, Lt. Manger.
2. Kompagnie:	Hauptmann Grau, Lt. d. Res. Gross, Lt. Heihans, Lt. d. Res. Teltörster, Vizefeldw. d. Res. Friedensburg.[536]

Dann werden die Offiziers-Stellenbesetzungen der noch zum Bataillon gehörenden 3. und 4. Kompanie verzeichnet. Weiter wurde registriert, dass der kranke Stabs-Arzt Dr. Enders ins Genesungsheim Wittelsbach in Bad Aibling und Oberleutnant Hoffmann und Offiziersstellvertreter Rausch zum Rekrutendepot der 33. Reserve-Division kommandiert wurden. Zur Genesung wählte man also auch im zweiten Kriegsjahr nicht irgendeine Krankenanstalt im Hinterland, sondern eine in Bayern. Weiterhin wurde durch diese Meldung auch deutlich, dass diese Reserve-Division immer noch ein Rekruten-Depot unterhielt.[537]

Am gleichen Tage wird ein Regimentsbefehl mit folgendem Wortlaut wiedergegeben:

S. M. der König haben sich mit allerhöchster Entschließung vom 21. ds. bewogen gefunden, den Militär-Sanitätsorden 2. Klasse zu verleihen: dem Stabs- und Batls.-Arzt im 8. Inf. Regt. Dr. Ludwig Enders für die ausgezeichneten Dienste, die er sich dadurch erworben hat, dass er in der Zeit vom 27.

---

[535] URL: http://gallica.bnf.fr/ark:/12148/bpt6k62257822; 08.10.2016.
[536] KA: 8. I.R._(WK)_6_18 (1554).
[537] KA: 8. I.R._(WK)_6_18-23 (1554).

September 1914 bis 7. Mai 1915 mitten im schwersten feindlichen Feuer unter größter eigener Lebensgefahr mit besonderem Mut und über das Pflichtenmaß hinausgehend zahlreiche Verwundete versorgte und barg.[538]

Unter „Ereignisse des Tages" werden die bereits im Kapitel 3.4.2.2 geschilderten Miniertätigkeiten des Feindes beschrieben, die von deutschen Minenwerfern attackiert wurden:

> Eigene Minenwerfer beschossen mit der Artillerie von 2:30 bis 3:30 Nachm. die 2. Linie der feindlichen Gräben vor 12. Es wurden 46 Minen abgeschossen. Wirkung gut, man sah Wellblech der Unterstände fliegen. Auch wurde ein Brand und die Sprengung eines Minendepots (Sprengmunition, Leuchtraketen, Infn. Mun.) erreicht.
>
> Unsere Artillerie machte Abds. 11:00 Uhr einem Feuerüberfall auf dieselbe Stelle, wo Franzosen mit Räumungsarbeiten beschäftigt waren. Auch hier konnte Erfolg festgehalten werden, da man Verwundete schreien hörte.[539]

In einem Kriegstagebuch kann man natürlich keine emotionale Stellungnahme auf die dem Feind zugefügten Verletzungen, die als „Erfolg" festgehalten wurden, erwarten. Diese ergibt sich allerdings beim Lesen der vor über 100 Jahren stattgefundenen Ereignisse.

Das Kriegstagebuch berichtet für den gleichen Tag weiter:

> Die glatten Minenwerfer 11 und 12 bestehend aus einem großen Ladungswerfer, 2 Magener-, 2 Mauser-[540] und 1 kleinen Ladungs-Werfer sind schussbereit. Bei Alarm treten die Bedienungsmannschaften sofort bei ihren Werfern an.
>
> Verluste: Vorm. 11:00 wurden im Abschn. 11 beim Kabellegen 1 Artillerist schwer und 2 leicht verwundet. Ein Mann der 1./8 in der Küche leicht am Fuß verwundet (Granatsplitter).
> Wetter: schön[341]

03./04.03., Freitag[542]/Samstag[543]

An beiden Tagen wurden heftige Artillerieduelle im Kriegstagebuch des I/8 verzeichnet. An diesen Tagen war die 2./8 mit Ldstm. Karl Didion als Brigadereserve noch in Billy-Ort.

05.03., Sonntag

> Im Abschnitt fand zwischen 4:00 und 5:00 Vorm. Ablösung statt, die glatt vor sich ging. Es sind in Stellung, Abschnitt 7-12: 3. 2. 12. 11. 5. 8. Komp. F MG A 13.
>
> Brigadebereitschaft sind:
> 6. Komp   am Befehlsweg
> 7. Komp   im Friedenstal
> 1. 9. 10. Komp. sind in Billy-Lager
> 4.   in Billy-Ort.[544]

Nach 5 Tagen Ruhe kam also Ldstm. Karl Didion wieder in Stellung und war zugleich Zeuge eines heftigen Artillerieduells.

---

[538] KA: 8. I.R._(WK)_6_19 (1554).
[539] KA: 8. I.R._(WK)_6_19 f. (1554).
[540] Reibert, Mörser 2014, S. 80 und 101.
[541] KA: 8. I.R._(WK)_6_23 (1554).
[542] KA: 8. I.R._(WK)_6_23 f. (1554).
[543] KA: 8. I.R._(WK)_6_25-26 (1554).
[544] KA: 8. I.R._(WK)_6_26-27 (1554).

06.03., Montag

Lt. d. Res. Gross, 2./8, auf Schießplatz Kummersdorf und Berlin zu einem Kurs über Gebrauch von Gas-Schutzmitteln kommandiert.

Regimentsbefehl: Seiner Majestät, der König haben sich Allergnädigst bewogen gefunden, untenstehende Ordensauszeichnungen Allergnädigst zu verleihen: am 25.2.1916 die Goldene Militärverdienstmedaille dem Infanteristen Sebastian Schmid 2./8 vom 8. Inf. Reg.[545]

Es ist nicht vermerkt, welche tapfere Tat des Kompaniekameraden von Ldstm. Karl Didion ausgezeichnet wurde. Unter „Ereignisse des Tages" ist wieder der Artillerie-Beschuss auf die einzelnen Abschnitte des Regiments aufgeführt. Beim Minierstollen im Abschnitt 12 wurden 3 Mann durch Gewehrgranaten leicht verwundet. 1 Mann wurde durch Infanterie-Querschläger am Fuß verwundet, 1 Mann erlitt einen Durchschuss durch beide Hände.

Das Wetter war vormittags neblig und am Nachmittag schneite es.

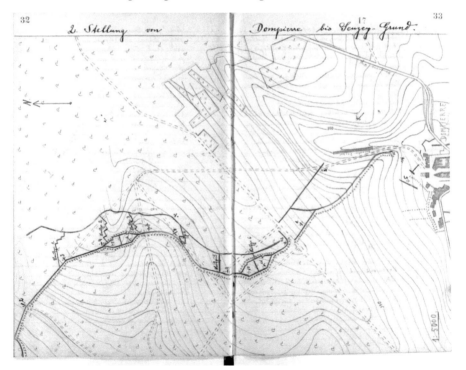

Abbildung 82: 2. Stellung von Dompierre bis Seuzey-Grund (bei Dompierre ist das Baracken-Lager zu erkennen)[546]

07.03., Dienstag

Den Befehl im Rgts.-Abschn. übernimmt 8:00 Vorm. Major Felser. Stab I./8 geht nach Billy-Lager. Major Rüber ist Führer der Div. Res. Wetter schön, Schnee.[547]

---

[545] KA: 8. I.R._(WK)_6_28 f. (1554).
[546] KA: 8. I.R._(WK)_6_32 (1554).

08.03., Mittwoch

Im Abschnitt findet zwischen 2:00 und 4:00 Vorm. Ablösung statt, die glatt von Statten [sic!] geht. Es sind in Stellung: 4. 1. 10. 9. 6. 7. Komp. F[estungs] MG A[bteilung] 13 verbleibt in Stellung.

2. und 3. Komp. in Brig. Bereitschaft im Friedenstal bzw. am Befehlsweg.
5. 8. 11. Komp. in Billy-Lager, 12. Komp. in Billy-Ort.[548]

Als Ablösezeit ist „Vormittags 2:00" angegeben, das bedeutet 2:00 Uhr nachts. Der Grund für diese ungewöhnliche Ablösezeit lässt sich aus dem Kriegstagebuch nicht entnehmen. Der Anlass für die Ablösung bereits nach fünf Tagen, in deren Genuss auch Ldstm. Karl Didion kam, ist jedoch vermerkt: „Wechsel fand außer der Reihe statt, um den bisher in Dompierre befindlichen Kompen. Gelegenheit zu geben öfters nach Billy zu kommen. Wetter: kalt, Schnee."[549]

Interessant ist, dass offensichtlich ein Unterkunftswechsel stattfand, damit die Kompanien, die sonst in Dompierre ihr Ruhelager (Abbildung 82) hatten, auch in das wohl bequemere und mehr Zerstreuung bietende Billy-Lager kommen konnten.

09./10.03., Donnerstag/Freitag

In Billy fand eine Offz.-Versammlung statt, in der einige geheime Sachen besprochen wurden. Wetter: kalt.[550]

11.03., Samstag

An diesem Tag sind wieder die Stärkemeldungen verzeichnet:

Verpfl.-Stärke	25 Offiziere,	1107 Mann
Gef. Stärke		915 Mann
Zugang:		3 Mann vom I. Ers. Btl.
		1 Mann aus Lazarett
Abgang:		3 Mann tot, 1 Mann verwundet
		4 krank ins Lazarett
		2 vom Revier ins Lazarett
		2 versetzt zum I. Ers. Btl.[551]

Auch der Zustand der Pferde ist im Kriegstagebuch vermeldet (Abbildung 83); dort heißt es für den 11.03.1916:

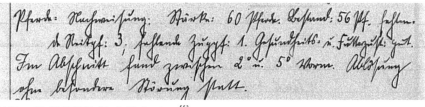

Abbildung 83: 11.03.1916: Pferde-Nachweisung[552]

---

[547] KA: 8. I.R._(WK)_6_29 (1554).
[548] KA: 8. I.R._(WK)_6_29 (1554).
[549] KA: 8. I.R._(WK)_6_30 (1554).
[550] KA: 8. I.R._(WK)_6_30 (1554).
[551] KA: 8. I.R._(WK)_6_30 (1554).

Für das Regiment galt eine Stärke von 60 Pferden. Als Bestand sind 56 Pferde angegeben, 3 Reitpferde und 1 Zugpferd fehlen. Der Futter- und Gesundheitszustand wird als gut bezeichnet.

Weiter heißt es:

> Im Abschnitt finden zwischen 2:00 und 5:00 Vorm. Ablösung ohne besondere Störung statt.
> Es sind in Stellung: 3. 2. 12. 11. 5. 8. Komp. MG K 8. I.R.
> 1. 4. 10. Komp. in Dompierre und 9. Komp. im Brigade-Tal als Brig. Res.
> 6. Komp. in Billy-Ort, 7. Komp. in Billy-Lager.[553]

Die 2./8 mit Ldstm. Karl Didion war also seit 08.03. wieder in Stellung.

An einem anderen Tag in Stellung, dem 06.06.1916, schrieb Ldstm. Karl Didion aus dem Graben eine Postkarte (Abbildung 84 und Abbildung 85) an seinen Bruder Josef. Dies ist erstaunlich, denn an diesem Tag[554] lag auf der Stellung des I/8 starkes feindliches Artillerie- und Minenfeuer mit etwa 300 Schuss, das beträchtlichen Schaden am Graben im Abschnitt 11 und in der 2. Linie des Abschnittes 12 verursachte. Dort wurden an mehreren Stellen der Graben und die Stollen-eingänge verschüttet. Möglicherweise war für diesen Tag der Abtransport der Post angekündigt, sodass geschrieben werden musste, sollte der Brief oder die Postkarte abgehen. Er schrieb:

> L[ieber] Bruder, Geschr. 6.VI. 16. Deine Karten erhalten, besten Dank. Bin sommit(?) auch wieder gesund. Sende Dir gleichseitig ein Komp[anie]bild. Hoff[endlich] findest mich darauf? Kanst dies(?) nicht(?) aufheben, ich weis nicht, ob ich noch welche kann bekommen davon(?) Mais & Anton sind schon seid März in Metz. Haben gutes Glück gehabt. Hoff[endlich] ich ...(?) Hoff[endlich] dauert es nicht mehr so lange mit dem Elend Krieg & haben das Glück uns wiederzusehn.
>
> Grüßt vielmals d[ein] Bruder Karl[555]

Ldstm. Karl Didion durchlief in dem betrachteten Zeitabschnitt vom 05.02. bis 11.03.1916 den Turnus siebenmal; zwischen Bereitschaft, Stellung, Ruhe lagen immer etwa 5 Tage. In dieser Zeit erlebte er heftigen Artillerie-Beschuss, Arbeitseinsatz beim Stellungsbau während der Bereitschaftszeit, die Herstellung der Gefechtsbereitschaft der ganzen Division und die „Ruhe" im Lager Billy mit all ihren Annehmlichkeiten. Neben heftigen Kampfsituationen gab es auch Tage in Stellung mit kaum Gefechtätigkeit.

Es wurden möglichst alle Informationen des Kriegstagebuchs wiedergegeben, um den Front-Alltag in all seinen Aspekten zu schildern.

---

[552] KA: 8. I.R._(WK)_6_30 (1554).
[553] KA: 8. I.R._(WK)_6_30 (1554).
[554] KA: 8. I.R._(WK)_6_66 (1554).
[555] Postkarte mit Kompaniebild von Karl Didion an seinen Bruder Josef; in Privatbesitz.

Abbildung 84: Kompaniebild des Ldstm. Karl Didion (3. Reihe rechts, 4. Soldat von rechts)[556]

Abbildung 85: Kompaniebild des Ldstm. Karl Didion, Ausschnitt[557]

3.4.11   Tagesbefehle bei besonderen Anlässen und Auszeichnungen

In den Kriegstagebüchern sind auch die Einheits-Befehle bei besonderen Anlässen wie Weih-nachten, Jahresende, Geburtstage des Kaisers oder des bayerischen Königs, Auszeichnungen oder Verabschiedungen von Kommandeuren wiedergegeben. Es lohnt sich, diese Befehle zu betrachten, spiegeln sie doch den Zeitgeist und die kulturelle Situation mit ihrer typischen Spra-che und ihren Floskeln wider.

An Weihnachten 1915 erging ein Tages-Regiments-Befehl vom Kommandeur Oberst von Rücker:

---

[556] Postkarte von Karl Didion an seinen Bruder Josef; in Privatbesitz.
[557] Postkarte von Karl Didion an seinen Bruder Josef; in Privatbesitz.

Regimentsbefehl vom 24.12.2015.

Ich sage sämtlichen Angehörigen des Regiments und ihren Familien meine herzlichsten Weihnachts-
und Neujahrswünsche. Ich danke gleichzeitig dem ganzen Regiment für das – nicht immer leichte –
bisher Geleistete.

Mögen andere Truppen im Osten und Südosten 1915 von Sieg zu Sieg eilen, wir neiden ihnen nicht,
wir freuen uns mit allen Deutschen ihrer Erfolge:

Aber wir nehmen das Verdienst in Anspruch, zu Anfang 1915 auf den blutgetränkten Combres-Höhen
die schweren feindlichen Angriffe – die ersten ihrer Art – erfolgreich abgeschlagen zu haben. Seither
und seit den Tagen von Lamorville und Les Éparges haben wir in harter und zäher Arbeit unseren Abschnitt so vorbereitet und fahren darin fort, dass jeder französische Angriff auch in Zukunft an unserer
Gegenwehr zerschellen soll und zerschellen wird.

Das 8. Bayer. Infanterie Regiment Großherzog Friedrich II von Baden wird auch 1916 seinen Mann
stehen, sowohl in der Verteidigung der eigenen Stellung wie auch – wohin uns Kaiser und König ru-
fen – beim Angriff.

Mit uns seien auch unsere Familien die Weihnachten und das neue Jahr in der Gewissheit, daß
Deutschlands blutige Arbeit unseren Kindern die Zukunft sichert.

Wir alle wollen in diesen Tagen aufs neue treueste Pflichterfüllung und deutsche Zähigkeit und Tapferkeit geloben. gez. von Rücker[558]

In diesem Regimentsbefehl wird keine Siegeszuversicht spürbar, sondern es wird der verlustreichen Gefechte 1915 auf den Maashöhen gedacht und die hohe Verteidigungsbereitschaft verbunden mit Härte und Zähigkeit den Siegen im Osten, die im Westen nicht zu vermelden waren,
gegenübergestellt. Mit den Siegen im Osten ist wohl die Schlacht von Gorlice-Tarnów gemeint,
die die Wende an der Ostfront brachte. Die russische Front brach infolge des deutschen Durchbruchs zusammen und die russische Armee musste Polen vollkommen räumen, bevor sie wieder
aus ihrer Desorganisation fand. Mit „Wehmut" wird festgestellt, dass andere Truppen von Sieg
zu Sieg eilen, während das 8. I.R. im Stellungskampf auf den Maashöhen gefesselt sei.

Dieser Regimentsbefehl wird mit einer Ordensliste[559] abgeschlossen. Im Namen S. M. d. Kaisers
u. Königs wurden 17 EK II verteilt, drei Orden gingen an die 2./8. Ldstm. Karl Didion wird sein
EK II (Abbildung 86) erst 1918 erringen.

---

[558] KA: 8. I.R._(WK)_6_155-156 (1554); Abbildung 1, Anhang 6.
[559] KA: 8. I.R._(WK)_6_156 (1554); Abbildung 2, Anhang 6.

An Weihnachten 1915 waren die 1. und 4. Kompanie in Stellung im Bois des Chevaliers, die 2. und 3. Kompanie in der Unterkunft Billy-Lager bzw. Ort. Am 24.12. abends fand in Billy eine gemeinsame Christfeier statt, daran anschließend hielten die 2. und 3. Kompanie ihre Weihnachtsbescherungen ab. Da war der Ldstm. Karl Didion mit dabei. Was wird er sich wohl gedacht haben? Seine Gedanken waren bestimmt bei seiner Familie (Abbildung 87), seiner Frau und seinen fünf Kindern, die er vor knapp einem halben Jahr verlassen musste. Wie viele seiner Kameraden wird er gehofft haben, dass er bei der Weihnacht 1916 bestimmt wieder zu Hause feiern könne.

Abbildung 86: Ldstm. Karl Didion mit P[reußischem] EK II, verliehen am 01.03.1918[560]

Abbildung 87: Familie von Karl Didion (Lena, Chlotilde, Mutter Philippine Didion, Anna, Adolf und Karl, von li. nach re.)[561]

---

[560] Bild in Privatbesitz.
[561] Bild in Privatbesitz.

Wichtiger als die Weihnachtsbotschaften der Vorgesetzten war natürlich das Gedenken an die Heimat. Folgenden Weihnachtsbrief könnte Ldstm. Karl Didion wohl an seine Lieben zu Hause geschrieben haben:

Weihnachten 1915 auf den Maashöhen.

Meine liebe Frau, liebe Kinder

Das ist nun das erste Weihnachtsfest, das wir nicht zusammen feiern werden. Im letzten Jahr kam Anna am 1. Weihnachtstag auf die Welt, und wir alle hatten das Gefühl, unser eigenes Christkind im Haus zu beherbergen.

Mit meiner Mannschaft sitze ich in der Lager-Unterkunft, und es ist im Augenblick Waffenruhe. Wir haben uns Mühe gegeben, etwas Weihnachtsstimmung zu bekommen. Zott Anton und Sonntags Peter haben die Unterkunft mit Tannenzweigen geschmückt und Karl Heinrich[562] hat mit mir aus Tannenholz eine Krippe gebaut. Nun brennt noch eine kleine Kerze auf dem Tisch im Stollen. Jeder, der das Glück hatte, ein Päckchen von zu Hause zu erhalten, teilt den Inhalt mit allen anderen. Auch ich zähle zu den Glücklichen. Du hast mir so viele, schöne Sachen geschickt. Du bist einfach ein Organisationstalent, was ich so sehr an Dir bewundere. Auf den Tabak habe ich mich am meisten gefreut. Das heißt aber nicht, dass mir Deine Plätzchen und das Griebenschmalz nicht schmecken würden. Die kleine Flasche Zwetschgenwasser hast du bestimmt von Deinen Schwestern aus Contwig bekommen. Die Strümpfe und die Handschuhe, die mir Lena gestrickt hat, kann ich in diesen kalten Wintermonaten gut gebrauchen. Liebes Bienchen, nun wurde ich so reich beschenkt und kann Dir außer eine, von mir bemalte Weihnachtskarte, nichts zurückgeben. Wenn ich bei Euch wäre, hätte ich bestimmt für Dich und die Kinder ein kleines Geschenk gehabt. Nun denke ich ganz fest an Euch und stelle mir in Gedanken vor, wie ihr zusammen in der Küche sitzt und Weihnachtslieder singt. Bestimmt hast du Dir im Wald einen kleinen Tannenbaum geholt und ihn mit Kerzen und selbst gebastelten Sternen geschmückt. Ich kann mir vorstellen, dass du den Mädchen aus Stoffresten eine Puppe genäht hast und die Buben ein Holz-Tier bekamen, das der Großvater geschnitzt hat. Ich kann mir auch gut vorstellen, dass du einen guten Kartoffelsalat mit einer Extraportion Speck zubereitet, und zur Feier des Tages aus der Ziegenmilch einen Pudding gekocht hast. Die Christmette kannst Du bestimmt nicht besuchen, da Du die Kinder nicht alleine lassen kannst. Aber auch ein zu Hause gebeteter Rosenkranz, der für mich gedacht ist, wird mich hier auf den Maashöhen beschützen. Micks Jakob spielt nun auf der Mundharmonika „Stille Nacht, heilige Nacht." Wir hoffen, dass dieser Wunsch bei uns heute in Erfüllung geht.

Ich grüße Dich und die Kinder und hoffe, dass ich Euch bald wiedersehe.

Dein Mann Karl und Euer Vater, Weihnachten 1915 an der Front.[563]

Den Jahreswechsel erlebte der Ldstm. Karl Didion wieder in Stellung. Am 28.12.1915 löste die 2. Kompanie um 6:30 die 1. Kompanie im Abschnitt 8 ab.[564]

Zum Jahreswechsel gab es am 28.12.1915 auch einen Brigade-Tages-Befehl:

Brigade Befehl vom 28.12.2015:

Das Kriegsjahr 1915 geht zu Ende; die Brigade hat in dieser Zeit ununterbrochen vor dem Feind gestanden und in heißen blutigen Kämpfen wie auch zäher Kraft ihren Ruf als unerschütterliche Kerntruppe erneut bewährt.

Wir wollen in das nun neue Jahr mit dem festen Vorsatz eintreten, auch weiterhin unsere hohe, heilige Pflicht zum Schutze unseres geliebten Vaterlandes in allen Lagen beharrlich und treu zu erfüllen, bis unsere Feinde um Frieden bitten. Zum Jahreswechsel jedem einzelnen der Brigade Soldatenglück und Erfolg, mir zugedachte Glückwünsche nehme ich dankend als empfangen an.
gez. von Riedl.[565]

---

[562] Kameraden aus dem Ort Kirrberg, Heimatdorf von Ldstm. Karl Didion.
[563] Imaginierter Brief von Karl Didion.
[564] KA: 8. I.R._(WK)_6_157 (1554).
[565] KA: 8. I.R._(WK)_6_158 (1554); Abbildung 3, Anhang 6.

Auch aus dem Brigadebefehl scheint nach dem Kriegsjahr mit den schweren Stellungskämpfen keine allzu große Siegeszuversicht auf, stattdessen wird an die „beharrliche und treue" Pflichterfüllung zum Schutze des Vaterlandes appelliert.

Die Silvesternacht verlief ohne Artilleriefeuer.

Bei der 1. und 4. Kompanie im Lager und Ort Billy hielt der Kompanieführer in der Neujahrsnacht eine Ansprache. Um Mitternacht wurde auf SM den deutschen Kaiser und den König von Bayern sowie auf den Regimentsinhaber seine SKH den Großherzog Friedrich II. von Baden ein dreifaches Hurra ausgebracht.[566]

Zum Jahreswechsel folgten dann noch ein Erlass des Kaisers[567] und ein Tagesbefehl des bayerischen Königs.[568]

Kaiser Wilhelm II. beschwor das Ausstrecken der Hände des Feindes in West und Ost, Nord und Süd nach allem, was das Leben lebenswert mache. Er beklagte das Aushungern des ganzen deutschen Volkes und einen frevelhaften und heimtückischen Verleumdungsfeldzug und appellierte an „den Geist der Pflichterfüllung für das Vaterland bis zum letzten Atemzug und den Willen zum Siege", Er schloss den Neujahrs-Erlass mit der Aufforderung: „Vorwärts mit Gott, zum Schutze der Heimat und für Deutschlands Größe."[569]

Der bayerische König Ludwig bezeichnete in seinem Tagesbefehl das Jahr 1915 als „ein Jahr heißen Völkerringens, wie es die Weltgeschichte noch nicht gesehen hat". Er adressierte die Erfolge im Osten, wo schon vor mehr als 200 Jahren Kurfürst Max Emanuel seine Bayern zum Siege geführt habe, und die Bewährung bayrischer Truppen „im kühnen Angriff, wie in zäher Verteidigung der anvertrauten Stellung".[570] Er bedankte sich bei seiner Truppe, beklagte die Gefallenen und vergaß auch nicht „die unermüdliche Arbeit derer, die in der Heimat das Schwert schärfen, das den Feind zu Boden schlägt". Zum Schluss gab er sich der Erwartung hin, dass seine kampferprobten Truppen weiterkämpfen in treuer Pflichterfüllung für Heimat und für König und Vaterland, für Kaiser und Reich bis zum siegreichen Frieden.[571]

Auch in diesem Tagesbefehl wurden weitere Kämpfe zur Entscheidung beschworen, da der Feind nicht an den Sieg der eigenen gerechten Sache glaube.

Am 07.01., dem Geburtstag SM des Königs von Bayern, hielten die Kompanien im Lager Dom-

---

[566] KA: 8. I.R._(WK)_6_160 (1554).
[567] KA: 8. I.R._(WK)_6_161 (1554); Abbildung 4, Anhang 6.
[568] KA: 8. I.R._(WK)_6_162 (1554); Abbildung 5, Anhang 6.
[569] KA: 8. I.R._(WK)_6_161; Abbildung 3, Anhang 6.
[570] KA: 8. I.R._(WK)_6_162; ident. KA: 8. I.R._(WK)_9_01 (414); Abbildung 4 Anhang 6.
[571] KA: 8. I.R._(WK)_6_162.

pierre Appelle mit Ansprachen der Kompanieführer ab. Nachmittags 4:30 Uhr fand ein gemeinsamer Festgottesdienst statt.[572]

An diesem Tage lagen die 2., 3., 5., 8. Kompanie als Brigade-Reserve unter Führung des Kommandeurs I/8 Major Rüber im Lager Dompierre (Abbildung 88). Ldstm. Karl Didion wird wohl an diesen Feierlichkeiten teilgenommen haben.

Am Vorabend von Kaisers Geburtstag gab das vereinigte Musikkorps 8. u. 4. b. I.R. und K.[573] I.R. 130 in Billy unter Führung des Oberleutnants Heller den Zapfenstreich.[574]

Abbildung 88: Möglicher Standort des Lagers Dompierre

Am 27.01.1916, dem Geburtstag, meldete das Kriegstagebuch des I./8:

> Vormittags 10:00 fand aus Anlass des Geburtstagsfestes SM des Kaisers in der Kirche zu Billy eine religiöse Feier statt, der die Kompagnien beiwohnten.
>
> Abend 7:00 Festessen der Offiziere im Kasino. Der Bedeutung des Tages wurde bei Appellen der Kompagnien gedacht. Jedermann bekam 1 l Bier, zwei Zigarren, zwei Zigaretten.[575]

Das II/8 meldete am gleichen Tag:

> Appelle und Ansprachen zu Ehren des Geburtsfestes SM. d. Kaisers.
> Nachm. Feldgottesdienst. Abends Kompaniefeiern.
> Verpflegung aus Magazin. Gesundheitszustand gut. Witterung: schön.
> <u>Verluste:</u> durch Platzen eines Zünders 3 Mann 8./8 schwer, 4 Mann 8./8 leicht verw.
> Auszeichnungen: Für Unteroffiziere & Mannschaften 17 Eiserne Kreuze II. Klasse.[576]

Am Geburtstag des Kaisers erging ein Divisionsbefehl:

> Zum zweiten Mal in diesem Kriege begehen wir den Geburtstag unseres erhabenen Obersten Kriegsherrn. Die Macht unserer Feinde wankt auf allen Teilen des großen ausgedehnten Kriegstheaters. Aber noch ist ihre Macht nicht endgültig gebrochen. Es gilt weiter durchzuhalten bis zum vollen entscheidenden Sieg.
>
> Wie der allmächtige Kriegsgott bisher den deutschen Waffen und denen unserer Verbündeten sichtbar beigestanden, so wird er weiter mit uns sein. Er wird seine treuen Deutschen nicht verlassen.
>
> Was wir an Siegen und Erfolgen erzwungen haben, das geschah unter der sicheren und ruhmvollen Führung und Leitung unseres obersten Kriegsherrn. Ihm erneuern wir heute unseren Treueschwur. Mit ihm kämpfen wir bis zum letzten Atemzuge. Gott erhalte uns unseren geliebten und allverehrten Kaiser und König. Wir aber rufen in deutscher Treue und mit begeistertem Herzen: „Es lebe der Kaiser." gez. Bausch.[577]

---

[572] KA: 8. I.R._(WK)_6_167.
[573] Mit „K" (Königlich) sollte wohl ausgedrückt werden, dass es sich um ein preußisches Regiment (auch der 33. R. D. unterstehend) handelte mit dem eigentlichen Namen „Lothringisches Infanterie Regiment 130".
[574] KA: 8. I.R._(WK)_6_176 (1554).
[575] KA: 8. I.R._(WK)_6_176 (1554).
[576] KA: 8. I.R._(WK)_7_09 (1554).

Der Divisionsbefehl ist geprägt von Durchhaltewillen und Treue zu dem obersten Kriegsherrn, dem „geliebten und alle verehrten Kaiser und König". Fremd mutet uns heute die Anrufung eines allmächtigen Kriegsgottes an, der „bisher den deutschen Waffen beigestanden" habe und seine treuen Deutschen nicht verlassen werde.

Auf den Brigade-Tagesbefehl zum Jahrestag der Schlacht bei Combres[578] vom 18.02.1916 wurde bereits unter dem Kapitel 3.1.1 eingegangen.

Am 05.05.1916 gedachte man der Schlacht im Bois Haut vom 05.05.1915[579], die bereits im Kapitel 3.3.3 betrachtet wurde:

> 8. Infanterie-Regiment 5. Mai 1916
>
> Der Wechsel der Zeiten hat uns wieder einen jener Tage nahe gerückt, der, wie so viele andere, einen Gedenkstein bildet in der Geschichte des 8. Infanterie-Regiments – den 5. Mai 1916.
>
> Ich gedenke mit Stolz und Freude des Tages, an dem vor einem Jahre das Regiment alle Angriffe der französischen schwarzen Truppen im Waldgelände beiderseits der Grande Tranchée [Abbildung 9] in zäher Hartnäckigkeit abgewiesen hat.
>
> Ich gedenke der selbstlosen Hingabe und Opferwilligkeit der Offiziere, Unteroffiziere und Mannschaften, ich gedenke aller derer, die in treuester Pflichterfüllung für das Vaterland in den Tod dahingesunken sind – für uns aber trotzdem leben – und Jener, die ehrenvolle Wunden im Dienst für Kaiser und Reich erlitten haben.
>
> Von der Erinnerung weg wenden wir den Blick in die Zukunft. Und wie damals, dessen bin ich gewiss, so wird auch in den künftigen Tagen das Regiment seinen Mann stehlen – allzeit bereit für des Reiches Herrlichkeit!
> gez. v. Rücker.[580]

In diesem Regimentsbefehl wird auf die selbstlose Hingabe und Opferwilligkeit der Truppe eingegangen und all jener gedacht, die in treuester Pflichterfüllung fielen. Dieses Gedenken unterstreicht den Unterschied eines denkwürdigen Gefechts gegenüber dem Alltag des Stellungskrieges.

Auch des Regiments-Inhabers wurde gedacht: Am 11.07.1916 werden im Kriegstagebuch des II/8 Geburtstagswünsche für Großherzog Friedrich II. erwähnt.[581] Der Regiments-Kommandeur in Vertretung, Major Felser, hatte offensichtlich dem Regiments-Inhaber Geburtstagsgrüße zukommen lassen.

> Auf das Glückwunschtelegramm des Regiments an Seine Königliche Hoheit dem Großherzog Friedrich II. von Baden ist aus Schloss Eberstein folgende Antwort eingetroffen.
>
> Herrn Major Felser, 8. Infanterie-Regiment.
> Meinem tapferen Regiment danke ich von Herzen für seine treuen Glückwünsche, die Gott in Erfüllung gehen lassen wolle durch Gewährung siegreichen Friedens.
> Meine wärmsten Wünsche begleiten das Regiment zu weiteren Erfolgen.

---

[577] KA: 8. I.R._(WK)_6_176 (1554); Abbildung 6, Anhang 6.
[578] KA: 8. I.R._(WK)_6_04-05 (1554); ident. KA: 8. I.R._(WK)_7_21 (1554); Abbildung 7, Anhang 7.
[579] KA: 8. I.R._(WK)_7_78-79 (1554).
[580] KA: 8. I.R._(WK)_7_78-79 (1554).
[581] KA: 8. I.R._(WK)_7_142 (1554).

gez. Friedrich, Großherzog von Baden.[582]

Am gleichen Tage ist ein Abschiedsgruß an Bataillons-Kommandeur Aschauer im Kriegstagebuch verzeichnet:

> Herr Major Aschauer zum Führer des II. Bataillons bayerischen Infanterie Regiments „Würzburg" ernannt, sagt allen Regiments Angehörigen herzlich Lebewohl.
> Schweren Herzens trennt er sich vom alten Regiment und dankt herzlich für die ihm stets entgegengebrachte treue Kameradschaft.
> Die besten Wünsche des Regiments werden den Herrn Major begleiten.[583]

3.5 Stellungskrieg nördlich St. Mihiel im Juni und Juli 1916

Zu dem Stellungskrieg Juni/Juli 1916 nördlich von St. Mihiel vermerkt die schon zitierte Regimentsgeschichte:

> Im Juni wird das Regiment im Abschnitt nördlich St. Mihiel eingesetzt. Einige schöne Wochen in der herrlichen Gegend und in der dortigen ruhigen Stellung stärken die Truppen für die kommende Zeit. Mit dem Abmarsch nach St. Mihiel scheidet das Regiment aus dem Verband der 33. Reserve Division, nimmt Abschied von seinen preußischen Kameraden, mit denen es seit Kriegsbeginn in treuester Kameradschaft Freud und Leid geteilt hat.[584]

Das Kriegstagebuch kann im Folgenden Auskunft geben, ob es sich wirklich „um einige schöne Wochen" bis zum Abmarsch nach Verdun am 01.08. handelte.

Am 08.06., noch vor der Verlegung, ist im Kriegstagebuch des I/8 von einer geheimen Mitteilung die Rede: „In der Nacht vom 8. auf den 9.6. wird die 11. bayer. Brigade versuchen, an zwei Stellen in die französische Stellung einzudringen."[585] Was daraus wurde, ist aus dem Kriegstagebuch nicht zu erkennen.

Die Stärke des 8. I.R. zu diesem Zeitpunkt ergibt sich aus der Verpflegungs- und Gefechtsstärke. Im Kriegstagebuch des Regiments sind diese für den 11.06. angegeben:

Verpflegungsstärke:	89 Offz. 3440 Mannschaften, 221 Pferde.
Gefechtsstärke:	73 Offz. 2700 Mannschaften[586]

Weiter heißt es dort:

> Kriegstätigkeit: Stellungskrieg
>
> Das feindl. Art. Feuer ist in der Nacht namentlich hinter den Stellungen ziemlich lebhaft gewesen. Tagsüber mäßig. In der Nacht von gestern auf heute ist auf (wortgleichen) Fernsprechbefehl der 8. Infant. Brigade die MG A aus der Stellung herausgezogen worden, um 7:00 Vorm. in Billy einzutreffen und hat dort Ruhequartier bezogen. Am Vorm. trifft ein Befehl der 6. Bayer. Inf. Div. und der 33. Res. Div. in der Befehlsstelle ein.
>
> Inhalt: Stab 8. Inf. Brigade und 8. I.R. werden aus der Stellung der 33. Res. Div. herausgezogen. 8. Inf. Brig. tritt an die Stelle der 11. Inf. Brigade im Bereich der 6. Bayer. Inf. Div. (III. bayer. A. K.), 8. Inf. Regt. an die Stelle des 13. bayer. Inf. Regts. [Abbildung 89] An die Stelle des 10. bayr. I.R. tritt

---

[582] KA: 8. I.R._(WK)_7_142 (1554).
[583] KA: 8. I.R._(WK)_7_142 (1554).
[584] Bayerisches Kriegsarchiv, Erinnerungsblätter 1926, S. 22.
[585] KA: 8. I.R._(WK)_6_70 (1554).
[586] KA: 8. I.R._(WK)_1_01-02 (414).

ein „zusammengesetztes" Inf. Regt.: Regts. Stab von der 8. Inf. Brig. gestellt, 2 Batle.: 1. Batl. der 12. bayr. Inf. Brig. und das IV. Res. Inf. Regt. Nr. 130.

Anstelle des 8. bayr. I.R. wird das 4. I.R. um 1 Batl. R. I.R. 130 verstärkt, übernimmt die Abschnitte 9 mit 15, die anschließenden die nunmehr um 2 Batl. Res. I.R. 130 geschwächte 66. Res. Inf. Brig. Die F[estungs] MG A[bteilung] tritt zum 4. I.R. die nötigen Befehle werden hinausgegeben.[587]

Diese Informationen schildern die hier nicht näher nachvollziehbaren Rochaden zwischen verschiedenen Divisionen. Wichtig für unseren Zusammenhang ist, dass das 8. I.R. nun die Stelle des 13. Bayerischen Infanterie-Regiments antrat.

Im Regiments-Kriegstagebuch vom 12.06.1916 wird unter „Offiziere" vermeldet: „Major Rüber wird als Führer des zus. ges. I.R. bestimmt, als Adjt. vorläufig der Adjt. I/8, Oberlt. Mayer, zur Verfügung gestellt. Hptm. Walter übernimmt I/8."[588]

Unter „Kriegsgliederung" heißt es: „Die eigentliche Kriegsgliederung bleibt unverändert, wohl aber schieden heute Regts. Stab, II/8, MG K. aus der 33. Res. Div. auf Befehl des AOK von Strantz (siehe gestern) aus u. traten unter Befehl der 6. b. I. D."[589]

Bei „Kriegstätigkeit" heißt es:

> Oberst v. Rücker gibt heute Vorm. den Befehl im Abschnitt an den stellv. Kdeur 4. I.R. Major Leupold ab und übernimmt 6:00 Abds. in Varvinay den Befehl über den Abschnitt 13. I.R. von dessen Kommandeur.
>
> II/8 und die MG K[omp] rücken am Abend aus Billy-Lager und -Ort und treffen am späten Abend im Bereitschaftslager Kaiserschlag des 13. I.R. südwestl. Varvinay ein. I/8 bleibt am bisherigen Platz der Brigade Reserve im „Brigadetal". III/8 bleibt in Stellung 9-12.[590]

Auch das Kriegstagebuch des I/8 verzeichnet, dass das Bataillon bis zum 12.06. als Brigade-Reserve in Bereitschaft lag.

Das Kriegstagebuch des Regiments vermeldet für den 13.06:

> Kriegsgliederung: Heute treten I/8 und III/8 aus dem Verbande der 33. Res. Div. aus und unter den Befehl der 6. bayr. I. D., das 8. I.R. ist damit geschlossen übergetreten, aber nur auf Anordnung des AOK von Strantz, so dass nur eine Änderung der Truppeneinteilung, kein solcher der Kriegsgliederung vorliegt.
>
> Kriegstätigkeit: II/8 und MG Kp. rücken am späten Abend in vordere Linie. II/8 vom „Pionier Hügel" über „Dreigruppenstellung" und „Höhe 322" mit 5. 6. 7. Komp. in Bereitschaft. MG Kp. besetzt die eingebauten, vom 13. I.R. übernommenen MG in diesen Stellungen. Die eigentlichen 6 MG der MG Kp. sind baugleiche MG Reserven des Regiments im MG K. Lager südl. Varvinay.
>
> I. u. III/8 rücken heute Vormittag nach Eintreffen des 4. I.R. aus Bereitschaft im Brigadetal und aus Stellung im Bois des Chevaliers ab, rasten in Billy-Ort u. -Lager und treffen am späten Abend ein: I/8 an Stelle II/8 im Bereitschaft Lager Kaiserschlag, III/8 im Hanglager Varvinay, Straßenlager I u. II u. im Lager Neu-Heudicourt [am rechten Rand Abbildung 32].[591]

Der Eintrag beim I/8 am 13.06. lautet dann: „Ablösung des 13. b. I.R. [Abbildung 89] in der

[587] KA: 8. I.R._(WK)_1_01 (414).
[588] KA: 8. I.R._(WK)_1_02 (414).
[589] KA: 8. I.R._(WK)_1_02 (414). Am 16.07.1916 wurde die 8. Inf.-Brig. (bestehend aus 8. I.R. und 7. I.R.) der 1. Inf.-Div. des I. bayer. A. K. unterstellt; KA: 8. I.R._(WK)_7_147 (1554).
[590] KA: 8. I.R._(WK)_1_02 (414).
[591] KA: 8. I.R._(WK)_1_02 (414).

Stellung an der Maas durch 8 b. I.R. II/8 in Stellung. I/8 Bereitschaft. III/8 Ruhe in Varvinay."

Im Kriegstagebuch des II/8 wird die Verlegung des Regiments bereits am 12.06.[592] vermerkt.[593] Der Abmarsch ist für Pfingstmontag abends befohlen, aber nicht, bevor die Protestanten ihren Kirchgang gemacht hatten. Die Katholiken hatten bereits am Pfingstsonntag Kirchgang mit Beichte!

Der Abmarsch des II/8 erfolgte in Begleitung der Regimentsmusik und der „Musik der Wirtschaftskompanie" über die Route Billy, Vigneulles, Creue, Chaillon, Varvinay (Abbildung 32) zum „Kaiserschlag" (Abbildung 90).

Die Ankunft des Bataillons nach einem Marsch von ca. 15 km war zwischen 12:00 und 1:00 nachts geplant. Unmittelbar darauf sollte das II/8 vom 13. I.R. die Bereitschaft übernehmen. Das I/8 war am 14.06. in Stellung, die 2./8 mit Ldstm. Karl Didion war im Hanglager 322 und im „Kaiserschlag Nord" disloziert. Weitere Stellungsbezeichnungen waren: Bayard-Mühle, Körnlein- und Taxisstellung, Staubwasser- und Stäbleinstellung (Abbildung 91), Waldstellung und Pionierhügel, Dreigruppenstellung, Bienenwald, 332 und Côtes St. Marie (Abbildung 92).

An dieser Stelle soll des Verständnisses halber rekapituliert werden, wie der Frontverlauf bei St. Mihiel[594] oder der „Saillant de St. Mihiel", zustande kam: In der ersten Septemberhälfte 1914 unternahmen die Deutschen zweimal den Versuch, die Festung Verdun von Nordwesten aus dem Bereich der Argonnen durch die 5. Armee des Deutschen Kronprinzen und aus östlicher Richtung durch die 4. Armee des Bayerischen Kronprinzen sowie anschließend durch die neu gebildete Armee-Abteilung des Generals v. Strantz einzuschließen. Diese Versuche scheiterten am heldenhaften Widerstand der Besatzung des Forts de Troyon (s. am linken Rand der Abbildung 32 und Abbildung 93).

Zwar konnten die Deutschen im Norden die strategisch wichtige Combres-Höhe bei Les Éparges einnehmen und auf den Westhängen der Côtes de Lorraine Fuß fassen. Das Fort de Troyon, dessen Besatzung tagelangem Artilleriefeuer standhielt und mehrere Kapitulationsaufforderungen zurückwies, vereitelte aber jedes weitere Vordringen. Die bei dem ersten Versuch bis auf knapp 20 Kilometer geschlossene Zange um Verdun löste sich ab dem 12.09.1914, als sich die deutschen Armeen nach der Marne-Schlacht auf dem westlichen Maasufer bis nördlich des Argonnerwaldes sowie östlich auf eine Linie Metz – Etain zurückzogen.

Bis zum 25.09.1914 hatten Teile des III. Bayerischen Armeekorps mit weiteren Einheiten die

---

[592] KA: 8. I.R._(WK)_7_109 (1554).
[593] Das handschriftliche Kriegstagebuch des 8. Infanterie-Regiments schildert die Stellungszeit nördlich von St. Mihiel vom 11.06. bis 31.07. (Verlegung nach Verdun); KA: 8. I.R._(WK)_1_01-08 (414).
[594] Abbildung 15, Anhang 2 u. Abbildung 1, Anhang 7.

Stadt St. Mihiel sowie das Fort Camp des Romains erobert. Westlich St. Mihiel konnte die Maas geringfügig überschritten und ein Brückenkopf gebildet werden. Bis in das Jahr 1915 versuchten die Franzosen wiederholt die Rückeroberung. Über St. Mihiel verlief die strategisch wichtige Bahnstrecke von Toul nach Verdun, die jetzt unbenutzbar war. Zudem befürchtete man deutsche Angriffe aus dem Frontkeil heraus. Als die Rückeroberungsversuche nicht den gewünschten Erfolg brachten, wurden sie 1915 eingestellt und die Front zwischen St. Mihiel und Pont-à-Mousson sowie auf den Côtes de Lorraine verfestigte sich zum Stellungskrieg. Die Stellungsverläufe blieben bis kurz vor Kriegsende im Wesentlichen unverändert.[595]

Der Stellungsverlauf für den in Rede stehenden Stellungsabschnitt für das 8. I.R. im Juni/Juli 1916 ist der Abbildung 90 und Abbildung 4, Anhang 2 zu entnehmen.

---

[595] URL: http://www.morthomme.com/st-mihiel.html, 13.03.2016.

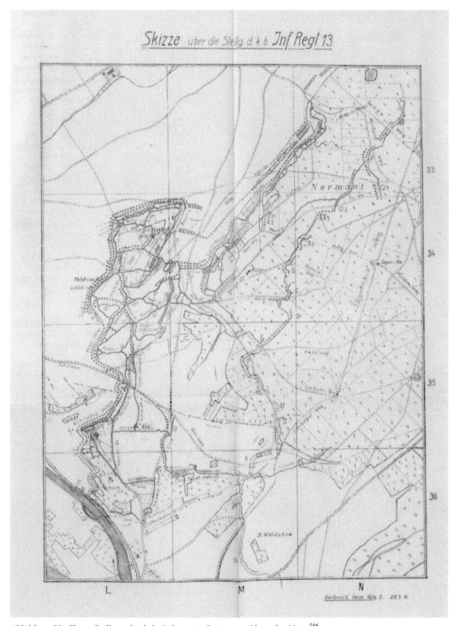

Abbildung 89: Skizze Stellung des k. b. Infamterie-Regiments 13 an der Maas[596]

---

[596] KA: 8. I.R._(WK)_7_2 (1554) Karten.

Abbildung 90: Stellung nördlich St. Mihiel (Kaiserschlag befindet sich auf der unteren rechten Hälfte der Karte)[597]

---

[597] KA: 8. I.R._(WK)_7_4 (1554) Karten; ident. KA: 8. I.R._(WK)_7_2 (414).

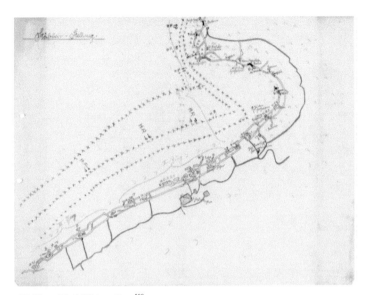

Abbildung 91: Stäbleinstellung[598]

Abbildung 92: Marienhöhe (Côtes St. Marie)[599]

---

[598] KA: 8. I.R._(WK)_12_1 (511) Skizze.

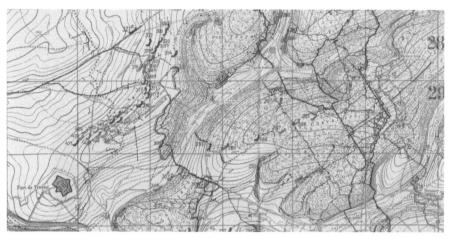

Abbildung 93: Fort Troyon und Ritterwaldstellung.[600]

Laut Regimentsbefehl vom 14.06.1916[601] wurde zunächst die Übernahme von der 12. Infanterie-Brigadee geregelt und den Bataillonen bzw. den Kompanien Stellungen bzw. Bereitschaftslager zugewiesen. Die uns interessierende 2. Kompanie mit dem Ldstm. Karl Didion kam mit 1 Zug in das „Hanglager 322", mit 2 Zügen ins Lager „Kaiserschlag Ost" (Abbildung 94).

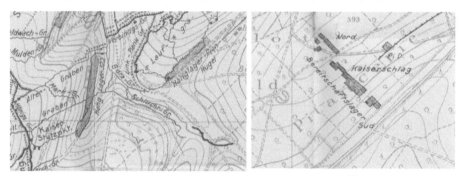

Abbildung 94: 14.06.1916, Hanglager 322 und Lager Kaiserschlag der 2./8, Ausschnitt[602]

Bemerkenswert in diesem Regimentsbefehl ist auch die Information über die feldärztliche Betreuung und über die Verpflegung.[603] Jeder der Stellungen wurde ein Arzt zugeordnet und jedem Bataillon wurden bestimmte Verpflegungsmagazine, Schlachthäuser und Gärten zugewiesen.

In den überkommenen Bildern des Ldstm. Karl Didion (zweiter von links in Abbildung 95) befindet sich auch ein Bild seiner Gruppe mit Gartengeräten. In welcher Stellung der Garten tat-

---

[599] KA: 8. I.R._(WK)_7_3 (1554) Karten.
[600] KA: 8. I.R._(WK)_6_01 (1554) Karten.
[601] KA: 8. I.R._(WK)_12_22-23 (511), Abbildung 3, Anhang 4.
[602] KA: 8. I.R._(WK)_7_4 (1554) Karten.
[603] KA: 8. I.R._(WK)_12_23 (511).

sächlich lag, ist nicht festzustellen. Da aber im Hintergrund ein sorgfältig aufgebautes Steinhaus zu erkennen ist, muss es sich um eine Stellung mit längerer Verweildauer gehandelt haben, vielleicht eher mit dem E. R. 2 in den Vogesen ab 1917.

Abbildung 95: Bild mit Gartengeräten, Karl Didion Zweiter von links.[604]

Der Regimentsbefehl vom 16.06.1916[605] informiert dann über die Gliederung in der neuen Stellung. Die uns interessierende Kompanie mit dem Protagonisten Karl Didion rückte nach Eintreffen der 9/8 aus den beiden Bereitschaftslagern Hanglager 322 und Kaiserschlag Ost ab und bezog Straßenlager 2 (800 m südöstlich Varvinay).

Der Stellungskrieg im Juni 1916 bestand im Wesentlichen im gegenseitigen Artilleriebeschuss. Die deutsche Stellung wurde beschossen aus Richtung Dompcevrin, Les Paroches und Rouvrois.

Im Kriegstagebuch des II/8 ist über Artilleriebeschuss am 24.06.1916 vermerkt:

1. Abendmeldung: 12^{0}-2^{0} Nachts 15 Schuss 12 cm auf Muldenstellung aus Richtung Dompcevrin.
2. Abendmeldung: 11^{15}-11^{30} 7 Schuss 12 cm aus Richtung Steinbruch Dompcevrin. 6^{0}-8^{0} starke Rauchentwicklung am Nordeingang von Les Paroches. Ebenfalls Nachmittags 3^{0}[606]

Aufschlussreich ist eine Karte der deutschen Artillerie-Stellungen (Abbildung 96 und Abbildung

---

[604] In Privatbesitz.
[605] KA: 8. I.R._(WK)_12_20-21 (511); Abbildung 4, Anhang 4.
[606] KA: 8. I.R._(WK)_7_124 (1554).

97). Hier sind die besetzten Stellungen blau und die unbesetzten rot gekennzeichnet.

Für die Zeit vom 18.-24.06.1916[607] und 23.07.-24.7.1916[608] legte die Nachrichtenstelle 6 der 6. Feldartillerie-Brigade detaillierte Wochenberichte über die feindliche Artillerie und eigene Artillerietätigkeit, die feindlichen und eigenen Flugbewegungen und feindlicher Fesselballon-Aktivitäten vor. Ein Messplanbericht, der die allgemeine Schussrichtung angab, vervollständigte jeweils den Bericht.

Am 22.06., Donnerstag, 1:30 Uhr nachts wurden Stäbe und Züge in Varvinay alarmiert. Es wurden Anordnungen getroffen, um den Franzosen bei einem eventuellen Rückzug über die Maas „möglichst Abbruch zu tun"[609].

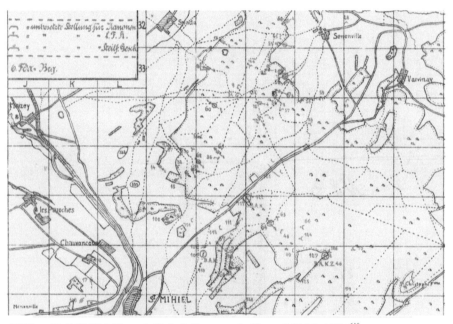

Abbildung 96: 15.06.1916, Eigene Artillerie-Stellungen an der Maas, nördlich St. Mihiel[610]

---

[607] KA: 8. I.R._(WK)_8_16-20 (1530); Abbildung 10, Anhang 3.
[608] KA: 8. I.R._(WK)_8_01-04 (1530).
[609] KA: 8. I.R._(WK)_6_74 (1554).
[610] KA: 8. I.R._(WK)_12_3 (511) Skizze.

Am 23.06. ist im Kriegstagebuch die neue Postadresse angegeben: 6. bayer. Inf.-Div. Das deutet daraufhin, dass das 8. I.R. nun zu dieser Division gehörte. Am gleichen Tage erhielt das 8. I.R. von der 8. Infanterie-Brigade die Struktur für die täglichen Morgen- und Abend-Meldungen. Danach seien folgende Gesichtspunkte zu beachten:

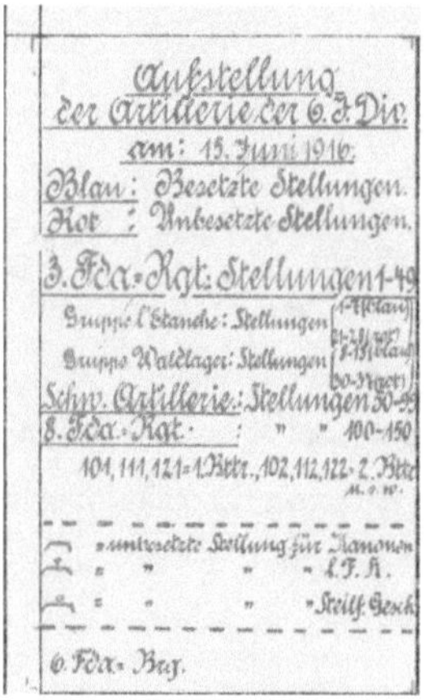
Aufstellung der Artillerie der 6. I. Div.
am: 15. Juni 1916.
Blau: Besetzte Stellungen.
Rot: Unbesetzte Stellungen.
3. Fda.-Rgt.: Stellungen 1-49
Gruppe l'Etanche: Stellungen
Gruppe Waldlager: Stellungen
Schw. Artillerie: Stellungen 50-99
8. Fda.-Rgt.: " " 100-150
101, 111, 121 = 1. Bttr., 102, 112, 122 = 2. Bttr.
u. s. w.
= unbesetzte Stellung für Kanonen
" " " " l. F. H.
" " " " Steilf. Gesch.
6. Fda.-Brg.

Abbildung 97: Zeichenerklärung: eigene Artilleriestellungen[611]

1. Soweit möglich, keine allgemeinen, sondern zahlenmäßige Angaben über feindl. Artilleriefeuer (Angaben, wie „leichtes Streufeuer mittleren Kalibers" sind wertlos). Aus den Meldungen soll ersichtlich sein, ob das Feuer mehr auf der 1. oder 2. Stellung lag. Über die Schussrichtung genügt allgemeine Angabe: die genaue Ermittlung der Batterien erfolgt durch die Messtruppe.
2. Beschießungen von Ortsunterkünften und Lagern, vor allem in Senonville, Chaillon und Varvinay, sind sofort durch den Ort- und Lagerkommandanten unmittelbar der N. R. St. 6 zu melden.
3. Meldungen über das Auftreten feindl. Flieger sowie über Luftkämpfe sind nicht nötig, nur, wenn sich gleichzeitig mit der Feuertätigkeit der franz. Artl. auch franz. Flieger zeigen, so dass der Eindruck gewonnen wird, dass der Gegner mit Fliegerbeobachtung schießt, ist es im eigenen Interesse der Truppe, sofort die N. R. St. 6 davon zu benachrichtigen. Die Nachrichtenstelle wird sodann eine Störung der feindlichen Funkverbindung veranlassen. Die Beobachtung französischer Fesselballons ist in die Meldungen aufzunehmen.[612]

Bemerkenswert ist, dass feindliche Flieger nur als Artillerie-Beobachter wahrgenommen wurden. Eine Bedrohung durch Bombenabwurf wurde offensichtlich noch nicht gesehen.

Sodann gab die N. R. St. 6, die sich in Creuë befand, bekannt, wie sie die Meldungen über die Stellungen chiffrierte. Diese sind in der Abbildung 98 zu erkennen:

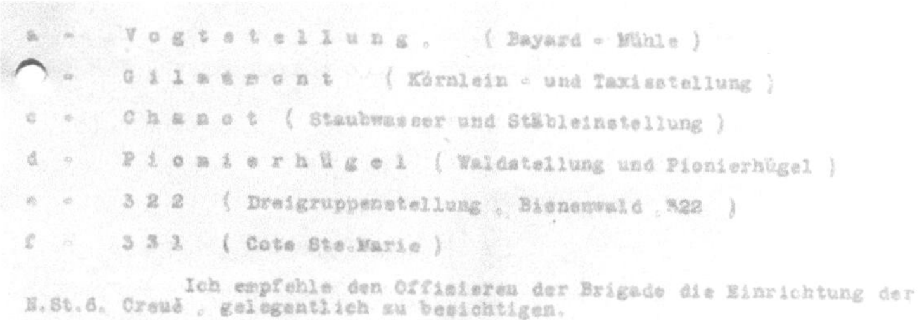
a = Vogtstellung. (Bayard - Mühle)
b = Gilamont (Körnlein - und Taxisstellung)
c = Chanot (Staubwasser und Stäbleinstellung)
d = Pionierhügel (Waldstellung und Pionierhügel)
e = 322 (Dreigruppenstellung , Bienenwald 322)
f = 331 (Cote Ste.Marie)

Ich empfehle den Offizieren der Brigade die Einrichtung der N.St.6. Creuë , gelegentlich zu besichtigen.

Abbildung 98: 23.06.1916, Einteilung der Stellungen[613]

Am 03.07.1916, als das Regiment in der Stellung nördlich von St. Mihiel lag, wurde das 8. I.R. zusammen mit dem Königlichen Preußischen Infanterie-Regiment 47 von „Seiner Majestät des

[611] KA: 8. I.R._(WK)_12_3 (511) Skizze.
[612] KA: 8. I.R._(WK)_12_19 (511); Abbildung 5, Anhang 4.
[613] KA: 8. I.R._(WK)_12_19 (511).

Königs von Bayern" in St. Benoit inspiziert[614], was bereits in Kapitel 3.2 erwähnt wurde. Diese Inspektion fand in St.-Benoit-en-Woëvre statt, das etwa 6 km östlich von Billy liegt.

> Seine Majestät der König von Bayern trifft am 3.7. 9:30 Vorm. zur Besichtigung von Teilen des II. A. K. der 8. Inf. Brig. in St. Benoit ein.
> II/8 bestimmt dazu Komp. Wied.
> Komp. Wied setzt sich zusammen aus 3 Zügen der 5. u. 6. Komp. Lt. Gistl 6./8 wird durch S. Majestät Allerhöchst selbst der Mil-Verd. Orden 4. Klasse mit Schwerter überreicht.[615]

Das 8. I.R. stellte dazu zwei zusammengesetzte Kompanien. Eine der zusammengesetzten Kompanien bestand aus Soldaten der 10. und 2. Kompanie, in der Ldstm. Karl Didion diente. Es ist also nicht ausgeschlossen, dass Karl Didion zur Abordnung der Parade gehörte. Die Truppenschau sollte folgenden Verlauf haben:

a) Paradeaufstellung.
b) Abschreiten der Front durch seine Majestät.
c) Verleihung von Auszeichnungen durch seine Majestät
d) Kurze Ansprache durch den Kommandierenden General III. bay. A. K. Exzellenz von Gebsattel
e) Vorbeimarsch der Infanterie.[616]

Dazu wurde ein 5-seitiger Regimentsbefehl erlassen, der nichts dem Zufall überließ.[617] Der letzte Punkt darin lautete: „Die Truppenschau wird bei Annäherung feindlicher Flieger nötigenfalls auf Befehl des Komm. Generals unterbrochen; die Truppe nehmen dann Deckung im Wald"[618], denn man befand sich ja schließlich im Krieg und nicht auf dem Exerzierplatz.

Anlässlich dieses hohen Besuches erging ein Brigade- und Korpsbefehl, in denen die hohe Anerkennung des Königs bei der Inspektion wiedergegeben wurde und in dem der König zum Ausdruck brachte, dass es dem Armeekorps beschieden sein möge, nicht nur im Festhalten, sondern auch im Angriff den guten Geist zu zeigen, der es beseelt.

> Brigadebefehl.
> Seine Majestät der König hat mir heute seine Freude zum Ausdruck gebracht über die guten Nachrichten, die er über die Kriegstüchtigkeit und die gute Haltung der beiden Regimenter der Brig. erhalten hat.
> Gerne hätte er sämtliche Kompagnien der Brig. begrüßt. Da es jedoch nicht möglich war, sendet er durch mich allen Angehörigen seiner tapferen 8. Infanterie-Brig. seinen Königlichen Gruß![619]

Im Korpstagesbefehl vom General der Infanterie Ludwig Freiherr von Gebsattel wird vermeldet, dass der König seine Anerkennung für die Truppen, die an der Truppenschau teilnahmen, sowie für die Leistung aller Truppen des Armeekorps aussprach. Dann folgen floskelhaft die Bestätigung des Angriffswillens und die Hoffnung, dass jeder sein Letztes für Kaiser und Reich, für König und Vaterland hergeben möge.[620]

---

[614] KA: 8. I.R._(WK)_8_10-15 (1530); Abbildung 6, Anhang 4.
[615] KA: 8. I.R._(WK)_7_134 (1554).
[616] KA: 8. I.R._(WK)_8_10 (1530).
[617] KA: 8. I.R._(WK)_8_10-15 (1530).
[618] KA: 8. I.R._(WK)_8_14 (1530).
[619] KA: 8. I.R._(WK)_7_135 (1554).
[620] KA: 8. I.R._(WK)_7_135 (1554).

Korpstagesbefehl.

Es gereicht mir zur Ehre, bekanntzugeben, dass seine Majestät der König mir Allerhöchst Seine Anerkennung für die Truppen, die heute an der Truppenschau teilgenommen haben, sowie für die Leistungen aller Truppen des Armee-Korps ausgesprochen hat.

Seine Majestät haben der Hoffnung Ausdruck gegeben, dass es dem Armee-Korps beschieden sein möge, nicht nur im Festhalten, sondern auch im Angriff zu zeigen, welch guter Geist es beseelt. Wir wollen hoffen, dass dieser Allerhöchste Wunsch in Erfüllung gehen möge, und geloben, dass ein jeder von uns sein letztes hergeben wird für Kaiser und Reich für König und Vaterland.

Es lebe seine Majestät der König!

gez. v. Gebsattel [Abbildung 99][622]

Abbildung 99: General d. Inf. Ludwig Frhr. von Gebsattel, Kdr. des III. b. Armee Korps[621]

Im Folgenden sollen nun die Aspekte Stellungsbau und -wechsel, Patrouillen, Gaskrieg, Verluste und Zugänge sowie die taktische Lage während der Stellungszeit nördl. St. Mihiel (Abbildung 100) betrachtet werden.

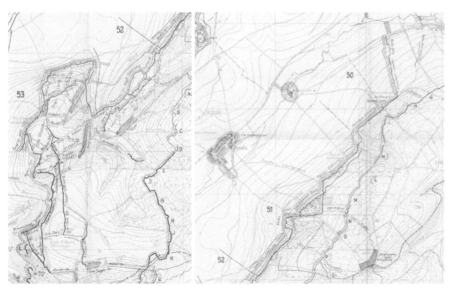

Abbildung 100: Stellung nördl. St. Mihiel, nördl. und südl. Teil[623]

---

[621] URL: https://www.historischeslexikonbayerns.de/images/thumb/e/e9/Artikel_45457_bilder_value_8_gebsattel_b.jpg/300px-Artikel_45457_bilder_value_8_gebsattel_b.jpg, 23.05.2016.

[622] KA: 8. I.R._(WK)_7_135 (1554).

[623] KA: 8. I.R._(WK)_7_2 (414).

3.5.1   Stellungsbau, Arbeitseinsatz und Stellungswechsel

Mit Datum 18.06. wird als Anlage zu einem Brigadebefehl vom 16.06. ein Arbeitsplan zum Stellungsbau mit Skizze vorgelegt. Dies war notwendig, da die Stellung von einer anderen Einheit, dem 13. I.R., übernommen worden war.

Der Arbeitsplan befahl, dass neben der Erhaltung der ganzen Stellung besonders ein Verbindungsgraben von U [P]$_1$ auf U [P]$_2$ (Abbildung 101) herzustellen und ein neues Hindernis vor der 2. Linie vom rechten Flügel aus anzulegen sei.

Weiterhin standen Minierarbeiten (Abbildung 102) für Unterstände der Mannschaften, den Sanitäts- und Kommandeurs-Unterstand an. Herstellen und Verstärken des Hindernisses bei J – K, ferner Durchgraben und Verstärken des Grabenstücks J – K zu einer fortlaufenden 2. Stellung, Weiterbau an 3 Stollen mit je 2 Ausgängen im Bereitschaftslager Kaiserschlag waren weitere Arbeiten.

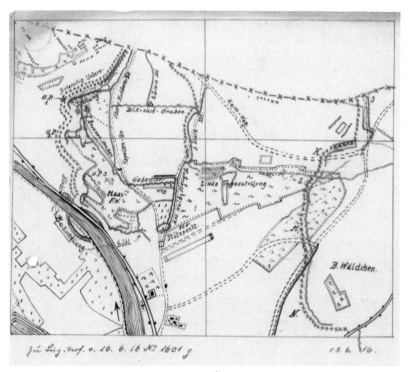

Abbildung 101: 18.06.1916, Skizze der Maasstellung[624]

---

[624] KA: 8. I.R._(WK)_12_2 (511) Skizze.

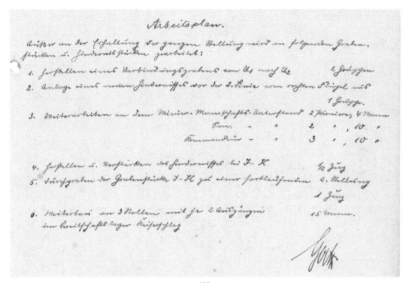

Abbildung 102: Arbeitsplan für die Maasstellung[625]

Am 24.06. wurde im Kriegstagebuch des I/8 über den Arbeitseinsatz der letzten acht Tage berichtet: Hier wurden in Bezug auf die vordere Linie Ausbesserungen und Verstärkung des Hindernisses, besonders vor einer Kopfstellung, die Verbesserung und Neuanlage von Schützenauftritten, das Weiterarbeiten an begonnenen Stollen, auch in Hanglage, und Ausbesserung, Aufräumen, Vertiefungen der Gräben sowie Vertiefung des Waldlaufgrabens gemeldet. Bei der „II. Stellung"[626] stand der Ausbau der Hindernisse im Vordergrund.

Immerhin handelte es sich um eine Grabenausdehnung von 620 m. Bemerkenswert ist, dass einige wenige Grabenstrecken nur 30 cm oder gar nur 10-15 cm tief waren. Dabei dürfte es sich aber nur um Markierungen gehandelt haben, die meisten Gräben waren 0,85-2,00 m tief. Die einzelnen angegebenen Gräben in der II. Stellung sind in Abbildung 103 erkennbar. Den fast gleichen Arbeitsinhalt hatte der Arbeitsplan vom 08.-14.07.1916.[627]

Am 30.06.1916 erfolgte eine erste Anweisung der Brigade zum Stellungsbau, die im Detail auf die Verteidigungsfähigkeit der Stellungen einging.[628]

---

[625] KA: 8. I.R._(WK)_12_2 (511) Skizze.
[626] KA: 8. I.R._(WK)_6_75 (1554); Abbildung 12, Anhang 5
[627] KA: 8. I.R._(WK)_8_05-06 (1530).
[628] KA: 8. I.R._(WK)_12_11-14 (511); Abbildung 13, Anhang 5.

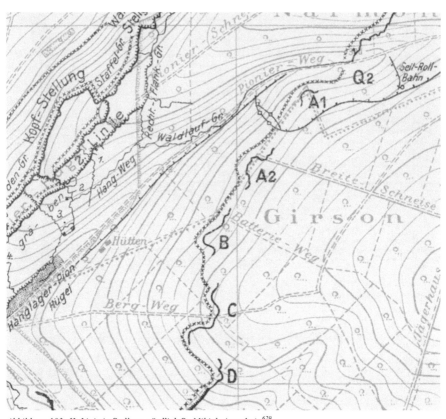

Abbildung 103: II. Linie in Stellung nördlich St. Mihiel, Ausschnitt[629]

Diese Anweisung trug der Tatsache Rechnung, dass diese Stellung der 8. Infanterie-Brigade von der 12. Infanterie-Brigade (s. Regimentsbefehl vom 14.06.1916[630]) übernommen wurde und deshalb grundsätzlichere Überlegungen angestellt werden mussten. Zunächst sollte Sorge getragen werden, dass die gesamten Mannschaften (7. I.R.[631] 2.000; 8. I.R. etwa 3.000 Mann) in der ersten Stellung und in unmittelbar dahinter befindlichen Bereitschaften (Hanglager Pionier-Hügel, Bienenwald-Hanglager, Hanglager 322, linke Tagesstellung) schusssicher untergebracht wurden, damit sie im Falle eines Kampfes alle zur Verfügung standen. Dann wurde auf den allgemeinen Zustand der Stellung eingegangen (Verschlammung in tiefer gelegenen Gräben und Stollen, abgerutschte Grabenböschungen), die infolge starken Regenfalls der letzten Zeit sehr gelitten hatten. Weiter wurde auf die Wirkung feindlichen Artillerie-Feuers hingewiesen: „Durch Volltreffer in den Gräben werden aus betonierten und gemauerten Grabenwänden häufig große Klötze her-

---

[629] KA: 8. I.R._(WK)_7_2 (414).
[630] KA: 8. I.R._(WK)_12_22-23 (511).
[631] Der Buchstabe Z dürfte für 7 stehen.

ausgerissen, die den Verkehr im Graben außerordentlich behindern und nur mit großer Mühe entfernt werden können."[632] Mauerreste sollten nur bei Schützenauftritten verwendet werden und nicht bei Grabenwänden. Zu Stollen wurde gesagt:

> An schusssicheren Stollen sind fast durchweg wenige, allerdings große, sehr tiefe und innen bequem angelegte vorhanden, aber die Zugänge sind oft sehr mühsam (Leitern). Bei häufigeren und ausgedehnteren Artl. Feuerüberfällen werden Verluste dadurch eintreten, dass im Graben beschäftigte Leute nicht rasch genug Unterschlupf finden. In der Stellung im Bois des Chevaliers haben sich kleinere Stollen für 1 höchstens 2 Gruppen, jeder mit mindestens 2 – durch eine Schulterwehr[633] getrennten – Ausgängen, die in geringen Abständen voneinander angelegt sind, gut bewährt.[634]

Diesen Erfahrungen aus der Ritterwaldstellung sollte auch hier gefolgt werden. Auch in Verbindungsgräben mussten etwa alle 100 m kleine schusssichere Unterschlupfe angelegt werden. Weiter sollten Schurzhölzer in den Maßen 1,20 m zu 1,80 m wie in der „Chevaliers-Stellung" zum Absichern der Stollen verwendet werden.

In einem dritten Teil der Anweisung wurde auf den Bauzustand der 1. Stellung eingegangen und festgestellt, dass die Kampfgräben durchaus verteidigungsfähig seien. Das Hindernis vor dem vorderen Graben bedürfe jedoch vielfach der Verbesserung und Verdichtung. Dazu brauche es die Ersetzung morscher Holzpfähle durch Einschraubpfähle, zugleich die Erhöhung und Verbreiterung der Hindernisfelder. Darauf sei die Truppe ausdrücklich hinzuweisen. Weiterhin heißt es:

> Beim 8. I.R. sind in allen 3 Unterabschnitten rückwärtige Linien vorhanden, deren Bauzustand jedoch noch wesentliche Verbesserungen nötig macht, besonders ist die 3. Linie 331 verfallen. Das Hindernis sei in der 2. Linie hinter der Waldstellung und am linken Flügel der Opel-Stellung zu ergänzen und fehle fast völlig vor den rückwärtigen Linien des linken Unterabschnittes.[635]

Dann wurde in ähnlicher Weise die 2. Stellung behandelt, wobei besonderer Nachdruck auf die Verbindungsgräben und die Ausbesserung der Hindernisse gelegt wurde.

Am Schluss der Anweisung wurde ein detailliertes Arbeitsprogramm vorgegeben, zu dem auch Rekruten und Armierungsarbeiter zugewiesen wurden. Auch wurde die Verbesserung des Fernsprechnetzes, besonders als Vorbereitung für einen Angriff, als vordringlich angesehen. Zu diesem Zwecke sollten als notwendigste Arbeiten in diesem Monat (Juli 1916) noch geleistet werden:

1. Verlegung eines Panzerkabels durch einen neu anzulegenden Kabelgraben bis zur 2. Stellung, dann unter Benutzung der 2. Stellung und des Ludwiggrabens zur Zeitlhack-Stellung.
2. Verlegung eines Panzerkabels im Staubwasserlaufgraben von der Königsmulde bis zur Staubwasserstellung.
3. Wenn möglich, noch Eingraben eines Bleikabels von Senonville nach Sandgrube.[636]

---

[632] KA: 8. I.R._(WK)_12_12 (511).
[633] Schulterwehr: Quertraversen im gedeckten Weg (er beschreibt einen breiten, auf der Außenseite des Hauptgrabens verlaufenden, durch das ansteigende Glacis gegen Feindsicht und -beschuss geschützten Verbindungsweg), um seitliches Streichfeuer abhalten zu können.
[634] KA: 8. I.R._(WK)_12_12 (511).
[635] KA: 8. I.R._(WK)_12_12 (511).
[636] KA: 8. I.R._(WK)_12_13-14 (511); Abbildung 10, Anhang 4.

Zur sicheren Verbindung von Senonville (Abbildung 104) nach rückwärts wurde eine Lichtsignalverbindung vorgeschlagen. Zugleich wurden die Truppenteile angewiesen, bei allen Arbeiten, bei denen Erdaushub notwendig war, die Arbeitsstelle sorgfältig nach oben gegen Fliegererkennung zu decken, wenn notwendig „durch spannen von Drähten und darüber legen von Zweigen"[637].

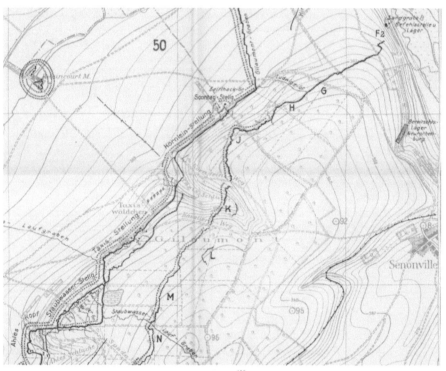

Abbildung 104: Senonville, Staubwasserstellung, Sandgrube[638]

Diese Anweisung ist in mehrfacher Hinsicht interessant. Zum einen besagt sie, dass man sich auf einen längeren Stellungskrieg einrichtete, und drückt zum anderen die große Umsicht zum Schutze der eigenen Soldaten aus. Sie gibt auch einen tiefen Einblick in den Stand des Stellungsbaus. Außerdem lassen die vielen Ortsbezeichnungen eine Orientierung über die geografische Lage der Stellung zu.

Am 05.07.1916 überzeugte sich der Brigade-Kommandeur Generalmajor von Riedl bei einem Gang durch Teile der Stellung von den Fortschritten im Stellungsbau und der Postenbeset-

---

[637] KA: 8. I.R._(WK)_12_14 (511).
[638] KA: 8. I.R._(WK)_7_2 (414).

zung.[639] In einer Mitteilung an die beiden unterstellten Regimenter wies er zunächst auf die Besetzungspläne der Stellungen hin, die bei Tage eine „dünne" Postenaufstellung und eine „dichte" bei Nacht und Nebel vorsehe. Nun habe er auch bei „unsichtigen Wetter" am Tage nur eine dünne Postenaufstellung gesehen. Um Überraschungen zu vermeiden, müsse in diesem Fall aber auch eine dichtere Postenaufstellung vorgenommen werden. Eine Schonung der Truppe sei nur in zweiter Linie zu beachten, dies könne gefordert werden, „nachdem die Nerven unserer Leute weniger herhalten müssen als in den früheren Abschnitten"[640]. Diese Bemerkung kann man als eine Bestätigung des eingangs zitierten Regimentsberichts auffassen, wonach die Stellungszeit nördlich St. Mihiel eher „als einige schöne Wochen in der herrlichen Gegend"[641] anzusehen sei, die die Truppen in der dortigen ruhigen Stellung für die kommende Zeit stärkten. Der Brigade-Kommandeur machte noch auf den großen Verteidigungswert von Hindernissen aufmerksam und betonte, dass viele alte und schlechte Unterstände und Stollen nicht „für den Fall ernster Kampfhandlung zur Unterbringung einrückender Verstärkung aufzuheben sind. Solche Unterkunftsstätten können bei schwerem feindlichen Feuer zu schweren Verlusten führen, wahrscheinlich schwereren als wenn die Leute nur in offenen Gräben und nicht sichtgedeckt bereitgestellt sind."[642] Weiter bemängelte von Riedl, dass viele Fernsprechleitungen herabhängen und aufeinander aufliegen, sodass sie reißen und Störungen im Fernsprechverkehr hervorrufen.

Am 17.07.1916 antwortete der L. U. A. auf den Brigadebefehl vom 30.06.:

> Das Hindernis vor der 1. Linie der 1. Stellung ist durchweg gut [Abbildung 105]. Durchschnittliche Tiefe von 6-8 m [gemeint ist die Längsausdehnung des Hindernisses; Anm. d. Verf.]. Zerschossene Stellen wurden ausgebessert. Verbesserungsbedürftig ist das Hindernis vor dem MG Stand an der Maasfeldwache. Morsche Hindernispfähle wurden durch Schraubpfähle ersetzt. Die vordere Linie ist in gutem Zustande. In der Birkenschlagstellung ist Vertiefung zu hoher Brustwehr noch erforderlich.[643]

Der L. U. A. berichtete dann, dass am Verbindungsgraben Tag und Nacht weitergearbeitet werde und der noch nicht begonnene Teil noch 80 m betrage. „Das Hindernis vor der zweiten Linie wurde erweitert. An der zweiten und dritten Linie wurde [...] nicht gearbeitet." Dann ging der Bericht auf die Stollen in der Muldenstellung, im Birkenschlag und an der Maasfeldwache näher ein. Weiterhin wurden die Hindernisse und die Schützenauftritte sowie deren Ergänzungen mit mehr Leitern adressiert. Es heißt dann weiter:

> Im K-Wäldchen hat der Graben eine durchschnittl. Tiefe von 1,65 m, eine Breite von 1,10 m. K-Stützpunkt: der Graben ist 2,30 m tief, Schussfeld gut. Die Schützenauftritte sind teilweise eingefallen, an anderen Stellen schwer zu besteigen.

---

[639] KA: 8. I.R._(WK)_12_17-18 (511); ident. KA: 8. I. R._(WK)_12_15-16 (511); Abbildung 14, Anhang 5.
[640] KA: 8. I.R._(WK)_12_17 (511).
[641] Bayerisches Kriegsarchiv, Erinnerungsblätter 1926, S. 22.
[642] KA: 8. I.R._(WK)_12_18 (511).
[643] KA: 8. I.R._(WK)_12_02 (511); Abbildung 15, Anhang 5.

L: die Auftritte sind teilweise eingefallen, das Schussfeld noch nicht überall genügend freigemacht. Mit Stollenbau wurde in I. K. L. noch nicht begonnen.

LM hat eine durchschnittl. Tiefe von 2 m, Schützenauftritte mit Leitern und Pfosten. Schussfeld noch nicht überall genügend.

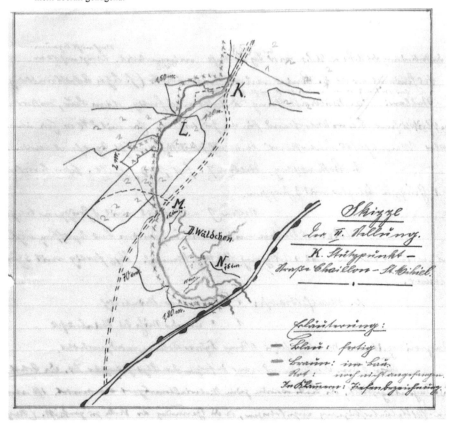

Abbildung 105: Skizze der II. Stellung nördlich St. Mihiel[644]

Bei Punkt M unmittelbar am Waldrand befindet sich ein betonierter Artl. Beobachtungsstand. 100 m nördlich davon ist ein Stollen angefangen. Rechter Eingang ist auf 4 m vertieft, linker Eingang auf 2 m. Der Graben MN ist auf einer Strecke von 350 m durchschnittlich 70 cm tief. Von N bis zur Straße Chaillon – St. Mihiel ist verstärkter Schützengraben mit einer Strecke von 350 m und Schussfeld größtenteils frei. Graben überall gegen Fliegersicht abgedeckt. Schützenauftritte noch nicht haschiniert [sic!].

Der Stollen unter der Straße Chaillon – St. Mihiel ist durchbrochen. Es sind 15 Rahmen eingesetzt. An dieser Straße wurde das Hindernis verstärkt. Beim Beobachterwäldchen ist ein Teil der 2. Linie sowie 2 Laufgräben von der 1. u. 2. Linie 15 cm tief. Das Fortschreiten des Stollenbaues im Kaiserschlag ist gut.[645]

Dieser Bericht zeigt, welch große Bedeutung auf einen einwandfreien und nach jedem Artillerie-Beschuss reparierten Stellungsbau im Stellungskrieg gelegt wurde. Wenn vom Ersetzen mor-

---

[644] KA: 8. I.R._(WK)_12_02 (511).
[645] KA: 8. I.R._(WK)_12_02-04 (511).

scher Pfähle gesprochen wird, deutet das darauf hin, wie lange diese Stellung, die noch bis 1918 existieren sollte, schon bestand, nämlich seit Ende 1914.

In einer weiteren Anweisung der 8. Infanterie-Brigade vom 18.07.1916 wurde wieder auf die notwendige Verbesserung des Stellungsbaus in diesem Abschnitt aufmerksam gemacht. Es wurden Instandhaltungsarbeiten angemahnt und darauf hingewiesen, dass helle Anschüttungen des Stellenbauschutts jeder feindlichen Sicht entzogen werden müssen, dass Schneisen und Wege, die nie gebraucht werden, gründlich durch Drahthindernisse abzusperren seien, „und zwar, um Unkundigen den doppelten Weg zu ersparen, so daß sie überhaupt von keiner Richtung aus betreten werden können"[646], dass Schützenauftritte breit genug angelegt und am besten durch Einfassung von Faschinen[647], Holzwänden oder wo leicht durchführbar durch Mauerung gesichert werden sollen, dass Verbindungsgräben von den Bereitschaftslagern zur 1. Linie angelegt werden müssen.[648]

Die Truppen befanden sich nicht durchgehend in der Stellung. Stellung, Bereitschaft und Ruhe wechselten sich wie üblich ab. Gleiches wurde bereits für die Stellung auf den Maashöhen dargestellt. Im Kriegstagebuch werden typische Stellungswechselpläne gezeigt. Danach war die 2./8 am 21.06. „in Bereitschaft" und z. B. am 13.07. „in Ruhe".

21. Juni, Mittwoch

Im Abschn. fand Ablösung statt.
Es sind in vorderer Linie: 3. 11. 9. 7. Komp.
          Bereitschaft: 2. [mit Ldstm. Karl Didion] 10. 5. 6. Komp.
          Ruhe: 4. 12. 1. 8. Komp.

Ein Pferd des Hptm. Grau fiel nach der Ablösung in einen Steinbruch u. mußte getötet werden.
Wetter: schön.[649]

13. Juli, Donnerstag

Stab I/8 wie 10.7.
Kpnien 4:00 Vorm. Ablösung

Stellung: 4./8

          Bereitschaft: 3./8
          Ruhe: 2./8 [mit Ldstm. Karl Didion]

37 Mann Ersatz vom Feldrekrutendepot
1./8 =13, 3./8 = 13, 2./8 = 5, 4/8 = 6.
Kriegerische Tätigkeit: s. Anlage
Wetter: schön.[650]

---

[646] KA: 8. I.R._(WK)_12_07 (511).
[647] Faschinen (von lateinisch *fascis*; italienisch *fascio* „Bündel", „Bund") sind walzenförmige Reisig- bzw. Rutenbündel von einigen Metern Länge, welche in erster Linie zur Abwehr von Erosionserscheinungen bzw. Böschungsbrüchen genutzt werden. Neben dem Wasserbau war die militärische Nutzung immer ein wichtiges Anwendungsgebiet für Faschinen. Reisigbündel ließen sich schnell mit örtlichem Material erstellen. Mit ihrer Hilfe wurden die Wände von Laufgräben verstärkt, um das Nachrutschen der Erde zu verhindern. Des Weiteren wurden damit ganze Artilleriestellungen (Batterien) gebaut.
[648] KA: 8. I.R._(WK)_12_07-08 (511).
[649] KA: 8. I.R._(WK)_6_74 (1554).

Laut Eintrag im Kriegstagebuch vom 16.06.[651] scheinen dem I/8 für die 3 Stellungsphasen feste Räume zugewiesen worden zu sein: Stellung Pionierhügel, Bereitschaft im Lager Kaiserschlag und Ruhe im Straßenlager Varvinay.

Am 15.07. war der 38. Geburtstag des Ldstm. Karl Didion, er lag an diesem Tag „in Ruhe" und es gab wohl keine besonderen Vorkommnisse in der Stellung:

> 15. Juli, Dienstag.
> Stab I/8 wie 10.7.; Kpien wie 13.7.
> Hptm Kreipe u. Löhn zurück (3 Tage dienstlich verschickt).
> Kriegerische Tätigkeiten s. Anlage, Wetter: [keine Angabe].[652]

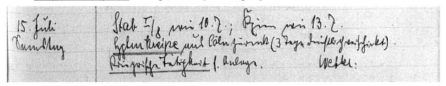

Abbildung 106: Ereignisse am 15.07.1916[653]

Der Ldstm. Karl Didion war in der 2/8 nördlich von St. Mihiel von ca. 45 Tagen 19 Tage in Stellung, an den übrigen Tagen in Bereitschaft oder in Ruhe.

3.5.2 Patrouillen

Wie schon beschrieben, waren Patrouillen das wirksamste Instrument der Aufklärung. So auch in der Stellung nördlich von St. Mihiel.

Mit einem Brigadebefehl vom 23.06.1916[654], ergänzt durch das Regiment, wurden Leitlinien für die Erkundung des Geländes und Beobachtung gegeben: „Außer schärfster Beobachtung des Feindes – während der Dunkelheit durch Patrouillen, möglichst gegen die ganze uns gegenüber befindliche feindliche Front –, hat die Erkundung des Geländes für unser eigenes Vorgehen stattzufinden."[655] Dann wurden die Erkundungsräume angegeben. Für das 8. I.R. bis zur Maas galt:

> Ein Hauptgesichtspunkt für die Erkundung ist, dass die Vormarschwege möglichst nicht aus der Gegend Paroches [Abbildung 96, nordwestl. von St. Mihiel, links der Maas; Anm. d. Verf.] einzusehen sind. Die Überschreitbarkeit des Creuë-Baches ist besonders zu prüfen. [...] Über notwendige technische Vorbereitungen des Vorgehens und über die Aufstellung von Zerstörungstrupps für feindliche Hindernisse gehen dem Führer der Pionier-Kompanie noch Weisungen zu.[656]

Da die Möglichkeit, dass fremde Truppen im Abschnitt der Brigade verwendet werden, bald ein-

---

[650] KA: 8. I.R._(WK)_6_81 (1554).
[651] KA: 8. I.R._(WK)_6_71 (1554).
[652] KA: 8. I.R._(WK)_6_81 (1554).
[653] KA: 8. I.R._(WK)_6_81 (1554).
[654] KA: 8. I.R._(WK)_12_01 (511); Abbildung 16, Anhang 2.
[655] KA: 8. I.R._(WK)_12_01 (511).
[656] KA: 8. I.R._(WK)_12_01 (511).

treten könne, so der Befehl weiter, sei die Bezeichnung der Wege usw. eine besonders vordringliche Arbeit, die mit allen Mitteln gefördert werden solle.

Die Patrouillenberichte geben am ehesten einen Überblick über die taktische Situation in diesem Abschnitt, wo französische Kräfte von der Maasseite nördlich von St. Mihiel aus immer wieder versuchten, den sogenannten Saillant de St. Mihiel zu durchbrechen. Dabei muss auf die Patrouillenberichte des II/8 zurückgegriffen werden, da die „kriegerischen Ereignisse" im Kriegstagebuch des I/8 in nicht zugänglichen Anlagen abgelegt sind.

Am 23.06.1916 sind zwei Patrouillen des II/8 aufgeführt: Die 1. Patrouille hörte 11:30 „etwas Schanzarbeiten und auf der Strasse längs der Maas lebhaften Fuhrwerkverkehr"[657]. Die 2. Patrouille „stieß auf feindliche Patrouille, Stärke 4 Mann ca. 300 m südlich des Steinbruchs [ob bei Dompcevrin oder Maizey unklar; Abbildung 32; Anm. d. Verf.], rechts der Straße. Die feindliche Patrouille wurde durch Infanterie Feuer vertrieben."[658] Dompcevrin lag zwar nur ca. 4 km von der Front, aber auf dem feindlichen linken Maasufer; die Patrouille müsste also über die Maas gesetzt sein, wenn der Steinbruch bei Dompcevrin gemeint wäre.

Am 24.06. hörte eine Patrouille um 1:00 Uhr in den Gräben links und rechts des Steinbruches Schanzarbeiten. „Zu gleicher Zeit wurde der feindliche Posten abgelöst. Gegner erhält seine Gräben noch besetzt."[659]

Datiert mit 12.07.1916 erging ein Befehl des L. U. A. (linker Unter-Abschnitt) des 8. I.R.[660], dass durch Gefangennahme feindlicher Soldaten herausgefunden werden solle, ob die vermutete Ablösung der Franzosen stattgefunden habe. Dieser Aspekt wurde bereits im Kapitel 3.4.9 „Gefangene, Überläufer, Spionage" angesprochen.

Im Befehl heißt es, wie bereits zitiert:

> Solche Gefangene können eingebracht werden entweder durch Anwendung von Gewalt, indem das franz. Hindernis durchschnitten wird – viele Drahtscheren mitgeben! – und Gefangene, z. B. Sappenposten lebend oder tot herübergebracht werden – oder – indem sich die Patrouille nahe dem franz. Hindernis niedergelegt und etwaigen franz. Patrouillen, die gegen unsere Stellung vorgehen, folgt und sie lebend oder tot einbringt.
>
> Letzteres Verfahren bietet die geringere Wahrscheinlichkeit, dass eigene Leute in Feindes Hand fallen, aber auch weniger Wahrscheinlichkeit des Erfolges: wo ersteres Verfahren angewendet wird, sind die Leute besonders auf Verschwiegenheit hinzuweisen für den Fall einer das Unglück hätte, in franz. Gefangenschaft zu fallen.
>
> Welches Verfahren angewendet wird, hängt wohl zum großen Teil von den Eigenschaften des Patr.-Führers und seiner Leute ab.[661]

---

[657] KA: 8. I.R._(WK)_7_121 (1554).
[658] KA: 8. I.R._(WK)_7_121 (1554).
[659] KA: 8. I.R._(WK)_7_124 (1554); weitere Patrouillenberichte des II/8 in Abbildung 13-16 u. 19-20, Anhang 3.
[660] KA: 8. I.R._(WK)_13_07 (511); Abbildung 17, Anhang 3.
[661] KA: 8. I.R._(WK)_13_07 (511).

Zu diesem Befehl gab es am 12.07.1916 eine Ausführungsanweisung.

An Komp. Führer L. U. A. (331).

Bei Ablieferung zu übergeben
Beilage 1 Karte (diese U. R. am 13.7. 5°° Vorm.)

Auf Befehl der Brigade haben 6/8 heute Nacht u. a. auch gegen die in beiliegender Karte eingezeichneten (J) franz. Sicherungsposten Patrouillen vorzugehen.
Zusatz: Gefangene machen.
Wege [?] selbst sind zu vermeiden.
Nach früheren Meldungen sollen diese franz. Sicherungsposten nur zeitweise stehen.
Zusatz: die Patrouillen sind gemäß der heute Vormittag an die Kompanie ergangenen Weisung zu belohnen und auszurüsten.
Meldung über Ergebnis der Patrouillen nach Ziffer 1–5 (vorletzter Absatz der genannten Weisung) am 13.7. 5°° Nachm. an mich. Skizze ist womöglich beizufügen, insbesondere beiliegende Karte zurückzusenden. gez. Grau[662]

Hauptmann Grau, eigentlich Kompanie-Führer 2./8, war zu diesem Zeitpunkt wahrscheinlich Abschnitts-Kommandeur vom Dienst. Das Ergebnis dieser Patrouille, bei der möglicherweise Ldstm. Karl Didion dabei war, ist quellenmäßig nicht zu fassen.

Datiert vom 14.07.1916 wurde ein weiterer Patrouillen-Befehl der Brigade[663] herausgegeben. Hier wurde festgestellt, dass es den Patrouillen bislang nicht gelungen sei, Gefangene zu machen, obwohl diese nahe an die Stellungen gelangten, aber durch Hindernisse am weiteren Vordringen scheiterten. Es wurde deshalb folgende List vorgeschlagen: Feindliche Hindernisse seien zu beschädigen oder zu zerstören in der Erwartung, dass dann der Feind in der nächsten Nacht versuchen werde, diese wiederherzustellen. Bei dieser Gelegenheit könne dann vielleicht „der eine oder andere der Arbeitsmannschaften abgeschossen oder gefangen genommen werden"[664].

Der Brigade-Kommandeur vermutete, dass ihnen auf feindlicher Seite abgekämpfte Truppen aus Verdun gegenüberstehen, die noch nicht mit der Gegend vertraut seien und deshalb ein günstiges Ziel für kleinere Angriffs-Unternehmungen bieten können. Dies solle durch Gefangene bestätigt werden.

Im Kriegstagebuch des II/8 sind noch weitere Patrouillenberichte aufgeführt, die zeigen, wie intensiv die gegnerische französische Front östlich des Maasufers überwacht wurde. Wegen der Ausführlichkeit soll abschließend auf einen Patrouillenbericht[665] vom 15.07.1916 eingegangen werden. Die Offizierspatrouille der 8./8 vom 14. auf den 15.07. mit Leutnant Zimmermann, Unteroffizier Gruber und 12 Mann hatte folgenden Auftrag: „Vorgehen bis an franz. Drahthindernis, das sich vom Schleusenwärterhaus zum Steinbruch hinzieht, Durchschreiten dieses Hindernisses, Abfangen feindl. Postierungen oder Patrouillen, tot oder lebendig. Machen von

---

[662] KA: 8. I.R._(WK)_13_06 (511).
[663] KA: 8. I.R._(WK)_13_01-02 (511); Abbildung 18, Anhang 3.
[664] KA: 8. I.R._(WK)_13_01 (511).
[665] KA: 8. I.R._(WK)_7_145-146 (1554); ident. KA: 8. I.R._(WK)_13_03-04 (511).

Gefangenen.")[666]

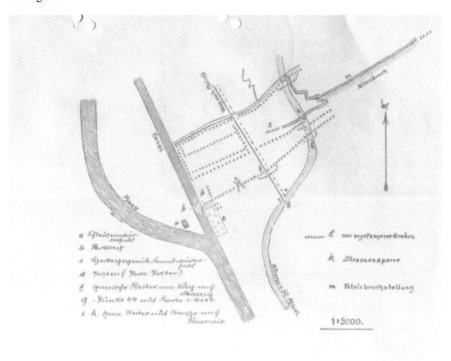

Abbildung 107: 15.07.1916, Skizze zur Offiziers-Patrouille[667]

Die Patrouille ging ab 10:45 Nachts, gelangte zunächst bis zum 1. feindlichen Drahthindernis. Dieses Drahthindernis ist sehr geschickt (in dem hohen Gras versteckt) angelegt und besteht aus starkem glatten Draht. In der Mitte des Hindernisses zwischen Weg nach Maizey und Kanal [vergl. Skizze; Abbildung 107]. befindet sich eine Gasse durch das Hindernis, welche offenbar von franz. Patrouillen benutzt wird. Am Punkte G (Punkt 44 Karte 1:10.000) wurde ebenso wie von der gestrigen Patrouille 8./8 keine franz. Postierung festgestellt. Dortselbst befindet sich lediglich ein Granatloch, das vielleicht vorübergehend schon als Postenloch benutzt wurde. Nachdem bereits gestern von 8./8 festgestellt war, dass bei Punkt d zur Bewachung des über den Kanal führenden Notsteges ein patrouillierender Posten steht, wurde heute Nacht versucht, diesem Posten beizukommen. Es stellte sich heraus, dass das Hindernis an der Maas unmittelbar vor d ungemein stark und fast 2 m hoch ist, sodass man dem Posten von vorne nicht beikommen konnte.

Es gingen daher 3 Mann durch die Lücke im Hindernis vor, also durch das 1. Drahthindernis durch, da gestern der erwähnte Posten in der dem 1. Drahthindernis auf und ab patrouillierte. Leider patrouillierte jedoch heute Nacht dieser Posten nicht sondern blieb offenbar in seinem Postenloch (Punkt d). Festgestellt wurde jedoch, dass um 1:30 dieser Posten abgelöst wurde und dass um diese Zeit Verkehr über den Notsteg stattfand [offenbar Ablösung für die Mannschaft im Schleusenwärterhaus; Abbildung 108].

[666] KA: 8. I.R._(WK)_7_145-146 (1554); ident. KA: 8. I.R._(WK)_13_03-04 (511).
[667] KA: 8. I.R._(WK)_13_05 (511).

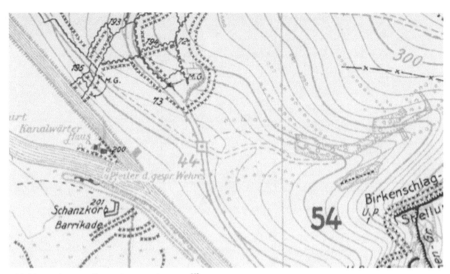

Abbildung 108: Kanalwärterhaus an der Maas[668]

NB! Schon als die Patrouille an das erste Drahthindernis kam, wurde in dem an die Steinbruchstellung anschließenden neuen Graben, an dem erst seit ca. vier Wochen gearbeitet wird, (Graben 1 der Skizze zwischen Straße nach Rouvrois und Weg nach Mazey) von etwa 1 Zuge Franzosen mit Pickel und Spaten eifrig geschanzt wurde. Einzelne Franzosen waren mit Planierungen beschäftigt. Dieser franz. Arbeitstrupp wurden Nachts 1:45 von einem ungefähr gleichstarken Arbeitstrupp abgelöst, der sich jedoch die Arbeit nicht so sehr angelegen sein liess.

Die Franzosen scheinen im Anschluss an Graben k (Skizze) einen neuen Graben bis zur Maas ziehen zu wollen. Ich bitte, nachdem die gestrige Patrouille auch bereits diese Feststellung gemacht hat, anregen zu wollen, dass mit nächtlichen Feuerüberfällen, diese Arbeiten möglichst unterbunden werden.

Artillerie ist eingeschossen auf k und l.
Vor dem 2. Drahthindernis sind außer dem Posten d weiter keine Postierungen festgestellt worden.
Patrouillen wurden vom Feinde nicht vorgeschickt.
Witterung: Regen, Gesundheitszustand sehr gut, Verpflegung aus Magazin.[669]

Am 15.07. vermerkte das Kriegstagebuch des Regiments: „Gute Erkundungsergebnisse des Lt. Zimmermann. Major Felser (Regts.-Führer) bespricht mit Hptm. Walter Patrouillen-Unternehmungen."[670] Dieser ausdrückliche Vermerk im Kriegstagebuch des Regiments bestätigt die Wichtigkeit der durch diese Patrouille gewonnenen Aufklärungsergebnisse.

Bei diesem Bericht fällt auf, dass die Franzosen sich an diesem Stellungsabschnitt sehr sicher fühlten. Zum einem stellte die Maas ein natürliches Hindernis dar und zum anderen gab es starke 2 m hohe Hindernisse.

Als weitere Ergebnisse der Aufklärungs- und Erkundungstätigkeit meldete der stellvertretende Bataillons-Kommandeur Felser basierend auf den Patrouillenerkenntnissen als Ergänzung zur

---

[668] KA: 8. I.R._(WK)_7_02 (414).
[669] KA: 8. I.R._(WK)_7_145-146 (1554); ident. KA: 8. I.R._(WK)_13_03-04 (511).
[670] KA: 8. I.R._(WK)_1_06 (414).

taktischen Lage über die 8. Infanterie-Brigade an die Bayerische 6. Infanterie-Division am 15.07.:

Ergebnisse der Aufklärung- und Erkundungstätigkeit:

Unsere Patrouillen Tätigkeit war sehr rege. Erweiterungen und Neuanlagen konnten an der feindlichen Stellung nicht festgestellt werden. An ihrem Drahthindernis, das an den meisten, durch unsere Patrouillen nachgesehenen Stellen zwar nicht sehr tief, aber sehr dicht ist, arbeiten sie ziemlich viel; auch ist nachts ein lebhafter Betrieb in dem Steinbruch von Dompcevrin und ein reger Verkehr auf den Straßen hinter den französischen Stellungen.

Die beiden nach früheren Feststellungen vom Feind manchmal besetzten Sappenposten
a an der Strasse St. Mihiel – Rouvrois und
b vor Punkt 36 auf der Karte 1:10.000
wurden durch unsere letzten Patrouillen unbesetzt angetroffen. Die Patrouillen konnten deshalb ihren Auftrag, die Sappenposten auszuheben, nicht erfüllen.

Seit einiger Zeit verwendet der Feind neue, schlangenförmige Leuchtraketen, die in einzelne Lichter zerfallen und einfache Leuchtkugeln, die in kleine weiße Sterne zerspringen. I. V. Felser.[671]

Der im Patrouillenbericht erwähnte starke Verkehr rührte, wie sich später herausstellte, von den außerordentlichen Nachschub-Anstrengungen der Franzosen für ihre Truppen bei Verdun her.

3.5.3   Gaskrieg in der Stellung nördlich St. Mihiel

Auch in diesem nach der Regimentsgeschichte so ruhigen Stellungsabschnitt gab es Gasangriffe.[672] Der Umgang damit wurde bereits in der Ritterwaldstellung des Öfteren geübt. Am 25.06. verzeichnet das Kriegstagebuch des I/8, dass um 4:00 vormittags Ablösung stattfand. Für den rechten U. A. war 2./8 mit unserem Protagonisten in Stellung, die 4/8 in Bereitschaft, die 9/8 in Ruhe. Der Ablösungszeitpunkt erwies sich als problematisch, denn „der Schluchtweg wurde mit einigen Spreng- und Gasgranaten beschossen. Es bildete sich eine hohe Gaswand, die dann im Tal zwischen Hanglager Bienenwald und Hanglager Pionierhügel zum Gegner abfloss"[673] (Abbildung 109a). Es kann demnach als sicher gelten, dass der Ldstm. Karl Didion vom Gasangriff betroffen war.

Ein weiterer Gasbeschuss fand auch Eingang in die Meldung des Regiments an die Bayerische 6. Infanterie-Division vom 15.07. Dort heißt es: „Am 6. Juli wurde die Muldenstellung [Abbildung 109b] um 5:30 Abds. mit 10 Gasgranaten, das Hanglager 322 um 9:15 Abds. mit 17 Gasgranaten beschossen; Verluste traten nicht ein. Die Gaswolke war in beiden Fällen 3-4 m breit, 5-6 m hoch und etwa 15 m lang."[674]

Dass mit Gasangriffen gerechnet werden musste, wurde auch durch die Ausgabe des bereits dar-

---

[671] KA: 8. I.R._(WK)_7_235 (1554).
[672] S. grundsätzlicher Ausführungen zum Gaskrieg im Kapitel 3.4.5.
[673] KA: 8. I.R._(WK)_6_76 (1554).
[674] KA: 8. I.R._(WK)_7_235 (1554).

gestellten Merkblattes für Gasangriffe am 04.07.1916 deutlich[675], wonach jedermann den Zeitpunkt zum Absetzen der Maske nach einem Gasangriff auch in Abwesenheit eines Vorgesetzten bestimmen musste.

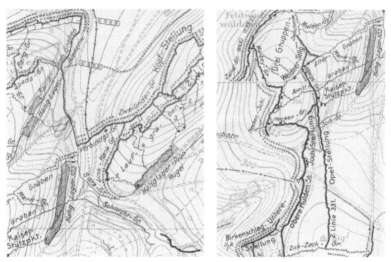

Abbildung 109: a) 25.06.1916, Gasbeschuss zw. Hanglager Bienenwald und Hanglager Pionierhügel[676] und b)
15.07.1916 Gasbeschuss auf Muldenstellung und Hanglager 322[677]

3.5.4 Verluste und Zugänge

Auch in dieser angeblich „ruhigen Stellung" gab es Verluste. Allein in dem I/8 wurden folgende verzeichnet: 18.06.: 2 Verwundete; 19.06.: 1 Toter, 1 Verwundeter; 21.06.: 1 Pferd; 24.06.: 2 Tote, 1 schwer und 2 leicht Verwundete; 27.06. 1 leicht Verwundeter. Alle Verluste rührten von Artillerie-Geschossen her.

Am 13.07. wurden, wie bereits bemerkt, dem I/8 37 Soldaten aus dem Rekrutendepot überstellt, wovon 5 zur 2./8, der Kompanie von Ldstm. Karl Didion, versetzt wurden.[678]

3.5.5 Taktische Lage

Die taktische Lage in diesem Stellungsabschnitt wurde am 15.07. für die 8. Bayerische Infanterie-Brigade und die Bayerische 6. Infanterie-Division wie folgt zusammengefasst: „Die Tätigkeit der feindl. Infanterie wurde vor dem ganzen Regimentsabschnitt gering eingeschätzt. Eine feindl.

---

[675] KA: 8. I.R._(WK)_10_10 (838).
[676] KA: 8. I.R._(WK)_7_02 (414).
[677] KA: 8. I.R._(WK)_7_02 (414).
[678] KA: 8. I.R._(WK)_6_81 (1554).

Patrouille wurde zurückgedrängt, eigene Patrouillen, jedoch ohne Verluste, stark beschossen."[679] Die feindliche schwere Artillerie schoss nicht, im Gegensatz zur leichten und mittleren, die viel schoss. Dabei wurde 1 Mann tödlich getroffen, 4 schwer und 7 leicht verwundet. Auch fielen täglich einzelne Artillerie-Streuschüsse, die 5 Leichtverwundete verursachten. Das Straßenkreuz nördlich Varvinay (Abbildung 32) wurde täglich beschossen.

3.5.6 Verlegung des Regiments nach Verdun

Am 29.07. wurde das I/8 durch das III/I. Regiment König[680] abgelöst und nach Varvinay in Ruhe verlegt.[681] Das 1. kgl. b. I.R. König, der 1. Infanterie-Brigade und der Bayerischen 1. Infanterie-Division unterstehend, kämpfte vom 19.07. bis 08.10.1916 auch zwischen Maas und Mosel auf der Maashöhe bei St. Mihiel.

Am 30.07. wurde Marschbereitschaft hergestellt und am 31.07. wurde das I/8 bei St. Mihiel abends um 7:00 Uhr nach St. Benoit zum Verladen nach Verdun in Marsch gesetzt. Das Marschziel wurde jedoch nicht bekannt gegeben.

Die Eintragung im Kriegstagebuch lautet: „30. Juli, Sonntag: Stab u. Kpien. wie 29.7. 8. I.R. marschbereit. Oblt. Meier z. Rgt. zurück und Batls. Adjt. I/8 Leutnant Leister wieder zu 3/8. I/8 und III/8 in Varvinay. II/8 in Creue. Wetter: schön."[682]

Dazu erfolgte gemäß Kriegstagebuch des II/8 ein Regimentsbefehl, der das Verlassen der Stellung nördlich St. Mihiel, die das 8. I.R. seit 14.06.1916 innehatte, in salbungsvolle Worte kleidete:

> Das Regiment scheidet aus dem Verband der 1. Inf. Div. aus.
>
> <u>Regimentsbefehl</u>
>
> Das Regiment verlässt heute seine seit 14. Juni 16 mit Ehren gehaltene Stellung. Es folgt freudig dem Rufe seines Obersten Kriegsherren auf ein neues Kampffeld. Wo dieses auch sein mag, das 8. Infanterie Regiment wird den Hoffnungen, die das deutsche Volk auf es setzt, in vollem Umfange gerecht werden.
> Es werden auch von uns „Achtern" die wütenden feindlichen Angriffe zerschellen, wie sie vor der ehernen Mauer unserer heldenhaften Kameraden bei Verdun und in Nord Frankreich noch immer blutig zusammenbrachen. I. V. gez. Felser
>
> Fernspruch vom 29.7.1916
>
> An den Stab der 8. Bayr. Infantr. Brigade und das K. bayr. 8. I.R. Großherzog Friedrich II. von Baden:
> Dem scheidenden Brigadestab und dem scheidenden tapferen 8. Regiment unserer herzlichsten Grüße und Wünsche!
> Auch auf die weitere Bahn Heil und Sieg!
> gez. Oberst von Kleinhenz und das 4. Schwester Regiment.[683]

---

[679] KA: 8. I.R._(WK)_7_235 (1554).
[680] URL: http://wiki-de.genealogy.net/KB_IR_1#Feldz.C3.BCge.2C_Gefechte_usw.; 11.03.2016.
[681] KA: 8. I.R._(WK)_6_84 (1554).
[682] KA: 8. I.R._(WK)_6_84 (1554).
[683] KA: 8. I.R._(WK)_7_160-161 (1554). Oberst von Kleinhenz war Kommandeur des Schwesterregiments 4. I.R.

In der damalig üblichen „blutrünstigen" Sprache wurde das Bild des Zerschellens der wütenden feindlichen Angriffe an den „Achtern" wie an den ehernen Mauern der heldenhaften Kameraden bei Verdun und Nordfrankreich bemüht. Man könnte aus diesen Worten auch den Wunsch heraushören, doch endlich vom langweiligen, ereignislosen Stellungskrieg erlöst und wieder in einem heldenhaften Kampf eingesetzt zu werden.

War am 23.06. die Postadresse die 6. b. Inf.-Div.[684], wurde diese am 20.07. in I. b. A. K und 1. b. Inf.-Div.[685] geändert. Dann, am 29.07., schied das 8. I.R. wieder aus dem Verband der 1. Infanterie-Division aus.

In einem detaillierten Regimentsbefehl[686] vom 29.07.1916 des Regiments-Führers Major Felser wurde geregelt, wie die Ablösung mit der 1. Bayerischen Infanterie-Brigade zu erfolgen hatte, es wurde die Meldung der Transportstärke einschließlich der Pferde („etwaiges Vieh wird mitgenommen und ist anzugeben") verlangt und die Befehlsausgabe mit 3:00 morgens angegeben.

Das Regiments-Kriegstagebuch ging noch näher auf die Ablösung ein:

> 30. Juli 1916:
> Kriegstätigkeit: auf den Abschnitt mäßiges Feuer. Im Abschnitt behält der Stab 8. I.R. den Befehl bei Ablösungsarbeiten.
> Landw. Regt. 25/III. Batl. bezieht Bereitschaft im Kaiserschlag. Bis 31.7. Abends muss Regiment transportbereit sein.
> Heute zwischen 5:00 und 10:00 Abds. ist Stab u. II/8, um 10:00 Masch. Gew. Kompien. abgerückt.
> Landw. Regt. 25/I. Batl. rückt in Varvinay ein.[687]

In einem „Brigade Tages Befehl"[688] vom 30.07. begrüßte der neu ernannte Kommandeur der 8. Bayerischen Infanterie-Brigade, Oberst von Reck, das 8. I.R., das 4. Res.-I.R. IV. und das 4. Res.-I.R. 130, verabschiedete das Schwesterregiment 4. I.R. und feuerte seine Verbände mit den Worten an: „Und nun, kurz vor der Abfahrt, noch unbekannten Zielen zu: Vorwärts für König und Vaterland, Vorwärts für Kaiser und Reich!"[689]

Mit einem Regimentsbefehl vom 31.07.1916 von Major Felser wurden für die einzelnen Bataillone die nächtliche Abfahrtszeit am 01.08.1916 und die Verladebahnhöfe genannt: für den Stab I/8. Vigneulles-Wald, für das I./8 St. Benoit, für das II und III/8 Vigneulles-Dorf bzw. -Wald.[690]

---

[684] KA: 8. I.R._(WK)_1_01 (414). Bereits am 11.06. gab es einen Befehl der 6. bayr. Inf.-Div. und der 33. Res.-Div., dass die 8. Infanterie-Brigade und das 8. I. R. aus der Stellung der 33. R. D. herausgezogen werden und dass die 8. Infanterie-Brigade in den Bereich der 6. b. Inf.-Div. und das 8. I.R. an die Stelle des 13. b. Inf.-Rgts. treten solle. Dies wurde auch im KTB I/8 am 23.06.16 vermerkt; KA: 8. I.R._(WK)_6_74 (1554).
[685] KA: 8. I.R._(WK)_6_82 (1554).
[686] KA: 8. I.R._(WK)_11_01 (1554); Abbildung 8, Anhang 4.
[687] KA: 8. I.R._(WK)_1_08 (414).
[688] KA: 8. I.R._(WK)_7_162 (1554); Abbildung 8, Anhang 6.
[689] KA: 8. I.R._(WK)_7_162 (1554).
[690] KA: 8. I.R._(WK)_11_02 (1554); Abbildung 9, Anhang 4.

Entsprechend verlautete das Regimentstagebuch:

> 31. Juli 1916
>
> Kriegsgliederung: Regiment scheidet aus 33. Reserve Infanterie Division aus.
>
> Kriegstätigkeit:
>
> heute Nacht 31./1.8. fahren ab:
>
> 1. Regts. Stab u. Masch. Gew. Kpien.: 1:15 Vorm. nach Vigneulles Wald
> 2. I/8 2:30 Vorm. von St. Benoit
> 3. II/8 von Vigneulles Dorf 3:15 Vorm.
> 4. III/8 von Vigneulles Wald 4:03 Vorm.[691]

Dem II/8 wurden am 31.07.1916 noch vor dem Abrücken Gasmasken verpasst.[692]

Das I/8 notierte in seinem Kriegstagebuch: „31. Juli Montag bei St. Mihiel: das Batl. wird um 7:00 Abds. nach St. Benoit zum Verladen in Marsch gesetzt. Wetter: heiß. U. A. Dr. Krampf als Btls. Arzt bei II/8 bis Rückkunft des Oberarztes Dr. Voelckel eingeteilt. F. U. A. [Feldunterarzt] Salvrius zum I/8 kdrt. gez. Grau."[693]

Die Truppenverlegung führte in das Kampfgebiet vor Verdun.

---

[691] KA: 8. I.R._(WK)_1_08 (414).
[692] KA: 8. I.R._(WK)_7_163 (1554).
[693] KA: 8. I.R._(WK)_6_84 (1554).

4 Kämpfe vor Verdun

Für die Bearbeitung der Kämpfe vor Verdun mit dem 8. I.R. und später mit dem Ersatz-Regiment 2 sind neben den Kriegstagebüchern und Gefechtsberichten auch Konvolute von übergeordneten Befehlen, die sich auf die Brigade-, Divisions- und Korps-Ebene beziehen, verfügbar. Damit kann ein lebendigeres Bild über den Ablauf des Geschehens gewonnen werden. Da es sich hier nicht um einen Stellungskrieg handelte, kann die Darstellung der Ereignisse vor Verdun bis 15.09. bzw. 30.09.1916[694] im zeitlichen Ablauf von Anmarsch, Erkundung der Gefechtsstellung, Angriffsentwürfen und -befehlen, Gefecht, Verlegung in die mittleren Vogesen in den Vordergrund gerückt werden. Ldstm. Karl Didion wird in dieser Kriegsphase der 5. Kompanie und später der 4. Kompanie des 8. I.R. angehören.

4.1 Das Kriegsjahr 1916 und Entschluss zur Schlacht von Verdun

Zu Beginn des Jahres 1916 wurden die Planungen für die Kriegführung bei der OHL fortgesetzt. Dabei stellte sich u. a. heraus, dass ein gemeinsamer Angriff mit Österreich gegen Italien aufgrund der unterschiedlichen Einschätzung der Prioritäten nicht möglich war. Auch erkannte man, dass ein Angriff in Flandern gegen die Engländer wegen fehlender Kräfte nicht durchgeführt werden konnte. Der Osten schied ebenfalls für größere Maßnahmen aus, da man sich einig war, dass die Entscheidung im Westen fallen musste. In einer Denkschrift des Generals v. Falkenhayn tauchte zum ersten Mal der Gedanke einer Operation gegen die Franzosen, die er für erschöpft hielt, auf. Der Raum um Verdun – Falkenhayn sprach von einem „Angriff im Maasgebiet" – wurde nun in die deutschen Überlegungen mit einbezogen. Das dort befehlende Armeeoberkommando (AOK) 5 unter dem deutschen Kronprinzen Wilhelm v. Preußen wurde mit dem Auftrag, einen Angriffsplan vorzubereiten, betraut.

Schon im Vorfeld der Planungen gab es Differenzen zwischen dem Chef des Generalstabs des AOK 5, Generalleutnant Schmidt v. Knobelsdorff (Abbildung 110) und dem Kronprinzen einerseits sowie der OHL andererseits.

---

[694] Am 20.08.1919 wurde Karl Didion nach Lazarett-Aufenthalt von der 2./8 in die Ers. 5./8, also in das II/8, am 15.09. in die 4./8, d. h. wieder zurück ins I./8, bevor er dann am 30.09. in das AA-A und am 03.10. in die 5. Kp. des bayer. Ers.-Rgts. 2 versetzt wurde.

Erstere standen dem Gedanken Falkenhayns skeptischer gegenüber, wollten auf beiden Seiten der Maas angreifen und die Festung schnell zu Fall bringen, um eine lang andauernde Materialschlacht zu verhindern. Die OHL beabsichtigte jedoch, nur auf dem rechten Maasufer anzugreifen. Frankreich solle, so der Gedanke der deutschen OHL, jeden Mann zur Behauptung der Festung einsetzen und sich so verbluten. Am 04.01.1916 wurde der Entwurf eines Operationsplans der OHL vorgelegt.[696]

Abbildung 110: General Konstantin Schmidt von Knobelsdorff, Generalstabschef der deutschen 5. Armee[695]

Interessant ist, dass bereits am 07.02.1916 trotz größter Geheimhaltung im Kriegstagebuch des 8. I.R. auf die geplante Schlacht vor Verdun hingewiesen wurde:

> Im Laufe des Vormittags wird Obstlt. v. Rücker zum Brig. Abschnittsführer, Oberst Kleinhenz, befohlen. Hier wird ihm mitgeteilt:
>
> Verdun soll von Norden angegriffen werden. Hierzu vom 12.2. ab mächtiges Art. Feuer auf der ganzen Linie vom Meer bis zu den Alpen verbunden mit derartigem Verhalten, dass der Feind überall festgehalten wird. Also überall drohen mit dem Angriff, ebenso Aktionen und Schein-Unternehmungen, gelegentlich auch Angriffe in größerem Umfang.
>
> Nach dem Fallen von Verdun sollen die deutschen Truppen westlich der Maas nach Süden vordringen bis in Linie: südlich der Argonnen – St. Mihiel. Hierzu sollen zeitgerecht die Truppen in der Woëvre-Ebene und auf den Maashöhen westlich bis an die Maas vordringen; die westlich der Maas vorgehenden deutschen Truppen sollen ihnen den Feind in die Hände treiben. Also Aufgabe der 33. Res. Div.:
>
> Erhöhte Art. Tatigkeit mit allmählichem Sturmreifschießen der fdl. Stellungen, Demonstrationen u. Beunruhigung des gegenüberstehenden Feindes. Später, wenn Angriff auf Verdun erfolgreich, selbst Angriff und Vordringen bis zur Maas. Für diesen Angriff also Vorbereitungen notwendig; ebenso zur Verteidigung für den Fall, dass die Franzosen sich durch einen Gegenstoß Luft machen wollen. Dies im Abschnitt der Division und Brigade bei der Kleinhenz-Ecke (Vaux-Ecke) am leichtesten möglich. Deswegen auch Vorbereitungen für Verteidigung in den nächsten Tagen auf größtmögliche Stufe bringen.[697]

Die Schlacht um Verdun begann nach mehreren wetterbedingten Verschiebungen am 21.02.1916 und endete am 19.12.1916 ohne wesentliche Veränderung des Frontverlaufs, aber mit beträchtlichen Verlusten: ca. 337.000 Soldaten, davon etwa 150.000 Gefallene, auf deutscher und ca. 377.000 Soldaten, davon etwa 167.000 Gefallene, auf französischer Seite.[698]

Die Abbildung 111 und Abbildung 112 zeigen die Ausgangsstellung und den Geländegewinn nach 5 Tagen seit Angriffsbeginn.

Die Verdun-Schlacht kam Mitte des Jahres zum Stillstand. Das angestrebte Ziel von General

---

[695] URL: https://de.wikipedia.org/wiki/Konstantin_Schmidt_von_Knobelsdorff; 17.09.2017. General von Knobelsdorff oblag die operative Leitung des Angriffes bei Verdun.
[696] URL: http://www.deutsche-kriegsgeschichte.de/krgj16.html; 23.03.2017.
[697] KA: 8. I.R._(WK)_1_35-36 (414).
[698] URL: https://de.wikipedia.org/wiki/Schlacht_um_Verdun; 11.10.2016.

v. Falkenhayn, „Weißbluten der französischen Armee" und Initiierung eines Bewegungskrieges bei dem festgefahrenen Stellungskrieg, wurde nicht erreicht. Hinzu kam, dass die Engländer die Somme-Offensive starteten, die große deutsche, aber auch französische Kontingente band. Dieser Herausforderung konnte von deutscher Seite nur durch Abzug erheblicher Truppen einschließlich der wichtigen Artillerie-Einheiten von der Verdun-Front begegnet werden. Diese Notwendigkeit bestand zwar auch auf französischer Seite, diese hatte aber vor Verdun den Vorteil von frischen, austauschbaren Reserven, ausreichendem Munitionsvorrat für die Artillerie und geschütztem Festungsraum als Ausgangspunkt ihrer steten Angriffe auf die deutsche Linie, die jedoch nicht in einem verteidigungsfähigen Zustand war. Fortdauernde französische Angriffe mit begleitender Artillerie-Vorbereitung und der felsige Boden in dieser eingeschnittenen Landschaft ließen die notwendige Verteidigungsbefestigung kaum zu. Die deutsche Seite versuchte deshalb von Mitte Juli bis Mitte September durch ständige kräftezehrende Angriffe die entscheidenden Höhen, verteidigungsfähige Stellungen und die Begradigung der vielen Einbuchtungen, besonders des Souville-Sackes, zu erreichen. Dreimal in dieser Zeit mussten die abgekämpften Truppen der Angriffsgruppe Ost unter General von Lochow dabei ausgetauscht werden. Dies war auch der Grund, weshalb am 01.08. das 8. I.R. von den Maashöhen zum Schlachtfeld vor Verdun verlegt wurde, wo es Anfang September daran beteiligt war, die größte Einbuchtung der deutschen Front vor Verdun, den Souville-Sack, zu beseitigen. „Diese Einbeulungen waren nicht nur Schönheitsfehler auf den Karten der Stäbe, sondern erforderten auch mit ihrem Bogen die doppelte Besatzung im Vergleich zu der entsprechenden Sehnenstellung. Um Kräfte einzusparen, mussten deshalb diese Stellungsteile gerade gelegt werden."[699]

Unser Protagonist, Ldstm. Karl Didion, wurde Ende September, nach der Schlacht um den Souville-Sack, zum Bayerischen Ersatz-Regiment 2 mit dem Operationsgebiet in den Vogesen versetzt. Mit diesem Regiment wurde er im Dezember 1916 jedoch nochmals für einige Wochen in die Hölle von Verdun verlegt und musste die traumatische Nivelle'sche Feuerwalze am 15. und 16.12. über sich ergehen lassen (s. Band II).

---

[699] Gold, Tragödie von Verdun, Bd. 14, 1928, S. 176. Als zweite Einbeulung neben dem Souville-Sack wird eine Stellung südlich des Steinbruchs 579 genannt. Diese Bezeichnung stimmt allerdings mit der Operationskarte Vaux C nicht überein.

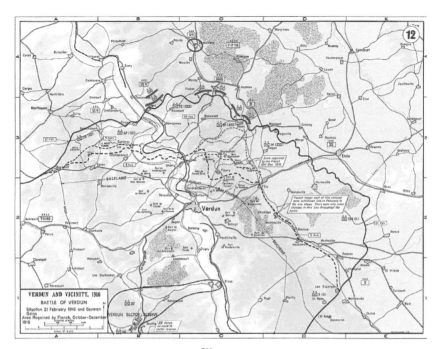

Abbildung 111: 21.02.1916, Situation vor Verdun[700]

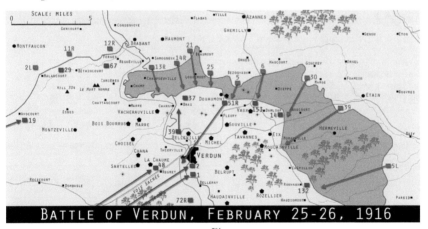

Abbildung 112: 25.-27.02.1916, Situation vor Verdun[701]

---

[700] URL: https://de.wikipedia.org/wiki/Schlacht_um_Verdun; 11.10.2016.
[701] URL: http://images.mentalfloss.com/sites/default/files/Verdun%20February%2025-26.jpg; 11.10.2016.

4.2 Anmarsch vor Verdun mit dem 8. Bayerischen Infanterie-Regiment

Im Kriegsarchiv München konnten für den Anmarsch aus der Stellung nördlich St. Mihiel nach Verdun Kriegstagebücher der 8. Infanterie-Brigade, des 8. I.R. und sowohl die des I/8, in dessen 2. Kompanie Ldstm. Karl Didion seit seiner Mobilisierung diente, als auch des II/8, in das er nach seinem Lazarett-Aufenthalt in Metz Ende August versetzt wurde, herangezogen werden. Auf dieser Basis soll der Anmarschweg näher dargestellt werden. Beide Bataillonstagebücher werden befragt, da sich die Darstellungen bei den beiden Bataillonen nicht allzu sehr unterscheiden dürften.

Das 8. I.R. hatte Anfang August folgende Stärke:[702]

> Verpflegungs-St.: 86^{16} Offiz.   3347 Mannsch. 235 Pferde
> Gef. St.: 73^{11} "   3005   "

Im Regiments-Kriegstagebuch ist für den 01.08.1916 vermerkt:

> Kriegsgliederung: 8. Brigade übernimmt Oberst von Reck
>
> Kriegstätigkeit: heute Nacht ab 1:15 Vorm. führen Brigade und Regts. Stab sowie Masch.-Gew. Kpien. über Conflans u. Metz nach Machern (Maigieres), hier werden wir ausgeladen.
>
> Brig. Stab kam ins Quartier nach Ladonchamps bei Metz, Regts. Stab. nach Rombach, Masch. Gew. Kpien nach Hagendingen; später wurden I/8, II. u. III/8 ausgeladen. I/8 kam ins Quartier nach Stahlheim bei Rombach, II/8 nach Rombach, III/8 nach Hagendingen.
>
> Verluste: Infolge der Hitze Ohnmächtige, bei der Truppe [also nicht im Lazarett; Anm. d. Verf.].[703]

Für den 01.08. heißt es im Kriegstagebuch[704] des I/8:

> Das Btl. wird um 3:15 Vorm. von St. Benoit[705] aus abtransportiert. Richtung unbekannt. Unangenehm bemerkbar machte sich die geringe Gewandtheit der Leute beim Verladen der Fahrzeuge. Fahrt über: Conflans – Metz. Zug trifft um 8:00 in Hagendingen[706] ein. Btl. wird ausgeladen und nach $1^{1/2}$ stündigem Aufenthalt nach Stahlheim[707] in Marsch gesetzt. Dort O. U. Quartiere sehr gut. Mannschaften haben seit zwei Jahren zum ersten Mal Betten. Wetter: sehr schön.[708]

Für das II/8 wurde für den gleichen Tag die Gefechtsstärke von 21 Offizieren, 993 Mannschaften und 60 Pferden festgestellt, die Transportstärke hingegen mit 16 Offizieren, 1.000 Mann und 24 Fahrzeugen.[709] Das ganze Bataillon wurde um 12:15 nachts in Vigneulles-Ost verladen, Abfahrt war um 2:11 mit unbekanntem Ziel. Über Metz fuhr man nach Hagendingen, wo man um 9:00 morgens ankam.

---

[702] KA: 8. I.R._(WK)_1_09 (414).
[703] KA: 8. I.R._(WK)_1_09 (414).
[704] KA: 8. I.R._(WK)_6_86 (1554).
[705] St. Benoît-en-Woëvre, 8 km östlich von Vigneulles les Hattonchâtel.
[706] Heute Hagondange, auf halbem Weg zwischen Thionville und Metz gelegen.
[707] Amnéville (1902–1919 deutsch *Amenweiler* und 1940–1944 *Stahlheim*, lothringisch *Stolem*) ist eine französische Gemeinde mit 10.235 Einwohnern (Stand 01.01.2013) im Département Moselle in der Region Lothringen, nahe Rombas (Rombach).
[708] KA: 8. I.R._(WK)_6_86 (1554).
[709] KA: 8. I.R._(WK)_7_164 (1554).

Das II/8 wurde in Rombach einquartiert, das I/8 mit Ldstm. Karl Didion bezog Quartier in Stahl-heim und das III/8 in Hagendingen.[710]

Am 02.08.1916 kann man für das I/8 im Kriegstagebuch lesen:

> Kompagnien halten Baden, Appelle, Gesundheitsbesichtigungen ab. Beim Baden am Vormittag er-trank der Infanterist Märgelein 3./8. Ein Verschulden traf niemand, da für Absteckung der Plätze und Aufsicht gesorgt war. In der Nacht wurden feindl. Flieger gemeldet. Abwehrbatterien schossen. Gese-hen wurde kein Flieger. Wetter: heiß.[711]

Auch der Regimentsstab legte eine Pause ein und ließ die Regiments-Musik aufspielen:

> Kriegstätigkeit: Unterkunft in Rombach; Regts. Stab ißt im Hütten-Kasino.
> Ausruhen, Reinigung von [...], Bekleidung und Bewaffnung; Baden in der Badeanstalt der „Hütte".
> Regts. Musik spielt vor dem Quartier des Regts.-Führers und auf freien Plätzen von Rombach.[712]

Am 03.08., Donnerstag, meldet das Regiments-Kriegstagebuch:

> Kriegstätigkeit: heute Nacht [...] Abtransport; wohin unbekannt.
> I/8 fährt um 1:03 Morgens (4.8.)
> II/8 6:07 Morgens
> III/8 2:16 Nachm.
> Regts.-Stab u MG Kpien. 10:11 Abends.[713]

Das Kriegstagebuch des I/8 meldet entsprechend:

> Kompagnien hielten am Vormittag Exerzier-Übungen ab. Um 9:00 Vorm. kam der Brig. Bef., dass nach Mitteilung des B. B. A. Metz von der OHL der Abmarsch aus der jetzigen Unterkunft ab 4.8. morgens befohlen sei.
> Brot und Hafer für einen Tag Eisenbahnfahrt und für ersten Zug nach Ausladung war mitzunehmen.
> 5:00 Nachm. fand die Beerdigung des gestern verunglückten Infanterist Mägerlein 3./8, unter Teil-nahme des Kriegervereins Stahlheim-Gandringen und der Zivilbevölkerung statt. 5:45 Nachm. traf der Regimentsbefehl ein. Verladebeginn am 3. August 10:00 Abds., Abfahrt 4. August 1:00 Morgens.
> Einladebahnhof Hagendingen.[714]

Um 6:00 abends traf ein weiterer Regimentsbefehl[715] ein, der die Marschkredit-Nummer enthielt und befahl, dass die Bagagen um 8:00 abends und die einzelnen Kompanien in einem Intervall von 15 min ab 11:00 abends zum Bahnhof Hagendingen auszurücken hatten; die 2./8 begann damit um 11:00, jedoch ohne Ldstm. Karl Didion. Bemerkenswert ist der Hinweis, dass sich der Abmarsch der Kompanien unter großer Anteilnahme der Zivilbevölkerung vollzog. Es wurde noch bemerkt, dass das Verladen der Fahrzeuge glatt vonstattenging.

Am 03.08. wurde unser Protagonist, der Ldstm. Karl Didion, wegen wunder Füßen (Abbildung 113) krank ins Festungslazarett (Metz) geschickt, aus dem er erst am 20.08.1916 zur 5. Ersatz-Kompanie 8. I.R.[716] entlassen wurde. Der Abmarsch fand also ohne ihn statt.

---

[710] KA: 8. I.R._(WK)_7_165 (1554).
[711] KA: 8. I.R._(WK)_6_86 (1554).
[712] KA: 8. I.R._(WK)_1_09 (414).
[713] KA: 8. I.R._(WK)_1_10 (414).
[714] KA: 8. I.R._(WK)_6_86-87 (1554).
[715] KA: 8. I.R._(WK)_6_87 (1554).
[716] Es konnte nicht festgestellt werden, in welcher Weise Ersatzkompanien des Regiments mit den Kampfkompanien zusammen kämpften. Darüber gibt das Kriegstagebuch keine Auskunft. Es soll deshalb nach dem 20.08.1916 insbes.

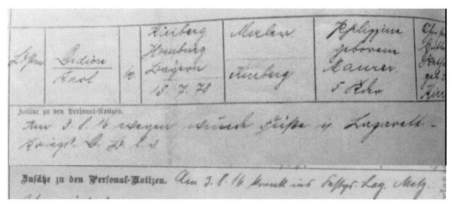

Abbildung 113: Auszüge aus der Kriegsstammrolle Nr. 530 vom Ldstm. Karl Didion[717]

Er nahm also, bestimmt zu seinem Nachteil, an den vielen kommenden militärischen Übungen und Unterweisungen im August nach dem Eintreffen vor Verdun zur Vorbereitung des Gefechts, an dem das 8. I.R. beteiligt war, nicht teil.

Am 04.08. wurde das Bataillon über Diedenhofen in Richtung Audun-le-Roman (50 km nordöstlich von Verdun) transportiert, dann nach Landres (40 km nordöstlich von Verdun), dort erfolgte die Ausladung des Bataillons, Quartiere wurden als sehr mäßig, die Ortschaft als fast gänzlich zusammengeschossen beschrieben. Deshalb wurden auch Teile des Bataillons in Mercy-le-Bas (bei St. Supplet) einquartiert.[718]

Das Regimentstagebuch informiert:

> 4. August 16
>
> Kriegsgliederung: 14. Inf. Div.
> Kriegstätigkeit: heute gegen 2:00 Morgens Ankunft im Bahnhof Landres.
> Rgts.-Stab u. MG Kpien. marschieren nicht nach Richicourt[719] sondern über Xivry nach Mercy le Bas ins Quartier; Ankunft 4:45 Vorm.
> Während des Tages Ruhe im Quartier. I/8 quartiert von Richicourt um nach Mercy le Bas, da dort Kpien. hätten biwakieren müssen.[720]

Für den gleichen Tag verzeichnet das Kriegstagebuch für das II/8:

> 12:00 Nachts Abmarsch von Rombach nach Machern.
> Dort 5:35 Vorm. Abmarsch.
> 9:40 Vorm. Eintreffen in Landres,
> Von hier Marsch nach St. Supplet. Eintreffen dort 2:00 Nachm.
> II/8. mit Stab Unterkunft in St. Supplet.
> Das Regiment gehört zur 14. bayer. Inf. Div. der Angriffsgruppe Ost.
> Führer der Angriffsgruppe Ost. General von Lochow. [Abbildung 114][721]

---

die 5./8 in den Blick genommen werden.
[717] In Privatbesitz.
[718] KA: 8. I.R._(WK)_6_87-88 (1554).
[719] Richtig Réchicourt, liegt 7 km südsüdwestlich von Mercy-le-Bas.
[720] KA: 8. I.R._(WK)_1_10 (414).

Hier wurde zum ersten Mal von der Unterstellung des Regiments unter die 14. b. I. D.[723] und die Angriffsgruppe Ost gesprochen, tatsächlich fand die Unterstellung erst am 06.08.1916 statt.

Am 05.08. wurden die 3 Bataillone in ihre Quartiere verlegt, I/8 nach Mercy-le-Bas, II/8 nach St. Supplet und das III/8 nach Xivry-Circourt.[724] Dieses Ausgangsgebiet des 8. I.R. vor Verdun lag etwa 8-10 km nordöstlich vom Fort Douaumont.

Abbildung 114: General Ewald von Lochow[722]

4.3   Kampfvorbereitung des 8. Bayerischen Infanterie-Regiments im August 1916

4.3.1   Allgemeine militärische Lage vor Verdun im Sommer 1916

Bevor das eigentliche Kampfgeschehen zur Beseitigung des Souville-Sackes geschildert wird, soll dieses in den Gesamtzusammenhang der Lage vor Verdun gestellt werden, zu dem Zeitpunkt, als der generelle Angriff auf Verdun bereits seit Jahresmitte zum Stehen gekommen war und man versuchte, eine Auffang-Front als allgemeine Verteidigungslinie aufzubauen.

Seit dem 11.07.1916, als strikte Abwehr befohlen wurde, hatten die vielen Angriffe im Gebiet Terre-Froide bis Tavannes mit dem Ziel, die Front verteidigungsfähig zu begradigen, letzten Endes nicht zum angestrebten Ziel geführt. Beide Seiten waren wegen des Einsatzes bei der Somme- und an der Verdun-Front geschwächt, wobei der französischen Seite wegen des höheren Munitions-Einsatzes und der immer wieder neu ausgetauschten Kräfte Vorteile zuzusprechen waren. „Auf dem rechten Flügel der 5. Armee von den Argonnen bis zur Maas war die Kampftä-

---

[721] KA: 8. I.R._(WK)_7_166 (1554).

[722] URL: https://de.wikipedia.org/wiki/Ewald_von_Lochow; 23.05.2017.
Ab 21.02.1916 wurde Lochows Korps wieder an der Westfront vor Verdun eingesetzt. Erschöpft von den schweren Angriffen wurde das Korps Mitte März aus der Angriffsfront herausgezogen. Unter Belassung in seiner Stellung als kommandierender General des III. Armee-Korps wurde Lochow am 15.04.1916 zum Oberbefehlshaber der Angriffsgruppe Ost vor Verdun ernannt. Als Kronprinz Wilhelm am 25.11.1916 die Führung der nach ihm benannten Heeresgruppe übernahm, wurde Lochow sein Nachfolger als Oberbefehlshaber der 5. Armee. Am 15.12.1916 führte der General einen lange vorbereiteten, jedoch erfolglosen Angriff, der mit der bis dahin schwersten Niederlage der 5. Armee endete. Der Feind eroberte Vacherauville, einen Teil des „Pfefferrückens", die „Höhe 378" sowie Bezonvaux zurück.

[723] Wenn nur von Division, Brigade oder Regiment ohne nähere Bezeichnung die Rede ist, dann sind bei dem Kampf um die Souville-Schlucht immer die 14. b. I. D, die 8. b. Inf.-Brig. bzw. das 8. I.R. gemeint.

[724] KA: 8. I.R._(WK)_7_166 (1554).

tigkeit seit Mitte Juli bei ständig lebhaftem Artilleriefeuer auf Patrouillenunternehmungen beschränkt geblieben. Das östliche Maas-Ufer hingegen musste nach wie vor als Kampfgebiet angesehen werden"[725], heißt es im Reichsarchiv für Mitte 1916.

Die eigentlich erwartete „Periode des Stillstandes" sollte dazu benutzt werden, die Stellungen so auszubauen, dass sie „unter möglichster Schonung der eigenen Kraft auch starken Angriffen gegenüber"[726] gehalten werden konnten.

Ab Mitte Juli waren folgende Gefechte zu verzeichnen:

15.07.1916:   Erfolgloser frz. Angriff auf deutsche Stellungen zwischen Froide-Terre-Rücken und St.-Fine-Kapelle

24.07.1916:   Erfolgreicher frz. Angriff auf Froide-Terre-Rücken

27.07.1916:   Deutscher Angriff auf Froide-Terre-Rücken abgeschlagen[727]

Ein Luftbild der Flieger-Abteilung 44[728] vom 22.07.1916 zeigt das Schlachtfeld zwischen Fort Tavannes (links) und Fort Souville (rechts), auf dem sich die Gefechte des 8. I.R. im August/September abspielten (Abbildung 115).

Wenn man auf deutscher Seite nicht zusehen wollte, wie ein Stück des eroberten Bodens nach dem anderen wieder verloren ging, so war mit reiner Abwehr auf die Dauer nicht auszukommen. An zwei Stellen ragten große Einbuchtungen in die deutsche Front, nördlich des Froide-Terre-Rückens und bei dem Souville-Sack. Dazu heißt es im RA:

> Die äußerst gefahrvolle Lage, in die das Zwischenwerk Thiaumont durch die fortgesetzten französischen Angriffe geraten war, hatte daher General von Lochow schon am 17. Juli ein Vortreiben der stark zurückgebogenen Linie nördlich des Froide-Terre-Rückens an der Naht der 25. Reserve- und 4. Infanterie-Division [Abbildung 174[729], westlich von Fort Douaumont] ins Auge fassen lassen. Auch war er entschlossen, die große Einbuchtung in der Kampffront an der Souville-Nase so bald wie möglich durch einen Angriff frischer Kräfte des XVIII. Reserve Korps zu strecken, der zugleich eine günstige Ausgangslage für den späteren Sturm auf Fort Souville und die Höhen östlich des Forts schaffen sollte.[730]

Vom Armeechef wurden als weitere Ziele das Fort Souville und die dortige Höhenstellung, das Zwischenwerk Laufée und die West-Ost-Schlucht (nordwestlich Thiaumont-Wald) genannt. „Da aber ein großer Angriff auf breiter Front mangels schwerer Artillerie nicht mehr infrage kam, sollten diese Ziele nacheinander vom XVIII. Reservekorps, XV. Armeekorps und VII. Reserve-

---

[725] RA Bd. 11 1938, S. 117.
[726] RA Bd. 10 1936, S. 390.
[727] RA Bd. 10 1936, S. 390.
[728] KA: Infanterie-Divisionen-(WK)_5702_39 (1728).
[729] RA Bd. 10 1936, Skizze 14.
[730] RA Bd. 10 1936, S. 391.

korps[731] erstrebt werden."[732]

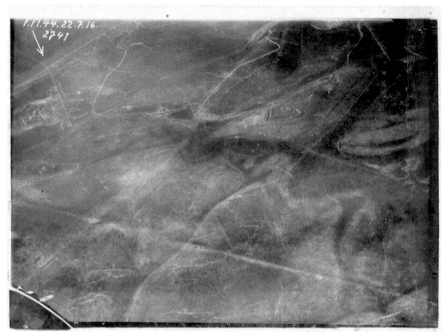

Abbildung 115: Fort Tavannes (links), Fort Souville (rechts)[733]

Es heißt im Reichsarchiv weiter: „Als erstes Unternehmen wurde entsprechend dem Vorschlage des Generals von Lochow u. a. die Wegnahme der Souville-Nase durch das XVIII. Reservekorps für den 01. August in Aussicht genommen." Dann: „Für den 1. August hatte aber auch General Nivelle einen Angriff in Aussicht genommen, und zwar mit dem Ziel Zwischenwerk Thiaumont – Fleury. Er hielt die Deutschen für geschwächt. Ihre Frontstärken schienen zurückgegangen zu sein, ihre Artillerie und Flieger erheblich vermindert."[734]

Wie kam es zu diesen Einbuchtungen in der deutschen Front während der Kämpfe des Frühsommers 1916 im Bereich des Berg- und Chapitre-Waldes? Grund dafür war, dass sich die dort eingesetzten Regimenter, insbesondere die der 1. Infanterie-Division, festliefen und eine weitere Vorwärtsbewegung aufgrund des hartnäckigen französischen Widerstandes nicht möglich war. Teilweise kamen die Sturmtrupps nicht einmal aus ihren Ausgangsstellungen. Unter hohen Verlusten und mit zunehmender Abnutzung wurde dieses Vorhaben abgebrochen. Die Regimenter

---

[731] RA Bd. 11 1938, S. 117; diese 3 Armee-Korps machten die Angriffsgruppe Ost unter General von Lochow aus. Das XVIII. Res.-Korps bestand aus der 14. b. Inf.-Div. und der 21. Res.-Div.
[732] RA Bd. 10 1936, S. 392.
[733] KA: Infanterie-Divisionen-(WK)_5702_01-02 (111); ident. 5702_38 (1728); Pfeil zeigt die N-Richtung an.
[734] RA Bd. 10 1936, S. 392.

der Nachbarabschnitte hatten sich dagegen Geländevorteile errungen. Dies führte schließlich zu den erwähnten Einbuchtungen, wie z B. dem Souville-Sack, der deutschen Linie in diesem Bereich.

Trotz mangelnder Kräfte erwog nun die deutsche Führung, diese Einbuchtung schnellstmöglich zu begradigen, um die dort herrschende Flankenbedrohung gegenüber den weiter vorgeprellten, links und rechts liegenden Einheiten aufzuheben, dann durch eine halbwegs durchgehende Linie Kräfte einzusparen und schließlich um weiter zumindest den Anschein zu erhalten, das Heft des Handelns in der Hand zu haben und damit eine weitere Bindung französischer Kräfte zu gewährleisten.[735]

Diese Anstrengungen setzten schon Ende Juli ein. Der Hessischen 21. Reserve-Division fiel die Aufgabe zu, wichtige Geländestücke im Berg- u. Chapitre-Wald zu nehmen. Darunter fielen zunächst die sog. Souville-Nase sowie die dazugehörigen Steinbrüche im linken Abschnittsbereich. Der rechte Nachbar, die Garde-Ersatz-Division, sollte ihrerseits versuchen, den Westrand der Souville-Schlucht (Abbildung 117 und Abbildung 135) zu nehmen. Gelang diese Aufgabe, mussten die Franzosen die für ein weiteres deutsches Vorgehen wichtige Souville-Schlucht aufgeben. Diese Schlucht war mit MGs gespickt und bereits mehrfach erfolglos angegriffen worden.

Für den 01.08. war der Angriff auf die Souville-Nase angesetzt. Bereits zum 29.07. begann die Artillerie-Vorbereitung. Während die 21. Reserve-Division (hauptsächlich die R. I.R. 81 u. 88) ihr Angriffsziel trotz schwerer Verluste erreichte, war die Garde-Ersatz-Division kaum vorwärtsgekommen und es klaffte auf der rechten Seite eine Lücke, die durch das III/R. I.R. 88 geschlossen wurde.

Die erbitterten Kämpfe um die Souville-Nase dauerten bis zum 08.08. Sie konnte unter erheblichen Verlusten eingenommen und gehalten werden. Ein starker französischer Angriff am 18.08. konnte abgewiesen werden. Bei diesen Kämpfen wurde die 21. Reserve-Division fast aufgerieben, während ihres 6-wöchigen Einsatzes verloren die Hessen rund 1.150 Tote sowie die unglaubliche Zahl von rund 5.400 Verwundeten und Vermissten. Am 28.08. wurden die völlig verbrauchten Einheiten der 21. Reserve-Division durch die 33. Reserve-Division abgelöst.[736].

Das RA führte zum Gefecht vom 01.08. aus:

Nach heftigen deutschen Art. Feuer setzte am 1. August 10:00 Vorm. der Hauptangriff des XVIII. Reserve Korps ein. Er zeitigte nur einen, freilich erheblichen, Teilerfolg. In schneidigen Ansturm überrannten die 4 Kampfbataillone der 21. Reserve Division die französische Stellung im Fumin- und Berg-Wald [Abbildung 117 und Abbildung 135] und erreichten, unaufhaltsam vordringend, in weniger als 1 Stunde den [südlicher gelegenen; Anm. d. Verf.] Montagne-Rücken. Die 3 Sturmbataillone

---

[735] URL: http://www.oocities.org/bunker1914/Kampfbereiche_Verdun_Souville_Nase.htm; 26.04.2016.
[736] URL: http://www.oocities.org/bunker1914/Kampfbereiche_Verdun_Souville_Nase.htm; 26.04.2016.

der rechts benachbarten, vornehmlich gegen das feindliche Hauptwiderstandszentrum, die Souville-Nase angesetzten Garde-Ersatz-Division aber wurden sogleich nach dem Antreten durch stärkstes Maschinengewehrfeuer aus den von der deutschen Artillerie nicht gefaßten Gräben am Südosthang des Chapitre-Rückens zu Boden gezwungen; nur der äußerste linke Flügel gewann auf dem Westhang der Souville-Schlucht etwas Raum. So klaffte zwischen beiden Divisionen eine etwa 900 m breite Lücke, in die der Gegner alsbald mit starken Kräften hineinstieß. Durch eiligst vorgeführte Reserven konnte die 21. Reserve Division indessen ihrer rechten Flanke drohende Gefahr nicht nur bannen, sondern den Feind spätnachmittags auch noch aus der Kiesgrube und vom Rücken der Souville-Nase werfen. Hingegen scheiterte ein neuer Vorstoß der Garde-Ersatz-Division um 9:00 Uhr abends wiederum völlig.[737]

Dass der geplante Erfolg nicht erreicht wurde, wurde „verwischt", und so stellte das RA fest:

Die verhältnismäßig hohe Gefangenenzahl – fast 1000 Mann waren vom XVIII. Reserve und XV. Armeekorps eingebracht worden – und der glänzende Erfolg der 21. Reserve Division vermochten die Tatsachen nicht abzuschwächen, dass der Angriff im Ganzen gescheitert war, die Kampfkraft der Truppe aber aufs neue schwere Einbuße erlitten hatte.[738]

Der Feind antwortete jedoch mit einem Gegenschlag größeren Ausmaßes, der Höhenrücken, der seit Monaten das Ziel des deutschen Angriffes gewesen war, ging verloren. Für das uns interessierende Kampfgebiet des XVIII. Reserve-Korps hieß dies, dass der innere Flügel sich am 02., besonders aber am 03.08. wiederholter feindlicher Angriffe zu erwehren hatte. „Die Lage wurde von General von Lochow als so ernst angesehen, dass er den auf den 4. August angesetzten Angriff des XVIII. Reserve Korps zur Wegnahme der südlichen Souville-Schlucht um 24 Stunden verschob."[739] Stattdessen sollten das Zwischenwerk Thiaumont, der südwärts anschließende Höhenrücken und das Dorf Fleury wieder genommen werden. Der Höhenrücken wurde zwar genommen, das Zwischenwerk Thiaumont blieb jedoch in Feindeshand. Weiter heißt es im RA:

Obwohl es fraglich war, ob die geschwächte schwere Artillerie der Ostgruppe ausreichte, den Feind abzuwehren und gleichzeitig eine eigene Unternehmung vorzubereiten und zu decken, wurde für den 5. August doch an dem beabsichtigten Angriff des XVIII. Reservekorps festgehalten. [...] Die für spätere Fortführung des Angriffes gegen Fort Souville so wichtige Wegnahme der südlichen Souville-Schlucht glückte indessen wiederum nicht. Die nach zweistündiger Artillerievorbereitung um 8:00 Uhr morgens vorbrechenden Sturmtruppen der Garde-Ersatz-Division wurden alsbald durch stärkstes Maschinengewehrfeuer aus den nicht sturmreif geschossenen vordersten feindlichen Gräben, im rechter Flügel durch einen französischen Gegenstoß angehalten; auch Verstärkungen gelang es nicht, die Front vorzureißen. Ebenso wenig hatte der in verlustreiche Kämpfe verstrickte rechte Flügel der 21. Reserve-Division Erfolg; lediglich die Mitte der Division erreichte ihr Ziel, die vor ihr liegende Südspitze des Chapitre-Waldes, gab sie aber noch am gleichen Abend wegen des auf ihr liegenden außerordentlich starken Feuers wieder auf, um sich am folgenden Nachmittag von neuem in ihren Be

Auch bei diesem Angriff blieb die angestrebte Begradigung der Front aus. Als Hauptgrund wurde der Munitionsmangel für die Artillerie ausgemacht, eine Lage, die die schwer erkämpfte Auffang-Front sogar infrage stellte. Dies sollte sich letzten Endes auch im Dezember 1916 bewahrheiten. Die im Vergleich zum Gegner geringere Schusszahl der deutschen Artillerie war schon im ganzen Sommer 1916 zu beklagen, wie aus der Abbildung 116 hervorgeht.

---

[737] RA Bd. 10 1936, S. 393 f.
[738] RA Bd. 10 1936, S. 394.
[739] RA Bd. 10 1936, S. 395.

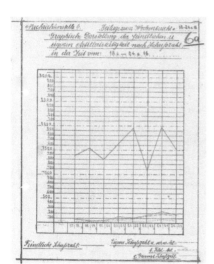

So waren abermals nur geringe Fortschritte erzielt worden, was unzweifelhaft in erster Linie in völlig unzureichender Artillerievorbereitung begründet lag. General von Lochow verhehlte sich nicht, dass bei den stark verminderten artilleristischen Kräften und Munitionsraten, die ihm noch zur Verfügung standen, nicht nur energische Fortführung des Angriffs auf dem Ostufer unmöglich wurde, sondern bei Einsatz stärkerer französischer Kräfte auch sicheres Festhalten der schwer erkämpften Stellungen in Frage gestellt war. Infolge des schwächeren deutschen Feuers hatte der Feind seine Stellungen bereits wesentlich erweitern und verstärken können; die Kampfkraft seiner Truppen hielt länger vor, seine Artillerie wurde in ihrer Gefechtstätigkeit weniger gestört und konnte daher die deutschen Linien und Batterien wirksamer bekämpfen. Dem war nur abzuhelfen einerseits durch wesentliche Erhöhung der Munitionsraten und Bereitstellung von Grünen Kreuz- und T-Munition, andererseits durch Vermehrung der Artillerie um einige schwere Feldartillerie Bataillone, Artillerie und Kampfflieger.[741]

Abbildung 116: 18.-24.06.1916, grafische Darstellung der feindlichen u. eigenen Artillerietätigkeit nach Schusszahl[740]

Die notwendige Erhöhung der Munitionsraten wurde jedoch wegen der noch anhaltenden Kämpfe an der Somme nicht genehmigt, zumal die Oberste Heeresleitung einen größeren Angriff des Gegners an der Verdun-Front als nicht sehr wahrscheinlich einstufte. Jedoch die immer noch bestehende Einbuchtung in der Front des XVIII. Reserve-Korps sollte baldigst beseitigt werden. Hauptziel bliebe die Wegnahme des Forts Souville, doch ließe sich noch nicht übersehen, wann der Zeitpunkt für diese Kampfhandlungen gekommen sein werde.[742]

Am 08.08. war das XVIII. Reserve-Korps in schwere Kämpfe verstrickt. „Nach mehrstündiger Artillerievorbereitung stießen starke feindliche Kräfte im Chapitre-Wald und Berg-Wald vor, aber lediglich am rechten Flügel der Garde-Ersatz-Division glückte ihnen auf schmaler Front der Einbruch in die deutschen Linien. Die 21. Reserve Division trotzte allen Anstürmen."[743] In der Nacht zum 12.08. wurde der am rechten Flügel der Garde-Ersatz-Division eingedrungene Feind wieder zurückgeworfen; die hier am 08.08. zurückgedrängte eigene Front konnte wieder etwas vorverlegt werden. Gegen Mitte des Monats flaute der Infanterie-Kampf ab.[744]

In den Tagen zwischen 10. und 14.08. kamen innerhalb des Armee-Oberkommandos grundlegende Meinungsverschiedenheiten zum Austrag. Kronprinz Wilhelm hatte in einer Besprechung

---

[740] KA: 8. I.R._(WK)_8_02 (1530).
[741] RA Bd. 10 1936, S. 396 f.
[742] RA Bd. 10 1936, S. 397.
[743] RA Bd. 10 1936, S. 398.
[744] RA Bd. 10 1936, S. 398.

der Lage mit General von Lochow am Nachmittag des 10.08. seiner Ansicht dahin gehend Ausdruck gegeben, dass bei den augenblicklichen hohen Anforderungen auf allen Fronten an eine große Angriffsunternehmung auf dem östlichen Maasufer nicht zu denken sei und nur Verbesserungen der eigenen Abwehrstellung noch infrage kämen. General von Lochow hatte durchaus zugestimmt und nur zwei Unternehmungen noch als dringlich bezeichnet: einmal die Beseitigung des Souville-Sackes und zum anderen ein Vortreiben des linken Flügels des VII. Reserve-Korps zur besseren Sicherung des Zwischenwerks Thiaumont.

> In völligen Gegensatz hierzu wies General Schmidt von Knobelsdorff die Ostgruppe am Morgen des 14. August in einem Ferngespräch darauf hin, dass die Souville-Schlucht und die Höhenlinie Souville – Tavannes nebst dem Fort Souville unter allen Umständen genommen werden müssten, und dass die Angriffsgruppe auf keinen Fall völlig in die Verteidigung fallen dürfte. [745]

Er verlangte die noch fehlende Höhenlinie von Dorf Fleury über Fort Souville bis zum Bergwald (Abbildung 117 und Abbildung 174), da nach seiner Beurteilung nur diese auch hinsichtlich der schlechten Jahreszeit verteidigungsfähig und logistisch zu versorgen wäre.

Dieser Gegensatz zu General von Lochow löste sich durch die Ablösung von General Schmidt von Knobelsdorff am 21.08.1916 auf. [746] Nach Rücksprache mit den Korpskommandeuren stellte General von Lochow fest:

Abbildung 117: Linie Z. W. Thiaumont – Fleury – Bergwald– Zwischenwerk Laufée – Dicourt-Ferme [747]

> Nötig [...] sei die Wegnahme des Forts [Souville] und der Höhen nicht, da die jetzigen Stellungen auch gegen stärkste Angriffe gehalten werden könnten, wenn die Artillerie ihre augenblickliche starke und die Infanterie ihre Gefechtskraft behielten, geboten sei lediglich die Beseitigung des Souville-Sackes im Chapitre-Wald, darüber hinaus erwünscht, aber nicht unbedingt erforderlich die Wegnahme des Zwischenwerks Laufée und der Dicourt-Ferme [am rechten Rand der Abbildung 117]. [748]

Inzwischen hatte auch General von Falkenhayn am 15.08. auf Einschränkung im Kräftever-

[745] RA Bd. 10 1936, S. 399.
[746] RA Bd. 10 1936, S. 402.
[747] RA Bd. 10 1936, Skizze 14, Verdun-Ost, Ausschnitt.
[748] RA Bd. 10 1936, S. 399.

brauch gedrängt und um Stellungnahme der Angriffsgruppenführer West (General von François) und Ost (General von Lochow) gebeten. Letzterer antwortete in Übereinstimmung mit dem Kronprinzen, dass nach Beseitigung des Souville-Sackes, die für Ende August oder Anfang September in Aussicht genommen wäre, allmähliches abschnittsweises Heranarbeiten an das Zwischenwerk Laufée und dessen Eroberung sowie die Wegnahme der Dicourt-Ferme zu empfehlen sei.[749]

Diese Einschränkung im Kräfteverbrauch war angesichts der abgekämpften Truppen dringend erforderlich, was sich bereits Mitte Juli erwies. „Als Kronprinz Wilhelm am 12. Juli die vorläufige Einstellung des Angriffs auf die beiden Maas-Ufer befahl, waren die im Hauptkampfraum der Angriffsgruppe Ost vom Froide-Terre-Rücken bis zum Bergwald [südwestl. von Fort Vaux; Anm. d. Verf.; Abbildung 117] stehenden Truppen abgekämpft und ablösungsbedürftig."[750] Der Austausch gegen kampfkräftige Divisionen vollzog sich nach und nach in der Zeit bis zum 24.07. Es kämpften ab dann das Kommando des Alpenkorps mit der 4. Infanterie-Division und der 6. Bayerischen Infanterie-Division, das Generalkommando des XVIII. Reserve-Korps mit der Garde-Ersatz-Division und der 21. Reserve-Division.[751] Aber auch diese Einheiten wurden abgekämpft im August wiederum durch frische Einheiten ersetzt. So löste u. a. im Alpenkorps am 08.08. die 33. Reserve-Division die 6. Bayerische Infanterie-Division sowie am 20.08 die 14. Bayerische Infanterie-Division die Garde-Ersatz-Division innerhalb des XVIII. Rerserve-Korps ab.[752]

Das XVIII. Reserve-Korps bestand ab dem 20.08. aus der 14. Bayerischen Infanterie-Division, der schließlich die Bereinigung des Souville-Sackes gelingen sollte, sowie der 21. Reserve-Division mit der Hauptkampffront Châpitre-Rücken und Teile der Souville-Schlucht. Rechts des XVIII. Reserve-Korps lag die 33. R. D. als Teil des Alpenkorps mit der Hauptkampffront Fleury.

4.3.2 Kampf- und Logistikvorbereitungen

Auf der Folie der Schilderung des Geschehens im August zur Frontbegradigung im Bereich der Angriffsgruppe Ost soll nun der Einsatz des 8. I.R. bei der Beseitigung des Souville-Sackes im Einzelnen betrachtet werden.

Nach der Sicherung der Souville-Nase war die Bereinigung des Souville-Sackes das weitere Angriffsziel zur Begradigung der Front vor Verdun, eine Aufgabe, an der das 8. I.R. der 8. Infanterie-Brigade der 14. Bayerischen Infanterie-Division innerhalb des XVIII. Reserve-Korps

---

[749] RA Bd. 10 1936, S. 400 f.
[750] RA Bd. 10 1936, S. 389.
[751] RA Bd. 10 1936, S. 389.
[752] RA Bd. 10 1936, Skizze 14, Verdun Ost, Abbildung 174174.

beteiligt war.

Kommandeur der 8. Bayerischen Infanterie-Brigade[753] war seit 01.08.1916 (bis 30.09.1917) Generalmajor Karl von Reck (Abbildung 118); er folgte auf Oberst/Generalmajor Karl von Riedl, der die Brigade vom 27.03.1913 bis 01.08.1916 führte.

Am 06.08. wurde die 8. Infanterie-Brigade (mit b. 8. I.R., Infanterie-Regiment 364 und dem noch aufzustellenden Bayerischen Infanterie-Regiment 29[755]) unter das Kommando der 14. Bayerischen Infanterie-Division[756] gestellt. An diesem Tage fand in Mercy-le-Bas eine Besichtigung und die Begrüßung des Regiments (8. I.R.)[757] durch seine Exzellenz General der Infanterie Ewald von Lochow (Abbildung 114), Kommandeur der Angriffsgruppe Ost, statt.

Generalmajor v. Red

Abbildung 118: Generalmajor Karl von Reck[754]

Im Kriegstagebuch der 8. Bayerischen Infanterie-Brigade ist mit Datum 06.08. vermerkt, dass die besondere Ausbildung und Ausrüstung der Regimenter zum bevorstehenden Einsatz bei Verdun mit Hochdruck betrieben werde. Dabei werde auf die Erfahrungen der bisher bei Verdun eingesetzten Truppen der Angriffsgruppe Ost zurückgegriffen. Eine wichtige Rolle sollten dabei besondere Ausrüstungsgegenstände spielen: französische MG, einspännige MG-Karren, ergänztes Schanzzeug, Leuchtmunition, ergänzte Nahkampfmittel. Es sei damit zu rechnen, so das Kriegstage-

---

[753] Das Kommando stand 1914 in der Festung Metz und die Brigade war Teil der 4. Division. Ihr unterstanden folgende Einheiten:
4. Infanterie-Regiment „König Wilhelm von Württemberg" in Metz (dieses Rgt. stieß am 27.08.1916 wieder zur 8 b. Infanteriebrigade, nachdem es vorher anders zugeordnet war).
8. Infanterie-Regiment „Großherzog Friedrich II. von Baden" in Metz (geführt von Oberst von Rücker 10.10.1914-22.04.1917).
Die Brigade unter ihrem Kommandeur Generalmajor Karl von Riedl wurde zu Beginn des Ersten Weltkriegs in ihrer Garnisonsstadt und Festung Metz eingesetzt, jedoch schon Anfang August 1914 durch die 5. Reserve-Infanterie-Brigade abgelöst. Die Brigade wurde der 5. Armee (Saarbrücken), getrennt von der Masse der bayerischen Truppen, unterstellt. Im Rahmen der Schlacht in Lothringen am 20. und 21. August 1914 unterstützte die Brigade den Angriff der 6. Armee auf der rechten Flanke, indem sie von südlich Metz antretend nach Nomeny vorstieß. Am Abend des 20. August war Nomeny genommen und konnte trotz französischer Gegenangriffe gehalten werden. Am 25. August 1914 stand die Brigade am linken Flügel der 5. Armee bei Rouvres, wo sie vom weit überlegenen französischen Truppen in der Flanke angegriffen wurde. Doch sie wies die Angriffe ab, sodass diese bis zum Abend zusammenbrachen. Ab dem 29. September 1914 wurde die Brigade auf den Höhen von Combres eingesetzt. Die Franzosen versuchten unter anderem mit Sappen-, Minen- und Freifeldangriff die Höhen wieder zu nehmen, die Brigade hielt jedoch über Monate stand; URL: https://de.wikipedia.org/wiki/8._Königlich_Bayerische_Infanterie-Brigade; 25.05.2016.
[754] Dellmensingen, Bayernbuch 1930, S. 153.
[755] Am 13.08.1916 schlug die 8. b. Infanteriebrigade der Division die Zusammensetzung dieses Rgts vor: KA: Infanteriebrigaden (WK)_915_03 (1674).
[756] Am 13.08.1916 ging die 8. b. Infanteriebrigade der bayer. Kriegs-Militär-Erlass vom 31.07.1916 über die Aufstellung der 14. b. Inf.-Div. zu; KA: 8. I.R._(WK)_915_03 (1674).
[757] KA: 8. I.R._(WK)_7_166 (1554) und 6_88 (1554).

buch, dass der Brigade-Kommandeur und der Oberbefehlshaber der Angriffsgruppe Ost vermehrt den Übungen beiwohnen würden. Auch wurde angemerkt, dass der Oberbefehlshaber sein Offizierskorps um sich versammelte und es für die Schrecken des Kampffeldes um Verdun vorbereitete. „Seine eindringlichen Worte bezweckten, daß jeder, der zum Kampf vor Verdun berufen wird, vornehmlich jeder Führer, sein Herz und seine Sinne wappne, damit er den grauenvollen Eindrücken des Großkampfschlachtfeldes gewachsen sei."[758]

Im Kriegstagebuch der Brigade wurde weiter vermerkt, dass etwa vom 18. des Monats der Divisions-Stab 14. b. I. D. und die 8. b. Inf.-Brig. im Abschnitt der Garde-Ersatz-Division eingesetzt werden. Der Truppe sei hierüber noch nichts bekannt zu geben.[759]

Anfang August verteilte der Kommandeur der 8. Bayerischen Infanterie-Brigade an die untergeordneten Einheiten mit 05.08.1916 datierte „Notizen aus der heutigen Besprechung seiner Exzellenz des Oberbefehlshabers der Angriffsgruppe Ost, General von Lochow"[760].

In den Notizen wurde darauf hingewiesen, dass der Einsatz der Division von heute auf morgen befohlen werden könne und man zugleich bestrebt sei, der Truppe vor dem Einsatz noch Zeit zur Ausbildung und Festigung der Manneszucht zu geben. Unter „Gesichtspunkt für den Einsatz" wurde gesagt, dass als Ersatz für den meist versagenden Inf.-Fernsprecher sicherere und zuverlässige Meldegänger vorzusehen seien. Wichtig sei auch eine ausreichende Anzahl von Erkundungs- und Verbindungs-Offizieren. Zweck des Ganzen sei, dass „jede Befehlsstelle und jeder Stab [...] dauernd über die Vorgänge und Verhältnisse in der vordersten Linie der unterstellten womöglich auch der anschließenden Truppe unterrichtet sein [muss]. Das Durchkommen von Befehlen nach vorne bis zur vordersten Linie muss unbedingt gesichert sein."[761] Dann wird auf die Gefahr von Stellungen in Granatlöchern hingewiesen. Auf der einen Seite böten sie Schutz, aber auf der anderen Seite seien wegen der Isolierung Befehlsgebung, Einwirkung auf die Leute und Überwachung sehr erschwert. Deshalb seien benachbarte Trichter durch Gräben zu verbinden zu kleinen, aber in sich zusammenhängenden Befestigungsgruppen, in denen eine verantwortliche Persönlichkeit den Befehl führt. Damit werde auch die Versorgung mit Munition, Handgranaten und Verpflegung, namentlich Wasser, erleichtert. Dann wird vor Gaseinsatz des Feindes gewarnt und befohlen, rechtzeitig Masken auszutauschen. Es wird dann behauptet: „Die Franzosen haben überall [...] in ihrer Tätigkeit nachgelassen und ‚klein beigegeben', wo man sie in Schach hielt. Hierzu muss die Truppe tätig sein."[762] Die Infanterie dürfe sich nicht scheuen,

---

[758] KA: Infanteriebrigaden (WK)_915_02 (1674).
[759] KA: Infanteriebrigaden (WK)_915_03 (1674).
[760] KA: 8. I.R._(WK)_18_13-14 (511) oder 11_04 (1554); Abbildung 10, Anhang 4.
[761] KA: 8. I.R._(WK)_18_13 (511).
[762] KA: 8. I.R._(WK)_18_13 (511).

„zu beobachten und zu schießen, Handgranaten sind gut, haben aber geringe Reichweite. Hauptwaffe des Infanteristen sei immer noch sein gutes Gewehr [Abbildung 119], dies muss rücksichtslos gebraucht werden." Weiter: „Deutsche Schießausbildung ist überlegen, also Gebrauch machen! Auch dann, wenn feindliche Artillerie [...] schießt."[763] Besonders wird darauf hingewiesen, dass tieffliegende feindliche Flieger durch Infanterie- und MG-Feuer „heruntergeholt" werden können.

Weiter wird, soweit möglich, zusätzliche Ausbildung befohlen. Hauptsache sei aber: „Förderung der Disziplin! Insbesondere straffe Marschzucht. Wer auf dem Marsch ohne Erlaubnis austritt oder beim Halten sich ohne Erlaubnis setzt oder legt, drückt sich auch aus dem Gefecht."[765] Bewährt hätten sich nur die Truppen, die in straffer Zucht zusammengeschweißt wären. Diese gingen auch durch Sperrfeuer vor. Da gäbe es immer schwächer belegte Stellen, die ausgesucht werden müssen. Als weiterer Hinweis wird gegeben: Am Ende der Kompanien seien besonders energische Dienstgrade einzusetzen, die Nachzügler und Drückeberger vortreiben und sich hierzu auch nicht vor scharfen Maßnahmen scheuen.

Abbildung 119: Ldstm. Karl Didion mit Gewehr 98[764]

Als Übungsstoff wird vorgeschlagen: Sturmübungen, Ausbau gestürmter Stellungen sowie Zusammenwirken von Infanterie und Maschinengewehren.

Interessant ist auch der Verteiler[766] (Abbildung 120) dieser Notiz, denn er definiert die Einheiten der 8. Bayerischen Infanterie-Brigade, allerdings noch ohne das b. 29. I.R. und das b. 4. I.R.

---

[763] KA: 8. I.R._(WK)_18_13 (511).
[764] Laut Soldbuch Ausbildung mit Gewehr 98. Mit dem Modell 98 war die Infanterie des deutschen Heeres während des Ersten Weltkriegs ausgerüstet. Die Kavallerie, Pioniere und sonstige Spezialtruppen verwendeten den Karabiner 98. Der Karabiner 98k wurde in der Reichswehr und ab 1935 in der Wehrmacht im Zweiten Weltkrieg verwendet.
[765] KA: 8. I.R._(WK)_18_14 (511).
[766] KA: 8. I.R._(WK)_11_04 (1554).

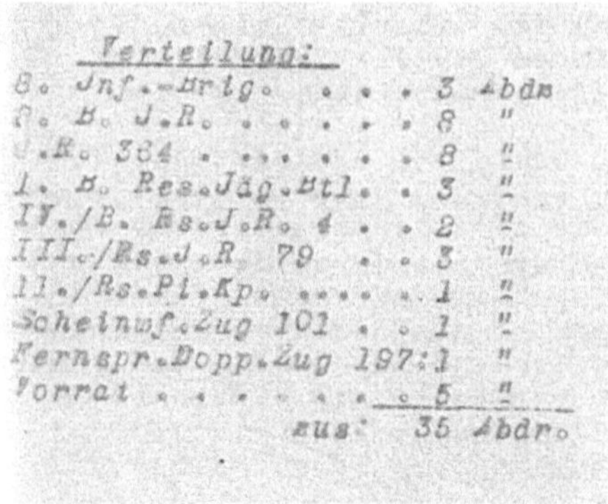
Verteilung:

8. Inf.-Brig. . . .	3 Abdr.
8. B. J.R.	8 "
J.R. 384	8 "
1. B. Res.Jäg.Btl. .	3 "
IV./B. Rs.J.R. 4 . .	2 "
III./Rs.J.R. 79 . .	3 "
II./Rs.Pi.Kp.	1 "
Scheinw.Zug 101 . .	1 "
Fernspr.Dopp.Zug 197:	1 "
Vorrat	5 "
zus:	35 Abdr.

Abbildung 120: 05.08.1916, Verteiler der Besprechungs-Notiz des Oberbefehlshabers der Angriffsgruppe Ost, General von Lochow[767]

Das I/8 und II/8 führten am 06.08.1916[768] und an den nächsten Tagen in den Kompanien vorbereitende Sturmübungen und Handgranatenwerfen durch und es gab Unterricht über den Sturmanzug. Ein Leutnant berichtete über seine Erfahrungen beim Sturmkurs, außerdem gab es Übungen mit dem Unterstab in Meldewesen. Der Gasschutzoffizier verpasste und prüfte Gasmasken. Bei den anderen Bataillonen dürfte es ähnlich verlaufen sein. Am 12.08. wurde die Sturmübung im ganzen Bataillon durchgeführt.

Am 06.08.1916 gab der vertretende Regimentskommandeur[769] Major Felser an die Bataillone des Regiments die „Bemerkungen des Herrn Brig. Kommandeurs“[770] zur Vorbereitung des erwarteten Gefechts weiter. Er unterteilte diese in „Vorbereitung in Ruhequartier“ und „in Stellung“.

Übungsmärsche sollten nur rund um die Ortschaften gemacht werden, um bei Alarm stets zur Hand zu sein, Gasmasken sollten verpasst oder ausgetauscht werden, Granatlöcher zu Schützengräben verbunden, Kompanien in vier Züge und in Sturm-Kolonnen (Freiwillige) eingeteilt, der Meldedienst sollte eingerichtet, Erkundung und Beobachtungsoffiziere sollten festgelegt werden. Auf die MG-Ausbildung wurde besonderer Wert gelegt, auch Offizieren sollten die nötigsten Handgriffe gezeigt und die Infanteristen weiter am MG ausgebildet werden.

Für die Stellung wurden folgende Bemerkungen ausgegeben: Stellungen waren ohne Gepäck zu beziehen, „Vorgehen in der Reihe zu Einen“[771]; Zugführer und Kompanieführer sollten an das Ende ihrer Kolonne und die Maschinengewehre zu den Infanterie-Kompanien; Anschluss an die benachbarten Abteilungen suchen und darüber melden; Austausch gegenseitiger Beobachtungen; vom Gewehr Gebrauch machen, nicht bloß von Handgranaten; auch auf Flieger schießen. Mitteilungen über das Vorhandensein von Wasserstellen sollten gegenseitig gemacht werden, wobei wegen Vergiftungsgefahr kein Wasser aus Granatlöchern getrunken werden durfte. Verpflegung

---

[767] KA: 8. I.R._(WK)_11_04 (1554).
[768] KA: 8. I.R._(WK)_6_88 ff. und 7_166 ff. (1554).
[769] Der Regiments-Kommandeur war krankheitsbedingt abwesend und wurde durch den Bataillons-Kommandeur III/8 Major Felser vertreten.
[770] KA: 8. I.R._(WK)_11_05-06 (1554); Abbildung 11, Anhang 4.
[771] KA: 8. I.R._(WK)_11_05 (1554).

sei für vier Tage mitzunehmen einschließlich eines 25-l-Behälters und pro Mann zwei Feldflaschen. Weiter: Brieftauben nicht länger als 48 Stunden zurückbehalten, kein Zurückgehen ohne Ausweis, an Regimentsstab sollte Meldung gemacht werden, wo Schwerverwundete liegen, diese sollten dann durch die Ablösung nach hinten gebracht werden.

Diese Bemerkungen wurden durch einen Regimentsbefehl des gleichen Tages (06.08.1916) ergänzt mit dem Titel „Anhaltspunkte für die Ausbildung in Ruhequartier"[772]. Auf diesen Inhalt soll im Kapitel „Gefechtsausbildung und Taktik" im Band II näher eingegangen werden.

In der Einleitung dieser Ausbildungsanleitung wird betont, dass auf den guten Geist der Mannschaften eingewirkt werden müsse. „Bei dem soldatischen Geist unserer Leute wirkt nichts so fördernd, als wenn ihnen der Offizier von den großen Leistungen und ruhmvollen Erfolgen bayerischer Truppen [...] erzählt."[773]

Dieser Regimentsbefehl wurde wohl durch den Besuch des kommandierenden Generals von Lochow, wie im Regiments-Tagebuch berichtet, veranlasst.

> 6. August 16
>
> Kriegstätigkeit: Heute stand 10:00 Vorm. das Regt. im offenen Viereck hart nördlich Mercy le Bas, westl. der Straße zur Begrüßung seiner Exzellenz von Lochow bereit – Paradenmarsch in Gruppenkolonnen.
> Ernste Ansprache seiner Exzellenz an die Offiziere und Offiziersdiensttuer über die bevorstehenden Aufgaben; eingehende Belehrung durch Brigade-Führer O. v. Reck[774] u. Rgts.-Führer.[775]

Als Übungspunkte im Regimentsbefehl[776] wurden herausgestellt: Stellungsbau, Bereitstellen in der eigenen Stellung zum Angriff, der Angriff auf einen feindlichen Graben, Umbau einer genommenen feindlichen Stellung, Einteilung eines Rolltrupps und eines Rollangriffs, Bilden von Sturmkolonnen, Angriff auf einbetonierte feindliche MGs, Angriffe auf breiter lichter Front und in mehreren Wellen hintereinander, Heranführen von Reserven, Bezielen von tieffliegenden Flugzeugen, hierzu sei in Mercy-le-Bas Gelegenheit gegeben, wenn die Flugzeuge der Kampf-Staffel 34 zum Scheibenschießen mit Maschinengewehren aufsteigen, Ausstellen von Stafettenposten auf mehrere 100 m und Weitergabe von Meldungen durch diese in Marsch, Zielübungen mit Gasschutzmasken oder Gebrauch der Verbandspäckchen.

Außerdem sei zu beachten:

> 1. Die Batle. sorgen für Mitgabe von kalten Speisen für 4 Tage: Konserven, Speck, Wurst, Schokolade, Zucker, große Brotportion. Wenn Alkohol ausgegeben wird, dann nur in mäßigen Grenzen mitgeben. In die Feldflaschen kalten Kaffee und Tee. Reichliche Mitgabe von Rauchmitteln und Zündhölzern [...].

---

[772] KA: 8. I.R._(WK)_11_07-09 (1554); Abbildung 2, Anhang 5.
[773] KA: 8. I.R._(WK)_11_07 (1554).
[774] Später zum Generalmajor befördert.
[775] KA: 8. I.R._(WK)_1_11 (414).
[776] KA: 8. I.R._(WK)_11_07-09 (1554).

2. Es müssen eigene Erkundungstrupps gebildet werden. Die vorderste Linie muss rücksichtslos Patrouillen vortreiben und Offizieren zur Erkundung vorsenden. Vor allem sind Stützpunkte der feindlichen MG zu erkunden.
3. Die Infanterie muss den Artillerie-Beobachtern und Verbindungs-Offizieren ihre Aufgaben möglichst erleichtern.
4. Die Gasschutzmittel sind nachzusehen und nachzuprüfen, unbrauchbare sind auszutauschen.[777]

Informativ sind auch die Angaben über den Sturmanzug (Abbildung 121). Sie zeigen, mit welchen Beschwernissen ein Soldat im 1. Weltkrieg belastet war:

> Sturmanzug: Stahlhelm ohne Tornister (dieser bleibt im Ruhequartier zurück); Verpflegung für 4 Tage ist im Brotbeutel und Taschen unterzubringen. 2. Feldflaschen mit Wasser, 150 Patronen für den Mann, Handgranaten in Sandsäcken mitnehmen (nur geübte Leute). Erste Angriffswelle trägt möglichst viel Drahtscheeren [sic!], die zweite und folgende Welle großes Schanzzeug und leere Sandsäcke.
> Watte für die Ohren gegen Artilleriefeuer den Leuten mitgeben! Stärke jedes Stoßtrupps: 1-3 Gruppen Infanterie und 1 Gruppe Pioniere (Handgranaten). Hierzu ist es notwendig, dass die Kompagnien sich stark in die Tiefe gliedern. MG sind Waffen des Angriffs. Sie beissen [sic!] sich zuerst in die feindliche Stellung ein. Sie folgen also dem Angriff nicht, sondern weisen diesen den Weg.[778]

Außerdem wird in diesem Befehl auf das Angriffsvorgehen des Stoßtrupps[780] eingegangen, der in den Angriffsvorbereitungen vor Verdun eine größere Rolle spielen sollte.

Am 09.08.1916 vormittags fand ein Vortrag des Führers der Fliegerkampf-Staffel 34 für die Offiziere des Bataillons über Flugzeuge auf dem Flugplatz Mercy-le-Bas und danach Probeflüge „einiger Herren" statt.

Darüber berichtete das Kriegstagebuch des Regiments:

Abbildung 121: Bild eines Sturm-Pioniers des Sturm-Bataillons Nr. 5 (Rohr) von Ludwig Dettmann[779]

8. August 16

Sturmausbildung.
Heute Abendvortrag von einem Flieger-Oblt. der Kampf Staffel 34 über Tieffliegen der Flugzeuge.
I/8 hat heute die Übungen beim Sturmwerk Beuville sich angesehen.[781]

9. August 16

Heute 7:30 Vorm. flogen der Regts-Führer Major Felser, der Regts-Adjt und Offiziere des I/8 auf Apparaten der Kampfstaffel 34 in Mercy le Bas. Dauer etwa ½ Stunde, Höhe (höchste) 3500 m.

---

[777] KA: 8. I.R._(WK)_11_08 f. (1554).
[778] KA: 8. I.R._(WK)_11_08 (1554).
[779] URL:https://www.google.de/search?hl=de&tbm=isch&source=hp&biw=1280&bih=762&ei=qEjGWpTfGIyasAG qlpz4Cw&q=Sturm-Pionier+Dettmann; 23.06.2016.
[780] Beim Angriff auf die feindlichen Linien gingen die Sturmtruppen in kleinen, gut aufeinander eingespielten Trupps vor. Jeder Angehörige einer Sturmpatrouille führte als Waffe entweder einen Karabiner 98a, Stutzen oder Stutzenkarabiner bzw. Unteroffiziere und Offiziere eine Repetierpistole. Die Munition wurde nicht in den üblichen Patronentaschen, sondern in den Hosentaschen oder in Handgranatensäcken mitgeführt. Für den Nahkampf waren Infanterie-Seitengewehre, sogenannte „Dolchmesser" (Grabendolche) oder die kurze Feldspaten sowie selbst gefertigte Schlagwerkzeuge (Grabenkeulen) vorgesehen. Der Sturmsoldat trug einen Stahlhelm sowie spezielle Hosen, die an Knien und Gesäß mit Leder verstärkt waren, und weitere Spezialausrüstung. Teilweise waren die Sturmtruppen gegen Ende des Krieges auch mit der ersten Maschinenpistole, der Bergmann MP18, ausgerüstet (sowohl Flammenwerfer als auch Maschinenpistole sind deutsche Erfindungen des Ersten Weltkrieges). URL: https://de.wikipedia.org/wiki/Sturmbataillon; 23.06.2016.
[781] KA: 8. I.R._(WK)_1_12 (414).

Sturmausbildung wird fortgesetzt.
Von Briey kamen heute früh im Flugzeug Oblt. Bauer u. Krause (4. I.R.).[782]

An den Folgetagen fanden immer wieder Gasmaskenprüfungen durch die Gasschutzoffiziere, Sturmübungen und Ausbildung im Handgranatenwerfen statt. Das Regiments-Tagebuch darüber:

7. August 16

Die Sturmausbildung wird fortgesetzt. Platzpatronen und Übungsstielhandgranaten überwiesen.[783]

10. August 16

Sturmausbildung
der Gasschutz-Offizier des 14. I. D. prüft die Gasmasken des Rgts. in Mercy le Bas, St. Supplet, Xivry u. Sicourt nach.
Der Stab des Regts. 29 (bayer.) u. der 14. b. Inf. Div. tritt heute zusammen.[784]

Aber es wurde auch auf Gottesdienste Wert gelegt; ein katholischer Gottesdienst war so am 11.08. vormittags angesetzt.[785]

Dem neuen Angriffsverfahren mit Sturmtrupps wurde große Bedeutung beigemessen. Am Vormittag des 08.08. fand beim I/8 eine Besichtigung des Sturm-Ausbildungskurses durch Offiziere des Bataillons statt.[786] Am 12.08. wurde vermerkt, dass 2 Leutnante des Bataillons vom Sturmbataillon aus Beuveille zurückkamen.[787] Dazu heißt es im Kriegstagebuch des Regiments:

5. August 16

Offiziere: Lt. Behr, Feldigel, Troglauer kommen von der Sturmausbildung in Beuveille zurück.
Kriegstätigkeit: Ruhetag; Instandsetzung der Waffen, Bekleidung und Ausrüstung.
Von jedem Batl. müssen morgen nach Beuveille weitere 2 Offze u. 6 Uffze in Marsch gesetzt werden zur Ausbildung im Sturmangriff. Kurs dauert vom 7. bis 12.[788]

Im Kriegstagebuch des II/8, zu dessen 5. Kompanie Ldstm. Karl Didion nach seinem Lazarettaufenthalt am 20.08.1916 stoßen wird, ist vermerkt:

12. August 1916.

6:00 Vorm. Sturmübung im Btl. bei St. Supplet.
Übung im legen von Meldeketten.
Übung einer Ablösung durch 2. und 3. Komp.
8:00 Vorm. Beichte.
10:00 Vorm. Gottesdienst.
Der K'deur und Adjt. sowie die Herren Komp. Führer reiten nach Beuveille, um die Besichtigung des Sturm-Batls. Beuveille anzusehen. Beginn 10:00 Vorm. Ende gegen 2:00 Nachm.
Vorführen des Sturmanzuges, von Handgranatenwerfen, durchlaufen von Drahthindernissen, verbinden von Granattrichtern, schießen mit dem kl. Minenwerfer, vorführen der 2 Sturmhaubitzen, eines Rollangriffes, des Flammenwerfers, vorführen des Sturmes eines Batls. mit allen Hilfsmitteln, Vorführen des moralischen Eindruckes der Handgranaten (von 50 Mann je drei geworfen).
Bei der Besichtigung war S. Kaiserl. Hoheit der deutsche Kronprinz anwesend.[789]

---

[782] KA: 8. I.R._(WK)_1_13 (414).
[783] KA: 8. I.R._(WK)_1_12 (414).
[784] KA: 8. I.R._(WK)_1_13 (414).
[785] KA: 8. I.R._(WK)_6_89 (1554).
[786] KA: 8. I.R._(WK)_6_88 (1554); „Ausbildung von Sturmabteilungen"; hrsg. von Oberkommando AA von Strantz, 16.08.1916; KA: 8. I.R._(WK)_13_53-60 (511); Abbildung 4, Anhang 5.
[787] KA: 8. I.R._(WK)_6_89 (1554).
[788] KA: 8. I.R._(WK)_1_11 (414).
[789] KA: 8. I.R._(WK)_7_169 (1554).

Dass das neue Angriffsverfahren höchste Priorität genoss, kann auch daran festgemacht werden, dass dieser Demonstrationsübung sogar der Kronprinz (Abbildung 122), der Kommandeur der 5. Armee, beiwohnte.[791]

Bei der Vorführung des Sturmes eines Bataillons wurden alle Hilfsmittel eingesetzt: Schießen mit dem kleinen Minenwerfer, Vorführung der 2

Abbildung 122: 12.08.1916, Kaiser und Kronprinz bei der Übung in Doncourt bei Beuveille[790]

Sturmhaubitzen, eines Rollangriffes und des Flammenwerfers. Der „moralische Eindruck" der Handgranaten wurde ebenfalls vorgeführt.

Wie wichtig dieses Thema für die Truppe war, drückte sich in den fast täglichen Sturmübungen in der 1. Augusthälfte aus und in den Besichtigungen der Sturmbataillone. So machte am 18.08.

---

[790] URL: https://de.scribd.com/doc/314928828/Sturm-Bataillon-Nr-5-Rohr; 24.07.2016.
[791] Die OHL setzte die am Hartmannsweilerkopf bewährte Sturm-Abteilung schon am 1. Februar 1916 bei der 5. Armee ein, wo die Schlacht um Verdun begann. Der 12. Infanterie-Brigade zugeteilt, führte die Abteilung, nachdem die Witterung dies drei Wochen lang verhindert hatte, von Azannes aus mit der 6. Infanterie-Division den ersten Angriff auf den etwa 1.500 Meter entfernten Herbébois durch. Hierbei wirkten die Sturmtrupps als Keile, erlitten aber schwere Verluste.
Die Abteilung wurde danach auf die Höhen von Azannes zurückgenommen. Von dort wurden ihre Kompanien den ganzen Sommer über für Angriffe von Beuveille, was bis zum Winter 1918 ihr Standort bleiben sollte, aus vorgezogen und Erkundungen vorgenommen.
Im März 1916 erhielt die Abteilung den Auftrag, die Divisionen der Armee im „modernen Nahkampf" auszubilden. Als Übungsplatz wurde der in der Nähe liegende, in der Schlacht bei Longwy 1914 zerschossene Ort Doncourt verwendet. Aus den Reservebeständen der Armee-Abteilung Gaede wurden der Sturm-Abteilung ein Maschinengewehrzug, eine leichte Minenwerfer-Abteilung und eine Abteilung kleiner Flammenwerfer angegliedert. Am 1. April 1916 wurde die Abteilung vergrößert und in „Sturm-Bataillon" umbenannt.
Das Bataillon wurde wieder nach Verdun verlegt, wo es der neu gebildeten „Angriffsgruppe Ost" unter General von Lochow taktisch unterstellt wurde und an den misslungenen Eroberungsversuchen des Caillette-Waldes teilnahm. General Bruno von Mudra, der neue Befehlshaber der Angriffsgruppe Ost, entschloss sich daraufhin, die ihm neu zur Verfügung gestellten Divisionen zunächst hinter der Front vom Sturm-Bataillon ausbilden zu lassen und den Angriff erst dann zu beginnen.
Die 4. Sturm-Kompanie wurde am 1. Juni 1916 der 7. Reserve-Division zugeteilt und eroberte endlich den Caillette-Wald. Bei den insgesamt dreißig Angriffsunternehmungen gelangte das Bataillon schließlich am 23. Juni vor die Fortmauern von Souville und eroberte Fleury.
Die Armee richtete zwei- bis vierwöchige Lehrgänge ein, bei denen Offiziere, Unteroffiziere und Mannschaften vom Bataillon ausgebildet wurden. Ab Juni 1916 fanden auch Lehrgänge für die Divisionen der anderen Armeen der Westfront statt.
Im Sommer beschloss die OHL, 4 weitere Sturm-Bataillone zu bilden. Bis 1917 stellte die OHL noch 14 weitere Sturm-Bataillone auf, die die Nummer ihrer jeweiligen Armeen erhielten. Die Bataillone 14, 15, 16 wurden den Armee-Abteilungen A, B, C zugewiesen. Alle Kommandeure und die meisten Offiziere wurden in Beuveille ausgebildet.
Vor dem Kronprinzen fand am 12. August eine „Große Übung" in Doncourt statt. Zwei Tage später fand die Übung vor dem Kaiser statt. In seinem Gefolge waren u. a. der Kronprinz, der Kriegsminister Adolf Wild von Hohenborn und der Leiter der Feldpressestelle Walter Bloem, der den Besuch in einem Aufsatz beschrieb („Der Kaiser bei seiner Sturmjugend"); URL: https://de.scribd.com/doc/314928828/Sturm-Bataillon-Nr-5-Rohr; 24.07.2016.

das II/8 eine Sturmbesichtigung beim Sturmbataillon in Laix[792] und sendete von jeder Kompanie 1 Offizier und die Fähnriche der 5. und 6. Kompanie dorthin.[793]

Am 13.08. wurden neben Appellen auch freiwillige Turnübungen abgehalten, als wollte man die Soldaten vor dem Gefecht noch positiv stimmen.[794] Am gleichen Tag heißt es bei dem II/8: „Die Ruhetage in St. Supplet wurden dazu verwendet, die Sturmausrüstung vollkommen zu machen. Empfang und Verteilung von Sandsäcken, Schanzzeug, Gasmasken, Einsätze, Handgranaten, Drahtscheeren usw."[795]

Am 14.08. besuchte General von Lochow Teile des Regiments, dazu vermerkt das II/8:

> Besuch S. E. v. Lochow, Führer der Angriffsgruppe Ost bei allen Kompagnien.
> 3:30 Nachm. Abmarsch nach Mercy.
> Dort Aufstellung. Regiment in Breitkolonne (im offenen Viereck) unmittelbar nördl. Mercy.
> 4:30 Nachm. Besichtigung des Regts. durch K'deur der 14. b. Inf-Div. General Rauchenberger. Vorbeimarsch in Gruppenkolonne.
> Offiziers-Versammlung.[796]

Das Kriegstagebuch des I/8 gab für den gleichen Tag den Divisionstagesbefehl[797] der 14. Bayerischen Infanterie-Division[798] vom 13.08. wieder, in dem Divisions-Kommandeur Rauchenberger (Abbildung 11) seine neu aufgestellten Truppen begrüßte:

> Ich begrüße alle Truppenteile der neu aufgestellten 14. bayerischen Infanteriedivision. Die verschiedenen Stämme des deutschen Vaterlandes, kriegserfahrene Truppen und neue Formationen vereinen sich in der neuen Division. Sie ist in einer Zeit entstanden, da unsere Gegner gemeinsam ihre höchste Kraft aufbieten, Deutschland und seine Verbündeten niederzuringen. In dieser schicksalsschweren und entscheidenden Zeit ist die Division berufen, den Feind zurückzuweisen und zu besiegen. Im gegenseitigen Wetteifer der Stämme, der alten und neuen Verbände gilt es, das Höchste dem Vaterland zu geben, um alten Ruhm zu mehren, neuen zu erringen. Es soll einst der Stolz eines Jeden von uns sein, der 14. bayer. Infanterie Division angehört zu haben. gez. [Generalleutnant Ritter von] Rauchenberger.[799]

Am 15.08. wurde zum ersten Mal mit einem vorläufigen Befehl der vermutliche Einsatz angedeutet. Das Regiments-Tagebuch vermerkt:

> 15. August 16
>
> Sturmausbildung wird fortgesetzt.
> Heute vorläufiger Befehl über Einsatz des Regiments vor Verdun: Wahrscheinlich vor der Linie Fort Douaumont und Fort Vaux.

---

[792] Laix liegt 6 km östlich von Beuveille, das ca. 12 km nordöstlich von Mercy-le-Bas und Saint-Supplet liegt.
[793] KA: 8. I.R._(WK)_7_172 (1554).
[794] KA: 8. I.R._(WK)_6_90 (1554).
[795] KA: 8. I.R._(WK)_7_170 (1554).
[796] KA: 8. I.R._(WK)_7_171 (1554).
[797] KA: 8. I.R._(WK)_6_90 (1554); KA: Infanterie-Divisionen-(WK)_6059_01 (1728).
[798] Gefechtskalender 1916:
13.08. bis 09.09. – Schlacht bei Verdun
03.09. – Erstürmung der französischen Stellungen beiderseits der Souville-Schlucht
04. bis 09.09. – Kämpfe um die Souville-Schlucht
09. bis 30.09. – Stellungskämpfe vor Verdun
Kommandeur: Generalleutnant Otto Ritter von Rauchenberger, 14.08.1916-28.05.1918.
[799] KA: 8. I.R._(WK)_6_90 (1554); KA: Infanterie-Divisionen-(WK)_6059_01 (1728).

Alles noch in ein großes Geheimnis gehüllt; der Divisions-Pfarrer wird es wohl wieder früher wissen als das Regiment.[800]

Das Kriegstagebuch des I/8 verzeichnete am gleichen Tag folgenden Eintrag:[801]

Orts-Unterkunft Mercy-le-Bas. Kompagnien hielten Übungen, besonders im Werfen von Handgranaten ab. 4:15 Nachm. wurde Regiment durch Herrn Divisionskommandeur General Rauchenberg[er] begrüßt, anschließend Vorbeimarsch. Wetter: schön. Von der 33. Res. Div. wurde aus Anlass des Scheidens an das Regiment folgender Befehl gerichtet:

Div. Befehl.

An den Kommandeur der 8. bayer. Inf. Brig. Nach zweijähriger Zusammengehörigkeit in diesem größten, schwersten aller Kriege gegen einen uns um das Vielfache überlegenen Feind scheidet auf Befehl der Obersten Heeresleitung der Stab der Brigade mit dem 8. bayer. Inf. Regt. aus dem Verband der 33. Res. Div. aus. Alle die schönen und stolzen Ereignisse während dieser langen Kriegszeit tauchen wiederum vor unserem geistigen Auge auf und erfüllen uns mit Dank gegen den Allmächtigen, dass er unsere Anspannungen, unseren mut- und kraftvollen Angriffen, unsere zähe u. energische Verteidigung mit nie dagewesenen ruhm- und ehrenvollen Erfolgen gekrönt hat. Treueste Waffenbrüderschaft, Freundschaft, gegenseitige Achtung und volles Vertrauen haben die verschiedenen deutschen Stämme in der 33. Reserve Division zu einem Ganzen zusammengeschmiedet, wie es schöner nicht sein konnte. Ein eisernes, starkes, scharfes, mit keiner Scharte versehenes Kriegsinstrument ist die 33. Reserve Division nicht erst jetzt, sondern bald nach Kriegsbeginn geworden. Und so ist es geblieben, und wird es kommen und wird es, so Gott will, bis zum Schluss, zum siegreichen, ehrenhaften Frieden bleiben. Der Division, die schon ein Stück nach dem andern hat verschwinden sehen, ihr wird jetzt das größte Stück vom Leibe getrennt. Der Stab der 8. b. Infanterie Brigade und das 8. b. Inf. Regt. verlassen uns. Mir und allen Angehörigen der 33. Res. Div. geht dieses Ausscheiden sehr zu Herzen. Aber was hilft's? Wir haben uns darein zu fügen und tun es mit etwas wenniger großem Bedauern, weil wir wissen, daß diese Trennung eine Vergrößerung der deutschen Wehrmacht herbeizuführen bestimmt ist. Immer neue Formationen werden aus der deutschen Erde gestampft und immer kraftvoller und kraftstrotzender wird unser Heer zum Schrecken und zum Schaden unserer Feinde, die sich immer mehr verbluten und schwächen. Heute am Tage des Augenblicks des Ausscheidens unserer treuen und bewährten Kampfgenossen aus dem schönen und stolzen Bayernland[802], drücken wir ihm in herzlicher Dankbarkeit und unerschütterlicher Anhänglichkeit die Bruderhand und wünschen ihnen weiter Erfolg und frischen Lorbeer für neue Siege. Wir wissen, dass der Brigadestab und die 8. Bayern die 33. Res. Div. nie vergessen werden, und wir werden Gleiches mit Gleichem vergelten. gez. Bausch.[803]

An diesem 15.08. vermerkte das Kriegstagebuch des uns besonders interessierenden II/8:

II/8 und Stab Ortsunterkunft St. Supplet.
Sturmübung im Batl. unmittelbar nördl. Mercy.
Hptm. Goetz mit Adjt. reiten 6:00 Vorm. zur Erkundung der franz. Stellung gegenüber der neuen Stellung des 8. I.R. im Chapitre-Wald. Aufnahme der Verbindung mit der 21. Res. Div. in Loison und der Garde Ers. Div. in Azannes. Dann zum Bezonvaux-Werk. Eintreffen dort 10:00 Nachts.[804]

Loison liegt 3 km südöstlich von Billy, Azannes 8 km südwestlich von Billy-sous-Mangiennes.

Der Ritt vom Mercy bis Bezonvaux dürfte in südwestlicher Richtung bei 34 km (vorbei an Muzeray, Billy-sous-Mangiennes und Gremilly; Abbildung 21 und Abbildung 5, Anhang 2) ca. 3 h gedauert haben. Von dort sind es nur noch 5 km zum Douaumont.

Weiter wird beim II/8 berichtet[805], dass 3 Leutnante zur Fliegerersatz-Abteilung kommandiert wurden, wohl zur Artillerie-Beobachtung aus dem Flugzeug.

---

[800] KA: 8. I.R._(WK)_1_16 (414).
[801] KA: 8. I.R._(WK)_6_91 (1554).
[802] Nota: die 33. Reserve-Division war preußisch!
[803] KA: 8. I.R._(WK)_6_91-93 (1554).
[804] KA: 8. I.R._(WK)_7_171 (1554).
[805] KA: 8. I.R._(WK)_7_171 (1554).

Am gleichen Tag (15.08.) erließ Major Felser, der Vertreter des krankheitsbedingt abwesenden Obersts von Rücker, einen handschriftlichen[806] Regimentsbefehl[807] an die 3 Bataillone, der das zeitliche Einrücken des 8. I.R. in die Stellungen, in die Bereitschafts- und Ruheräume in der Zeit vom 16. bis 20.08.1916 regelte.

Dabei erfährt man, dass der 8. Bayerischen Infanterie-Brigade in diesem Zeitabschnitt neben dem 8. I.R. noch das 29. Infanterie-Regiment unterstand. Die 3 Bataillone (pro Regiment) sollten sich in gewohnter Weise zwischen „vorderer Linie", „Bereitschaft" und „in Ruhe" abwechseln. Eingehend wurde das Vorgehen der Einweisung behandelt. Von jeder Formation sollten Einweisungskommandos vorausgehen und möglichst genau die Einweisung in den zu übernehmenden Abschnitten und den ganzen dazugehörigen Dienstbetrieb durchführen.

Zunächst sollte am 16.08. das Einweisungskommando der MG-Kompanie mit Kraftwagen nach Gremilly gebracht werden und dann im Fußmarsch zur Kasematten-Schlucht[809] (Abbildung 123), wo sie um 10:00 abends eintreffen sollte; zugleich sollte der Platz der Regimentsbefehlsstelle festgelegt werden. Nach der Einweisung ging das Kommando zurück zur Kasematten-Schlucht. Die Einweisungskommandos führten

Abbildung 123: Kasematten-Schlucht = Ravin de la Fausse Côte[808]

ihre eigenen Truppen nach vorne, wobei sie von den abzulösenden Truppen noch für jede Kompanie 4-5 Führer erhielten. Am 17.08. erfolgte die Einweisung des III. Bataillons; die „Masch. Gew. Kp. 8" marschierte nach Billy-sous-Mangiennes, am 18.08. sollte die Einweisung des II. Bataillons erfolgen und die Masch.-Gew.-Kompanie 8 sollte nach Lager Herbébois verlegt werden (Abbildung 124 u. Abbildung 5, Anhang 2), wo auch die „Masch. Gew. Kp 79" liegen sollte. Das III. Btl. wurde weiter in Richtung Front nach Billy und Jäger-Lager verlegt.

Am Folgetag, 19.08., erfolgte die Einweisung des I. Bataillons und die Masch.-Gew.-Kompanie 8 rückte „in Stellung". Dann rückte das III. Bataillon von Billy und Jäger-Lager ins Ornes-Lager und das II. Bataillon, in dem unser Protagonist Karl Didion dienen wird, rückte ins Billy- und

---

[806] Bei handschriftlichen Befehlen handelt es sich meistens um Abschriften.
[807] KA: 8. I.R._(WK)_10_124-126 (414); Abbildung 15, Anhang 4.
[808] URL: https://www.google.de/search?hl=de&tbm=isch&source=hp&biw=1280&bih=762&ei= KlXGWvK5A4eqsgGRjoBQ&q=Ravin+de+la+Fausse+côte%2C+Verdun&oq; 24.03.2016.
[809] Die Kasematten-Schlucht diente den Deutschen als Standort für zahlreiche Minenwerferstände, als Sammelbecken für die Verwundeten und als Abfallplatz für Munition und Ausrüstungsgegenstände. Durch die Schlucht führte auch der berühmte Sanitäterweg, der sich vom Vauxberg bis fast zum Fort de Douaumont zog. Am 24.10.1916 gelang es dann den französischen Truppen, unter Einsatz von Gasgeschossen, die Kasematten-Schlucht wieder zu besetzen; Abbildung 142, 158, 163.

Jäger-Lager nach. Am 20.08. ging das III. Bataillon und die Masch.-Gew.-Kompanie 79 in Stellung und das II. Bataillon, das für 4 Tage „in Bereitschaft" blieb, wurde nach Ornes verlegt. Das I/8 blieb in der Gegend von Billy für 4 Tage „in Ruhe". Der Regimentsstab 8. I.R. sollte voraussichtlich am 21.08. den Befehl übernehmen.

Am Schluss des Befehles wurde noch angeordnet, dass das III. Bataillon und die MG-Kompanie den besonderen Stellungsbedarf wie Leuchtpistolen, Stahlhelme, zweite Feldflasche usw. aus den Beständen des II. und I. Bataillons erhalten sollte und dass die abrückenden Truppen ihren besonderen Stellungsbedarf in den Pionierparks und in den Pionierdepots abzugeben hatten. Diese Anweisung über den besonderen Stellungsbedarf drückt die schon herrschende Materialknappheit aus, was besonders hinsichtlich der Stahlhelme[810] (Abbildung 119, Ldstm. Karl Didion mit Stahlhelm) problematisch war. Insgesamt zeigt dieser Befehl eindrücklich, wie die 3 Bataillone des Regiments über drei Tage an die Front herangeführt wurden und welche große Rolle die MG-Kompanien spielten. Diese rückten nämlich als erste Truppe in die Stellung ein. Nähere Anordnungen sollten folgen.

Die verschiedenen, bereits benutzten Lager im Nordosten von Verdun, die auch die einrückenden neuen Truppen der 14. Bayerischen Infanterie-Division frequentierten, sind in Abbildung 124a schematisch dargestellt. Dazu existiert auch eine maßstäbliche Unterkunftsskizze (Abbildung 124b).

---

[810] Hauptmann Schwert entwarf den Stahlhelm. Er trug den neuen Angriffstaktiken Rechnung. Das Vorgehen der Infanterie war verändert worden. Sie sollte nicht mehr auf breiter Front aus den Gräben steigen und ihren Weg durch den Stacheldraht des Niemandslandes suchen. Stattdessen sollten Stoßtrupps wie Keile Wege durch das Gelände bahnen, das zuvor von der Feuerwalze der Artillerie geöffnet worden sein würde. Diese Taktik war an den zerklüfteten Fronten in den Mittelgebirgen entwickelt worden. „Sturmabteilungen" stießen unter Ausnutzung von Senken und Trichtern vor und zielten auf Schwachpunkte in der gegnerischen Verteidigung. Im Idealfall sollten sie MG-Nester und Artilleriestellungen ausschalten.
Die nachhaltigste Neuerung erhielten die deutschen Soldaten aber mit einer neuen Schutzausrüstung: dem Stahlhelm. 1914 hatte es sich schnell gezeigt, dass die Kopfbedeckungen, mit denen die Heere in den Krieg zogen, gegen die Wirkung der modernen Artillerie wirkungslos waren. Die preußisch-deutsche Pickelhaube, die Mitte des 19. Jahrhunderts noch ein Hightech-Produkt gewesen war, bot gegen die Splitterwirkung der Granaten keinen Schutz. Kopfverletzungen machten zwei Drittel der schweren Verwundungen aus.
Bereits 1915 hatten Engländer und Franzosen moderne Helme aus Stahlblech eingeführt. Mitte 1915 legte der Hauptmann Friedrich Magnus Schwert, im Zivilberuf Professor für Werkzeugmaschinen, Fabrikorganisation und -betrieb an der TU Hannover, im Auftrag des Kriegsministeriums den Entwurf eines Helms vor, der den Kopf von der Nase bis zum Nacken schützen sollte, ohne seinen Träger beim Laufen oder im Liegen zu behindern.
Das Ergebnis wurde im November 1915 unter der Bezeichnung Stahlhelm M 1916 für die Produktion zugelassen. Zunächst aus Stahlblech und später aus Chromnickelstahl in nur sechs Arbeitsschritten gefertigt, war er bis 1,1 Millimeter stark und wog je nach Größe zwischen 950 und 1350 Gramm. Damit war der Stahlhelm zwar deutlich schwerer als die Modelle der Entente, bot aber auch einen wirksameren Schutz.
„Dank des Augenausschnittes und des vom Hinterkopf abstehenden Nackenschutzes war der erforderliche Gesichts-, Nacken- und Schläfenschutz sichergestellt, ohne dass der Soldat beim Hinlegen und beim Gewehranschlag behindert wurde", schreibt der Historiker Gerhard P. Groß. Obwohl Materialmangel die Herstellung erschwerte, konnten bis Februar 1916 30.000 Stahlhelme an die Front geliefert werden, die meisten gingen an Truppen der ersten Linie bei Verdun. Bis 1917 trugen ihn alle deutschen Kampftruppen, außerdem zahlreiche Einheiten der österreichischen und bulgarischen Verbündeten. Bis Kriegsende wurden 7,5 Millionen Exemplare hergestellt; URL: http://www.welt.de/geschichte/article152435451/Wie-der-deutsche-Stahlhelm-den-Krieg-veraenderte.html; 03.07.2016.

Im Ausschnitt Abbildung 125 wird die geografische Lage der Schluchten dargestellt, die in der Angriffsvorbereitung für die Bereinigung des Souville-Sackes immer wieder als Bereitschafts-räume dienten, besonders die Hassoule- und die Kasematten-Schlucht[811].

Auf den Folgeseiten werden davon Bilder gezeigt (Abbildung 126 bis Abbildung 129); deutlich sind dort die primitiven Erdunterkünfte während der Bereitschaft zu erkennen.

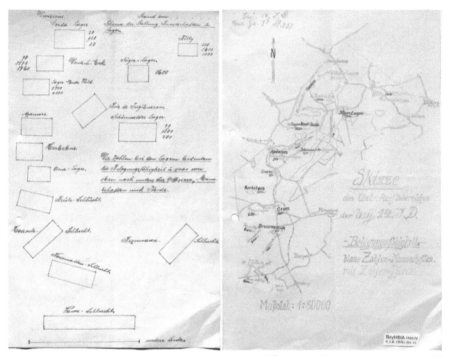

Abbildung 124: a) Schematische Darstellung der Lager vor Verdun[812], b) Maßstäbliche Darstellung der Lager[813]

Mit Datum 16.08.1916 erging dann eine besondere Anweisung[814] zu einem hier nicht zitierten Divisionsbefehl vom 15.08.1916. Dieser besagte, dass die 14. Bayerische Infanterie-Division in der Zeit vom 16. bis 21.08. die Garde-Ersatz-Division ablöst[815], unter den Befehl des General-Kommandos XVIII. Reserve-Korps tritt und der Divisions-Stab am 21.08. von Baslieux nach Billy-sous-Mangiennes verlegt werde. Die Verantwortung für die Verpflegung, Munitions-Versorgung, die Trains[816], den Sanitätsdienst während des Ablöse-Prozesses wurde in diesem

---

[811] Abbildung 6, Anhang 2.
[812] KA: 8. I.R._(WK)_10_127 (414).
[813] KA: 8. I.R._(WK)_10_03 (838).
[814] KA: 8. I.R._(WK)_10_04-06 (838); Abbildung 16, Anhang 4.
[815] KA: Infanteriebrigaden (WK)_915_04 (1674).
[816] Bei den Bagagen (abgeleitet vom französischen Wort Bagage für Gepäck) des Heeres handelte es sich ursprünglich um die Gepäckwagen mit der persönlichen Habe der Soldaten. Später wurde mit der Bagage auch die

Befehl eindeutig festgelegt.

Abbildung 125: Ausschnitt aus der maßstäblichen Darstellung der Unterkünfte (Brûle-, Bezonvaux-, Hassoule-[817], Kasematten-Schlucht) in der Nähe des Kampfgebietes[818] vor Verdun; die Zahlen geben die Unterkunftskapazität an[819]

Dann erfolgte die Regelung des Nachzugs der sog. großen Bagage-Truppen der Division nach Durchführung der Ablösung und deren Dislozierung u. a. in Mangiennes, Lager „Neuer Wald" oder Azannes. Weiter wurde befohlen, dass das Vorziehen – jedoch nicht über die Brûle-Schlucht (Abbildung 126 und Abbildung 127) hinaus – einzelner Teile der großen Bagage die

---

gesamte Ausrüstung für die Handwerker wie Sattler, Schmiede, Schneider und Schuster, die Kompanieschreibstube sowie die Lebensmittel und das Futter für den unmittelbaren Bedarf mitgeführt.
Auch im Heer des Kaiserreichs nach 1871 unterschied man noch immer grundsätzlich zwischen der Bagage und dem Train. Nach der Dienstanweisung von 1908 dienten die Bagagen „dem engeren Wirtschaftsbetrieb der Truppe". Die Fuhrwerke der Bagagen hatten danach alles zu transportieren, was die Truppen in den Ruhephasen oder während eines Gefechtes für den ersten Bedarf benötigen, wie das persönliche Gepäck, Ausrüstung, Geräte, Lebensmittel, Futter für die Pferde und Munition. Weiter führten sie auch die notwendigen Mittel für die Erstversorgung von Verwundeten und Kranken mit sich. Die Bagage, welche die Truppen begleitete, machte diese für kurze Zeit, in der Regel ein Tage, vom Nachschub unabhängig. Zu diesem Zweck besaß 1914 beispielsweise jedes Infanteriebataillon 19 Wagen und aus diesem Grund gehörten die Munitionskolonnen der Artillerie, die Munition für den unmittelbaren Bedarf für größeres Gefecht mit sich führten, einschließlich der mobilen Feldküchen, nicht zum Train, sondern zu den entsprechenden Einheiten.
Im Gegensatz zur Bagage brachte der Train alles heran, was die Armee für längerfristige Versorgung und Unterhalt benötigte. Daher hatten die Wagen der Bagage die Truppen aufs Gefechtsfeld zu begleiten, während der Train der Armee nur bis zu einem rückwärtigen Versorgungspunkt folgte. Die Bagage diente folglich als Transportmittel der Truppen, der Train war für den Nachschub und die längerfristige Versorgung der Armee zuständig. Für die Eigenversorgung besaßen jedoch nicht nur die eigentlichen Feldeinheiten Infanterie, Kavallerie oder Artillerie, sondern auch die Kolonnen bzw. im Frieden die Kompanien des Trains zusätzlich vier oder fünf Bagagewagen zum Transport ihres alltäglichen Bedarfs; URL: https://de.wikipedia.org/wiki/Train_(militärisch); 28.06.2016.
[817] Die Hassoule-Schlucht liegt in nordöstlicher Richtung des Forts Douaumont und wurde schon in den ersten Tagen der Schlacht von deutschen Truppen eingenommen. Sie diente den Deutschen während der Schlacht als Versorgungsweg (Munition, Lebensmittel etc.) aus dem Hinterland an die Front. Außerdem wurden hierüber die Verwundeten abtransportiert und neue Truppen in Richtung Schlachtfeld geleitet.
[818] KA: 8. I.R._(WK)_10_03 (838); RA Bd. 10 1936, Skizze 14.
[819] KA: 8. I.R._(WK)_10_03 (838).

Regimentskommandeure anordnen können. Der Führer der großen Bagage der Division sei hierbei jedes Mal zu verständigen.

Abbildung 126: Brûle-Schlucht[820]

Abbildung 127: Unterstand in der Brûle-Schlucht[821]

Abbildung 128: Bezonvaux-Schlucht[822]

Abbildung 129: Bezonvaux-Schlucht Juli/August 1916 mit Erdwohnungen[823]

Zum Verständnis der Logistik im 1. Weltkrieg trägt auch der Abschluss-Satz dieses Befehls bei: „Die Großen Bagagen der im Etappengebiet zurückbleibenden Teile der 14. Inf. Div. bleiben in den bisherigen Unterkunftsorten. Der Führer der Großen Bagage 14. Inf. Div. ist beauftragt, sich vom Zustand der Pferde und Fahrzeuge der Großen Bagage zu überzeugen."[824]

Bei diesen Befehlen ist immer auch der Verteiler (Abbildung 130)[825] interessant, denn er lässt einen Rückschluss auf die unterstellten Einheiten zu.

---

[820] URL: https://www.google.de/search?hl=de&tbm=isch&source=hp&biw=1280&bih=762&ei=8V_GWs KoM4uSsAGStqW4DQ&q=Brûle+SChlucht&oq; 15.04.2016.

[821] URL: http://images.delcampe.com/img_large/auction/000/113/598/122_001.jpg; 15.04.2016.

[822] URL: http://www.deutsche-kriegsgeschichte.de/hbsverd.html: 16.05.2017.

[823] URL: http://hermesphila.de/blog/der-erste-weltkrieg-auf-ansichtskarten-hintergrundinformationen-zu-unseren-aktuellen-ebay-und-delcampe-auktionen/; 21.03.2016.

[824] KA: 8. I.R._(WK)_10_06 (838).

[825] KA: 8. I.R._(WK)_10_06 (838).

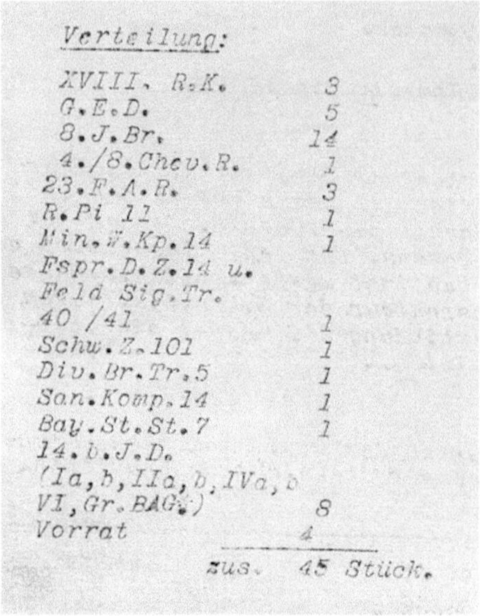

```
Verteilung:
XVIII. R.K.        3
G.E.D.             5
8.J.Br.           14
4./8.Chev.R.       1
23.F.A.R.          3
R.Pi 11            1
Min.W.Kp.14        1
Fspr.D.Z.14 u.
Feld Sig.Tr.
40 /41             1
Schw.Z.101         1
Div.Br.Tr.5        1
San.Komp.14        1
Bay.St.St.7        1
14.b.J.D.
(Ia,b,IIa,b,IVa,b
VI,Gr.BAG.)        8
Vorrat             4
            zus. 45 Stück.
```

Abbildung 130: 15.08.1916, Verteiler[826] der besonderen Anweisung[827] zum Divisionsbefehl

Zum XVIII. Reserve-Korps gehörte: Garde-Ersatz-Division, 8. Infanterie-Brigade, 4. Eskadron des 8. Chevauleger-Regiments, 23. Feld-Artillerie-Regiment, Reserve-Pionier-Kompanie 11, Minenwerfer-Kompanie 14, Fernsprech-Doppelzug 14, Feldsignal-Trupp 40/41, Schwerer Zeppelin 101, Divisions-Brücken-Train 5, Sanitäts-Kompanie 14.

Am 16.08. übten die Kompanien des I/8 auf dem Übungswerk des III/8 bei Xivry (zw. Mercy-le-Bas und Landres gelegen); ebenso fanden am 17.08. Übungen nach Ausbildungsprogramm statt.[828]

Auch das II/8 machte an beiden Tagen im Walde nördlich St. Supplet (1 km westlich Mercy-le-Bas gelegen) Sturmübungen. Daneben wurde die Erkundung, so der Eintrag des II/8 vom 16.08., der feindlichen Stellung fortgesetzt.

Übungen der Kompagnien. Vorübung zum Sturm.
Fortsetzung der Erkundungen der feindl. Stellung im Chapitre-Walde durch K'deur u. Adjt.
Ergebnis der Patr. im Hinblick auf einen Angriff auf die feindl. Stellung s. Anlage.
Rückkehr von der Patr. 1:00 Nachm.
Der zurückgelegte Weg einschl. 26 km Kraftwagenfahrt betrug 103,5 km.
Nachm. Besprechung mit Hptm. Sperr vom Gen. Stab der 14. bayr. I. D.[829]

In den Unterlagen des 8. I.R. befand sich auch ein vom Oberkommando der Armeeabteilung von Strantz am 16.08. herausgegebener Leitfaden zur Ausbildung von Sturmabteilungen.[830] Es handelte sich um Grundsätze für die Ausbildung, die beim „Sturmbataillon" gelehrt wurden. Diese sollen im Kapitel Ausbildung in Band II näher betrachtet werden.

Die Division verteilte bis hinab zur Kompanie 57 Abdrucke über „Erfahrungen beim Sturmangriff und Anweisungen für die Bildung von Sturmtrupps"[831]. Diese breite Verteilung zeigt, welch hohe Bedeutung man dieser neuen Angriffstaktik beimaß.

---

[826] KA: 8. I.R._(WK)_10_06 (838).
[827] KA: 8. I.R._(WK)_10_04-06 (838).
[828] KA: 8. I.R._(WK)_6_93 (1554).
[829] KA: 8. I.R._(WK)_7_171 (1554).
[830] KA: 8. I.R._(WK)_13_53-60 (511); Abbildung 4, Anhang 5.
[831] KA: 8. I.R._(WK)_13_59-60 (511).

Das Kriegstagebuch des Regiments zeichnete für diese Tage auf:

16. August 16.

Sturmausbildung
Einweisungskommando der MG Kpien. (Hptm. Würth mit Gewehrführer) wird [mit] Lastauto nach Gremilly südl. Azannes gefahren, dann Fußmarsch in Stellung.[832]

17. August 16.

Sturm-Übungen.
Abmarsch der MG Kpien. nach Billy s. M.[833]

18. August 16.

Sturmausbildung. Werfen mit scharfen Handgranaten.
Nachm. Abmarsch des III/8 nach Billy s. M.
S. Exz. v. Steuben, kdr. General der XVIII. Res. Korps hat das I. u. II. Batl. besucht. Offiziere und M'schaften ins Gespräch gezogen. (Mercy le Bas u. Billy).[834]

Für den 18.08. vermerkte das Kriegstagebuch des I/8 ebenfalls: „Vorm. Gottesdienste. 11:00 V[ormittags] begrüßt das Btl. S. Exzellenz den Kommandierenden General von Steuben. [...] Am Nachmittag Übungen der Kompien.: Verpassen von Gasschutzmasken."[835]

Auch das II/8 berichtet für den 18.08. Ähnliches: „Kath. und prot. Gottesdienst. S. E. von Steuben (Abbildung 131), kom. Gen. des XVIII. A. K., dem die 14. bayr. I. D. unterstellt ist, besucht auf der Durchfahrt durch St. Supplet das II/8. Die Kompn. stehen hierzu auf ihren Appellplätzen. Offiziersversammlung."[837]

Abbildung 131: General von Steuben (links), mit Hindenburg 1917 (rechts)[836]

Wie mehrfach dargestellt, unterstand das 8. I.R. der 8. Infanterie-Brigade, diese der 14. Bayerischen Infanterie-Division und diese wiederum dem XVIII. Reserve-Armee-Korps[838], dessen kommandierender General der General d. Infanterie Kuno von Steuben war.

---

[832] KA: 8. I.R._(WK)_1_16 (414).
[833] KA: 8. I.R._(WK)_1_17 (414).
[834] KA: 8. I.R._(WK)_1_17 (414).
[835] KA: 8. I.R._(WK)_6_93 (1554).
[836] URL: http://www.grosser-generalstab.de/biograph/n0002steuben.html; 19.02.2016.
[837] KA: 8. I.R._(WK)_7_172 (1554).
[838] Im Rahmen der 5. Armee war das Korps ab Herbst 1916 auch an der Schlacht von Verdun beteiligt. Am 3. September 1916 stürmten Truppen des XVIII. Reserve-Korps unter Steubens Kommando die französischen Stellungen beiderseits der Souville-Schlucht. Im November 1916 verlor die dem Korps unterstellte 50. Division das Fort Vaux und den Ort Damloup; URL: https://de.wikipedia.org/wiki/XVIII._Reserve-Korps_(Deutsches_Kaiserreich); 23.07.2016.

Mit einem langen und detaillierten Befehl[839] des XVIII. Reserve-Korps hatte General von Steuben am 15.07.1916 das Kommando über den uns interessierenden Kampfabschnitt übernommen, wobei die dem Korps damals unterstehenden Einheiten später ausgetauscht wurden und nicht die in unserem Blick stehenden Einheiten sind. Gleichwohl beschreibt dieser Befehl eingehend die Situation im Sommer 1916 vor Verdun.

1. Ich übernehme den Befehl im bisherigen Kampfabschnitt des X. Res. Korps.

2. Aufgabe des Korps ist es, durch Ausbau der Stellungen und rückwärtigen Verbindungen mit aller Kraft die Grundlagen für weiteres Vordringen gegen Verdun zu schaffen. Im Fall feindlicher Angriffe sind die Stellungen unbedingt zu halten, jedes etwa verloren gegangene Grabenstück ist unverzüglich wieder zu erobern.

3. Als Hauptverteidigungslinie haben auszubauen:
103. I. D. im Anschluss an Alpenkorps die Linie 535 – 536 – 506a bis zur Schlucht in Richtung 508. [Abbildung 135]
21. R. D. im Anschluss an 103. I. D. über Steinbruch südwestlich 548 bis zum Bergwald anschließend an XV. A. K.

4. Der Ausbau der Stellungen und rückwärtigen Verbindungen ist nach einheitlichem Plan seitens der Divisionen durchzuführen. Ich sehe der Vorlage von Arbeitsplänen entgegen. Auf die Herstellung einer durchlaufenden ersten Linie mit Schnellhindernissen davor, ist beschleunigt hinzuwirken. Sappenköpfe mit Maschinen-Gewehrständen sind überall vorzutreiben. Flankierende Sperrfeuer der Maschinengewehre ist eingehend zu regeln.

Zur Erhöhung der Widerstandskraft ist besonders zu berücksichtigen auf:

a) Gedeckten Einbau von Masch. Gewehren in rückwärtigen, überhöhenden Stellungen mit flankierender Einwirkungsmöglichkeit;

b) Vorziehen der leichten Minenwerfer zur Sperrfeuerabgabe (möglichst flankierend). Ausdehnung der Erkundung für den Einsatz der leichten Minenwerfer und Masch. Gewehren auch auf Nachbarabschnitte, wenn von dort günstigere Kampfbedingungen zu erwarten sind. Bereithaltung von Munition in gesicherten Räumen (Stollen) in der Nähe der Werfer. Nach dem Einbau zur Schonung nur soviel Bedienungspersonal vorne lassen, als zur Sperrfeuerabgabe erforderlich. Einsatz von mittleren und schweren Minenwerfern erst nach Ausbau der Werfer- und Munitionsstände.

c) Ausbau von mindestens zwei verteidigungsfähigen Linien hintereinander. Ausstattung mit kleinen Niederlegungsstellen für Handgranaten, Munition, Lebensmittel, Wasser, Schnelldrahthindernissen. Ausbesserung genommener Hohlräume mittels Eisenbeton, starker Sandsackpackung usw. Einrichtung der Hohlräume zur Verteidigung;

d) Vermehrung der Stollenbauten dicht hinter den vorderen Linien für Bereitschaften und Reserven;

e) Anlage einfacher Stützpunkte, besonders östlich 502 – 512 und 548. Maschinengewehrstellungen in ihnen zur gegenseitigen Flankierung vor Ausbau festlegen;

f) Gesicherter Einbau der Beobachter (fertige Beobachtungs- und Maschinengewehrstände, sowie Betonsteine in Armee-Pionier-Park I vorhanden);

g) Herstellung von Drahthindernissen an allen den feindlichen Vorstößen besonders ausgesetzten Punkten der vordersten Linie. Besonders brauchbar dafür sind Fußangeln, die durch Stacheldraht verbunden;

h) Verbesserung der Verbindung von der vorderen Linie nach den Beobachtungsstellen durch Vermehrung der Lichtsignalstationen; Regelung der schnellen Nachrichtenübermittlung; Dauerausstattung der Bataillonsgefechtsstände mit Brieftauben;

i) Schutz durch Neuanlage gegen Fliegersicht durch Ausspannen von Drahtnetzen mit Bedeckung des Umgeländes vor Ausführung der Neuanlage.

Vorstehende Arbeiten müssen im wesentlichen der Infanterie zufallen, insbesondere auch der Stollenbau. Die Pioniere sind zu bestimmten Aufträgen und möglichst mit geschlossenen Kompagnien anzu-

---

[839] KA: Infanterie-Divisionen-(WK)_5710_01-04 (111)

setzen; ihre Heranziehung lediglich zur Ausübung von Gräben ist zu verbieten. Erbeutetes feindliches Material (Holz, Draht usw.) ist in weitgehender Weise zum Ausbau auszunutzen.

5. Von dem Fortschritt der Arbeiten haben sich die höheren Vorgesetzten persönlich und durch Offiziere ihrer Stäbe ständig zu überzeugen. Jeden Sonnabend ist eine Karte einzureichen, aus der der Stand der Arbeiten ersichtlich ist.

6. Zur Überwindung des Vaux-Tales sind Pionier-Kompagnien anzusetzen; Wege für Artillerie sind vorzubereiten.

7. In den Divisionsabschnitten sind möglichst nur zwei Infant-Regimenter mit Dreiteilung in sich flügelweise einzusetzen; regelmäßige Ablösungszeiten sind einzuführen. Die zurückgezogenen Regimenter sind neu aufzufrischen und in Ausbildung und in Disziplin zu festigen. Ich ersuche die Herren Divisionskommandeure, die Maßnahmen zur Erhaltung der Kampfkraft der Truppe dauernd zu überwachen.

8. Die Aufgaben der Feld- und schweren Artillerie beschränken sich im allgemeinen auf:

a) Abwehr feindlicher Angriffe;
b) Schutz gegen feindliche Infanterie- und Nahkampfwaffen;
c) Störung des feindlichen Verkehrs.

Der General der Artillerie regelt im Einvernehmen mit den Divisionen das Sperrfeuer der gesamten Artillerie im Korpsbereich, mit flankierender Wirkung in den eigenen wie in den Nachbarabschnitten. Dauer des Sperrfeuers je 3 Minuten. Schwere Artillerie und möglichst auch 1. F.[eld] H.[aubitze] haben nur auf Anfordern Sperrfeuer auf die von den Divisionen bezeichneten Stellen abzugeben. Die lückenlose Lage des Sperrfeuers ist täglich zu prüfen. Der Hauptnachdruck ist auf die Bekämpfung lästiger und genau festgestellter feindl. Batterien zu legen. Die Bekämpfung feindlicher Verteidigungsanlagen hat möglichst nur im Vergeltungsfeuer stattzufinden, falls nicht Füllung der feindlichen Gräben und regere Tätigkeit einen Angriff als bevorstehend erscheinen lassen. Zur Unterstützung der Gefechtstätigkeit stehen im Bedarfsfalle an schwerer Artillerie zur Verfügung die

103. I. D. Rgt. Richter (3 s. F. H. Bttren, 4 Mrs. Bttren, 2 10 cm Bttrn, 1 15 cm Bttr.), der
21. R. D. Rgt. Fritze (6 s. F. H. Bttren, 2 Mrs. Bttren, 2 10 cm Bttren, 1 15 cm Bttr.).

Die Befehlsstellen nehmen enger Fühlung miteinander.

9. Für Erhaltung der Tatkraft und Angriffsfreudigkeit ist mit allen Mitteln zu sorgen; wo sie nachlässt gewinnen die Franzosen nach allen bisherigen Erfahrungen sehr bald die Oberhand. Durch Scharfschützen und von den Maschinengewehrständen aus ist das Vorgelände beständig zu überwachen, der Gegner bei jeder Unvorsichtigkeit auch in den Nachbarabschnitten sofort von ihnen unter Feuer zu nehmen. Allgemein muss dem Feind durch Ausnutzung des Gewehrs mehr Abbruch getan werden. Durch rege Tätigkeit der Patrouillen, die sich dicht vor der feindlichen Stellung im Geschosstrichter festsetzen, muss jede Patrouillentätigkeit des Feindes verhindert werden; Horch- und Beobachtungsposten der Infant. sind überall vorzuschieben. Die Erkundung der feindlichen Anlagen sowohl in der vorderen, wie in den hinteren Linien ist mit allem Nachdruck zu fördern. Außer den täglichen Erkundungsmeldungen, die Infanterie und Artillerie gegenseitig auszutauschen haben, sind mir an jedem Sonntagabend von den Divisionen und von dem General der Artillerie zusammenfassende Erkundungsmeldungen vorzulegen.[840]

Dieser Befehl wurde am 24.07. von der Garde-Ersatz-Division vereinnahmt, die erst später zur XVIII. R.-K. stoßen sollte. Am letzten Absatz ist eine handschriftliche Bemerkung mit dem Datum 19.08. angefügt, was zeigt, dass dieser Korpsbefehl grundsätzlich beachtet wurde. Insgesamt wollte wohl das neue General-Kommando seine Entschlossenheit zur Haltung dieses Kampfabschnittes ausdrücken. Gleichwohl hat man bei diesem Befehl den Eindruck, dass ein junger Generalstabsoffizier seine Kenntnisse zu Papier brachte, da fast von idealen Voraussetzungen ausgegangen wird. Bei den Angaben zu den Artillerieeinheiten erfahren wir, wie diese sich im Einzelnen zusammensetzten.

---

[840] KA: Infanterie-Divisionen-(WK)_5710_01-04 (111).

4.3.3   Einweisung in die Stellungen und erste Angriffsüberlegungen

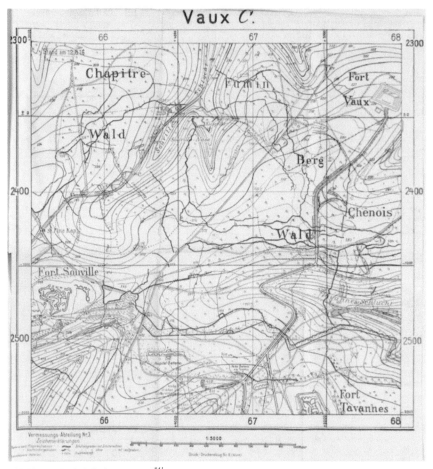

Abbildung 132: Gefechtskarte Vaux C[841]

Allen Vorbereitungen zum Kampf um den Souville-Sack und den Operationen liegt die Gefechtskarte Vaux C (Abbildung 132) zugrunde. Ausschnitte daraus werden zur Veranschaulichung und zum besseren Verständnis teilweise dem Text beigefügt.

4.3.3.1   Einweisung

Am 16.08.1916 erging ein handschriftlicher Brigadebefehl[842] an die unterstellten Einheiten

---

[841] KA: 8. I.R._(WK)_7_3 (414).
[842] KA: 8. I.R._(WK)_10_120-121 (414); Abbildung 17, Anhang 4.

b. 8. I.R., b. 29. I.R.[843], MG-Kp. 8, III/29 (III/Res. 79), der die Anfahrt der Einweisungskommandos, die Einweisung der einzelnen Einheiten in die Stellungen und die geplante Gliederung in den Stellungen regelte:

1. Zur Fahrt der Einweisungs-Kommandos stehen heute 3:00 Uhr nachmittags bereit:

   a) für III/29 (III/Res. 79) ohne MG Kp. 79 ein Lastkraftwagen (Omnibus) für 16-20 Personen am Süd Ost Ausgang von Pierrevillers. Fahrt über Nouillon-Pont, wo die Erkundungskommandos der dort liegenden Kompanien aufzunehmen sind, nach Muzeray, Billy-sous-Mangiennes, Mangiennes, Azannes, Gremilly. Für Teile des Stabes III/29 (III/Res. 79) ist ein Personenkraftwagen nach St. Pierrevillers zugesagt.

   b) für MG Kp. 8 ein Lastkraftwagen in Mercy-le-Bas[844] bei der Kirche, Fahrt über Pierrepont – Arrancy – Pillon – Mangiennes – Azannes nach Gremilly.

2. Führer sind auf 7:00 Nachm. an den Südausgang von Gremilly bestellt.

3. Die Kommandos werden heute bis zur Kasemattenschlucht vorgeführt, in der Nacht von heute auf morgen und morgen in der Stellung eingewiesen und kommen um 17:00 Abds. in die Kasemattenschlucht [südöstlich von Fort Douaumont] zurück. Von hier aus Aufnahme der Verbindung mit den ausrückenden Abteilungen. Die Einweisungskommandos sind für deren richtige spätere Führung verantwortlich.

4. III/29 (III/Res. 79) ist bestimmt zur Besetzung des Abschnitts des vordersten Btls. des rechten Flügelregiments der Garde-Ers-Division. Augenblickliche Gliederung dieses Bataillons verstärkt durch eine weitere Kompagnie seines Regiments; 4 Kompanien in 1., 1 Kp in 2. Linie. Die Verstärkung ist bedingt durch die geringe Gefechtsstärke des jetzt eingesetzten Btls., ursprünglich waren nur 2 Kompen. in vorderster Linie eingesetzt. III/29 (III/Res. 79) hat auf keine weitere Kompien zu rechnen und hat zu versuchen, mit 2 Kompen. in vorderster Linie auszureichen. Maßgebend hierfür ist jedoch neben der Gefechtsstärke der Kompen. auch die vorne angetroffene taktische Lage.

5. Die MG Kp 8 ist bestimmt zum Einsatz im Abschnitt des vordersten Bataillons des linken Flügelregiments des Garde-Ersatz und beim Bereitschaftsbatl. hinter diesem Abschnitt. Augenblickliche Gliederung für 6 Gewehre in vorderster Linie, 2-3 Gewehre im Bereitschaftsbatl. Die Stärke der MG Kp 8 gestattet die Zahl der Gewehre in vorderster Linie und beim Bereitschaftsbatl. zu verringern. Maßgebend ist die vorne angetroffene taktische Lage! Rest der Gewehre bleibt Materialreserve. Für Ablösung der Gewehrbedienung ist zu sorgen. Die Gewehre in vorderster Linie werden zweckmäßig ohne Lafette auf Standfüßen ohne Schild eingesetzt, da sie sonst ein auffälliges Ziel bieten. Die MG beim Bereitschafts-Btl. sind zur Bekämpfung tiefliegender feindlicher Flieger bestimmt und auch für hier gestattet die Zahl der MG die einzelnen MG entweder zur Luft-Abwehr oder zur Verstärkung der in der vordersten Linie eingesetzten MG zu bestimmen.

6. Den Einweisungskommandos sind mitzugeben: Stahlhelme, 2-4 Feldflaschen (gefüllt), 5-6 eiserne Rationen, Mineralwasser. Für die Richtigkeit gezeichnet Kittel, Hauptmann u Adj. gez Reck.[845]

Am 16.08.1916 wurde ein 3-seitiger Brigadebefehl[846] an das 8. und 29. I.R. herausgelegt. Dieser Befehl regelte die Unterstellungsverhältnisse der ablösenden im Verhältnis zu den abzulösenden Truppenteilen. Zunächst unterstanden die einrückenden Truppenteile denen, die noch in Stellung

---

[843] Das 29. Bayerische Infanterie-Regiment (Jäger-Regiment) wurde am 25.10.1916 aus Reserve-Jäger-Bataillonen für den rumänischen Kriegsschauplatz formiert. Kommandeur: Oberstleutnant Aschauer, bekannt aus dem 8. I.R. Das Regiment bestand als solches schon im Westen und hatte von August bis September in Verdun gefochten. Dort wurde es aufgelöst und trat jetzt wieder zusammen. Von seinem Stamm war nur noch das Bayr. Reserve-Jäger-Bataillon 1 vorhanden. Deren Kommandeur übernahm als Regimentskommandeur die Führung des Regiments. Es traten die Reserve-Jäger-Bataillone 7 und 9 hinzu. Die offizielle Bezeichnung des Regiments lautete: 29. Bayerisches Infanterie-Regiment (Jäger-Regiment).
[844] Abbildung 5, Anhang 2.
[845] KA: 8. I.R._(WK)_10_120-121 (414).
[846] KA: 8. I.R._(WK)_10_117-119 (414); Abbildung 3, Anhang 5; tw. schlecht lesbar.

waren. Erst am 20.08. übernahm der Kommandeur des 8. I.R. den Gefechtsbefehl. Hier handelt es sich teilweise um eine Wiederholung des vorausgegangenen handschriftlichen Brigadebefehls vom gleichen Tage, nun in maschinengeschriebener Form, der zusätzlich noch Anweisungen zur Verpflegung und zur Gefechtsausstattung enthält.

Es wurde bislang beschrieben, wie die Einheiten herangeführt wurden, welche Übungen zu durchlaufen waren und wie zu erkunden und die Truppen in die Stellungen einzuweisen waren. Nun kam es zu den nötigen Angriffsentwürfen zur Bereinigung des Souville-Sackes.

Währenddessen lag das I/8, zu dem Ldstm. Karl Didion früher gehört hatte, noch am 19.08. in der Ortsunterkunft Mercy-le-Bas und traf Vorbereitungen für den Abmarsch. Am 20.08. rückte das Bataillon nach Billy-sous-Mangiennes (Abbildung 133). Die Bagagen verließen bereits in der Nacht um 3:00 den Ort, die Kompanien rückten in der Reihenfolge 3., 4., 1. und 2. im Abstand von 5 min. ab.

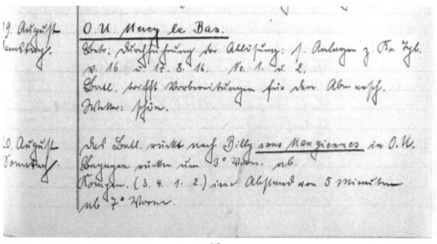

Abbildung 133: 19. u. 20.08.1916, Kriegstagebuch I/8[847]

Als Ldstm. Karl Didion gerade aus dem Lazarett zu seiner Einheit 5./8 entlassen wurde, bekam das II. Bataillon, zu dem er nun gehörte, den Marschbefehl[848] (Abbildung 134) in die Hassoule-(Abbildung 168) und in die Kasematten-Schlucht:

---

[847] KA: 8. I.R._(WK)_6_93 (1554).
[848] KA: 8. I.R._(WK)_10_01-02 (838); Abbildung 18, Anhang 4.

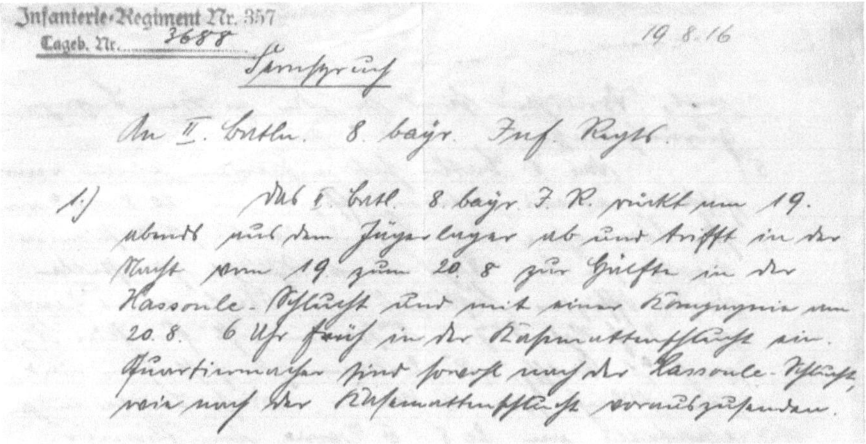
Infanterie-Regiment Nr. 357
Tageb. Nr. 3688
19.8.16
Fernspruch

An II. Btln. 8. bayr. Inf. Regts.

1.) Das II. Btl. 8. bayr. I. R. rückt am 19. abends aus dem Jägerlager ab und trifft in der Nacht vom 19. zum 20.8 zur Hälfte in der Hassoule-Schlucht und mit einer Kompagnie am 20.8. 6 Uhr früh in der Kasemattenschlucht ein. Quartiermacher sind sofort nach der Hassoule-Schlucht, sowie nach der Kasemattenschlucht vorauszusenden.

Abbildung 134: 19.08.1916, Marschbefehl für das II/8[849]

Dabei fand eine Ablösung von Einheiten des 357. Regiments statt. Die betreffenden Kompanien des II/8 sollten sich auf dem Regiments-Gefechtsstand in der Bezonvaux-Schlucht (Abbildung 168; ostwärts parallel zur Hassoule-Schlucht auf das Z. W. Benzonvaux zulaufend) melden. Die Ablösung hatte durch „Aufrollen“ der einzelnen Postenstationen zu erfolgen. Interessant bei dieser Ablösung ist, dass eine Läuferkette von 120 Mann gebildet wurde.

> Zur Übernahme der Läuferkette sind 120 Mann erforderlich. Sollte die als Ablösung in Aussicht genommene Kompagnien nicht ausreichen, ist von einer anderen Kompagnie die noch erforderliche Anzahl mit in den Läuferdienst aufzunehmen. Die Läuferkompagnie hat, wie sämtliche anderen Kompagnien des Bataillons einen vierten Zug auszuscheiden. Dieser vierte Zug macht keinen Läufer- sondern Essenträger-Dienst.[850]

Wenn die Läuferkette dem Meldewesen dienen sollte, dann ist der nächste Punkt des Befehls, in dem auf die Telefontrupps eingegangen wird, wohl so zu verstehen, dass man sich im Gefecht nicht auf die Telefonie verlassen mochte: „Sämtliche Telefontrupps des Bataillons finden sich geschlossen am 20. August 5:00 Vorm. auf dem alten Regimentsgefechtsstand ein. Jeder Telefontrupp bringt seinen Apparat und seine Batterien mit; Tornister sind bei der großen Bagage zurückzulassen.“[851]

Als letzter Punkt wurde die Übernahme des Lebensmittel- und Pionier-Depots in der Bezonvaux-Schlucht geregelt. Das Regiments-Tagebuch verzeichnet Folgendes:

> 19. August 16
>
> Das II. Btl. rückt heute ab.
> Regts.-Stab rückt nach Billy s. M.

---

849 KA: 8. I.R._(WK)_10_01-02 (838).
850 KA: 8. I.R._(WK)_10_01-02 (838).
851 KA: 8. I.R._(WK)_10_01-02 (838).

MG Komp. geht in Stellung.[852]

20. August 16

Vor Verdun Souville.
Zeitweises Gewehr- u. MG-Feuer auf vordere Linie und rückwärts.
Fdl. Artillerie Einzelfeuer und kl. Feuerüberfälle leichten Kalibers.
Verbindung mit Nachbarabschnitten aufgenommen.
III/8 in Stellung 9. 10. 11. 12. Komp. in 1. Linie (rechts 9. dann 10. 11. 12)
II/8 Bereitschaft, 7. u. 8. Kp. Kasemattenschlucht, 5. u. 6. Hassoule.
I/8 Ruhe in Billy.[853]

Das Kriegstagebuch des I/8 vom 23.08.1916 vermerkt: „Herbébois-Mitte und Gremilly: [...] Am

Vorm. wohnte der Div. Kdr. General Rauchenberger einer Sturmübung des Btl. an den alten

franz. Stellungen im Herbébois-Nord bei."[854]

Aus der Tatsache, dass der Divisionskommandeur einer Bataillonsübung beiwohnte, kann ge-

schlossen werden, wie sorgfältig und eingehend sich die neuen Einheiten auf das bevorstehende

Ziel, Bereinigung des Souville-Sackes, vorbereiteten. Wie ernst dieses Ziel genommen wurde,

geht auch aus den eingehenden Vorauserkundungen, bei denen Wege bis über 100 km zurückge-

legt wurden, den vielen Kompanie-Übungen in der neuen Form der Stoßtrupps, den Waffenap-

pellen und nicht zuletzt aus den Maßnahmen zum Gasschutz hervor.

4.3.3.2   Angriffsüberlegungen

Am 17.08.1916 erhielt die 8. Infanterie-Brigade von der 14. Bayerischen Infanterie-Division den

Befehl[855] zur Erstellung von Angriffsentwürfen. Zwei beabsichtigte Angriffshandlungen[856] unter

Verwendung der Operationskarte Vaux C wurden benannt (Abbildung 132):

Karte 1:5000 vom 12.8.1916
Es sind folgende Angriffshandlungen beabsichtigt:
Wegnahme des Grabenstückes 536a – 535 – 535a.
Gewinnung der Gräben von 536a – Steinbruchgraben – Chapitreweg bis zum Anschluß bei 574.[857]

Zunächst wurde, bezogen auf das Angriffsziel 1, als Erkundungsergebnis dargestellt, dass bei

Punkt 535 (Abbildung 135) auf der Operationskarte Vaux C ein MG stehe. Dies sollte durch

überraschendes Eindringen weggenommen werden. Der Einsatz der Artillerie sollte erst mit dem

„Vorbreschen"[858] aus dem eigenen Graben kurz vor Tagesanbruch erfolgen und dem Abriegeln

und Niederhalten der anstoßenden Grabenstücke dienen. Es wurde befohlen, dass die 8. Infante-

rie-Brigade sofort die nötigen Erkundungen vornehmen und Vorschläge für die Durchführung

---

[852] KA: 8. I.R._(WK) 1_18 (414).
[853] KA: 8. I.R._(WK)_1_18 (414).
[854] KA: 8. I.R._(WK)_6_95 (1554).
[855] KA: 8. I.R._(WK)_10_116 (414); ident. KA: Infanterie-Divisionen-(WK)_5702_07 (1728); Abbildung 5, Anhang 5.
[856] KA: 8. I.R._(WK)_10_116 (414).
[857] KA: 8. I.R._(WK)_10_116 (414).
[858] KA: 8. I.R._(WK)_10_116 (414).

des Angriffszieles 1, den Kräfteeinsatz, früheste Möglichkeit der Durchführung, Anforderungen an Artillerie und Minenwerfer sowie Sturmtrupps einreichen solle. Außerdem sollte vorgeschlagen werden, ob der Angriff 1 vor oder mit Angriff 2 oder nach diesem durchgeführt werden sollte.

Zum Angriff 2 wurde ausgeführt:

> Diesem wird das Sturmreifschießen aller wegzunehmenden Anlagen vorhergehen. Dieses Sturmreifschießen soll am Tage vor dem Sturm erfolgen und in der Frühe etwa 1 Stunde vor dem Sturm wiederholt werden. Der Sturm soll bis zu der zu gewinnenden Linie in einem Zuge erfolgen und zwar unmittelbar hinter dem in kleinen Sprüngen vorverlegten Artilleriefeuer. Der Angriff soll in südwestlicher Richtung unter Aufrollung der gegen Osten und Westen neigenden feindlichen Gräben geführt werden. Mit Rücksicht auf die Artillerie-Vorbereitung ist eine teilweise Räumung der eigenen Gräben nötig und dementsprechend der Bau eines Ausweichgrabens südlich des Wortes Chapitre[859]. [...]. Trennungslinie [zu den benachbarten Truppen; Anm. d. Verf.] bildet die Tiefenlinie der Souville-Schlucht. Der Angriff muss tief gegliedert geführt werden; hierauf ist beim Ausbau der Sturmstellung Rücksicht zu nehmen, ferner ist der flankierende Einbau von Maschinengewehren nötig.[860]

Auf dieser Grundlage waren von der 8. Infanterie-Brigade entsprechende Vorschläge einzureichen. Dann wurde noch bemerkt, dass sich die Erkundung auch darauf zu erstrecken habe, ob es sich empfehle, sich auf die Wegnahme des sich von 538 nach Nordwesten ziehenden Grabenstückes zu beschränken oder das Grabenstück 536a – 538 (Abbildung 135, am linken Rand) mit einzubeziehen.

4.3.4   Erkundungsergebnisse

Den Angriffsüberlegungen gehen weitreichende Erkundungen voran, was auf die hohe Bedeutung der Beseitigung des Souville-Sackes hinweist. Bei den Erkundungsergebnissen wird immer auf die Karte Vaux C (Abbildung 132) vom 12.08.1916 Bezug genommen.

Vor den zeitnahen Erkundungsberichten Ende August lag bereits am 14.08. ein Erkundungsergebnis des Generalkommandos XVIII. Reserve-Korps[861] und ein Erkundungsergebnis datiert 16.08. vom II/8 vor.

> Die Erkundungsergebnisse des Generalkommandos stellen heraus, dass der Feind aufgrund des andauernden Artilleriebeschusses seine Unterstände im Steinbruch geräumt habe.
> Die heftige andauernde Beschießung des Steinbruchs 562a hat den Feind anscheinend veranlasst, die Unterstände im Steinbruch zu räumen. Neuanlagen sind erkundet bzw. durch Flieger-Aufnahmen festgestellt worden:
>> a. In der Mulde zwischen 506 unter 507.
>> b. In der Mulde 200 m nördlich 562a.
>> c. Bei 562, 563 und 564, wo jetzt anscheinend die Bereitschaften aus dem Steinbruch untergebracht worden sind.
>
> Bei den letzten Wirkungsschießen unserer schweren Artillerie suchte der Feind stets Schutz in den Gräben der vordersten Linie. Der Steinbruch und Steinbruchgraben ist zurzeit sehr zerschossen. Als

---

[859] Damit ist die Aufschrift auf der Operationskarte gemeint.
[860] KA: 8. I.R._(WK)_10_116 (414).
[861] KA: Infanterie-Divisionen-(WK)_5702_03-04 (1728).

Annäherungsgräben werden hauptsächlich der Caillette- und C-Graben benutzt. Bei 563 scheint sich der Abschnitts-Kdeur. zu befinden, bei 562 ist ein neuer Stollen an einer alten Batterie-Stellung erkundet worden. Vor den linken Flügel G. E. D. vorgegangene Patrouillen haben den feindlichen Graben an der Straße Vaux – St. Fine Kapelle bis nördlich des Punktes 507 nicht besetzt gefunden. Punkt 540 und das Gelände 200 m südlich davon soll nach Meldung der 21. R. D. frei vom Feinde sein. Nur nachts fühlen Patrouillen an die Stellung heran. Die neue französische Stellung von 100 m östlich 562a – 561 – 100 m südlich 575 ist noch im Bau. Die Reserven werden von Hospital-Battr. im Graben 597 – 576 herangeführt. In den Unterständen 100 m südlich 756 liegen anscheinend Bereitschaften.[862]

Am 16.08. meldete Hauptmann Goetz vom II/8 der Division handschriftlich seine Erkundungsergebnisse[863] vom 15./16.08. über den Chapitre-Wald und die Souville-Nase. Er gliederte seinen Bericht in neun Punkte:

1. Zum Angriffsziel: wenn überhaupt dann bis Steinbruchgraben – Chapitre-Weg. Die gemeldeten Beton- u. MG- usw. Unterstände (?) [sic!] können in der etwa 35 m tiefen feindw. gewandten Schlucht kaum gehalten werden. Deshalb Verlegen in die Linie Steinbruchgraben – Chapitre Weg.

2. Angriffsrichtung: Beiderseits der Tiefenlinien Souville-Schlucht.

3. Stärken: Als Angriffsstärke beiderseits der Souville-Schlucht halte ich je ein Btl. notwendig. Mitwirkung der anschl. Truppen geboten.

4. Art. Vorbereitung: Schweres Mörserfeuer auf Beton- usw. Unterstände bei 506, 507, 507a. Weiters Feuer auf 538, 538a, 539, 562. Vielleicht Gas, wenn nicht nach bes. Erkundung des Art. Beobachters in unsere Angriffsrichtung hineinfließt.

5. Besondere Punkte für Artilleriebeobachtung: sind fast ausschließlich in unserem Grabensystem östlich der Souville-Schlucht. Dorthin sind auch einige Erkundungsoffiziere abzustellen.

6. Einige MG können, wenn nicht bei der ganzen Kampftätigkeit, voraussichtlich beim Gegenstoß sehr wertvolle Dienste leisten, vom Nachbarabschnitt Souville-Schlucht Ost.

7. Bereitstellung von Minen-Werfer im Chapitre-Wald ist erwünscht.

8. Für die Aussicht des Gelingens des Angriffs ist noch weiterer Ausbau der Stellungen nötig, insbesondere der Sturmstellungen. Unerlässliche Vorbereitung bleibt aber die kräftigste Art. Einwirkung auf die gemeldeten frz. Betonbauten.

9. Sturmzeit: 6:00 Vorm.[864]

Er ging dabei auf die besonderen schwierigen topografischen Verhältnisse im Gefechtsgebiet ein und machte Vorschläge zum Angriffsziel (Steinbruchgraben – Chapitre-Weg), zur Angriffsrichtung, zur Artillerievorbereitung und -Beobachtung, zum geplanten schweren Mörserfeuer auf Beton-Unterstände, Bereitstellen von Minen-Werfern und forderte einen weiteren Ausbau der Sturmausgangsstellungen.

In den Akten des KA wurden für den Angriff des 8. I.R. zur Beseitigung des Souville-Sackes noch vier weitere Erkundungsberichte identifiziert. Drei stammen vom 8. I.R. selbst und ein Erkundungsbericht vom Artillerie-Regiment Richter. Die ersten Erkundungsergebnisse vom 22.08. beziehen sich hauptsächlich auf die geografische Lage der einzunehmenden Stellung in dem sehr durchschnittenen Gelände. Der weitere Erkundungsbericht vom 22.08., der Brigade am 23.08.

---

[862] KA: Infanterie-Divisionen-(WK)_5702_03-04 (1728).
[863] KA: 8. I.R._(WK)_10_122-123 (414).
[864] KA: 8. I.R._(WK)_10_122-123 (414).

vorgelegt, hatte die französische Stellung genau im Blick und zeigte Erkundungen aus der eigenen Stellung für einen Angriff auf. Die Erkundungsergebnisse des Regiments Richter betrafen
den östlich der Souville-Schlucht gelegenen Fumin und hatten besonders die feindliche MG-
Stellung im Fokus. Die Erkundungsergebnisse des 8. I.R. vom 24.08. bezogen sich auf die Besetzungen der französischen Gräben, die französischen Versorgungswege zur Stellung und auf
operative französische MG-Stellungen.

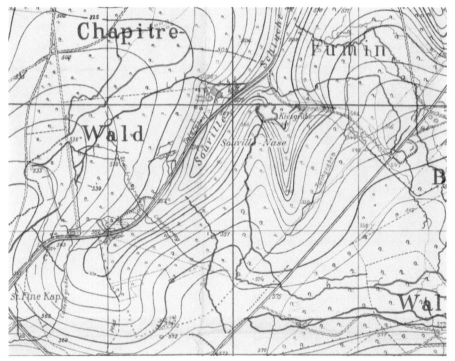

Abbildung 135: Chapitre-Wald u. Souville-Nase mit den Punkten: 506, 507, 507a., 535, 536a, 538, 538a, 539, 544, 561, 562, 574, 575, 576[865]

4.3.4.1   Erste Erkundungsberichte des Regiments vom 22.08.1916

Am 22.08.1916 meldete auch das 8. I.R. seine Erkundungsergebnisse an die Brigade in zwei
Berichten. Der erste Erkundungsbericht[866] bezog sich auf den linken Nachbarabschnitt (zugleich
rechter Bataillons-Abschnitt I.R. 81) und gab hauptsächlich Auskunft über die neu zu beziehen-
den Stellungen. Zunächst wurde festgestellt, dass die eigene Linie auf der Souville-Nase nicht
auf dem West-, sondern direkt hinter dem Kamm der Höhe auf dem Osthang liegt. Eine 2. Linie

---

[865] KA: 8. I.R._(WK)_7_3 (414).
[866] KA: 8. I.R._(WK)_10_98-99 (414); ident. KA: Infanteriebrigaden (WK)_945_08-09 (1674); Abbildung 17, Anhang 2.

sei hinter der 1. Linie nicht vorhanden, ebenso fehlen Verbindungsgräben nach rückwärts. Der deutsche Graben sei am linken Flügel etwa 1,10-1,60 m tief, nach rechts zu werde er tiefer bis etwa 1,60 m, aber sehr eng. Stollen seien nur in geringer Zahl und in Anfängen vorhanden. Um den Graben als Sturmausgangsstellung herzurichten, sei auch seine Vertiefung und die Anbringung von Ausfallstufen notwendig. Es wurde darauf hingewiesen, dass 1 MG-Stellung am rechten Flügel in der Kiesgrube vorhanden sei, die jedoch bei einem Angriff nicht benutzt werden könne, weil sie die eigenen gegen die französischen Stellungen östlich und westlich 506 vorgehenden Truppen bedrohen würde. Da der deutsche Graben auf dem obersten Osthang und nicht auf dem Westhang der Souville-Nase liege, haben MG-Stellungen im Hauptteil dieses Grabens zwischen diesen Flügelstellungen keinen Zweck. Dabei stützte sich das Regiment auf eine Erkundung[867] der MG-Kompanie vom 21.08., die darauf hinwies, dass in der ganzen Ausdehnung des Regiments-Abschnittes eine kleine Erhebung jede Aussicht (Abbildung 136) in die französische Stellung unmöglich mache.

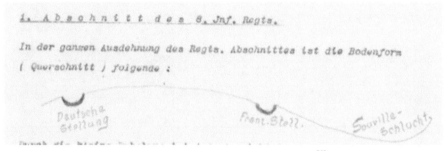

Abbildung 136: 21.08.1916, Querschnitt der Bodenform im Regiments-Abschnitt[868]

Weiterhin wurde ausgeführt, dass die Sturmtruppen in die Stellung des Bataillons-Gefechtsstandes (Punkt 544) zuerst den Teichgraben entlang, dann etwa bei 560 abbiegend auf die einzelnen Abschnitte zugehen können.

Eine Nachbar-Patrouille, heißt es weiter, sei mit der Meldung zurückgekommen, sie sei in dem französischen Graben von seinem Nordostende bei Punkt 507 bis etwa zu seinem nördlichsten Ende vorgegangen (bei Punkt 506), ohne eine Grabenbesatzung zu finden. Zum Abschluss wurde noch festgestellt, bis zur Bataillons-Gefechtsstelle 544 bestehe gestaffelte Läuferverbindung, die Telegrafenleitung gehe nur bis zur Regiments-Gefechtsstelle.

Im zweiten der Brigade am 22.08. vorgelegten Bericht[869] ging das Regiment nochmals auf die Bodenform im Regiments-Abschnitt ein und fügte an:

---

[867] KA: Infanteriebrigaden (WK)_945_ 01 (1674) Skizzen.
[868] KA: Infanteriebrigaden (WK)_945_ 01 (1674) Skizzen.
[869] KA: Infanteriebrigaden (WK)_945_ 02-03 (1674) Skizzen; Abbildung 18, Anhang 2.

Durch die kleine Erhebung zwischen deutscher und franz. Stellung ist jeder Blick in die franz. Stellung von der deutschen Stellung aus unmöglich. Dagegen sieht man auf das Vorgelände unseres linken Nebenregiments. [...] Wenn unsere MG im Fall eines Angriffes in den jetzigen französischen Graben vorgehen, können Sie voraussichtlich das ganze franz. Grabensystem einsehen und flankieren, insbesondere auch die Souville-Schlucht beherrschen.[870]

Dann gibt der Bericht Auskunft über die Zugangswege vom Fort Souville zu den französischen Stellungen, über Rauch, der von Kochstellen herrühre, und darüber, dass bis jetzt keine feindlichen Minenwerferstände entdeckt wurden. Auch schlug der Bericht eine Angriffsstelle vor:

Von dem gegen den Gegner vorspringenden Teil unserer Stellung etwa 150 m westlich Punkt 505 dürfte ein überraschendes Einbrechen in die feindliche Stellung am leichtesten möglich sein. Bei jedem früheren Angriff im Chapitrewalde gab jedoch der Feind Infanterie- und MG-Feuer aus Granatenlöchern ab, die beim Endpunkt des von Punkt 561 nach Nordwesten führenden feindlichen Grabens in nördlicher Richtung liegen.[871]

Die verschiedenen Beobachtungen wurden gekennzeichnet von A bis F in die Operationskarte eingefügt (Abbildung 137), ein Hinweis, wie sorgfältig Major Felser bei der Erkundung vorging.

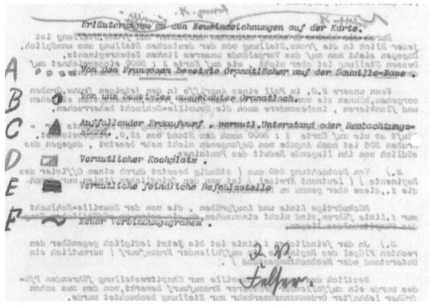

Abbildung 137: Erläuterungen zu den Neueinzeichnungen in der Karte[872]

4.3.4.2 Erkundungsberichte des Regiments vom 23.08.1916

Das 8. I.R. legte am 23.08. weitere Erkundungsergebnisse[873] vom 22.08.1916 der Königlichen Bayerischen 8. Infanterie-Brigade vor, diese wurden wieder von Major Felser abgezeichnet.

---

[870] KA: Infanteriebrigaden (WK)_945_ 02 (1674) Skizzen.
[871] KA: Infanteriebrigaden (WK)_945_ 02 (1674) Skizzen.
[872] KA: Infanteriebrigaden (WK)_945_ 03 (1674) Skizzen.
[873] KA: 8. I.R._(WK)_10_89-90 (414).

Als Haupterkundungsergebnis wurde festgestellt, dass die Franzosen im Anschluss an das Ende des Grabens, der vom Punkt 561 in nordwestlicher Richtung verlief, in nördlicher Richtung Granattrichter zu einem Graben verbinden. „Wahrscheinlich wird dies ein zur Verteidigung nach Osten bestimmter Laufgraben. Eigene Batterien schossen auf diese Unterstände bei 506 den ganzen Nachmittag des 22. bis gegen 9:50 Abds. Beim Schießen auf die Schanzstellen nördlich 561 kamen Franzosen aus ihnen heraus und liefen in südl. Richtung davon."[874] Dann wird berichtet, dass ein vermutetes durchgehendes Drahthindernis vor der französischen Stellung doch nicht existiere.

Als weitere wichtige Erkundungen über die französische Stellung vor dem Abschnitt des 8. I.R., die von dem 29. I.R. von der Souville-Nase aus vorgenommen worden waren, wurden genannt: Die Stellung des 8. I.R. könne von den Franzosen nicht eingesehen werden, die französische Stellung verlaufe in etwa wie in der Karte eingezeichnet, sie scheine gut ausgebaut, jedenfalls bilde sie einen zusammenhängenden Graben. Dann heißt es weiter:

Linie von Punkt 506 [Abbildung 132 u. Abbildung 135] bis hinunter zur Schlucht scheint von den Franzosen nicht besetzt zu sein; auch die dort befindlichen, anscheinend zerstörten Unterstände (franz.) machen den Eindruck, als seien sie unbesetzt.

Auffallende Grabenbauten wurden erkannt bei der Einmündung des Steinbruchgrabens in den franz. Graben 536a – 506, ferner bei etwa 100 m westlich Punkt 506. Hier wurde mit Sicherheit ein franz. MG ausgemacht, dessen Hauptaufgabe vermutlich in der Bestreichung der Souville-Schlucht und Flankierung der Souville-Nase besonders der Kiesgrube liegt.[875]

Aus der französischen Stellung vorgetriebene Sappen wurden nicht festgestellt.

Neben diesem Erkunden der Stellungen des Gegners gab es auch Erkundungen der eigenen Stellung für einen Angriff auf die gegenüberliegende französische Stellung. Diese bezogen sich auf die eigenen MG-Stellungen. 2 MG der MG-Kompanie 81 seien im Schützengraben bei „F" von „Fumin" postiert. Sie seien mehr zur Abwehr eines französischen Angriffes bestimmt. Bei einem eigenen Angriff können sie nicht mit Erfolg mitwirken. In der Kiesgrube stehen 2 weitere MG am rechten Flügel der Stellung.

Sie können einen eigenen Angriff auf die Beton-Bauten in dem Dreieck 506 – 507a – 507 nicht unterstützen, weil sie den eigenen vorgehenden Truppen gefährlich würden. 3 MG stehen im Graben bei 574. Sie beherrschen das Gelände von beiderseits Chapitre-Weg – Steinbruchgraben bis Feste Souville. Bei eigenem Angriff wird es sich u. U. empfehlen, dort auch die 2 MG des Regiments einzusetzen, die sich zurzeit, wie oben schon gesagt, in der Kiesgrube am rechten Flügel des Abschnitts des 8. I.R. befinden.[876]

Dazu gibt es eine Skizze (Abbildung 138).

---

[874] KA: 8. I.R._(WK)_10_89 (414).
[875] KA: 8. I.R._(WK)_10_89 (414).
[876] KA: 8. I.R._(WK)_10_90 (414).

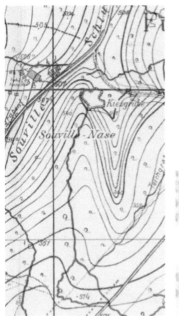

Abbildung 138: 23.08.1916, Souville-Nase, Stellung 3 frz. MG, Ausschnitt[877]

4.3.4.3   Erkundungsbericht des Regiments Richter

Am gleichen Tag, 23.08.1916, meldete das Regiment Richter zusätzliche Erkundungsergebnisse[878] vom 22.08. an die 14. b. I. D. Die Erkundung fand im Fumin statt.

Diese Erkundungsergebnisse beziehen sich auf den Verlauf und Zustand der feindlichen Gräben und auf die mutmaßlichen MG- und Minenwerfer-Stellungen. Sie decken sich teilweise mit den Erkundungen des 8. I.R. vom 22.08.1916.

Durch eine Patrouille sei festgestellt worden, so in dem Erkundungsbericht, dass das Grabenstück, das von 506 in südöstlicher Richtung verläuft, von diesem Punkte ab vom Feinde unbesetzt sei. Dort sei der Graben mit Sandsäcken zugesetzt und dahinter 1 MG postiert mit Richtung nach dem Fumin. Der Talgraben längs der Straße sei tagsüber unbesetzt, nachts bis ungefähr 506 besetzt. Eine in der Nacht vom 21. auf 22.08. von der Kiesgrube aus über 507 nach 506 vorgetriebene Patrouille meldete, dass sie auch in den Unterständen südlich 506 gewesen sei und diese unbesetzt gefunden habe. Dort brauche deshalb auch kein Feuer mehr hingelegt werden. An dem ganzen vorderen feindlichen Graben an der Souville-Nase sei stark geschanzt worden. Bei 561 werde 1 MG vermutet.

---

[877] KA: 8. I.R._(WK)_7_3 (414) und KA: 8. I.R._(WK)_ 10_90 (414).
[878] KA: 8. I.R._(WK)_10_180 (414); Abbildung 19, Anhang 2.

Bei dem Graben, der durch den Punkt 561 gehe, habe der Feind einen Verbindungsgraben von der Grabengabel südlich 574 aus geschaffen. Der erste feindliche Graben folge von 575 ab also jetzt der deutschen Stellung bis 561, dort biege er in nordwestlicher Richtung ab. Es mache den Eindruck, als baue der Feind von 561 ab bis in den Chapitre eine 1. Stellung aus und wolle dann den nordöstlichen Teil seiner Stellung (mit den Punkten 506 und 507) im Chapitre aufgeben. Nach Ansicht der Infanterie stehen in den westlich des „S" von Souville-Schlucht angegebenen Unterständen frz. Maschinengewehre.

Außerdem wird angegeben, dass südlich 575, da, wo der Laufgraben von 576 (Abbildung 135) in den ersten feindlichen Graben mündet, ein frz. MG stehe, das den deutschen Graben auf der Souville-Nase flankiere. Ebenso sollen in diesem oder in dem ungefähr 60 Meter südlich davon liegenden zweiten Graben mehrere Minenwerfer stehen.

4.3.4.4 Erkundungsbericht des 8. Infanterie-Regiments vom 24.08.1916

In diesem Zusammenhang sollen auch die Erkundungsergebnisse[879] des 8. I.R. vom 24.08.1916 betrachtet werden: Im Wesentlichen wurden die vorherigen Beobachtungen bestätigt.

Im Einzelnen heißt es: „Bei der Einmündung des Steinbruchgrabens in die franz. 1. Linie und etwa 100 m westlich Punkt 506 (Abbildung 135) lassen Aufbauten im Graben MG-Stände vermuten. Der französ. Graben östl. 506 scheint geräumt zu sein. Die dahinter befindlichen Anlagen sind durch unser Artilleriefeuer anscheinend zerstört."[880]

Feindliche Minenwerferstände seien nicht zu erkennen. Der Verkehr von rückwärts in die feindliche Stellung erfolge vermutlich durch Chapitre- und Steinbruch-Graben. Eine feindliche Befehlsstellung könne bisher nicht erkannt werden, ebenso wenig sei Rauch von Feldküchen gesehen worden. Es könne auch nicht ausgemacht werden, von welchen Punkten der deutschen Stellung aus am leichtesten ein Einbrechen in die feindliche Stellung möglich sei. Ein überraschendes Eindringen des Feindes jedoch in die deutsche Stellung sei am leichtesten am linken Flügel des Regimentsabschnittes möglich. Hindernisse vor der feindlichen Stellung seien mit Sicherheit bisher nicht festgestellt worden. Gegenüber dem rechten Flügel des Regimentsabschnittes sei eine feindliche Sappe erkundet worden. Der Schluss auf die Absicht eines baldigen feindlichen Angriffes auf die deutsche Stellung könne aus dem Verkehr hinter den feindlichen Linien nicht gezogen werden. Am Abend des 22.08. seien 6 tieffliegende feindliche Flieger über der Stellung des Regiments beobachtet worden. Ferner sei beobachtet worden, dass der Gegner bei Nacht sehr aufmerksam sei und jede Unruhe hinter unserer Linie bemerke. Er bestreiche

---

[879] KA: 8. I.R._(WK)_10_178 (414).
[880] KA: 8. I.R._(WK)_10_178 (414).

dann unsere Stellung sofort mit MG- und Infanterie-Feuer und mit Gewehrgranaten.

Es kann festgestellt werden, dass durch mannigfache Erkundungen von verschiedenen Seiten und Einheiten ein ziemlich genaues Bild der feindlichen Stellungen, ihres Zustandes und vor allem der MG-Stände gewonnen wurde.

4.3.4.5   Weitere Erkundungsberichte

Am 23.08. legte die Brigade der Division einen detaillierten ca. 8-seitigen Vorschlag[881] für einen Angriff vor, der dann als Konsequenz einen geänderten Angriffsplan für das Gefecht zur Beseitigung des Souville-Sackes Ende August festlegte.

Dieser 8-seitige Bericht der Brigade an die Division behandelt in drei Abschnitten die Erkundung der feindlichen Stellung, die Beurteilung der eigenen und einen darauf aufgebauten Angriffsvorschlag. Die Teile I und II sind im Wesentlichen eine Zusammenfassung der Erkundungsberichte der Regimenter der Brigade. Der Angriffsvorschlag in Teil III beinhaltet eine Korrektur des bisherigen Angriffsentwurfs, auf den noch eingegangen wird.

Zur weiteren Angriffsvorbereitung musste die geplante Sturm-Ausgangsstellung erkundet werden.

Am 26.08. meldete das 8. I.R. an die 8. Infanterie-Brigade seine Erkundung[882] für den Abschnitt des R. I.R. 81 und lieferte hierfür eine Skizze[883] (Abbildung 141) der Vaux-Schlucht. In Bezug auf die eigene Stellung wurde festgestellt, dass diese auf der Souville-Nase sehr stark zerschossen sei, besonders der Teil vom oberen Rand des Wortes[884] „Souville-Nase" bis zur Schichtlinie durch 561.

> Ein Ausbau der Stellung ist sehr schwierig, weil das, was bei Nacht ausgebessert wird, bei Tag wieder eingeschossen wird. Eine durchlaufende Feuerlinie besteht nicht. Die Stellung setzt sich aus ausgebauten Granatlöchern zusammen. Sie verläuft etwa 50 m weiter östlich, als auf der Karte eingezeichnet. Wo unsere Grabenlinie eingezeichnet ist, liegt ungefähr der vorgeschobene Postenschleier.[885]

Dann werden Angaben für die Bereitschaftsräume der angreifenden Truppe und deren Reserve gemacht.

In einem zweiten Teil dieser Meldung vom 26.08.1916 werden die Erkundungen zur feindlichen Stellung (Abbildung 139) mitgeteilt:

---

[881] KA: Infanterie-Divisionen-(WK)_5702_14-22 (1728); ident. KA: Infanteriebrigaden (WK)_945_20-28 (1674); Abbildung 20, Anhang 2.
[882] KA: 8. I.R._(WK)_10_167 (414); Abbildung 12, Anhang 4.
[883] KA: 8. I.R._(WK)_10_168 (414).
[884] Dies bezieht sich auf die für dieses Gefecht ausgegebene Karte; KA: 8. I.R._(WK)_7_3 (414); Abbildung 132.
[885] KA: 8. I.R._(WK)_10_167 (414).

II. Feindliche Stellung:

Der Talgraben besteht aus zwei miteinander nicht verbundenen Stücken. In dem Grabenviereck zwischen 562a und 538a lässt an verschiedenen Stellen bei Tage aufsteigender Rauch darauf schliessen, dass der Graben auch bei Tag ausreichend besetzt ist.

Eine Patrouille des I.R. 81, die vor einigen Tagen gegen den Talgraben vorging, erhielt nicht von dort, wohl aber aus Richtung der Gräben ca. 50 m westlich davon Infanterie– u. M. Gew. Feuer. An den Graben, der von 561 in nordwestlicher Richtung führt, schanzt der Gegner. Er treibt kleine Sappen gegen uns vor und hat, wie wir, ca. 50 m vor dem Graben einen Schützenschleier. Nördlich des eingezeichneten Grabens (östlich 562a) hat der Gegner einige Granatlöcher besetzt.

Ein Hindernis (Schnelldrahthindernis) befindet sich lediglich südl. Punkt 574. Außer der Postenkette können 2 Linien festgestellt werden.

Betonbauten sind vermutlich im Steinbruch zwischen 562 und 562a, wahrscheinlich auch eine Befehlsstelle. Auf dem Pfad 562 – 570 können hin und wieder einzelne Leute beobachtet werden.

Ein überraschendes Eindringen sowohl in unserer wie in die franz. Stellung erscheint am leichtesten möglich in der Gegend des Grabendreiecks bei 574. Fast den ganzen Tag zeigten sich über unserer Stellung tief fliegende feindliche Flieger, ohne dass auf sie geschossen wurde. I [n] V[ertretung]. gez. Felser[886]

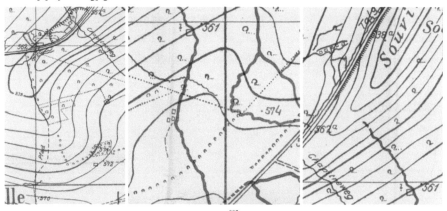

Abbildung 139: Ausschnitte aus der Operationskarte Vaux[887]

Die Erkundungen ergaben, dass es keine durchgehende französische Stellung gab, aber aufgrund von Rauch wurde festgestellt, dass zwischen Punkt 562a und 538a auch bei Tage die Stellung besetzt war. Außerdem wurde erkannt, dass der Feind vom Punkt 561 die Stellung in nordwestlicher Richtung vorantrieb. Betonbauten seien in dem Steinbruch bei 562a, einzelne Leute seien auf dem Pfad von 562 nach Süden zum Punkt 570 gesehen worden. Als aussichtsreichster Angriffspunkt wurde die Gegend bei dem Grabendreieck 574 ausgemacht.

Die Skizze in Abbildung 140 gibt den Stand der Stellung des 29. I.R. vor Souville am 27.08.1916 mit ihren MG-Stellungen wieder.

---

[886] KA: 8. I.R._(WK)_10_167 (414).
[887] Die einzelnen Ausschnitte müssen in ihrer Lage im Gesamtbild der Karte Vaux C; KA: 8. I.R._(WK)_7_3 (414) gesehen werden; Abbildung 132.

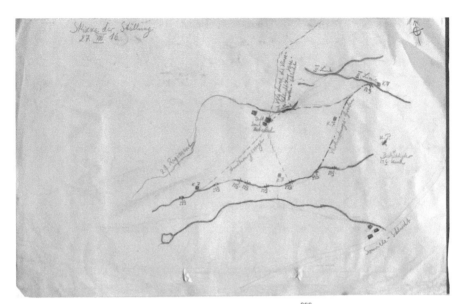

Abbildung 140: 27.08.1916, MG-Stände des 29. I.R. vor Souville-Schlucht[888]

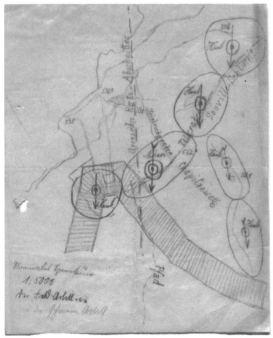

Abbildung 141: Artillerie-Skizze vor Souville[889]

---

[888] KA: 8. I.R._(WK)_10_168 (414).

In den Unterlagen des II/8 befindet sich auch eine Skizze mit den Stellungen[890] der Feld-Artillerie mit der Aufschrift „Normales Sperrfeuer". Auf der Skizze (Abbildung 141) ist ein Regimentsabschnitt eingezeichnet, wobei der rechte Abschnitt dem 29. I.R. und der linke dem 8. I.R. zugeordnet war. Die blau schraffierte Zone gibt den Bereich des Sperrfeuers und die runden Zonen die Bereiche für die Einzelbekämpfung an.

Neben den einzelnen Befehlen zur Vorbereitung des geplanten Gefechts, die im nächsten Kapitel dargestellt werden, geben andere Befehle Einsicht in den täglichen Ablauf und die Logistik der Truppe zur Vorbereitung des geplanten Gefechts (s. Kapitel 4.3.5-4.3.9).

4.3.5 Angriffsentwürfe und -befehle

Am 18.08.1916 kam der Brigadebefehl[891] an das 8. und 29. I.R. zur Angriffsvorbereitung heraus, versehen mit dem Aufdruck: „Geheim, nur bekannt geben soweit unbedingt notwendig!" Er basierte auf einem Abdruck des Generalkommandos XVIII. R. K. über die Ergebnisse der letzten Erkundungen und der Verfügung der 14. Bayerischen Infanterie-Division zur Angriffsvorbereitung.

Dieser Befehl orientierte sich mit großer Wahrscheinlichkeit an dem Gefecht des I.R. 364 vom 14. bis 18.08., von dem ein Gefechtsbericht vorliegt, der allerdings erst am 23.08.1916 verfasst wurde. Dieses Gefecht des I.R. 364 zeigte, dass der Feind mit erheblicher Artillerieunterstützung in immer neuen Wellen gegen die deutschen Stellungen anrannte und sich dabei als ein überaus schwieriger und zäher Gegner erwies.

Zunächst wurde in dem Brigadebefehl auf die zu verwendende taktische Karte Vaux C (Abbildung 132) hingewiesen und die Abschnittsgrenze zwischen den künftigen Regimentsabschnitten des 29. I.R. rechts, westlich und des 8. I.R. links, östlich ungefähr entlang der Nord-Süd-Linie 66 der erwähnten Karte festgelegt. Demgemäß sollte der Angriff 1 dem 29. I.R. zufallen, der Angriff 2 (s. 4.3.3.2 Angriffsüberlegungen[892]) in der Hauptsache dem 8. I.R. Für beide Angriffsziele hatten die beiden Regimenter entsprechende Erkundungsergebnisse und Durchführungsvorschläge vorzulegen.

Zur Durchführung des Angriffes 2 sollte das 8. I.R. mit seinem rechten Flügel entlang der Nord-Süd-Linie 66 mit linkem Flügel entlang der Straße in der Souville-Schlucht operieren; die 21.

---

[889] KA: 8. I.R._(WK)_10_169 (414).
[890] KA: 8. I.R._(WK)_10_169 (414).
[891] KA: 8. I.R._(WK)_10_114-115 (414); KA: Infanterie-Divisionen-(WK)_5702_05-06 (1728); Abbildung 6, Anhang 5.
[892] KA: 8. I.R._(WK)_10_116 (414); Wegnahme des Grabenstückes 536a – 535 – 535a und Gewinnung der Gräben von 536a – Steinbruchgraben – Chapitreweg bis zum Anschluss bei 574.

R. D. war zu einem kleinen Teil auch mit beteiligt. Dabei waren folgende Gesichtspunkte vorge-geben:

> Ausgangsstellung für den Angriff, da vorderste Linie wegen der Artillerievorbereitung geräumt wer-den muss, sofortiger Auftrag an das III/8 zur Schaffung dieser Stellung! Gliederung, Kräftebemessung für den Angriff und für die Besetzung des Steinbruchgrabens nach dem Angriff. Einteilung der Roll-angriffstrupps zum Aufrollen des von 506 gegen 535a ziehenden Grabens und des Talgrabens. Zahl, Zusammensetzung, Richtung, Auftrag für Stoßtrupps gegen die Anlagen bei 506, 507, 507a und westl. des Talgrabens. Einsatz von MG zu baldiger flankierender Wirkungen gegen Steinbruchgraben, Cha-pitre-Weges. Sicherung des Genommenen. Tiefe Gliederung. Zusammensetzung und Auftrag für die auf dem rechten Flügel der 21. Reserve Division mitwirkenden Truppen. Besondere Wünsche an an-dere Waffen.[893]

Als weitere taktische Vorgabe wurde allgemein gesagt: „Lose Wellen, kein Zusammenballen, namentlich nicht nach der Tiefenlinie hin, aber noch weniger ein Abbröckeln der Angriffstruppe. Wie empfiehlt sich zeitliche Zusammenstimmung der Angriffe 1 und 2."[894]

Entsprechend einer Aufforderung der Angriffsgruppe Ost vom 18.08.1916 und basierend auf den Erkundungen und Angriffsvorschlägen der 8. Infanterie-Brigade und der 14. b. I. D. legte das General-Kommando XVIII. Reserve-Korps am 19.08. einen Angriffsentwurf[895] vor. In ihm wur-de das bereits bekannte Angriffsziel wiederholt: „506a – Steinbruchgraben – Chapitreweg – 574, um möglichst einen vorhandenen Graben zu erreichen, da das Eingraben nahe dem Fort Souville sonst schwierig sein wird."[896]

In diesem Entwurf wird dem Artillerieeinsatz breiter Raum eingeräumt. Das vorbereitende Artil-lerie-Feuer sollte drei Tage vor Angriff beginnen, dabei wurde auf die Mitwirkung von Artillerie der Nachbarkorps, des Alpenkorps, des XV. A. K. und des VII. R. K. zurückgegriffen. Besonde-rer Wert wurde auf die Verzahnung der Infanterie mit der eigenen Artillerie gelegt. Es wurde festgelegt, dass der Angriff mit Hauptkraft in nordsüdlicher Richtung längs der Souville-Schlucht zu führen sei. Zur Kräftebemessung wurde ausgeführt:

> 14. bayr. I. D. 3 Bataillone von denen eins im Nordabschnitt der Souville-Nase bereitzustellen ist. 21. R. D. unterstützt außerdem den Angriff durch kräftiges MG-Feuer von der Souville-Nase her und durch Vorgehen in Richtung 561.[897]

Zur Zeitbemessung hieß es:

> Der Angriff erfolgt zwischen 22. und 30.8. nach vorherigem Ausbau der Sturmausgangsstellung. Die Angriffsstunde wird etwa 8:15 Vorm. sein. Außerdem soll vorher durch überraschenden Inf.-Angriff, bei dem Artillerie nur zum Abriegeln mitwirkt, der Graben 535 – 536a genommen werden. Hierdurch soll die lästige Flankierung durch ein feindliches MG beseitigt werden.[898]

Für den 20.08.1916, also kurz vor dem geplanten Angriff, liegt eine Befehlskaskade, begonnen

---

[893] KA: 8. I.R._(WK)_10_114-115 (414).
[894] KA: 8. I.R._(WK)_10_115 (414).
[895] KA: Infanterie-Divisionen-(WK)_5702_09-11 (1728); Abbildung 7, Anhang 5.
[896] KA: Infanterie-Divisionen-(WK)_5702_09 (1728).
[897] KA: Infanterie-Divisionen-(WK)_5702_11 (1728).
[898] KA: Infanterie-Divisionen-(WK)_5702_11 (1728).

mit der Angriffsgruppe Ost über das General-Kommando XVIII. R. K. und die Division bis zur Brigade vor. Alle haben natürlich den bevorstehenden Angriff zum Inhalt, bieten aber selbstverständlich unterschiedliche Informationen.

Im Befehl der Angriffsgruppe Ost[899] wird das Fehlen des absolut erforderlichen Vertrauens der Infanterie zur Artillerie als Folge ungenügender Verbindung beklagt. Die stete Verbindung durch Verbindungsoffiziere müsse die Waffen durch gegenseitiges Verständnis einander näherbringen.

> Die Infanterie in vorderer Linie hat vielfach das Gefühl, dass die Artillerie weiter rückwärts kein rechtes Verständnis für ihre Lage hat und dass Ablehnung ihrer Wünsche durch die Artillerie diesem Mangel an Verständnis zuzuschreiben ist. Es ist deshalb das größte Entgegenkommen der Artillerie am Platz, um dieses ungerechtfertigte Mißtrauen in Vertrauen zu verwandeln. Berechtigte Wünsche müssen umgehend erfüllt werden, ohne Verzögerung durch langes Nachfragen auf dem Instanzenwege; es ist auch angezeigt, Wünschen nachzukommen, deren Erfüllung der Artillerie vielleicht nicht ganz so dringlich erscheint, wenn die Lage und besonders die Munitionslage es gestatten. Andererseits dürfen die Infanterieführer Einwendung der Artillerie gegen ihre Wünsche ihr Ohr nicht verschließen in dem Vertrauen, dass gemacht wird, was gemacht werden kann.
>
> Es ist bedauerlich, wenn die hervorragenden Leistungen unserer Artillerie nicht überall so gewürdigt werden, wie sie es verdienen; das muß und wird durch Zusammenarbeit und gegenseitiges Verständnis erreicht werden.[900]

Diese Mahnung zeigt den hohen Stellenwert, den man einem guten Zusammenwirken zwischen Artillerie und Infanterie für einen Angriff beimaß.

Der Befehl des Generalkommandos an die Division vom 20.08.1916 ging nochmals auf seinen Angriffsentwurf ein und bemerkte:

> [...] dass die nächste Aufgabe der Division sein wird, die Herstellung der Sturmausgangsstellung für den geplanten Angriff zu betreiben. Sobald Klarheit gewonnen ist, wann diese Arbeiten vollendet sein werden, ersuche ich um Meldung dieses Zeitpunktes. Es muss dabei im Auge behalten werden, dass der Angriff die jetzt sehr schwierige Lage der 21. R. D. erheblich verbessern wird. Die für den Angriff bestimmten Batlne. müssen während ihrer Ruhezeit das hier anzuwendende Angriffsverfahren üben. Soweit wir zur Unterstützung des Sturm-Batls. Rohr notwendig sein sollte, ist dieses unmittelbar zu vereinbaren.[901]

Hier wurde das neue Angriffsverfahren der Sturmtruppe herausgestellt, von dem man sich für den bevorstehenden Angriff Entscheidendes versprach.

Der Divisionsbefehl[902] an die Brigade unterstrich, dass vor dem Angriff auf das bekannte Ziel durch überraschenden Infanterie-Angriff der Graben 535 – 536a genommen werden solle und dann die Sturmausgangsstellung mit ganzer Kraft in Angriff zu nehmen sei.

> Der Verlauf der Sturmausgangsstellung geht im allgemeinen über 505 in westlicher Richtung zur 2. Linie, dann diese entlang bis 537 und ist von hier noch in Richtung auf 534 zu verlängern. [...]. Der Angriff ist in der Hauptsache von der 14. b. I. D. alleine auszuführen und zwar mit 2 Btln. westlich, 1 Batl. östlich der Souville-Schlucht. Die 21. R. Div. beteiligt sich nur durch Vorgehen gegen 561 und südöstlich davon. Die Grenze zwischen beiden Divisionen ist noch nicht festgesetzt, wird jedoch

---

[899] KA: Infanteriebrigaden (WK)_945_14 (1674); Abbildung 20, Anhang 4.
[900] KA: Infanteriebrigaden (WK)_945_14 (1674).
[901] KA: Infanteriebrigaden (WK)_945_13 (1674); Abbildung 21, Anhang 4.
[902] KA: Infanteriebrigaden (WK)_945_01 (1674), Abbildung 22, Anhang 4.

nordöstl. 561 sein. [...]. Die im Div. Bef. vom 17.8. angeordneten Erkundungen sind daher auch auf den Btls.-Abschnitt östl. der Souville-Schlucht auszudehnen.[903]

Wichtig für den geplanten Angriff sei die Mitwirkung leichter und mittlerer Minenwerfer:

> Der Kdeur. der Pion. bereitet im Einvernehmen mit 8. I.R. Stellungen für leichte und mittlere Minenwerfer vor, von denen aus flankierende Wirkung gegen den Talgraben u. Graben 506 – 536a, [Abbildung 135] die Anlage westlich 638a [muss wohl 538a heißen; Anm. d. Verf.], den Steinbruch- und Chapitre-Graben, den Graben mit 561 und das Grabendreieck westlich 539 zur Begleitung des Sturmes möglich ist. [...] Wegen Mitwirkung der Minenwerferkomp. 21. R. D. ist mit dieser Div. ins Benehmen zu treten.[904]

Am 20.08.1916 erging ein Brigadebefehl[905] an die beiden unterstellten Regimenter. Als ihre Aufgabe wurde festgehalten, dass diese zunächst in der zähesten Verteidigung der von anderen Truppenteilen heiß umkämpften Stellung und in ihrer möglichsten Verbesserung durch Ausbau der Kampf-, Deckungs- und Annäherungsgräben und der Stollen bestehe. Hieran sei die ganze Kraft der eingesetzten Teile zu setzen.

Dem 29. I.R. wurde der Bau einer Riegelstellung vom Fort Douaumont bis zum Kolbenwald[907] (Abbildung 142) und unter dem Befehl des 8. I.R. ein Annäherungsweg Hardaumont – Briten-Schlucht aufgetragen. Weiterhin wurde bestimmt, dass die Regimenter für die Führung der Kompanien vom Ornes-Lager zu den Arbeitsstellen sorgen. Diese Aufgabe habe das II/8 zu übernehmen. Dann wurde angeordnet, dass die Brigade für Verbindungszwecke der Artillerie 36 Mann, darunter 8 Dienstgrade, zur Ablösung der gleichen Zahl als gestaffelte Läufer stellt.

Abbildung 142: Hardaumont, Kolbenwald, Briten-Schlucht in Verlängerung der Kasematten-Schlucht[906]

Der Befehl fährt fort: „Genaue Einhaltung der für den täglichen Gefechts-Meldedienst bestehenden Vorschriften ist zur Sicherstellung eines ausreichenden Nachrichtendienstes notwendig. Morgen- und Abend-Meldung hat jedes Mal um 5:00 Morgens und 5:00 Abends bei der Brigade-Befehlsstelle einzutreffen."[908] Dann wird auf den notwendigen Inhalt der Meldungen eingegangen. Diese müssen sich kurz äußern über die feindliche Infanterie-, MG- und Artillerietätigkeit, eigene Verluste seit der jeweils letzten Meldung. Anschluss rechts und links sei anzugeben, und zwar Angabe des Nachbar-Truppenteils und der Art, wie der Anschluss hergestellt ist: unmittelbare Fühlung, Verbindungspatrouillen, zwischen Posten, Augenverbindung.

---

[903] KA: Infanteriebrigaden (WK)_945_01 (1674).
[904] KA: Infanteriebrigaden (WK)_945_01 (1674).
[905] KA: 8. I.R._(WK)_10_107-108 (414); ident. KA: Infanteriebrigaden (WK)_945_02-04 (1674); Abbildung 23, Anhang 4.
[906] RA Bd. 10 1936, Skizze 14.
[907] In der Nähe des Vaux-Dammes und westl. der Briten-Schlucht.
[908] KA: 8. I.R._(WK)_10_107 (414).

Am Schluss des Brigadebefehls wird nochmals die Gliederung für den 21.08. angeführt. Bezogen auf das 8. I.R. hieß dies: Das I./8 als Verfügungstruppe im Lager Herbébois, das II/8 in Bereitschaft und in vorderer Linie das III/8, wobei das 8. I.R., wie bekannt, auf dem linken Flügel eingesetzt war.

Der 2. Brigadebefehl mit der Nr. 2648[909] vom gleichen Tage (21.08.1916) folgte nach den Unterlagen des II/8, entsprechend dem Angriffsentwurf[910] der 14. Bayerischen Infanterie-Division vom 17.08.1916: „Nach Mitteilung der 14 b Inf. Div. vom 20.8. soll die Wegnahme der fdl. Grabenlinie 536 – Steinbruchgraben – Chapitre Weg – 574 [Abbildung 135] zwischen 22. u. 30.8.16 stattfinden.“[911] Zunächst wurde festgelegt, dass dem Angriff Folgendes vorausgehen sollte:

1. Wegnahme des Grabens 535 – 536a durch überraschenden Infanterie-Angriff.
2. Ein dreitägiges Zerstörungsschiessen auf die oben bezeichneten Gräben und Werke.[912]

Am 4. Tage sollte nach erneutem verstärktem Zerstörungsschießen der Sturm erfolgen. Wegen dieses Zerstörungsschießens müsse der eigene Graben geräumt und in die 2. Linie, die dann gleich die Sturm-Ausgangsstellung sein sollte, verlegt werden. Diese sollte wegen des erwarteten französischen Sperrfeuers in den Pausen des eigenen Zerstörungsfeuers und wegen der Aufnahme von Reserven möglichst stark und widerstandsfähig ausgebaut werden.

Eine Schwierigkeit ergab sich dadurch, dass die eigene vorderste Grabenlinie schon hinter der im Chapitre-Wald von Südwest nach Nordost ziehenden Höhenlinie lag und es somit nicht gestattet war, mit Infanterie- und MG-Feuer auf die gegenüberliegende feindliche Grabenlinie oder auf den Hang auf der Südseite der Souville-Schlucht zu wirken. Dieser Nachteil musste durch entsprechenden Sappenbau bis auf die Höhe ausgeglichen werden. Von diesen Sappen-Besatzungen wurde verlangt, dass mindestens einzelne Leute während des eigenen Artillerie-Zerstörungsfeuers vorne aushalten.

Die Ausweich- und Sturm-Ausgangsstellung war sofort vom 29. und 8. I.R. mit ganzer Kraft in Angriff zu nehmen. Dann wurde noch mitgeteilt, dass der Angriff von 3 Bataillonen der 14. b. I. D. ausgeführt würde (Abbildung 143), und zwar mit 2 Bataillonen nordwestlich und 1 Bataillon südöstlich der Tiefenlinie der Souville-Schlucht (Abbildung 135).

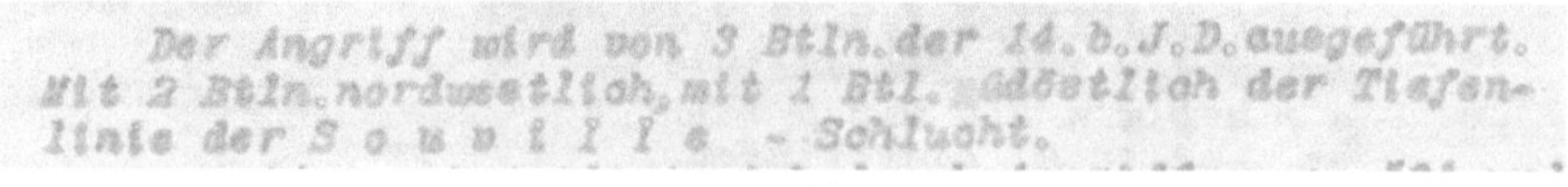
Der Angriff wird von 3 Btln.der 14.b.J.D.ausgeführt. Mit 2 Btln.nordwestlich,mit 1 Btl. südöstlich der Tiefenlinie der S o u v i l l e - Schlucht.

Abbildung 143: 21.08.1916, Ausschnitt aus Angriffsbefehl[913]

---

909 KA: 8. I.R._(WK)_10_105-106 (414); ident. KA Infanterie-Divisionen-(WK)_5702_12-13 (1728); Abbildung 25, Anhang 4.
910 KA: 8. I.R._(WK)_10_116 (414).
911 KA: 8. I.R._(WK)_10_116 (414).
912 KA: 8. I.R._(WK)_10_105 (414).

Später, am 22.08.1916, folgten dann Zusätze[914] zum Brigadebefehl vom 21.08.[915] durch den vertretenden Regiments-Kommandeur Felser. Hier wurde zunächst darauf hingewiesen, dass das Angriffsziel 1 dem 29. I.R. obliege. Bezogen auf den 5. Absatz der Seite 2[916] des oben angeführten Divisionsbefehls wurde gesagt:

> Angriffsbefehl erfolgt noch. Dem Regiment ist noch nicht bekannt, wieviele Kompagnien vom Regiment eingesetzt werden müssen. Jedenfalls kommen 2 Bataillone des Regiments zum Einsatz in vorderer Linie. Die Erkundung des dem Regiment zufallenden Angriffsraumes von der rechten Regiments-Grenze bis zur Tiefenlinie der Souville-Schlucht obliegt nach wie vor dem in Stellung befindlichen Bataillon.[917]

Hier gibt es einen handschriftlichen Einschub: „III/8, dann II/8."[919] Dann heißt es weiter: „Die Erkundung des dem Regiment zufallenden Angriffsraumes südöstlich der Tiefenlinie der Souville-Schlucht (rechte Grenze genannte Tiefenlinie, linke Grenze die durch 561 [Abbildung 135] zielende Schichtlinie) wird dem I. Bataillon übertragen."[920]

Abbildung 144: Zwischenwerk Hardaumont[918]

Ferner wurde festgelegt, dass durch die Erkundungsabteilung des Regiments die Naherkundung des Stellungsbataillons und Bereitschaftsbataillons (I/8) durch Fernerkundung aus dem Panzerbeobachtungsstand und der Beobachtungsstelle 640 (beide in Nähe des Zwischenwerks Hardaumont[921], Abbildung 144) ergänzt wird.

---

[913] KA: 8. I.R._(WK)_10_105-106 (414).
[914] KA: 8. I.R._(WK)_10_101 (414); Abbildung 28, Anhang 4.
[915] KA: 8. I.R._(WK)_10_105 (414).
[916] KA: 8. I.R._(WK)_10_106 (414).
[917] KA: 8. I.R._(WK)_10_101 (414).
[918] RA Bd. 10 1936, Skizze 14.
[919] Nota: Am 20.08.1916 wurde Ldstm. K. Didion vom Lazarett zum II/8 versetzt, allerdings zur 5. Ers.-Kp. des Bataillons, so dürfte er kaum an der Erkundung teilgenommen haben.
[920] KA: 8. I.R._(WK)_10_101 (414).
[921] Das im 1. Weltkrieg stark beschädigte Ouvrage d'Hardaumont liegt östlich des Fort Douaumont auf dem Höhenzug Hardaumont. Das zwischen 1887-1893 erbaute Hardaumont ist baugleich mit dem Ouvrage de Bezonvaux. Es bestand aus 2 gemauerten Kasematten, die mit Erde bedeckt waren und keine Verbindung miteinander besaßen. Die Räume waren 5 m breit, 15 m lang und für 150 Soldaten ausgelegt. Umgeben war das Werk von einem Graben und einem 30 m breiten Drahthindernis. Während des 1. Weltkrieges gelang es deutschen Truppen, das Zwischenwerk Hardaumont am 26. Februar 1916 zu erobern. Die deutschen Verluste waren enorm, da es nur ungenügend von schwerer Artillerie beschossen wurde und die Drahthindernisse nicht ausreichend zerstört waren. Erst nach dem Beschuß durch 21-cm-Mörser konnte das Drahthindernis überwunden werden. Die 120 Mann starke französische Besatzung ergab sich schließlich. Das Zwischenwerk wurde unverzüglich von den Deutschen genutzt: Artilleriebeobachter, Fernsprechtrupps, Blinker und Melder zogen in die Bunkeranlage ein. Von hier hatten die deutschen Beobachter mit ihren Scherenfernrohren einen vorzüglichen Blick auf das Fuminwald, das Fort de Vaux, die Souville-Schlucht und das Dorf Fleury. Allerdings lag ab diesem Zeitpunkt französisches Artilleriefeuer auf dem Zwischenwerk, so daß es nach Berichten bereits im Juli 1916 als fast zerstört galt. Am 9. Juli 1916 vernichtete starkes französisches Artilleriefeuer den größten Teil des Zwischenwerkes. Bei einem Volltreffer wurden über dreißig Soldaten getötet. Auch in den nächsten Wochen lag starkes Feuer auf dem zerstörten Werk. Am 24. Oktober 1916 erfolgte der französische Großangriff, der das Werk in die Nähe der Frontlinie brachte. Der

Dann erfolgte am gleichen Tag, 22.08.1916, der Regimentsbefehl an die Bataillone[922], gezeichnet von Major Felser.

Mit ihm wurde die angedachte Gefechtsgliederung im Chapitre-Wald ab der nächsten Ablösung bekannt gegeben: 3 Kompanien in vorderer Linie, 1 Kompanie Reserve hinter dem linken Flügel in 2. Linie; dabei stellte die rechte und mittlere Kompanie jeweils mit einem Maschinengewehr zwei ihrer drei Züge in die vordere Linie und einen Zug dahinter in Reserve. Die linke Kompanie hatte die Aufgabe des Flankenschutzes und verfügte über zwei MGs; diese Aufgabe übernahm die 5. Kompanie mit unserem Protagonisten Karl Didion. Außerdem war östlich des Verbindungsgrabens zwischen vorderer und zweiter Linie ein Maschinengewehr zur Bestreichung des in die Souville-Schlucht abfallenden Hanges vorzuschieben. Die 4. Kompanie des Bataillons war als Reserve des Bataillonsführers in die linke Hälfte der 2. Linie befohlen.

Zur Ablösung in der Nacht 24./25.08. zwischen III/8 und II/8 wurde noch befohlen, dass 2 Kompanien des III/8 nach Lager Herbébois und 2 nach Gremilly zu verlegen seien. Dann heißt es weiter:

> Das I. Bataillon rückt in die Bereitschaft und zwar 2 Kompagnien in die Kasemattenschlucht, 2 Kompagnien in Hassoule-Schlucht. Von den zwei Kompanien der Kasemattenschlucht übernimmt eine Kompagnie die Gestellung der Läuferposten. Die Läuferposten Kp. 7./8 ist bei Stafette 1 des Rgts. Gef. Stand in der Bezonvaux-Schlucht abzulösen. Rechtzeitiges Eintreffen der Kompagnie muss unbedingt gewährleistet sein. Beginn der Ablösung 12:00 Mitternacht. Für II/8 wird es sich empfehlen die 7./8, welche in der Stellung abteilungsweise eintrifft, als Reservekompagnie einzuteilen.[923]

Die Skizze[924] in Abbildung 145 verdeutlicht die Stellungsgliederung des III/8 für den Angriff. Die rote Linie stellt die französische Stellung vom Punkt 536 nach Punkt 506 in Abbildung 135 dar.

In einem Schreiben[925] an das Infantrie-Regiment 81 vom gleichen Tage (22.08.1916) ging Major Felser auf die im Divisionsbefehl vom 21.08. festgelegte Angriffs-Unterstützung durch die 21. R. D. ein. Zunächst wiederholte er die Angriffsgliederung des 8. I.R., die Grenze zur 21. R. D., auf deren rechtem Flügel das I.R. 81 kämpfte, und die erwartete Unterstützung, die u. a. darin bestand, dass das angreifende Bataillon des 8. I.R. als Sturmausgangsstellung die 1. Linie des rechten Flügelbataillons des Infanterie-Regiments 81 benützen sollte. Dann ging Major Felser

---

Beschuß und die Situation waren für die deutsche Besatzung im Zwischenwerk unerträglich geworden, so daß es am 4. November geräumt wurde. Aber es dauerte noch bis zum 15. Dezember bis die Franzosen die Ruine einnehmen konnten.
Das Zwischenwerk d'Hardaumont liegt tief im Wald versteckt, der Weg ist aber ausgeschildert. Mehr als Ruinen sind nicht zu sehen. Aufgrund des hohen Zerstörungsgrades geht auch eine hohe Gefahr von den Resten aus; URL: http://www.festungsbauten.de/Verdun_Hardaumont.htm; 26.02.2016.
[922] KA: 8. I.R._(WK)_10_102 (414); Abbildung 27, Anhang 4.
[923] KA: 8. I.R._(WK)_10_102 (414).
[924] KA: 8. I.R._(WK)_10_103 (414).
[925] KA: Infanteriebrigaden (WK)_945_10 (1674).

auf die beschränkten Entwicklungsräume der Stellungen auf der Seite der 21. R. D. ein und bat das 8. I.R. um einen Ausbau der 1. Linie und Neubau der Deckungsgräben:

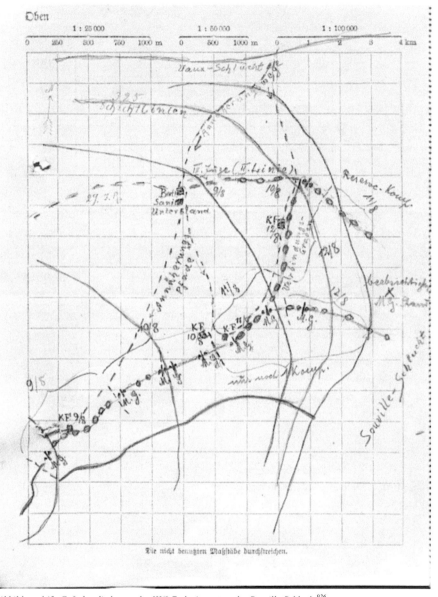

Abbildung 145: Gefechtsgliederung des III/8 Ende August an der Souville-Schlucht[926]

Da in der dem Regt. als Entwicklungsraum zufallenden Stellung schon 3 Kompagnien des Inf. Rgt. 81 als ständige Besatzung liegen, so werden in den Stunden vor dem Sturm, namentlich wenn die Leute im Liegen ruhen, die Unterkunft für die Leute im Graben sehr beschränkt und die Verluste durch feindliches Artl. Feuer voraussichtlich gross werden.

Es ist deshalb notwendig, dass die 1. Linie zur Sturmausgangsstellung ausgebaut wird und dass etwa 80-100 m hinter der 1. Linie Deckungsgräben für je 1 Zug der mittleren und linken Angriffskompagnie und außerdem für die hinter dem linken Flügel des 2. Treffens kommende Verfgs. Kompagnie des Batls. Führers ausgehoben werden.[927]

Dann teilte Major Felser mit, dass er die Angriffskompanien zu je 120 Gewehre formiere, wobei er damit rechne, dass sie bis zur Ankunft in der Sturmausgangsstellung schon etwa 20-30 Leute durch feindliches Feuer verlieren werden. Ferner bat er zu prüfen, ob die Besatzung des I.R. 81 des als Sturmausgangsstellung für das 8. I.R. in Betracht kommenden Grabenstücks in der Sturmnacht „behufs Raumgewinnung" nicht vermindert werden könne.

In einem internen Befehl[928] des 8. I.R. vom 22.08. wurde festgestellt, dass die Ausgangsstellung für den Angriff und die Erkundung für die Durchführung des Angriffs dem II/8 obliege. Dann wurden Bedenken gegen Hervorbrechen zum Angriff aus dem Ausweichgraben vorgebracht, weil der Moment der Überraschung dadurch verloren ginge. Darauf wurde die Gliederung für die Besetzung des Steinbruchgrabens nach dem Angriff festgelegt: „Nach dem Angriff muss Steinbruchgraben nördlich der Straße Vaux – St.-Fine-Kapelle (mit etwa 400 m Ausdehnung) mit etwa 300 Gewehren und vier MG, die sich nach der Tiefe staffeln müssen, besetzt werden, da starke Gegenangriffe zu erwarten seien."[929] Für den Chapitre-Weg südlich der genannten Straße wurden die Verhältnisse ähnlich eingeschätzt.

Dann erfolgte die Einteilung der Rollangriffstruppen zum Aufrollen des von 506 gegen 535a ziehenden Grabens. Gegen die Linie 506 – zur rechten Grenze des dem Regiment zugewiesenen Angriffsraumes – sollten zwei Kompanien angesetzt werden. „Jede Kompagnie setzt gegen 2 vorher erkundete Punkte je 2 Sturmtrupps an, die sich nach dem Eindringen in je zwei Rollangrifftrupps spalten."[930]

Der Auftrag für die Stoßtrupps gegen 506, 507, 507a und westlich des Talgrabens, heißt es weiter, hänge von Erkundungen ab. Dann wurden im Detail die Stellungen der wichtigen MG-Waffe festgelegt:

Einsatz von 2 MG zur baldigen flankierenden Wirkung gegen Steinbruchgraben in 1. oder 2. Linie jenseits der Rgts. Abschnittsgrenze im Abschnitt des Regts. 29.
Einbauen 2er MG etwa 70 m östlich des „e" von Chapitre.
Einbau von 2 MG etwa 120 m südlich des „t" von Chapitre zur Flankierung der Linie des Grabens der von 506 nach der Souville-Schlucht zieht.
Einbau von MG etwa 120 m südwestlich des „F" von „Fumin".

---

[927] KA: Infanteriebrigaden (WK)_945_10 (1674); Abbildung 29, Anhang 4.
[928] KA: Infanteriebrigaden (WK)_945_11-12 (1674); Abbildung 30, Anhang 4.
[929] KA: Infanteriebrigaden (WK)_945_11 (1674).
[930] KA: Infanteriebrigaden (WK)_945_11 (1674).

Flankierung des Chapitreweges von einer Stelle etwa 100 m östlich von 561 aus.[931]

Ein großes Augenmerk wurde der Sicherung des Genommenen gewidmet. Dazu heißt es:

a.) 8 MG und Flankierung durch Minenwerfer etwa in Gegend der zur Bestreichung eingebauten MG.
b.) Probe des Artillerie-Sperrfeuers zur Sicherung.
Zusammensetzung und Auftrag für die auf dem rechten Flügel der 21. Reserve Division mitwirkenden Truppen:
1 Bataillon, 8 MG, Unterstützung durch die eingebauten Minenwerfer.[932]

Dann wurden die Wünsche „wegen anderer Waffen" und die Anforderung beim Sturmbataillon dargelegt. Zunächst wurden Sturmtrupps angefordert:

Für jede Kompanie der 1. Linie 2 Sturmtrupps, für die östlich der Schlucht vorgehenden Kompanien Granatwerfertrupps zu den gegen die Punkte 506, 507, 507a vorgehenden Kompanien, 2 Flammenwerfertrupps (Gelegenheit zur vorherigen gemeinschaftlichen Übung)[933]

Weiterhin wurden Gebirgshaubitzen, Minenwerferkompanien, Feld- und schwere Artillerie und Pioniere angefordert.

Sodann wurde die immer wieder gestellte Frage aufgeworfen, wie sich zeitlich die Zusammenstimmung der Angriffe 1 und 2 empfiehlt (s. 4.3.3.2 Angriffsüberlegungen[934]):

Die Lage der wegzunehmenden franz. Gräben erfordert zwei zeitlich miteinander nicht zu verbindende Angriffe, die unter einheitlicher Führung, aber jeder für sich selbstständig angesetzt werden sollen.

Angriff A: gegen die Linie. 535, 536a, bis zum Bruchpunkt etwa 50 m westlich des Punktes 506.

Angriff B: hat aus nordöstlicher Richtung gegen die Linie Bruchpunkt 506, Punkt 507, 507a, dann im allgemeinen Linie die Souville-Schlucht hinaufführend gegen die Linie Steinbruchgraben – Chapitreweg vorzustoßen und diese Linie zu nehmen.[935]

Dazu wurde folgende Begründung gegeben:

Die Wegnahme der Linie 535, 506 wird erleichtert, wenn während des ganzen Angriffes schwerstes eigenes Artilleriefeuer auf den Punkten 506, 507a, Talgraben, Steinbruchgraben – Chapitreweg, 562 und westlich davon liegt. Bei gleichzeitiger Durchführung der Angriffe A u. B muss aber das Feuer gegen die Punkte 506, 507a und Gegend so frühzeitig aufhören, dass das Vorgehen franz. Verstärkung gegen die von uns zu nehmende Linie unmöglich wird. Gegenangriffe gegen die von uns genommene Linie 535 – 506 sind, weil unser Artilleriefeuer dauernd auf den Punkten 506, 507, 507a Gegend und Talgraben belassen werden kann, und weil sie dann frontal geführt werden müssen, unschwer abzuweisen.

Von der linken Hälfte der genommenen franz. Grabenlinie 535 – 506 kann der Angriff B durch Vorgehen von Sturmkolonnen gegen Flanke und Rücken der Gräben und Stützpunkte im Dreieck 506, 507, 507a unterstützt werden.

Ein Anschließen unserer Truppen aus dem Graben 535 – 506 an den Angriff B ist nur gewährleistet, wenn die Truppen, welche den Graben 535 – 506 genommen haben, wieder geordnet worden sind.

Die Stärke der Truppen für den Angriff A und B hängt von der Feststellung der Stärke des Gegners ab. M. E. sollen die zur Durchführung des Angriffes A und B bestimmten Truppen ohne Rücksicht auf die Regts. Abschnittsgrenzen unter einen gemeinsamen Befehl gestellt werden.[936]

---

[931] KA: Infanteriebrigaden (WK)_945_11 (1674).
[932] KA: Infanteriebrigaden (WK)_945_11-12 (1674).
[933] KA: Infanteriebrigaden (WK)_945_12 (1674).
[934] KA: 8. I.R._(WK)_10_116 (414); Wegnahme des Grabenstückes 536a – 535 – 535a und Gewinnung der Gräben von 536a – Steinbruchgraben – Chapitre-Weg bis zum Anschluss bei 574.
[935] KA: Infanteriebrigaden (WK)_945_12 (1674).
[936] KA: Infanteriebrigaden (WK)_945_12 (1674).

In folgendem handschriftlichen Brigadebefehl[937] vom 23.08.1916 wird wieder zunächst der Tagesverlauf wiedergegeben:

> Die feindliche Artillerie gab gestern Nachm. Einzelfeuer auf unsere vorderen Linien und steigerte es im Laufe des Abds. zu ziemlicher Heftigkeit auf unsere vorderen Linien und auf die Schluchten hinter der Kampffront der Brigade. Gegen 1:30 Uhr Morgens wurde Sperrfeuer angefordert trotz der heftigen Artl.-Tätigkeit gelang die Förderung der aufgetragenen Arbeiten in ziemlichem Maße. Erst gegen Morgen flaute das feindliche Artl.-Feuer ab.[938]

Beabsichtigte Gliederung bezogen auf 8. I.R. für den 24.08.:

> I/8 Verfügungstruppe der 8. I. Brig. in Herbébois, Gremilly
> II/8 Bereitschaft je zur Hälfte in Hassoule- u. Kasematten-Schlucht
> III/8 vordere Linie links zusammen mit MG Kompanie 8.[939]

Im Unterpunkt 3 wurde die gegenwärtige Gliederung und Verwendung der MG-Formationen dargestellt. Es handelte sich um 5 MG-Kompanien der Brigade. Bemerkenswert ist, dass neben deutschen MG auch französische MG verwendet wurden. Außerdem wurden 4 deutsche MG als Luftabwehr-MG angeführt. Zur Verwendung der MG wurde befohlen:

> Die in der Kampfstellung und bei den Bereitschaften eingesetzten oder mit Bedienung zum Einsatz bereitgestellten Gewehre bleiben in Stellung, bzw. Bereitschaft u. werden zwischen den ablösenden MG Formationen ausgetauscht. Quittungen sind zu übergeben die bei den Bereitschaften 8. I.R. befindlichen MG ohne Bedienung sind mit zurückzunehmen.[940]

Dann wurde minutiös die Dislozierung und Ablösung der MG-Formationen für die Nacht 24./25.08. geregelt. Die MG-Kompanie des 8. I.R. schien besonderes Ansehen zu genießen, denn es heißt abschließend: „Die MG Komp. 8. I.R. bildete während der Ruhetage in Deutsch-Eck den Nachersatz Inf. Rgt. 364 am MG aus, ebenso Hilfsmannschaften des III/8."[941]

Mit Datum 23.08.1916 wurde der schon erwähnte zusammenfassende Erkundungsbericht[942] der 8. Brigade an die 14 b. I. D. abgegeben. Die Teile I und II sind im Wesentlichen eine Zusammenfassung der Erkundungsberichte der Regimenter der Brigade. Der Angriffsvorschlag beinhaltet eine Korrektur des bisherigen Angriffsentwurfs.

Im Gegensatz zum früheren Vorschlag des 8. I.R. vom 22.08.[943] sollte nun der Angriff gegen das Grabenstück 535 – 536a zusammen mit dem Angriff gegen 536a – Steinbruchgraben – Chapitre-Weg[944] auf die bezeichneten Gräben zusammenfallen. Das wird nun wie folgt begründet:

> Wenn der Angriff vorher ausgeführt wird, so zieht er einmal sehr starkes feindliches Feuer auf die dann von uns besetzten, der feindlichen Beobachtung preisgegebenen Gräben, zweitens muss der kaum genommene Graben wieder geräumt werden, um das eigene Zerstörungsfeuer auf die anderen

---

[937] KA: Infanteriebrigaden (WK)_945_15-17 (1674).
[938] KA: Infanteriebrigaden (WK)_945_15 (1674).
[939] KA: Infanteriebrigaden (WK)_945_15 (1674).
[940] KA: Infanteriebrigaden (WK)_945_16 (1674).
[941] KA: Infanteriebrigaden (WK)_945_17 (1674).
[942] KA: Infanteriebrigaden (WK)_945_20-28 (1674).
[943] KA: Infanteriebrigaden (WK)_945_11-12 (1674).
[944] KA: Infanteriebrigaden (WK)_945_49 (1674).

feindlichen Gräben zu ermöglichen. Dies birgt die Gefahr, dass der Feind wieder darein eindringt. Schließlich kann der Angriff auf die übrigen Gräben nicht von dem Gelingen des Angriffs auf Graben 535 – 536a abhängig gemacht werden. Graben 535 – 535a sollen nicht oder nur soweit genommen werden, dass nachher unsere vorderste Linie möglichst gerade und natürlich verläuft, also bis auf gleicher Höhe mit dem am weitesten vorne rechts befindlichen jetzigen Stellungsteile des 29. I.R.[945]

Aufschlussreich ist die Gliederung und Bereitstellung zum Angriff, die zwischen Infanterie und Maschinengewehren unterteilt wurde. In der vorderen Linie der Infanterie galt folgende Aufstellung:

I/29 rechts bis nördlich 538 mit dem Angriffsziel 535 – 538.
I/8 Mitte bis Souville-Schlucht mit dem Angriffsziel 538 – Steinbruchgraben bis Tiefenlinie der Souville-Schlucht.
III/8 links bis Linie 559 – 561 mit dem Angriffsziel Chapitreweg von Souville-Schlucht bis südwestlich 561.

Dann werden die Bereitschaften, Truppen zur Verfügung der Regiments-Kommandeure, die Brigade-Reserven und die Divisions-Reserven genannt. Das II/8 mit Ldstm. Karl Didion gehörte zur Brigade-Reserve in Herbébois-Mitte. Die MG-Kompanie 8 war bei III/8 eingesetzt.

Zur Ausführung wurde befohlen:

Artillerie-Vorbereitung nach Anordnung der Division. Beantragt wird Zerstörungsfeuer auf die gesamten zu nehmenden feindlichen Gräben und die den Souville-Kessel (südliche Erweiterung der Souville-Schlucht) beherrschenden Gräben. [...]. Vorverlegen des Artillerie-Feuers während des Angriffs in nicht zu raschem Tempo, Niederhalten der feindlichen Artillerie und der Infanterie- und MG-Stellungen, die gegen den Angriff wirken können. Die Infanterie bricht nach gestellter Uhr gleichzeitig vor, noch bevor das Feuer vorverlegt ist.

Graben 535 – Knick westlich 506 ist frontal zu nehmen, möglichst bald mit MG und Infanterie zu besetzen, die zur Niederhaltung der franz. Infanterie die Gräben auf der Südostseite der Schlucht bestreichen, – im übrigen jedes Vorkommen von franz. Reserven an und aus diesen Gräben zu verhindern haben.[946]

Dann wurde noch befohlen, dass der linke Flügel I/8 beiderseits des Talgrabens vorstoßen solle und III/8 einen Angriff aus schräger Front vorzunehmen habe. Darauf erfolgte eine besondere Einteilung von Stoßtrupps: Dem I/8 sollten vier Flammenwerfer für die Ausräucherung des Steinbruchs beigestellt werden. Ansonsten sollten Stoßtrupps bei der Kompanieführung zur Lösung unvorhergesehener Aufgaben bereitgehalten werden. „Vom Sturmbataillon Rohr werden die bei I/8 einzusetzenden Flammenwerfertrupps und sonst noch zwei Trupps erbeten."[947]

Zur Ausführungszeit wurde ausgesagt:

Als frühester Zeitpunkt für den Angriff kommt wegen der noch notwendigen Angriffsvorarbeiten der 30. August in Betracht. Als Tageszeit wird der Morgen vorgeschlagen. Das 29. I.R. schlägt den Abend vor, um sich Nachts in der erreichten Stellung besser einbauen zu können.[948]

Dieser Vorschlag wurde jedoch mit folgender Begründung abgelehnt:

---

[945] KA: Infanteriebrigaden (WK)_945_25-26 (1674).
[946] KA: Infanteriebrigaden (WK)_945_27 (1674).
[947] KA: Infanteriebrigaden (WK)_945_28 (1674).
[948] KA: Infanteriebrigaden (WK)_945_28 (1674).

Der Abend ist deshalb weniger vorteilhaft, weil der Feind um diese Zeit meist seine hauptsächliche Fliegertätigkeit entfaltet und weil dieser die letzten Anschlussvorbereitungen und die eigentliche Bereitstellung zum Sturm nicht entzogen werden kann. Wenn auch die Artillerie-Vorbereitung den Feind auf den kommenden Angriff vorbereitet, so ist es doch, besonders nach verschiedenen Täuschungs-Feuerüberfällen, wahrscheinlich und entspricht den bisherigen Erfahrungen, dass die Aufmerksamkeit des Feindes am Morgen nachlässt. Damit aber ist schon für das Gelingen des Angriffes viel gewonnen.[949]

In einem Bericht[950] vom 24.08.1916 brachte der stellvertretende Regiments-Kommandeur Major Felser seine Bedenken und Vorschläge zu dem geplanten Angriff (siehe auch bereits zitierter interner Befehl[951] des 8. I.R. vom 22.08.) vor. Er bezog sich zunächst auf ein Erkundungsergebnis des R. I.R. 81:

Als Sturmausgangsstellung kommt die 1. Linie auf der Souville-Nase von nördlich Kiesgrube bis zur Schichtenlinie durch 561 in Betracht. Diese Linie liegt gegenwärtig unter dem Wirkungsschießen der franz. schweren Artillerie. Die Gräben sind nur so tief, dass man bei Tage in gedeckter Stellung darin Schutz findet. Der Felsboden bereitet dem Bau die größten Schwierigkeiten. In 3-4 Nächten wird die Arbeit so vorgeschritten sein, dass die Sturmstellung die Stoßtrupps und die erste Welle aufnehmen kann. Die übrigen Wellen sollen Schutz im Gelände selbst suchen. Neuanlage von Deckungsgräben für Unterstützungszüge und Reservekompanien ist im Felsboden innerhalb einiger Tage undurchführbar. Sobald die Sturmtruppen 8. I.R. die Sturmausgangsstellung besetzt haben, müssen die Kompagnien des R. I.R. 81 die Sturmstellung sofort räumen und den Bayern das ganze Angriffsfeld überlassen.[952]

Major Felser wandte sich nun dagegen, dass seine bei großer Dunkelheit ablösenden Truppen sofort ohne Kenntnis des Geländes in den Sturm geschickt werden. Er monierte weiterhin, dass mit den bei Nacht in Dunkelheit abziehenden Truppen immer auch Angriffstruppen zurückgehen. Er nahm dann den Angriffsauftrag zur Kenntnis: „Wegnehmen der Chapitreweg-Stellung, rechte Grenze Tiefenlinie der Souville-Schlucht, linke Grenze Schichtlinie durch 561."

Um den geschilderten Missständen vorzubeugen, beantragte er:

1. dass das für den Sturm von der Souville-Nase her bestimmte Bataillon schon 24 Stunden vor dem Sturm in die Sturmstellung genommen wird, und
2. dass das R. I.R. 81 beauftragt wird, in den dem Sturm vorausgehenden Nachtstunden Kräfte bereitzustellen, welche nach dem Vorgehen der Sturmtruppen die von diesen geräumten Grabenstücke als Sicherheits-Besatzung wieder besetzen.[953]

Dann befahl Major Felser die Angriffsgliederung und den Auftrag:

Vorgehen mit Stoßtrupps gegen östliches Ende des Grabens 506 gegen Punkt 507 und 507a, ferner Unterstützen und Vortragen des Angriffes der beiden linken Kompagnien nach Ermessen des Führers; sonst Zurückhalten der nicht zum Einsatz benötigten Kräfte. 1 Kompagnie Reserve des Bataillonsführers in dem sichere Unterkunft gewährenden Unterständen bei 544 und 545, dort auch Bataillons Gefechtsstelle.[954]

Ein geheimer Befehl (handschriftliche Abschrift[955]) der 14. b. Infanterie-Division (getippte

---

[949] KA: Infanteriebrigaden (WK)_945_28 (1674).
[950] KA: 8. I.R._(WK)_10_185-187 (414); ident. KA: 8. I.R._(WK)_10_11-13 (838).
[951] KA: Infanteriebrigaden (WK)_945_11-12 (1674).
[952] KA: 8. I.R._(WK)_10_185-186 (414).
[953] KA: 8. I.R._(WK)_10_187 (414).
[954] KA: 8. I.R._(WK)_10_187 (414).
[955] KA: 8. I.R._(WK)_10_175-176 (414).

276

Form[956]) vom 25.08.1916 hatte zum Inhalt, dass am 26. abends das Grabenstück 535 – 536a[957] durch Teile der 14. b. I. D., das Grabenstück von 535 nach Süden bis zur vorspringenden deutschen Sappe durch Teile der 33. I. D. wegzunehmen sei.

Dem Sturm gehe, 6:30 nachm. beginnend, das Gasstörungsschießen mit 41 Feld-Gas-Batterien voraus. Um 6:50 nachm. habe die Artillerie ihr Feuer zu verlegen und gleichzeitig noch 20 Minuten lang die angenommenen Ziele der französischen Stellung und alle Anlagen niederzuhalten, die gegen die Sturmtruppen zu wirken vermögen.

Mit Rücksicht auf die Sturmvorbereitung seien die in einer beiliegenden Skizze (nicht vorhanden) angegebenen Grabenstücke in der Nacht vom 25. auf 26.08. zu räumen. Die Wiederbesetzung des südlich 537 geräumten Grabens erfolge mit dem Vorgehen der Sturmtrupps. Die geräumten Grabenstücke seien durch Infanterie–und MG-Feuer und durch näheres Heranlegen des Artillerie-Sperrfeuers zu sichern.

Der Kommandeur der Pioniere wurde angewiesen, mit leichten Minenwerfern den Graben 536a – 506, insbesondere das Erdwerk, bei der Einmündung des Steinbruchgrabens niederzuhalten. Feuerbeginn 6:45, Ende 7:00. Es wurde festgelegt, dass sich die Feld-Artillerie nicht am Sturm beteilige, sie solle sich zur Wirkung gegen feindliche Gegenangriffe bereithalten. Dann wurde noch mitgeteilt, dass zur Verbindung 8 Brieftauben, die auf das betreffende Bataillon und die vordere Linie zu verteilen seien, zugeteilt wurden.

Vonseiten der 8. Infanterie-Brigade wurde auf diesem Befehl noch handschriftlich vermerkt, dass das 8. I.R. für die Räumung und Wiederbesetzung des von der Division bezeichneten Grabenstücks (südlich Punkt 537) zu sorgen habe.

Die in der Vorbereitungszeit zu dem geplanten Angriff Ende August herausgelegten Befehle von der Angriffsgruppe Ost über das Generalkommando, Division, Brigade und Regiment hielten immer an den gleichen Angriffszielen fest:

1) Wegnahme des Grabenstückes 536a – 535 – 535a.
2) Gewinnung der Gräben von 536a – Steinbruchgraben – Chapitreweg bis zum Anschluß bei 574.[958]

Fraglich war lediglich immer noch, ob die beiden Angriffsziele nacheinander oder gleichzeitig genommen werden sollten. Man entschied sich für einen gleichzeitigen Angriff.

Bevor auf die eigentliche Angriffshandlung eingegangen wird, sollen noch weitere auf die Vorbereitung in taktischer, logistischer Hinsicht und auf den militärischen Alltag bezogene Aspekte

---

[956] KA: Infanteriebrigaden (WK)_945_37 (1674).
[957] KA: 8. I.R._(WK)_7_03 (414). Die im Folgenden gezeigten Kleinskizzen sind Ausschnitte dieser Karte.
[958] KA: 8. I.R._(WK)_10_116 (414).

anhand der reichen Quellenlage behandelt werden.

4.3.6 Ausrüstung, Angriffsstellungen, Ablösungen, Läuferketten

Bei der Schilderung der Kämpfe des 8. I.R. vor Verdun wird grundsätzlich chronologisch vorgegangen, um den dynamischen Fortgang des Geschehens plastisch zu betonen. In den folgenden Kapiteln soll teilweise davon abgegangen werden, um die mehr logistischen Aspekte, die bei der Vorbereitung und aber auch während des Gefechts und danach eine wesentliche Rolle spielten, darzustellen. Insoweit wird auch der betrachtete Zeitraum des Augusts 1916 nicht eingehalten und es werden Maßnahmen, Verfügungen oder Ereignisse sowohl davor und als auch nach der Einnahme des Souville-Sackes beleuchtet, sofern diese generisch zu dem behandelten Aspekt gehören.

4.3.6.1 Ausrüstung, Ausbildung, Kampfverfahren, Meldewesen, Lebensmittel

In diesem Abschnitt soll, extrahiert aus den einzelnen Befehlen zur Vorbereitung des Angriffs zur Beseitigung des Souville-Sackes, zunächst auf die dort genannten Fragen der Ausrüstung, der vorgeschriebenen Kampfverfahren und der Verpflegung eingegangen werden, um diese Aspekte der Vorbereitung geschlossen darzustellen.

4.3.6.1.1 Ausrüstung

Im Angriffsbefehl[959] der Division vom 30.08. wird vom „besonderen Verdun-Gerät“ (Abbildung 146) gesprochen. Dies beinhaltete eine zweite Trinkflasche, Wassertornister, Wassertragen, Wasserfässer, Tragtiere mit Ausrüstung und Führer, Stahlhelme, großes Schanzzeug, zur Stellung gehörige Leuchtpistolen. All diese Gerätschaften waren entweder aus Depots auszufassen oder von abgelösten Einheiten zu übernehmen.

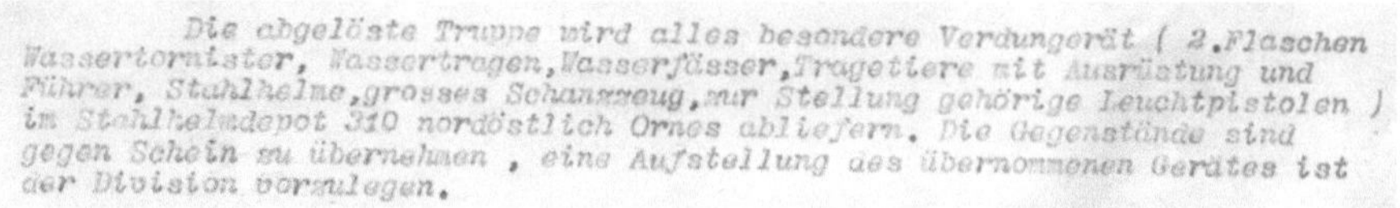
Die abgelöste Truppe wird alles besondere Verdungerät (2.Flaschen Wassertornister, Wassertragen,Wasserfässer,Tragetiere mit Ausrüstung und Führer, Stahlhelme,grosses Schanzzeug,zur Stellung gehörige Leuchtpistolen) im Stahlhelmdepot 310 nordöstlich Ornes abliefern. Die Gegenstände sind gegen Schein zu übernehmen , eine Aufstellung des übernommenen Gerätes ist der Division vorzulegen.

Abbildung 146: 30.08.1916, im Divisionsbefehl genanntes Verdun-Gerät[960]

4.3.6.1.1.1 Stahlhelme

Bei der Ausrüstung spielten insbesondere die Stahlhelme[961] eine wichtige Rolle. Obwohl der

---

[959] KA: 8. I.R._(WK)_10_71-72 (414); Abbildung 56, Anhang 4.
[960] KA: 8. I.R._(WK)_10_71 (414).
[961] Im Dezember 1915 wurden erste Exemplare des Stahlhelmes an der Front erfolgreich getestet. Es folgte die

Stahlhelm im Januar 1916 nach und nach eingeführt wurde, scheint im ganzen Jahr 1916 immer noch ein Mangel zu bestehen, sodass nicht jeder Soldat mit einem Stahlhelm[962] ausgerüstet werden konnte.

Am 22.08.1916 erging folgender handschriftlicher Brigadetagesbefehl über die Ausrüstung mit Stahlhelmen[963]:

> 1. Die Regimenter senden die in den Abschnitten noch vorhandenen, zu ihrem Truppenteil zurückzuführenden Angehörigen der preuß. 5. Ers. Infanterie-Brigade den in Ruhe befindlichen Bataillonen des bayer. 29. Infantr. Rgts ins Lager Neuer Wald [nördlich Azannes; Abbildung 124] zu.
>
> Diesem ist die Unterkunfts-Übersicht der 5. Ers. Infanterie-Brigade zugegangen. Es setzt die Leute zu ihren Truppenteilen in Marsch.
>
> 2. Das I.R. 364 hat in Geräte Depot XVIII Reservekorps am Bahnhof Spincourt 1500 Stahlhelme empfangen.
>
> | es besitzen | | es erhalten hinzu |
> | --- | --- | --- |
> | I. Rgt 364[964] | 496 Stahlhelme | 510 Stahlhelme |
> | 8. I.R. | 1530 Stahlhelme | 510 Stahlhelme |
> | 29. I.R. | 1500 Stahlhelme | 480 Stahlhelme |
> | Summe | 5116 Stahlhelme | 1500 Stahlhelme |
>
> I. Rgt 364 teilt dem b. 8. I.R. und dem 29. I.R. mit, wo sie die Helme empfangen können, und sorgt für gleichmäßige Verteilung der verschiedenen Größen.
>
> 3. Im Geräte-Depot 2 der 5. Armee in Longuyon [12 km nördlich von Spincourt] sind eingetroffen:
>
> 85000 franz. Patronen mit Ladestreifen
>
> diese sind vom I.R. 364 zu empfangen. Befehl über Verteilung folgt, ferner für III/29: eine Kiste T. D. [technischer Dienst?; Anm. d. Verf.] 18873 mit Geschirrsachen und Reserveschlösser.
>
> 4. Das 8. I.R. stellt einen gewandten Maschinenschreiber zum Divisions-Stab ab. gez. Reck.[965]

Dieser Befehl nennt uns die Truppenteile, die die 14. b. I. D. abzulösen hatte: die preußische 5. Ersatz-Infanterie-Brigade und das nördlich von Azannes gelegene Ruhelager des 29. Infanterie-Regiments. Der Befehl nennt auch das zusätzlich für den Angriff vorgesehene Infanterie-Regiment 334, das auch zurückgegebene Stahlhelme empfing, und zwar im Geräte-Depot beim Bahnhof Spincourt (15 km nordwestlich Gremilly).

Diese 1.500 Stahlhelme waren durch das I.R. 334 auf das 8. und 29. I.R. zu verteilen. Diese Aktion zeigt wieder, welche Mangelware der erst 1916 eingeführte Stahlhelm immer noch war. Wir erfahren auch einiges über die Logistik: Das Geräte-Depot des XVIII. Reserve-Korps war zweckmäßigerweise an einem Bahnhof disloziert. Dann sehen wir, dass es noch ein weiteres

---

Anordnung der Massenproduktion, Ende Januar 1916 lieferte dann das Eisenhüttenwerk Thale/Harz die ersten 30.000 Helme. General von Falkenhayn ließ die Stahlhelme ab Februar an die Fronteinheiten verteilen. Zu Beginn der Schlacht um Verdun waren manche der dort kämpfenden deutschen Einheiten bereits mit den neuen Helmen ausgerüstet; URL: https://de.wikipedia.org/wiki/Stahlhelm; 22.10.2016.

[962] Abbildung 119; Ldstm. Karl Didion mit Stahlhelm.

[963] KA: 8. I.R._(WK)_10_100 (414).

[964] KA: Infanterie-Divisionen-(WK)_5697; hier gibt es einen 21 R.-D.-Bef. vom 30.08., der besagt, dass I.R. 364, R. I.R 87, 130 R. I.R etc. in die alte Stellung in der Champagne abrücken.

[965] KA: 8. I.R._(WK)_10_100 (414).

Geräte-Depot gab, 12 km nördlich von Spincourt in Longuyon, an der gleichen Bahnlinie gelegen. Dort konnten offensichtlich Beute-Waffen und -Munition gefasst werden.

Zuletzt wurde noch ein Soldat vom 8. I.R., gewandt im Schreibmaschinen-Schreiben, zum Divisions-Stab beordert, dies sinnigerweise handschriftlich.

Am 25.08. ging ein Zusatz zu einem Divisionstagesbefehl[966] vom 24.08. heraus, der die Übergabe der Stahlhelme bei einer Ablösung regelte. Dabei wurde bemerkt: „Beim ‚Verlieren‘ eines Helmes ist zu prüfen, ob Fahrlässigkeit vorliegt. Dies ist zu bestrafen."

Interessant ist in diesem Zusammenhang die Rückmeldung der 14. b. I. D. an das XVIII. R. K. vom 28.08.1916 zur Verteilung der Stahlhelme.[968] Da jedem Regiment der Division etwa 1.800 Stahlhelme zugewiesen wurden, konnten 2 Bataillone eines Regiments damit ausgerüstet werden. Um die „Verschleuderung" von Stahlhelmen zu unterbinden, mussten diese nach dem Einsatz wieder abgegeben werden. Selbst die Stahlhelme Gefallener und Verwundeter sollten durch Trägerkommandos zurück in die Depots gebracht werden.

Abbildung 147: Vollzugsbestimmung über Stahlhelme[967]

Auf diesem Befehl (Abbildung 147) ist handschriftlich vermerkt: „Vollzugsbestimmungen folgen: Die Btl. melden, ob jeder Mann der fechtenden Kompanien im Besitz eines Stahlhelms ist."[969]

Der am 10.09.1916 herausgegebenen Brigadebefehl[970] Nr. 3025 trägt wiederum Sorge, dass genügend Stahlhelme für die kämpfenden Einheiten zur Verfügung stehen:

Die zur Verfügung der Brigade nach Herbébois und Gremilly vorgezogenen Batlne. sind von den Regtrn., soweit notwendig und möglich, aus den Beständen der anderen Ruhe-Btlne. mit Stahlhelmen und zweite Feldflasche auszustatten. Haben die Regtr. hierzu nicht mehr die nötigen Vorräte, so ist Antrag an die Brigade zu stellen.[971]

Im Brigadebefehl mit bes. Anweisungen Nr. 3054[972] vom 11.09.1916 wurde befohlen, dass beim Abrücken eines Bataillons dieses seine Stahlhelme und 2. Feldflaschen in Gremilly an das I/8 abgibt.

---

[966] KA: Infanteriebrigaden (WK)_945_34 (1674).
[967] KA: 8. I.R._(WK)_10_07 (838).
[968] KA: 8. I.R._(WK)_10_07 (838).
[969] KA: 8. I.R._(WK)_10_07 (838).
[970] KA: 8. I.R._(WK)_10_26-27 (414).
[971] KA: 8. I.R._(WK)_10_27 (414).
[972] KA: 8. I.R._(WK)_10_20-21 (414).

Das I/8 überwacht den Vollzug und meldet die Zahl der übernommenen Stahlhelme und Feldflaschen. Die Regtr. melden zum 13. ds. [des Monats] Vorm., ob sich für Aufbewahrung der Stahlhelme und zweiten Feldflaschen eine Aufbewahrungsstelle der Brigade statt der Regtr. empfiehlt und wo. Sie kann in Gremilly errichtet werden, einiges Verwaltungs-Personal müssten die Regtr. abstellen.[973]

Auch hier wieder die Sorge, die beschränkte Anzahl der Stahlhelme und zweiten Feldflaschen richtig einzusetzen.

4.3.6.1.1.2   Hacken, Kerzen, Mineralwasser

Aber neben Stahlhelmen waren weitere Ausrüstungsgegenstände notwendig. Nachdem feststand, dass das III/8 zunächst in vorderster Linie Stellung zu beziehen hatte, gab das Bataillon seine Bedarfsanzeige[974] (Abbildung 148) für den Einsatz bekannt:

Abbildung 148: 20.08.16, Bedarfsanzeige III/8[975]

Die notwendigen Dinge für den Stellungsbau wie Stollenrahmen, Spaten, Kreuzhacken, Sandsäcke[976], aber auch Dinge des täglichen Bedarfs wie Kerzen, Zündhölzer und besonders Mineralwasser wurden angefordert.

---

[973] KA: 8. I.R._(WK)_10_20 (414).
[974] KA: 8. I.R._(WK)_10_112 (414).
[975] KA: 8. I.R._(WK)_10_112 (414).
[976] Der Historiker Olaf Jessen (Jessen, Verdun 2014) listet für die Schlacht vor Verdun einen Verbrauch von 420.000 Stielhandgranaten, 1.100 Tonnen Stacheldraht, 2,1 Millionen Sandsäcken, 52.500 Spaten, 18.000 Drahtscheren, 52.500 Kreuzhacken und 105.000 Kubikmetern Bretter und Bohlen auf.

Die Antwort von Major Felser als Kommandeur des 8. I.R auf diese Bedarfsanzeige lautete: „An II/8 mit dem Auftrag die angeforderten Lebensmittel und Materialien heute Nacht in die vorderste Stellung verbringen zu lassen. Das unter a) Geforderte ist im Pionier Zw[ischen]. Park Kasematten-Schlucht, das unter b) Geforderte im Lebensmittel Depot Bezonvaux-Schlucht abzuholen."[977]

Die 8./8, die sich beim II/8 darum kümmerte, meldete daraufhin ihrem Bataillon auf der Rückseite der Bedarfsanzeige: „Stellungsrahmen und Drahtscheren sind im Pionier Zw. Park nicht erhältlich. Die sonstigen Sachen werden vorgebracht."[978]

Dieses kleine Quellendetail zeigt die Kommunikationswege innerhalb des Regiments.

Auch am 21.08. sorgte das 8. I.R. dafür, dass für die Soldaten der Kompanien in vorderer Linie in Vorbereitung des geplanten Gefechts Dinge des täglichen Lebens nach vorne gebracht wurden: für jeden[979] eine Flasche Mineralwasser und 2 Dosen Hartspiritus sowie für die Kompanie 10 Pakete Kerzen.[980]

Auch der Brigade-Tagesbefehl[981] vom 23.08., der unter Punkt 1. das Begehen des Namenstages des Königs zum Inhalt hatte, handelt von den Dingen des täglichen Lebens:

> 2. Das I.R. 364 empfängt im Gerätedepot Spincourt weitere 750 Stahlhelme für die 8. Infant. Brigade. Es behält 250 Stahlhelme und gibt ebenso viele an das 8. I.R. und das b. 29. I.R. ab. Auf gleichmäßige Verteilung der verschiedenen Größen ist zu achten.
> 3. Von den 85000 empfangenen franz. Patronen mit Ladestreifen weist I.R. 364 je die Hälfte den in Ruhe befindlichen MG Formationen zu Ausbildungszwecken zu.[982]

Am 26.08. legte ein Brigadetagesbefehl fest, dass die vom I.R. 364 empfangenen Rucksäcke[983] für das Vortragen von Stellungsbedarf bestimmt seien und dass das I.R. 364 sowie das 29. und 8. Infanterie-Regiment je 200 Stück erhalten. Dann wird die Verstärkung der Gendarmerieposten Deutsch-Eck, Gremilly und Azannes (s. Darstellung der Lager, Abbildung 124) festgelegt. Dazu sollten schonungsbedürftige, aber energische Leute abgestellt werden. Weiter wurde mitgeteilt, dass alle von den zur Korpsschlächterei XVIII in Spincourt kommandierten 28 Mann nicht verwendbar und auszutauschen seien. In einem Zusatz des Regiments werden die Aufgaben auf die verschiedenen Bataillone aufgeteilt.

---

[977] KA: 8. I.R._(WK)_10_112 (414).
[978] KA: 8. I.R._(WK)_10_113 (414).
[979] Wenn man pro Kompanie 200 Soldaten unterstellt.
[980] KA: 8. I.R._(WK)_10_104 (414).
[981] KA: Infanteriebrigaden (WK)_945_18-19 (1674).
[982] KA: Infanteriebrigaden (WK)_945_18-19 (1674).
[983] KA: Infanteriebrigaden (WK)_945_44 (1674); ident. KA: 8. I.R._(WK)_10_158 (414); Abbildung 35, Anhang 4.

4.3.6.1.1.3 Gasmasken

Ablösungen waren zeitweise erschwert, wenn der Feind die Bereitschaftsräume Kasematten- und Vaux-Schlucht zum großen Teil mit Gas anfüllte. So am 24.08.1916. „Die vorkommenden Gaserkrankungen sind auf fehlerhaften Gebrauch der Gasschutzmittel zurückzuführen. Weitere Vergasung durch französische Geschosse kann uns nur unbequem werden, aber nicht schaden, sofern nur jeder Mann seine Gasmaske in Ordnung hat und richtig braucht."[984]

Mit Datum 24.08.1916 verteilte daraufhin die Division ein Merkblatt für den Gaseinsatz mit folgendem Zusatz:

> Der Feind hat in den letzten Tagen ausgiebigen Gebrauch von Gasgranaten gemacht. Alle Vorbereitungen für raschen Alarm und richtigen Gasschutz sind daher von besonderer Wichtigkeit. Durch das feindliche Gasschiessen darf die Verbindung zur vorderen Linie nicht verloren gehen; es wird sich empfehlen, für diesen Fall die Läuferketten unter Vermeidung der Schluchten zu legen.[985]

Es wurde auch zu Ausbildungskursen im Gebrauch der Gasschutzmittel Ende August kommandiert:

> Vom 22. bis 25.8.16 findet der 59. Lehrgang statt. K[omman]dier[un]gen sind durch Fernspruch angeordnet. Zum 60. Lehrgang (vom 29.8. bis 1.9.16) kommandiert 8. Inf. Brig. 1 Offz. 8. I.R. nach Greppin, je 1 Offz. 29. I.R. u. I.R. 364 nach Leverkusen, 23. Felda. Rgt. 1 Offz. nach Berlin, b. R. Pi. K. 11 1 Offz. nach Leverkusen. Bedenken gegen die Abstellung sofort drahtlich anher.[986]

Bemerkenswert sind die Entfernungen zu diesen Ausbildungsstätten: Greppin (bei Bitterfeld), Leverkusen und sogar Berlin.

4.3.6.1.1.4 Munitionstransport

Die Herbeischaffung der für den Angriff benötigten Munition gestaltete sich besonders bei den in der vordersten Linie agierenden Minenwerfern mit ihren voluminösen Minen als keine leichte Aufgabe. Die Minen wurden in Minenkörben (Abbildung 149) verpackt, deren Form sich an die Form der Mine anlehnte. Durch eingearbeitete Handgriffe konnte die Mine im Korb leichter getragen werden. Verschlossen wurden die Körbe am Boden mit einem Abschlussdeckel aus Holz mit Blechüberzug, der das Führungsband schützte. Über weitere Entfernungen benutzte man die Minentrage zum Transport. Diese bestand aus zwei Tragehölzern, die mit einer Leinwandauflage verbunden waren; darauf wurde die Mine festgeschnallt.

In dem Brigadebefehl vom 25.08. wurde zum Beispiel als besondere Anweisung befohlen: „Morgen 6:00 Vorm. melden sich als Trägertrupps für Minenwerfer bei Batterie 645: je 1 Offz und 50 Mann von 29. I.R. und 8. I.R."[987]

---

[984] KA: 8. I.R._(WK)_10_183 (414).
[985] KA: 8. I.R._(WK)_10_171 (414).
[986] KA: Infanterie-Divisionen-(WK)_6059_06 (111).
[987] KA: Infanteriebrigaden (WK)_945_38 (1674).

Der Brigadebefehl vom 26.08. befiehlt: „Zum Minentransport stellen
übermorgen, 28. August, 6:00 vorm.
an die alte Batterie ab: 8. I.R. 1 Offz,
50 Mann mit Uoffzn., 29. I.R. 50
Mann mit Uoffzn."[989]

Eine notwendige Aufgabe, um die
direkt an der Front eingesetzten Minenwerfer zu versorgen. Für die be-
schwerliche Arbeit des Munitions-
transports wurden auch Essens-
zulagen gewährt:

Abbildung 149: Schwerer deutscher Mörser 28 cm mit Minenkorb[988]

> Das A. O. K. hat für die in den Munition Niederlagen angestrengt arbeitenden Mannschaften für die
> Dauer von zehn Tagen die Verabreichung einer zweiten Getränkeportion bestehend aus 3 g Tee und
> 17 g Zucker genehmigt. Empfang der zweiten Getränkeportion für die angegebene Zeit aus den zu-
> ständigen Magazinen findet vom Tage des Bekanntwerdens diese Anordnung ab statt. Ferner wird für
> diese Mannschaften für den gleichen Zeitraum eine tägliche Keksportion von etwa 80 g vom A. O. K.
> zur Verfügung gestellt. Kdr. Mun. Kol. u. Trains meldet zu diesem Zweck sofort die Stärke der in Be-
> tracht kommenden Mannschaften.[990]

Auch der am 10.09.1916 herausgegebenen Brigadebefehl Nr. 3025 befasst sich mit dem Minen-
transport: „Aus den Bereitschaften sind nach Anordnung des Regts.-Kdeurs. vom Dienst morgen
Vorm. 50 Mann unter entsprechender Aufsicht zum Minentransport zu stellen. Meldung 5:00
Morg. bei Offz.-Stellv. Köhlerer der Minenwerfer-Komp. 14 in der Kasematten-Schlucht."[991]

Ebenso wird im Brigadebefehl vom 11.09. die Abstellung von 60 Mann zum Transport von Minen befohlen: „Nach Anordnung des Regts.-Kdeurs. vom Dienst sind morgen, 12.9., 5:00 Vorm.
ein Offz.-Diensttuer, 60 Mann der Minenwerfer-Komp. 14 zur Verfügung zu stellen. Meldung in
der Kasematten-Schlucht bei Offz.-Stellv. Loderer."[992]

4.3.6.1.2   Ausbildung, Manneszucht und Kampfverfahren für die Kämpfe vor Verdun

Anfang August (06.08.) 1916 forderte die Heeresgruppe Kronprinz eine bessere Ausbildung der
Truppen, die durch ständiges Üben zu erreichen sei:

> Bei den dauernd erforderlichen Ablösungen innerhalb der Heeresgruppe werden Truppenverbände,
> die bisher an ruhigen Fronten gestanden haben, oft sehr schnell vor die schwersten Kampfaufgaben

---

[988] Reibert, Mörser 2014, S. 33.
[989] KA: Infanteriebrigaden (WK)_945_43 (1674); Abbildung 34, Anhang 4.
[990] KA: Infanterie-Divisionen-(WK)_6373_1_4 (111).
[991] KA: 8. I.R._(WK)_10_27 (414).
[992] KA: 8. I.R._(WK)_10_21 (414).

gestellt. In vielen Fällen sind sie denselben infolge mangelnder Ausbildung nicht gewachsen gewesen. Die Führer aller Grade haben mit allem Nachdruck darauf hinzuwirken, dass die in Ruhe befindlichen Truppen jede Zeit und Gelegenheit zur Ausbildung in Angriff und Nahkampf wahrnehmen. Dies hat nach den Grundsätzen zu geschehen, wie sie beim Sturmbataillon Rohr gelehrt werden. [993]

In den Divisionsunterlagen der 14. b. I. D. befand sich ein Befehl[994] des Oberkommandos der Armee-Abteilung von Strantz vom 11.08.1916, der den ungenügenden Ausbildungsstand der zu der 5. Armee übergetretenen Truppen im Nahkampf zum Inhalt hat. Dies könne, so im Befehl, seinen Grund nicht allein darin finden, dass die Ausbildung von Sturmabteilung und Stoßtrupps noch nicht völlig durchgeführt sei, denn es sei ganz besonders ein großer Mangel in der Kenntnis und der Handhabung der verschiedenen Arten von Handgranaten zutage getreten.

> Den Hauptnachteil hiervon hatte die betreffende Truppe selbst, die vor Verdun eingesetzt wurde und sich dann den Anforderungen des Kampfes nicht gewachsen zeigte. [...] Ich [mache] es allen Truppenbefehlshabern zur Pflicht, ihr besonderes Augenmerk auf die Ausbildung der Truppen mit Nahkampfmitteln zu richten und die in Ruhe oder Reserve zurückgezogen Kompagnien und Bataillone häufig hierin zu kontrollieren und zu besichtigen. gez. von Strantz[995]

Am 16.08.16 gab das Oberkommando AA von Strantz auch eine 8-seitige Verfügung der Heeresgruppe Kronprinz über die „Ausbildung von Sturmabteilungen" heraus, die in allen Einzelheiten das neue Kampfverfahren als Ausbildungsleitfaden beschrieb.[996]

Auch wenn die hier betrachteten Truppen nicht zur AA von Strantz gehörten, wird deutlich, dass hoher Wert auf die Stoßtrupp-Strategie, die von den meisten Truppenteilen noch nicht beherrscht wurde, gelegt wurde. Auch das 8. I.R. musste sich ständig mit dieser neuen Strategie auseinandersetzen.

Am 19.08.1916 wurde ein Divisionstagesbefehl über Ausbildung[997] von der 14. b. I. D. verteilt:

> Über die Art der Ausbildung sind eine Reihe von Verfügungen der Heeresgruppe Kronprinz und der Angriffsgruppe Ost ergangen, die als Grundlage dienen. Diesen füge ich hinzu:
>
> Das Hauptgewicht der ganzen Ausbildung ist auf Hebung und Festigung der Manneszucht zu legen. Hierzu müssen alle Vorgesetzten dauernd mitarbeiten. Straffe Ehrenbezeigung, mit und ohne Waffe, zu Pferde und auf Fahrzeugen, gute Marschdisziplin, insbesondere auch rasches Ausweichen von Kraftwagen und rechtzeitige Ehrenbezeugung vor darin befindlichen Vorgesetzten, richtiges Melden einzelner Leute und Abteilungen auf dem Marsche, sauberer und vorschriftsmäßiger Anzug, lautes deutliches Sprechen, rasches Antreten müssen gefordert werden. Der Offizier und Unteroffizier muss hierin mit gutem Beispiel vorausgehen. Nicht langes, aber häufiges Üben und stets Kontrolle müssen der bedauerlichen Erscheinung entgegenarbeiten, dass gerade vor Verdun die Ehrenbezeigungen, die Haltung, die Marschdisziplin vielfach recht schlecht sind.
>
> Daneben lege ich besonderen Wert auf alle die Übungen, die der Hebung des Selbstvertrauens, des Ehrgeizes und der Gewandtheit unserer Leute dienen. Turnspiele aller Art, Hindernislaufen und Kriechen unter Verwendung der Waffe häufigsten, natürlichen u. künstlichen Hindernisse, Stafettenläufe, Wurfübungen, Patrouillenübungen dienen diesem Zweck. Zur Hebung des Zusammenhaltens empfehle ich ferner Übungen, die die Gewandtheit ganzer Gruppen, der MG- oder Geschützbedienungen in gegenseitigen Wettbewerb bringen.

---

[993] KA: Infanterie-Divisionen-(WK)_5900_04 (1728).

[994] KA: Infanterie-Divisionen-(WK)_5900_03 (1728).

[995] KA: Infanterie-Divisionen-(WK)_5900_03 (1728).

[996] KA: 8. I.R._(WK)_13_53-60 (511).

[997] KA: Infanterie-Divisionen-(WK)_6059_03-04 (111).

Die Übungen selbst sind möglichst sportmäßig zu betreiben, in Gegenwart und unter Beteiligung von Offizieren. Aussetzen von Preisen ist zu empfehlen.

Zu Exerzierübungen kommen vor allem in Betracht: Schießausbildung, Gelegenheit zum Scharfschießen, auch der MG, muss stets gesucht werden. Das Vertrauen zum Gewehr u. sein Gebrauch muss wesentlich gesteigert werden. Ausbildung in Handgranatenwerfen, auch aus dem Schützengraben heraus, Stellungsbau.

Verteidigung und Angriff, bei letzterem insbesondere das Vorgehen aus einem Graben, die Bereitstellung u. das Antreten von allen, das Eindringen u. Durchschreiten feindlicher Stellungen, Aufrollen feindlicher Gräben, Fortsetzung des Angriffes über eine gewonnene Stellung hinaus gegen eine zweite. Vorführen von Unterstützungen in den verschiedensten Formationen, Ausbildung der Läuferketten.

Diese Übungen sind von einfachem in schwieriges Gelände zu verlegen, das außerdem durch Schaffung künstlicher Hindernisse (Drahthindernisse, Granattrichter, Baumstämme) dem Gelände vor der vordersten Stellung entspricht. Die Regimenter legen entsprechende Übungsplätze an u. melden zum 30. August deren Lage.

Bewegungen im Zug u. der Kompagnie, kleine Gefechtsaufgaben, wobei der Nachdruck auf Raschheit, Ruhe u. Ordnung zu legen ist.

Diese Übungen müssen zugleich der Führerausbildung dienen. Frisches Auftreten vor der Front, Unterricht der dem Verständnis des Mannes entgegenkommt, häufiges Beisammensein mit den Mannschaften, Beteiligung an den Wettkämpfen u. stete Sorge um das Wohl der Leute, andererseits aber straffer Aufrechterhaltung der Disziplin sind Eigenschaften, die ich von jedem Vorgesetzten verlangen muß. Insbesondere müssen sich die Komp. Führer auch um die Verpflegung – rechtzeitige Heranführung, Verteilung und schmackhafte Zubereitung auch ungewohnter Speisen – dauernd kümmern. Ich ersuche in erster Linie die Bataillonskommandeure, der Ausbildung von Mann u. Führer ihre besondere Aufmerksamkeit zu widmen u. den Komp. Führern mit Rat u. Tat zur Hand zu gehen.

Jede Gelegenheit ist schließlich zu benützen, um das gegenseitige Verständnis der Waffengattungen und ihrer Leistungsfähigkeit zu fördern. Hierfür regeln die 8. I. Brig. u. 23. F. A. R. die gegenseitige Kommandierung von Offizieren untereinander.

Anträge, die der Verbesserung der Unterkunft u. Verpflegung wie der ganzen Lebenshaltung der Truppen dienen, nehme ich stets entgegen u. ersuche sie mir durch die Regimenter unmittelbar einzureichen.
gez. Rauchenberger.[998]

Dieser Ausbildungsbefehl kurz vor dem geplanten Gefecht zur Einnahme des Souville-Sackes zeichnet sich besonders dadurch aus, dass er die gegenseitige Achtung und Fürsorge von Offizieren und Mannschaften hervorhebt und auf das enge Zusammenwirken der Infanterie mit der Artillerie Wert legt. Andererseits ist die starke Betonung der Manneszucht, der Marschdisziplin und der Bedeutung der Ehrenbezeigung wohl der damaligen militärischen Zeit geschuldet.

Rechtzeitig vor den Kampfhandlungen Anfang September vor Verdun traf dann auch am 25.08.1916 ein Erfahrungsbericht[999] von der Somme-Schlacht ein. Dieser Bericht ging auf folgende Punkte ein:

Rückwärtige Stellungen, Artillerie, Maschinengewehre, Handgranaten, Verwendung von Musketen (fusils mitrailleurs), Orientierung der neu eintreffenden Truppen, Einsatz neuer Truppen, Gliederung der Infanterie, Gefechtsmeldungen, Karten, Polizeikontrolle sowie Verpflegung und Wasserversorgung.

---

[998] KA: Infanterie-Divisionen-(WK)_6059_03-04 (111).
[999] KA: 8. I.R._(WK)_10_74-76 (414); ident. KA: 8. I.R._(WK)_10_20-22 (838) u. KA: 8. I.R._(WK)_13_37-39 (511); Abbildung 29, Anhang 3.

Auf die MG-Waffe fokussierte der Erfahrungsbericht gleich eingangs:

> Es ist unbedingt erforderlich, dass für jede Verteidigungsanlage ein Plan für die Verwendung der MG's aufgestellt und niedergelegt wird. Dieser Einsatz muss nachfolgenden Gesichtspunkten folgen:
>
> a.) Einsatz in der vordersten Verteidigungslinie an den Punkten, die eine besonders günstige flankierende Wirkung auf größere Entfernungen gestatten.
>
> b.) Vereinzelter Einsatz im Gelände rückwärts der eigentlichen Verteidigungsanlagen an den Punkten, von welchen aus das Gelände rückwärts der von der Infanterie besetzten Stellung so beherrscht wird, dass jeder feindliche Durchbruch sofort durch MG Feuer der rückwärts aufgestellten Maschinengewehre zum Stehen kommt. Diese MG Stände müssen nicht nur ausgesucht, durch entsprechende Tafeln bezeichnet und auf Karten genau nummeriert eingetragen, sondern auch sonst so weit als möglich durch Schaffung von Unterständen, Munitionsdepots, und durch Anbringung von Zieltafeln vorbereitet sein. Besonders wichtig ist, diese Anlagen so unauffällig als möglich zu gestalten und sie an Punkte zu legen, die zwar selbst eine gute Feuerwirkung gestatten, vom Feind jedoch schlecht zu fassen sind.[1000]

Besonders wichtig erscheinen auch die Bemerkungen, die zur Gliederung der Infanterie gemacht wurden, da sie auf das innovative gestaffelte Stellungssystem, das in dieser Zeit von der deutschen Armee entwickelt wurde, hinweisen:

> In den ersten Julitagen fehlte es vielfach an einer genügenden Tiefengliederung der Infanterie, besonders da, wo in der vordersten Kampflinie nicht schon rückwärtige Stellungen von vornherein vorhanden waren. Es hat sich aber gezeigt, dass ein feindlicher Durchbruch, nur dann rechtzeitig repariert werden kann, wenn hinter der vordersten Linie Unterstützungen zum sofortigen Eingreifen zur Hand sind. Es muss daher mit Nachdruck darauf gesehen werden, dass diese Unterstützungen sich dort eingraben, wo sie der Gefechtslage entsprechend benötigt werden und nicht etwa an zu weit rückwärts gelegenen Stellungen kleben bleiben. Vorteilhaft ist ferner, wenn solche Unterstützungen und auch die weiter rückwärts befindlichen Reserven der Abschnittskommandeure möglichst geschlossen bleiben und nicht auf einen zu großen Raum als dünne Linie verzettelt werden, [so] dass uns die Einwirkung der Führer für den rechtzeitigen Gegenstoß verloren geht.[1001]

Inwieweit dieser Erfahrungsbericht bei den Ende August ausgearbeiteten Angriffsplänen für das Souville-Sack-Gefecht berücksichtigt wurde, bliebe zu bewerten.

Bereits am 10.04.1916 war vom III. Armeekorps, Generalkommando, ebenfalls ein ausführlicher, aus allen Truppenberichten zusammengestellter Bericht[1002] über die Erfahrungen aus den Kämpfen vor Verdun (21.02. bis 15.03.1916) allen nachgeordneten Einheiten zugestellt worden. Auch in den Unterlagen des III/8 befand sich ein Exemplar davon. Dort wurde unter Angriffsverfahren ausgeführt:

> Unser Angriffsverfahren, in breiter Front und in Wellen rücksichtslos u. soweit irgend möglich vorzustoßen, hat sich überall da, wo die Sturmvorbereitung durch unsere Artl. und Minenwerfer erfolgreich war, bewährt. Jeder sich bietende Vorteil, wie Lücken im Hindernis, günstig gelegene Spreng- oder Geschosstrichter, wurde zum schnelleren Vorwärtskommen durch Zusammenballen zu kleineren oder stärkeren Sturmgruppen ausgenutzt.

Andererseits wurde es jedoch häufig nötig, dort, wo es nicht gelungen war, die feindlichen Stellungen sturmreif zu machen, „Stoßtrupps" mit bestimmten Aufträgen einzusetzen. Nach den Er-

---

[1000] KA: 8. I.R._(WK)_13_37 (511).
[1001] KA: 8. I.R._(WK)_13_38 (511).
[1002] KA: 8. I.R._(WK)_13_41-42 (511), ident. KA: Infanterie-Divisionen-(WK)_5703_01-18 (1728); Abbildung 27, Anhang 3.

fahrungen von Verdun – wie anderwärts – musste man mit vorher nicht erkannten oder nicht zerstörten Flankierungsanlagen, Blockhäusern, verteidigten Unterständen sowie nur lückenweise zerstörten oder zerschnittenen Hindernissen – insbesondere in waldigem und sonst unübersichtlichem Gelände – immer rechnen.

Es ergab sich hieraus die Notwendigkeit, zahlreiche Stoßtrupps – für jede Kompanie mehrere – auszubilden und hierzu die beherztesten und schneidigsten Leute auszuwählen.[1003] Ein großer Abschnitt in diesem Erfahrungsbericht ist der neuen „Waffe" der Sturmtrupps gewidmet.[1004]

Am 29.08.1916 wurde ein allgemeiner Ausbildungsbefehl[1005] der Angriffsgruppe Ost vom General der Infanterie von Lochow über Handgranaten-Kampf und Kampf in Trichterstellungen zu den einzelnen Einheiten durchgereicht, der bestimmt auch bei dem bevorstehenden Gefecht Anwendung finden sollte (im Einzelnen siehe Bd. II).

Am 30.08. legte das Generalkommando XVIII. Reserve-Kompanie einen Befehl, der die Beachtung einer guten Marschordnung zum Inhalt hatte, heraus. Dieser Befehl, kurz vor einem schwierigen Angriff, erscheint sonderbar und lässt die Frage aufkommen, ob es keine anderen Sorgen gab. Der persönlich von General von Steuben unterzeichnete Korpsbefehl lautete abschließend: „Das Aufrechterhalten einer guten Marschordnung ist ein vortreffliches Mittel die Disziplin der Truppe zu befestigen. Ich erwarte, dass alle Vorgesetzten hierauf strengstens achten werden. Für die in Ruhe befindlichen Truppenteile ist das Ausführen von nicht zu langen Übungsmärschen unter Innehaltung der genauesten Marschordnung ein wichtiger Teil der Ausbildung."[1006]

Am 11.08.1916 erging bereits vom General-Kommando ein Befehl[1007] über Maßnahmen zur Bekämpfung des Abbröckelns der Gefechtsstärken in vorderer Linie. Darin wird gefordert, durch Unterricht müsse dem Manne klargemacht werden, dass der jetzige Kampf die volle Hingabe und höchste Kraftanstrengung von jedem Einzelnen erfordere. Deswegen sei gegen Drückebergertum und Feigheit unnachgiebig vorzugehen und strengste Disziplin einzuhalten. Als zweckmäßige Einzelanordnungen, um diese Forderungen durchzusetzen, wurden aufgeführt: Verbot, Mannschaften fremder Truppenteile aus den Feldküchen zu speisen, und Auftrag, Lager und Ortsunterkünfte auf Angehörige fremder Truppenteile hin zu revidieren. Beim Marsch der Truppen zur Stellung müsse die Stärke der Truppe beim Abmarsch schriftlich festgehalten und im Kampfgebiet nachgeprüft werden, bei dem Marsch müsse ein Offizier stets am Ende der Truppe marschieren, um Drückeberger mit Gewalt vorzuführen, tägliche Prüfung der Grabenstärke sei

---

[1003] KA: 8. I.R._(WK)_13_41-43 (511).
[1004] KA: 8. I.R._(WK)_13_42-43 (511).
[1005] KA: 8. I.R._(WK)_10_63-66 (414).
[1006] KA: Infanterie-Divisionen-(WK)_5697_01 (111).
[1007] KA: Infanterie-Divisionen-(WK)_5938_05-06 (1728), Abbildung 13, Anhang 4.

notwendig. Alle Mannschaften haben stets Ausweise mitzuführen. Alle Straßen im Gebiete der Ruhelager und Unterkünfte müssen durch Gendarmeriepatrouillen überwacht werden, besonders wichtig sei die Überwachung der aus der vorderen Linie zurückführenden Wege. Auf den Hauptverbandsplätzen, Krankensammel- und Transportstellen, Revierstuben und Feldlazaretten müsse eine Kontrolle sichergestellt werden.

Dass solch eindringliche Forderungen vom Generalkommando gestellt wurden, lässt darauf schließen, dass bereits im August vor Verdun die Disziplin der Truppe gelitten hatte.

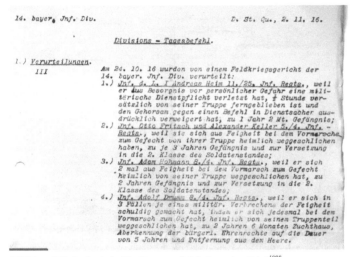

Abbildung 150: Drakonische Urteile wegen Feigheit vor dem Feind[1008]

Dass mit Drückebergertum und Feigheit Ernst gemacht wurde, belegen Urteile (Abbildung 150) zwischen einem und im Wiederholungsfalle bis zu 3 Jahren unter Verlust der bürgerlichen Ehrenrechte, häufig auch mit Versetzung in die 2. Klasse des Soldatenstandes[1009].

[1008] KA: Infanterie-Divisionen-(WK)_6059_26 (111).

[1009] Die Versetzung in die 2. Klasse des Soldatenstandes war eine Militärstrafe, die zwischen 1808 und 1921 zunächst in Preußen, später auch in allen anderen deutschen Staaten gegen Soldaten ausgesprochen werden konnte. Sie galt als besonders schwere Ehrenstrafe und wurde bei Unteroffizieren und Mannschaften angewendet; Unteroffiziere wurden gleichzeitig degradiert. Offiziere wurden stattdessen, unter Verlust all ihrer erworbenen Rechte, aus dem Dienst entfernt.
Die Bestraften hatten ihre Soldatenehre verwirkt, selbst dann, wenn sie infolge des Urteils ihre bürgerlichen Ehrenrechte nicht verloren hatten. Soldaten der zweiten Klasse des Soldatenstandes verloren ihre Versorgungsansprüche (Altersversorgung), waren von ihren Kameraden möglichst abzusondern und unter besondere Aufsicht zu stellen. Die Bestrafung wurde unbefristet ausgesprochen. Eine Rehabilitierung konnte nur auf besonderen Antrag erfolgen und bedurfte der Zustimmung des Landesherrn, bei Marine-Angehörigen jener des deutschen Kaisers. Erst dann war auch eine Beförderung im Dienstgrad wieder möglich.
Äußerlich kenntlich waren die Bestraften durch den Verlust der Nationalkokarde an der Kopfbedeckung sowie aller aberkennungsfähigen äußeren Ehrenzeichen (Dienstauszeichnungen u. Ä.). Vor der Aberkennung besonderer Auszeichnungen (z. B. für Tapferkeit) war die Zustimmung des verleihenden Landesherrn einzuholen. Die Maßnahmen erstreckten sich auch auf alle nicht rehabilitierten Bestraften nach dem Ende ihres Militärdienstes; URL: https://de.wikipedia.org/wiki/Versetzung_in_die_zweite_Klasse_des_Soldatenstandes; 10.08.2017.

4.3.6.1.3   Lebensmittel/Verpflegung

In dem bereits zitierten, am 25.08. eingetroffenen Erfahrungsbericht[1010] von der Somme-Schlacht wurde auch auf den Punkt Verpflegung und Wasserversorgung eingegangen:

> Die Divisionen müssen baldmöglichst besondere Verpflegungsdepots aus Konserven möglichst dicht hinter der vordersten Linie anlegen, aus denen die Kampftruppe selbst den Bedarf decken kann. Nach diesen Punkten, welche zweckmäßigerweise dort liegen, wo sich die Truppenverbindeunterstände [sic!] befinden, müssen auch möglichst umfangreiche Mengen an Selterwasser und abgekochtem Tee vorgeschafft werden.[1011]

Diesem Hinweis folgte man durch folgenden Brigadebefehl[1012] vom 28.08.1916. Die Lebensmittellage nahm man wichtig: In der Bezonvaux-Schlucht war für die 14. I. D. für den Notfall eine Lebensmittelreserve angelegt. Die kämpfenden Einheiten hatten sich durch ihre Verpflegungsorgane selbst zu versorgen. Eigenartig zu lesen ist der Rat, sich auch mit Mineralwasser „aus der Mineralwasserfabrik des XVIII. Res. Korps" zu versorgen, das aus Kantinenmitteln zu kaufen sei.

> Das Lebensmitteldepot der 14. Inf.-Div. in der Bezonvaux-Schlucht ist nur als Reserve bestimmt für den Fall, dass die Verpflegung der vorderen Batlne. auf andere Weise versagt. Für ihre laufende Verpflegung haben die Batlne. durch ihre Verpflegungsorgane selbst zu sorgen.
> Ich empfehle sehr, Mineralwasser aus der Mineralwasserfabrik XVIII. Res.-Korps aus Kantinenmitteln zu kaufen.
> Aus dem Lebensmitteldepot der Division dürfen künftig Bestände aller Art nur gegen Anforderung und Empfangsbestatigung eines Regt. Kdeurs. abgegeben werden.
> Das 8. I.R. stellt, wenn notwendig, dem Lagerverwalter zur besseren Beaufsichtigung eine kleine Wache ab.[1013]

Vom 29.08.1916 datiert ein Befehl[1014] der b. 14. I. D. über die Verpflegung in vorderster Linie. Die Sorge um die Logistik wurde immer beachtet. Wegen der Informationsdichte soll dieser Verpflegungsbefehl voll wiedergegeben werden.

> Bayr. 14. I. D.   29.8.1916
>
> Betrifft: Verpflegung in Verdun
>
> I. Verpflegung in vorderster Linie.
>
> Der Mann ist, ehe er in die Stellung rückt, möglichst mit allem auszustatten, dessen er während der Stellungslage bedarf. Es sind darauf in die Stellung mitzuführen eine 4. und 5. eiserne Fleischportion, außerdem – nach Maßgabe der vorhandenen Vorräte – Dauerwurst, Käse, Schokolade, Zwieback. Dursterregende Genussmittel wie Heringe und Pökelfleisch sind auszuschließen. Ebenso Nahrungsmittel, die erfahrungsgemäß leicht Verdauungsstörungen zur Folge haben, zum Beispiel Hülsenfrüchte.
>
> Brot in ausreichender Menge gleich beim Beziehen der Stellung mitzuführen, wird nur selten möglich sein. Die Heranschaffung müssen die 4. Züge der Komp. während der ruhigeren Stunden besorgen (Transport in Sandsäcken).
>
> Versorgung mit Getränken: Im Abschnitt der Div[ision] sind nur die wenigen aus der beiliegenden Skizze ersichtlichen Quellen. Aus diesem muss das Wasser in den Wassertornistern durch die 4. Züge vorgebracht werden. Außerdem führt jeder Mann 2 mit Tee oder Kaffee gefüllte Feldflaschen bei sich.

[1010] KA: 8. I.R._(WK)_13_39 (511).
[1011] KA: 8. I.R._(WK)_13_39 (511).
[1012] KA: 8. I.R._(WK)_10_153-154 (414).
[1013] KA: 8. I.R._(WK)_10_153 (414).
[1014] KA: 8. I.R._(WK)_10_143-145 (414); Abbildung 46, Anhang 4.

Das in den Lebensmitteldepots der Regimenter (Abschnitt II) lagernde Mineralwasser ist nur zur Aushilfe in Not bestimmt.

II. Lebensmitteldepots.

Für die Tage der höchsten Kampftätigkeit, in denen die rückwärtigen Verbindungen unter stärkerem Feuer liegen, müssen besondere Vorkehrungen getroffen sein:

Jedes Rgt. richtet südl. der Vaux-Schlucht ein besonderes Depot von Dauerwaren und Getränken ein, auf das aber nur in wirklichen Notfällen, wenn die Verpflegung nicht regelmäßig oder nicht vollzählig hereinkommt, zurückgegriffen werden darf.

Die erste Füllung der Depots mit Fleischkonserven, Zwieback, Schokolade, Kakao, Zucker, Tee, Mineralwasser, Rotwein und Hartspiritus ist im Gange. Die der Div[ision] zur Verfügung stehenden Mittel sind indes so bemessen, dass die auf Füllung zum großen Teil durch die Regimenter (aus den Erübrigungen der Marketendereien) besorgt werden muss.

Um dem Zweck der Depots, eine Reserve für Notfälle zu bilden, auch wirklich zu genügen, sind folgende Maßnahmen zu treffen:

1) Unterstellung der Depots unter einen besonders verlässigen Dienstgrad dem ein Bewachungskommando zur Verfügung zu stellen ist.

2) Lagerung der Lebensmittel in kleinen Schuppen und Schaffung von Stollen zum Schutz derselben gegen das feindliche Feuer.

3) Abgaben aus den Beständen der Depots nur auf Anforderung (möglichst schriftlich) eines Batl. Führers. Quittungen für die Träger.

Zum 1.9. melden die Infanterieregimenter (durch 8. I.R.) die Lage ihrer Depots (Skizze), die Bestände am 31. August und was für unbedingt notwendig gehalten wird und in welchen Mengen.

III. Verpflegung der Bereitschaften.

Dem Mann, der aus der Stellung kommt oder demnächst in die Stellung rückt, muss warme Kost geboten werden. Hierzu sind Kochkessel einzubauen in die Kasematten-, Hassoule-, Bezonvaux- und Brûle-Schlucht. Verpflegung der Bereitschaften mit frischem Fleisch, Reis, Graupen, Grütze, Kartoffeln, wenn möglich auch frisches Gemüse, möglich Kaffee oder Tee.

8. I. Br. meldet zum 1.9. den Bedarf an Kartoffeln unter Angabe des gewünschten Fassungsvermögens.

IV. Verpflegung der Reserven (ruhenden Truppen).

Viel Brot, durchgekochtes Fleisch, reichlich Fett, Hülsenfrüchte, Kartoffeln, wenn möglich auch frisches Gemüse, sorgfältige Bearbeitung der Speisen. Für Leute, die an Durchfall leiden auf Verordnung der Sanitätsoffiziere weißes Brot und Rotwein (Div. T. Bef. [Divisionstagesbefehl] v. 28.8. Ziff. 16)

V. Verpflegungsoffiziere

Die Verpfl. Offz. dürfen sich nicht begnügen innerhalb der zuständigen Mengen einfach abzuholen. Sie müssen vielmehr in engster Fühlung mit den Ärzten und der Intendantur ihre Forderungen der augenblicklichen Lage und körperlichen Verfassung der Truppen anpassen und mit allen Mitteln durchzusetzen trachten, daß die Verpflegung in den zuständigen Mengen auch dort zum einzelnen Mann gelangt.[1015]

Wichtig in diesem Zusammenhang war für die Verpflegungsverantwortlichen die Lage der Wasserquellen im rückwärtigen Gebiet. Eine entsprechende Skizze war dem Befehl beigelegt (Abbildung 151).

[1015] KA: 8. I.R._(WK)_10_143-145 (414).

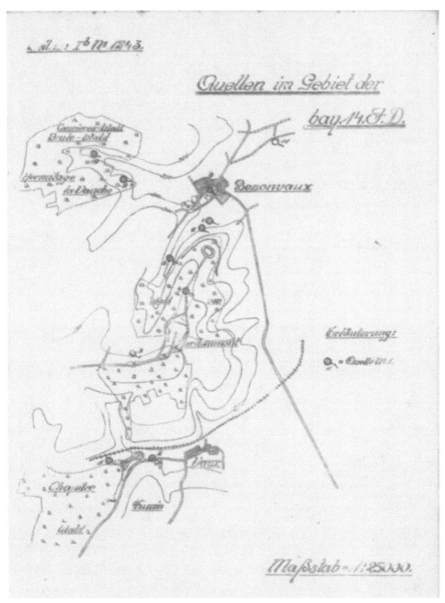

Abbildung 151: Wasserquellen im Gebiet der b. 14. Inf.-Div.: Caurières-Wald, Brûle-Wald, Hermitage, La Vauche, Hardaumont, Chapitre, Fumin[1016]

[1016] KA: 8. I.R._(WK)_10_142 (414); ident. KA: Infanterie-Divisionen-(WK)_5703_19 (1728).

Dieser Divisionsbefehl wurde in einem Brigadebefehl. Nr. 2820 vom 30.08. über die Verpflegung während des Einsatzes vor Verdun[1017] umgesetzt. Allgemein galt: „Die Verpflegungsorgane der Btlne. müssen durch entsprechenden Empfang dafür sorgen, dass, soweit irgend möglich in der Kost der Truppe einige Abwechslung eintritt."[1018] Die Sorge galt vor allem der ausreichenden Wasserversorgung der vordersten Linie, die mithilfe von Wassertornistern sichergestellt wurde. Dazu hatte die 14. I. D. alle Wasserquellen in ihrem Bereich lokalisiert und per Skizze den unterstellten Einheiten mitgeteilt. In diesem Brigadebefehl wurde noch festgelegt, dass das Divisions-Lebensmitteldepot in der Bezonvaux-Schlucht in Regiments-Lebensmitteldepots südlich der Vaux-Schlucht vorverlegt werden sollte.

Interessant ist der handschriftliche Zusatz des Kommandeurs auf der Rückseite dieses Brigadebefehls:

> Zu Allgemeines 2. Absatz
> Das I/8 empfängt 30 Wassertornister für sich und 10 Wassertornister (Überschuß).
> Die 10 Wassertornister (Überschuß) läßt das I/8 zum Lebensmitteldepot Bezonvaux verbringen und dort gegen Quittung niederlegen. Vollzug ist zu melden.
> Zu III. der Div. Verf.[fügung]: Bedarf an Kochkessel und Angabe des Fassungsvermögens zum 30.8.
> Vorm an Rgt (spätestens 2 Uhr Nachm.)[1019]

Auch der am 10.09.1916 herausgegebene Brigadebefehl Nr. 3025 trägt Sorge um die Verpflegung:

> Die Verpflegungs-Organe der Batlne. sind daran zu erinnern, dass sie bei den Verpflegungs-Ausgabestellen für Truppen, die in Stellung oder Bereitschaft liegen, kein Salzfleisch oder dursterregende Speisen empfangen. Wenn mit den Ausgabe-Stellen keine Einigung erzielt werden kann, ist sofort durch Fernsprecher bei der Brigade oder bei der Division (Feld-Intendantur) Entscheidung zu erbitten.[1020]

Aus dem Regimentsbefehl vom 10.09.1916 wird ersichtlich, dass von Azannes aus bis in die Brûle-Schlucht Essen getragen wurde. „Leutnant d. Res. Helmreich ist angewiesen von den Trägerkommandos in der Brûle-Schlucht Führer (Feldküchenunteroffiziere) nach Azannes zu senden. Diese haben die Ersatzmannschaften unter Einhalten der gebotenen Vorsichtsmaßregeln in die Brûle-Schlucht zu führen."[1021]

Für den 24.09.1916 liegt ein (handschriftlicher) Brigadebefehl[1022] vor, der unter Punkt 5 festlegt:

> Auch bei sorgfältiger Handhabung des Verpfleg.-Dienstes kann es vorkommen, dass ein Batl. usw. die zubereitete Tagesverpflegung ganz oder teilweise nicht verbrauchen kann, weil es anders als beabsichtigt verwendet werden musste. Es ist dann auf den Verbrauch einer eisernen Portion angewiesen, so dass statt einer Verpflegungsportion zwei gebraucht werden.

[1017] KA: 8. I.R._(WK)_10_146 (414); Abbildung 50, Anhang 4.
[1018] KA: 8. I.R._(WK)_10_146 (414).
[1019] KA: 8. I.R._(WK)_10_147 (414); Abbildung 51, Anhang 4.
[1020] KA: 8. I.R._(WK)_10_26-27 (414).
[1021] KA: 8. I.R._(WK)_10_01-02 (414).
[1022] KA: 8. I.R._(WK)_10_80-83 (414).

Nach Vfg. [...] haben die Rgter. für solche einzelnen Fälle, in denen bisher ein Mehrverbrauch von Verpfl.-Mitteln durch die Gefechtshandlungen veranlasst wurde, begründete Anträge auf nachträgliche Genehmigung a. d. Dienstwege vorzulegen. Künftig sind solche Anträge von den Regimentern ohne weiteres zu stellen; die Batle. Antrag unter eingehender Begründung an ihre Regimenter.[1023]

So wie die Sorge um die Verpflegung, auch um die der Pferde, ernst genommen wurde, so galt dies auch für deren Bewirtschaftung. Darüber geben die Tagesbefehle der 14. b. I. D. Auskunft.

Div.-Tagesbefehl vom 19.08.1016:

Fischkost. Mit Rücksicht auf die durch den Mangel in der Heimat gebotene Streckung der Fleischvorräte muss nach Weisung des Generalintendanten darauf gehalten werden, daß möglichst einmal in der Woche Fischkost verabreicht wird. Bei der Verabreichung von Fischen und Salzfischen steht den Truppen neben den sonstigen Gewürzportionen eine besondere Senfportion von 2,5 g zu. Da in der heißen Jahreszeit die Fischvorräte besonders leicht verderben, empfiehlt es sich, den Salzfisch stets rasch zu verbrauchen.
Die Wässerung der Klippfische darf nicht länger als höchstens 24 Stunden dauern: bei längerem Wässern beginnen die Fische infolge der Sommertemperatur zu leiden.
Rotwein für Darmkranke. Rotwein für Darmkranke kann bei dem Hilfssan. Depot Spincourt durch die Truppenärzte unmittelbar angefordert werden. Die Anforderung darf nur in Grenzen des unbedingt notwendigen Bedarfs erfolgen.[1024]

20.08.1916

Mineralwasser: die Mineralwasserfabrik des XVIII. Res. Korps in Billy verabfolgt Mineralwasser u. Limonade zum Preis von 3½ bzw. 7½ Pfg. für die Flasche. Die Ausgabe – nicht unter 50 Flaschen – findet in der Fabrik in der Zeit von 8 bis 12 Vorm. u. 2 bis 6 Nachm. statt u. für die Truppen der Division Dienstags u. Freitags. In besonders dringlichen Fällen kann Sonntags in der Zeit von 8 bis 12 Vorm. Wasser bezw. Limonade in Empfang genommen werden.
Für Flaschenpfand sind 20 Pfg. für das Stück zu hinterlegen. Alle Kantinen u. Verkaufsstellen für Marketenderwaren haben Mineralwasser u. Limonade aus der Fabrik vorrätig zu halten. Sie dürfen diese Getränke zu dem Höchstpreis von 5 bezw. 10 Pfg. die Flasche verkaufen u. müssen durch Anschlag unter Preisangabe in den Verkaufsräumen u. an der Außenseite derselben auf die Getränke hinweisen.
Mit Rücksicht auf den großen Flaschenmangel ist auf möglichst vollzählige u. schleunige Rückgabe der leeren Flaschen hinzuwirken. Einfüllen der Flaschen mit anderen Flüssigkeiten (Petroleum, Öl, Essig x. x.) ist verboten.[1025]

20.08.1916

Verpflegung: mit Genehmigung des Gen. Intend[an]ten wird bestimmt, dass die z. Zt. vorhandenen oder zur Überweisung kommenden Frühkartoffeln, wenn eine Gefahr des Verderbens für sie besteht, bis zu dem in der K. V. V. festgesetzten Höchstportionssätze von 1500 g verabreicht werden dürfen. In diesem Fall kann auch die Kartoffelportion für Kriegsgefangene erhöht werden.[1026]

01.09.1916

Verpflegungssätze für Ersatztransporte: Nach Verfg. des Kriegsmin. sind den Ersatztransporten als Verpflegungsreserve für die Bahnfahrt künftig mitzugeben:

a) nach dem Osten = 2 Portionen
b) nach dem Westen = bis zu 2 Portionen – je nach der Fahrtdauer –
c) für die Südarmee u. die Truppen der k. u. k. 3. u. 7. Armee = 3 Port. u. 3 Rationen
d) für die Heeresgruppe Mackensen = 3 Portionen u. 6 Rationen[1027]

[1023] KA: 8. I.R._(WK)_10_81 (414).
[1024] KA: Infanterie-Divisionen-(WK)_6059_02-04 (1728).
[1025] KA: Infanterie-Divisionen-(WK)_6059_05 (111).
[1026] KA: Infanterie-Divisionen-(WK)_6059_07 (111).
[1027] KA: Infanterie-Divisionen-(WK)_6059_10 (111).

01.09.1916

<u>Änderung der Hartfutter-Rationssätze:</u> Nach Verfg. des Gen. Intendanten beträgt die tägliche Hartfutterration für das Feldheer von jetzt ab bis auf weiteres:

1) für sämtliche ausgesprochenen schweren Pferde kaltblütigen Schlages	7,5 kg
2) für alle mittelschweren u. alle leichten Pferde	5,0 kg
3) für Ponjepferde	3,5 kg

Die mit Div. K. V. v. 19.8.16 [...] bekannt gegebenen Hartfutterrationssätze ändern sich dementsprechend. Die kommissionelle Feststellung der Pferde gem. Div. K. V. v. 29.8.16 [...] hat sich daher auf die ausgesprochen schweren Pferde kaltblütiger Rasse zu beschränken.[1028]

Durch erbeutete französische Befehle[1029] bekommen wir auch Einsicht über die Verpflegungssituation bei den französischen Truppen. Unter den erbeuteten Befehlen befand sich der französische Befehl der 32. Division vom 26.08.2016 über die Verpflegung und den Nachschub im Souville-Abschnitt.[1030]

Dieser Dienst wird durch den Verpflegungsoffizier der Division organisiert; jeder Offizier wird durch 2 ihm beigegeben Offiziere aus den beiden Unterabschnitten unterstützt. Die einzelnen Regts- und Bataillons-Kommandeure jeden Unterabschnittes richten täglich ihre Anforderung an Lebensmitteln, Munition und Material an den Kommandanten des Unterabschnittes, der sie vor 7:00 Vorm. an den Verpflegungsoffizier der Division weitergibt. Der diesem beigeordnete Offizier des betreffenden Unterabschnittes sammelt sämtliche Anforderung seines Abschnittes und ordnet dieselben nach Kategorien (Lebensmitteln, Munition etc.) und reicht eine Gesamtaufstellung um 8:00 Vorm. dem Verpflegungsoffizier der Division ein. Der beigeordnete Offz. ist außerdem damit beauftragt, die Zufuhr selbst zu organisieren (Bewachung der Verladung, Stellen von Führern usw.)

A. Magazine.

I. Magazine für Abschnitte.

Die Verpflegungstrupps des Abschnittes empfangen die Verpflegung in den Abschnitts-Magazinen der Kaserne Marceau [Abbildung 152][1031] (Magazin für Lebensmittel, Pionier Gerät und Wasserstelle); von hier aus bringen sie dieselben zu den Frontdepots.

[1028] KA: Infanterie-Divisionen-(WK)_6059_10 (111).

[1029] KA: Infanteriebrigaden (WK)_946_32-35 (1674).

[1030] KA: Infanteriebrigaden (WK)_946_33-34 (1674).

[1031] Nach Marceau wurden von der frz. Armee immer wieder Kasernen benannt, so auch nach dem 2. Weltkrieg eine in Koblenz-Lützel. Seine Militärlaufbahn begann Marceau im Dezember 1785 als 16-Jähriger in dem königlichen Regiment *Angoulême*. 1789 wurde es eine Einheit in der Nationalgarde des Generals La Fayette. Marceau soll an der Erstürmung der Bastille am 14. Juli beteiligt gewesen sein. Im August 1790 wird er nicht mehr in den Listen der Garde geführt.
Im Sommer 1792 wurde Marceau in seiner Heimatstadt Chartres von den Freiwilligen der *2me compagnie du 1er bataillon des volontaires d'Eure-et-Loir* zum *Capitaine* gewählt. Die *volontaires* verstärkten die regulären Truppen bei der Verteidigung Frankreichs gegen eine Invasion österreichisch-preußischer Armeen. Im August und September nahm Marceau mit der Einheit seines Heimatdepartementes *Eure-et-Loir* an der Verteidigung der Festung Verdun gegen die in Frankreich einmarschierten Preußen teil.
Als die Bürger von Verdun nach wochenlangem Beschuss ihrer Stadt die Kapitulation verlangten, tötete sich der Festungskommandant General de Beaurepair aus Scham. Sein Nachfolger willigte in die Kapitulation ein (und wurde wenig später dafür guillotiniert). Marceau, der entschieden gegen die Aufgabe protestiert hatte, wurde als jüngster Offizier ausgewählt, um dem König von Preußen, Friedrich Wilhelm II., die Kapitulation zu überbringen; er soll auch die Bedingungen für die Übergabe der Festung und den Abzug der Truppen ausgehandelt haben.
Vielleicht eine Legende, aber vorstellbar: Jeder Soldat durfte nur einen Gegenstand aus der Festung mitnehmen – Marceau wählte seinen Säbel. Alle Offiziere der Festung aber wurden, zurückgekehrt von der Front, von Revolutionsgerichten wegen Feigheit und Republikverrats angeklagt und bestraft – Marceau wurde als Einziger freigesprochen; URL: https://de.wikipedia.org/wiki/François_Séverin_Marceau; 15.07.2017.

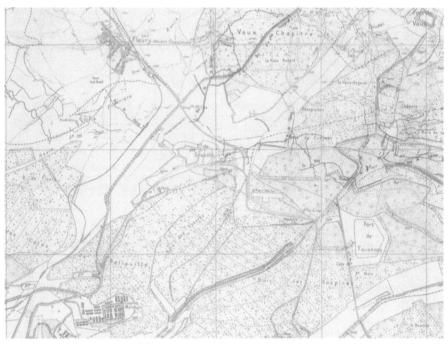

Abbildung 152: Caserne Marceau[1032]

Dann werden folgende Frontdepots aufgezählt: Depot der Panzertürme, der Befehlsstelle 318, der Befehlsstelle Petit Bois, der Pouderie (galt für die vorgeschobenen Truppen bei Fleury).

Es heißt dann weiter:

> Die Truppen der 1. Linie und die Reserven des Unterabschnittes versehen sich selbst mit dem Nötigen aus den Depots der Unterabschnitte. Die Truppen der Abschnittsreserve erhalten die Lebensmittel durch ihre große Bagage. Das Abschnittsmagazin wird stets wieder aufgefüllt, wofür der Verpflegungs-Offizier zu sorgen hat und zwar:
>
> 1. Lebensmittel, Gesuche an die Division-Intendantur.
> 2. Munition und Feuerwerk: telefonische Gesuche an die Gruppe D.
> 3. Pioniergerät: durch Anforderung beim Kommandeur der Pioniere bei der Division.
>
> <u>Wasser</u>: für die Heranschaffung des Wassers zu der Zisterne der Kaserne Marceau (etwa 12 t per Tag ist die Intendantur verantwortlich).
>
> II. <u>Filial-Magazin in Vorstadt Pavé.</u>
>
> Die Ablieferung aller bei der Gruppe angeforderten Dinge geschieht in diesem Filial-Magazin der Vorstadt Pavé, Nr. 8 alte Straße nach Etain. Dieses Magazin (Lebensmittel und Munition) steht unter dem Befehl eines Offiziers des jeweils zur Verfügung des Abschnitts stehenden Terr. Regts. (z. Zt. Terr. 340). Ein Offizier der Intendantur ist Verwalter des Lebensmitteldienstes. Außer der Rolle eines Zwischendepots zwischen rückwärts und dem Abschnitts-Magazin muss dieses Filial-Magazin jederzeit in der Lage sein, einer neuen den Abschnitt einrückenden Brigade zwei volle Tagesrationen außer den zuständigen Rationen abzugeben, ferner an Munition 50-80 Kartuschen pro Mann, 500 Kartuschen pro MG und 150 Leuchtraketen pro Batln.; Material: 100 Schaufeln und 100 Harken pro Batln.;

[1032] KA: 8. I.R._(WK)_16_02 (1530).

Kochgeschirr und 1 Brotbeutel pro Mann. Die Wiederauffüllung des Filial-Magazines mit Lebensmitteln ist Sache des Verwaltungsoffiziers.

B Transportmittel:

Um die Vorräte der Abschnitts-Magazine zu den Depots der Unterabschnitte zu transportieren verfügt der Verpflegungsoffizier über folgende Mittel:

1. Trupps, die durch das Terr. Regt. des Abschnitts gestellt werden, telefonische Anforderung beim Regimentskommandeur; zurzeit werden 15-20 Mann pro Tag gestellt.
2. Eine Abteilung von algerischen Eseln, über die ein Hauptmann des Terr. Regts. [...] zu verfügen hat; durchschnittlich können täglich 80-90 Tiere gestellt werden.
3. Pferde und Maultiere, die aus den Bagagen der im Abschnitt befindlichen Truppenteile zu entnehmen sind: 40 pro Regt.

C. Permanente Trupps, die vom Terr. Regt. des Abschnitts zur Befehlsstelle zu stellen sind: folgt detaillierter Befehl über Zuteilung der einzelnen Leute für bestimmte Verrichtungen.[1033]

Betrachtet man die in diesem erbeuteten Befehl gezeichnete Verpflegungssituation, so unterschied sich diese kaum von der deutschen. Vorteilhaft für den Gegner waren allerdings die seit Langem angelegten Magazine in den Forts und den umliegenden Kasernen. Hier existierte ein Hinterland, aus dem sich die französischen Streitkräfte leichter als die deutschen versorgen konnten. Aus Abbildung 152 wird deutlich, wie nahe eine französische Kaserne an der Front lag und dass die französische Truppe damit eine vergleichsweise komfortable logistische Ausgangs-Situation im Vergleich zur Unterbringung deutscher Truppen in Erdlöchern in den Schluchten genoss.

Auch für Kriegsgefangene wurden Verpflegungsrationen[1034] festgelegt, dabei wurde zwischen arbeitenden und nicht arbeitenden Kriegsgefangenen unterschieden. Darüber gab es eine Anweisung des Generalkommandos des X. Reserve-Korps vom 08.07.1916, die auf eine Verfügung des AOK vom 14.11.1915 verwies und die auch für die Angriffsgruppe Ost Geltung besaß.

4.3.6.2 Umgruppierungen

In der „heißen" Kampfzeit gab es auch immer wieder Umgruppierungen, um Brigaden oder Divisionen zu verstärken, abgekämpfte Truppen auszutauschen oder Truppen aus vorhandenen Verbänden herauszureißen, um sie an anderen Kriegsschauplätzen einzusetzen.

So wurde im Brigadebefehl[1035] vom 27.08.1916 mitgeteilt, dass das 4. b. I.R., das alte Schwesterregiment des 8. I.R., zur b. 14. I. D übertritt, während das I.R. 364 zur 33. Reserve-Division kommt. In einem Befehl[1036] vom gleichen Tag hieß der Kommandeur der 8. Infanterie-Brigade, Generalmajor von Reck, das 4. I.R., das 2 Jahre gemeinsam mit dem 8. I.R. in der alten 8. Infanterie-Brigade gekämpft hatte, auch im Namen des 8. und 29. I.R. herzlich willkommen. Er führte

---

[1033] KA: Infanteriebrigaden (WK)_946_33-34 (1674).
[1034] KA: Infanterie-Divisionen-(WK)_6373_4 (111).
[1035] KA: 8. I.R._(WK)_10_156-157 (414); Abbildung 42, Anhang 4.
[1036] KA: Infanteriebrigaden (WK)_945_55-56 (1674); ident. KA: 8. I.R._(WK)_10_155 (414); Abbildung 37, Anhang 4.

aus: „Sie gehen gemeinsam mit dem 29. I.R. harter, entbehrungsreicher und opferreicher Zeit entgegen. Die drei Regimenter werden wetteifern, ihr Bestes zu tun."[1037] Gleichzeitig bedankte er sich, auch im Namen der Metzer Regimenter, bei dem scheidenden I.R. 364, das als Teil der 21. Reserve-Division vorzüglich gekämpft habe und nun zur 33. Reserve-Division gehöre.

Diese Ankündigung ist auch im Kriegstagebuch der Brigade vermerkt. Dort wurde noch festgelegt, dass das I.R. 364 und das 4. I.R., ihre Unterkünfte wechseln, sodass das 4. I.R. nun mit dem Stab und 1 Bataillon in Billy, mit 1 Bataillon im Jägerlager und mit 1 Bataillon und der MG-Kompanie im Lager Deutsch-Eck disloziert war.[1038]

Am 29.08.1916 übernahm Oberst von Rücker wieder das 8. I.R.[1039] Das Regiment war während dessen krankheitsbedingter Abwesenheit vertretungsweise vom Kommandeur des III. Bataillons, Major Felser, geführt worden.

4.3.6.3   Ablösungen

Mit Umgruppierungen waren auch stets Ablösungen verbunden.

Die Ablösung des 13. I.R. durch das 8. I.R. nördlich von St. Mihiel am 15.06.1916, um ein Beispiel Mitte des Jahres 1916 zu nennen, verlief reibungslos.

> Die Kommandeure und Komp. Führer unterrichten sich im Gelände und anhand der vom 13. I.R. übergebenen, sehr ausführlichen Skizzen und der Besatzungspläne über alle Einzelheiten der Stellung.
> Die Übergabe war vom 13. I.R. sehr gut vorbereitet und hat sich mit so wenig Reibungen vollzogen, als bei der gebotenen Eile überhaupt zu erwarten war.[1040]

Diese Phase barg aber immer wieder Probleme, die zu erheblichen Verlusten führen konnten. Schon am 14.08. hatte die G. E. D.[1041] entsprechende Maßnahmen bei der Ablösung ergriffen:

> G. E. D.   14.8.16
>
> Betrifft: Wege Bezeichnung im Bereich des feindlichen Feuers. Bezeichnung der Schluchten und Lager.
>
> Bezug: A. G. O. vom 11.8.2016 und Gen.kdo XVIII. R. K. 12.8.16
>
> Es sind in einem Fall beim Vorführen eines mit dem Gelände und den Kampfverhältnissen vor Verdun nicht vertrauten Truppenteils dadurch erhebliche Verluste entstanden, dass ein vom Feind eingesehener Höhenzug in langer, zusammenhängender Kolonne überschritten und dementsprechend starkes feindliches Artilleriefeuer ausgelöst wurde. An einer anderen Stelle sind bei der Ablösung Schwierigkeiten entstanden, weil die von dem abzulösenden Truppenteil gestellten Führer sämtlich und die zur Ablösung bestimmten Komp. sich nicht zurechtfinden konnten.
>
> Um ähnliche Vorkommnisse für die Zukunft zu vermeiden sind die besten An- und Abmarschwege zu den Stellungen, Schluchten und Lagern, die Schluchten und Lager selbst, durch große Tafeln mit

---

[1037] KA: 8. I.R._(WK)_10_155 (414). Dies wird auch unter Pkt. 3 des Brigadebefehls vom 27.08.1916 nochmals mitgeteilt; KA: 8. I.R._(WK)_10_156 (414).
[1038] KA: Infanteriebrigaden (WK)_915_08 (1674).
[1039] KA: 8. I.R._(WK)_10_150 (414); Abbildung 48, Anhang 4.
[1040] KA: 8. I.R._(WK)_1_03 (414).
[1041] KA: Infanterie-Divisionen-(WK)_5710_10-11 (111).

Leuchtfarbe deutlich zu bezeichnen. Desgleichen sind Tafeln an den Geländestrecken aufzustellen, an denen feindliche Sicht oder feindliches Feuer zur Einnahme besonderer Marschformationen oder zum Vorgehen in beschleunigter Gangart zwingt. Neuen Truppenteilen sind Führer grundsätzlich in solcher Zahl beizugeben und so auf die ganze Marschkolonne zu verteilen, dass ein völliger Ausfall nach menschlichem Ermessen ausgeschlossen ist.

Die Anfertigung der infrage kommenden Tafeln erfolgt durch den Kommandeur der Pioniere im Pionierpark Azannes. Die auf der R-Seite bezeichneten Schilder [Abbildung 153] sind bereits in Arbeit. Die Regimenter der 5. Brigade haben möglichst bald unmittelbar dem Kdr. der Pioniere durch Fernsprecher anzugeben, welche Art Schilder und welche Anzahl noch gewünscht werden.

Die Aufstellung der Tafeln für die vordere Linie, Kasemattenschlucht und Anmarschwege veranlasst der Kdr. der Pioniere, die Anbringung der Schilder für die übrigen Schluchten und Lager südlich des Herbébois-Lagers erfolgt durch die Infanterie.

Bis zum 19. ds. Mts. Abends ist zu melden, dass die Aufstellung der Tafel beendet ist. Von Zeit zu Zeit ist durch besondere Erkundung nachzuprüfen, ob die Tafeln noch stehen. Meldung von erfolgter Prüfung ist der Division am letzten jeden Monats zu erstatten. Der Kommandeur der Pioniere reicht der Division baldmöglichst eine für Vervielfältigung geeignete Karte ein, auf der die nach seiner bisherigen Erfahrung besten und am wenigsten von feindlichem Feuer belästigten Anmarschwege zu den Stellungen und Schluchten eingetragen sind.[1042]

Es wurden außerdem sehr detaillierte Skizzen für einen Anmarschweg hergestellt und den Führern zur Verfügung gestellt (Abbildung 154). In der Anmarschwege-Skizze nach dem Chapitre-Wald war bei dem rot markierten Anmarschweg auch die Anweisung für die Marschform angemerkt: „Von hier ab in kleinen Trupps gehen", „In Reihen rechts um", „Einzeln gehen."[1044] Neben dem Truppen-Anmarschweg war eigens ein Krankenträgerweg eingezeichnet. Die Skizze bezeichnete außerdem den Hauptverbandsplatz, den Truppenverbandsplatz, die Wagenhaltepunkte der kleinen Bahn, die Quellen und den Pionierpark.

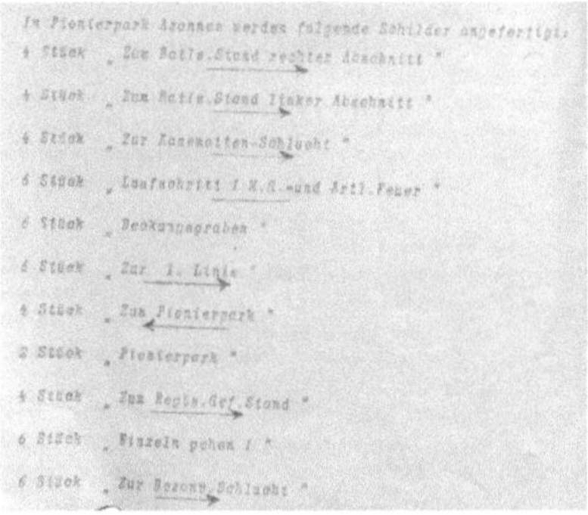

Abbildung 153: 14.08.16, Wegeschilder im Operationsgebiet „Souville-Sack"[1043]

Im Divisionsbefehl 21. R. D. vom 29.08.[1045] heißt es im Zusammenhang mit oben beschriebener Umgruppierung: „2. Endgültige Ablösung auf der Westfront durch 14. b. I. D. und 33. R. D. In der Nacht 1./2.9. übernimmt 14. b. I. D. mit 1 Btln. u. Teilen einer MG- u Pi. Kp. die Nordhälfte der Westfront 21 R. D., die 33 R. D. mit II/ I.R. 364, ½ MG Kp / I.R. 364 u 1./L. Pi. IV A. Ko. die Südhälfte. [...] Nach erfolgter Ablösung rückt II/R. I.R. 88 und III/R. I.R 87 nach Loison [5 km westlich von Spincourt]."[1046]

[1042] KA: Infanterie-Divisionen-(WK)_5710_10-11 (111).
[1043] KA: Infanterie-Divisionen-(WK)_5710_11 (111).
[1044] KA: 8. I.R._(WK)_16_03 (1530).
[1045] KA: Infanterie-Divisionen-(WK)_5697.
[1046] KA: Infanterie-Divisionen-(WK)_5697.

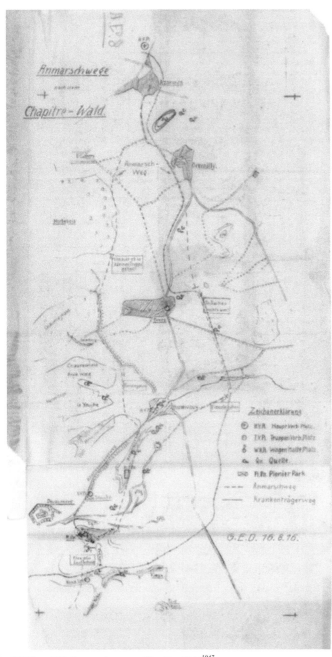

Abbildung 154: Anmarschweg zum Chapitre-Wald[1047]

[1047] KA: 8. I.R._(WK)_Bd.16_03 (1530).

Am 16.09.1916, also nach dem Gefecht um den Souville-Sack, ergab sich ein weiteres Beispiel für die Regelung einer Ablösung. Ein Korpsbefehl[1048] verfügte die Übernahme des rechten Abschnitts der 33 R. D. am 21./22.09. durch die 14 b. I.R.: „Die Ablösung des rechten Flügels der 33. R. D. durch 14. bayr. I. D. entsprechend der neuen Division Grenze erfolgt nach unmittelbarer Vereinbarung beider Divisionen. Alle Vorkehrungen für zuverlässige Übergabe des Abschnittes sind rechtzeitig zu treffen." Es wurde immer auf lokale bilaterale Abmachungen der beteiligten Einheiten Wert gelegt.

Bereits im Somme-Erfahrungsbericht[1049] wurde unter dem Punkt „Orientierung der neu eintreffenden Truppen" auf besonders rücksichtsvolles Vorgehen bei Ablösungen hingewiesen:

> Für Truppen welche neu eintreffen und eingesetzt werden sollen, handelt es sich um folgendes:
>
> a) Kurze Orientierung der Führer bei der Division, Vorschläge von dort zu den Infanterie-Brigaden, möglichst in Kraftwagen.
>
> b) Vorführen der Truppe durch die Division, welche hierfür ständig ein genau eingearbeitetes Personal vorrätig haben muss. Dieses Personal muss aus besonderen Offizieren und Mannschaften bestehen. Es genügte z. B. nicht, wenn zur Führung eines Bataillons nur ein einzelner Mann gestellt wird. Der nächtliche Einsatz fremder Formationen gestaltet sich meist so schwierig und hat stellenweise zu solchen Reibungen geführt, dass für jede Kompagnie mindestens ein Führer gestellt werden muss, welcher sich schon lange in dem betr. Abschnitt befindet und über ihn genau Bescheid weiß.
>
> c) Jede neu eintreffende und nach vorne rückende Truppe muss mit Handgranaten und einer genügenden Anzahl von Karten ausgestattet werden.[1050]

Zum „Einsatz neue Truppen" stellt der Somme-Erfahrungsbericht fest:

> Es hat sich als nachteilig herausgestellt, Infanterie nach längeren Märschen sofort in vorderster Linie einzusetzen. Am zweckmäßigsten gestaltet sich die Ablösung einer in vorderster Linie befindlichen Truppe, wenn die ablösenden Teile in der ersten Nacht zunächst nur bis in die erste, hinter der vordersten Linie befindliche Reserve-Stellung und erst in der zweiten Nacht bis in die vorderste Linie vorgeführt werden. Nur dann ist eine leidliche Orientierung der neuen Führer und ein sachgemäßer Einsatz der neuen Truppe gewährleistet.[1051]

Im Folgenden sollen auch einige Ablösungen vor Verdun nach dem Gefecht vom 03.09. dargestellt werden. Im Brigadebefehl Nr. 2985 vom 08.09.1916[1052] wird eine gewohnte Ablöseroutine erkennbar:

> Das III/8 und die MG Komp. 8 treffen morgen, 9.9., im Laufe des Vormittags im Ornes-Lager ein. III/8 ist bestimmt zur Ablösung des I/4. MG Komp. 8 ist bestimmt zur Ablösung des MG. Ss. Tr. 154.
>
> Einweisungs-Kdos. sind über die Befehlsstelle 4. I.R. bis 4:00 Nachm. in die Kasematten-Schlucht[1053] vorauszusenden. Hierher sendet I/4 Führer für die Einweisungskommandos und für das nachrückende Batl. und MG Komp. 8 entgegen. Dem Batl. selbst sind Führer nach Anordnung 4. I.R. bis zum Ornes-Lager entgegenzuschicken. Ablösezeit in vorderster Linie am 10. Septbr. zwischen 2:00 u. 4:00 Morgens.

[1048] KA: Infanterie-Divisionen-(WK)_5700_13 (1728).
[1049] KA: 8. I.R._(WK)_13_38 (511).
[1050] KA: 8. I.R._(WK)_13_38 (511).
[1051] KA: 8. I.R._(WK)_13_38 (511).
[1052] KA: 8. I.R._(WK)_10_32-33 (414).
[1053] Abbildung 6, Anhang 2.

Oberst v. Kleinhenz leitet die Ablösung. Die Truppen sind für genaue Übergabe und Übernahme der Stellung verantwortlich. Kein Mann verlässt die Stellung, bevor seine Ablösung ihn ersetzt hat.[1054]

Es kamen aber auch schwerwiegende Probleme bei der Ablösung vor, die wegen der daraus entstehenden Problematik bis zur Division verantwortet werden mussten.

In einem Rapport[1055] des 8. I.R. an die 8. Infanterie-Brigade vom 08.09.1916 musste zu gravierenden Mängeln in der Ablösung des I/364 durch das I/368 Stellung bezogen werden. Offensichtlich schlug die Ablösung fehl und möglicherweise war die Stellung zeitweise nicht besetzt, sodass die Division Klärung forderte. Der Regiments-Kommandeur 8. I.R., Oberst v. Rücker, versuchte, sich zu exkulpieren, gestand jedoch ein, dass er die ablösende Truppe nicht der bestehenden Läuferkette anvertraut, sondern jeder Kompanie einen eigenen Führer zur Verfügung gestellt habe. Er habe dabei eine Meldung über den weiteren Verlauf der Ablösung nach der Kommandoübernahme verlangt.

Dieser Bericht wurde von dem Brigade-Kommandeur, General von Reck, am 11.09. kommentiert, womit die herrschende Umgebungssituation auf dem Gefechtsfeld besonders deutlich wurde:

> Die am Nachm. des 7.9.16 wechselnden Entschlüsse des Kgl. Gen. Kdos. XVIII. R. K. hatten zur Folge, dass der Befehl zur Ablösung in der Nacht vom 7./8.9. von der Brigade am 7.9. Abds. erst ziemlich spät ausgegeben werden konnte. Da die neu anrückenden Truppen noch mit 2. Feldflaschen und Stahlhelmen versehen werden mussten, entstanden weitere Verzögerungen. Versehen bei der Ablösung waren dadurch sowohl für den einzuweisenden Truppenteil wie für die Leitung der Ablösung besonders deswegen nicht ausgeschlossen, als mehrfach aufgrund höherer Weisungen – z. B. Korpsbefehl zum Angriff in der Nacht 7./8. – ändernde Einzelbefehle an die Truppen gegeben werden mussten, während die Einweisungskommandos schon nach vorne unterwegs waren.
>
> Zum Bericht des Regiments melde ich:
>
> 1. Das Vorführen der Kompanien wäre besser durch Leute des in Stellung befindlichen Batls. geschehen, die der Läuferkette entlang zurückzusenden gewesen wären und ihr entlang wieder vorgeführt hätten. Sie hätten mehr Interesse daran gehabt, die Kompen. auch wirklich vorzubringen.
>
> 2. Wegen des Ersatzes der Verfügungstruppen des Regimentskommandeurs wäre Zusammenwirken der beiden Regimenter unbedingt notwendig gewesen. Es liegt aber hier vielleicht auch ein Teil der Schuld im Brigadebefehl vom 7.9., der gerade bei Ablösung des II/8 als Bereitschaft nicht bestimmte, dass die Kompen. erst nach erfolgter Ablösung abzurücken hätten.
>
> 3. Bei der Lage der Regts. Bef. Stellen 8. I.R. und R. I.R. 130 in der Bezonvaux-Schlucht und im Werk Hardaumont wäre es vielleicht doch möglich gewesen, dass der Regts. Stab 8 einen Verbindungsoffizier zum Regts. Stab R. I.R. 130 entsandt hätte.
>
> 4. Die Kommandoübergabe hätte noch von der Befehlsstelle aus oder spätestens beim Rückmarsch von der Befehlsstelle bei der Brig. Befehlsstelle gemeldet werden können. Da einerseits die Abgabe des Kommandos an die Brigade bis zum Morgen des 8. nicht gemeldet worden war, andererseits vom 8. I.R. auch keine Morgenmeldung eintraf, und da für den der 33. Res. Div. befohlenen Angriff am Morgen des 8. das I/368 dieser Division unterstand, – es war der Kommandeur I/368 angewiesen, dass ihm die Befehle des Kdeurs R. I.R. 130 auf der Befehlsstelle 544 zugehen würden –, so wurde am Morgen des 8. angenommen, der Stab 8. I.R. habe ordnungsgemäß übergeben.
>
> Zweifellos hätten einzelne Reibungen bei der Ablösung vermieden werden können. Ich betone jedoch nochmals, dass sie unter äußerst ungünstigen Bedingungen vor sich ging und dass insbesondere auch

---

[1054] KA: 8. I.R._(WK)_10_32-33 (414).
[1055] KA: Infanteriebrigaden (WK)_946_39-42 (1674).

bei glattem Verlauf nie gewährleistet war, dass die am 8.9. 6:15 Vorm. zum Angriff vorgehenden Kompen. in dem ihnen vollkommen fremden Gelände den Anschluss an ihre Division finden und halten konnten.

Besondere Umstände, wie das lange Abkommen des S[charf]. S[chützen]. Tr[upp]. 115, der den Befehl hatte, sich dem I/368 anzuschließen, lassen mir auch nicht ganz ausgeschlossen erscheinen, dass von den einzelnen Teilen des I/368 noch mehr hätte geschehen können, um den verlorenen Anschluss wiederzugewinnen. Ablösungen lassen sich aber, namentlich unter so schwierigen Verhältnissen nur dann glatt durchführen, wenn jeder einzelne Führer auf beiden Seiten alles zur richtigen Lösung der Aufgabe aufbietet.[1056]

Der Regimentsrapport und die Stellungnahme der Brigade wurden am 12.09. von der Division mit folgender handschriftlicher Kommentierung des Generals Rauchenberger entgegengenommen: „Ich bin mit den Ausführungen der Brigade einverstanden. Eine Kontrolle der Ablösung wäre richtig gewesen. Die Verbindung zu den benachbarten Regimentskommandeuren muss sichergestellt sein."[1057]

Am 12.09.1916, so ein weiteres Beispiel für Ablösungen, legte die Division an die unterstellten Einheiten einen Befehl zur Sicherheit bei der Ablösung[1058] heraus. Folgende Punkte wurden dabei betont: Bereitstellung einer genügenden Anzahl von Führern, das Vorführen durch Leute der Stafettenposten genüge nicht; Kontrolle der Regiments- und Bataillons-Führer und Meldung, falls die Ablösung nicht wie vorgesehen eintreffe; die Übergabe von Kompanie an Kompanie, Bataillon an Bataillon sei künftig schriftlich zu bestätigen. „Der Regimentskommandeur übergibt seinerseits an den ablösenden Regimentskommandeur und meldet dies vor dem Abrücken der Brigade. Das Abrücken aus der Stellung ohne vorherige förmliche Übergabe ist unstatthaft."[1059]

Der Divisionsbefehl Nr. 61[1060] vom 17.09.1916 regelte mit besonderen Anordnungen die Ablösung, wie folgt:

Besondere Anordnungen.

1.) Einweisungskommandos – auch zur Übernahme der Läuferketten sind in der Nacht vom 18./19. vorauszusenden. Das abgelöste Batl. kann keine Nachkommandos zurücklassen.

2.) Die einrückende Truppe hat ihren ganzen Stellungsbedarf selbst mitzubringen. In der Stellung ist die dort lagernde Munition, Leuchtpatronen, Schanzzeug sowie das Erkundungs – Lichtbilder – und Kartenmaterial zu übernehmen. Besonders sorgfältige Übernahme der Verbindungen/Fernsprechapparate sind auszutauschen; der eingebaute Draht bleibt liegen.

3.) Die Unterkunft der Ruhe-Batle. ist nach Durchführung der Neugliederung in Billy, Nouillon Pont und Rouvrois vorhergesehen. An- und Abtransport durch Kraftwagen und Eisenbahn. Näherer Befehl folgt.[1061]

Eine sehr detaillierte und umfassende Ablösungsplanung stellt der Brigadebefehl bei der Übernahme des Unterabschnittes Souville-Nase durch die 14. b. I. D. von der 33. R. D. dar. Diese

---

[1056] KA: Infanteriebrigaden (WK)_946_41-42 (1674).
[1057] KA: Infanteriebrigaden (WK)_946_42 (1674).
[1058] KA: 8. I.R._(WK)_10_05-06 (414).
[1059] KA: 8. I.R._(WK)_10_05-06 (414).
[1060] KA: Infanterie-Divisionen-(WK)_5885_09-10 (111).
[1061] KA: Infanterie-Divisionen-(WK)_5885_10 (111).

Aufgabe übernahm das 4. I.R., also nicht das in unserem Fokus stehende 8. I.R., aber wegen der Genauigkeit und Präzision dieses Ablösebefehls soll er als Beispiel herangezogen werden.

1. Die Division übernimmt in der Nacht vom 21. auf 22. Sept. den Batls.-Abschnitt auf der Souville-Nase von der 33. R. D.

2. Rechte Grenze dieses Abschnitts: Tiefenlinie der Souville-Schlucht. Linke Grenze für Kampf und Besetzung: 573 – Waldeck dicht westl. 574 – Komp.-Abschnittsgrenze südwestl. 560 u. 100 m östl. des alten deutschen Nord-Südgrabens auf der Souville-Nase 541 – 542 – Mitbenutzung des Batls.-Gefechtsstandes 544 – 512 – Mitbenutzung des Dammes östlich des Vaux-Teiches [Abbildung 135].

3. Jetzt stehen in diesem Unterabschnitt von der 33. R. D.: 3 Kompn. in vorderer Linie, eine Komp. als Batls.-Reserve in der alten Sturmausgangsstellung vom 1. Aug. bei Punkt 508. 4 MG bei dem Batl. eingesetzt.

4. Das I/4 I.R. übernimmt den Abschnitt in der Nacht vom 21. auf 22. Septbr. zwischen 12:00 Mitternachts und 2:00 Morg. Es gliedert sich: 2 Kompn. in vorderer Linie, mit tiefer Gliederung auf dem bisher von 3 Kompn. besetzten Abschnitt verteilt. Flügelstaffeln zum Schutz der Batls.-Flanken gegen feindl. Einbruch. Zwei Kompn. als Batls.-Reserven in der alten Sturmausgangsstellung vom 1. Aug. bei Punkt 508. Batls-Befehlsstelle im Gefechtsstand 544.

5. Das III/4 rückt am 19.9. Vorm. nach Azannes. Es wird in der Nacht vom 21. auf 22. Sept. Bereitschafts-Batl. Gliederung: 1 Komp. in der Unterstandsgruppe am Nordhang des Fumin südl. des Vaux-Teiches. Batls.-Stab und 2 Kompn. in der Kasemattenschlucht. 1 Komp. in dem Inftr.-Werk Hardaumont-West.

6. Maschinengewehre. Von der Nacht 21./22. Sept. ab stellen: Gruppe A [...] 8 MG die vordere Linie des Batls.-Abschnittes von 535 – Talgraben, 2 MG zur Staffel in Gegend 502 – 503. 2 MG als Reserve in der Kasematten-Schlucht. Gruppe B [...] 4 MG in vorderster Linie auf der Souville-Nase, 2 MG zur Reserve des Batls.-Kdeurs nahe der Batls.-Befehlsstelle bei 544. Außerdem: 2 MG als Reserve des Batls.-Kdeurs im Chapitre-Wald südlich der Vaux-Schlucht. 2 MG in der Kasematten-Schlucht zur Besetzung der Riegelstellung. 2 MG in der Kasematten-Schlucht als Reserve.

7. Das I/4 schickt in der Nacht vom 18. auf 19. September Einweisungskommandos – für Bataillonsstab und für jede Kompanie mindestens 1 Offiziers-Dienstuer, für jeden Zug mindestens einen älteren Uoffz und 4 gewandte und zuverlässige Leute – in den zu übernehmenden Abschnitt voraus. Gründlichste Einweisungen Übernahme aller Angaben über den Feind, aller Einheiten in der Stellung, der Munitionsvorräte, Vorräte an Leucht- und Signal-Munition, der Granatwerfer, Schießgestelle für Gewehr und der dazu gehörigen Munition, kurz des gesamten in der Stellung verbleibenden Materials, Einweisung in den Verbindungsdienst unbedingt notwendig. Batls- u. Komp.-Führer vergewissern sich rechtzeitig, dass die Übernahme der Stellung in der Nacht vom 21. auf 22. Sept. ohne Reibung vor sich gehen kann. Das abzulösende Batl. kann voraussichtlich keine Nach-Kdos. zurücklassen. Das Einweisung-Kdo. meldet sich morgen, 18. ds., noch bei Tage beim Regts.-Kdeur vom Dienst in der Bezonvaux-Schlucht. Hierher sind bis 7:00 Nachm. Führer von der 66. Res. Inf. Brig. bestellt, die über die Regts.-Bef. Stelle in der Fumin-Schlucht zur Batls. Bef. Stelle 544 führen.

[...]

10. Das III/4 rückt in seiner Aufstellung nach Ziff. 5 am 21. Sept. zwischen 9 und 11:00 Abds. Es schickt am 20. Sept. Vorkommandos voraus.

11. Läuferkette der 66. Res. Inf. Brig. steht von Höhe 310 [s. Abbildung 155] südöstl. Gremilly über Bezonvaux-Schlucht und Hardaumont bis zur Regts.-Bef. Stelle in der Fumin-Schlucht und zur Batls. Bef. Stelle 544. [...] I/4 stellt bis spätestens 21. ds. Abds. die Läufer Verbindung von Batls. Bef. Stelle 544 bis zur Läuferkette der 8. I. Brig. in der Kasematten-Schlucht oder auf dem Hardaumont durch eigene Läufer sicher. Die Plätze sind so zu erkunden, einzelne Posten nach Bedarf mit denen der 66. Res. Inf. Brig. zusammenzulegen, dass sichere und rasche Verbindung gewährleistet ist und dass durch geeignete Führung der neuen Läuferkette bis zum Anschluss an die schon bestehende nicht mehr Posten eingesetzt werden als unbedingt notwendig sind.

12. Stahlhelme und zweite Feldflaschen werden von der 66. Res. Inf. Brig. nicht übergeben.

13. Über den Gang der Abschnitts-Übernahme ist von den MG-Formationen und den Batln. durch den Regts.-Kdeur. vom Dienst alles Wichtige zu melden: Die Absendung der Einweisungs.-Kdos., deren vollzogene Unterweisung, die Übernahme der einzelnen Abschnitte der vorderen Linie und der Bereitschaften. Ferner sind zum 22. Skizzen der Gliederung der Inftr., der Aufstellung der MG, sowie der Läuferketten der Brig.-Befehlsstelle einzureichen. Neueinteilung der Läufer wird dann befohlen. Zweifel und Unstimmigkeiten sind sofort zur Sprache zu bringen.

14. An genaue Beachtung der Divisions-Verfügung vom 12.9.2016 Nr. 2068 Betreff „Ablösung" wird erinnert. gez. von Reck.[1063]

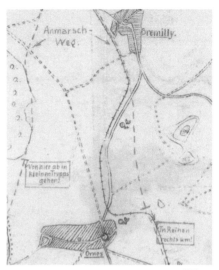

Man scheint aus den schwerwiegenden Mängeln bei der Ablösung des I/364 durch das I/368 am 08.09.1916 gelernt zu haben. Nichts wurde dem Zufall überlassen.

Abbildung 155: Höhe 310 südöstlich Gremilly[1062]

Für den 21.09.1916 liegt wieder ein (handschriftlicher) Brigadebefehl[1064] mit besonderen Anweisungen für die Ablösung, der auf die selbstständige Vereinbarung zwischen den betreffenden Einheiten Wert legt, vor:

4. Bei künftigen Ablösungen wollen die Batlne., die zur Ablösung vorkommen betr. Führer etc. mit dem abzulösenden Batln. alles Weitere immer selbstständig vereinbaren (schriftlich durch Stafettenlinie). Die Ablösungszeit bestimmt stets der Regts.-Kdeur v. D. direkt an die beteiligten Batln.

5. Der Kopfstelle der Stafettenposten in der Brûle-Schlucht werden ab 22.9. mit 30.9.16 30 Mann der MG-Komp. 4 zugeteilt.[1065]

Am 27.09.1916 wurde durch Korpsbefehl[1066] die Ablösung der 14. Bayerischen Infanterie-Division durch die 9. Infanterie-Division veranlasst (s. Kapitel 4.4.2.11.3). Dieser Korpsbefehl vom 27.09. zur Ablösung wurde mit einem Divisionsbefehl[1067] vom 28.09. umgesetzt: „Die Ablösung leitet die 14. bayr. Inf. Div. nach anliegendem Ablösungsplan und meldet täglich bei der Abendmeldung den tatsächlichen Fortgang der Ablösung."[1068] Im Einzelnen werden dieser Korps- und dieser Divisionsbefehl noch unter dem 27. und 28.09. im letzten Kapitel behandelt.

Der Ablöseplan (s. Abbildung 156) beschreibt für die einzelnen Tage des Ablösevorgangs (27.09.-03.10) genau, wo die abzulösenden Divisionseinheiten disloziert waren und wohin sie

---

[1062] KA: 8. I.R._(WK)_16_03 (1530).
[1063] KA: Infanterie-Divisionen-(WK)_5700_04-05 (335).
[1064] KA: Infanterie-Divisionen-(WK)_5700_20-21 (1728).
[1065] KA: Infanterie-Divisionen-(WK)_5700_21 (1728).
[1066] KA: Infanterie-Divisionen (WK)_5707_01-02 (111).
[1067] KA: Infanterie-Divisionen (WK)_5701_09-11 (1728).
[1068] KA: Infanterie-Divisionen (WK)_5707_01-02 (111).

von Tag zu Tag verlegt wurden, um dann endlich per Bahnfahrt abtransportiert zu werden. Das uns interessierende I/8 verweilte am 27.08. noch in der zerschossenen Kasematten-Schlucht, wurde für den 28.08. und 29.08. nach Hardaumont verlegt, am 30.09. abends durch ein neues Bataillon der 9. Infanterie-Division abgelöst, am 01.10 ins Lager Billy verlegt und am 02.10. mit der Bahn abtransportiert, allerdings ohne unseren Protagonisten Ldstm. Karl Didion, der am 30.09.1916 zur Armee-Abteilung „A" und dort am 03.10.1916 in die 5. Kompanie/Ersatz-Regiment 2/Feld versetzt wurde.

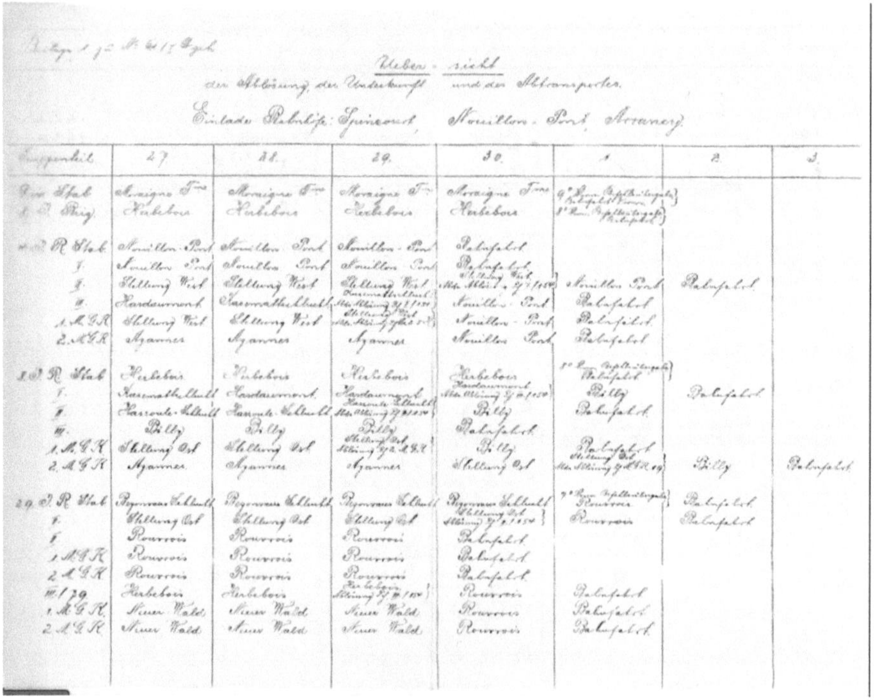

Abbildung 156: 27.08.1916, Ablöseplan der 14. b. Inf.-Div.[1069]

Durch erbeutete französische Befehle bekommen wir auch Einsicht in die Ablösungsroutine bei den französischen Truppen.

32. Div. Generalstab 3. Büro,   Befehlsstelle
27.8.16.

1. In der Nacht vom 28. auf 29. 8. a) 1 Bataillon des [frz.] I. R. 234 löst in Fleury das Batl. THIEBAUD des I.R. 80 (linkes Batl.) ab; dieses geht nach der Ablösung nach Belleray in Quartier. b) 1 Bataillon I.R. 212 löst im Vaux-Chapitre-Wald das Bataillon Fabre I.R. 15 ab, das in Lempire [15 km sw. Verdun] Unterkunft bezieht.

[1069] KA: Infanterie-Divisionen (WK)_5701_11 (1728).

2.a. Das Bataillon I.R. 234 findet sich am 28.8. 7:30 Nachm. am Ostausgang der Vorstadt Pavè bei Punkt 205 ein. Das Bataillon wird durch Führer des Terr. 340 (einen der Komp.) zu den Unterständen Saint Michel geführt (vorherige Verständigung mit dem obersten Kommandeur der Terr. 340, Villa Santiago Vorstadt Pavè Telefon). Führer der Schwadron Marceau (2 pro Kompagnie) erwarten das Bataillon in den Unterständen Saint Michel von 8:00 Uhr ab und führen es durch den Verbindungsgraben Nr. 11 zum Petit Bois, wo es die durch die 63. Brigade gestellten Führer vorfindet. Die Kompagnien sind weit auseinanderzuziehen. Die Einzelheiten betreffend Ablösung werden durch den Kommandeur der I.R. 80 geregelt. Das Bataillon Thiebaud marschiert durch den Verbindungsgraben 11 zurück und wird von Petit Bois aus durch die Führer, die das Bataillon I.R. 234 dorthin gebracht haben, weitergeführt.

2.b. Das Bataillon I.R. 212 steht am 28. August um 8:00 Uhr abends am Ostausgang der Vorstadt Pavè auf der Straße nach Etain bei Punkt 205. Es wird nach der Kaserne Marceau [Abbildung 152] durch Führer des Terr. 340 (einer der Komp.) geführt (Verständigung mit dem Kommandeur der Terr. 340, wie oben). Führer der Schwadron Marceau (2 der Komp.) erwarten das Bataillon von 8:30 Uhr ab an der Kaserne Marceau und bringen es zu den Panzertürmen des Fort Souville (Befehlsstellen der 64. Brigade, wo es Führer dieser Brigade vorfindet). Kompagnien weit auseinanderziehen; Einzelheiten der Ablösung regelt Regts.-Kdeur I.R. 15. Das Bataillon I.R. 15 marschiert auf der Straße Souville – Marceau zurück.

3. Es bleiben an Ort und Stelle bis 30. August Mitternacht: die Batls.-Kommandeure der abgelösten Bataillone, ein Offizier jeder abgelösten Kompagnie und ein Unteroffizier jeden Zuges, um die Abschnitte ordnungsgemäß zu übergeben.

4. Die Berichte über die richtige Ausführung der Ablösung und Quittungen über die richtige Übergabe sowie Mitteilungen betreffenden Abschnitt sind an den General und Kommandeur des Marceau-Abschnittes zu richten, ehe die betreffenden Offiziere ihre Posten verlassen.
gez. Bouchez, Kommandeur der 32. I. D.[1070]

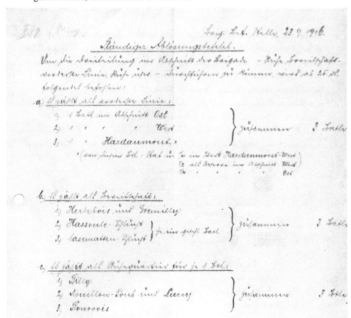

Abbildung 157: 23.09.1916, ständiger Ablösebefehl[1071]

Dieser erbeutete Ablösungsbericht hatte damals wegen der identifizierten gegnerischen Einheiten

---

[1070] KA: Infanteriebrigaden (WK)_946_32-35 (1674).
[1071] KA: 8. I.R._(WK)_10_84-85 (414).

und deren Anmarschwege sowie der Heimatkasernen mit Sicherheit einen hohen Nachrichtenwert.

Es kann festgestellt werden, dass die angewandte Ablösungsprozedur militärisch professionell gestaltet und im Grunde unterschiedslos zur deutschen war. Hervorzuheben ist, dass der Gegner im Gegensatz zur deutschen Situation im unmittelbaren Hinterland über Kasernen verfügte und im Frontbereich auf bestehende Unterstände zurückgreifen konnte. Dies ist als ein herausragender Vorteil der Franzosen zu werten; deutsche Soldaten mussten im Frontbereich mit unbequemen und schlecht ausgestatteten Unterkünften auskommen.

Um im Interesse der Truppe die Ablöseprozeduren transparenter zu machen, wurde am 23.09.1916 ein ständiger Ablösebefehl[1072] (Abbildung 157) mit Wirkung per 25.09. herausgelegt.

Als Kommentar wurde in diesem ständigen Ablösebefehl vermerkt:

> Durch die beabsichtigte Gliederung wird jeweils befohlen, woher die einzelnen Batlne. kommen. Eine bestimmte Zuweisung der Ruhequartiere auf die Regimenter lässt sich deshalb nicht durchführen, weil entweder:
>
> 1. 2 Bataillone eines Regiments zeitweise gleichzeitig in der dem Regiment zugeteilten kleinen Ortsunterkunft Quartier beziehen müssten, wenn der Wechsel in den beiden Abschnitten Ost und West nicht an einem Tage stattfindet oder
>
> 2. in den 3 Ortschaften je 1 Batl. jedes Regts. nur sein könnte, wenn sämtliche Batlne. der Div alle vier Tage in einer Nacht sich gegenseitig ablösen würden.
>
> Die Ablösung im Abschn. Ost und West an verschiedenen Tagen muss beibehalten werden; mithin kommt je eines der 3 Ruhe-Batlne in die gerade freiwerdende Unterkunft.
>
> Reihenfolge in der Ablösung – Ruhe, Bereitschaft, vorderste Linie, Ruhe usw. – ist aus beiliegender Tabelle zu ersehen. Vorausgesetzt ist hierbei, dass aus taktischen Gründen eine Änderung nicht notwendig wird. Die nicht in Stellung befindl. Teile der MG Formationen erhalten als dauerndes Ruhequartier die gleichen Ortschaften wie ihre Regiments-Stäbe zugewiesen also: 8. I.R. Billy, 4. I.R. Nouillon-Pont, 29. I.R. Rouvrois.[1073]

Diesem Ablösebefehl ist dann noch eine uns bereits bekannte Lager- und Stellungsskizze (Abbildung 158) mit folgender Anmerkung beigefügt:

„Beabsichtigte Gliederung wird durch Brigadebefehl 2 Tage vorher nach diesen Gesichtspunkten ausgegeben. Die Tabelle gelangt nur deshalb zur Ausgabe, um den Batlen. jederzeit einen Anhalt über ihre zu erwartende Verwendung zu geben.“[1074]

[1072] KA: 8. I.R._(WK)_10_84-85 (414).
[1073] KA: 8. I.R._(WK)_10_84-85 (414).
[1074] KA: 8. I.R._(WK)_10_85 (414).

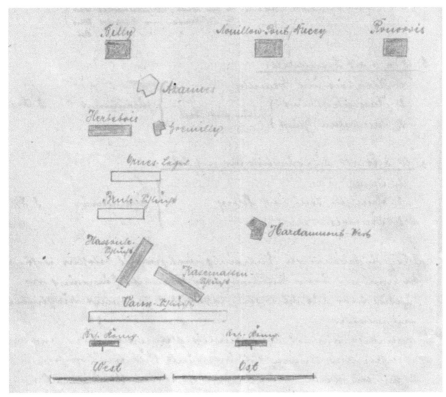

Abbildung 158: 23.09.1916, Stellungsskizze zum ständigen Ablösebefehl[1075]

Gleichem Zweck diente auch folgende „Übersicht über die voraussichtliche Verwendung der Batlne. und MG-Formationen im Abschnitt der 8. Inf.-Brig. (vom 24. ds. bis einschließlich 15.10.1916)." (Abbildung 159)[1076].

Ein sehr detaillierter Ablösebefehl wurde von der 14. b. I. D. am 28.09.1916 herausgegeben, als laut Korpsbefehl[1077] ihre Ablösung durch die 9. I. D. befohlen wurde. Dieser Ablösebefehl ist im Kapitel 4.4 „Gefecht vor Verdun im August/September 1916" dargestellt.

[1075] KA: 8. I.R._(WK)_10_85 (414).
[1076] KA: 8. I.R._(WK)_10_88 (414).
[1077] KA: Infanterie-Divisionen-(WK) 5707_01-02 (111).

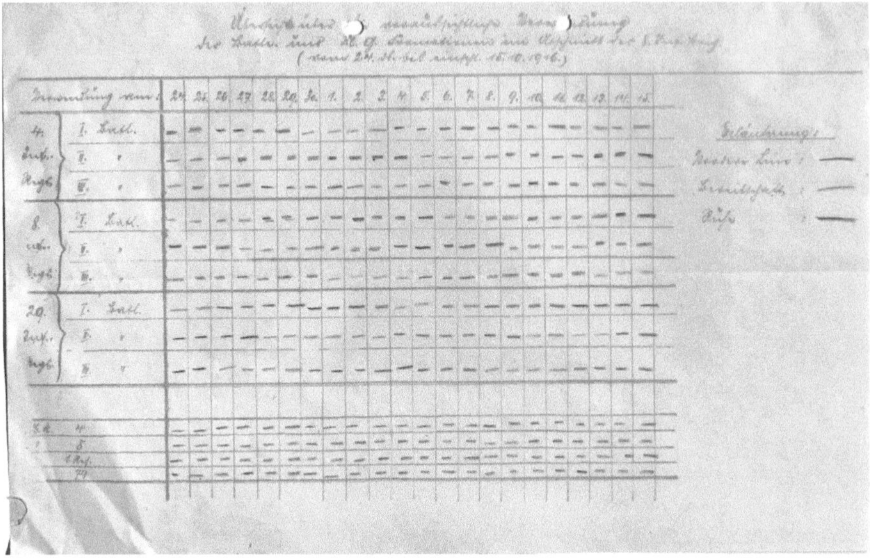

Abbildung 159: 23.09.16, Übersicht über die voraussichtliche Verwendung der Bataillone u. MG-Formationen im Abschnitt der 8. Inf.-Brig.[1078]

4.3.6.4 Meldungen, Läuferketten

Es gab in den Angriffsbefehlen immer besondere Hinweise für die Nachrichtenübermittlung. Dazu sollen einige Beispiele genannt werden.

Der am 21.08.1916 ergangene Regimentsbefehl[1079] an die Bataillone regelte die Inhalte der täglichen Morgen- und Abendmeldungen. Diese sollten die Tätigkeit der eigenen Infanterie und Maschinengewehre, die eigenen und feindlichen Erkundungstätigkeiten und den Fortgang der eigenen Befestigungsarbeiten beinhalten. Die Übertragung der Meldungen geschah durch Fernsprecher, Signalpatronen, Brieftauben und nicht zuletzt durch Läuferposten.

Wegen der unsicheren Telefonverbindungen bei der Infanterie, die durch Feindeinwirkung immer wieder versagten, musste neben dem üblichen Meldeverkehr besonders zur Abstimmung zwischen Artillerie und Infanterie eine alternative Kommunikationsmöglichkeit eingerichtet werden. So hieß es im Brigadebefehl Nr. 2822 vom 30.08.1916 „Die Verbindungen nach vorne versagten bald, insbesondere gelang es nicht, Nachrichten von den vordersten Batlne. zu erhalten."[1080]

Alternativen hatte man u. a. im Brieftaubenverkehr gefunden. Dazu gab es auch immer wieder

---

[1078] KA: 8. I.R._(WK)_10_88 (414).
[1079] KA: 8. I.R._(WK)_10_109 (414); Abbildung 26, Anhang 4.
[1080] KA: 8. I.R._(WK)_10_131 (414); ident. KA: Infanterie-Divisionen-(WK)_5697_05 (111).

Anweisungen und Merkblätter. So wurde am 08.08.1918 vom General-Kommando XVIII. Reserve-Korps ein Merkblatt[1081] für den Brieftaubenverkehr herausgegeben. Danach hatte ein Brieftaubenoffizier für die Ausbildung von je vier Mann pro Infanterieregiment zu sorgen. Da verirrte Brieftauben in Feindeshand gelangen konnten, mussten die Meldungen entsprechend verschlüsselt und codiert werden. Außerdem gab es Verhaltensregeln, wie mit Tauben umzugehen war, zum Beispiel durften die Tauben unter keinen Umständen in der Stellung gefüttert werden, die sofortige Rückkehr der Tiere zum Schlage und Überbringung der Meldung war andernfalls infrage gestellt. Tränken sei jedoch erforderlich. Außerdem wurde darauf hingewiesen, dass die Brieftaube nicht in der Dunkelheit fliegt, sie müsse spätestens 1 Stunde vor Einbruch der Dunkelheit abgelassen werden, sonst erreiche sie das Ziel erst am folgenden Tage. Weiterhin galt, dass stets zwei Tauben zusammen abgelassen werden müssen.

Interessant ist der diesem Brieftaubenmerkblatt beigegebene geheime Code-Schlüssel (Abbildung 160)[1082], der Auskunft über die einzelnen Gefechtsorte vor Verdun gibt:

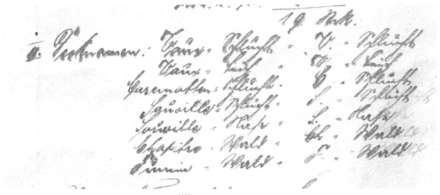

Abbildung 160: Codes im Brieftaubenverkehr[1083]

Codes bestanden für Vaux-, Kasematten-, Souville-Schlucht, für die Souville-Nase sowie für den Chapitre- und Fumin-Wald.

Am 22.08.1916 erreichte die k. b. 8. Infanterie-Brigade weiterhin ein von der Garde-Ersatz-Division am 14.08.1916 herausgegebener Befehl[1084] über den Einsatz von Brieftauben. Dieser Brigadebefehl beschreibt die Handhabung der Brieftauben: Sie werden in Körben zu den Einheiten vorgebracht, dürfen nicht gefüttert und müssen spätestens nach 48 Stunden auch ohne Meldung aufgelassen werden. Für den Brieftaubenverkehr sind für die einzelnen Stellungen auch in

---

[1081] KA: 8. I.R._(WK)_10_67 (414); Abbildung 12, Anhang 4.
[1082] KA: 8. I.R._(WK)_10_68 (414); Abbildung 63, Anhang 4.
[1083] KA: 8. I.R._(WK)_10_68 (414).
[1084] KA: 8. I.R._(WK)_10_97 (414); Abbildung 14, Anhang 4.

diesem Befehl Decknamen, die das Operationsgebiet anzeigen, festgelegt: Vaux-, Kasematten-, Brulé-, Russen-Schlucht, Caillette-Wald, Fine-Chapelle, Chapitre-Wald, Souville-Schlucht. Im Befehl wird auch ein Beispiel einer Meldung gegeben.

Vom 24.09.1916 liegt ein (handschriftlicher) Brigadebefehl[1085] vor, dort unter Punkt 6. Brieftauben: „Es besteht dringend Veranlassung, darauf hinzuweisen, dass mit Brieftauben richtig gewirtschaftet wird und dass dieselben bei der Ablösung von einem Stab an den anderen übergeben werden, falls der Aufenthalt der Brieftauben in der Stellung noch nicht nach dem hinausgegebenen Merkblatt abgelaufen ist."[1086]

Der Hauptersatz für versagende Infanteriefernsprecher waren jedoch die Läuferketten. Hierzu einige Nachweise.

Am 24./25.08.1916, unmittelbar vor dem geplanten Angriff zur Begradigung der Front bei der Souville-Nase: Die Bataillone des 8. I.R. waren im Ablöse-Zyklus „vordere Linie – Bereitschaft – Ruhestellung". Die Kampfgliederung der Bataillone mit dem Einsatz ihrer MGs war festgelegt. Besonderes Augenmerk galt den Läuferposten der 7./8 zur Aufrechterhaltung einer zeitnahen Befehls- und Nachrichten-Übermittlung. Zur Überbringung von Meldungen, und zwar zur vorderen Linie und von dieser zurück zu den Gefechtsständen, wurde am 23.08.1916 eine Läuferkompanie[1087] eingerichtet. Die von der Kompanie zu stellende Läuferkette hatte 9 Stationen, die in der Skizze[1088] (Abbildung 161) dargestellt sind, wobei die Station 9 sich in vorderster Linie beim Bataillons-Führerstand und die Station 1 sich beim alten Regimentsgefechtsstand befand, der in den Trupp der Läuferkette zur Brigade-Gefechtsstelle überleitete. Eingesetzt waren 1 Vize-Feldwebel, 15 Unteroffiziere, 2 Gefreite und 99 Mann, der Rest, 1 Vize-Feldwebel, 5 Unteroffiziere und 37 Mann, musste Essensträgerdienste verrichten. „Der Dienst der Leute war außerordentlich anstrengend und gefahrvoll. Die Läufer der Station 9 und 8 müssen den gefährlichen Anmarschweg zur vorderen Linie fortwährend durchqueren. Hinzu kommt, dass jeder Befehl an das vorderste Bataillon der Sicherheit halber doppelt gegeben wird. Daher können die Mannschaften auf Station 9 nur kurze Zeit [2-3 Tage] Verwendung finden."[1089] Der Kompanieführer auf Station 8 hatte eine Filterfunktion, er sammelte die Meldungen und gab sie nach Dringlichkeit weiter. Die Durchlaufzeit von Station 1 (nördlich von Bezonvaux) zu Station 9 (vordere Linie), etwa 3 km, betrug unter den günstigsten Verhältnissen mindestens 1¾ Stunden.

[1085] KA: 8. I.R._(WK)_10_80-83 (414).
[1086] KA: 8. I.R._(WK)_10_82 (414).
[1087] KA: 8. I.R._(WK)_10_91-92 (414); Abbildung 31, Anhang 4.
[1088] KA: 8. I.R._(WK)_10_91 (414).
[1089] KA: 8. I.R._(WK)_10_91 (414).

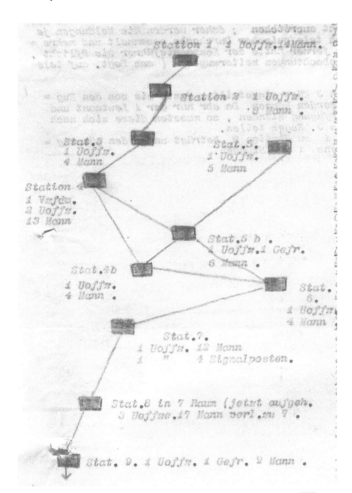

Abbildung 161: Schematische grafische Darstellung der Läuferstationen[1090]

In dem bereits zitierten, am 25.08. eingetroffenen Erfahrungsbericht[1091] von der Somme-Schlacht wird auch auf den Punkt Gefechtsmeldungen eingegangen:

> Die Gefechtsmeldungen der Infanterie waren fast durchweg unzureichend und gaben meist nur ein unklares Bild über die wirkliche Lage. Es fehlte den Regts.-Kommandeuren vielfach das Verständnis dafür, dass man einwandfreie Meldungen über die Lage an der Front nur erhält, wenn man besondere Offze. oder Patrouillen mit bestimmten Aufträgen in die vorderste Linie entsendet. Meist wurde abgewartet, ob nicht vielleicht von vorne Meldungen zurückkamen und erst, wenn diese ausblieben, weitere Schritte unternommen. Jeder Stab muss mit einer bestimmten Anzahl von Offizieren oder Meldern ausgerüstet sein, die für solche Zwecke verwandt werden, außerdem muss der Div. Stab ständig einen Offz. auf einem Beobachtungsstand haben, der eine Übersicht über die Gefechtslage gestattet. Aufgabe dieses Offiziers ist es, die Division über alle Vorgänge an der Front unabhängig von den sonst einlaufenden Meldungen der Infanterie und Artillerie auf dem Laufenden zu erhalten.

[1090] KA: 8. I.R._(WK)_10_91 (414).
[1091] KA: 8. I.R._(WK)_10_74-76 (414), ident.: 10_20-22 (838); 13_37-39 (511).

Auch bei der Artillerie fehlte vielfach das Verständnis dafür, dass sie sich durch eigene Organe Aufklärung über die Gefechtslage in vorderster Linie verschaffen muss. Jede Anfrage bei der Division oder der Infanterie-Brigade wie zurzeit die eigene Infanterielinie verläuft oder wie der Stand des Gefechts ist, beweist, dass die Artillerie mit der vordersten Infanterie nicht die erforderliche Verbindung hält. Die Artillerie muss sich noch mehr darüber klar sein, dass sie durch eigene Gefechtsmeldungen die Führung unterstützen und die Meldungen der Infanterie ergänzen muss.[1092]

Der Angriffsbefehl der 21. Reserve-Division[1093] vom 26.08. regelte unter „Nachrichtendienst":

Auf Verstärkung der Läuferkette nach Souville-Nase und auf Entsendung von Verbindungs-Offizieren und unter Offizieren zu den Nachbarverbänden wird noch besonders hingewiesen.

Brieftauben werden 29.8. nach vorn gebracht. Die Lichtsignalverbindungen sind auszunutzen. Die Division besetzt ihre beiden Beobachtungsposten nördlich Brite-Schlucht und am Zwischenwerk Hardaumont und entsendet 1 Offizier nach Fort Vaux.[1094]

Im Brigadebefehl vom 26.08. wird der mangelnde Einsatz der Läuferkette gerügt: „Stichproben haben bei einzelnen Läuferposten ergeben, dass kein Mann des betreffenden Postens laufbereit war, sondern dass mehrere Minuten hierzu gebraucht wurden. Ich ersuche die Regtr. durch energische Überwachung Abhilfe zu schaffen."[1095]

Auf dem Brigadebefehl[1096] vom 29.08.1916, in dem mitgeteilt wurde, dass der Feind auf dem linken Flügel der 33. Reserve-Division eingebrochen sei, wurde vom Regiments-Kommandeur von Rücker handschriftlich (Abbildung 162) für das II/8 mitgeteilt[1097], dass die Kompanie in der Hassoule-Schlucht vom Regiment aus in Marsch in die Kasematten-Schlucht (Abbildung 6, Anhang 2) gesetzt wurde. Es wurde weiter befohlen: „Der Läuferposten Kp. 7/8 bleibt bestehen zum Durchgeben von Befehlen. Die Posten sind womöglich zu verdoppeln. Es ist dafür zu sorgen, dass Befehle rasch und sicher durchgehen."[1098] Dieser Befehl zeigt, dass man aus dem Erfahrungsbericht der Somme-Schlacht gelernt hatte.

Abbildung 162: Marschbefehl für das II/8[1099]

Dies zeigt sich auch bei dem Divisionsbefehl vom 30.08.1916: Kurz vor dem geplanten An-

[1092] KA: 8. I.R._(WK) 13_38 (511).
[1093] KA: Infanterie-Divisionen-(WK)_5702_05-07 (111).
[1094] KA: Infanterie-Divisionen-(WK)_5702_07 (111).
[1095] KA: Infanteriebrigaden (WK)_945_43 (1674); Abbildung 34, Anhang 4.
[1096] KA: 8. I.R._(WK)_10_151-152 (414).
[1097] KA: 8. I.R._(WK)_10_151-152 (414).
[1098] KA: 8. I.R._(WK)_10_151-152 (414).
[1099] KA: 8. I.R._(WK)_10_151-152 (414); An II/8. Die Kompanie in der Hassoule-Schlucht ist vom Regiment nur Marsch in die Kasematten-Schlucht gesetzt. Befehl an Regiment ist vom Regiments-Gefechtsstand 9:20 Abends ergangen. Die Posten sind womöglich zu verdoppeln; es ist dafür zu sorgen, daß Befehle rasch und sicher durchgehen. 29.8.16. 9:30 Abends.

griffsbeginn zur Beseitigung des Souville-Sackes wurde aufgrund der Erfahrungen beim Angriff des Feindes am 29.08.1916 auf die 33. Reserve-Division am 30.08. ein besonders eingehender Divisionsbefehl[1100] mit Nr. 1289 über die Verbesserung der Verbindungsmittel an das 8. I.R. erlassen. Es seien 2 Beobachtungs- und Meldesammelstellen einzurichten, die täglich 8:00 Uhr vormittags und 8:00 Uhr abends ihre Beobachtungen melden müssen. Die Verbindungen zu den Meldesammelstellen seien täglich von der 8. Infanterie-Brigade und dem 23. F. A. R. durchzuprüfen. Beide Meldesammelstellen sollen durch Läufer und kleine Signallampen Verbindungen miteinander aufnehmen, um sich gegenseitig in der Meldeübermittlung ergänzen zu können. Besondere Aufmerksamkeit galt der Verbindung über den Vaux-Grund (Abbildung 172). Hier waren Fernsprechverbindungen auf den verschiedensten Wegen zu legen. Der gleiche Ausweichgedanke galt für die Läuferketten. „Wenn die Läufer Verbindung über den Cailette-Rücken [Abbildung 172] besondere Schwierigkeiten macht, so muss gesucht werden, die Kette auf Umwegen zu führen. Aushilfe mit Handsignallampen, Flaggenzeichen, akustischen Signalen ist vorzusehen."[1101] Als weitere Notwendigkeit wurde die Aufrechterhaltung der seitlichen Verbindung zu den Regimentern und Kompanien betont, um über die gegenseitige Lage stets auf dem Laufenden zu bleiben. Dieser Befehl endet mit dem Hinweis des Divisionskommandeurs:

> Ich verweise schließlich auf die Notwendigkeit, bei feindl. Kampftätigkeit Meldungen aus der vorderen Linie zurückzuschicken, auch wenn der eigene Abschnitt nicht angegriffen wird. Das Erkennen, wo die Flügel eines feindlichen Angriffes angesetzt sind, ist ein wesentliches Hilfsmittel für die Führung. Ebenso müssen die rückwärtigen Befehlsstellen möglichst bald bei erhöhter feindl. Kampftätigkeit Offizierspatrouillen vorsenden.[1102]

Am 30.08.1916 erging ein weiterer Brigadebefehl, Nr. 2822[1103] (2. Teil), in dem hervorgehoben wurde, dass die Verbindungen nach vorne bald versagten, insbesondere sei es nicht gelungen, Nachrichten von den vordersten Bataillonen zu erhalten. Es heißt dann weiter:

> Auf die beim Gen.-Kdo. XVIII. Res. Korps eingetroffene Nachricht von einem fdl. Angriffserfolg in Gegend östl. Fleury – bei 33. I. D.[1104] – wurde die Inftr. der Brig.-Reserve nach vorne gezogen [...]. Ebenso wurden die Vorbereitungen für einen allenfalls notwendigen Gegenstoß aus dem Chapitre-Wald [Abbildung 135] in südwestl. Richtung getroffen, von Ablösung des I/8 durch I/4 musste abgesehen werden.[1105]

Später kam die Nachricht über einen von der 33. I. D. glatt abgewiesenen französischen Infanterie-Angriff von der 14. I. D. nach vorne. „Darauf wurden die nach vorne aufgeschlossenen Bereitschaften 29. und 8. I.R. in ihre gewöhnlichen Unterbringungsräume entlassen."[1106]

Auch am 30.08. gab es für die Nachrichtenübermittlung besondere Anweisungen im Brigadebe-

---

[1100] KA: 8. I.R._(WK)_10_128-129 (414); Abbildung 49, Anhang 4.
[1101] KA: 8. I.R._(WK)_10_129 (414).
[1102] KA: 8. I.R._(WK)_10_129 (414).
[1103] KA: 8. I.R._(WK)_10_131 (414).
[1104] Nicht zu verwechseln mit 33. R. D.
[1105] KA: 8. I.R._(WK)_10_131 (414).
[1106] KA: 8. I.R._(WK)_10_131 (414).

fehl für den 1., 2., 3. Tag des Angriffs auf den Souville-Sack:[1107]

<u>Besondere Anordnungen.</u>

1. Auf richtige Weitergabe der ausgegebenen Uhrzeit wird besonders hingewiesen. Durch die Verb. Offze. der Artl. ist festzustellen, ob die gestellte Uhrzeit der Artl. und der Sturm.-Inftr. übereinstimmt. Unstimmigkeiten sind sofort zu melden.

2. Die schwarz-weiß-roten Flaggen sind von den Batlnen. in vorderster Linie mitzuführen, dass sie der eigenen Artl. sichtbar sind. das II/4, III/4, III/8 empfangen im Pionier-Park der Bezonvaux-Schlucht je 12 Dosen Magnesium-Leuchtsätze. Diese sind um X Uhr und 2 Stunden und um 4:00 Uhr Nachm., in der erreichten vordersten Linie abzubrennen und zwar von jedem Batl. auf seinem rechten und linken Flügel und in der Mitte. Besonderer Bruchpunkte der Linien müssen eigens bezeichnet werden. Die Trupps hierfür sind vorher eigens zu bestimmen. Sie sind zu belehren, dass der Leuchtsatz nur bei abgenommenem Deckel der Dose richtig abbrennt.

3. Die Brieftauben werden den Regtrn. zugeführt. Sie sind von den Führern der stürmenden Batlne. zur Hälfte einem der vordersten Komp. Führer zuzuteilen, zur Hälfte zur eigenen Verfügung zurückzuhalten. Regts. Nr. sind in den Brieftaubenmeldungen nicht zu nennen, die Truppen sind mit den Namen ihrer Führer zu bezeichnen. Im übrigen ist zu den besonderen Anordnungen der Div. vom 27.8.16 Nr. 1129 Ia geh. kein Zusatz zu geben. Sie sind von den Regtrn. durchzuführen.[1108]

Kurz vor dem Gefecht am 03.09. um den Souville-Sack befahl das General-Kommando XVIII. R. K. am 01.09. eine weitere Meldevariante[1109]: Am 03.09. sollte versuchsweise bei der 14. b. I. D. die Übermittlung von Meldungen aus der vordersten Linie durch einen Flieger erfolgen.

Im Stbe des Kdos der Angriffsgruppen der vordersten Linie sind durch einen gewandten Mann 2 Signal Azetylen-Laternen mitzuführen. Ausgabe u. Instruktion hat durch den Führer des Fspr. Doppelzuges Nr 14 nach Anweisung der Korps Fernspr. Abtlg. zu erfolgen.

In der Zeit zwischen $X+1^{1/2}$ und 2 Stunden Vorm. wird ein eigener Nachrichtenflieger über den Chapitre tief kreisen und sich durch Abfeuern von Signalpatronen „roter und grüner Doppelstern" als Nachrichtenflieger kenntlich machen. Er steigt dann höher und bittet durch Abfeuern von weißen Sternpatronen um Morsezeichen.

- - - - - - fortgesetzt bedeutet: wir haben die befohlene Linie erreicht.

.... fortgesetzt bedeutet: wir befinden uns in der Ausgangsstellung.

-.-.-.-.-.- fortgesetzt bedeutet: wir haben Boden gewonnen, der Angriff ist noch im Gange.

Eine gewöhnliche weiße Leuchtkugel, vom Nachrichtenflieger abgefeuert, bedeutet: „verstanden". Erneutes Abfeuern der weißen Sternpatronen bedeutet: „ich bitte um neue Meldung."

Zwischen 4:00 und 5:00 Nachm. ist der gleiche Versuch zu wiederholen.[1110]

Dieser Versuch sollte eine Alternative zu den geläufigen Meldeverfahren eröffnen. Fernsprechverbindungen wurden sehr schnell durch die Artillerie unterbrochen, Meldung durch Läufer unterlagen dem Risiko der Verspätung bzw. der Verwundung oder Tötung der Läufer, Signale der Lichtsignalstationen unterlagen dem Risiko von Artillerie-Treffern und schlechtem Wetter.

Im Brigadebefehl Nr. 2824 vom 01.09.1916 wurde wieder die Notwendigkeit zeitgerechter Meldungen angemahnt. „An die Wichtigkeit baldiger Meldungen aus vorderster Linie wird nochmals erinnert, ebenso daran, dass in den Brieftaubenmeldungen Regts.-Nummern u. Batls.-Nummern

---

[1107] KA: 8. I.R._(WK)_13_08-13 (511); Abbildung 52, Anhang 4.
[1108] KA: 8. I.R._(WK)_13_13 (511).
[1109] KA: Infanteriebrigaden (WK)_946_01(1674).
[1110] KA: Infanteriebrigaden (WK)_946_01(1674).

nicht zu brauchen sind, sondern dass die einzelnen Verbände mit dem Namen ihrer Führer bezeichnet werden müssen."[1111]

Im Brigadebefehl vom 02.09.1916 erfolgten noch besondere Anordnungen zu Brieftauben, Lichtsignalstationen. Unter 4. und 5. dieses Befehles vom 02.09, dem Tag des Wirkungsschießens zur Vorbereitung des Gefechtes am 03.09., heißt es zum Meldewesen:

4. Statt der in Aussicht gestellten 8 Brieftauben können für morgen den II/4, III/4 und III/8 nur je 6 Tauben überwiesen werden. Bei Verteilung auf Batls.-Stäbe und Komp.-Führer der vordersten Linie sollen die Tauben eines Korbes nicht getrennt werden.

5. Die Lichtsignalstation am Nordosthang des Chapitre-Waldes [...] hat sich noch nicht durchführen lassen. Die Batlne. vorderer Linie sind angewiesen auf folgende Lichtsignalstationen:

a) Lichtsignalstation im nördl. Teil der Souville-Schlucht. Verbindungen nach rückwärts über Hardaumont.

b) Lichtsignalstation auf dem Nordteil des Fumin-Rückens südl. des Vaux-Teiches. Verbindung nach rückwärts über Gincrey [8 km östl. von Ornes; Anm. d. Verf.].[1112]

Bei der Behandlung von Brieftauben mussten die Soldaten ein gerüttelt Maß an biologischem Einfühlungsvermögen haben, was die Fütterung, Tränkung und den Zeitpunkt des Wieder-Aufsteigen-Lassens der Brieftauben betraf. Die Lichtsignalstationen wurden beeinträchtigt durch das Wetter (Sicht) und Zerstörung durch die Artillerie. So mussten immer verschiedene Alternativen des Meldewesens parallel eingesetzt werden.

Wie wichtig Läuferketten eingeschätzt wurden, geht auch aus dem Brigadebefehl vom 07.09. hervor, der das Bestehen der Läuferketten im Ablösungsmodus beschreibt: „Die im Regimentsabschnitt von Rücker noch stehende Läuferkette des II/29 ist im Laufe des 8.9. oder spätestens in der Nacht vom 8. auf 9. Sept. durch die 33. R. D. zu übernehmen. Von jedem einzelnen Läuferposten bleibt 1 Mann noch 24 Stunden über die Ablösung hinaus stehen. Die 8./29 rückt nach Ablösung von dem Läuferdienst zu ihrem Batl. ab."[1113]

Auch der Brigadebefehl vom 08.09. behandelt die Regelung des Läuferdienstes:

1. - Im jetzigen Brigade-Abschnitt stehen folgende Läuferketten:

a - Läuferkette Ornes-Schlucht von der Brig.-Bef.-Stelle südl. des Herbébois bis zum Nordrande des Brûle-Waldes,

b - Läuferkette Brûle-Schlucht vom Südrande des Brûle-Waldes bis zum Osteck des Waldes La Vauche mit Abzweigung Rgts.-Bef.-Stelle im Waldstück La Vauche,

c - Läuferkette Hassoule-Schlucht südl. des Ostteiles des Waldstückes La Vauche beginnend, bis zum Anschluss an die Läuferkette im rechten Regts-Abschnitt der 33. R. D. (bisher von 8./29 gestellt),

d - Läuferkette von der bisherigen Rgts.-Bef.-Stelle in der Hassoule-Schlucht über Hardaumont-West und Kasematten-Schlucht nach den Batls.-Befehlsstellen am Nordhang des Chapitre-Waldes.

2. Läuferkette e führt in den bis gestern als Regts.-Abschnitt v. Rücker gehörenden nunmehrigen rechten Regts.-Abschnitt der 33. R. D. von der Rgts.-Bef.-Stelle in der Bezonvaux-Schlucht über Befehls-

---

[1111] KA: 8. I.R._(WK)_10_77 (414).
[1112] KA: 8. I.R._(WK)_10_61 (414).
[1113] KA: 8. I.R._(WK)_10_46-47 (414).

stelle Hardaumont und Fumin-Rücken zur Batls.-Befehlsstelle bei Punkt 544 [s. Karte Abbildung 135].[1114]

Der am 10.09.1916 herausgegebene Brigadebefehl Nr. 3025 trägt Sorge um die richtigen Zeitangaben:

> Brigade-Tages-Befehl. Die von der Brigade befohlenen Zeitangaben sind im Interesse der Rgtr. so spät als möglich bestimmt. Ist es unter den gegenwärtigen Verhältnissen unmöglich, die Zeiteingaben rechtzeitig zu bringen, so wird um Fernspruch-Verständigung ersucht. Auch steht es den Batlnen. jederzeit frei, Meldungen und dergleichen unmittelbar an die Brigade und gleichzeitig an die Regtr. zu erstatten, wenn die Regtr. damit einverstanden sind. gez. v. Reck.[1115]

Im Brigadebefehl mit besonderen Anweisungen Nr. 3054[1116]vom 11.09.1916 wurde befohlen, dass die Morgen- und Abendmeldungen sich mehr als bisher auch über die Ergebnisse der angeordneten Erkundungen aussprechen müssen.

> Durch nächtliche Patrouillen eines jeden Bataillons der vordersten Linie muss der gegenüberstehende Feind ebenso überwacht werden, wie durch die Beobachtung bei Tage. Es ist ständig nach Möglichkeiten festzustellen und zu melden: die Entfernung von der vordersten feindl. Linie sowie Veränderungen dieser Entfernung. Ferner, ob der Feind vor seine Schützenlinien vorgeschoben Patrouillen hat oder nicht, sowie ob und wo und welcher Art Hindernisse vorhanden sind oder angelegt werden. Die Batl.-Kdeure. ersuche ich, diese und alle anderen Erkundungen und Beobachtungsergebnisse.
>
> 1. in die regelmäßigen Morgen- und Abendmeldungen aufzunehmen,
>
> 2. bei der Ablösung zusammengefasst
>
> a – an den Nachfolger zu übergeben
>
> b durch den Regts. Kdeure vom Dienst an die Brigade vorzulegen.[1117]

Dieser Befehl erging nach dem Gefecht um den Souville-Sack und sollte wohl nachlassender Aufmerksamkeit entgegentreten.

Im Brigadebefehl Nr. 3081 vom 13.09.1916 erfahren wir etwas über Meldeinhalte und -zeiten:

> Von den Batlnen. der Brigade ist fortan täglich bis spätestens 12:00 Mittags durch Fernsprecher unmittelbar an die Brigade zu melden: 1. Verpflegungsstärke, 2. Gefechtsstärke, 3. Gewehrstärke nach Div.-Tag.-Bef. v. 10.9. Ziff. 5. Die Meldungen über die Stärken bei den Ablösungen, sowie die 10-tägigen Meldungen über die Verpflegung- und Gefechtsstärke nach besonders vorgeschriebenen Mustern werden hierdurch nicht berührt und sind wie bisher zu erstatten.[1118]

Im am 16.09.1916 herausgegebenen Brigadebefehl 3155 wollte man die Meldesituation durch Lichtsignale verbessern:

> Von der 14. I. D. sind 2 neue Lichtsignale eingeführt worden: nach feindlichem Angriff, auch auf Nachbarabschnitte, wird das Halten des eigenen Abschnittes als „Stellung gehalten" durch „Rot mit Fallschirm" gemeldet. Als Zeichen für „Teile der Stellung verloren" wird „Grün mit Fallschirm" bestimmt. Der rechte Batls.-Kdeur schiesst in größeren Pausen je eine, der linke Batls.-Kdeur in größeren Pausen je 2 Raketen ab. Alle Beobachter sind anzuweisen, bei französ. Angriffen auf diese Zeichen zu achten und hierüber zu melden. Die Signalpatronen liegen im Pion.-Park Bezonvaux-Schlucht.[1119]

[1114] KA: 8. I.R._(WK)_10_38-39 (414).
[1115] KA: 8. I.R._(WK)_10_26-27 (414).
[1116] KA: 8. I.R._(WK)_10_20-21 (414).
[1117] KA: 8. I.R._(WK)_10_20-21 (414).
[1118] KA: 8. I.R._(WK)_10_12-13 (414).
[1119] KA: Infanterie-Divisionen-(WK)_5700_12 (1728).

Im Brigadebefehl Nr. 3218[1120] vom 19.09.1916 wurde versuchsweise die Auslösung der Sperrfeuer durch Leuchtkugeln befohlen. Auch dies eine Möglichkeit, die immer wieder unterbrochenen Fernsprechverbindungen zu ersetzen.

> Auf Befehl der 14. I. D. ist mit Übernahme des Unterabschnitt Souville-Nase versuchsweise das Sperrfeuer anzufordern: vom Unterabschnitt Chapitre-Wald durch gelbe (bei Nacht weisse) Leuchtkugeln, vom Unterabschnitt Souville-Nase durch gelbe und weiße Leuchtkugeln, die miteinander oder kurz nacheinander (bei Tage und bei Nacht) abgeschossen werden. Die Batlne. berichten am 29.9. ihren Regtrn., die Regtr. am 30.9. kurz über ihre Erfahrungen. Die Zeichen „Stellung gehalten" u. „Teile der Stellung verloren" bleiben wie bisher. Der Batl.-Kdeur im Chapitre-Wald schießt je eine, der Batl.-Kdeur im Unterabschnitt Souville-Nase je zwei Raketen ab. Von Komp.-Führern sind diese beiden Zeichen nicht abzugeben.[1121]

Dies wird, ohne den Grund anzugeben, in dem Brigadebefehl[1122] 24.09.1916 widerrufen:

> Die Div. hat die verschiedene Aufforderung von Sperrfeuer für die Unterabschnitte West (Chapitre) und Ost (Souville-Nase) wieder aufgegeben. Es bleibt daher bei den früheren Bestimmungen: bei Tag gelbe, bei Nacht weiße Leuchtkugeln zur Sperrfeuer-Anforderung im ganzen Div. Abschnitt.
>
> Brig. Bef. vom 19.9.16 Nr. 3216 Ziff. 3 ist mit Ausnahme des letzten Absatzes zu streichen, nach dem die Zeichen für „Stellung gehalten" und für „Teile der Stellung verloren" von den Batls.-Kdeuren abzugeben sind.[1123]

Der Brigadebefehl mit besonderen Anordnungen vom 26.09.1916[1124] regelte die Telefonverbindungen in die vordersten Linien und Meldeinhalte.

> 4. Die Telefonverbindung im Abschnitt von der Regimentsbefehlstelle nach vorne regelt der Regts.-Kdeur. vom Dienst. Es müssen selbstverständlich Telefonleitungen zur vorderen Linie liegen, dahinter besetzt sein und durch Leitungspatrouillen stets gebrauchsfähig erhalten bleiben.
>
> 5. Es wird daran erinnert, dass
> a) bis 12:00 Mittag täglich an Brig. Bef. Stelle durch Fernspruch die Verpflegungs-, Gefechts- und Gewehr-Stärke aller Inf. Batl. in Stellung, Bereitschaft und Ruhe zu melden ist.
> b) ebenso die Meldung, mit wieviel Gewehren das Bataillon in Stellung rückte und mit wie vielen es ankam.
> c) sowie die zusammenfassenden Meldungen der Herren Batls.-Kdeure, die aus Stellung abgelöst wurden (gleichfalls an Brig.-Bef. Stelle).[1125]

Durch erbeutete französische Befehle[1126] bekommen wir auch Einsicht in die Melderoutinen bei den französischen Truppen.

Ein entsprechender französischer Befehl ging an das 212. frz. Infanterieregiment:

> Der von der Brigade befohlene Verbindungsdienst wird, wie folgt ausgeführt:
>
> 8 Läufer zur Verbindung zwischen Brigade- und Regimentskommandeur, 2 Läufer zur Verbindung zwischen Souville und Reservebataillon; 2 Läufer zu stellen zum Gefechtsstand der linken Brigade in „Petit Bois" zur Verbindung beider Brigaden.; 2 Läufer und 16 Mann für eine direkte Verbindung mit dem „Triangle". Diese Leute werden über die ganze Strecke jeweils zu zweien verteilt, ein Uffz. an jedem Ende der Kette; 1 Gefreiter und 12 Mann zur Verbindung mit dem linken Bataillon der vorderen Linie auf dem Wege: vordere Linie, Telefonposten des Kommandeurs des rechten Bataillons des

---

[1120] KA: Infanterie-Divisionen-(WK)_5700_17-18 (1728).
[1121] KA: Infanterie-Divisionen-(WK)_5700_17 (1728).
[1122] KA: 8. I.R._(WK)_10_80-83 (414).
[1123] KA: 8. I.R._(WK)_10_80-82 (414).
[1124] KA: Infanterie-Divisionen-(WK)_5701_07-08 (1728).
[1125] KA: Infanterie-Divisionen-(WK)_5701_07-08 (1728).
[1126] KA: Infanteriebrigaden (WK)_946_32-35 (1674).

rechten Regiments der linken Brigade, Schlucht der Poudriere[1127], Zahl 318 [dient als Wegzeichen auf der Karte; Anm. d. Verf.], Panzertürme; 1 Sergeant und 15 Mann der MG-Kp. bestimmt zur Bedienung der 5 MG im Panzerturm; 1 Beobachtungsoffizier zum Beobachtungsposten „West"; 1 Beobachtungsoffizier zum Beobachtungsposten „Ost"; 1 Mann zur Bedienung der Brieftaubenstation; 1 Gefreiter und 8 Pioniere zur Bedienung der Ventilatoren. Ansonsten stellt jedes Bataillon 2 Verbindungsleute zum Befehlsstand des Regts.-Kdeurs.
28.8.1916, Der Kommandeur I.R. 212.[1128]

Als Analyse kann festgehalten werden, dass auch das französische Meldewesen militärisch professionell organisiert war, dass die Franzosen ebenfalls Brieftauben als Meldemedium verwandten, dass der französische Gegner großen Wert auf Beobachtungsoffiziere legte und dass in den Unterständen Ventilatoren zur Belüftung vorhanden waren. Gerade der letzte Umstand weist wiederum auf den Vorteil des Gegners hin, dass er von einer seit Langem angelegten Infrastruktur seiner Verdun umgebenden Forts aus agieren konnte.

4.3.7   Militäralltag im August/September vor Verdun

Auch während des Kampfgeschehens, mag es auch noch so turbulent sein, müssen Angelegenheiten des militärischen Alltags, Fragen der Unterkunft, der Ausbildung, des Verhaltens während des Urlaubs oder übergeordnete Obliegenheiten wie Zeichnung von Kriegsanleihen festgelegt werden.

4.3.7.1   Divisionstagesbefehle

Militärische Alltagsangelegenheiten werden meistens in sogenannten Tagesbefehlen geregelt. Im Folgenden sollen einige der Divisionstagesbefehle der 14. b. I. D. vor Verdun aus den Monaten August und September 1916 dargestellt werden.

Auch während der Angriffsvorbereitung ging der normale Dienstbetrieb einer Division weiter. In dem jeweiligen Tagesbefehl der Division wurden deshalb alle Bereiche des Dienstbetriebes angesprochen.

So informierte der Divisionstagesbefehl[1129] vom 17.08.1916, dass sich das mobile Militärkabi-

---

[1127] Diese Schlucht lag in der Nähe der Vestiges de la Poudrière: Die sogenannte Pulverkammer von Fleury diente der französischen Armee als Munitionslager für die Batterien der näheren Umgebung. Hier lagerten Granaten, Handgranaten, Pulver, Waffen und Lebensmittel. Am 11. Juli 1916 wurde es von bayerischen Infanterie-Regimentern genommen. Etwa 250 französische Soldaten wurden dabei gefangen genommen. Von den Deutschen wurde sie auch M.(unitions) Raum genannt. Die Deutschen richteten hier unter anderem einen Verbandsplatz für ihre Verletzten aus dem Schlachtfeldbereich ein. Bereits am 17. Juli 1916 eroberten französische Einheiten die Poudrière mit heftigem MG-Feuer und dem Einsatz von Handgranaten zurück. Am östlichen Eingang entstand durch ihre Beschießung ein heftiges Feuer. Die in den Gängen und Räumen befindlichen Deutschen hatten Angst, dass die gelagerte Munition durch das Feuer explodieren könnte, und flohen nach draußen. Dort wurden sie sie von dem französischen MG-Feuer erfasst. Von den etwa 150 Besatzern kamen hierbei 60 ums Leben, der Rest ging in französische Gefangenschaft; URL: https://www.verdunbilder.de/vestiges-de-la-poudriere/; 01.03.2016.
[1128] KA: Infanteriebrigaden (WK)_946_34-35 (1674).
[1129] KA: Infanterie-Divisionen-(WK)_6059_01-02 (111).

nett[1130] in Kattowitz C. S. befinde, erinnerte an Impfungen, behandelte Kraftwagenverkehr, Einkäufe im Metz (von der Festungsschlächterei Metz konnte Wurst gegen Bezahlung an Truppen oder Behörden der Armee nicht mehr abgegeben werden, die Entsendung von Einkäufern nach Metz war daher zwecklos), Ausgabe von Dörrgemüse, Tausch von Nickelmünzen gegen Eisenmünzen, Suche nach einem der französischen Sprache kundigen gewandten Unteroffizier.

Der Tagesbefehl[1131] der Division vom 19.08. z. B. behandelte u. a. folgende Punkte: Kraftfahrer, Kommandierung, Gottesdienste, Unterkunft des Divisions-Stabs, Straßenbau, elektrische Lampen, Auszeichnungen[1132], Feldzeitung der 5. Armee, MG-Kurse, Einhaltung von Zeitangaben bei Meldungen, Kommandierung zum Divisions-Stab, Korpsbefehl des General-Kommandos XVIII. R. K., Ausbildung im Brieftaubendienst, Feldpostdienst, Fischkost, Rotwein für Darmkranke.

Der Dienstbetrieb der Division war Gegenstand eines weiteren Befehls vom 19.08.1916.[1133] In ihm wurde unter anderem gefordert, dass die Kommandos hinter der Front, sich „nicht mehr und mehr vermehren". Um einen Überblick über die Gefechtsstärke zu erhalten, sei vor jeder Ablösung zu melden, mit wie vielen Gewehren die Kompanien (Infanterie-, MG-Kompanien, Pioniere, Minenwerfer) in die Stellung rücken. Sodann sei baldigst zu melden, mit wie vielen Gewehren die Stellung tatsächlich erreicht, und nach der Ablösung, mit wie vielen Gewehren sie verlassen wurde.

Der Divisionstagesbefehl[1134] vom 20.08.1916 bezog sich auf:

Bezug von Mineralwasser aus der Mineralwasserfabrik in Billy; Behandlung von Zelten; Herstellung von Eis zu Kühlzwecken; Holzschuhbedarf; Korps-Waschanstalt in Haut-Fourneau, Gerichtsoffiziere; Abstellungen; Versetzungen; Kommandierungen; Ausbildungskurse im Gebrauch der Gasschutzmittel; Wechsel des Divisions-Stabs-Quartiers (der Divisions-Stab nahm am 21. Unterkunft in Mangiennes; Fernsprüche, Meldungen usw. waren bis 21. 7:30 Vorm. noch nach Baslieux, von 7:30 Vorm. ab nach Mangiennes zu richten); Krankenträgerweg (die fechtenden Truppen durften den Krankenträgerweg Bezonvaux – Steinbruch – Kasemattenschlucht

---

[1130] Das Militärkabinett war ein unmittelbares Organ der Kommandogewalt des preußischen Königs und deutschen Kaisers zur Bearbeitung von Personalsachen des Offizierskorps und Vermittlungsstelle zu den Militärbehörden. Während des Ersten Weltkrieges verlor das Militärkabinett zugunsten der Obersten Heeresleitung an Einfluss und wurde im Rahmen der sogenannten „Parlamentarisierung des Kaiserreiches" am 28. Oktober 1918 dem Kriegsministerium unterstellt. Mit dem Sturz der Monarchie und dem Ausbruch der Novemberrevolution 1918/19 hörte das Militärkabinett in seiner alten Form auf zu bestehen. Am 7. Dezember 1918 erhielt es die neue Bezeichnung „Personalamt im Kriegsministerium"; URL: https://de.wikipedia.org/wiki/Militärkabinett; 15.04.2017.
[1131] KA: Infanterie-Divisionen-(WK)_6059_02-04 (1728).
[1132] Dem Gefreiten Arthur Jacob der 9./8. Bayer. I.R., z. B. wurde von der K. Hoheit der Frau Herzogin-Regentin von Sachsen Meiningen die Ehrenmedaille für Verdienste im Kriege verliehen; KA: Infanterie-Divisionen-(WK)_6059_02 (1728).
[1133] KA: 8. I.R._(WK)_10_177 (414); Abbildung 19, Anhang 4.
[1134] KA: Infanterie-Divisionen-(WK)_6059_05-07 (111).

nicht benützen); Meldungen; Verpflegung.

Der Divisionstagesbefehl[1135] vom 01.09.1916 behandelte so unterschiedliche Punkte wie: Schießen in den Lagern (durch einen Gewehrschuss in einem Lager wurde ein Mann schwer verwundet; die Truppenteile hatten ihren Mannschaften bekannt zu geben, dass das Schießen – das anscheinend auch beim Gewehrreinigen erfolgte – in den Lagern strengstens verboten werde; die Kompanie-Führer seien für die Durchführung dieser Anordnung innerhalb ihres Befehlsbereichs verantwortlich); Geschützrohruntersuchungen; Merkblatt über Behandlung beschädigter Felder der Geschützrohre; Vermessungstechniker; entlaufenes Pferd; Abstellungen (für eine Fliegertruppe waren abzustellen: 1 Elektrotechniker, 2 Spleißer, 1 Tischler, 1 Sattler, 2 Motorenschlosser, 1 Schreiber); Mannschaftsmangel im französischen Heer (der zunehmende Mannschaftsmangel im französischen Heer werde neuerdings auch dadurch gekennzeichnet, dass in zahlreichen, ursprünglich nur aus Franzosen bestehenden Regimentern Farbige eingestellt seien; die Zahl der in den Regimentern befindlichen Farbigen sei verschieden und schwanke zwischen 5 und 40 Mann in der Kompanie); Rückführung von scharfen Munitions-Teilen, Rückführung französischer MG-Patronen-Hülsen; Gütersendungen aus Belgien; steinerne Öfen; Verpflegungssätze für Ersatztransporte; Änderung der Hartfutter-Rationssätze; Kolonialkriegerdank-Kalender (der Verein Kolonialkriegerdank hatte zum Besten der Kolonialkrieger, deren Angehörigen und Hinterbliebenen einen „Kolonialkriegerdank-Kalender" herausgegeben; Preis des 128 Seiten starken Buches 15 Pfg.; Bestellungen zum 05.09.2016 vorm. an Division).

Der Divisionstagesbefehl[1136] vom 09.09.1916 bezog sich auf: Tagesbefehl[1137] der Angriffsgruppe Ost vom 06.09. Nr. 4273/II; Zahlmeister x. – Personal; Verpflegungsstärken; Abstellung von Reitpferden; Straßenbau; Unterkunftsübersicht (die Güterstelle Bahnhof Billy s. M. erhält jeden Abend 1 Abdruck der Unterkunftsübersicht der Division); Sanitäts-Dienst (das Rekruten-Depot 8. Infanterie-Brigade stellt 50 Mann zur Aushilfe im Krankenträgerdienst an den Hauptverbandsplatz Azannes ab).

Der Divisionstagesbefehl[1138] vom 27.09.1916 regelte: Urlaub (Major Felser, Kommandeur des III/8, erhielt für 28. und 29.09. Urlaub nach Metz); Rückführung von Zelten (die durch Holzbauten frei werdenden Zelte – Stall-, Magazin-Zelte – waren durch die Lagerinspekteure und Ortskommandanten in gereinigtem Zustand dem Zeltdepot bei der Garnisons-Verwaltung in Rehon zurückzuschicken); Weitergabe von Fernsprüchen; Maßnahmen gegen Typhus; Rücktransport

---

[1135] KA: Infanterie-Divisionen-(WK)_6059_08-10 (111).
[1136] KA: Infanterie-Divisionen-(WK)_6059_11 (111).
[1137] Hier wird gleichlautend die bereits behandelte Dankadresse der Angriffsgruppe Ost wiedergegeben; KA: Infanteriebrigaden (WK)_946_24 (1674).
[1138] KA: Infanterie-Divisionen-(WK)_6059_15-16 (111).

von Offizieren in die Heimat; Kriegseinteilung der Ärzte; Militärverbot[1139] (mit Gouv.-Befehl vom 21.09.1916 wurde über die Wirtschaft des Emil Morcier in Metz, Kukernerstr. 104, das Militärverbot verhängt).

4.3.7.2 Unterkunftsangelegenheiten

Die Art und Beschaffenheit der Unterkünfte in Ruhe, Bereitschaft und in der Stellung war stets eine wichtige Frage der Fürsorge für die Soldaten, die auch einen erheblichen Einfluss auf die Kampfkraft besaß. In dieser Hinsicht waren die französischen Truppen eindeutig im Vorteil, da sie bei Verdun über ein eigenes Hinterland mit funktionstüchtiger Infrastruktur verfügten.

Bereitschafts-Unterkünfte befanden sich in den Schluchten nördlich der Vaux-Schlucht, in der Brûle-, Bezonvaux-, Hassoule- und Kasematten-Schlucht, und dies zumeist in fast unzumutbaren Unterständen und Erdlöchern (s. Abbildung 126-Abbildung 129), was mit der Zeit auch zu unerträglichen Belastungen bei den Soldaten führte. Das Bereitschafts-Lager in der Kasematten-Schlucht ist in Abbildung 163 abgebildet.

Für die Ruhephase waren die Soldaten in verschiedene Lager aufgeteilt, wie in Abbildung 124 und Abbildung 125 dargestellt. Jeden Tag wurde ein Unterkunftsnachweis[1140] der Division herausgegeben, der die wechselnden Unterkünfte in den einzelnen Lagern der Divisionstruppen und der zugeteilten Truppen festlegte. So galt für den 09.09.: Stab und das I/8 noch in Billy s. M., das uns interessierende II/8 zur Hälfte in Stellung und zur Hälfte in Bereitschaft, das III/8 im Ornes-Lager und die MG-Kompanie im Lager Neuer Wald. Erst später ging man zu fixen Unterkünften der einzelnen Truppenteile über.

Am 07.09. gab das Generalkommando XVIII. Reserve-Korps ein „Merkblatt für den Bau und Ausbau der Lager und Ortschaften"[1141] heraus. Unter „Neubau und Ausbau" wurde die Anlage neuer Lager aus fertigen Baracken für 1-2 Infanterie-Bataillone und mehrere Batterien in jedem Divisions-Abschnitt gefordert. „Lieber wenig und gut bauen, als viel und schlecht." Vorhandene Lager in günstiger Lage seien auszubauen, weit abgelegene schlechte Hütten abzubrechen. Wert wurde auf befestigte zu den Lagern führende Wege gelegt, alle Hütten mussten für Fußgänger trockenen Fußes erreichbar sein, sowie auf sorgfältige planmäßige Entwässerung durch Abzugsgräben. Mit besonderem Nachdruck seien Ortschaften von den Ortskommandanten, soweit Kräfte und Mittel es irgend erlaubten, zur stärkeren Belegung auszubauen. Ein weiterer Punkt galt

---

[1139] Als Militärverbot wurde im Deutschen Kaiserreich eine Regelung bezeichnet, die es Angehörigen des Militärs verbot, in bestimmte Lokale einzukehren. In der Praxis waren vorwiegend sozialdemokratisch geprägte Arbeiterkneipen betroffen.
[1140] KA: 8. I.R._(WK)_10_34-35 und 36-37 (414); Abbildung 18, Anhang 5.
[1141] KA: Infanterie-Divisionen-(WK)_5710_05-08 (335); Abbildung 17, Anhang 5.

der „Instandhaltung". Das Beziehen und Verlassen der Lager sei durch den Orts- oder Lagerkommandanten zu regeln, der dafür sorge, dass die Lager sich stets in sauberem Zustand befinden. „In allen Lagern und Ortschaften sind Sammelstellen für Konservenbüchsen,
Ausrüstungsgegenstände, Wolle, Flaschen, Papier und Abfälle einzurichten. Regelmäßige Ab-
fuhr und Ablieferung an die Beutesammelstellen durch die Lagerinspekteure und Ortskomman-
danten zwecks Rückführung in die Heimat."[1142] Das Sammeln von Brennholz und
Feuerschutzmaßnahmen wurden ebenfalls geordnet. Das notwendige Material zum Bau und
Ausbau von Lagern werde über die Material-Depots in Spincourt oder Sägewerk Chatillon unter
Kontrolle durch die Lagerinspekteure geliefert. Ein besonders großes Augenmerk wurde in dem
Merkblatt den „Gesundheitlichen Maßnahmen" gewidmet:

1. Wasserversorgung. Nur Oberflächenwasser vorhanden, weil Grundwasserstrom in
   unerreichbarer Tiefe. Zweckmäßig, jedes (zum mindesten verdächtiges) Wasser nur
   abgekocht zu genießen (Tee, Kaffee). Bei Schwierigkeiten in der Trinkwasserversorgung
   Korpshygieniker anrufen (Geschäftszimmer des Korpsarztes in Sorbey). Umgebung der
   Wasserentnahmestellen rein halten.

2. Beseitigung der Abfallstoffe. Anlage von gewöhnlichen Feldlatrinen mit einfacher Sitzstange
   und Regenschutz am saubersten und einfachsten. Tägliche Desinfektion der Latrinen mit
   Chlorkalk (faßweise zu beziehen von Hilfs-Etappen-Sanitätsdepot Spincourt). Gefüllte
   Gruben zuwerfen.

3. In den Ortsunterkünften Straßenrinnen pflastern (ev. Holzrinnen, wo geringer Verkehr ist)
   und stets sauber halten, am besten durch ständige Kommandos Müllgruben anlegen.
   Regelmäßige Düngerabfuhr. Abwässer nicht in stehende oder fließende Gewässer aus denen
   Trink- und Nutzwasser entnommen wird, sondern nach Wiesen und Gärten, abseits der
   Wohnstätten leiten.

4. Bade- und Entlausungsanstalten in Haut-Fourneau, Billy, Loison und Spincourt. Vorherige
   Anmeldung erforderlich.

5. Zur Fliegenbekämpfung können durch Ärzte Fliegengaze, Fliegenfallen, Fliegenleim vom
   Hilfs-Etappen-Sanitätsdepot Spincourt bezogen werden.[1143]

Für die damalige Zeit war es wohl recht fortschrittlich, dass ausdrücklich Beschwerden und
Wünsche an Lagerinspekteure und Ortskommandanten gerichtet werden konnten.

Bei dem noch zu kommentierenden Gefecht zur Beseitigung des Souville-Sackes nimmt die
mangelnde Unterkunft der fechtenden Soldaten in den Erfahrungsberichten einen breiten Raum
ein.[1144]

In den Brigadebefehlen finden sich immer wieder besondere Anweisungen für das Verhalten in
den in der Nähe der Front befindlichen Bereitschaftslagern. So heißt es am 21.09.1916:

Es liegt dringend Veranlassung vor, alle Truppen darauf hinzuweisen, stets die nötige Vorsicht walten
zu lassen beim Aufenthalt in den Bereitschafts-Schluchten p. p. Bei Tag kein Feuer machen, keine geschlossenen Formationen aufstellen oder gar an eingesehenen Punkten bei Tag dem Feinde [?].

[1142] KA: Infanterie-Divisionen-(WK)_5710_06 (335).
[1143] KA: Infanterie-Divisionen-(WK)_5710_07-08 (335).
[1144] KA: Infanteriebrigaden (WK)_946_05-08 (1674).

> Die Unterkünfte in den Schluchten sind zumeist noch derart mangelhaft, dass jedes Feuer, das die Truppe auf sich [zieht] mit Verlusten bezahlt werden muss.
>
> Ich ersuche die Herren Batls.-Kdeure. p. p., dass dieser Angelegenheit ein erhöhtes Augenmerk zugewendet wird. Betreffs besserem Ausbau dieser Bereitschafts-Lager bezüglich Unterkunft und Schuss-Sicherheit ist bereits das notwendige in die Wege geleitet und folgt weiterer Befehl.[1145]

Zum Herbst hin schlugen schlechte Unterkunftsverhältnisse durch. Die im Merkblatt aufgezählten Maßnahmen schienen nicht gegriffen zu haben.

Im Kriegstagebuch der Brigade vom 16.09., wo unter „Besonderes" für die nachlassende Kampfkraft auch die schlechte Unterkunftssituation verantwortlich gemacht wird[1146], ist angemerkt: „Die ungenügende Ruhe, die weiten An- u. Abmärsche in meist schlechten Lagern und Unterkünften, die mit ganz geringen Ausnahmen nur für Sommerwetter geeignet sind, die Ungunst der Witterung, das Zusammenwirken all dieser Dinge hat auf die Regimenter einen zersetzenden Einfluss ausgeübt."[1147]

Die 14. b. I. D. erließ am 22.09.1916 besondere Anordnungen[1148] zu Unterkunfts-Angelegenheiten. Darin wurden in einem ersten Punkt den einzelnen Divisions-Truppen fixe Unterkünfte für die ruhenden Teile zugewiesen. Man wollte damit offensichtlich die Situation in den Ruhequartieren verbessern.

Billy s. M. war für den Stab 8. I.R., die MG-Kompanie und die große Bagage des Regiments vorgesehen. Außerdem standen der 8. Infanterie-Brigade für je 1 Bataillon mit MG-Kompanie zur Verfügung: Lager Deutsch-Eck (zugeteilt dem 8. I.R.), Jägerlager (zugeteilt dem 4. I.R.), Neuer Wald (zugeteilt dem 29. I.R.) und Azannes (zugeteilt der 8. Infanterie-Brigade).

Dann wurde bestimmt, dass der Unterkunftswechsel vom 23.09.1916 an allmählich, der Ablösung entsprechend, durchzuführen sei. Weiter hieß es:

> Jedes Regiment bestimmt für seinen Unterkunftsort und das ihm zugeteilte Lager einen möglichst nicht wechselnden Offizier oder Offizier-Stellvertreter als Quartiervorsteher im Sinne eines mil. Kas. Vorst. Dieser übernimmt sämtliche Quartiere des Regiments vom Orts (Lager-)Kommandanten und sorgt für ihre Instandhaltung und den weiteren Ausbau.
>
> Falls gleichzeitig mehrere Batle. eines Regiments in Ruhe kommen, wird von Fall zu Fall durch die Division nähere Bestimmung getroffen. Die Ortschaften Billy, Nouillon-Pont Duzey und Rouvrois sind so auszubauen, dass nötigenfalls 2 Batle. dort untergebracht werden können. Der Ausbau von Azannes und Gremilly ist so zu fördern, dass mit Eintritt der schlechteren Jahreszeit Truppen im Herbébois nicht mehr untergebracht werden müssen. Für den Ausbau der Unterkunftsorte und Lager im Bereich der Division und die Mitwirkung der Lager-Inspektion und Lager-Komp. folgt Befehl.[1149]

In einem zweiten Punkt werden Übungsplätze behandelt:

[1145] KA: Infanterie-Divisionen-(WK)_5700_21 (1728).
[1146] S. auch Kapitel 4.4.2.8: Berichte über die abgekämpften deutschen Truppen.
[1147] KA: Infanteriebrigaden (WK)_915_16 (1674).
[1148] KA: Infanterie-Divisionen-(WK)_5701_01-02 (1728).
[1149] KA: Infanterie-Divisionen-(WK)_5701_01 (1728).

Jedes Regiment baut in der Nähe der Ruheorte einen Übungsplatz; der Übungsplatz im Herbébois ist weiter auszubauen. Die Lage der Plätze und der beabsichtigte Bau sind zum 10.10. durch die Brigade der Division zu melden.[1150]

Der dritte Punkt dieser besonderen Anweisungen betrifft den An- u. Abtransport der Truppen:

Zum Antransport der in Nouillon-Pont Duzey und Rouvrois liegenden Truppen in die Stellung und zum Rücktransport in diese Unterkunftsorte stehen Eisenbahnzüge zur Verfügung. Diese verkehren von Nouillon-Pont bis zum km 16 2 (1 km nordöstl. Forsthaus Gremilly).

Die Ablösungen sind zeitlich so zu regeln, dass die Züge am km 16 2 mit den ablösenden Truppen erst nach Einbruch der Dunkelheit eintreffen und von dort mit den abgelösten Truppen vor Tagesanbruch wieder abfahren können. Transport-Anmeldung möglichst 24 Stunden vorher durch die Regimenter bei der Div. unmittelbar unter genauer Angabe der Transportärke und gewünschten Zeitpunkt. Pferde und Fahrzeuge sind auf Landmarsch zu verweisen.[1151]

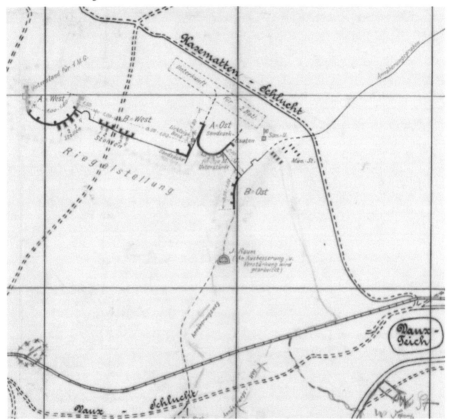

Abbildung 163: Unterkunft in der Kasematten-Schlucht und I-Raum vor der Vaux-Schlucht[1152]

Auch in dem Bericht des Bataillons-Arztes des II/29 I.R. vom 26.09. werden die schlechten Unterkunftsverhältnisse für Gesundheitsschäden und damit für die Herabsetzung der Kampfkraft

---

[1150] KA: Infanterie-Divisionen-(WK)_5701_01 (1728).
[1151] KA: Infanterie-Divisionen-(WK)_5701_02 (1728).
[1152] KA: Infanteriebrigaden (WK)_946_05 (1674) Skizze.

verantwortlich gemacht.

> Die herbstliche kühle Witterung mit ihren häufigen Regengüssen macht in hohem Grade den Aufenthalt in den Kellerunterständen, die im allgemeinen wegen des Artilleriefeuers nicht verlassen werden können, der Gesundheit schädlich; es fehlt hier an der Möglichkeit den durchgekühlten Körper zu erwärmen, die Kleider zu trocknen, besonders, wenn – wie häufig – bei Regenwetter ständig das Wasser durch die Decke herabtropft. Dazu ist es unmöglich bei der Enge der Räume und der starken Belegung die dem Körper zur Erholung und zum Ausruhen notwendige Lage zu bieten. Zahlreiche Erkältungsschäden, Verdauungsbeschwerden infolge der einseitigen Kost, rheumatische Beschwerden sowie Schäden der Füße infolge der Unmöglichkeit die Fußbekleidung abzulegen und zu wechseln, sind die unausbleibliche Folge.[1153]

4.3.7.3   Kriegsanleihe

Eine der Angelegenheiten, die nicht unmittelbar zur Kriegstätigkeit gehörten, aber Bezug auf den Krieg hatten, war die Zeichnung von Kriegsanleihen. Die Zeichnung der 5. Kriegsanleihe schien jedoch bei den Soldaten auf Widerstand zu stoßen, da sie in ihr eine Verlängerung des Krieges sahen. Die Bedenken der Soldaten wurden als Erfolg einer Agitation angesehen, der der Divisionskommandeur mit einer vertraulichen Mitteilung vom 05.09. an alle unmittelbar unterstellten bayerischen Formationen entgegentreten wollte:

> An alle bayer. Formationen: Die fuenfte Kriegsanleihe.   6.9.1916
>
> Nach Mitteilung des Staatsmin. d. Innern an das K. M. wurde es bei der letzten Kriegsanleihe von den mit der Werbearbeit betrauten Personen als schwerer Missstand empfunden, dass durch die Mannschaften des Heeres aus dem Felde brieflich und mündlich gegen die Beteiligung an der Kriegsanleihe agitiert wurde. Die Mannschaften sollen erklärt haben, man möge nicht zeichnen, damit der Krieg ein Ende nehme. Das K. M. hat dem Staatsmin. d. Innern gegenüber sich dahin ausgesprochen, dass die Stimmung allgemein an der Front eine sehr verständige und gute ist und dass nur vereinzelt schlechte Elemente die Träger solcher verhetzender Gerüchte und Mitteilungen sein können. Das K. M. hat im Interesse der großen Sache, der hier nur durch rücksichtsloses Einschreiten gegen Urheber und Verbreiter geholfen zu werden vermag, die nachdrückliche Unterstützung des Staatsmin. d. Innern und der zuständigen Zivilbehörden in der Heimat erbeten und an die Obersten Kommando-Behörden des Bayer. Besatzungsheeres mit Erlass vom 1.9.16 [...] verfügt:
>
> „Gegen Angehörige des Heeres, die als Urheber oder Verbreiter derartiger Treibereien festgestellt werden, ersuche ich unnachsichtlich und mit den schärfsten Mitteln vorzugehen, gegebenenfalls das Erforderliche bei den einschlägigen Feldstellen (Gen. Kdos. usw.) zu veranlassen."
>
> Bei den Ersatztruppenteilen, Lazaretten usw. bitte ich durch Offze. usw. eindringliche Belehrung darüber abzuhalten zu lassen, dass es Pflicht jedes einzelnen ist, Leuten (Zivil- und Militär-Personen), die durch das geschilderten Ausstreuungen der deutschen Sache erheblichen Schaden zufügen, das Handwerk zu legen. Oft ist es Gleichgültigkeit, meist aber Furcht vor allenfallsigen [sic!] Unannehmlichkeiten, die den Einzelnen abhält, der Sache bis zum Ursprung nachzugehen oder demjenigen, der das Gerücht verbreitet, ohne eine Quelle dafür angeben zu können, zur Anzeige zu bringen. Es soll bei diesen Belehrungen nachdrücklich darauf hingewiesen werden, dass jeder, der ungeachtet der für seine Person vielleicht damit verbundenen Unannehmlichkeiten Schuldige zur Anzeige bringt, sich um das Vaterland verdient macht und zur Stärkung unserer Widerstandskraft beiträgt. Ich ersuche die Herren Kdeure und Führer selbst.

Abbildung 164: Werbung für die Kriegsanleihe[1154]

[1153] KA: Infanterie-Divisionen-(WK)_5701_05-07 (335).
[1154] URL: http://www.stahlgewitter.com; 03.10.2017.

Abteilungen, durch entsprechende Belehrung der Mannschaften Beeinflussungen der Angehörigen in der Heimat in dem angedeuteten Sinne zu verhüten. gez. Rauchenberger.[1155]

4.3.7.4 Militärseelsorge

Bei vielen bereits betrachteten Einträgen aus den Kriegstagebüchern sind Gottesdienste beider Konfessionen vermerkt, oft praktischerweise mit anschließender Gasmaskenprobe in der Sakristei, die wegen ihrer geschlossenen Räumlichkeit, wie bereits dargestellt, als „Stinkraum" eingerichtet wurde. Für katholische, aber auch zuweilen für protestantische Soldaten wurde auch immer wieder Beichte angesetzt. Gottesdienste wurden ebenso regelmäßig bei Geburts- oder Namenstagen gekrönter Häupter[1156] abgehalten.

Im Tagesbefehl vom 19.08.1916 heißt es:

> Morgen, 20. ds., 8:00 Vorm. kath. Gottesdienst in Baslieux.
> Von 6:00 – 8:00 Vorm. Beichtgelegenheit.
> 9:30 Vorm. in Baslieux prot. Gottesdienst mit folgender Beichte und Abendmahl.[1157]

Auch die Militärseelsorge war eine Alltagsangelegenheit. In dem Divisionstagesbefehl vom 06.10.1916 kann man dazu Folgendes lesen:

> Im Interesse der geregelten Militärseelsorge im Etappengebiet ist es erforderlich, dass sich die Feldgeistlichen der im Etappengebiet zur Ruhe liegenden Lazarette und sonstige Formationen der Korps und Divisionen beim zuständigen Referenten der Etappe für militärkirchliche Angelegenheiten an und beim Weggang wieder schriftlich abmelden, damit von diesen Stellen alles weitere bezgl. der Seelsorge veranlasst werden kann.
>
> Als Referenten sind von der Etappen-Inspektion bestimmt: evangelischer Etappen- und Lazarettpfarrer Giese, Etappen-Kommandantur Conflans, katholischer Lazarettpfarrer Prof. Dr. Gulielminetti[1158], Etappen-Kommandantur Mars la Tour.[1159]

Militärseelsorge war nicht nebensächlich, sondern bei den militärischen Führern möglicherweise aus nicht ganz uneigennützigen Gründen geschätzt.

Bereits am 13.12.1914 wandte sich so das K. M. an verschiedene Armeekommandos und Etappen-Inspektionen mit der Klage, dass zu wenig Gottesdienste im Felde stattfänden.

> KM   Berlin W 66, Leipzigerstraße 5, den 13. Dezember 1914
>
> Vielfache Klagen aus dem Felde darüber, daß seit Kriegsbeginn für einzelne Truppenteile noch keine Gottesdienste abgehalten worden seien, geben dem Kriegsministerium Veranlassung, ergebenst zu ersuchen, bei den nachgeordneten Dienststellen auf die Abhaltung von Gottesdiensten, soweit es die Verhältnisse irgend gestatten, hinzuwirken.[1160]

Erhellend bezüglich der Instrumentalisierung der Gottesdienste bei der militärischen Führung ist

---

[1155] KA: 8. I.R._(WK)_10_25 (414).
[1156] Namenstag von König Ludwig am 23.08.1916; KA: 8. I.R._(WK)_10_181-182 (414); Abbildung 9, Anhang 6.
[1157] KA: Infanterie-Divisionen-(WK)_6059_02 (1728).
[1158] Über den charismatischen bayerischen Pfarrer Prof. Dr. Gulielminetti wird noch im Bd. II zu berichten sein.
[1159] KA: Infanterie-Divisionen-(WK)_6059_16 (111). Dieser Seelsorge-Punkt des Tagesbefehls wurde wohl auf Anweisung durch 9 Personen abgezeichnet. Die Ausgabe dieses Tagesbefehls liegt zwar außerhalb des Betrachtungszeitraums, er dürfte aber auch vorher ein Anliegen gewesen sein.
[1160] KA: Infanterie-Divisionen-(WK)_1159_16 (335).

ein 6-seitiges Schreiben von General von Strantz (Abbildung 4) „An die Herren Feld-Divisions-Geist-lichen"[1161] vom 31.03.1916. Von Strantz ging davon aus, dass der „religiöse, gottesfürchtige Soldat auch ein guter Soldat" sei und unterbreitete zur weiteren Erhaltung und Förderung der christlichen Soldatentugenden Gedanken, die ihm in der damaligen militärischen und politischen Lage eine besondere Rücksicht bei der Erziehung der Mannschaft zu verdienen schienen. Diese Gedanken sollten „durch den Mund des Predigers ihren Weg zu den Herzen der Soldaten finden"[1162].

General von Strantz, der die nahende Osterzeit mit ihren Bußgelegenheiten im Auge hatte, stellte zunächst fest, dass sich die „zu sühnenden Verfehlungen" seines Erachtens weniger auf das 6. Gebot, wie vielfach immer angenommen, beziehen.

Nach Strantz war dieser Krieg ein Gottesgericht zwischen den Völkern, in dem Gott es Freund und Feind gleichmäßig in die Hand gebe, zu zeigen, wer der sittlich Höherstehende sei. Er führte weiter aus:

> Deutschland besonders hat in diesem Kampf, in dieser Prüfung zu erweisen, ob es würdig und wert ist, die Vorherrschaft in der Welt zu führen im Namen u. im Zeichen Gottes. Wer diesem Kampf unterliegt, geht auch zu Grunde u. er ist wert, dass er untergeht, denn er hat dann gezeigt, dass er die Kräfte nicht aufzubringen vermocht hat, die zu erwerben ihm Gott die Zeit und Gelegenheit gab.[1163]

Bei Höchstleistung auf beiden Seiten könne nur das moralische Element der Kämpfer und der Völker den Ausschlag geben. Die anderen Nationen können nur übertroffen werden, „wenn jeder Mann sein Bestes an Tapferkeit, Selbstverleugnung, Opfersinn und Gehorsam aufbringt u. sein Möglichstes tut, um Kleinmütigkeit, Unbotmässigkeit, Lückenhaftigkeit, Weichlichkeit, Unredlichkeit und Trunkenheit ganz zu verbannen"[1164].

Von Strantz verstieg sich dann zu der Aussage: „Wer von den beiden großen Kämpfern auch nur 1 Minute länger aushält als der Andere, wer den Anderen zuerst sprechen macht ‚genug!', der ist endgültiger Sieger u. gross u. herrlich wird seine Zukunft sein."[1165] Diese Geisteshaltung mag der Grund sein, weshalb der 1. Weltkrieg trotz Erschöpfungserscheinungen bereits 1916 noch zwei Jahre andauerte. Strantz mahnte dann noch die „schuldige Achtung und den unweigerlichen Gehorsam gegenüber Vorgesetzten" an. Defaitismus und Disziplinlosigkeit müssen gemeldet, Diebstähle und Trunkenheit bekämpft werden. Der Soldat solle auch viel beten „im Quartier und im Schützengraben", aber er solle bei seinem Gott nicht um sein eigenes nichtiges Leben betteln, sondern „er sollte mannhaft beten: ‚mach mich stark, meinen Feind zu besiegen und hilf mir,

---

[1161] KA: Infanterie-Divisionen-(WK)_1159_03-08 (335), Abbildung 2, Anhang 4.
[1162] KA: Infanterie-Divisionen-(WK)_1159_03 (335).
[1163] KA: Infanterie-Divisionen-(WK)_1159_04 (335).
[1164] KA: Infanterie-Divisionen-(WK)_1159_04 (335).
[1165] KA: Infanterie-Divisionen-(WK)_1159_04 (335).

dass ich mich mutiger und zäher erweise als er'!"[1166].

Zum Schluss stellte Strantz den Feldgeistlichen, die er zu seinen Handlangern machen wollte, großzügig frei, diese Gedanken zu verwerten. Er fügte seinem Schreiben auch gleich einige Exemplare zur Verwendung bei den Hilfsgeistlichen bei. Die Feldgeistlichen unterstanden als Angehörige des Divisionsstabes in allen militärischen Beziehungen dem Divisionskommandeur, aber eben nur in militärischen und nicht auch in seelsorgerlichen Beziehungen. In dem Merkblatt für Feldgeistliche heißt es allerdings vage:

> Die Ausübung ihrer Amtstätigkeit im Felde wird sich in den wechselnden Lagen des Krieges sehr verschieden gestalten. Hierfür bestimmte Anhaltspunkte aufzustellen, erscheint nicht tunlich. Vielfach werden die Anregungen für die Ausübung ihrer seelsorgerischen Tätigkeit von ihnen selbst ausgehen müssen. Hiezu erholen sich die Feldgeistlichen die nötigen Aufschlüsse über die Lage und die für ihren Dienst besonders in Betracht kommenden Verhältnisse bei der Division jeweils beim Generalstabsoffizier der Division.[1167]

Aber nicht nur Soldaten der beiden christlichen Konfessionen hatten Gottesdienste, sondern auch jüdische Soldaten. So gab das AOK von Strantz am 30.08.1916 bekannt, dass der Rabbiner Dr. Klein dem Oberkommando als Armee-Rabbiner zugeteilt worden sei. Es heißt weiter:

> Rabbiner Dr. Klein führt die Aufsicht über die [jüdische] Seelsorge sämtlicher Truppen der Armee-Abteilung. [...] Rabbiner Dr. Klein ist durch die Etappen-Inspektion in Conflans unterzubringen und für den Gehaltsbezug und zur Verpflegung der Etappen-Kommandantur Conflans zuzuteilen. Für die Dienstfahrten zur Ausübung der Seelsorge wird ihm ein Kleinauto überwiesen. Etappen-Kommandantur Conflans hat ihm auf Anfordern zur Ausübung der Seelsorge in der näheren Umgebung von Conflans ein Reitpferd zu stellen.[1168]

Die jüdischen Soldaten wurden auch tatkräftig durch ihre Heimatverbände unterstützt. So wandte sich der Ausschuss des Verbandes der deutschen Juden am 21.02.1916 an die militärische Führung zum bevorstehenden jüdischen Osterfest mit dem Antrag, „im religiösen Interesse der jüdischen Mannschaften" den jüdischen Frontsoldaten an den vier Hauptfeiertagen (zumindest an den zwei Sederabenden) Dienstbefreiung oder Heimaturlaub zu gewähren. Den in Lazaretten befindlichen jüdischen Verwundeten sollten etwaige Wünsche nach Meidung der „am Passahfeste verbotenen und Empfang rituell erlaubter Speisen"[1169] durch Einschaltung von Synagogengemeinden nachgegangen werden. „Es wird sich dann in den meisten Fällen die Möglichkeit bieten, dem religiösen Empfinden der Verwundeten ohne Schädigung der gesundheitlichen oder disziplinarischen Interessen Rechnung zu tragen und dadurch einen schweren Gewissenszwang zu vermeiden."[1170]

Aus der Tatsache, dass dieser Antrag vom K. M. am 20.03.1916 großflächig verteilt wurde, kann

---

[1166] KA: Infanterie-Divisionen-(WK)_1159_08 (335).
[1167] KA: Infanterie-Divisionen-(WK)_1159_20 (335).
[1168] KA: Infanterie-Divisionen-(WK)_1159_02 (335).
[1169] KA: Infanterie-Divisionen-(WK)_1159_09 (335); Abbildung 1, Anhang 4.
[1170] KA: Infanterie-Divisionen-(WK)_1159_09 (335).

man schließen, dass der Antrag auch umgesetzt wurde.[1171]

Der gleiche jüdische Verband wandte sich am 16.07.1916 an das K. M., am jüdischen Neujahrsfest und am Versöhnungsfest die Teilnahme an Gottesdiensten zu ermöglichen.[1172] Auch dieser Antrag wurde weiträumig an die militärischen Dienststellen verteilt.

4.3.8   Verschiedene taktische Befehle für den Abschnitt 14. Bayerische Infanterie-Division

In Vorbereitung für den Ende August vorgesehenen Angriff zur Beseitigung des Souville-Sackes gab die Division am 16.08. eine Zusammenstellung[1173] verschiedener taktischer, für den Abschnitt 14. b. I. D. erlassener Befehle für ihre unterstellten Truppen heraus: 8. Inf.-Brig., 4./8 Ch. R. (Chevaulegers-Regiment), 23. F. A. R., R. Pi. 11, M. Wfrkp. (Mittlere Werfer Kompanie), D. Fspr. Zug (Doppelter Fernsprechzug), Staffelstab 7.

4.3.8.1   Ausbau der Stellung

Der Ausbau der Stellung war ein ständiges Anliegen der übergeordneten Truppenführung. Dies drückte sich in den vielen für den Divisionsabschnitt relevanten Befehlen aus. Bei dieser Zusammenfassung der Befehle steht nicht ohne Grund an erster Stelle der Ausbau der Stellungen. Nur wenn dieser gewährleistet sei, könne verteidigt und unnötige Opfer vermieden werden. Großer Wert wurde auf zusammenhängende Gräben und flankierende MG-Stellungen gelegt.

XVIII. R. K. vom 15.7.16: Beschleunigte Herstellung einer durchgehenden ersten Linie mit Schnellhindernissen, Sappenköpfe mit Maschinengewehrständen. Flankierendes Sperrfeuer der MG. Einbau von MG in flankierenden, rückw. Stellungen. Verwendung der leichten Minenwerfer zur flankierenden Sperrfeuer Abgabe, Aufstellung auch in Nachbarabschnitten, Einbau von Munition. Ausbau von zwei verteidigungsfähigen Linien, Ausstattung mit Depots aller Art. Vermehrung und Verbesserung der Unterstände, Anlage einfacher gezogener Stützpunkte, Einbau von Beobachtungsständen, Anlage von Drahthindernissen in besonders gefährdeten Punkten, Regelung und Verbesserung aller Verbindungen.

XVIII R. K. vom 15.7.16: Die 2. Stellung liegt in Linie Fort Douaumont Hardaumont. Anlage kleiner Stützpunkte bei I[nfanteriewerk] Nord (südöstl. Fort Douaumont) Kasemattenschlucht, Fingerschlucht (21. R. D.). Weiterer Ausbau des Werkes am Steinbruch (nordöstl. Fort Douaumont), Ausbau der Vaux-Schlucht als Bereitstellung.

A. G. O. v. 3.8.16: Ausbau zusammenhängender Gräben für vordere Linie, Unterstützungen, Reserven u. von Annäherungswegen ist nötig. Reserven und Unterstützungen müssen für sofortige Gegenangriffe nahe herangeholt werden können.

G. E. D. v. 6.8.16 ordnet den Bau von zwei Riegelstellungen zum Schutz der rechten Flanke XVIII R. K. 1. In Linie Fort Douaumont – I. Raum [Abbildung 168] im Kolbenwald, 2. In Linie 501 – 502 – 535 oder 536a. Ausbau dieser als Annäherungsgraben mit Verteidigungsfähigkeit nach Westen.

XVIII R. K. v. 8.8.16[1174] fordert erneut Anlage einer durchlaufenden vorderen Stellung u. von rückwärtigen Verbindungsgräben. Mittel zur Abschwächung des feindlichen Feuers. Gleichzeitige Anlage

---

[1171] KA: Infanterie-Divisionen-(WK)_1159_10 (335).
[1172] KA: Infanterie-Divisionen-(WK)_1159_13 (335); Abbildung 7, Anhang 4.
[1173] KA: Infanterie-Divisionen-(WK)_5710_09-14 (335).
[1174] KA: Infanterie-Divisionen-(WK)_5938_01-02 (1728).

unserer Gräben, hiervon einige als Scheinanlagen, Arbeiten bei Nacht, Deckung gegen Fliegersicht. Zeitliche Verteilung der Arbeiten, so dass zunächst eine Anzahl einzelner Grabenstücke entsteht, die später verbunden werden. Ausbau der Zwischenstellung u. 2. Stellung ist mit allen Kräften zu fördern. XVIII R. K. v. 13.8.16 fordert zähe Verteidigung des Geländes. Besonders wichtig: Südl. der Vaux-Schlucht. Unterbringung einiger Unterstützungszüge dicht hinter der vorderen Linie. Vorbereitung weiteren Widerstandes in Linie 502 – Werk Chapitre durch Anlage 2 MG Stützpunkte mit Schießrichtung S. u. SW., Sorge für dauernde Besetzung dieser Linie. 3. Linie des Widerstandes in der Bereitschaftsstellung. Unterbringung starker Kräfte am Südhang der Vaux-Schlucht. Nördlich der Vaux-Schlucht: Die 2. Stellung Fort Douaumont – Hardaumont muss stets besetzt bleiben (MG). Ausbau eines Stützpunktes im Kolbenwald in Verbindung mit dem I. Raum als Riegel gegen Fleury. Feuerunterstützung der ersten Linie aus dem I Raum.[1175]

Der wichtige Stellungsbau wurde nicht nur durch Befehle adressiert, sondern auch durch Ausbildungs-Anweisungen. Dazu folgte am 08.08. ein die Ausbildung für den Stellungsausbau betreffender Korpsbefehl:

1. Der Ausbau einer durchlaufenden vorderen Stellung ist mit allen Mitteln zu fördern und muss unbedingt erreicht werden. Es ist bekannt, dass die Truppe oft lieber in Schützenlöchern liegen bleibt, um nicht feindliches Artillerie-Feuer auf sich zu lenken. Dem steht aber die Unmöglichkeit einer Kontrolle der Truppe durch ihre Offiziere und die Schwierigkeit eines Alarms und einer einheitlichen Feuerlenkung sowie des Verbringens der Truppe beim eigenen Angriff gegenüber.

2. Es ist schon wiederholt auf die Notwendigkeit des Ausbaus von rückwärtigen Verbindungsgräben hingewiesen worden. Auch hier liegt die Gefahr vor, dass diese Gräben vom Feind unter Feuer genommen werden. Trotzdem müssen sie hergestellt werden. Mittel, um die Wirkung des feindlichen Feuers abzuschwächen sind:

a) gleichzeitige Anlage unserer Gräben, um das feindliche Feuer zu verteilen. Es genügt zunächst nur ein Graben für jeden Div.-Abschnitt in voller Tiefe, die anderen nur als Scheinanlage herzustellen.
b) die Arbeit wird, wo bei Tage durch feindliches Feuer unmöglich, bei Nacht auszuführen sein.
c) wo die Gräben gegen direkte Sicht gedeckt sind, sind sie gegen Fliegersicht durch vorher herzustellende horizontale Balken zu schützen.
d) es kann sich empfehlen, in der nächsten Nacht nicht an derselben Stelle zu arbeiten, wie in der vorhergehenden. Es entsteht so eine Unzahl einzelner Gabenstücke, die nach einheitlichem Plan angelegt zunächst zur Deckung für sprungweise vorgehende Wellen dienen und später miteinander verbunden und zu einem durchlaufenden Annäherungsweg ausgebaut werden.

3. Auf den Befehl vom 28.7.1916 [...] betreffs Ausbau der 2. Stellung und der Zwischenstellung wird hingewiesen. Der Ausbau ist mit allen Kräften zu fördern.

4. In den wöchentlich zweimal (Dienstags und Sonnabends) einzureichenden Skizzen sind die vorderen feindlichen Stellungen in rot, die eigenen Anlagen in blau einzutragen. Die noch beabsichtigten Anlagen sind in gelb, die seit der letzten Meldung neu ausgeführten in grün anzugeben. Bei den Gräben ist die erreichte durchschnittliche Grabentiefe in Zahlen anzugeben.

5. Die Truppenmeldungen sind durch Organe der Division (Pionierkommandeur, Ordonnanzoffizier) regelmäßig nachzuprüfen und zu berichten.
gez. von Steuben.[1176]

4.3.8.2   Artillerie

Bei der Divisions-Zusammenstellung relevanter Befehle wurde natürlich die Artillerie nicht ausgelassen.

XVIII. R. K. vom 15.7.16. Aufgabe der Feld- und schweren Art. ist: Abwehr feindl. Angriffe, Schutz gegen feindl. Inf.- u. Nahkampfwaffen, Störung des feindl. Verkehrs, für die schwere Art.: Bekämp-

[1175] KA: Infanterie-Divisionen-(WK)_5710_09-11 (335).
[1176] KA: Infanterie-Divisionen-(WK)_5938_01 (1728).

fung feindlicher Batterien. Feindliche Gräben werden nur im Vergeltungsfeuer bei starker Besatzung oder zu erwartenden Angriffen beschossen. Der Div. steht zur Unterstützung der Gefechtstätigkeit im Bedarfsfalle das Regt. Richter zur Verfügung.

G. E. D. vom 6.8.16: Sperrfeuer wird durch gelbes Leuchtsignal mit schwebenden Kugeln angefordert. Darauf setzt 3 Minuten lang das Sperrfeuer der Feldart. ein. Durch fortgesetzt gegebene Lichtsignale wird das Sperrfeuer der schweren Art. 10 Minuten lang ausgelöst. Mörser-Feuer ist besonders zu beantragen. Zeichen für Feuer vorverlegen ist roter Doppelstern mit Perlen.

G. E. D. vom 14.8.16: Leuchtsignalsammelstelle der Div. ist der I. Raum im Kolbenwald. Die dortige Station untersteht dem Signaloffizier der Div. (z. Zt. in der Kasemattenschlucht, von der 8. I. Brig. abzulösen) der für dauernde Beobachtung des ganzen Div. Abschnittes und für rasche Weitergabe aller Signale u. Meldungen verantwortlich ist. In jedem Regtsabschnitt befinden sich in der Läuferkette auch zwei Leuchtsignalposten, weitere in der Läuferkette vom I. Raum zur Kasemattenschlucht und bei Läuferstation 11 in der Fingerschlucht. Die weitere Abnahme der Zeichen erfolgt durch die Artillerie–Beobachtungsstelle bei Punkt 640.

XVIII R. K. v. 20.7.16: Um die Abgabe von Sperrfeuer auf zu breiter Front zu vermeiden, sind Richtlinien von den Art.-Beob. Stellen festzulegen, nach denen bei Nacht der Ort der Abgabe der Sperrfeuerzeichen bestimmt werden kann.[1177]

Es gab immer wieder den Vorwurf des Eigenbeschusses[1178] durch die Truppe. Diesem wurde oft mit dem Hinweis entgegengetreten, dass die Infanterie mit der Artillerie enger zusammenarbeiten müsse.

Gen. Kdo. XVIII Reservekorps (Abschrift)   8. August 1916

Am 7. August Nachm. meldete ein Kampftruppen-Kdr der vorderen Linie, dass eigenes schweres Artl. Feuer auf unserer Linie läge. Da die Meldung richtigerweise genaue Zeitangaben enthielt, konnten genau Nachforschungen angestellt werden. Es ergab sich mit Bestimmtheit, dass unsere schweren Batterien zur fraglichen Zeit gar nicht geschossen hatten.
[...]
Die Inf. Offz. werden sich davon überzeugen, dass die Beob. Offz. der Artl. ihren verantwortungsvollen Dienst sehr ernst nehmen und gut verstehen. Zudem würden diese Inf. Offz. durch ihre Kenntnisse der eigenen Stellung den Artl. Beobachtern nützlich sein können.[1179]

4.3.8.3   Infanterietätigkeit

Bei der Infanterietätigkeit wird vor übereilter und unnötiger Anforderung von Sperrfeuer und vor allem vor Abbröckeln „unzuverlässiger Elemente" gewarnt. Erhaltung der Tatkraft und Angriffsfreudigkeit wird betont.

Wiederholte Verfügungen warnen vor übereilter und unnötiger Anforderung von Sperrfeuer, das Verluste verursacht, die Arbeiten behindert und zur Munitionsverschwendung führt.

[1177] KA: Infanterie-Divisionen-(WK)_5710_11-12 (335).

[1178] Ursachen für Eigenbeschuss sind oft eine unzureichende Identifizierung des Ziels aufgrund schlechter Sichtbedingungen (wie Dunkelheit oder Witterungseinflüsse), Kommunikationsprobleme (wie falsche Parole), technisches oder menschliches Versagen. Auch die ballistische Streuung spielte früher eine Rolle: Wenn die Kanoniere z. B. etwas weniger Pulver einfüllten, flog das abgeschossene Geschoss weniger weit. Auch im Ersten Weltkrieg hatten Soldaten Angst vor sogenannten „Kurzgängern".
Die Wirkung dieses fehlgeleiteten Beschusses wird auch als Begleitschaden oder Kollateralschaden bezeichnet.
Im Gefecht der verbundenen Waffen kam und kommt es vor, dass bei der Fernunterstützung von eigenen, in unmittelbarer Feindberührung stehenden Einheiten mittels Artillerie oder Kampfflugzeugen auch eigene Kräfte in Mitleidenschaft gezogen werden. Man kann versuchen abzuwägen, ob die Verluste der eigenen Verbände ohne diese Luft- oder Artillerieunterstützung nicht noch größer wären.

[1179] KA: Infanterie-Divisionen-(WK)_5938_03-04 (1728).

XVIII R. K. v. 15.7.16: Erhaltung der Tatkraft und Angriffsfreudigkeit. Dauernde Überwachung des Vorgeländes durch Scharfschützen u. MG, Ausnützung des Gewehrfeuers, Verhinderung feindl. Erkundungstätigkeit, Erkundung der feindl. Anlagen.

A. G. O. v. 6.8.16: Abbröckeln unzuverlässiger Elemente beim Vormarsch in die Stellung muss verhindert werden.[1180]

4.3.8.4 Meldetermine

Bei den Meldeterminen stehen der Kräfteverbrauch der Infanterie und der Ausbau der Gräben im Vordergrund. Diese beiden Aspekte diktieren die Meldeterminierung.

Termine:

Jeden Samstag früh durch Brig. u. Div. übersichtlich über den Kräfteverbrauch der Inf. (von Samstag zu Samstag) A. G. O. v. 12.6.16 Ia Nr. 705 g. Abends an XVIII. R. K.

A. G. O. v. 6.8.16 u. XVIII R. K. v. 7.8.16: Jeden Samstag und Dienstag früh an Div. [...] Skizzen über Stand des Ausbaus der Gräben vorderer Linie, der Bereitschaften u. Annäherungswege; Samstags auch für Bereitschaftsstellung. Grabentiefe in Zahlen, feindliche Anlagen rot, eigene blau, neu fertiggestellte grün, beabsichtigte gelb.

G. E. D. v. 14.8.16: am letzten jeden Monat Meldung an Div. ob die aufgestellten Wegweiser u. Warnung Tafeln noch stehen.
gez. Rauchenberger.[1181]

Diese Zusammenstellung der für den Divisionsabschnitt geltenden Befehle der übergeordneten Befehlsstellen wie Angriffsgruppe Ost, XVIII. R. K. und der Garde-Ersatz-Division aus der Zeit vom 15.07. bis 14.08.1916 enthält nichts grundstürzend Neues, sondern benennt in notwendiger und einprägender Wiederholung bekannte Grundsätze.

4.3.9 Routineabläufe und Kampfgeschehen bei der 14. Bayerischen Infanterie-Division in der zweiten Augusthälfte 1916

In diesem Kapitel soll das alltägliche Kampfgeschehen der 14. b. I. D. in der zweiten Augusthälfte 1916 dargestellt werden, während die Großkampflage in diesem Zeitabschnitt im Kapitel 4.4.1 rekapituliert wird.

Mit Datum 16.08.1916 erging, wie bereits im Kapitel 4.3.2 „Kampf- und Logistikvorbereitungen" angeführt, eine besondere Anweisung[1182] zu dem Divisionsbefehl vom 15.08.1916., der besagte, dass die 14. Bayerische Infanterie-Division in der Zeit vom 16. bis 21. August die Garde-Ersatz-Division ablöst[1183] und unter den Befehl des General-Kommandos XVIII. Reserve-Korps tritt und dass der Divisions-Stab am 21.08. von Baslieux nach Billy-sous-Mangiennes verlegt wird. Wie schon dargestellt, übernahm das 8. I.R. nach entsprechender Einweisung und Heranführung an das Gefechtsfeld am 21.08. den Befehl über diesen Kampfabschnitt, nachdem

---

[1180] KA: Infanterie-Divisionen-(WK)_5710_12-13 (335).
[1181] KA: Infanterie-Divisionen-(WK)_5710_13-14 (335).
[1182] KA: 8. I.R._(WK)_10_04-06 (838); Abbildung 16, Anhang 4.
[1183] KA: Infanteriebrigaden (WK)_915_04 (1674).

das III/8 am 20.08. in Stellung gegangen war, das II/8 in Bereitschaft in Hassoule- und Kasematten-Schlucht und das I/8 in die Gegend von Billy verlegt worden war.

Das alltägliche Kampfgeschehen, der Untersuchungsgegenstand dieses Kapitels, beinhaltet die Angriffsvorbereitungen wie Erkundung, Formulierung der Angriffsbefehle sowie logistische Vorbereitung. Während dieser Zeit gingen die französischen Angriffsbemühungen ständig weiter und erschwerten die deutschen Angriffsvorbereitungen. Es soll bei dieser Darstellung chronologisch vorgegangen werden.

4.3.9.1 Vom 15.08 bis 18.08.1916

Das Kriegstagebuch des II/8 berichtet in den Tagen 15.-18.08.1916 von täglichen Sturmübungen auf Kompanie-, aber dann auch auf Bataillons-Ebene, auf die im Kapitel 4.3.2 „Kampf- und Logistikvorbereitungen" bereits eingegangen wurde, und von einer Inspektion des kommandierenden Generals von Steuben.

> **15.8.:** II/8 und Stab Ortsunterkunft St. Supplet. Sturmübung im Batl. nördl. Mercy. Hptm. Götz mit Adj. Reinke 6:00 Vorm. zur Erkundung der französischen Stellung gegenüber der neuen Stellung des 8. I.R. im Chapitre Wald. Aufnahme der Verbindung mit der 21. Res. Div. in Loison und der Garde Ers. Div. in Azannes. Dann zum Bezonvaux-Werk. Eintreffen dort 10:00 Nachts. [...][1184]
>
> **16.8.:** Übungen der Kompanie. Vorübung zum Sturm. Fortsetzung der Erkundung der feindlichen Stellung in Chapitre-Walde durch den Kdeur und Adjt. Ergebnis der Patr. im Hinblick auf einen Angriff auf die feindliche Stellung s. Anlage. Rückkehr der Patr. 1:00 Nachm. Der zurückgelegte Weg einschließl. 26 km Kraftwagenfahrt betrug 103,5 km. Nachm. Besprechung mit Hptm. Sperr vom Gen. Stab. der 14. b. I. D. [...][1185]
>
> **17.8.:** Übungen in den Kompanien. (Sturmübungen). Nachm. Sturmübung im Batl. am Übungswerk im Walde nördl. St. Supplet. [...][1186]
>
> **18.8.:** Sturmbesichtigung des Sturmbataillons in Laix. Dorthin von jeder Komp. 1 Offizier u. Fähnriche der 5. u. 6. Kompanie. Lt. Pilsweger vom Sturmkurs zurück. Kath. u. prot. Gottesdienst.
>
> S. E. v. Steuben, kom. Gen. des XVIII. A. K., dem die 14. bayr. I. D. unterstellt ist, besucht auf der Durchfahrt durch St. Supplet das II/8. Die Komp. stehen hierzu auf ihren Appellplätzen. Offiziersversammlung.[1187]

Ein Bericht des I.R. 364[1188] über das Kampfgeschehen vom 14. bis 18.08., der am 24.08. dem 8. I.R. vorlag, zeigt, wie der Feind immer wieder versuchte, die deutschen Linien anzugreifen und zurückzudrängen. Die Stellung des I.R. 364 ergibt sich aus Abbildung 165. Für die eigenen Truppen war es wirklich schon ein Abwehrkampf vor Verdun geworden, keine Spur mehr eines „Nehmen[s] von Verdun", nur erbittertes Festhalten und Begradigung der Linien.

[1184] KA: 8. I.R._(WK)_7_171 (1554).
[1185] KA: 8. I.R._(WK)_7_172 (1554).
[1186] KA: 8. I.R._(WK)_7_172 (1554).
[1187] KA: 8. I.R._(WK)_7_172 (1554).
[1188] KA: Infanteriebrigaden (WK)_945_29-32 (1674).

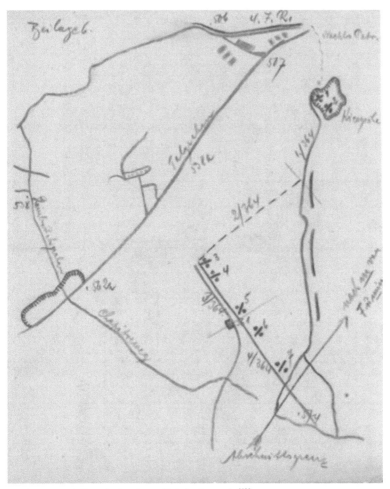

Abbildung 165: Stellung des I.R. 364 südlich der Kiesgrube[1189]

Dieser Bericht vom 23.08. war an die „K. b. 8. Infanterie-Brigade"[1190] gerichtet, wurde von dieser am 24.08. vereinnahmt und an die 14. b. Inf.-Division weitergeleitet. Aufgrund des hohen
Aussagewertes auch für die geplante Kampfvorbereitung Ende August wurde dieser Bericht am
25.08. auch an das „K. b. 29. Inf. Rgt." und von dort an das „8. Inf. Rgt." weitergeleitet, wo es
von den Bataillons-Kommandeuren Major Aschauer am 25.08 und Major Felser am 27.08. zur
Kenntnis genommen wurde.

In diesem sehr ausführlichen Bericht schildert das I.R. 364 seine Gefechtstätigkeit vom 14. bis

---

[1189] KA: 8. I.R._(WK)_13 (511) Skizze.
[1190] Beachte die unterschiedlichen, uneinheitlichen Abkürzungen der Einheitsnamen.

19.08. im Souville-Sack. Da dieser aufschlussreiche Bericht am 27.08. auch Major Felser, einem maßgeblichen Führer des für Ende August/Anfang September geplanten neuerlichen Angriffs zur Beseitigung des Souville-Sackes, zugeleitet wurde, soll kurz darauf eingegangen werden. Dort heißt es: „In der Nacht 14./15 werden I und III/IR 364 in vorderer Linie eingesetzt, I. Batl. in den rechten Abschnitt, III. Batl. in den linken Abschnitt (Dreieckstellung), 11. Komp. auf dem rechten Flügel der Sturmausgangsstellung zur Sicherung der unbesetzten Souville-Schlucht."[1191] Der Bericht schreibt weiter, dass es in der Zeit vom 14. bis zum 17.08. immer wieder Angriffe der französischen Seite gegeben habe, die alle zurückgewiesen werden konnten, teilweise allerdings mit erheblichen Verlusten. Dabei konnten aber wiederholt französische Gefangene genommen werden. Diese Angriffe waren jedes Mal durch heftiges französisches Artilleriefeuer begleitet und französische Angriffe mussten mehrfach durch eigenes Sperrfeuer geblockt werden.

Die französischen Angriffe steigerten sich, so der Bericht, am 18.08. Wegen der hohen Aussagekraft sollen wesentliche Teile zitiert werden (Abbildung 166):

> „Vormittags: von 8:30 Uhr an starkes Artl.-Feuer, zeitweise zu Trommelfeuer gesteigert, auf dem ganzen Abschnitt des Regiments. Gegen 11:30 Uhr flaute das Feuer ab, setzte aber 12:00 Mittags wieder heftiger ein und ging dann zu Trommelfeuer über.
>
> Nachmittags: um 2:00 Uhr Sperrfeuer der eigenen Artl. (etwa 20 Minuten). Von 3:00 Uhr starkes Feuer bei der Artillerie. Von der Kiesgrube aus wurde beobachtet, dass die feindl. Gräben im Chapitrewald stark besetzt waren. Um 4:00 Nachm. verlegte der Gegner sein Feuer weiter zurück und griff mit starken Kräften, in mehreren dichten Wellen den linken Flügel des I. Batlns. und die ganze Dreieckstellung an.
>
> Der Angriff wurde rechtzeitig erkannt und Sperrfeuer angefordert, das sofort einsetzte. Die Kompagnien empfingen den Angreifer mit Infanterie- und MG-Feuer. Hierdurch und durch das Sperrfeuer, sowie das flankierende Infanterie-Feuer der 2. Komp. wurde der Gegner gezwungen, sich vor dem Abschnitt der 3. und 4. Komp. hinzulegen, so war er der Sicht der 3. und 4. Komp. entzogen. Diese Kompagnien machten darauf einen Sprung von 40-50 m vorwärts bis auf den Höhenkamm. Die Franzosen versuchten, sich keuchend weiter vorzuarbeiten. Diese Vorwärtsbewegung beschleunigten sie, nachdem unser Sperrfeuer auf Anforderung erneut eingesetzt hatte. Die arg zusammengeschossenen Kompagnien hatten große Mühe, den Gegner aufzuhalten, es gelang dennoch. (Die Kompagnien hielten die neu gewonnene Stellung und haben diese auch später bei der Ablösung übergeben). Vom Rgts.-Gefechtsstand wurden darauf 15 cm Haubitzen gegen die neu entstandene französ. Sturmausgangsstellung angefordert, die Schüsse saßen ausgezeichnet und hatten eine verheerende Wirkung. Ein großer Teil des Gegners lief zurück, verfolgt von unserem Infanterie-Feuer. Das III. Batl. lag zur gleichen Zeit in schwerem Nahkampf mit dem Gegner, es gelang aber den Feind zurückzuschlagen.
>
> Inzwischen war jedoch am rechten Flügel des R. I.R. 80 (linkes Nachbar-Regiment) eine Lücke entstanden – wahrscheinlich durch Verluste – durch die der Gegner mit 150 Mann eindrang und die Dreieckstellung umfasste. Teile der 9., 10. und 12. Komp. und 2 MG machten kehrt und schossen in erbittertem Kampf den Gegner zusammen, der Rest wurde gefangen genommen.
>
> Der Hauptangriff war nach einer Stunde abgeschlagen, das Artl.-Feuer flaute ab. Der Feind versuchte immer wieder neue Wellen vorzutreiben, die eigenen Verluste waren groß, da wurden um 7:00 Abends die Reserven eingesetzt (6. und 7. Komp. und 10 Mann der 11. Komp.) und zwar bei der 2. Komp. eine Gruppe, 3. Komp. 3 Gruppen, 4. Komp. 1 starker Zug. Die Lücke auf dem rechten Flügel des R. I.R. 80 wurde durch 2 Züge geschlossen. Gegen 7:00 Abends trat Ruhe ein. Aus den Trägertrupps wurde inzwischen im Bezonvaux-Lager eine neue Komp. von 12 Gruppen aufgestellt und als

---

[1191] KA: Infanteriebrigaden (WK)_945_29 (1674).

neue Reserve in die Sturmausgangsstellung gelegt. Um 9:00 Abends erneuerte der Gegner seinen Angriff gegen das I. Batl., der aber schon im Sperrfeuer erstickte. Nur an einzelnen Stellen gelang es dem Feind bis an unseren Graben zu kommen, hier wurde er niedergemacht und gefangen genommen.

Zwischen 9 und 12:00 Uhr belegte die feindliche Artl. den Grund am Vaux-Teich mit Gasgranaten. Eine Menge Gefangene, die sich aus Mangel an Führern selbstständig abtransportierten, sind dabei zu Grunde gegangen. Verluste: 3 Offiziere, 132 Mann tot, 8 Offiziere, 307 Mann verwundet.

19.8.: In den Morgenstunden des 19. August wurden die drei Bataillone I.R. 364 durch R. I.R. 87 abgelöst mit Ausnahme der MG Komp. und der Stafetten, deren Ablösung erst am 20. August Vorm. gemeinsam mit dem Rgts.-Stab erfolgen konnte. Insgesamt wurden über 300 Franzosen gefangen genommen und 2 MG erbeutet.

Die Stellung bestand, als sie vom Regiment 364 übernommen wurde, aus Granatrichtern, die in der vorderen Linie durch 120-150 cm tiefe Gräben verbunden waren, ohne jedes Hindernis vor der Front. Der Teichgraben war vollkommen eingeebnet, es wurde mit seinem Neuausbau gerade begonnen.

Die Gesamtverluste des Regiments, einschließlich der nachträglich festgestellten, betragen, tot: 5 Offiziere, verwundet: 12 Offiziere; Unteroffiziere und Mannschaften: tot 170, verwundet 501, vermisst 27.[1192]

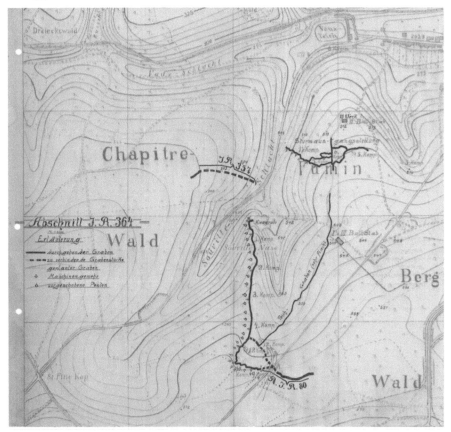

Abbildung 166: 14.-18.08.1916, Abschnitt des I.R. 364[1193]

[1192] KA: Infanteriebrigaden (WK)_945_30-31 (1674).
[1193] KA: Infanteriebrigaden (WK)_945_ 04 (1674).

Dieser Bericht zeigt eindrücklich, mit welcher Taktik der Gegner durch Artillerie einen Angriff vorbereitete, nach Vorverlegung des Artilleriefeuers mit mehreren Wellen angriff, und wie der Gegner durch eigenes Sperrfeuer sowie durch Infanterie und MG-Feuer abgewehrt werden konnte. Selbst ein feindlicher Einbruch konnte durch Aktivierung von Reserven wieder begradigt werden.

Bei der Verlustliste[1194], die dem Bericht des I.R. 364 beigefügt ist, fällt auf, dass es sich, bis auf zwei Offiziere im Hauptmanns- und Majorsrang, durchweg um Reserveoffiziere handelte.

4.3.9.2   Vom 19.08. bis 21.08.1916

Im Divisionstagesbefehl[1195] vom 19.08.1916 ist ein Korpsbefehl der XVIII. R. K., der die Abweisung eines französischen Angriffes durch Truppen des Armeekorps beinhaltet, wiedergegeben:

> Am 16. und 17.8. haben die Truppen des Armeekorps starke franz. Angriffe restlos abgewiesen. Den Hauptstoß der feindl. Infanterie hatte dabei die 21. R. D. auszuhalten. Die Infanterie hat wieder gezeigt, dass sie nicht nur angreifen, sondern auch unter dem stärksten feindl. Artl.-Feuer ihre Stellungen halten kann. Das Zusammenwirken der Waffen war mustergültig. Jeder Infanterist muß dankbar erkennen, dass die franz. Angriffe zusammenbrachen, weil unsere Feld- u. schwere Artl. gut beobachtete und ausgezeichnet geschossen hat. Ich spreche allen Truppen, die mitgewirkt haben, meine volle Anerkennung und meinen warmen Dank aus.
> gez. von Steuben.[1196]

Im Kriegstagebuch des II/8 ist verzeichnet: 19.08.: „Ab 6:30 Abmarsch zum Jägerlager bei Billy s. M. dort Unterkunft. Keine Marschkrankheiten. Ruhetag. Witterung: trübe. Verpflegung aus Magazin. Gesundheitszustand gut."[1197]

Am 20.08 wurde der Ldstm. Karl Didion aus dem Lazarett entlassen und zur 5. Ersatz-Kompanie 8. Infanterie-Regiment versetzt, also jetzt zum II. Bataillon, nachdem er zuvor im I. Bataillon gewesen war. Nun gelten also die Kriegstagebücher vom II. Bataillon als authentisch für unseren Protagonisten, die des I/8 sollen aber noch zur Ergänzung herangezogen werden. Unklar allerdings ist, welchen genauen Einsatzschwerpunkt eine Ersatz-Kompanie verglichen mit einer im Felde stehenden Kampf-Kompanie hatte. Es soll jedoch hier mangels anderer Quellen die 5. Kampf-Kompanie, die Ldstm. Karl Didion in einer Ersatzeinheit wohl immer wieder unterstützen musste, im Kriegstagebuch betrachtet werden.

Hier heißt es am 20.08.1916[1198], dass die 5. Kompanie des Protagonisten in die Hassoule-

---

[1194] KA: Infanteriebrigaden (WK)_945_31 (1674).
[1195] KA: Infanterie-Divisionen-(WK) 6059_02-04 (1728).
[1196] KA: Infanterie-Divisionen-(WK) 6059_03 (1728).
[1197] KA: 8. I.R._(WK)_7_173 (1554).
[1198] KA: 8. I.R._(WK)_7_173 (1554).

Schlucht[1199] (Abbildung 168) zur Bereitschaft abrückt.

Ab 3:00 Vorm. Abrücken in die Bereitschaft und zwar: 5. u. 6. Komp. Hassouleschlucht, 7. u. 8. Komp. sowie Stab Kasemattenschlucht. 7. Komp. stellt Läuferkette von der Regts. Gefechtsstelle über Batls. Gefechtsstelle II/8 zur Batls. Gefechtsstelle III/8 wie auch Signalposten Stellung Chapitre Wald.
Feuer mit Pausen auf Hassouleschlucht und Kasemattenschlucht.

Lt. d. R. Seulzberger Erkundungsoffizier.
Lt. d. R. Friedensburg Verwalter des Lebensmitteldepots in der Bezonvauxschlucht.
Offz. Stellv. Schedlbauer Verbindungsoffizier.
Lt. Bauer u. Vizef. Fath Beobachter im Panzerturm Infanterie-Werk Hardaumont.
8. Komp. Trägerdienste.
Verpflegung aus Feldküchen im Bezonvauxtal bzw. Bruletal.

Verluste: 1 Utffz. 5./8 durch Granate leicht verwundet, 1 Inf. 5./8 durch Granate leicht verwundet (bei der Truppe), 1 Inf. 6./8 durch Granate schwer verwundet.
Zur Verpflegung zugeteilt 52 Mann der Sanitäts Komp. 14 und 52 Fernsprecher.
Witterung: schön, kurze Zeit Regen. Gesundheitszustand gut.[1200]

Obwohl in Bereitschaft hinter der Front, hatte das II/8 schon 3 Verwundete zu beklagen.

Am 21.08. verzeichnet das Kriegstagebuch des I. Bataillons: „Das Btl. rückt um 6:00 Morgens über Azannes als Brigade-Res. nach Herbébois[1201]-Mitte. Da Unterkunft für ein Btl. nicht ausreicht, bleiben Stab; 3. u. 4. Komp. in Herbébois (Waldlager), 1. u. 2. Komp. kommen nach Gremilly."[1202]

Im Befehl der 8. Bayerischen Infanterie-Brigade[1203] vom 21.08.1916, der an die unterstellten Regimenter, 8. und 29. I.R. sowie I.R. 364 und nachrichtlich an Kommandeur der Pioniere, Kommandeur der Artillerie, 67. Infanterie-Brigade und 42. Reserve-Infanterie-Brigade ging, erfahren wir die Gefechtssituation dieses Tages:

Gestern Nachmittag zunehmende fdl. Artl.-Tätigkeit. Von 9:10 Abds. starkes Feuer auf vordere Linie des rechten Regimentsabschnitts, Feuerüberfälle und Streufeuer auf die Bereitschaften beider Regimenter und auf die Schluchten des Geländes hinter der Kampffront der Brigade. Die gestern Abend durchgegebene Mitteilung eines feindlichen Gasangriffes (Blasverfahren) auf der Front Thiaumont – Fleury [devant-Verdun] – Chapitrewald hat sich als falsch herausgestellt.

Um 9:30 und 10:30 Abds. sind gegen das I.R. 144, rechter Nachbar-Abschnitt, 33. I. D., 2 Handgranatenangriffe angesetzt worden, die fdl. Infantr. kam kaum aus den Gräben heraus. Die vordere Linie des 8. I.R. hat flankierendes Infanterie- und MG-Feuer von rechts her erhalten. Auf die abendliche Unruhe mit der Mitteilung, dass einzelne unserer Batterien stark vergast würden, ist gestern 10:00 Abds. an das 1. hess. Jäger-Rgt. Marschbereitschaft befohlen worden. [...]. Die Front für 14. I. D. ist nicht angegriffen worden. Die eigene Artl. hat gestern von 9:20-9:50 Abds. auf drei Anforderungen Sperrfeuer abgegeben. Heute Vormittag wurde das I/8 von Billy [Abbildung 167] nach dem Lager Herbébois-Mitte vorgezogen. Nach seinem Eintreffen wurde die Marschbereitschaft des I/29 mit MG

[1199] Abbildung 5, Anhang 2 zeigt den Weg des 8. I.R. in die Gefechtsstellung.
[1200] KA: 8. I.R._(WK)_7_173 (1554).
[1201] Das Herbébois ist ein schluchtenreiches Waldgebiet, das südlich der Ortschaft Azannes-et-Soumazannes und westlich Gremilly und oberhalb Ornes liegt. Der Bereich war im Februar 1916 einer der wesentlichen Ausgangspunkte des deutschen Angriffs auf den Festungsgürtel von Verdun. In dem Waldgelände sowie den angrenzenden Schluchten wurden Lagerbereich und Artilleriestellungen geschaffen. Ab September 1918 war das Herbébois Schauplatz erbitterter deutscher Abwehrbemühungen, die bis zum Waffenstillstand am 11.11.1918 andauerten.
[1202] KA: 8. I.R._(WK)_6_94 (1554); Abbildung 5, Anhang 2.
[1203] KA: 8. I.R._(WK)_10_93-94 (414); ident. Infanteriebrigaden (WK)_945_05 (1674); Abbildung 24, Anhang 4.

Kp. aufgehoben. Das I/8 liegt nunmehr zur Hälfte im Lager Herbébois-Mitte, zur Hälfte in Gremilly. In der Nacht von heute auf morgen Ablösung beim I.R. 144 rechts.[1204]

Abbildung 167: Billy-sous-Mangiennes, damals und heute

Als beabsichtigte Gliederung wurde vorgegeben: In vorderer Linie rechts III/29 mit MG-Kompanie 79 und links III/8 mit MG-Kompanie 8; als Bereitschaft der Regimenter links wurde u. a. das II/8 befohlen, zur Hälfte in der Hassoule-Schlucht, zur Hälfte in der Kasematten-Schlucht (s. KTB-Eintrag vom 21.08.1916); bei diesem Kontingent war unser Protagonist Ldstm. Karl Didion. Als Verfügungstruppe der 14. I. D. wurde u. a. das I/8 zur Hälfte nach Gremilly und zur Hälfte nach Herbébois verlegt.

Der Ablösungsmodus wurde geregelt: in der Nacht vom 24. auf 25.08. im fünftägigen Wechsel und in der Nacht von 28. auf 29.08. im viertägigen Wechsel. Die Bereitschafts-Bataillone rückten in „vordere Linie", die Ruhebataillone „in Bereitschaft" und die vordere Linie „in Ruhe". Für den Wechsel in den Besetzungen der MG hatten zunächst die Regimenter zu sorgen. Es wurde außerdem an die Meldung erinnert: a) mit wie vielen Gewehren die Kompanien voraussichtlich in Stellung rücken werden, b) mit wie vielen Gewehren die Kompanien die Stellung erreicht haben, c) mit wie vielen Gewehren sie die Stellung verlassen haben. Es

Abbildung 168: Hassoule-Schlucht nw vom Hardaumont, Kasematten-Schlucht (frz.: Ravin de la Fausse Côte) sw Hardaumont[1205]

sei Ehrensache jeder Abteilung, dass niemand seinen Platz verlässt, bevor er abgelöst ist.

Auf Bataillons-Ebene erfahren wir im Kriegstagebuch des II/8 für den gleichen Tag (21.08.):

[1204] KA: 8. I.R._(WK)_10_93 (414).
[1205] RA Bd. 10 1936, Skizze 14, Verdun Ost, Ausschnitt von Abbildung 172; Abbildung 6, Anhang 2.

Verpflegungsstärke: 27[(5)] Offz.[1206] 1035 Mannschaften, 60 Pferde, Gefechtsstärke: 20[(4)] Offz. 964 Mannschaften. [...] Stellenbesetzung: Stab K'deur Hptm. Goetz, Adjt. Oblt. Schmid [...] 5. Komp. [in der Karl Didion diente; Anm. d. Verf.] Oblt. Wied, Lt. d. R. Schüßler, Vizef. d. R. Wagner, Vizef. d. R. Fuß, Fähnrich Höver. [...] 5. u. 6. Kp. in die Hassoule-Schlucht, 7. u. 8. Kp. Kasemattenschlucht dort Batls. Gefechtsstelle. Artl. Feuer mit Unterbrechungen auf beide Lager. Trägerdienst. [...][1207]

Der Frontverlauf am 21.08.1916 ergibt sich aus dem Luftbild (Abbildung 169).

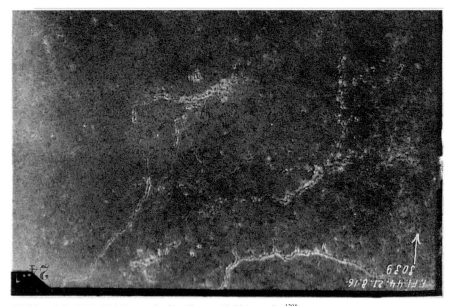

Abbildung 169: 21.08.1916, Frontverlauf im Chapitre-Wald (genordet)[1208]

4.3.9.3 Am 22.08.1916

Der tägliche Brigadebefehl[1209] vom 22.08. Nr. 2661 berichtet zunächst über den Tagesverlauf:

Während des gestrigen Tages und der Nacht unregelmäßiges Feuer der fdl. Artl. auf die Schluchten hinter der Kampffront der Brigade. Während der Nacht außerdem fdl. Artl.-Feuer auf die Batlne. der vorderen Linie. Zeitweise fdl. Inf.- und MG-Feuer. Die eigene Inftr. und MG gaben Einzelfeuer und Reihenfeuer als Erwiderung und zur Störung der durch unsere Patrouillen festgestellten fdl. Schanztätigkeit ab.

Um 9:30 Abds. wurde auf Anfordern der Inftr. Sperrfeuer der eigenen Artl. vor die ganze Front von Thiaumont und über Fleury bis Tavannes gelegt. Die – anscheinend nicht begründete – Anforderung kam von rechts herüber und wurde dann ziemlich gleichmäßig auf der ganzen Front aufgenommen.

Fdl. Kaliber über 22 cm [s. Abbildung 170] sind im Divisions-Abschnitt nicht festgestellt worden. Der heutige Vormittag ist ruhig verlaufen.[1210]

[1206] Die hochgestellte Zahl bezeichnet die Offiziersstellvertreter.

[1207] KA: 8. I.R._(WK)_7_174 (1554).

[1208] KA: 8. I.R._(WK)_7_177 (1554).

[1209] KA: Infanteriebrigaden (WK)_945_06-07 (1674); ident. KA: 8. I. R._(WK)_10_95-96 (414).

[1210] KA: Infanteriebrigaden (WK)_945_06 (1674).

Die Gliederung für den 23.08. blieb unverändert zum 22.08.1916.

In den vorigen Befehlen wurde immer wieder die Notwendigkeit der Fertigstellung der Sturmausgangs-stellungen hervorgehoben. Nachdem dafür die zusätzlich zur Verfügung gestellten 2 Bataillone vom Garde-Infanterie-Regiment der 21. R. D. ausgefallen waren, fiel vermehrte Arbeit, auch an den rückwärts zu

Abbildung 170: Französischer 22-cm-Mörser[1211]

schaffenden Stellungsteilen, für die Infanterie-Regimenter an. „Soweit die Verwendung als Trä-gertrupps und die Rücksicht auf die unbedingt zu erhaltende Leistungsfähigkeit und Frische der Truppe es zulässt, sind die Kräfte für die rückwärtigen Arbeiten den Bereitschafts-Batlnen zu entnehmen"[1212], hieß es dann weiter.

Zur Vorbereitung des geplanten Angriffs gehörte auch die Heranziehung der Minenwerfer. Das Ineinandergreifen der Truppen wird aus folgendem Zitat deutlich:

> Das II/8 I.R. stellt 50 Mann Trägertrupp – mit Dienstgraden! – zur Verfügung der 7. Garde-Minenwerfer-Komp. Meldung heute 7:00 Abds. auf Höhe 310 [Abbildung 184] bei Gremilly bei Vi-zefeldw. Feinäugle der Komp. Unterkunft und Verpflegung durch die 7. Garde-Minenwerfer-Komp. Das Kdo. ist dem Bereitschafts-Batl. zu entnehmen und bei Ablösung im Regts.-Abschnitt so zu erset-zen, dass es in der Ablösungsnacht nicht ausfällt. Es soll bis zur genügenden Auffüllung des Minen-vorrats der M. W. Komp. gestellt werden.[1213]

Weiterhin wurde im Befehl ermahnt, dass Sperrfeuer nicht unnötigerweise angefordert werden dürfe.

> Die zu den Stäben der Inftr. abgestellten Verbindungs-Offze. der Artl. haben nach Möglichkeit festzu-stellen, von welchem Truppenteil die einzelnen Anforderungen von Sperrfeuer ausgegangen sind. Ich erkenne an, dass die Verantwortlichkeit für das unbedingte Halten der vordersten Linie schwer ist und leicht die Anforderung von Sperrfeuer auslöst. Es ist aber bei jeder solchen Anforderung zu bedenken, dass die eigene Truppe und die Nachbar-Truppenteile rechts und links durch das Sperrfeuer der eige-nen Artl. und durch das französ. Abwehrfeuer beunruhigt wird und dass namentlich die notwendigen Schanzarbeiten sehr beeinträchtigt werden.[1214]

Am Ende des Befehls wurde noch darauf hingewiesen, dass über den Stand der zu schaffenden Stellung täglich in der Abendmeldung zu berichten sei und dass der Anschluss an die Nachbar-truppen durch Patrouillen nur genüge, wenn das zwischenliegende Gelände vom Feind nicht

---

[1211] URL:https://www.google.de/search?hl=de&tbm=isch&source=hp&biw=800&bih=679&ei=px6pWsDWLcfgkgWkuID4DQ&q=französischer+22+cm+Mörser&oq; 14.03.2018.
[1212] KA: Infanteriebrigaden (WK)_945_06 (1674).
[1213] KA: Infanteriebrigaden (WK)_945_06 (1674).
[1214] KA: Infanteriebrigaden (WK)_945_07 (1674).

überschritten werden könne, sonst sei unmittelbarer Anschluss unerlässlich.

Für den 22.08.1916 berichtet das Kriegstagebuch des II/8:

> 22. August 1916.
>
> 5. u. 6. Komp. Hassouleschlucht, 7. u. 8. Komp. Kasemattenschlucht dort Batls. Gefechtsstelle. Trägerdienste. In der Nacht von 21/22. erkundeten von jeder Kompanie 1 Offizier, 2 Unteroffiziere und 4 Mann die Stellung. Artl. Feuer auf die beiden Lager wie gewöhnlich. Verluste: 1 leicht Verwundeter 5./8 durch A. G., 1 leicht Verwundeter 5./8 durch Unfall, 1 leicht Verwundeter 8./8 durch A. G. Witterung: zuerst Regen, dann schön. Gesundheitszustand: gut. Verpflegung aus Feldküchen im Bruletal bezw. Bezonvauxtal. Die zur Verfügung gestellten Brieftauben wurden mit der Meldung ohne besondere Neuigkeit abgeschickt.[1215]

Das Kriegstagebuch des I/8[1216] berichtet für den gleichen Tag: „22. August, Dienstag, Herbébois-Mitte und Gremilly; [...] das Batl. hat die Abstellungen für das Rgt. zu übernehmen, was sich bezüglich Stärken sehr unangenehm bemerkbar macht." Hieraus spricht das Gefühl der Überbeanspruchung.

4.3.9.4   Am 23.08.1916

Am 23.08.1916 wurde von der b. 8. Inf.-Brig. ein (handschriftlicher) Tagesbefehl[1217] anlässlich des Namenstags von König Ludwig herausgegeben. Man ließ es sich auch in Stellung nicht nehmen, diesen Festtag mit Gottesdienst zu begehen.

> Am 25. August 11:00 Vorm. findet zur Feier des Allerhöchsten Namensfestes Seiner Majestät des Königs von Bayern Gottesdienst beim III/8 am Nordende im Herbébois bei Gremilly statt. I/8 bestimmt morgen den Platz für den katholischen und für den protestantischen Gottesdienst und sorgt für je einen Tisch zum Aufschlagen eines Feldaltars. Dem III/8 sind die nötigen Angaben zu machen. III/8 läßt 10:30 Vorm. die Herren Feldgeistlichen bei Soumazannes Nordeingang erwarten und zu den für die Gottesdienste bestimmten Plätzen führen. Die I/8 zur Verstärkung der Krankenträger zugeteilten Musiker bleiben am 25. August noch im Lager Herbébois. Die Musiker III/8 rücken mit III/8 aus der Stellung. Die I/8 und III/8 zugeteilten Musiker spielen zum Gottesdienst.[1218]

Zunächst ist erstaunlich, dass kurz vor einem größeren Angriff noch der Namenstag eines Herrschers gefeiert wurde. Dazu fand neben einem katholischen auch ein protestantischer Gottesdienst statt. Im gleichen Befehl wurden der Empfang und die Verteilung zusätzlicher Stahlhelme geregelt. Außerdem wurde darin die Verwendung der erbeuteten 85.000 französischen Patronen sowie „Stoßtrupp-Angriffe auf größere Strecken über die feindlichen Stellungen hinaus" befohlen.

Am Schluss wurde angewiesen, dass die in Ruhe zurückgegangenen Bataillone den Angriff in

---

[1215] KA: 8. I.R._(WK)_7_175 (1554).

[1216] KA: 8. I.R._(WK)_6_94 (1554).

[1217] KA: 8. I. R._(WK)_10_181-182 (414); ident. KA: Infanteriebrigaden (WK)_945_18-19 (1674); Abbildung 10, Anhang 6.

[1218] KA: 8. I.R._(WK)_10_181-182 (414).

tief gegliederten Wellen, den Angriff von Stoßtrupps, den Angriff auf größere Strecken über die feindliche Stellung hinaus üben.

Vom 23.08.1916 datiert ein Belobigungsschreiben des deutschen Kronprinzen für die Artillerie vor Verdun, die er leider nicht alle besuchen könne. Darin heißt es:

> Nur wer seit Monaten Zeuge dieser schweren Artilleriekämpfe gewesen, sie miterlebt und gesehen hat, kann ermessen, was hier von Feld- und schweren Batterien an Tapferkeit, hingebender Aufopferung und Ausdauer geleistet worden ist. Würdig reihen sich diese Leistungen den Taten unserer braven Infanterie und Pioniere an. Besonders gilt das von den zahlreichen Batterien, welche ohne die Möglichkeit der Ablösung unter schwierigsten Verhältnissen und in dauernd schärfster Kampftätigkeit monatelang in Stellung waren.[1219]

Für den 23.08.1916 lieferte die Flieger-Abteilung 44 ein weiteres Luftbild, nun von der St.-Fine-Kapelle.

Abbildung 171: 23.08.1916, Luftbild St.-Fine-Kapelle im Bereich der 14. b. I. D. (Pfeil zeigt N-Richtung an)[1220]

Die Straßenkreuzung, an der die St.-Fine-Kapelle liegt, ist klar im unteren rechten Teil des Luftbildes zu erkennen. Die französischen Stellungen im oberen Teil des Luftbildes gehen durch die Punkte 563 – 535 – 536 – 539 der Operationskarte Vaux (Abbildung 132 und Abbildung

---

[1219] KA: Infanterie-Divisionen-(WK)_5885_02 (111).
[1220] KA: Infanterie-Divisionen-(WK)_5712_01 (111) Skizze.

135).[1221]

Am 23.08.1916 berichtete das Kriegstagebuch des II/8, in dessen 5. Kompanie Ldstm. Karl Didion diente:

> 5. u. 6. Komp. Hassouleschlucht, 7. u. 8. Komp. Kasemattenschlucht dort Batls. Gefechtsstelle. Beschießung der beiden Lager wie gewöhnlich. 11:30 Abds. beschossen die Franzosen die Kasemattenschlucht mit 6000 Gasgranaten.
> Verluste: Ass. Arzt. u. stellv. Batls. Arzt Krampf Gasvergiftung, bei der Truppe. 1 leicht Verwundeter 5./8 durch A. G., 1 schwer Verwundeter 5./8 durch A. G. im Feldlaz. gest., 1 schwer Verwundeter 8./8 durch G. G.[1222]

Die in Bereitschaft nahe der vorderen Linie in der Hassoule- und Kasematten-Schlucht liegenden Verbände hatten täglich Verluste durch Artillerie-Geschosse und Gewehr-Granaten zu erleiden. So hatte allein die 5./8 am 23.08. 1 Leicht- und 1 Schwerverwundeten, der später im Feldlazarett starb, sowie die 8./8 1 Schwerverwundeten zu beklagen.

4.3.9.5   Am 24.08.1916

Am 24.08. benachrichtigte das 8. I.R. seine Bataillone[1223], dass nach Mitteilung der 8. Infanterie-Brigade des XVIII. Reserve-Korps mit einer Fortsetzung des Angriffs vom 23.08. auf die Front der 33. Infanterie-Division (rechts) und der 21. Reserve-Infanterie-Division (links) zu rechnen sei. Aus den vorliegenden Quellen ist es allerdings zunächst nicht möglich, die entsprechende Lage nachzuvollziehen. Es wird nur gesagt: „[…] für den Abschnitt der Brigade kommt es hierbei hauptsächlich darauf an, den rechten Flügel der Brigade zu stützen."[1224]

Der Regimentskommandeur Felser ersuchte das II. Bataillon um Vorlage eines Vorschlages über die beabsichtigte Gliederung für den Fall, dass das III. Bataillon von den Franzosen angegriffen und durch das II. Bataillon unterstützt werden müsse. Dabei stünden die MGs der Kasematten-Schlucht zur Verfügung. Auf jeden Fall sei die Riegelstellung, die von Fort Douaumont zur Kolbenwaldstellung (Abbildung 172) reiche, zu halten.

Auf dem gleichen Befehl war vermerkt, dass für die Ablösung des III/8 durch das II/8 am 24.08. abzugeben seien: die zweiten Feldflaschen, die Leuchtpistolen (in Stellung belassen), für jeden Mann des II/8 eine Dreischichtenpatrone oder Leichtatmer (für Gasschutzmasken). Weiter wurde informiert, dass bei der 8. Inf.-Brig. 1.100 Leichtatmer angefordert seien, die nach Eintreffen dem III/8 zugeteilt werden. An die Übergabe der Stahlhelme, soweit II/8 noch solche benötige, wurde erinnert. Auch auf die zu erfolgende Meldung wurde hingewiesen:

[1221] S. Karte Vaux C; KA: 8. I.R._(WK)_7_3 (414).
[1222] KA: 8. I.R._(WK)_7_175 (1554).
[1223] KA: 8. I.R._(WK)_10_179 (414); Abbildung 32, Anhang 4.
[1224] KA: 8. I.R._(WK)_10_179 (414).

a) mit wieviel Gewehren die Kompanien voraussichtlich in Stellung rücken werden?
b) mit wieviel Gewehren die Kompagnien die Stellung erreicht haben?
c) mit wieviel Gewehren sie die Stellung verlassen haben?[1225]

Zum Schluss wurde noch festgelegt, dass am 26.08. das III. Bataillon ein Drittel der bisher vom I/8 gestellten Kommandos übernehme.

Dieser Befehl zeigt, wie umsichtig das Regiment in der Vorbereitung vorging und berücksichtigte, wie das II/8 das verteidigende III/8 unterstützen könne, falls der Franzose mit einem Gegenangriff antworte. Festzustellen ist, dass so wichtige Gefechtsutensilien wie Stahlhelme, zweite Feldflaschen oder Gasmasken immer noch nicht in ausreichendem Maße vorhanden waren, um jeden Soldaten damit auszurüsten.

Der Brigadebefehl[1226] berichtete am 24.08. von Angriffen bei den Nachbareinheiten 14. und 33. preußischen Infanterie-Division (Abbildung 172) und trug sofort Sorge, um Angriffe auf eigene Einheiten abzuwehren. Der Tagesverlauf wurde wie folgt geschildert:

Im Laufe des gestrigen Nachm. franz. Artilleriefeuer auf unserer vorderen Linie, z. T. mit schwerem Kaliber. Das Feuer steigerte sich gegen Abend und wurde etwa von 7:30 Nachm. an zum Vorbereitungsfeuer eines französischen Angriffs mit dem gleichzeitigen Zweck, die deutschen nicht angegriffenen Nachbarabteilungen niederzuhalten. Schweres Feuer auch auf die Bereitschaften. In den Dämmerstunden wurde die 14. preuß. Inf. Div. rechts der 33. preuß. Inf. Div. angegriffen.[1227]

Der Feind habe Geländegewinne gemacht, das feindliche Feuer ließ von 10:30 abends ab nach. Die gesamte Bereitschaft in der Kasemattenschlucht wurde dem Kommandeur 29. I.R. für den Fall einer ernstlichen Bedrohung der rechten Flanke der Division unterstellt. Die Ablösungen waren erschwert, da der Feind die Kasematten- und die Vaux-Schlucht [zw. Caillette- u. Chapitre-Wald, Abbildung 172] zum großen Teile mit Gas angefüllt hatte. Zugleich wurde auf die richtige Handhabung der Gasschutzmittel hingewiesen.

Die eigene Artillerie legte mehrmals Sperrfeuer vor unserer Front. Heute um 6:00 Vorm. griffen die 14. preuß. Inf. Div. und der äußere rechte Flügel des 33. preuß. Inf. Div. bei Fleury an. Die eigene Artillerie wirkte erst nachher mit, um Gegenangriffe zu verhindern. Im Bergwald und Wald Chénois südlich Fort Vaux heute Vormittag Handgranatenkämpfe.[1228]

Dann wurde in diesem Befehl die beabsichtigte Gliederung für den 29.08. festgelegt; u. a. war das III/8 als Verfügungstruppe in Herbébois und Gremilly, das I/8 als Bereitschaft je zur Hälfte in Kasematten- u Hassoule-Schlucht und in vorderer Linie links das II/8 (mit unserem Protagonisten Karl Didion) und die MG-Kompanie 8 befohlen.

[1225] KA: 8. I.R._(WK)_10_179 (414).
[1226] KA: 8. I.R._(WK)_10_183-184 (414); ident. KA: Infanteriebrigaden (WK)_945_35-36 (1674).
[1227] KA: 8. I.R._(WK)_10_183 (414).
[1228] KA: 8. I.R._(WK)_10_183 (414).

Abbildung 172: 24.08.1916, Angriffe auf preußische 14. und 33. I. D.[1229]

Da die Brigade mit Fortsetzung der französischen Angriffe auf der ganzen Front rechnete, hieß es weiter: „[…] die in vorderer Linie eingeteilten Bataillone müssen ihre sämtlichen Kompagnien zu ihrer Verfügung südlich der Vaux-Schlucht haben."[1230] Drei noch zurückgehaltene MGs mit Bedienung wurden nach vorne gebracht und Maßnahmen getroffen, MG-Mannschaften zu entlasten. Weiter heißt es: „Es kann notwendig werden, die rechte Flanke der Brigade mit Nachdruck zu sichern. Für diesen Fall wird dem 29. I.R die vordere Hälfte des Bereitschaftsbataillons 8. I.R. in der Kasemattenschlucht zur Verfügung gestellt."[1231]

Das Regiment notierte in seinem Kriegstagebuch:

24. August 16.

Einzelfeuer fdl. Gewehre und MG
ab 7:30 Abds. schießt fdl. Artill. auf 1. und 2. Linie.
Eigenes Artill. Sperrfeuer um 9:30 bis 10:15 Abds. vor Rgts.-Abschnitt.
Gasgranaten auf Vaux- u. Kasemattenschlucht.[1232]

[1229] RA Bd. 10 1936, Skizze 14, Verdun Ost, Ausschnitt.
[1230] KA: 8. I.R._(WK)_10_183 (414).
[1231] KA: 8. I.R._(WK)_10_184 (414).
[1232] KA: 8. I.R._(WK)_1_21 (414).

Das II/8 berichtete in seinem Kriegstagebuch:

24. August 1916

5. u. 6. Kp. in die Hassoule-Schlucht, 7. u. 8. Kp. Kasemattenschlucht dort Batls. Gefechtsstelle. Trägerdienste. Feindl. Artl. Feuer auf beide Lager wie gewöhnlich.

Verluste: 1 leicht Verwundeter 5./8 durch A. G., 1 Mann gefallen 6./8 durch A. G., 1 Mann leicht verwundet 6./8 durch A. G., 1 Mann Gasvergiftung 7/8. [...]. Die Kompn. rücken morgen voraussichtlich in Stellung: 5. Komp. mit 151 Gewehren, 6. Komp. mit 136 Gewehren, 7. Komp. mit 158 Gewehren, 8. Komp. mit 148 Gewehren.[1233]

4.3.9.6   Am 25.08.1916

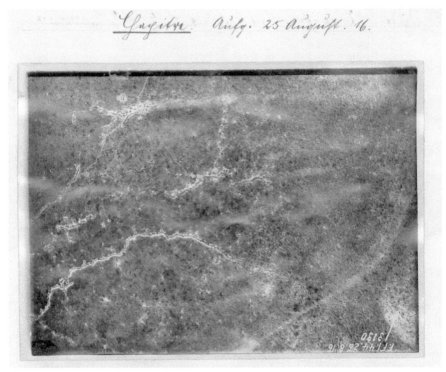

Abbildung 173: 25.08.16, Luftbild Chapitre,[1234] frz. Stellung östl. von Punkt 536 – 506[1235]

Mit dem Routine-Brigadebefehl[1236] vom 25.08.1916 wird zunächst wieder über den Tagesverlauf informiert:

Die feindliche Artillerie belegte den Nachmittag über die vorderen Linien und die Plätze der Bereitschaften mit Einzelfeuer und Feuer-Überfällen und steigerte das Feuer gegen Abend.

[1233] KA: 8. I.R._(WK)_7_176 (1554).
[1234] KA: Infanterie-Divisionen-(WK)_5712_01 (111) Skizze.
[1235] S. Karte Vaux C; KA: 8. I.R._(WK)_7_3 (414); Abbildung 132 u. 135.
[1236] KA: Infanteriebrigaden (WK)_945_38 (1674).

Am Abend wurden französische Angriffe in Gegend Thiaumont und Fleury erkannt oder befürchtet und dagegen mehrmals Sperrfeuer angefordert. [...] Für den Fall einer Bedrohung seiner rechten Flanke wurde das 29. I.R. freigestellt, über die vorderen beiden Bereitschafts-Kompagnien des 8. I.R. in der Kasemattenschlucht zu verfügen. Die Notwendigkeit hierzu trat nicht ein. Im linken Regts.-Abschnitt wurden planmäßig abgelöst III/8 durch II/8 und II/8 durch I/8. Der Vormittag verlief ohne wesentliche Ereignisse.[1237]

Beabsichtigte Gliederung für den 26.08.: III/8 war Verfügungstruppe der Brigade und lag je zur Hälfte im Lager Herbébois-Mitte und Gremilly, I/8 als Bereitschaften der Regimenter je zur Hälfte in der Hassoule- und der Kasematten-Schlucht. Das II/8 mit der MG-Kompanie 8 lag in vorderer Linie links.

Für den 25.08.1916 lieferte die Flieger-Abteilung 44 wieder ein Luftbild, nun von der Gegend Chapitre.

Das Regiment schrieb ins Kriegstagebuch:

25. August 16.

III/8 heute durch II/8 abgelöst.
Starkes Feuer auf vordere Linie. Vereinzeldes Inf.- u. MG-Feuer.
Teilweise Gewehrgranaten.[1238]

Der Eintrag des II/8 ins Kriegstagebuch:

25. August 1916.

Das II. Batl. löst das III. Batl. in der Stellung Chapitre Wald ab. Verteilung der Kompagnien: rechts 8. Komp., mitte 6. Komp., links 5. Komp., 7. Komp. in 2. Linie. 8. u. 6. Komp. je 1 Zug in 2. Linie, 5. Komp. je 1 Zug im Verbindungsgraben von der 2. Linie zum linken Drittel der vorderen Linie als Flankenschutz. Abschnitts K'deur Hptm. Goetz.

Die Stellung besteht nicht aus einer zusammenhängenden Linie, sondern aus Granatlöchern, die teilweise durch mehr oder weniger tiefe Gräben verbunden sind. Es rücken in Stellung: 5. Komp. mit 148 Gewehren, 6. Komp. mit 128 Gewehren, 7. Komp. mit 129 Gewehren, 8. Komp. mit 145 Gewehren.

Jede Kompanie hat einen 4. Zug ausgeschieden (die der 5. [möglicherweise mit Ldstm. Karl Didion; Anm. d. Verf.] 6. u. 7. in der Brüleschlucht, die der 8. Komp. in der Bezonvauxschlucht). Die 4. Züge dienen als Trägertrupps von Verpflegung, Wasser und Material für ihre Kompagnien.

Abendmeldung:

1. Starkes Feuer auf die vordere Linie mit leichten und mittleren Kalibern, vereinzeltes Inf.- u. Masch. Gew. Feuer, viel Gewehr-Granaten.

Verluste:	5 Mann	leicht verwundet	5./8	durch	A. G. bezw. G. G.
	1	schwer	6./8		A. G.
	2	vermißt			
	1	schwer	7./8		G. G.
	1	schwer	8./8		G. G.
	6	leicht	8./8		A. G. bezw. G. G.

2. Arbeitsmeldung: In den Unterständen und Stollen wird weiter gearbeitet ebenso am Sanitäts-Unterstand. In der Stellung wird heute Nacht weitergearbeitet. gez. Goetz.

Untertags schön, nachts Regen. Gesundheitszustand gut. Verpflegung durch Konserven.[1239]

Ab dem 26.08.1916 ging die Routine in den Angriff über.

[1237] KA: Infanteriebrigaden (WK)_945_38 (1674).
[1238] KA: 8. I.R._(WK) 1_22 (414).
[1239] KA: 8. I.R._(WK)_7_176-179 (1554).

4.4 Gefecht vor Verdun im August/September 1916

Bislang wurden der Anmarsch des 8. I.R. nach Verdun, seine Eingliederung in die 14. b. I. D., die Erkundungen, die Formulierung des Angriffsbefehls zur Beseitigung des Souville-Sackes, die logistischen Vorbereitungen für diesen Angriff, die täglichen französischen Angriffe und die deutsche Verteidigung bis zum 26.08. geschildert. Die folgenden Kapitel sollen nun das eigentliche Gefecht Anfang September, die französischen Gegenangriffe, die deutsche Abwehr bei schwerster Beanspruchung der Kräfte und schließlich die Verlegung der 14. Bayerischen Infanterie-Division zu einem anderen Kriegsschauplatz Ende September schildern. Mit diesem Datum wird auch unser Protagonist zum Bayerischen Reserve-Regiment 2 mit dem Operationsgebiet in den Vogesen versetzt.

Die Karte Verdun-Ost[1240] (Abbildung 174), die bereits mehrfach herangezogen wurde, zeigt die Dislozierung der deutschen Kräfte im August und September 1916. Der Souville-Sack und das Operationsgebiet der 14. b. I. D. sind deutlich zu erkennen.

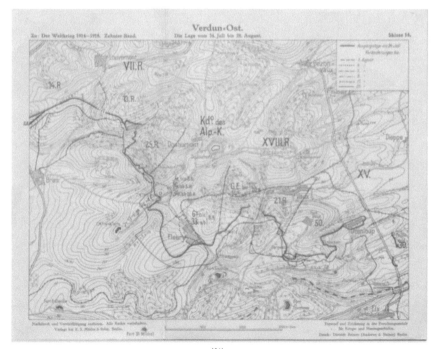

Abbildung 174: Verdun-Ost August/September 1916[1241]

[1240] RA Bd. 10 1936, Skizze 14. Diese Karte dient nur zur Übersicht des Frontverlaufs, wo angebracht, werden daraus Ausschnitte gezeigt.
[1241] RA Bd. 10 1936, Skizze 14.

Die Reliefkarte in Abbildung 175 vermittelt einen Eindruck von dem stark eingeschnittenen Gelände im Operationsgebiet des 8. I.R.

Abbildung 175: Reliefkarte des Schlachtfeldes vor Verdun, geostet[1242]

4.4.1   Rekapitulation des Groß-Kampfgeschehens vor Verdun ab Anfang August 1916

In Kapitel 4.3 wurde die Kampfvorbereitung für den Angriff des 8. I.R. Anfang September 1916 sowie die täglichen Kämpfe der Division und der Brigade ab 20.08. in diesem Gefechtsabschnitt beschrieben. Aber es gab schon seit Anfang August Versuche von anderen Einheiten, die Front zu begradigen, wie teilweise bereits im Kapitel 4.3.1 in großen Zügen dargelegt wurde. Hier soll nunmehr die Groß-Kampfsituation im August vor dem geplanten Angriff zur Einnahme des Souville-Sackes nochmals rekapituliert werden, um das Verständnis für das Gefecht zur Bereinigung des Souville-Sackes des 8. I.R. Ende August/Anfang September bis zur Verlegung der 14. b. I. D. Ende September zu erleichtern, bevor im Kapitel 4.4.2 auf das eigentliche Gefecht um den Souville-Sack eingegangen wird. Diese Rekapitulation soll die große Kampflinie im Gegensatz zu den täglichen Routine-Gefechten, wie in Kapitel 4.3.9 für die zweite Augusthälfte dargelegt, verdeutlichen.

Am 08.08. legte das Generalkommando XVIII. einen streng geheimen Korpsbefehl zur Vorbereitung des geplanten Angriffs vor.

[1242] URL: http://www.douaumont.net/Start001.JPG; 11.10.2016.

Generalkommando XVIII. Reservekorps.   8.8.1916
Streng geheim,

Korpsbefehl

1. Als Vorbereitung für die Weiterführung des Angriffes wird sich das A. K. zunächst in den Besitz der feindlichen Anlagen zwischen 506 – 507a – 540 setzen.

2. Mit der Vorbereitung und Durchführung des Angriffes wird 21. Res. Div. beauftragt. Die G. E. D. stellt 21. R. D. die nötigen Kräfte: Inf., Pion., Min. Werf., und Feldartillerie zur Lösung der Aufgabe in dem der G. E. D. zufallenden Angriffs[form] zur Verfügung.

3. Mit dem Angriffsentwurf der 21. R. D. I Nr. 5 bin ich einverstanden.

4. Mit den Vorbereitungen ist sogleich zu beginnen. Die G. E. D. hat eine Ausgangsstellung für den Angriff in Linie „e" von Chapitre – 505 „S" von Schlucht [Abbildung 176] zu schaffen. Fertigstellung ist zu melden.

Abbildung 176: Ausgangsstellung für den Angriff in Linie „e" von Chapitre – 505 „S" von Schlucht[1243]

5. Über die zur Verfügung stehende schwere Mun. folgt noch Befehl.

6. Der Zeitpunkt des Angriffes wird von mir befohlen, nachdem die 21. R. D. im Einvernehmen mit der G. E. D. den Abschluss der Vorbereitung gemeldet hat. Der Befehl der 21. R. D. ist mir 48 Stunden vor dem Angriff einzureichen. gez. von Steuben.[1244]

Am 11.08.1916 erging vom General-Kommando ein Befehl[1245] über Maßnahmen zur Bekämpfung des Abbröckelns der Gefechtsstärken in vorderer Linie, den wir bereits im Kapitel 4.3.6.1.2 „Ausbildung, Manneszucht und Kampfverfahren für die Kämpfe vor Verdun" betrachtet haben.

Am 12.08. legte die Angriffsgruppe Ost, zu der das 8. I.R. später gehören wird, bevor der eigentliche Angriffsbefehl zu Beseitigung des Souville-Sackes gegeben wurde, Gegenmaßnahmen für den Fall eines französischen Durchbruchs[1246] fest und gab dazu Bemerkungen[1247] zu eingereichten Meldungen über Maßnahmen im Falle eines Durchbruches zwischen 843[1248] – 505 heraus.

Die „Bemerkungen" lauteten im Einzelnen:

Angriffsgruppe Ost,   12.8.1916

Zu den aufgrund des Fernspruches Ia 1073 eingereichten Meldungen über Maßnahmen im Falle eines französischen Durchbruchs zwischen 843 – 505 wird bemerkt:

1. Die zur Zeit vorgesehenen Gegenmaßregeln beweisen die dringende Notwendigkeit, den Ausbau der durch Ia Pi 934 und 1051 angeordneten Stützpunkte mit aller Energie zu fördern. Die schwachen Kräfte, die bisher südlich der Linie Thiaumont – Vaux-Schlucht sich als 1. Rückhalt verfügbar sind, vermögen stärkeren französischen Kräften einen ernsteren Widerstand nicht zu leisten. Die Schwierigkeit, stärkere Kräfte z. Zt. dort einigermaßen geschützt gegen das feindliche Feuer aufzustellen, zwingt dazu, die zur Schaffung von Deckungen für sie erhöhten Gebrauch von geschickt eingebauten

---

1243 KA: 8. I.R._(WK)_7_3 (414).
1244 KA: Infanterie-Divisionen-(WK)_5702_02 (1728).
1245 KA: Infanterie-Divisionen-(WK)_5938_05-06 (1728); Abbildung 13, Anhang 4.
1246 KA: Infanterie-Divisionen-(WK)_5938_09 (1728).
1247 KA: Infanterie-Divisionen-(WK)_5938_09 (1728).
1248 Dieser Punkt ist auf der Operationskarte Vaux C nicht enthalten und muss weit westlich vom Punkt 505 (Chapitre-Wald) liegen.

Maschinengewehren zu machen. Dieser Einbau ist auf dem Rücken nordöstl. Fleury (Schußrichtung O., S. O., W.) und in Gegend der ehemaligen Unterstände bei 502 (Schußrichtung S. u. S. W.) sofort vorzunehmen. Es wird vorausgesetzt, dass in dem Raume zwischen Fleury und dem Nordosthang des Chapitre unmittelbar hinter der vorderen Linie wenigstens einige Unterstützungszüge der vorderen eingesetzten Kompagnien zurückgehalten werden, die bei feindlichem Angriff schneller als die z. T. recht weit ab stehenden Bereitschafts-Kompagnien zur Hand sind.

2. Die zur Zeit und auch im nahenden Herbst vielfach nebelig und oft sehr ruhigen Morgenstunden sind von den vorn befindlichen Führern mit allem Nachdruck zum Ausbau auszunutzen. Je mehr Anlagen vorn und im rückwärtigen Gelände stehen – auch Scheinanlagen – desto mehr wachsen die Aussichten, das feindliche Feuer zu verzetteln und dadurch unwirksamer zu machen.
gez. v. Lochow[1249]

Diese eindringlichen Mahnungen der Angriffsgruppe Ost zeigen die Entschlossenheit, die gefundene Auffang-Front mit allen Mitteln zu verteidigen. Dies macht auch der folgende am 13.08.1916 vom General-Kommando XVIII herausgegebene Korpsbefehl[1250] deutlich.

Gen. Kdo. XVIII. Reservekorps   13.8.1916

Korpsbefehl.

Bei stärkeren feindl. Angriffen muss jeder Schrittbreit Bodens zäh verteidigt werden. Sollten wir trotzdem gezwungen sein, dem Feind Gelände zu überlassen, so ist auf folgende Linien besonderen Wert zu legen.

1. Südlich der Vaux-Schlucht:
a. Dicht hinter der vordersten Linie sind einige Unterstützungszüge der vorn eingesetzten Kompagnien unterzubringen.
b. Der weitere Widerstand muß bei der G. E. D. in der Linie 502 – Wort Chapitre, bei der 21. R. D. in der alten Stellung 508 – 549 geleistet werden.
Wenn die in diesen Linien liegenden Bereitschaften zur Unterstützung im vordersten Graben eingesetzt werden, so muss diese 2. Linie stets mit schwachen Kräften mit MG besetzt bleiben; für das sofortige Nachziehen von Kräften aus den Bereitschaften nördlich des Vaux-Grundes muß gesorgt werden.
Die G. E. D. hat in Gegend 502 – Chapitre sogleich 2 einfache MG Stützpunkte mit Schussrichtung S. und S. W anlegen zu lassen.
c. Die 3. Linie des Widerstandes südlich des Vaux-Grundes liegt in der Zwischenstellung (MG Stützpunkte) – Gen. Kdo. Pi 2597 vom 28.7.1916.
d. Die Schwierigkeit des Überschreitens des Vaux-Grundes in feindl. Feuer, fordert die Unterbringung von möglichst starken Kräften südlich der Schlucht in schußsicheren Stollen. Die Anlage dieser Stollen in den Ziffern a, b und c genannten Linien ist unter Einsatz besonderer Stollenbaukommandos zu fördern. Die derart untergebrachte Truppe ist besser geschützt, als in den verschiedenen Schluchten, die das feindliche Feuer stets auf sich ziehen, der Fall sein kann.

2. Nördlich des Vaux-Grundes:

Die 2. Stellung Douaumont-Hardaumont muss stets besetzt bleiben, vor allem mit MG. Beim Vorschieben der Bereitschaften und Reserven in die Stellungen südlich der Vaux-Schlucht muß hierauf Rücksicht genommen werden. Der I. Raum am Kolbenwald hat mit MG Feuer bei einem feindl. Angriff südlich des Vaux-Grundes mitzuwirken, sobald der Gegner den Höhenrücken im Chapitre Walde überschreitet.
Der Ausbau eines Stützpunktes am Kolbenwald in Verbindung mit diesem I. Raum ist derart zu führen, daß er auch als Riegel dienen kann, falls der Gegner über Fleury in östl. Richtung vordringen sollte.
Der kommandierende General von Steuben, General der Infanterie.[1251]

Dieser Korpsbefehl wurde am 15.08. durch das G. E. D. mit einem Divisionsbefehl[1252] umge-

---

[1249] KA: Infanterie-Divisionen-(WK)_5938_09 (1728).
[1250] KA: Infanterie-Divisionen-(WK)_5938_07/8 (1728).
[1251] KA: Infanterie-Divisionen-(WK)_5710_12-13 (111); ident. KA: Infanterie-Divisionen-(WK)_5938_07-08 (1728).
[1252] KA: Infanterie-Divisionen-(WK) 5710_14-16 (111).

setzt.

Am 14.08.1916 wurden Erkundungsergebnisse der feindlichen Stellung vor dem XVIII. Reservekorps bekannt gegeben:

> Die heftige andauernde Beschießung des Steinbruchs 562a hat den Feind anscheinend veranlasst, die Unterstände im Steinbruch zu räumen. Neuanlagen sind erkundet bezw. durch Flieger-Aufnahmen festgestellt worden:
>
> a – in der Mulde zwischen 506 und 507
> b – in der Mulde 200 m nördlich 562a
> c – bei 562, 563 und 564, wo jetzt anscheinend die Bereitschaften aus dem Steinbruch [Abbildung 135] untergebracht worden sind.
>
> Bei den letzten Wirkungsschießen unserer schweren Artl. suchte der Feind stets Schutz in den Gräben der vordersten Linie. Der Steinbruch und Steinbruchgraben ist z. Zt. sehr zerschossen. Als Annäherungsgräben werden hauptsächlich der Caillette- und C-Graben benutzt. Bei 563 scheint sich der Abschnitts-Kdeur. zu befinden, bei 562 ist ein neuer Stollen an einer alten Batterie-Stellung erkundet worden. Vor dem linken Flügel G. E. D. vorangegangene Patrouillen haben den feindl. Graben an der Straße Vaux – St. Fine Kapelle bis nördl. des Punktes 507 nicht besetzt gefunden.
>
> Punkt 540 und das Gelände 200 m südlich davon sollen nach Meldung der 21. R. D. frei vom Feinde sein. Nur nachts fühlen Patrouillen an die Stellung heran. Die neue französ. Stellung von 100 m östl. 562a – 561 – 100 m südlich 575 ist noch im Bau. Die Reserven werden von Hospital-Battr. im Graben 597 – 576 herangeführt [Abbildung 177]. In den Unterständen 100 m südlich 756 liegen anscheinend Bereitschaften.[1253]

Diese Erkundungsergebnisse sind insoweit interessant, als sie für das Gefecht des 8. I.R. auch Gültigkeit besitzen.

Am 15.08. wurde, wie bereits berichtet, durch Korpsbefehl[1254] die neu aufgestellte 14. b. I. D. anstelle der 21. R. D. mit der Durchführung des Angriffs[1255] beauftragt. In diesem Befehl heißt es weiter:

> Die Unterstellung des rechten Flügels der 21. R. D. erfolgt sinngemäß nach den bisherigen Anordnungen. Die 21. R. D. hat die bisherigen Vorarbeiten der 14. b. I. D. mitzuteilen. Der Angriff wird frühestens am 22. August erfolgen. Die 14. b. I. D. hat mit den Erkundungen sogleich zu beginnen. Anträge sind dem Generalkommando vorzulegen.[1256]

Dieser Korpsbefehl wurde neben den genannten Divisionen auch an die Garde-Ersatz-Division verteilt, ohne dass ihr eine besondere Aufgabe zugewiesen worden war.

[1253] KA: Infanterie-Divisionen-(WK)_5702_08; ident. KA: Infanterie-Divisionen-(WK)_5702_03-04 (1728).
[1254] KA: Infanterie-Divisionen-(WK)_5702_01 (1728).
[1255] Der ursprüngliche Angriffsbefehl konnte nicht identifiziert werden, wobei es sich um den lang geplanten Angriff zur Beseitigung des Souville-Sackes gehandelt haben dürfte.
[1256] KA: Infanterie-Divisionen-(WK)_5702_01 (1728).

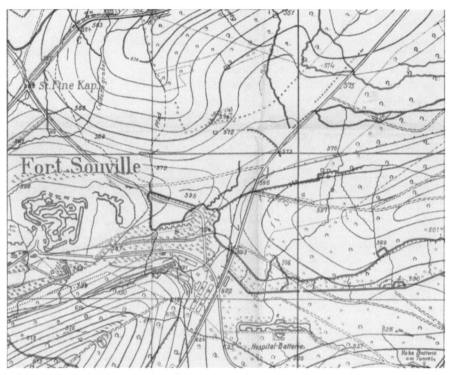

Abbildung 177: 14.08.1916, Anmarschweg französischer Kräfte von Hospital-Batterie über Graben 597 nach 572, Ausschnitt aus Operationskarte Vaux C[1257]

In der zweiten Hälfte des August, 17.-18.08., lebten die Kämpfe an der Front der Ostgruppe wieder auf.

> Vom Mittage des 17. August an hatte stärkstes feindliches Feuer auf den Abschnitten Thiaumont – Fleury und der 21. Reserve Division gelegen, gegen die sich denn auch der um 6[30] nachmittags vorbrechende Angriff richtete. Den Hauptstoß führten drei französische Bataillone gegen die seit dem 8. August beiderseits von Fleury eingesetzte 33. Infanterie-Division. [...] Die 21. Reserve-Division konnte sich völlig behaupten. Die ganze folgende Nacht hindurch und den nächsten Morgen lagen die deutschen Stellungen der Hauptkampffront unter starkem Feuer, das gegen Mittag des 18. August zwischen der Souville-Schlucht und dem Laufée-Wald zu größter Heftigkeit anwuchs.[1258]

Am frühen Nachmittag des 17.08. brach dann der erwartete französische Angriff los; 6 Bataillone stürmten gegen die 21. Reserve-Division an, die sich wieder voll behaupten konnte. Trotz der außerordentlich schweren Verluste, die der Gegner in den Kämpfen der beiden letzten Tage erlitten hatte, setzte er seine Vorstöße gegen die Hauptkampffront der Ost-Gruppe unentwegt fort. Um jeden Preis suchte er den Höhenkamm nordwestlich von Fleury in seine Hand zu bringen und die Souville-Nase wiederzugewinnen. Ein Kampftag erster Ordnung war der 23.08., wieder

---

[1257] Diese Erkundungsergebnisse sind in der Operationskarte Vaux C bereits berücksichtigt;
KA: 8. I.R._(WK)_7_3 (414).
[1258] RA Bd. 10 1936, S. 402 f.

wurde der Thiaumont-Fleury-Abschnitt angegriffen. Die Deutschen behaupteten ihren Besitz freilich um den Preis schwerer Verluste.[1259]

Inzwischen hatte das Oberkommando mitgeteilt, dass der Ost-Gruppe an Munition bis zum Monatsende außer den gewöhnlichen Tagesraten nur zwei Kampftagesraten zur Abwehr größerer feindlicher Angriffe oder für eigene Unternehmungen zur Verfügung stünden.[1260]

> General von Lochow stand vor der Frage, ob er angesichts solch drückender Munitionsknappheit nicht überhaupt auf jede Angriffstätigkeit verzichten sollte, um nicht bei feindlichen Gegenangriffen in ernste Schwierigkeiten zu geraten; die dringende Notwendigkeit einer Stellungsverbesserung bei Fleury, das wohl auch künftig das Hauptziel französischer Vorstöße bilden würde, gab indessen den Ausschlag, die Wiedereroberung der Dorftrümmer anzuordnen. Ob daneben auch noch der Souville-Sack, wie längst beabsichtigt, genommen werden konnte, ließ sich vorerst noch nicht übersehen.[1261]

Am 24.08. morgens sollte die 33. Infanterie Division Fleury wenigstens so weit wieder nehmen, dass Einsicht in die Mulden südwestlich und südöstlich des Dorfes gewährleistet war. Die Wegnahme glückte indessen nicht.[1262]

Am 25.08. befahl das XVIII. Reservekorps mit einem streng geheimen Befehl[1263], dass die 14. b. I. D. sich in den Besitz der französischen Stellung 535 – 536a setzen und sodann eine möglichst geradlinige Verbindung von 536a zur Sappe am linken Flügel des Alpenkorps 150 m südlich herstellen solle. Der Angriff sei baldmöglichst durchzuführen. Es wurde der 14. b. I. D. weiter aufgetragen, den Zeitpunkt unter Einreichung ihres Angriffsbefehls zu melden. Hervorgehoben wurde, dass die Vorbereitungen für den Angriff auf den Souville-Sack unabhängig von dem befohlenen Angriff weiter zu betreiben seien.

Am 26.08. wurde die ganze Front der 34. Infanterie-Division (dem Alpenkorps zugehörig), die tags zuvor den Abschnitt der 14. I. D. (eine preußische Division, nicht zu verwechseln mit der 14. b. I. D.) übernommen hatte und auch die 21. R. D. angegriffen. Diese Angriffe hatten ebenso wenig Erfolg wie die am Abend des 28.08. gegen die Linie Thiaumont – Fleury gerichteten heftigen feindlichen Vorstöße.[1264]

> Am folgenden Nachmittag konnte der Gegner zwischen Fleury und dem Chapitre-Walde stellenweise in die vordersten deutschen Gräben eindringen, sich jedoch nicht behaupten. Andererseits war aber auch ein am 26. August unternommener Versuch der im Chapitre-Wald neu eingesetzten 14. bayerischen Infanterie Division [zu der das 8. I.R. gehörte], die am 8. August auf dem rechten Abschnittsflügel entstandene Einbeulung zu beseitigen, ergebnislos verlaufen. Ende August trat an der Kampffront Angriffsgruppe Ost für einige Tage Ruhe ein.[1265]

Das RA berichtet zusammenfassend: „Seit die Oberste Heeresleitung am 11. Juli für die Verdun-

---

[1259] RA Bd. 10 1936, S. 403.
[1260] RA Bd. 10 1936, S. 403.
[1261] RA Bd. 10 1936, S. 404.
[1262] RA Bd. 10 1936, S. 404.
[1263] KA: Infanterie-Divisionen-(WK)_5702_23 (1728); Abbildung 33. Anhang 4.
[1264] RA Bd. 10 1936, S. 404.
[1265] RA Bd. 10 1936, S. 404.

Front ‚strikte Defensive' befohlen hatte, war die Initiative in zunehmendem Maße an den Feind übergegangen, die auf dem Ostufer unter Einsatz starker Kräfte, verlorenes Gelände wiederzugewinnen suchte."[1266] Hier …

> [...] änderten selbst die deutschen Angriffe vom 1. und 5. August nichts daran, dass die Kampfhandlungen in ihrer Gesamtheit mehr und mehr den Charakter der Abwehr angenommen hatten. Behauptung des eroberten Bodens war an die erste Stelle gerückt. Die Angriffe hatten im wesentlichen nur noch Stellungsverbesserungen zum Ziele, durch die das unbedingte Festhalten der schwer erkämpften Linien erleichtert werden sollte. Von einer Fortführung der Offensive konnte nach Lage der Dinge nicht mehr die Rede sein, sie musste als abgeschlossen gelten.[1267]

Zu diesem Zeitpunkt, 20.08.1916, begann der Einsatz der 14. b. I. D. mit dem 8. I.R. Die dargelegte Vorgeschichte des Kampfgeschehens vor Verdun im Juli und August zeigt, welch wichtige Aufgabe noch zu lösen war: die immer noch ausstehende, noch nicht gelungene Begradigung des Souville-Sackes.

Im Folgenden soll anhand des RA ab Ende August der weitere Verlauf im Ganzen bis zur Beseitigung des Souville-Sackes im Überblick geschildert werden, bevor auf die einzelnen Aktionen der Einheiten der 14. b. I. D. im Rahmen des XVIII. Reservekorps eingegangen wird.

Über die Frage, ob die Offensive gegen Verdun fortgesetzt oder eingestellt werden sollte, äußerte sich die Heeresgruppe Deutscher Kronprinz auf Verlangen der Obersten Heeresleitung in einem am Vormittag des 31.08. abgegangenen Gutachten, dessen wichtigste Sätze lauten:

> Der Feind hat längst den Eindruck, dass unsere Offensive gegen Verdun zum Stehen gekommen ist. Zur Fortsetzung des Angriffs mit wirklichen Zielen fehlt es uns an Truppen, Ersatzmannschaften, Artillerie und Munition. Die in der Front befindlichen Truppen genügen gerade zum Halten der Stellung; die in der Heeresgruppe noch verfügbaren ausgeruhten Kräften reichen aus, um die ruhebedürftigen Divisionen abzulösen. Außerdem müssen hinter der Front frische Kräfte – mindestens sechs Divisionen – zum Einsatz an bedrohten Stellen bereitgehalten werden. Ein Überschuss an Kräften ist daher nicht vorhanden, weder zum Angriff noch zur Abgabe an anderen Fronten. Deshalb muss nach Säuberung der Souville-Schlucht und Verbesserung der Stellung bei Fleury der Angriff eingestellt werden. Auf von Teilangriffen auf schmalen Fronten wird im großen ganzen abzusehen sein. Die dann erreichten Linien sind nach Ansicht der verantwortlichen Führer so zu halten. Sie müssen aber noch gehörig ausgebaut werden. Nach dem Ausbau einer 1. und 2. Stellung wird es möglich sein, ein bis zwei Divisionen der Front zu sparen und der Heeresleitung zur Verfügung zu stellen.[1268]

Dies spiegelte auch die Einschätzung von General von Lochow wider. Zwei Tage darauf – am 02.09., 1:45 Uhr nachmittags – ging von der Obersten Heeresleitung folgende Weisung ein:

> Seine Majestät befehlen: der Angriff auf Verdun ist einzustellen und die gewonnene Linie als Dauerstellung auszubauen. Sollten hierfür geringere Stücke dieser eroberten Linie aufgegeben werden müssen, so ist dies in Kauf zu nehmen. Mit Abgabe von Kräften zur Verwendung an anderer Stelle ist zu rechnen. Das Heeresgruppenkommando hat zu melden, welche Linie als Dauerstellung eingerichtet werden soll und welche Kräfte und zu welchem Zeitpunkt sie voraussichtlich zur Verfügung gestellt werden können, falls der Gegner vor der Heeresgruppe sich nicht verstärkt.[1269]

Nach einer kaum drei Tage während den Kampfpause war der Feind am späten Abend des 01. und

---

[1266] RA Bd. 10 1936, S. 404 f.
[1267] RA Bd. 10 1936, S. 405.
[1268] RA Bd. 11 1938, S. 118.
[1269] RA Bd. 11 1938, S. 119.

am Nachmittag des 02.09. östlich von Fleury vorgestoßen, aber mühelos abgewiesen worden. Ebenso war ein gegen die 33. Reserve-Division geführter Angriff ohne Erfolg. Ein „Kampftag erster Ordnung" wurde wieder der 03.09.: „Nach mehrstündiger Artillerievorbereitung warf der Feind im Laufe des Nachmittags immer neue Sturmwellen gegen die Stellung des Abschnittes ‚Alpenkorps' vor, die am Zwischenwerk Thiaumont nur durch Einsatz von Reserven behauptet werden konnte."[1270]

Ungleich größeren Erfolg als diese französischen Unternehmungen hatte der lange geplante, mehrfach verschobene, an diesem Tage endlich durchgeführte deutsche Angriff zur Beseitigung des Souville-Sackes. Diesen Angriff, dem der Rest dieses Buches (Kapitel 4.4.2) gewidmet ist, gibt das RA so wieder:

> Zweitägiges Zerstörungsschießen war ihm vorausgegangen, stärkstes Trommelfeuer von nur 10 Minuten Dauer leiteten ihn ein, Nebel begünstigte die um 7:00 Uhr morgens auf beiden Hängen der Souville-Schlucht südwestwärts vorstoßende Sturmkompanien der 14. bayerischen Infanteriedivision des Generalmajors Rauchenberger. Trotzdem schien es anfangs, als sollte das sorgfältig vorbereitete Unternehmen auch diesmal wieder missglücken. Reserven brachten den festgelaufenen Angriff indessen wieder in Fluss. In schwerem Ringen entrissen die Bayern dem sich hartnäckig wehrenden Gegner Stück um Stück seiner Gräben und Trichter, und um 1:00 Uhr nachmittags war der in die deutschen Linien weit vorspringende Keil beseitigt. Der mitwirkende äußerste rechte Flügel der 33. Reserve Division des Generalleutnants Bausch hatte sein Ziel, den südlichen Waldrand, schon morgens im ersten Anlauf gewinnen können. Rund 500 Gefangene und 8 Maschinengewehre blieben in deutscher Hand.[1271]

Für den 04. bis 06.09. berichtet das RA:

> Dem Angriff folgten, wie erwartet, heftige französische Wiedereroberungsversuche auf dem Fuße. Sie brachen am 4. September in Abwehrfeuer des Verteidigers zusammen, zeitigten aber zwei Tage später einen erheblichen Erfolg. Der in den frühen Abendstunden des 6. September nach ergiebiger Artillerievorbereitung mit starken Kräften gegen die ganze Front des Generalkommandos des XVIII. Reservekorps geführte Stoß warf nicht nur die 14. bayerische Infanterie Division in ihre früheren Stellungen zurück, sondern brachten auch die ostwärts anschließende 33. Reserve Division zum Weichen; sie gab fast 400 m Gelände preis, hielt aber die Verbindung zur links benachbarten 50. Infanteriedivision [zum XV. Armee-Korps gehörig; Anm. d. Verf.] aufrecht.[1272]

Der kommandierende General des XVIII. Reservekorps, General der Infanterie von Steuben, traf sogleich Anstalten zur Wiedernahme des Verlorenen; die Angriffsgruppe Ost stellte hierfür Reserven zur Verfügung. Der am Morgen des 08.09. folgende Angriff seiner beiden Divisionen gewann unschwer fast überall die frühere Linie wieder, ein mittags einsetzender starker französischer Gegenstoß aber durchbrach den rechten Flügel der 33. Reserve-Division und zwang durch Flanken- und Rücken-Bedrohung deren Mitte und linken Flügel, von Neuem um etwa 300 m zurückzuweichen. Die sogleich befohlene Wiederaufnahme des Angriffs erwies sich infolge schweren feindlichen Artilleriefeuers als undurchführbar. Am folgenden Nachmittag versuchte der Gegner, auch die 14. Bayerische Infanterie-Division wieder zu werfen, doch kam es nur an

---

[1270] RA Bd. 11 1938, S. 119.
[1271] RA Bd. 11 1938, S. 120.
[1272] RA Bd. 11 1938, S. 120.

ihrem rechten Flügel zu leichtem Einbruch, der nachts wettgemacht werden konnte. Der Abschnitt „Alpenkorps" widerstand an diesem Tage wie schon am Nachmittage zuvor feindlichen zum Teil mit starken Kräften südlich des Zwischenwerkes Thiaumont und östlich von Fleury geführten Stößen. Mit dem 10.09. trat an der Front der Angriffsgruppe Ost eine kurze Kampfpause ein.[1273]

In der Frage der Obersten Heeresleitung, welche Linie als Dauerstellung eingerichtet werden solle und welche Kräfte zur Verwendung an anderer Stelle abgegeben werden könnten, hatte General von Lochow inzwischen am 05.09. in einem eingehenden Bericht an das Heeresgruppenkommando Stellung genommen. Nach der Ausbeulung des Souville-Sackes, so führte er aus, erscheine die jetzige vordere Linie zum Ausbau als Dauerstellung geeignet. Bei der Bemessung der für andere Zwecke verfügbar zu machenden Kräfte bei der Bestimmung des Zeitpunkts ihrer Abgabe müsse berücksichtigt werden, dass das östliche Maas-Ufer infolge des augenscheinlichen Bestrebens des Gegners, hier möglichst starke deutsche Kräfte zu fesseln, voraussichtlich bis auf Weiteres noch Kampffront bleiben werde, deren Behauptung umso wichtiger sei, als feindliche Erfolge bei der eigenartigen Geländegestaltung der Côtes gleich erheblichen Bodenverlust zur Folge haben könnten. Die seit Monaten ununterbrochene starke Gefechtstätigkeit und die besonders schwierigen Bodenverhältnisse hätten es ferner im Hauptkampfabschnitt Thiaumont – Bergwald trotz aller Bemühungen zu einem Ausbau von Stellungen und Annäherungswegen bisher nicht kommen lassen, was ständigen sehr hohen Kräfteverbrauch zur Folge habe. Der würde sich erst verringern, wenn diesem Übelstande abgeholfen werden könne, wozu nach den bisherigen Erfahrungen Aussicht nur vorhanden sei, wenn ruhigere Kampfverhältnisse einträten und starke Arbeitskräfte auf längere Zeit so zur Verfügung ständen. Unter diesen Umständen erscheine eine sofortige Verringerung der Zahl der zurzeit in vorderer Linie eingesetzten Divisionen nicht angängig. Die geringere Zahl der auf französischer Seite vorn stehenden Divisionen könne zu Vergleichen nicht herangezogen werden, weil der Gegner in seinem Festungsgelände über erheblich bessere Verbindungen und Unterbringungsmöglichkeiten verfüge; überdies halte er im Abschnitt Fleury – Tavannes ständig zwei Divisionen bereit zu sofortigem Einsatz in vorderer Linie bei größeren Gefechtshandlungen und habe außerdem mindestens vier weitere Divisionen in Reserve stehen.[1274]

Von der Verdun-Front sollten auf Verlangen der OHL immer wieder Kräfte abgezogen werden. Dagegen wurde wegen der nicht verteidigungsfähigen deutschen Linien aufgrund fehlenden Ausbaus von Befestigungen beharrlich argumentiert.

[1273] RA Bd. 11 1938, S. 120 f.
[1274] RA Bd. 11 1938, S. 121 f.

Bei einer Besprechung in Cambrai vor dem Chef des Generalstabes des Feldheeres und dem Ersten Generalquartiermeister führte der Generalstabschef der Heeresgruppe aus, dass bei der Angriffsgruppe Ost der Kampf andauere. Immer wieder greife der Feind hier an mit dem Ziele, die deutschen Linien weiter zurückzudrängen und wichtige Punkte zu gewinnen. Sieben in Reserve stehende Divisionen könne der Gegner nach Belieben in den Kampf werfen. Demgegenüber lägen die Verhältnisse auf deutscher Seite ungünstig; ausgebaute Stellungen seien nicht vorhanden, die Kampflinie bestehe aus Granattrichtern, das anhaltende starke feindliche Feuer mache regelrechten Stellungsbau unmöglich und zeitige im Zusammenhang mit den dauernden Angriffen des Gegners so bedeutenden Kräfteverbrauch, dass häufiger Wechsel der Divisionen unumgänglich sei. So müssen in nächster Zeit bei der Angriffsgruppe Ost sieben Divisionen durch kampfkräftigere der Heeresgruppe abgelöst werden.[1275]

Im Heeresgruppenbefehl vom 10.09. fand die Besprechung in Cambrai insoweit Niederschlag, als festgehalten wurde: „[…] jede Angriffsunternehmung ist zu unterlassen, falls sie nicht unbedingt erforderlich wird, um verloren gegangene Teile der festzuhaltenden Stellung wiederzugewinnen. Kleinere Patrouillenunternehmungen zur Feststellung feindlicher Verbände bleiben trotzdem dauernd notwendig."[1276]

Die am 10.09. an der Front der Angriffsgruppe Ost eingetretene Kampfpause währte nicht lange. Bereits am 12.09. setzten neue heftige feindliche Angriffe ein, die bis zum 16. anhielten und sich wie die vorangegangenen gegen die Hauptkampffront vom Zwischenwerk Thiaumont bis zum Bergwald (Abbildung 117) richteten. Größtenteils erstickten sie freilich schon im deutschen Sperrfeuer und der Einbruch, der dem Gegner am Morgen des 13.09. auf dem rechten Flügel der 14. Bayerischen Infanterie-Division glückte, konnte in der darauffolgenden Nacht in erbittertem Nahkampfe fast vollständig ausgebeult werden. Abermals folgte vom 17.09. an eine Atempause, die indessen wie die vorherige zu kurz war und zeitweise auch durch zu starkes Artilleriefeuer gestört wurde, als dass sie deutscherseits zum dringend nötigen Ausbau der Kampflinien und rückwärtigen Verbindungen benutzt werden konnte. Bei der Wiederaufnahme seiner Angriffe am Nachmittag des 20.09. vermochte der Feind südöstlich des Zwischenwerkes Thiaumont in die deutschen Trichterstellungen einzudringen,

> […] musste nachts aber nahezu seinen ganzen Gewinn wieder hergeben; am nächsten Nachmittag wurden schon seine Bereitstellungen zu neuem Vorstoß gegen den Abschnitt Thiaumont – Fleury von der deutschen Artillerie zerschlagen. Die in den folgenden Tagen gegen verschiedene Punkte der Hauptkampffront auf dem Ostufer der Maas vorfühlenden französischen Handgranatentrupps erzielten

---

[1275] RA Bd. 11 1938, S. 123 f.
[1276] RA Bd. 11 1938, S. 125.

keinerlei Erfolg. Gegen Monatsende stellte der Gegner auch diese Tastversuche ein und schwächte sogar sein Artilleriefeuer merklich ab.[1277]

Dem Kampfgeschehen ab Juli 1916 bis September 1916 wurde basierend auf dem RA in der Beschreibung breiter Raum gegeben, um die komplexe Lage, die vor Verdun eingetreten war, zu schildern. Der deutsche Angriff war zum Stillstand gekommen und hatte nicht verteidigungsfähige Stellungen geschaffen. Der Abzug deutscher Truppen an die Somme-Front schwächte die Stellung vor Verdun. Dies traf zwar in Maßen auch für die französischen Truppen zu, diese litten aber nicht wie die deutschen unter Munitionsmangel besonders bei der Artillerie und hatten zudem den Vorteil verteidigungsfähiger Stellungen, z. T. in festen betonbewehrten Unterständen, was dem Ruhebedürfnis abgekämpfter Truppen entgegenkam. Deutsche Truppen hausten frontnah oft in Erdbunkern, wie z. B. in der Hassoule-, Bezonvaux- und Kasematten-Schlucht.

Nachdem anhand der Berichte des RA das allgemeine Kampfgeschehen im August und September dargelegt wurde, soll auf dieser Folie nun die Darstellung des Kampfes des 8. I.R. zur Beseitigung des Souville-Sackes anhand der Quellen des KA folgen.

4.4.2   Kampf des 8. I.R. zur Beseitigung des Souville-Sackes

4.4.2.1   Unmittelbar vor dem Gefecht, Anpassung der Gefechtsbefehle

Die Betrachtung unmittelbar vor dem Angriff soll mit dem 26.08.1916 beginnen, da sich etwa ab diesem Zeitpunkt die Angriffsvorbereitungen zu konzentrieren scheinen.

4.4.2.1.1   Am 26.08.1916

Am 26.08.2016 gab das Generalkommando XVIII. Reservekorps den Korpsbefehl Nr. 12251 streng geheim[1278] zum Angriff heraus: In diesem Befehl wurden die Aufgaben der schweren Artillerie, der Feldartillerie und der Minenwerfer festgelegt. Besonders wurde die zeitliche Regelung für die Artillerie bei der Vorbereitung und bei dem Angriff herausgestellt.

Dieser Korps-Angriffsbefehl soll wegen seiner Prägnanz und seines Informationsgehalts in Gänze wiedergegeben werden:

> 1. Das XVIII. Reservekorps wird an einem noch zu bestimmenden Tage sich durch Angriff in den Besitz der Linie 536 a – Steinbruchgraben – Chapitre Weg – 574 setzen und diese Linie gegen jeden Angriff behaupten.
>
> 2. Trennungslinie für die Divsn. im Angriff ist die Linie 560 – 561 – Waldecke 150 m nördl. 571. Dementsprechend muss die 21. R. D. der 14. bayer. I. D. Raum für die Aufstellung der Angriffstruppen überlassen.
>
> 3. Der Angriff wird in einer Handlung, dem weichenden Artl. Feuer dichtauf folgend, bis zur Erreichung des Angriffszieles durchgeführt.

[1277] RA Bd. 11 1938, S. 125.
[1278] KA: Infanterie-Divisionen-(WK)_5702_24-27 (1728); ident. KA: Infanteriebrigaden (WK)_945_39-42 (1674).

4. Der verstärkten schw. Artl. unter dem Befehl des Gen. d. Fußa. 5 Oberst Neumann werden folgende Aufgaben zugewiesen:

a) Sturmreifmachen aller feindl. Anlagen im Angriffsraume.
b) Niederhalten vom Beginn des Sturmes an der feindl. Anlagen außerhalb des Angriffsraumes vor der Front des A. K., besonders der Anlagen, von denen mit MG Feuer in den Kampf eingegriffen werden kann, sowie der feindl. Beobachtung.
c) Bekämpfung der feindl. Artl. mit Unterstützung der Nachbarkorps. Das nähere ergibt der Artl. Befehl und die anliegende Skizze.

5. Feldartillerie. Die Feuerleitung der Feldartl. liegt in den Händen ihrer Divsn. Die Feldartl. beginnt ihr Feuer erst nach dem Antreten der Infanterie zum Sturm. Sie schließt sich dann sodann dem weichenden Feuer an und bleibt auf der Sperrfeuerlinie liegen.

Die 21. R. D. hält außerdem den Gegner vor ihrer Südfront nieder. Für das Niederhalten der franz. Hauptstellung von Beginn des Sturmes an ist die Grenze zwischen den Divsn. die Linie 574 – 573 – Straße Vaux – Verdun. Den Austausch von Batterien zur flankierenden Wirkung vereinbaren die Divisn. Die Divisn. melden dem Genkdo. die Feuerverteilung ihrer Feldartl. auf Kartenskizze oder Planpause.

6. Zeitliche Regelung für die Artillerie bei der Vorbereitung und bei dem Angriff.

1. Tag: Einschießen, einschl. der Battr. anderer Korps. Beginn des Zerstörungsschießens mit den s. F. H. und Mrs. des XVIII. R. K. mit der gewöhnlichen Tagesrate der s. F. H., Mrs. 15 Schuß pro Geschütz. 2 Feuerüberfälle unter Beteiligung der Feldartl. innerhalb ihrer Tagesrate.
2. Tag: Zerstörungsschießen mit s. F. H. und Mrs. auch der Nachbarkorps; s. F. H. des XVIII. R. K. 120 Schuß, s. F. H. der anderen Korps 60 Schuß, Mrs. 30 Schuß pro Geschütz. 3 Feuerüberfälle.
3. Tag: Feuerüberfall von X Uhr – X + 10 [Min] Uhr Vorm. Um X+10 Uhr Vorm. erfolgt der Einbruch der Inf. der 14. bayr. I. D. in die feindl. Stellungen. Um X+10 Uhr Vorm. weicht das Artl. Feuer in allgemein südwestl. Richtung zunächst alle 4 Min. von Höhe des Punktes 538a ab alle 6 Minuten um je 100 m feindwärts. Auf der Linie: 100 m nördl. 563 – 562 – 571 – 572 – 573 bleibt das Artl. Feuer als Sperrfeuer liegen.

7. Minenwerfer. Die Minenwerfer unterstützen die Artillerie nach Anordnung der Divisn.

Der Infanterie wurde befohlen:

8. Die Infanterie der 14. bayr. I. D. und die Infanterie der 21. R. D. auf ihrer Westfront hat am 1. 2. und 3. Tage von Tagesanbruch an unter dem Schutze von Feldartl. Feuer die vorderen Gräben nach näherer Anordnung der Divsn. geräumt. Der Sturm der Inf. der 14. bayr. I. D. erfolgt von den Stellen aus, die die Inf. nach der Räumung innehat, über das freie Feld fort derart, daß die Inf. beiderseits der Souville-Schlucht um X+10 Uhr in die feindl. Stellung einbricht. Die äußeren Flügel der Divsn. schließen sich dem Vorgehen der Mitte entsprechend dem Weichen des Artl. Feuers an.

Die 21. R. D. unterstützt zunächst durch kräftiges Feuer zahlreiche[r] MG von dem Rücken der Souville Nase her das Vorgehen der 14. I. D. Wenn dieses Vorgehen dem weichenden Artl. Feuer dichtauf sich dem Steinbruchgraben nähert, greift die Inf. beim linken Flügels der Westfront 21. R. D. auf 561 und südl. davon an. Die Zuteilung von Stoßtrupps des Sturmbatls. Rohr vereinbaren die Divisn. unmittelbar. Die Befehle der Divisn. sind mir baldmöglichst einzureichen.

9. Die Festsetzung des 1. 2. und 3. Tages und des Zeitpunktes X wird noch befohlen.

10. Um X Uhr und 2 Stunden und um 4 Nachm. wird die erreichte Linie durch Abbrennen von Leuchtsatz Feuer und Ausflaggen kenntlich gemacht. Die Luft- und Erdbeobachtung hat diese Zeitpunkte voll auszunutzen.

11. Die Divisn. haben weitgehende Maßnahmen zur schnellen Klärung der Gefechtslage nach dem Angriff zu treffen. Brieftauben, auch für die vorderste Linie, sind beim Genkdo. anzufordern.

12. Die Uhrzeit wird vom 27.8. ab täglich um 12 Uhr Mittags und 7 Uhr Abds. an die Divisn. und dem Gen. d. Fußa 5 vom Genkdo. ausgegeben. Die Übereinstimmung der Uhrzeit der Artl. und der angreifenden Inf. ist von ausschlaggebender Bedeutung. In die vordere Linie muss die Uhrzeit durch gestellte Uhren gebracht werden.

13. Auf die unbedingte Geheimhaltung der Angriffsziele und Angriffszeiten wird besonders hingewiesen. Die angreifende Truppe darf erst möglichst spät die näheren Angaben erfahren, andererseits muss

aber den Führern der Kampftruppen ausreichend Zeit zur Durchführung der Vorbereitung gegeben werden.

14. Die Gefangenen-Sammelstelle des Korps ist Azannes.

15. Meldungen am Angriffstage zum Genkdo. nach Sorbey.
gez. von Steuben.[1279]

Diesem Angriffsbefehl lagen die zitierten Artillerie-Skizzen (Abbildung 178-Abbildung 180) bei. Der Verteiler (Abbildung 181) gibt uns wieder Auskunft über die an diesem Gefecht beteiligten Truppen.

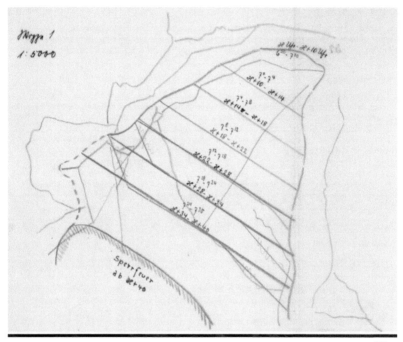

Abbildung 178: 26.08.1916, Artillerie-Skizze 1 zum Korps-Angriffsbefehl auf den Souville-Sack[1280]

[1279] KA: Infanterie-Divisionen-(WK)_5702_24-27 (1728); ident. KA: Infanteriebrigaden (WK)_945_39-42 (1674).
[1280] KA: Infanterie-Divisionen-(WK)_5702_36 (1728).

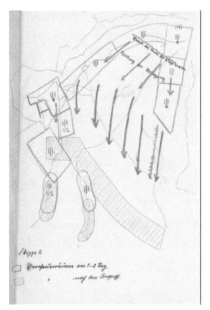

Abbildung 179: 26.08.1916, Artillerie-Skizze 2 zum Korps-Angriffsbefehl auf den Souville-Sack[1281]

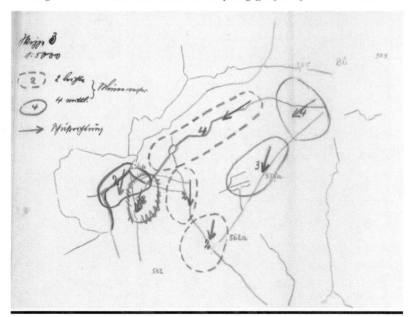

Abbildung 180: 26.08.1916, Artillerie-Skizze 3 zum Korps-Angriffsbefehl auf den Souville-Sack[1282]

[1281] KA: Infanterie-Divisionen-(WK)_5702_35 (1728).
[1282] KA: Infanterie-Divisionen-(WK)_5702_37 (1728).

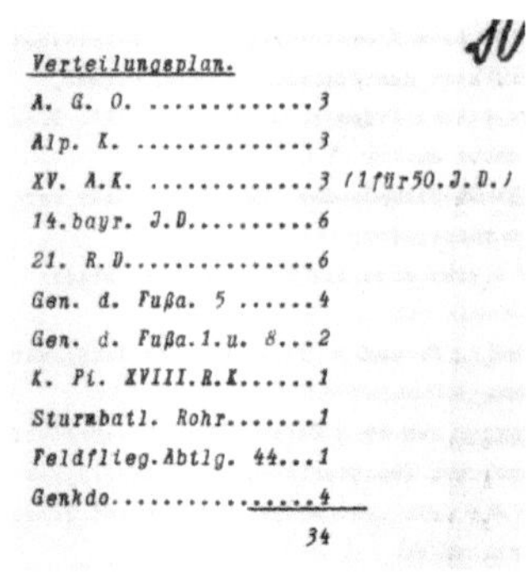
40

Verteilungsplan.

A. G. O.	3
Alp. K.	3
XV. A.K.	3 (1 für 50. J.D.)
14. bayr. J.D.	6
21. R.D.	6
Gen. d. Fußa. 5	4
Gen. d. Fußa. 1. u. 8	2
K. Pi. XVIII. R.K.	1
Sturmbatl. Rohr	1
Feldflieg. Abtlg. 44	1
Genkdo	4
	34

Abbildung 181: 26.08.1916, Verteiler des Korps-Angriffsbefehls auf den Souville-Sack[1283]

Der Korpsbefehl ging zunächst an die übergeordnete Angriffsgruppe Ost, an das benachbarte Alpen-Korps und das XV. Armee-Korps, die beteiligten Infanterie-Divisionen, die unterstützenden Artillerie- und Pionier-Abteilungen sowie das wichtige Sturmbataillon Rohr und an die Feldflieger-Abteilung 44. Von Letzterer stammen auch die in diesem Band gezeigten Luftbild-Aufnahmen.

Zunächst wurde also an die 14. b. I. D. der Befehl zur Inbesitznahme der französischen Stellung 535 – 536a mit dem weiteren Auftrag, eine möglichst geradlinige Verbindung von 536a zur Sappe am linken Flügel des Alpenkorps 150 m südlich 535 herzustellen, gegeben. Dieser Angriff sollte durch Teile der schweren Artillerie und eine der 14 b. I. D. unterstellten Kompanie unterstützt werden. Dieser Angriff sei baldmöglichst durchzuführen.

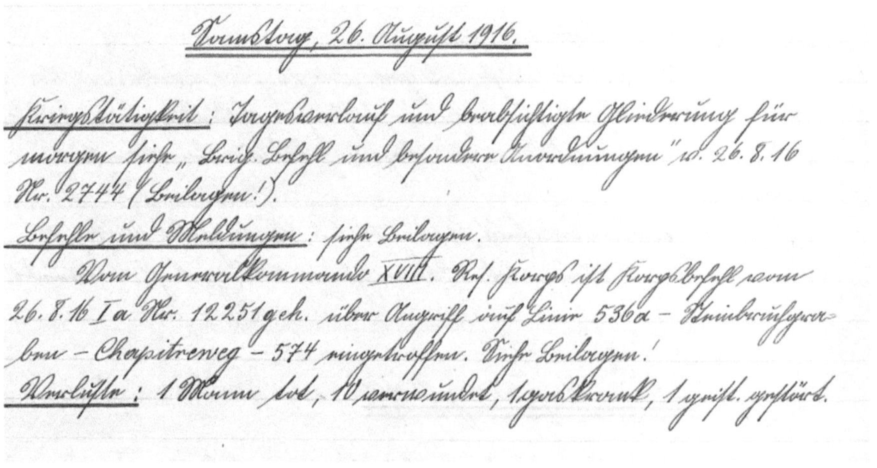
Samstag, 26. August 1916.

Kriegstätigkeit: Tagesverlauf und beabsichtigte Gliederung für morgen siehe „Brig. Befehl und besondere Anordnungen" v. 26.8.16 Nr. 2744 (Beilagen!).

Befehle und Meldungen: siehe Beilagen.

Vom Generalkommando XVIII. Res. Korps ist Korpsbefehl vom 26.8.16 Ia Nr. 12251 geh. über Angriff auf Linie 536a – Steinbruchgraben – Chapitreweg – 574 eingetroffen. Siehe Beilagen!

Verluste: 1 Mann tot, 10 verwundet, 1 gaskrank, 1 geist. gestört.

Abbildung 182: 26.08.1916, Kriegstagebuch der Brigade[1284]

Im Kriegstagebuch der Brigade wird am 26.08.[1285] unter „Befehle und Meldungen" der Eingang dieses Korps-Angriffsbefehls bestätigt: „Vom General Kommando XVIII Res. Korps ist Korpsbefehl vom 26.8.2016 Ia Nr. 12251 geh. über Angriff auf Linie 536 a – Steinbruchgraben – Chapitreweg – 574 eingetroffen."[1286]

1283 KA: Infanterie-Divisionen-(WK)_5702_27 (1728).
1284 KA: Infanteriebrigaden (WK)_915_08 (1674).
1285 KA: Infanteriebrigaden (WK)_915_08 (1674).
1286 KA: Infanteriebrigaden (WK)_915_08 (1674).

Als Verluste für die Brigade werden für diesen Tag angegeben: 1 Mann tot, 10 verwundet, 1 gaskrank, 1 geistig gestört. Der beabsichtigte Angriff rückte näher, gegnerische Angriffe verursachten täglich Verluste. Bemerkenswert sind die Angaben: 1 Mann gaskrank und 1 Mann geistig gestört.

Der Tagesverlauf, der zu diesen Verlusten führte, wurde in einem Brigadebefehl[1287] mitgeteilt:

> Die feindl. Artl. belegte den Nachmittag über die vorderen Linien und die Plätze der Bereitschaften mit Einzelfeuer und Feuer-Ueberfällen und steigerte das Feuer gegen Abend. Am Abend wurden franzos. Angriffe in Gegend Thiaumont und Fleury erkannt und befürchtet und dagegen mehrere male Sperrfeuer angefordert. Das 29. I.R. zog die MG Kp. 1. Res.-Jäg.-Batls. mit 3 MG hinter den rechten Flügel seines vordersten Batls. und hält sie nunmehr dort zu dessen Schutz verfügbar. Für den Fall einer weiteren Bedrohung seiner rechten Flanke wurde dem 29. I.R. freigestellt, über die vorderen beiden Bereitschafts-Kompanien des 8. I.R. in der Kasemattenschlucht zu verfügen. Die Notwendigkeit hierzu trat nicht ein. Im linken Rgts.-Abschnitt wurden planmäßig abgelöst: III/8 durch II/8, II/8 durch I/8. der Vormittag verlief ohne wesentlichen Ereignisse.

Bei dieser Ablösung war das II/8 mit unserem Protagonisten Karl Didion ab 26.08. für 2 Tage in Stellung, linke Seite.[1288] Die Verluste des Bataillons werden im KTB[1289] des 26.08. mit der Bemerkung „lebhaftes feindliches Feuer" im Einzelnen aufgelistet.

Am gleichen Tage wurden vom Generalkommando[1290] der 21. Reserve-Division, mit Kenntniskopie an die 14. b. I. D., Einsatzbefehle für die MG-Stellungen erlassen. Interessant sind die Bemerkungen, die der Divisions-Kommandeur Rauchenberger, der diesen Erlass am 29.08. (also mit 3-tägiger Verzögerung) erhielt, auf diesem Befehl für das 8. I.R. vermerkte:

> Nebenstehende Skizze enthält die anzustrebende Sicherung der rechten Flanke u. die Bestreichung der Souville-Schlucht. Möglichst versteckter, auch für die Lichtbilderkundung unsichtbarer Einbau der MG Halterungen ist nötig. Gewehre und Bedienungen müssen jedoch so bereitgehalten sein, dass rasche Besetzung möglich ist.[1291]

In Abbildung 183 sind die einzelnen MGs mit ihrer Wirkrichtung eingezeichnet.

Diesem Korpsbefehl zum effektiven Einsatz der MG-Waffe ging ein Antrag der Angriffsgruppe Ost[1292] vom 22.08.1916 an die Heeresgruppe Kronprinz zur Zuweisung zusätzlicher MG-Kompanien und MG-Züge an das Alpenkorps und das XVII. Regiment voraus.

[1287] KA: Infanteriebrigaden (WK)_945_44 (1674); ident. KA: 8. I.R._(WK)_10_158 (414); Abbildung 35, Anhang 4.

[1288] KA: Infanteriebrigaden (WK)_945_38 (1674); KA: 8. I.R._(WK)_7_176-179 (1554).

[1289] KA: 8. I.R._(WK)_7_179-180 (1554).

[1290] KA: Infanterie-Divisionen-(WK)_5710_18 (111).

[1291] KA: Infanterie-Divisionen-(WK)_5710_18 (111).

[1292] KA: Infanterie-Divisionen-(WK)_5710_17 (111).

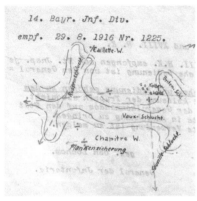

Angriffsgruppe Ost   H. Qu., den 22.8.16

An Heeresgruppe Kronprinz.

Der Kräfteverbrauch im Abschnitt des Alpenkorps und XVIII. R. K. ist andauernd ein außerordentlich hoher, da 3 Divisionen dieser beiden Korps seit längerer Zeit mindestens 4 Bataillone in vorderer Linie haben einsetzen müssen.

Eine Besserung ist nur zu erwarten, wenn die Zahl der vorderen eingesetzten Bataillone verringert und damit die Ablösungsmöglichkeit vergrößert werden kann.

Diese Möglichkeit ist in absehbarer Zeit nur gegeben, wenn mehr Maschinengewehre zum Einsatz in vorderer Linie zur Verfügung stehen. Ein Teil der vorhandenen Maschinengewehre hat rückwärts der vorderen Linie in Masch. Gew. Stützpunkten verwandt werden müssen.

Abbildung 183: 29.08.1916, Einsatz von MGs durch 8. I.R.[1293]

Die Angriffsgruppe bittet daher für den Abschnitt des Alpenkorps und XVIII. R. K. um Überweisung besonderer Masch. Gew. Komp. oder Masch. Gew. Züge. Sollte sich die Überweisung solcher Formationen mit zugehörigen Mannschaften nicht ermöglichen lassen, so würde schon die Überlassung von Maschinengewehren ohne Bedienungsmannschaften eine große Erleichterung bedeuten. Für Sicherstellung der erforderlichen Bedienung würde von der Gruppe gesorgt werden. gez. von Lochow.[1294]

Auf diesen Antrag hin wurden jedem der beiden Korps 6 MGs zugewiesen, die dann, wie in Abbildung 183 gezeigt, eingesetzt wurden.

Für den 26.08.1916 berichtet das Kriegstagebuch des Regiments:

26. August 16

Lebhaftes fdl. Inf.- u. MG-Feuer sowie Feuer von Gewehrgranaten.
Äußerst lebhafte Tätigkeit der beiderseitigen Artillerien.
Beim 29. I.R. (Rechts) 6:50 Abds. Sturmangriff ohne Erfolg.
Unsere Inf. war während des eigenen Artill. Feuers in unsere 2. Linie zurückgenommen.[1295]

Auf Bataillonsebene berichtet das Kriegstagebuch des II/8 am 26.08.1916 von lebhaftem feindlichem Feuer und Verlusten:

Rechts 8. Komp., Mitte 6. Komp., Links 5. Komp., 7. Komp. in 2. Linie.

Abschnitts K'deur. Hptm. Goetz.

Morgenmeldung: Lebhaftes Inf.- und Masch. Gew. Feuer, sowie Schießen mit Gew. Granaten auf die vordere Linie. Äußerst lebhafte Tätigkeit beider Artillerien. Wiederholtes starkes Sperrfeuer auf 1. und 2. Linie und Res. Komp.

Verluste:	3 Mann	leicht verwundet	5./8	durch	G. G. bezw. A. G.
	1	schwer	6./8		A. G.
	2	leicht	6./8		A. G.
	1	vermißt	6./8		
	1	Gasvergiftung	7./8		bei der Truppe
	2	gefallen	8./8		A. G. bezw. G. G.
	1	schwer	8./8		G. G.
	3	leicht	8./8		A. G. bezw. G. G.

[1293] KA: Infanterie-Divisionen-(WK)_5710_18 (111).
[1294] KA: Infanterie-Divisionen-(WK)_5710_17 (111).
[1295] KA: 8. I.R._(WK)_1_22 (414).

Es werden Gew. Granaten Stände und Gew. Granaten beantragt. An dem Ausbau der Stellung wird weitergearbeitet.

Abendmeldung: Gleich in der 1. Stellungsnacht wurde die Verbindung mit den Nebenregimentern aufgenommen: rechts durch 8./8, links durch 5./8. Eine Verbindung mit dem linken Nebenabschnitt wird angestrebt. Lebhafte Inf.-, Artl.-, MG- u. Gew. Granaten-Tätigkeit. Bei Tagesanbruch trat etwas Ruhe ein. Die Vormittagskampftätigkeit wurde gegen Mittag ziemlich lebhaft. Arbeit geringer Fortschritt wegen des starken Artl.-Feuers, sonst Weiterbau der Stellung und in den Stollen. gez. Goetz.

8./8 räumt um 3:30 Vorm. die Stellung unter Belassung der MG und einer Gruppe von jedem Zug für die Feuerbereitung zum Sturm des Nebenabschnittes (Regt. 29) auf die Grabenstücke 535 – 536a. Lt. d. R. Hillenhinrichs aus Urlaub zurück wegen Influenza der San. Kp. 14 überwiesen.

Witterung: untertags schön, nachts Regen. Verpflegung Konserven. Gesundheitszustand gut.[1296]

4.4.2.1.2   Am 27.08.1916

Das Korps stellte noch klar, dass das französische Grabenstück 535 – 536a gleichzeitig mit dem Angriff auf den Souville-Sack fortzunehmen sei.

Generalkommando. XVIII. Reservekorps   K. H. Qu., den 27.8.1916

Korpsbefehl

1.) Das franzö. Grabenstück 535 – 536a ist nunmehr gleichzeitig mit dem Angriff auf den Souville-Sack fortzunehmen.
2.) Gen. d. Fußa. 5 hat für das Sturmreifschießen dieses Grabenstückes zu sorgen.
3.) Besondere Sturmtrupps des Sturmbatls. Rohr sind von der 14. bayer. I. D. gegen das Grabenstück 535 – 536a mit zu verwenden.
gez. von Steuben.[1297]

Am 27.08.1916 wurde der dem Korps-Angriffsbefehl entsprechende Divisionsbefehl Nr. 1129[1298] herausgegeben. Zunächst wurden darin das bekannte Angriffsziel und die Trennungslinie zwischen 14. I. D. und 21. R. D. festgelegt. Dann folgte die Angriffsart:

Der Angriff wird in einem Zuge, von Nordost nach Südwest geführt. Zum Sturmreifschießen allein sind 14 Mörserbatterien und 8 s. F. H. Batterien bestimmt. Den Sturm unterstützen außerdem die Feldartillerie der 14. I. D. und 21. R. D. u. 9 mittlere, 8 leichte Minenwerfer. Dieser Feuermasse wird allmählich vor die vorgehenden Infanterie nach rückwärts verlegt, so dass sich das Feuer bis zum Angriffsziel immer mehr verdichtet. Sache der Infanterie ist es, dem eigenen Art. Feuer dichtauf zu folgen, so dass der Feind nicht zum Wiederaufleben kommt. Das Niederhalten der weiter südlich befindlichen Anlagen erfolgt durch 7 s. F. H., 3 Mrs., 7 schw. Flachf. Batterien u. durch Feldart.[1299]

Dann wurde analog zum Korpsbefehl auf die artilleristische Vorbereitung am 1., 2. und 3. Tag und die artilleristische Begleitung des Sturmes eingegangen:

X Uhr 10' beginnt die schwere Artillerie ihre Feuer von 100 zu 100 m entsprechend beiliegender Skizze zu verlegen u. bleibt schließlich auf der Linie 100 m nördlich 563 – 562 – 571 – 572 – 573 als Sperrfeuer liegen. Die zum Niederhalten der fdl. Anlagen bestimmten schweren Steilfeuer- und Flachbahnbatterien eröffnen X+10 schlagartig ihr Feuer. X Uhr 10' beginnt die Feldart. mit voller Kraft ihr Feuer. Die Verteilung siehe Skizze 2) u. folgt mit 7 Batterien der schweren Art. bis in die neuen Sperrfeuerräume. Aufgabe: Niederhalten des Feindes bis zum Einbrechen unserer Infanterie. Je eine Batt. ist um die gleiche Zeit gegen Caillette-Graben u. Pfad zur Unterbringung der feindl. Be-

---

[1296] KA: 8. I.R._(WK)_7_179-180 (1554).
[1297] KA: Infanterie-Divisionen-(WK)_5702_03 (111).
[1298] KA: Infanteriebrigaden (WK)_945_46-48 (1674); ident. handschriftl. Version in KA: Infanterie-Divisionen-(WK)_5702_28-34 (1728); Abbildung 42, Anhang 4.
[1299] KA: Infanteriebrigaden (WK)_945_46 (1674).

obachtung u. feindl. Verkehrs einzusetzen. Sturmabt. Rohr steht am Hardaumont zur Begleitung des Sturmes u. zur Sturmabwehr bereit.

Die 4 mittleren gegen 506 – 507 eingesetzten Minenwerfer beteiligen sich am Feuerüberfall von X Uhr – X Uhr 10'. Die anderen Minenwerfer setzen mit dem Feuer X Uhr 10' ein. Feuerverteilung siehe Skizze 3. Begleitung des Angriffes entsprechend der Verlegung der Art. Das Feuer ist kurz vor dem Einbruch der Infant. zur höchsten Kraft zu steigern.

Nach Erreichung des Zieles beteiligen sich die leichten Minenwerfer an der Abwehr etwaiger feindl. Gegenangriffe. Einzelne leichte Minenwerfer sind zum gleichen Zwecke baldigst in die gewonnene Linie vorzubringen.[1300]

Die Leitung des Infanterieangriffes wurde dem Kommandeur der 8. Infanterie-Brigade, dem das 8. I.R. u. das 29. I.R. (einschl. III/R 79) zur Verfügung standen, übertragen. Besonders interessant sind die Ausführungen zur Sturmausgangsstellung:

Die Sturmausgangsstellung muss in der Nacht zum 1. Tage, die Stellung östl. der Souville-Schlucht in der Nacht zum 2. Tage bezogen werden. Die zum Sturm bestimmten Truppen müssen durchweg in der Nacht vom 1. auf 2. Tag einrücken.

Die vordere Linie westl. der Souville-Schlucht bleibt während des 1.–3. Tages geräumt; der Sturm erfolgt aus der Sturmausgangsstellung. Die geräumte vordere Linie ist durch Inf. u. MG Feuer u. einzelne vorgeschobene Postierungen zu sichern. Nach der Räumung legt außerdem die Feldart. ihr Sperrfeuer näher an die eigene Linie heran, so dass die vordere feindl. Linie im Sperrfeuerbereich liegt.

Die Übernahme der Stellung östlich der Souville-Schlucht regelt die 8. I. Brig. unmittelbar mit der anschließenden Brig. 21. R. D. Zahlreiche Führer und Einweisepersonal ist zu erbitten; das Verbindungsnetz muss besonders übernommen werden.

Der Angriff erfolgt in rein südwestl. Richtung unter Aufrollung der in dieser Richtung ziehenden Gräben. Ein vorzeitiges Vorbrechen [sic!] von Osten oder Westen her muss vermieden werden, um die Artilleriewirkung nicht vorzeitig auszuschalten. Die Inf. muss demnach in Staffeln vorbrechen, um die Front nach Südwesten zu gewinnen. Die zeitliche Regelung ergibt sich aus der Feuerverlagerung der Art. Hierbei ist das Antreten der Inf. so frühzeitig anzusetzen, dass der Einbruch in die feindl. Stellung mit der Wegverlegung des Art. Feuers erfolgen kann. Antreten erst im Augenblick der Feuerverlegung ist zu spät und lässt den Feind wiederaufleben. Beim weiteren Vorgehen muss vor allem ein Hinunterlaufen u. Zusammendrängen in die Souville-Schlucht vermieden werden.

Zum Aufrollen der Gräben, insbes. auch des Chapitre-Grabens von Nordwesten her sind besondere Trupp's zu bestimmen. Für besondere Zwecke stellt außerdem das Sturmbatl. Rohr 1 Flammenwrfr.trupp u. 2 Sturmtrupps zur Verfügung. Die 21. R. D. unterstützt das Vorgehen durch MG Feuer von der Souville-Nase her u. schließt sich zeitgerecht dem Angriff an. In der Stellung sind MG zur Wirkung gegen sich zeigende lebende Ziele bereit zu halten. Die 33. R. D. hält außerdem südl. 534 MG zur Wirkung im südöstl. Richtung, die 21. R. D. nördl. 574 zur Wirkung in südwestl. Richtung gegen feindl. Gegenangriffe bereit.

In die genommene Linie sind möglichst bald MG vorzubringen; vor allem ist der flankierende Einbau von MG in Linie 535 – 536a – 538 vorzusehen.[1301]

Unter besonderen Anweisungen sind die üblichen logistischen Maßnahmen aufgezählt: Festlegung der Uhrzeit, Abbrennen von Leuchtsatzfeuer bei Erreichung des Angriffszieles, Kommunikationsmittel wie Brieftauben, Meldeverkehr, Ausstattung mit Nahkampfmitteln und Gefangenensammelstelle.

In einem innerhalb eines Tages ergänzten Divisionsbefehl Nr. 1160[1302] vom 27.08.1916 wurde

---

[1300] KA: Infanteriebrigaden (WK)_945_46 (1674).
[1301] KA: Infanteriebrigaden (WK)_945_47 (1674).
[1302] KA: Infanteriebrigaden (WK)_945_49 (1674). Dies ist ein Zusatz zum Divisionsbefehl Nr. 1129 v. 27.08.;

befohlen, dass die Wegnahme des Grabenstückes 535 – 536a gleichzeitig mit dem Angriff gegen 536a – Steinbruchgraben – Chapitre-Weg zu erfolgen habe. Weiter heißt es: „Günstige Gelegenheiten, das von 535 nach Südosten ziehende Grabenstück bis zur vorspringenden deutschen Sappe und das Grabendreieck 150 m südöstl. 536a mit wegzunehmen, um eine direkte Verbindung von der deutschen Sappe über 539 zum Steinbruchgraben zu erhalten, sind auszunützen."[1303] Dann wurde noch mitgeteilt, dass die schwere Artillerie unter Mitwirkung der Feldartillerie und der Minenwerfer das Grabenstück 535 – 536a und die südlich anschließenden Gräben beim allgemeinen Zerstörungsschießen sturmreif schießen werde. Dazu lag ein Artilleriebefehl des Generals der Fußartillerie 5 für die Regimenter Richter und Fritze[1304] vom 25.08. vor, die vorderen feindlichen Gräben 150 m südl. 535 – 535 – 536a mit kräftigem Feuer sturmreif zu schießen. Das Grabenstück nördlich 536a, so der Divisionsbefehl weiter, müsse (wegen des Artilleriebeschusses) in der Nacht zum 1. Tag bis auf 150 m vor 536a geräumt werden und die 33. I. D. werde ersucht, die Sappe in dem spitzen Winkel südlich 535 bis zum Wege St.-Fine-Kapelle – Punkt 502 zu räumen. Der Angriff auf das Grabenstück 535 – 536a habe flankierend von Nordosten her zu erfolgen, wobei das Sturmbataillon Rohr außerdem Sturmtrupps zur Verfügung stelle. Die außerordentliche Wichtigkeit der MG-Waffe wird wieder bei dem Hinweis deutlich, dass die Brigade die flankierende Unterstützung durch MG-Feuer aus westlicher Richtung mit Einheiten der 33. I. D. zu vereinbaren habe.

Auch die 21. Reserve-Division[1305] gab entsprechend dem Korpsbefehl vom 26.08. ihren Angriffsbefehl (Nr. 125 streng geheim) heraus. Laut Verteiler ging dieser Befehl in Abschrift auch an die westlich operierenden Divisionen 14. b. I. D., 33. I. D. und die ostwärts gelegene 50. I. D. Dieser Befehl soll nur insoweit betrachtet werden, als er uns zusätzliche Informationen für die 14. b. I. D. und das im Blick stehende 8. I.R. gibt. Dieser Befehl ist auch besonders aufschlussreich im Hinblick auf das Zusammenwirken der Infanterie mit der Artillerie, den gedachten Angriffsverlauf in Abstimmung mit den Nachbareinheiten und die logistischen Vorbereitungen für den Angriff.

Neben der Wiederholung des Angriffszieles werden zunächst die Trennungslinie zwischen beiden Divisionen (Linie 560 – 561 – Waldecke 150 m nordöstl. 571) und das Angriffsziel der 21. R. D. angegeben: „Das Angriffsziel für 21. R. D. bildet [...] der unmittelbar westlich an die Südwestecke unserer jetzigen Stellung anschließende etwa 150 m breite Teil des Chapitre Weg-

---

Abbildung 38, Anhang 4.
[1303] KA: Infanteriebrigaden (WK)_945_49 (1674).
[1304] KA: Infanterie-Divisionen-(WK)_5702_30-31 (111).
[1305] KA: Infanterie-Divisionen-(WK)_5702_05-07 (111); ident. KA: Infanteriebrigaden (WK)_945_52-54 (1674); Abbildung 40, Anhang 4.

es."[1306] Dann folgen Artilleriebefehle entsprechend dem Korpsbefehl. Interessant sind die Befehle zur Durchführung des Infanterie-Angriffs durch die 21. R. D.:

Der Zeitpunkt des Sturmes wird spätestens am Mittag vor dem Angriffstage befohlen.

Die Bereitstellung zum Angriff östlich der Souville-Schlucht erfolgt von dem Angriffsbataillon 14. b. I. D. in der vorletzten Nacht, von der Sturmtruppe Wenckenstern in der letzten Nacht vor dem Angriff. Bei Tagesanbruch muss die Bereitstellung beendet sein. Nach dem Eintreffen von III/b. I.R. 8 im Nordabschnitt der Souville-Nase ist II/R. I.R. 87 bis auf starke Nachkommandos, die in der Stellung verbleiben, zurückzunehmen. Der nördliche Abschnitt der Souville-Nase tritt von diesem Zeitpunkt ab unter den Befehl der 14. b. I. D.

Die Besetzung des südlichen Abschnittes der Souville-Nase ist in entsprechender Weise zu verringern, sobald die Sturmtruppe Wenckenstern dort eingetroffen ist. Unbedingt muss aber dauernd eine ausreichend starke Besetzung des wichtigen Dreiecks bei 574 gewährleistet sein. [...]. Bei der Bereitstellung ist alles zu vermeiden, was den Feind aufmerksam machen kann. Völlige Bewegungslosigkeit entzieht die bereitgestellte Truppe den Sicht feindlicher Flieger. Seitengewehre sind erst kurz vor dem Sturm unauffällig aufzupflanzen und die Gewehre dann niedrig zu halten. 42. I. Brig. trifft hiernach die weiteren Anordnungen im Einvernehmen mit 8. I. Brig. Am Angriffstage ist bis 7:00 Vorm. der Division zu melden, dass die Bereitstellung beendet und der Anschluss zum III/b. I.R. 8 sichergestellt ist.

Der Angriff erfolgt aus der nach Westen gerichteten Sturmausgangsstellung heraus in südwestl. Richtung. Die hiernach notwendige Beschränkung ist durch staffelweises Vorbrechen vom rechten Flügel auszuführen. Der rechte Flügel der Sturmtruppe Wenckenstern stürmt gleichzeitig mit dem linken Flügel vom III/b. I.R. 8 vor, sobald die ersten Sturmwellen der14. b. I. D. sich dem Steinbruchgraben nähern. Der genaue Zeitpunkt richtet sich nach der Verlegung des Artilleriefeuers. [...]. Die Sturmtruppen müssen in das eigene Artilleriefeuer hinein laufen, so dass sie den feindlichen Graben spätestens in dem Augenblick erreichen, wo unser Feuer von dort fort verlegt wird.

Die Sturmkompagnien gliedern sich beim Vorgehen in mehreren Wellen. Die ersten Wellen über den Graben sind 561 und stoßen sofort bis zum Chapitreweg durch. Die nächsten Wellen füllen auf und haben besondere feindliche Widerstände zu brechen (Unterstände bei 561). Die mit den nächsten Wellen vorzubringenden MG sind besonders zur Längsbestreichung des 100 m südlich 561 in den Chapitreweg einmündenden Annäherungsgraben und zur flankierenden Vorfeldbestreichung anzusetzen. Die verlassene Sturmausgangsstellung ist von in der Montagne-Schlucht bereitzustellenden Truppen sofort wieder zu besetzen.

Die durch den Angriff erreichte Linie ist baldigst auszuflaggen sowie um X Uhr + 2 Stunden und um 4 Uhr Nachm. durch Abbrennen von Leuchtsatzfeuer kenntlich zu machen. Jedermann gräbt sich, soweit erforderlich, sofort ein. Herstellung des Anschlusses nach beiden Seiten ist besonders wichtig. Alles ist vorzubereiten, um die sicher zu erwartenden feindlichen Gegenangriffe abzuweisen. Der planmäßige Ausbau der neu genommenen Stellung beginnt nach Einbruch der Dunkelheit.[1307]

Auch in diesem Befehl wird auf die flankierende Unterstützung des Angriffs durch Maschinengewehre großer Wert gelegt: „42. R. I. Brig. hat durch kräftiges Feuer einer größeren Zahl von MG auf der Souville-Nase vom Sturmbeginn ab den Angriff der 14. b. I. D. zu unterstützen.

Hierbei sind unter Feuer zu halten: Der Chapitreweg, die MG-Stände 300 m südlich 561 und von der Südfront aus die franz. Gräben südlich und westlich 575."[1308]

Am Ende des Befehls wird noch darauf hingewiesen, dass die Uhrzeit vom 28.8. ab täglich 12:15 Nachm. und 7:15 Abds. ausgegeben wird.

Unter „besonderen Anordnungen" des Befehls sind folgende Punkte zu finden: Sturmanzug,

---

[1306] KA: Infanterie-Divisionen-(WK)_5702_05 (111).
[1307] KA: Infanterie-Divisionen-(WK)_5702_06-07 (111).
[1308] KA: Infanterie-Divisionen-(WK)_5702_07 (111).

Ausstattung mit Stahlhelmen, Verpflegung, Nachrichtendienst (Läuferketten, Brieftauben, Besetzung der Beobachtungsposten), Behandlung von Gefangenen. Der Wille zum Zusammenwirken mit der Nachbardivision 14. b. I. D. wird dadurch deutlich, dass die 42. R. I. Br. aufgefordert wurde, bis 28.08. zu melden, „welche Anforderungen getroffen sind, um das rechtzeitige Vorbreschen der Sturmtruppen sicherzustellen und in welcher Weise die Unterstützung des Angriffes 14. b. I. D. durch MG Feuer beabsichtigt ist (Zahl der Gewehre, Aufstellungsort, Schussrichtung)."[1309]

Es wurde noch mitgeteilt, dass die beteiligten Truppen am 29.08. morgens von Spincourt auf Höhe 310 (Abbildung 184) mit Kraftwagen oder Eisenbahn vorgeführt werden sollen. Dass die französische Seite auch kurz vor dem Ende August geplanten Angriff auf den Souville-Sack ständig die deutschen Verbände angriff, wird auch aus dem weiteren Befehl Nr. 3605 vom 27.08.1916 der 21. Reserve-Division[1310], die östlich der 14. b. I. D. auf der Souville-Nase operierte, deutlich:

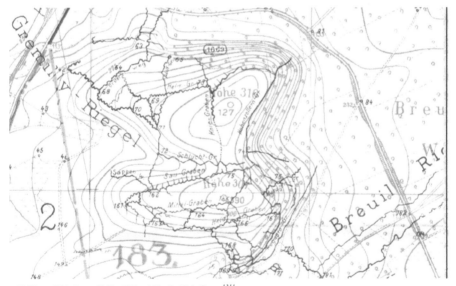

Abbildung 184: Doppelhöhe 307 – 310 nördlich Ornes[1311]

Feindl. Artl.-Tätigkeit blieb Nachts sehr lebhaft. Starke Feuerwellen aller Kaliber gegen unsere vorderen Linien, besonders auf der Souville-Nase, und bei 574 – 575 sowie gegen Fumin-Rücken. Schluchten, Artl.-Stellungen am Hardaumont und rückwärtige Verbindungen wurden dauernd, auch mit schweren Kaliber mittelstark abgestreut. Morgs. flaute das feindl. Feuer allmählich ab. Am Tage schwaches Streufeuer gegen Div-Abschnitt mit leichten und mittleren Kaliber.[1312]

[1309] KA: Infanteriebrigaden (WK)_945_54 (1674).
[1310] KA: Infanteriebrigaden (WK)_945_50-51 (1674); Abbildung 39, Anhang 4.
[1311] Diese wichtige Doppelhöhe wurde bereits am 24.09.1915 von der 10. Res.-Div. genommen.
[1312] KA: Infanteriebrigaden (WK)_945_50 (1674).

In dem Befehl wurden anschließend die Ziele der eigenen Feldbatterien und der schweren Artillerie aufgezählt. Als beabsichtige Tätigkeit am 28.08. bei den Infanterielinien wurde festgestellt: „Der mit stärkeren Kräften am 26. August 6:00 Abds. gegen die ganze Südfront geführte feindliche Angriff brach nach Meldungen der Inf.-Abschnittskommandeure teils im Art.-Sperrfeuer, teils im MG- und Handgranatenfeuer vollständig zusammen. Ebenso wurde Morgs. ein feindl. Vorstoß gegen linken Div.-Flügel mit Handgranaten abgewiesen. Die ganze Stellung ist restlos in unserem Besitz."[1313] Zu der westlich benachbarten 14. b. I. D., die in unserem Fokus steht, wurde ausgeführt: „Nachbarabschnitte. der für den 26.8. Abds. geplante Angriff des rechten Flügels der 14. b. I. D. kam nicht zur Durchführung."[1314]

Der französische Angriff auf die 21. R. D. spiegelt sich auch im Brigadebefehl[1315] Nr. 2772 vom gleichen Tage (27.08.1916) wider. Hier wurde zunächst der Tagesverlauf geschildert.

> Nach Steigerung seines nachmittäglichen Artl.-Feuers griff der Feind um 5:50 Nachm. die Stellung der 21. Res. Div. [östlich der Souville-Nase] im Bergwald an. Der Angriff brach in unserem Sperrfeuer an. [...] Die eigene Artl. hielt von 6:30-6:50 Abds. die feindl. Gräben bei 535 – 536a nieder [Abbildung 135]. Der im Anschluß daran unternommene Angriff der 1./135 und der 8./29 [...] führte nicht zu dem beabsichtigten Erfolg. Während der Nacht starkes Artl.-Feuer beiderseits. Es liess am Morgen nach. Der Vormittag verlief ruhig.[1316]

Dann wurde die beabsichtigte Gliederung der Infanterie bezogen auf Verfügungstruppe der 14. b. I. D. und des 8. I.R. für die Bereitschaften und die vordere Linie für den nächsten Tag befohlen. Vom 28. auf 29.08. übernehme nachts das III/8 den rechten Flügelabschnitt der 42. Reserve-Infanterie-Brigade (21. Reserve-Division) bis zur Linie 560 – 561 (Abbildung 135). In dieser Nacht seien auch alle vorderen Linien zu räumen, um das Wirkungsschießen zu ermöglichen. In derselben Nacht werde das II/8 durch das I/8 abgelöst und solle sich je zur Hälfte in der Hassoule- und in der Kasematten-Schlucht in Bereitschaft halten.

In diesem Befehl wurde noch eingehend der Einsatz der MG-Kompanien geregelt, vor allem zur Fliegerabwehr der Lager und der Hassoule-Schlucht. Der Zulauf weiterer MGs wurde angekündigt.

Die 10 MGs der MG-Kompanie des 4. I.R. werden durch 2 deutsche und 5 französische MGs des I.R. 364 ergänzt. Diese MG-Kompanie habe zunächst die Aufgabe der Tieffliegerabwehr bei Billy, Deutsch-Eck und Neuer Wald. Für den Angriff werde die verstärkte MG-Kompanie des 4. I.R. dem III/8 unterstellt. Zum Gefecht werden weiterhin 3 Gewehrgranaten-Schießgestelle mit je 50 Gewehrgranaten, abzuholen im Pionierpark in der Kasematten- und Bezonvaux-Schlucht, außerdem noch 3 Raketen-Schießrohre und 10 Granatwerfer für das III/8 bereitgestellt. Weitere

---

[1313] KA: Infanteriebrigaden (WK)_945_50 (1674).
[1314] KA: Infanteriebrigaden (WK)_945_50 (1674).
[1315] KA: 8. I.R._(WK)_10_156-157 (414); Abbildung 41, Anhang 4.
[1316] KA: 8. I.R._(WK)_10_156 (414).

Munition komme noch nach vorne.

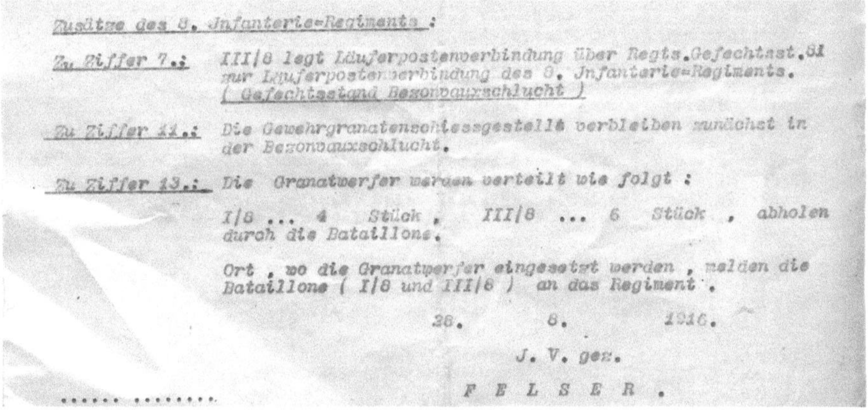
Zusätze des 8. Infanterie-Regiments :

Zu Ziffer 7.: III/8 legt Läuferpostenverbindung über Regts.Gefechtsst.81 zur Läuferpostenverbindung des 8. Infanterie-Regiments. (Gefechtsstand Bezonvauxschlucht)

Zu Ziffer 11.: Die Gewehrgranatenschiessgestelle verbleiben zunächst in der Bezonvauxschlucht.

Zu Ziffer 13.: Die Granatwerfer werden verteilt wie folgt :

I/8 ... 4 Stück , III/8 ... 6 Stück , abholen durch die Bataillone.

Ort , wo die Granatwerfer eingesetzt werden , melden die Bataillone (I/8 und III/8) an das Regiment .

26. 8. 1916.

J. V. gez.

F E L S E R .

....

Abbildung 185: 27.08.1916, Zusätze des 8. I.R. zum Brigadebefehl Nr. 2772[1317]

Interessant sind noch die Zusätze (Abbildung 185) des 8. I.R. zu diesem Befehl. Danach legte das III/8 eine Läuferpostenverbindung über den Regiments-Gefechtsstand 81 zur Läuferpostenverbindung des 8. I.R. (Gefechtsstand Bezonvaux-Schlucht) an. Außerdem ist die Verteilung der dem Regiment zugewiesenen Granatwerfer auf die Bataillone verzeichnet.

Der Angriffsbefehl der Brigade an das 29. und 8. I.R. zur Beseitigung des Souville-Sackes wurde am 27.08. mit einem streng geheimen Befehl Nr. 2705/50 erlassen.[1318] Er folgte dem bereits zitierten Korpsbefehl Nr. 12251 vom 26.08.1916[1319] und spezifizierte die Aufgaben der Brigade.

In einem ersten Punkt wurde mitgeteilt, dass der Angriff von Teilen des II/29 und des I/135 auf die feindlichen Gräben 535 – 536a am gestrigen Abend missglückt sei. Als Grund wurde angegeben:

> Zwischen dem Vorverlegen des Artilleriefeuers und dem Sturm der Infanterie vergingen einige Minuten während derer der Feind seine Gräben besetzte. Es muss erreicht werden, dass die Sturminfanterie in das eigene Feuer hineinläuft und dass dieses erst in dem Augenblick feindwärts verlegt wird, in dem der Angriff die feindlichen Gräben erreicht. Es hat also entweder am Abnehmen der Uhrzeit gefehlt oder die Infanterie ist nicht rechtzeitig angetreten.[1320]

Zur Vorbereitung des eigentlichen Angriffs wurde festgelegt:

> Die Artillerie Vorbereitung für den Angriff gegen die Linie 535 – 536a – 538 – Steinbruchgraben – Chapitre-Weg wird in 2-tägigem Zerstörungsschießen vor dem Angriffstage und in Feuerüberfällen in diesen 2 Vorbereitungstagen und am Angriffstag selbst durchgeführt. Die schwere Artillerie des XVIII. Res. Korps ist dazu verstärkt worden.[1321]

[1317] KA: 8. I.R._(WK)_10_157 (414).
[1318] KA: 8. I.R._(WK)_10_159-164 (414); Abbildung 36, Anhang 4.
[1319] KA: Infanterie-Divisionen-(WK)_5702_24-27 (1728); ident. KA: Infanteriebrigaden (WK)_945_39-42 (1674).
[1320] KA: 8. I.R._(WK)_10_159 (414).
[1321] KA: 8. I.R._(WK)_10_159 (414).

Dann heißt es weiter:

Um der Artillerie das Schießen auf alle französischen Gräben möglichst so lange zu gestatten, bis die eigene Infanterie die Gräben erreicht, seien verschiedene Punkte notwendig, dass

a) der Infanterie-Angriff in der Richtung von Nordost nach Südwest – entlang der Tiefenlinie der Souville-Schlucht, aber auf ihren beiden Hängen gleichzeitig fortschreitend geführt wird,
b) das Artilleriefeuer in dieser Richtung vor der fortschreitenden Infanterie feindwärts weicht.[1322]

Ein Schema für das Artilleriefeuer beim Sturm war dem Befehl beigelegt.[1323] Der weitere Teil des Befehls[1324] soll wegen der Bedeutung des sich im deutschen Heer abzeichnenden Kampfes der verbundenen Waffen im Einzelnen wiedergegeben werden. Die Franzosen werden aber bald zeigen, dass sie dieses Prinzip auch meisterlich beherrschen, und zwar in der sog. Nivelle'schen Feuerwalze am Ende des Jahres.

4. Schema für das Artilleriefeuer beim Sturm siehe Beilage 1.
Das Feuer liegt bis X Uhr 10 Minuten auf der ganzen zu nehmenden Stellung. Um X Uhr 10 Minuten muss die von Nordost vorbreschende Infanterie die am weitesten nordostwärts gelegenen feindlichen Gräben erreichen. Um X Uhr 14 Minuten weicht die rückwärtige Grenze des eigenen Artilleriefeuers um 100 m feindwärts; die dadurch freiwerdenden Batterien verdichten das auf den weiter südwestlich gelegenen feindlichen Gräben liegende Feuer. Um X Uhr 14 Minuten gibt das feindwärts rückende Artilleriefeuer der vordringenden Infanterie weitere 100 m frei usw. Es weicht also die rückwärtige Grenze des eigenen Artilleriefeuers vor der Infanterie von X Uhr 10 Minuten an allen 4 Minuten um 100 m feindwärts, dies um X Uhr 10, X Uhr 14, X Uhr 18, X Uhr 22. Von Höhe des Punktes 538a ab weicht das Artilleriefeuer erst alle 6 Minuten um 100 m feindwärts, also um X Uhr 28, X Uhr 34, X Uhr 40. Von X Uhr 40 an bleibt es vorwärts der zu nehmenden Linien als Sperrfeuer liegen.[1325]
5. Daraus ergeben sich für die Infanterie die Angriffsrichtungen und die Bereitstellungsräume. Die Bereitstellung des I/29 reicht deshalb mit ihrem linken Flügel noch in den bisherigen Abschnitt 8. I.R. hinüber. Siehe Skizze (Beilage 2) [Abbildung 179].
6. Bei dem Angriff muß die vorderste Welle der stürmenden Infanterie dem feindwärts weichenden Artilleriefeuer dichtauf folgen. Darüber ist jeder Mann eingehend zu belehren. Einzelne Kurzgänger unserer Artillerie werden uns weit weniger Verluste zufügen als ein Sturmangriff, der in Frage gestellt sein kann, aus dem Grunde, weil die Infanterie zögert, mit dem eigenen Art.-Feuer die feindlichen Gräben zu erreichen oder mit ihm die feindlichen Gräben weiter aufzurollen.
Die Infanterie muß in Staffeln antreten: die am weitesten nordostwärts bereitgestellten Teile beginnen, die anschließende Teile brechen so vor, daß die ganze stürmende Infanterie möglichst auf gleiche Höhe kommt.[1326]
Auch die Gräben bei 535 – 536a sind im allgemeinen von Nordosten aufzurollen. Dies schließt das Vorgehen einzelner Sturmtrupps von Norden und Westen hier aber nicht aus.
7. Die Infanterie hat in den beiden Tagen des vorbereitenden Zerstörungsschießens und am Angriffstage von Tagesanbruch (des 1. Tages) an die vorderen Gräben geräumt; voraussichtlich vom 28. August an. Die Gräben sind nur durch besonders eingegrabene Posten zu sichern, die nachts zu vermehren sind.
8. Die Sturmtruppen rücken in der Nacht vom ersten zum zweiten Tag des Artl.-Zerstörungsschießens in ihre Sturmausgangsstellung, d. i. voraussichtlich in der Nacht vom 28. auf 29. August. Gleichzeitig rückt das zum Sturmangriff bestimmte Btl. 29. I.R. in den Abschnitt 8. I.R. mit dem linken Flügel bis unter das „e" des Wortes „Chapitre" auf Karte 1:5000. Die nötigen Erkundungen sind sofort vorzunehmen. Das richtige Einrücken in die Sturmstellungen von den Regimentern durch zuverlässige Führer zu gewährleisten.

[1322] KA: 8. I.R._(WK)_10_159-160 (414).
[1323] KA: 8. I.R._(WK)_10_160 (414).
[1324] KA: 8. I.R._(WK)_10_160 (414).
[1325] KA: 8. I.R._(WK)_10_160 f. (414).
[1326] KA: 8. I.R._(WK)_10_163 (414).

9. Die Uhrzeit wird von heute Mittag ab täglich 2x durchgegeben. Die Übereinstimmung der Uhren der Artl. u. Inf. ist entscheidend wichtig. Prüfung daraufhin hat täglich mehrmals stattzufinden.

10. Angriffsziele und -zeiten sind unbedingt geheim zu halten.

gez. von Reck.[1327]

Die beigelegten Skizzen sind mit denen des Korps-Angriffsbefehls[1328] vom 26.08. (Abbildung 178-Abbildung 180) identisch. Sie sind lediglich mit handschriftlichen Zusätzen ergänzt. Die Ergänzung der Korps-Artillerie-Skizze 1[1329] in Abbildung 178 bezog sich auf die umrandenden Grenzen: „Rückwärtige Grenze des Artilleriefeuers zu den angegebenen Zeiten."[1330] Die 2. Skizze, identisch mit Korps-Skizze 2[1331] in Abbildung 179, ist jedoch mit handschriftlichem Zusatz bezogen auf Bereitstellungsräume I/29 und III/8, Trennungslinien der Divisions-Angriffsräume und der Bemerkung versehen: „In den Bereitstellungsräumen sind die Teile schraffiert, in oder hinter denen die eigentlichen Sturm Truppen bereitzustellen sind. Die Verbindung dazwischen kann schwächer besetzt sein."[1332]

Am 27.08.1916 gab die 8. Infanterie-Brigade an das 8. und 29. I.R. einen weiteren (handschriftlichen) Befehl[1333] unter der gleichen Nr. 2705/50 über den Beginn des Angriffs heraus.

1. Nach Mitteilung der 14. b. Inf. Div. ist der Angriff auf den 30. August befohlen. Die vorderste Linie muß daher in der Nacht von heute auf morgen geräumt werden. Nachts Posten und MG zum Schutze gegen Eindringen des Feindes. Außerdem sind die Nächte noch zur möglichsten Verbesserung der Sturmausgangsstellung auszunützen.

2. Der Tag bleibt befohlen. Eine ideale Sturmausgangsstellung kann auch in weiteren 8-14 Tagen nicht erreicht werden.
Zum Anlegen von Deckungen der rückwärtigen Teile der Sturmtruppen können vom I/29 u I/8 vielleicht noch mit Teilen am südlichen Hang der Vaux-Schlucht arbeiten.

3. Einige Offiziere des Sturmbtl. Rohr werden sich morgen früh bei den K deuren von I/29 und I/8 einfinden.

4. Nach einer Mitteilung des Sturmbtl. Rohr sollen bei 539 [Abbildung 135] feindliche MG eingebaut sein, nicht im feindlichen Graben, sondern in Grabentrichtern auf freiem Feld. Vielleicht läßt sich dagegen mit MG einwirken.

5. Es kommen 10 Granatwerfer aus Pionierdepot Bezonvaux. Einsatz wird dem 8. I.R. freigestellt, Bedienung durch Infanteristen des Rgts.

6. Die Arbeitskräfte von II/29 und II/8 [hier mag der Ldstm. Karl Didion dabei gewesen sein; Anm. d. Verf.] sind auch noch möglichst auszunützen.

7. Alles ist nur soweit bekanntzugeben, als unbedingt notwendig ist.
gez. von Reck.[1334]

Darunter steht eine Anmerkung des II/8: „II/8 wird voraussichtlich in der Nacht vom 28./29.

[1327] KA: 8. I.R._(WK)_10_164 (414).
[1328] KA: Infanterie-Divisionen-(WK)_5702_24-27 (1728); ident. KA: Infanteriebrigaden (WK)_945_39-42 (1674).
[1329] KA: Infanterie-Divisionen-(WK)_5702_36 (1728).
[1330] KA: 8. I.R._(WK)_10_161 (414).
[1331] KA: Infanterie-Divisionen-(WK)_5702_35 (1728).
[1332] KA: 8. I.R._(WK)_10_162 (414).
[1333] KA: 8. I.R._(WK)_10_165-166 (414); Abbildung 43, Anhang 4.
[1334] KA: 8. I.R._(WK)_10_165-166 (414).

abgelöst und wird zurückgezogen; wohin unbestimmt."[1335]

Das Regiments-Tagebuch notiert:

27. August 16

Während der Nacht und am Vormittag ziemlich ruhig.
Ab Mittag stärkeres fdl. Artill. Feuer.[1336]

Das Kriegstagebuch des II/8 erlaubt einen Blick auf die Ereignisse.

27. August 1916

Rechts 8. Komp., Mitte 6. Komp., Links 5. Komp. [mit Ldstm. Karl Didion; Anm. d. Verf.], 7. Komp. in 2. Linie. Abschnitts K'deur Hptm. Goetz.

Morgenmeldung: Nachmittags zunehmende Feuertätigkeiten beider Artillerien besonders sich steigernd von 5:00 Abds. ab, höchste Feuertätigkeit von 6:00 bis 7:00 Abds. Feindliche Artillerie schoss äußerst heftige Sperrfeuer auf 1. Linie u. davor, zwischen 1. u. 2. Linie, auf 2. Linie bis zur Vauxschlucht. Nach kurzer Feuerpause wiederholte Anforderung ab 8:15 Abds. von Sperrfeuer von I.R. 29, später erneute Sperrfeueranforderung anscheinend vom linken Nachbarabschnitt. Von II/8 wurde Sperrfeuer nicht angefordert.

Verluste: 1   leicht Verwundeter   6./8   durch   A. G.
    1   leicht Verwundeter   7./8   durch   A. G.

Lebhafte Inf.- u. MG-Tätigkeit während der Wiederbesetzung der Stellung durch die 8. Komp., Beginn 7:00 Abds. Nähere Meldung noch ausständig.

Arbeit: Die Arbeit litt während der Gefechtszeit wieder unter heftigen feindl. Artl. Feuer. Sonst wurde in der Stellung ständig an den Stollen weitergearbeitet.

Nachtrag zur Morgenmeldung: 8./8 hat Stellung richtig bezogen. Anschluss an Regt. 29 wird gesucht.

Verluste: ./.

Abendmeldung: Feindl. und eigene Artl.-Tätigkeit dauerte bis 9:00 Vorm. an, dann Ruhe bis 11:00 Vorm., von da ab vereinzeltes Feuer mittl. und leicht. Kaliber auf 1. u. 2. Linie und dahinter. 12:00 Mittag stärkeres feindl. Artl. Feuer auf die gleichen Ziele wie vorher. Ab 1:00 Nachm. wieder ruhiger. Heute Morgen lebhafte Inf.-, MG-Tätigkeit. Bisher keine Verluste. Sperrfeuer wurde nicht angefordert. In der Stellung und am Verbindungsgraben wurde weitergearbeitet, sowie an sämtl. Stollen. gez. Goetz.

Witterung: Regen. Verpflegung durch Konserven. Gesundheitszustand gut.[1337]

4.4.2.1.3 Am 28.08.1916

Im Brigadebefehl Nr. 2783 vom 28.08.1916[1338] wurde wieder zuerst die Lage geschildert. Zunächst, so wird berichtet, seien der gestrige Nachmittag und die Nacht ruhig verlaufen. In der Nacht seien die vorderen Gräben geräumt worden, um das Einschießen und Wirkungsschießen zu ermöglichen. Zwischen 4:00 und 5:00 sei eine französische Patrouille auf dem linken Flügel mit Handgranaten vertrieben worden. Erst als am Tage das Einschießen und Wirkungsschießen der schweren Artillerie begann, habe die französische Artillerie die vordere Linie mit starkem Feuer belegt.

[1335] KA: 8. I.R._(WK)_10_166 (414).
[1336] KA: 8. I.R._(WK)_1_23 (414).
[1337] KA: 8. I.R._(WK)_7_180-181 (1554).
[1338] KA: 8. I.R._(WK)_10_153-154 (414); Abbildung 45, Anhang 4.

Aus der befohlenen Gliederung für den 29.08.1916 werden die Einheiten der Brigade für den geplanten Angriff deutlich: Neben dem 8. I.R. waren noch das 29. I.R. und das Reserve-Regiment 79 beteiligt. Unser Interesse gilt hauptsächlich dem 8. I.R. Das für den Angriff vorgesehene III/8 befand sich am 29.08.1916 noch als Verfügungstruppe der Division im Lager Deutsch-Eck, das II/8 mit unserem Protagonisten Ldstm. Karl Didion jeweils zur Hälfte in der Hassoule- und Kasematten-Schlucht und das I/8 war in der vorderen Linie links eingesetzt.

Dann wurde befohlen, das am 28.08. begonnene stärkere Schießen der Artillerie auf einige Tage aufzuschieben und die vorderen Gräben wieder zu besetzen. Ein Grund dafür wurde nicht angeführt. Vielleicht lag er in der folgenden Weisung begründet: „Der weitere Bau der Ausweich- und Sturmausgangsstellung ist mit allem Nachdruck fortzusetzen."[1339]

Diese Annahme wird durch den Befehl Nr. 30/Ia vom 28.08.1916 der 14 b. Infanterie-Division[1340] an die 8. Infanterie-Brigade bestätigt. Dort heißt es:

> An die Herren Kommandeure der 8. Inf. Brig.   Geheim von Offz. geschrieben.
>
> Die Verschiebung des Sturmes ist durch den ungenügenden Ausbau der Sturmstellung mit veranlaßt worden.
>
> Ich verkenne nicht die Schwierigkeiten, die sich dem Bau der Sturmstellung entgegenstellen, ich habe aber den Eindruck, dass insbesondere im rechten Regimentsabschnitt der Befehl vom 28.8.16, die Sturmausgangsstellung mit ganzer Kraft in Angriff zu nehmen, nicht genügend befolgt worden ist und ersuche hierüber um Bericht.
>
> Ebenso ist festzustellen, dass die Meldungen über die Größe der Arbeitsleistungen von der Truppe übertrieben, von den Regimentern nicht genau genug nachgeprüft worden sind. Ich ersuche diesem Umstande besonders nachzugehen und vor allem sämtlichen Offizieren zur Kenntnis zu bringen, dass ich Beschönigungen und Übertreibungen in Meldungen nicht dulden kann.
>
> Den Schaden derartiger ungenauer Meldungen hat stets die Truppe selbst, da die Führung veranlasst wird, mehr von der Truppe zu verlangen, als sie unter diesen Umständen leisten kann.
>
> Weiterhin sind alle Offiziere darauf hinzuweisen, dass sie in ihren Gesprächen über die Aussichten eines Angriffes gegen jedermann sich die größte Zurückhaltung auferlegen.
>
> Ein unvorsichtiges Wort kann eine sonst tüchtige Truppe kopfscheu machen und in ihren Gefechtswert herabsetzen. Ich kann es auch nicht billigen, dass Offiziere sich, wie es geschehen ist, fremden Ordonnanzoffizier gegenüber absprechend über die Aussichten eines Angriffes äußern. Bedenken sind pflichtgemäß der nächstvorgesetzten Stelle zur Kenntnis zu bringen, die darüber in eigener Zuständigkeit entscheidet oder die Weitergabe veranlasst.[1341]

Es wäre zu prüfen, ob die Besorgnis des Divisions-Kommandeurs, seine Offiziere beurteilten die Angriffs-Aussichten als „absprechend", nicht auch auf einen Widerwillen der Soldaten aufgrund der damals sich ergebenden Situation beim Rückzug von Verdun hinweist.

Diesem Divisionsbefehl Nr. 30/Ia an die Brigade ging ein allgemeiner Divisionsbefehl Nr. 1207/Ia[1342] vom gleichen Tage (28.08.1916) voraus:

[1339] KA: 8. I.R._(WK)_10_154 (414).
[1340] KA: 8. I.R._(WK)_10_73 (414); Abbildung 44, Anhang 4.
[1341] KA: 8. I.R._(WK)_10_73 (414).
[1342] KA: Infanterie-Divisionen-(WK)_5702_08-09 (111). Die nicht durchgehende Nummerierung der beiden

1. Der Angriff wird um einige Tage verschoben. Der Tag des Angriffes wird noch bekannt gegeben. Grundlage für den Angriff bleibt D. B. vom 27.8. Nr. 1129/Ia geh.[1343]

2. III/8. übernimmt den Abschnitt östlich der Souville-Schlucht nicht. Die vordere Stellung ist, soweit sie geräumt wurde, heute Nacht wieder zu besetzen.

3. Als Sturmtruppen werden nunmehr bestimmt: 2 Btle. 4. I.R. westl. Souville-Schlucht. III/8 I.R. östlich der Souville-Schlucht. Zuteilung von Pionieren wie bisher vorgesehen. Diese 3 Batle. dürfen nicht in Stellung oder als Bereitschaft verwendet werden. Sie sind durch Entbindung von Abkommandierungen auf einer möglichst hohen Gewehrzahl zu erhalten.

4. Von den 2 Batlen. 4. I.R. sind sofort Offze, Zug- u. Gruppenführer in die Stellung zur Erkundung vorauszusehenden und genauestens einzuweisen. Stellungsskizzen, Erkundungsergebnisse, Fliegeraufnahmen sind dem 4. I.R. zu übergeben. Die Batle. benutzen die noch zur Verfügung stehenden Tage zu Sturmübungen entsprechend der bevorstehenden Aufgabe und zu eingehender Belehrung der Truppen. Insbesondere ist das staffelweise Vorbreschen entsprechend der Verlegung des Art. Feuers u. das Gewinnen der Angriffsfront zu üben. Übungsanzeige täglich an die Div.

5. Der Ausbau der Sturmstellung, einschließlich der Anlage von Deckungsgräben ist in den wenigen noch zur Verfügung stehenden Tagen mit allen Kräften und unter Zurückstellung aller sonstigen Arbeiten zu fördern. Die Bereitschaften sind zum Bau heranzuziehen. Die Lage der Sturmstellung hinter der Höhe ermöglicht, auch bei Tage die Arbeit fortzusetzen. Die Rgte. prüfen täglich durch besonders bestimmte Offze den Fortschritt der Arbeiten und melden zum Befehlsempfang eingehend und unter Vorlagen von Skizzen die Arbeitsleistung der vergangenen Stunden u. den Zustand der Stellung.[1344]

Aus diesem Befehl sprechen die Sorge um eine gedeckte Sturmausgangsstellung und der unbedingte Wille, diese entsprechend noch vor dem Angriff auszugestalten.

Im Regiments-Kriegstagebuch ist zu lesen:

28. August 16

Stellungskrieg.
Starkes Feuer leicht. u. mittl. Kal. auf 1. u. 2. Linie sowie dahinter – Arbeiten werden fortgesetzt.[1345]

Das Kriegstagebuch des II/8 vermerkt:

28. August 1916

Heute Morgen vor Tagesanbruch wurde die 8. Komp. in die 2. Linie zurückgezogen mit Ausnahme der MG., der Bedeckung der M.G. und 4 Gruppen. Die Besatzung der 6. Komp. wurde etwa 60 m hinter die vordere Linie zurückgezogen mit Ausnahme der M.G. und 4 Gruppen 5./8 blieb in der Stellung. Das Räumen der Gräben wurde durch das Wirkungsschießen unserer Artl. für den Angriff gegen Linie 535, 536a, 538, Steinbruchgraben Chapitreweg [Abbildung 135] veranlasst.

Morgenmeldung:

1. Vollzug über die Räumung der Stellung kann nicht gemacht werden, da Befehl eben eingetroffen und abgeht. Stellung bis 5:30 Vormittag geräumt.

2. Verhältnismäßig ruhig bis 3:15 Nachm. von da ab mäßiges Feuer mit leicht. und mittl. Granaten auf die beiden Linien und hinter dieselben. 4:45 Nachm. kurzer Feuer Überfall hauptsächlich auf die 2. Linie und dahinter. 6:15 Nachm. kurzer Feuerüberfall mit Feld- u. mittl. Granaten auf 2. Linie, Reserve- u. Vauxschlucht. Weiterarbeiten an der Stellung und an den Stollen. Reserve Komp.[1346] 7./8 arbeitet an dem Verbindungsgraben, der zur 5. Komp. vorführt.

Verluste: 1 Mann 6./8 leicht verwundet durch A. G.

Divisionsbefehle 30/Ia und 1207/Ia vom 28.08.1916 kann nicht erklärt werden.
[1343] KA: Infanteriebrigaden (WK)_945_46-48 (1674); ident. handschriftl. Version in KA: Infanterie-Divisionen-(WK)_5702_28-34 (1728).
[1344] KA: Infanterie-Divisionen-(WK)_5702_08-09 (111).
[1345] KA: 8. I.R._(WK) 1_23 (414).
[1346] Hier wird wieder von einer Reserve-Kompanie gesprochen, die eine Kampf-Kompanie unterstützt. Die Art und Weise, wie beide Kompanien zueinanderstehen, müsste geklärt werden.

3. Sperrfeuer wurde von Regt. 29 angefordert. Da die roten Lichtsignale des Regts. 29 von den rückwärtigen Signaltrupps nicht gesehen wurden, gab auch II/8 diese Signale ab. gez. Goetz.

Abendmeldung:

Tagsüber starkes Feuer leicht. u. mittl. Granaten auf 1. u. 2. Linie und dahinter.
Verluste: 5 Mann gefallen   6./8 durch A. G.
           4 Mann schwer verwundet   6./8 durch A. G.
           2 Mann leicht verwundet   6./8 durch A. G.
           1 Uffz. d. R. u. Offz. Asp. Gaubatz 6./8 leicht verwundet durch A. G.
           Oblt. d. R. Vollmann 8./8 durch Granate schwer verwundet
           Lt. Zimmermann 8./8 durch Granate leicht verwundet
           Vizef. d. R. u. Offz. Asp. Fath 8./8 durch Gr. schw. verwundet
           1 Mann 8./8 schwer verwundet durch A. G. im Hauptverbandplatz 14. I. D. gestorben.
           1 Mann 8./8 leicht verwundet durch A. G.

Arbeiten wurden, soweit die Räumung der Stellung es zuließ, insbesonders in den Stollen weitergeführt.

Sperrfeuer wurde nicht angefordert.

Brieftaubenmeldungen:

Nr. 1. Sehr lebhafte franz. Artl. Tätigkeit Richtung Thiaumont sowie 1. u. 2. Linie Chapitrewald und Vauxschlucht. gez. Goetz.
Nr. 2. Eigene Artl. schießt recht häufig in und hinter unserer Linie Chapitrewald. gez. Goetz.
Lt. Bröcker 7./8 aus Lazarett zur Kompagnie zurück. Abends irrtümlich Alarm veranlasst durch den rechten Nebenabschnitt (Regt. 29)
Witterung: veränderlich. Verpflegung durch Konserven. Gesundheitszustand gut.
Lt. Bauer übernimmt die Führung der 8. Komp.[1347]

4.4.2.1.4   Am 29.08.1916

Laut Meldung der 8. Infanterie-Brigade[1348] vom 29.08.1916 war der Feind auf dem linken Flügel der 33. Reserve-Division eingebrochen. Diese lag westlich der 14. Bayerischen Infanterie-Division, zu der das 8. I.R. gehörte. Der Franzose war somit dem Angriffsvorhaben zur Wegnahme des Souville-Sackes in die Quere gekommen.

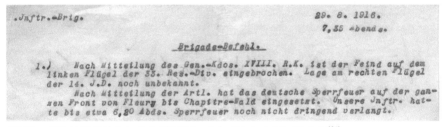

Abbildung 186: 29.08.1916, Brigade Befehl, Einbruch des Feindes bei der 33. R. D.[1349]

Im Falle eines Angriffes des Feindes sollte das 8. I.R. zum Gegenangriff vorgehen. Die Leitung hatte der Kommandeur des 29. I.R., dem die Kräfte des 8. I.R., die in der Kasematten- und Hassoule-Schlucht in Bereitschaft lagen, unterstellt waren.

Zur Unterstützung wurden das 23. Feld-Artillerie-Regiment und die schwere Artillerie angewie-

---

[1347] KA: 8. I.R._(WK)_7_182-183 (1554).
[1348] KA: 8. I.R._(WK)_10_151-152 (414); Abbildung 47, Anhang 4.
[1349] KA: 8. I.R._(WK)_10_151-152 (414).

sen, ihr Sperrfeuer durch Verdichtung auf die Grabenpunkte 564, 563, 562, 539 und 538 (Abbildung 135) anzupassen.[1350]

Für das II/8 wurde, wie schon im Kapitel 4.3.6.4 „Meldungen, Läuferketten" betrachtet, handschriftlich auf dem Brigadebefehl[1351] vom Regiments-Kommandeur von Rücker befohlen: „Die Kp. in der Hassoule-Schlucht ist vom Rgt. aus in Marsch in die Kasematten-Schlucht gesetzt. Befehl an Kp. ist vom Rgts.-Gefechts-Stand 9:20 Abds. ergangen." Es wurde weiter befohlen: „Der Läuferposten Kp. 7./8 bleibt bestehen zum Durchgeben von Befehlen. Die Posten sind womöglich zu verdoppeln. Es ist dafür zu sorgen, daß Befehle rasch und sicher durchgehen."[1352]

Zur Aufklärung der taktischen Lage am 29.08.1916 liegen wieder Luftbilder vor (Abbildung 187 und Abbildung 188). Die französischen Stellungen sind unter Zuhilfenahme der Operationskarte Vaux (Abbildung 132) leicht zu identifizieren. In der Abbildung 188 ist die deutsche Stellung blau und die französische rot eingezeichnet. Die zahllosen Artillerietrichter sind hier klar erkennbar.

Am 29.08.1916[1353] erging dann konsequenterweise ein Regiments-Befehl über die Verschiebung des Angriffs um einige Tage.

8. Infanterie-Regiment   29.8.16

An das K. I/8, II/8, III/8.

1. Der Angriff wird um einige Tage verschoben. Der Tag des Angriffes wird noch bekannt gegeben. Grundlage für den Angriff bleibt die Verfügung der K. 8. Infanterie-Brigade vom 27.8.1916.

2. Das III/8 liegt zur Zeit im Lager Deutsch-Eck, ebenso die M. G. K.

3. Als Sturmtruppen werden nunmehr bestimmt: 2 Bataillone 4. I.R. westl. der Souville-Schlucht, III. Bataillon 8. I.R. östl. der Souville-Schlucht. Diese Bataillone dürfen nicht in Stellung oder als Bereitschaft verwendet werden. Das III/8 meldet in Bälde, welche Kommandos zweckmäßig vom I. u. II. Bataillon zu stellen wären, um das III/8 auf einer möglichst hohen Gewehrzahl zu erhalten. [...][1354]

Als Teil der Sturmtruppe wurde wieder das III/8 bestimmt, das zu dieser Zeit noch im Lager Deutsch-Eck (Abbildung 124) lag. Es sollte östlich der Souville-Schlucht eingesetzt und durch Kommandos des I. und II. Bataillons unterstützt werden, um eine möglichst hohe Gewehrzahl zu erreichen.

Der Regiments-Kommandeur ordnete entsprechend dem Divisionsbefehl Nr. 1207[1355] an, dass das III. Bataillon die noch zur Verfügung stehenden Tage zu Sturmübungen entsprechend der bevorstehenden Aufgabe und zu eingehenden Belehrungen der Offiziere, Unteroffiziere und

---

[1350] KA: 8. I.R._(WK)_10_151 (414).
[1351] KA: 8. I.R._(WK)_10_151-152 (414).
[1352] KA: 8. I.R._(WK)_10_151-152 (414).
[1353] Nota: 20.08.1916 K. Didion aus Lazarett zur 5. Ers.-Kp. 8. I.R., am 15.09.1916 zur I. E/8. I.R., 4. Ers.-Kp. versetzt.
[1354] KA: 8. I.R._(WK)_10_08-09 (838).
[1355] KA: Infanterie-Divisionen-(WK)_5702_08-09 (111).

Mannschaften benützen solle. Insbesondere sei das staffelweise Vorbreschen entsprechend der Vorverlegung des Artilleriefeuers und das Gewinnen der Angriffsfront zu üben. Mit Bezug auf den Divisionsbefehl Nr. 1129 vom 27.08.2016[1356] befahl er, die erreichte Linie durch Abbrennen von Leuchtsatzfeuer kenntlich zu machen. Das Ausflaggen der erreichten Linie habe baldigst zu erfolgen. Für die Leuchtsatzfeuer seien besondere Trupps und die Plätze schon vorher zu bestimmen. Außerdem sei der Ausstattung mit Nahkampfmitteln, Signalmitteln, Verpflegung und Wasser besondere Aufmerksamkeit zu widmen. Der Kommandeur der Pioniere habe außerdem für reichlichen Nachschub von Baumaterial zu sorgen.

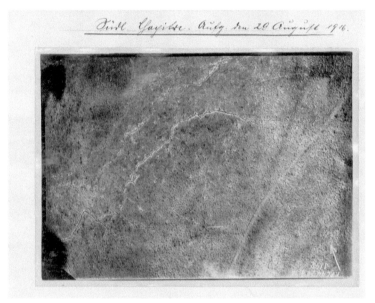

Abbildung 187: 29.08.1916, Luftbild südl. Chapitre[1357], frz. Stellung von Punkt 535 – 506[1358]

Der Ausbau der Sturmstellung einschließlich der Anlage von Deckungsgräben, so der Befehl weiter, sei in den wenigen noch zur Verfügung stehenden Tagen mit allen Kräften und unter Zurückstellung aller sonstigen Arbeiten zu fördern, das Bereitschaftsbataillon stehe nach Abzug der Trägertrupps und sonstiger unentbehrlicher Kommandos zum Ausbau der Stellung zur Verfügung. Der Fortschritt dieser Arbeiten war durch einen dem Regiment zu benennenden Offizier in der Morgen- und Abendmeldung („Länge? m, Tief? cm")[1359] zu melden.

[1356] KA: Infanteriebrigaden (WK)_945_46-48 (1674); ident. handschriftl. Version in KA: Infanterie-Divisionen-(WK)_5702_28-34 (1728).
[1357] KA: Infanterie-Divisionen-(WK)_5712_01 (111) Skizze.
[1358] S. Karte Vaux C; KA: 8. I.R._(WK)_7_3 (414).
[1359] KA: 8. I.R._(WK)_10_09 (838).

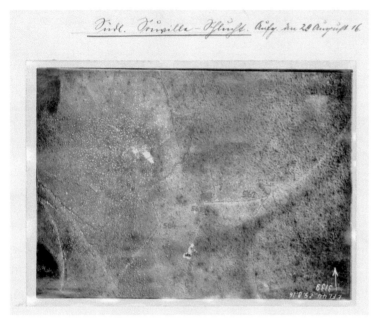

Abbildung 188: 29.08.1916, Luftbild südl. Souville-Schlucht[1360]

Das Regiments-Kriegstagebuch berichtet für diesen Tag:

29. August 16[1361]

Während der Nächte lebhafte feindliche und eigene Artill.-Tätigkeit – fdl. Handgranatenkämpfe im rechten Neben-Abschnitt – während dieser Zeit Artill-Feuer schweren Kalibers (bis 22 cm). Vor Rgts.-Abschnitt feindliche Infanterie ruhig. In der Rgts.-Befehlsstelle die ganze Nacht Hochbetrieb.

Der Blick auf die Kompanien des II/8 wird wieder durch das Kriegstagebuch ermöglicht:

29. August 1916

Morgenmeldung:

1. Den ganzen Tag über starkes Artl. Feuer auf 1. u. 2. Linie und dahinter. Vor 8:00 Abds. trat eine Gefechtspause ein.

Der Adjutant des Nebenabschnittes (Regt. 29) macht 8:00 Abds. die Meldung der 6./29 „Die Franzosen kommen von Fleury her!" Daraufhin wurde vom Regt. 29 und durch uns Sperrfeuer angefordert.

8:30 Abds. nochmalige Sperrfeuer Anforderung beider Abschnitte. Lebhaftes Infanterie-Feuer beiderseits.

9:15 Abds. Nachlassen des Feuers, das jedoch in wechselnder Stärke die ganze Nacht andauert.

Etwa 9:30 Abds. meldet Adjutant des Nebenabschnittes (Regt. 29) daß, wie seine persönliche Erkundung ergeben hat, die Meldung des Führers 6./29 auf ein [sic!] Irrtum beruhte.

Verluste: 1 Mann schwer verwundet 5./8 durch A. G. am 30.8. im Laz. gestorben
1 Mann schwer verwundet 5./8 durch A. G.

[1360] KA: Infanterie-Divisionen-(WK)_5712_01 (111) Skizze; s. auch für die Punkte 564, 563, 562 und 539 die Vaux-Karte KA: 8. I.R._(WK)_7_3 (414), Abbildung 132.
[1361] KA: 8. I.R._(WK)_1_24 (414).

1 Mann leicht verwundet   5./8 durch A. G.
3 Mann leicht verwundet   6./8 durch A. G.

Es wurde vielfach von eigener Artl. in die befehlsgemäß zurückgenommene Stellung getroffen.

2. Sämtliche Kompanien setzten ihre Stellungs- und Stollenarbeiten, soweit die Zurücknahme und feindl. Feuer es erlaubten, fort. gez. Goetz.

Nach Mitternacht Ablösung des II/8 durch I/8.[1362]

Dann folgen Kommandierungen von 3 Unterführern zur 8. Kompanie.

5. u. 6. Komp. in Bereitschaft Hassouleschlucht, 7. u. 8. Komp. und Stab Kasemattenschlucht.

Es kamen aus der Stellung:
    5. Komp. mit 143 Gewehren
    6. Komp. mit 101 Gewehren
    7. Komp. mit 124 Gewehren
    8. Komp. mit 131 Gewehren

Trägerdienste.

II/8 sollte durch I/4 in der Nacht 29/30. abgelöst werden. Abends Alarm des II/8, dieses wird dem Regt. 29 unterstellt. Grund des Alarms: Unklarheit am linken Flügel der 33. Inf. Div. und am rechten Flügel der 14. Res. Div. 5. u. 6. Komp., die in die Bezonvauxschlucht marschieren sollten, erhielten um 1:00 Nachts den Befehl von Regt. 29 in der Hassouleschlucht zu bleiben. 7. u. 8. Komp. waren marschbereit in der Kasemattenschlucht.

Tags und Nachts starkes Feuer auf die beiden Schluchten.
Witterung: veränderlich. Verpflegung aus Magazin. Gesundheitszustand gut.[1363]

4.4.2.1.5   Am 30.08.1916

Nachdem der grundsätzliche Angriffsbefehl erteilt war, erfolgte nun die Heranführung der Gefechtseinheiten in das Operationsgebiet. Am 30.08.1916 erging der entsprechende Divisionsbefehl Nr. 1305[1364]:

Dieser Divisionsbefehl ordnete zunächst an, dass die 14. Bayerische Infanterie-Division in der Nacht 01./02.09. die nördlichen 3 Kompanieabschnitte auf der Souville-Nase von der 21. Reserve-Division übernimmt. Dann wurden die Unterbringungsmöglichkeiten von Bereitschaften und Reserven, die zur Verfügung standen, genannt:

Südlich der Vaux-Schlucht: Platz für 2 Kompanien in der alten Sturmausgangsstellung im Fumin, für 1 Kompanie die alten Unterstände südlich des Vaux-Teiches. Mitbenutzung des Betonunterstandes bei 542 für einen Bataillonstab. Mitbenutzung des Vaux-Dammes.

Nördlich der Vaux-Schlucht: für 1 Kompanie in Hardaumont-West, für 2 Kompanien Nordlager Bezonvaux.[1365]

Die besonderen Anordnungen[1366] regelten die überlappende Besetzung der Stellung; die abzulösende Einheit sollte teilweise noch 48 Stunden in der Stellung präsent bleiben. Weiterhin wurde im Detail festgelegt, was zu übergeben und zu übernehmen war. Eine besondere Rolle spielte

---

[1362] KA: 8. I.R._(WK)_7_183-184 (1554).
[1363] KA: 8. I.R._(WK)_7_184-185 (1554).
[1364] KA: 8. I.R._(WK)_10_71-72 (414); Abbildung 57, Anhang 4.
[1365] KA: 8. I.R._(WK)_10_71 (414).
[1366] KA: 8. I.R._(WK)_10_71-72 (414).

dabei das sogenannte Verdun-Gerät, das, wie bereits ausgeführt, von der 2. Feldflasche, dem Wasserkanister, den Wassertragen und Wasserfässern über Tragtiere mit Ausrüstung und Führer, Stahlhelme, großem Schanzzeug bis zu den zur Stellung gehörenden Leuchtpistolen reichte. Dieses Verdun-Gerät war von der abgelösten Truppe im Stahlhelmdepot 310 nordöstlich Ornes abzuliefern und von der neuen Einheit „gegen Schein" zu übernehmen.

Das 8. I.R., das diesen Befehl am 31.08.1916 erhielt, notierte deshalb den Zusatz: „Das II. Bataillon stellt zur Übernahme des Verdun-Gerätes 1 energischen Vizefeldwebel und 6 Mann ab."[1367]

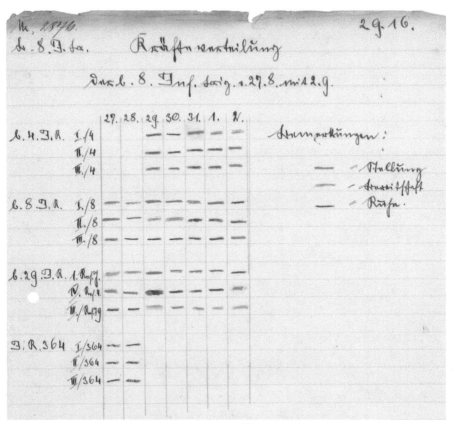

Abbildung 189: 02.09.1916, Kräfteverteilung vor dem Angriff[1368]

Aufschlussreich ist die in Abbildung 189 schematisch dargestellte Kräfteverteilung der 8. Bayerischen Infanterie-Brigade zum Zeitpunkt des Angriffes (27.08.-02.09.1916). Zunächst erfahren

---

[1367] KA: 8. I.R._(WK)_10_72 (414).
[1368] KA: Infanteriebrigaden (WK)_946_ 02 (1674).

wir nochmals, welche Truppen der verstärkten Infanterie-Brigade unterstellt waren. Es waren das schon aus Friedenszeiten zur Brigade gehörende 4. und 8. Infanterie-Regiment, dann noch das bayerische 29. Infanterie-Regiment und das preußische Infanterie-Regiment 364. Dann ist zu erkennen, welche Bataillone sich in Stellung, in Bereitschaft oder in Ruhe befanden. Für den Beginn des Angriffes am 03.09. waren, wie bekannt, II/4, III/4 und III/8 vorgesehen. Das uns besonders interessierende II/8 war am 27. und 28.08. in Stellung, am 29. und 30.08. in Bereitschaft und zum Kampfbeginn in Ruhe.

Wie bereits im Kapitel 4.3.6.2 „Umgruppierungen" dargestellt, teilte die 14. b. I. D. am 30.08.1916 mit, dass sie in der Nacht 01./02.09. die nördlichen 3 Kompanieabschnitte auf der Souville-Nase (Abbildung 190) von der 21. R. D. übernehmen werde.[1369] Für die für den beabsichtigten Angriff vorgesehenen Bereitschaften und Reserven wurden Räume südlich und nördlich der Bezonvaux-Schlucht bestimmt. Die Sicherung des Werkes Hardaumont-West bleibe der 33. R. D. übertragen, hieß es im Divisionsbefehl weiter.

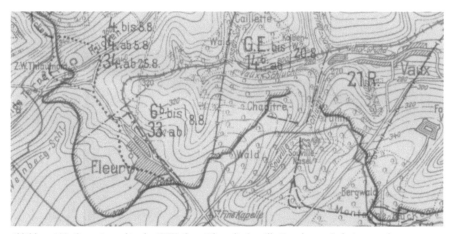

Abbildung 190: Operationsgebiet des XVIII. Gen.-Kdos.; die Souville-Nase konnte Ende August schon genommen werden[1370]

Neben dem Divisionsbefehl der 14. b. I. D. liegt für den gleichen Tag (30.08.1916) auch ein streng geheimer Divisionsbefehl der 33. R. D.[1371] vor. Zunächst wurde dort das Angriffsziel wiederholt: „Das XVIII. R. K. (das 14. b. I. D. und Teile der 33. R. D.) setzt sich an einem noch zu bestimmenden Tage in den Besitz der Linie 536a – Steinbruchgraben – Chapitreweg – 574 und hält diese Linie gegen jeden Angriff."[1372] Als Trennungslinie zwischen beiden Divisionen bei

---

[1369] KA: 8. I.R._(WK)_10_71 (414).
[1370] RA Bd. 10 1936, Skizze 14.
[1371] KA: Infanterie-Divisionen-(WK)_5702_19-21 (111).
[1372] KA: Infanterie-Divisionen-(WK)_5702_19 (111).

dem Angriff war, wie bekannt, die Linie 560 – 561 – Waldecke 150 nördlich 571 festgelegt. „Das Angriffsziel für 33. R. D. bildet demnach der unmittelbar westlich an die Südwestecke unserer jetzigen Stellung anschließende ungefähr 150 m breite Teil des Chapitreweges.“[1373] Dann folgten der aus dem Angriffsbefehl der 14. b. I. D. bereits bekannte Artillerieangriffsplan und die Vorgaben für den Infanterieangriff. Das Gleiche gilt für Verpflegung, Nachrichtenmittel und Gefangenensammelstelle.

Am 30.08.1916 vermerkt das Kriegstagebuch der 8. Infanterie-Brigade die Herausgabe von 4 Brigadebefehlen:

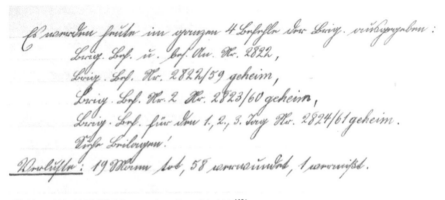

Abbildung 191: 30.08.1916, herausgelegte Brigadebefehle[1374]

Von diesen Befehlen konnten im KA alle gefunden werden bis auf Brigadebefehl Nr. 2822/59 geheim. Außerdem wurden für den gleichen Tag (30.08.1916) im KA noch die Brigadebefehle Nr. 2796/56 und 2824/61 nachgewiesen.

Der Brigadebefehl[1375] Nr. 2796 vom 30.08.1916, als Ergänzung zum Divisionsbefehl Nr. 1207 vom 28.08.1916[1376], führte als 1. Punkt aus, dass der Brigadebefehl für den Angriff auf Linie 535 – 536a – Steinbruchgraben – Chapitre-Weg noch ausgegeben werde. Dann wurden in diesem Befehl nochmals die vorhergesehenen Sturmtruppen II und III/4 und III/8 benannt, einschließlich der diesen Bataillonen zugeordneten MG-Kompanien. Weiterhin wurde die Einweisung der Sturmtruppen durch einen Offizier des Regiments-Stabs 4. I.R. befohlen.

Für das III/8 galt: „Die Bereitstellung des III/8 östlich der Souville-Schlucht ist vom 8. I.R. genau erkundet worden. [...] Nach Mitteilung der 14. I. D. hat die Brigade die nördliche Hälfte des

---

[1373] KA: Infanterie-Divisionen-(WK)_5702_19 (111).
[1374] KA: Infanteriebrigaden (WK)_915_10 (1674).
[1375] KA: 8. I.R._(WK)_10_148 (414); Abbildung 54, Anhang 4.
[1376] KA: 8. I.R._(WK)_10_73 (414).

Westabschnittes der 21. Res. Div. in der Nacht vom 1. auf 2. September[1377] zu übernehmen. Befehl hierüber folgt."[1378]

Bemerkenswerterweise ist diesem Brigadebefehl auch die Vorgehensweise zum Heranführen der Sturmtruppen ins Gefechtsfeld zu entnehmen. Zunächst melden sich Offiziere der Bataillone am Brigade-Gefechts-Stand südlich der Südostecke des Waldstückes Herbébois und werden dann durch den Einweisungsoffizier entlang der Läuferketten zu den Regiments-Befehls-Stellen geführt.

> Sie sind von den Rgtrn. nach vorne (durch Stafetten) zu führen und in den Stellungen der vorderen Batlne. [für das III/8 das I/8; Anm. d. Verf.] genau einzuweisen. Sie haben dort alles Nötige so zu erkunden, dass sie ihre Kompn. später vorführen und einweisen können. Rückkehr dieser Offze. je nach Möglichkeit am Vormittag des 31. August oder in der Nacht vom 1./2. Sept. aus der Stellung. Eiserne Portionen und gefüllte Feldflaschen sind daher mitzunehmen.[1379]

Diese Prozedur sollte sich für weitere Offiziere einen Tag später wiederholen. Gleichzeitig wurde befohlen, dass die bereits in Stellung verharrenden Einheiten den Sturmtruppen die neuesten Stellungs-Skizzen, wesentliche Erkundungsergebnisse und Fliegeraufnahmen zur Verfügung stellen.

Zum Schluss wurden Übungen zum Zusammenspiel der MG-Kompanien mit den Sturmtruppen und ein forcierter Ausbau der Sturmausgangsstellungen „mit allen Kräften und unter Zurückstellung aller sonstigen Arbeit"[1380] auch unter Heranziehung der Bereitschaften befohlen.

Am 30.08.1916 erging ein weiterer Brigadebefehl, Nr. 2822, mit besonderen Anordnungen[1381], der noch mal auf den feindlichen Einbruch am Nachmittag des 28.08. und den 29.08 rekurrierte.

> Am 29. August Nachm. richtete sich heftiges fdl. Artl.-Feuer auf die ganze Front von Thiaumont und auf Fleury und Chapitre bis zum Bergwald; es wurde bald planmäßiges Vorbereitungsfeuer. Gleichzeitig wurden erkannte Befehlsstellen und Battr.-Stellungen von der fdl. Artl. beschossen. Das fdl. Artl.-Feuer auf die vorderen Batlne. der Brigade wurde sehr heftig, mit besonderer Stärke lag es auf dem I/29. Es schossen viele schwere Kaliber und auch schwere Minen mit. Erst nach 9 Uhr Abds. trat einige Ruhe ein, später lag noch Streu-Feuer und erfolgten noch Feuer-Überfälle der fdl. Artl. auf die Rgts.-Abschnitte.

> Die Verbindungen nach vorne versagten bald, insbesondere gelang es nicht, Nachrichten von den vordersten Batlne. zu erhalten. Auf die beim Gen. Kdo. XVIII. R. K. eingetroffene Nachricht von einem fdl. Angriffserfolg in Gegend östl. Fleury – bei 33. I. D. – wurde die Infantr. der Brig. Reserve nach vorne gezogen [...]. Ebenso wurden die Vorbereitungen für einen allenfalls notwendigen Gegenstoß aus dem Chapitre-Wald in südwestlicher Richtung getroffen, von Ablösung des II/8 durch I/4 musste abgesehen werden.

> Die von dem 29. I.R. angesetzten Offzs.-Patrouillen brachten gegen Morgen die Nachricht, dass die Lage bei der 33. I. D. und auf dem rechten Flügel der 14. b. I. D. unverändert war. Gleichzeitig kam

---

[1377] Im Befehl war alles ursprünglich einen Tag früher vorhergesehen, dann erfolgte eine handschriftliche Änderung.
[1378] KA: 8. I.R._(WK)_10_148-149 (414).
[1379] KA: 8. I.R._(WK)_10_148 (414).
[1380] KA: 8. I.R._(WK)_10_149 (414);
[1381] KA: 8. I.R._(WK)_10_131-132 (414); ident. KA: Infanterie-Divisionen-(WK)_5697_05-06 (111); Abbildung 55, Anhang 4.

die Nachricht über einen von der 33. I. D. glatt abgewiesenen französ. Inftr.-Angriff von der 14. b. I. D. nach vorne[1382]

Als beabsichtige Gliederung der Infanterie am 31.08. wurde für das 8. I.R. angegeben: III/8 u. MG-Kompanie 8 im Lager Deutsch-Eck als Verfügungstruppe der Division, II/8 in Herbébois und Gremilly als Verfügungstruppe der 8. Infanterie-Brigade und I/8 in vorderer Linie rechts.

Weiter wurde befohlen:

> 3. Das II/8 wird als Bereitschaft des 8. I.R. in der Nacht von heute auf morgen durch I/4 abgelöst. II/8 rückt nach Herbébois und Gremilly.
>
> 4. Das III/8 übernimmt in der Nacht von 1. auf 2. Septr. den Abschnitt der 3 rechten Flügel-Kompn. der 21. Res. Div. auf der Souville-Nase. Zugeteilt wird die MG-Kp. 8 bishe[r]ige MG-Besetzung in diesem Abschnitt: 4 MG in 1. Linie, 2 MG rechts rückwärts gestaffelt in Gegend 508. Einweisungs-Kdos. der MG-Kp. 8 in Nacht von heute auf morgen vor, III/8 in der Nacht vom 31.8. auf 1.9.[1383]

In diesem Brigadebefehl wurde dann nachdrücklich auf Stellungsarbeit mit aller verfügbaren Kraft hingewiesen:

> Die Ausweichstellung muss in beiden Rgts.-Abschnitten baldigst soweit fertig gestellt sein, dass den in ihr bereitgestellten Truppen ein geordnetes Vorbrechen im allgemeinen in südwestl. Richtung möglich ist. Die vordere Linie ist soweit wiederherzustellen, dass sie verteidigungsfähig bleibt und dem Feinde keine Möglichkeit zu überraschenden Angriff gibt. Da (bei planmässiger) fdl. Artl.-Vorbereitung ein fdl. Angriff eher Aussicht hat, in die erste Linie einzudringen, muss die Ausweichstellung durch baldigen Ausbau das Gelingen eines Gegenstosses gewährleisten, der sofort von den Batls.-Reserven der vordersten Batlne. zu unternehmen wäre.[1384]

Dann wurden noch die Verbindungsmodalitäten und die Versorgung angesprochen:

> 6. Das 8. I.R. stellt die Verbindungen zu dem von der 21. Res. Div. neu zu übernehmenden Abschnitt des III/8 bis zum Morgen des 2.9. sicher.
>
> 7. Auch zu gewöhnlichen Zeiten sind die Brieftauben den vordersten Batlnen. zuzuteilen und im Falle des Versagens anderer Verbindungswege zu gebrauchen.
>
> 8. Im Material-Depot der 14. b. I. D. Deutsch-Eck liegen 2000 Feldflaschen für 8. Inftr. Brig. Hiervon erhalten: 29. u. 8. I.R. je 1000 Feld-Flaschen.[1385]

Das Operationsgebiet vom Zwischenwerk Thiaumont, Fleury und Bergwald[1386] ist in Abbildung 190 erkennbar.

Das drängende Problem des mangelnden Stellungsbaus war Inhalt der Meldung[1387] vom 30.08. des I/8 an das 8. I.R. Für die einzelnen Kompanien wurde der Zustand der Gräben beschrieben: Für die rechte Kompanie existiere kein zusammenhängender Graben, die Stellung bestehe aus einzelnen Grabenlöchern, deren Entfernung voneinander ca. 8-15 m betrage, bei der mittleren Kompanie fehle auch ein Grabenstück von 8 m, wobei die einzelnen ausgebauten Gruben durch kleine Gräben von nur 20-80 cm Tiefe verbunden seien, bei der linken Kompanie gebe es teil-

---

[1382] KA: 8. I.R._(WK)_10_131 (414); ident. KA: Infanterie-Divisionen-(WK)_5697_05 (111).
[1383] KA: 8. I.R._(WK)_10_131 (414); ident. KA: Infanterie-Divisionen-(WK)_5697_05 (111).
[1384] KA: 8. I.R._(WK)_10_132 (414).
[1385] KA: 8. I.R._(WK)_10_132 (414); ident. KA: Infanterie-Divisionen-(WK)_5697_06 (111).
[1386] RA Bd. 10 1936, Skizze 14.
[1387] KA: Infanterie-Divisionen-(WK)_5704_05 (111).

weise ausgebaute Granattrichter, durch 30-50 cm tiefe Gräben miteinander verbunden. Der Verbindungsgraben zur Souville-Schlucht bestehe aus Granatlöchern. Die Meldung zeigt, dass die Stellungen alles andere als geeignet für eine Sturmausgangsstellung waren.

Auch von dem 29. I.R.[1388] wurde am 30.08. ein Bericht über die Aushebung der Stellung vorgelegt, der darauf schließen lässt, dass auch in diesem Abschnitt die Stellungen äußerst mangelhaft waren.

Dann kam mit der Nr. 2823/60 der sog. „Brigade-Befehl Nr. 2" vom 30.08.1916.[1389] In ihm wurde zunächst auf Befehl der 14. b. I. D. geregelt, dass das 4. I.R. am 02.09.1916 den Befehl über die bisherigen Regiments-Abschnitte des 29. und des 8. I.R. übernimmt. Außerdem solle das 8. I.R. am gleichen Tag den Befehl über den links angrenzenden Abschnitt übernehmen. In der Nacht vom 01. auf den 02.09. sollen die vorderen Bataillone der bisherigen Regimentsabschnitte des 29. und des 8. I.R. abgelöst werden. „Die Ablösung in beiden Abschnitten wird vom Kdr. 29. und vom Kdr. 8 I.R. geleitet. Diese bestimmen die Ablösungszeit und sorgen dafür, dass die in die Stellung neu einrückenden Batlne. richtig geführt werden. Einweisungs-Kdos. sind vorausgegangen."[1390] Dann wurde festgelegt, wie am 01.09. in den Morgenstunden das III/4 vom Jäger-Lager nach dem Ornes-Lager (Abbildung 124) und das II/4 von Billy nach Azannes rücken. Die abgelösten Bataillone I/29 und I/8 rücken nach Azannes bzw. Ornes-Lager. Weitere Ablösebefehle wurden für die wichtigen MG-Kompanien gegeben.

Dass es immer noch nicht genügend Stahlhelme für alle Soldaten gab, lässt der folgende Befehlspunkt erkennen:

> Das 29. I.R. lässt dem II/4 am Vormittag des 1.9.16 200 Stahlhelme des III/79 oder II/29 nach Azannes bringen und dort übernehmen. In gleicher Weise gibt das 8. I R. aus den Beständen des I/4 oder II/8 an das III/4 200 Stahlhelme in das Ornes-Lager ab, die von Teilen des 29. I.R. oder des 8. I.R. an II/4 und III/4 gelieferten Stahlhelme sind später vom 4. I.R. den beiden Rgtrn. zurückzugeben.[1391]

Die Ablösung wurde in allen Einzelheiten geregelt, so heißt es weiter:

> Das 29. und das 8. I.R. sorgen für gründlichste Einweisung der neu einrückenden Bataillone und dafür, daß von diesen noch in der Nacht vom 1. auf 2. September die Bereitstellungen in der Ausweichstellung eingenommen werden. Vergleiche Brig.-Befehl vom 30.8.1916 Nr. 2824/61[1392] geheim.[1393]

Auch an die Fernsprechverbindungen wurde gedacht:

> Soweit notwendig, sind vom 29. und 8. I.R. die Fernsprechverbindungen derart zu ändern, dass das 4. I.R. bei Befehlsübernahme nach Ziffer 1 fertige Verbindungen vorfindet. Die Läuferketten sind vom 29. und 8. I.R. ebenfalls entsprechend vorzubereiten. Sie bleiben ohne Ablösung stehen. Ablösung der

---

[1388] KA: Infanterie-Divisionen-(WK)_5704_02-04 (111), s. auch Erkundungsergebnisse des Regts. Richter vom 22.08.1916, KA: Infanterie-Divisionen-(WK)_5704_01 (111); Abbildung 19, Anhang 2.
[1389] KA: 8. I.R._(WK)_10_139-141 (414); Abbildung 53, Anhang 4.
[1390] KA: 8. I.R._(WK)_10_139 (414).
[1391] KA: 8. I.R._(WK)_10_140 (414).
[1392] KA: 8. I.R._(WK)_10_133-138 (414).
[1393] KA: 8. I.R._(WK)_10_140 (414).

Läuferketten im bisherigen Abschnitt des 8. I.R. durch Leute des 4. I.R. findet erst nach dem 4. Sptr. statt.[1394]

Zum Schluss des Befehls wurde noch die Übergabe der Kampfmittel und Vorräte befohlen:

> Den Batlnen. des 4. I.R. ist alles zu übergeben, was zur Stellung gehört: Munition, Nahkampfmittel usw. Übergabe von Karten/Skizzen, Fliegerbildern und dergleichen ist schon befohlen. Soweit noch möglich, sind die Vorräte an Nahkampfmitteln, Leucht-Munition, Signalpatronen usw. namentlich in vorderster Linie, vom 29. und 8. I.R. noch zu ergänzen.[1395]

Am 30.08.1916 erging der wichtige Brigadebefehl Nr. 2824/61 geheim[1396], der die ersten 3 Tage des nun für Anfang September geplanten Angriffs regelte. Dieser Befehl nahm Bezug auf die Befehle der 14. b. I. D. vom 27.08.1916 Nr. 1129 und Nr. 1160 und vom 28.08. Nr. 1207.

Ein erster Angriffsbefehl für den 30.08. wurde ja bereits am 27.08.[1397] herausgegeben, der dann auch verschiedene Erkundungen[1398] nach sich zog. Am 28.08. wurde der Sturm wegen einer nicht genügend ausgebauten Sturmausgangsstellung verschoben, am 29.08. griff der Feind die rechts benachbarte 33. Reserve-Division an.

Das Angriffsdatum stand mit dem Angriffsbefehl noch nicht endgültig fest, es wurden zunächst die Angriffstage geplant, und zwar für den 1., 2. und 3. Tag. Der 1. Tag, wurde nun mitgeteilt, sei voraussichtlich der 01.09.1916.

Im Befehl war für die Einheiten des 8. I.R. Folgendes befohlen: Das III/8 gehört zu den Sturm-truppen, das II/8 zu der Brigadereserve in der Bezonvaux-Schlucht, in der 5. Kompanie dieses Bataillons war unser Protagonist Karl Didion. Das I/8 war Teil der Divisions-Reserve im Lager Ornes.

Zum Sturmangriff (Abbildung 192) sollte sich in der Nacht vom 01. auf den 02.09., neben dem II und III/4, auch das III/8 bereitstellen. Die Stellung des III/8 war östlich der Souville-Schlucht zwischen der Linie 560 und 561 (Abbildung 193), aber das Bataillon sollte seine Gliederung voraussichtlich erst in der Nacht vom 02. auf den 03.09. gewinnen.

Das III/8 wurde durch die MG-Kompanie 8 unterstützt. Im Angriffsbefehl heißt es dann weiter: „Die vordersten Gräben im Gefahrenbereich unseres Artl. Vorbereitungsfeuers sind seit der Nacht auf den ersten Tag (voraussichtlich 1. September) geräumt, jedoch durch Inftr.-Posten und MG gegen feindliches Eindringen unbedingt zu sichern."[1399]

[1394] KA: 8. I.R._(WK)_10_140-141 (414).
[1395] KA: 8. I.R._(WK)_10_141 (414).
[1396] KA: 8. I.R._(WK)_10_133-138 (414); ident. KA: 8. I.R. (WK)_13_08-13 (511); KA: Infanterie-Divisionen-(WK)_5702_13-18 (111); Abbildung 51 Anhang 4.
[1397] KA: 8. I.R._(WK)_10_159-164 (414).
[1398] KA: 8. I.R._(WK)_10_146 (414).
[1399] KA: 8. I.R._(WK)_13_08 (511).

> Zum Sturmangriff stellen sich in der Nacht vom 1. auf 2. Septbr.
> bereit: II/4. im bisherigen Regts.-Abschnitt 29.J.R.,mit linken
>   Flügel in den bisherigen Abschnitt des 8.J.R.übergrei=
>   fend,unter das "e" des Wortes "Chapitre"auf Karte
>   1 : 5000.
>   III/4. von da bis zur Souville - Schlucht.
>   III/8. östl. der Souville - Schlucht zwischen der Linie 560 -
>   561. III/8 gewinnt seine Gliederung erst in der Nacht
>   vom 2. auf den 3. Tag,d.i. voraussichtlich vom 2. auf
>   3. September.
>   M.G.K.79 bei II/4.,
>   M.G.K. 4 beiIII/4.,
>   M.G.K. 8 beiIII/8.

Abbildung 192: 30.08.1916, Angriffs-Brigadebefehl geheim Nr. 2824/61 der ersten 3 Tage, Ausschnitt[1400]

In der Nacht vom 01. auf den 02.09.[1402] sollte das I/8 aus vorderer Linie abgelöst werden, ins Ornes-Lager rücken und dortbleiben. Das III/8 sollte zu seiner Bereitstellung am frühen Morgen des 3. Tages, voraussichtlich der 03.09., seine letzte Kompanie aus der Stellung 508 – 548 (Abbildung 193) nach vorne ziehen. Das II/8 mit dem

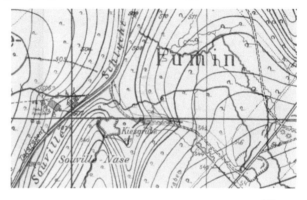

Abbildung 193: Punkte 508 und 548 in der Operationskarte Vaux[1401]

Protagonisten Karl Didion sollte am Morgen des 03.09. von Herbébois und Gremilly nach Bezonvaux-Schlucht einrücken und hier bis 6 Uhr vormittags eingetroffen und untergetreten sein.[1403]

Dann wurden nochmals die Angriffsziele benannt:

> Zum Angriff gegen die von der Division bezeichneten Ziele: Grabensystem bei 535 – 536a – 538 – Steinbruchgraben – Chapitre-Weg gehen aus ihren Stellungen in südwestlicher Richtung vor: [...] 8. I.R. mit III/8., links der Tiefenlinie der Souville-Schlucht. Linker Flügel entlang Linie 560 – Waldeck 150 m nördlich 571 [Abbildung 135]. Links des III/8 greifen Teile der 33. Reserve Division (I.R. 364.) den etwa 150 m langen Ostteil des Chapitre-Wegs an. 561 fällt zur Wegnahme dem 8. I.R. zu.[1404]

Zur Gliederung der Sturmbataillone heißt es:

> Die Sturmbataillone gliedern sich zum Angriff tief in mehrere Wellen. Das Vorbrechen erfolgt genau in den zugewiesenen Angriffstiefen; die in südwestl. Richtung ziehenden feindlichen Gräben sind in dieser Richtung aufzurollen. Vorgehen nach der Tiefe der Schlucht hinunter und Zusammenballen

---

[1400] KA: 8. I.R._(WK)_13_09 (511).
[1401] KA: 8. I.R._(WK)_7_3 (414).
[1402] Man ging planerisch vom 01.09. als Operationsbeginn aus, falls das Angriffsdatum jedoch verschoben würde, würde der Ablauf der Gefechtstage dennoch eingehalten.
[1403] KA: 8. I.R._(WK)_13_09 (511) und Anlage mit Skizzen.
[1404] KA: 8. I.R._(WK)_13_09 (511) und Anlage.

muss vermieden werden. Von den zugeteilten Pionieren gibt bei jedem Btl. 1 Zug die Sturmtrupps an die zweiten Wellen der Kompagnien, der Rest dieses Zuges ist als Pionier-Reserve bei den Komp.-Führern der vorderen Kompen. aufgeteilt. Der andere Zug Pioniere ist bei den Btls.-Führern der Infanterie als Reserve. Aufgabe: Einsatz gegen feindliche Anlagen, mit deren Besatzung die zuerst vorgegangenen Teile nicht fertig geworden sein sollten. Verwendung beim Umbau der feindlichen Stellung.[1405]

Weiterhin wurde das Vorbrechen der einzelnen Sturmtrupps detailliert befohlen: „Der Sturmangriff der Infanterie bricht so vor, dass er dem feindwärts verlegten Artl.-Feuer dichtauf folgt."[1406]

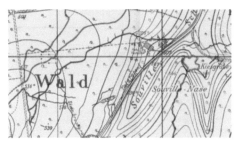

Abbildung 194: Rückwärtige Grenze des eigenen Artillerie-Feuers 503 (li. oben) – 560 (re. unten) im Angriffsbefehl

Dann wurden die Angriffszeiten des II und III/4 festgesetzt. Zum III/8 wurde bemerkt: „Das III/8 beginnt das Vorbrechen mit seinen der Kiesgrube zunächst liegenden Teilen so, dass sie um X Uhr 18 Minuten die rückwärtige Grenze des eigenen Artl.-Feuers etwa in Linie 503 – 560 (Abbildung 194) erreichen. Die weiter links bereitgestellten Teile des III/8 brechen in ihrer Angriffsrichtung vor, kurz bevor die vorher angetretenen Teile in ihrer Höhe gekommen sind."[1407]

Zur Veranschaulichung des Zusammenwirkens der Artillerie mit der Infanterie wurden die gleichen drei Artillerie-Feuerverlegungsskizzen wie schon im Korpsbefehl Nr. 12251 vom 26.08.1916[1408] und Brigade-Angriffsbefehl vom 27.08.1916[1409] beigefügt.[1410]

Die Beilage 3 (Abbildung 195) hat die handschriftliche Anmerkung: „Skizze zum Vorschreiten des Art.-Feuers während des Sturmes. Die eingetragenen Zeiten beschreiben die rückwärtigen Grenzen des eigenen Artillerie-Feuers. Sperrfeuer ab 7³⁰."[1411] Im Gegensatz zum Brigadebefehl Nr. 2705 vom 27.08.1916[1412] ist nun die aktuelle Angriffszeit mit 7:00 Uhr vermerkt.

[1405] KA: 8. I.R._(WK)_13_09 (511) und Anlage.
[1406] KA: 8. I.R._(WK)_13_09 (511).
[1407] KA: 8. I.R._(WK)_13_09 (511).
[1408] KA: Infanterie-Divisionen-(WK)_5702_24-27 (1728); ident. KA: Infanteriebrigaden (WK)_945_39-42 (1674).
[1409] KA: 8. I.R._(WK)_10_159-164 (414).
[1410] KA: 8. I.R._(WK)_13_10-12 (511).
[1411] KA: 8. I.R._(WK)_13_12 (511).
[1412] KA: 8. I.R._(WK)_10_159-164 (414).

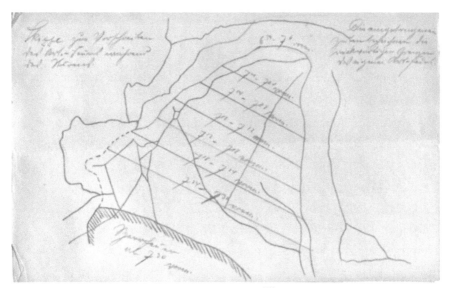

Abbildung 195: 30.08.1916, Artillerie-Feuerverlegung, Beilage 3[1413]

Zu den Sturmtrupps wurde noch Folgendes bemerkt: „Die vordersten Wellen der ganzen Truppe müssen dann dem eigenen Artl.-Feuer innerhalb ihrer Angriffsstreifen unaufhaltsam folgen und gleichzeitig mit ihm in die feindl. Stellungen ein- u. über die vordersten feindl. Stellungen hinüber vordringen. Es ist dafür zu sorgen, dass die vordersten Wellen stets kampfkräftig bleiben."[1414]

Zum Einsatz der MG machte der Divisionsbefehl folgende Vorschläge:

> Von den den einzelnen Batlnen. zugeteilten MG Formationen sind nur bis zu 6 Gewehren höchstens den Sturmtrupps anzuschließen. Sie besetzen die genommenen Linien. Die übrigen Gewehre dieser Formation besetzen nach dem Vorbrechen ihrer Batlne möglichst rasch geeignete Punkte in der vordersten franz. Linie auf dem Kamm südlich der Souville-Nase und halten die ihnen erreichbaren feindlichen Gräben nieder, <u>soweit es ihnen ohne Gefährdung der eigenen Truppe möglich ist.</u>[1415]

Als Ziele für die MG-Kompanie 8 wurden der Steinbruchgraben, Graben bei 538 und der westl. 539 südlich ziehende Graben empfohlen (Abbildung 194).

Unser Protagonist Ldstm. Karl Didion war zu der angenommenen Angriffszeit in der 5. Kompanie, also im II/8. Er war, wie bereits festgestellt, am 20.08.1916 gerade aus dem Lazarett in Metz zurückgekommen, ohne zwischenzeitliche Ausbildung. Es ist fraglich, ob er in der 5. Kompanie des Kampfverbandes oder in der 5. Kompanie der korrespondierenden Ersatzeinheit war. Das II/8 lag zunächst laut Angriffsbefehl in Bereitschaft in der Bezonvaux-Schlucht.

[1413] KA: 8. I.R._(WK)_13_12 (511).
[1414] KA: 8. I.R._(WK)_13_13 (511).
[1415] KA: 8. I.R._(WK)_13_13 (511).

Am 30.08., zwei Tage vor dem Angriff, wurden also vier wichtige Brigadebefehle herausgelegt.

Sie ergänzten den Divisions-Angriffsbefehl und hatten im Wesentlichen zum Inhalt: Wiederholung der Angriffsziele, Festlegung der Sturm- und Verfügungstruppen, Grenzen der einzelnen Regiments-Abschnitte, Verbindungsmodalitäten, Versorgung, Forderung zu weiterem Stellungsbau und die kriegerischen Tätigkeiten am 1., 2. und 3. Tag.

Mit 30.08. datieren noch zwei weitere Befehle, die jedoch für den anstehenden Verdun-Kampf keine Bedeutung haben.

Das General-Kommando XVIII. R. K. weist mit einem Befehl[1416] auf eine mangelnde Marschordnung und Unordnung bei den Gefechts- und großen Bagagen mit einem abträglichen Einfluss auf die Disziplin der Truppe hin. Wie solch ein Befehl von höchster Stelle zu einer Zeit höchster Anspannung vor einem Gefecht von der Truppe aufgefasst wurde, ist leicht vorstellbar. Man hatte sicherlich Wichtigeres zu tun.

Am 30.08.1916 kam auch ein Befehl[1417] der AA Gaede zum 8. I.R, wonach kein Urlaub mehr in die neutrale Zone erlaubt werden durfte, da die Gefahr einer Fahnenflucht in die Schweiz bestehe.

Obwohl sich dieser Erlass hauptsächlich auf die Stellung nahe der Schweiz bezog, wurde er auch bei der 14. b. I. D. und auch bei dem II/8 bekannt gegeben.

Das II/8 lag Ende August mit zwei Kompanien in der Hassoule- und mit zwei Kompanien inkl. des Stabs in der Kasematten-Schlucht, wo sie tags- und nachtsüber Feuerüberfälle hatten, und leistete Trägerdienste.

> 30. August 1916
>
> 5. u. 6. Komp. Hassouleschlucht
> 7. u. 8. Komp. sowie Stab Kasemattenschlucht.
> Tags u. Nachts Feuerüberfälle auf die beiden Schluchten.
>
> Offz. Stellv. Kellermeyer aus Lazarett zur Komp. zurück. Der zur 8. Komp. kommandierte Fähnrich Eschenbach zur 6. Komp. zurück.
>
> Trägerdienste
> Witterung: veränderlich. Verpflegung aus Magazin. Gesundheitszustand gut.
> Verluste: 1 Mann schwer verwundet 7./8 durch A. G.[1418]

Im Regiments-Kriegstagebuch hieß es lapidar:

> 30. August 16.
>
> Während des Tages Feuerüberfälle zu verschiedenen Zeiten l. u. m. Kalibers.
> Mühevoller Ausbau der Stellung.
> 1 MG in Stellung 1./8 durch Artill. vernichtet.[1419]

[1416] KA: Infanterie-Divisionen-(WK)_5697_01 (111).
[1417] KA: 8. I.R._(WK)_10_03-04 (414).
[1418] KA: 8. I.R._(WK)_7_185 (1554).

4.4.2.1.6   Am 31.08.1916

Im Divisionsbefehl Nr. 37[1420] vom 31.08.1916 erfahren wir: „Der Angriff findet am 3.9. statt. Der 1.9. ist somit erster Tag, der 2.9. zweiter Tag."[1421] Dann wird noch mal das Angriffsziel präzisiert: „Grabenstück südöstl. 535 bis zur deutschen Sappe 535 – 536a – Steinbruchgraben – Chapitreweg – 574 [Abbildung 135]. Günstige Gelegenheiten das Grabendreieck südöstl. 536a wegzunehmen und dadurch eine unmittelbare Verbindung von der deutschen Sappe über 539 zum Steinbruchgraben zu erhalten, sind auszunützen."[1422] Die infanteristische Leitung des Angriffes sollte in den Händen des Kommandeurs des 8. I.R. liegen. Die Truppen westlich der Souville-Schlucht unter der Leitung des Kommandeurs des 4. I.R. bestanden aus 1 Kompanie 192. I. D., II u. III 4. b. I.R., MG-Kompanie III/79 u. MG-Kompanie 4, 4 Stoßtrupps des Sturmbataillons Rohr. Die Truppen östlich der Souville-Schlucht bestanden aus III/8 b. I.R., MG-Kompanie 8, 2 Pionier-Zügen unter der Führung des Kommandeurs 8. I.R. Dieser leitete also neben seiner Truppe auch den Gesamtangriff. Südlich von III/8 sollte II/364 zum Angriff vorgehen.

Weiterhin wurden in dem Befehl der Artillerie-Kampf, die Unterstützung durch schwere Waffen und der Einsatz der Sturmtruppen geregelt:

> 4. Die Mitwirkung der Art., Minenwerfer, der MG der anstoßenden Divisionen bleibt wie vorgesehen. Am zweiten Tag legt die Artillerie, die gegen das Unterstandsdreieck bis 507 – 507a – 506 [Abbildung 135] wirkt, von 2:00 Uhr bis 2:45 Nachm. eine Feuerpause ein. Die Inf. sendet Erkundungspatrouillen zur Feststellung der Wirkung unserer Art. gegen das Unterstandsdreieck vor. Meldungen hierüber baldigst zur Div. (Brieftauben).
>
> 5. III/8 bringt möglichst viel Granatwerfer und MG's auf die Souville-Nase zur Begleitung des Sturms in Stellung. Auch westl. der Souville-Nase sind MG's u. Granatwerfer mit der besonderen Aufgabe, den Feind niederzuhalten u. zu flankieren (535 – 536a) zu beauftragen.
>
> 6. Räumung der vorderen Linie erfolgt wie befohlen in der Nacht vom 31/8 auf 1.9. Die linke Flügelkomp. 192 I. D. räumt das vorspringende Grabendreieck bis auf Weg St. Fine Kap. – 502.
>
> 7. Die Division Reserve. Führer Kdeur. 29. I.R., I/8 u. I/29 trifft am 3.9. 8:00 Vorm. mit je 1 Batl. in Herbébois (Führer) u. Gremilly ein. Der Führer hält Fernspr. Verbindung mit mir und dem Brig. Kdeur.[1423]

Zum Abschluss des Befehls wurde noch festgelegt, dass die am 02.09. mittags ausgegebene Uhrzeit die endgültig maßgebende sei und dass der Divisions-Kommandeur sich ab 02.09. 5:00 auf dem Divisions-Gefechts-Stand auf der Höhe 207 bei Azannes (2,5 km nördl. Gremilly) befinde, und darauf hingewiesen, dass die Angriffsstunde noch bekannt gegeben werde.

„Vom 1.9. Abds. ab wird 14. b. I. D. gemäss Verfügung des GenKdos. Unterkunftsraum für je 2 Kpn. in der Sturmausgangsstellung und Lager Bezonvaux und für je 1 Kp. in den alten Unter-

[1419] KA: 8. I.R._(WK)_1_24 (414).
[1420] KA: Infanterie-Divisionen-(WK)_5697_02-04 (111).
[1421] KA: Infanterie-Divisionen-(WK)_5697_02 (111).
[1422] KA: Infanterie-Divisionen-(WK)_5697_02 (111).
[1423] KA: Infanterie-Divisionen-(WK)_5697_03 (111).

ständen südlich des Vaux-Teiches und Hardaumont-Werk überwiesen."[1424] Dieser weitere Divisionsbefehl vom 31.08. wiederholte außerdem, dass der Angriff am 03.09. stattfinden werde.

Am 31.08.1916 wurde über die 8. Infanterie-Brigade mit Befehls-Nr. 2838/62 der Angriffsbefehl[1425] von der 14. b. I. D. weiter präzisiert und der befohlene Angriffstag mit 03.09. weitergegeben. Die im Angriffsbefehl genannten Tage 1, 2 und 3 waren demnach der 01., 02. und 03.09., wie bereits befohlen war. Danach galt: „Die vordersten Gräben sind in der Nacht von heute auf morgen zu räumen. Vollzugsmeldung morgen Vorm. 7:00 Uhr an 8. Inf. Brig. Das Schießen der Art. beginnt morgen auf alle Fälle. Meldung, dass ‚Gräben nicht geräumt werden konnten' hat einen Aufschub des Zerstörungsschießens nicht zur Folge."[1426]

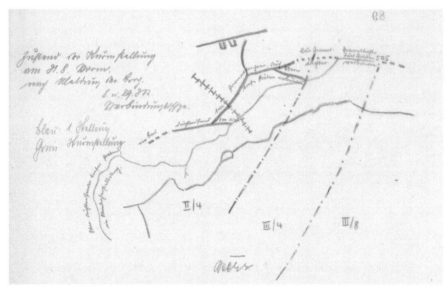

Abbildung 196: 31.08.1916, Zustand der Stellung (blau) und der Sturmstellung (grün) am 31.08. vorm. nach Meldung der Brigade. 8. u. 29. I.R.[1427]

Die Sturmausgangsstellung wurde von der Brigade, wie in Abbildung 196 dargestellt, skizziert. In dieser Skizze ist der Zustand der Gräben angemerkt. Die Anmerkungen beginnend westlich des Punktes 505 lauten: „Granattrichter durch Graben verbunden, nur Granattrichter, Granattrichter durch 50 cm tiefe Gräben verbunden, durchgehend 1 m tief, im Bau, war durchlaufender tiefer Graben in Wiederherstellung."[1428] Die Sturmausgangsstellung war demnach alles andere als ausreichend. Ihr Zustand schien sich gegenüber dem Stand des letzten Angriffstermins, der

---

[1424] KA: Infanterie-Divisionen-(WK)_5697.
[1425] KA: 8. I.R._(WK)_13_40 (511); Abbildung 57, Anhang 4.
[1426] KA: 8. I.R._(WK)_13_40 (511).
[1427] KA: Infanterie-Divisionen-(WK)_5702_02 (111) Skizze.
[1428] KA: Infanterie-Divisionen-(WK)_5702_02 (111) Skizze.

wegen des ungenügenden Zustands der Sturmausgangsstellung abgesagt worden war, nicht wesentlich verbessert zu haben.

Der tägliche Brigadebefehl vom 31.08.1916[1429] mit Nr. 2847 meldete, dass die Stellung in der Nacht vom 30. auf 31.08. wieder mit zum Teil schwerem Artilleriefeuer belegt wurde und dass das II/8 als Bereitschafts-Bataillon des 8. I.R. durch I/4 abgelöst worden und nach Herbébois-Mitte und Gremilly gerückt sei. Die bestätigt auch das Unterkunftsverzeichnis[1430] vom 31.08.1916, wonach das II/8 weiterhin je zur Hälfte in Herbébois und Gremilly lag.

Die beabsichtigte Gliederung bezogen auf die Einheiten des 8. I.R. für den 01.09.1916 lautete: III/8 im Deutsch-Eck als Verfügungstruppe der 14. I. D., I/8 gemeinsam mit der MG-Kompanie 4 in vorderer Linie links. Über das II/8 mit dem Protagonisten Karl Didion wurde in der Gliederung hier nichts verlautet.

Wir befinden uns nun einen Tag vor dem geplanten Gefecht um den Souville-Sack. Da das III/8 als Sturmtruppe vorgesehen war, musste es nach vorne verlegt werden:

> Das III/8 mit 24 Offzn., 920 Mann wird morgen, 4:00 Uhr nachmittags von Deutsch Eck mit Kraftwagen abgeholt und fährt bis hinter Höhe 310 [Abbildung 184] bei Gremilly [nördl. Ornes; Anm. d. Verf.]. Hier Rast, gegen Fliegersicht gedeckt, dann Marsch in seine Stellung nach Brigadebefehl vom 30.8.1916 Nr. 2822 geheim. MG Kp. 8 wird bei Neuer Wald aufgenommen. Angemeldete Fahrstärke: 1 Offz, 80 Mann.[1431]

Als Zusatz zu diesem Befehl wurden verschiedene Pionierzüge den Sturmbataillonen unterstellt, das III/8 erhielt 1 Zug bayer. Reserve-Pioniere 11 und 1 Zug 1. Reserve-Pioniere 80. „Diese treffen am 3.9. 6:00 Vorm. in der Bezonvaux-Schlucht ein. Im übrigen ziehen die Batlne. die Pi.-Formationen selbst heran. Die Pion.-Führer sind angewiesen, Verbindung mit den Batl.-Kdeuren aufzunehmen."[1432]

Das Kriegstagebuch des Regiments verlautet:

> 31. August 16[1433]
>
> Ausbau des Ausweichgrabens.
> Nacht im allgemeinen ruhig verlaufen und um 6:00 V. Feuerüberfall auf Vaux-Schlucht.

Für den 31.08.1916 meldet das Kriegstagebuch der II/8:

> Ab 4:00 Vorm. Ablösung durch I/4.
> 5. u. 6. Komp. sowie Stab Herbébois-Lager sowie 7. u. 8. Komp. Gremilly-Lager in Ruhe.
> Protestantischer Gottesdienst in Herbébois u. Gremilly.
> Witterung: schön. Verpflegung aus Magazin. Gesundheitszustand gut.[1434]

[1429] KA: 8. I.R._(WK)_10_130 (414); Abbildung 58, Anhang 4.
[1430] KA: Infanterie-Divisionen-(WK)_5697.
[1431] KA: 8. I.R._(WK)_10_130 (414).
[1432] KA: 8. I.R._(WK)_10_130 (414).
[1433] KA: 8. I.R._(WK)_01_25 (414).
[1434] KA: 8. I.R._(WK)_07_185 (1554).

4.4.2.2   Gefecht um den Souville-Sack vom 01. bis 04.09.1916

4.4.2.2.1   Am 01.09.1916

Eine entscheidende Rolle bei diesem Angriff Anfang September fiel dem III/8 unter Major Felser[1435] zu. Sein Bataillon war neben II und III/4 als Sturmtruppe eingeteilt. Major Felser wurde auch in der späteren Dankesadresse vom 04.09. ausdrücklich erwähnt. Am 01.09.1916 erfolgte durch ihn, den Kommandeur III/8, der Befehl[1436] zur Bereitstellung als Ergänzung zum Brigadebefehl vom 30.08.1916 Nr. 2824 geh.:

Zunächst wurde die Sturmausgangsstellung der Kompanien 10./8, 11./8 und 9./8, unterstützt durch MG- und Pionier-Züge, westlich und östlich der Kiesgrube und die linke Grenze festgelegt. Dann heißt es: „Die vordersten Gräben im Gefahrbereich unseres Artillerievorbereitungsfeuers sind seit der Nacht vom 1./2.9. geräumt, jedoch durch Inf.-Posten und MG, gegen feindliches Eindringen unbedingt zu sichern."[1437]

Die 12./8 war für die 2. Linie vorgesehen und hinter 11./8 und 9./8 postiert. Dahin sollte die 12./8 am frühen Morgen des 03.09. aus ihrer Bereitstellung (Linie 504 – 548; Abbildung 197) rücken.

Der Bataillons-Kommandeur behielt 1 Pionier-Zug in der Kiesgrube zu seiner Verfügung, die zur Unterstützung angewiesenen Pionier-Einheiten hatten sich beim Bataillons-Gefechts-Stand bei Punkt 544 zu melden.

Zum Abschluss heißt es: „Die Sturmkompanien 10/8, 11/8 und 9/8 gliedern sich zum Angriff tief in mehreren Wellen. [...] Die Pioniere sind gegen feindliche Anlagen, mit deren Besatzung die zuerst vorangegangenen Teile nicht fertig geworden sein sollten, einzusetzen, ferner sind sie beim Umbau der genommenen feindlichen Stellungen zu verwenden."[1438]

Major Felser gab seinem Bataillon am gleichen Tag als weitere Ergänzung zum Brigadebefehl vom 30.08.1916 Nr. 2824 geheim noch folgenden detaillierten Angriffsbefehl[1439], nachdem die Sturmausgangsstellungen festgelegt waren.

[1435] Im RA wurde als Gliederung der Sturmtruppen östlich der Souville-Schlucht genannt: „Oberst v. Rücker, Kdr. b. 8. I.R. III./b. 8, Major Felser, mit M.G.K./b. 8, 1 Zug b. R. Pi. 11, 1 Zug 1. Res.-Pi 20 (Souville-Nase Nordteil; Gold, Tragödie von Verdun, Bd. 14, 1928, S. 177.
[1436] KA: 8. I.R._(WK)_13_17 (511); ident. KA: 8. I.R._(WK)_13_108 (511); Abbildung 61, Anhang 4.
[1437] KA: 8. I.R._(WK)_13_17 (511).
[1438] KA: 8. I.R._(WK)_13_17 (511).
[1439] KA: 8. I.R._(WK)_13_18-19 (511); Abbildung 59, Anhang 4.

Die Angriffsziele der drei Sturmkompanien wurden benannt: Die 10./8 unterstützt das III/4 auf der rechten Seite bei der Einnahme der Punkte 507 – 507a (Abbildung 197) und sichert die rechte Flanke der 11./8. Die 11./8 greift in Richtung der Tiefenlinie der Souville-Schlucht an, die 9./8 entlang der Linie 560 – 561 – Waldecke 150 m nordöstl. 571 mit dem Ziel, die feindliche Stellung am Chapitre-Weg vom Steinbruch an der Straße Vaux – St.-Fine-Kapelle „bis zum einem etwa 50 m südöstlich der durch 561 gehenden Schichtlinie anzugreifen, nimmt diese Stellung, baut sie um und hält sie gegen feindliche Angriffe [Abbildung 135 und Abbildung 196]."[1441]

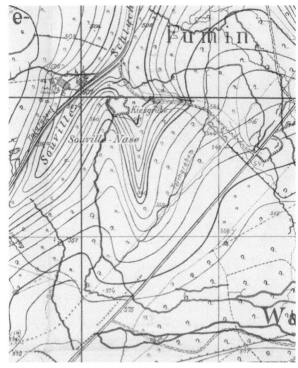

Abbildung 197: Sturmausgangsstellung des III/8 westl. Kiesgrube (nördl. Souville-Nase) und linke Begrenzungslinie: 560 – 561 – Waldecke 571 (ca 600 m), Bataillons-Gefechts-Stand bei Punkt 544 (am rechten Rand der Karte)[1440]

Es wurde Wert darauf gelegt, dass die Sturmtruppen eng dem vorausgehenden Artillerie-Feuer folgen. In fester Zuversicht eines gelingenden Angriffs schließt dieser Befehl:

> 2 Stunden nach der befohlenen Angriffszeit [die noch festzulegen war; Anm. d. Verf.] und um 4:00 Nachm. lässt die 11./8 an ihrem rechten und linken Flügel, die 9./8 an ihrem linken Flügel je 2 Dosen Magnesium Leuchtsätze zur Bezeichnung unserer vordersten Linie für die eigene Artl. abbrennen. Hierzu haben am 1.9. im Pionierpark Bezonvauxschlucht 11./8 8 Dosen und 9./8 4 Dosen Magnesium Leuchtsätze zu empfangen. Die Trupps hierfür sind vorher eigens zu bestimmen.[1442]

Am Ende des Befehls wurde auf die Verbindung mittels Brieftauben, den Truppenverbandsplatz bei Punkt 512 und die Notwendigkeit der Einrichtung einer Läuferkette zum Bataillons-Gefechtsstand hingewiesen.

[1440] KA: 8. I.R._(WK)_7_03 (414).
[1441] KA: 8. I.R._(WK)_13_18 (511).
[1442] KA: 8. I.R._(WK)_13_18 (511).

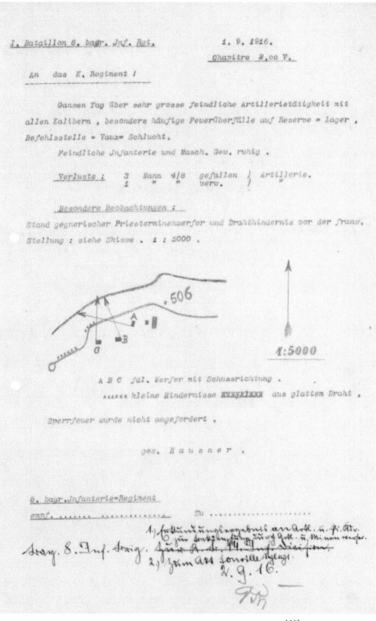

Abbildung 198: 01.09.1916, feindliche Minenwerferstellung bei Punkt 506[1443]

Im Divisionsbefehl Nr. 37 vom 31.08. war gefordert worden, dass das III/8 möglichst viele Gra-

[1443] KA: Infanteriebrigaden (WK)_946_ 01 (1674).

natwerfer und MGs auf der Souville-Nase zur Begleitung des Sturms in Stellung bringt. Auch westlich der Souville-Nase seien MGs und Granatwerfer mit der besonderen Aufgabe, den Feind niederzuhalten und zu flankieren (535 – 536a), zu beauftragen.[1444] Als geeignete Ziele wurden gegnerische Priester-Minenwerfer ausgemacht (Abbildung 198). In dem Brigadebefehl[1445] vom 01.09.1916, kurz vor dem geplanten Angriff, wurde zunächst der Tagesverlauf geschildert: „Die feindl. Artl. unterhielt während der Nacht ziemlich heftiges Feuer auf die rückwärtigen Teile der vordersten Batlne. und auf die Schluchten hinter der Kampffront der Brigade. Das Feuer ließ gegen morgen nach. Seit dem Vormittag liegen wieder Streufeuer und Feuerüberfälle auf den Schluchten hinter der Kampffront."[1446] Dann wurden im Befehl die Nachbareinheiten rechts und links genannt. Die beabsichtigte Gliederung für den 02.09. bezogen auf die Einheiten des 8. I.R. lautete: Als Verfügungstruppen der 14. I. D. und des 8. I.R. waren vorgesehen das II/8 (mit unserem Protagonisten Karl Didion) in Herbébois und Gremilly sowie das I/8 im Ornes-Lager. In vorderster Linie als Sturmbataillone waren rechts das II/4, in der Mitte das III/4 und links das III/8 befohlen. Dann wurde noch auf die verfügbaren Granatwerfer in der Kasematten- und Bezonvaux-Schlucht hingewiesen und an die Mitnahme von Schnelldrahthindernissen aus den Pionier-Depots erinnert.

Im KA ist die Stellenbesetzung des II/8 mit Datum 01.09.1916 unter Führung von Hauptmann Goetz[1447] abgelegt (Abbildung 199). Die 5./8 mit unserem Protagonisten Karl Didion wurde zu diesem Zeitpunkt von Oberleutnant Wied geführt. Zu welchem Zug unser Protagonist gehörte, ist nicht bekannt.

Bemerkenswert an diesem Stellungsbesetzungs-Plan ist zunächst, dass das Bataillon nicht von einem Major, sondern von einem Hauptmann, ein Dienstgrad, der normalerweise für einen Kompanieführer vorgesehen war, geführt wurde. Die Kompanieführerstellen der 4 Kompanien des II/8 waren nur mit Oberleutnanten oder sogar nur mit Leutnanten besetzt. Dies weist auf eine Knappheit von Offizieren im 3. Kriegsjahr hin. Auffällig ist auch, dass in diesem Stellenbesetzungs-Plan 3 Zugführer-Stellen der 5./8 nicht besetzt waren; vielleicht waren die unter „Bemerkungen" angeführten zwei Vizefeldwebel und der Fähnrich dafür vorgesehen, aber noch nicht verfügbar. Weiter ist vermerkt, dass ein Fähnrich zur Fliegerabwehrabteilung und ein Leutnant der Kompanie zum Rekruten-Depot abgestellt waren.

[1444] KA: Infanterie-Divisionen-(WK)_5697_03 (111).
[1445] KA: 8. I.R._(WK)_10_78 (414); Abbildung 60, Anhang 4.
[1446] KA: 8. I.R._(WK)_10_78 (414).
[1447] KA: 8. I.R._(WK)_10_79 (414).

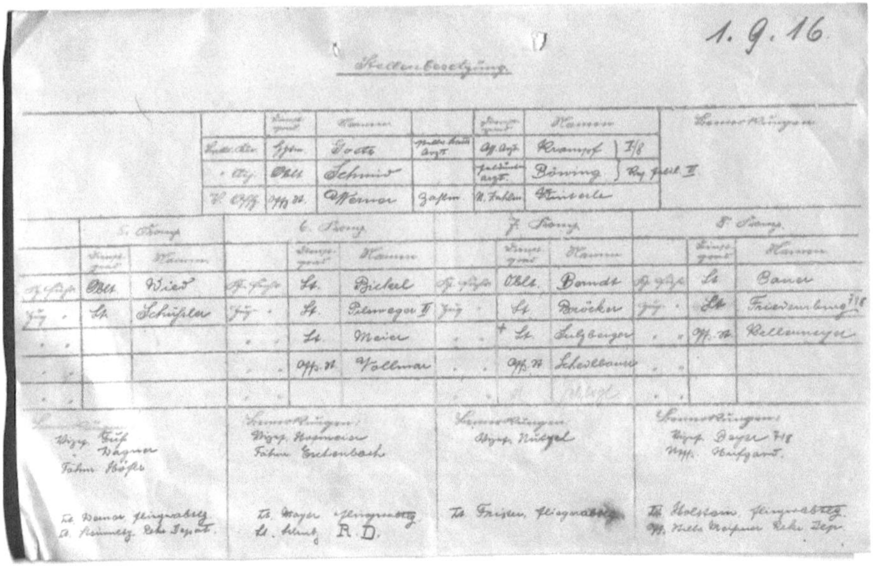

Abbildung 199: 01.09.1916, Stellenbesetzung des II/8[1448]

Kurz vor dem geplanten Angriff zur Einnahme des Souville-Sackes wurde vom General-Kommando XVIII. Reserve-Korps[1449] am 01.09.1916 der Verkehr auf dem Hardaumont außerhalb der Laufgräben strengstens untersagt. Dazu gab es einen Grund:

> In letzter Zeit hat der Verkehr außerhalb der Laufgräben auf dem Hardaumont zugenommen. Es gehen häufig am hellen Tage selbst größere Trupps mit Brettern usw. über die vom Feinde eingesehene Höhe. Es wird dadurch seit einiger Zeit das feindliche Feuer in erhöhtem Maße auf die wichtigste und beste Beobachtungsstelle des Korps gezogen, so dass die Beobachtungstätigkeit außerordentlich erschwert ist und die Leitungsstörungen sich andauernd vermehren.[1450]

In Vorbereitung auf den geplanten Angriff auf den Souville-Sack wurden die der Brigade unterstehenden Regimenter (29. I.R., b. 8. I.R., b. 4. I.R.) in einem Befehl Nr. 2824[1451] vom 01.09.1916 aufgefordert, ihre Munitionsvorräte zu erhöhen, und es wurden ihnen Hinweise für den MG-Einsatz gegeben:

> Die Regimenter werden nochmals darauf hingewiesen, die Vorräte an Munition, Handgranaten, Signalmitteln, Lebensmitteln, namentlich in den Depots südlich der Vaux-Schlucht, soweit irgend möglich zu erhöhen.
>
> Die Ausscheidung einer eigenen MG-Sicherheitsbesatzung in der Riegel-Stellung Douaumont-Kolbenwald ist für den Angriffstag nicht notwendig.
>
> Diejenigen Teile der MG-Formation, die nach dem Vorbrechen des Inftr.-Angriffs von den bisher vordersten Gräben der Franzosen aus gegen die ihnen erreichbaren feindl. Gräben zu wirken haben, müssen zu sofortigem Eingreifen bereit sein, wenn Teile der Angriffsgruppe auf unvorhergesehene

---

[1448] KA: 8. I.R._(WK)_10_79 (414).
[1449] KA: 8. I.R._(WK)_10_50 (414).
[1450] KA: 8. I.R._(WK)_10_50 (414).
[1451] KA: 8. I.R._(WK)_10_77 (414).

Schwierigkeiten stoßen sollten, um ihnen das Vorwärtskommen zu erleichtern und allenfallsige [sic!] französ. Teilgegenstöße abzuwehren.[1452]

In Abbildung 200 ist die Stellung der 8. Infanterie-Brigade am 01.09.1916 vor dem Angriff auf den Souville-Sack abgebildet. Minutiös ist die Beschaffenheit[1453] der Sturmausgangsstellung eingezeichnet: Östlich des Punktes 505 nur Granatlöcher, westlich davon ein Graben 1,5 m tief, dann ein Grabenstück 1,9-1,0 m tief, dazu parallel dahinter ein kurzer Ausweichgraben unter 1 m tief, das Anschlussgrabenstück ist teilweise in Bau oder erst geplant (40 m lange Lücke), weiter ein längeres Grabenstück mit 0,8 bis 1,3 m Tiefe, dahinter ein paralleler Ausweichgraben im Bau, die südliche anschließende Stellung bei Punkt 534 besteht nur aus Granatlöchern. Die Stellungssituation ist damit die gleiche, wie in Abbildung 196 beschrieben.

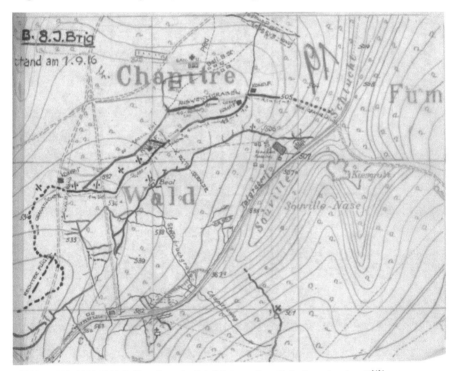

Abbildung 200: 01.09.1916, Stellungskarte der 8. Inf.-Brig. am Souville-Sack vor dem Angriff[1454]

Die Skizze gibt weiterhin die Lage des Bataillons-Gefechts-Standes, die Befehlsstellen der Kompanien sowie die MG-Stellungen und den Sanitätsunterstand bekannt. Über den 01.09. ge-

---

[1452] KA: 8. I.R._(WK)_10_77 (414).
[1453] Dabei sind die vorhandenen Stellungen blau, die im Bau grün und die beabsichtigten gelb eingezeichnet.
[1454] KA: Infanterie-Divisionen-(WK)_5710_01 (335) Skizze; ident. KA: Infanterie-Divisionen-(WK)_5710_01 (111) Skizze.

ben auch die Kriegstagebücher des 8. I.R. und der Bataillone I und II/8 Auskunft.[1455]

Kriegstagebuch des 8. I.R.[1456]:

Unter kriegerische Tätigkeit ist vermerkt:

> Fdl. Inf. u. M. Gew. ruhig. Fdl. Artill. nach äußerst reger Tätigkeit während der Nacht am Vorm. ruhig. Fdl. Feuerüberfälle auf Inf. Lager u. Vaux-Schlucht.
>
> Eigene Mörser schießen zu kurz. Heute 1. Einschießung der eig[enen] Artill. zu Minenangriff am 3.9.16. [...] Verluste: 3 Mann 4./8 gefallen, 1 Mann verw.[undet], 1 M[ann] 2./8 leicht [verwundet].[1457]

Kriegstagebuch des I/8:

> 1. September
>
> Gräben wurden in der Nacht wegen Wirkungsschießen eigener Artl. in vorderster Linie geräumt. Mörser schießen immer noch vielfach zu kurz. Eine Patr. 3./8 fand franz. Unterstände bei 506 geräumt, aber voller Leichen.
>
> Tagesverlauf: fdl. Inf. u. MG ruhig. feindliche Artillerie nach reger Tätigkeit am frühen Vormittag während der Nachtruhe ruhig. Am Tage viele Überfälle besonders auf Reserven u. Vaux-Schlucht. Wetter: trübe.[1458]

Kriegstagebuch des II/8:

> 1. September 1916
>
> Verpflegungsstärke: 25[(5)] Offz. 976 Mannschaften, 60 Pferde.
> Gefechtsstärke: 19[(4)] Offz. 925 Mannschaften, 60 Pferde.

Bei „Nachweisung des Unterschiedes" wurden genannt: Abgänge 2 Offiziere verwundet und 1 Offizier krank ins Lazarett, 46 Mann Verluste laut Verlustliste, 20 Mann krank ins Lazarett, Zugänge 1 Offizier aus Lazarett „anher", 2 Mann vom I. Ers. Batl., 1 Mann vom 4. I.R., 4 Mann aus Lazarett. Wie leicht zu erkennen ist, kann der Zugang von 1 Offizier und 7 Männern den Abgang von 3 Offizieren und 66 Männern kaum ausgleichen. Die Stellenbesetzung im Bataillon und bei der 5. Kompanie war noch die gleiche wie am 21.08.[1459] Es heißt dann weiter:

> 5. u. 6. Komp. sowie Stab Herbébois, 7. u. 8. Komp. Gremilly. Empfang von Ersatz für die am 23.8.16 verbrauchten Einsätze und unbrauchbar gewordenen Gasmasken.
>
> Ruhetag.
>
> Vizef. Hofmeier 6./8 übernimmt mit je 3 Mann der 8. Kompanie das Verdun-Depot bei Höhe 310 [Abbildung 184] (Stahlhelme, Feldflaschen usw.)
>
> Witterung: schön, Verpflegung aus Magazin. Gesundheitszustand gut.[1460]

[1455] Die Kriegstagebücher des III/8 werden, wie eingangs schon erwähnt wurde, nicht betrachtet, nur die des I. u. des II/8, in denen Karl Didion abwechselnd diente.

[1456] Die Meldung des Regiments stützt sich natürlich auf die Bataillone, insoweit ergeben sich Wiederholungen. Gleichwohl sollen die Meldungen beider Befehlsebenen dargestellt werden, da sich aus der Betonung bzw. Weglassung von Meldungen Hinweise ergeben können.

[1457] KA: 8. I.R._(WK)_1_26 (414).

[1458] KA: 8. I.R._(WK)_6_01 (414).

[1459] KA: 8. I.R._(WK)_7_174 (1554).

[1460] KA: 8. I.R._(WK)_7_186-187 (1554).

4.4.2.2.2   Am 02.09.1916

Am Tag 2 des Angriffsbefehls, also am 02.09.1916, meldete der Befehl Nr. 2887 der 8. Infanterie-Brigade[1461] die Artillerie-Vorbereitung für den Angriff am 03.09.: „Das gestern früh begonnene Wirkungsschießen unserer Artl. gegen die franz. Gräben und erkannten besonderen Anlagen im Raume 566 [bei St.-Fine-Kap.; Anm. d. Verf.] – 533 – 506 – 507 – 561 – 576 [Abbildung 132 und Abbildung 135] wurde am Nachmittag fortgesetzt und heute Vormittag aufgenommen. Das fdl. Artl.-Feuer war zeitweise sehr stark."[1462] Im gleichen Befehl wurde dann noch von einem französischen Angriff berichtet:

> Gestern zwischen 10:00 und 11:00 Abds. und heute zwischen 5:00 u. 6:00 Morgens haben die Franzosen auf der Front Thiaumont[1463] – Bergwald an mehreren Stellen Angriffe angesetzt. Die Angriffe gegen die deutschen Frontteile rechts der Division haben keinen Erfolg gehabt, die Brigade selbst wurde

---

[1461] KA: 8. I.R._(WK)_10_61-62 (414); ident. KA: Infanterie-Divisionen-(WK)_5702_25-26 (111); Abbildung 62, Anhang 4.

[1462] KA: 8. I.R._(WK)_10_61 (414).

[1463] Die Ouvrages wurden von den Franzosen an jenen Stellen positioniert, wo die Distanz zwischen den Forts über 3 km betrug. Diese anfangs noch ohne Artilleriewaffen ausgerüsteten Zwischenwerke wurden wie Infanteriewerke angelegt. Spätere modernisierte Anlagen rüstete man aber mit Artilleriewaffen in Panzertürmen und Zwischenraumstreichen aus. Das völlig zerstörte Ouvrage B de Thiaumont liegt auf dem Thiaumont-Rücken am Ostufer der Maas und wurde in den Jahren 1887-1888 von den Franzosen als kleines Infanteriewerk in Bruchsteinmauerwerk errichtet und 1902-1905 mit einer Zwischenraumstreiche, einem MG-Turm und einem betonierten Unterstand ausgerüstet, der aus einem Erd- und einem Untergeschoß von 3 Räumen von 2,5 x 6 m bestand. Die Unterkunftsräume lagen unter dem rechten Kehlwall. Das Werk hatte eine Besatzung von ca. 50 Soldaten.
Man umgab das Werk mit einem dreieckigen 5 m tiefen Wallgraben und betonierten Gegenböschungen. In der Grabenmitte montierte man zusätzlich ein 3 m hohes Eisengitter. Zudem befand sich auf dem Glacis ein versenkbares 30 m tiefes Drahthindernis mit einbetonierten Pfählen, ähnlich wie beim Ouvrages Hardaumont. Vorerst gab es nur 3 gepanzerte Beobachtungstürme. Im linken Kehlturm befand sich ein Wachtturm. 1902-1905 wurde das Werk modernisiert und mit einem drehbaren, einfahrbaren MG-Turm ausgestattet. Dazu kamen Zwischenraumstreiche, ein gepanzerter Beobachtungsturm und einige betonierte Räume.
Am 21. Juni 1916 eröffnete die deutsche Artillerie, u. a. mit 42-cm-Granaten, ein zweitägiges Störungsfeuer auf das Ouvrages und beschädigte es schwer. Am 22. Juni 1916 beschoß man das Werk zusätzlich mit Grünkreuz-Giftgasgranaten. Am Tag des deutschen Großangriffs, am 23. Juni 1916, trat das bayerische Infanterie-Regiment Nr. 10 um acht Uhr morgens zum Angriff an, um das Werk Thiaumont schon dreißig Minuten später zu erobern. Fünfundvierzig französische Soldaten ergaben sich. Noch am Nachmittag desselben Tages zog der Regimentsstab in das Werk ein. Gegen Abend traf dann eine schwere französische Granate das Zwischenwerk, durchschlug die Bunkerdecke und richtete unter den Besatzern große Verluste an. Inzwischen hatte das bayerische 12. Infanterie-Regiment die Anlage übernommen, mußte sie aber nach dem Volltreffer vorübergehend wieder räumen. So also lag das Zwischenwerk unter ständigem französischen Beschuß. Die Frontlinie befand sich nur wenige Meter von dem Bunker. Anfang Juli 1916 übernahm das 6. Garde-Infanterie-Regiment die Besetzung des Werkes. Mitte Juli hatten dann französische Artillerietreffer das Werk schon fast völlig zerstört. Verwundete lagen in dem noch einzigen sicheren Raum; die anderen Soldaten hielten sich im engen Wasserkeller der Anlage auf; ein Teil der Besatzung war verschüttet. Am 8. Juli 1916 erneut ein Volltreffer und wieder große Verluste! Am 3. August 1916 gelang es den Franzosen, das Werk dann doch zu nehmen. Das Infanterie-Regiment Nr. 57 hatte die Trümmer vorher kampflos geräumt. Doch schon am 8. August 1916 konnten die 2. bayerischen Jäger das Werk wieder einnehmen. Zwischendurch gab es immer wieder französische Versuche, die Werkruine zu besetzen. In der Nacht zum 9. August 1916 wurde dann der Eingang von einer Granate getroffen. Die dort deponierten Ausrüstungsgegenstände gerieten sofort in Brand. Es erfolgte der Befehl zur Räumung der Betonruine. Das Zwischenwerk Thiaumont war eigentlich nur noch eine mit Eisenstäben durchzogene und völlig zerschossene Betonruine.
Am 24. Oktober 1916, gegen Mittag, stürmten schließlich französische Soldaten das Gelände und die Ruine des Zwischenwerkes. Am Standort des völlig zerstörten Ouvrages Thiaumont erkennt man nur noch die Kuppel des Beobachtungsturmes, Betonteile und Moniereisenreste. Ein kleiner, schmaler Weg führt über das ehemalige hart umkämpfte Gelände; URL: http://www.oocities.org/welver2000/Festungsbauten_Verdun_Ouvrage_de_Froideterre.htm; 01.09.2017.

nicht angegriffen, ein gegen den linken Flügel der 33. Res. Div. angesetzter Angriff kam durch das deutsche Sperrfeuer nicht durch. Das deutsche Sperrfeuer löste franz. Feuer aus. Trotzdem und trotz der großen Bewegungen gelang es, in der Nacht von gestern auf heute die Gliederung nach Brig.-Bef. von gestern Nr. 2 anzunehmen. Nennenswerte Verluste sind dabei nicht eingetreten.[1464]

Die Gliederung für den Sturmangriff wurde nochmals festgelegt. Bezogen auf das 8. I.R. bedeutete das Folgendes: Das I/8 stand als Divisions-Reserve im Ornes-Lager, das II/8 mit Hauptmann Goetz führte die Brigade-Reserve zusammen mit einer MG-Kompanie und 2 Pionier-Zügen in der Bezonvaux-Schlucht, die bis 6:00 vormittags zu erreichen war. Bei den Bereitschaften des Regiments war keine Einheit des 8. I.R. vertreten. In der vorderen Linie wie geplant rechts das II/4, Mitte das III/4 jeweils mit einer MG-Kompanie und links das III/8 mit der MG-Kompanie 8.

Dann erfolgten noch besondere Anordnungen der 14. b. I. D. über den Sanitätsdienst:

1. Die vorgeschobenen Patrouillen in der Kasematten-Schlucht zum Transport der Verwunderten von der Vaux-Schlucht nach Bezonvaux werden um 3 verstärkt.
2. Vorgeschobener Verbandsplatz der Sanitäts-Komp. 14 in Bezonvaux wird um einen Arzt verstärkt.
3. In Bezonvaux werden Verwundetenwagen der Bensolbahn zum Abtransport der Verwundeten auf dem Schienenwege bereitgehalten.[1465]

In der Morgenmeldung des 02.09. von Major Felser[1466] wurde vom III/8 an das Regiment über die feindliche Artillerietätigkeit berichtet:

Den ganzen Tag über – fast ohne Unterbrechung bis 10:30 Abds. feindliches Artl.-Feuer von großer Heftigkeit auf der Stellung und im Gelände dahinter. Unsere Artl. setzte ihr Zerstörungsschießen fort. Feuer lag sichtlich gut. Bei der nahen Lage der rückwärtigen Lager ist es immerhin möglich, daß die Franzosen heute Nacht ablösen. (Gefangenen Aussage, die bekannt gegeben wurde); dann hätten wir morgen Vormittag frische Truppen vor uns.[1467]

Im Kriegstagebuch des 8. I.R. steht für den 02.09.1916:

Kriegstätigkeit: heute hat III/8 Stellung auf Souville Nase bezogen.[x] Fdl. Infanterie und Masch. Gew. ruhig[x] In den Abendstunden (1.9.) starke Feindüberfälle auf 1. Linie. Rechts (1./29) heftiges Inf.- und MG Feuer des Feindes auf der ganzen Front. Patrouille 3./8 hat erkundet bei Grabendreieck 506 – 507a – 567 [oder 507] Unterstände leer, in der Nähe französ. Leichen.

I/8 ist mit 493 Mann aus Stellung gerückt.

Verluste: 1 Toter, 7 Verwundete 9./8; 2 Mann 10./8 tot, 4 Mann 10./8 verwundet; 2 tot, 12 verwundet 11./8, 3 verschüttet.

Witterung: schön

x) Starkes Artl.- u. Inf.-Feuer[1468] auf Stellung Souville-Nase.[1469]

Kriegstagebuch I/8:

2. September

[1464] KA: 8. I.R._(WK)_10_61 (414).
[1465] KA: 8. I.R._(WK)_10_61 (414).
[1466] KA: Infanteriebrigaden (WK)_946_02-03 (1674).
[1467] KA: Infanteriebrigaden (WK)_946_02 (1674).
[1468] Am 02.09.1916 wurde Infanterist Jacob Schieler (der Schwager des Ldstm. Karl Didion) 11./4. I.R. durch ein A.-G. verletzt: Splitter im Kiefer. Erst wieder am 15.07.1917 zurück zur Truppe (29.05.1917 E./4. I.R. Genes.-Kp.; 15.06.1917 z. E./4. I.R. 2. Kp. vers.); s. Kriegsstammrolle Anlage 1.
[1469] KA: 8. I.R._(WK)_1_27 (414).

In der Nacht fand Ablösung durch III/4 statt. I/8 Bereitschaft im Ornes-Lager. Batl. kam mit 493 Gewehren aus Stellung. Wetter: schön.[1470]

Kriegstagebuch II/8:

2. September 1916

5. u. 6. Komp. sowie Stab Herbébois, 7. u. 8. Komp. Gremilly.
Ruhetag.
Witterung: schön, Verpflegung aus Magazin. Gesundheitszustand gut.[1471]

4.4.2.2.3   Am 03.09.1916

Am 03.09., so berichtet die Regimentsgeschichte, fand für das Regiment ein siegreiches Gefecht statt:

Der Angriff am 3. September ausgeführt von zwei Bataillonen 4. b. Inf. Rgt. und unserem bewährten III./8. Inf. Rgt. (Felser) gelang vollständig, der französische Regimentskommandeur, zwei Bataillonsstäbe, an 500 Gefangene – hiervon entfallen auf III/8 sämtliche 16 Offiziere über 200 Mann – wurden herausgeholt, das befohlene Ziel restlos erreicht, der wütende Gegenstoß schwarzer Franzosen, Kulturträgern aus Senegambien brach vor unseren Vierern und Achtern zusammen, die gewonnene Linie wurde behauptet.[1472]

Stolz ob des Erreichten und der Bewährung des Regiments während 6 Wochen Kampfes heißt es, an den Duktus von Ernst Jünger erinnernd, weiter:

Wer einen solchen Kampf nicht gesehen hat, weiß nicht, was moderner Großkampf heißt, wer alles schildern will, – es gelingt nicht, es versagt die Sprache; wer es erlebt hat, er denkt daran Zeit seines Lebens, nichts und niemand in der Welt kann ihm das gewaltige Geschehen in seiner Erhabenheit, seiner furchtbaren Größe und Kraftentfaltung aus der Erinnerung reißen.[1473]

Im Bayernbuch I von Dellmensingen findet sich folgende Stellungsskizze (Abbildung 201) über das Souville-Gefecht.

[1470] KA: 8. I.R._(WK)_6_01 (414).
[1471] KA: 8. I.R._(WK)_7_186-187 (1554).
[1472] Bayerisches Kriegsarchiv, Erinnerungsblätter 1926, S. 24.
[1473] Bayerisches Kriegsarchiv, Erinnerungsblätter 1926, S. 24.

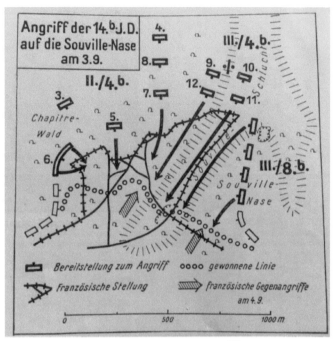

Abbildung 201: 03.09.1916, Angriff auf die Souville-Nase[1474]

Auf der Folie der Regimentsgeschichte soll nun im Einzelnen das Kampfgeschehen rekonstruiert werden. Dazu können die einzelnen Brigadebefehle und die Kriegstagebücher des 8. I.R. und der Bataillone herangezogen werden.

Das Kriegstagebuch des Regiments (Abbildung 202) berichtet lapidar: „Heute 7:00 Vorm. begann der Angriff auf die französ. Stellung. Dem III/8 wurde die 5. u. 6. Kpn. des Reg. 29 im Bedarfsfalle zur Verfügung gestellt. Der Angriff ist gelungen. In der Brig. bzw. Division wurde die Linie erreicht 535 – 50 m südl. 539 – Steinbruch – Chapitre-Weg und gehalten."[1475]

[1474] Dellmensingen, Bayernbuch 1930, S. 83.
[1475] KA: 8. I.R._(WK)_1_27 (414).

Das RA berichtet über die Einnahme des Souville-Sackes in wenigen Worten: „[Am 03.09.] errang die 14. bayer. I. D. den letzten deutschen Sturmerfolg vor Verdun durch Vortragen ihrer Linie in die Souville-Schl., wodurch endlich die Flankenbedrohung der westl. des Châpitre kämpfenden Teile beseitigt wurde. Heftige Gegenangriffe des Feindes, der keinen deutschen Fortschritt vor Verdun mehr dulden wollte, schlossen sich daran [...]."[1477]

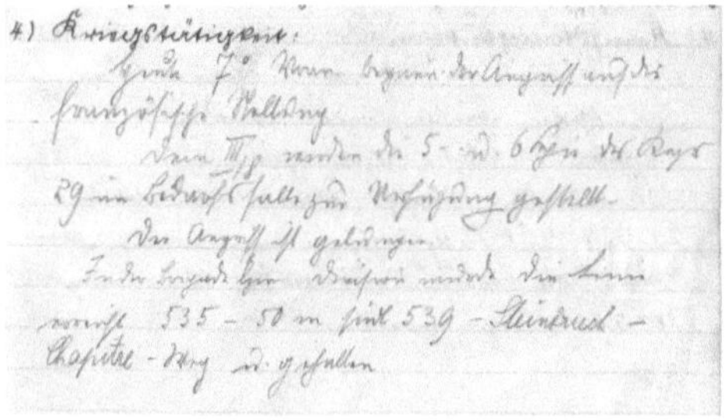

Abbildung 202: 03.09.1916, Eintrag ins KTB des 8. I.R.[1476]

Im Kriegstagebuch der Brigade wird für den eigentlichen Gefechtstag zur Eroberung des Souville-Sackes nochmals die Angriffs-Gliederung der Brigade nach dem Stande vom 03.09.1916 wiedergegeben und die Gefangenen-Einbringung genannt. Auf das eigentliche Gefecht wird dabei nicht eingegangen.

> II/4, III/4 und III/8 haben heute Vormittag den schon von der Garde-Ersatz-Division wiederholt angesetzten, aber nicht zum Erfolg gebrachten Angriff auf die Souville-Schlucht ausgeführt. Links des III/8 haben Teile der 33. Res. Div. [II/364; Abbildung 204; Anm. d. Verf.] mitgewirkt. Im ganzen sind 11 Offiziere, 458 Mann Franzosen der 68. frz. Res. Div. gefangen eingebracht worden.[1478]

Das nähere Eingehen auf das Gefecht bleibt den Gefechtsberichten und einer kurzen Meldung des III/8 vorbehalten. In der Abendmeldung des Bataillons am Angriffstag 03.09. an das Regiment meldete Major Felser, der Bataillonskommandeur, so nicht ohne Stolz:

> III/8 hat den ihm aufgetragenen Sturm auf den Chapitregraben heute 7:08 Vorm. begonnen und mit Erfolg durchgeführt. Die genommene Stellung wird trotz schwerster Beschießung behauptet und ausgebaut. Verbindung mit den Nachbarabschnitten ist hergestellt. 7 Offiziere, darunter 1 Oberst und 1 Major und 200 Mann gefangen. Eigene Verluste können nur annähernd mit etwa 35 % angegeben werden. Oberleutnant der Reserve Künne schwer verwundet (Fuß u. Oberschenkel) Leutnant Müller leicht (ist bei der Truppe).
>
> Nach Durchführung des Angriffes etwa seit 9:00 Vorm. war das franz. Feuer den ganzen Tag über von außerordentlicher Stärke. Erwartete Gegenangriffe traten bis sie jetzt nicht ein. (7:30 Nachm.)
>
> Das franz. Feuer wurde durch Flieger geleitet. Den ganzen Tag über befanden sich Flieger (oft 2-3) über der Stellung.[1479]

Bemerkenswert ist, dass der Sturmangriff nur 2 Stunden dauerte. Den näheren Ablauf kann man aus den diversen Gefechtsberichten ersehen. Die erreichte Stellung nach dem Angriff ist aus den Abbildung 203 und Abbildung 204 ersichtlich. Zur Skizze in Abbildung 203 für die bezogene

---

[1476] KA: 8. I.R._(WK)1_27 (414).
[1477] Gold, Tragödie von Verdun, Bd. 15, 1929.
[1478] KA: Infanteriebrigaden (WK)_915_11 (1674), KTB der Brig.
[1479] KA: Infanteriebrigaden (WK)_946_03 (1674).

Stellung meldete der Vizefeldwebel d. Res. Hochenleitner, auf den noch einzugehen sein wird, am 03.09. um 7:30 vormittags:

> Auf dem Höhenkamm der Souville-Nase Sturmausgangsstellung vom III/8. Nach dem Sturm die angegebene Stellung festgelegt und im Schutze des Nebels eingebaut. Noch während der Nebel lagerte, allein zurückgegangen und den angenommenen Punkt 561 gesucht, aber keine Spur mehr vorgefunden. Hingegen kamen den ganzen Vormittag aus den noch vorhandenen Unterständen von dem linken Flügel unserer bezogenen Stellung franz. Infantr[isten] einzeln, ohne umgeschnallt[1480], gegen den Steinbruch, parallel unserer Linie, gesprungen, die in den von uns eingesehenen Stolleneingang verschwanden. Laufgraben vom Steinbruch zurück auf halben Hang noch ziemlich intakt. Der im Sturm genommene französ. Graben war zusammenhängend, ca. 50 cm tief und 80 cm breit mit leicht eingedeckten Unterschlüpfen.[1481]

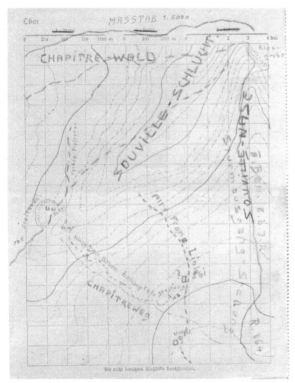

Abbildung 203: 03. oder 04.09.1916, erreichte Stellung des III/8 am Chapitre-Weg[1482]

[1480] „Ohne umgeschnallt" bedeutet Soldaten, die nicht ihre Gefechtsutensilien „umgeschnallt" haben und somit nicht gefechtsbereit sind.

[1481] KA: 8. I.R._(WK)_ 13_82 (511).

[1482] Skizze der 9./8 in KA: 8. I.R._(WK)_ 13_83 (511).

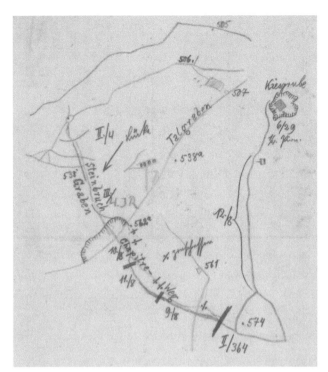

Abbildung 204: Stellungsskizze der erreichten Linie des II/4, II/4, III/8 und II/364 nach dem erfolgreichen Angriff[1483]

Der Brigadebefehl vom 03.09.[1484] berichtet ebenfalls von dem gelungenen Angriff:

> Das II/4, III/4, III/8 mit MG-Komp. 79, MG-Komp. 4 und 8 sowie Teilen der Bereitschaftsbataillone I/4, III/ Res. 79, II/29[...] haben sich heute durch Angriff in Besitz der Linie 535 – 50 m südl. 539 – Steinbruch – Chapitre-Weg gesetzt und bisher in schwerem feindl. Feuer gehalten. Unsere Artillerie hat französ. Gegenangriffe zur Umkehr gezwungen.[1485]

Dann regelte dieser Befehl in allen Einzelheiten, was nötig war, um die von den Regimentern gewonnene Linie zu halten: Verstärkung der eingesetzten Truppen durch Bereitschaftsbataillone, Ausbau der Stellungen, Austausch erschöpfter Soldaten, Einsatz leichter Minenwerfer, um die Unterstände bei 564, 563, 562 niederzuhalten. Das uns besonders interessierende 8. I.R. bekam folgende Aufgabe:

> Das 8. I.R. hat auf der Souville-Nase 2 Züge der MG-Komp. 1. Res. Jäger eingesetzt und hat in dieser Gegend möglichst viele Granatwerfer in Stellung zu bringen. Maschinen-Gewehre und Granatwerfer halten die Nacht über das Gelände vor der neu gewonnenen Front unter unregelmäßigem Feuer und verhindern Vordringen und Festsetzen des Feindes vor unserer Front.[1486]

[1483] KA: Infanteriebrigaden (WK)_946_03 (1674) Skizze.
[1484] KA: Infanterie-Divisionen-(WK)_5702_22-23 (111); Abbildung 64, Abschnitt 4.
[1485] KA: Infanterie-Divisionen-(WK)_5702_22 (111).
[1486] KA: Infanterie-Divisionen-(WK)_5702_22 (111).

Auch der Ausbau der neu errungenen Stellung und die Logistik wurden geregelt:

> Zum Vorbringen von Stollenhölzern, Schnelldrahthindernissen, Handgranaten usw. sind die Bereitschaften der Regtr. zu verwenden. Von der Brigade-Reserve, II/8, werden 2 Kompn. beauftragt, die von den Regtrn. angeforderten Materialien und Lebensmittel bis zur Kasematten-Schlucht vorzubringen. 2 Kompn. bleiben zu meiner Verfügung in der Bezonvaux-Schlucht zurück. Der Kdeur II/8 sorgt für angemessenen Wechsel.[1487]

Bei diesem logistischen Einsatz war unser Protagonist Karl Didion mit großer Wahrscheinlichkeit beteiligt.

Zur weiteren logistischen Vorsorge wurde befohlen: „Zum Abtransport von Verwundeten sind 12 Wagen der Inftr.-Mun.-Kolonne 100 unterwegs nach dem Verbands-Platz der Sanitäts-Komp. Bezonvaux-Keller. Sie bringen mit: 5000 Flaschen Mineral-Wasser, 400 Flaschen Rotwein, 300 Flaschen Schnaps."[1488] Der Anteil der Flaschen für das 4. I.R. wurde durch das II/8 in die Kasematten-Schlucht, der für das 8. I.R. selbst nach Anordnung des Regiments nach vorne gebracht. Ausdrücklich heißt es dann: „Weitere Verteilung durch die Regtr. unter hauptsächlicher Berücksichtigung der Sturmtruppen mit zugeteilten Pionieren usw."[1489] Weiter wurde befohlen, dass die von den Regimentern empfangenen Wassertornister, die noch nicht alle nach vorne gekommen waren, unverzüglich nach vorne gebracht werden. Dies zeigt, wie wichtig die Versorgung nach einem kräftezehrenden Angriff gesehen wurde.

Im Anhang dieses Befehls[1490] wurde der gelungene Angriff nachgezeichnet:

> Die beim heutigen Angriff beteiligten Truppen der Brigade, der Pioniere, Minenwerfer und des Sturm-Batls. Rohr haben, von sehr guter Artl.-Wirkung unterstützt, den Feind aus einer hartnäckig verteidigten, wiederholt vergeblich angegriffenen, gut ausgebauten Stellung geworfen und diese Stellung unter schwerem Feuer und gegen wiederholte Angriffe gehalten. Zahlreiche Gefangene sind gemacht, 1 Regts.-Kdeur, 1 Batls.-Kdeur mit ihren ganzen Stäben befinden sich darunter. Der Herr Divisns-Kdeur. hat mich beauftragt, den Truppen seine uneingeschränkte Anerkennung und seinen Dank zu übermitteln. Dem II. Batl. 4. I.R. mit zugeteilten Truppen wird besondere Anerkennung ausgesprochen, weil es sich durch anfänglichen Misserfolg und eingetretene Verluste nicht abhalten ließ, sondern den Angriff unter Einsatz aller Kräfte so lange erneuerte, bis er zu dem erstrebten Ziel führte.
>
> Ich schließe mich der Anerkennung und dem Dank des Herrn Divisns-Kdeurs. freudig an und beglückwünsche die Regtr. mit zugeteilten Truppen zu ihren heutigen ausgezeichneten Leistungen.
>
> Nun gilt es, das errungene Gelände zu halten und dem Gegner keinen Fußbreit desselben mehr zu überlassen. Ich bin überzeugt, dass die Regtr. auch dieser Aufgabe gerecht werden. gez. Reck.[1491]

Dann wurden in Anerkennung des „schönen Waffenerfolges" die von dem Kommandeur des XVIII. R. K. für die Sturmtruppen zuzueignenden vorläufigen Auszeichnungen aufgezählt: 2 Eiserne Kreuze I. Klasse und 100 Kreuze II. Klasse zur sofortigen Verteilung. Weitere Vorschläge zu Leistungen am 03.09., so im Befehl, können eingebracht werden.

[1487] KA: Infanterie-Divisionen-(WK)_5702_22 (111).
[1488] KA: Infanterie-Divisionen-(WK)_5702_22 (111).
[1489] KA: Infanterie-Divisionen-(WK)_5702_22 (111).
[1490] KA: Infanterie-Divisionen-(WK)_5702_23 (111).
[1491] KA: Infanterie-Divisionen-(WK)_5702_23 (111).

Das Kriegstagebuch des zunächst nicht beteiligten I/8 berichtet:

I/8 Ornes-Lager. Unterkunft höchst mäßig. Es fehlt an Holzwolle.
Im Abschnitt findet Angriff entlang der Souville-Schlucht statt. Vorbereitungen hierzu:[1492]

Nun werden alle einschlägigen Brigadebefehle zum Angriff aufgezählt und als Anlage dem Kriegstagebuch beigefügt. Diese Aufzählung macht die detaillierte und sorgfältige Angriffsvorbereitung deutlich: Brigadebefehle vom 30.08. mit den Nummern 2796/56, 2829/59, 2823/60, 2824/61, vom 31.08. mit der Nummer 2838/62, vom 01.09. mit den Nummern 2824/61, 2840/64, 2864 und vom 02.09. mit der Nummer 2877. Die meisten dieser Befehle konnten in dieser Dokumentation behandelt werden. Dann heißt es weiter: „Angriff gelang. Es kamen viele Gefangenen darunter ein Regts.- u. Batls-Stab durch die Ornes-Schlucht." Hierauf werden in diesem Tageseintrag zukünftige Befehle aufgeführt, was darauf hindeutet, dass die Einträge in das Kriegstagebuch zu einem späteren Zeitpunkt nachgetragen wurden: „s. auch: Brig. Tagesbef. vom 3.9.16, Brig. Bef. vom 3.9.16 Nr. 2893, Brig. Bef. vom 4.9.16 Nr. 290, Div. Tagesbef. vom 4.9.16, K. H. Q. vom 4.9.16, Rgts. Tagesbef. vom 5.9.16, XVIII. Res. Korps vom 7.9.16."[1493] Bei den letzteren Tagesbefehlen handelt es sich um Dankadressen, auf die noch eingegangen werden wird.

Das Kriegstagebuch des II/8 mit unserem Protagonisten Karl Didion vermeldet:

3. September 1916
Lt. Pilzweger II. kdrt. zum Gaskurs nach Leverkusen am 5.9. mit 8.9.16.
1:00 Vorm. Abmarsch zur Bezonvaux-Schlucht Nordlager.
5. Komp. Oblt. Wied
6. Komp. Lt. Bickel
7. Komp. Oblt. Berndt [alle] im Nordlager, 4. Züge Brüleschlucht.
8. Komp. Lt. Bauer Werk Hattonmont, 4. Zug Bezonvaux-Schlucht.
Starkes Feuer auf die Bezonvaux-Schlucht.
Erkundungsoffizier Lt. d. R. Sulzberger gefallen. Lt. d. R. Feldigl Erkundungsoffizier.
Trägerdienst (Verpflegung und Materialien).

Auszeichnungen: Vzfldw. d. R. Wagner 5./8 wurde mit dem Bayr. Mil. Verd. Kr. II. KL. ausgezeichnet, ferner 51 Uoffz und Mannschaften mit dem Bayr. Mil. Verd. Kr. III. KL.

Verluste: 1 Mann 5./8 schwer verw. dch. A. G.
4 Mann 5./8 leicht verw. dch. A. G. bezw. G. G.
2 Mann 6./8 leicht verw. dch. A. G.
1 Mann 7./8 gefallen dch. A. G.
Witterung: Nebel, dann schön, Verpflegung aus Magazin. Gesundheitszustand gut.[1494]

4.4.2.2.4   Am 04.09.1916

Zutreffend bemerkt das RA, dass nach errungener Beseitigung des Souville-Sackes der Feind keinesfalls aufgab:

[1492] KA: 8. I.R._(WK)_6_01 (414).
[1493] KA: 8. I.R._(WK)_6_01-02 (414).
[1494] KA: 8. I.R._(WK)_7_187 (1554).

Der Franzose dachte aber nicht daran, dieses wichtige Gelände, das er seit dem 21. Juni gegen alle Angriffe behauptet hatte, den Deutschen zu belassen. Nach immer wieder erneuter, zusammengefasster Artillerievorbereitung, die den Bayern und der 33. R. D. schwerste Verluste zufügte, machte er am 4. und besonders am 6. September und den folgenden Tagen, unter rücksichtslosem Einsatz seiner Schwarzen, sehr heftige Gegenangriffe. Schon am 4. konnte er an verschiedenen Stellen weit in die am 3. neu gewonnene Front einbrechen, wurde schließlich aber überall wieder bis auf wenige 100 m nördlich der am 3.9. erreichten Linie zurückgedrängt.[1495]

Im Kriegstagebuch der Brigade vom 04.09.1916 wurde zunächst vermerkt, dass die Gliederung der Brigade im Großen und Ganzen unverändert sei. Dann hieß es:

Die Truppen konnten, um die Behauptung des errungenen Geländes sicherzustellen, noch nicht abgelöst werden. Bei der Entscheidung in diesem Sinne hat der Brig. Kommandeur nicht verkannt, dass die Anforderung an die Truppe sehr hoch ist, doch waren Erfahrungen bei anderen Angriffen maßgebend, bei denen neu eingesetzte Truppenteile des von den Angriffstruppen errungenen Geländes preisgegeben hatten.

Heute erfolgten schwere französische Gegenangriffe, sie sind abgewiesen, doch scheint die vorderste eigene Linie leicht zurückversetzt worden zu sein.[1496]

Im Gefechtsbericht des III/8[1497] sind im Anhang per 04.09.1916 die Verluste[1498] für die Kampfhandlungen vom 02. bis 05.09.1916 verzeichnet: 7 Offiziere und 393 Mann; von den Offizieren war einer tot und 6 verwundet, bei den Mannschaften waren 61 gefallen, 248 verwundet und 84 vermisst.

Am Nachmittag des 04.09. erging ein Regimentsbefehl[1499], der die am 05.09. morgens geplante Ablösung und die dann geltenden Befehlsverhältnisse regelte:

Das III/8 (Major Felser) sollte in der Nacht vom 04./05.9. durch das I/364 abgelöst werden und nicht, wie anfangs geplant, durch II/8 mit unserem Protagonisten Karl Didion. Der Befehl regelte dann die Ablösung durch I/364 und der MG-Kompanie 8 durch die MG-Kompanie des Reserve-Jäger-Bataillons. Das III/8 mit der MG-Kompanie 8 sollte im Lager Neuer Wald „in Ruhe" verlegt werden. Weiter wurden dann noch logistische Befehle zum Abtransport des III/8 festgelegt. Dann wurde über das II/8 verfügt:

Das II. Bataillon 8. Infant. Rgt. steht dem Regiment als Bereitschaftsbataillon zur Verfg. Es sind unterzubringen: die 8. und 6. Kompagnie in der alten Sturmausgangsstellung vom 1.8. (508 – 548), die 5. [mit Karl Didion] und 7. Kompagnie im Lager Bezonvaux-Nord. [...] Die 8. und 6. Kompagnie stehen dem I/364 mit Träger- und Arbeitsdiensten (aber nicht in taktischer Hinsicht) zur Verfügung. Sie sind Nachts aus der Stellung zu ziehen, sobald Major Felser die Kompagnien nicht mehr benötigt, dann in Sturmausgangsstellung vom 1. August zurückzuverlegen.[1500]

Im weiteren Befehl wurde dann die Gliederung ab 05.09. festgelegt, wobei das uns besonders interessierende II/8 die Bereitschaft im linken Gefechtsstreifen übernahm. Der von Oberst von Rücker unterzeichnete Regimentsbefehl schloss mit folgender Meldung: „Die Senegalneger be-

[1495] Gold, Tragödie von Verdun, Bd. 14, 1928, S. 179.
[1496] KA: Infanteriebrigaden (WK)_915_11/12 (1674).
[1497] KA: 8. I.R._(WK)_13_20-32 (511).
[1498] KA: 8. I.R._(WK)_13_33 (511).
[1499] KA: 8. I.R._(WK)_10_56-57 (414).
[1500] KA: 8. I.R._(WK)_10_56 (414).

nahmen sich in niederträchtiger Weise gegen unsere Verwundeten, es dürfte angezeigt sein, gleich auf dem Schlachtfeld möglichst rücksichtslos vorzugehen."[1501]

Im Brigadebefehl Nr. 2901[1502] vom 04.09.1916 wurde über fortwährende französische Gegenangriffe berichtet: „Nach den bisher vorliegenden Meldungen hat die vorderste Inftr. Linie der Brigade die gestern errungene Stellung gegen wiederholte französ. Gegenangriffe gehalten und da, wo der Feind eingedrungen ist, ihn wieder hinausgeworfen. Hierbei haben auch die Bereitschaften der Regtr. mitgewirkt." Es wurde weiterhin befohlen: „Die gestern erreichte Linie ist weiter zu halten und auszubauen."[1503]

Neben den Ablöseroutinen befahl die Brigade eine Ausdehnung der Kampfzone des 8. I.R.: „Der Abschnitt der Brigade wird von heute Abend an nach links ausgedehnt bis zur Linie 573 – Waldeck nahe westl. 574 – 560 – 541 – 542 – „m" des Wortes Fumin – Vaux-Damm. Das Regiment von Rücker hat sich entsprechend zu gliedern." Ferner wurde befohlen, dass das 8. I.R. in der Bezonvaux-Schlucht 6 MG zu übernehmen und als Materialreserve für die in Stellung befindlichen MG-Formationen bereitzuhalten habe. Dann heißt es weiter: „Vom Kdeur. der Pion. werden heute Abend 3000 Flaschen Mineralwasser nach Pionier-Park Bezonvaux-Schlucht gebracht, sie sind vom 8. I.R zu übernehmen und zu verteilen. Regt. von Kleinhenz[1504] 2000 Flaschen, Regt. von Rücker 1000 Flaschen."[1505] Die Verteilungsproportion entspricht der Tatsache, dass vom 4. I.R. 2 Bataillone und vom 8. I.R nur 1 Bataillon im Gefecht stand.

[1501] KA: 8. I.R._(WK)_10_57 (414).
[1502] KA: Infanteriebrigaden (WK)_946_17-18 (1674); ident. KA: Infanterie-Divisionen-(WK)_5702_27-28 (111) und KA: Infanteriebrigaden (WK)_946_17-18 (1674); Abbildung 66, Anhang 4.
[1503] KA: Infanteriebrigaden (WK)_946_17 (1674).
[1504] Karl August Kleinhenz, seit 1915 Ritter von Kleinhenz (* 3. August 1864 in Ludwigshafen; † 4. Februar 1948) trat nach dem Besuch des Humanistischen Gymnasiums in Speyer am 21. September 1882 in das 1. Infanterie-Regiment „König" der Bayerischen Armee ein und wurde dort am 3. März 1883 zum Portepéefähnrich ernannt. Anschließend wechselte er zum 8. Infanterie-Regiment „Großherzog Friedrich II. von Baden" nach Metz und wurde in der Folgezeit am 24. Juni 1884 zum Sekondeleutnant und am 22. September 1893 zum Premierleutnant befördert. Seit 1891 war er Bataillonsadjutant und wurde nach der Beförderung zum Hauptmann am 19. Februar 1899 zum Kompaniechef in seinem Regiment ernannt. 1902 erfolgte seine Kommandierung an die Schießschule und nach der Beförderung zum Major die Versetzung in den Stab des 8. Infanterie-Regiments, in dem er am 22. Mai 1908 zum Bataillonskommandeur ernannt wurde. Als Oberstleutnant (seit 21. Mai 1912) kam er am 19. September 1912 zum Regimentsstab und wurde am 19. März 1914 unter gleichzeitiger Beförderung zum Oberst zum Kommandeur des Regiments ernannt.
In der Anfangsphase des Ersten Weltkriegs kämpfte sein Regiment zunächst bei den Grenzschlachten in Lothringen. Das 8. Infanterie-Regiment war im August 1914 Teil der 8. Infanterie-Brigade unter Generalmajor Riedl und bildete einen Teil der 33. Reserve-Division, welche im Raum Metz als Reserve lag. Für seine außerordentlichen Verdienste wurde Kleinhenz am 5. Mai 1915 mit dem Ritterkreuz des Militär-Max-Joseph-Ordens beliehen und durfte sich aufgrund der damit verbundenen Erhebung in den persönlichen Adel ab diesem Zeitpunkt Ritter von Kleinhenz nennen. Am 28. September 1916 wurde Kleinhenz von seinem Kommando abgelöst, übernahm eine Reserve-Brigade und kämpfte in Siebenbürgen und Rumänien. Dort erhielt er am 17. Januar 1917 die Beförderung zum Generalmajor. Vom 8. Februar 1917 bis zum 8. April 1918 befehligte er im Rahmen des Alpenkorps die 1. Königlich Bayerische Jäger-Brigade. Anschließend war er zwischen 9. April und 28. Mai 1918 Kommandeur der 200. Infanterie-Division und am 29. Mai 1918 übernahm er die Führung der 14. Infanterie-Division; URL: https://de.wikipedia.org/wiki/Karl_von_Kleinhenz; 03.03.2017.
[1505] KA: Infanteriebrigaden (WK)_946_18 (1674).

In diesem Befehl wird auch deutlich, welch hohe Bedeutung man der MG-Waffe beimaß, der abschließende Punkt lautete: „Die in Ruhe zurückgezogenen MG-Formationen haben von den nächstbefindlichen Inftr.-Batlnen. der Brigade möglichst viel Dienstgrade und Mannschaften dauernd am MG auszubilden. Den Regtrn. wird dringend empfohlen, dafür zu sorgen, dass Gefechtsausfälle bei den MG-Formationen jederzeit durch Infanteristen ersetzt werden können."[1506]

Als Tagesbefehl wurde hinzugefügt: „Se. Exzellenz Gen. d. Inftr. v. Lochow hat der Division zu dem gestrigen Waffenerfolge und zu dem heutigen tapferen Ausharren seine Anerkennung und seinen Glückwunsch ausgesprochen."[1507]

Am 04.09.1916 wurden Verstöße gegen das Völkerrecht gemeldet und Zeugenvernehmungen befohlen: Es heißt da: „III/8 I.R. hat folgende Meldung vorgelegt: 4.9.1916 11:00 V[ormittags]. An das Regiment: ‚Nach Auss. des verw. Lt. Kreisel wurden von Seneg. Negern (Kol. Rgt. 22) Verwundete getötet, auf Verwundeten wurde herumgetrampelt, Leute, die sich ergeben wollten, wurden getötet.'"[1508]

Damit wurde auf das im Gefechtsbericht „Souville-Sack" des Regiments und der Kompanien geschilderte Massaker der Senegal-Neger während des französischen Gegenangriffes am 04.09. morgens Bezug genommen, als 2 Kolonial-Kompanien die vordersten deutschen Linien überrannten. Die deutsche Seite sah in dem Verhalten der Kolonialsoldaten einen Verstoß gegen das Völkerrecht. Dies wurde ja auch im obigen Regimentsbefehl vom 04.09. bereits von Oberst von Rücker thematisiert.[1509]

In einem Korpsbefehl vom 04.09. wurde festgestellt: „Die am 3. September in glänzend geführtem Angriff gewonnene Linie ist zu halten und der Ausbau der Stellung mit allen Mitteln zu betreiben. Dem Gen. Kdo. ist baldmöglichst auf Skizze der genaue Verlauf der vorderen Linie und die neue Kräfteverteilung südlich des Vaux-Tales zu melden."[1510] Dann wurde die Grenze zwischen der 33. R. D. und der 14 b. I. D. festgelegt auf der Linie:

573 – Waldecke bei 574 – 560 – 541 – 542 – „m" des Wortes Fumin – 511 – Damm des Vaux-Teiches; die genannten Punkte gehören der 14 b. I. D. Der Unterstand bei 542 und der Damm des Vaux-Teiches gehören beiden Divisionen gemeinsam. Die Ablösung des rechten Flügels der 33. R. D. durch die 14. b. I. D. entsprechend der neuen Division-Grenze hat nach unmittelbarer Vereinbarung in der Nacht vom 4./5.9. zu erfolgen.[1511]

[1506] KA: Infanteriebrigaden (WK)_946_18 (1674).
[1507] KA: Infanteriebrigaden (WK)_946_18 (1674).
[1508] KA: 8. I.R._(WK)_10_42 (414); ident. Infanterie-Divisionen-(WK)_5702_32 (111); Abbildung 65, Anhang 4.
[1509] KA: 8. I.R._(WK)_10_56-57 (414).
[1510] KA: Infanterie-Divisionen-(WK)_5702_29 (111).
[1511] KA: Infanterie-Divisionen-(WK)_5702_29 (111).

Das Kriegstagebuch des Regiments:

4. September 1916

Die am 3.9. erreichte Stellung konnte nicht im ganzen Umfange gehalten werden. Verlauf der Stellung: links angefangen, 50 m westlich 574, französ. dick eingezeichneter Graben bei 561, Richtg. (allg.) zugegen Steinbruch 562a.

III/8 hat 1 Rgts.- u. 1 Batls-Stab sowie etwa 300 Mann gefangen genommen.[1512]

Das Kriegstagebuch des I/8:

4. September

Ornes-Lager

Am Nachmittag kam Befehl, dass I/8 heute Nacht III/4 ablöst. Komp.en treffen Vorbereitungen zum Abmarsch.
Wetter: Vom Abend ab Regen.[1513]

Das Kriegstagebuch des II/8:

4. September 1916

5. Komp. Oblt. Wied, 7. Komp. Oblt. Berndt Bezonvaux-Schlucht Nordlager.

6. Komp. Lt. Bickel, 8. Komp. Lt. Bauer, Einsatz beim III/8 westl. der Souville-Nase. Dort auch 3 Masch. Gewehre Jäger und 2 Masch. Gew. Rgt. 364.

Verluste: 1 Mann 5./8 gefallen dch. A. G.
1 Mann 5./8 schwer verw. dch. A. G.
1 Mann 6./8 schwer verw. dch. A. G.
1 Mann 6./8 leicht verw. dch. A. G.
3 Mann 8./8 gefallen
26 Mann 8./8 leicht verw. dch. A. G. (davon 10 b. d. Truppe)
8 Mann 8./8 schwer verw. dch. A. G.
1 Mann 8./8 vermißt (wahrscheinl. verschüttet).
Witterung: trübe, dann schön, Verpflegung aus Magazin. Gesundheitszustand gut.[1514]

4.4.2.3   Gefechts- und Erfahrungsberichte

4.4.2.3.1   Gefechtsberichte

Bevor die Gefechtslage bis zum Monatsende betrachtet wird, sollen zunächst die Gefechtsberichte in den Blick genommen werden.

Über das erfolgreiche Gefecht vom 02. bis 05.09.1916 zur Beseitigung des Souville-Sackes liegen sowohl ein Bericht des III/8[1515] als auch Berichte seiner beteiligten Kompanien 09./8[1516], 10./8[1517], 11./8[1518] und 12./8[1519] vor, die auch hier zur Dokumentation des Geschehens herangezogen werden sollen.

[1512] KA: 8. I.R._(WK)_1_28 (414).
[1513] KA: 8. I.R._(WK)_6_02 (414).
[1514] KA: 8. I.R._(WK)_7_188 (1554).
[1515] KA: 8. I.R._(WK)_13_20-36 (511); ident. (nur etwas anders korrigiert) KA: 8. I.R._(WK)_13_90-106 (511); Abbildung 11, Anhang 3.
[1516] KA: 8. I.R._(WK)_13_79-87 (511).
[1517] KA: 8. I.R._(WK)_13_74-78 (511).
[1518] KA: 8. I.R._(WK)_13_70-73 (511).
[1519] KA: 8. I.R._(WK)_13_61-69 (511).

Der Gefechtsbericht des III/8[1520] beschreibt zunächst den Anmarschweg zusammen mit der MG-Kompanie 8. Die Einheiten wurden am 01.09. 4:00 nachmittags vom Lager Deutsch-Eck und nach einstündiger Fahrt südöstlich von Gremilly transportiert. Dort wurde das Bataillon mit dem sog. Verdun-Gerät (Stahlhelm, verkürztes Schanzzeug, 2. Feldflasche, Handgranaten) ausgerüstet. Dann ruhte das Bataillon und fasste Kaffee. Zwischen 8:00 und 9:00 abends trafen die zugeteilten Pionier-Züge ein. Um 10:00 trat das Bataillon dann den Vormarsch an. Es marschierte entlang des Bahngleises östl. Ornes nach dem Ouvrages de Bezonvaux, wo es um Mitternacht eintraf. „Von hier aus erfolgte der weitere Vormarsch über Zwischenwerk Hardaumont, Vaux-Schlucht, Fuminrücken nach dem I[nfanterie]-Werk [Abbildung 135 und Abbildung 194] bei Punkt 544 [östlich der Kiesgrube; Anm. d. Verf.]."[1521] Beim Anmarsch gab es leichte Verluste durch feindliches Artillerie-Feuer. Das Bataillon übernahm dann die 3 nördlichen Kompanie-Abschnitte am Ostrand der Souville-Schlucht, links die 10./8, dann Mitte 11./8 in Richtung der Tiefenlinie der Souville-Schlucht angreifend, und schließlich die 9./8 entlang der Linie 560 – 561. Das Zerstörungsfeuer lag seit dem 01.09. auf den zu nehmenden Stellungen und wurde auch am 02.09. von der französischen Artillerie heftig mit 7,5- bis 15-cm- Kalibern beantwortet.

Der Angriff sollte am 03.09. vormittags um 7:08 erfolgen. Diese Zeit war genau einzuhalten, um dem eigenen Artillerie-Feuer dichtauf folgen zu können. „In der Nacht vom 2. auf 3.9. schwoll das fdl. Artl.-Feuer zu a. o. Heftigkeit an und machte einen einigermaßen geordneten und überlegten Verkehr zur Vaux-Schlucht, an die Btl.-Gef. St[elle]. und in die eigene Kampf-Stellung unmöglich. Es versagte deshalb der Läuferverkehr; das Heranbringen von Wasser, Lebensmittel und Stellungsmaterial war nicht möglich."[1522]

In den Morgenstunden flaute das feindliche Feuer etwas ab, sodass die befohlene Sturmausgangsstellung richtig eingenommen werden konnte. Inzwischen war bereits ein Verlust von 10 % eingetreten, die Kompanien konnten aber mit durchschnittlich 110 Gewehren antreten. Jeder Kompanie waren 10 Pioniere als Sturmtrupps zugeteilt, die mit der 2. Welle vorgehen sollten, „sie waren mit einpfünd. Handgranaten, mit Brandröhren[1523] und geballten Ladungen ausgerüs-

---

[1520] KA: 8. I.R._(WK)_13_20-33 (511); ident. KA: 8. I.R._(WK)_13_90-103 (511).
[1521] KA: 8. I.R._(WK)_13_20 (511).
[1522] KA: 8. I.R._(WK)_13_21 (511).
[1523] Brandröhre war ident. mit Flammenwerfer. Dr. Reddemann, Führer einer Landwehr-Pionierkompanie gelang es, technisch unkomplizierte Apparate zu konstruieren, bei denen ein leicht brennbares Flammöl mittels Stickstoff unter hohem Druck aus einem Tankkessel durch eine Schlauchleitung über ein Handrohr mehrere Meter weit verspritzt wurde. Das Flammöl entzündete sich durch einen am Ende des Handrohres angebrachten Glühzündapparat. Neben der gefährlichen Brandwirkung des Flammstrahles erzeugte die neue Waffe durch die Verwendung eines entsprechenden Flammöl-Gemisches beim Gegner auch eine immens hohe moralische Wirkung: je nach Mischung entwickelten sich dichte schwarze Rauchwolken. An Stellen, bei denen die Gefahr bestand, von gegnerischer Artillerie erkannt zu werden, wurde ein Ölgemisch eingesetzt, das nur einen dünnen, kaum sichtbaren Rauch erzeugte.
Reddemann konstruierte zwei verschiedene Arten von Flammapparaten. Einen als „Großer Flammenwerfer"

tet."[1524]

Kurz vor dem Sturm begann die eigene schwere Artillerie ein 10-minütiges schweres Wirkungs-schießen auf die feindlichen Stellungen.

> Um 7 Uhr Vorm. traten die Sturmtrupps der 10./8 an, die übrigen Kompagnien folgten, als unser eige-nes Sperrfeuer an ihnen feindwärts vorübergezogen war. Links von 10./8 ging die 11./8 mit 2 Sturm-trupps gegen die befohlene Linie. Links der 11./8 die 9./8, 3 Sturmtrupps in erster Linie, wovon der linke gegen 561 (dort vermutete man einen einbetonierten MG-Stand) eingesetzt war.[1525]

In 50 m Abstand, so der Gefechtsbericht, folgten die 2. Wellen und 80 m dahinter die 3. Wellen der Kompanien. Die 12./8 verblieb teilweise als Reserve in der Kiesgrube, die übrigen Züge si-cherten die Sturmausgangs-Stellungen.

> Die ersten Sturmtrupps der Kompagnie folgten dichtaufgeschlossen unserem Sperrfeuer, hinter dem sie sich in langsamen Schritt bewegten. Alles war in dichtem Rauch gehüllt; man konnte kaum seinen Nebenmann erkennen. So gelang es bis dicht an den durch Punkt 561 ziehenden franz. Graben heran-zukommen, von heftigem, aber schlecht gezieltem Gewehrfeuer empfangen."[1526]

Durch feindliches Infanterie-Feuer entstanden einige Verluste. „Die Sturmtrupps sprangen über die 1. durch Punkt 561 gehende franz. Linie und gingen gegen die 2. franz. Stellung am Chapit-re-Weg vor, woher sie von neuem Inf.-Feuer erhielten."[1527] Die Verteidiger vom französischen Reserve-Infanterie-Regiment 344 leisteten nur geringen Widerstand, es wurden etwa 160 Gefan-gene gemacht. Nur bei Punkt 561 wurde größerer Widerstand geleistet.

„In schneidigem und ununterbrochenem Anlauf war der zugewiesene Teil der Chapitre-Stellung erreicht worden. Einzelne Gruppen waren den zurückgehenden Franzosen bis auf über 100 m über diese Stellung hinaus gefolgt. [...] Die befohlene Linie des Chapitre-Weges war 7:30 V. erreicht und besetzt worden"[1528] Die Verbindung mit der links befindlichen 5. Kompanie des I. R. 364 wurde hergestellt. Die 10./8, die schon früher mit Teilen im Steinbruch nördlich des Chapitre-Weges gewesen war, konnte jedoch trotz aller Versuche keine Verbindung mit dem rechts vom III/8 vorangegangenen III/4, das wohl nicht rechtzeitig vorangekommen war, finden. Der Gefechtsbericht fuhr fort:

---

bekannten Apparat mit einem Füllvermögen von 100 Liter Flammöl. Dieses konnte circa 50 Meter weit verspritzt werden. Bei günstiger Windrichtung wurden auch Flammstrahlen bis zu 100 Metern erreicht. Es war darüber hinaus möglich mehrere Flammölkessel zu verbinden um eine längere Flammwirkung zu erzielen, oder den Rohrführer mit einem 30 Meter langen Flammschlauch auszustatten, welcher ihm das Vorspringen zur direkten Angriffsunterstützung ermöglichte. Vorgesehen waren die großen, sehr unbeweglichen Flammenwerfer für den Grabenkampf oder im Trichtergeländer und zur Verteidigung. Daneben kam der sog. „Kleine Flammenwerfer" zum Einsatz. Er faßte nur 10 Liter Flammöl und produzierte einen Flammstrahl von circa 20 Metern mit einer maximalen Wirkungsdauer von gut 15 Sekunden. Der Apparat wurde von einem Flammschützen auf dem Rücken getragen und erlaubte so das Vorgehen mit der stürmenden Infanterie.
URL: http://www.tapferes-westfalen.de/wissen/flammen_text.htm; 19.12.2016.
[1524] KA: 8. I.R._(WK)_13_21 (511).
[1525] KA: 8. I.R._(WK)_13_21 (511).
[1526] KA: 8. I.R._(WK)_13_22 (511).
[1527] KA: 8. I.R._(WK)_13_22 (511).
[1528] KA: 8. I.R._(WK)_13_23 (511); Abbildung 203.

Der lange über dem Boden liegende Morgennebel gestattete den Leuten, sich in der Stellung einigermaßen einzugraben, ohne von den Franzosen belästigt zu werden. Auch gelang die Aufstellung unserer mit den 2. Wellen unserer Kompagnien vorgegangenen MG. Als sich der Morgennebel, etwa 10:00 Vorm. gehoben hatte, erschienen sofort franz. Flieger, welche tief herabgingen, mit MG auf unsere Schützen schossen und das franz. Artl.-Feuer sichtlich sehr gut leiteten. Unsere Schützen verhielten sich, um nicht die Aufmerksamkeit auf sich zu lenken, ruhig. Auch von unseren Fliegern erschienen einige. Ob auch sie mit Erfolg unser Artl.-Feuer geleitet haben, konnte nicht erkannt werden.[1529]

Um 10:00 setzte aus Richtung Steinbruch heftiges MG-Feuer ein, das jede Bewegung außerhalb der Deckung gefährlich machte. Gleichzeitig ging aus unerfindlichen Gründen die rechts benachbarte 5./364 zurück, sodass zwischen dem linken Flügel der 9/8 und dem rechten des I.R. 364 (Abbildung 204) eine etwa 120 m breite Lücke entstand, die durch ein MG beherrscht werden musste.

Um die Mittagsstunde wurde eine aus der deutschen Stellung im Chapitre-Wald vorgehende Schützenlinie (vermutlich III/4) gesehen, „welche in den französischen Graben drang und diesen nach links aufrollte. Kurz darauf gingen die Franzosen, mindestens 300 Mann, während der Dauer einer Stunde in den 50 m westlich 539 [Abbildung 135] nach Süden verlaufenden sehr seichten Graben zurück, um durch den Caillettegraben in Punkt 567 zu kommen."[1530] Sie wurden durch das bei Punkt 563 aufgestellte MG zum größten Teil „abgeschossen". Im Laufe des Nachmittags erhielt besonders die rechte Hälfte der eroberten Stellung am Chapitre-Weg starkes MG- und Infanterie-Feuer, das zusammen mit stärkstem Artillerie-Feuer auf die Sturmausgangsstellung, die Kiesgrube und auf die Bataillons-Gefechts-Stelle bei Punkt 544 auf einen Gegenangriff hinwies.

Am Morgen waren die Sturmtrupps der 10./8 bereits erfolgreich gegen die französischen Unterstände bei 507 und 507a vorgegangen, hatten den Talgraben aufgerollt und dann die französische Stellung im Steinbruch mit Handgranaten angegriffen. Dabei konnten sie 7 französische Offiziere, darunter den Regiments-Kommandeur vom R. I.R. 344, und 30 Infanteristen gefangen nehmen. Um 8:15 Uhr kamen die gefangenen Offiziere zur Bataillons-Gefechts-Stelle, die gefangenen Mannschaften, nun insgesamt 200, wurden in Richtung Vaux-Schlucht zum Regiment geführt. Diese Aktion beschrieb das RA ausschmückend wie folgt:

Während sich das III/b. 8. infolge des Nebels vom Feinde unbehelligt, in dieser Linie einrichtete, gelang es dem V. F. Scharf, 10./b. 8, ein wohl einzig dastehendes Husarenstück. Er war, mit zwei Gruppen dem rechten Flügel des Bataillons als Flankendeckung folgend, in den Steinbruch 562a geraten, also in den Rücken des gegenüber dem bayer. I.R. 4 zu diesem Zeitpunkt noch haltenden Gegners. Am Nordrande des Steinbruchs entdeckt Scharf einen Stollen, Handgranaten hinein! Von drinnen blitzen Gewehr- und Pistolenschüsse auf. Neue Handgranatensalve in den Eingang! – Pause – Rufe aus dem Innern! Nach kurzer Verhandlung erscheinen – Hände hoch – die Franzosen: 7 Offiziere und 30 Mann vom I.R. 344, darunter der Regiments- und ein Bataillons-Kommandeur mit ihren

[1529] KA: 8. I.R._(WK)_13_24 (511).
[1530] KA: 8. I.R._(WK)_13_24 (511).

Stäben. Unbehelligt kehrte Scharf zurück und lieferte seine Beute auf dem Gefechtsstande des III/b. 8 in der Battr. 544 ab.[1531]

Im Laufe des Tages erfolgte auf die Kompanien kein französischer Angriff. Die MGs des III/8 fügten den zum Fort Souville zurückflutenden Soldaten schwere Verluste zu. Aber auch die eigenen Truppen litten unter feindlichem Infanterie-Feuer aus dem Steinbruch, Punkt 562a, und Artillerie-Feuer. Die 10/8 schob im Laufe des Tages wiederholt Unterstützungen in die vordersten Kompanien ein und setzte auch ihre zurückgehaltenen Teile, die sich bisher hinter der Kiesgrube befunden hatten, in der Nacht vom 03. auf 04.09. dort ein. Es gelang jedoch nicht, den linken Flügel des III/4 zu finden und die immer noch bestehende Lücke zwischen diesem Bataillon und dem III/8 zu schließen. Die erwarteten feindlichen Gegenstöße fanden in der Nacht nicht statt, es wurde jedoch festgestellt, dass sich französische Kräfte (etwa zwei Kompanien) im Steinbruch bereitstellten, was erhöhte Gefechtsbereitschaft auf deutscher Seite auslöste.[1532]

Der feindliche Gegenstoß erfolgte am 4. September zwischen 8:00 und 9:00 Vorm. Er war durch sehr starkes MG Feuer auf unsere 1. Linie und durch Sperrfeuer etwa in Richtung unserer Sturmausgangsstellung 508 – 548 vorbereitet und unterstützt worden. Überraschend drang ein starker Haufen farbiger Franzosen etwa 2 Kompagnien aus Richtung der Unterstände 200 m südlich Punkt 561 gegen den rechten Flügel des I.R. 364 vor und brach dort durch [Abbildung 204]. Etwa 2 Kompagnien Senegalesen gingen aus dem Steinbruch bei Punkt 562a gegen unsere Stellung am Chapitre-Weg überraschend vor. Von unserer 1. Linie schlug ihnen starkes Feuer entgegen.[1533]

Dabei richteten die Senegalesen (Bataillon 36) bei deutschen Verwundeten[1534] ein „Massaker" an.

Unsere 1. Linie, namentlich ihr rechter Flügel, wurde von den Schwarzen teilweise überrannt. Diese hielten sich damit auf, die vielen dort herumliegenden Verwundeten zu massakrieren. Die übrigen stürmten in Richtung Kiesgrube und in Richtung 560 [Abbildung 135] vor. Letztere Gruppe erhielt Flankenfeuer von den in unserer Sturm-Ausgangsstellung vom 3. September befindlichen Teilen der 12./8, stutzten und kehrten wieder um.[1535]

Die Reserven in der Kiesgrube wurden in Stellung gebracht, aber es kam nicht zu einem Gegenangriff, denn inzwischen war die 12./8 mit Teilen der 6./29 und Versprengten aller Kompanien zum Gegenangriff auf die Schwarzen vorgegangen, welche bereits unter das Feuer von MGs des II/4 aus Richtung 538 gekommen waren und dadurch schwere Verluste erlitten.

Der Gegenstoß ging zügig vorwärts. Nach kurzem Feuergefecht, das auf etwa 150 m geführt wurde ging es unter Hurra [...] im Sturm auf die Schwarzen los, die panikartig ausrissen und in Richtung Steinbruch 562a zurückliefen. Die an den Stollen im Steinbruch sich drängenden farbigen Franzosen wurden von den 2 am rechten Flügel unserer 1. Linie wieder vorgefundenen MG's [...] so erfolgreich unter Feuer genommen, [...], dass sie ganz gewaltige Verluste erlitten. Dem Gegenangriff hatten sich

---

[1531] Gold, Tragödie von Verdun, Bd. 14, 1928, S. 178.
[1532] KA: 8. I.R._(WK)_13_27 f. (511).
[1533] KA: 8. I.R._(WK)_13_28 (511).
[1534] Kombattanten, die die Waffen strecken, wehrlos oder sonst kampf- bzw. verteidigungsunfähig sind oder sich ergeben, dürfen nicht bekämpft werden. Sie dürfen entwaffnet und gefangen genommen werden; Haager Landkriegsordnung 1907; Fleck, Humanitäres Völkerrecht, 1994, S. 69 ff.
[1535] KA: 8. I.R._(WK)_13_29 (511).

auch sofort die vor dem überraschenden Angriff der Schwarzen zurückgewichenen Teile der 1. Linie [...] angeschlossen.[1536]

Die verfolgenden Kompanien besetzten nicht mehr die ungünstigere Stellung am Chapitre-Weg, sondern den durch Punkt 561 führenden französischen Graben. Verschiedene Einheiten der Brigade-Reserve und der Bereitschaften wurden vorgezogen, so auch 2 Kompanien des II/8. Es waren dies die 6./8 und die 8./8; die 5./8 mit unserem Protagonisten Karl Didion und die 7./8 blieben in Bereitschaft im Lager in Herbébois und Gremilly.

Während der Nacht lag schweres Artilleriefeuer auf allen Teilen des Bataillons und den ihm zugeteilten Truppen. Es entstanden dadurch noch viele Verluste. In den Morgenstunden des 05.09. zwischen 4:00 und 6:00 Uhr wurde das Bataillon durch das I/364 abgelöst. Um 8:30 Uhr vormittags verließ der Bataillonsstab mit den zugeteilten Mannschaften als Letzter das I-Werk 544 und ging über Vaux-Schlucht, Hardaumont-Werk nach der Gefechts-Stelle des 8. I.R., wo dem Abschnitts-Kommandeur Oberst von Rücker mündlich Bericht erstattet wurde. „Das Batl. marschierte nach Gremilly, wo es Kaffee und vom Rgts.-Kdr. vorsorglich bereitgestellte Erfrischungen fasste und Lastwagen zum Gepäcktransport nach Neuer-Wald vorfand. Hier bezog das Batl. Quartier."[1537]

Die Verluste des Regiments waren beträchtlich: 1 Offizier und 61 Mann waren gefallen, 6 Offiziere und 248 Mann verwundet sowie 84 Mann vermisst.

8 franz. Offiziere und 200 Mann wurden gefangen genommen. Im Gefechtsbericht fand sich noch folgende Anmerkung, die das bereits bekannte Massaker der Senegalesen betraf: „Schwarze wurden wegen der an unseren Verwundeten verübten Grausamkeiten nur wenig gefangen genommen, sondern meist sofort niedergemacht. Darüber erstellter besonderer Bericht wird dem Regiment vorgelegt."[1538]

Der dargestellt Bataillons-Gefechtsbericht basiert auf den Kompanie-Gefechtsberichten, sodass man diese eigentlich nicht eigens behandeln müsste. Sie beinhalten jedoch einige Besonderheiten, auf die, die ausgezeichnete Quellenlage ausnützend, eingegangen werden soll, da sie die Stimmung der Soldaten unverfälscht wiedergeben.

Begonnen soll mit der 10./8 werden, die am rechten Gefechtsstreifen eingesetzt war. Am 03.09. um 6:30 früh lag die 10. Kompanie in der Kiesgrube und 100 m südlich davon auf der Souville-Nase mit einer Gefechtsstärke von 3 Offizieren, 1 Vizefeldwebel, 1 Fähnrich, 5 Unteroffizieren und 101 Mannschaften. Der Gefechtsauftrag lautete: Die 10./8 unterstützt durch 2 über die Linie

[1536] KA: 8. I.R._(WK)_13_29-30 (511).
[1537] KA: 8. I.R._(WK)_13_32 (511).
[1538] KA: 8. I.R._(WK)_13_33 (511).

507 – 507a vorgetragene Sturmkolonnen den Angriff des III/4 und schützt Flanke und Rücken der links daneben operierenden 11./8.

Der bereits ausschmückend geschilderte Husarenstreich von Vizefeldwebel Scharf liest sich im Original wie folgt:

> Vizflw. Scharf und Fähnrich Wagner und 2 Gruppen und Gewehr [?] Zimmermann der MG Kp. 8 hatten den Auftrag, gleichzeitig mit der 11./8 hinter dem rechten Flügel als Flanken- u. Rückendeckung der 11./8 längs der Souville-Schlucht vorzugehen. Scharfe Beobachtung bzw. Erkundung gegen Talgraben.
>
> Fähnrich Wagner mit dem MG hielt sich hinter dem rechten Flügel der 11./8. Vizefeldw. Scharf trennte sich in der Schlucht von Fähnrich Wagner und ging mit einer Gruppe auf dem Westhange der Schlucht gegen den Steinbruch 562a vor. Aus diesem erhielt er Gewehrfeuer. Er versuchte in den Steinbruch von der Vorderseite einzudringen. Hierbei sah er im Rücken [...] einen franz. Offizier mit 3 Mann, die 2 Gefangene des 4. I.R., anscheinend vom Punkt 536a herkommend, mitführten. Nach kurzer Gegenwehr überwältigt, wurden die Franzosen gegen die Kiesgrube abgetrieben. Die Leute des 4. I.R. erhielten Handgranaten. Jetzt gelang es in den Stolleneingang des Steinbruches Handgranaten zu werfen, worauf der Regts.-Kdeur von I.R. 344 [französisch; Anm. d. Verf.] und 1 Batls.-Kdeur des gleichen Regiments mit ihren Stäben heraustraten und sich ergaben. Sie wurden (Stärke 5 Offze. und etwa 30 Mann) aus den Stollen zur Kiesgrube zurückgeführt, wo sie gegen 8:00 vorm. eintrafen.
>
> Fähnrich Wagner verlängerte beim Vorgehen den rechten Flügel der 11. Komp. und nahm mit seinem Maschinengewehr die zurückflutenden Franzosen unter Feuer. [1539]

Die 10./8 führte ihre weiteren Aufträge noch aus und der Kompaniebericht vermerkt für den 04.09. morgens das bereits erwähnte Zusammentreffen mit den Schwarzafrikanern: „Am 4. morgens gegen 7:30 Uhr stießen etwa 70 Kaffern [sic!] aus dem Steinbruch gegen Chapitreweg vor und überrannten die vordere Linie. Durch einen Gegenangriff von Teilen der 12./8 und der 6. Komp. 29 I.R. wurden die Schwarzen überwältigt und die vordere Linie östlich des Steinbruches wiederhergestellt."[1540] Im Munitionsverbrauchsbericht wurde angegeben, dass 600 Handgranaten geworfen wurden, was von der Härte des Gefechts zeugte.

Die 11./8, die im mittleren Gefechtsstreifen operieren sollte, berichtete[1541], dass sie am 02.09. morgens 4:00 in der Stellung an der Souville-Nase eintraf. Die Stellung wurde wie folgt beschrieben:

> Die Stellung bestand lediglich aus Granatlöchern deren Vorderwand zum Teil steil abgegraben und die teilweise mit Holz überdeckt waren. Mit dem anbrechenden Morgen begann unser Wirkungsschießen, welches die Franzosen mit einem ausgiebigen Straffeuer auf unsere Stellung beantworteten, welches mit wenig Unterbrechungen den ganzen Tag über andauerte. Die Stimmung in der Kompagnie wurde durch die eintretenden Verluste (15) sowie durch den Eindruck des Feuers überhaupt sehr gedrückt. Ein Einfluss der Führer konnte fast nicht ausgeübt werden. Die unmittelbare Vorbereitung des Sturms nur in ganz oberflächlicher Weise betätigt werden. Doch war es möglich, sich insoweit zu orientieren, dass ein vor der Front stehender charakteristischer Baumstumpf als Marschrichtungspunkt für die Mitte der Kompanie angegeben und mit einer runden Papierscheibe in etwa 3 m Höhe bezeichnet werden konnte.
>
> Mit beginnender Dämmerung am 3. September senkte sich ein dichter Nebel nieder. Auf Witterungseinflüsse überhaupt mag es zurückzuführen sein, dass das um 6:50 Uhr beginnende Wirkungsschießen

---

[1539] KA: 8. I.R._(WK)_13_75-76 (511).
[1540] KA: 8. I.R._(WK)_13_77-78 (511).
[1541] KA: 8. I.R._(WK)_13_70-73 (511).

unsere Artillerie auf unserer Stellung lag, statt vor derselben. Hierdurch traten nochmal verschiedene Verluste ein und lockerte wiederum das Gefüge der nun eingeteilten Gruppen und Wellen. Um 7:08 Uhr trat die erste Welle vom rechten Flügel aus an und ging langsamen Schrittes hinter unserem Sperrfeuer, die 2. Welle folgte mit 50, die 3. mit weiteren 80 Schritt Abstand. Der Sturm wurde durch nichts aufgehalten, es fielen lediglich einige Infanterieschüsse, offenbar von den Posten in der französischen Linie herrührend; ein MG trat nicht in Tätigkeit. Die französische Stellung war als solche nicht zu erkennen, die Besatzung saß vollständig überrascht in den mit Holz überdeckten Granatlöchern. Die 3. Welle fand nur 1 Mann, derselbe erschoss den die 3. Welle führenden Zugführer-Unteroffizier. Infolge des Nebels und des vollständig ausfallenden Widerstands des Gegners, auch wegen der geringen Stärke der Wellen wurde von der Zurücklassung des Ausräumungskommandos abgesehen. Die Kampfbegeisterung der Mannschaften stieg unter diesen Umständen, und es war schwer den Angreifer in der vorgeschriebenen Linie zum Halten zu bringen. Verschiedene kleine Trupps mussten zurückgenommen werden. Der Führer der 1. Welle Herr Leutnant Lebling ist so etwa 100 m vor der zu werfenden Linie durch unser Sperrfeuer gefallen.[1542]

Die Begegnung mit den Senegalesen, die am 04.09. den Gegenangriff trugen, wurde in diesem Bericht wie folgt beschrieben:

Der am frühen Morgen erwartete Gegenangriff blieb aus, die Meldung bezüglich der am Steilhang erfolgten Bereitstellung schien auf Schätzung zu beruhen. Die feindlichen Maschinengewehre bestrichen die Stellung ständig und sehr treffsicher und in einem solchen Augenblick war es, als die feindlichen Sturmtruppen um 9:00 Uhr aus der Souville-Schlucht herausbrachen. Der Angriff war so überraschend und der Anblick der Neger ohnehin so unvermutet, die Angreifer überhaupt so stark (2 Kompagnien), daß es unmöglich war, den Angriff abzuwehren. Keines der drei Maschinengewehre kam zum Feuer, wer sich noch loslösen konnte, lief nach rückwärts. Erst durch MG-Feuer aus der Stellung des 4. I.R. wurde der Angriff zum Stehen gebracht.[1543]

An der Seite des Berichts sind „???"- und „!!!"-Zeichen, erkennbar von Major Felser bei der Abfassung des Bataillons-Gefechtsberichts eingefügt, der offensichtlich nicht glauben konnte, dass eine seiner Kompanien sich so überraschen ließ und dann Reißaus nahm.

Die 9./8, die den linken Gefechtsstreifen des Regiments einnahm, berichtete[1544]:

In der Nacht vom 1./2. September bezog die 9. Kp. ihre Sturmausgangsstellung auf dem südlichen Teil der Souville-Nase, mit dem linken Flügel an I.R. 364, 5. Kp. anschließend. Im Verlaufe der Nacht und des darauffolgenden Tages erlitt die Kompagnie bereits durch feindliche Handgranaten und durch Artilleriefeuer schwerer Kaliber fühlbare Verluste. Gegen 3:00 Nachts erhielt die Kompagnie den Befehl am folgenden Morgen (3. Sept.) um 7:08 Uhr zum Sturm anzusetzen. Nach Anordnungen des Komp.-Führers, Herrn Olt. Künne, teilte Vizefeldw. Hochenleitner, als einziger noch vorhandener Zugführer der Kompagnie die einzelnen Gruppen und Sturmtrupps ein und wies Jedem seinen Platz und seine Aufgabe beim Sturm zu. Kurz vor 7:00 Uhr begann unsere schwere Artillerie ein außerordentlich wirkungsvolles Zerstörungsschießen. Pünktlich trat zur befohlenen Minute die Kompagnie zum Sturm an. Seinen Leuten von Sturmtrupp weit voran, stürmte der Unteroffizier Gollenhofer dem Punkt 561, in welchem ein französisches Betonwerk vermutet worden war, entgegen. Ihm folgte die ganze Kompagnie in unwiderstehlichen Drang nach vorwärts, ohne der Verluste durch die weit fliegenden Splitter der eigenen Artillerie zu achten.[1545]

Die Aktionen von Vizefeldwebel Hochenleitner gehen auch aus zwei handschriftlichen Meldezetteln hervor:

Die erste Meldung stammt von Vizefeldwebel Hochenleitner selbst, gerichtet an „K. Batl. III/8":

[1542] KA: 8. I.R._(WK)_13_70-72 (511).
[1543] KA: 8. I.R._(WK)_13_72 (511).
[1544] KA: 8. I.R._(WK)_13_79-81 (511). Während der Gefechtsbericht der 11./8 in feinstem Sütterlin, war der Bericht der 9./8 bemerkenswerterweise in lateinischer Schrift abgefasst.
[1545] KA: 8. I.R._(WK)_13_79 (511).

I. Meldg.	abgeg. 9 Uhr 30 Vorm: Vorgeschriebene Stellung erreicht, eingebaut. Anschluss links 5/364, rechts 11/8. Oblt. Künne verwundet, mich mit der Comp. Führung beauftragt.
II. Meldg	abgeg. 11:40 Vorm: Verbindung links (364) abgebrochen und zurückgenommen. Steinbruch rechts von uns ist einwandfrei vom Feinde besetzt.
III. Meldg	abgeg. 5:20 Nachm.: bayer. 4. I.R. geht am recht. Flügel vor und springt in den franz. Graben auf der Höhe des Chapitre-Rückens – Angriffs nach links fortgepflanzt und franz. Graben erreicht – Franz. springen in ungeordneten Haufen gegen Fort Souville zurück und werden von unserem MG stark zusammengeschossen.
IV. Meldg	abgeg. 7:20 Nachm.: Franz. Gegenstoß ca. 2 Comp. gegen 535 – 536a – Zurückfluten der Gegner in hellen Haufen gegen Fort Souville.

gez. Hochenleitner, Vizefeldw. I.R. 9./8[1546]

Dazu fügte Vizefeldwebel Hochenleitner eine Skizze (Abbildung 203) mit folgenden sehr detaillierten Beobachtungen bei:

Angaben zur Skizze: – MG am linken Flügel unserer bezogenen Stellung erst nachts aufgestellt, nachdem Verbindung nach links auf ca. 200 mtr. abgerissen. – im Steinbruch springen tagsüber Gegner einzeln über das ca. 30 mtr. freie Gelände aus dem Laufgraben 562 in den Stolleneingang (St. Eg) und zurück. –Ca. 80 mtr. nordöstlich Steinbruch und auf gleicher Höhe mit demselben ein Stück Graben von dem aus scharf nördlich Stafetten des Gegners in Granatlöchern liegen bis auf 2/3 Höhe des Hanges.

Nachts 1:30 ca. im Steinbruch bei Leuchtkugelschein starke Massen des Gegners beobachtet. Ca. ½ Batl. vor unserer Linie, Schützenketten des Gegners ca. 80 mtr. feindwärts des Chapitreweges. – Am linken Flügel verirrte Franzosen einzeln mit MG abgeschossen – Graben des Gegners am Kamm des Chapitre in Richtung SW-NO verlaufend gut zu erkennen, jedoch weiter zurück nur der Laufgraben 562; sonst alles freies unbesetztes gegen Fort Souville ansteigendes Gelände.[1547]

Auf den Meldezettel von Vizefeldwebel Hochenleitner antwortete der verwundete Kompanie-Führer Oberleutnant Künne:

Mein lieber Hochenleitner!

Ich habe an Btl. gemeldet:

1. Sturm 9/8 wie auf Exerzierplatz tadellos. Jagd der franz. Gefangenen ca. 300.
2. Pioniere versagten, gingen nicht vor.
3. französ. Flieger schossen auf unsere Inf., leisteten im übrigen Art. Feuer sehr gut. Künftige Bekämpfung durch Art. oder Flieger notwendig, da unsere Leute nicht zu schießen wagen.
4. Deutsche Art. schoß sehr gut.
5. Verluste bei Sturmanlauf ca. 20 durch anscheinend 1 französische Batterien (Schrapnelle) u. MG in linker Flanke.
6. Hervorragend benommen: [Sergt?] Pohl, Uffz. Gollhofer. Über ihre vorbildliche Tätigkeit habe ich dem Major persönlich berichtet. ich möchte das sie Eis. K[reuz] bekommen.

Diese Notiz bitte ich bei einem Gefechtsbericht zu verwenden. In 4 Wochen bin ich wieder bei 9/8. Auszeichnungsliste schicke ich Bossler.

Herzliche Grüße an die übrigen Herren, Ihr Künne

PS: besondere herzliche Grüße an Bossler, Ihr Künne.[1548]

Aus diesem sehr persönlichen Schreiben des verwundeten Kompanieführers an seinen 1. Zugführer, der die Kompanie in den Kampf führte, spricht sehr viel Dankbarkeit und der Wunsch nach Genesung, um bald wieder zu seiner Kompanie zurückzukehren.

Trotz heftiger Verluste und ausgefallenen Kompanieführers erreichte die 9./8 zur vereinbarten

---

[1546] KA: 8. I.R._(WK)_13_86 (511).
[1547] Skizze der 9./8 in KA: 8. I.R._(WK)_13_87 (511).
[1548] KA: 8. I.R._(WK)_13_84-85 (511).

Zeit das Angriffsziel und machte dabei viele Gefangene. Sie hielt den ganzen Tag die einge-nommene Stellung; durch das aus unerfindlichen Gründen zurückgehende I.R. 364 hatte sie eine linke offene Flanke und erhielt gleichzeitig verlustreiches rechtes französisches Flankenfeuer. In der Nacht konnte der Gegner abgewehrt werden, der sich bis 100 m an die deutsche Linie heran-gearbeitet hatte. Gegen 1:00 nachts ergab die Aufklärung, dass der Gegner im Steinbruch ca. 2 Kompanien zum Angriff zusammenzog, der vom rechten Flügel-MG unter Feuer genommen wurde. Der Gefechtsbericht schilderte den weiteren Verlauf:

> Gegen 2:00 Nachts wurde auf ungefähr 30 m Entfernung ein leichter französischer Schützenschleier vor unserer Linie festgestellt. Um ½ 3 Uhr übernahm der inzwischen eingetroffene Leutnant d. R. Bangert die Kompanieführung. Zwischen 8 und 9:00 Morgens setzte der erwartete französische Ge-genangriff ein. Die tiefgegliederten Angriffswellen bestanden aus schwarzen Truppen, in welchen un-ser MG furchtbar wütete. Nach einem Widerstand von ungefähr 30 Minuten musste jedoch der Rest der Kompanie bis auf die Höhe der Souville-Nase zurückgehen, da weder Munition noch Handgrana-ten vorhanden waren. Im gleichen Augenblick trafen jedoch die Unterstützungen ein und mit ihnen zusammen ging die sofort wieder gesammelte Kompanie vor und erreichte eine Linie, die ungefähr 100 m hinter der zuerst behaupteten Stellung (Chapitre-Weg) lag. Ein weiterer Gegenangriff erfolgte nicht. Gegen 5:00 Nachts wurde dann die Kompanie durch eine Kompanie des I.R. 129 abgelöst. Die gesamten Verluste betrugen ungefähr 83 Mann.[1549]

In einem Postskriptum wurde bemerkt: „Vorbringung der Verpflegung durch den 4. Zug hat sich nicht bewährt, da in keiner Nacht die angeforderte Verpflegung eintraf"; dann: „Jeder Sturm gelingt, wenn der Sturm der Infanterie unmittelbar dem weichenden Artilleriefeuer folgt."[1550]

Aus diesem Bericht geht hervor, dass ein Angriff bei Überraschung gelingt und wenn die Infan-terie unmittelbar dem weichenden eigenen Artillerie-Feuer folgt. Dies war offensichtlich noch keine Selbstverständlichkeit. Dass die errungene Stellung mangels Munition und Handgranaten nicht verteidigt werden konnte, lässt Fragen offen, ebenso die Tatsache, dass die kämpfende Truppe 2 Nächte ohne heranzubringende Verpflegung blieb.

Die 12./8 war als Reserve des Sturmbataillons vorgesehen. Der Gefechtsbericht[1551] dieser Kom-panie beginnt mit der Meldung, dass am 03.09. 5:30 vormittags der 2. Zug unter Leutnant d. R. Bangert als Reserve des Bataillons bereitgestellt, der 3. Zug unter Vizefeldwebel d. R. und Offi-ziers-Stellvertreter Steghöfer hinter dem Höhenkamm der Souville-Nase, „etwa vom N bis 100 m südlich der Sturmausgangsstellung"[1552] der 11./8, der 3. [muss wohl 1. heißen; Anm. d. Verf.] Zug unter Vizefeldwebel Stockmann anschließend nach Süden hinter die Sturmausgangs-stellung der 9./8 in Unterständen und Granattrichtern verlegt wurde mit dem Auftrag, nach Vor-brechen der 11. und 9./8 zum Sturm die Sturmausgangsstellung der beiden Kompanien als Sicherheitsbesatzung zu besetzen. Diese drei Züge hatten den ganzen Tag und die Nacht über

---

[1549] KA: 8. I.R._(WK)_13_79 (511).
[1550] KA: 8. I.R._(WK)_13_81 (511).
[1551] KA: 8. I.R._(WK)_13_61-69 (511).
[1552] KA: 8. I.R._(WK)_13_61 (511).

durch starkes Artilleriefeuer empfindliche Verluste.

Die Unterstützung der am 04.09. angegriffenen Sturmkompanie schilderte der Gefechtsbericht wie folgt:

> Am 4. etwa 8:45 Vorm. kam durch Versprengte der 11., 9./8 und I.R. 364 an mich [Hptm. Walter] in der Kiesgrube die Meldung, dass die Franzosen unsere 1. Linie überraschend angegriffen und überrannt hätten und in dichten Kolonnen gegen die Kiesgrube vorrückten. [...] Ich befahl sofort: „Die Versprengten, 6./29 und 12./8 gehen sofort zum Gegenangriff in Richtung Südosten vor." Sehr rasch bildete sich auf meinen Befehl aus den aus der Kiesgrube vorbrechenden Schützenknäueln eine Sturmlinie, die zügig unter meiner Führung in der befohlenen Richtung vorging. Zwei in etwa 150 m (von der Kiesgrube 300 m) Entfernung sichtbare vorrückende französische Sturmkolonnen (Senegalneger u. Kolonial-Inf.) wurden kurz unter Feuer genommen und dann mit „Hurra" zum Sturm vorgegangen. Die gegnerischen Kolonnen stutzten und flohen zurück und zwar alle in Richtung des Steinbruchs bei 562a. 9:15 Uhr vormittags war eine Stellung von 561 150 m nordwestlich davon erreicht. Die in die Stollen des Steinbruchs sich drängenden Franzosen wurden von den zwei am rechten Flügel wieder gefundenen MG unter vernichtendes Feuer genommen.[1553]

In allen Gefechtsberichten wird das Zusammentreffen mit den schwarzen Kolonialsoldaten aus dem Senegal hervorgehoben. Man wertete diese französischen Soldaten nicht als gleichwertig und bezeichnete sie als Kaffer, Kulturträger aus Sennegambien oder einfach als Schwarze. Interessant ist, dass ein französischer Offizier in der Gefangenenvernehmung bekannte, es sei für ihn entwürdigend, schwarze Kolonialsoldaten gegen deutsche Soldaten führen zu müssen.[1554]

Im weiteren Gefechtsbericht wurden die Verdienste der einzelnen Offiziere und Unteroffiziere herausgestellt.

4.4.2.3.2   Erfahrungsberichte

Dem Gefechtsbericht des III/8 lag noch ein ergiebiger Erfahrungsbericht[1555] von Major Felser bei, der wie folgt kurz zusammengefasst werden kann:

1. Sperrfeuer nur sinnvoll, wenn eigene Soldaten Unterstände haben, sonst von feindlich provoziertem Artilleriefeuer belegt.

2. Zeit bis zum Sturm zu lange, hohe Verluste und Wassermangel.

3. Unterbrochenes Artilleriefeuer während der Nacht erlaubte dem Feind Heranführung neuer Kräfte.

4. Eigenes Artilleriefeuer hatte nur wenig Wirkung, da es keine festen feindlichen Unterstände gab.

5. Eigenes Artilleriefeuer nicht durch Verbindungsoffizier der Artillerie geleitet.

6. Zerstörungsfeuer muss Pausen haben, damit eigene Patrouillen Wirkung feststellen können.

7. Eigenes Sperrfeuer wanderte beim Sturm zu langsam voran: „Zeiten für das fortschreitende Sperrfeuer zu setzen, ist eine Maßregel, die den Erfolg nicht verbürgt.

[1553] KA: 8. I.R._(WK)_13_63-65 (511).
[1554] KA: 8. I.R._(WK)_13_89 (511).
[1555] KA: 8. I.R._(WK)_13_34-36 (511).

Direkte Beobachtung des Feuers unter Abschießen von Signalpatronen ist nötig. Diesmal glückte es mit dem Sperrfeuer; hätte der Gegner starken Widerstand geleistet, so wäre das Sperrfeuer zu früh vor der Truppe weggezogen. Am 3. September leistete der Feind geringen Widerstand, deshalb wurden die Sturmtrupps durch das eigene Sperrfeuer aufgehalten.

8. Schon vor dem Stürmen muss Vorrat an Stellungsmaterial, Lebensmitteln, Wasser, Verbandszeug, Munition, Leucht- und Signalpatronen bereitgelegt werden.

9. Vorgesetzte Stellen müssen die unteren über die Lage unterrichten.

10. Französische Eier-Handgranaten teilweise besser als deutsche Stielhandgranaten.

11. Aufgepflanztes Seitengewehr beeindruckt den Franzosen.

12. Brieftauben bewähren sich.

Ein weiterer Erfahrungsbericht wurde vom 29. Infanterie-Regiment der 8. Infanterie-Brigade am 05.09.1916 vorgelegt:

1. Artillerie: der Truppe erscheint es erwünscht ja notwendig zur Verbindung mit der Artillerie noch ein weiteres Lichtzeichen einzuführen, nämlich ein Zeichen für Vergeltungsfeuer. Das Sperrfeuerzeichnen eignet sich nicht hierzu, und das muss die Truppe wissen, wenn sie im starken feindlichen Artilleriefeuer liegt, daß das deutsche Artilleriefeuer im nächsten Moment beginnen muss. Die Vergeltungsfeuer könnten durch Abschießen einiger Granaten den Zweck, den Feind von der weiteren Beschießung abzulenken, erreichen. In Ermangelung eines derartigen Zeichens wurde vorne schon öfter Sperrfeuerzeichen gegeben. Dieses Feuer hat aber auf den Feind in diesem Fall keinerlei Einwirkung, ist also Munitionsvergeudung, das Zeichen dafür falsch angewendet. Aber auch aus anderen Gründen wird manchmal das Sperrfeuer vorne verlangt, was sich in kürzester Zeit als unnötig herausgestellt. Hat das Sperrfeuer einmal eingesetzt, so schießt trotzdem die Artillerie meist längere Zeit fort. Die Nachbartruppen durch das Sperrfeuer-Zeichen erregt, geben dieses Zeichen sehr gerne nach: nötig erscheint daher die Einführung eines Vorzeichens, wodurch das Sperrfeuer beendet, die Nachbartruppen beruhigt werden.

2. Fernsprechleitung: Der Anmarschweg wird durch die zahlreichen Fernsprechleitungen bedeutend erschwert. An vielen Stellen hängen die Leitungen zu sehr herab, so dass das Hängenbleiben mit Gewehr, das Aufheben der Leitung und dadurch Stockungen im Vormarsch nicht vermieden werden können. Außerdem hängen eine Menge von alten Drähten herum, die keinen Wert mehr haben, bei denen aber im Artilleriefeuer stets Unklarheit besteht, welcher Draht zur eigenen Leitung gehört.

An den Drähten müssen auch Marken angebracht werden, die die Leitung klarlegen. Diese mit Leuchtmittel zu bestreichen erscheint besonders wünschenswert, um die Leitung bei Nacht ohne Anwendung elektrischer Taschenlampen zu erkennen.

3. Unterkunft: Die Unterkunft in Herbébois und in Azannes ist für die Mannschaften in einem wenig günstigen Zustand was Reinlichkeit, Ausbau der Lagerstätten betrifft. In den Zelten liegen die Leute teilweise auf dem bloßen Boden und auf etwas Holzwolle. Einzelne Strohsäcke sind auf dem Erdboden, die jedoch bereits das Verfaulen angefangen haben.

Für Aufräumung des Lagers, Bau von Latrinen, Einrichtung der vorhandenen Baracken erscheint es notwendig, dem Führer des Lagers ständig einige nur garnisonsdiensttaugliche Mannschaften zuzuteilen. Besonders notwendig erscheint es noch, die Zuführung von Wasser in das Lager Herbébois zu regeln, so dass die Leute nach Rückkehr aus der Stellung sich wieder einmal waschen können.

4. Bereitschaftsstellung: In den Bereitschaftsstellungen sind unbedingt in nächster Zeit brauchbare bombensichere Unterstände herzustellen. Jetzt sind nur Lager da, in denen 2-3 Mann sitzen können. Anordnungen für Ausbau der Bereitschaftslager vom Regiment getroffen.

5. Stahlhelme: Bei Regenwetter glänzen die Stahlhelme im Schein der Leuchtkugeln sehr, so daß sie weither sichtbar dem Feinde die Besetzung der Stellung verraten. Es empfiehlt sich daher ein Überzug oder doch wenigstens Beschmieren mit Erde.

6. Verpflegung: Die Verpflegung für die Bereitschaftskompagnien wie auch für die Kompagnien in vorderster Linie wurde in der Brûle-Schlucht bereitgestellt und durch die 4. Züge vorgetragen. Noch erweisen sich unsere Feldkessel nicht als günstig, zumal ihre Reinigung sehr viel Schwierigkeiten

vorne macht. Nötig erscheint die Zubereitung von größeren tragbaren Gefäßen, die die Speisen bei voller Wärme einige Stunden erhalten. Es wird die Beschaffung derartige Gefäße beantragt, Größe so, dass 2 Gefäße für 1 Zug für eine Speise ausreichen. Für Speisen und Getränke sind aber gesonderte Gefäße nötig, daher für 1 Zug 4 Stücke, für die 12 Züge des Batls., die vorne eingesetzt, 48 Stücke. Größe des einzelnen Gefäßes etwa 50 l.

Eine Zuteilung der Gefäße nur für die Truppen in Stellung und Bereitschaft genügt aber nicht, da sie die Truppen, wenn sie in Ruhe kommen zur gründlichen Reinigung mit zurücknehmen müssen. gez. Aschauer.[1556]

Beide Verfasser dieser Erfahrungsberichte, die Majore Felser und Aschauer, gehörten zu den tatkräftigsten Truppenführern des Regiments.

4.4.2.4 Dankadressen und Liebesgaben

Die Schilderung der Gefechte im September soll ein weiteres Mal durch die Betrachtung der nach dem Gefechtserfolg Anfang September ergangenen Dankadressen und der an die Truppen ausgeteilten Liebesgaben unterbrochen werden.

4.4.2.4.1 Dankadressen

Schon am 03.09.1916 um 4:00 nachmittags, also unmittelbar nach der Einnahme des Souville-Sackes und vor dem französischen Gegenstoß, dankte Oberst von Rücker dem III/8 in einem Regimentsbefehl[1557] für den „schönen Erfolg" und überbrachte die besten Glückwünsche, die der Divisions- und der Brigade-Kommandeur bereits dem Regiment zu den „erreichten Erfolgen ausgesprochen" hatten. Er fuhr fort: „Die vom Bataillon Felser erreichte Stellung ist mit allen Kräften auszubauen und unter allen Umständen zu halten. Die Kompagnien sind aus den 4. Zügen aufzufüllen. [...] Durch II/8 werden Lebensmittel in die Kiesgrube auf Souville-Nase nach-geführt, womöglich noch bei Tage. Weitere Sendungen folgen in der Nacht."[1558] Es ist gut möglich, dass unser Protagonist Karl Didion in der 5./8 zu diesem Dienst eingeteilt war.

Dass die Einnahme des Souville-Sackes ein kräftezehrendes Unterfangen war, wird mit der Er-laubnis deutlich, dass die Kompanieführer Mannschaften, die körperlich und seelisch besonders gelitten hatten, in die Bezonvaux-Schlucht zurücksenden konnten. „Diese Leute sind namentlich zu bestimmen; auch ist ihnen ein schriftlicher Ausweis mitzugeben."[1559] Dem Bataillon wurde dann die Ablösung von „morgen auf übermorgen" in Aussicht gestellt und vom Bataillons-Kommandeur ein Vorschlag über Auszeichnungen erbeten: „Für Offiziere etwa 3 Eiserne Kreuze I. Klasse, für Mannschaften nach dem Ermessen des Herrn Bataillons-Kommandeurs."[1560]

[1556] KA: Infanteriebrigaden (WK)_946_05-08 (1674).
[1557] KA: 8. I.R._(WK)_10_60 (414).
[1558] KA: 8. I.R._(WK)_10_60 (414).
[1559] KA: 8. I.R._(WK)_10_60 (414).
[1560] KA: 8. I.R._(WK)_10_60 (414).

Die Freude und Genugtuung über das gelungene Gefecht der bayerischen Truppen zur Einnahme des Souville-Sackes war außerordentlich. Sie fand Ausdruck in einer Anerkennung des deutschen Kronprinzen, einer Dankesdepesche des Königs Ludwig, einer des Korps-Kommandeurs und in Tagesbefehlen aller beteiligten militärischen Hierarchien von der Angriffsgruppe Ost über Division, Brigade, Regiment bis hin zum Bataillon. Es sollte eines der letzten siegreichen Gefechte vor Verdun gewesen sein.

Am 06.09.1916 gab das Generalkommando des XVIII. Reservekorps folgenden Depeschenwechsel „entsprechend der Allerhöchsten Willensmeinung zur Kenntnis der Division"[1561]:

Am 04.09. hatte General der Infanterie von Steuben dem bayerischen König in einer Depesche gemeldet:

> Euer Majestät melde ich alleruntertänigst, daß die unter dem Kommando des Generalmajors Rauchenberger stehende Königlich Bayerische 14. Infanterie-Division, im besonderen die königlich bayerischen Infanterie-Regimenter 4 und 8 in glänzend durchgeführtem Angriff die lange umstrittene Souville-Schlucht genommen und gegen starke Gegenangriffe tapfer behauptet hat.[1562]

Diese Meldung beantwortete der bayerische König am 05.09.1916 wie folgt:

> Euer Exzellenz danke ich für ihre erfreuliche Meldung, aus der Ich mit Stolz ersehen habe, dass meine neu errichtete 14. Infanterie-Division vor Verdun sich trefflich geschlagen hat. Die bewährten Regimenter 4 und 8 haben neue Lorbeeren erworben. Ich ersuche Sie, dem braven Divisionskommandeur und allen Angehörigen der Division Meine Anerkennung und Meinen besten Dank zum Ausdruck zu bringen. gez. Ludwig.[1563]

Mit einer geradezu umständlichen Einleitung verkündete der Divisions-Kommandeur General Rauchenberger am 14.09.1916 eine weitere Dankesadresse[1564] des bayerischen Königs in einem Divisionstagesbefehl:

> Seine Majestät, König Ludwig von Bayern, hatte die Gnade, an mich folgendes Telegramm zu richten: „Ich habe die Meldung erhalten, daß meine neu errichtete 14. b. I. D. in den letzten Tagen vor Verdun unter Ihrer bewährten Führung sich trefflich geschlagen und schöne Erfolge errungen hat. Hocherfreut spreche ich euer Exzellenz sowie allen Angehörigen der braven Division meine Anerkennung und meinen wärmsten Dank aus."
>
> Entsprechend der allerhöchsten Willensmeinung bringe ich voll freudigen Stolzes diese gnädige Anerkennung der Leistungen die in erster Linie dem vortrefflichen Geist von Führern und Mannschaften zuzuschreiben sind, zur Kenntnis der Division. Ich bin überzeugt, daß die anerkennenden Worte aus Allerhöchstem Munde uns allen ein Ansporn sein werden, auch fernerhin in freudiger Pflichterfüllung unser Bestes im Kampfe für das Reiches Ehre und des lieben Vaterlandes Wohl herzugeben.
>
> In diesem Sinne habe ich seiner Majestät das Gelöbnis unverbrüchlicher Treue und tief gerührten Dankes zu Füßen gelegt. gez. Rauchenberger.[1565]

Auch die Angriffsgruppe Ost gab am 06.09.1916 einen Tagesbefehl[1566] heraus, in dem die Ein-

---

[1561] KA: Infanteriebrigaden (WK)_946_04 (1674); Abbildung 13, Anhang 6.
[1562] KA: Infanteriebrigaden (WK)_946_04 (1674).
[1563] KA: Infanteriebrigaden (WK)_946_04 (1674).
[1564] KA: Infanterie-Divisionen-(WK)_6059_16 (1728); ident. Infanteriebrigaden (WK)_946_52 (1674); Abbildung 15, Anhang 6.
[1565] KA: Infanterie-Divisionen-(WK)_6059_16 (1728); KA: 8. I.R._(WK)_7_201 (1554).
[1566] KA: Infanteriebrigaden (WK)_946_24 (1674); Abbildung 12, Anhang 6.

nahme des Souville-Sackes anerkannt wurde: „Voll hoher Freude über die schönen Fortschritte beglückwünschte ich die 14. b. I. D. zu ihren ausgezeichneten Leistungen am 3. September." Dann wurde herausgestellt, dass der junge Verband im ersten Einsatz einen vollen Erfolg erzielt habe, dem anfänglichen feindlichen Widerstand zum Trotz habe man sein Ziel mit einer Beharrlichkeit erkämpft, die volle Bewunderung verdiene.

> Allen Offizieren, Unteroffizieren und Mannschaften danke ich für die sorgsame Vorbereitung und ihre vortreffliche Haltung im Kampf. Ich gedenke dabei auch aller anderen Waffen, die in treuer Kameradschaft Schulter an Schulter mit der Infanterie den Weg zu diesem Erfolg gebahnt haben. In dieser innigen Zusammenarbeit können wir alles erzwingen! Möge dieser Geist der Division erhalten bleiben, das ist mein Wunsch! gez. von Lochow.[1567]

Auch der Kommandeur des Generalkommandos bedankte sich. Am 07.09. hielt der kommandierende General des XVIII. Reservekorps General der Infanterie von Steuben 200 m südlich der Straßengabel Mangiennes – Romagne s. l. C. –Azannes vor den an der Sturmspitze gestandenen Bataillonen III/8, II und III/4 eine Ansprache:

> Als mir mitgeteilt wurde, dass die bayerischen Regimenter 4 und 8 in dem Verband der 14. b. Inftr. Division treten würden, da wusste ich, dies ist eine vortreffliche Truppe zum XVIII. R. K. kommt. Dies haben mir die beiden Regimenter jetzt auf das deutlichste erneut bewiesen und haben am 3. September dieses Jahres durch tapferen Ansturm den Feind überall, wohin sie kamen, aus seinen Stellungen geworfen. Wie schwer dieser Aufgabe war, weiß jeder, der eine Ahnung hat, wieviele Anstrengungen schon gemacht worden sind, um die Souville-Nase und die Souville-Schlucht in deutschen Besitz zu bringen.[1568]

In dieser Ansprache hob von Steuben dann hervor, schwerer als der Angriff sei die Behauptung der gewonnenen Stellung gewesen und in der Regimentsgeschichte seien neue Ruhmesseiten eingefügt worden. Er gedachte, dass eine Menge braver, teurer Kameraden mit Blut bezahlt hätten, und stellte fest, er habe festes Vertrauen, dass auch weitere Aufgaben mit gleichem Schneid und Energie gelöst würden.

Der kommandierende General schloss mit den Worten: „Und wenn ich jetzt Adieu[1569] sage, bin ich von der Gewissheit durchdrungen, dass ihr, wenn ihr euch ausgeruht habt, mit gleicher Tatkraft und ebenso brav und tapfer wie bisher gegen die Franzosen vorgehen werdet." [1570]

Am 04.09.1916 gab es schon eine Dankesadresse[1571] in Form eines Divisionstagesbefehls vom Divisions-Kommandeur Rauchenberger: „Am 3.9. hat die 14. b. I. D. die lang und heiß umstrittene Souville-Schlucht weggenommen, dadurch die eigene Linie wesentlich verkürzt u. verbessert u. dem Feinde an Gefangenen und blutigen Verlusten großen Schaden verursacht."[1572]

[1567] KA: Infanteriebrigaden (WK)_946_24 (1674).
[1568] KA: 8. I.R._(WK)_13_107 (511); Abbildung 14, Anhang 6.
[1569] Am 7. September schied die 14. b. I. D. aus dem Verband des XVIII. Res.-Korps aus.
[1570] KA: 8. I.R._(WK)_13_107 (511).
[1571] KA: 8. I.R._(WK)_13_15-16 (511); ident. KA: 8. I.R._(WK)_10_58-59 (414); Abbildung 10, Anhang 6.
[1572] KA: 8. I.R._(WK)_13_15 (511); KA: 8. I.R._(WK)_10_58 (414).

Es wurde hinzugefügt:

> S. Kaiserl. und Königl. Hoheit der Kronprinz hat wiederholt seine Freude und seine Anerkennung über den erreichten Erfolg ausgesprochen. Ebenso hat S. Exz. der Kommandierende General XVIII. R. K. seine Anerkennung den tapferen Truppen zum Ausdruck gebracht. Auch ich danke dem wackren 4. und 8. bay. Inf. Regt., insbes. dem II. u. III/4 u. III/8 unter ihren vorbildlichen Führer, den Majoren Leupold, Scheuring u. Felser. Es ist ein Beweis hohen militärischen Wertes, wenn ein Angriff, so wie es geschah, im wiederholten Ansturm und langedauerdem Ringen zum Erfolg geführt wurde. Dieser Dank gilt ebenso den beteiligten Truppen des Sturmbatls. Rohr.[1573]

Interessant ist auch, dass eine besondere Anerkennung den Läuferketten ausgesprochen wurde, „die es ermöglichten, dass der Verbindungsdienst in rascher und sicherer Weise gearbeitet hat und damit die Führung besonders unterstützten"[1574].

Nach einem Dank an die Pioniere und die Artillerie fuhr der Divisions-Kommandeur fort: „So danke ich voll Stolz und Freude allen Führern, allen Mannschaften meiner Division, und allen, die ihr ihre Unterstützung geliehen haben. Das vorbildliche Zusammenwirken, das Pflichtgefühl, der Einsatz eines Jeden haben zum Erfolg geführt; das gilt es zu bewahren für alle künftigen Aufgaben der 14. b. Inf. Div."[1575]

Bereits am 03.09. gab General von Reck einen Brigadetagesbefehl heraus:

> Se. Exzellenz, General der Inftr. v. Steuben Kommandeur des XVIII. Res.-Korps. hat den sämtlichen am heutigen Angriff beteiligten Truppen seine uneingeschränkte Anerkennung und seine Bewunderung für die heute erzielten Leistungen ausgesprochen. Se. Exzellenz hat darüber Sr. Kaiserlichen Hoheit, dem Kronprinzen des Deutschen Reiches berichtet. Die Verleihung weiterer Eiserner Kreuze I. und II. Klasse ist der Brigade in Aussicht gestellt worden."[1576]

Der Regiments-Kommandeur schloss sich dem Dank mit einem Regimentstagesbefehl[1577] vom 05.09.1916 an:

> Dem III. Bataillon mit der Maschinengewehrkompanie des Regiments, seinen tapferen Offizieren und Mannschaften und seinem so umsichtigen und bewährten Führer Herrn Major FELSER danke ich im Namen des Regiments für die von vollem Erfolge gekrönten hervorragenden Leistungen in den schweren Kampftagen am 2., 3. und 4. September. Das Bataillon hat damit der glänzenden Geschichte des Regiments ein neues Ruhmesblatt einverleibt. Jedem Einzelnen, der durch sein Pflichtgefühl, durch Tapferkeit und Opfer Mut zum Erfolge beigetragen hat, Dank und Anerkennung. gez. von Rücker.[1578]

[1573] KA: 8. I.R._(WK)_10_58 (414).
[1574] KA: 8. I.R._(WK)_10_58 (414).
[1575] KA: 8. I.R._(WK)_13_59 (414).
[1576] KA: Infanterie-Divisionen-(WK)_5702_24 (111).
[1577] KA: 8. I.R._(WK)_10_49 (414); Abbildung 11, Anhang 6.
[1578] KA: 8. I.R._(WK)_10_49 (414).

Auch der Kommandeur des III/8 Major. Felser ließ es sich nicht nehmen, in einem eigenen Tagesbefehl am 07.09.1916 die Leistung seines Bataillons als Sturmtrupp bei dem Angriff am 03.09.1916 zur Einnahme der Souville-Nase und -Schlucht (Abbildung 205) zu würdigen.

Er rekurrierte dabei auf das Gefecht im Walde von Lamorville (08./09.04.1915; s. Kapitel 3.3.2), wo er damals sagte: „Wenn wir, worauf

Abbildung 205: Souville-Nase[1579]

wir alle hoffen, in Bälde aus den Gräben steigen, so werden die Franzosen mit Schrecken in uns die Tapferen aus dem Walde von Lamorville wiedererkennen."[1580] Dies habe sich nun in dem Gefecht vom 03. und 04.09. bewahrheitet, man habe über 200 Gefangene, darunter 8 Offiziere, gemacht, die ohne den Kampf abzuwarten, vorher feige, bar jeden soldatischen Ehrgefühls, die Waffen weggeworfen und sich ergeben hätten. Er bediente sich dann voller Verachtung einer rassistischen Sprache, als er sagte: „Den tapferen Feind achten wir, einen solchen Gegner verachten wir. Nachdem die weißen Franzosen uns nicht standhalten konnten, holten sie ihre besten Truppen heran und schickten ihre schwarzen Brüder, die Kaffer, gegen uns. Aber auch diese konnten nicht mehr ausrichten, als die weißen Franzosen. Ihre Kadaver bedecken jetzt das Kampffeld."[1581] Er schloss mit der damals wohl üblichen Sprache: „War das Bataillon vorher ‚eisern' so ist es jetzt ‚stählern' geworden. So wollen wir weiter schreiten auf sieggewohnter Bahn bis es bläst: ‚Das Ganze – halt!'"[1582]

4.4.2.4.2   Liebesgaben

Als Liebesgaben[1583] wurden im Deutschen Kaiserreich Hilfsgüter-Sendungen bezeichnet, die von der Bevölkerung während des Ersten Weltkriegs an die Soldaten an der Front übersandt wurden. Sie gingen aber auch an Kriegsverwundete in Lazaretten und an deutsche Kriegsgefangene im Ausland. Es handelte sich um Geschenkpakete, die hauptsächlich Bekleidung und Lebensmittel enthielten.

[1579] URL: http://www.oocities.org/bunker1914/Kampfbereiche_Verdun_Souville_Nase.htm; 26.04.2016.
[1580] KA: 8. I.R._(WK)_13_109 (511).
[1581] KA: 8. I.R._(WK)_13_109 (511).
[1582] KA: 8. I.R._(WK)_13_109 (511).
[1583] Abbildung 5, Anhang 7.

Die Pakete wurden von gemeinnützigen Organisationen, wie dem Roten Kreuz und Frauenverei-

nen, aber auch von Schülern, Firmen und privaten Spendern versandt.

Im Brigadebefehl Nr. 2901 vom 04.09.1916 wurden neben taktischen Bemerkungen Liebesgaben

(Abbildung 206) angekündigt:

> Die von Sr. Kaiserlichen Hoheit, dem Kronprinzen des Deutschen Reiches, zur Verfügung gestellte
> Liebesgaben liegen bei der San.-Komp. 14 Azannes zur Abholung durch die Truppen bereit. Es erhält
> von den zur Kriegsgliederung der Division gehörenden 9 Inftr. Batlen. jedes: 300 Zigarren für Offze.,
> 600 Zigarren für Unffze., 3600 Zigarren für Mannschaften, 600 Zigaretten für Offze. 1200 Zigaretten
> für Unffze., 7500 Zigaretten für Mannschaften, 1350 Päckchen Keks, 60 Büchsen kondensierte Milch,
> 6 Kilo Schokolade, 12 Fl. Wein für Offze., 300 Fl. Wein für Mannschaften. Jede der 4 MG Komp.: 75
> Zigarren für Offze., 150 Zigarren für Unffze., 900 Zigarren für Mannschaften, 150 Zigaretten für Off-
> ze., 300 Zigaretten für Unffze., 1875 Zigaretten für Mannschaften, 337 Päckchen Keks, 15 Büchsen
> kondens. Milch, 1,5 kg Schokolade, 3 Fl. Wein für Offze., 75 Fl. Wein für Mannschaften.

> Das 1. Res. Jg. Batl. bestimmt einen umsichtigen und energischen Dienstgrad, der die San.-Komp. bei
> der Ausgabe dieser Gaben unterstützt und dafür sorgt, dass jede Formation die ihr zugewiesenen
> Mengen auch dann vollzählig erhält, wenn sie zunächst nur Teile davon abholen lassen kann.[1584]

In dem noch zu behandelnden Brigadebefehl Nr. 2936 vom 05.09.1916 wurde u. a. angekündigt,

dass am Abend im Pionierpark Bezonvaux-Schlucht eintreffen würden: 2.500 Flaschen Mine-

ralwasser, 100 Flaschen Schnaps, 1.000 Stück Hartspiritus. Sie seien durch das 8. I.R. zu emp-

fangen und zu verteilen. Weiter heißt es: „[…] von den Liebesgaben Sr. Kais. Hoheit des

Kronprinzen können nur 3/4 ausgegeben werden."[1585.] Auch für Küchengerät wurde gesorgt:

> Es sind morgen, 6.9. 4:00 Nachm. in der Verpflegungsausgabestelle Billy abzuholen: [...] vom 8. I.R.
> 7 Kochkessel zu je 125 l und 3 Kochkessel zu je 110 l. [...], vom 8. I.R. 13 Kochtöpfe zu je 15-30 l
> und 3 Kochtöpfe für je 5-8 l. [...][1586]. Kochkessel und Kochtöpfe sind auf die einzelnen Batlne. und
> MG-Formationen zu verteilen die Truppen in Stellung und Bereitschaft bei den Kochstellen der Be-
> reitschaften einzubauen, für die Truppen in Ruhe bei den Kochstellen in den Lagern. [...] Die Koch-
> kessel gehören damit zu den betreffenden Lagern und sind von den Lager-Kdanten zu übernehmen,
> wo keine Lager-Kdanten sind, bei Ablösung wie anderer Stellungsbedarf zu übergeben. Über die
> Kochtöpfe verfügen die Regtr.[1587]

[1584] KA: Infanteriebrigaden (WK)_946_18 (1674).
[1585] KA: 8. I.R._(WK)_10_41 (414).
[1586] Ähnliche Mengen gingen auch an das 4. und 29. I. R.
[1587] KA: 8. I.R._(WK)_10_41 (414).

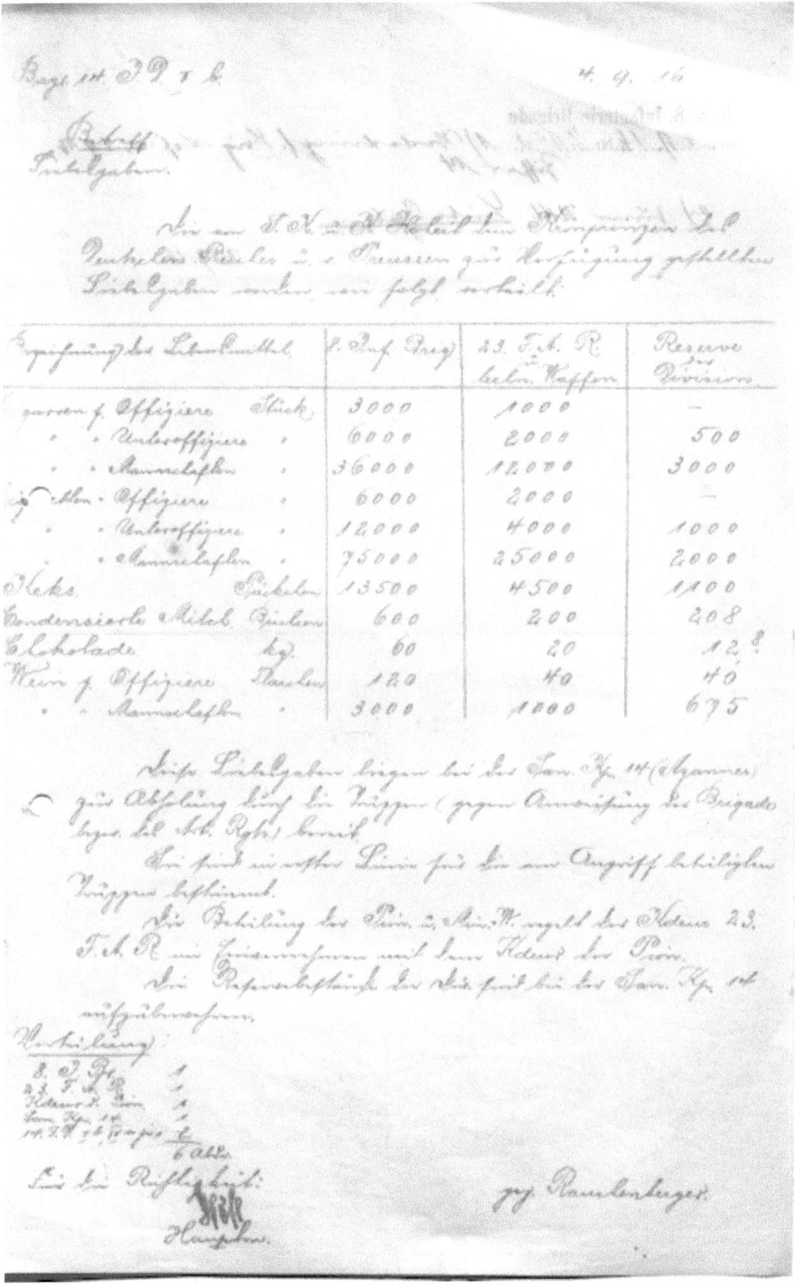

Abbildung 206: 04.09.1916, Liebesgaben-Aufstellung[1588]

[1588] KA: Infanteriebrigaden (WK)_946_19 (1674)).

4.4.2.5   Kampftätigkeiten vom 05. bis 10.09.1916

4.4.2.5.1   Am 05.09.1916

Am 05.09.1916 vermerkte das Brigade-Kriegstagebuch weitere Verluste für das 8. I.R., nachdem Major Felser zunächst für das III/8 ca. 35 % Verluste gemeldet hatte:

> Gesamtverluste 8. I.R. können noch nicht angegeben werden, nach einer Meldung III/8 betragen sie 60-70 % (das wird viel zu hoch sein): Offiziere: Lt. d. Res. Sulzberger tot, Olt. d. R. Künne schwer verwundet, Lt. Müller 2-mal leicht verwundet.[1589]

Die bereits erwähnten Verluste des III/8 per 04.09.1916 sind als Anhang[1590] des behandelten Bataillons-Gefechtsberichts angefügt.

Die nach der Wegnahme des Souville-Sackes von der Division eingenommene Stellung kann den folgenden Abbildung 207 und Abbildung 208 entnommen werden, dabei sind die vorhandenen Stellungen blau, die im Bau grün und die beabsichtigten gelb eingezeichnet. Nicht ganz erklärlich sind die rot eingezeichneten Stellungen. Sie sind aber wohl die zu einem bestimmten Zeitpunkt erreichten, aber noch nicht endgültig ausgebauten Stellungen nach Einnahme des Souville-Sackes.

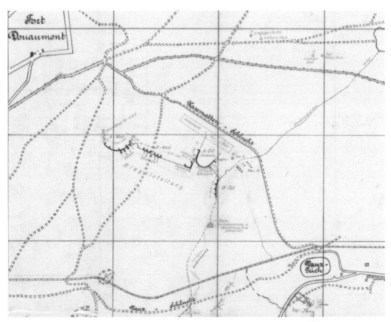

Abbildung 207: 03.09.1916, erreichte Stellung im Ausbau (oberer Ausschnitt)[1591]

[1589] KA: Infanteriebrigaden (WK)_915_12 (1674).
[1590] KA: 8. I.R._(WK)_13_33 (511).
[1591] KA: Infanteriebrigaden (WK)_946_05 (1674) Skizzen.

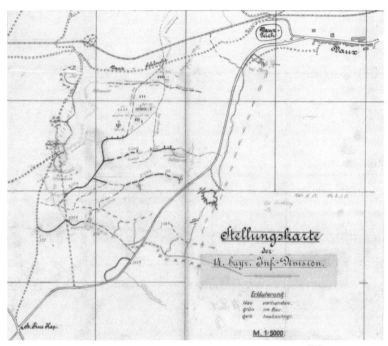

Abbildung 208: 03.09.1916, erreichte Stellung im Ausbau (unterer Ausschnitt)[1592]

In dem nur handschriftlich vorliegenden Divisionsbefehl Nr. 1603 vom 05.09.1916 wurden die erzielten Erfolge festgestellt und alle wichtigen Maßnahmen zum unbedingten Halten dieser errungenen Stellung befohlen. Zunächst wurde die Grenze zur benachbarten 33. R. D. identifiziert und ein verteidigungsfähiger Stellungsplan einschließlich einer 2. Linie angewiesen, die mit Maschinengewehren, Infanterie-Scharfschützen, Gewehrgranaten und Granatwerfern zu bestücken war. Besonderer Wert wurde auf die artilleristische Unterstützung gelegt und entsprechende Sperrfeuerlinien befohlen.

1. Die Division hat unterstützt von Teilen 33. R. D. die französische 68. R. D. aus der Souville-Schlucht geworfen und sich in Besitz der Linie 535 – Südspitze des Graben Dreiecks westlich 539 – 538 – Steinbruchgraben und anscheinend nördl. des Steinbruches vorbei gegen 561 – 574 gesetzt. Eine Reihe von Gegenangriffen ist zum Teil im Gegenstoß zurückgewiesen.

2. Die genommene Linie ist zu halten. Sie ist hierzu mit allen Kräften auszubauen.

3. Abschnitt der Div. ist nunmehr nach Osten: 573 – Waldrand 50 m westlich 574 – 560 – 541 – 542 – „m" von Fumin – 511 – Damm des Vauxteiches. Die genannten Punkte gehören der 14. b. I.R. Der Batls. Unterstand bei 544 und der Damm des Vauxteiches gehört der 33. R. D. u. 14. b. I. D. gemeinsam. In Hardaumont West kann ferner 1 Komp., in der Bezonvaux-Schlucht können 2 Komp. im Raum 33. R. D. untergebracht werden.

4. Die 8. I. Brig. führt die Einteilung in 3 Regts.-Abschnitte durch. Nach Einrichtung eines Regts. Bef. Standes in der Kasemattenschlucht ist im Wechsel ein Regts.-Kdeur. vom Dienst zu bestimmen.

[1592] KA: Infanteriebrigaden (WK)_946_05 (1674) Skizze.

5. Die [...] Linie ist zur Kräfteersparnis möglichst geradlinig auszugleichen; der Steinbruch 562a ist zu besetzen oder doch derart unter [...] Feuer zu halten, dass eine Besetzung durch den Feind ausgeschlossen ist.

Besondere Aufmerksamkeit ist der Ausnutzung der Flankierung vom rechten und linken Flügel des Abschnittes zu widmen. Maschinengewehre, Infanterie-Scharfschützen, Gewehrgranaten und Granatwerfer sind hierzu zu verwenden. Durch frontale Ausnutzung dieser Mittel auch bei Nacht muss der Feind dauernd beunruhigt und ein nahes Festsetzen vor unserer Front erschwert werden. Besonders wichtig ist die dauernde Flankierung und Beunruhigung der feindlichen Anlagen bei 564 – 562 (kleiner Steinbruch) und der Unterstandsgruppe 200 m westl. 574.

6. Arbeiten der nächsten Zeit: Herstellung einer durchlaufenden ersten Linie mit reichlichen Schnelldrahthindernissen vor der Front vor allem da, wo ein unbemerktes Ansammeln des Feindes und überraschendes Vorbrechen möglich ist (gegenüber 562 und dem linken Flügel). Wichtig ist an den Abschnittsgrenzen des Regiments auch zu den Nachbarpositionen durchlaufende Gräben zu schaffen, um den sicheren Zusammenhalt zu gewährleisten.

Schaffen einer 2. Linie unter Ausnutzung schon vorhandener Anlagen. Eine durchlaufende Linie ist zunächst nicht nötig, doch müssen einzelne Züge zu sofortigen Gegenangriffen bereitgestellt werden können.

Ausbau der bisherigen Stellungsgräben als Verbindungswege und Einbau flankierender Anlagen. Verbesserung der Unterkunftsverhältnisse südlich der Vaux-Schlucht.

Anlagen von Depots für Munition, Nahkampfmittel, Baubedarf und Verpflegung südlich der Vaux-Schlucht.

Schaffung eines Verbindungsweges von der Kasematten-Schlucht zur Vaux-Schlucht zunächst durch Anlage kleiner Gräben und Unterstände auf der ganzen Strecke verteilt, die später zu verbinden sind. Ausbau des Verbindungsnetzes.

Sicherung der Flügel und Flanken durch Fortsetzung des Grabens von 535 in südwestlicher Richtung und durch Verlängerung des Grabens, der westlich 574 in nordöstlicher Richtung zieht in Richtung 560 von je 150-200 m und Sicherung durch zurückgezogene Masch. Gew.

Einbau von Masch. Gew. auf dem Cailliette-Rücken-Kolbenwald als Rücken- und Flankenschutz.

7. Sperrfeuerlinie der Feldart.

564 (C. Graben einschl.) – 562 – dann zum Osteck des Wäldchens südöstl. 562 u. sodann zur Straße Verdun – Dorf-Vaux 100 m südöstl. 575, so dass der vordere frzs. Graben noch gefasst wird. 2 Batterien bleiben dem Sperrfeuer vorgelagert zur Beschießung der feindlichen Annäherungswege und Unterbindung des Verkehrs insbesondere von Fort Souville gegen Norden. Die Anlagen bei 564 – 562 und 200 m westlich 574 sind durch besonders bestimmte Batterien durch Feuerüberfälle dauernd zu beunruhigen. Der Ausbau der Stellungen ist mit Hochdruck zu führen, Stellungswechsel der am weitesten zurückliegenden Batterien ist zu erkunden.

8. Schwere Art. Sperrfeuerlinie der s. F. H. des Regts. Richter: Einmündung vom Graben c in den vordersten frzs. Graben nordwestl. 564 (Graben einschl.) – 563 – Pfad zur Waldecke 250 m südl. 502. Anschließend davon Sperrfeuerlinie des s. F. H. Rgt. Fritze über 571 – 572 – 573 – Schnittpunkt des vordersten französ. Grabens mit Straße Verdun – Dorf Vaux (Straße einschl.) Souville u. die Anlagen beiderseits Souville werden durch Mörser niedergehalten. Regt. Richter wird ersucht, die Anlagen 564 – 562 und 200 m westlich 574 dauernd unter Feuer zu halten [Vergl. Artl. Skizze vom 17.09.; Abbildung 237][1593].

9. Pionier und Minenwerfer: Jedem Regts.-Abschn. ist dauernd die gleiche Pion. Komp. zuzuteilen. Die Gliederung regelt der Kdeur der Pi.[oniere], so daß den Pionieren ausreichend Ruhe gewährleistet ist.

Der Einbau der Minenwerfer hat derart stattzufinden, daß sie folgenden Aufgaben gerecht werden können: Sturmabwehr insbesondere durch Flankierung; Niederhalten der Anlagen bei 564 – 562, 200 m westlich 574 und bei 572 – 574. Wichtig ist die Bekämpfung neu entstandener feindl. Anlagen.

[1593] KA: Infanterie-Divisionen-(WK)_5885_02 (111) Skizze.

10. Die 8. I. Brig. reicht baldigst genaue Skizzen zu der Stellung, die Kräfteverteilung südl. der Vaux-Schlucht ein, sodann einen Bauplan. Das 23. F. A. R. reicht Skizze des Sperrfeuers ein und meldet das Ergebnis ihrer Erkundungen.[1594]

Am 05.09.1916 erging auch der Brigadebefehl Nr. 2936[1595] mit der Meldung, dass die gestrigen französischen Gegenangriffe gegen Abend ausgesetzt und seither nicht mehr wiederholt wurden.

Die französische Linie ergäbe sich aus folgender Feststellung: „Französische Flaggen anscheinend zur Verständigung der Infanterie mit der Artillerie, geben die folgende Linienführung an: nördlich St. Fine Kapelle, 568, 569, 570, 571, von da nordostwärts zu dem französischen Graben vor, der von 561 über den Ostteil des Chapitre-Weges südlich zieht."[1596]

Nach der Ablösung war im Regimentsabschnitt von Rücker das II/8 zur Hälfte in der Sturmausgangsstellung vom 01.08., der Stab II/8 und das halbe II/8 in der Bezonvaux-Schlucht. „Die vorderste Linie läuft von 535 über Südspitze des Grabendreiecks westlich 539, 538, 562a, 561 auf den Ostteil des Chapitre-Weges dann zu 571."[1597]

Für den 06.09. war das II/8 im linken Stellungsstreifen zur Hälfte in der Bezonvaux-Schlucht und zur Hälfte bei Punkt 508 (Abbildung 197) als Bereitschaft eingeteilt.

Am gleichen Tag, 05.09.1916, erschien dann der im Divisionsbefehl Ziffer 10[1598] geforderte Brigadebefehl Nr. 2937 für den Ausbau der Stellung.[1599] Zunächst wurde bemerkt, dass noch Unklarheit über die Verhältnisse beim Steinbruch südwestl. 562a herrsche. Die Regimenter [4. und 8. I.R.; Anm. d. Verf.] sollten alsbald durch ihre Erkundungsoffiziere, Vergleiche mit Fliegerbildern usw. möglichste Klärung herbeiführen. „Zur Erleichterung, auch für die Artilleriebeobachtung, sind die vordersten Linien dauernd so auszuflaggen, dass die Flaggen dem Feind nicht, den eigenen Beobachtern möglichst gut sichtbar sind."[1600]

Das Regiment v. Rücker solle am gleichen Tag feststellen, ob der Chapitre-Weg von den Franzosen besetzt sei; es solle sich in der kommenden Nacht in seinen Besitz setzen, wenn es ohne Angriff geschehen könne. Andernfalls sei die jetzt erreichte Linie festzuhalten und auszubauen. Posten seien hier ins Vorgelände auf kurze Entfernung vorzuschieben und durch Sappen mit der vordersten Linie zu verbinden.

Dann wurde ein ehrgeiziges Arbeitsprogramm entsprechend dem Divisionsbefehl Nr. 1603[1601] zum Ausbau einer Verteidigungslinie befohlen:

[1594] KA: Infanteriebrigaden (WK)_946_20-23 (1674).
[1595] KA: 8. I.R._(WK)_10_40-41 (414); Abbildung 67, Anhang 4.
[1596] KA: 8. I.R._(WK)_10_40 (414).
[1597] KA: 8. I.R._(WK)_10_40 (414).
[1598] KA: Infanteriebrigaden (WK)_946_20-23 (1674).
[1599] KA: 8. I.R._(WK)_10_43-44 (414); Abbildung 16, Anhang 5.
[1600] KA: 8. I.R._(WK)_10_43 (414).
[1601] KA: Infanteriebrigaden (WK)_946_20-23 (1674).

Zuerst ist mit allem Nachdruck und unter Anspannung aller Kräfte die vorderste Linie zu einem zusammenhängenden Graben für stehende Schütze auszubauen, dieser nach Möglichkeit später zu vertiefen. Wegen der feindl. Feuerwirkung empfiehlt sich breites Profil, das einem Einschütten am besten vorbeugt.

Gleichzeitig mit dem Bau des Kampfgrabens, dessen rasche und gute Ausführung für die Feuerbereitschaft der Besatzung ausschlaggebend ist, sind die Hindernisse vorzulegen, die die vorgeschobenen Posten einschließen. Sie müssen auch bei feindl. Beschiessung geschlossen gehalten werden und einen überraschenden feindlichen Angriff dadurch ausschließen.

In den Graben sind reichlich Stollen einzubauen. Doppelte und dreifache Ausgänge!

MG, Granatwerfer, Schießgestelle für Gewehrgranaten sind einzubauen oder in Stollen [...] bereit zu stellen und mit reichlicher Munition auszustatten. Sie müssen das nächste Vorgelände der Stellung unter Feuer nehmen können, die MG u. Granatwerfer müssen die französ. Annäherungswege der Länge nach bestreichen können. Hierzu ist flankierende Wirkung in das Vorgelände der Nachbar-Abschnitte auszunützen.[1602]

Die alten französischen und deutschen Stellungen beiderseits der Souville-Schlucht und der Talgraben seien als Annäherungswege auszubauen und bei 535 – 536a sowie zwischen 561 um 574 seien Schützen- und MG-Nester anzulegen, um, wenn notwendig, die Flanken des Abschnittes zu schützen. Es seien starke Anlagen notwendig, um ein Vorbrechen des Feindes entlang der Schluchtstraße auszuschließen. Der Arbeitsfortschritt war jeden Donnerstag zu melden.

Ebenfalls am 05.09.1916 gab die Angriffsgruppe Ost auch eine Anweisung über die Verbindung der Artillerie mit der Infanterie heraus.[1603] Wohl aus den Erfahrungen des letzten Gefechts wurden die Leuchtzeichen zu Alarmierung der Artillerie durch die Infanterie durch einen Befehl[1604] neu geregelt:

Es fehlt ein Leuchtzeichen für die Anforderung von Vergeltungsfeuer oder für das Beschließen von Augenblickszielen (Bewegung, schanzende Infanterie) durch die Infanterie in vorderer Linie. Während dieses Feuer bei Tage meist durch die Beobachter der Artillerie von selbst veranlasst wird und sich deshalb als Anforderung vielfach erübrigt, ist ein Zeichen bei Nacht unbedingt notwendig. Jetzt wird mangels eines besonderen Zeichens vielfach Sperrfeuer angefordert, wo einige Schuss an eine bestimmte Stelle genügen würden. Es wird deshalb vom 10.9.16 ab als Leuchtzeichen: grüne Leuchtkugel mit Doppelstern – Infanterieschutzfeuer eingeführt.[1605]

Dieser Befehl wurde durch eine Anweisung des Generalkommandos XVIII. Reserve-Korps ergänzt, der besagte:

Der Anruf für Infanterieschutzfeuer gilt jedes Mal für die s. F. H. Batterien, die in dem Raume, in der die „grüne Leuchtkugel mit Doppelstern" erscheint, zum Sperrfeuer eingesetzt ist. Es wird hervorgehoben, dass das Infanterieschutzfeuer nicht zu einer Mun. Verschwendung führen darf. Die Artillerie hat daher nur mit kurzem Feuer auf den Anruf zu antworten und vor allem muss die Infanterie darauf bedacht sein, dieses Feuer nur bei zwingender Notwendigkeit anzufordern. Eine Erhöhung der Mun. Rate für das Infanterieschutzfeuer tritt nicht ein.[1606]

Diese Befehle zeigen zweierlei: Zum einen sollte die Unterstützung der Infanterie durch die Artillerie verbessert und zum andern sollte der Munitionsverschwendung entgegengetreten werden.

[1602] KA: 8. I.R._(WK)_10_43-44 (414).
[1603] KA: 8. I.R._(WK)_10_24 (414); Abbildung 68, Anhang 4.
[1604] KA: 8. I.R._(WK)_10_24 (414).
[1605] KA: 8. I.R._(WK)_10_24 (414).
[1606] KA: 8. I.R._(WK)_10_24 (414).

Die Kriegstagebücher berichten, dass nach dem erfolgreichen Gefecht Major Felser beim Regiment Bericht erstattete, dass das I/8 in fast gänzlich eingeebneten Gräben in Stellung zog und das II/8 mit Ldstm. Karl Didion zur Hälfte im Nordlager Bezonvaux-Schlucht in Bereitschaft lag und die andere Hälfte westl. der Souville-Nase Trägerdienste (Verpflegung und Materialien) verrichtete.

8. I.R.:

5. September 1916.

Major Felser, Hptm. Würth mit III/8 bzw. Masch. Gew. Kp. 8 I.R. heute durch I/364 abgelöst (u. Masch. Gew).
Major Felser berichtet dem Kdeur. den Kampfverlauf. Über den Anschluß rechts bestand infolge Meldung des Hptm Weigl 4. I.R. unrichtige Anschauungen bei I/8.
II/8 Bereitschaftsbatl. 8. I.R.[1607]

I/8:

5. September

I/8 in Stellung: Chapitre.

Das Batl. rückt mit 103 + 106 + 123 + 110 = 442 Gewehren in Stellung.
Einsatz der Kompn. vom rechten Flügel. 4. 2. 1. Komp. mit je 2 Zügen in 1. Linie. u. 1 Zug in 2. Linie. 3. Komp.; Res. Komp. zur Verfügung des Batls. Die Ablösung selbst bereitete große Schwierigkeiten. [...]
Den ganzen Tag über lag schweres Artl. Feuer auf der Stellung, die fast vollkommen eingeebnet wurde, sowie auf den rückwärtigen Verbindungen.
Verlust ziemlich groß. [...].
Für die Nacht beabsichtigte Schanzarbeiten an der vom III/4 angegebenen Linie, konnte nicht ausgeführt werden, da sich die Erkundung infolge Sperrfeuer, des von der Souville-Nase her angefordert wurde, so verzögerte, dass die Kompn. erst gegen Morgen eingesetzt werden konnten. Kompn. bauten die gestern zusammengeschossene Stellung wieder aus.
Wetter: schön; Nacht Regen[1608]

II/8:

5. September 1916

5. Komp. Oblt. Wied, 7. Komp. Oblt. Berndt Bezonvaux-Schlucht Nordlager.
6. Komp. Lt. Bickel, 8. Komp. Lt. Bauer, Einsatz beim III/8 westl. der Souville-Nase[1609].
Trägerdienste (Verpflegung und Materialien).
Verluste: 1 Mann 5./8 leicht verw. dch. A. G.
          2 Mann 6./8 gefallen dch. A. G.
          2 Mann 6./8 leicht verw. dch. A. G.
          2 Mann 8./8 leicht verw. dch. A. G.
          1 Krankentr. (Musik Uoffz. Fay) vermißt.
Witterung: Regen, Verpflegung aus Magazin. Gesundheitszustand gut.[1610]

[1607] KA: 8. I.R._(WK)_1_28 (414).
[1608] KA: 8. I.R._(WK)_6_02-03 (414).
[1609] Das III/8 befand sich am 05.09.1916 jedoch im Lager Neuer Wald (s. Regts.-Bef. vom 04.09.1916).
[1610] KA: 8. I.R._(WK)_7_188 (1554).

4.4.2.5.2   Am 06.09.1916

Nach dem französischen Gegenangriff am 04.09., der bis auf wenige 100 m nördlich der am 03.09. erreichten Linie abgewiesen wurde, griff der Feind am 06.09. neuerlich an. Dazu schrieb das RA:

> Schlimmer wirkte sich der groß angelegte, gegen die ganze Front beider Divisionen gerichtete Angriff am 6.9. aus. Nachdem den ganzen Tag über schwerstes feindliches Artillerie- und nun Feuer gegen die deutschen Stellungen gewütet hatte, waren bei um 6:15 abds. losgebrochenen Sturm kaum noch Verteidiger in den vorderen Linien vorhanden. Im rechten Abschnitt des 14. bayer. I. D., den jetzt das I/b. 29 (bayer. Res. Jäg. 1.) besetzt hatte, gelang dem Feinde nur ein örtlicher Einbruch zwischen 536a und 538. Hier wurde er jedoch nicht nur zurückgeworfen, die Jäger konnten vielmehr im Nachstoß ihre Stellung noch um einige 100 m über ihre ursprüngliche Form der Linie vorschieben.
>
> Ganz kritisch gestaltete sich dagegen die Lage zunächst in dem Abschnitt des bayer. I.R. 8., in dem vorübergehend das I./364 eingesetzt war, und in den beiden Regimentsabschnitten der 33. R. D., in denen III./R. 67 und III./364 lagen. Überall konnte der Feind, wenn auch stellenweise erst nach Umgehung aus schneller erledigten Abschnitten, die ganze vordere Stellung überrennen; ihre Besatzung wurde größtenteils niedergemacht, der Rest gefangen. Erst hart südlich der Kiesgrube, am Nordende der Souville-Nase, und dicht vor der Battr. 544 kam der Ansturm durch Infanterie- und MG-Feuer der letzten Reserven und der Mannschaften der Bataillons-Stäbe zum Stehen. Im Laufe der nächsten Tage, nachdem der 14. b. I. D. das II.I.R. 168 (25. R. D.)[1611] und der 33. R. D. das I./I. R. 368 (10. Ers. Div.) mit MG Ss. Trupp 116 zur Verfügung gestellt waren, konnte in wechselvollen Kämpfen die deutsche Front allmählich wieder etwas vorgeschoben werden. Am 12.9. abends verlief sie vom Steinbruch-Graben, halbwegs zwischen Stbr. 562a und 538, etwa über die Mitte der Souville-Nase – 559 – 558 – und von dort in südöstlicher Richtung, um etwa 200 m nordwestlich von 578 [Abbildung 135 und Abbildung 220], am rechten Flügel des I.R. 132, in die vor dem 6. September gehaltene Linie einzumünden.[1612]

Für den 06.09.1916 vermerkt das Kriegstagebuch der Brigade als „Kriegstätigkeit":[1613] „Die Franzosen haben heute wieder angegriffen, Lage ist noch nicht geklärt. Res. Jäger Btl. 1 bittet um Ablösung. Hierfür wird das auf kurzer Zeit zur Verfügung gestellte II/168 bestimmt, sein Einsatz ist aber erst in der Nacht vom 7. auf 8. September möglich."[1614]

Im Divisionsbefehl 47/Ia[1615] vom 06.09. wurde zunächst die erreichte Linie festgestellt:

> 535 – 536a/Grabendreieck nicht ganz bis zur Südspitze nur als Sappe besetzt/ – 538 und von hier aus noch eine 40 m lange Sappe im südöstl. Richtung. /Stellung I/22/ Von hier bis zum rechten Flügel I/364 ist eine Lücke. Die dort vorhandenen Postierungen sind anscheinend bei der Ablösung von III/8 durch I/8 nicht übernommen worden. I/8 liegt in dem 1. französ. Graben Beobachtungsstand [...]! I/364 liegt nach Meldung 8 I.R. in dem vom 561 nach Nordwesten ziehenden Graben.[1616]

Dann wurde befohlen:

> Das I/8 hat sofort Patrouillen vorzutreiben, um das aufgegebene Gelände wieder zu besetzen und die Lücke zu schließen. Sofort mit Einbruch der Dunkelheit ist die Linie 538 – 562a mit einer geschlossenen Schützenlinie, nicht nur mit Postierungen zu besetzen und zu halten. Der Nordrand des Steinbruches ist einzubeziehen.

[1611] Großherzoglich-Hessisches Infanterie-Regiment Nr. 168, der 25. Res. Div. zugehörig, war offensichtlich der Brigade zu der Zeit unterstellt. URL: http://genwiki.genealogy.net/IR_168; 23.05.2016.
[1612] Gold, Tragödie von Verdun, Bd. 14, 1928, S. 179 f.
[1613] KA: Infanteriebrigaden (WK)_915_12 (1674).
[1614] KA: Infanteriebrigaden (WK)_915_12 (1674).
[1615] KA: Infanteriebrigaden (WK)_946_25 (1674).
[1616] KA: Infanteriebrigaden (WK)_946_25 (1674).

444

Das Batl. meldet baldigst Art und Zeit der Ausführung. Schließung der Lücke durch flankierende MG ist bis zu ihrer Besetzung notwendig.

Die unmittelbare Verbindung von 536 zur Südspitze des Grabendreiecks und von hier über 538 zum Steinbruchgraben ist ebenfalls heute Nacht nach Einbruch der Dunkelheit und noch vor der Ablösung herzustellen. Sie kann durch Posten erfolgen, die allmählich zu verstärken und durch Hindernisse zu sichern sind. Die Posten sind bei der Ablösung besonders zu übergeben, Meldung hierüber ist vorzulegen.[1617]

In diesem Befehl wurde dann noch Aufklärung gefordert, warum das I/8 bei der Ablösung eine Lücke hatte entstehen lassen. Auch wurde die Meldung von der 5./4, dass die Anschlüsse vorhanden seien, moniert.

Als Erkundungsergebnis bezogen auf die eingenommene Linie wurde zurückgemeldet:

Nach Meldung des I/364 haben die Franzosen den Steinbruch und den Chapitre-Weg besetzt. Sichere Feststellung ist dringend geboten, namentlich, um welchen Steinbruch es sich handelt. Da der Steinbruch bei 562a vollkommen zusammengeschossen gemeldet wird, kommt allenfalls der Steinbruch bei 562 [Abbildung 135] infrage.[1618]

Die Gefangenenvernehmung[1619] vom 07.09.1916 erbrachte für den Gegenangriff der Franzosen am 06.09. im Detail folgende interessante Informationen:

Bereits in der Frühe des 6.9. setzte starkes französ. Feuer auf die deutschen Stellungen ein und daraus sowohl, als auch anderen Anzeichen, schlossen viele Leute auf einen bevorstehenden Angriff, doch wurden sie erst um 1:00 Nachm. davon verständigt. Ein Verbindungsmann hat bei seinem Komp. Führer den Angriffs-Befehl gelesen, wonach als Ziel des Angriffes die etwa 800 m von der Ausgangsstellung entfernte Höhe bestimmt war; dort sollten sie sich eingraben und zwar am jenseitigen Hang der Höhe. Der Angriff sollte um 4:50 Nachm. beginnen und um 5:00 Nachm. alle sollte starkes Sperrfeuer auf die rückwärtigen deutschen Stellungen gelegt werden. Das Erreichen des Zieles war durch Leuchtkugeln anzuzeigen, worauf die Artillerie aller Kaliber stärkstes Sperrfeuer zu legen hatte, um Gegenangriffe gegen die sich eingrabenden Truppen zu verhindern. Mit einem starken deutschen Gegenangriff wurde erst für den folgenden Abend (7.9.) gerechnet. Die allgemeine Anschlussrichtung war von Südwest nach Nordost und der Angriff selbst sollte gemäß den neuen Vorschriften in Wellen vorgetragen werden. Das VI. /I.R. 367 auf dem rechten Flügel hatte die erste und zweite Welle in einem Graben zwischen der französischen Stellung und dem Dreieck bei 574, der sonst niemals besetzt war, bereitgestellt; in gleicher Weise hatte vor ca. einer Woche I.R. 369 derselben Division den Angriff auf das Dreieck versucht und war dabei derart mitgenommen worden, dass es angeblich in Ruhequartiere abgeführt wurde.

Die Bereitstellung der mittleren Bataillone erfolgte in Granatlöchern und kleineren Grabenstücken; sie haben unter dem deutschen Artilleriefeuer, das den ganzen Tag über lebhaft war, ziemlich gelitten. Der linke Flügel benützte als Ausgangspunkt den Steinbruch, sowie vor dem Steinbruch liegende Grabenstücke (es scheint, dass die deutsche Karte die Gegend beim Steinbruch nicht genau wiedergibt). Pünktlich um 5:45 begann der Angriff, der in der Mitte schnell vorwärts ging; die Leute des V. Batls. 220 und V./288 sagen, dass sie in wenigen Minuten ihr Angriffsziel (Souvillenase) erreichten, ohne auf deutsche Truppen zu stoßen. Auf dem letzten Drittel ihres Vorgehens erhielten sie jedoch MG Feuer vom Hang westlich der Souvilleschlucht, das in ihren Reihen stark aufräumte. Als sie ihr Ziel erreicht hatten, sahen sie die östl. der Souville Nase vorgestoßenen Gruppen etwa auf gleicher Höhe. Beim Dreieck 574 hatten stärkere Kämpfe stattgefunden und ein Unteroffizier sah, dass von dort etwa 40 deutsche Gefangene abgeführt wurden [Abbildung 209].

Dagegen blieb der Angriff westl. der Souville-Schlucht bald stecken, und die Leute sahen, dass die dort vorgegangenen Franzosen wieder zurückgehen mussten und die Deutschen bis auf etwa 50 m an den Steinbruch herankamen. Ein Mann der von der Souville-Nase über 561 nach dem Steinbruch gesandt wurde, um dort Leuchtpatronen und Sanitätspersonal zu holen, kehrte um etwa 11:00 Uhr

---

[1617] KA: Infanteriebrigaden (WK)_946_25 (1674).
[1618] KA: Infanteriebrigaden (WK)_946_25 (1674).
[1619] KA: Infanteriebrigaden (WK)_946_29-31 (1674).

Nachts über 561 zurück und wurde, als er nach Osten ausbog, weil nördlich starkes Feuer lag, etwa südwestl. 559 von einer deutschen Patrouille gefangen genommen; er schließt daraus, dass in der Zwischenzeit ein Gegenangriff die Franzosen wieder zurückgeworfen hatte. Das deutsche Sperrfeuer hat sofort nach Beginn des Angriffes eingesetzt, lag aber bei dem schnellen Vorgehen zumeist hinter den vorhergehenden Wellen und wird wohl in erster Linie die bereitgestellten Reserven in Mitleidenschaft gezogen haben. Die angreifenden Truppen hatten Lebensmittel für drei Tage und reichlich Munition erhalten.

I.R. 288, das etwa 10 Tage in Chardogne gelegen hatte, war am 4.9. mit Autos in die Gegend bei Nixeville befördert worden und sollte noch am selben Abend zu erneut vorgehen, um am folgenden Morgen anzugreifen. Wegen starken Regens erfolgte jedoch Gegenbefehl; das Regiment wurde in Unterständen südlich Souville untergebracht und kam erst am 5.9. in vorderer Linie zur Ablösung von 2 Batlnen des I.R. 212 (68. I. D.).

I.R. 220 hatte etwa 10 Tage Ruhe in Combles, wo es frisch aufgefüllt wurde. Mit Autos von Combles nach Haudanville am 4.9. befördert, ging ein Batl. am 5.9. abends in Stellung. Die Mannschaften der 73. I. D. rechnen mit baldiger Ablösung dieser Division. Den Leuten der 67. I. D. wurde gesagt, dass sie nach Durchführung des Angriffes bald herausgezogen würden. Bei den Regimentern der 67. I. D. ist die Klasse 1916 seit März dieses Jahres vertreten, als diese Regimenter westlich der Maas stärkere Verluste erlitten haben. Ein Mann, Klasse 1898, der bis Mitte August dem Terr. Regt. 291 angehörte, ist in das I.R. 220 eingereiht worden im Austausch gegen Leute der Jahresklasse 1895/96, die zum Terr. übertraten. Dieser 36jährige Mann [siehe Parallele zu Karl Didion] ist am 19.3.1915 Soldat geworden und schon nach 3 monatlicher Ausbildung kam er an die Front. Sein Regiment (Terr. 291) lag ebenfalls in Reims im Anschluss an die 67. I. D. und gehörte angeblich zur 97. Division [...].

Ein Sergeant machte die glaubwürdige Angabe, dass das Stabsquartier des A. O. K. 2 sich in Noyers, einem kleinen Ort in der Nähe von Notancourt befindet.[1620]

Dann ergab die Gefangenenvernehmung, dass zwei Bataillone (VI. I.R. 315 u. V. I.R. 316) den Befehl hatten, um 5:00 Uhr nachm. einen kleinen vorspringenden Winkel der deutschen Stellung wegzunehmen; die Aktion selbst, an der nur eine kleinere Abteilung beteiligt war, sollte von dem Rest der Bataillone durch lebhaftes Gewehrfeuer unterstützt werden, womit wohl die Aufmerksamkeit von dem später einsetzenden großen Angriff östlich Fleury abgelenkt werden sollte.

Weiterhin wurde herausgefunden, dass die Gefechtsstärke der Kompanien der 67. I. D. durchschnittlich 180-200 Mann betrug; zum Angriff waren alle Leute, auch die Handwerker, Küche, Schreiber usw. ausnahmslos herangezogen worden. Schließlich wurde erfahren, dass östlich von Lars vor Kurzem auch eine Kolonial-Division in Stellung gekommen sei, jedoch außer einigen Abteilungen von Senegal-Negern wurden von der 38. R. D. bei Verdun von keinem der Gefangenen mehr (Kolonial-)Truppen gesehen.

Dieser Gefangenenbericht war für die Deutschen insofern wertvoll, als identifiziert werden konnte, welche Einheiten auf der französischen Seite lagen, von welchen Standorten und wie diese herangeführt wurden und in welcher Gewehrstärke die französischen Kompanien antraten; das hieß, alle mussten sich an dem Kampf beteiligen, Handwerker, Köche, Schreiber und Musiker blieben nicht zurück. Deutlich wurde auch der Umstand, dass die französischen Kräfte vor Verdun aus normalen Quartieren nach vorne verlegt wurden und nicht aus frontnahen Baracken wie bei den deutschen Soldaten, was den französischen Soldaten mit Sicherheit eine ausgeruhte-

---

[1620] KA: Infanteriebrigaden (WK)_946_29-31 (1674).

re Situation verschaffte.

In dem Bericht wurde von einem
französischen Angriff auf das „Tri-
angel", das Dreieck bei Punkt 574,
gesprochen (Abbildung 209), bei
dem 40 deutsche Gefangene gemacht worden waren. Das scheint
die gleiche Stelle gewesen zu sein,
bei der am 18.08.1916 durch einen
französischen Angriff in der deut-

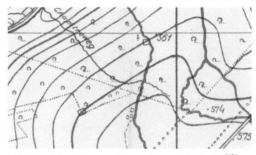

Abbildung 209: Gefangennahme am Triangel-Punkt 574[1621]

schen Linie eine Lücke entstanden war (Abbildung 166) – wahrscheinlich durch Verluste –,
durch die der Gegner damals mit 150 Mann eindrang und diese Dreieckstellung umfasste.[1622]

Alle Kriegstagebücher dieses Tages gehen auf den französischen Angriff am 06.09. ein.

8. I.R.

> 6. September 1916.
>
> Am Abend starkes gegenseitiges Artill. Feuer. Feuer auf die Batterien in der Höhe des Regts-
> Gefechtsstandes.[1623]

I/8:

> 6. September.
>
> I/8 in Stellung: Chapitre.
>
> Ganzen Tag über heftiges Artl. Feuer, das auf einen franz. Angriff schließen ließ. 6:15 Abds. wurde
> Sperrfeuer angefordert u. vom Jäg. Batl. kam Meldung, daß Franzosen am rechten Flügel Jäg. Batls.
> eingedrungen seien. Zug Grün 3./8 war bereits am Nachm. in die 2. Linie hinter die 2. Komp. vorge-
> schoben. 4 franz. Flieger fliegen sehr niedrig (2-400 m) über den franz. Linien. Sie werden vom Lager
> aus mit Inf. beschossen.
> Zug Rudolph 3./8 wird dem Jäg. Batl. unterstellt. Jäger werfen im Gegenangriff Franzosen hinaus u.
> machen Gefangene 7:25 N. 7:45 N. neuer Angriff überall abgewiesen.
> Unsere Verluste groß.
> Um 6:00 N. war 2 Kompen. der Bereitschaft Kasematten-Schlucht zur Unterstützung angefordert
> worden. Sie kamen bis 8:00 N. und wurden in vorderer Linie [des] Jäg. Batls. zur Verstärkung einge-
> setzt.
> Vor Front des I/8 (rechte Flügelkomp.) brach franz. Angriff 80 m vor Graben zusammen (Inf.- u. MG-
> Feuer). Sperrfeuer setzte zu spät ein u. lag zu weit vorne.
> Vom Batl. wurden in der Nacht Patrouillen gegen Steinbruch 562a u. in die Souville-Schlucht vorge-
> trieben.
> Tagesverlauf: s. Brig. Bef. vom 8.9.16.
> Wetter: schön.[1624]

[1621] KA: Infanteriebrigaden (WK)_946_29-31 (1674).
[1622] KA: Infanteriebrigaden (WK)_945_30-31 (1674).
[1623] KA: 8. I.R._(WK)_1_29 (414).
[1624] KA: 8. I.R._(WK)_6_03-04 (414).

II/8:

> 6. September 1916.
>
> Stab II/8, 5. Komp. Oblt. Wied, 7. Komp. Oblt. Berndt: Bezonvaux-Schlucht Nordlager.
> 6. Komp. Lt. Bickel, 8. Komp. Lt. Bauer: Einsatz bei I/364, das III/8 ablöste.
> 11:00 Abds. Abmarsch der 5. und 7. Komp. in die Sturmausgangsstelle (Souville-Schlucht) vom 1. August.
>
> Verluste: 1 Mann 5./8 leicht verw. dch. A. G.
> 1 Mann 6./8 schwer verw. dch. A. G.
> 2 Mann 6./8 leicht verw. dch. A. G.
> 1 Mann 7./8 gefallen dch. A. G.
> 1 Mann 8./8 gefallen dch. A. G.
> Witterung: schön, Verpflegung aus Magazin. Gesundheitszustand gut.[1625]

4.4.2.5.3 Am 07.09.1916

Das Kriegstagebuch der Brigade meldete für den 07.09.1916: „Das feindliche Art. Feuer auf unserer Stellung ist nach wie vor sehr schwer. Feindliche Ang[riffe]. sind von der 1./364 und Teilen des II/8 abgewiesen worden."[1626]

Das General-Kommando XVIII. R. K. befahl am 07.09.1916, dass das Korps sich wieder in Besitz der Linie 536a – 538 – 562a – 561 – nördl. 575 – 578 setzen solle.[1627] Als Grenze zwischen der 14. Bayerischen Infanterie-Division und der 33. Reserve-Division war die Souville-Schlucht festgelegt. Es hieß weiter:

> Im Laufe der Nacht zum 8 Septbr. haben beide Divisionen in Richtung auf die genannte Linie so viel Raum zu gewinnen, wie möglich. Um 8:15 Vorm. setzt starkes Sperrfeuer der schweren Feld Artl. auf der bisherigen Sperrfeuerlinie ein. Gleichzeitig greifen die Divisionen an und gewinnen die befohlene Linie wieder, die dann zu halten ist.[1628]

Als Zusatz auf diesem Befehl für die 8. Infanterie-Brigade, das 23. Feld-Artillerie-Regiment, den Kommandeur der Pioniere, das Regiment Richter war von der 14. Bayerischen Infanterie-Division vermerkt:

> Beim Vorgehen über die Unterstandsgruppen südwestl. 538 ist dort eine Sicherheitsbesatzung zu belassen, um Rückschläge zu vermeiden.
>
> Die Feld Artl. beginnt 6¹⁵ Vorm. das Sperrfeuer im jetzigen Sperrfeuerraum und springt 6²⁰ Vorm. in den Sperrfeuerraum vom 7.9. Vorm. (564 – Kreuzungspunkt der beiden französ. Gräben 180 m nordwestl. 575). Auf dieser Linie bleibt das Sperrfeuer. Der Steinbruch ist besonders stark niederzuhalten.
>
> Die Minenwerfer feuern 6¹⁵ Vorm. beginnend, mit voller Kraft in den Steinbruch und halten die dortige Besatzung dauernd nieder.[1629]

Ein weiterer Zusatzvermerk wurde von der 8. Bayerischen Infanterie-Brigade gemacht, der die Sicherheitsbesatzung von 538 betraf. Die Stellung für die Unterstandsgruppe westlich 538a in Richtung auf 538a sei schon am 07.09. in der Nacht auf den 08.09. zu besetzen. Die Sicherheits-

---

[1625] KA: 8. I.R._(WK)_7_189 (1554).
[1626] KA: Infanteriebrigaden (WK)_915_13 (1674).
[1627] S. Karte Vaux C; KA: 8. I.R._(WK)_7_3 (414).
[1628] KA: Infanteriebrigaden (WK)_946_26 (1674).
[1629] KA: Infanteriebrigaden (WK)_946_26 (1674).

besatzung selbst sei starkzumachen, für den vom XVIII. R. K. befohlenen Angriff seien schwache Kräfte auszuscheiden. Wenn es gelänge, die im Korpsbefehl befohlene Linie zu erreichen, sei sie so aufzufüllen, dass sie gehalten werden könne. Vor allem müsse dem Feind ein weiteres Vordringen vom Steinbruch aus verwehrt werden.

Im Brigadebefehl Nr. 2970[1630] vom 07.09.1916 nachmittags heißt es zunächst:

> Die in vorderster Linie eingesetzten Truppen im Brig.-Abschnitt haben die am 3.9. errungenen Stellungen in schwerem feindl. Feuer und gegen mehrfache feindliche Angriffe gehalten oder nur unwesentlich zurückgegeben. Die Division gibt in der Nacht vom 1. auf 2. Septbr. übernommenen Abschnitt (jetzigen Regts.-Abschnitt v. Rücker) an die 33. Res. Div. in der Nacht von heute auf morgen wieder ab.[1631]

Dann wurde berichtet, dass das I/368 herangeführt wurde, um den rechten Flügelabschnitt der 33. Reserve-Division zu übernehmen und dabei die noch eingesetzten Teile des I/364 und das uns besonders interessierende II/8 mit unserem Protagonisten Karl Didion abzulösen. Das I/364 werde zurück zur 33. Reserve-Division versetzt. Dann wurde die neue zu verteidigende Linie festgelegt: „In dem nunmehr gekürzten Abschnitt der Division ist fortan die Linie: 150 m südl. 535 – Südspitze des Grabendreiecks westl. 539 – 538 – über Unterstandsgruppe westl. 538a bis zur Tiefenlinie der Souville-Schlucht in Richtung auf 538a zu halten [Abbildung 135].“[1632] Dann wurden noch verschiedene andere Ablösungen befohlen. Für das 8. I.R. hieß es: „Das I/8 wird im jetzigen Regts.-Abschnitt von Kleinhenz in der Nacht von heute auf morgen durch I/4 abgelöst. Ablösungsstunde bestimmt Oberst von Kleinhenz. Das I/8 rückt nach der Ablösung nach Billy.“[1633] Für das II/8 mit unserem Protagonisten Karl Didion wurde bestimmt: „Das II/8 rückt nach Ablösung im jetzigen Regts.-Abschnitt v. Rücker mit der 5. und 7. Komp. als Bereitschaft des Regts.-Abschnitt v. Kleinhenz in die Hassoule-Schlucht und geht mit Stab, 6. und 8. Komp. nach Azannes.“[1634] Zu den Befehlsverhältnissen wurde ausgeführt:

> Die rechte Grenze der Division – und gleichzeitig des Brig.-Abschnitts bleibt wie bisher; die linke Grenze wird wieder: Tiefenlinie der Souville-Schlucht, dann westl. am Vaux-Teich und westl. Hardaumont-West vorbei. Solange keine besonders gespannte Lage da ist, führt den Gefechtsbefehl und damit die Verfügung über vordere Linien und Bereitschaften im Brig.-Abschnitt ein Regts.-Kdeur., zunächst Oberst v. Kleinhenz. Oberst v. Rücker geht morgen nach Übergabe seines Abschnittes an die 33. Res. Div. in Ruhe nach Billy.[1635]

Am 07.09. schied die 14. b. I. D. aus dem Verband des XVIII. Reserve-Korps aus, nachdem sich der kommandierende General von Steuben besonders bei dem III/8 und III/4 für deren Gefechtserfolg, wie schon dargelegt, bedankt hatte.

[1630] KA: 8. I.R._(WK)_10_46-47 (414).
[1631] KA: 8. I.R._(WK)_10_46 (414).
[1632] KA: 8. I.R._(WK)_10_46 (414).
[1633] KA: 8. I.R._(WK)_10_46 (414).
[1634] KA: 8. I.R._(WK)_10_47 (414).
[1635] KA: 8. I.R._(WK)_10_47 (414).

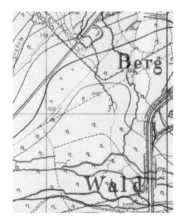

Für den 07.09.1916 liegt noch eine handschriftliche Abschrift des Regimentsbefehls[1637] an das II/8 u. I/364 mit folgendem Inhalt vor: 8. I.R.   7.9.1916

An Kdr. I/364 [1638]und Kdr. II/8

Die ausführliche und klare Brieftaubenmeldung der I/364 ist zur Kenntnis des Regiments gekommen. Ebenso hat das Rgt. die 4 sonstigen Meldungen der I/364 erhalten und ein Bild der Lage dadurch erhalten. Sperrfeuer der Artillerie wird auf die Linie Chapitre-Weg – 575 gelegt werden.

Das I/364 ist sofort durch Einziehen der 5. und 7. Komp. 8. I.R. in dessen Front zu verstärken. Die neu eingenommene Stellung ist bis heute Nacht unbedingt zu halten. Ablösung wird nach Mitteilung der 8. I. Brig. durch neue Truppen heute Abend erfolgen.

Das 4. Inf. Rgt. (westlich. Nachbar-Abschnitt) wird heute Abend eine Schützenlinie so weit vortreiben, daß der Anschluss mit I/364 bei 562a wiederhergestellt ist.

Abbildung 210: 07.09.1916, angenommene deutsche Linie: 544 – 548 in den Graben bei 556 – durch „B" von Berg – und südlich durch „d" von Wald[1636]

Nach vorliegenden Meldungen hat Gegner besetzt: südl. 559 und bei 558.

Wie feindliche Linie sich weiterhin fortsetzt, ist hier nicht bekannt. Der Teichgraben soll nicht mehr in unserer Hand sein (??) [sic!]. Die deutsche Stellung soll weiter verlaufen: über 544 – 548 in den Graben bei 556 – durch „B" von Berg – und südl. durch „d" von Wald [Abbildung 210].

Das II/8 ersuche ich um baldige Meldung, ob die 5. und 7./8 in die Front der I/364 eingesetzt sind.

Dem I/364 spreche ich für sein zähes Festhalten der Stellung, dem Herrn Kommandeur für die sachgemäßen Meldungen meine volle Anerkennung aus. Um Meldung wird das I/364 und II/8 ersucht, wie die beiden Bataillone z. Zt. sich gliedern, wie die feindliche Inf. und Artl. sich verhält und ob auf einen neuen französischen Angriff zu rechnen ist.
gez. von Rücker.[1639]

[1636] KA: 8. I.R._(WK)_7_03 (414).
[1637] KA: 8. I.R._(WK)_10_48 (414).
[1638] Das I.R. 364 war der 33. R. D. zugeteilt; URL: http://www.oocities.org/bunker1914/ Kampfbereiche_Verdun_Souville_Nase.htm; 26.04.2016.
[1639] KA: 8. I.R._(WK)_10_48 (414).

In dem Konvolut des I/8 befand sich ein gedruckter Armeetagesbefehl[1641] vom 07.09.1916, in dem der Kronprinz, der Oberbefehlshaber der 5. Armee, mitteilte, dass Seine Majestät der Kaiser ihm das Eichenlaub zum Orden *Pour le mérite* für seine Verdienste in den Kämpfen von Verdun verliehen habe. Der Kronprinz konzediert in diesem Tagesbefehl, dass sich die Bedeutung dieser Schlachten, „die seit dem 21. Februar fast ohne Unterbrechung getobt haben, ihr Einfluss auf den Gang des großen Krieges, den Deutschland um seine Existenz zu führen gezwungen ist, noch nicht annähernd übersehen"[1642] lässt, da der Feldzug noch nicht zum Abschluss gebracht sei. Es wäre interessant zu erfahren, ob das I/8, das ja auch in den Gefechten um den Souville-Sack teilnahm, die Kämpfe vor Verdun, die längst zu Abwehrschlachten geworden waren, ebenso einschätzte.

Abbildung 211: 07.09.1916, Kronprinz Wilhelm erhält Eichenlaub zum Pour le mérite[1640]

Die Meldungen der Kriegstagebücher vom 07.09.1916:

Das Kriegstagebuch des 8. I.R. meldete lapidar: „wie am 6. September."[1643]

I/8:

7. September

I/8 in Stellung: Chapitre.

Franzosen richten heftige Feuerüberfälle auf die Stellung, Bef. St. u. Lager. in der Nacht ziemlich unruhig. 9:00 bis 9:45 N. Sperrfeuer, ausgelöst von Souville-Nase.
Regts. Bef. betreffend Stellungsausbau s. Anlage.
Die befohlene Linie wurde von der 2. Komp. erreicht u. mit dem Graben begonnen. [...]
Verluste des Bataillons im Chapitre-Wald:
Oblt. u. Komp. Führer Hoffmann gefallen, 6. ds. [des Monats, Anm. d. Verf.] 7:00 N.
Lt. Pilzweger gefallen 6. ds. Artl. u. verschüttet.
Hptm. Kreipe. Lt. Manger l.[eicht] verw. b. d. Truppe.
54 Mannschaften gefallen, 135 Mannschaften verwundet, 18 Mannschaften vermißt, 22 Mannschaften l. verw. b. d. Truppe.[1644]

Im Kriegstagebuch des II/8 kann man deutlich erkennen, wie versucht wurde, die Auswirkungen des französischen Angriffs vom 06.09. zu bewältigen und einen neuen abzuwehren:

7. September 1916.

[1640] KA: 8. I.R._(WK)_10_11 (414).
[1641] KA: 8. I.R._(WK)_10_11 (414).
[1642] KA: 8. I.R._(WK)_10_11 (414).
[1643] KA: 8. I.R._(WK)_1_27 (414).
[1644] KA: 8. I.R._(WK)_6_04 (414).

6. Komp. Lt. Bickel, 8. Komp. Lt. Bauer: Einsatz beim III/8 westl. der Souville-Nase.

5. Komp. Oblt. Wied, 7. Komp. Oblt. Berndt: Sturmausgangsstelle vom 1. August.

Beschaffenheit der Stellung: eine durchlaufende Grabenlinie ist nicht vorhanden. Stellung besteht aus Granattrichtern. Stab II/8 im I-Werk (544).

Verbindung mit Stab I/364.

Meldung an Regiment, dass 6. u. 8. Komp. mit etwa 200 Gewehren in der Stellung des I/364. abgelöst ist.

Gliederung des Batls.: Teile der 6. u. 8. Komp. in vorderster Linie des I/364. Rest der 6. Komp.: 1/3 Kiesgrube, 2/3 am und hinter dem linken Flügel des Abschnittes zurückgebogen [Abbildung 212], bezw. gestaffelt nach Süden und Osten.[1645]

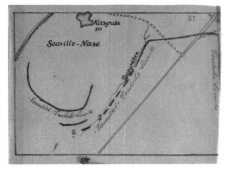

Abbildung 212: 07.09.1916, vermutete deutsche Linie, Stellung des II/8[1646]

Rest der 8. Komp. im I-Werk (544).

5. u. 7. Komp. Sturmausgangsstelle vom 1. August.

Meldung an Regiment:

1. Gegenwärtige Gliederungen wie heute Vormittag gemeldet. Nach Einsatz der 5. u. 7. Komp. gliedert sich das Batl. in vorderster Linie: Eingeschoben in I/364., rechts 7./8., links 5./8.

6. u. 8. Komp. sind an ihren Plätzen geblieben. Ebenfalls Stab II/8. 7./8 nimmt Verbindung mit dem rechten Nachbar Abschnitt, 5./8 mit dem linken Nachbarabschnitt [sic!] durch Patrouillen auf. Außerdem geht vom I-Werk (544) eine Patrouille der 8. Komp. nach Süden vor zum Aufklären der eigenen und feindl. Stellung.

2. Feindliche Artillerietätigkeit im Allgemeinen mäßig. Meldungen über auffallende Infantr. Tätigkeit sind bis jetzt nicht eingetroffen. Eine unmittelbare Vermutung auf einen neuen feindlichen Angriff heute Nacht besteht nicht, dagegen besteht hohe Wahrscheinlichkeit, dass die Franzosen, nachdem sie sich Klarheit geschaffen haben, einen Angriff von 575 aus gegen den linken Flügel des Abschnitts versuchen werden. gez. Goetz.

Außerdem Meldung an Regiment:

II/8. und I/364 erschöpft. Stellung wird gehalten. Ablösung dringend notwendig. gez. Goetz. gez. Krieger.

Befehl an die 5. Komp.: (Linke Flügel Komp.)

Da der linke Flügel des I/364 bzw. der 5./8 durch das Vordringen der Franzosen im linken Nebenabschnitt gefährdet erscheint, ist der linke Flügel gegen den Teichgraben zurückzubiegen. Inwieweit der Teichgraben in unserer Hand ist, ist unbekannt. 559 sicher in unserer Hand.

Auf beiliegender Karte [nicht vorhanden] ist die deutsche Linie unserer Stellung sowie die deutsche Linie unseres linken Nebenabschnittes eingezeichnet. gez. Goetz

Brieftaubenmeldung:

An Regiment v. Rücker.[1647] Lage seit heute Morgen unverändert. Brieftauben für morgen nach Souville-Nase bringen. gez. Krieger. gez. Goetz.

Meldung an Regiment 7:00 Abds. Mäßiges Artill. Feuer auf Chapitre, Souville-Schlucht und Souville-Nase. gez. Krieger. gez. Goetz.

Morgenmeldung. 9:15 Abds. heftiger Feuerüberfall der Franzosen auf rückwärtige Verbindungen. Nachdem die feindl. Artillerie etwa 1/2 Stunde geschwiegen hat, heftiges Feuer auf die Kiesgrube. Artill. Feuerüberfall wurde von vereinzelten Infantr. und Masch. Gew. Feuer begleitet. Es wurde Sperrfeuer angefordert. Ab 10:35 Abds. Abflauen des feindlichen Feuers, (Streufeuer) bis gegen 11:30 Abds. gez. Goetz. gez. Krieger.

[1645] KA: 8. I.R._(WK)_7_189 (1554).

[1646] KA: 8. I.R._(WK)_7_190 (1554). Diese Linie ist verschieden zu der in Abbildung 204, sie liegt weiter zurück.

[1647] Lt. Vorschrift durfte der Adressat bei Brieftaubenmeldungen nicht mehr mit der Einheitsbezeichnung bezeichnet werden, sondern nur mit dem Namen des Regiments-Kommandeurs.

Anschluss an den linken Nebenabschnitt wurde dadurch gegeben, dass 3 Offzr. vom Res. Regt. 67 sich bei dem Abschnitts-K'deur (12:00 Nachts), die vom linken Flügel der Stellung des II/8 mit 4 Kompn. über 559 – 558 eine Stellung ausbauen sollten, nachdem die Franzosen durch Gegenangriff ihre 1. Linie und die 1. Linie des linken Nebenabschnittes erreicht hatten.

Verluste: 1 Mann 5./8 gefallen dch. A. G.
          4 Mann 5./8 schwer verw. dch. A. G.
         15 Mann 5./8 leicht verw. dch. A. G. (davon 1. bei der Truppe)
          2 Mann 5./8 vermißt
          1 Mann 6./8 schwer verw. dch. A. G.
        10 Mann 6./8 leicht verw. dch. A. G. bezw. G. G.
          1 Mann 7./8 leicht verw. dch. A. G. bezw. G. G.
          5 Mann durch Gasvergiftung. (davon 1 bei der Truppe)
          1 Mann 8./8 vermißt
Witterung: schön, Verpflegung aus Magazin. Gesundheitszustand gut.[1648]

4.4.2.5.4   Am 08.09.1916

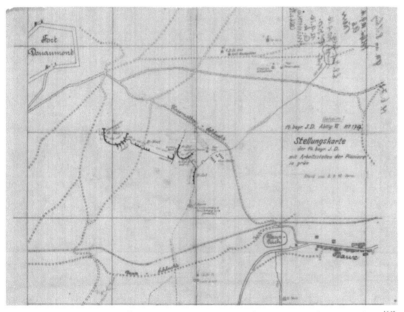

Abbildung 213: 08.09.1916, Stellungskarte 14. b. I. D. mit Annäherungswegen (oberer Ausschnitt)[1649]

Die Ausführung des Korpsbefehls vom 07.09. wurde mit Brigadebefehl[1650] Nr. 2985 vom 08.09.1916 10:15 abends gemeldet:

> Die Besatzung des Brigadeabschnitts hat die Stellung in Linie: 100 m südl. 530 – 538 – Mitte zwischen 562a und 538a [Abbildung 135] vorverlegt und in schwerem feindl. Feuer sowie – auf dem rechten Flügel – gegen franzos. Handgranatenangriffe gehalten. Der Feind ist dem rechten Flügel auf 20-30 m gegenüber, von da in die Schlucht hinunter weiter von unserer Stellung entfernt gemeldet.[1651]

[1648] KA: 8. I.R._(WK)_7_189-195 (1554).
[1649] KA: Infanterie-Divisionen-(WK)_5710_02 (335) Skizze.
[1650] KA: 8. I.R._(WK)_10_32-33 (414).
[1651] KA: 8. I.R._(WK)_10_32 (414).

Die Stellungssituation und die Annäherungswege gehen aus Abbildung 213 und Abbildung 214 hervor.

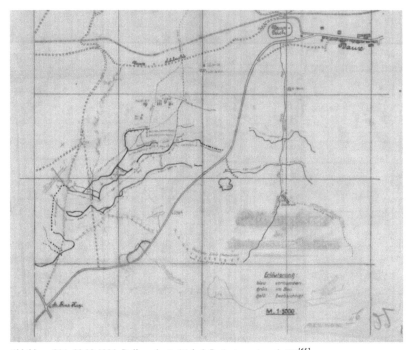

Abbildung 214: 08.09.1916, Stellungskarte 14. b. I. D. (unterer Ausschnitt)[1652]

Für die Gliederung am 09.09.1916 ist u. a. vorgesehen: I/8 in Billy als Verfügungstruppe der 14. b. I. D., III/8 als Verfügungstruppe der 8. b. Inf.-Brig. mit MG-Kompanie 8 im Ornes-Lager, II/8 mit unserem Protagonisten Karl Didion zur Hälfte in der Hassoule-Schlucht. Dann wurde noch befohlen, dass das III/8 mit MG-Kompanie 8 am 09.09. im Ornes-Lager eintrifft. Es sei bestimmt zur Ablösung des in der vorderen Linie links eingesetzten I/4 (Abbildung 214) am 10.09. zwischen 2:00 und 4:00 morgens.

Bei der Ablösung[1653] des I/364 und II/8 durch das I/368 gab es erhebliche Anschlussprobleme bei den Truppenteilen, die den für den 08.09. befohlenen Angriff in Mitleidenschaft zogen. Dieses Ablöseproblem wurde bereits im Kapitel 4.3.6.3 „Ablösungen" beschrieben.

In den Kriegstagebüchern ist zu lesen:

[1652] KA: Infanterie-Divisionen-(WK)_5710_02 (335) Skizze
[1653] KA: Infanteriebrigaden (WK)_946_39-42 (1674).

454

8. I.R.:

8. September 1916.

Stab 8. I.R. heute abgelöst u. nach Billy s. M. in Ruhe. Bisheriger Abschnitt östl. Souville-Schlucht an 33. Res. Division übergeben.[1654]

I/8:

9. September.

I/8 in Billy sous Mangienes.
Batl. durch I/4[1655] abgelöst, kommt nach Billy s. M. zur Verfügung der Division. Ein Teil der Kompagnien benutzt von Deutsch-Eck die Bahn. Stärke des Batls. 400 Gewehre (einschließl. 4. Züge). Aus Stellung kommen 263 Gewehre. Wetter. schön.[1656]

II/8:

8. September 1916

7. Komp. Oblt. Berndt, vord. Linie rechte Hälfte u. 5. Komp. Oblt. Wied vord. Linie linke Hälfte, [beide] eingeschoben in I/364.

6. Komp. Lt. Bickel, u. 8. Komp. Lt. Bauer 1/3 Kiesgrube, 2/3 hinter dem link. Flügel zurückgebogen nach Süden und Osten I-Werk 544. I/364 und II/8 sollen heute Nacht abgelöst werden. Der rechte Teil der Stellung wird gegen 4:00 Morgens durch die 4. Kp. 368 abgelöst. Später der linke Teil der Stellung durch 1/368. Von den abgelösten Teilen gehen 5. u. 7. Kompanie in die Hassoule-Schlucht als Bereitschaft des Regiments von Kleinhenz, 6. u. 8. Komp. nach Azannes. I/364 rückte um 5:00 Vorm. ab. 2 Komp. des I/368 trafen in der Stellung nicht ein [s. das geschilderte Ablöseproblem; Anm. d. Verf.], sondern verliefen sich in die Kasemattenschlucht. Stab I/364 rückte etwa 7:00 Abds. ab. Stab II/8 mit den noch eingesetzten Teilen des Batl. um 11:00 Uhr Abds. [rückte ab] nachdem Teile der 2. und 3. Kp. I/368 in der Stellung eingetroffen waren.

Brieftaubenmeldung:

8:50 Vorm. an Regiment von Rücker. Ablösung durch Batl. v. Reden nur teilweise erfolgt. Fehlende Komp. scheinen in der Kasemattenschlucht zu sein. Masch. Gew. Trupp nicht eingetroffen. Verwundete Regt. 67 schildern Erfolg etwa 100 m [sic!]. Ein franz. Gefangener, Sergeant Regt. 346, Divis. 73, Sekt. 84.
Lage im rechten Abschnitt Bausch (Goetz, Krieger, Reden) unverändert. Fehlende Truppen von Batl. v. Reden von dort in Marsch setzen. gez. Goetz, v. Reden, Krieger.

6:15 Vorm. lebhaftes Infantr.- und Artl. Feuer auf der ganzen Front des Abschnittes und dahinter. Nach Aussage von Verwundeten des Regt. 67 100 m weit vorgetragen. Von 8:15 Vorm. bis 9:00 Vorm. Einzelfeuer der feindl. Art. (Streufeuer). Von 9:00 Vorm. bis 10:30 Vorm. starkes schweres Feuer auf den Abschn. und I-Werk (544).
Ablösung fand nicht statt, da 2-3 Kp. des I.R. 368 sich in der Kas.-Schlucht eingefunden haben. Diese Komp. konnten heute Vormittag wegen heftigen Artill. Feuers nicht nachgezogen werden. Im I-Werk (544) befinden sich nun: Stab I/364, Stab I/368, Stab II/8. Offz. Stv. Vollmar 6./8 verwundet.
Zur Aufklärung der Lage im linken Nebenabschnitt wurde von 544 nach Südwest eine Offz. Patrouille ausgeschickt.
Ergebnis: Franz. Linie stark besetzt. Lebhafte Tätigkeit der Franzosen. Zurücktragen von deutschen Verwundeten nach Fort Souville. Schwache Besetzung der eigenen Linie des linken Nebenabschnittes. Führer der Patrouille Lt. d. Ldw. Fischer I/368. Meldung zurückgebracht dch. Infantr. Riepl 5./8.

Offz. Patrouille Schedlbauer, Erkundungsauftrag: wie stark ist unsere Linie von uns besetzt (von I/368). Wieviel Leute sind etwa noch von I/364 u. II/8 in der Stellung?

[1654] KA: 8. I.R._(WK)_1_30 (414).
[1655] Wenn am 07.09. das I/4 auf dem linken Flügel in Stellung war, konnte es am 08.09. kaum das I/8 auf dem rechten Flügel ablösen?
[1656] KA: 8. I.R._(WK)_6_05 (414).

Ergebnis:
1. Rechter Flügel ist durch I/368 ziemlich dicht, linker Flügel weniger dicht besetzt.
2. Teile von I/364 u. II/8 noch in der Stellung.
Verschiedene stärkere Feuerüberfälle auf 1. Linie und Verbindungswege. Sonst vereinzelt Streufeuer.
Einschieben der ankommenden Reste des I/368 in vorderer Linie, zur Ablösung der noch nicht abgelösten Leute der I/364 u. II/8.

Übergabe des Befehls über den Abschn. an Hpt. V. Reden, Kmdr. I/368.

Verluste: 2 Mann 5./8 leicht verw. dch. A. G
2 Mann 6./8 leicht verw. dch. A. G.
2 Mann 6./8 vermißt
1 Mann 6./8 schwer verw. dch. A. G.
1 Mann 7./8 leicht verw. dch. A. G. (b. d. Truppe).
Witterung: schön, Verpflegung aus Magazin. Gesundheitszustand gut.[1657]

4.4.2.5.5 Am 09.09.1916

Der Brigadebefehl Nr. 3009 vom 09.09.1916[1658] stellte unter „Tagesverlauf" fest:

Die Infanterie der vorderen Linie, II/168 mit einer MG Kompanie, I/4 und seit heute Nacht Teile des II/29 mit MG Kompanie haben die Stellung im Brigadeabschnitt in schwerstem feindlichen Feuer gehalten.

Im linken Nebenabschnitt hat die 33. Reserve Division im nächtlichen Gegenangriff den eingedrungenen Feind wieder zurückgeworfen und hält die Linie: aus Richtung 562a über 561 – 558. Lage im rechten Nebenabschnitt ist unverändert.

Das III/4 wurde heute Morgen aus dem Herbébois und Gremilly in das Ornes Lager vorgezogen. Das III/8 ist in das Herbébois und nach Gremilly vorgezogen worden. [...] Der Stab II/8 und die 6. und 8. Komp. sind heute Früh nach Verwendung im gleichen Abschnitt nach Azannes gerückt.[1659]

Der angegebene Frontverlauf der 33. R. D. zeigt, dass ein Teil der alten Stellung bei Punkt 574 verloren gegangen war.

Als Gliederung für den 10.09. war u. a. vorgesehen: das I/8 als Verfügungstruppe der Division in Billy, die Hälfte des II/8 als Bereitschaft in der Hassoule-Schlucht und das III/8 mit MG-Kompanie 8 in der vordersten Linie links. Als Befehlsstelle des Regiments-Kommandeurs vom Dienst wurde vom 12.09. an die frühere Regiments-Befehlsstelle des b. 8. I.R. in der Bezonvaux-Schlucht angegeben.

Im Brigadebefehl Nr. 3011[1660] vom 09.09.1916 abends wurde gemeldet, dass feindliche Kräfte bei 535 in die Stellung eingedrungen und im Vorrücken auf 503 begriffen seien. Dann wurde befohlen:

Das 4. I.R. wirft im Gegenangriff den eingedrungenen Feind wieder hinaus. An Kräften stehen zur Verfügung: die Bereitschaften in der Kasematten-Schlucht und Hassoule-Schlucht, sowie III/4, das sofort in Richtung auf die Befehlsstelle 4. I.R. antritt.

Wenn der Gegenangriff gelungen ist, ist III/4 nach Möglichkeit herauszuziehen und als Bereitschaft in die Kasematten-Schlucht zu verwenden.

[1657] KA: 8. I.R._(WK)_7_195-197 (1554).
[1658] KA: 8. I.R._(WK)_10_30-31 (414).
[1659] KA: 8. I.R._(WK)_10_30 (414).
[1660] KA: Infanteriebrigaden (WK)_946_27 (1674).

Das III/8 und MG Komp. 8 treten von Herbébois und Gremilly in Richtung Kasematten-Schlucht an. Es ist anzustreben, die Ablösung des I/4 [mit seiner MG-Kompanie, Anm. d. Verf.] durch III/8 und MG Komp. 8 in der Nacht von heute auf morgen durchzuführen. Dem Kommandeur 4. I.R. steht indessen frei, bei Bedarf auch auf diese Kräfte zurückzugreifen. Der Feind muss hinausgeworfen, die ursprüngliche Stellung zurückgewonnen und gehalten werden.[1661]

Es zeigt sich, dass durch ständige französische Angriffe der mit viel Lorbeer bedachte Erfolg vom 03.09. ständig in Gefahr war. Nun war auch die Sturmausgangsstellung bei 535 überrannt worden.

Im Brigadebefehl Nr. 3012[1662] vom 09.09.1916 8:15 Uhr abends heißt es dann: „Nach Meldung der Artillerie hat das Artilleriefeuer abgeflaut, unser Sperrfeuer liegt gut, bei 564 und 542 [hart östlich der Kiesgrube; Anm. d. Verf.] sind Bewegungen gesehen worden."[1663]

Aber laut Brieftaubenmeldungen waren Einheiten der Brigade in vorderster Linie durch Artillerie fast aufgerieben, Reserven kaum mehr vorhanden. Das III/8 war als sofortige Ablösung des I/4 bereit. Gleichwohl wurde um 5:30 Uhr nachmittags der feindliche Infanterieangriff abgeschlagen.

Die Meldung des Fortkommandanten Douaumont lautete: „Artl.-Feuer abgeflaut. Man sieht Bewegung bei 564, bei 535, aber nur von einzelnen Leuten. Er hat nicht den Eindruck eines Angriffes über 535 hinaus. Versprengte von II/168 haben sich im Ford Douaumont eingefunden und erzählen, ihr Bataillon sei aufgerieben."[1664]

Dem 4. I.R. wurde befohlen, sich Klarheit über die Lage zu verschaffen. „Falls der Feind in die Stellung tiefer eingedrungen ist, ist nach Brigadebefehl von 7:00 Uhr Abds. zu verfahren, doch sind möglichst geringe Kräfte zum Gegenangriff einzusetzen. Die Ablösung des I/4 durch III/8 ist, wenn irgend tunlichst, durchzuführen." Dann wurde noch festgelegt, dass der Befehl über die Bataillone der vorderen Linie dem Kommandeur III/4 zu übertragen sei. „Dieser sorgt für entsprechende Tiefengliederung, auch des Bataillons am weitesten rechts, damit unnütze Anhäufung in vorderster Linie vermieden und starke Reserven für den Notfall zurückgehalten werden."[1665]

Für den 09.09. berichten die Kriegstagebücher:

8. Inf.-Brig.:

9. September 1916.

[1661] KA: Infanteriebrigaden (WK)_946_27 (1674).
[1662] KA: Infanteriebrigaden (WK)_946_28 (1674).
[1663] KA: Infanteriebrigaden (WK)_946_28 (1674).
[1664] KA: Infanteriebrigaden (WK)_946_28 (1674).
[1665] KA: Infanteriebrigaden (WK)_946_28 (1674).

I/8:

Das schwere feindliche Art. Feuer und feindliche Teilangriffe veranlassen noch Brigadebefehl vom 9.9.16 7:00 Abds. Nr. 3011 und 8:15 Uhr abends Nr. 3012.[1666]

9. September.

I/8 in Billy.
Hptm. d. R. Kreipe in 4-wöchigen Erholungsurlaub nach Oenhausen.
Lt. d. R. Behr stellvertr. Komp. Führer 3./8.
Lt. d. R. Gross zum Komp. Führer 4./8 ernannt.
Major Rüber 14 Tage Nachurlaub nach Tegernsee
Oblt. Theising meldet sich krank.
Lt. Manger führt b[is] a[uf] w[eiteres] die 1. Komp.
Kompen. setzen ihre Bekleidung- und Ausrüstungsstücke in Stand.
Wetter: schön.[1667]

II/8

9. September 1916.

5. Komp. Oblt. Wied u. 7. Komp. Oblt. Berndt: Hassoule-Schlucht, Bereitschaft d. Rgt. v. Kleinhenz
6. Komp. Lt. Bickel, u. 8. Komp. Lt. Bauer: Ruhequartier Azannes.
Stab II/8 Hptm. Goetz trifft 4:00 Vorm. in Azannes ein. Lt. Pilzweger II. vom Gaskurs Leverkusen zurück. Ruhetag.
Abstellung von Läuferketten von der Brig. Befehl Stelle nach Hardaumont-Werk. (Lt. Feldigl, 1 Uoffz., 19 Mann 6./8, 19 Mann 8./8, von I/8 24 Mann).

Verluste: 1 Mann schwer verw. (5./8) dch. A. G
1 Mann leicht verw. (7./8) dch. A. G. (bei der Truppe)
Witterung: schön, Verpflegung aus Magazin. Gesundheitszustand gut.[1668]

4.4.2.5.6   Am 10.09.1916

Die Pionier-Stellungskarte vom 08.09. (Abbildung 214[1669]) zeigt deutlich, wie vier Tage nach dem viel gelobten gelungenen Angriff auf den Souville-Sack der Feind die deutsche Linie wieder zurückgedrängt hatte. Die ursprüngliche Einbuchtung in die deutsche Linie war zwar immer noch begradigt, aber der Chapitre-Weg war vom Feinde wieder überschritten und die deutsche Linie noch nicht verteidigungsfähig. Sie bestand lediglich aus Postenlöchern. Auf dem rechten Abschnitt waren die durch Pioniere im Bau befindlichen Stellung grün eingezeichnet.

Um gegnerische Angriffe abzuwehren, musste immer wieder Sperrfeuer (Abbildung 215) angefordert werden. Dies regelte der Brigadebefehl vom 03.09., auf den am 10.09.1916 das 8 I.R. für seinen Bereich hinwies: Durch Verfügung der Angriffsgruppe Ost vom 30.08.1916 wurde bestimmt zur Anforderung von Sperrfeuer:

Gelb mit schwebenden Kugeln bei Nacht, weiße Perlen bei Tage. Zum Vorverlegen des Artl. Feuers: roter Doppelstern. Die Anordnung tritt mit 5. September 6:00 Vorm. in Kraft. Als bei Tage gilt: Zeit von 6:00 Vorm. bis 8:00 Abds.

[1666] KA: Infanteriebrigaden (WK)_915_13 (1674).
[1667] KA: 8. I.R._(WK)_6_05 (414).
[1668] KA: 8. I.R._(WK)_7_197-198 (1554).
[1669] KA: Infanterie-Divisionen-(WK)_5710_02 (335) Skizze.

Die entsprechenden Signalpatronen liegen im Pionier-Depot Bezonvaux-Schlucht bereit. Die Truppen sorgen dafür, dass die bisher giltigen [sic!] Signale bis zum 5. September 6:00 Vorm., die künftig geltenden von diesem Zeitpunkt an gebraucht werden. Um Irrtümer auszuschließen, ist eingehende Belehrung geboten.[1670]

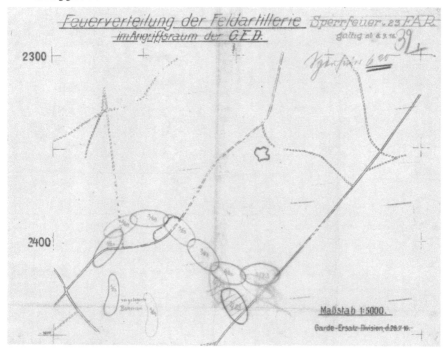

Abbildung 215: Ab 08.09.1916, Sperrfeuerskizze des 23. F. A. R.[1671]

Die Sperrfeuer-Signale wurden natürlich aus Geheimhaltungsgründen immer wieder geändert.

Der am 10.09.1916 herausgegebene Brigadebefehl Nr. 3025[1672] stellte fest: „Ein gestern Nachmittag von französ. Inftr. am linken Flügel der 192. Inf. Brig.[1673] und am rechten Flügel der b. 8. Inf. Brig. gewonnener örtlicher Erfolg ist in der Nacht im Bereich der Brigade wieder ausgeglichen worden."

In das II/168 wurden Teile des III/4 vorgeschoben. Das I/4 wurde durch III/8 abgelöst, der MG-Trupp 154 durch MG-Kompanie 8.

Die Gliederung für den 11.09. sah u. a. vor: das I/8 als Verfügungstruppe der b. 14. Inf.-Div. in Billy, halbes II/8 als Verfügungstruppe der b. 8. Inf.-Brig. in Azannes, halbes II/8 als Bereit-

---

[1670] KA: 8. I.R._(WK)_10_28 (414).
[1671] KA: Infanterie-Divisionen-(WK)_5708_01 (1530) Skizze.
[1672] KA: 8. I.R._(WK)_10_26-27 (414).
[1673] 192. Infanterie-Brigade gehörte zur 192. Infanterie-Division und war vom 02.09.1916 bis 09.09.1916 an Kämpfen um Fleury und im Chapitre-Wald und vom 09.09.1916 bis 31.03.1917 an Stellungskämpfen vor Verdun beteiligt.

schaft in Hassoule-Schlucht und das III/8 links in vorderer Linie. Dann wurden die Bewegungen der einzelnen Einheiten zur Ablösung festgelegt. Für das II/8 hieß es: „[…] in der Nacht vom 11. auf 12.9. werden die 5. und 7. Komp. 8 I.R. aus der Hassoule-Schlucht nach Azannes zurückgenommen. Das II/8 rückt am 11. September abends von Azannes nach Lager Neuer Wald und zieht hierher nach ihrer Ablösung in der Hassoule-Schlucht die 5. und 7. Komp. nach." Weiter wurde befohlen: „Das I/8 rückt morgen Abend von Billy nach Herbébois-Mitte und Gremilly. Es trifft hier 8:30 Uhr Abds. ein und steht zur Verfügung der Brigade."[1674]

Dieser Befehl ging auch auf den dringenden Ersatzbedarf der zum Teil aufgeriebenen Einheiten der Brigaden ein:

> Der angeforderte Ersatz für die Regimenter ist zum Teil unterwegs, zum Teil eingetroffen. Die Regimenter melden jedes Mal alsbald nach Eintreffen des Ersatzes durch Fernsprecher an die Brigade:
>
> a Jahrgänge des Ersatzes,
>
> b Ausbildung – Zeit des Ersatzes,
>
> c ob sofortiges Einstellen in die Kompn. für wünschenswert gehalten wird, oder ob weitere Ausbildung beim Rekrutendepot beantragt wird.
>
> Wenn der Ersatz gleich eingestellt wird, ist er den Bataillonen zuzuteilen, die sich in Ruhe befinden. Hier ist der eingestellte Ersatz zunächst in das Gefüge der Kompn. einzuarbeiten.[1675]

Betrachtet man die Verwundetenliste der Offiziere, so kann man wieder feststellen, dass oft viele Kompanien von Oberleutnanten oder Leutnanten aus dem Reservestand geführt wurden. Auch auf dieses Problem ging dieser Brigadebefehl ein: „Die Regimenter legen möglichst bald Stellen-Besetzungen vor, aus denen die Offiziere vom Komp.-Führer an einschließl. aufwärts und die Offiziere der Stäbe ersichtlich sind. Stellvertretungen sind anzugeben."[1676]

Bemerkenswert an dem Brigadebefehl Nr. 3025[1677] ist auch die Aufforderung, Beutestücke, die in den vergangenen Gefechten eingebracht wurden, abzugeben:

> Leute, die Beutestücke, insbesondere feindl. Karten, Pläne, Tagebücher und dergleichen erbeuten und einliefern, sind, wenn irgend möglich, festzustellen und bei der Einlieferung der betreffenden Stücke zu melden. Es ist sonst unmöglich, die für das Beibringen derartig wichtiger Stücke ausgesetzten Anerkennungen und Belohnungen den betreffenden bald zukommen zu lassen.[1678]

In dem Regimentsbefehl vom gleichen Tage (10.09.1916) wurde die Verteilung der eingetroffenen Ersatzmannschaften geregelt:

> 8. Von den heute eingetroffenen Ersatzmannschaften des II. Ers. Batls. 22. Bayer. Inf. Rgts. erhalten: I/8 80 Mann, III/8 8 Unteroffiziere, 169 Mann. Die Mannschaften für III/8 werden heute in Billy zum Ausruhen vorübergehend untergebracht und vom I/8 verpflegt. Verpflegung gibt Verpfl. Offizier III/8 (ist in Billy) an I/8 ab. Um 2:00 Nachm. Abmarsch der Mannschaften für III/8. Sie marschieren von

---

[1674] KA: 8. I.R._(WK)_10_26 (414).
[1675] KA: 8. I.R._(WK)_10_27 (414).
[1676] KA: 8. I.R._(WK)_10_27 (414).
[1677] KA: 8. I.R._(WK)_10_26-27 (414).
[1678] KA: 8. I.R._(WK)_10_27 (414).

Billy ab in Abteilungen zu etwa 50 Mann mit viertelstündigem Abstand. Für jede dieser Abteilungen stellt I/8 einen Führer bis Azannes ab.

[...]

10. Die Führer des I/8 verlassen Azannes erst dann, wenn die Ersatzmannschaften den Führern des III/8 richtig übergeben sind.

11. Übergabe und Übernahme an III/8 meldet der älteste Unteroffizier des I/8 durch Fernsprecher an Regt., dieser ist von I/8 namentlich zu bestimmen.

12. Leutnant d. Res. Reich hat Kommandeur III/8 von dem Eintreffen der Ersatzmannschaften in der Brûle-Schlucht zu verständigen. Kommandeur III/8 befielt sodann alles Weitere.[1679]

Am 10.09.1916 gab die Heeresgruppe Kronprinz einen Befehl heraus, nach dem mit Rücksicht auf die abgekämpften Truppen und den Mangel an Munition und Material jedes Angriffsunternehmen zu unterlassen sei, damit es zu einem Abflauen der Gefechtstätigkeit komme.[1680] Aus dem Verteiler kann man leicht auf die der Heeresgruppe Kronprinz unterstellten Truppen schließen: die Angriffsgruppe Ost mit 7[1681]. R. K., 44. A. K., 18. R. K. und 15. A. K; das 18. R. K. mit der 14. b. I. D. und der 33. Res.-Div.

Wie dieser Befehl in die Praxis umgesetzt wurde, kann man aus den Befehlen bis zum Ende des Monats September ersehen.

Für diesen Tag notieren die Kriegstagebücher:

8. I.R.:

10. September 1916

Heute wird Oblt. Hoffmann auf dem Friedhof in Billy s. M. beerdigt. Teilnehmer: Regts.-Kdeur. u. Offiz. [des] Regts. des hier liegenden I/8. Verluste: Oblt. Wied gefallen.[1682]

I/8:

10. September, Sonntag.

9:00 Vorm. fand kath. 11:00 V. evangelischer Gottesdienst statt. Um 11:00 V. wurde Oblt. Hoffmann auf dem beim Feldlazarett liegenden Friedhof feierlich beerdigt.
Von eingetroffenen Ersatzleuten erhielten: 1. Komp. 25, 2. Komp. 25, 4. Komp. 30 Mann. Waffenrevision fand bei der 4. Komp. statt.
Tagesverlauf: s. Brig. Bef. vom 11. ds.
Wetter: schön.[1683]

II/8:

10. September 1916

5. Komp. Oblt. Wied u. 7. Komp. Oblt. Berndt: Hassoule-Schlucht, Bereitschaft d. Rgt. v. Kleinhenz
6. Komp. Lt. Bickel, u. 8. Komp. Lt. Bauer: Ruhequartier Azannes, dort auch Stab II/8.
Ruhetag.

[1679] KA: 8. I.R._(WK)_10_01-02 (414).
[1680] KA: Infanterie-Divisionen-(WK)_5938_10 (1728); Abbildung 69, Anhang 4.
[1681] Im Gegensatz zur üblichen Nummerierung werden hier arabische statt römischer Ziffern zur Zählung der Reserve-Korps verwendet.
[1682] KA: 8. I.R._(WK)_1_31 (414).
[1683] KA: 8. I.R._(WK)_6_5 (414).

Außer den schon abgestellten Stafetten werden noch je 3 Mann von der 6. u. 8. Komp. abgestellt. 5. Komp., welche in die Kasemattenschlucht vorgezogen werden sollte, blieb auf Befehl des Regts. Kmdr. vom Dienst, Oberst v. Kleinhenz, in der Hassoule-Schlucht. 10:00 Abds. wurde 7. Kp. auf Befehl des Oberst v. Kleinhenz in die Kasematten-Schlucht vorgezogen. Oblt. Wied gefallen [das war der Kompaniechef des Ldstm. Karl Didion; Anm. d. Verf.] Gewehrstärke der 5. Kompanie 120 Mann, Gewehrstärke der 7. Kompanie 161 Mann. Abgabe von 100 Stahlhelmen an II/4 in Gremilly dch. 6. u. 8. Kp. außerdem Abgabe aller Feldflaschen der 6. u. 8. Kp. (163 Stück). Die Führung der 5./8 übernimmt vorläufig Lt. d. Res. Schüssler. Witterung: schön, Verpflegung aus Magazin. Gesundheitszustand gut.[1684]

4.4.2.6   Vernehmung Gefangener

Wie schon mehrfach erwähnt, wurden bei der Eroberung des Souville-Sackes zunächst über 200 Gefangene[1685] gemacht, darunter 1 Regiments-Kommandeur und 7 Offiziere. Mit Datum vom 03.09.1916, das Gefecht war also noch nicht vorbei, gab es bereits eine erste Niederschrift über eine Gefangenenvernehmung[1686] durch den Nachrichten-Offizier des AOK 5 beim XVIII. Reserve-Korps. Diese erfolgte wohl deshalb sofort nach der Gefangennahme, um noch verwertbare Informationen für den weiteren Verlauf des Gefechtes zu gewinnen.

In dieser Niederschrift wurden zunächst alle Gefangenen (insgesamt 402) der gegnerischen 68. R. D. im Souville-Gefecht sowohl bei der 33. R. D. als auch bei der 14. b. I. D. festgestellt: 11 Offiziere und 402 Mann. Durch die Gefangenenvernehmung konnte die Dislozierung der französischen 68. R. D. und der sich mit ihr abwechselnden 38. I. D. sowohl in den letzten Monaten als auch während des Gefechts festgestellt werden. Auf diese Weise wurde auch herausgefunden, dass die deutsche Artillerievorbereitung bei dem Gegner schwere Verluste verursacht hatte. So betrugen z. B. die Verluste am 02.09. bei den zwei Kompanien des I.R. 212 68 Mann (20 %) und bei der MG-Kompanie I.R. 212 21 Mann (25 %). Die Vernehmung ergab, dass sich die Verluste durch Artillerie-Beschuss am 03.09. noch gesteigert hatten, dass die vom französischen Regiment angeforderte Verstärkung ausgeblieben war, dass der Gegner bereits am 02.09. mit dem Angriff gerechnet und, als dieser ausblieb, sich sicher gefühlt hatte. So kam der deutsche Angriff am 03.09. im Nebel überraschend. Die französischen MGs waren unbrauchbar geworden, deshalb konnten die Deutschen bei 560 – 561 durchbrechen. Interessant war folgendes Vernehmungsergebnis: „Die Franzosen erkennen das schneidige Vorgehen der deutschen Angriffstruppen rückhaltlos an und der franz. Oberst des I.R. 344, der sich in der Osthälfte des Steinbruchs bei 562a befand, hatte noch keine Meldung über Angriff erhalten, als er u. sein Stab

---

[1684] KA: 8. I.R._(WK)_7_198 (1554).
[1685] Im Gefechtsbericht des III/8 sind im Anhang per 04.09.1916 die Gefangenen aus den Kampfhandlungen vom 02. bis 05.09.2016 verzeichnet; KA: 8. I.R._(WK)_13_33 (511).
[1686] KA: 8. I.R._(WK)_10_52-55 (414); ident. KA: 8. I.R._(WK)_10_16-19 (838); Abbildung 21, Anhang 3.

sich schon umringt sah[en]."[1687]

Zu Telefonverbindungen nach rückwärts wurde herausgefunden, dass diese unterbrochen waren, und als bemerkenswert wurde hervorgehoben, dass auch in der vordersten Linie wieder Apparate zur Verbindung zwischen Bataillon und Regimentsstab eingebaut werden sollten; dies sei lange Zeit wegen der Gefahr des Abhörens verboten gewesen. Weiter wurde erfahren, dass das gegnerische Regiment auch aus meist älteren Leuten bestand. Über die Verpflegung, die als gut bezeichnet wurde, wurden ebenso Einzelheiten bekannt. Sanitäts-Bedingungen wurden erfragt und die Dislozierung anderer Truppen bei Verdun war von Interesse. Interessant sind die erhobenen Auskünfte über die Moral der Truppe:

> Wenn auch die soldatischen Eigenschaften der Angehörigen der 68. R. D. diese nicht zu größeren Taten zu befähigen scheinen, so muss doch die allgemeine Stimmung der Offiziere u. Leute als gut bezeichnet werden. Kaum einer ist kleinmütig bezüglich des Enderfolges dieses Krieges. Sie geben zu, dass die Somme-Offensive nicht den durchschlagenden Erfolg hatte, andererseits man aber den deutschen Angriff gegen Verdun endgültig aufgehalten habe, was in Frankreich mit großer Erleichterung begrüßt und als Erfolg empfunden worden sei. Nach Ansicht von Offizieren war unser erfolgreicher Widerstand an der Somme nur möglich, weil wir die Österreicher gegen das russische Vordringen im Stich gelassen hätten, woraus sie schließen, dass wir nicht mehr genügend Kraft hätten, von beiden Seiten gleichzeitig erfolgende Angriffe zu parieren.
>
> Rumäniens Eingreifen hat die zuversichtliche Stimmung noch wesentlich gehoben, denn die Entscheidung dieses „berechnenden" Volkes zu Gunsten der Alliierten wird so gedeutet, dass Rumänien die Entente als sichere Siegerin betrachte. Den Einwand, dass solchen „Entscheidungen" durch „leichten Druck" nachgeholfen werden könne, wie dies in Griechenland offenkundig zu Tage trete, wollen sie für Rumänien nicht gelten lassen. Von Griechenland, dessen König und namentlich vom griechischen Heer sprechen die Offiziere mit großer Geringschätzung; wie das Land sich auch entscheide, in den Augen Frankreichs und Englands habe es endgültig ausgespielt und verdiene keinerlei Rücksichtnahme mehr.
>
> Bulgarien, vor dessen Leistungen zweifellos große Hochachtung besteht, gilt durch die Neugestaltung der Dinge am Balkan als belagertes Land, dem damit die Flügel für weitere Unternehmungen beschnitten seien.[1688]

Es ist bemerkenswert, wie bereit die französischen Offiziere waren, sich über strategische Fragen, die weit über das Geschehen von Verdun hinausgingen, mit deutschen Offizieren auszutauschen. Diese Niederschrift wurde mit 100 Kopien ausgefertigt und vom AOK 5 über die Angriffsgruppe Ost an alle benachbarten Korps verteilt.

Mit Datum 04.09.1916 gab es eine 2. Niederschrift[1689] der Gefangenenvernehmung mit folgendem Inhalt: Die Anzahl der Gefangenen beim Souville-Sack-Gefecht wurde nun mit 11 Offizieren und 458 Mann angegeben. Es wurde herausgefunden, dass der Steinbruch bei 562a (Abbildung 216) aus zwei etwa 100 m auseinanderliegenden Teilen bestand.

[1687] KA: 8. I.R._(WK)_53 (414).
[1688] KA: 8. I.R._(WK)_10_54-55 (414).
[1689] KA: 8. I.R._(WK)_13_88-89 (511); Abbildung 22 Anhang 3.

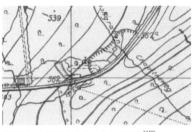

Abbildung 216: Steinbruch bei 562a[1690]

Während in dem von deutscher Seite besetzten östlichen Steinbruch der Regiments-Stab I.R. 344[1691] lag, befand sich der Stab des I.R. 212 in dem westlichen Steinbruch. „Bei den Regts. Stäben sind Tauben stationiert, die alle nach Verdun (Citadelle) fliegen; die letzte vom 2.9. von I.R. 344 abgesandte Taube überbrachte die Meldung, dass franz. Artillerie zu kurz schießt."[1692] Die vordere Linie wurde den eigenen Flugzeugen durch große weiße Tücher signalisiert.

Weiter wurde erfahren, dass in Südfrankreich die Ernte gut stehe. Außerdem wurde eine einheitliche politische Darstellung festgestellt, was darauf schließen lässt, dass dem französischen Heer eine Art Generalidee eingeimpft wurde. Die überlegene Zahl der Entente machte sie sicher, wenn der Vorsprung in der Organisation, den Deutschland vor ihnen und besonders vor Russland und England gehabt habe, allmählich ausgeglichen werde. „An einen Sonderfrieden einer Entente Macht mit Deutschland glauben sie nicht, insbesondere halten Sie jede Verständigung mit Frankreich für unmöglich."[1693]

Die Gefangenenvernehmung bestätigte, dass General Mangin (Beiname Le Boucher = Metzger) als Führer der Gruppe D (östlich der Maas) General Lebrun abgelöst hatte. Mangin sei der Vater des Gedankens, schwarze Truppen in großer Zahl auszubilden und gegen Deutschland zu verwenden. Der gefangene französische Offizier des Senegalesen-Bataillons bestritt das ihm von den Deutschen vorgehaltene Massaker an deutschen Soldaten nicht und „er selbst empfindet es als Entwürdigung, Schwarze gegen deutsche Truppen führen zu müssen"[1694], wie schon zitiert wurde.

Am 06.09.1916 meldete der Nachrichten-Offizier AOK 5 beim XVIII. Reserve-Korps die Erbeutung französischer Befehle.[1695] Dabei handelte es sich zunächst um den Befehl für die Ablösung der 32. I. D. durch die 68. I. D. in der Nacht vom 28. auf 29.08., also kurz vor dem geplanten Gefecht zur Einnahme des Souville-Sackes. Die Einsatzorte der verschiedenen Bataillone und die Marschziele wurden detailliert angegeben. Bemerkt wurde:

Es bleiben an Ort und Stelle bis 30. August Mitternacht: die Batls-Kommandeure der abgelösten Bataillone, 1 Offizier jeder abgelösten Kompanie und 1 Unteroffizier jeden Zuges, um die Abschnitte

---

[1690] KA: 8. I.R._(WK)_7_03 (414).
[1691] Nicht zu verwechseln mit dem deutschen Regiment I.R. 364.
[1692] KA: 8. I.R._(WK)_13_88 (511).
[1693] KA: 8. I.R._(WK)_13_88 (511).
[1694] KA: 8. I.R._(WK)_13_89 (511).
[1695] KA: Infanteriebrigaden (WK)_946_32-35 (1674); Abbildung 23, Anhang 3.

ordnungsgemäß zu übergeben. Die Berichte über die richtige Ausführung der Ablösung und Quittungen über die richtige Übergabe sowie Mitteilungen betreffend den Abschnitt sind an den General und Kommandeur des Marceau-Abschnittes zu richten, ehe die betreffenden Offiziere ihren Posten verlassen.[1696]

Dies war ein sehr sorgfältiges und sicheres Ablösungsverfahren, das im Gegensatz zu der missglückten Ablösung bei den deutschen Truppen am 08.09.1916[1697] stand.

Unter den erbeuteten Befehlen befand sich auch der französische Befehl der 32. Division vom 26.08.2016 über Verpflegung und Nachschub im Souville-Abschnitt und über Melderoutine[1698], der bereits im Kapitel 4.3.6.1.3 „Lebensmittel/Verpflegung" und 4.3.6.4 „Meldungen, Läuferketten" behandelt wurde.

Das Protokoll der Gefangenenvernehmung[1699] vom 07.09.1916 basierte auf sämtlichen von den Regimentern der 14. b. I. D. u. 33. R. D. gemachten Gefangenen. Zunächst konnten durch die Gefangenenaussagen die den beiden deutschen Divisionen bei dem Gegenangriff der Franzosen nach der Einnahme des Souville-Sackes gegenüberstehenden französischen Einheiten festgestellt werden. Sechs Bataillone waren bei dem Angriff gegen die Front des XVIII. R. K. eingesetzt. Dabei erfahren wir, welche Einheiten gegen das Grabendreieck 574, von den Franzosen Triangle genannt, welche Einheiten gegen die Westfront des Dreiecks und welche gegen Chapitre- und Steinbruch-Weg eingesetzt wurden.

Die Gefangenenvernehmung[1700] vom 07.09.1916 ergab bezogen auf den Gegenangriff der Franzosen am 06.09. eine detaillierte Schilderung, auf die bereits bei der Behandlung der Gefechte am 06.09. zurückgegriffen wurde.

Weitere französische Befehle und Notizen[1701] wurden vom Nachrichten-Offizier AOK 5 mit Datum 10.09.1916 vorgelegt, die z. T. französische Einschätzungen deutscher Truppen mit getroffenen Gegenmaßnahmen enthalten.

In einer erbeuteten französischen Dienstnotiz wurde Folgendes festgehalten:

> Ein beim Verbandsplatz eingelieferter deutscher Gefangener hat eingestanden, dass die sogen. Krankenträger, die in vorderen deutschen Linien gesehen wurden, keinen anderen Zweck haben, als die vorgeschobenen Postierungen mit Handgranaten zu versehen; alle Leute sind daher anzuweisen, ohne jedes Mitleid und ohne Schwäche den kürzlich vom Oberst gegebenen Befehl, auf diese zu schießen, auszuführen.[1702]

Eine andere Notiz hatte Schutz gegen Gas zum Inhalt: „Die letzten deutschen Gasangriffe haben wiederum bewiesen, dass der durch die Maske gewährte Schutz völlig ausreichend ist und nur

---

[1696] KA: Infanteriebrigaden (WK)_946_32-33 (1674).
[1697] S. Kapitel 4.3.6.3.
[1698] KA: Infanteriebrigaden (WK)_946_33-34 (1674).
[1699] KA: Infanteriebrigaden (WK)_946_29-31 (1674) Abbildung 24, Anhang 3.
[1700] KA: Infanteriebrigaden (WK)_946_29-31 (1674).
[1701] KA: Infanteriebrigaden (WK)_946_47-48 (1674).
[1702] KA: Infanteriebrigaden (WK)_946_47 (1674).

diejenigen Opfer einer Erkrankung wurden, deren Maske in schlechtem Zustand war oder die, die die Maske nicht aufgesetzt bzw. sie zu früh wieder abgenommen haben."[1703]

Eine mit 19.07.1916 datierte Dienstnotiz stellt auf das Verhalten deutscher Truppen bei französischer Artillerievorbereitung ab: „Die Berichte der Erkundungsflugzeuge lassen erkennen, dass nach den letzten Beobachtungen die deutsche Infanterie während unserer Artillerievorbereitung sich in Nähe unserer Linie zusammengedrängt, um so weniger unter unserem Feuer zu leiden. Unter diesen Umständen muss in ausgiebiger Weise von Handgranaten, Gewehrgranaten, V.-B.[1704]-Geschossen etc. Gebrauch gemacht werden."[1705]

Ein Befehl vom 21.07.1916 handelt von Signalgebung bei schlechter Sicht:

Abschnittskommandeur Sektor E an Regimentskommandeure Vaux-Chapitre, St. Fine Chapelle, Gruppe E u. O.: es ist festgestellt worden, dass infolge der einem Angriff vorhergehenden Beschießung unserer Gräben die von unseren Beobachtungsposten abgegebenen Alarmsignale bei dem dichten Rauch nicht gesehen wurden. Um diesem Übelstand abzuhelfen, wird hiermit ein Alarmsignal eingeführt, das erlaubt, alle Truppen sofort über den Beginn eines Angriffs zu unterrichten. Dieses Signal besteht aus zwei Bändern zu 25 Kartuschen, die von den Maschinengewehren mit der größtmöglichen Schnelligkeit abgeschossen werden, sobald sie von den Beobachtungsposten avertiert werden. Dieses Alarmschießen der ersten benachrichtigten MG wird von allen anderen MG der Stellung sofort wiederholt. Es handelt sich dabei um schnellstes Abfeuern als Signalzeichen und nicht darum, dem Feind Verluste zuzufügen.[1706]

Am 12.09.1916 wurde vom Nachrichten-Offizier AOK 5 ein wichtiger von der 33. R. D. erbeuteter französischer Befehl[1707] über den Einsatz der französischen Truppen bei Verdun herausgegeben, der in Gänze wiedergegeben wird.

Er ist eingeteilt in die Abschnitte: 1. Moral, 2. Halten und 3. Vorwärtsschreiten. Zunächst wird,

---

[1703] KA: Infanteriebrigaden (WK)_946_47 (1674).
[1704] Tromblon Vivien-Bessières. Beginnings: As the war progressed into its second year with trench warfare becoming more stagnant on the Western Front and as the use of the hand grenade was becoming one of the choice weapons for both close offensive and defensive tactics, the various belligerent armies found it imperative that they had to develop grenades that could be used at longer distances than that of the hand-thrown types. They at first tried using the regular hand held grenades attached to long steel rods to shoot from the barrels of the rifles but these proved ineffective due to that they had poor aerodynamic stability resulting in poor range and accuracy along with damaging the rifles bore when these were fired.
Development: During the early part of 1916 the French military turned to Engineer Captains Jean Vivien and Gustave Bessière to help develop both a grenade and a launching cup that could be used on the various rifles in service. What they came up with was a slip-on launching cup, called a *Tromblon*, that was made of a block of hardened steel, that had a 50 mm (2 inch) bore that was joined to the rifle barrel at the muzzle by a tapered hollow cone. The lower part of the cup is a split socket that slides fairly tight unto the barrel of the rifle, which encloses the front sight and bayonet lugs of the rifle. These tromblons were constructed to fit any rifle, but as some of these may be a little tight or loose on the barrels it was therefore necessarily advantageous to fit the tromblons that had little or no play to the best suited rifle barrel. The one most important feature of this grenade launcher was the fact that the grenade itself was fired out of the launcher by means of a regulation ball service cartridge and not by a special blank cartridge as had been the case with other grenade launchers in service with the other armies. It was found that the Fusil de Infanterie Modèle 1886 Modifié 1893 dit „Lebel" with its larger bearing area in the receiver and two piece stock could take the beating of the grenade launching better than the Berthier's Fusil de Infanterie Modèle 1907-1915 one piece stock which had a tendency to break in the wrist; URL: https://www.milsurps.com/showthread.php?t=4487; 04.09.2017.
[1705] KA: Infanteriebrigaden (WK)_946_47 (1674).
[1706] KA: Infanteriebrigaden (WK)_946_47 (1674).
[1707] KA: Infanteriebrigaden (WK)_946_43-46 (1674).

wie auf deutscher Seite, der Rat gegeben, zu versuchen, neue Truppen in das Geschehen vor Verdun einzuführen:

Bei den Ablösungen gegen Verdun kommen häufig Truppenteile in Linie, die vorher in sehr ruhigen Abschnitten gelegen haben und sich daher sehr fremd fühlen, wenn sie hier keinen organisierten Abschnitt vorfinden. Es ist daher erforderlich, Offiziere, Unteroffiziere und Mannschaften über die Natur der Kämpfe um Verdun aufzuklären.

1. Moral: seit mehr als 5 Monaten leistet die Verdun-Armee den heftigsten Anstrengungen, die der Feind jemals während dieses Krieges versucht hat, erfolgreichen Widerstand. Die Deutschen rechneten damit, Verdun in einigen Tagen zu nehmen und diese Illusion kostete Ihnen schon 530.000 Mann. Der heroischen Fähigkeit der Verdun-Armee, die in so prächtiger Weise den Appell des Vaterlandes erwidert hat, ist es zu verdanken, dass die Offensive der Alliierten schon so glänzende Resultate – die ersten nur – erzielt hat.

Zu der Ehre berufen, auf diesem Schlachtfeld kämpfen zu dürfen, müssen Offiziere und Truppen von der Notwendigkeit durchdrungen sein, den Widerstand fortzusetzen bis zur Erschöpfung des Gegners, die Deserteure und Gefangene uns als nahe bevorstehend ankündigen.

Im Sektor D besteht die Aufgabe besonders darin, Stellungen, die für die Verteidigung als unbedingt notwendig erachtet werden, wieder zu nehmen und so eine neue Barriere vor dem wilden Eindringling zu errichten und ihn von seinem Ziel seiner Anstrengungen zu entfernen, womit seine letzten Hoffnungen vernichtet werden; hier heißt es nicht nur halten, sondern vorwärtsgehen.

Der Sektor D ist vor allem ein Kampfgebiet; siegreich vor Thiaumont, Fleury, Souville und Douaumont die zu haben wird für jeden einzelnen eine Ehre und für Alle ewigen Ruhm bedeuten.

2. Halten: Die erste Beschäftigung jedes Führers, der neu in den Abschnitt kommt, muss darin bestehen, das Gelände zu studieren und die zur Verteidigung geschaffene Organisation zu erkunden bezw. sie zu schaffen, wenn sie nicht vorhanden ist oder sie zu vervollständigen und zu verbessern, wenn sie schon besteht.

Vor Verdun besteht die Verteidigungsorganisation darin: Granatlöcher zu verbinden, um Gräben und Verhinderungsgräben zu schaffen, vorhandene Unterstände [...] auszubauen, um daraus besonders feste Stützpunkte zu schaffen [...]; ferner in der Schaffung sicherer Unterstände für die Mannschaften, sowie für Lebensmittel, Munition usw. Die Schützengräben und Verbindungsgräben müssen durch besondere Verteidigungsmittel (spanische Reiter, Ostereier etc.) geschützt werden.

Ist das Gelände erst einmal richtig organisiert, so wird die Verteidigung sehr viel leichter, aber diese Verteidigung muss aktiv sein und Gegenangriffe vorbereiten für den Fall, dass es dem Feind gelingen sollte, in einem Teil unserer Stellung einzudringen, denn es ist selbstverständlich, dass jedes verloren gegangene Stück unter allen Umständen wieder erobert werden muss. [...].

Wenn die Deutschen einen Angriff von unserer Seite erwarten, so legen sie heftige Sperrfeuer zwischen unsere erste und die folgende Stellung, um die Bewegung der Reserven zu verhindern; es ist daher erforderlich, die lokalen Reserven zwischen der ersten Linie und dem deutschen Sperrfeuer unterzubringen. Auf diese Weise sind sie stets zur Hand und entgehen in gewisser Weise der Wirkung des feindlichen Feuers, so dass sie Gegenangriffe sofort und ganz automatisch einsetzen können; nur unter dieser Bedingung werden sie Erfolg haben, denn wenn der betreffende Führer erst die Befehle seines Vorgesetzten abwartet, so kann er sicher sein, sie zu spät zu erhalten. Darum besteht für alle die Verpflichtung, reiflich darüber nachzudenken und alle erdenklichen Möglichkeiten zu erwägen, um die Truppen entsprechend unterzubringen und zu verteilen, die Wege zu erkunden und die Zufuhr von Munition usw. sicherzustellen, mit einem Wort jeder Führer muss sich seinen Plan für einen evtl. Gegenangriff genau zurechtlegen. Diese Pläne müssen den Nachbarformationen mitgeteilt werden, damit diese gegebenenfalls bei den Gegenangriffen mitwirken können.

Eine Hauptbeschäftigung jedes Führers muss darin bestehen, die Nachrichtenvermittlung und die Verbindung seitwärts und rückwärts zu erkunden und sicher zu stellen. Durch Patrouillen und methodische Erkundungen erhält er neue Nachrichten, die er dem Nachbartruppen und nach hinten sofort weitergeben unter Benützung aller ihm zur Verfügung stehenden Mittel, wovon das beste nach der letzten Erfahrung in den Läufern besteht. Mit größter Sorgfalt muss somit die Läuferkette organisiert werden. Die Signalverbindung mit Flugzeugen kann ebenfalls gute Resultate zeitigen, wenn die Leute bengalische Feuer oder Ruggieri Töpfe, womit sie versehen sind, anzünden. Da die Deutschen von diesem Verfahren Kenntnis haben, so wird die Farbe der Feuer stets in dem betreffenden Operationsbefehl besonders bestimmt. Nachrichten zu erlangen und diese weitergeben bleibt die wichtigste Grundbedingung für die Entscheidung des Führers und für die Artillerie, die die Fortschritte der Infanterie begleiten und ihr Feuer entsprechend vorverlegen muss.

3. Vorwärtsschreiten: Außer den regelmäßigen, von der höheren Führung befohlenen Angriffen, müssen die untergeordneten Organe lokale Unternehmungen vorbereiten; es ist selbstverständlich, dass diese Unternehmungen nicht aufzubauen sind, indem man Überraschungseffekt in Rechnung stellt, da unser Gegner ganz besonders wachsam ist; auf die Artillerievorbereitung verzichten, um von der vermeintlichen Überraschung Nutzen zu haben, heißt die Beute für einen Schatten los zu lassen. Es muss daher auf Nachtunternehmungen verzichtet werden und auch kleine lokale Unternehmungen müssen in sorgfältigster Weise durch die Artillerie vorbereitet sein; diese Vorbereitung erfordert ein eingehendes Studium aller Einzelfragen und das Feuer muss bis zum Moment des Angriffes fortgesetzt werden. Diese Vorschrift erstreckt sich nicht auf kleine Handgranatenangriffe, die bei Tage begonnen und bei Nacht fortgesetzt werden können.

Ausser den von der Führung befohlenen Angriffen, muss jede Gelegenheit wahrgenommen und jede Schwäche des Feindes benützt werden, um Patrouillen und Erkundungsoffiziere vorzuschicken und Gefangene zu machen; der zähe Wille des Führers, den Gegner beständig zu bedrängen, teilt sich seinen Leuten mit und setzt sich in kleine lokale Erfolge um, die die Moral der Unsrigen aufrichten und die Moral unsres Gegners niederdrücken.

Wenn erst die moralische Überlegenheit errungen ist, ist auch der Erfolg sicher. gez. Mangin.[1708]

Der angeschlagene schwülstige kriegerische Ton unterscheidet sich nicht von dem deutschen in ähnlichen Befehlen. Der Appell an die Ehre, berufen zu sein, „auf diesem Schlachtfeld kämpfen zu dürfen", und die Bezeichnung des deutschen Angreifers als wilden Eindringling wurden gezielt eingesetzt, um den Kampfes- und Durchhaltewillen des französischen Patrioten zu steigern. Die taktischen Anweisungen gleichen in hohem Maße den deutschen.

Mit Datum 18.08.1916 liegt ein weiterer Befehl von General Mangin, Befehlshaber Gruppe D (Thiaumont, Fleury, Souville und Douaumont) an die kommandierenden Generale vor:

Aus den Berichten eines Offiziers des Stabes der C. A. C. (Luftschifferkompagnie) der 10 Tage lang an der Somme war, geht hervor, dass die Infanterie über den V. B.-Granaten[1709] [Abbildung 217] ganz besonders zufrieden ist. Wenn die Infanterie die feindl. Gräben genommen hat, legt unsere Artillerie 16-18 Stunden lang ihr Feuer vor diese Gräben, bis die Infanterie sich organisiert hat und mit Handgranaten, V. B.-Granaten usw. ausgerüstet ist. Sobald darin genügende Vorräte bestehen, sichert sich die Infanterie selbst durch Sperrfeuer mit V. B.-Granaten und beansprucht das Artillerieabwehrfeuer nicht mehr. Es scheint zweckmäßig, die Infanterie auf diesen Weg besonders hinzuweisen.[1710]

In einer Brieftasche eines Offiziers wurde folgende Notiz gefunden: „Geheim 17.8.16. heute Nachmittag von 3:00 bis 5:30 Uhr findet Schießen mit besonderen Granaten statt und infolgedessen muss spätestens um 2:30 Uhr jede Arbeit aufhören; alle Leute gehen in ihre Unterstände. Für den Fall von Repressalien des Feindes müssen alle Masken und sonstigen Vorsichtsmaßregeln gegen Gas bereitgehalten werden."[1711]

Eine Dienstnotiz des Generalstabs der 32. französ. Division vom 24.08.1916 lautete:

Der Divisionskommandeur gibt den Truppen folgendes bekannt: am 24. August war einer unserer Kompagnien in Fleury ein feindliches MG besonders unangenehm und verursachte ihr Verluste. Einer Batterie Vivien-Bessières [Abbildung 217] wurde schnellstens organisiert und nach ernstlicher Beschießung ging ein Zug aus unseren Gräben gegen die Deutschen vor und brachte 24 Gefangene und das Maschinengewehr ein. Dieser kleine Kampf beweist, was mutige Soldaten leisten können und insbesondere welch gute Dienste die Granaten Vivien-Bessières leisten, wenn sie richtig angewendet werden. Diese besonders wirksamen Granaten, dürfen nur verwandt werden zur Vorbereitung eines

---

[1708] KA: Infanteriebrigaden (WK)_946_43-46 (1674).
[1709] Vivien-Bessières-Granaten.
[1710] KA: Infanteriebrigaden (WK)_946_45 (1674).
[1711] KA: Infanteriebrigaden (WK)_946_46 (1674).

Angriffes bzw. zum Sperrfeuer und stets in Massen und nicht in einzelnen Schüssen verschwendet. gez. Der Generalstabschef Jordan.[1712]

[Deutsche] Anmerkung.: Näheres über die V. B. (Vivien-Bessières) Granate und ihre Verwendung ist aus der gedruckten Übersetzung eines französischen Befehls, vom N. O. 2 am 29.8. herausgegeben, ersichtlich (allen Korps vom N. O. 5 weitergeben).[1713]

Abbildung 217: Französischer Soldat mit einer Vivien-Bessières-Granate[1714]

Diese Mitteilung über die V.-B.-Granate erreichte die 14. Bayerische Infanterie-Division am 13.09.2016 mit folgendem Zusatz des Divisions-Kommandeurs: „Auf Ziffer 2 vorstehender Ausführungen [damit ist die V.-B.-Granate gemeint] wird besonders hingewiesen. gez. Rauchenberger."[1715]

Die Gefangenenvernehmungen ergaben wertvolle Erkenntnisse über die Identität der feindlichen Truppen, deren Moral und Durchhaltewillen sowie deren taktische Anweisungen.

4.4.2.7   Kampftätigkeiten vom 11. bis 16.09.1916

4.4.2.7.1   Am 11.09.1916

Im Brigadebefehl mit besonderen Anweisungen Nr. 3054[1716] vom 11.09.1916 wurde unter Tagesverlauf mitgeteilt:

Der Feind hat seine Angriffe auf die Front der 192. Inf.-Div., bayer. 14. Inf.-Div., 33. Res. Div. bisher nicht wiederholt. Unsere Stellung (linker Flügel), die Vaux-Schlucht und Kasematten-Schlucht sind gestern mit Gasgeschossen oder Brandgeschossen belegt worden. Das am Abend teilweise heftige feindliche Artilleriefeuer hat in der Nacht etwas abgeflaut.[1717]

In der beabsichtigten Gliederung für den 12.09. war u. a. das II/8 als Verfügungstruppe der Division im Lager Neuer Wald, das I/8 als Verfügungstruppe der Brigade in Herbébois u. Gremilly und das III/8 zusammen mit MG-Kompanie 8 in vorderster Linie links vorgesehen.

[1712] KA: Infanteriebrigaden (WK)_946_46 (1674).
[1713] KA: Infanteriebrigaden (WK)_946_46 (1674).
[1714] URL: https://fr.wikipedia.org/wiki/Vivien-Bessières_(arme); 01.06.2017.
[1715] KA: Infanteriebrigaden (WK)_946_46 (1674).
[1716] KA: 8. I.R._(WK)_10_20-21 (414).
[1717] KA: 8. I.R._(WK)_10_20 (414).

Um die Verteidigung effektiver sicherzustellen, wurde dann befohlen:

> 7. Zur Verhinderung der feindl. Erkundung und Annäherung sind Postierungen in Granatlöcher vor der Front zu legen und allmählich durch Sappen mit der eigenen Linie zu verbinden. Der nordwestl. Punkt 539 südwärts ziehende frühere franzős. Graben ist als Sappe auszunützen und zur Flankierung feindlichen Vorgehens gegen die anschließenden Grabenteile einzurichten.
>
> 8. Zur Sicherung der rechten Flanke der südl. der Vaux-Schlucht eingesetzten Batlne. sind nach Anordnung des Kdeurs. III/4 in Gegend 501 – 502 – 503 2 MG einzubauen, mit der notwendigsten Bedienung und mit einigen Inftr.-Schutz zu versehen. Aufgabe: Erstes Aufhalten eines westl. des Brig.-Abschnitts vordringenden Feindes. Bis zum Eintreffen der angeforderten deutschen sind hierzu französische MG aus der Kasematten-Schlucht zu verwenden.
>
> 9. Die von Division und Brigade gegebenen Befehle zum Schaffen einer festen Stellung sind, soweit irgend möglich, mit allem Nachdruck durchzuführen. Vorläufig kommt es auf die Anlage von Hindernissen und das allmähliche Verbinden der Schützenlöcher an. Die Truppe muss im eigenen Interesse und im Interesse der Nachfolger diese Aufgabe durchführen.
>
> 10. Nach Anordnung des Regts.-Kdeurs vom Dienst sind aus den Bereitschaften Kdos. zu bilden, die bei den Aufräumungsarbeiten mithelfen. Die Leitung der Ausführungsarbeiten fällt den Bataillonen zu, in deren Bereich sie notwendig sind. Die Sanitäts-Offze sind mit zur Leitung heranzuziehen.[1718]

Dann erfolgt ein erstaunlicher Hinweis, der auf ein humanitäres Verständnis beider Gegner schließen lässt:

> Entgegen den bestehenden Verboten versuchte gestern eine Komp. auf dem sogenannten Sanitätsweg zur Kasematten-Schlucht zu marschieren. Sie erhielt Feuer und musste zurückkehren. Seither sind mehrfach Verwundeten-Transporte auf diesem Weg beschossen worden, woran zweifellos das Verfahren der Komp. die Schuld trägt. Die bisher und hoffentlich auch wieder in Zukunft geübte Rücksicht der Franzosen, die auf dem Krankenträgerweg zurückkehrenden Verwundeten-Transporte unbehelligt zu lassen, fordert, dass keine Truppe diesen Weg benutzt, sondern dass jedermann sich an die in dieser Angelegenheit bestehenden, von Freund und Feind geachteten Bestimmungen hält.[1719]

Mit Stand 11.09.1916 liegt eine Gliederung[1720] der 14. b. I. D. (Abbildung 218) vor, die Auskunft über die der Division unterstehenden Truppen gibt. Der Division unterstanden zu diesem Zeitpunkt die 8. Infanterie-Brigade mit den Stammregimentern 8 und 4 mit je 3 Bataillonen, das 29. I.R. mit 2 Bataillonen und das III. Bataillon des preußischen R. 79, die 4. Eskadron des Chevaulegers-Regiments 8, das F. A. R. 23 mit 2 leichten Mörser-Bataillonen mit je 12 Mörsern, die Sanitäts-Kompanie 14, der Fernsprech-Doppelzug. 14, Minen-Werfer-Kompanie 14, Reserve-Pionier-Kompanie 11, diverse Munitions-Kolonnen und -Trains, 2 Armierungsbataillone, Verkehrstruppen, Feldrekrutendepot. Zusätzlich zugeteilt I/F. A. R. 69 mit 11 leichten Mörsern und 8 deutsche (davon 4 bei MG-Kompanie 4. I.R., 4 bei MG-Kompanie 8. I.R) sowie 12 französische MG (davon 7 bei MG-Kompanie 4. I.R., 5 bei MG-Kompanie 8. I.R) und im Wechsel 2 Pionierkompanien des II/Pi 20.

[1718] KA: 8. I.R._(WK)_10_20-21 (414).
[1719] KA: 8. I.R._(WK)_10_21 (414).
[1720] KA: Infanteriebrigaden (WK)_946_38 (1674).

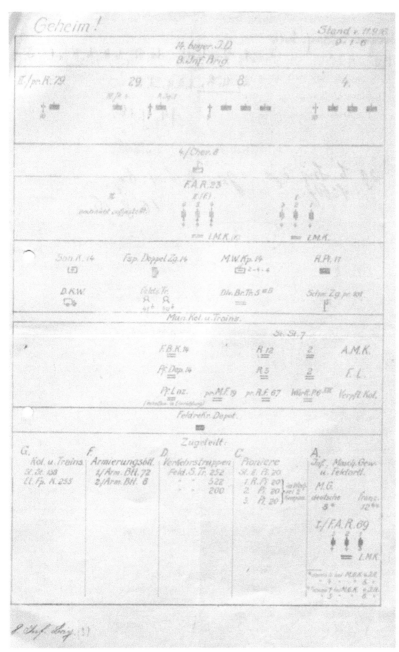

Abbildung 218: 11.09.1916, Gliederung der 14. b. I. D.[1721]

[1721] KA: Infanteriebrigaden (WK)_946_38 (1674).

Aus den Kriegstagebüchern erfahren wir, dass die 3 MG-Kompanien im Regiment neu organisiert wurden, das III/8 in Stellung westlich der Souville-Schlucht verlegt wurde, auch bei andauernden Gefechtssituationen Heimaturlaube und Kuren erlaubt wurden, der Ersatz zum größten Teil aus Wiedergenesenen bestand und aus Versetzungen vom 2. und 4. Ersatz-Regiment aus den Vogesen kam. In dieses 2. Ersatz-Regiment mit Stellung Vogesen wird unser Protagonist Karl Didion dann auch Ende September versetzt werden.

8. I.R.:

11. September

I/8 marschiert heute Nacht nach Herbébois u. Gremilly. II/8 nach Lager Neuer Wald. III/8 ist in Stellung westlich Souville-Schlucht, ebenso MG Komp.
Hptm. Würth wird z. Regt. befohlen; Organisation von 3 MG Kompien. im Regt.[1722]

I/8:

11. September 1916

Hptm. Kreipe erhält vom 11.9. bis 10.10. einschl. Urlaub zum Kurgebrauch in der Kuranstalt Oeynhausen i. Westf.
Oblt. Theißing erkrankt (geschwollene Füße). Lt. Manger führt vertr. Weise die 1. Komp.
Um 11:00 Brig. Bef., daß Batl. bis 8:30 Abds. in Gremilly u. Herbébois zu sein hat.

Es marschierten ab

1. Komp. um 5:00 Nachm.	nach Herbébois Mitte. Gef[echts] Bag[age] 4:00 N.	
2. Komp. um 5:15 Nachm.	nach Herbébois Mitte.	
3. Komp. um 5:30 Nachm.	nach Gremilly.	
4. Komp. um 5:45 Nachm.	nach Gremilly.	

Vom heute eingetroffenen Ersatz (zum größten Teil Wiedergenesene) erhielten zugeteilt.

1. Komp.	1 Vizefeldw.	2 Untffze.	17 Mann
2. Komp.		3 "	13 "
3. Komp.		2... "	10 "
4. Komp.		2... "	9 "

Über Stellungsausbau s. Brig. Bef. v. 5.9.16 Nr. 2937, 8. I.R. v. v. 6.9.16.
Tagesverlauf: s. Brig. Bef. v. 12.9.16 Nr. 3074
Wetter: schön.[1723]

II/8:

11. September 1916

Verpflegungsstärke: 23[(4)] Offz. 828 Mannschaften, 60 Pferde, Gefechtsstärke: 21[(4)] Offz. 780 Mannschaften. [...]

Nachweisung des Unterschiedes:

Abgänge: Lt. Sulzberger gefallen, Offz. Stv. Vollmar verw., 103 Mann Verluste lt. Verlustl., 40 Mann krank ins Lazarett, 1 Mann z. Rekr. Dep. versetzt, 4 Mann z. Schlächterei vers.,1 Mann z. Div. Stab versetzt.
Zugänge: 1 Mann vom Lazarett zurück.

Stellenbesetzung. Stab: Batls. Kmdr. Hptm. Goetz, Adjt. Oblt. Schmid. [...]

5. Komp.: Lt. d. R. Schüssler, Vzfldw. d. R. Wagner, Vzfldw. d. R. Fuß, Fähnrich Höver, Uoffz. Enz.
[...]

[1722] KA: 8. I.R._(WK)_1_32 (414).
[1723] KA: 8. I.R._(WK)_6_06 (414).

6. Komp. Lt. Bickel, Lt. Pilzweger II., Lt. Meier, Vzfldw. Hofmeier, Fähnrich Eschenbach.
7. Komp. Oblt. Berndt, Lt. Bröcker, Lt. Feldgl, Offz. Stellv. Schedlbauer, Vzfldw. Nützel.
8. Komp. Lt. Bauer, Lt. Friedensburg, Offz. Stellv. Kellermeyer, Vzfldw. Beyer, Uoffz. Hufgard.
Stab II/8, 6. Komp. Lt. Bickel, 8. Komp. Lt. Bauer: Bereitschaft Azannes.
5. Komp. Lt. Behr[1724] u. 7. Komp. Oblt. Berndt, Hassoule-Schlucht bzw. Kasematten-Schlucht: Bereitschaft Regt. v. Kleinhenz.

Das Batl. rückt Abend ins Bereitschafts-Lager Neuer Wald. Eintreffen von 197 Ersatzmannschaften, die aus Front (Vogesen) vom 2.[1725] und 4. Ers. Regt. kommen.
Witterung: schön, Verpflegung aus Magazin. Gesundheitszustand gut.[1726]

4.4.2.7.2   Am 12.09.1916

Das RA fasst die Kampfsituation Mitte September zusammen:

Am 12.9. abends verlief die deutsche Front vom Steinbruch – Graben, halbwegs zwischen Stbr. 562a und 538, etwa über die Mitte der Souville Nase – 559 – 558 – und von dort in südwestlicher Richtung, um etwa 200 m nordwestlich von 578, am rechten Flügel des I.R. 132, in die vor dem 6. September gehaltene Linie einzumünden. [...].

Das Schlussergebnis der ersten Septemberhälfte blieb die erhebliche Verkürzung der deutschen Front westlich und südwestlich des Forts Vaux, allerdings in einer Linie wesentlich weiter nördlich als beabsichtigt. Der Franzose hatte in der endgültig behaupteten Höhenlinie I. W. Thiaumont – Fleury – Fort Souville – La Montagne-Rücken zugleich eine ausgezeichnete Ausgangsstellung für seine weiteren Pläne gewonnen.[1727]

Im Regimentsbefehl[1728]vom 12.09.1916, der Stellenbesetzungen, Urlaubsgewährung, Beförderungen und Auszeichnungen beinhaltet, erfahren wir, dass Leutnant d. R. Behr nun zum Führer der 5. Kompanie, in der Ldstm. Karl Didion diente, ernannt wurde. Die 3., 8., 10. und 11. Kompanie sollten ebenfalls von Leutnanten, teilweise auch von Reservisten, allerdings vertretungsweise, geführt werden. Das könnte damit zusammenhängen, dass Kompanieführer im Urlaub, auf Lehrgang oder aber verwundet oder gefallen waren. Normalerweise würde auf Oberleutnante zurückgegriffen, aber davon ist keine Rede. Eine Offiziersknappheit nach diesen permanenten Kämpfen liegt offensichtlich auf der Hand.

Für den 12.09.1916 liegt eine Stellungskarte[1729] (Abbildung 219) vor, die die Fronten an diesem Tag wiedergibt:

[1724] In der Stellenbesetzung ist als Kompanie-Führer 5./8 Leutnant d. R. Schüssler angegeben, Leutnant Behr führte wohl den Teil der 5./8, der in der Hassoule-Schlucht lagerte.
[1725] In dieses Regiment (Ers.-Rgt. 2) wird Karl Didion am 03.10. versetzt werden.
[1726] KA: 8. I.R._(WK)_7_199-200 (1554).
[1727] Tragödie von Verdun 2. Teil 1928, S. 180.
[1728] KA: 8. I.R._(WK)_10_22-23 (414); ident. KA: 8. I.R._(WK)_10_14-15 (838).
[1729] KA: Infanterie-Divisionen-(WK)_5698_01 (1728).

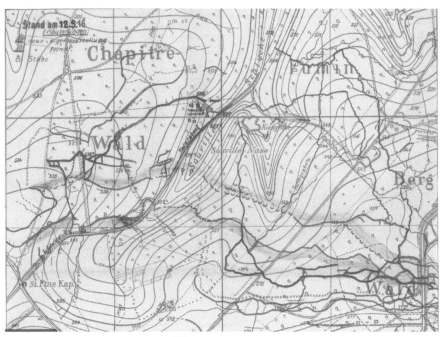

Abbildung 219: 12.09.1916, Stellungsskizze[1730]

Diese Karte ist jedoch durch die Notiz am oberen Rand disqualifiziert[1731]: „Karte ist nach Flieger Aufnahmen ausgewertet und stimmt nicht" (Abbildung 219 und Abbildung 220).

Abbildung 220: 12.09.16, Notiz: „Karte stimmt nicht"[1732]

Diese Tatsache zeigt, dass man sich zwar moderner Aufklärungsmethoden durch Flieger bediente, diese aber noch nicht den notwendigen zuverlässigen Status erreicht hatten. Gleichwohl stimmte die gezeigte Frontlinie mit den Meldungen der letzten Brigadebefehle überein. Die Begradigung der großen Einbuchtung bestand zwar nach wie vor, aber vom am 03.09. erreichten Chapitre-Weg und dem Dreieck 574 war man weit zurückgedrängt worden.

Am 12.09.1916 meldete der Regiments-Kommandeur v. Dienst an die 192. Infanterie-Brigade,

---

[1730] KA: Infanterie-Divisionen-(WK)_5698_01 (1728).
[1731] Diese Stellungsskizze entspricht aber den Angaben des RA: Gold, Tragödie von Verdun, Bd. 14, 1928, S. 179 f, wie oben zitiert.
[1732] KA: Infanterie-Divisionen-(WK)_5698_01 (1728).

die am rechten Flügel der 8. Inf.-Brig. eingesetzt war, Aufklärungsergebnisse zweier Offizierspatrouillen[1733]:

> Der linke Flügel der 192. I. D. befindet sich in Gegend Punkt 535 etwa 20-30 m westlich des Waldrandes. Beide Patrouillen haben im Chapitre-Wald einen deutschen Graben zusammengeschossen und verlassen vorgefunden. Patrouille Henning hat den Graben etwa 200 mtr. nach Osten verfolgt und unbesetzt gefunden. Henning hat versucht, über den Graben hinaus nach Süden vorzudringen, wurde jedoch daran durch fdl. Inf. Feuer und Handgranaten aufgehalten. Henning ging sodann über den verlassenen Graben hinaus genau in nördlicher Richtung zurück, um Teile der früheren Besatzung des verlassenen Grabens zu finden, jedoch ohne Erfolg.
>
> In dem verlassenen Graben von Patrouille Henning angetroffen: Inf. Weis Johannes 12./4 bayer. I.R., und weiter links Sergeant Marchl 11./4 bayer. I.R. Aus den Aussagen geht hervor:
>
> Die 10. u. 11. Komp. 4. bayer. I.R. lösten in der Nacht vom 9./10.9. Teile des I.R. 168 ab. Da Anschluss nach rechts nicht zu erreichen war, wurde in der Nacht vom 10./11.9. die 12. Komp. 4. bayer. I.R. rechts eingeschoben. Am 11. u. 12. Mittags und Nachmittags bekamen die Kompagnien schweres feindl. Art.-Feuer, wodurch die 11. u. 12 Komp. versprengt wurden. Es bestand heute früh dort demnach eine Lücke von etwa 200 mtr. Lt. Feldmann hat, wie jetzt mit Sicherheit festgestellt ist, Punkt 535 erreicht und ist in einer östlich hiervon nach Süden laufenden Sappe vorgedrungen und stieß dort auf den Feind.
>
> Mit Komp.-Führer 1/192 hatte Lt. Feldmann vereinbart, vom äußersten linken Flügel aus zur bestimmten Zeit Flaggenzeichen zu geben. Diese sind soeben deutlich erkannt worden und leiteten zur Feststellung, dass der linke Flügel der 192. I. D. noch etwa 50 mtr. südlich Punkt 535 am Waldrand liegt.[1734]

Weiter wurde mitgeteilt, dass die Verbindung mit dem b. 29. I.R. telefonisch aufgenommen wurde und diesem die Lage des linken Flügels von der 192. Infanterie-Brigade mitgeteilt worden sei. Um 10:10 vormittags sei ein Offizier der 6./193 zur Vaux-Schlucht geschickt worden, um Verbindung mit bayerischen Truppen aufzunehmen. Laut Mitteilung des Leutnants Feldmann sei die Stimmung der Truppen in vorderster Linie sehr gut.

Auf dem gleichen Befehl war eine Brieftauben-Meldung von 2./192 vom gleichen Tage (9:30 vorm.) an den Regiments-Kommandeur v. Dienst vermerkt: „Gegner schanzt, verbindet Granattrichter. Gefechtsstärke: die Meldung vom 11. September abzüglich 1 Mann verwundet. Anschluss vorhanden. Während der Nacht Inf.- und Gewehrgranaten-Beschuss. Eigene Sperrfeuer oft sehr kurz vor dem Graben."[1735]

Diese Meldung demonstriert die Gefahren, die dann entstanden, wenn der Anschluss zur Nachbareinheit nicht gefunden wurde und dadurch eine Lücke entstand, die den Feind zu einem Gegenstoß veranlasste. Meist trat dieses Problem bei Ablösungen auf, in dem oben beschriebenen Fall rührte es von einem vernichtenden französischen Artilleriebeschuss her. Umso erstaunlicher ist die Mitteilung, dass die Stimmung der Truppen in vorderster Linie sehr gut sei.

Am 12.09.1916 gab das General-Kommando XVIII. R. K. die Aussage[1736] eines am 04.09. abge-

---

[1733] KA: Infanteriebrigaden (WK)_946_55 (1674).
[1734] KA: Infanteriebrigaden (WK)_946_55 (1674).
[1735] KA: Infanteriebrigaden (WK)_946_55 (1674).
[1736] KA: 8. I.R._(WK)_10_07-08 (414). Diese Meldung wurde an die beiden Divisionen des Generalkommandos

schossenen französischen Flieger-Offiziers (Beobachter) bekannt:

> Bei einer größeren Artl.-Vorbereitung wird jedem Flieger ein bestimmter Abschnitt der feindl. Stellung zugewiesen, deren Zustand er zu beobachten und worüber er täglich eine Skizze einzureichen hat. Zur Kontrolle nimmt er noch fotographische Aufnahmen aus geringer Höhe auf. So erhält man die Sicherheit, dass kein Grabenstück der Artillerie-Vorbereitung entgehen kann.

> Die deutschen Batteriestellungen sind, obwohl gut versteckt, fast immer auf Fliegerbildern zu erkennen. Viele Irrtümer wurden durch das Erbeuten eines deutschen Schriftstückes vermieden, indem das Erkennen der Anmarschwege, die Anlage von Scheinbatterien und von falschen Anmarschwegen befohlen wurde.

> Manche Beobachter nehmen Bilder aus Batteriestellungen aus 400 m Höhe auf. Die Infanterie soll für schräg aufgenommene Bilder der feindlichen Stellungen aus großer Höhe sehr dankbar sein. Früher scheuten sich die Flieger tief über den Linien zu fliegen, da sie das feindliche MG-Feuer fürchteten. Darauf wurde befohlen, bei jedem MG-Feuer, das auf eigene Flieger abgegeben würde, die feindliche Stellung mit einem sehr starken Vergeltungsfeuer von Feldbatterien zu belegen. Die Wirkung davon war, dass die franz. Flieger jetzt meistens ungestört die Linien überfliegen können.[1737]

Diesen beachtenswerten Angaben folgten die vom General-Kommando mit Hinweis auf einen Befehl des AOK 5 vom 28.07. definierten Gegenmaßnahmen, die der französischen Beobachtung widersprechen:

> Hinter den deutschen Linien tiefliegende feindliche Flugzeuge (unter 1200 m) sind für Infanterie und Artillerie die gefährlichsten und ihre Bekämpfung ist bei jeder Gelegenheit durch gut geleitetes Massenfeuer mit Nachdruck durchzuführen.

> Gegen besonders niedrig fliegende feindliche Flugzeuge gibt es nur ein wirksames Mittel: Beschießen mit MG- und Gewehrfeuer durch die Infanterie, sowie durch die zur Flieger-Abwehr bestimmten Geschütze. Die hierzu angeordneten Maßnahmen des Gen.-Kdos mussen auch bei Ablösung der Truppen durchgeführt bleiben. Angriffe unserer Flieger auf diese niedrig fliegenden Flugzeuge bieten keine Aussicht auf Erfolg, sie führen lediglich zu einem vorübergehenden Herabgehen und Ausweichen der feindlichen Flugzeuge in Höhen, in denen im Luftkampf zum Verlust des eigenen Flugzeugs durch die sehr aufmerksame und wirksame Erd-Abwehr des Feindes führen muss.[1738]

Am 12.09.1916 erging ein Brigadebefehl[1739] mit besonderen Anordnungen. Unter „Tagesverlauf" wurde vermerkt:

> Die feindl. Inftr. vor dem Brigade-Abschnitt hat sich, von Einzelfeuer abgesehen, ruhig verhalten. Dagegen scheint sie sich nach den eingelaufenen Meldungen vor dem linken Flügel der Brigade näher herangearbeitet zu haben. Das feindliche Artilleriefeuer hat die früher gemeldete Stärke nicht erreicht. Es liegt hauptsächlich hinter der vordersten Linie und auf den Schluchten hinter der Kampffront der Brigade.[1740]

Für die beabsichtigte Gliederung für den 13.09. wurde u. a. das II/8 (mit unserem Protagonisten Karl Didion) als Verfügungstruppen der Division im Neuen Wald, das I/8 als Verfügungstruppe der Brigade in Herbébois und Gremilly und das III/8 mit MG-Kompanie 8 für die vordere Linie links genannt.

Dann wurden noch Hinweise für den Kampf gegeben:

XVII. verteilt: 14. I. D. u. 33. Res.-Div. Die 5./8 unseres Protagonisten erreichte diese Meldung am 14.09.1916; gez. Behr.

[1737] KA: 8. I.R._(WK)_10_07-08 (414).
[1738] KA: 8. I.R._(WK)_10_08 (414).
[1739] KA: 8. I.R._(WK)_10_14-17 (414).
[1740] KA: 8. I.R._(WK)_10_14 (414).

Die Nähe der feindl. Inftr. vor unserer vordersten Linie erschwert ihre Bekämpfung durch unsere Artl. Planmäßige Bekämpfung durch Granatwerfer [Abbildung 221] und mit Gewehrgranaten, Einzelfeuer unserer Infanterie und MG ist fortgesetzt notwendig, um den Feind an weiterer Annäherung zu hindern.

Granatwerfer und Munition, Gewehrgranaten und Schießgestelle dazu werden von den Pionieren in den Pion.-Depots Bezonvaux-Schlucht und Kasematten-Schlucht ständig ergänzt. Die anfordernden Infanteriebataillone müssen auf richtige Verwendung achten. Es ist vorgekommen, dass noch verwendungsfähige Granatwerfer verschleudert und ihre Unterlagsplatten als Eindeckungsmaterial verwendet worden. Ich ersuche, derartiges abzustellen.

Abbildung 221: Granatwerfer 16[1741]

Die Ausbildung an Granatwerfer 16 und im Schießen mit Gewehr-Granaten ist weiter zu betreiben. Sie findet im Schönwalder-Lager bei den in Ruhe befindlichen Kompn. der Pioniere statt; auf Anforderung der Inf.-Batlne. werden auch Ausbildungsorgane von den Pionieren in das Lager der Inftr. abgestellt. Kurse von längerer Dauer werden nicht empfohlen, dagegen häufige Wiederholungskurse. Zeit und Ort der Ausbildung sind von den in Ruhe befindlichen Inf.-Batlnen unmittelbar mit dem Kdeur der Pioniere zu vereinbaren (Fernsprecher).[1742]

Ebenso wurde in diesem Befehl der Einsatz der MG-Formationen in Stellung und in Ruhe und deren Wechsel geregelt. Die uns interessierende MG-Kompanie 8 war vom 10. bis 17.09. in Stellung und vom 18. bis 25.09. in Ruhe, es fand also ein achttägiger Wechsel statt. Als Voraussetzung galt, „dass die taktischen Ereignisse keinen stärkeren Einsatz oder Einsatz in kürzerem Wechsel erfordern"[1743]. Es wurde eine ständige Ausbildung am MG befohlen.

Weiterhin sind in diesem Befehl die Zugänge an MG in den einzelnen Formationen vermerkt. So heißt es unter anderem:

Die 2 Ersatz-MG der MG Kp. 8 und die 2 Ersatz-MG der MG Kp. 1. Res. Jäger sind baldigst nach der Kasematten-Schlucht vorzuziehen. Sie bleiben hier unter Verwaltung der in Stellung befindlichen MG-Kompn. (MG Kp. 8 oder MG Kp. 1. Res. Jäger): 2 Gewehre sind bestimmt zur Deckung von Gefechtsausfall in vorderer Linie, 2 Gewehre zum Einsatz in der Riegelstellung [Abbildung 222] Douaumont – Kolbenwald.[1744]

Ferner wurden die Stellungen der vorhandenen MGs resümiert:

5 MG der MG Kp. 4	in vorderster Linie von südl. 535 – 538,
2 MG der MG Kp. 79	bei der Staffel in Gegend 502 – 503,
4 MG der MG Kp. 8	in vorderster Linie von 538 – südwestl. 538,
1 MG der MG Kp. 8	in 2. Linie in Gegend 505 – 506 mit der Aufgabe, feindl. Vordringen in der Souville-Schlucht zu verhindern,

2 MG der MG Kp. 8 u. 2 MG der MG Kp. 1 Res. Jäger in der Kasemattenschlucht zur Besetzung der Riegelstellung und als MG-Reserve.[1745]

Dieser Befehl macht wieder deutlich, welch hohen Stellenwert man der MG-Waffe beimaß. Die-

---

[1741] URL: https://www.google.de/search?hl=de&tbm=isch&source=hp&biw=1280&bih=762&ei=uJ-uWu_9FsaXsAe6nYmwDQ&q=Granatwerfer+16+1.+Weltkrieg&oq=Granatwerfer+16+1.+Weltkrieg; 12.03.2018.
[1742] KA: 8. I.R._(WK)_10_14-15 (414).
[1743] KA: 8. I.R._(WK)_10_15 (414).
[1744] KA: 8. I.R._(WK)_10_15 (414).
[1745] KA: 8. I.R._(WK)_10_15 (414).

se Stellungen können leicht anhand der Vaux-Karte[1746] eingeordnet werden.

Sodann wurden präzise und detaillierte Ablöse- und Stellungsbefehle gegeben:

> In der Nacht vom 13. auf 14.9. werden aus vorderster Linie abgelöst III/4 rechts, III/8 links. Gleichzeitig erfolgt eine Neugliederung.
>
> II/4 rückt für III/4 und III/8 in vorderster Linie. Die Strecke südl. 535 – 538 – Talgraben südwestl. 535a [Abbildung 223] ist von Teilen dreier Kompn. so zu besetzen, dass die Kräfte einerseits mit den in Stellung befindlichen MG zur Abwehr eines feindl. Infantr.-Angriffes ausreichen, dass andererseits der feindl. Artillerie keine zu dichte Anhäufung geboten wird.
>
> Die Kdeure III/4 und III/8 bestimmen nach diesen Gesichtspunkten die in vorderster Linie einzusetzenden Kräfte des II/4. Die übrigen Teile der vordersten Kompn. II/4 sind dahinter als Unterstützung zu gliedern, eine Kompagnie ist als Reserve des Regts.-Kdeurs in Gegend 537 – 503 Batls.-Befehlsstelle zu verteilen.
>
> Als weitere Reserve des vordersten Batls. gibt [sic!] das I/29 (I. Res. Jäg.-Batl.) zur Verfügung des Kdeurs. II/4 2 Kompn. in die Nähe der Batls.-Befehlsstelle südl. der Vaux-Schlucht. Stab und 2 Kompn. des I/29 rücken als Bereitschaft in die Kasematten-Schlucht nach.
>
> II/4 vereinbart noch in der Nacht von heute auf morgen das Nötigste mit III/4 und III/8. Vom Batls.-Stab II/4 ist ein Offz. dazu vorauszusenden, von jedem Zug des II/4 ein verlässiger und gewandter Uffz. mit 1-2 Mann. Die Einweisung erfolgt noch heute Nacht vor Ort und Stelle.
>
> Im übrigen leitet der Regts.-Kdeur vom Dienst die Ablösung, bestimmt insbesondere die Ablösungszeiten [...].
>
> Anstelle des I/29 [...] rückt das I/8 in der Nacht vom 13./14. September als Bereitschafts-Batl. in die Hassoule-Schlucht. Zeit des Eintreffens hier bestimmt der Regts.-Kdeur vom Dienst. I/8 wird am 13.9. Abds. als Verfügungs-Batl. der Brigade durch III/Res. 79 ersetzt. Das III/Res. 79 trifft dazu am 13.9. 8:30 Abds. mit 2 Kompn. in Herbébois, mit 2 Kompn. in Gremilly ein und meldet sein Eintreffen der Brigade durch Fernsprecher.
>
> Nach Ablösung rücken am 14.9. Morgens: III/4 nach Billy, III/8 nach Lager Neuer Wald.[1747]

Warum diese Änderung in der Routine-Ablösung vorgenommen wurde, erschließt sich nicht unmittelbar. Ein Grund könnte sein, dass die besonders kampfkräftigen Bataillone III/4 und III/8 für eine längere Ruhezeit herausgezogen werden sollten.

Am 12.09. heißt es im Kriegstagebuch der 8. Inf.-Brig.: „II/168 ist heute nach Chaumont zur 25. Res. Div. abgerückt. Erfahrung [doppelt unterstrichen im Original; Anm. d. Verf.]: es hat sich nicht bewährt, das Batl. ohne genügende Vorbereitung in so schwere Kampfverhältnisse zu werfen. Das Bataillon hat ziemlich versagt."[1748]

[1746] S. Karte Vaux C; KA: 8. I.R._(WK)_7_3 (414); Abbildung 135 und Abbildung 197.
[1747] KA: 8. I.R._(WK)_10_16 (414).
[1748] KA: Infanteriebrigaden (WK)_915_14 (1674).

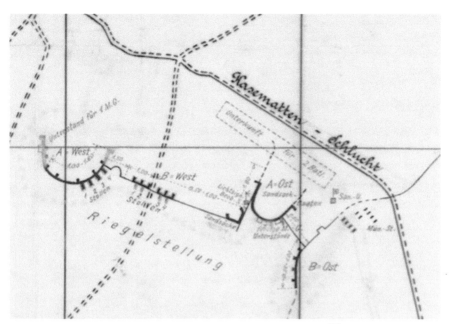

Abbildung 222: Pionier-Stellungskarte (oberer Teil) der 14. b. I. D., Riegelstellung[1749]

Abbildung 223: Pionier-Stellungskarte (unterer Teil) der 14. b. I. D[1750]

[1749] KA: Infanteriebrigaden_(WK)_946_05 (1674) Skizze.
[1750] KA: Infanteriebrigaden_(WK)_946_05 (1674) Skizze.

8. I.R.:

12. September

III/8 u. MG Kpie. in Stellung, II/8 Lager Neuer Wald, I/8 ½ Herbébois, ½ Gremilly.[1751]

I/8:

12. September

I/8 in Herbébois-Mitte, Gremilly.
Lt. Heikaus 2./8 vom 12. mit 15. ds. zum Gasschutzmittelkurs nach Leverkusen kommandiert.
Lt. d. Res. Behr wird zum Führer der 5. Komp. [in der Karl Didion diente] ernannt.
Lt. d. Res. Rudolph übernimmt vertretungsweise die Führung der 3. Komp.
Fähnrich Krembs wird mit der Wahrnehmung einer Offiziersstelle bei 2./8 beauftragt u. zum Offz. Stellvertr. ernannt.

Jede Komp. erhielt heute 145 Leichtatmer[1752]

Die 3. u. 4. Verpflegungsportionen wurden mitgegeben.

Zur Ausbildung am MG stellt das Batl. 4 Untoffiz., 20 Mann zur MG Komp. nach Lager Neuer Wald ab.

Vizefeldw. Schweizer 2./8 wird der dritten Komp.
Vizefeldw. Holtzinger 2./8 wird der vierten Komp. zur Dienstleistung zugeteilt.
Offz. Stellvertr. Salischko 4./8 wird als Stellungsbauoffz. zum Batl. Stab kdrt.[1753]

II/8:

12. September 1916

II/8 und Stab Bereitschaftslager Neuer Wald.

10:00 Vorm. Kath. Gottesdienst.

Lt. d. R. Behr zum Führer 5./8 ernannt. [ein Reserve-Leutnant ist nun Kompanie-Chef unseres Protagonisten Karl Didion; Anm. d. Verf.].
Lt. d. R. Bauer übernimmt vertretungsw. die Führung der 8./8.
Lt. d. R. Schüssler übernimmt vertretungsw. die Führung der 12./8.

Ruhetag.
Witterung: schön, Gesundheitszustand gut, Verpflegung aus Magazin.[1754]

4.4.2.7.3   Am 13.09.1916

Für den 13.09.1916 liegt der Befehl der 14 b. I. D. Nr. 2126 vor, der Maßnahmen der Artillerie und des Stellungsausbaus regelte:

1. Verlauf der Stellung nach den letzten Erkundungen und Sperrfeuerlinie siehe beiliegende Skizze [Abbildung 233].

2. Das Sperrfeuer der Feldartillerie ist möglichst nahe an die Infanterie-Linie heranzulegen und vor 535 – 536a – 538 [dies ist in etwa die alte Sturmausgangsstellung vom 01.09.1916; Anm. d. Verf.] zu

---

[1751] KA: 8. I.R._(WK)_1_33 (414).
[1752] Eine Beobachtung, die zuerst bei einer Besichtigung des Gasschutzes an der Front vor Verdun gemacht wurde, war die Behinderung der Arbeitsfähigkeit beim ständigen Tragen der Maske infolge zu hohen Atemwiderstandes des Einsatzes. Namentlich bei der schweren Artillerie zeigte sich, dass die Mannschaften derartig schwere Arbeiten wie das Handhaben der schweren Geschosse in der Maske, die sie infolge ständiger Vergasung tragen mussten, nicht länger leisten konnte. Diese Beobachtung führte zu Leichtatmern; Devin, Deutsche Militärapotheker 1920, S. 2732 f.
[1753] KA: 8. I.R._(WK)_6_06-07 (414).
[1754] KA: 8. I.R._(WK)_7_200 (1554).

verstärken. Die schwere Artillerie wird um das Gleiche ersucht. Infanterie flaggt hierzu die Stellung baldigst mit weiß-roten Flaggen aus.

3. Für den Ausbau ist der Division Befehl vom 5.9.2016 Nr. 1603 maßgebend. Die dort befohlenen Eingaben sind, soweit das bisher noch nicht geschehen ist, bald möglichst vorzunehmen.

Der Ausbau muss darauf Rücksicht nehmen, dass der Truppe mit Eintritt der schlechten Jahreszeit ausreichende Unterbringungsmöglichkeiten zur Verfügung stehen. Auf Anlage eines Hindernisses darf nicht verzichtet werden. Wenn es sich nicht vor der jetzigen Stellung anbringen lässt, so ist dies planmäßig als Hindernis auszubauen mit Beobachtungsposten und Flankierungsanlagen zu versehen und sodann eine kurze Strecke dahinter den Gräben anzulegen.

4. Auf ausgiebige Verwendung von Flankierung, Gewehrgranaten und Granatwerfern wird erneut hingewiesen. Vorschieben an/von Sappen ist überall anzustreben insbesondere bei 535 und 536a, um von hier aus die Flankierung in östlicher Richtung zu ermöglichen.

5. Die vordere Linie ist so bald wie möglich nur mit einem Bataillon zu besetzen. Südlich der Vaux-Schlucht sind 2 weitere Kompanien als Reserve vorzuschieben. Als Regimentskommandeur vom Dienst sind im Wechsel die Kommandeure 8. und 29. I.R. einzuteilen, als Brigadekommandeur vom Dienst der Kommandeur der 8. I. Brig. und der Kommandeur 4. I.R.[1755]

Aus dem Verteiler[1757] (Abbildung 224) kann man wieder die Gliederung der Division und der Nachbar-Divisionen erkennen.

Nach dem wiederholten Einbruch des Gegners bestand Unklarheit auf dem rechten Flügel des Brigadeabschnitts. Dies veranlasste die Brigade, unter Leitung des Kommandeurs III/8 am 13.09.1916 mit Befehl Nr. 3080[1758] einen starken Angriff zu befehlen, um die deutsche Stellung so wiederherzustellen, wie sie vor dem französischen Angriff von deutschen Truppen besetzt sein sollte. Dazu sollten Kräfte des III/4 und des II/4 zur Verfügung stehen. Das III/4 könne nur dann wie geplant abrücken, wenn der Angriff gelungen sei. Dabei wurde auch Sorge getragen, dass der deutsche äußerste rechte Flügel un-

Abbildung 224: 13.09.1916, Verteiler des Divisionsbefehls Nr.: 2116[1756]

mittelbar Anschluss an das 192. I.R. nimmt und dass der linke Flügel der 192. I. D., soweit er in den Bereich des XVIII. R. K. (14. I. D.) herüberreichte (östlich des Weges 501 – St.-Fine-Kapelle), durch Kräfte des rechten Flügel-Bataillons ersetzt wird.

Aus dem folgenden Brigadebefehl Nr. 3081[1759] vom gleichen Tag (13.09.1916) erfahren wir jedoch, es sei ungewiss, ob das Angriffsvorhaben so wie geplant, geglückt sei. Dort heißt es nämlich unter „Tagesverlauf":

[1755] KA: Infanterie-Divisionen-(WK)_5885_07-08 (111).
[1756] KA: Infanterie-Divisionen-(WK)_5885_08 (111).
[1757] KA: Infanterie-Divisionen-(WK)_5885_08 (111)
[1758] KA: Infanteriebrigaden (WK)_946_49 (1674); Abbildung 70, Anhang 4.
[1759] KA: 8. I.R._(WK)_10_12-13 (414).

> Nach nächtlicher Feuervorbereitung ist es dem Feinde heute zwischen 6 und 7:00 Vorm. geglückt, in Teile der deutschen Linien zwischen 535 und 538 hereinzukommen. Dem III/4 sind Teile des II/4 zur Verfügung gestellt worden, eine Komp. des II/4 bildet noch die Reserve des Batl.-Kdeurs III/8, dem die ganze Gruppe südlich der Vaux-Schlucht im Brig.-Abschnitt unterstellt wurde. Ob der befohlene Gegenangriff ausgeführt wurde und mit welchem Erfolg ist zur Zeit noch nicht bekannt.[1760]

Darauf wurde die beabsichtigte Gliederung für den 14.09. verfügt. Damit wurde u. a. befohlen, dass das II/8 mit unserem Protagonisten Karl Didion und das III/8 als Verfügungstruppe der Division ins Lager Neuer Wald verlegt und das I/8 als Bereitschaft eingesetzt wird.

Um dies umzusetzen, wurde für die Zeit vom 13. auf 14.09. befohlen:

> In der Nacht von heute auf morgen werden abgelöst: III/4 in der rechten Hälfte des Brig.-Abschnitts durch II/4, III/8 in der linken Hälfte des Brig.-Abschnitts durch I/29 [...]. Der Kdeur. III/8 sorgt für richtige Einweisung der ablösenden Batlne. Den Befehl über die beiden Batlne. im Chapitre-Wald übernimmt der ältere der beiden Batls.-Kdeure. Das I/8 wird Bereitschafts-Batl. in der Kasematten-Schlucht. Es trifft hierzu in der Nacht von heute auf morgen um 10:00 Uhr abends in der Kasematten-Schlucht ein.[1761]

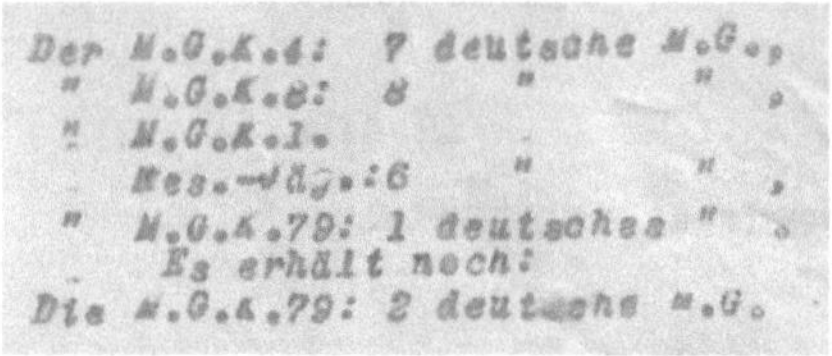
Der M.G.K.4: 7 deutsche M.G.,
" M.G.K.8: 8 " ",
" M.G.K.1.
Res.-Jäg.:6 " ",
" M.G.K.79: 1 deutsches " .
Es erhält noch:
Die M.G.K.79: 2 deutsche M.G.

Abbildung 225: 13.09.1916, Zuteilung von Ersatz-MGs auf die MG-Formationen[1762]

In diesem Befehl wurde wieder auf die wichtige MG-Waffe abgehoben. Es heißt da: „Ersatz-MG sind nunmehr zugewiesen worden."[1763] Die Verteilung dieser Ersatz-MGs ergibt sich aus Abbildung 225.

Für den Einsatz der Reserve-MGs wurde befohlen:

> Die MG Komp. 79 nimmt bei der Ablösung in der Nacht von heute auf morgen noch 3 MG in die Kasematten-Schlucht vor, die hier als MG-Reserve zur Verfügung [...] zu halten sind. Demnach sind in der Kasematten-Schlucht 7 deutsche MG, davon 2 zur Besetzung der „Riegelstellung" Fort Douaumont – Kolbenwald bestimmt sind.
>
> Die von der MG Komp. 4 vorgebrachten 5 französ. MG sind in die Unterkunft zurückzuziehen, sobald die nunmehr in die Kasematten-Schlucht befohlenen deutschen MG hier zur Stelle sind.[1764]

Was war der Grund für die große Ersatzbeschaffung an MGs und die Ablehnung französischer MGs, die ebenfalls über ein hohes Niveau verfügten und deren Munition auch zur Verfügung stand? Die Ersatzbeschaffung ist eigentlich nur durch den Ausfall bei den seit Anfang September herrschenden Gefechten zu verstehen.

Nicht nur bei der MG-Waffe sind Ausfälle zu beobachten, sondern auch bei Offizieren. So wurde von dem 8. I.R. ein Hauptmann, nicht ein Major, vorübergehend für die Führung eines Bataillons bei dem 4. I.R. angefordert.[1765]

[1760] KA: 8. I.R._(WK)_10_12 (414).
[1761] KA: 8. I.R._(WK)_10_12 (414).
[1762] KA: 8. I.R._(WK)_10_13 (414).
[1763] KA: 8. I.R._(WK)_10_12 (414).
[1764] KA: 8. I.R._(WK)_10_13 (414).
[1765] KA: 8. I.R._(WK)_10_13 (414).

Die Stellungssituation des III/8 am 13.09.1916 ergibt sich aus Abbildung 226. Es ist zu erkennen, dass der bereits eingenommene Steinbruchgraben mit dem nördlichen Teil des Steinbruchs bei Punkt 562a zum großen Teil wieder verloren und die französische Stellung auf 150-100 m an die deutsche herangerückt war. Auch östlich des Talgrabens schien sich nach dieser Stellungskarte der Feind bedenklich nahe an die mit hohen Verlusten erkämpfte Souville-Schlucht herangearbeitet zu haben.

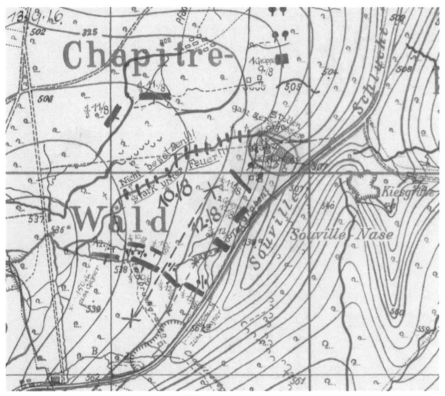

Abbildung 226: 13.09.1916, Stellung des III/8[1766]

Am 13.09.1916 erließ die Angriffsgruppe Ost einen Armeegruppenbefehl[1767] zu Sperrfeuer-Leuchtzeichen bei unsichtigem Wetter:

> 1. Damit bei unsichtigem Wetter, bei dem ein Versagen der Leuchtzeichen möglich ist, die Anforderung vom Sperrfeuer der Artillerie sicher übermittelt wird, hat in diesem Falle die Sperrfeueranforderung außer durch Leuchtzeichen auch durch MG Feuer stattzufinden. Damit nicht bei jedem MG Feuer gegen Augenblicksziele Sperrfeuer herausgelockt wird, darf das Sperrfeuer erst einsetzen, wenn durch lebhaftes MG Feuer serienweise Abgabe von etwa je vier MG Schuß klar erkennbar wird, dass ein feindlicher Angriff bevorsteht. Der Befehl zum Feuer der MG's zwecks Anfordern von Sperrfeuer

---

[1766] KA: Infanteriebrigaden (WK)_946_04 (1674).
[1767] KA: Infanterie-Divisionen-(WK)_5938_14 (1728).

darf nur von einem Offizier gegeben werden. Die Weitergabe dieses Befehls nach rückwärts durch Maschinengewehre in die Linie und die Übermittlung an der Artillerie ist Sache der Kompagnie aufgrund der örtlichen Verhältnisse.

2. Ein französischer Befehl empfiehlt den Sturmtruppen, sich zwischen der deutschen Sperrfeuerzone und den deutschen Stellungen bereitzustellen, da das deutsche Sperrfeuer zu weit liegt. Die Kompagnie meldet möglichst umgehend wie dem Übelstand in ihrem Abschnitt abgeholfen werden kann. Wo flankierende Wirkung möglich ist, muss diese möglichst dicht vor die eigenen Stellungen gelegt werden. Wo Artillerieeinwirkung nicht möglich ist, müssen Minenwerfer und Granatwerfer mit reichlicher Munition zur Abgabe an Sperrfeuer bereitstehen, die dann möglichst nicht zu anderen Zwecken zu verwenden sind. gez. Lochow Gen. der Infanterie.[1768]

Abbildung 227: General Karl Eugen Horst Edler von der Planitz

In gleicher Angelegenheit wurde das Generalkommando XII. Korps Planitz[1769] (Abbildung 227), das am 14.09.1916 den Befehl im Abschnitt des XVIII. R. K. übernahm, am 15.09. tätig.

Am 15.09.1916 versandte das Korps Planitz an die 14. b. I. D. eine Mitteilung „Zur Einweisung eines Vorschlages für Weitergabe des Sperrfeuer-Zeichens der kämpfd. [Truppe] an die Artillerie und zur umgehenden Äußerung zu Pkt. 2 unter Beifügung einer Skizze". Auf gleicher Quelle befindet sich die Antwort der 14 b. I. D. auf diese Mitteilung:

Zu Ziffer 1: Das in vorderer Linie abgegebene Maschinengewehr Signal wird aufgenommen von dem bei 502 als Flankenschutz aufgestellten Maschinengewehr und dem Maschinengewehr in der Sturmausgangsstellung, weiterhin von den beiden auf dem Caillette-Rücken als Rückenschutz aufgestellten Maschinengewehren und sodann von den Artl. Beobachtungen an Straße-Hardaumont und bei Hardaumont (dort zugleich Melde-Sammelstelle).

Zu Ziffer 2: Es hat sich stets als das Sicherste erwiesen, das eigene Sperrfeuer so zu legen, dass die vorderste französische Linie gefasst wird. Durch genaues Einschießen lässt sich dies nicht erreichen. Kurzschüsse müssen in Kauf genommen werden. Bei allzu großer Ruhe des Feindes müssen Minenwerfer das Sperrfeuer der Feldartillerie ergänzen. Außerdem muss der Raum in dem der Feind Sturmtruppen oder Reserven bereitstellen kann, dauernd beunruhigt und soweit möglich durch das Sperrfeuer der schweren Artillerie abgeriegelt werden. Die rückwärtige Grenze des Sperrfeuers der Feldartillerie und die vordere des Sperrfeuers der schweren Artillerie müssen sich möglichst decken.

Bewährt hat sich das Ausscheiden von vorderen Batterien, die die Aufgabe haben, das Vorführen feindlicher Reserven zu verhindern, und im Bedarfsfalle das Sperrfeuer an einzelnen Punkten – auch in Neben-Abschnitten – zu verstärken oder Punkte außerhalb des Sperrfeuerbereiches vor feindlichen Ansammlungen unter Feuer zu nehmen.

Eine Flankierung durch Batterien II. [?] A[rmee] K[orps] muss aber mit Rücksicht auf den vorspringenden linken Flügel der 192. Infanterie Division und der Entfernung der Batterien von der eigenen Linie ziemlich weit abgehalten werden.[1770]

Antwort der 14 b. I. D. durch Generalmajor Rauchenberger:

[1768] KA: Infanterie-Divisionen-(WK)_5938_14 (1728).

[1769] Karl Eugen Horst Edler von der Planitz (11. August 1859 in Dresden; † 9. Juni 1941 ebenda) war ein sächsischer General der Infanterie im Ersten Weltkrieg. Während des Krieges wurde ihm am 17. April 1916 das Kommando als Kommandierender General über das XII. (I. Königlich Sächsisches) Armee-Korps übertragen. URL: https://de.wikipedia.org/wiki/Horst_Edler_von_der_Planitz; 19.03.2018.

[1770] KA: Infanterie-Divisionen-(WK)_5938_15-17 (1728).

Zu 1. Die 8. Brigade regelt die Abgabe des MG Feuers zur Auslösung des Sperrfeuers und vereinbart mit F. A. R. eine Probe um die Sicherheit dieses Alarmmittels festzustellen. Meldung hierüber zum 28. an die Division.

Diese Abgabe von MG Feuer ist auf Ausnahmefälle zu beschränken. Das Abschießen von Leuchtpatronen muss stets nebenhergehen. Es wird daran erinnert, daß die optischen und akustischen Zeichen wesentlich weiter rückwärts nur verwendet werden dürfen, wenn die anderen Mittel versagen. (Fernsprecher)

Zu 2. Das Sperrfeuer ist durch Division Befehl vom 19.8. [...] geregelt.[1771]

Dass sich ein Korpsbefehl um das Sperrfeuerzeichen kümmerte, zeigt die prekäre Situation, in der sich die deutschen Truppen zu dieser Zeit vor Verdun befanden. Der Feind griff fast täglich an, die Infanterie musste ständig durch Sperrfeuer vor dem Feind geschützt werden. Eine zuverlässige Zeichengebung schützte die eigenen Truppen, sparte Munition und setzte Sperrfeuer nur bei wirklicher Gefahr ein, ohne unliebsames feindliches Vergeltungsfeuer zu provozieren.

Die eigentliche Dramatik des 13.09. wird erst bei der Lektüre der Kriegstagebücher klar. Das III/4 und das III/8 waren an diesem Tag in Stellung im Brigadeabschnitt und sollten durch II/4 und I/29 abgelöst werden. II/8 war Verfügungstruppe der Division und im Lager Neuer Wald, I/8 war Verfügungstruppe der Brigade und war hälftig in Herbébois und Gremilly untergebracht, wo es am frühen Morgen feindliche Bombenabwürfe erlebte. Planmäßig sollte das Bataillon bis 10:00 abends in die Kasematten-Schlucht rücken. Um 6:00 nachmittags kam dann plötzlich der Befehl, sofort in die Kasematten-Schlucht abzurücken, da der am rechten Flügel eingedrungene Feind zurückgeworfen werden sollte. Es war aber noch ein weiter Weg zurückzulegen. In der Bezonvaux-Schlucht geriet das I/8 bereits in feindliches Artilleriefeuer und erlitt Verluste. Über den Hardaumont-Rücken folgte dann der Abstieg in die Kasematten-Schlucht, dabei fiel der Bataillons-Kommandeur. In der Schlucht folgte dann das eigene, über eine Stunde dauernde Sperrfeuer am späten Abend. Im später zitierten Brigadebefehl Nr. 3089[1772] vom 14.09.1916 erfahren wir den Ausgang dieses feindlichen Angriffs.

8. Inf.-Brig.

13. September

Unklarheit über die Verhältnisse auf dem rechten Flügel macht noch besonderen Brigade Befehl[1773] von 4:50 nachmittags notwendig.[1774]

8. I.R.

13. September

III/8 u. MG Kpie. in Stellung, II/8 Lager Neuer Wald, I/8 ½ Herbébois, ½ Gremilly.[1775]

[1771] KA: Infanterie-Divisionen-(WK)_5938_17 (1728).
[1772] KA: 8. I.R._(WK)_10_09-10 (414).
[1773] KA: Infanteriebrigaden (WK)_946_49 (1674).
[1774] KA: Infanteriebrigaden (WK)_915_15 (1674).
[1775] KA: 8. I.R._(WK)_1_33 (414).

I/8:

13. September

I/8 in Herbébois u. Gremilly.

Um 3:00 Uhr Nachts überflogen feindl. Flieger das Lager und warfen zwischen Gremilly u. Azannes Bomben. Batl. sollte zuerst in die Hassoule-Schlucht; dann bis 12:00 Abds. in der Kasematten-Schlucht, dann bis 10:00 Nachm. in der Kasematten-Schlucht eingetroffen sein.

Um 6:00 Abds. kam Befehl: Batl. hat sofort nach der Kasematten-Schlucht abzurücken.

An Brig. Bef. St. erfahren, dass 7:45 Nachm. am rechten Flügel eingedrungener Gegner zurückgeworfen werden soll.

Wie Batl. die Bezonvaux-Schlucht erreichte, begann eigenes Sperrfeuer. Ein halber Zug 3./8 kam in franz. Art. Feuer u. erlitt Verluste.

Beim Abstieg vom Hardaumont-Rücken in die Kasemattenschlucht 8:45 Abds. Hptm. u. Batls. Führer Hausner gefallen (Inf. Gesch. Herzschuß). Hptm. Grau übernimmt vertr. Weise Führung des Batls., Lt. d. R. Rudolph vertr. Weise die Führung der 2. Komp.

10:30 bis 11:15 Abds. eigenes Sperrfeuer.
Wetter: tagsüber Regen und Nebel; vom Abend ab: schön.[1776]

II/8

13. September 1916

II/8 und Stab Bereitschaftslager Neuer Wald.

10:00 Vorm. Protest. Gottesdienst.
Herrichten der Bekleidungs- und Ausrüstungsstücke
Sonst: Ruhe.
Witterung: trüb, Gesundheitszustand gut, Verpflegung aus Magazin.[1777]

4.4.2.7.4   Am 14.09.1916

Am 14.09.1916 wandte sich Wilhelm, „Kronprinz des Deutschen Reiches und von Preußen", als Kommandeur der Heeresgruppe Kronprinz angesichts der sehr starken Beanspruchung durch die letzten Gefechte an seine ihm unterstellten Truppen, ging auf den abgekämpften Zustand der Soldaten ein und ermahnte die Offiziere, sich häufig und weit nach vorne zu den Truppen zu begeben, um ihren persönlichen Einfluss geltend zu machen:[1778]

> Die gegenwärtige Lage erfordert eine so starke Inanspruche aller Kräfte, dass es nur selten möglich ist, den Truppenteilen in rückwärtigen Unterkünften die wünschenswerte Ruhe u. Ausbildungszeit zu gewähren und hier den Einfluss der höheren Offiziere zur Geltung zu bringen. Die Truppen liegen vielmehr lange Zeit unter äußerster Anspannung ihrer körperlichen und seelischen Kräfte am Feinde. Zahl und Ausbildungsgrad der Unterführer sind stark vermindert, auch der Mannschaftsersatz ist nach körperlicher Leistungsfähigkeit und Ausbildung nicht mehr auf der früheren Höhe.
>
> Der persönliche Einfluss der höheren Offiziere auf ihre untergebenen Offiziere und Mannschaften gewinnt dadurch an Bedeutung, und ich halte es für notwendig, dass sich Führer und Offiziere ihrer Stäbe so häufig und so weit nach vorne zu den Truppen begeben, als es die Lage erlaubt. Die persönliche Erkundung erfahrener Offiziere und die von ihnen gewonnenen Eindrücke sind von ausschlaggebendem Wert und nicht zu entbehren. Das Erscheinen der Führer bei den Truppen hebt das Vertrauen und die Kampffreudigkeit.

[1776] KA: 8. I.R._(WK)_6_07-08 (414).
[1777] KA: 8. I.R._(WK)_7_200 (1554).
[1778] KA: Infanterie-Divisionen-(WK)_5700_19 (1728).

Vor allem der Regimentskommandeur, der in erster Linie berufen ist, den Geist in der Truppe zu pflegen, muss in persönlicher Fühlung mit den vorderen Abteilungen stehen. Der gute Ruf seines Regiments ist auch der seine.[1779]

Die Aufforderung von höchster militärischer Stelle an Offiziere, sich ihrer Truppen, die „unter äußerster Anspannung ihrer körperlichen und seelischen Kräfte" kämpfen, anzunehmen, hat schon fast Züge der heute praktizierten inneren Führung.

Am 14.09. erging in diesem Sinne der Befehl Nr. 51g[1780] des 14. b. I. D. an das 8. I.R., das 23. F. A. R. und den Kommandeur der Pioniere:

Mit Rücksicht auf den Verbrauch an Menschen, Material und Munition an anderen Stellen unserer Front soll die Kampftätigkeit bei der Heeresgruppe Kronprinz möglichst eingeschränkt werden. Jede Angriffsbewegung ist zu unterlassen, falls sie nicht unbedingt erforderlich ist, um verloren gegangene Teile der festzuhaltenden Stellung wiederzugewinnen. Kleine Patrouillen Unternehmungen zur Feststellung feindl. Verbände bleiben trotzdem dauernd notwendig.

Dementsprechend ist es Aufgabe der Division, die gewonnenen Linien festzuhalten. Ein Vorschieben bleibt jedoch an dem rechten Flügel nötig, um unmittelbaren Anschluss an den vorgeschobenen linken Flügel der 192. Div. zu gewinnen.

Es ist notwendig, die vordere Linie so auszubauen, dass sie mit einem Mindestmaß an Kräften gehalten werden kann, vor überraschenden feindlichen Einbrüchen gesichert ist und dass nötigenfalls Gegenangriffe – durch Züge und Kompagnien – sofort einsetzen können. In allen Arbeiten muss ferner darauf Rücksicht genommen werden, dass es sich darum handelt, die Stellung auch in der kommenden schlechten Jahreszeit und im Winter zu halten.

Ich bin mir bewusst, dass damit an die Truppen, die dauernd in schwereren Kämpfen stehen und denen die nötige Ruhe bis jetzt nicht gegeben werden konnte, erneut große Anforderungen gestellt werden. Sie sind unerlässlich, und ich bitte alle Kommandeure um vollen Einsatz ihrer Persönlichkeit, dass das Nötige geschieht.

Ebenso bitte ich dafür zu sorgen, dass einerseits alle Maßnahmen, die der Schonung und Kräftigung der Truppen dienen, getroffen oder rechtzeitig beantragt werden, andererseits aber auch mit allem Nachdruck darauf hingearbeitet wird, dass die Kompagnien mit einer möglichst hohen Gewehrzahl in die Stellung rücken. Der Unterschied zwischen Gefechtsstärke und Gewehrstärke ist jetzt zum Teil auffallend groß.

Ein weiteres Augenmerk bitte ich darauf zu richten, dass sie Abkommandierungen so weit als möglich eingeschränkt und zu Kommandierungen hinter der Front in erster Linie die älteren, schwächeren oder schlechter ausgebildeten Leute verwendet werden. gez. Rauchenberger, Generalmajor.[1781]

Am 14.09.1916 wurde auch der Befehl im Abschnitt des XVIII. R. K. durch das Generalkommando XII. Korps Planitz übernommen. Der entsprechende Korpsbefehl[1782] lautete:

Ich habe mit dem Generalkommando XII heute 4:00 nachmittags den Befehl im Abschnitt des XVIII. R. K. übernommen; der Abschnitt heißt von jetzt ab „Korps Planitz".

Es ist Aufgabe des Korps, jetzige Stellung gegen feindliche Angriffe zu halten. Zu diesem Zwecke ist zunächst eine durchlaufende vordere Linie zu schaffen, demnächst schussichere Unterbringung für Bereitschaften nahezu dahinter.

Die Truppe muss sich darüber klar sein, dass der Stellungsausbau die Verteidigungsfähigkeit erhöht und gleichzeitig die eigenen Verluste vermindert.

[1779] KA: Infanterie-Divisionen-(WK)_5700_19 (1728); ident. handschriftl. Abschrift KA: Infanterie-Divisionen-(WK)_5938_20-21 (1728).
[1780] KA: Infanteriebrigaden (WK)_946_50-51 (1674).
[1781] KA: Infanteriebrigaden (WK)_946_50-51 (1674).
[1782] KA: Infanteriebrigaden (WK)_946_58 (1674); ident. KA: Infanterie-Divisionen-(WK)_5938_18-19 (1728).

Um dauernd ein klares Bild über den Zustand der Stellung und den Fortschritt der Arbeiten zu erhalten, hat jeder aus vorderster Linie zurückkehrende Bataillons-Kommandeur verantwortlich zu melden, inwieweit der Stellungsausbau durch seine Truppe gefördert worden ist. Diese Meldungen sind mit Prüfungsbemerkungen der vorgesetzten Stellen im Original an das Generalkommando einzureichen. gez. Edler v. d. Planitz, General der Infanterie.[1783]

Aus dem Brigadebefehl Nr. 3089[1784] vom 14.09.1916 erfahren wir nun, wie der sich am 12.09. geplante Angriff zur Wiederherstellung der deutschen Front entwickelte:

> Das III/4, unterstützt und verstärkt von II/4, hat nach unentschiedenen Kämpfen des gestrigen Tages die Linie 535 – 536a wieder in Besitz. 536a – 538 wird besetzt. Es befinden sich dort nunmehr II/4 und III/4 vermischt in Stellung unter Befehl des Kdeurs II/4. III/8 ist in der Nacht von gestern auf heute durch das I/29 [...] abgelöst worden, die MG Komp. 4 durch die MG Komp. 79. I/8 ist in die Kasematten-Schlucht, III/Res. 79 in die Hassoule-Schlucht, die II/29 [...] nach Herbébois Mitte und Gremilly zurück.
>
> Die französ. Artillerie war sehr rege. Unmittelbarer Anschluss rechts besteht nicht, es ist Patrouillen- und (bei Tage) Augenverbindung zum Inf.-Regt 193 hergestellt. Nach links besteht Patrouillenverbindung zum Inf.-Regt 364.[1785]

Die beabsichtigte Gliederung für den 15.09. hatte für das uns interessierende 8. I.R. zur Folge[1786]: II/8 und III/8 weiterhin Divisions-Verfügungstruppe im Lager Neuer Wald, I/8 mit MG-Kompanie 79 vordere Linie rechts.

Dann wurde befohlen, von der Regiments-Befehlsstelle in der Bezonvaux-Schlucht Fernsprech- und Läuferverbindungen nach den Regiments-Befehlsstellen der Nachbarabschnitte herzustellen. Mit den dortigen Regiments-Stäben sei zusammenzuwirken.[1787]

Hauptsorge des Brigade-Kommandeurs war die Herstellung des Anschlusses zum linken Flügel der 192. Infanterie-Division, die westlich der Brigade operierte. Außerdem sei der im Bereich Grabendreieck zwischen 536a u. 539 immer wieder eindringende Feind dauerhaft zu vertreiben und die Linie linker Flügel 192. Inf.-Div. – 535 – 536a – 538 durchweg zu besetzen.

> 4. Nach Anordnung des Regts.-Kdeurs vom Dienst ist heute sofort nach Einbruch der Dunkelheit der unmittelbare Anschluss zur 192. Inf.-Division herzustellen. Der noch im Grabendreieck zwischen 536a und 539 sitzende Feind ist, soweit er nicht vertrieben werden kann, durch Einzelfeuer unserer MG u. Inftr. durch Einsatz der Minenwerfer, durch Gewehrgranaten und Beschießung aus Granatwerfern niederzuhalten.
>
> Die Linie: linker Flügel 192. Inf.-Div. – 535 – 536a – 538 muss heute Abend noch durchweg besetzt werden. Dichte Besetzung ist weder erforderlich noch vorteilhaft. Das hier eingesetzte Batln. ist tief zu gliedern. Die vorderste Linie ist dünn, aber zusammenhängend zu besetzen; dahinter sind Halbzüge und Züge bereitzuhalten, um den irgendwo eindringenden Feind sofort durch Gegenstoss hinauszuwerfen.
>
> Um feindliche Erkundung und Annäherung zu verhindern, ist das Vorschieben von Posten unerlässlich. Es ist Pflicht jedes in vorderster Linie befehlenden Führers, den dicht gegenüber befindlichen Feind dauernd und aufs schärfste zu überwachen. gez. von Reck.[1788]

[1783] KA: Infanteriebrigaden (WK)_946_58 (1674); ident. KA: Infanterie-Divisionen-(WK)_5938_18-19 (1728).
[1784] KA: 8. I.R._(WK)_10_09-10 (414).
[1785] KA: 8. I.R._(WK)_10_10 (414).
[1786] KA: 8. I.R._(WK)_10_09 (414).
[1787] KA: 8. I.R._(WK)_10_09 (414).
[1788] KA: 8. I.R._(WK)_10_10 (414).

Das Kriegstagebuch des Regiments verlautet am 14.09.1916 lapidar und anteilslos: „Kampf vor Fort Souville."[1789] Vom I/8 erfahren wir, dass es wohl an dem Gefecht am 13. nicht beteiligt war und planmäßig am Abend das II und III/4 im Chapitre ablöste. Beim II/8 wurde vermerkt, dass dessen stellvertretender Bataillons-Kommandeur gefallen sei.

I/8:

14. September

I/8 in Kasematten-Schlucht.

Verpflegungsstärke: 900, Gefechtsstärke: 554, Gewehrträger: 502.
Das I/8 löste am Abend das II und III/4 im Chapitre ab.
Regts. Bef. 29. I.R. v. heute, Batls. Bef. 4. I.R. v. heute, Batls. Bef. 8. I.R. v. heute.

Lt. d. Res. u. Komp. Führer Groos beim Einweisen der Komp. in Stellung schw. verw[undet] u. im Feldlazarett Azannes gestorben. Lt. d. Res. Troglauer übernimmt vertr. Weise die Führung der 4. Komp.
Verluste: 3 Mann gefallen; 19 Mann verw.

Telegramm S. M. König Ludw. v. Bayern: 14. I. D. vom 14. ds. [s. Dankesadresse[1790] des bayerischen Königs in Kapitel 4.2.4.1]

Tagesverlauf: Brig. Bef. v. 15.[sic!]9.16 Nr. 3128.
Wetter: schön[1791]

II/8

14. September 1916

II/8 und Stab Bereitschaftslager Neuer Wald. Lt. Pilzweger II. zur Dienstleistung zur M. G. K. kdrt.

Mit der Wahrnehmung von Leutnantsstellen werden beauftragt und zu Offzr. Stellv. ernannt die Fähnriche Höver 5./8 und Eschenbach 6./8.
Gewehrappell, Appell mit Bekleid.- u. Ausrüstungsstücke.
Lt. Behr wird mit der Führung der 12./8 beauftragt. Hptm. Hauser stellv. Batls.-Kdr I/8 gefallen.
Wetter kalt, Gesundheitszustand gut, Verpflegung aus Magazin.[1792]

Dann folgt ein Divisionstagesbefehl, in dem berichtet wird, König Ludwig von Bayern habe telegrafiert, dass die neu errichtete 14. b. I. D. in den letzten Tagen vor Verdun sich trefflich geschlagen und schöne Erfolge errungen habe (s. auch oben Meldung I/8).

4.4.2.7.5   Am 15.09.1916

Am 15.09.1916 wurde unser Protagonist Ldstm. Karl Didion laut seiner Kriegsstammrolle zur „I. E/8. I.R., 4. Ers. Kp.", also zurück zum I/8 versetzt. Die Gründe dafür sind nicht bekannt. Das Zusammenwirken des Infanterie-Ersatzbataillons des 8. I.R. mit dem kämpfenden Bataillon geht nicht eindeutig aus den Unterlagen hervor. Es wird angenommen, dass die Ersatzeinheiten des Regiments hauptsächlich zu Träger- und Läuferdiensten herangezogen wurden. Bei dem großen Ersatzbedarf der kämpfenden Einheit ist es jedoch nicht ausgeschlossen, dass Soldaten der Er-

---

[1789] KA: 8. I.R._(WK)_1_34 (414).
[1790] KA: Infanterie-Divisionen-(WK)_6059_16 (1728); Abbildung 15, Anhang 6.
[1791] KA: 8. I.R._(WK)_6_08 (414).
[1792] KA: 8. I.R._(WK)_7_201 (1554).

satzeinheiten in die kämpfende Truppe eingereiht wurden. Im weiteren Fortgang soll nun besonders das I/8 im Blick stehen.

Für den Stellungsausbau zwischen dem 08. und 15.09.1916 im Abschnitt der 14. b. I. D. liegt eine Karte vor (Abbildung 228). Auf ihr ist zu erkennen, dass gegenüber der Stellungskarte vom 10.09. (Abbildung 214[1793]) die dort eingezeichnete Linie (zw. 536a u. 538 und Talgraben) von Postenlöchern nun zum Teil durch einen Graben von 60 cm Tiefe ersetzt wurde, während das letzte Linienstück bis zum Talgraben (östl. davon 33. R. D.) immer noch nur aus Granatlöchern bestand. Diese Linie hat die eingetragene Bemerkung: „dauernde Wiederherstellungsarbeiten notwendig", was bei dem ständigen schweren feindlichen Artillerieeinsatz schlüssig erscheint.

Außerdem ist eine neu geplante 2. Linie dahinter eingezeichnet. Die Gegend um das Reduit des Fontaines bei Punkt 506/507 wurde als „stark zerschossen" bezeichnet und als unbesetzt markiert.

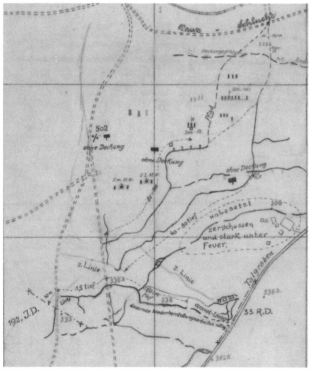

Abbildung 228: 08.-15.09.1916, Stellungsausbau der 14. b. I. D. beim Souville-Sack (unterer Ausschnitt)[1794]

[1793] KA: Infanterie-Divisionen-(WK)_5710_02 (335) Skizze.
[1794] KA: Infanterie-Divisionen-(WK)_5710_03 (335) Skizze.

Im am 15.09.1916 herausgegebenen Brigadebefehl. Nr. 3128[1795] heißt es unter „Tagesverlauf":

Die feindl. Inf. verhielt sich gestern ziemlich ruhig. Sie hat das Grabendreieck zwischen 536a und 539[1796] noch besetzt. Das II/4 mit III/4 hat gestern Abend noch den Anschluss zur 192 Infanteriedivision bis auf etwa 15 m hergestellt. Ebenso ist die Linie 535 – 536a – 538 nunmehr besetzt [Abbildung 228[1797]]. Das I/29 [...] hat heute Vorm. einen französischen Handgranatenangriff auf seinen rechten Flügel abgewiesen. Vom III/Res. 79, seit gestern Abend Bereitschaft in der Kasemattenschlucht, ist eine Kompagnie dem I/29 [...] zur Verfügung gestellt worden und gegenwärtig als dessen Reserve verwendet. Das II/4 mit III/4 ist in der Nacht von gestern auf heute durch I/8 abgelöst worden. II/4 ist Bereitschaft in der Hassoule-Schlucht geworden, III/4 ist in Ruhe nach Billy gerückt.

In der beabsichtigten Gliederung für den 16.09.1916 ist u. a. das III/8 im Lager Neuer Wald Verfügungstruppe der Division, das II/8 als Bereitschaft in der Kasematten-Schlucht und in der vorderen Linie rechts das I/8[1798], in dem nun unser Protagonist Karl Didion in der 4. Ersatz-Kompanie Dienst tat.

Für das II/8 wurde noch befohlen, im Laufe des Tages in das Ornes-Lager zu rücken. „Es wird heute Abend Bereitschafts-Btl. in der Kasematten-Schlucht. Eintreffen hier bestimmt der Regts.-Kdeur v. Dienst unter Meldung an die Brigade."[1799]

Auch in diesem Befehl wird besonders auf die MG-Waffe abgehoben:

Masch.-Gewehre: Bis auf weiteres stellen Gewehre und Bedienungsmannschaften die nach Bedarf von ihren Regtrn. verstärkten MG-Kompn. Im Abschnitt 535 – 538: die MG Kp. 4. I.R. und MG Kp. 79 im Wechsel (Gruppe A). Im Abschnitt 538 – Talgraben: die MG Kp. 8 I.R. u. MG Kp 1. Res. Jäger im Wechsel (Gruppe B). Masch.-Gewehre. Bis auf weiteres stellen Gewehre und Bedienungsmannschaften die nach Bedarf von ihren Regtrn. verstärkten MG-Komp.:

Im Abschnitt 535 – 538: die MG K. 4 I.R. und MG K. 79 im Wechsel (Gruppe A).

Im Abschnitt 538 – Talgraben: die MG K. 8. I.R. und MG K. 1 Res. Jäg. im Wechsel (Gruppe B)

Es sind zu stellen: Gruppe A: 4 MG in vordere Linie, 2 MG bei Staffel in Gegend 502 – 503, 2 MG in der Kasematten-Schlucht für Besetzung der Riegelstellung. Gruppe B: 4 MG in vorderer Linie, 2 MG als MG-Reserve beim ältesten Batl.-Kdeur. südl. der Vaux-Schlucht, 2 MG in der Kasematten-Schlucht als Reserve.

Die Gewehre sind aus den Beständen der betreffenden miteinander abwechselnden MG-Kpn. nach gegenseitiger Vereinbarung zu stellen. Vollzug ist zum 17. Vorm. an die Brigade zu melden. Die betreffenden MG-Formationen sorgen auch für den Ersatz ausfallender Gewehre! In der Nacht vom 16. auf 17. sind von den MG-Formationen die im Abschnitt noch befindlichen französ. MG zurückzuziehen. Es sind dafür Vorrichtungen anzufertigen, dass diese französ. MG alsbald als Luftabwehrgewehre verwendet werden können. Die MG Kp. 4 und 8 melden, bis wann dies der Fall sein kann.[1800]

Die in Stellung befohlenen 8 MG, mit 2 MG als Reserve in der Kasematten-Schlucht, sind wohl Ausdruck des festen Willens, mit dieser gefürchteten Waffe französische Angriffe abzuwehren und die nun erreichte Stellung unbedingt zu halten. Bemerkenswert ist, dass man sich nun anscheinend auch stärker auf die Luftabwehr mithilfe der MG-Waffe verlegte.

[1795] KA: Infanterie-Divisionen-(WK)_5700_01-02 (1728); ident. KA: Infanteriebrigaden (WK)_946_56-57 (1674).
[1796] S. Karte Vaux C; KA: 8. I.R._(WK)_7_3 (414); Abbildung 135.
[1797] KA: Infanterie-Divisionen-(WK)_5710_03 (335) Skizze.
[1798] KA: Infanterie-Divisionen-(WK)_5700_01-02 (1728); ident. KA: Infanteriebrigaden (WK)_946_56-57 (1674).
[1799] KA: Infanterie-Divisionen-(WK)_5700_01 (1728); ident. KA: Infanteriebrigaden (WK)_946_56 (1674).
[1800] KA: Infanterie-Divisionen-(WK)_5700_01-02 (1728); ident. KA: Infanteriebrigaden (WK)_946_56-57 (1674).

Zum Abschluss des Befehls wurde der Stellungszustand per Skizze abgefragt: Gräben blau, grün, gelb[1801] mit Angabe der Grabentiefe und des Fassungsvermögens der Unterschlupfe. Dann wurde bis zum 16.09. vormittags die Herstellung des unmittelbaren Anschlusses zum linken Flügel der 192. I. D. ohne Lücke befohlen.

Die im Abschnitt 538 – Talgraben (Abbildung 228 und Abbildung 226) eingesetzte MG-Kompanie 1. Reserve-Jäger erlebte zusammen mit 4./Reserve-Jäger-Bataillon 1 schon am 15.09. einen weiteren schweren französischen Handgranatenangriff, den sie zwar unter großen Verlusten abwehren konnte, aber von der MG-Bedienung waren für zwei MG nur noch drei Mann vorhanden. In der Meldung der 4./Reserve-Jäger-Bataillon 1 wurde um Ablösung gebeten, da die Mannschaft einem neuen Angriff nicht mehr gewachsen schien.

4./Res. Jäg. Batl.1   15.9.16

Heute, 5:30 Vorm. starker französ. Handgranatenangriff auf ganzer Front. Während der Angriff am rechten und linken Flügel aufgehalten wurde, gelang es den Franzosen, zwischen rechten Flügel und Mitte einzudringen. Ich sperrte sofort mit einigen Leuten den Graben durch Flankierung von außen und holte einen großen Teil panikartig zurückgehender Leute wieder vor und warf die Franzosen im Gegenstoß hinaus. Von der 2. Komp. erhielt ich 1 Gruppe als Unterstützung. Die Komp. selbst ist noch etwa 3 Gruppen stark. Die Verluste lassen sich noch nicht genau übersehen. Gefr. Kufner, Jäg. Reichardt und einige Jäger, Oberj. Henker ebenfalls, tot, Oberj. Wimmer, Leonhard, Voggenreuther und einige Jäger verw. Von der MG-Bedienung sind für 2 MG noch 3 Mann vorhanden. Jedes Gewehr hat noch rund 1500 Patronen. Ein großer Teil der Mannschaft ist einem neuen Angriff nicht mehr gewachsen, weshalb auch die wenigen schneidigen Leute kein rechtes Vertrauen mehr haben. Ich halte es dafür für meine Pflicht, die Ablösung der Komp. zu erbitten. Die Stellung ist völlig in unserer Hand. Die Franzosen gingen unter schweren Verlusten zurück.

Die feindl. Artl. hat seit dem Angriff vollständig geschwiegen. Erst jetzt antworten sie auf das unbegründete Feuer unserer Artl.

Ich bitte bei Einbruch der Dunkelheit um 200 Handgranaten, sowie 4500 Inf.-Patr. und 6 Kasten MG-Munition. Desgl. bitte ich um Befehl, ob heute Abend Ablösung stattfindet? Könnte man das eigene Artl.-Feuer nicht einstellen? Anschluss vorhanden. gez. Brendel.[1802]

Diese Attacke zeigt, dass durch stetige gegnerische Angriffe die angestrebte Verteidigungslinie nach wie vor gefährdet war und dass unbegründetes eigenes Artilleriefeuer gegnerisches Artilleriefeuer hervorrief und damit die eigene Truppe gefährdete.

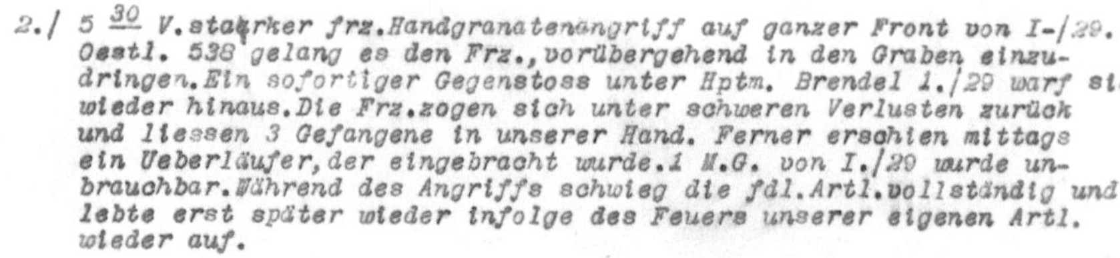

2./ 5 30 V.starker frz.Handgranatenangriff auf ganzer Front von I-/29. Oestl. 538 gelang es den Frz., vorübergehend in den Graben einzudringen.Ein sofortiger Gegenstoss unter Hptm. Brendel 1./29 warf sie wieder hinaus.Die Frz.zogen sich unter schweren Verlusten zurück und liessen 3 Gefangene in unserer Hand. Ferner erschien mittags ein Ueberläufer,der eingebracht wurde.1 M.G. von I./29 wurde unbrauchbar.Während des Angriffs schwieg die fdl.Artl.vollständig und lebte erst später wieder infolge des Feuers unserer eigenen Artl. wieder auf.

Abbildung 229: 15.09.1916, Handgranatenangriff, Abendmeldung des 8. I.R.[1803]

[1801] Die Farben bedeuten: blau: vorhanden, grün: im Bau, gelb: geplant; s. auch Legende der Karte in Abbildung 212.
[1802] KA: Infanteriebrigaden (WK)_946_53 (1674).
[1803] KA: Infanteriebrigaden (WK)_946_54 (1674).

Der geschilderte Handgranatenangriff (Abbildung 229) war auch Teil der Abendmeldung des 8. I.R. vom 15.09.1916.

Im Weiteren wurde im Detail die Gliederung des I/8 in der Verteidigungslinie (Abbildung 230) angegeben:

```
3./ Gliederung:
      535-536a 2/3 4./8, anschliessend 3./8 in oestl.Richtung, in Granat
trichtern, daran anschliessend 1/2 1./8 mit 1.Flügel etwa bei 538 in
unmittelbarer Verbindung mit I./29.Jn dem ehemaligen frz.Graben bis
etwa 50 m nordöstl.des Beobstandes 1/2 1./8.Bei I./29 alle 4 Komp.
In vorderer Linie mit Ausnahme von 30 Mann. 2./8 und 1Zug 1./8 bei
Batl.Bef.St., ebenso 1 M.G.1Zug 4./8 und 1 M.G. bei 502 zum Schutz der
r.Flanke.2M.G. bei 535, 1M.G.bei 536a, 1M.G.bei Beobstand.
```

Abbildung 230: Gliederung des I/8 in der Verteidigungslinie[1804]

In dieser Abendmeldung wurde noch berichtet, dass zwischen dem rechten und dem linken Flügel der 192. I. D. eine etwa 20 Schritt lange Lücke bestehe (Abbildung 231 am linken Rand), welche bei Tag durch Posten gesichert sei. An der Herstellung eines durchlaufenden Grabenstückes werde in den nächsten Nächten gearbeitet. Weiterhin wurde gemeldet, dass im Graben von 535 nach SSO eine 30 m lange Sappe eingebaut sei. Schließlich wurden die Verluste gemeldet: 2 Leutnante schwer verwundet, 3 Mann tot, 27 Mann verwundet.

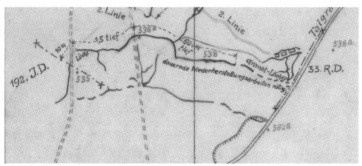

Abbildung 231: 15.09.1916, Stellungsausbau der 8. b. Inf.-Brig. beim Souville-Sack[1805]

Mit Datum 15.09.1916 verteilte der Regimentskommandeur von Rücker an seine Bataillone und Kompanien eine Handreichung über „Geist und Disziplin der Truppe."[1806]

Die wochenlange Anspannung der Truppen durch Angriffe, Gegenangriffe und Verteidigung hatte ihre Spuren bei den Soldaten hinterlassen, wie in der bereits zitierten Meldung der

---

[1804] KA: Infanteriebrigaden (WK)_946_54 (1674).
[1805] KA: Infanterie-Divisionen-(WK)_5710_03 (335) Skizze.
[1806] KA: 8. I.R._(WK)_18_11 (511).

4./Reserve-Jäger-Bataillon 1[1807] deutlich wurde.

Die Handreichung wurde dadurch begründet, dass „in den gegenwärtigen sehr schwierigen Verhältnissen vor Verdun es von höchster Wichtigkeit" sei, den „Geist der Truppe frisch und die Zucht stramm zu halten."[1808] In der Handreichung führte der Regimentskommandeur aus, dass das Vertrauen der Mannschaft in ihre Führer nur durch treue Pflichterfüllung erhalten werden könne. Dazu sei es nötig, „dass die Herren Offiziere jede Gelegenheit benützen, viel mit der Mannschaft zu verkehren, mit den Leuten zu reden, ihnen das Vertrauen in den endgültigen Sieg Deutschlands und seiner Verbündeten zu stärken und die im Frieden anerzogenen militärischen Tugenden zu erhalten und zu fördern"[1809]. Als altbewährtes Mittel zu Erhaltung der Disziplin wurden exerziermäßige militärische Übungen wie Ausbildung in Schießen, Handgranatenwerfen empfohlen. „Ein paar Minuten Griffe auf Kommando, ein kurzer Einzelvorbeimarsch erwecken die Erinnerung an die ganze Friedensschulung und haben einen erzieherischen Wert."[1810]

Eine solche Empfehlung konnte nur in der wilhelminischen Zeit ausgesprochen werden.

Einen ähnlichen Befehl[1811] zur Hebung der Disziplin hatte die Heeresgruppe Kronprinz bereits am 14.09.1916[1812] an die Kommandeure und Offiziere und am 03.09.1916[1813], ohne direkten Bezug zu dem Souville-Sack-Gefecht, für alle Truppen der 5. Armee herausgegeben. Diese beiden Befehle dienten dem Regimentskommandeur am 15.09.1916 offensichtlich als Vorlage. In dem Befehl vom 03.09. wurde davon ausgegangen, dass nur der in schärfster Manneszucht erhaltene Soldat imstande sei, den hohen Anforderungen, die an ihn gestellt werden, zu entsprechen. Der Grad der erzieherischen Einwirkung des Vorgesetzten auf den einzelnen Mann finde den äußeren Ausdruck in dessen Ehrenbezeugung und seinem Benehmen Vorgesetzten, Kameraden und Untergebenen gegenüber. Der dauernde moralische Zwang in und außer Dienst, sich in Haltung und Anzug nicht zu vernachlässigen, sei die beste Vorübung zur Stählung von Energie und Willenskraft. Auch hier blitzt das wilhelminische Ordnungs- und Gehorsamsverständnis hervor.

Verstöße gegen die Disziplin wurden hauptsächlich hinter der Front vermutet, wo die Manneszucht nicht immer mit der nötigen Schärfe aufrechterhalten werde. Dieser Befehl ging jedoch über die Aufforderung der Erhebung der Disziplin hinaus und stellt auch die Fürsorge des Vorgesetzten für das Wohl des Untergebenen in den Mittelpunkt. Hierzu gehöre, dass seitens der höheren Vorgesetzten alles geschehe, um der Truppe, soweit es die Verhältnisse gestatten, Un-

---

[1807] KA: Infanteriebrigaden (WK)_946_53 (1674).
[1808] KA: 8. I.R._(WK)_18_11 (511).
[1809] KA: 8. I.R._(WK)_18_11 (511).
[1810] KA: 8. I.R._(WK)_18_11 (511).
[1811] KA: Infanterie-Divisionen-(WK)_5938_11-13 (1728).
[1812] KA: Infanterie-Divisionen-(WK)_5700_19 (1728).
[1813] KA: Infanterie-Divisionen-(WK)_5938_11-13 (1728).

terkunft, Verpflegung und außerdienstlichen Zeitvertreib zu verbessern und zu erleichtern. Für den Ausbau und die Herrichtung der Unterkunftsorte vor Beginn der schlechten Jahreszeit seien die Arbeiten mit Nachdruck so zu fördern, dass die Truppe bei Eintritt des Winters Quartiere finde, in denen sie sich wohlfühle. Zur Fürsorge der Truppe gehöre auch die rechtzeitige Auffrischung und Ergänzung von Bekleidung und Ausrüstung. Die hierfür verantwortlichen Dienststellen haben dafür zu sorgen, dass der in der Stellung naturgemäß stark mitgenommene Anzug in der Unterkunft sofort instandgesetzt und ergänzt werden könne. Gleichzeitig wurde hinzugefügt, es entspreche dem Ansehen des Heeres und der einzelnen Truppe in der Heimat, dass jeder Beurlaubte nur in anständigem Anzug dort erscheine. Der Befehl des Kronprinzen schloss mit dem Wunsch, dass „die Angehörigen meiner Heeresgruppe sich stets durch besonders guten Anzug auszeichnen"[1814].

In den Kriegstagebüchern beider Bataillone wird nichts Außergewöhnliches gemeldet.

I/8:

> 15. September.
> I/8 im Chapitre in Stellung.
> Lt. d. Res. Lorenz 14-tägigen Urlaub. [...]
> Wetter: schön. [1815]

II/8:

> 15. September 1916
> II/8 und Stab Bereitschaftslager Neuer Wald.
> Das Batl. rückt ab 3:00 Nachm. in die Kasem. Schlucht.
> Wegen hervorragender Auszeichnung vor dem Feinde werden über den Etat unter Gewährung der höheren Gebürnisse zum überplanm. Vizefw. befördert die Uoffzr. Keller 6./8 u. Hufgard 8./8.
> Gewehrstärke 450 Mann.
> Verluste: 5. Komp. 1 Mann verw. dch. A. G.
> Witterung: schön, Gesundheitszustand gut, Verpflegung aus Magazin. [1816]

An diesem Tag wurde Ldstm. Karl Didion zur „I. E/8. I.R., 4. Ers. Kp." versetzt; ein Grund ist in den Unterlagen (Kriegsstammrolle) nicht ersichtlich.

4.4.2.7.6   Am 16.09.1916

Das General-Kommando Planitz verfügte am 16.09.1916 in einem Korpsbefehl[1817]:

> 1. In der Nacht vom 21./22.9. übernimmt die 14. bayer. I. D. den rechten Batlns.-Abschnitt der 33. Res. Div. Die Grenze zwischen beiden Divisionen bildet dann die Linie[1818] 573 – Waldecke bei 574 – über den Rücken der Souville-Nase – 541 – 542 – „m" des Wortes „Fumin" – 511 – Damm des Vaux-Teiches; die genannten Punkte gehören der 14. bayer. I. D., die Unterstände bei 544 und der Damm

---

[1814] KA: Infanterie-Divisionen-(WK)_5938_12 (1728).
[1815] KA: 8. I.R._(WK)_6_09 (414).
[1816] KA: 8. I.R._(WK)_7_202 (1554).
[1817] KA: Infanterie-Divisionen-(WK)_5700_13 (1728).
[1818] S. Karte Vaux C; KA: 8. I.R._(WK)_7_3 (414).

des Vaux-Teiches gehören beiden Divisionen gemeinsam, der Unterstand bei 511 der 33. Res. Div. [...].

2. Die Ablösung des rechten Flügels der 33. R. D. durch 14. b. I. D. entsprechend der neuen Divisionsgrenze erfolgt nach unmittelbarer Vereinbarung beider Divisionen. Alle Vorkehrungen für zuverlässige Übergabe des Abschnitts sind rechtzeitig zu treffen.

3. Das Sperrfeuer der schweren Artillerie ist durch den Befehl des Gen. d. Fussart. 5 [...] vom 14.9.16 geregelt. Für das Sperrfeuer der Feldartillerie der Divisionen bleibt die Straße Vaux – Verdun die Grenze.

Der Kommandierende General, gez. Edler v. d. Planitz.[1819]

Damit übernahm die 14. b. I. D. wieder den östlichen Teil parallel zum Talgraben, den das III/8 bei dem Angriff Anfang September eingenommen hatte. Die schon bekannte Stellungskarte der 14. b. I. D., nun mit 8. Inf.-Brig. überschrieben (Abbildung 232), unterscheidet sich nicht von der Karte[1820] vom 15.09.1916.

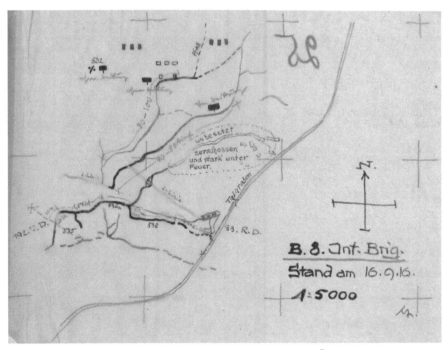

Abbildung 232: 16.09.1916, Stellungskarte der 8. Inf.-Brig im Souville-Sack vor Übernahme des rechten Bataillons-Abschnitts der 33. R. D. durch die 14. b. I. D.[1821]

Die Sperrfeuerlinie-Skizze in Abbildung 233 zeigt die Lage der 14. b. I. D. mit dem rechten Nachbarn, 192. I. D., und dem linken, 33. R. D., vor der Übernahme des rechten Bataillons-Abschnitts der 33. R. D.

[1819] KA: Infanterie-Divisionen-(WK)_5700_13 (1728).

[1820] KA: Infanterie-Divisionen-(WK)_5710_03 (335) Skizze.

[1821] KA: Infanterie-Divisionen-(WK)_5710_04 (335) Skizze.

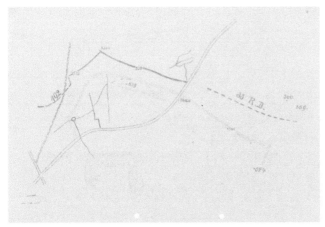

Abbildung 233: Lage der 192. I. D. rechts und der 33. Res.-Div. links der 14. b. I. D.[1822]

In dem Brigadebefehl Nr. 3154[1823] vom 16.09.1916 wurden die Forderungen des am 13.09.1916 herausgelegten Divisionsbefehls der 14 b. I. D. Nr. 2126, der Aktionen der Artillerie und des Stellungsausbaus regelte[1824], von der Brigade präzisiert:

Zunächst wurden die Grenzen zur westlich gelegenen 192. I. D. aufgezeigt. Sie verliefen leicht nach Süden ausgebogen über einen Punkt 200-250 m südlich 534 bis zu einem Punkt knapp 200 m südöstlich von 534 am Wege 501 – St.-Fine-Kapelle[1825] (Abbildung 132). Der rechte Flügel der 33. Reserve-Division konnte nicht mitgeteilt werden, er sei durch das linke Flügel-Bataillon festzustellen und zu melden. Wichtig war die Information über die vorderste Infanterielinie der Brigade. Sie ging über 535 – 536a nördlich 538 auf Grabeneinmündung in den Talgraben 130 m südwestlich 538a (Abbildung 228 und Abbildung 232[1826]).

Zur Lage des Feindes wurde festgestellt: „Der Feind liegt dem Brig.-Abschnitt auf 40-100 m gegenüber und hat sich am nächsten in dem Grabendreieck zwischen 536a und 539 herangeschoben. Hier sind Maschinengewehre festgestellt."[1827]

Zur Verteidigung wurden folgende Befehle gegeben:

> Die Führung der zur nachhaltigen Verteidigung bestimmten vordersten Inftr.-Linie und die des vorzulegenden Hindernisses sind voneinander abhängig. Ist die jetzt gehaltene Linie zu verstärken, das Hindernis ist ihr vorzulegen. Nur wo an einzelnen Stellen das Hindernis wegen der Nähe des Feindes nicht vorverlegt werden kann, ist es in der vordersten Linie zu bauen. Der Graben muss dann mög-

---

[1822] KA: Infanterie-Divisionen-(WK)_5885_01 (111) Skizze.
[1823] KA: Infanterie-Divisionen-(WK)_5710_19-20 (111).
[1824] KA: Infanterie-Divisionen-(WK)_5885_07-08 (111).
[1825] S. Karte Vaux C; KA: 8. I.R._(WK)_7_3 (414).
[1826] KA: Infanterie-Divisionen-(WK)_5710_03 (335) Skizze.
[1827] KA: Infanterie-Divisionen-(WK)_5710_19 (111).

lichst dicht dahinter gelegt werden. Für die Ausführung des Hindernisses und des Grabens ist das wiederholt Befohlene maßgebend.

Für Flankierung vor die Nachtbargräben und für Bestreichung der feindlichen Annäherungsgräben sind in erster Linie MG, dann die Granatwerfer, Minenwerfer, Gewehrgranaten zu verwenden.[1828]

Zusätzlich zu den bereits 8 MG in vorderster Linie wurden 8 weitere in Staffelung befohlen:

Im Brigadeabschnitt 535 – Talgraben [Abbildung 232] müssen in vorderster Linie 8 deutsche MG genügen. Es bleiben weitere 8 für Staffelung in Gegend 502 – 503 (2), Reserve bei dem ältesten Batl.-Kdeur südlich der Vaux-Schlucht (2), Besetzung der Riegelstellung (2), Reserve in der Kasemattenschlucht (2). Die übrigen MG halten die MG-Formationen zurück für Ausbildungszwecke und für zeitweisen Austausch der in der Stellung befindlichen MG.

Gesichtspunkte für den Einsatz einzelner MG: Bestreichung der von Süden heranführenden Gräben aus Gegend 535 – 536a und südl. „W" des Wortes „Wald". Flankierung von Strecke 536a – 538 aus Gegend südwestl. 536a, von Strecke 538 – Talgraben aus Sappen in Gegend 538. Schutz der Flanken aus rückwärtigen Aufstellungen. Die Plätze im einzelnen müssen im Gelände selbst bestimmt werden; die seitlichen Feuergrenzen müssen so festgelegt werden, dass die eigenen Linien nicht beschossen werden können.[1829]

Weiter folgen Hinweise für schwerere Waffen:

Minenwerfer, Granatwerfer, Schießgestelle für Gewehrgranaten sind so einzubauen, dass sie den Feind da niederhalten können, wo er sich im nahen Vorgelände festgesetzt hat und von wo er erfahrungsgemäß seine Kräfte zu Angriffen vorzieht. Sie müssen also auch das Sperrfeuer der Artillerie da ergänzen können, wo dies der Infanterie wünschenswert erscheint und müssen bei Sperrfeuer-Anforderungen ohne weiteres mitschießen.[1830]

Dann wurden die 2. Linie und die Unterschlupfe angesprochen, wobei man offensichtlich in Fehleinschätzung der Lage jetzt schon an eine Überwinterung an dieser Stelle dachte.

Als 2. Linie [gelb eingezeichnet in Abbildung 232[1831]; Anm. d. Verf.] sind vorläufig Teile schon vorhandener Gräben, Granattrichter und Unterstandsgruppen zu benützen, um hier die Unterstützungen der vordersten Linie zu sofortigem Gegenstoß bereitzustellen. Ebenso sind die alten französischen Gräben als Annäherungswege zu benützen.

Für die kältere Jahreszeit sind Unterschlupfe zunächst bei den Unterstützungen und Reserven der vordersten Batlne. einzubauen. Die Truppen in vorderster Linie sind mit den Unterstützungen nach Möglichkeit auszuwechseln.[1832]

Dann wurde das II/8, das ehemalige Bataillon von Ldstm. Karl Didion, genannt:

Das II/8 hat voraussichtlich in der Nacht vom 18. auf 19. Septbr. den Abschnitt von 535 über 536a bis zum Talgraben allein zu besetzen. Die vorderste Linie ist dünn zu besetzen, um unnötige Verluste durch feindl. Feuer zu vermeiden; die einzelnen Kompn. haben sich entsprechend zu gliedern. Zwei Kompanien des II/29 werden dem II/8 als Reserven noch südl. der Vaux-Schlucht zur Verfügung stehen. Der Kdeur. II/8 hat die Gliederung seines Batls. entsprechend vorzubereiten [...] Zum 19. Vorm. ist der Brigade durch den Regts.-Kdeur v. Dienst genaue Skizze der Gliederung des II/8 einzureichen.[1833]

Zum Stellungsbau wurde befohlen:

Die Anlage der Kampfgräben, Deckungsgräben, Hindernisse geschieht durch die Truppen, die an Ort und Stelle sind und die Anlagen zu benützen haben. Zur Verstärkung des Trägerdienstes treffen morgen 100 Rekruten des Feld-Rekruten-Depots im Ornes-Lager ein. Sie sind von der Nacht vom 18./19.

[1828] KA: Infanterie-Divisionen-(WK)_5710_19 (111).

[1829] KA: Infanterie-Divisionen-(WK)_5710_19 (111).

[1830] KA: Infanterie-Divisionen-(WK)_5710_19 (111).

[1831] KA: Infanterie-Divisionen-(WK)_5710_04 (335) Skizze.

[1832] KA: Infanterie-Divisionen-(WK)_5710_20 (111).

[1833] KA: Infanterie-Divisionen-(WK)_5710_20 (111).

Septbr. ab nach Anordnung des Regts.-Kdeurs. vom Dienst als Träger bis zur Kasematten-Schlucht zu verwenden. Besonders ist von allen Stellen durchzusetzen, dass möglichst viel Schnelldraht, Stollenrahmen vorkommen und dass die Vorräte an Leucht- und Signalpatronen, Munition, Handgranaten, Verpflegungsmitteln stets ergänzt werden. Das zahlreiche umliegende Material ist nach Möglichkeit zu sammeln und soweit es nicht an Ort und Stelle verwendet werden kann, zurückzubringen, insbesondere Stahlhelme, Feldflaschen, Wassertornister.[1834]

Dieser den entsprechenden Divisionsbefehl detaillierende Brigadebefehl überließ nichts dem Zufall.

Der Brigadebefehl Nr. 3155[1835] vom gleichen Tage berichtet unter „Tagesverlauf": „Das I/8 wies heute Vorm. auf seinem rechten Flügel einen französischen Angriff ab. Der Feind wurde zurückgeworfen, er scheint sich auf 40 m gegenüber einzugraben. Im Übrigen blieb die französische Infanterie verhältnismäßig ruhig. Feindliche Artillerietätigkeit war zeitweise rege. 28 cm Kaliber ist nicht gemeldet worden."[1836]

Die Aufrufe zur Hebung der Disziplin waren nicht grundlos, denn es machten sich Unregelmäßigkeiten im Kampf bemerkbar, die auch die sorgenvollen Berichte über den Zustand der Truppen für möglich erscheinen ließen. Soldaten scheuten den Kampf und gingen unerlaubt zurück. Um dem entgegenzutreten, wurde befohlen:

Auf Befehl der K. 14. Inf.-Div. sind in der Kasematten-Schlucht und am Hardaumont ständige Versprengten-Sammelstellen unter besonders ausgesuchten Dienstgraden einzurichten. Diese prüfen alle zurückgehenden Leute nach ihren Ausweisen. Leute der in Stellung oder Bereitschaft befindlichen Batlne. sind, wenn sie ohne Ausweis betroffen werden, sofort dem Bereitschafts-Bataillon in der Kasematten-Schlucht zuzuführen, das für die Weiterführung zu den in Stellung befindlichen Batlnen. sorgt. Gegen diese Leute ist ebenso Tatbericht zu erstellen, wie gegen alle ohne Ausweis im rückwärtigen Gelände aufgegriffenen Angehörigen von Batlnen. und MG-Formationen, die weiter vorne eingesetzt sind. Als Personal für die Versprengten-Sammelstellen stellen II/8 und II/4 je einen energischen Unteroffz. (auch Offz.-Dienstuer) mit 4 ausgewählten Leuten.

Den Regtrn. bleibt spätere Ablösung freigestellt. Die Versprengten-Sammelstellen haben die nach rückwärts führenden Wege von ihren Plätzen ausdauernd zu überwachen und nach der Anweisung der Division zu verfahren.[1837]

Das Kriegstagebuch der Brigade[1838] berichtet von der Situation der abgekämpften Truppe (s. nächstes Kapitel), das des I/8 von einem abgeschlagenen Angriff und das des II/8 von seiner Bereitschaft in der Kasematten-Schlucht.

I/8:

16. September.

I/8 In Stellung im Chapitre.

Betr.: Stellungsausbau s. Meldung an I.R. 29.
Nach im allgemeinen ruhiger Nacht ab 6:30 Uhr starkes Artl. Feuer, das auf Angriff schließen ließ, der 7:30 V. erfolgte und abgeschlagen wurde.

[1834] KA: Infanterie-Divisionen-(WK)_5710_20 (111).
[1835] KA: Infanterie-Divisionen-(WK)_5700_12 (1728).
[1836] KA: Infanterie-Divisionen-(WK)_5700_12 (1728).
[1837] KA: Infanterie-Divisionen-(WK)_5700_12 (1728).
[1838] KA: Infanteriebrigaden (WK)_915_16 ff. (1674).

Eingelaufene Meldungen:
Meldung an I.R. 29; Einführung von neuen Signalpatronen, Morgen und Abendmeldung.
Tagesverlauf: Brig. Bef. v. 16.9. Nr. 3155.
Wetter: Vorm. Nebel, Nachm. schön.[1839]

II/8:

16. September 1916

Komp. Lt. Schüssler	) Bereitschaft

5. Komp. Lt. Bickel	)
6. Komp. Oblt. Berndt	) Kasemattenschlucht
7. Komp. Lt. Bauer	)
Stab II/8	)

5., 6., 7. Komp. Trägerdienste.
Einzelne Schüsse am Nordhang der Kasematten Schlucht.
Verluste: 1 Mann 6./8 leicht verw. dch. A. G.
Witterung: Nebel und Regen, Gesundheitszustand gut, Verpflegung aus Magazin.[1840]

4.4.2.8   Berichte über die abgekämpften deutschen Truppen

Die Truppen standen vor Verdun nach den vielen feindlichen Angriffen im Juli und August besonders nach der erfolgreichen Einnahme des Souville-Sackes unter erheblichem Druck. Nach
dem 03.09. fanden bis zum 16.09. täglich teils sehr schwere Angriffe der Franzosen statt, die
zwar alle abgewiesen werden konnten, aber erhebliche Verluste verursachten und eine leichte
Rücknahme der Front zur Folge hatten, wobei die Frontbegradigung immer noch bestand. Die
Frontbegradigung führte jedoch zu keiner Beruhigung der Lage. Der Brigadebericht führte sogar
aus, dass „vielmehr der gelungene Angriff in der Souville-Schlucht vom 3.9. [...] die Lage für
die Truppen vorderster Linie nicht verbessert, sondern verschlechtert [habe]"[1841]. Der Feind befürchtete wohl, dass ein weiterer deutscher Angriff dem Fort Souville gelten könne.

Im Kriegstagebuch der Brigade vom 16.09.1916 wird unter Punkt Besonderes die Situation der
abgekämpften Truppe eindrücklich dargelegt:

Die eigenen Angriffsunternehmungen vom 26. August u. vom 3. September, die starke und unausge-
setzte Beschießung durch die Franzosen, die sich im Fort Souville im Besitz überhöhender, vorzügli-
cher Art-Beobachtung befinden, die teilweise sehr starken, seit unserem Angriff vom 3. September
fast ununterbrochenen französischen Angriffe, die Ausfälle von Führern durch Erkrankung und blutige Verluste, die in Bereitschaft und Stellung schwierigen Verpflegungsverhältnisse, [...] die ungenügende Ruhe mit weiten An- und Abmärschen in meist schlechten Lagern und Unterkünften, die mit
ganz geringen Ausnahmen nur für Sommerwetter geeignet sind, die Ungunst der Witterung[1842], das
Zusammenwirken all dieser Dinge hat auf die Regimenter einen zersetzenden Einfluss ausgeübt. Es
macht sich nunmehr eben geltend, was die Brigade früher schon in mehrfachen Schriften als ungünstig dargestellt hatte, dass die Regimenter 1915 und 1916 weniger ihre früheren, in den Combres-
Kämpfen und bei Les Éparges bewährten Mannschaften, die durch Verwundung ausgeschieden waren, wieder erhalten hatten und dass sie fast durchweg durch älteren und weniger guten Ersatz, oft
fremder Ersatz-Truppenteile, aufgefüllt worden waren. Die Rgter sind nicht mehr als vollkampffähig
zu bezeichnen und bedürfen, wenn sie nicht noch mehr verbraucht werden sollen, längerer Ruhe. Ob

---

[1839] KA: 8. I.R._(WK)_6_09 (414).
[1840] KA: 8. I.R._(WK)_7_202 (1554).
[1841] KA: Infanterie-Divisionen-(WK)_5700_06 (1728).
[1842] S. auch Kapitel 4.3.7.2 Unterkunftsangelegenheiten.

sich bald für alle Bataillone eine einigermaßen ausreichende Ruhezeit schaffen lässt, erscheint unter den gegenwärtigen Verhältnissen fraglich. Der Herr Brig. Kdeur hat über die Angelegenheit dem Herrn Div. Kdeur gemeldet, Ablösung ist noch nicht zu erwarten.[1843]

Es werden alle negativen Einflüsse auf die Kampfkraft der Truppe genannt: Der Feind hatte aufgrund der besseren geografischen Stellung volle Einsicht auf die deutschen Soldaten in ansteigendem Gelände, die hohen Verluste ohne gleichwertigen Ersatz, die schwierigen Verpflegungsverhältnisse, die weiten An- und Abmärsche sowie die schlechten Unterkunftsverhältnisse. Es wurde noch angemerkt, dass man früher auch mit widrigen Umständen umgehen konnte, dies aber jetzt bei ungenügendem Ersatz kaum mehr möglich sei. All dies wurde dem Divisionskommandeur gemeldet, ohne dass eine Ablösung zugesagt wurde. Im Weiteren wurde unter Verlusten das erste Mal „4 Mann nervenkrank" vermerkt, was auch auf eine Überbeanspruchung der Mannschaften hinweist.

Mit Befehl vom 15.09.1916 hatte der Divisionskommandeur 14. b. I. D.[1844] von den Regimentern unmittelbar Meldungen über den Rückgang der Truppenstärken und Offizierszahl durch blutige Verluste und durch Krankheiten verlangt. Das war wohl der Auslöser des Kriegstagebuch-Eintrags der Brigade.

Dazu gibt es direkt entsprechende Meldungen des 4.[1845] u. 8. I.R.[1846], die, wie verlangt, unmittelbar an die Division gerichtet waren, natürlich auch mit Abschrift an die Brigade; außerdem liegt ein zusammenfassender Bericht der Brigade vor.

Der Zustandsbericht des „4. Infanterie-Regiment König Wilhelm von Württemberg", des Schwesterregiments bei der 8. Infanterie-Brigade, ging zunächst auf die katastrophale Personallage, die auch für die ganze Brigade in einem entsprechenden Offiziers-Stellungsplan aufgegriffen wurde, ein:

> Durch die besonders schweren Verluste des Regiments an Offizieren haben 2 Batlne. neue Kommandeure und 11 Kompanien neue Führer erhalten. Das I/4 wird z. Zt. noch von einem Oberleutnant d. Res. geführt. Die Kompagnie-Führer sind meist junge Reserve-Offiziere oder ganz junge aktive Offiziere im Alter von 18-20 Jahren. Die Zugführer sind in der überwiegenden Mehrzahl Vizefeldwebel oder Unteroffiziere d. Res. Die Verluste an Unteroffizieren und Mannschaften sind derartig, dass die Kompanien im allgemeinen noch über 80-90 ausgebildete und für die schwierigen Kampfverhältnisse brauchbare Leute verfügen. Die besten, schneidigen, tapfersten Unteroffiziere und Mannschaften sind jedoch gefallen oder verwundet. Der Gesundheitszustand des Regiments wird täglich ungünstiger, bis jetzt sind 108 Mann in ärztlicher Behandlung, außerdem klagen sehr viele Leute über Darm- und Magenkatarrhe oder Hautausschläge. Die Unterkunft in den Lagern ist derartig mangelhaft, dass sich eine Besserung des Gesundheitszustandes nicht erwarten lässt. Der Aufenthalt der Bereitschaften in den Schluchten ist direkt gesundheitsschädlich. An den Nerven der Offiziere und Mannschaften werden derartig hohe Anforderungen gestellt, dass ein Teil derselben ihnen nicht gewachsen ist.[1847]

[1843] KA: Infanteriebrigaden (WK)_915_16 (1674).

[1844] S. Einleitung des Berichts der Brigade: KA: Infanterie-Divisionen-(WK)_5700_06-09 (1728).

[1845] KA: Infanteriebrigaden (WK)_946_60-61 (1674).

[1846] KA: Infanteriebrigaden (WK)_946_62-65 (1674).

[1847] S. die erstmalige Verlustmeldung: 4 [Mann] nervenkrank, im Brigade-KTB vom 16.09.1916: KA: Infanteriebrigaden (WK)_915_16 (1674).

Der neue Ersatz ist für die überaus schwierigen Kampfverhältnisse nur teilweise verwendbar. Die von dem Feld-Rekruten-Depot der Brigade überwiesenen 166 Mannschaften sind meist Leute zwischen 35 und 40 Jahren, verheiratet und mit zahlreicher Familie. Bis jetzt hat das Regiment außerdem noch 457 Ergänzungsmannschaften, in Summe 623 erhalten. Ich fasse mein Urteil dahin zusammen, dass die Gefechtskraft des Regiments sich an Offizieren um 75 %, an Mannschaften um 60 % durch die ununterbrochenen Kämpfe seit 3. September verringert hat. gez. Kleinhenz.[1848]

Das 8. I.R.[1849] meldete an die Division zur Beschaffenheit des Regiments (handschriftlich) Ähnliches:

Kgl. Division berichte ich zufolge telephonischer Weisung der k. 8. Inf. Brig vom 15. ds [Monats] unmittelbar:

Das Regiment hatte, als es hierher kam, annähernd seine volle Gefechtsstärke von 900 Mann pro Batl. Das Regiment hat hier mehr wie ein Drittel seines Bestandes im Gefecht und durch Abgang von Kranken verloren. Es hat dafür 499 Mann Ersatz erhalten. Der Gesamtverlust des Regiments bis einschließlich 14.9.16 beträgt:

150 M tot, 660 M verwundet, 94 M vermisst, (ohne Verluste der MG-Komp.). Die Verluste der letzten Tage stehen noch nicht fest.

Auch der Krankenstand ist sehr hoch. Er beträgt ungefähr bei I/8 50 Mann, bei II/8 80 Mann, bei III/8 20 Mann. Die Verluste bei der MG-Komp. des Regiments sind folgend: bis 11.9.16.: 5 M tot, 23 M verwundet, 8 M vermisst.

An Offizieren sind vom Regiment, seit es herkam, ausgeschieden:

a) tot: Hptm. Hausner, Oblt. Hoffmann, Oblt. d. R. Wied, Lt. Pilzmeyer [bekannt von der Baumbeobachtung auf den Maashöhen; Anm. d. Verf.], Lt. d. R. Sulzberger, Lt. d. R. Sabling [?]. 6 Offiziere.[1850]

Unter b) werden dann die verwundeten Offiziere, unter c) Krankheitsausfälle bei Offizieren aufgeführt, unter d) Abkommandierungen und unter e) Vermisste, im Ganzen 24 Offiziere. Dann heißt es weiter:

Durch den Ausfall zahlreicher meistens älterer Offiziere mussten die Kompanieführer-Stellen bis auf 2 mit ganz jungen Feldgangs[?]-Offizieren besetzt werden. Diese Offiziere mussten größtenteils Kompanien übernehmen, denen sie nicht bekannt sind. Trotz der vorzüglichen persönlichen Eigenschaften dieser Herren besitzen sie nicht überall das notwendige dienstliche Ansehen und die dienstliche Gewandtheit, um den außerordentlich schwierigen Verhältnissen in der Stellung Herr zu werden.

Wenn die angeforderten Berichte der niederen Dienststellen zuweilen unter den Eindrücken der Verhältnisse etwas übertrieben sind, so geht doch übereinstimmend aus allen hervor, dass der Aufenthalt in der Stellung an den einzelnen Mann Anforderung stellt, dem nur die stärksten Nerven auf die Dauer gewachsen sind.

Ringsum liegen Leichen, Verwundete wimmern, ein schrecklicher Geruch verpestet die Luft. Dabei schlagen fast andauernd Granaten aller Kaliber in der Gegend ein, denen die Leute, die von einer eigentlichen Stellung nicht [geschützt] sondern schutzlos ausgesetzt sind, während die Franzosen, wenn sie Feuer erhalten, ihre Stellungen ausbauen können, dazu die kalten Nächte, die in vorderer Linie unzureichende Verpflegung, sowie die Unmöglichkeit, die Notdurft anderswo als in Granatlöchern zu verrichten. All dies ist geeignet, entmutigend auf die Leute zu wirken.

Tatsächlich kommen Führer und Mannschaften vollständig erschöpft jedes Mal aus der Stellung und bedürften gründlicher Erholung. Diese finden Sie aber in den Lagern, in denen Öfen und Decken fehlen, nur teilweise, in den Schluchten, in denen die Bereitschaften aufgestellt werden, gar nicht.

Nach den Berichten der Bataillonsführer sind in jeder Kompagnie noch eine Anzahl von beherzten Leuten, die ihren Führern willig folgen. Ein großer Teil der Mannschaft drückte sich jedoch bei Nacht

[1848] KA: Infanteriebrigaden (WK)_946_60-61 (1674).
[1849] KA: Infanteriebrigaden (WK)_946_62-65 (1674).
[1850] KA: Infanteriebrigaden (WK)_946_62 (1674).

aus der Stellung. Bei der letzten Ablösung von III/8 soll nach Meldung des Major Felser die Stellung schon vor der Ablösung fast ganz verlassen gewesen sein.

Angesichts dieser Verhältnisse muss festgestellt werden, dass das Regiment nunmehr bald am Ende seiner Leistungsfähigkeit steht und den schweren Anforderungen, die an die Truppe gestellt werden, nicht mehr voll gewachsen ist, da ich dadurch bei ernstlichem feindlichen Angriff den Verlust der vom 3. Batl. ruhmvoll errungenen neuen Stellung in den Bereich der Möglichkeit gerückt und den Kriegsruhm meines Regiments, das sich bisher bei jeder Gelegenheit ausgezeichnet hat, gefährdet sehe, halte ich baldige Ablösung durch eine frische Truppe für geboten. gez. von Rücker.[1851]

Den beiden Regimentsberichten folgte dann auch ein Bericht der 8. b. Inf.-Brig.[1852], der mit den Worten begann: „Hiezu füge ich an:"

Die erste Zeit, in der die Brigade in Stellung vor Verdun lag, verlief verhältnismäßig ruhig. Empfindliche Verluste hatte nur das rechts eingesetzte Batl. der vordersten Linie, wie damals angegeben wurde, wegen des ungenügenden Ausbaues der Stellung, wohl auch wegen der besseren feindlichen Beobachtungsmöglichkeit von dem damals frz. Graben 535 – 536a aus.

Im linken Bataillonsabschnitt waren die Verluste weit geringer, wohl wegen der geringeren Möglichkeit feindlicher Beobachtung. Angriffsabsichten sind damals bei der fdl. Infanterie nicht erkannt worden. Der Feind beschränkte sich darauf, unser weiteres Arbeiten am weiteren Stellungsausbau durch Artillerie- und Infanterie-, Gewehrgranaten- und Minenfeuer zu stören; dies gelang ihm allerdings in ziemlich wirksamer und uns auch sonst schädigender Weise.

Der Angriffsversuch des II/29 am 26.8. Nachm. auf die frz. Grabengruppe bei 535 – 536a und vielmehr der gelungene Angriff in der Souville-Schlucht vom 3.9. haben die Lage für die Truppen vorderster Linie nicht verbessert, sondern verschlechtert.[1853]

Diese letzte Behauptung über die schädliche Wirkung des dem 03.09 am 26.08 vorausgegangenen Angriffs wurde begründet:

Das Fort Souville sichert dem Feind die bessere artilleristische Beobachtung. Während unsere vorderste Linie von da aus bis zum 3.9. nicht einzusehen war, liegt sie seither in der unmittelbaren Sicht des Feindes. Der Feind musste ferner den Angriff durch die Souville-Schlucht als eine Fortsetzung der früheren deutschen Versuche auffassen, sich in Besitz des Forts Souville zu setzen, und dafür die deutsche Angriffslinie wieder um ein Stück näher an das Fort heranzuschieben.

Seine wiederholten Gegenangriffe waren die Antwort. Sie nahmen der Brigade einen Teil am 3.9. genommenen Gräben südlich 535 – 536 a wieder weg und schoben die Südfront der 33. Res. Division um ein nennenswertes Stück nach Norden. Dazu hat der Feind die für ihn verbesserten Beobachtungsverhältnisse zum ständigen Wirkungsschießen schwerer und schwerster Kaliber auf unsere Infanterie ausgenutzt, das bei den schlechten Beobachtungsverhältnissen, der geringeren Geschützzahl und der Munitionsknappheit unserer Artillerie von dieser nicht genügend erwidert werden kann.[1854]

Die folgenden Abbildungen (Abbildung 234) sollen die Geländesituation verdeutlichen:

[1851] KA: Infanteriebrigaden (WK)_946_62-65 (1674).
[1852] KA: Infanterie-Divisionen-(WK)_5700_06-09 (1728); dazu liegt auch ein handschriftlicher Entwurf vor in: KA: Infanteriebrigaden (WK)_946_66-71 (1674).
[1853] KA: Infanterie-Divisionen-(WK)_5700_06 (1728).
[1854] KA: Infanterie-Divisionen-(WK)_5700_06-07 (1728).

 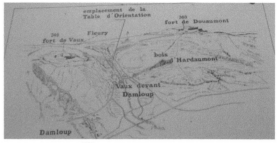

Abbildung 234: Operationsgebiet der 14. b. I. D. (Ausschnitt)[1855] u. heutige Reliefkarte (gewestet) auf Hinweisschild vor Verdun; die Kampfrichtung der deutschen Truppen war südwestlich, zwischen Fort Vaux (in dt. Hand) und Fleury durch die Souville-Schlucht

Die andere gewestete Relief-Ansicht (jetzige Tafel im Felde vor Verdun) zeigt das eingeschnittene Gelände. Das deutsche Operationsgebiet konnte von dem Fort Souville (nicht auf der Karte) eingesehen werden.

Eine Besserung dieser Verhältnisse ist in der nächsten Zeit nicht zu erwarten, es sei denn, dass der Feind, der sich allenthalben näher an unsere vorderste Linie heranschiebt, sein Feuer auf dieses einschränkt. (Ein Grund, warum trotz der erhöhten Spannung von unserer vordersten Linie die große Nähe des Feindes nicht ungern gesehen wird.)

Die Verluste und die moralische Beanspruchung der in vorderster Linie eingesetzten Truppen haben aus diesen Gründen seit dem 3.9. eine große Steigerung erfahren, haben die Mannschaftsstärken und den inneren Halt der Truppe ungünstig beeinflusst. Bataillone, die viele Offiziere verloren haben, oder bei denen mehrere Offiziere der körperlichen oder seelischen gewaltigen Anforderungen an ihre Leistungsfähigkeit nicht voll entsprechen konnten, sowie Bataillone, die in kurzer Zeit sehr schwere Verluste und Abgänge an Krankheiten hatten, mussten vorzeitig aus der Stellung gezogen werden. Infolgedessen ist auch die dringend notwendige Ruhe anderer Bataillone verkürzt worden, die entsprechend früher wieder in Bereitschaft und Stellung rücken mussten.[1856]

An dieser Stelle gibt es einen handschriftlichen Vermerk: „von hier ab an Gen. Kdo.“:

Das nächste Stellungsbataillon wird II/8 (jetzt Kasemattenschlucht) sein. Mit ihm soll die Gliederung nach Division Befehl vom 13. September [...] angenommen werden. Voraussetzung ist, dass die taktischen Verhältnisse nichts Anderes erfordern. Nach II/8 steht II/29 zur Verwendung in vorderster Linie heran. Die niedere Gewehrstärke dieses Batls. gibt mir Anlass zu zweifeln, ob es diese Aufgabe auf vier Tage erfüllen kann. Nach oder mit II/29 muss auf I/4 zurückgegriffen werden. Dieses muss schon in der Nacht vom 18. auf 19. Sept. in Bereitschaft rücken. Das Batl. hat in seiner vergangenen (bisher einzigen) Bereitschafts- und Stellungszeit unter sehr schweren Verhältnissen sehr Gutes geleistet. Es hat aber durch seine Verluste, namentlich von Offizieren, sehr gelitten und kann, soweit meine Orientierung heute reicht, nur zur Not als verwendungsfähig bezeichnet werden. Die Verhältnisse heischen aber seine Verwendung.

Die Verhältnisse bei den MG Formationen sind gleichfalls nicht günstig. Bei der bisher seit dem Angriff des 3. Sept. viel schwierigeren Lage ist es notwendig gewesen, um die Stellung zu halten, auf die Batlne. nach dem augenblicklichen Bedarf zurückzugreifen. Der Kräfteverbrauch war deshalb verhältnismäßig hoch. Es ist nicht abzusehen, ob die Lage im eigenen Abschnitt und in den Nachbarabschnitten größere Regelmäßigkeit in der Verwendung der einzelnen Bataillone in Bereitschaft und vorderster Linie gestattet.

[1855] RA Bd. 10 1936, Karte 14.
[1856] KA: Infanterie-Divisionen-(WK)_5700_07 (1728).

Die Brigade wird die von ihr erkämpfte Stellung noch weiter halten. Ihre Kräfte werden aber bei einem weiteren ähnlich großen Verbrauch, wie er wahrscheinlich nicht vermieden werden kann, in absehbarer Zeit dieser Aufgabe nicht mehr durchweg gewachsen sein. gez. von Reck.[1857]

Auch der Bataillons-Arzt des II/29 stellte aus medizinischen Gründen eine Herabsetzung der Kampffähigkeit fest. Er meldet am 26.09. aus der O. U. Rouvrois an das II/29 über den Gesundheitszustand des Bataillons:

Der allgemeine Gesundheitszustand der Mannschaften ist durch die hohen Anforderungen, die bis an die Leistungsfähigkeit des einzelnen Mannes sowie für die Gesamtheit in den letzten Wochen gestellt werden mußten, kein besonders günstige.

Die Zahl der Revierkranken ist für sich kein verlässiger Maßstab, da eine recht hohe Zahl nicht eigentlich krank, sondern vielmehr körperlich und seelisch erschöpft sind [sic!] und nur der Schonung bzw. der Ausspannung bedürften.[1858]

Dann folgt eine Schilderung der gesundheitsschädlichen Kellerunterstände der Soldaten, die zahlreiche Erkältungsschäden, Verdauungsbeschwerden infolge der einseitigen Kost, rheumatische Beschwerden sowie Schäden der Füße infolge der Unmöglichkeit, die Fußbekleidung abzulegen und zu wechseln, zur unausbleiblichen Folge hatten. Diese Schilderung wurde schon bei der Behandlung der Unterbringungsmöglichkeiten in Kapitel 4.3.7.2 Unterkunftsangelegenheiten herangezogen.[1859]

Die moralische Schädigung, die hieraus und aus der nervenanspannenden Kampftätigkeit sich ergibt, sei als in hohem Grade beachtlich erwähnt. Nach ärztlichem Ermessen sind diese Einflüsse, in denen sie den moralischen Wert und die Kampfkraft der Truppe stark herabsetzen, derartig erheblich, dass, wie auch die Erfahrungen unter den hiesigen Verhältnissen bestätigt hat, selbst unter strengster ärztlicher Sichtung, ein sehr erheblicher Ausfall unvermeidbar ist.

Es muss einer Zeit, in der man die höchsten Anforderungen an Körper und Moral stellt, eine Periode der Erholung und des ausruhen folgen, wenn ich die Gefahr des Versagens mit in Kauf genommen werden soll. Dr. Krelp.[1860]

Per 16.09.1916 existiert eine Tafel (Abbildung 235) mit Offiziers-Stellenbesetzungen[1861] der drei Regimenter der Brigade, die den Mangel an geeigneten Offizieren in Zahl, Ausbildung und Erfahrung belegt: das 4. I.R. unter Oberst von Kleinhenz, 29. I.R. unter Major Aschauer, der uns aus Zeiten der Kämpfe auf den Maashöhen bekannt ist, und schließlich das 8. I.R. unter Oberst von Rücker.

Wie bei den beiden anderen Regimentern ist kaum eine Stelle adäquat besetzt. Anstelle von Hauptleuten als Kompanieführern fungieren Leutnante oder ausnahmsweise Oberleutnante. Die Bataillonskommandeure des I und II/8 sind Hauptleute anstelle von Majoren, nur das besonders bewährte III/8 wird von Major Felser kommandiert.

[1857] KA: Infanterie-Divisionen-(WK)_5700_08-09 (1728).
[1858] KA: Infanterie-Divisionen-(WK)_5701_05-07 (335).
[1859] KA: Infanterie-Divisionen-(WK)_5701_05-06 (335).
[1860] KA: Infanterie-Divisionen-(WK)_5701_06-07 (335).
[1861] KA: Infanterie-Divisionen-(WK)_5700_10 (1728).

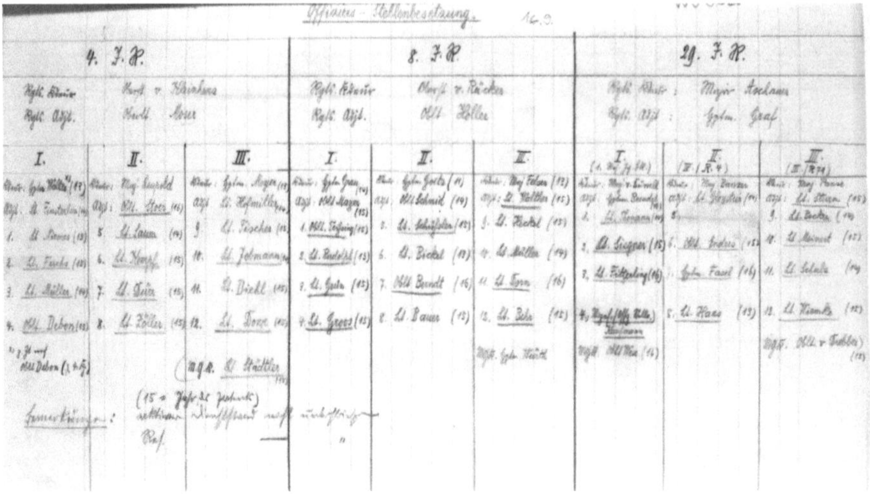
Offiziers-Stellenbesetzung.

4. I.R.	8. I.R.	29. I.R.

Abbildung 235: 19.09.1916, Offiziers-Stellenbesetzung des 8. Inf. Brig.[1862]

Zu dem Bericht über die Gefechtskraft der Division bzw. der Brigade gehörte auch eine Verlust- und Ersatzliste[1863] der drei Regimenter für die Zeit bis 16.09.1916. Dabei wurden drei Zeitabschnitte unterschieden.

Die Verluste vom Beginn des Einsatzes der Division bis einschließlich 31.08.: 6 Offiziere, 71 Unteroffiziere und 348 Mannschaften, davon 3 Offiziere, 15 Unteroffiziere und 107 Mannschaften für das 8. I.R., wobei in diesem Zeitabschnitt das 29. I.R. die meisten Verluste zu beklagen hatte.

Vom 01.09. bis einschließlich 10.09.: 48 Offiziere, 330 Unteroffiziere und 1.292 Mannschaften, davon entfallen 13 Offiziere, 96 Unteroffiziere und 533 Mannschaften auf das 8. I.R.; in diesem Zeitabschnitt hatte das 4. I.R. die meisten Verluste zu tragen.

Vom 11.09. bis einschließlich 16.09.: 10 Offiziere, 50 Unteroffiziere und 309 Mannschaften, wovon 16 Unteroffiziere und 66 Mannschaften für das 8. I.R. zu verzeichnen sind. Die meisten Verluste lagen bei diesem Zeitabschnitt wiederum bei dem 4. I.R. vor.

Am 10./11.09. wurde dem 4. I.R. ein Ersatz von 457, dem 8. I.R. einer von 336 und dem 29. I.R. am 16.09. ein Ersatz von 154 zugewiesen, insgesamt wurden 947 Soldaten (darunter Offiziere und Unteroffiziere) ersetzt.

Aus diesen Berichten fertigte die Division eine Stellungnahme über die Gefechtskraft[1864] an das

[1862] KA: Infanterie-Divisionen-(WK)_5700_10 (1728).
[1863] KA: Infanterie-Divisionen-(WK)_5700_11 (1728); Abbildung 30, Anhang 3.
[1864] KA: Infanterie-Divisionen-(WK)_5700_03-05 (1728).

Generalkommando Planitz:

14. b. I. Div.	16.9.16
Gefechtskraft der Division, 16.9.16	Geheim

Die Gefechtskraft der Division wurde in den 30 Kampftagen vor Verdun beträchtlich gemindert. Bei Fortdauer der jetzigen Kampfverhältnisse und selbst bei Beibehaltung des jetzigen Truppen-Abschnittes der Division ist die Truppe kaum mehr fähig, ihrer Aufgabe in vollem Maße gerecht zu werden. Die Verluste betragen (in der fraglichen Zeit seit 3.9.-15.9.):

Offiziere: 20 tot, 43 verwundet, 1 vermißt.

Mann: 451 tot, 1835 verwundet, 334 vermißt.

Krank (liegend) sind abgesehen von den Revierkranken und Verwundungsbestätigten, 22 Offze., 422 Mannschaften, in der Hauptsache Nervenzusammenbrüche, Darmkrankheiten, vormalige Erkrankungen und Erschöpfungszustände, somit beträgt der Ausfall 85 Offiziere, 3042 Mannschaften, d. i. 1/3 der Verpflegungsstärke, mindestens 50 % der Gefechtsstärke, bei den Offizieren ist dieser Prozentsatz wesentlich höher.

In Zahlen nicht auszudrücken ist die Verminderung des Wertes der fechtenden Truppe, die ihre tapfersten und verläßigsten Elemente verloren und durch die Kampfeindrücke und andauernde Anspannung an körperlicher wie moralischer Kraft stark eingebüßt hat. Vor allem bedenklich sind die Offiziersverluste. Unter den Bataillonsführern befindet sich demzufolge jetzt ein Oberleutnant der Reserve, unter den 36 Komp.führern sind Leutnante der Jahrgänge 13-2, 14-7, 15-19, 16-2 u. 1 Offz. Stellv. d. R.

Unter diesen Offizieren sind nur 7 aktiv. Die Zugführer sind fast durchweg Unteroffiziere. Bei allem guten Wollen und persönlicher Tapferkeit können diese Dienstgrade bei den stets wechselnden Schwierigkeiten ihre Stellen nicht voll ausfüllen, um so weniger als mit den wenigen Ruhetagen zur Festigung [...] der Mannschaften nicht genügend Zeit ist. [...].

Die verheerend starke Einbuße an körperlicher und moralischer Kraft erklärt sich mit folgendem: Die Division steht seit 3.9. in ununterbrochenem schweren Kampf. Nach den Eindrücken dieses Kampfes und infolge der dauernden Anspannung der Kräfte und des Willens kommen die Offiziere wie Mannschaften, wie ich mich selbst überzeugt habe, völlig erschöpft u. gealtert aus der Stellung zurück. Selbst frische Batle., wie II/168 [...] waren nach 2 Tagen in einem derartigen Zustand, dass sie sofort durch Truppen der Division verstärkt und am 3. Tage abgelöst werden mussten. Ganz besonders haben bei mangelndem Schutz in der Stellung, die andauernde Beschießung mit dem ganzen Gelärm mit schweren Kalibern und in Verbindung damit noch die Unmöglichkeit, die Verwundeten zurück zu schaffen, Wasser und Verpflegung vorzubringen, zermürbend gewirkt.

Auch die Notwendigkeit immer wieder Verstärkungen nachzuschieben, mussten die Bereitschaften und Reserven früher eingesetzt werden als beabsichtigt war, und dies steigerte sich als mit dem schwächsten ihrer Gefechtskörper die Zahl der in Stellung und Bereitschaft befindlichen Bataillone erhöht werden musste. Zudem waren die Bataillone schon in der Bereitschaft stark verbraucht. In ungenügenden Unterbringungen, dauernd dem feindlichen Feuer ausgesetzt, mit dem Träger- und Verbindungs-Dienst beauftragt, wiederholt vorgezogen, kommen die Bereitschafts-Batlne. schon erschöpft in die Stellung.

Die schließlich verfügbare Ruhezeit genügt dann nicht, um der Truppe wieder die nötige Spannkraft für die nächste Bereitschaft- und Stellungszeit zu geben. Wiederholt mußten zudem bei französischen Angriffen Ruhe-Bataillone rasch vorgezogen werden. Außerdem sind die Lager in einem derart schlechten Zustand, dass nur noch der Gesundheitszustand der Truppe darin leidet.

Ich sehe unter den jetzigen Umständen keine Möglichkeit, die Gefechtskraft der Truppe zu heben, da die Gründe für ihre Schwäche sich bei Fortdauer der Umstände nicht beseitigen lassen. Ältere Offiziere sind zwar angefordert, Ersatz von Mannschaften ist zum Teil schon eingetroffen (947 Mann, dazu 320 Rekruten). Es ist aber unumgänglich notwendig, die Bataillone zusammen zu schweißen und den an sich recht guten Ersatz den Anforderungen entsprechend vorzubereiten. Die sofortige Einstellung des Ersatzes in die zermürbten Bataillone und somit Verwendung in vorderster Linie halte ich für sehr bedenklich und nicht geeignet den inneren Wert der Truppe zu heben.[1865]

[1865] KA: Infanterie-Divisionen-(WK)_5700_03-05 (1728).

Wohl um die Berichte über den Zustand der Truppen zu untermauern, wurde am 17.09. ein Schaubild (Abbildung 236) über den Kräfteverbrauch herausgegeben, ohne dass den einzeln aufgeführten Gefechten darin ein spezieller Kräfteverbrauch zugeordnet wurde.

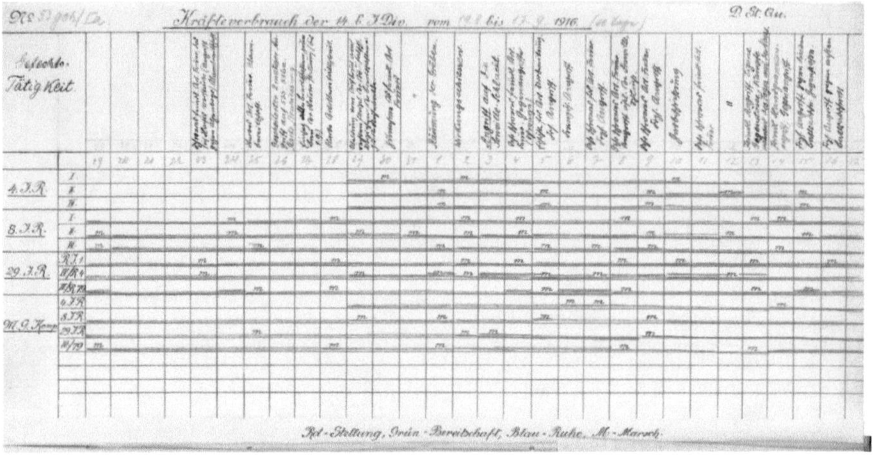

Abbildung 236: 19.08.-17.09.1916, Kräfteverbrauch[1866]

Dieses Schaubild über den „Kräfteverbrauch der Division" zeigt für die einzelnen kämpfenden Einheiten der Division den Einsatz an den einzelnen Gefechtstagen vom 19.08. bis zum 17.09. Als Einsatz wurde unterschieden zwischen Rot = Stellung, Grün = Bereitschaft, Blau = Ruhe, M = Marsch. Die einzelnen Gefechtstage sind kurz beschrieben und geben somit einen knapp zusammenfassenden Ablauf des Kampfgeschehens.

23.8.	Schweres feindl. Art. Feuer, das sich Nachts verstärkt (Angriff gegen Alpenkorps). Alarmbereitschaft
25.8.	Schweres Art Feuer. Alarmbereitschaft.
26.8.	Gescheiterter 2maliger Angriff auf 535 – 536 a. Starke Beschießung.
27.8	Einsatz aller Bereitschaften zum Bau der Sturmstellung (bis 1.9.).
28.8.	Nachts Artillerietätigkeit
29.8.	Meldung vom Durchbruch am rechten Flügel der Div. (falsch). Vorziehen der Bereitschaften noch z. T. Ruhebataillone.
30.8.	Zunahme des feindl. Art. Feuer.
31.8.	dito.
01.9.	Räumung der Gräben
02.9.	Wirkungsschießen.
03.9.	Angriff auf die Souville-Schlucht.
04.9.	Sehr schweres feindl. Art. Feuer. Gegenangriffe (schwierige).
05.9.	Erhöhte feindl. Art. Vorbereitung. Inf. Angriff.
06.9.	Französ. Angriff.
07.9.	Sehr schweres fdl. Art. Feuer. Frzs. Angriff.
08.9.	Sehr schweres Art. Feuer. Angriff östl. der Souville-Schlucht.
09.9.	Sehr schweres Art. Feuer. Frzs. Angriff.
10.9.	Gasbeschießung.
11.9.	Sehr schweres fdl. Art. Feuer.

[1866] KA: Infanterie-Divisionen-(WK)_5700_01 (335) Skizze.

12.9.	dito.
13.9.	Feindl. Angriff. Eigene Gegenstösse, Kämpfe während des Tages und der Nacht.
14.9.	Feindl. Handgranatenangriff; Gegenangriff.
15.9.	Frzs. Angriff gegen linken Batlns.-Abschn., Gegenstösse.
16.9.	Frzs. Angriff gegen rechten Batlns.-Abschn.[1867]

Den Einsatz der jeweiligen Kompanie unseres Protagonisten Ldstm. Karl Didion ist hier ables-
bar. Bis zum 14.09. gehörte er zum II/8, dann zum I/8. Vom 20. bis 24.08. (5 Tage) war Ldstm.
Karl Didion in Bereitschaft, vom 25. bis 28.08. (4 Tage) in Stellung, vom 29. bis 30.08. (2 Tage)
in Bereitschaft, vom 31.08. bis 02.09. (3 Tage) Ruhe, 03.-04.09. (2 Tage) Bereitschaft, 05.-
08.09. (4 Tage) in Stellung, 09.-11.09. (3 Tage) in Bereitschaft, 12.-14.09. (3 Tage) in Ruhe, 15.-
17.09. (3 Tage) in Stellung mit I/8. In dieser Zeitspanne war Karl Didion also 11 Tage in Stellung, 11 Tage in Bereitschaft und nur 3 Tage in Ruhe.

4.4.2.9   Kampftätigkeiten vom 17. bis 20.09.1916

4.4.2.9.1   Am 17.09.1916

Der Korpsbefehl vom 16.09.1916[1868] wurde am 17.09. mit dem Divisionsbefehl Nr. 61[1869] umgesetzt. Nach nochmaliger Wiederholung der Grenzen der Division wurde zunächst die Gliederung
festgelegt:

> In vorderer Linie sind 2 Batle. einzusetzen; südl. der Vaux-Schlucht sind außerdem je 2 Kompanien
> östl. und westlich der Souville-Schlucht vorzuschieben. Unterbringung der Bereitschaften in der Ka-
> sematten-Schlucht und Werk Hardaumont West. Es ist Vorsorge zu treffen, dass sämtliche Bereit-
> schaften rasch und sicher von einer Seite der Schlucht zur anderen verschoben werden können.[1870]

Zum Stellungsbau legte der Befehl fest:

> Der Ausbau der Stellung östlich der Souville-Schlucht erfolgt nach den im Div. Bef. v. 13.9.16 Nr
> 2126 gegebenen Grundsätzen. Soweit die Tiefe der Souville-Schlucht nicht unmittelbar besetzt wer-
> den kann, ist sie durch Feuer, Einbau von Hindernissen und Staffelung zu sichern. Bei Nacht ist sie
> durch Posten zu besetzen. In der Sturmausgangsstellung ist zur Bestreichung der Schlucht ein MG in
> Stellung zu bringen. Die gegenseitige Flankierung der beiden Batls.-Abschnitte ist besonders wich-
> tig.[1871]

Dann folgen Anweisungen zum Sperrfeuer, zum Einsatz der Pioniere und Minenwerfer:

> Sperrfeuer der Feld- und schweren Art. sowie der Minenwerfer siehe Skizze [Abbildung 237]. Aufga-
> be der vorgelagerten Batterien ist es, feindl. Verkehr von der Souville Höhe nach Norden [also in
> Richtung deutscher Front; Anm. d. Verf.] zu unterbinden, nach Bedarf an bedrohten Punkten das
> Sperrfeuer zu verstärken und feindliche Reserven, die vom Sperrfeuer noch nicht gefasst sind, unter Feuer
> zu nehmen. Flankierung der Unterstandsgruppen 562 – 564 und des Geländes südlich davon durch
> Batterien XV A. K. ist vereinbart.

[1867] KA: Infanterie-Divisionen-(WK)_5700_01 (335) Skizze.
[1868] KA: Infanterie-Divisionen-(WK)_5700_13 (1728).
[1869] KA: Infanterie-Divisionen-(WK)_5885_09-10 (111); Abbildung 71, Anhang 4.
[1870] KA: Infanterie-Divisionen-(WK)_5885_09 (111).
[1871] KA: Infanterie-Divisionen-(WK)_5885_09 (111).

Für Verteilung der Pioniere und Minenwerfer auf die Abschnitte, Ausbau einer 2. Stellung von der Kasemattschlucht zum Werk Hardaumont West und eines Riegels vom rechten Flügel der Division in Richtung auf den Dreieckswald reicht der Kommandeur der Pioniere Vorschlag ein.[1872]

Der Befehl schloss mit der Aufforderung, die Brigade solle die Kräfteverteilung und die Regelung des Verbindungsdienstes melden.

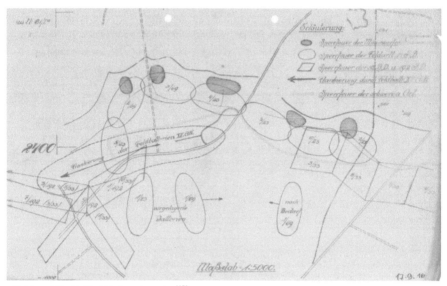

Abbildung 237: 17.09.1916, Sperrfeuerplan[1873]

Der Brigadebefehl Nr. 3168[1874] vom 17.09.1916 schildert das Kampfgeschehen vom Tage:

Die feindl. Infanterie vor dem Abschnitt der Brigade verhielt sich ruhig. Es wurde Schanztätigkeit dort festgestellt. Die feindl. Artl. belegte unsere vorderste Linie und das Gelände hinter der Kampffront der Brigade mit Einzelfeuer und Feuerüberfällen leichter, mittlerer und schwerer Kaliber. Schwereres Kaliber als 22 cm [Abbildung 170 und Abbildung 238] wurde nicht festgestellt.[1875]

Die beabsichtigte Gliederung für den 18.09.1916 sah u. a. vor: III/8 und MG-Kompanie 8 als Verfügungstruppe der Division im Lager Neuer Wald, das II/8 in der Kasematten-Schlucht, und das I/8 mit unserem Protagonisten Ldstm. Karl Didion in vorderer Linie rechts. Als Regiments-Kommandeur vom Dienst wurde der „Kdeur bayer. 8. I.R. Oberst von Rücker" eingesetzt.

Nach verschiedenen Ablösungsregelungen heißt es:

In der Nacht vom 18. auf 19. Sept. werden das I/8 und das III/Res. 79 durch das II/8 abgelöst. Zeit bestimmt der Regimentskommandeur vom Dienst. Das II/29 (IV/Res. 4) stellt von der Nacht vom 18. auf 19. Sept. am II/8 2 Komp. als Reserve südlich der Vaux-Schlucht zur Verfügung und rückt in der gleichen Nacht mit Stab und 2 Komp. als Bereitschaft in die Kasematten-Schlucht. [...]

[1872] KA: Infanterie-Divisionen-(WK)_5885_09 (111).
[1873] KA: Infanterie-Divisionen-(WK)_5885_02 (111) Skizze.
[1874] KA: Infanterie-Divisionen-(WK)_5700_14-15 (1728).
[1875] KA: Infanterie-Divisionen-(WK)_5700_14 (1728).

Das III/8 wird am Vormittag des 19. Septbr. Brigadereserve im Herbébois und Gremilly. Es meldet sein Eintreffen im Laufe des Vorm. durch Fernsprecher an die Brigade.[1876]

Abbildung 238: Französischer Mörser, Kaliber 22 cm[1877]

Dann wird auf die von dem Korps und der Brigade befohlene Ablösung eingegangen: „Die Division übernimmt in der Nacht vom 21. auf 22. Sept. den rechten Batl.-Abschnitt der 33. Res. Div. Hierüber folgt eigener Befehl. Den Befehl über den Brigade-Abschnitt übernimmt als Brigade-Kdeur v. Dienst, der Kdeur. des 4. Inf.-Regts, Oberst von Kleinhenz."[1878]

Diesem Brigadebefehl ist noch ein Brigadetagesbefehl[1879] beigefügt. In ihm unterrichtet der Brigade-Kommandeur Generalmajor von Reck, dass nach Verfügung der 14. I. D. sein erbetener Urlaub ab 21. September nach München und Lindau vorbehaltlich höherer Genehmigung gestattet wurde. Als Vertretung wurde Oberst von Kleinhenz unter Beibehaltung der Führung des 4. Infanterie-Regiments eingesetzt.

Die Offiziersknappheit wird mit folgender Verfügung deutlich: „Anstelle des erkrankten Hauptmanns Walter 8. I.R. wird dem 4. I.R. Hauptmann Nürnberger III/Res. 79 vorübergehend als Batls.-Führer zur Verfügung gestellt."[1880]

[1876] KA: Infanterie-Divisionen-(WK)_5700_14 (1728).
[1877] L'artillerie de campagne 2006, S. 61.
[1878] KA: Infanterie-Divisionen-(WK)_5700_15 (1728).
[1879] KA: Infanterie-Divisionen-(WK)_5700_15 (1728).
[1880] KA: Infanterie-Divisionen-(WK)_5700_15 (1728).

Dann heißt es:

> Der Herr Division-Kdeur. ersucht, ihn von allen im Unterkunft Bereiche der Division stattfindenden Beerdigungen und von allen Überführungen von Offizieren rechtzeitig Kenntnis zu geben. Meldung wird rechtzeitig mittels Fernsprechers an die Brig. erbeten.
>
> Die Batlne. melden den Regtrn. zum 19. Sept., die Regtr., zum 20. Sept. der Brigade, wieviel von der planmäßigen Gefechtsstärke [...] seit Eintreffen der letzten Ersatztransporte noch fehlt und wieviel Ersatz noch gefordert wird. Das Rekrutendepot meldet zum 20. ds., wieviel Mann an seiner planmäßigen Stärke fehlen.[1881]

Trotz der im Brigadebefehl gemeldeten geringen Kampftätigkeit des Gegners sind im Kriegstagebuch der Brigade[1882] für den 17.09.1916 als Verluste gemeldet: 8 Mann tot, 27 Mann verwundet, 8 Mann verschüttet, nervenkrank. Es fällt auf, dass die Diagnose „nervenkrank" immer häufiger bei Verlustmeldungen verwendet wird.

Die Kriegstagebücher der Brigade und der beiden in den Blick genommenen Bataillone berichten:

8. Inf.-Brig.:

> Dem Herrn Brig. Kdeur. wird mit Div. Verf. v. 16.9.16 vorbehaltlich höherer Genehmigung gestattet, einen erbetenen dreiwöchigen Urlaub vom 21. Sept. ab nach München und Lindau anzutreten. Vertretung übernimmt Oberst von Kleinhenz unter Beibehaltung der Führung des 4. Inf. Regts.[1883]

I/8:

> 17. September.
>
> I/8 In Stellung im Chapitre.
>
> Hpt. Grau 4:40 Nachm. l. verw. (A. Gesch.) bei der Truppe.
> Lt. Heikraus meldet sich am Abend vom Gasschutzmittel Kurs zurück. Er übernimmt vertretungsweise die Führung der 2. Komp.
> Batl. Linienführung s. R. Bef. v. 16.9.16 u. Meldung v. 17.9.16.
> Auf Meldungen der 3./ u. 4./8 hin über große Verluste durch Art. Feuer wurden um 10:25 Abds. der 4. Komp. 20 Mann der 1./8; und um 12:15 Uhr Nachts 2 Gruppen der 2./8 aus der Res. des Batls. unterstellt. [...]
> Wetter: schön.[1884]

II/8:

> 17. September 1916.
>
> III/8 und Stab Bereitschaft Kasematten Schlucht.
> Oblt. Schmid übernimmt die Führung der 2. MG Komp. und wird als Adjt. vorläufig durch Lt. Schüssler 5./8 abgelöst.
> Lt. Bröcker übernimmt die Führung der 5./8.
> Lt. Meier 6./8 erkundet die Stellung zwecks Ablösung.
> Wetter trübe, Gesundheitszustand gut, Verpflegung aus Magazin.[1885]

[1881] KA: Infanterie-Divisionen-(WK)_5700_15 (1728).
[1882] KA: Infanteriebrigaden (WK)_915_17 (1674).
[1883] KA: Infanteriebrigaden (WK)_915_17 (1674).
[1884] KA: 8. I.R._(WK)_6_09 (414).
[1885] KA: 8. I.R._(WK)_7_202 (1554).

4.4.2.9.2   Am 18.09.1916

Der Brigadebefehl Nr. 3170 vom 18.09.1916[1886] handelt von der „Übernahme des Unterabschnitts Souville-Nase". Der Befehl beginnt mit der Feststellung: „Die Division übernimmt in der Nacht vom 21. auf 22. Sept. im Batls.-Abschnitt auf der Souville-Nase von der 33. Res. Div." Zuerst wurden die Abschnittsgrenzen benannt, dann die Stellungssituation der 33. R. D. und sodann die Einsatzgebiete der 3 Bataillone des 4. I.R., das zunächst im Rahmen der Division den zu übernehmenden Abschnitt besetzte.

> Rechte Grenze dieses Abschnitts: Tiefenlinie der Souville-Schlucht. Linke Grenze für Kampf und Besetzung: 573 – Waldeck dicht westl. 574 – Komp.-Abschnittsgrenze südwestl. 560 und 100 m östl. des alten deutschen Nord-Südgrabens auf der Souville-Nase 541 – 542 – Mitbenutzung des Bataillonsgefechtsstandes 544 – 512 – Mitbenutzung des Dammes östlich des Vaux-Teiches.

> Jetzt stehen in diesem Unterabschnitt von der 33. R. D.: 3 Kompn. in vorderer Linie, 1 Komp. als Batls.-Reserve in der alten Sturmausgangsstellung vom 1. August bei 508. 4 Maschinen Gewehre bei dem Batl. eingesetzt.[1887]

Besonderer Wert wurde auf die Positionierung der Maschinengewehre gelegt, dazu wurden zwei Gruppen gebildet, die jedoch mit dem Brigadebefehl Nr. 3193 vom gleichen Tage korrigiert wurden.

Die Ablösung wurde sorgfältig geplant, das schloss auch die Übernahme an Munitionsvorräten, der Granatwerfer, der Schießgestelle für Gewehrgranaten etc. mit ein. In den Blick wurde auch die Übernahme einer funktionierenden Läuferkette genommen, auch die der Stahlhelme und 2. Feldflaschen.

Der Brigadebefehl[1888] mit besonderer Anordnung Nr. 3193 vom 18.09.1916 berichtete unter Tagesverlauf:

> 1. Der Feind beschoss gestern die Gräben unserer vorderen Linien und das Gelände dicht dahinter stundenlang mit schwerem Kaliber. Ein nach diesem Vorbereitungsfeuer unternommener französischer Infanterieangriff scheiterte in unserem Sperrfeuer. In der Nacht von gestern auf heute lebhafte französische Artl.-Tätigkeit.

> Den Befehl als Rgts.-Kdeur. vom Dienst hat der Kdeur 8. I.R. Oberst v. Rücker übernommen. II/4 ist nach Deutsch-Eck gerückt. I/29 nach Neuer Wald; die MG Kp. 8 nach Neuer Wald. I/4 nach Lager Herbébois und Gremilly.[1889]

In der beabsichtigten Gliederung für den 19. September war das I/8 mit unserem Protagonisten Karl Didion als Verfügungstruppe der 14. I. D. in Billy, das III/8 als Verfügungstruppe der 8. Infanterie-Brigade im Lager Herbébois und Gremilly und das II/8 für die vordere Linie vorgesehen.

Zur Verwendung als Träger im Abschnitt waren 100 Rekruten aus dem Ornes-Lager befohlen.

[1886] KA: Infanterie-Divisionen-(WK)_5700_04-05 (335); Abbildung 72, Anhang 4.
[1887] KA: Infanterie-Divisionen-(WK)_5700_04 (335).
[1888] KA: Infanterie-Divisionen-(WK)_5700_01-03 (335).
[1889] KA: Infanterie-Divisionen-(WK)_5700_01 (335).

Weiter wurde im Brigadebefehl Nr. 3193 festgelegt:

3. Auf Antrag der I/4 und auf Befehl der 14. I. D. werden bei der Übernahme des Unterabschnittes Souville-Nase die Abteilungs [....] MG und einige Einzelheiten ihrer Aufstellung geändert.

Die Gruppe A (MG Formation des 4. I.R. oder des III/Res. 79) nimmt die Neuaufstellung erst in der Nacht vom 21. auf 22. Sept.:

3 Gewehre in vorderer Linie westlich der Souville-Schlucht.
2 Gewehre in der Staffel in Gegend 502 – 503.
2 Gewehre Reserve in der Kasematten-Schlucht.

Die Gruppe B (MG-Formationen des 1. Res. Jäger Btls. oder des [?]) übernimmt die Neuaufstellung erst in der Nacht vom 22. auf 23. Sept.

4 Gewehre in vorderer Linie im Unterabschnitt Souville-Nase.
2 Gewehre in der Kiesgrube am Nordende der Souville-Nase zur Verfügung des Batls.-Kdeurs bei 544.
1 Gewehr in der Sturmausgangsstellung vom 1. August bei 508 zur Bestreichung der Souville-Schlucht.
1 Gewehr Reserve ebenfalls in der Sturmausgangsstellung.
2 Gewehre Reserve des Batls.-Kdeurs im Chapitre-Wald westlich der Souville-Schlucht.
2 Gewehre zur Besetzung der Riegelstellung.

Die MG der 33. R. D. bleiben noch bis zur Nacht vom 22. auf 23. September in Stellung auf der Souville-Nase.

4. Der Regts. Kdeur v. Dienst meldet zum 24. Sept. an die Brig.-Befehlsstelle die Plätze und Aufgabe der im Brig.-Abschn. eingesetzten Granatwerfer (Kartenskizze). Außerdem melden die Batlne. zum 23. ds. Vorm. ihren Regtrn., die Regtr. am 24. ds der Brig.-Befehlsstelle, wie die Granatwerfer sich bis jetzt bewährt haben. Mit den Meldungen sind Vorschläge zu folgenden Fragen vorzulegen.

a   Sollten die Werfer auf die Batlne. verteilt werden, die sie verantwortlich verwalten, in die Abschnitte mitnehmen und dort bedienen.

b   Sollen die Werfer (wie bisher angestrebt) sämtliche in vorderer Linie eingesetzt und dort belassen werden, so dass Sie immer von den ablösenden Truppenteilen übernommen und auch verwaltet werden („theoretischer Vorzug, dass eine größere Zahl von Mörsern gleichzeitig in Stellung ist; Nachteil, dass das Interesse für die gute Erhaltung der wertvollen Waffe weniger vorhanden ist").

c   Sollen zur Bedienung und Verwaltung der Granatwerfer eigene Kdos. gebildet werden, von welcher Stärke für den einzelnen Werfer?

d   Vorschlag für künftigen Einsatz der einzelnen Werfer für den Unter-Abschnitt: Chapitre-Wald und für den Unter-Abschnitt Souville-Nase (mit Kartenausschnitt 1:50.000).

5. Das III/8 errichtet morgen, 19. ds. Nachm., in Gremilly eine Aufbewahrungsstelle für Stahlhelme und zweite Feldflaschen. Hierzu stellen ab: 8. I.R. einen älteren Offizier, jedes I.R. 4 Mann. Es sind durchweg gewandte und verlässige [sic!] Leute abzustellen.

An diese Aufbewahrungsstelle sind am 19. Nachm. oder am 20. Vorm. von allen in Ruhe befindlichen Batlne. und MG-Formationen mit Ausnahme des Batlns. in Herbébois und Gremilly sämtliche Stahlhelme und Feldflaschen abzugeben, II/29 der Rest der empfangenen 2000 Feldflaschen. Diese Batlne. und MG-Formationen melden zum 20. ds. Nachm. an die Brigade unmittelbar die Zahl der an die Aufbewahrungsstelle abgegebenen Stahlhelme und Feldflaschen, sowie dass sie keine Stahlhelme und zweiten Feldflaschen mehr besitzen.

Der Uoffz. der Aufbewahrungsstelle meldet durch III/8 die Zahl der übernommenen Stahlhelme und Feldflaschen. Der Uoffz. hat ein Bestandsbuch zu führen, indem jede Einlieferung u. Ausgabe von Stahlhelmen und Feldflaschen mit Unterschrift des Einliefernden u. Empfangenden einzutragen ist und aus dem jederzeit der Stand der Stahlhelme und Feldflaschen zu ersehen ist. Vom 20. ds. an empfängt jeder in Bereitschaft oder Stellung vorrückende Truppenteil der Brigade in der Aufbewahrungsstelle Gremilly seine Ausrüstung an Stahlhelmen und zweiten Feldflaschen gegen Quittung. Jeder aus Bereitschaft oder Stellung in die Ruhequartiere rückende Truppenteil liefert seine sämtlichen Stahlhelme und zweiten Feldflaschen in die Aufbewahrungsstelle Gremilly – von dem 23.[?] ds. ab – ein. Der Uoffz. ist für richtige Verwaltung verantwortlich. Das ihm abgestellte Personal ist für Mithilfe bei Einlieferung und Ausgabe, zur Überwachung der gelagerten Bestände, Reinigung – und, soweit möglich, Instandsetzung – der eingelieferten Stücke zu verwenden. Verpflegung des Kdos. durch das Batl. der Brig.-Reserve.[1890]

Dies ist ein Beispiel deutscher Militärmangelverwaltung. Es heißt dann weiter:

> 6. In der nächsten Zeit werden 2000 Decken über den planmäßigen Bedarf zugewiesen, hiervon erhalten:

Lager Herbébois-Mitte:	500 Stück,
Lager Hassoule-Schlucht	500
Lager Kasematten-Schlucht	500
Reserve-Kompn. südl. der Vaux-Schlucht: im Chapitre	120
in der Sturmausgangsstellung	120
4. I.R., 8. I.R., 29. I.R. für Stafettenposten je 60	180
die Sanitätsunterstände südl. der Vaux-Schlucht zusammen	80
	2000 Stück[1891]

Aus dieser Zuteilung der Decken ist die Dislozierung der Brigade abzulesen und auch die Not in den schlechten Bereitschaftsquartieren. Man kann sich leicht ausmalen, wie diese Decken nach mehrmaligem Gebrauch in diesen Erdlöchern aussahen und zu Aufenthaltsorten von allerlei Ungeziefer wurden.

Im Brigadebefehl wurde dann noch um Vorschläge ersucht, auf welche Weise der Zustand der einzelnen Bereitschaftslager verwaltet und gesichert werden solle, und schließlich wurden die „heute Nacht ausrückenden Batlne. an die morgen an die Brigade einzureichenden Meldungen" erinnert:

> a zusammenfassende Ergebnisse der Erkundung und Beobachtung
>
> b Förderung des Stellungsausbaues während ihrer Stellungszeit.[1892]

Mit Datum 18.09.1916 wurden in einem Schema[1893] die Stellung, die Bereitschaften und die Lager (Abbildung 239) der 14. b. I. D. dargestellt. Wir erkennen das I/8 (mit dem Ldstm. Karl Didion) mit MG-Kompanie 79 in vorderer Linie rechts [in Kampfrichtung; Anm. d. Verf.], das II/8 in der Kasematten-Schlucht, den Stab 8. I.R. in der Bezonvaux-Schlucht und das III/8 gemeinsam mit MG-Kompanie 8 im Lager Neuer Wald. Der Brigade standen also ca. 16 verschiedene Lager mit einer Nord-Süd-Distanz von ca. 18 km zur Verfügung.

Das Kriegstagebuch der Brigade vermerkte auch für den 17./18.09. starke Verluste. Das I/8 habe für den 17. noch 50-60 Mann Verluste gemeldet, für den 18.09. hieß es: „Heute zwei Mann tot, 13 verwundet, 18 verschüttet, 8 Mann krank, Hpt. Grau leicht verwundet (b. d. Truppe)."[1894]

[1890] KA: Infanterie-Divisionen-(WK)_5700_01-02 (335).
[1891] KA: Infanterie-Divisionen-(WK)_5700_02 (335).
[1892] KA: Infanterie-Divisionen-(WK)_5700_03 (335).
[1893] KA: Infanterie-Divisionen-(WK)_5700_16 (1728).
[1894] KA: Infanteriebrigaden (WK)_915_17 (1674).

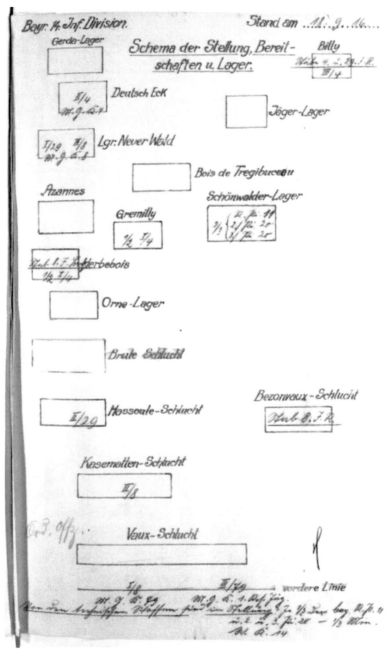

Abbildung 239: 18.09.1916, Schema der Stellung, Bereitschaften und Lager der 14. b. I. D.[1895]

[1895] KA: Infanterie-Divisionen-(WK)_5700_16 (1728).

Die Kriegstagebücher der beiden Bataillone melden:

I/8:

> 18. September.
>
> I/8 In Stellung im Chapitre.
>
> Am Vorm. fand Prüfung des Sperrfeuers statt. Sperrfeuer lag anfangs zu weit; dann gut. Betr.: Übernahme der Souville-Nase s. Brig. Bef. vom 18.9. Nr. 3170. Über Erkundungsergebnisse während der Stellungszeit s. Anlage 92 [nicht vorhanden; Anm. d. Verf.]. Betr.: Stellungsausbau s. Anlage 93. [nicht vorhanden]. [...] Tagesverlauf: s. Brigadebef. v. 19.9. Nr. 3216.
> Wetter: Regen.[1896]

II/8:

> 18. September 1916
>
> II/8 und Stab Kasematten Schlucht Bereitschaft.
> Lt. Bröcker 7./8 erkrankt.
> Führung der 5./8 übernimmt Lt. Meier.
> Feldunterarzt Mairoser wird zum II/8 versetzt. Feldunterarzt Böwing tritt zum Feldlaz. 3 der 14. I. D. zurück.
> Lt. Gross 4./8 im Lazarett seinen Verwundungen erlegen.
> Hptm. Grau leicht verwundet bei der Truppe.
>
> Voraussichtliche Gliederung in der Stellung, da II/8 den ganzen Abschnitt Chapitre übernimmt: (von links nach rechts.) 5./8 lk. Flügel, 6./8, 7./8, 8./8 mit 3 Zügen in vorderer Linie mit Ausnahme von 7./8, die einen Zug als Flankenschutz bei 502 und 503 einsetzt.
>
> Verluste: 5./8 1 Mann leicht verwundet durch H. G.
> Witterung: Regen, Gesundheitszustand gut, Verpflegung aus Magaz.[1897]

4.4.2.9.3   Am 19.09.1916

Der Brigadebefehl Nr. 3218[1898] vom 19.09.1916 gibt uns wieder Auskunft über das Kampfgeschehen:

> Die feindl. Artl. belegte gestern Nachm. vorzugsweise die Gegend bei Fleury mit Feuerüberfällen aller Kaliber. Das Feuer auf den eigenen Abschnitt war gestern Nachm. von mäßiger Stärke. Es schwoll in der Nacht an und lag auf unserer vordersten Linie und den Schluchten hinter der Kampffront der Brigade. Die 192. Inf.-Brig. ist im unveränderten Besitz ihrer von der 33. Inf. Div.[1899] übernommenen Stellung. Die Ablösung im Abschnitt vollzog sich planmäßig. Die Gliederung nach gestrigem Befehl ist eingenommen.[1900]

Dann wurde wieder die beabsichtigte Gliederung für den 20.09. festgelegt: U. a. ist das I/8 in Billy als Verfügungstruppe der Division, das III/8 als Verfügungstruppe der Brigade in Herbébois und Gremilly, das II/8 allein in vorderer Linie mit Zugriff auf das halbe II/29 als Reserve.

Im Kriegstagebuch des Regimentes wurde vermerkt: „Kampf vor Fort Souville: Fdl. Masch. Gew.-, Inf.- u. Artl. Feuer mäßig. Vorbereitung zur Übernahme des Abschnittes der 33. Res. Div.

[1896] KA: 8. I.R._(WK)_6_10 (414).
[1897] KA: 8. I.R._(WK)_7_203 (1554).
[1898] KA: Infanterie-Divisionen-(WK)_5700_17-18 (1728).
[1899] Hier handelt es sich um die preußische 33. Inf.-Div., nicht zu verwechseln mit der 33. Res.-Div.
[1900] KA: Infanterie-Divisionen-(WK)_5700_17 (1728).

auf Souville-Nase wurde getroffen"[1901] (Abbildung 240).

Abbildung 240: 19.09.1916, Auszug aus KTB des Regiments: Kampf vor Fort Souvill [1902]

Die Kriegstagebücher der Bataillone I und II:

I/8:

19. September.

I/8 in Ruhe in Billy s. M.

Die Ablösung des Batls. durch II/8 erfolgte ab 2:00 Vorm. u. vollzog sich ziemlich glatt. Unangenehm bemerkbar machte sich, dass Batl. seine Unterkunft erst um 3:30 Vorm. auf telefonische Anfrage von Kasematten-Schlucht aus erfuhr.

Batl. hat um 15 d[e]s [Monats] die Stellung mit 485 Gewehren erreicht und heute mit 395 Gewehren verlassen.

Verluste während Stellungszeit:
Hptm. Hausner gefallen.
Lt. Groos[1903] verw. u. im F. L. 2 zu Azannes am 16.9. gest.
Hptm. Grau l. verw. bei der Truppe.
17 Mann gefallen, 79 Mann verwundet, 9 Mann vermisst.
Wetter: schön.[1904]

[1901] KA: 8. I.R._(WK)_01_45 (414).
[1902] KA: 8. I.R._(WK)_01_45 (414).
[1903] Verschiedene Schreibweisen.

Das Bataillon des Protagonisten Ldstm. Karl Didion verließ nach 5 Tagen die Stellung mit einem Aderlass von ca. 100 Mann.

II/8:

19. September 1916

II/8 übernimmt Stellung im Chapitre.

5. Komp. Lt. Meier
6. Komp. Lt. Bickel lösen III/29 ab
7. Komp. Oblt. Berndt
8. Komp. Lt. Bauer) lösen I/8 ab
Stab löst Major Banze III/29 ab.

Gliederung wie beabsichtigt, nur zieht 5. u. 6. Komp. einen Zug als Reserve in 2. Linie zurück.
In Bereitschaft bei der alten Batl. Bef. Stelle am Südhang der Vaux-Schlucht 5./29 und 7./29.
Lt. d. R. Schüssler wird zum Batls. Adjt. ernannt.
Zur 2. M. G. K. wurde Lt. Pilzweger II. versetzt.
Außerdem 17 Uoffz. u. Mannschaften.

Verluste:	6. Komp.	10 Mann leicht verwundet dch. H. G. bzw. G. G.
		1 Mann schwer verwundet dch. G. G.
		2 Mann tot
	7. Komp.	4 Mann leicht verwundet dch. A. G. bzw. H. G.
		1 Mann tot
	8. Komp.	1 Mann leicht verwundet dch. G. G.

Witterung: Regen, Gesundheitszustand gut, Verpflegung durch Magazin.

Nachtrag: Abendmeldung:

1. Mässiges Artl. Streufeuer leichten und mittl. Kalibers.
2. Infanterie- und MG-Tätigkeit keine.
3. Wesentliches nichts von Bedeutung. Stollenrahmen nach vorwärts.

gez. Goetz[1905]

4.4.2.9.4   Am 20.09.1916

Das General-Kommando Planitz sah es am 20.09.1916 wieder als notwendig an, mit einem aufrüttelnden Befehl[1906] die Moral und die Disziplin der Soldaten zu heben. Man ging wohl diesen Weg, da an Ablösung der abgekämpften Truppen, denen man auch Drückebergertum unterstellte, nicht zu denken war.

Das notwendige Haushalten mit unseren Kräften zwingt dringend dazu, alle verfügbaren Truppen zur Verteidigung und zum Stellungsausbau auch tatsächlich bis in die vorderste Linie vorzubringen. Ich ersuche die Herren Divisionskommandeure, den Maßnahmen zur Verminderung des Drückebergertums beim Einrücken der Truppen in die vordere Linie auch weiterhin ihre volle Aufmerksamkeit zuzuwenden. Es sind vornehmlich 4 Punkte, die hervor gehoben zu werden verdienen.

1. Schnelles, rücksichtsloses Zufassen (Waffengebrauch) oder gerichtliches Ahnden dort, wo Verfehlungen bekannt werden. Veröffentlichung besonders geeigneter Fälle zu Belehrungszwecken und Bekanntmachung, dass Strafen wegen Feigheit niemals auf dem Gnadenwege Milderung erfahren werden.

2. Hebung der Disziplin durch Exerzieren, stets wohlwollende, aber straffe Beaufsichtigung in und außer Dienst (Haltung, Ehrenbezeugungen, Verhalten) und Hebung des Ehrgefühls sowie des Gefühls

---

[1904] KA: 8. I.R._(WK)_6_10 (414).
[1905] KA: 8. I.R._(WK)_7_203-204 (1554).
[1906] KA: Infanterie-Divisionen-(WK)_5938_22-23 (1728).

für die Notwendigkeit der Pflichterfüllung – besonders in der jetzigen ernsten Lage – durch Unterricht und persönliche Fühlungnahme mit den Mannschaften.

3. Anordnungen über die Einteilung, Stärke und Marschordnung der ablösenden Truppenteile, z. B. Überwachungstrupp aus energischem Offizier mit geeignetem Begleiter auf Sehweite am Schlusse der Komp.; Aufschliessen in Deckungen; Platz der Vorgesetzten und Aufsichtsorgane; Nachprüfen der Stärken; Angabe des Zieles für Zurückbleibende usw. Die Verbesserung des Stellungsbaues (Anlage durchlaufender Verteidigungslinien und von Annäherungswegen) wird die Beaufsichtigung wesentlich erleichtern.

4. Überwachung hinter der Front durch Postierungen in der Nähe der Feuergrenze; Kavallerie- und Radfahrer-Straßenposten; Aufsicht in den Lagern, Unterkünften, Kantinen, bei den Gefechts- und großen Bagagen; häufige Revision dort; einzelne Leute stets mit schriftlichen Anweisungen ausstatten; häufiges Prüfen dieser Ausweise durch alle Vorgesetzte; Leute ohne Ausweise festnehmen; kein Essen an Mannschaften ohne Ausweise verabfolgen; Revisionen in Kranken und Revierstuben; verlassene Ortschaften, Lager und Unterstände unvermutet absuchen usw.; Anlage möglichst weit vorgeschobener Versprengten-Sammelstellen für die Divisionen mit Einrichtungen für Verpflegung und ärztlicher Versorgung. Diese Sammelstellen mit genauer Dienstanweisung versehen. Versprengte unter Aufsicht je nach Feststellung ihrem Truppenteil, bestimmten Stäben oder Arrestanstalten zuführen. Die Feldjägergendarmerie des Generalkommandos ist mit entsprechender Weisung versehen worden. Der Kommandierende General, Edler von der Planitz.[1907]

Diese teilweise drastischen Maßnahmen, getroffen in der Mitte, nicht am Ende des Krieges, zeigen, wie stark die bislang vorwärtsstrebenden Truppen schon zermürbt waren.

Das Kriegstagebuch des II/8 berichtet von starken nächtlichen Feuerüberfällen am 19. und 20.09., die wieder zahlreiche Opfer vor allem durch Artilleriegeschosse forderten.

I/8:

20. September.

I/8 in Ruhe in Billy s. M.

Lt. d. Res. Rudolph übernimmt vertretungsweise die Führung der 10. Komp.
Vizefw. u. Offz. Stellv. Salisko zum Lt. ohne Patent in der Reserve der Inf. befördert mit A. E. [?] vom 8. ds.
Kompn. hielten Appelle b. Im übrigen wurde an Verbesserung der mäßigen O. U. gearbeitet.
Tagesverlauf: s. Brig. Bef. v. 20.9.16
Wetter: schön.[1908]

II/8:

20. September 1916.

II/8 und Stab in Stellung. Gliederung wie gestern.

Morgenmeldung:

1. schwaches Artill. Feuer während des Tages. 9:20 bis 9:30 Abds. Feuerüberfall mit leichten Kaliber dicht hinter erste deutsche Linie. Beiderseitig starkes Feuer (Sperrfeuer) von 12:45 bis 1:00 Nachts.
2. Infanterie- und MG Tätigkeit während des Tages schwach, von 12:40 bis 1:00 Nachts lebhaft. gez. Goetz

Abendmeldung:

1. Das heute Nacht 12:40 angeforderte Sperrfeuer wurde veranlasst durch lebhafte Patrouillen, Infanterie-MG Tätigkeit und Handgranatenwerfen.
2. Lebhaftes Artl. Feuer mit leichten u. mittleren Kalibern auf Stellung, Bereitschaft und Vaux-Schlucht. gez. Goetz

---

[1907] KA: Infanterie-Divisionen-(WK)_5938_22-23 (1728).
[1908] KA: 8. I.R._(WK)_6_10-11 (414).

Rechts starkes Feuer; anscheinend französ. Angriff auf Thiaumont. Nachts nochmals 2 mal Sperrfeuer dorthin.

Offz. Stellv. Vollmar 6./8 (z. Zt. im Lazarett) zum Leutnant o. P. ernannt.

Verluste: 5. Komp.	..1 Mann leicht verwundet dch. A. G.
	1 Mann schwer verwundet dch. A. G.
	2 Mann tot
	1 Mann vermisst.
6. Komp.	1 Mann schwer verwundet dch. A. G.
	1 Mann tot.
	1 Mann vermisst.
8. Komp.	1 Mann leicht verwundet dch. G. G.
	1 Mann leicht verwundet dch. Unfall.
	3 Mann schwer verwundet dch. A. G.

Witterung: nasskalt, Regen. Gesundheitszustand gut. Verpflegung aus Magazin.[1909]

4.4.2.10   Kampftätigkeiten vom 21. bis 25.09.1916

4.4.2.10.1   Am 21.09.1916

Am 21.09.1916 nahm die 8. Inf.-Brig. mit (handschriftlichem) Schreiben Nr. 3259[1910] an die 14. b. I. D. zu Bauplänen, die offensichtlich die Division herausgelegt hatte, durch den vertretenden Brigadeführer von Kleinhenz Stellung. Hier wird deutlich, in welch fast aussichtsloser Situation sich die Einheiten während dieser Stellungszeit befanden. Der ständige, gut geleitete französische Artilleriebeschuss ließ in dem zerschossenen Boden den Bau einer verteidigungsfähigen Stellung, die den Infanteristen Schutz bot, kaum zu.

1. Änderungsvorschläge grundsätzlicher Art werden nicht gemacht.

2. Die Linienführung der ersten Linie muss sich nach der augenblicklichen Besetzung richten. Anzustreben bleibt auf dem rechten Flügel noch eine Abgleichung des mit dem linken Flügel der 192. Inf. Division gebildeten einspringenden Winkels durch weiteres Vorschieben des eigenen rechten Flügels. Ob sich dies bei dem andauernden schweren feindlichen Feuer durchführen lässt, kann nur nach dem Ausfall des Versuches selbst beurteilt werden.

3. Der Ausbau der durchlaufenden 1. Linie und die Anlage schusssicherer Unterkünfte für die Reserven südl. der Vaux-Schlucht sind am vordringlichsten. Bisher ist der Ausbau der 1. Linie an dem schweren feindlichen Feuer gescheitert, das, durch sehr gute Beobachtung unterstützt, wiederholt die deutschen Gräben wieder eingeebnet hat. Der von Granaten durchwühlte Boden ist in keiner Weise mehr standhaft, die Anlage eines Grabens schon dadurch sehr erschwert. Auf große Schwierigkeiten stößt ferner der Hindernisbau. Nach den soeben mitgeteilten Erfahrungen aus den Kämpfen an der Somme genügen Schnelldrahthindernisse nicht. Sie sind aber hier zunächst die einzige Möglichkeit, da gepflöckte Hindernisse bei der großen Nähe des Feindes und seiner guten Beobachtung sich nicht anlegen lassen.

4. Die Anlage schusssicherer Unterschlupfe in vorderster Linie ist notwendig für Mannschaften, Sanitätszwecke und Material. Sie ist aber ebenfalls äußerst schwierig, da in dem zerschossenen Boden das wichtige Ansetzen von Stolleneingängen nahezu unmöglich ist. Jedenfalls muss der Stollenbau von fachkundigem Personal durchgeführt werden, um falsche und daher unnötige Arbeit zu vermeiden.

5. Eine weitere Schwierigkeit aller Anlagen in vorderster Linie liegt ferner in den weiten Wegen, über die alle Stoffe für Verpflegung, Sanitätsdienst, Kampf und Stellungsbau vorgebracht werden müssen, in der ständigen Gefährdung dieser Wege durch feindliches Feuer und ihren jetzt schon sehr schlechten, mit der Zeit immer noch schlechteren Bodenverhältnissen.

[1909] KA: 8. I.R._(WK)_7_204-205 (1554).
[1910] KA: Infanterie-Divisionen-(WK)_5710_21-24 (111).

6. Aus diesen Gründen ist es zur Vermeidung einer unnützen Arbeit unerlässlich, dass diejenigen Stellen, die bei dem Wechsel der Truppen für Einheitlichkeit im Stellungsbau sorgen müssen, das sind in erster Linie die Kommandeure der Pioniere der Division und des Abschnitts v. d. Planitz, besonders ausgewählte Organe zur Erkundung und – bei rückwärtigen Anlagen – zur Festlegung an Ort und Stelle senden. Es ist weiter unerlässlich, dass diese Organe nicht nur in erfahrungsgemäß ruhigeren Zeiten vorne erkunden, sondern dass sie die ganze Stellungszeit eines Infanterie-Bataillons in vorderster Linie mitmachen, damit sie den in letzter Linie für den Stellungsbau maßgebenden Dienststellen über die Arbeitsmöglichkeiten in vorderster Linie und über die feindliche Feuerwirkung auf unsere Geländeverstärkungen zutreffend berichten können.

7. Die zum Ausbau nötige Zeit lässt sich für die vorderste Linie nicht angeben, da der Ausbau dieser Linie vor allem vom Eintritt ruhigerer Verhältnisse abhängt. Die feindliche Artillerie wird aber unsere von Souville aus gut einzusehenden Linien so lange immer wieder einebnen, als unsere Artl. durch die gebotene Munitionssparsamkeit behindert ist, wenn sie die feindliche Artillerie nicht fassen kann, wenigstens den französischen Stellungsbau in gleicher Weise zu stören wie umgekehrt. Wenn dieses Hindernis behoben werden kann, wird die vordere Linie in etwa 2-4 Wochen zu einem Graben ausgebaut sein, der einigen Schutz und Verkehrsmöglichkeit gibt. Die Anlage eines halbwegs guten Hindernisses und die Anlage schußsicherer Unterschlupfe und einiger größerer Räume für Sanitätszwecke, sowie Aufnahme von Material aller Art, Munition- und Verpflegungsvorräten, wird Monate in Anspruch nehmen. Der Bau schußsicherer Unterkunft für die Reserven am Südhang der Vaux-Schlucht kann bei genügendem Material Nachschub in 1-2 Monaten als abgeschlossen gelten und bedarf dann nur mehr im wesentlichen der Instandhaltung. Die Fertigstellung der rückwärtigen Linien hängt davon ab, bis wann die vorderen Linien soweit vorgeschritten sein werden, daß die Kräfte der Reserven zum Bau der rückwärtigen Linien eingesetzt werden können, ohne der Arbeit der Bereitschafts-Batln. als Trägertrupps mehr wesentlich ergänzen zu müssen. So, wie der Stellungsausbau geplant ist, wird er sich durch die Kräfte der kämpfenden Truppen allein vor Eintritt des hier typischen nassen Winters kaum durchführen lassen.

8. Der Ausbau wird nach wie vor der Truppe zur Pflicht gemacht und wird nach wie vor mit aller verfügbaren Kraft fortgesetzt.

gez. v. Kleinhenz.[1911]

Diese Stellungnahme kann in Kürze wie folgt zusammengefasst werden: Der notwendige Stellungsausbau wurde ständig durch gut geleitetes gegnerisches Artilleriefeuer beeinträchtigt, auch in der Weise, dass der Boden total zerschossen wurde. Die gegnerische Artillerie konnte nicht niedergehalten werden, da sich die deutsche Seite eine große Munitionssparsamkeit auferlegen musste. Für die anstehenden Arbeiten am Stellungsbau wurden Monate angesetzt, was offensichtlich die taktische Fehleinschätzung zur Grundlage hatte, dass die eingenommene Stellung über Monate zu halten sei.

Für den 21.09.1916 liegt wieder ein (handschriftlicher) Brigadebefehl[1912] mit besonderen Anweisungen vor. Der Tagesverlauf wird wie folgt beschrieben:

Den Tag über lebhafte Artillerietätigkeit, die sich nach 5:00 Abds. steigerte besonders auf der Linie Kalte Erde – Thiaumont – Fleury. Der rechte Teil des Brig. Abschn. lag gleichzeitig unter mäßigem Feuer, leicht. Kal.[iber]. Auf den Battr.-Beob.-Stellen auf dem Hardaumont, beim großen Steinbruch und in den Schluchten heftiges Artilleriefeuer. Chapitre Abschn. Ost und Souville Nase verhältnismäßig ruhig. Ab 6:50 Abds. auch auf den Nachbarfronten nur mehr Signalfeuer.

Während der Nacht mehrere Feuerüberfälle schweren Kal. auf Hardaumont-Rücken, einige Feuerüberfälle in die Vaux-Schlucht.

[1911] KA: Infanterie-Divisionen-(WK)_5710_21-24 (111); Abbildung 73, Anhang 4.
[1912] KA: Infanterie-Divisionen-(WK)_5700_20-21 (1728).

Stärkere Inf. und MG-Tätigkeit im Abschnitt Fleury, welche sich teilweise noch in geringerer Stärke im Abschnitt West fortpflanzte.[1913]

Als beabsichtigte Gliederung für den 22.09. wurde u. a. befohlen: in vorderer Linie Abschnitt West das II/8 zusammen mit MG-Kompanie 4 und die Hälfte II/29 als Reserve, das III/8 in der Hassoule-Schlucht als Bereitschaft, das I/8 mit unserem Protagonisten Karl Didion als Divisionsreserve in Billy. Außerdem waren 100 Rekruten aus dem Ornes-Lager als Trägertrupp befohlen. Regiments-Kommandeur vom Dienst: 8. I.R. Oberst von Rücker.

Weitere Punkte:

3. Es liegt dringend Veranlassung vor, alle Truppen darauf hinzuweisen, stets die nötige Vorsicht walten zu lassen beim Aufenthalt in den Bereitschafts-Schluchten p. p. Bei Tag kein Feuer machen, keine geschlossenen Formationen aufstellen oder gar an eingesehenen Punkten bei Tag dem Feinde [sich] zeigen. Die Unterkünfte in den Schluchten sind zunächst noch derart mangelhaft, dass jedes Feuer, das die Truppe auf sich lenkt, mit Verlusten bezahlt werden muss. Ich ersuche die Herren Batlns.-Kdeure p. p., dass dieser Anregung ein erhöhtes Augenmerk zugewandt wird. Betreff besseren Ausbau dieser Bereitschafts-Lager bezüglich Unterkunft und Schusssicherheit ist bereits das notwendige in die Wege geleitet und [es] folgt weiterer Befehl.

4. Bei künftigen Ablösungen wollen die Batlne., die zur Ablösung vorkommen betr. Führer etc. mit dem abzulösenden Batln. alles Weitere immer selbstständig vereinbaren (schriftlich durch Stafettenlinie). Die Ablösungszeit bestimmt stets der Regts.-Kdeur v. D. direkt an die beteiligten Batlne.

5. Der Kopfstelle der Stafettenposten in der Brûle-Schlucht werden ab 22.9. mit 30.9.16 dreißig Mann der MG-Komp. 4 zugeteilt.[1914]

Während das I/8 mit unserem Protagonisten, der wahrscheinlich den katholischen Gottesdienst um 9:00 vormittags besuchte, in Billy in Ruhe war, lag das II/8 mit einer Gefechtsstärke von 165 Offizieren und 936 Mannschaften wieder unter Feuer, das auch besonders die Annäherungswege bestrich. Das II/8 hatte aber dieses Mal relativ wenig Verluste zu erleiden. Das Bataillon hatte 47 Abgänge und 209 Zugänge, allerdings wird aus dem KTB nicht klar, in welcher Zeitspanne.

I/8:

21. September, Donnerstag.

I/8 in Ruhe in Billy s. M.

9:00 V. fand kath., 10:00 V. evangelischer Gottesdienst statt. Am Nachm. Waffenuntersuchung bei 3. u. 4. Komp.
Im Regiment wird eine neue MG Kompanie aufgestellt. Die bisherige MG Kp. (früher Lt. Müller) wird in wirtschaftlicher und disziplinärer Hinsicht dem I. Batl. unterstellt.
Tagesverl.: s. Brig. Bef. v. 21.9.16
Wetter: schön.[1915]

II/8

21. September 1916.

Verpflegungsstärke:	27^5 Offz.	990 Mannsch.	60 Pferde
Gefechtsstärke:	16^5 Offz.	936 Mannsch.	

[1913] KA: Infanterie-Divisionen-(WK)_5700_20 (1728).
[1914] KA: Infanterie-Divisionen-(WK)_5700_21 (1728).
[1915] KA: 8. I.R._(WK)_6_11 (414).

Nachweisung des Unterschiedes:

Zugänge	Abgänge
196 Mann Ersatz Transport	14 Mann Verluste lt. Verlustliste.
12 Mann aus Lazarett.	17 Mann krank ins Lazarett.
1 Mann v. Kdo. zurück	2 Mann zum Offz. Stellv. befördert.
209 Mann	..1 Mann Ers. Batl. versetzt
	13 Mann z. Uoffz. befördert
	47 Mann

Stellenbesetzung:

Stab:	Batls. Kdeur.	Hptm. Goetz.
	Batls. Adjt.	Oblt. Schmid.
	Batls. Arzt	Stabsarzt Osthelder
	Unterarzt	Matroser
	Unterzahlmstr.	Winterle
	Verpfl. Offz.	Offz. Stellv. Werner

5. Komp. Lt. Meier, Offz. Stellv. Höver, Vizef. Wagner, Vizef. Berchtold, Vizef. Fuss.

6. Komp. Lt. Bickel, Offz. Stellv. Eschenbach, Vizef. Hofmeier, Vizef. Keller, Uoffz. Silbermann.

7. Komp. Oblt. Berndt, Lt. Feldigl, Lt. Friedensburg, Offz. Stellv. Schedlbauer, Vizef. Fuss.

8. Komp. Lt. Bauer, Offz. Stellv. Kellermeier, Vizef. Hufgard, Vizef. Beyer.

Morgenmeldung:

1. Lebhafte Artillerie-Tätigkeit den ganzen Nachm. über mit leichten und schweren Kaliber. Bei dem um 5:00 Vorm. einsetzenden Sperrfeuer war Abschnitt nicht in Mitleidenschaft gezogen. Auch nicht bei dem um 10:00 angeforderten. Lebhaftes Feuer zwischen 10:00 Nachm. um 3:00 Vorm. auf die Annäherungswege über die Vaux-Schlucht.
2. Infanterie-Tätigkeit gering

gez. Goetz.

Abendmeldung:

Während des Sperrfeuers heute Morgen 4:00 starkes Art. Feuer, auf den rechten Flügel des Batls.-Abschnittes.
Vormittags Artill. Tätigkeit gering, jedoch ziemlich lebhaft auf den Annäherungsweg vom I-Werk durch die Vaux-Schlucht.
Verluste: 7. Komp.   ..1 Mann leicht verwundet dch. A. G.
          8. Komp.   ..1 Mann leicht verwundet dch. A. G.
Witterung: Morgens klar, dann trübe. Gesundheitszustand gut. Verpflegung aus Magazin.[1916]

4.4.2.10.2   Am 22.09.1916

Der handschriftliche Brigadebefehl vom 22.09.1916[1917] berichtet wieder über den Tagesverlauf:

In Stellung im Chapitre Wald und auf der Souville-Nase [Abbildung 243] untertags ruhig, dagegen heftige Feuer Überfälle auf die Vaux-Schlucht und die Schluchten südlich [u. a. auf die Souville-Schlucht; Anm. d. Verf.] davon, sowie Annäherungsweg vom I-Werk [s. I-Raum in Abbildung 163 und Abbildung 213; Anm. d. Verf.] durch die Vaux-Schlucht. Während der Nacht in Stellung verhältnismäßig ruhig. Sehr lebhafte Feuerüberfälle auf die Annäherungswege über die Vaux-Schlucht.

Feuer und MG-Tätigkeit am rechten Flügel lebhaft, sonst gering, einige Gewehrgranaten. Französisches Feuer wie in den letzten Tagesverlauf in der eigenen Stellung. Zahlreiche Verluste der Franzosen durch Abschießen grüner Leuchtkugeln, das Feuer vorzuverlegen [d. h. aus der Tatsache, dass die

---

[1916] KA: 8. I.R._(WK)_7_205-206, 211 (1554).
[1917] KA: Infanterie-Divisionen-(WK)_5700_22-23 (1728).

Franzosen ihr Art. Feuer vorlegen ließen, schloss man, dass sie zahlreiche Verluste hatten; Anm. d. Verf.].[1918]

Für die beabsichtigte Gliederung am 23.09.1916 wurde u. a. festgelegt: vordere Linie Abschnitt West III/8 mit MG-Kompanie 4 mit zur Hälfte I/29 als Reserve, I/8 als Brigadereserve in Herbébois u. Gremilly, II/8 mit MG-Kompanie 8 als Divisionsreserve in Billy.

Die folgende Anordnung in diesem Brigadebefehl trug den katastrophalen Unterbringungsverhältnissen in den Ruhequartieren Rechnung, indem den Regimentern neue Quartiere zugewiesen wurden:

4. Inf. Regt	Nouillon-Pont und Duzey, dem
8. Inf. Regt	Billy und dem
29. Inf. Regt	Rouvrois

Die Truppen werden in und aus Stellung mit Eisenbahn dorthin befördert. Halteplatz des Zuges: Km-Marke 16,2 nordöstl. der Försterei bei Gremilly. Die Ablösungen müssen nunmehr möglichst immer in der Nacht stattfinden, damit der Zug, der ein Batl. gebracht hat, dort auf das Batl., das aus Stellung kommt, warten kann, und es dann noch vor Tagesanbruch nach rückwärts befördern kann.[1919]

Im Nachtrag[1920] des Brigadebefehls vom 22.09.1916 wurden u. a. Angelegenheiten des Sanitätsdienstes behandelt: „Für die Sanitäts-Unterstände im Chapitre-Wald (1) und in der Kasemattenschlucht (2) sind eiserne Öfen geliefert worden. Sie dürfen nur mit Holzkohlen geheizt werden. Holzkohle ist in den Pionierdepots Bezonvaux-Schlucht und Kasemattenschlucht vorrätig. In die Lager und Ortsunterkünfte sind aus schonungsbedürftigem Personal ständige Wachen zu stellen."[1921] Vom 8. I.R. nach Billy und Jägerlager waren je 1 Unteroffizier und 6 Mann abzustellen. Dann heißt es weiter:

Für den planmäßigen Ausbau der Bereitschaftslager Hassoule-Schlucht und Kasematten-Schlucht lassen die jetzt dort liegenden ältesten Batl.-Kdeuren einfache Bau-Pläne aufstellen.

Das 4. Inf.-Regts. kdrt. [kommandiert] für die Hassoule-Schlucht, das 8. Inf.-Regt. kdrt. für die Kasematten-Schlucht je einen älteren, erfahrenen und energischen Unteroffizier, der dauernd die Leitung des Ausbaus nach diesen Plänen [beaufsichtigt] und für den nötigen Nachschub an Baustoffen sorgt. An Arbeitsmannschaften sind von den Bereitschaftsbatln. für den Ausbau jedes Bereitschaftslagers jedesmal für 3 Tage zusammen 50 Mann (mit Dienstgraden/Unteroffizier) zur Verfügung zu stellen.

Die gleichen Unteroffze. übernehmen die Verwaltung der den Bereitschaftslagern zuzuweisenden Decken, für Herbébois und Gremilly werden die Decken der Stahlhelm- und Feldflaschen-Aufbewahrungsstelle Gremilly zugewiesen. Die Kompn. lassen die Decken durch vorausgesandte Leute empfangen und haben nach Abmarsch die gleiche Anzahl Decken zurückzugeben. Quittungen sind auszutauschen.

Aus den Aufbewahrungsstellen für Stahlhelme und Feldflaschen in Gremilly empfangen alle Kompanien usw. der Brigade ihre Ausrüstung die über Azannes hinaus nach Süden vorgezogen werden, und liefern alle Kompanien usw. ihre Stahlhelme und zweiten Feldflaschen wieder ein, die aus Stellung oder Bereitschaft zurückkommen.

Die Aufbewahrungsstelle kann ihren Zweck nur erfüllen, wenn die zurückkommenden Truppen, jedesmal tatsächlich alle Stahlhelme und zweiten Feldflaschen abliefern. Es wird darauf aufmerksam

---

[1918] KA: Infanterie-Divisionen-(WK)_5700_22 (1728).
[1919] KA: Infanterie-Divisionen-(WK)_5700_23 (1728).
[1920] KA: Infanterie-Divisionen-(WK)_5700_24-25 (1728).
[1921] KA: Infanterie-Divisionen-(WK)_5700_24-25 (1728).

gemacht, dass jeder Mann seinen Kinnriemen zurückbehalten muss. Helme mit Kinnriemen können von der Aufbewahrungsstelle nicht geliefert werden.

Auf Befehl der 14. Inf. Div. gibt das 8. I.R. Maschinengewehre an das I/29 ab. Das 4. und 8. Inf. Regt fordern soviele Maschinengewehre an, dass sie auf ihre bisherige planmäßige Stärke und die Stärke der überplanmäßigen deutschen Maschinengewehre kommen.

4. Inf.-Regt.: 10 + 4 = 14 Masch. Gewehre.

8. Inf.-Regt.: 9 + 4 = 13 Masch. Gewehre.[1922]

Diese Anordnungen lassen zum einen die Sorge um die Soldaten erkennen, zum andern sind sie auch ein Hinweis auf die Knappheit der Ausrüstungsgegenstände.

Am 22.09.1916 nahm auch der Kommandeur der Pioniere[1923] zu Bauplänen der Division Stellung, wie es die Brigade bereits am Vortage mit Schreiben Nr. 3259[1924] getan hatte. Der Pionierkommandeur kam dabei zu ähnlichen Ergebnissen.

Kommandeur der Pioniere der 14. bayr. Inf. Div.   22.9.16

Betr. Stellungsausbau.

An 14. bayerische Infanterie-Division.

Änderungsvorschläge zu dem Plane der Division über Stellungsausbau werden keine gemacht. Das Gelände ist mehrfach durch Pionier-Offiziere eingehend erkundet. Eine Verbindung durch die Souville-Schlucht in Linie der Stützpunkte wird für sehr schwierig erachtet. Die zum Ausbau nötige Zeit wird schätzungsweise 2 Monate betragen.

Nach den Erfahrungen des II/Batl./Pion. 20, das seit Anfang der Offensive vor Verdun ist, und eine ähnliche Stellung bei Fort Vaux ausgebaut hat, wird die 1. und 2. Linie nicht viel über den Zustand einer Mulde hinauskommen. Der Stollenbau in der 1. und 2. Linie wird auf große Schwierigkeiten stoßen, wegen des nach dem Feinde zu abfallenden [nach Einschätzung des Verf. müsste es aufsteigendes Gelände heißen] Geländes und des stark zerwühlten Bodens, sowie der schwer zu erreichenden genügenden Grabentiefe. Der Franzose wird sehr bald die neue Anlage unter schweres Artillerie- und vor allem ständiges Minen-Feuer nehmen und von ihm wird es abhängen, wie lange Zeit man zum Ausbau braucht.

Die Anlage von Bereitschaftskasernen (Stollen) am Vauxhang wird gut durchzuführen sein und in 1-1$^{1/2}$ Monaten Unterkunft für 1 Batl. gewähren, vorausgesetzt, dass der Materialtransport gewährleistet ist. In gleichem Maße wird der Unterkunftsbau in der Kiesgrube fortschreiten.

Die Verbindungsgräben sind bereits in Angriff genommen, werden aber bei den schwachen Pionierkräften, ohne Zuteilung von Infanterie, nur langsam vorwärtskommen. Es ist mit einer Dauer von vier Wochen bis zur Fertigstellung zu rechnen.

Von sämtlichen Pionier-Kompagnien sind vom 22.9. ab versuchsweise die halben Kompagnien mit 6 tägigem Wechsel vorne eingesetzt.[1925]

Der Pionierkommandeur der Division fügte seiner Stellungnahme auch eine aussagekräftige Skizze bei. Seit dem 16.09. (Abbildung 241) ist der Graben östl. 536a durchgehend vertieft und nun 1 m tief sowie die Granatlöcher weiter östlich zum Teichgraben hin je mit 2-4 Mann besetzt.

Auf dieser Karte sind auch die Mörser eingezeichnet, wie mit den Anweisungen zum Sperrfeuer durch den Divisionsbefehl Nr. 61[1926] vom 17.09.1916 befohlen wurde. Wie bereits dargelegt,

---

[1922] KA: Infanterie-Divisionen-(WK)_5700_25 (1728).
[1923] KA: Infanterie-Divisionen-(WK)_5710_25-26 (111).
[1924] KA: Infanterie-Divisionen-(WK)_5710_21-24 (111).
[1925] KA: Infanterie-Divisionen-(WK)_5710_25 (111).
[1926] KA: Infanterie-Divisionen-(WK)_5885_09-10 (111).

war es Aufgabe der vorgelagerten Batterien, feindlichen Verkehr von der Souville-Höhe nach Norden zu unterbinden, nach Bedarf an bedrohten Punkten das Sperrfeuer zu verstärken und feindliche Reserven, die vom Sperrfeuer nicht erfasst wurden, unter Feuer zu nehmen. Auf der Karte (Abbildung 241) sind für die einzelnen Mörser mit grüner Linie die Schusssektoren, die auf die roten Sperrfeuerbezirke ausgerichtet sind, genau zu erkennen. Diese Sperrfeuerbezirke korrespondieren mit den in Abbildung 237 gezeigten.

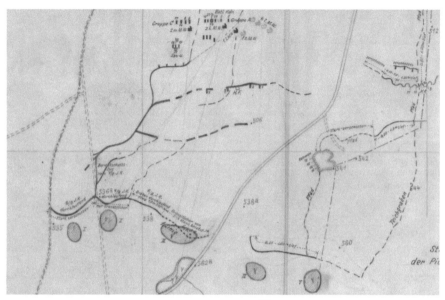

Abbildung 241: 22.09.1916, Pionier-Stellungskarte Souville-Sack[1927]

Durch Gefangenenaussagen gelang es, ein ziemlich genaues Bild der gegenüberliegenden französischen Kräfte (Abbildung 242) zu zeichnen.[1928] Der Bericht des Nachrichten-Offiziers AOK, Abschnitt Planitz, ging auf die feindliche Kräfteverteilung und Organisation ein. Es wurden dabei zwei Unterabschnitte genannt: Vaux-Regnier und Steinbruch. Unser besonderes Interesse gilt dem Steinbruch-Unterabschnitt, der wie folgt beschrieben wurde:

1. Linie: nördl. 566 – nördl. 564 – südl. 535 – 539 – 562a – 561.

2. Linie: 565 – 563 – 562 – Chapitreweg – 574.

3. Linie im Bau (568 – 571 – 573).

Die Komp. Führer befinden sich in der 1. Linie, an deren Ausbau gearbeitet wird, die Batls. Kommandeure sind in 2. Linie; jetzige Befehlsstelle des Regts.-Kdeur (früher im Steinbruch) ist nicht bekannt; Brigadestab im Fort Souville.[1929]

[1927] KA: Infanterie-Divisionen-(WK)_5710_06 (335) Skizze.
[1928] KA: 8. I.R._(WK)_7_207-210 (1554); Abbildung 25, Anhang 3.
[1929] KA: 8. I.R._(WK)_7_207 (1554).

In diesem Unterabschnitt waren folgende Kräfte verteilt: 2 Bataillone mit je 1 MG-Kompanie in 1. und 2. Linie; 1 Bataillon mit 1 MG-Kompanie in Unterständen und Gräben bei Fort Souville; Abschnittsreserve im Fort Souville. Während der letzten Kämpfe war die Besatzung dieses Unterabschnitts bis auf 6 Bataillone erhöht worden.

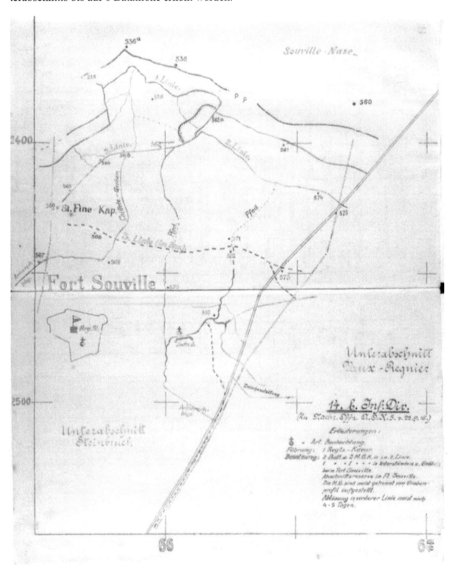

Abbildung 242: 22.09.1916, französische Stellung, 1., 2. u. 3. Linie, gegenüber der 14. b. I. D.[1930]

[1930] KA: 8. I.R._(WK)_7_209 (1554). Diese Skizze umfasst auch den Unterabschnitt Steinbruch.

Dann wurden in dem Bericht noch die Anmarschwege, eine gut ausgebaute Zwischenstellung und die Verpflegung sowie der Nachschub, der sich auf die in der Nähe befindliche Kaserne Marceau (Abbildung 152) stützte, beschrieben.

Besonders wertvoll dürften die Erkenntnisse über die feindliche Artillerie gewesen sein:

> Die Beobachtung befindet sich in Batterie b östl. Fort Souville, wo auch eine Signal- u. Fernsprechstation eingerichtet ist, ferner im Fort Souville. Sperrfeuer wird durch rote, Feuer vorverlegen durch grüne Leuchtkugel angefordert. Für das Sperrfeuer sind jedem Unterabschnitt besondere Artilleriegruppen, meist 3 zu je 3 Batter. 7,5 cm zur unmittelbaren Verfügung gestellt.[1931]

Dieser Aufklärungsbericht belegt, dass die französischen Linien durchaus gut ausgebaut waren, die französischen Kräfte durch die im Hinterland bestehende Infrastruktur unterstützt und zusätzliche Kräfte im Verteidigungsfall herangezogen werden konnten. Besonders vorteilhaft waren die hervorragenden Beobachtungsmöglichkeiten für die Artillerie aus dem Fort Souville.

Am 22.09. war das I/8 noch in Ruhe in Billy, das II/8 hatte wieder z. T. lebhafte Feuerüberfälle, auch auf dem Annäherungsweg auf die Vaux-Schlucht.

I/8:

22. September

I/8 in Ruhe in Billy s. M.

Major Rüber meldet sich telegrafisch krank.
Offz. Stellv. Hausen als Läuferketten-Offz. nach der Brûle-Schlucht abgestellt.

Von eingetroffenen Ergänzungs-Mannschaften erhielten zugewiesen:

1. Komp.	2 Untffz.	50 Mann
2. Komp.		25 Mann
3. Komp.	2 Untffz.	50 Mann
4. Komp.	2 Untffz.	58 Mann

Es macht sich auch heute unangenehm bemerkbar, daß das Batl. erst 11:00 Abds. auf Anruf erfuhr, wo es morgen hinkommt.

Batls. Lager: s. Brig. Bef. v. 22. ds.
Betr.: Tagesverlauf s. Brig. Bef. v. 22. ds.
Wetter: schön.[1932]

II/8:

22. September 1916

Morgenmeldung:

1. Artill. Feuer auf Stellung mässig; jedoch sehr lebhaft und Feuerüberfälle von 6:40 bis 7:10 Abds. auf den Annäherungsweg auf die Vaux-Schlucht.
2. Infanter.- u. MG-Tätigkeit am rechten Flügel des Abschnitts lebhaft, auf den übrigen Abschnitt gering. Leichtes Gewehrgranaten-Feuer auf den rechten Flügel.
3. Französisches Sperrfeuer ging zu kurz und wurde von den Franzosen durch grüne Leuchtpatronen vorverlegt.
4. Stollenrahmen dringend benötigt.
gez. Goetz.

[1931] KA: 8. I.R._(WK)_7_208 (1554).
[1932] KA: 8. I.R._(WK)_6_11 (414).

Abendmeldung.

1. Lebhafte Artill. Tätigkeit bis Tagesanbruch auf den Annäherungsweg über die Vaux-Schlucht. Auf Bestellung und Bereitschaft mässig.
2. Infanterie und Patrouillentätigkeit gering.
gez. Goetz.

Gem. Verf[ügung]. d. 14. b. I. D. wird Lt. d. R. Frister 7./8 zur Flieger Ersatz Abteilung versetzt.

Das Batl. erhält 57 Mann Ersatz.

Verluste: 6. Komp.   ..2 Mann leicht verwundet dch. A. G.
           8. Komp.   ..1 Mann leicht verwundet dch. A. G.
           8. Komp.   ..3 Mann tot.
Witterung: schön. Gesundheitszustand gut. Verpflegung aus Magazin.[1933]

4.4.2.10.3   Am 23.09.1916

Auch für den 23.09. befand sich in den Unterlagen des KA ein Stellungsplan (Abbildung 243) vom Gefechtsstreifen der 14. b. I. D., der in etwa den gleichen Frontverlauf der deutschen Linie wie in Abbildung 214 zeigt: 535 – 536a – 538 bis zum Talgraben. Dieser Frontverlauf, der der alten französischen Stellung in der Operationskarte[1934] (Abbildung 135) vom 12.08.2016 entsprach, wurde durch ein Bataillon in vorderster Stellung besetzt. In der Stellungskarte sind die Bereiche für vier Kompanien eingezeichnet, wobei je 2 Züge an vorderster Front eingesetzt waren, weitere Züge als Reserve in zweiter Staffel. Die Grabentiefe wurde mittlerweile zwischen 0,80 und 1,30 m angegeben, d. h., dass in diesem Stellungsbereich hart am Stellungsausbau gearbeitet wurde. In den vier Bereichen wurden auch Unterschlupfe für ungefähr 70-80 Mann hergestellt, wobei mit dem Stollenausbau erst begonnen werden konnte. Außerdem sind die Stellungen von 8 Maschinengewehren eingezeichnet. Es ist zu erkennen, dass man von einer längeren Verteidigungszeit dieser Linie ausging.

Im (handschrftl.) Brigadebefehl[1935] vom 23.09.1916 ist unter Tagesverlauf vermerkt:

Untertags 22.9.16 in Stellung im allgemeinen Ruhe. Vaux-Schlucht Einzelfeuer und teilweise Feuerüberfälle leichten Kalibers. Auf dem Fumin Wald einzelne kurze, lebhafte Feuerüberfälle. Feindl. Infn. verhielt sich ruhig.

Nachts (22./23.9.16) in den Abschnitten im allgemeinen ruhig. Auf den Annäherungswegen und in den Schluchten lebhafteres Feuer, besonders in der Vaux-Schlucht zeitweise kräftige Feuerüberfälle. Infanterie-Tätigkeit gering.[1936]

Da die Gliederung nun immer zwei Tage gelten sollte, wurde sie am 23.09. für den 25./26.09. angegeben: das III/8 mit MG-Kompanie 4 in vorderer Linie Abschnitt West, I/8 mit unserem Protagonisten Karl Didion im Herbébois in Bereitschaft, das II/8 im Ruhequartier Billy. Wie in den letzten Tagen standen der Brigade im Ornes-Lager 100 Rekruten als Trägertrupps zur Verfügung. Regiments-Kommandeur vom Dienst: der uns von den Maashöhen bekannte Major

---

[1933] KA: 8. I.R._(WK)_7_211-212 (1554).
[1934] KA: 8. I.R._(WK)_7_3 (414).
[1935] KA: 8. I.R._(WK)_10_86-87 (414).
[1936] KA: 8. I.R._(WK)_10_86 (414).

Aschauer, 29. I.R.; Brigade-Kommandeur vom Dienst: Oberst von Kleinhenz, 4. I.R.

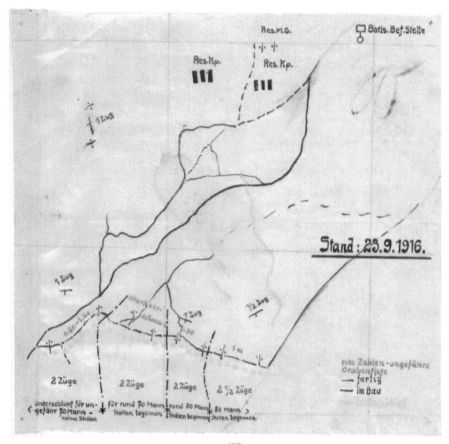

Abbildung 243: 23.09.1916, Stellungskarte Souville-Sack[1937]

Der Befehl ordnete weiter an:

Tragtiere: Der Brigade wurden für die Stellung 11 Tragetiere zugewiesen. Unterbringung Ornes-Lager unter direkter Aufsicht und Leitung durch den Lagerkommandanten des Ornes-Lagers. Die Tiere stehen zur Verfügung: dem Batl. in der Hassoule-Schlucht 6, dem Batl. in der Kasematten-Schlucht 5. Diese bestimmen während ihrer Anwesenheit dortselbst für jedes Tier einen Führer, und es können die Bataillone über die Tiere selbst verfügen. Die Führer haben auch die Tiere zu warten und zu pflegen. Futter empfängt und verbringt in die Ornes-Schlucht: 29. I.R. Stallanlage mit 20 Rekruten durch Lager-Kdant. im Ornes-Lager. III/79 verbringt die Tragetiere baldigst in die Ornes-Schlucht. Meldung über Eintreffen und Übernahme durch den Lager-Kdant. an die Brigade (Regts. Kdeur v. Dienst bekommt v. Brig. Mittlg.). Anträge auf Zuweisung an fehlender Tragtierausrüstung baldigst an Brig. Bef. Stelle durch Lager. Kdant. Ornes.

Verwaltungsdepot Gremilly: die Verpflegung des Stahlhelm-Feldflaschen-Depot in Gremilly übernimmt bis auf weiteres 29. I.R.

[1937] KA: Infanterie-Divisionen-(WK)_5710_05 (335) Skizze; gelb = beabsichtigt.

Brieftauben: alle 2 Tage kommen 2 Brieftaubenkörbe à 6 Tauben in Stellung, davon Abschn. West 6 und Abschn. Ost 6; danach ist das Zurückschicken der Tauben einzurichten. Den Brieftauben sollen immer Meldungen mitgegeben werden, wenn auch nicht taktischen Inhalts. In der Brieftauben-Station Pillon [nördl. Billy gelegen; Anm. d. Verf.] wird entsprechend der Adresse ein Fernspruch weitergegeben. Die Division macht darauf aufmerksam, dass auch innerdienstliche Sachen durchgegeben werden dürfen (Verpfl. Angelegenheiten, Terminmeldungen etc.)

Verbindungsoffiziere der Artl. Beim Regts. Kdeur. v. Dienst bleibt wie bisher ein Artl. Offz. als Verb. Offz. der Feldartl. Zu den Batls.-Kdeuren der beiden Batls.-Abschnitte tritt ebenfalls je ein Verb. Offz. der Feldartl. Unterkünfte und Verpflegung regeln die Batls.-Kdeure. Den Verb. Offze. sind die Nachrichtenmittel der Batlne. bis zu den Meldesammelstellen zur Verfügung zu stellen.

Es wird gemeldet, dass in den Bereitschafts-Schluchten p. p. noch eine große Menge verwertbarer Ausrüstungsstücke herum liegt. Es ist Pflicht der Lagerkommandanten, diese zu sammeln und zurückzuschaffen. Die in den Schluchten vorübergehend liegenden Batls.-Kdeuren wollen den Lagerkommandanten von diesem Befehl Kenntnis geben und diese Angelegenheit jederzeit überwachen. gez. v. Kleinhenz.[1938]

Die Bataillons-Kriegstagebücher berichten: Das I/8 rückte als Brigadereserve nach vorn, das II/8 wurde durch III/8 abgelöst und rückte nach Billy in Ruhe.

I/8:

23. September.

I/8 in Herbébois-Mitte, Gremilly.

I/8 rückt am Vorm. d. 23. ds. als Brigade Reserve nach Herbébois u. Gremilly.

Es marschieren ab:

3. Komp. um 7:00 Vorm.)
4. Komp. um 7:15 Vorm.) Gefechtsbagage um 8:00 Vorm.
1. Komp. um 7:30 Vorm.)
2. Komp. um 7:35 Vorm.)

Es werden untergebracht:

Stab, 3. u. 4. Komp. in Herbébois-Mitte, 1.u. 2. Komp. in Gremilly.
Betr. Tagesverlauf: s. Brig. Bef. v. 23. ds.
Stabs- u. Rgts.-Arzt Dr. Schuch in 14 tägigem Erholungsurlaub. Vertretung übernimmt Ass.-Arzt Krampf
Wetter: schön.[1939]

II/8:

23. September 1916.

Morgenmeldung:

1. Mässiges Artill. Feuer auf Stellung und Bereitschaft. Lebhaftes Feuer auf Vaux-Schlucht und Annäherungswege auf dieselbe. Zeitweise Feuerüberfälle.

    Franzõs. Artillerie schoss auch heute wieder in ihre eigenen Gräben, ohne auf die eigenen grünen Signalpatronen zu achten.

2. Infanterie- und Patrouillentätigkeit gering. Einige Gewehrgranaten.

Das Batl. wird zwischen 2:00 und 4:00 Vorm. durch Major Felser III/8 abgelöst.

Stab II/8 Hptm. Goetz

5. Komp. Lt. Meier	Ortsunterkunft in Billy s. M.
6. Komp. Lt. Bickel	"
7. Komp. Oblt. Berndt	"

[1938] KA: 8. I.R._(WK)_10_87 (414).
[1939] KA: 8. I.R._(WK)_6_12 (414).

8. Komp. Lt. Bauer   "

Eintreffen 10:00 Vorm. in Billy. Komp. Baden, sonst Ruhe.
Witterung schön. Gesundheitszustand gut, Verpflegung aus Magazin.[1940]

4.4.2.10.4   Am 24.09.1916

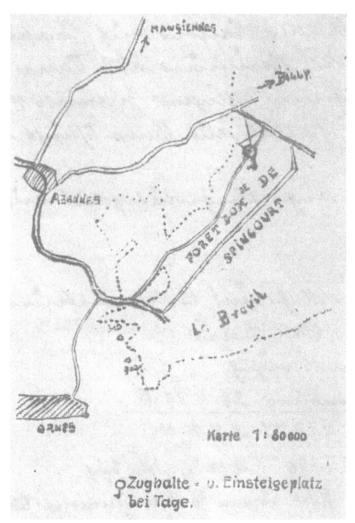

Abbildung 244: 24.09.1916, Skizze der Bahn zum Rücktransport der Truppen in Ruhe[1941]

Auch für den 24.09.1916 liegt ein (handschriftl.) Brigadebefehl[1942] in den Unterlagen von II/8

[1940] KA: 8. I.R._(WK)_7_212 (1554).
[1941] KA: 8. I.R._(WK)_10_81 (414).
[1942] KA: 8. I.R._(WK)_10_80-83 (414).

vor. Hier lesen wir unter Tagesverlauf:

> Fdl. Artl.-Tätigkeit lebhafter als an den Vortagen. Tagsüber mäßiges Einzelfeuer leichter Kaliber auf Chapitre u. Souville-Nase und Bergwald, starkes Streufeuer auf Vaux-Schlucht und die weiter rückwärts gelegenen Schluchten. Zeitweise starke Feuerüberfälle leichtes, mittl. und schw. Kaliber auf Vaux-Schlucht und -Teich sowie Souville-Schlucht.
>
> Während des ganzen Tages sehr rege Fliegertätigkeit auf beiden Seiten. Eigene Artillerie sehr lebhaft. Im Abschnitt Fleury starkes Infanterie-, MG- und Artilleriefeuer. Nachts auf vorderer Linie kein Artilleriefeuer. Infanterie und MG im Abschnitt ruhig.[1943]

Die beabsichtigte Gliederung für den 26.09.1916 für das uns interessierende 8. I.R.: vordere Linie Abschnitt West: III/8 mit MG-Kompanie 4, I/8 mit unserem Protagonisten Karl Didion in Bereitschaft in der Kasematten-Schlucht, das II/8 im Ruhequartier Billy. Als Trägertrupp standen wieder 100 Rekruten in der Bezonvaux-Schlucht zur Verfügung.

Weiter:

> Um den Batlen nach erfolgter Ablösung mehr Zeit zum Rückmarsch bis zum Einladepunkt in die Bahn lassen zu können, wurde mit der Division der in nebenstehender Skizze [Abbildung 244] festgelegte Punkt vereinbart, bis zu dem Zugverkehr bei Tage möglich ist. Die Rückfahrtszeit steht damit von diesem Punkte ab frei, jedoch versucht die Betriebsleitung, dass der Zug um 9:00 spätestens 9:30 jedes Mal dort abfahren kann, weil sonst der Transport in die Hauptbetriebszeit hineinkäme und eine durchgehende Beförderung ins Ruhequartier dadurch sehr infrage gestellt würde.
>
> Bei den Fahrten in Stellung wollen die Batls.-Kdeure nach Anordnung der Division den Zugführern angeben, dass sie den Zug soweit vorfahren lassen als es nötig ist, d. i. im allgemeinen in die Gegend der Höhe 310.[1944]

Zum MG-Einsatz wurden in diesem Befehl folgende Hinweise gegeben:

> 7. Durch die Aufstellung der neuen MG Kompanien bei den Inf. Regtern erfährt der faktische Einsatz keine Änderung. Zu der befohlenen MG Bereitschaft in Azannes tritt stets je 1 MG Komp. der Regimenter, die die Stellung mit MG's besetzt haben. Die MG Offze. haben die Stellungszeit ihrer MG Komp. so zu regeln, dass die ersten 4 Tage der 8tägigen Stellungsperiode die 1. MG Komp, die letzten 4 Tage die 2. MG Komp. des betreffenden Regts. sich in Stellung befindet. Die nicht in Stellung eingesetzte MG Komp. befindet sich als Bereitschaft in Azannes.[1945]
>
> 8. Das 4. I.R. zieht von den ihm überwiesenen 7 französ. MG eines in Ruhe zurück. Die übrigen 6 französ. MG des 4. I.R. sind in der Nähe der Kasematten-Schlucht zur Abwehr gegen tieffliegende feindl. Flieger einzusetzen. Den Platz bestimmt nach Vorschlag des MG Offiziers in der Kasemattenschlucht der Regts.-Kdeur vom Dienst. Die Gewehre sind nicht in der „Riegelstellung" Douaumont – Kolbenwald einzusetzen, um auf diese und die dort eingesetzten MG kein vermeidbares feindliches Feuer zu lenken. Die in der Stellung eingesetzten MG Kompanie der Gruppen A und B stellen zu diesen Luftschutz-Gewehren die notwendigste Bedienung für je 3 Gewehre, außerdem je einen Dienstgrad als Führer ab. Die beiden Führer unterstehen der Führung der MG ab. Sie haben die Pflicht, durch rücksichtslosen Einsatz der 6 Luftschutz-MG feindliche Flieger, die tief über der Stellung oder den Bereitschaften kreisen, zu vertreiben, wenn dies nach Sachlage im einzelnen Falle möglich erscheint. Das 8. I.R. gibt von den ihm überwiesenen 5 frz. MG eines an das 4. I.R. ab, 2 an das 29. I.R. und behält 2. Diese MG sind von den Regtern. in die Ruhequartiere zurückzunehmen und zur Ausbildung zu verwenden. Da für die früher besetzten Luftabwehr-MG Stationen bei Neuer Wald, Deutsch Eck und Billy keine Gewehre zum Masseneinsatz verfügbar sind, werden diese Stationen aufgegeben.[1946]

Die Stellungssituation der Infanterie-Division am 24.09. wurde allen Truppenteilen zur Orientie-

---

[1943] KA: 8. I.R._(WK)_10_80-83 (414).
[1944] KA: 8. I.R._(WK)_10_81 (414). Die Höhe 310 ist abgebildet in Abbildung 184.
[1945] KA: 8. I.R._(WK)_10_82 (414).
[1946] KA: 8. I.R._(WK)_10_82-83 (414).

rung mit folgendem Schreiben bekannt gegeben:

Befehlsstelle 8. Inf. Brig.,   den 24.9.16

Verteilt wie Brig.-Befehl!

Sämtlichen Bataillonen und MG Formationen die jetzige Besetzung in der Stellung zur Kenntnis, damit bereits in Ruhe oder Bereitschaft sämtliche Komp.- und Zugführer über die Besetzung eingewiesen werden können.

Skizze [Abbildung 245] ist angefertigt nach den eingelaufenen Meldungen vom 23.9.1916.[1947]

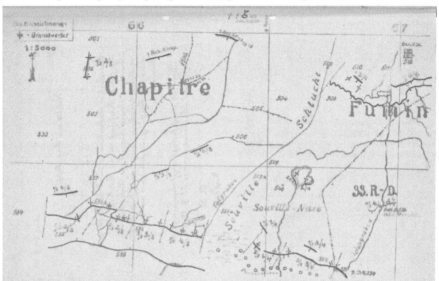

Abbildung 245: 07.09.1916[1948], Stellung am Chapitre: rechts (in Kampfrichtung) I/8, links I/4[1949]

In dieser Stellungskarte ist die Stellung der 4./8, in der unser Protagonist Karl Didion Dienst tat, am 23.09. deutlich westlich neben dem Talgraben zu erkennen. Nach wie vor wurde die zuletzt eingenommene Frontlinie gehalten.

Am 24.09.1916 erließ die 14 b. I. D. gerichtet an die 8. Inf.-Brig, 23. F. A. R. und Kommandeur der Pioniere einen Befehl über den Ausbau der Stellung, der im Zusammenhang mit der Stellungnahme Nr. 3259[1950] der 8. Inf.-Brig. vom 21.09.1916 an die 14. b. I. D. zu Bauplänen der Division stand. Dieser weitere Befehl zum besseren Stellungsausbau war der Sorge um das Halten dieser schwer errungenen Sehnenstellung geschuldet.

[1947] KA: Infanterie-Divisionen-(WK)_5701_04 (1728).
[1948] Da die Abbildung 245 sich bei den Blättern des KTB vom 07.09.1916 befand, wird die gezeigte Stellung für den 07.09. angenommen. Diese Skizze wird aber auch im Zusammenhang mit einem Brigade-Befehl vom 24.09.1916 genannt: KA: Infanterie-Divisionen-(WK)_5701_04 (1728).
[1949] KA: 8. I.R._(WK)_7_193 (1554); ident. KA: Infanterie-Divisionen-(WK)_5701_03 (1728).
[1950] KA: Infanterie-Divisionen-(WK)_5710_21-24 (111).

1. Der Ausbau der Stellung erfolgt nach anliegendem Plan. Er gibt bezüglich Führung der Linien jedoch nur einen allgemeinen Anhalt; die Festlegung muss aufgrund eingehender Erkundungen erfolgen.

2. Es erkundet der Kommandeur der Pion. die 2. Stellung, die Zwischenstellung, das Werk Hardaumont West, die Verbindungswege von der Kasematten-Schlucht zur Vaux-Schlucht und südlich dieser vom Kdeur der Pion. auszubauenden Teile.

Die 8. Inf. Brigade: Die Stellungen südlich der Vaux-Schlucht, soweit sie von der Inf. zu bauen sind, außerdem die Verbindungswege zur 2. und zur Zwischenstellung. Außerdem reicht die Brigade Vorschlag für Wahl und Ausbau eines Regimentsbefehlstandes, der einen Überblick über den Abschnitt und sichere Verbindung ermöglicht, ein. Der Kdeur der Pion. und die 8. Inf. Brigade melden, ob und wo der Bau eines Tunnels erwünscht ist. Planskizze 1:5000 mit der genauen Einzeichnung aller beabsichtigten Bauten sind zum 2.10. der Division einzureichen.

3. Der Anschluss zu den Nachbardivisionen geht aus der beiliegenden Pause hervor. Im einzelnen ist er mit den anstoßenden Truppenteilen zu vereinbaren.

4. Ausbau. Mit den in der beiliegenden Pause blau eingezeichneten Arbeiten ist sofort zu beginnen. Außerdem sind die in der Kasematten- und Hassoule-Schlucht und dann in der Bezonvaux-Schlucht für je 1 Batl. schußsichere Unterstände zu bauen, die Lager Ornes-Schlucht und Herbébois sind in ihrem jetzigen Stand zu erhalten. Die 8. Brigade bestimmt für den östlichen und westlichen Abschnitt sowie für die Unterstandsbauten in den Schluchten je einen ständigen Bauoffizier, der die Arbeiten und die Einhaltung der aufzustellenden Baupläne unbeschadet dem Wechsel der Truppen überwacht. Die Einteilung der Arbeitskräfte und die Namen der Bauoffiziere sind bis zum 2.10. der Division zu melden. Eingehende Baupläne für die sofort auszuführenden Arbeiten sind zum 5.10. der Division vorzulegen. In den jeden Samstag vorzulegenden Berichten über den Stellungsbau ist auch über den Fortgang der Arbeiten in den Schluchten zu melden.

5. Die Feldartillerie sichert nach Durchführung der Arbeiten für Unterbringung der Munition unter Mannschaften ihre Stellungen durch verteidigungsfähige Gräben mit Drahthindernis. Handgranaten sind in den Batterien niederzulegen.

6. Beim Regimentskommandeur vom Dienst muss auf Befehl der A. G. O. eine genaue Skizze in dreifacher Ausfertigung aufliegen, aus der zu ersehen ist:

    a) Die Aufgaben des Abschnitts.
    b) Das Grabensystem des Abschnitts nebst Notizen über seiner Brauchbarkeit.
    c) Die vorhandenen Unterstände nebst Angaben über Belegungsfähigkeit und die zur Zeit durchgeführte Belegung.
    d) Die vorhandenen Fernsprechleitungen, Signalapparate, Alarmapparate u. dergl. mit Erläuterungen über Benützung.
    e) Angaben über den Feind, seine Tätigkeit, die Lage seiner Stellungen, Wirkung des feindl. Artl. Feuers auf den Abschnitt.
    f) Etwa sonstige wissenswerte Angaben über die Stellungen.

7. Merkpunkte für den ersten Ausbau. Durchlaufende vorderste Linie. Schlangen- oder staffelförmige Linienführung der Gräben. Tiefe und breite Gräben, flache Böschungen. Vermeiden von Aufschüttungen. Hindernisse vor allen Linien, bei 1. Stellung Anlage gleichzeitig mit dem Bau der Gräben (Schraubpfähle!). Führung möglichst nicht parallel zu den Gräben. Minierte Unterstände mit doppeltem Eingang möglichst vor Verschüttung gesichert. In der 1. Stellung muß die gesamte Besatzung schußsicher untergebracht werden können u. zw[ar]. in der 1. Linie die Sicherheitsbesatzung, in der 2. Linie und zwischen 1. und 2. Linie der Rest. Einbau schußsicherer Beobachtungsstände. Einrichtungen zur Feuerabgabe nicht nur in der 1. und 2. Linie, sondern auch an geeigneten Punkten dazwischen und dahinter; Sorge für Flankierung der Gräben. Annäherungs- und Verbindungsgräben an geeigneten Punkten zur Feuerabgabe einrichten. Zahlreiche Ausfallstufen.

8. An Korpsbefehl vom 14.9.16 Ia Nr. 1800 Op. (Div. Bef. vom 15.9.16 Ia Nr. 52 geh.) wird erinnert, wonach jeder aus vorderer Linie zurückkehrende Batl. Kommandeur zu melden hat, inwieweit der Stellungsbau durch seine Truppen gefördert worden ist. gez. Rauchenberger.[1951]

Dieser Divisionsbefehl zeigt, dass man von einer über den Winter zu verteidigenden Stellung ausging. Man beabsichtigte, sich sorgfältig und gekonnt einzurichten, die Verteidigungsfähigkeit

---

[1951] KA: Infanterie-Divisionen-(WK)_5710_27-29 (111).

der Stellung zu erhöhen, die Unterkunftsmöglichkeiten zu verbessern, und rechnete nicht damit, dass die seit Einnahme des Souville-Sackes sich ständig verschärfenden französischen Angriffe durchbrechen könnten. Zum andern kann man aus diesen Vorbereitungen auch schließen, dass die Befürchtungen der Franzosen, ein Angriff auf Fort Souville stehe bevor, unbegründet waren.

Nach den Kriegstagebüchern war das I/8 mit unserem Protagonisten Karl Didion in Herbébois und in Gremilly auf dem Weg zur Bereitschaft in der Kasematten-Schlucht, das II/8 im Ruhequartier Billy. Das I/8 hatte in seinem Kriegstagebuch den Transport in und aus der Stellung bestimmt mit Erleichterung zur Kenntnis genommen.

I/8:

> 24. September.
> <u>I/8 im Herbébois u. in Gremilly.</u>
> Oblt. Dittmann vom Ers. Btl. R. I.R. 8 wird zum Komp. Führer 4./8 ernannt.
> Betr.   <u>Sperrfeuer</u> s. Brig. Bef. vom 24. ds. Ziff. 3.
> Betr.   <u>Transport der Truppen</u> in und von Stellung durch Eisenbahn s. Brig. Bef. vom 24. ds. Ziff. 4.
> Betr.:   <u>Ständiger</u> Ablösungsbefehl, durch den den einzelnen Formationen Stellungsbereich, Bereitschaft- und Ruhe-Quartier bis incl. 15.10.16 zugewiesen wird. s. Brig. Bef. vom 23.9.16
> Tagesverlauf: s. Brig. Bef. vom 24.9.16
> Wetter: schön.[1952]

II/8:

> 24. September 1916.
> II/8 u. Stab Ortsunterkunft in Billy s. M.
> 8:30 Vorm. Kath. Gottesdienst. 10:30 Uhr Prot. Gottesdienst.
> Nachmittags Belehrung dch. den Gasschutzoffz. der Division.
> Gewehr Appell.
> Lt. Zimmermann 8./8 vom Lazarett zurück, übernimmt vertrw. die Führung der 5./8
> Stabsarzt Osthelder krank ins Lazarett.
> Wetter schön, Gesundheitszustand gut, Verpflegung aus Magazin.[1953]

4.4.2.11   Kampftätigkeiten vom 25. bis 30.09.1916

4.4.2.11.1   Am 25.09.1916

Der Brigadebefehl mit besonderen Anordnungen vom 25.09.1916[1954] schildert den Tagesverlauf wie folgt:

> Während des ganzen Tages Streufeuer von ziemlicher Stärke, mehr die vord. Linie. Gegen 3:00 äußerst heftiges Feuer gegen Hardaumont. Vorm. löste franz. Handgran. Feuer, vermutl. am linken Flügel auf beiden Seiten, äußerst heftiges über 1 Stunde dauerndes Sperrfeuer aus. Feuerüberfälle leichten und mittl. Kal.[ibers] gegen Fumin Rücken, langsames Wirkungsschießen schwerer Geschütze (22 cm) gegen Kiesgrube, 544 und Sturmausgangsstellung. Infanterie verhielt sich untertags ruhig. Lebhafte Fliegertätigkeit. Nachts besonders nach Mitternacht bis gegen Morgen lebhaftes Streufeuer

---

[1952] KA: 8. I.R._(WK)_6_12 (414).
[1953] KA: 8. I.R._(WK)_7_213 (1554).
[1954] KA: Infanterie-Divisionen-(WK)_5701_05-06 (1728).

hinter vord. Linie, Vaux-Schlucht und Gelände nördlich davon (leicht. und mittl. Kal.). Die Inf. verhielt sich während der Nacht mit Ausnahme einzelner Gewehrgran. und Inf.-Schüsse, ruhig.[1955]

Der Feind versuchte wohl, ohne besonderen infanteristischen Einsatz, bis auf einen Handgranatenangriff, den Gegner mit ständigem artilleristischem Feuer und hier besonders auf das Rückge-
lände zur Unterbindung des Nachschubs und zur Beunruhigung der Bereitschaften zu zermürben.
Die äußerst gute artilleristische Beobachtungslage und eine reichliche Munitionslage waren dafür beste Voraussetzungen.

Die beabsichtigte Gliederung für den 27.09.1916 legte u. a. fest: II/8 und I/8 mit unserem Protagonisten Ldstm. Karl Didion in Bereitschaft in Herbébois bzw. Kasematten-Schlucht, das III/8
im Ruhequartier Billy.

Mit Datum 25.09.1916 ist ein aufgefangener französischer Bericht abgelegt: „En dehors d'une
lutte d'artillerie assez violente au sud de la Somme et dans les secteurs de Thiaumont et de Fleury, rive droite de la Meuse on ne signale aucun évènement important sur l'ensemble du
front."[1956] Mit dieser eher allgemeinen Meldung wird doch konstatiert, dass die deutsche Artillerie sowohl südlich der Somme als auch auf der rechten Maas-Seite dem Feind stark zusetzte.

Im Kriegstagebuch des I/8 erfahren wir, dass Hauptmann Grau die Führung des arg mitgenommen II/4 des Schwesterregiments übernahm, so stark war dort der Offiziersmangel, und dass es
im Laufe der Nacht in den Bereitschaftsraum Kasematten-Schlucht verlegt wurde.

I/8:

25. September

I/8 im Herbébois u. in Gremilly.

Hauptmann Grau übernimmt Brigade Befehl zufolge vertretungsweise die Führung des II/4.
Hauptmann Würth stellvertr. Batls. Führer.
Oberlt. Meyer zur Vertretung des Regts. Adjt./Oberlt. Holler zum Regts. Stab kommandiert.
Lt. d. Res. Salisko übernimmt die Vertretung des Batls. Adjt. Mayer.

Besondere Anordnungen: s. Batls.-Bef. v. 25.9.16

Im Laufe der Nacht 25./26. hat I/8 in der Bereitschaft Kasemattenschlucht abzurücken.
Abmarschbefehl: s. Batls. Bef. v. 25.9.16
Tagesverlauf: s. Brig. Bef. v. 25.9.
Wetter: schön.[1957]

Das II/8 war noch in Ruhe in Billy und wurde vom Divisions- und Regiments-Kommandeur be-
sichtigt. Möglicherweise war dies noch eine Anerkennung für die militärische Leistung dieses
Bataillons unter Major Felser bei dem Gefecht um den Souville-Sack am 03.09.1916.

[1955] KA: Infanterie-Divisionen-(WK)_5701_05 (1728).
[1956] KA: Infanterie-Divisionen (WK)_5701: „Außer ziemlich starken Artillerie-Feuerüberfällen südlich der Somme
und in den Sektoren Thiaumont und Fleury auf dem rechten Maas-Ufer zeigte man kein außerordentliches Ereignis
an der ganzen Front an."
[1957] KA: 8. I.R._(WK)_6_13 (414).

II/8:

> 25. September 1916.
> II/8 u. Stab Ortsunterkunft in Billy s. M.
> 9:30 Vorm. Besichtigung des Batls. dch. Regts.-Kmdr.
> Regts.-Kmdr. nimmt unter Anwesenheit des Divisions Kmdrs. Vorbeimarsch des Batls. ab.
> Verpassen der Gasmasken.
> Wetter schön, Gesundheitszustand gut, Verpflegung aus Magazin.[1958]

4.4.2.11.2   Am 26.09.1916

Der Brigadebefehl mit besonderen Anordnungen vom 26.09.1916[1959] schildert wieder den Tagesverlauf: „Streufeuer auf die rückwärtigen Verbindungen in gleicher Weise wie an den Vortagen. Zwischen 10:00 und 11:00 Abds. heftiges Gewehr- und Handgran.-Feuer in Gegend Fleury – Thiaumont. In unserem Abschnitt in der vorderen Linie im allgemeinen Ruhe."[1960]

Die beabsichtigte Gliederung für den 29.09.1916 legte u. a. fest: I/8 mit unserem Protagonisten und MG-Kompanie 4 in vorderer Linie Abschnitt West, II/8 als Bereitschaft in der Hassoule-Schlucht, das III/8 im Ruhequartier in Billy.

Am 26.09. übersandte der Bataillons-Arzt der II/29 den Bericht[1961] über die allgemeine Erschöpfung der Truppen, der bereits in Kapitel 4.4.2.10 „Berichte über die abgekämpften deutschen Truppen" zitiert wurde.

Das Kriegstagebuch des I/8 bemerkt, dass das Bataillon morgens früh um 4:00 von Herbébois und Gremilly abmarschierte und nach 3 Stunden im Bereitschaftsraum in der Kasematten-Schlucht ohne Verluste ankam, allerdings waren dann dort im Laufe des Tages ein Toter und 2 Verwundete zu beklagen. Das II/8 verweilte am 26.09.1916 noch in Ruhe in Billy.

I/8:

> 26. September.
> I/8 in Kasemattenschlucht.
> 4:00 früh Abmarsch des I/8 vom Herbébois u. Gremilly. zwischen 6:00 und 7:00 Uhr Eintreffen in der Kasemattenschlucht ohne Verluste.
> Vertretungsweise Führung des I/8 durch Oblt. Wittmann.
> Lt. Troghauer führt vertretungsweise 4./8 [die Kompanie des Protagonisten Karl Didion].
> 8:15 trifft Hauptmann Würth in der Kas.-Schlucht ein und übernimmt die Führung des Batls.
> Lt. Troghauer als Beobachtungs-Offz. auf 640 kdrt.
> Vizefw. Höcherl 3./8 Lagerkommandeur Kas.-Schlucht.
>
> Besondere Anordnungen: s. Abschn. Bef. vom 26.9.
>
> Tagesverlauf: vordere Linie ziemlich ruhig; vereinzelte Feuerüberfälle leichter und mittl. Kaliber auf Verbindungswegen Vaux-Schlucht. s. Brig. Bef. v. 26.9.16

[1958] KA: 8. I.R._(WK)_7_213 (1554).
[1959] KA: Infanterie-Divisionen-(WK)_5701_07-08 (1728).
[1960] KA: Infanterie-Divisionen-(WK)_5701_07 (1728).
[1961] KA: Infanterie-Divisionen-(WK)_5701_07-08 (1728).

Verluste: Tot: 1 Mann 4./8., verw. 2 Mann 4./8
Wetter: schön.[1962]

II/8:

26. September 1916

II/8 u. Stab Ortsunterkunft in Billy s. M.

Unterricht, Herrichten der Bekleidungs- u. Ausrüstungsgegenstände.
Feldmarschmäßiger Appell.
Lt. Bickel 6./8 26.9.-29.9.16 zum Gaskurs nach Berlin kdrt.
Stellv. Komp. Führer Lt. d. R. Meier.
Wetter schön, Gesundheitszustand gut, Verpflegung aus Magazin.[1963]

4.4.2.11.3   Am 27.09.1916

Mit Datum 27.09.1916 übermittelte das 29. I.R., wohl auf Anfrage, eine Beurteilung der Lage[1964] an die 8. Inf.-Brig.

1. Beim Feind sind wesentliche Veränderungen nicht festgestellt. Er befindet sich jetzt in Stellung uns gegenüber auf 80-100 m nur in Mitte des rechten Batlns auf 40 m etwa. Seine Stellung ist im Bau begriffen und [es] dürften die Gräben nur 60-80 cm tief sein. Neue Art. Stellungen beim Feind konnten nicht festgestellt werden. Hauptsächlich richtet der Feind sein Art. Feuer hinter unserer vordersten Linie und deckt hier unsere 2. Linien (Unterstützungslinie) gegen die Plätze, wo die Bataillons-Stäbe und deren Res. Komp. liegen, und besonders gegen Vaux-Schlucht, Kiesgrube, Hänge des Caillette-Waldes, Kasematten- u. Briten-Schlucht und die Annäherungswege, so daß Verkehr bei Tage fast unmöglich.

Mit den früheren langen Pausen im Art. Feuer nach Mitternacht bis in die Morgenstunden 9:00 bis 10:00 kann nicht mehr gerechnet werden. Das Schießen wird bei Tage offensichtlich durch Flieger geleitet.

2. An Kaliber sind neben der Feldart. mittleren Kaliber nur schwere Kaliber bis 22 cm gemeldet.

3. Kampfkraft der Batlne. des Regts.: Die Kampfkraft des I. Batlns. (Res. Jäger Batl. 1) hat durch die erheblichen Verluste, besonders die zahlreichen Offiziers-Verluste, bedeutend gelitten. Die Mannschaften sind durch die schlechte Unterkunft in den Bereitschaftslagern, durch die körperlichen Anstrengungen in den Bereitschaftslagern, Trägerdienst, überanstrengt. Durch die Einstellung des Nachersatzes – 25 Mann etwa pro Komp. – ist dieser Nachteil nicht behoben, da eine Zusammenarbeit in den Kompanien nicht möglich war.

Auch beim II. Batl. (II/4. R. I.R.) sind derart bedenkliche Zustände. Eine fröhliche Stimmung kommt auch im Regiment bei den Mannschaften nicht auf. Die überwundenen Anstrengungen sieht man den Mannschaften an. Ärztliches Zeugnis des II/29 liegt bei [s. der bereits besprochene Bericht[1965] des Batls.-Arztes].

Das III/29 ist nach der ausgiebigen Ruheperiode der letzten Zeit wieder einigermaßen kampffähig. Die seelische Spannkraft der Leute, besonders der Führer ist aber nach 7 monatlichem Einsatz vor Verdun mit ganz geringen Unterbrechungen derartig gemindert, dass das Bataillon Anforderungen wie bisher nur noch kurze Zeit gewachsen sein dürfte. gez. Aschauer.[1966]

Auch wenn das auch zur 8. Infanterie-Brigade gehörende 29. b. I.R. nicht im Hauptblickpunkt unserer Betrachtung steht, so dürften die geschilderten Verhältnisse doch allgemeinere Bedeutung haben.

[1962] KA: 8. I.R._(WK)_6_13 (414).
[1963] KA: 8. I.R._(WK)_7_213 (1554).
[1964] KA: Infanterie-Divisionen-(WK)_5701_03-04 (335).
[1965] KA: Infanterie-Divisionen-(WK)_5701_07-08 (1728).
[1966] KA: Infanterie-Divisionen-(WK) 5701_03-04 (335).

Interessant in diesem Zusammenhang ist auch eine Meldung des „K. b. 4. Inf. Regts" vom 27.09.1916 aus Bataillons-Stelle Herbébois an die 8. Inf.-Brig.:

> Durch die schweren Kämpfe/Anstrengungen ist die Gefechtskraft des Regimentes um mehr als die Hälfte vermindert. Der Nachersatz, welcher im allgemeinen sehr zufriedenstellend ist, wird hierin erst allmählich Besserung erzielen. Bei Unteroffz. und Mannschaften tritt durch Krankheiten und geringe Ruhe auch eine gewiße Erschöpfung zu Tage. gez. von Kleinhenz.[1967]

Ende des Monats September wurde das 8. I.R. durch die Ablösung der 14. Bayerischen Infanterie-Division aus dem Hexenkessel von Verdun befreit, aber nach kurzer Ruhezeit im Waldgelände der Grande Tranchée im November zu einem weiteren Brennpunkt an die Somme geworfen. In den Erinnerungsblättern des K. b. 8. Infanterie-Regiments heißt es dazu:

> Sechs Wochen unser Regiment dort [vor Verdun; Anm. d. Verf.] mit gerungen, in den ersten Tagen des Oktobers wurden die Infanterieregimenter der Division abgelöst. Leichter aufatmend und der Nerven Ruhe bedürftig, kam das Regiment in das Waldgelände an der Grande Tranchée in Stellung, da wo wir im Mai [19]15 den verlustreichen Angriff gemacht hatten, II/8 war für kürzere Zeit auch einmal auf der nunmehr wohl ausgebauten Combres-Höhe eingesetzt.[...].
>
> Die große Zermürbungsschlacht an der Somme, unternommen, um dem hartbedrängten, bei Verdun schwer blutenden Franzosen Luft zu schaffen, forderte immer weiteren Einsatz von Divisionen.
>
> [Am] 1.11. ging's mit Fußmarsch durch unsere Woëvre-Ebene nach Rombach und Umgebung zur Ruhe und Fortsetzung der Ausbildung, deren wir infolge der bei Verdun entstandenen großen Verluste und des Neuersatzes dringend bedurften. Zu den bitteren Verlusten zählte auch der Tod des Bataillonskommandeures I/8, der beim Weg zur Stellung durch ein Ferninfanteriegeschoss allein inmitten seines Stabes ins Herz getroffen wurde (Hptm. Hausner [s. KTB I/8 vom 13.09.[1968]]).[1969]

Am 27.09.1916 wurde durch Korpsbefehl[1970] die Ablösung der 14. Bayerischen Infanterie-Division durch die 9. Infanterie-Division veranlasst.

1. Die 14. bayr. Inf. Div. wird durch 9. Inf. Div. abgelöst.

2. Die Ablösung leitet die 14. bayr. Inf. Div. nach anliegendem Ablösungsplan und meldet täglich bei der Abendmeldung den tatsächlichen Fortgang der Ablösung.

3. Alle der 14. bayr. Inf. Div. zugeteilten Armeetruppen treten mit der Ablösung zur 9. Inf. Div. über. Von der 14. bayr. Inf. Div. verbleiben bis auf weiteres im bisherigen Abschnitt:

> 1./b. F. A. R. 23 mit leichter Mun. Kol.
> 6./b. F. A. R. 23
> Minenwerfer Komp. 14

4. Die abgelösten Teile der 14. bayr. Inf. Div. werden zur Gruppe Mudra[1971] befördert und lösen dort die 19. Res. Div. ab. Rückmärsche und Unterbringung der abgelösten Teile bis zum Abtransport regelt 14. bayr. Inf. Div. Anmeldung der Bahntransporte erfolgt durch das General Kommando, dem Transportstärken und Verladebereitschaft vorzulegen sind.

5. Die Kommando-Übernahme durch 9. Inf. Div. gleichzeitig mit dem Wechsel der Artillerie-Kommandeure ist für den 1. Oktober in Aussicht genommen.

6. Alle ablösenden Truppenteile haben 48 Stunden vorher Einweisungskommandos zu ihren Bestimmungsorten zu schicken. Alle abgelösten Truppenteile lassen 48 Stunden starke Nachkommandos in

---

[1967] KA: Infanterie-Divisionen-(WK) 5701_08 (335); Abbildung 12, Anhang 3.

[1968] KA: 8. I.R._(WK)_6_07-08 (414).

[1969] Bayerisches Kriegsarchiv, Erinnerungsblätter 1926, S. 24 f.

[1970] KA: Infanterie-Divisionen-(WK) 5707_01-02 (111).

[1971] Vom Generalkommando Abschnitt Planitz wurde am 28.09.1916 mitgeteilt: „Auf Befehl der O. H. L. gliedert sich A. O. K. 5 von jetzt an in Gruppe Mudra, Gruppe François und Gruppe Lochow. A. G. O. führt daher von jetzt an die Bezeichnung ‚Gruppe Lochow'; KA: Infanterie-Divisionen-(WK) 5701.

den Stellungen (pro Komp. 1 Zugführer und 10 Mann, pro MG 1 Richtschütze, pro Läuferkette mindestens 2 Mann), Lagern usw. zurück.

7. Die 14. bayr. Inf. Div. ist für die Übergabe aller zur Stellung gehörenden Kampf- und Ausrüstungsmittel verantwortlich. Stahlhelme, Granatwerfer, besonders überwiesenes Schanzzeug, Leuchtpistolen und -Patronen, MG-Sturmgestelle, 2. Feldflaschen, Tragetiere mit Ausrüstung u. a. dürfen keinesfalls von der abgelösten Truppe aus der Stellung mitgenommen werden.

8. Die Übergabe der Lager und sonstigen Unterkunftsorte hat mit peinlichster Gewissenhaftigkeit zu erfolgen. 14. bayr. Inf. Div ist dafür verantwortlich, dass keinerlei Einrichtungsgegenstände von der Truppe mitgenommen und die Quartiere in wohnlichem Zustand übergeben werden.

9. Die Ablösung des Fernsprech-Doppelzuges 14 durch Div.-Fernsprech-Abt. 9 regelt der Führer der Fernsprech-Abt. 12.

10. Alle von der 14. bayr. Inf. Div. gestellten kleinen Kommandos sind baldigst durch die 9. Inf. Div. abzulösen. Rücktritt der abgelösten Kommandos erst nach Anordnung der 9. Inf. Div.

11. Alle laufenden Arbeiten, eingeleitete Erkundungen für Stellungsbau, darauf bezügliche Befehle des General Kommandos, Karten, Pläne usw. sind der abzulösenden Division sorgfältig zu übergeben. Es darf nicht vorkommen, dass durch die Ablösung eine Stockung der Geschäfte eintritt.

Der Kommandierende General, Edler von Planitz.[1972]

Nach den Kriegstagebüchern lag das I/8 am 27.09. in der Kasematten-Schlucht, leistete Trägerdienste für die vordere Linie, arbeitete am Ausbau der Stellung östlich und westlich der Souville-Schlucht und bereitete sich zur Übernahme der Stellung in den Abschnitten Ost und West vor.

Das II/8 marschierte um 3:00 vormittags, also am frühen Morgen, zur Hassoule-Schlucht in Bereitschaft.

I/8:

27. September

I/8 in Kasemattenschlucht

Die Kompen. leisten Trägerdienste für die vordere Linie; 1./8 arbeitet nachts an der Vertiefung des Hardaumont-Laufgrabens.

Es ist geplant, mit aller Energie den Ausbau der Stellung östl. und westl. der Souville-Schlucht in Angriff zu nehmen. Anweisungen f. d. Ausbau der Stellung: s. Abschnitts-Bef. vom 27.9.16. nachmittags Eintreffen eines Einweisungskommandos I.R. 154 zur Übernahme der Abschnitte Ost und West. Abends starkes beiderseitiges Sperrfeuer auf Abschnitt Chapitre u. rechts davon, ohne dass Angriff erfolgt wäre.

Verluste: 1./8. 1 Mann l. verw.
Betr. Ablösung der 14. b. I. D. s. Brig. Bef. vom 27.9.16.
Tagesverlauf: s. Brig. Bef. vom 27.9.16.
Wetter: früh regnerisch, dann Aufhellung u. tagsüber klar.[1973]

II/8:

27. September 1916

Das Batl. marschiert gegen 3:00 Vorm. in die Bereitschafts Stellung Hassoule Schlucht

5. Komp. Lt. Zimmermann
6. Komp. Lt. Meier
7. Komp. Oblt. Berndt
8. Komp. Lt. Bauer
Regts.-Kmdr. vom Dienst Major Aschauer.

[1972] KA: Infanterie-Divisionen (WK)_5707_01-02 (111).
[1973] KA: 8. I.R._(WK)_6_13 (414).

Den MG Offz. beim Stabe vertritt Oblt. Schmid unter Beibehaltung der Führung seiner Komp.
Wetter trübe, Gesundheitszustand gut, Verpflegung aus Magazin.[1974]

4.4.2.11.4   Am 28.09.1916

Der Korpsbefehl vom 27.09.[1975] zur Ablösung wurde mit einem Divisionsbefehl vom 28.09. umgesetzt. Eindrücklich war dabei die Mahnung des Divisions-Kommandeurs, dass bei der Ablösung jeder Mann bis zum letzten Augenblick die ihm übertragenen Aufgaben zu erfüllen habe
und keiner seinen Platz verlassen dürfe, bevor die Ablösung eingetroffen und eingewiesen sei.
Dann werden in diesem Befehl folgende Punkte geregelt: der Gang der Ablösung, genaue Einweisungen der Vorkommandos, Nachkommandos, Sammelstellen, Verbleib des Stellungsbedarfes und des Verdun-Gerätes, Übergabe von Karten, Skizzen, Lichtbildern, Bauplänen, Depots.

1. Die 14. bayr. Inf. Div. wird von der 9. I. D. abgelöst und löst sodann ihrerseits die 19. I. D. am
rechten Flügel der 5. Armee ab.

Ich erwarte, dass jedermann bis zum letzten Augenblicke die ihm übertragenen Aufgaben erfüllt. Kein
Mann darf seinen Platz verlassen bevor die Ablösung eingetroffen und auf's gründlichste eingewiesen
ist.

2. Die Ablösung der Truppen der Division, Unterkunft und Tag des Abtransports zeigt die beiliegende
Übersicht 1, das Vorziehen der 9. I. D. zeigt Beilage 2.

3. Den Gang der Ablösungen im einzelnen regeln 8. Inf. Brig., Kdeur 23 F. A. R., Kdeur der Pioniere,
Führer Staffel-Stab 7. Alle nicht in der Kriegsgliederung der Division enthaltenen einschließlich der
als zugeteilt geführten Truppenteile treten zur 9. I. D. über. Außerdem 1. und 5.[1976]/F. A. R., 1. M. K.
I, Minenwerfer-Komp. 14.

4. Genaue Einweisung der Vorkommandos! Als Nachkommandos bleiben noch 48 Stunden lang 1
Zugführer und 10 Mann bei jeder in Stellung befindlichen Kompanie, 1 Richtschütze bei jedem in
Stellung befindlichen Maschinengewehr, 1 Mann bei jedem zweiten Posten der Läuferkette. Jeder
Einstellung und Bereitschaft vorrückenden Kompanie sind 4 mit dem Anmarschwegen, der Stellung
und Bereitschaftsplätzen völlig vertraute Leute als Führer beizugeben. Die 8. Inf. Brig. richtet in
Nouillon-Pont eine Sammelstelle unter einem Offizier ein. Alle Nachzügler sind dorthin zu weisen.
Näherer Weisungen erholt der Führer der Sammelstelle telefonisch beim Generalstabsoffizier der Di-
vision.

5. Die zuerst in Stellung einrückenden Bataillone werden von der 9. I. D. möglichst mit dem gesamten
Stellungsbedarf (Leuchtpistolen und Patronen, Stahlhelme, großes Schanzzeug, Handgranaten, Sandsäcke, 2. Feldflaschen, viertägige Verpflegung ausgerüstet. Fehlende Stahlhelme und 2. Feldflaschen
sind von der 8. Inf. Brig. in Gremilly, fehlendes Pioniergerät in den Pionierparks Azannes und Bezonvaux-Schlucht zu empfangen. In der Stellung bleiben Granatwerfer, Munition, Leuchtpatronen, Handgranaten. Die abgelösten Truppenteile geben Schanzzeug und sonstiges Pioniergerät im Pionierpark
Bezonvaux-Schlucht, Stahlhelme und 2. Feldflaschen im Depot Gremilly gegen Bescheinigung ab.
Die 9. I. D. kommandiert hierzu Empfangskommandos.

6. Alles sogenannte Verdun-Gerät soweit es nicht etatmäßig ist oder schon von der Truppe mitge-
bracht wurde: Stahlhelme, Granatwerfer, Schanzzeug, Leuchtpistolen, 2. Feldflaschen, Wassertornister, Tragen und Fässer, Tragtiere mit Ausrüstung und Tragsättel, ferner die französischen
Maschinengewehre und eingebauten Kochkessel sind gegen Quittung zu übergeben.

7. Besonders zu übergeben sind: allgemein gültige Verfügungen, Karten, Skizzen, Lichtbilder, Bau-
pläne, Lage aller Stollenbauten, Depots für Verpflegung, Munition, Pioniergerät, Erkundungsergeb-

---

[1974] KA: 8. I.R._(WK)_7_214 (1554).
[1975] KA: Infanterie-Divisionen (WK)_5707_01-02 (111).
[1976] Die „5" ist per Handschrift eingefügt, im Korpsbefehl vom 27.09.1916 war noch von der 6./b. F. A. R. 23 die
Rede.

nisse, zeitliche Benützbarkeit der Annäherungswege, Leuchtraketenposten und Zwischenposten und sämtliche Verbindungsmittel.

8. Eingebauter <u>Fernsprechdraht</u> bleibt liegen. Die Apparate sind auszutauschen.

9. <u>Vorausbeförderter Offizier</u> der Division, Hauptmann Höfl, ab 29. nachmittags in Senue [?] (Stab 19. R. D.) Quartiermacher und Truppenteile melden sich bei ihm telefonisch sofort nach ihrer Ankunft.[1977]

Am 28.09.1916 10:00 vormittags wurde eine französische Meldung übermittelt:

Au bord de la Somme, après une violente préparation d'artillerie, les Allemands ont dirigé une forte attaque sur les nouvelles positions françaises depuis Bouchavesnes jusqu'au sud de la ferme du Bois-Sabé. Dans une brillante contre-offensive les Français se sont lancés au-devant des vagues d'assaut allemandes qu'ils ont refoulées en désordre après leur avoir infligé des pertes élevées. Ils ont fait 250 prisonniers dont 6 officiers et pris 8 mitrailleuses. – Les Français ont sensiblement élargi leurs progrès à l'est et au sud-ouest de Rancourt[1978] et pénétré dans le bois de Saint Pierre Vaast. Aucun évènement à signaler sur le reste du front[1979]

Diese aufgefangene französische Meldung vom Kriegsschauplatz an der Somme zeigt, wie oft Attacke mit Gegenattacke beantwortet wurde und dass es auch den Franzosen gelang, in großem Umfang Gefangene zu machen und begehrte Maschinengewehre einzubringen.

Am 28.09. war dem Kriegstagebuch eine kurze handschriftliche Meldung des 8. I.R. an die Brigade über die Kampfkraft des Regimentes, die sich weitgehend mit der bereits am 15.09. abgegebenen Bericht[1980] an die Division deckt, beigelegt.

Im Regiment ist ein sehr großer Teil der kriegserprobten Mannschaften tot oder verwundet, ein Ausfall, den der erhaltene Ersatz erst allmählich zum Teil ausgleichen kann, wenn auch die in letzter Zeit geringeren Verluste in vorderer Linie beruhigend wirkten und das Regt. unter normalen Verhältnissen seine Aufgaben erfüllt, so ist die Kampfkraft doch bedeutend gesunken. Schwierigen Aufgaben, die mit großen Verlusten verbunden sind, halte ich das Regiment z. Zt. nicht gewachsen, da Mangel an Offizieren und Unteroffizieren besteht und die Ruhezeit zur Ausbildung des Nachersatzes und zum Ausgleich des Kräfteverbrauches nicht ausreicht. gez. Rücker.[1981]

Das Kriegstagebuch I/8 vermerkt, dass es das III/4 mit 1 Kompanie auf Hardaumont-West ablöste sowie 1 Kompanie, taktisch dem II/29 unterstellt, auf dem Fumin-Rücken und 2 Kompanien, taktisch dem arg zugesetzten II/4 unterstellt, als Reserve auf dem Chapitre stationiert waren.

I/8:

28. September.

I/8 auf Hardaumont-West

Im Laufe der Nacht 27./28 löst I/8 das III/4 auf Hardaumont-West ab.

[1977] KA: Infanterie-Divisionen-(WK)_5701_09-11 (1728).
[1978] 14 km südlich von Bapaume.
[1979] KA: Infanterie-Divisionen-(WK)_5701_01 (335): An der Somme, nach einer heftigen Vorbereitung durch die Artillerie, haben die Deutschen einen starken Angriff von Bouchavesnes aus bis zum Bauernhof Bois Sablé auf die neuen französischen Stellungen ausgeführt. In einem mutigen Gegenangriff haben die Franzosen den Angriffswellen der Deutschen getrotzt, haben sie in die ungeordnete Flucht geschlagen und ihnen empfindliche Einbußen zugefügt. Sie haben 250 Soldaten gefangen genommen, darunter 6 Offiziere, und 8 Maschinengewehre erbeutet. Die Franzosen haben ihren Vormarsch südlich und südwestlich von Rancourt ausgebaut. Sie sind bis in den Wald von Pierre Vaast vorgedrungen. Sonst nichts Neues an der Front.
[1980] KA: Infanteriebrigaden (WK)_946_62-65 (1674).
[1981] KA: Infanterie-Divisionen_(WK)_5701_09-10 (335).

1. Komp. Hardaumont-West (Abl[ösung]. 5:00 früh)
2. Komp. Fumin-Rücken südl. des Vaux-Teiches, taktisch dem II/29 unterst.
3. Komp. Chapitre-West, rechte Res. Komp.
4. Komp. Chapitre-West, linke Res. Komp., taktisch dem II/4 unterst.

Ablösung der 14. b. I. D. s. Brig. Bef. v. 28.9.16, s. Abl. Übersicht v. 8. b. Inf. Brig. v. 28.9.

Betr. Urteil über die Kampfkraft v. Batl. s. Anlage 112.

Verluste: 1./8 2 Mann l. verw., 3./8 2 Uffz. u. 2 Mann l. verw., davon 1 Uffz. u. 1 Mann bei der Truppe.
Tagesverlauf: s. Brig. Bef. vom 28.9.16
Lt. d. Res. Troglauer vom Beob. 640 zurück.
Wetter: früh regnerisch, dann Aufhellung u. tagsüber klar.[1982]

II/8:

28. September 1916.

Stab und II/8 Bereitschaft Hassoule Schlucht.

Komp. stellen je 50 Mann Träger zur Kasematten-Schlucht. Alles Übrige arbeitet am Ausbau des Lagers. Quartiermacher des II/154 treffen ein.
Quartiermacher des I/154 werden durch Führer des II/8 zum I-Werk (544) geführt.
Wetter trübe, Gesundheitszustand gut, Verpflegung aus Magazin.[1983]

4.4.2.11.5   Am 29.09.1916

Für den 29.09. konnte kein Brigadebefehl, der den Tagesverlauf schilderte, gefunden werden, sondern lediglich zwei Abendmeldungen, die von der Station „Moraigne Ferme" 2 abgesetzt wurden:

Um 6:30 eine Meldung der 14. b. I. D.: „Im allgemeinen Ruhe. Zeitweise Art.-Feuer auf Schluchten und Höhen hinter vorderer Linie. Verluste 4 Mann."[1984]

Um 6:55 nachmittags wurde von der Station „Moraigne Ferme" durch „Fernmeldung" von Loison folgender Spruch der 33. R. D. abgesetzt:

Abendmeldung.

5-7:00 h Vormittag ziemlich lebhaftes Artilleriefeuer auf Fumin-Rücken, Fumin-Schlucht u. rückwärtige Schluchten. Vorm. Feuerüberfall auf Steinbruch bei 547, Nachm. mehrere Feuerüberfälle auf Steinbruch bei 547, auf Fumin-Schlucht, U. Werk, u. Vaux-Schlucht, und zeitweise schweres Einzelfeuer auf Sturmausgangsstellung, Nordhang des Vaux-Berges, Hardaumont-Rückens u. Wald östlich Höhe 310.

Anschluss r. u. l. vorhanden.
Kaliber über 22 cm nicht festgestellt.

Eigene Feld. Art. prüfte Schussentfernungen im Sperrfeuer Raum. Eigene Minenwerfer in der Fumin-Schlucht schossen Kontroll-Schüsse in Richtung Punkt 574. Verluste soweit bisher gemeldet. Oa, 2b. 33. R. D.[1985]

Am 29.09. wurde auch noch berichtet: Die „Feldbäckerei-Kol. 14 wird heute abtransportiert."[1986]

[1982] KA: 8. I.R._(WK)_6_14 (414).
[1983] KA: 8. I.R._(WK)_7_214 (1554).
[1984] KA: Infanterie-Divisionen-(WK)_5701_(335).
[1985] KA: Infanterie-Divisionen-(WK)_5701_11 (335).
[1986] KA: Infanterie-Divisionen-(WK)_5701.

Die Kriegstagebücher vermelden, dass das I/8 auf Hardaumont schon von einem neuen Bataillon und auch das II/8 aus seiner Bereitschaft aus der Hassoule-Schlucht abgelöst wurde, nachdem beide Bataillone noch Träger- und Arbeitsdienste verrichtet hatten.

I/8:

29. September

I/8 auf Hardaumont-West

1./8 Leistet Trägerdienste für Abschnitt West.
Betr.: Ablösungsgliederung u. Maßnahmen s. Batls. Bef. v. 29.9.16
10./154 löst 3./8 ab als Res. Komp. Chapitre rechts.
12./154 löst 4./8 ab als Res. Komp. Chapitre links [die Kompanie des Protagonisten Karl Didion].
 9./154 löst 2./8 ab als Res. Komp. Fumin-Rücken
11./154 löst 1./8 ab als Res. Komp. Hardaumont-West.
[...]
Verluste: 2./8 2 Mann l. verw.
Tagesverlauf: s. Brig. Bef. v. 29.9.16
Wetter: durchaus dunstig, z. T. Nebel
Verpflegungsstärke: 12 Offz. 965 Mann
Gefechtsstärke: 6 Offz. 558 Mann
Gewehrträger (ohne 4. Züge)   415 Mann
4. Züge   122 Mann[1987]

II/8:

29. September 1916

Stab und II/8 Bereitschaft Hassoule Schlucht.

Arbeits- und Trägerdienst wie gestern.
Feldunterarzt Buja I/29 stellv. Batls. Arzt.
Das Batl. schickt Führer zu III/154 nach Azannes.
Das Batl. wird Abds. 10:00 dch. II/154 in der Hassoule Schl. abgelöst.
Bezieht Ruhe Quartier in Billy Ort.
Wetter trübe, Gesundheitszustand gut, Verpflegung aus Magazin.[1988]

4.4.2.11.6   Am 30.09.1916

Am 30.09. ging noch folgende Abendmeldung ab:

Abendmeldung (6:00) der 8. Inf. Brig.-Gefechtsstelle von Moraigne-Ferme: „In vorderer Linie geringe Artl. Tätigkeit. Einzelne Feuerüberfälle auf Vaux-Schlucht. Feindl. Inf. ruhig. Einzelne Überfälle mit Gewehrgranaten. Verluste: 3 Verwundete. Batl. I.R. 154 haben abgelöst."[1989]

Anfang September, als Feldmarschall von Hindenburg und Ludendorff die Oberste Heeresleitung übernommen hatten, wurde der Angriff auf Verdun nicht mehr fortgesetzt, die Schlacht von Verdun hatte ihr Ende erreicht. Was nun folgte, war der Rückzug von Verdun, den der Ldstm. Karl Didion im Dezember 1916 mit dem Ersatz-Regiment 2 noch mitmachen musste.

In den ersten Tagen des Oktober wurden die Infanterieregimenter der Division abgelöst. Das 8. Infanterie-Regiment kam in das Waldgelände der Grande Tranchée in Stellung, wo es im Mai

---

[1987] KA: 8. I.R._(WK)_6_15 (414).
[1988] KA: 8. I.R._(WK)_7_214 (1554).
[1989] KA: Infanterie-Divisionen-(WK)_5701.

1915 den verlustreichen Angriff geschlagen hatte, das II/8 war für kürzere Zeit auch auf der nunmehr wohlausgebauten Combres-Höhe eingesetzt[1990], wie bereits aus der Regimentsgeschichte zitiert wurde.

Das Kriegstagebuch des I/8 berichtet, dass die Ablösung durch das III/154 um Mitternacht abgeschlossen war, das II/8 meldete Kirchgang, Baden, sonst Ruhe und vermerkte den Regimentsbefehl, in dem sich Großherzog von Baden bei seinem „tapferen" Regiment für eingegangene Glückwünsche zu seinem 9. Thronjubiläum bedankte.

I/8:

> 30. September.
>
> I/8 auf Hardaumont-West
>
> Ablösung: Stab I/8 wird abends 8:00 durch Stab III/154 abgelöst; Ablösung der Komp. I/8 durch Komp. III/154 in der oben angegebenen Gliederung; bis 12:00 abends vollzogen.
> Lt. der Res. Telthörster als Lichtsignaloffz. d. Division abgelöst, tritt zur 2. Komp. zurück.
>
> Abends starkes Sperrfeuer im Abschnitt Chapitre u. Fleury; kein Angriff.
> Tagesverlauf: vordere Linie ruhig; Feuerüberfälle leichter und mittlerer Kal. auf rückwärtige Verbindungen und Schluchten.
> Wetter: trüb; doch Sicht etwas besser als am Vortage
> Offz. Stellv. Hansen zur Komp. zurück.
> gez. Würth.[1991]

II/8:

> 30. September 1916
>
> Kirchgang, Baden, sonst Ruhe.
>
> <u>Regimentsbefehl.</u>
> Auf ein Ergebenheitstelegramm an Seine Königliche Hoheit Großherzog Friedrich II. von Baden aus Anlass des Todestages Weiland Seiner königl. Hoheit Großherzog Friedrich I. von Baden und des Tages der Thronbesteigung durch seine Königliche Hoheit Großherzog Friedrich II., traf folgendes Antworttelegramm an mich ein:
> „Von Herzen danke ich meinem tapferen Regiment für sein treues Gedenken dieses ernsten neunten Jahrestages und für die meinem teurem in Gott ruhenden Vater gewidmete pietätvolle Erinnerung wie auch für die warmen Wünsche.
> Ich erwidere sie ebenso herzlich für das Wohlergehen und weitere schöne Erfolge für das Regiment.
> gez. Friedrich, Grossherzog von Baden."
> Wetter trübe, Gesundheitszustand gut, Verpflegung aus Magazin.[1992]

4.4.2.12   Versetzung des Ldstm. Karl Didion zum Ersatz-Regiment 2

Karl Didion verließ am 30.09.1916 das 8. Infanterie-Regiment und wurde zur Armeeabteilung A (AA-A), und zwar zum Bayerischen Ersatz-Regiment 2, versetzt. Die Militärzeit, die Ldstm. Karl Didion vom Herbst 1916 bis Kriegsende im E. R. 2 verbrachte, wird Gegenstand des zweiten Bandes sein. Das 8. Infanterie-Regiment wurde im November dann bei der Zermürbungsschlacht an der Somme eingesetzt. Die Regimentsgeschichte der Achter schloss das Kapitel

---

[1990] Bayerisches Kriegsarchiv, Erinnerungsblätter 1926, S. 24.
[1991] KA: 8. I.R._(WK)_6_15 (414).
[1992] KA: 8. I.R._(WK)_7_214 (1554).

Verdun-Kampf mit den Worten: „Bald, nachdem wir Verdun Nord verlassen hatten, unternahmen die Franzosen im Gelände, wo wir so wacker im Angriff und Verteidigung gefochten hatten, einen groß angelegten Vorstoß, der über die Vaux hinweg nach Hardaumont und Fort Douaumont, später bis auf die Höhen bei Ornes führte."[1993]

[1993] Bayerisches Kriegsarchiv, Erinnerungsblätter 1926, S. 24.

5   Militärzeit des Ldstm. Karl Didion im 8. I.R.

Nachdem der Ldstm. Karl Didion vom 8. I.R. versetzt wurde, soll seine Militärzeit dort noch einmal kurz zusammenfassend aufgezeigt werden:

Am 14.06.1916 wurde der Ldstm. Karl Didion in das I. E/8. I.R. Rekruten-Depot in Metz eingezogen. Nach zwei Monaten Grundausbildung wurde er dann zum 8. I.R. 2. Kompanie im Felde versetzt, die zu dieser Zeit im Ritterwald auf den Maashöhen in Stellung lag. Das 8. I.R. wurde dann am 12.06.1916 für etwa 6 Wochen zu einer Stellung nördlich S. Mihiel verlegt, die es am 30.07. in Richtung Verdun verließ. Diese Verlegung des Regiments vor Verdun machte Ldstm. Karl Didion nicht mit, da er am 30.08. für über 2 Wochen ins Lazarett in Metz wegen wunder Füße eingewiesen wurde. Er trat dann am 20.08. zur 5. Ersatz-Kompanie 8. Infanterie-Regiment, das sich inzwischen nach ausgiebiger Ausbildung insbesondere in Sturmübungen auf die Ablösung auf der Chapitre-Höhe vorbereitet hatte. Mit dem 8. I.R. kämpfte er innerhalb der 8. Infanterie-Brigade und der 14. b. I. D. erfolgreich mit bei der Beseitigung des Souville-Sackes. Er erlebte auch die ständigen, fast täglichen verlustreichen Angriffe der Franzosen im Laufe des Septembers. Am 15.09.1916 wurde er von der 5./8 zur 4./8 versetzt, um dann Ende des Monats das 8. I.R. ganz zu verlassen, als er am 30.09. zur AA-A und damit zum Bayerischen Ersatz-Regiment 2 versetzt wurde.

Vom 20.8. bis zum 17.9.16 war Ldstm. Karl Didion, wie in Kapitel 4.4.5.8 bereits dargelegt, über 11 Tage in Stellung, 11 Tage in Bereitschaft und nur 3 Tage in Ruhe.[1994]

Karl Didion ahnte nicht, dass er nach einem kurzen Intermezzo in den Vogesen im Dezember wieder bei Verdun eingesetzt und dann das erleben würde, was die Regimentsgeschichte als den Abschluss des Verdun-Kampfes beschrieb. Diese Erlebnisse am 15. und 16. Dezember 1916, wo die Nivelle'sche Feuerwalze über das Ersatz-Regiment 2 hinwegging, raubten Karl Didion bis ins hohe Lebensalter den Schlaf. Nicht selten wachte er nachts ob dieser traumatischen Erlebnisse schreiend auf. Dies soll im Zusammenhang mit seiner Zugehörigkeit zum Ersatz-Regiment 2 im Band II näher geschildert werden.

[1994] KA: Infanterie-Divisionen-(WK)_5700_01 (335) Skizze.

Quellen- und Literaturverzeichnis

A   Unveröffentlichte Quellen

1   Archivalien

Archivalien Bayerisches Hauptstaatsarchiv, Kriegsarchiv

Die Archivalien im KA München sind in großen Konvoluten abgelegt, deren Inhalt nicht immer chronologisch geordnet ist. Zur Bearbeitung des großen Quellenmaterials fügte der Verfasser eine eigene Zählung an, um die Quellen besser zu identifizieren. Diese eigene Zählung findet sich deshalb nicht in der offiziellen Signatur, ist aber im Apparat angefügt. Beispiel: KA: Infanterie-Divisionen-(WK) 5701_08 (335). Die Zählung am Schluss, hier 08 (335), ist die Zufügung des Verfassers.

8. I.R._WK_1: Regimentsstab. Anlagen zum Kriegstagebuch. (6 Hefte) 01.01.1916-31.12.1917

8. I.R._WK_2: Regimentsstab. Anlagen zum Kriegstagebuch. 01.01.1916-31.05.1916

8. I.R._WK_3: Regimentsstab. Anlagen zum Kriegstagebuch: 25.07.1916-15.07.1916, 16.07.1916-04.09.1916, 01.08.1916-31.08.1916, 16.08.1916-21.11.1916, 05.09.1916-28.09.1916

8. I.R._WK_6: I. Bataillon. Kriegstagebuch: (6 Hefte) 01.08.1914-11.12.1918

8. I.R._WK_7: I. Bataillon. 20.06.1916-31.07.1916

8. I.R._WK_8: II. Bataillon. (7 Hefte) 01.01.1916-14.12.1918

8. I.R._WK_9: II. Bataillon. Anlagen zum Kriegstagebuch: 01.09.1916-14.09.1916

8. I.R._WK_10: III. Bataillon. Kriegstagebuch: (4 Hefte) 01.11.1915-30.09.1917

8. I.R._WK_11: III. Bataillon. Anlagen zum Kriegstagebuch: August 1914-April 1915. Dezember 1915-März 1917. Gefechtsberichte: 02.09.1916-05.09.1916

8. I.R._WK_12: III. Bataillon. Stellung 1915-1916. (4 Akten) 1916. Taktik (Befehle, Meldung und Anordnung) 1915-1916. Taktische Meldungen April-Mai 1916. Tagesmeldungen (2 Akten) 1916

8. I.R._WK_13: III. Bataillon. Taktisch (Befehle, Meldung und Anordnung) 1916. Verdun 1916

8. I.R._WK_16: 8. Karten von St. Mihiel – Combres, Verdun, Russland, Varvinay, Chevalier und andere, 1914-1918

8. I.R._WK_18: III. Bataillon: Regimentsbefehle 1914-01.04.1919

8. I.R._WK_22: Bataillonsbefehle (III. Bataillon) 1914-01.04.1919

Brigadeebene: 8. b. Infanterie Brigade

KA: Infanteriebrigaden (WK)_915: Kriegstagebuch. Laufzeit: 01.07.-14.11.1916

KA: Infanteriebrigaden (WK)_945: Anlage z. Kriegstagebuch. Laufzeit: 20.-31.08.1916

KA: Infanteriebrigaden (WK)_946: Anlage z. Kriegstagebuch. Laufzeit: 01.-17.09.1916

KA: Infanteriebrigaden (WK)_994

Divisionsebene: 14. Infanterie-Division.

KA: Infanterie-Divisionen-(WK)_1159: Feldgeistliche und Seelsorge, Allgemeines und Besonderes, 1914-1918

KA: Infanterie-Divisionen-(WK)_5686: Kriegstagebuch-Zweitschrift. Laufzeit 06.08.-31.12.1916

KA: Infanterie-Divisionen-(WK)_5697: Einsatz im Westen: Schlacht und Stellungskämpfe bei Verdun: Beilagen z. Kriegstagebuch – Tagesakt. Laufzeit 28.-31.08.1916

KA: Infanterie-Divisionen-(WK)_5698: Einsatz im Westen: Schlacht und Stellungskämpfe bei Verdun: Beilagen z. Kriegstagebuch – Tagesakt. Laufzeit 01.-07.09.1916

KA: Infanterie-Divisionen-(WK)_5699: Einsatz im Westen: Schlacht und Stellungskämpfe bei Verdun: Beilagen z. Kriegstagebuch – Tagesakt. Laufzeit 08.-14.09.1916

KA: Infanterie-Divisionen-(WK)_5700: Einsatz im Westen: Schlacht und Stellungskämpfe bei Verdun: Beilagen z. Kriegstagebuch – Tagesakt. Laufzeit 15.-22.09.1916

KA: Infanterie-Divisionen-(WK)_5701: Einsatz im Westen: Schlacht und Stellungskämpfe bei Verdun: Beilagen z. Kriegstagebuch – Tagesakt. Laufzeit 23.-30.09.1916

KA: Infanterie-Divisionen-(WK)_5702: Einsatz im Westen: Schlacht und Stellungskämpfe bei Verdun: Taktische Befehle mit Karten und Skizzen für den Angriff auf die Souville-Schlucht. Laufzeit 08.1916-09.1916

KA: Infanterie-Divisionen-(WK)_5703: Einsatz im Westen: Schlacht und Stellungskämpfe bei Verdun: Erfahrungen aus den Kämpfen von Verdun. Laufzeit 1916

KA: Infanterie-Divisionen-(WK)_5704: Einsatz im Westen: Schlacht und Stellungskämpfe bei Verdun

KA: Infanterie-Divisionen-(WK)_5707: Einsatz im Westen: Schlacht und Stellungskämpfe bei Verdun: Ablösung der 14. b. Infanteriedivision durch 9. Infanteriedivision, 19. Reservedivision, 10. Infanteriedivision. Laufzeit 27.09.-21.10.1916

KA: Infanterie-Divisionen-(WK)_5710: Einsatz im Westen: Schlacht und Stellungskämpfe bei Verdun: Ausbau der Stellung. Laufzeit: 15.07.-24.09.1916

KA: Infanterie-Divisionen-(WK)_5712: Einsatz im Westen: Schlacht und Stellungskämpfe bei Verdun: Fliegeraufnahmen. Laufzeit: 22.07.-23.09.1916

KA: Infanterie-Divisionen-(WK)_5885: Divisionsbefehle 14. b. Infanteriedivision. Laufzeit: 09.08.-24.12.1916

KA: Infanterie-Divisionen-(WK)_5886: Divisionsbefehle 14. b. Infanteriedivision. Laufzeit: 03.01.-16.12.1916

KA: Infanterie-Divisionen-(WK)_5900: Ausbildung, Allgemeines und Besonderes. Laufzeit: 06.08.-30.10.1916

KA: Infanterie-Divisionen-(WK)_5938: Dienstbetrieb: Zusammenstellung allgemein gültiger Befehle der Angriffsgruppe Ost. Laufzeit: 23.03.-29.09.1916

KA: Infanterie-Divisionen-(WK)_5944: Unterkunft: Allgemeines und Besonderes. Laufzeit: 1916-1917

KA: Infanterie-Divisionen-(WK)_5947: Unterkunft – Übersichten. (Abschnitt Verdun; Metz; Combres; Somme) Laufzeit: 1916-1917

KA: Infanterie-Divisionen-(WK)_6002: Nachrichten vom Feind: Gefangenen-Vernehmungen. Laufzeit: 17.08.-20.09.1916

KA: Infanterie-Divisionen-(WK)_6003: Nachrichten vom Feind (Erbeutete Befehle, Nachrichten und Übersetzungen). Laufzeit: 08.1916-09.1916

KA: Infanterie-Divisionen-(WK)_6059: Divisionstagesbefehle d. 14. b. Infanteriedivision (1. Satz): Laufzeit: 13.08.-31.12.1916

KA: Infanterie-Divisionen-(WK)_6371: Dienstbetrieb. Laufzeit: 1915-1918

KA: Infanterie-Divisionen-(WK)_6373. Verpflegung der Truppen – Spezialakten. Laufzeit: 1916-1918

KA: Infanterie-Divisionen-(WK)_11178: Kriegstagebuch mit Beilagen – 1. Schrift. Laufzeit: 01.10.-31.12.1916

KA: Infanterie-Divisionen-(WK)_11179: Kriegstagebuch mit Beilagen – 1. Schrift. Laufzeit: 01.01.-28.02.1917

KA: Infanterie-Divisionen-(WK)_11184: Kriegstagebuch mit Beilagen – 1. Schrift. Laufzeit: 01.07.-30.09.1918

KA: Infanterie-Divisionen-(WK)_11360: Formationen, Bezeichnungen und Veränderungen. Laufzeit: 1915-1918

KA: Infanterie-Divisionen-(WK)_11368: Abschnittseinteilung, Ablösung und Reserven. Laufzeit: 01.1916-12.1916

Archivalien Landesarchiv Baden-Württemberg – Hauptstaatsarchiv Stuttgart

HStAS M 410 Bd. 1. Kriegstagebuch.

2   Quellen von Privatpersonen

- Standesamt Homburg, Sterbeeintrag 23 für Josef Didion vom 18.07.1917

- Leumunds-Zeugnis für Karl Didion, ausgestellt von Gemeinde Kirrberg, Königreich Bayern am 31.03.1909

- Soldbuch für den Ldstm. Karl Didion

- Landsturm Militärpaß für Ldstm. Karl Didion, Jahresklasse 1898

- Zweitschrift Militärpaß für Ldstm. Karl Didion E/8. Inf.-Regt.

- Auszug aus der Kriegsstammrolle Bayr. Ersatz-Regiment, II. Bataillon, 5. Kompanie für Ldstm. Karl Didion

- Verschiedene Personalakten von Ldstm. Karl Didion aus dem Ancestry-Portal

- 2 Feldpostkarten von Ehefrau Philippine Didion an ihren Mann Ldstm. Karl Didion, 08.07. und 18.10.1916

- Postkarte von Karl Didion an seinen Bruder Josef mit Kompaniebild

- Schreiben von August an seinen Bruder Karl Didion vom 18.01.1916 aus Landau

- Brief von August an seinen Bruder Karl Didion vom 18.10.1918 aus Rumänien

- 10 Fotografien mit Ldstm. Karl Didion aus dem Feld

- Müller Jürgen, Vergleich der französischen 7,5-cm-Feldkanone modèle 1897 („Soixante-Quinze") mit der deutschen 7,7-cm-Feldkanone 96 neuer Art („Sieben-Sieben") Idar Oberstein 2017 (zit: Müller, Artillerievergleich 2017)

B   Gedruckte Quellen und Literatur

Afflerbach, Holger: Falkenhayn, Politisches Denken und Handeln im Kaiserreich, München 1994 (zit.: Afflerbach, Falkenhayn 1994)

Bayer. Kriegsarchiv (Hrsg.): Die Schlacht in Lothringen und in den Vogesen. Die Feuertaufe der Bayerischen Armee. Friedensgestalt der Armee, Mobilmachung, Ereignisse bis 22. August, Bd. I München 1929 (zit.: Bayerisches Kriegsarchiv, Lothringen Bd. I 1929)

Bayer. Kriegsarchiv (Hrsg.): Die Schlacht in Lothringen und in den Vogesen. Die Feuertaufe der Bayerischen Armee. Ereignisse nach dem 22. August, Bd. II München 1929 (zit.: Bayerisches Kriegsarchiv, Lothringen Bd. II 1929)

Bayer. Kriegsarchiv (Hrsg.): Erinnerungsblätter deutscher Regimenter, Bayerische Armee, Das K. B. 8. Infanterie-Regiment, Großherzog Friedrich II. von Baden, Bd. 43, München 1926 (zit.: Bayerisches Kriegsarchiv, Erinnerungsblätter 1926)

Busche, Hartwig, Formationsgeschichte der deutschen Infanterie im Ersten Weltkrieg 1914-1918, Owschlag 1998 (zit.: Busche, Formationsgeschichte 1998)

Cron, Hermann: Die Organisation des Deutschen Heeres im Weltriege. Berlin 1923 (zit.: Cron, Organisation des Deutsches Heeres 1923)

Cron, Hermann: Geschichte des Deutschen Heeres im Weltkriege 1914-1918, Berlin 1937 (zit.: Cron: Geschichte des Deutschen Heeres 1937).

Dellmensingen, Konrad Krafft von/Feeser, Friedrich Franz (Bearbeiter unter amtl. Mitwirkung des Bayer. Kriegsarchivs): Das Bayernbuch vom Weltkriege 1914-1918, Bd. 1, Stuttgart 1930 (zit.: Dellmensingen, Bayernbuch 1930)

Devin, G.: Die Deutschen Militärapotheker im Weltkriege: Ihre Tätigkeit und Erfahrungen, Berlin 1920 (zit.: Devin, Deutsche Militärapotheker 1920)

Falkenhayn, Erich v.: Die Oberste Heeresleitung 1914-1916 in ihren wichtigsten Entschließungen. Berlin 1920 (zit.: Falkenhayn, Oberste Heeresleitung 1920)

Fleck, Dieter (Hrsg.): Handbuch des humanitären Völkerrechts in bewaffneten Konflikten, München 1994 (zit: Fleck, Humanitäres Völkerrecht, 1994)

Gold, Ludwig: Die Tragödie von Verdun 1916, Band 14, 2. Teil, „Das Ringen um Fort Vaux", hrsg. im Auftrag des Reichsarchivs, Oldenburg/Berlin 1928 (zit.: Gold, Tragödie von Verdun, Bd. 14, 1928)

Gold, Ludwig: Die Tragödie von Verdun 1916, Band 15, 3. Teil, „Die Zermürbungs- schlacht", hrsg. im Auftrag des Reichsarchivs, Oldenburg/Berlin 1929 (zit.: Gold, Tragödie von Verdun, Bd. 15, 1929)

Hein, Max: Das kleine Buch vom deutschen Heere: Ein Hand- und Nachschlagebuch zur Belehrung über die deutsche Kriegsmacht. Nach den neuesten Bestimmungen bearbeitet Kiel u. Leipzig 1901 (zit.: Hein, Deutsches Heer 1901)

Jankowski, Paul: Verdun, Die Jahrhundertschlacht. Frankfurt a. Main 2015 (zit.: Jankowski, Verdun 2015)

Jessen, Olaf, Verdun 1916, München 2014 (zit.: Jessen, Verdun 2014)

Kraus, Jürgen: Handbuch der Verbände und Truppen des deutschen Heeres 1914-1918. Maschinengewehrtruppen Band 1, Wien 2014 (zit.: Kraus, Verbände MG, 2014)

Kraus, Jürgen: Handbuch der Verbände und Truppen des deutschen Heeres 1914-1918. Infanterie, Band 2, Reserve- und Landwehr-Infanterie, Wien 2012 (zit.: Kraus, Landwehr, 2012)

Kraus, Jürgen: Handbuch der Verbände und Truppen des deutschen Heeres 1914-1918. Infanterie, Band 3, Ersatztruppen und Feld-Rekrutendepots, Wien 2013 (zit.: Kraus, Ersatztruppen 2013)

Kriegsgeschichtliche Forschungsanstalt des Heeres (Hrsg): Der Weltkrieg 1914-1918. Die militärischen Operationen zu Lande, bearb. im Reichsarchiv. Bd. 5: Der Herbstfeldzug 1914, Berlin 1929, (zit.: RA Bd. 5 1929)

Kriegsgeschichtliche Forschungsanstalt für Kriegs- und Heeresgeschichte (Hrsg.): Die Operationen des Jahres 1916 bis zum Wechsel in der Obersten Heeresleitung. Bd. 10, Berlin 1936 (zit.: RA Bd. 10 1936)

Kriegsgeschichtliche Forschungsanstalt des Heeres (Hrsg.): Die Kriegsführung im Herbst 1916 und im Winter 1916/17. Vom Wechsel in der Obersten Heeresleitung bis zum Entschluß zum Rückzug in die Siegfriedstellung. Bd. 11, Berlin 1938 (zit.: RA Bd. 11 1938)

Kriegsgeschichtliche Forschungsanstalt des Heeres (Hrsg.): Die Kriegsführung im Frühjahr 1917, Bd. 12, Berlin 1939 (zit.: RA Bd. 12 1939)

Kriegsgeschichtliche Forschungsanstalt des Heeres (Hrsg.): Die Kriegsführung im Sommer und Herbst 1917. Die Ereignisse außerhalb der Westfront bis November 1918, Bd. 13, Berlin 1942 (zit.: RA Bd. 13 1942)

Leonhard, Jörn: Die Büchse der Pandora: Geschichte des Ersten Weltkriegs, München, 2014 (zit.: Leonhard, Pandora 2014)

Paland, Wolfgang: Die Abenteuer des Musketiers Albert Krentel. Ein deutsches Schicksal im Weltkrieg 1914-1918. Braunschweig 2015 (zit.: Paland, Ein deutsches Schicksal 2015)

Reibert, Tillmann: Die Deutschen Minen- und Granatwerfer im Ersten Weltkrieg 1914-1918. Berlin 2014 (zit.: Reibert, Mörser 2014)

Touzin, Pierre/Vauvillier, François: Les canons de la Victoire 1914-1918. L'artillerie de campagne. Pièces légères et pièces lourdes. Paris 2006

(zit.: L'artillerie de campagne 2006)

Voigt, Günther: Deutschlands Heere bis 1918. Bd. 10: Bayern. Infanterie-Leib-Regiment, Infanterie-Regimenter 1-23, Jäger-Bataillone 1-2, 1. Maschinengewehrabteilung. Osnabrück 1984. (zit.: Voigt, Deutschlands Heere 1984)

Wilhelm, Kronprinz: Meine Erinnerungen aus Deutschlands Heldenkampf, Berlin 1923 (zit.: Kronprinz, Erinnerungen 1923)

C   Internetquellen

Die Internetquellen sind in der Ordnung ihrer ersten Erwähnung aufgeführt.

URL: http://www.deutsche-kriegsgeschichte.de/hbsverd.html: 16.05.2017

URL: https://de.wikipedia.org/wiki/Landwehr_(Militär) - Bayern; 24.09.2015

URL: https://de.wikipedia.org/wiki/Fußartillerie; 13.11.2015

URL: http://wikide.genealogy.net/Militär/Formationsgeschichte/Deutschland/ Erster_Weltkrieg/Korps_und_Gouvernements; 19.11.2015

URL: https://de.wikipedia.org/wiki/Armee; 20.11.2015

URL: https://de.wikipedia.org/wiki/Armeeabteilung;19.11.2015

URL: https://de.wikipedia.org/wiki/XIV._Armee-Korps_(Deutsches_Kaiserreich)#Armeeabteilung_B; 19.11.2015

URL: https://de.wikipedia.org/wiki/V._Armee-Korps_(Deutsches_Kaiserreich) 19.11.2015

URL: https://de.wikipedia.org/wiki/Heeresgruppe; 19.11.2015

URL: http://prussianmachine.com/aok/strantz.htm; 20.09.2017

URL: https://www.google.de/search?hl=de&tbm=isch&source=hp&biw= 1280&bih=762&ei=ATPKWqi2MuLR6ASwtJawBw&q=Zu+den+Kämpfen+ zwischen+Maas+und+Mosel, 25.06.2016

URL: https://de.wikipedia.org/wiki/Wildgänse_rauschen_durch_die_Nacht/ 04.12.2015

URL: http://gallica.bnf.fr/ark:/12148/bpt6k62257822; 08.10.2016

URL: http://robert.faure.pagesperso-orange.fr/Cazal/259RI.htm, 21.02.2016

URL: https://de.wikipedia.org/wiki/33._Reserve-Division_(Deutsches_Kaiserreich), 18.11.2016

URL: https://www.ebay.de/itm/1915-Reliefkarte-zu-den-Kaempfen-zwischen-Maas-und-Mosel-Verdun-und-Metz-WW-1-/151554547550, 24.5.2016

URL: https://www.verdun14-18.de/?page_id=1207; 21.03.2016

URL: http://pierreswesternfront.punt.nl/_files/2008-03-21/calonne-image002.jpg, 23.5.2015, Höhenweg der Côtes Lorraine, 23.06.2016

URL: https://de.wikipedia.org/wiki/Adolf_von_Oven; 08.03.2016

URL: https://de.wikipedia.org/wiki/Gaskrieg_während_des_Ersten_Weltkrieges, 05.10.2016

URL: https://de.wikipedia.org/wiki/Schrapnell, 17.02.2016

URL: https://de.wikipedia.org/wiki/Robert_Nivelle, 07.03.2018

URL: https://commons.wikimedia.org/wiki/Category:Robert_Georges_Nivelle?uselang=de, 07.03.2018

URL: https://de.wikipedia.org/wiki/5._Division_(Deutsches_Kaiserreich); 07.04.2016

URL: https://www.historischeslexikonbayerns.de/images/thumb/e/e9/ Artikel_45457_bilder_value_8_gebsattel_b.jpg/300px-Artikel_45457_bilder_value_8_gebsattel_b.jpg, 23.05.2016

URL: http://www.morthomme.com/st-mihiel.html, 13.03.2016

URL: http://wiki-de.genealogy.net/KB_IR_1#Feldz.C3.BCge.2C_Gefechte_usw.; 11.03.2016.

URL: http://www.deutsche-kriegsgeschichte.de/krgj16.html; 23.03.2017

URL: https://de.wikipedia.org/wiki/Ewald_von_Lochow; 23.05.2017

URL: https://de.wikipedia.org/wiki/Schlacht_um_Verdun; 11.10.2016

URL: http://images.mentalfloss.com/sites/default/files/Verdun%20February%2025-26.jpg; 11.10.2016.

URL: https://de.wikipedia.org/wiki/Konstantin_Schmidt_von_Knobelsdorf; 17.09.2017

URL: http://www.oocities.org/bunker1914/Kampfbereiche_Verdun_Souville_Nase.htm; 26.04.2016

URL: https://de.wikipedia.org/wiki/8._Königlich_Bayerische_Infanterie-Brigade; 25.05.2016

URL: https://de.wikipedia.org/wiki/Sturmbataillon; 23.06.2016

URL: https://www.google.de/search?hl=de&tbm=isch&source=hp&biw= 1280&bih=762&ei=qEjGWpTfGIyasAGqlpz4Cw&q=Sturm-Pionier+Dettmann; 23.06.2016

URL: https://de.scribd.com/doc/314928828/Sturm-Bataillon-Nr-5-Rohr; 24.07.2016

URL: https://www.google.de/search?hl=de&tbm=isch&source=hp&biw= 1280&bih=762&ei=KlXGWvK5A4eqsgGRjoBQ&q=Ravin+de+la+Fausse+côte%2C+Verdun& oq; 24.03.2016

URL:http://www.welt.de/geschichte/article152435451/Wie-der-deutsche-Stahlhelm-den-Krieg-veraenderte.html; 03.07.2016

URL: https://www.google.de/search?hl=de&tbm=isch&source=hp&biw=1280&bih=762&ei= 8V_GWsKoM4uSsAGStqW4DQ&q=Brûle+SChlucht&oq; 15.04.2016

URL: http://images.delcampe.com/img_large/auction/000/113/598/122_001.jpg; 15.04.2016

URL: http://www.deutsche-kriegsgeschichte.de/hbsverd.html: 16.05.2017

URL: http://hermesphila.de/blog/der-erste-weltkrieg-auf-ansichtskarten-hintergrundinformationen-zu-unseren-aktuellen-ebay-und-delcampe-auktionen/; 21.03.2016.

URL: https://de.wikipedia.org/wiki/Train_(militärisch); 28.06.2016

URL: https://de.wikipedia.org/wiki/XVIII._Reserve-Korps_(Deutsches_Kaiserreich); 23.07.2016

URL: http://www.grosser-generalstab.de/biograph/n0002steuben.html; 19.02.2016

URL: http://www.festungsbauten.de/Verdun_Hardaumont.htm; 26.02.2016

URL: https://de.wikipedia.org/wiki/Stahlhelm; 22.10.2016

URL: https://de.wikipedia.org/wiki/Versetzung_in_die_zweite_Klasse_des_Soldatenstandes; 10.08.2017

URL: https://de.wikipedia.org/wiki/François_Séverin_Marceau; 15.07.2017

URL: https://www.verdunbilder.de/vestiges-de-la-poudriere/; 01.03.2016

URL: https://de.wikipedia.org/wiki/Militärkabinett; 15.04.2017

URL: http://www.stahlgewitter.com; 03.10.2017

URL: https://www.google.de/search?hl=de&tbm=isch&source=hp&biw=800&bih= 679&ei=px6pWsDWLcfgkgWkuID4DQ&q=französischer+22+cm+Mörser; 14.03.2018

URL: http://www.douaumont.net/Start001.JPG; 11.10.2016

URL: http://www.oocities.org/welver2000/Festungsbauten_Verdun_Ouvrage_de_ Froideterre.htm; 01.09.2017

URL: https://de.wikipedia.org/wiki/Karl_von_Kleinhenz; 03.03.2017.

URL: http://www.tapferes-westfalen.de/wissen/flammen_text.htm; 19.12.2016

URL: http://www.oocities.org/bunker1914/Kampfbereiche_ Verdun_Souville_Nase.htm; 26.04.2016

URL: http://genwiki.genealogy.net/IR_168; 23.05.2016.

URL: https://www.milsurps.com/showthread.php?t=4487; 04.09.2017

URL: https://fr.wikipedia.org/wiki/Viven-Bessières_(arme); 01.06.2017

URL: https://www.google.de/search?hl=de&tbm=isch&source=hp&biw= 1280&bih=762&ei=uJuWu_9FsaXsAe6nYmwDQ&q=Granatwerfer+16+1.+Weltkrieg&oq=Gra natwerfer+16+1.+Weltkrieg; 12.03.2018

URL: https://de.wikipedia.org/wiki/Horst_Edler_von_der_Planitz; 19.03.2018

URL: http://gallica.bnf.fr/ark:/12148/bpt6k62257822; 08.10.2016

Bildnachweis

Abbildung 3: 10.10.1914, Karte Westen, RA Bd. 5 1929, Karte 8 (und 4); Reproduktionserlaubnis durch das BArchiv vom 17.04.2018

Abbildung 5: Stellungskarte vor Verdun Mitte 1916, RA Bd. 10 1936, Karte 3; Reproduktionserlaubnis durch das BArchiv vom 17.04.2018

Abbildung 67: Feldkanone 7.7 cm 16 n. A.: BArchiv, Bild 102-11934/Fotograf Pahl, Georg, Order ID 151853724. Ostpreußen, Herbstmanöver der Reichswehr, August 1928. Dieses Geschütz wurde jedoch bereits im 1. Weltkrieg benutzt; Reproduktionserlaubnis durch das BArchiv vom 17.04.2018

Abbildung 171: Verdun Ost August/September, RA Bd. 10 1936, Skizze 14; Reproduktionserlaubnis durch das BArchiv vom 17.04.2018

Alle anderen Bilder sind entweder aus Privatbesitz oder urheberrechtlich unter Gemeinfreiheit (public domain) einzustufen, da sie über 100 Jahre alt sind.

Nota: Diesem Band I ist nur der Anhang 1 angefügt, die anderen Anhänge bilden den Inhalt eines besonderen Anhang-Bandes.

Anhang 1   Stammdaten und Briefe

Abbildungsverzeichnis Anhang 1

Stammdaten[1995] Karl Didion, geb. 15.07.1878, 1. Weltkrieg

Stammrolle 210:

Dienstgrad: Ldstm. [Landsturmmann]

Vor- und Familiennamen: Didion Karl

Religion: k

Ort u Datum der Geburt: Kirrberg, Homburg, Bayern: 15.7.78

Lebensstellung und Wohnort: Maler, Kirrberg

Ehegattin: Philippine, geb. Maurer. 5 Kinder

Vor- und Zunamen der Eltern: Christian D[idion], pens[ionierter] Hüttenarbeiter, Katharina, geb. Sonntag, Kirrberg

Zusätze zu den Personalnotizen: Am 3.8.16 wegen wunder Füße ins Festungs-Lazarett Metz. Gasmaske Nro. 2, ausgebildet am Gewehr 98, Schießklasse 98

Dienstverhältnisse nach Eintritt der Mobilmachung: 14.6.15 zum 1. Ersatz Batl. 8. b. Inf. Rgt. 2. Rekr.-Dep. eingezogen als Ldstm. 12.8.16 zu Rekr.-Depot Fort Göben[1996] 33. Res. Div. 7.10.15 zur 2./8. I. R. im Feld, 3.8.16 krank im Lazarett, 20.6.16 vom Lazarett zur 5. Ersatz Komp, 15.9.16 zur 4. Ersatzkomp. 30.9.16 zur Armee Abteilung A versetzt. 5.10.16 z.[u] 5./Ers. Rgt. 2 /Feld

Mitgemachte Gefechte. Bemerkenswerte Leistungen: Hat sich [...] aus dienstlichem Anlaß im Operationsgebiet aufgehalten (gehörte zur Kriegsbesatzung der bedrohten Festung Metz). ab 7.10.15 Maashöhen
vom 13.6.16 bis 31.7.16 b.[ei]St. Mihiel.
3.10.16-3.11.16 Stellungskämpfe in d.[en] mittl.[eren] Vogesen.
4.11.-16.12.16 Stellungskämpfe vor Verdun, 15.-16.12.16 Kämpfe b.[ei] Louvement u. Bezonvaux.
ab 26.12.16 Stellungskämpfe in d.[en] mittl.[eren] Vogesen.

Kommandos und besondere Dienstverhältnisse. 28.2.-21.3.17 zur Ausbildung am MG zur I. MG Komp. beim bayer. Ers. Rgt. 2 versetzt.

Inhaber folgender Orden und Ehrenzeichen: 1.3.18 P[reußisches] EK, 2. Klasse

Führung: sehr gut

Strafen: keine

Bemerkungen:
Hat Schutz-Impfungen erhalten
gegen Typhus 3x
gegen Cholera 2x geimpft
B??? d ???????

[1995] Die Stammdaten sind eine Zusammenfassung von Daten verschiedener Stammrollen, des Militärpasses, des Soldbuches und vom Auszug aus der Kriegsstammrolle 576, die Ldstm. K. Didion bei der Demobilisierung übergeben wurde.

[1996] Das Fort Goeben (französisch bis 1871 und dann wieder ab 1919: Fort de Queuleu), ist ein Festungswerk bei Metz. Es war Teil des inneren Gürtels um die Festung Metz und nicht in Kampfhandlungen involviert. Die Umbenennung zu Ehren des preußischen Generals der Infanterie August Karl von Goeben (1816–1880) fand am 1 September 1873 statt. Benannt nach dem Kommandierenden General des VIII. Armee-Korps in der Schlacht bei Spichern und Gravelotte im Jahre 1870.

I. Ers. Btl. B(ayer) 8. I.
2. R(ekruten) D(epot) 192
Metz 7.10.15
Unterschrift, Komp. Führer

In Gefangenschaft
Entlassungsschein, ausgestellt am 30.6.1919, am 3.7.1919 aus Gefangenschaft zurück

Anhang 1 Abbildung 1: Ldstm. Karl Didion in Paradeuniform[1997]

Anhang 1 Abbildung 2: Feldpostkarte von Philippine Didion (ganz rechts mit Tochter Lena; links neben einer Bekannten aus Saarbrücken Tochter Clothilde) an ihren Mann Karl
Die Bekannte brachte für die Kinder Hüte mit. Diese Bekannte ist die Frau eines Commercienrates, in dessen Haushalt die erste Frau von Karl Didion bis zu ihrer Hochzeit in Stellung war.

Kirrberg, den 08.07.1916

An Landst. Carl Didion, 6. Inft. Division, 8. […] Inft. Regt. 2. Komp.

Lieber Mann!
Hier schicke ich Dir […] Bild, hoffentlich wirst Du sie kriegen. Die fremde Frau ist eine Schw[ä]gerin der Mädel Frau H…schacht die uns bei ihrer durch Reise besuchten […] ihr Mann ein paar Aufnahmen gemacht die andern schicke ich dir später […]

Anhang 1 Abbildung 3: Postkarte von Kirrberg, gez. von Karl Didion

Postkarte 18.10.1916 von Philippine Didion an ihren Mann Karl Didion

An Landst. Carl Didion, 30. Res. Div, 2. bayer. Ers. Inft. Regt., II. Batl. 5. Komp.

Feldpostkarte

Lieber Mann,

Endlich gestern Abend Karte ein, 12. Und 14. Mit Freude gelesen und freue mich jetzt schon auf den versprochenen Brief. Hoffentlich läßt er sich nicht solange auf sich warten. Teile Dir mit daß ich Dir heute ein Päckchen mit Einweg [möglicherweise mit Einweckgläser; Anm. d. Verf.] und eins mit Brot abgeschickt habe. Hoffentlich wird Dich alles so gesund antreffen, wie es uns verlassen hat.

Nochmals Gruß und Kuß d. lb. Frau und Kinder sendet Die lb. Familie.

Anhang 1 Abbildung 4: Ldstm. Karl Didion (rechts außen) im Kreis seiner Kameraden in den Vogesen

Anhang 1 Abbildung 5: Ldstm. Karl Didion im Unterstand (vorne sitzend)

Stammdaten Josef Didion, geb. 11.02.1876, 1. Weltkrieg

Dienstgrad: Obergefreiter *(gestrichen),* Unteroffizier

Vor- und Familienname: Josef Didion

Religion: kath.

Ort und Datum der Geburt: Kirrberg B[ezirks]A[mt] Homburg i[n] Pf[alz] Bayern, 12.2.1876

Lebensstellung und Wohnort: Bergmann, Kirrberg

Vor- und Familiennamen der Ehegattin, Zahl der Kinder: Katharina geb. Strasser, 3 Kinder

Vor- und Familiennamen Stand und Wohnort der Eltern: Christian und Katharina geb. Sonntag, Hüttenarbeiter Kirrberg

Truppenteil: bayer. Fuß-Art Batterie 712

Dienstverhältnisse
a) früher: 14.10.96 11/ 2 b. Fuß-Art Regt. 11. Kp., 1.10.97 Gefreiter, 1.4.98 Obergefreiter, 27.9.98 zur Reserve entlassen, 10.9.02 14 tägige, 18.-30.4.04 13 tägige Übung.

b) nach Eintritt der Mobilmachung: 3.8.14: IV. Arm[ierungs]. Batl. 15. Komp. Germersheim eingerückt, 4.9.14: 2. Ers. Battr. 1. Fußartillerie Rgt. überwiesen, 27.9.14: zeitig feld u[nd] garn. unf. entlassen; 7.11.15: Rekr[uten] Dep. 1 zum mob. Ers. Batl. 2. Fußartillerie Regt.; 1.12.15: zuf[olge] B. B. v. 13.12.15 zur L[an]dsturm Ersatz Battr. I. 1. Fußart. Regt. A[rmee] K[orps], 11.2.16: zum 2. Rekr[uten] Dep[ot] E/1. b[ayrisches] Fuß[artillerie] Reg[men]t versetzt, 1.3.17: zum Unteroffizier befördert (B. B. v. 28.1.17).

Orden und Ehrenzeichen: [G]er.(?) Erin[nerungs] Medaille, E[isernes] K[reuz] II Kl[asse] gel. d. Parade von seiner königlichen Hoheit dem deutschen Kronprinzen.

Mitgemachte Gefechte, Bemerkenswerte Leistungen: 8.4.-9.9.16 Schlacht bei Verdun, 3.-7.5.16 Kämpfe um Höhe 304, 20.-29.5.16 Kämpfe um Toter Mann, 29.5.16 Kämpfe um Caurettes-Höhe, 9.9.16 - 30.6.17 Stellungskämpfe bei Verdun, 25.1.-28.1.17 Kämpfe auf Höhe 304, 18.3.17 Kämpfe am Walde von Reglancourt und Höhe 304

Kommandos u besondere Dienstverhältnisse, Kriegsgefangenschaft: keine

Führung/Strafen: sehr gut/keine

Bemerkungen:
30.6.17 infolge schwerer Verwundung (Gesäß, r[echter] Oberschenkel, lk. Ober- u[nd] Unter-schenkel, rechte Seite) in der Feuerstellung dieser Batterie (1200 m nordwestl. Bethincourt [= Béthéncourt] [Quadrat] 17/49 [Quadrat] 8) dem Verbandsplatz Drillancourt (6. R.) überwie-sen. L[aut] telefonischer Mitteilung der Sanitätskomp. 516 (6. R.) ist etc. Didion am 1.7.17 vorm. 9:45 Uhr an der Verwundung gestorben. Seine letzte Ruhestätte hat derselbe auf dem Sol-datenfriedhof Dannevoix (Grab 544) gefunden.

An seine Familie:

geschrieben d. 12.1.17

(Rückseite Weihnachtsbild)

Meine Lieben!

Bin bis jetzt noch gesund und munter was ich auch von euch erwarte. Es grüßt euch alle in der Hoffnung auf ein gesundes Wiedersehen

Euer Vater.

Anhang 1 Abbildung 6: Obergefreiter Josef Didion[1998]

Anhang 1 Abbildung 7: Obergefreiter Joseph Didion an Weihnachten 1915?[1999] (hintere Reihe 3. von links)

[1998] Foto in Privatbesitz.
[1999] Foto in Privatbesitz.

Anhang 1 Abbildung 8: Obergefreiter[2000] Josef Didion in Geschützstellung[2001] (1. Reihe links)

An seinen Bruder August (Rückseite des Ge-
schützbildes)

Geschrieben den 8.8.16[2002]

Lieber Bruder, habe gestern deine Karte erhalten, wofür ich bestens danke. Ich bin froh
für dich, daß du mahl(?) wieder ...(?)
Deutschland bist(?) hoffendlich(?) wird Dir es
nicht nachteilig(?) werden und eine(?)
hoff.(?) kürzere(?) Zeit von *(Lesung sehr spe-
kulativ)* der Front entfernt bleiben. Mir geht
es bis jetzt noch gut. Bist(?) auch noch gesund was ich dir auch wünsche. ...(?)
hoff.(?) auf(?) Antwort(?) (Lesung sehr spe-
kulativ)

Dein Bruder Joseph

...(?) Grüße an Märt (?)

Ich sende ...(?) ...(?) ...(?) ein(?) Bilder(?) (Zeile schlecht lesbar)
war meines Geschütz Bedienung. Hoffentlich wirst du mich erkennen.

*Anhang 1 Abbildung 9: Ausschnitt „Erinnerung an die
Offensive vor Verdun", auf der Granate: „Langbälle
nach Verdun 1916"*

[2000] Sein letzter Dienstgrad war Unteroffizier.
[2001] Foto in Privatbesitz.
[2002] Am 08.08.1916 war Karl Didion im Lazarett in Metz.

Stammdaten August Didion, geb. 07.07.1891, 1. Weltkrieg

Dienstgrad: Infanterist

Vor- und Familienname: August Didion

Religion: kath.

Ort und Datum der Geburt: Kirrberg, Homburg Bayern, 7.7.1891

Lebensstellung und Wohnort: Anstreicher, Kirrberg

Vor- und Familiennamen der Ehegattin, Zahl der Kinder: ledig

Vor- und Familiennamen Stand und Wohnort der Eltern: Christian und Katharina geb. Sonntag, pens[ionierter] Hüttenarbeiter, Kirrberg

Personalbeschreibung: 168, Kinn gew[öhnlich], Nase u, Mund. ebs. Haar blond, Schnurrbart

Dienstverhältnisse
a) früher: ausgehoben in Homburg, 23.10.1912 18. I[nfanterie] R[egiment] 3. Kp.

b) nach Eintritt der Mobilmac[hung]: 17.12.14 E[rsatz Batl.]/18. I[nfanterie] R[egiment], Gen[esungs] Kp., 16.3.15 I. E[rsatz Batl.]/ 18. I. R. 5. Kp., 19.4.15 zum II. Mal im Feld, k[öniglich] I.R. 22, 6. Kp, 10.9.15 E/ 18. I.R. Gen[esungs] Kp., 23.10.15 I. E. 18. I.R. 5. Kp., 16.2.16 Arm. Batl. 10 I. E/ 17. I.R. 5. Kp, 19.2.16 I. E./18. I.R. 5. Kp., 30.6.16 Gem[mäß] Verf[ügung] St[ab] G[eneral] K[ommando] v[om] 24.6.16 N[umer]o 104597 ohne Versorgung entlassen, 17.10.16 Landst. Inf. Ersatz Batl G'[ermers]heim 3. Kp, 14.11.16 zum Landst. Inf. Ers. Batl. Zweibr[ücken] K'[aisers]lautern 4. Kp. vers[etzt]. Am 26.11.16 zum Landst[urm] Inf. Batl. Würzburg (II B. 20) versetzt.

Orden und Ehrenzeichen: keine

Mitgemachte Gefechte, Bemerkenswerte Leistungen: 8.8.14-1.11.14 beim 18. I.R. gegen Frankreich, 20.4.15-20.6.15 k[önigliches] I.R. 22 gegen Frankreich u. Rußland.

Verw[undungen]: I. 1.11.14 Bauchschuß durch Inf[anterie] Gesch[oß], im Lazarett bis 16.12.14, II. 20.6.15 Schuß l[inker] Arm, Brust u[nd] Knie u[nd] l[inker] Fuß durch Inf. Gesch. bei Lemberg, Hilfslaz[zarett] Urgstallpalast Magdeburg v[om] 3.7.15 b[is] 6.9.15 z[ur] Laz[arett] Res[serve] Laz[arett] Homburg v[om] 8.9.15 b[is] 10.9.15.

Führung/Strafen: keine

Bemerkungen, welche in den Militärpaß aufzunehmen sind und Personal-Notizen: Erkenne die Richtigkeit der Eintragungen an. Wurde gem[äß] Ziff[er] 35 d[es] P. S. R. Pf. v[om] 26.5.15 No. 30 Ziff. 479 belehrt u. erkläre: Ich erhebe keine Versorgungsansprüche. Landau 25.6.16, August Didion.

Anhang 1 Abbildung 10: August Didion (links)[2003]

Transkription:

Landau, den 18. Jan. 1916

Lieber Bruder,

Deine Karte habe ich erhalten, wofür ich Dir bestens danke.

Mir geht es soweit noch gut, was ich auch von Dir hoffe.

Am Sonntag war ich daheim, es ist noch alles beim Alten.

Heute morgen habe ich mich zum Rapport gemeldet, hoffentlich bekomme ich ein paar Tage Urlaub. In der Hoffnung auf baldigen Frieden und Du bald mal heimkommst,

verbleibe ich mit vielen Grüßen

Dein Bruder August.

Leb Wohl.

Auf Wiedersehen. Gruß an die Kirrberger

*Anhang 1 Abbildung 11: Rückseite der
Postkarte von August Didion an einen
seiner Brüder*

[2003] Postkarte in Privatbesitz.

Anhang 1 Abbildung 12: August Didion auf
Heimaturlaub[2004]

Anhang 1 Abbildung 13: August Didion, rechts liegend[2005]

Auf der Rückseite dieser Postkarte an seinen Bruder Josef:

[2004] Foto in Privatbesitz.
[2005] Foto in Privatbesitz.

Von August an Joseph Didion, aufgegeben 14. April 1915 in Landau/Pfalz

An Herrn Joseph Didion[2006], Bergmann, Kirrberg bei Homburg Pfalz

Lieber Bruder u. Schwägerin,

sende euch anbei die besten Grüße von hier. Ich bin felddienstfähig, wann der Transport abgeht, weiß ich noch nicht. Mir geht es bis jetzt noch gut, hoffentlich Euch auch. In der Hoffnung, dass der Krieg bald ein End hat und mich auf Antwort nicht warten läßt will ich schließen und Euch vielmal grüßen

August. Gruß an die Kinder. Wiedersehn

Transkription:

geschrieben den 18. Okt. 1918.
Lb. Bruder,
Sende Dir viele Grüße aus Rumänien, bin
soweit noch gesund und munter, erwarte dasselbe auch von Dir. Wie es den Anschein hat,
scheint es doch bald Frieden zu geben zu wollen. Hoffentlich fällt uns diesmal die Hoffnung wieder in den Dreck und es kommt
endlich mal so weit, es ist wirklich die höchste Zeit. Daß Bulgarien Waffenstillstand gemacht hat, werdet ihr wohl auch erfahren
haben, sonst gibt es weiter keine Neuigkeiten
von Bedeutung. Anbei sende ich Dir eine
kleine Photographie, bin etwas sehr mager,
un[d] wenn es Frieden ist, können wir uns
sicher etwas herausfüttern, hoffentlich haben
wir weiterhin Glück bis dorthin. In der Hoffnung, daß unser Kampf auf baldigen Frieden

Anhang 1 Abbildung 14: Brief von August Didion aus Rumänien an seinen Bruder Karl;[2007] Alois ist der Sohn seines am 30.06.1917 gefallenen Bruders Joseph

und frohes Wiedersehen recht bald in Erfüllung geht, grüßt Dich Dein Bruder August.

Gruß an Alois Auf Wiedersehen.

[2006] Die zivile Anrede weist auf die Tatsache hin, dass sein Bruder Joseph am 27.09.1914 zunächst wieder aus dem Dienstverhältnis entlassen wurde, nachdem er am 03.08.1914 einberufen worden war; erst am 07.11.1915 wurde Joseph Didion wieder „zu den Waffen" gerufen und ins Rekruten-Depot wohl als Ausbilder eingezogen, da Joseph Didion bereits am 14.10.1896 seinen Militärdienst bei der Artillerie begonnen hatte und nach mehrfachen Übungen als Obergefreiter der Reserve entlassen wurde.
[2007] Brief in Privatbesitz.

Stammdaten[2008] Jacob Schieler[2009], geb. 27.01.1893, 1. Weltkrieg

Dienstgrad: Inf[anterist]

Vor- und Zuname: Jacob Schieler

Religion: kath.

Ort (Verwaltungsbezirk Bundesstaat) der Geburt: Contwig B[ezirks]a[mt] Zweibrücken

Datum der Geburt: 27.1.93

Lebensstellung (Stand, Gewerbe): Maurer

Wohnort: Contwig

Vor- und Familiennamen des Ehegatten. Zahl der Kinder.

Vermerk, daß der betreffende ledig ist: ledig

Vor- und Familiennamen, Stand oder Gewerbe und Wohnort der Eltern: Jakob Sch[ieler] Landwirt, Elise geb. Barmann, Contwig

Truppentheil (Kompagnie, Eskadron): 11/4

Zusätze zu den Personalnotizen:
Am 2.9.16 b. Souville verw. (Gr[anat]Spl[itter] am Kiefer)
Am 3.9.16 verw. d. Gr[anat]spl[itter] am Kopf i. Theaterlaz. Montmedy Burgwegbaracke
Am 6.11.16 z. Genes. Abtlg. Montmedy; am 28.5.17 z. E./4. I.R. entlassen
Am 2.6.17 entl. z. I. E./ 4. I.R.
Am 5.3.18 verw. d. Gr[anat]spl[itter] am r[echten] U[nter]arm i. Feldlaz. 188
Am 7.3.18 i. Kriegslaz. I/39 Abt. I. i. Saarburg
Am 12.3.18 i. Res. Laz. Nürnberg Bismarkstr. 18
Am 4.4.18 i. Res. Laz. Rothenbach b. Lauf
Am 15.4.18 i. Res.Laz. Zweibrücken
Am 12.10.18 z. E./15. I.R. entl.

Cholera 31.12.[-]12.1.
Gasmaske N. 3. verg. 1.1.16

Dienst-Verhältnisse:
a) frühere: -
b) nach Eintritt der Mobilmachung:
Am 10.10.14 als Rekr. beim Ers. Batl. 4. I.R. eingerückt R[ekruten] Dep.
Am 26.12.1914 zur 2. Ers. Kp. des 4. I.R. versetzt
Am 2.2.15 z. 4. I.R./11. Kp. i. Feld
Am 29.5.17 E./4. I.R. Genes. Kp.
Am 3.6.17 zur 5. E[rsatz] Kp. I/E. 4. I.R. versetzt
Am 15.6.17 z. E./4. I.R. 2. Kp. vers.
Am 21.6.17 z. 2. E[rsatz] Kp. I/E 4. I.R.
Am 2.7.17 z. 18 I.R. 11. Kp. i. Feld
Gem. R. B. v. 30.9.17 ZZ zum Bayr. Sturm Batl. N. 15, 1. Kp. versetzt i. Feld
15.10.18 z. E./15. I.R. Gen. Kp.
8.11.18 z. 15. I.R. Garn. Kp.
Am 19.11.1918 Infolge Demobilmachung nach Contwich Bezirksamt Zweibrücken, Bezirks-Kdo. Zweibrücken entlassen

---

[2008] Stammdaten zusammengestellt aus den Auszügen der Kriegsstammrolle: 736, 740, 1702, 4787, 4824, 4871, 6489, 6502 aus https://www.ancestry.de unter Eingabe des Namens und des Geburtsdatums des Gesuchten.

[2009] Jacob Schieler war ein späterer Schwager von Karl Didion, der Anna, die Schwester seiner Frau, heiratete. Er kämpfte im bayer. 4. I.R., einem Schwesterregiment der 8. I.R. Er war an der Schlacht um den Souville-Sack wie Karl Didion beteiligt und wurde am 02.09.1916 schwer verwundet.

Orden, Ehrenzeichen und sonstige Auszeichnungen:
P. E. K. 2. 8.6.18
M. V. K. 3 m. Schw. 5.8.16
V[er]w[undeten] Abz. schwarz 4.4.19

Mitgemachte Gefechte. Bemerkenswerthe Leistungen:
2.-16.2.15 Kämpfe auf den Maashöhen
17.2.-28.3.15 Kämpfe bei Combres
7.4.-9.4.15 Gefecht bei La Morville
24.4.-7.5.15 Gefecht bei Les Éparges
30.3.-10.8.16 Kämpfe zwischen Maas und Mosel auf den Maashöhen
26.8.-9.9.16 Schlacht bei Verdun
21.8.-3.9. 1916 Kämpfe im Chapitre-Wald b. Souville-Nez
3.-14.7.17 Stellungskämpfe
a. Gefechte des Sturmbatl. 15. v. 25.9.17-5.3.18

Führung. Gerichtliche Bestrafungen. Rehabilitierung: sehr gut, Strafen keine

Bemerkungen:
Müller Regimentsunterarzt, ärztl. Befund v. 16. IV.18 z. g. v. [...] 6 z 63
z. V[er]w[undeten] Abz[eichen] vorgeschl.

Anhang 1 Abbildung 15: Jacob Schieler[2010]

[2010] Foto in Privatbesitz.

Anhang 1 Abbildung 16: Jacob Schieler im Kreis seiner Kameraden, rechts außen sitzend[2011]

ISBN 978-3-7467-5579-3

9 783746 755793   0000

www.epubli.de